Das in Bayern geltende

Nachbarrecht

Von

Christian Meisner
weil. Rechtsanwalt in Würzburg

Vierte Auflage
bearbeitet von

Dr. Josef Ring
Oberstlandesgerichtsrat in München

1951

J. Schweitzer Verlag / Berlin und München

Satz, Druck und Bindearbeiten:
Dr. F. P. Datterer & Cie. (Inh. Sellier), Freising

Vorwort zur dritten Auflage.

Bei der gründlichen Umarbeitung und Ergänzung wurde vor allem wissenschaftliche Vertiefung erstrebt. Herrn Rechtsanwalt Dr. Heinrich Stern in Berlin sage ich auch an dieser Stelle verbindlichen Dank für die mir erteilte Erlaubnis, die Ergebnisse unserer gemeinsamen Arbeit an dem preußischen Nachbarrecht auch für das bayerische Nachbarrecht zu verwerten.

Das Wasserrecht wurde ausgeschieden, um den ohnedies stark vermehrten Umfang des Buches zu entlasten. Es soll später als selbständige Abhandlung erscheinen.

Würzburg, im August 1923. **Der Verfasser.**

Vorwort zur vierten Auflage.

Im Juli 1944 ist der Schöpfer dieses Werkes, Herr Justizrat Meisner, im 76. Lebensjahr verschieden. Mit ihm hat der deutsche Anwaltsstand einen seiner markantesten Vertreter, einen Praktiker und Wissenschaftler von seltenem Format verloren. In seinem Nachbarrecht, das den gründlichen Kenner der Rechtsquellen und der Rechtsentwicklung vom 19. zum 20. Jahrhundert verrät, hat er einen Schatz von Wissen und Erfahrungen gesammelt, die seinen Kollegen und den Richtern beste Dienste geleistet hat.

Die vorliegende Auflage hat JR. Meisner noch durch Sammlung und Sichtung des einschlägigen Schrifttums und der Rechtsprechung zu einem wesentlichen Teil vorbereitet. Leider war es ihm nicht vergönnt, die Neuauflage seines Werkes zu vollenden. Dieses auch weiterhin der Praxis nutzbar zu machen, ist der Zweck der Neubearbeitung. Berücksichtigt wurden Rechtslehre und Rechtsprechung, soweit Veröffentlichungen vorlagen, sowie die Änderungen der Gesetzgebung.

München, im März 1951. **Der Verfasser.**

Inhaltsverzeichnis.

Abkürzungen.

AAPr.	=	Protokolle des Justizgebungsausschusses der Kammer der Abgeordneten 1898/99 Beilagenband XX Abtl. II.
Abmg.	=	Gesetz über die Abmarkung der Grundstücke vom 30. 6. 1900.
AG	=	Ausführungsgesetz z. BGB.
ALR.	=	Allgemeines Landrecht.
ArchBR	=	Archiv für bürgerliches Recht.
ArchÖffR.	=	Archiv für öffentliches Recht.
ArchZPr.	=	Archiv für zivilistische Praxis.
AutMinE.	=	Autographierte Ministerialentschließung.
AVO.	=	Ausführungsverordnung.
a. F.	=	alte Fassung.
n. F.	=	neue Fassung.
BadRspr.	=	Badische Rechtsprechung.
BayLR.	=	Bayerisches Landrecht.
BayZ.	=	Zeitschrift für Rechtspflege in Bayern.
BVBl.	=	Bayer. Verwaltungsblätter.
Bekm.	=	Bekanntmachung.
BGB	=	Bürgerliches Gesetzbuch.
BechMat.	=	Becher, Materialien zu den das Bürgerliche Gesetzbuch und seine Nebengesetze betreffenden bayerischen Gesetzen und Verordnungen.
Begr.	=	Begründung.
BBr.	=	Betriebsberater.
BrZ.	=	Britische Zone.
Biermann	=	Biermann, das Sachenrecht.
BlAdmPr.	=	Braters Blätter für administrative Praxis.
Böhm-Klein	=	Böhm-Klein, das Ausführungsgesetz z. BGB.
Bolze	=	Bolze, Praxis des Reichsgerichts.
Cosack	=	Cosack, Lehrbuch des bürgerlichen Rechts.
Crome	=	Crome, System des deutschen bürgerlichen Rechts.
DAnw.	=	Dienstanweisung für die Grundbuchämter.
Denkschrift	=	Denkschrift z. Entwurf eines Bürgerlichen Gesetzbuchs.
Dernburg	=	Dernburg, das Sachenrecht des Deutschen Reichs und Preußens.
DJZ	=	Deutsche Juristenzeitung.
DJ	=	Deutsche Justiz.
DRZ	=	Deutsche Rechtszeitschrift.
DVO	=	Durchführungsverordnung.
Endemann	=	Endemann, Lehrbuch des deutschen bürgerlichen Rechts.
Entsch.	=	Sammlung der Entscheidungen usw.
EntschFG.	=	Entscheidungen in Angelegenheiten der freiwilligen Gerichtsbarkeit und des Grundbuchrechts.
Entw.	=	Entwurf.
Ergbd.	=	Ergänzungsband.
Eymann	=	Eymann, Wassergesetz für Bayern.
EG	=	Einführungsgesetz.
FG	=	Bayer. Forstgesetz.

FischG = Bayer. Fischereigesetz.
Gaupp = Gaupp-Stein Kommentar z. ZPO.
BGO = Grundbuchordnung.
GBV = Grundbuchverfügung.
GewO. = Gewerbeordnung.
Goldmann-Lilienthal = Goldmann-Lilienthal, das Bürgerliche Gesetzbuch.
Gruchot = Gruchot, Beiträge zur Erläuterung des deutschen Rechts.
GG = Grundgesetz.
Ges. Nr. 39 = GVG = Bayerisches Gesetz über die Verwaltungsgerichtsbarkeit.
GVBl. = Gesetz- und Verordnungsblatt.
Habicht = Habicht, die Einwirkung des Bürgerlichen Gesetzbuchs auf zuvor entstandene Rechtsverhältnisse.
HansGZ = Hanseatische Gerichtszeitung.
Hartster-Kasimir = Harster-Kasimir, Kommentar zum Bayer. Wassergesetz.
Henle-Schneider = Henle-Schneider, die bayer. Ausführungsgesetze zum BGB.
HRR = Höchstrichterliche Rechtsprechung.
Höniger = Höniger, die Grenzscheidungsklage.
Ihering = Iherings Jahrbücher für Dogmatik.
IMBek. = Bekanntmachung des Justizministeriums.
JW = Juristische Wochenschrift.
NJW = Neue Juristische Wochenschrift.
KG = Kammergericht.
KRG = Kontrollratsgesetz.
KommProt. = Protokolle der Reichstagskommission für die 2. Lesung des Entwurfs des BGB.
KompKG = Kompetenzkonfliktsgerichtshof.
KompVO = Kompetenzverordnung.
Krais = Krais, Handbuch der inneren Verwaltung.
Kuhlenbeck = Kuhlenbeck, das Bürgerliche Gesetzbuch.
LG = Landgericht.
LiegenschG. = Das Gesetz über das Liegenschaftsrecht in der Pfalz.
Mat. = Materialien.
M. = Motive zum Entwurf eines Bürgerlichen Gesetzbuchs.
MABl. = Amtsblatt des Staatsministeriums des Innern.
Maenner = Maenner, Sachenrecht.
MDR = Monatsschrift des deutschen Rechts.
Meikel = Meikel, die bayerischen Ausführungsgesetze zum Bürgerlichen Gesetzbuche.
MinB. = Ministerialbekanntmachung.
MinE. = Ministerialentschließung.
Mugdan = Mugdan, die gesamten Materialien zum Bürgerlichen Gesetzbuch.
Neumann = Neumann, Jahrbuch des deutschen Rechtes.
N. F. = Neue Folge.
Nieberding-Frank = Nieberdings Wasserrecht und Wasserpolizei im Preußischen Staate von Frank.
Niedner = Niedner, Kommentar zum Einführungsgesetz zum Bürgerlichen Gesetzbuch.
NotG. = Notariatsgesetz.
ObLG. = Entscheidungen des Obersten Landesgerichtes in München in Zivilsachen.

ObLGSt.	=	Entscheidungen des Obersten Landesgerichts in München in Strafsachen.
Oertmann	=	Oertmann, Bayerisches Landesprivatrecht.
OGH.	=	Entscheidungen des Obersten Gerichtshofes für Bayern in Zivilsachen.
OGHSt.	=	Entscheidungen des Obersten Gerichtshofes für Bayern in Strafsachen.
OTr.	=	Entscheidungen des preußischen Obertribunals (Amtl. Ausgabe).
OldenbZ.	=	Zeitschrift für Verwaltung und Rechtspflege im Großherzogtum Oldenburg.
OLG.	=	Oberlandesgericht.
OLGSt.	=	Entscheidungen des Oberlandesgerichts München in Strafsachen.
Planck	=	Planck, Bürgerliches Gesetzbuch mit Einführungsgesetz.
Pözl	=	Pözl, die bayerischen Wassergesetze.
PosJMSchr.	=	Juristische Monatsschrift für Posen, West- u. Ostpreußen.
PrR.	=	Prozeßregister.
PuchZ.	=	Puchelts Zeitschrift für deutsches bürgerliches Recht und französisches Zivilrecht.
RAPr.	=	Ausschußprotokolle der Kammer der Reichsräte.
OLG.	=	Rechtsprechung der Oberlandesgerichte von Mugdan und Falkmann.
RegBl.	=	Regierungsblatt.
RG.	=	Entscheidungen des Reichsgerichts in Zivilsachen.
RGBl.	=	Reichsgesetzblatt.
RGR.	=	Reichsgerichtsrätekommentar zum Bürgerlichen Gesetzbuch.
RGSt.	=	Entscheidungen des Reichsgerichts in Strafsachen.
RheinArch.	=	Archiv für das Zivil- und Kriminalrecht der preußischen Rheinprovinz.
ROHG.	=	Entscheidungen des Reichsoberhandelsgerichts.
Roth, BayZR.	=	Roth, Bayerisches Zivilrecht.
SächsArch.	=	Sächsisches Archiv für bürgerliches Recht und Prozeß.
Schelhaß	=	Schelhaß, Nachbarrecht.
Scherer	=	Scherer, das Sachenrecht des Bürgerlichen Gesetzbuches.
Schneider	=	Schneider, das Liegenschaftsrecht in der Pfalz.
SeuffA.	=	Seufferts Archiv für Entscheidungen der höchsten Gerichtshöfe in deutschen Staaten.
SeuffBl.	=	Seufferts Blätter für Rechtsanwendung.
Staudinger	=	Staudinger, Kommentar z. Bürgerl. Gesetzb.
Staudinger, Vorträge	=	Staudinger, Vorträge aus dem Gebiete des Bürgerlichen Gesetzbuchs für Verwaltungsbeamte.
Stobbe	=	Stobbe, Handbuch des deutschen Privatrechts.
StriethorstArch.	=	Striethorst, Archiv für Rechtsfälle des preußischen Obertribunals.
Turnau-Förster	=	Turnau und Förster, das Liegenschaftsrecht, 1. Band des Sachenrechts des Bürgerlichen Gesetzbuches.
VGH.	=	Entscheidungen des bayerischen Verwaltungsgerichtshofs.
VO.	=	Verordnung.
VVdg.	=	Vollzugsverordnung.
WBG.	=	Gesetz über die Benützung des Wassers vom 28. Mai 1852.
Weber	=	Weber, Gesetz- und Verordnungssammlung.
WG.	=	Wassergesetz vom 23. März 1907.
WürttJ.	=	Jahrbücher der württembergischen Rechtspflege.
WürttZ.	=	Zeitschrift für die freiwillige Gerichtsbarkeit und die Gemeindeverwaltung in Württemberg.

Einleitung.

I. Nachbarrecht.

Eigentum ist die rechtliche Herrschaft über eine Sache. An und für sich kann der Eigentümer mit der Sache nach Belieben verfahren und andere von jeder Wirkung ausschließen. Indessen sind der Willkür des Eigentümers in der Verfügung über die Sache durch allgemeine gesetzliche Bestimmungen Schranken gezogen; die staatliche Ordnung erheischt, daß auch das Privateigentum in den Dienst des Gemeinwohles gestellt wird. Auch können besondere Rechte Dritter auf Grund eines dinglichen oder obligatorischen Titels bestehen, die den Eigentümer in seinen Befugnissen beschränken. All dies wird zum Ausdruck gebracht durch die Bestimmung des § 903 BGB., wonach der Eigentümer einer Sache, soweit nicht das Gesetz oder Rechte Dritter entgegenstehen, mit der Sache nach Belieben [1]) verfahren und andere von jeder Einwirkung ausschließen kann. Gesetz im Sinne des § 903 bedeutet jede Rechtsnorm; die Befugnis des Eigentümers, mit der Sache nach Belieben zu verfahren, muß also auch überall da zurücktreten, wo die nach Landesgesetz zulässigen Polizeiverordnungen eine einzelne Art der Benützung des Eigentums verbieten [2]).

Hiernach darf also der Eigentümer alles mit seinem Eigentum anfangen, was ihm nicht besonders untersagt ist. § 903 BGB. handelt nur von der Befugnis zu tatsächlichen Verfügungen [3]); daß dem Eigentümer, soweit ihm nicht durch Gesetz oder Verträge Schranken gesetzt sind, auch die ausschließliche rechtliche Herrschaft über die Sache zu-

---

[1]) Der Entwurf I sagte: „nach Willkür". Die zweite Kommission hat an Stelle dieser Worte „nach Belieben" gesetzt, um nicht den Gedanken aufkommen zu lassen, daß der Eigentümer auch von allen durch die Gebote der Sittlichkeit gegebenen Beschränkungen (vgl. §§ 226, 826 BGB.) im Gebrauche der Sache befreit sein sollte. Planck Bem. 2 zu § 903. Art. 158 BayVerf.

[2]) Oberverwaltungsgericht Berlin im Recht 1902, S. 508; vgl. ObLG. im Recht 1904, 19 Nr. 43. Vgl. unten S. XIV.

[3]) M. 3, 258 (Mugdan 3, 142 f.); KommProt. 3525 (Mugdan 3, 578).

steht, ist selbstverständlich. — Der Umstand allein, daß die Ausübung des Eigentumsrechts einem anderen Schaden bringt, macht sie noch nicht zu einer unzulässigen. So darf z. B. der Eigentümer eines Grundstücks durch Errichtung eines Gebäudes dem Nachbarhause nicht nur die Aussicht, sondern auch das Licht verbauen[4]), einer Windmühle den Mahlwind entziehen[5]). Der Unternehmer eines Hüttenwerks ist nicht schadenersatzpflichtig, wenn Bienen eines Nachbarn in der Luft über der Hütte giftige Gase einatmen und dadurch zugrunde gehen[6]). Dagegen ist eine Ausübung des Eigentumsrechts, welche nur den Zweck haben kann, einem anderen Schaden zuzufügen, unzulässig. Schikanöse Rechtsausübung ist durch die allgemeine Norm des § 226 BGB. verboten[7]).

Andererseits kann der Eigentümer jegliche Einwirkung Dritter ausschließen; er braucht z. B. nicht zu dulden, daß ein Draht zum Zwecke der Festhaltung einer elektrischen Leitung an seinem Hause angebracht wird, auch wenn er hierdurch in keiner Weise geschädigt oder belästigt würde. Ebensowenig braucht der Grundeigentümer zu dulden, daß der Nachbar oder dessen Handwerksleute behufs Ausbesserung des Nachbarhauses sein Grundstück betreten[8]).

Die Befugnis des Eigentümers, die Einwirkungen Dritter auszuschließen, müßte mit den Bedürfnissen des Lebens in einen unversöhnlichen Widerspruch treten, wenn sie von dem Gesetzgeber nach jeder Richtung streng durchgeführt würde. Das nachbarliche Zusammenleben der Menschen führt naturnotwendig zu einem Widerstreit der Interessen, in welcher das Eigentum des einen das Eigentum des anderen zu überwinden sucht. Vernunft und Billigkeit sollten zwar die Grundeigentümer von selbst dazu bringen, bei Ausübung der in ihrem Eigentum liegenden Befugnisse angemessene Rücksicht auf die Interessen ihrer Nachbarn zu nehmen. Jeder muß sich sagen, daß ein allzu starres Bestehen auf seinen Eigentumsbefugnissen einen fortwährenden Kriegszustand hervorrufen würde, bei dem wohl keiner der Nachbarn die Linie seines Rechtes überschreitet, jeder aber den anderen in der Benützung des Eigentums auf eine für alle unerträgliche Weise beschränkt. Das Bedürfnis einer solchen gegenseitigen nachbarlichen Rücksicht ist für das

[4]) S. unten S. 334.

[5]) SeuffA. 64, 225.

[6]) BayZ. 1916, 91 (RG.).

[7]) S. unten S. 155.

[8]) Im Falle des Notstandes greift § 904 BGB. in dieses Verbietungsrecht des Eigentümers ein, s. unten S. 163.

Wegen Anbringung von Haltevorrichtungen für die Oberleitung der Straßenbahn S. 185 Anm. 40.

Gemeinwohl so dringend, daß für den Gesetzgeber die unabweisbare Aufgabe erwächst, ausgleichende Grundsätze für die widerstreitenden Interessen der Grundstückseigentümer zu finden und das, was Vernunft und Billigkeit fordern, als rechtliche Notwendigkeit festzusetzen[9]. Diesem Bedürfnis nach einem vermittelnden Ausgleich entspringen die Rechtsvorschriften, welche das Eigentum aller beschränken, um das Eigentum aller zu verstärken.

Der Inbegriff aller jener Normen, durch welche der Eigentumsinhalt zum Ausgleich der widerstreitenden Interessen der angrenzenden Grundbesitzer abgemildert wird, stellt das Nachbarrecht dar[10].

Das Bürgerliche Gesetzbuch hat ein einheitliches Recht auf diesem Gebiete nicht zu schaffen vermocht. Zwar sind vom Bürgerlichen Gesetzbuche in den §§ 906—923 nachbarrechtliche Vorschriften getroffen, welche für das ganze Reichsgebiet Geltung haben und der Abänderung durch die Landesgesetzgebung entzogen sind. Allein die Verschiedenheit der örtlichen Verhältnisse mußte durch einen weitgehenden Vorbehalt zugunsten der Landesgesetzgebung Rechnung getragen werden. Art. 124 EG. bestimmt, daß diejenigen landesgesetzlichen Vorschriften, welche das Eigentum an Grundstücken zugunsten der Nachbarn noch anderen als den im Bürgerlichen Gesetzbuch bestimmten Beschränkungen unterwerfen, unberührt bleiben. Die in den §§ 906 ff. BGB. getroffenen Eigentumsbeschränkungen können demnach durch die Landesgesetzgebung weder verschärft noch gemildert werden. Alle landesrechtlichen Vorschriften, die von diesen reichsgesetzlichen, jetzt bundesrechtlichen, Bestimmungen[11] abweichen, sind daher schon auf Grund der Reichsgesetzgebung außer Kraft getreten. Dagegen sind von der Reichsgesetzgebung unberührt geblieben alle Beschränkungen anderer Art, als sie durch die §§ 906 ff. BGB. den Grundstückseigentümern auferlegt sind. Hier aber hat die bayerische Ausführungsgesetzgebung eingegriffen, indem sie die von dem Reichsrecht unberührt gelassenen Vorschriften des Nachbarrechts durch ein neues einheitliches, in den Art. 62—80 des Ausführungsgesetzes zum Bürgerlichen Gesetzbuch niedergelegtes Recht ersetzt hat[12]. Daneben

---

9) Vgl. Puchta, Institutionen Bd. 2 § 231.

10) Die Eigentumsbeschränkungen der §§ 904—924 finden auch auf die Eigentümer öffentlicher Sachen Anwendung. Biermann, Öffentliche Sachen 35, A. M. Mayer, ArchöffR. 16, 63. Die aus den gesetzlichen Vorschriften über das Nachbarrecht sich ergebenden Befugnisse und Beschränkungen eignen sich selbstverständlich nicht zur Eintragung im Grundbuch. (Dienstanw. für d. Grundbuchämter r. d. Rh. § 123 Ziff. 2.)

11) Durch Art. 123 ff. Grundges. ist das BGB. Bundesrecht geworden.

12) Die amtliche Begründung zum Entwurf des Ausführungsgesetzes rechtfertigt dies wie folgt: „Das in Bayern geltende Nachbarrecht leidet insbesondere auf dem Gebiete des Baurechts an einer weitgehenden Zersplitterung. Mehr als ein Dutzend Baurechte

ist für das Wasserrecht, welches gemäß Art. 65 EG. von der reichsgesetzlichen Regelung vollständig ausgenommen wurde, das bayerische Wassergesetz vom 23. März 1907 maßgebend.

Das in Bayern geltende Nachbarrecht stellt sich sonach als ein einheitliches Recht dar; alle partikularen Rechtsnormen des bisherigen Rechts sind auf diesem Gebiete aufgehoben, so insbesondere die Vorschriften über den Grenzabstand[13]) der Gebäude[14]), Zäune[15]), Aborte[16]), Düngerstätten[16]), Brunnen[16]), Kanäle und ähnlicher Anlagen[16]); ebenso die landesrechtlichen Vorschriften über den Abstand von Vertiefungen und Erhöhungen des Bodens[17]), die Vorschriften über Mauerausbauchung[18]) und Neidbau[19]), Verpflichtung zur Errichtung von Zäunen, Schutz der Windmühlen[20]).

---

sind noch in Geltung, alle in Einzelheiten voneinander verschieden. Der Verschiedenheit der Vorschriften entspricht nicht auch eine Verschiedenheit der heutigen Verhältnisse. Von den Baurechten ist das jüngste vor mehr als hundert Jahren, die älteren sind vor mehreren Jahrhunderten entstanden. Ihre Verschiedenheiten mögen damals den örtlichen Verhältnissen angepaßt gewesen sein. Inzwischen haben der Wegfall der inneren Schranken und der Aufschwung des Verkehrs einerseits, die Fortschritte der Technik und die Anforderungen der Gesundheitspflege andererseits eine ausgleichende Wirkung geübt. Manche von den aus alten Zeiten stammenden Beschränkungen sind entbehrlich, manche, die zur Zeit der Entstehung als eine wenig beschwerende Rücksichtnahme auf den Nachbar erschienen, sind bei dem steigenden Werte des Baugrundes drückend und volkswirtschaftlich schädlich geworden. Die Verhältnisse haben sich geändert, die Gesetze und Statuten sind die gleichen geblieben. Die Ersetzung dieser Vorschriften durch neues einheitliches Recht ist deshalb ein dringendes Bedürfnis" (Begründung 38, Becher, Mat. 1, 81).

[13]) Vgl. Begründung 41 (Becher, Mat. 1, 87).

[14]) Eine Vorschrift, die für Bauten einen bestimmten Abstand von der Grenze vorschreibt, enthielt nur ALR. Tl. I Tit. 8 § 139; den anderen in Bayern geltenden Rechten war eine solche Vorschrift ohnedies fremd. — Nach jetzigem Recht darf daher der Grundeigentümer unmittelbar an der Grenze seinen Neubau aufführen. Vgl. unten S. 194. Wegen des Verbots über die Landesgrenze zu bauen vgl. Seydel, Bayer. Staatsrecht 3, 245.

[15]) Abstandsvorschriften für Zäune bestanden nur nach Augsburger und Regensburger Recht. Die Anbringung von Stacheldrahtzäunen kann an Orten öffentlichen Verkehrs aus Sicherheitsgründen durch polizeiliche Anordnung verboten werden (§ 366 Z. 10 RStGB. u. Art. 2 Z. 6 PStGB.); dem Eigentümer kann zivilrechtliche Haftung für etwaige durch den Zaun verursachte Beschädigung erwachsen.

[16]) Vgl. unten S. 212.

[17]) Solche bestanden nur im Geltungsbezirke des preußischen Rechts (ALR. Tl. I Tit. 8 §§ 185, 187).

[18]) Vgl. unten S. 162 und 314.

[19]) Die über § 226 BGB. hinausgehenden Vorschriften gegen den Neidbau des bisherigen Rechts sind daher aufgehoben. Begründung S. 39 (Becher, Mat. 1, 83). Vgl. unten S. 155ff.

[20]) Über Windmühlenschutz nach ALR. vgl. RG. 50, 319. Nach gemeinem Recht bestand kein Windmühlenschutz. SeuffA. 64 Nr. 110.

Nur ein einziger Vorbehalt von der Aufhebung des bisherigen Rechts ist für das auf örtlichem Herkommen beruhende Anwenderecht gemacht worden[21]).

II. Öffentlich-rechtliche Eigentumsbeschränkungen.

1. Unberührt von dem Inkrafttreten des Bürgerlichen Gesetzbuches bleiben die landesgesetzlichen Vorschriften, welche im öffentlichen Interesse das Eigentum in Ansehung tatsächlicher Verfügungen beschränken (Art. 111 EG.).

Es ist besonders hervorzuheben, daß Art. 111 EG. nur die Beschränkungen für tatsächliche Verfügungen des Eigentümers betrifft, und das Landesgesetz den rechtlichen Inhalt des Eigentums auch im öffentlichen Interesse nicht nach Belieben beschränken darf; die Kompetenz hierfür wird in den Art. 115—117, 119 EG. genau abgesteckt[22]). Wegen Nichteinhaltung derartiger polizeilicher Vorschriften hat der dadurch beeinträchtigte Nachbar kein Recht, die actio negatoria zu erheben; denn durch die Polizeivorschrift wird für niemand ein Privatrecht auf deren Beobachtung gegründet, es kann nur Verwaltungsbeschwerde oder Klage zum Verwaltungsgericht erhoben werden[23]) und unter Umständen Schadenersatz gefordert werden[24]).

a) Zu den polizeilichen Vorschriften gehören vorzugsweise die baupolizeilichen Vorschriften, die in der k. Verordnung vom 17. Februar 1901 mit Geltung für ganz Bayern mit Ausnahme von München enthalten sind. Wichtig sind vor allem die Bestimmungen des ersten Abschnittes (§§ 1—5), durch welche im Interesse geregelter Straßenzüge bestimmt wird, wo überhaupt gebaut werden darf. Der Platz, an welchem nach öffentlichem Recht gebaut werden darf, wird durch eine zweifache Messung im Raume festgelegt. Zunächst wird durch vertikale Bestimmung die Höhenlage (Niveau) angegeben, in welcher gebaut werden darf. Sodann werden in dieser Fläche mittelst waagrechter Bestimmung die Linien (Baulinien) gezogen, innerhalb deren gebaut und außerhalb deren nicht gebaut werden darf[25]). Der zweite Abschnitt der Bauordnung enthält in den §§ 6—10 Vorschriften über das Erfordernis baupolizei-

---

21) S. unten S. 367ff.

22) Endemann 2, 485f.

23) JW. 1908, 142. Schade, ArchÖffR. 25, 286, vgl. Recht 1910 Nr. 1385 (Hamburg). Bay. Ges. ü. Verwaltungsgerichtsbarkeit vom 25. 9. 1946 (GVBl. 281).

24) Vgl. unten S. 155.

25) Englert, Bauordnung 2. Über Baulinienfestsetzung s. VGH. 34, 212.

licher Genehmigung für Neubauten und bauliche Änderungen, während der dritte Abschnitt in den §§ 12—57 die materiellen Vorschriften über die Ausführung der Bauten, insbesondere über die Art der Bauführung hinsichtlich der Sicherheit für Leben und Gesundheit, hinsichtlich des Baumaterials, der Stärke der Mauern, der Anlage von Feuerstätten, der Höhe der Gebäude, der Beschaffenheit der Winkel, Abtritte, Dungstätten usw. enthält. Der vierte Abschnitt (§§ 58—79) behandelt die Zuständigkeit und das Verfahren.

b) Einschlägig sind ferner die forstrechtlichen Eigentumsbeschränkungen, durch welche die Eigentümer von Waldungen bei deren Bewirtschaftung nach mehrfacher Richtung Beschränkungen unterworfen sind. Solche Beschränkungen bestehen sowohl in Ansehung der Gemeinde-, Stiftungs- und Körperschaftswaldungen (Art. 6—18 FG.) als auch in Ansehung der Privatwaldungen (Art. 19—33 FG.). So ist insbesondere die Zulässigkeit gänzlicher oder teilweiser Rodung (Ausstockung) des Waldes von bestimmten Voraussetzungen abhängig (Art. 34 bis 40 FG.), die Abschwendung, d. i. jede den Wald ganz oder auf einem Teile seiner Fläche verwüstende, sein Fortbestehen unmittelbar gefährdende Handlung ist verboten (Art. 41 FG.), während die Aufforstung der Waldblößen geboten ist (Art. 42 FG.); die Ausübung der Weide in den Waldungen ist Beschränkungen unterworfen (Art. 43, 44 FG.) usw.

c) Ferner gehören hierher die Vorschriften über die Auslichtung der Gehölze an Staatsstraßen [26]), über den Abstand mit dem Pflügen und den Zäunen von den Staatsstraßen [27]), über die Verpflichtung der Nachbargrundstücke von Staatsstraßen zur Aufnahme des Straßenabraums [28]).

d) Auch die Vorschriften über die Zwangsenteignung gehören hierher (Art. 109 EG.).

e) Das bayer. Trümmergesetz vom 30. 5. 1949 (GVBl. 117) mit DVO. hierzu vom 20. 2. 1950 (GVBl. 46) siehe unter § 16a.

2. Öffentlichrechtliche Eigentumsbeschränkungen enthalten auch zahlreiche ehemalige Reichsgesetze, die nun als Bundesgesetze weitergelten, sowie einige Gesetze der Besatzungsmacht.

---

[26]) S. unten S. 270.

[27]) S. hierüber unten S. 239 und 212.

[28]) Verordnung vom 16. Aug. 1805 (Buchners Gesetzessamml. 1. Erg.-Bd. 249) und MinEntsch. vom 16. Jan. 1890 betr. den Vollzug dieser Verordnung (Buchners Gesetzessammlung 27, 167).

Beispiele hiefür sind:

die Vorschriften in Art. 52, 53 und 53a EGBGB. über Entschädigungsansprüche bei Enteignung, falls Rechte dritter Personen an der enteigneten Sache in Frage kommen;

die Vorbehalte für die Landesgesetzgebung zu Beschränkungen des Eigentums im öffentlichen Interesse nach Art. 109 EGBGB. (Enteignung: dazu das bayer. Zwangsenteignungsgesetz vom 17. 11. 1837);

Art. 65 EGBGB. nebst bayer. Wassergesetz vom 23. 3. 1907, mit Änderungsgesetz vom 7. 10. 1946 (GVBl. 308);

Art. 67 EGBGB. nebst dem bayer. Berggesetz vom 13. 8. 1910;

Art. 111 EGBGB., dazu die bayer. allgemeine Bauordnung vom 17. 2. 1901 in der Fassung vom 10. 7. 1918 (GVBl. 359).

GewO. § 51;

Viehseuchengesetz vom 26. 6. 1909 (RGBl. 1909, 519);

Postgesetz vom 28. 10. 1871; nach § 17 des Ges. dürfen Äcker und Wiesen vorbehaltlich einer Entschädigung betreten werden (vgl. RG. 73, 271);

Telegrafenwegegesetz, vom 18. 12. 1899 (RGBl. I, 705) und vom 13. 2. 1924. Hienach ist die Benützung fremder Grundstücke für Telegrafen- u. Fernsprechlinien gestattet (vgl. RG. 116, 286; 126, 30);

Ges. zur Bekämpfung gemeingefährlicher Krankheiten vom 30. 6. 1900 (RGBl. I, 306);

Luftverkehrsges. vom 1. 8. 1922 in der Fassung vom 21. 8. 1936 (RGBl. I, 653 und 936), vom 27. 9. 1938 (RGBl. I, 1246) und vom 26. 1. 1943 (RGBl. I, 69);

Autobahnges. vom 27. 6. 1933 in der Fassung vom 29. 5. 1941 (RGBl. I, 313);

Reichsleistungsges. vom 1. 9. 1939 (RGBl. I, 1645);

Gesetz gegen Waldverwüstung vom 18. 1. 1934 (RGBl. I, 37) regelt die Aufforstungspflicht;

Forstl. Artgesetz vom 13. 12. 1934 (RGBl. I, 1236) verpflichtet zur Ausmerzung schlechter Bestände;

Naturschutzges. vom 26. 6. 1935 (RGBl. I, 821);

Energiewirtschaftsges. vom 13. 12. 1935 (RGBl. I, 1451);

Gesetz über Beschränkung der Nachbarrechte gegenüber Betrieben, die für die Volksgesundheit von Bedeutung sind, vom 18. 10. 1935 (RGBl. I, 1247). Dieses Ges., in Verbindung mit § 2 des Ges. vom

13. 12. 1933 (RGBl. I, 1058) gibt keinen Anspruch auf Entschädigung. Nur bei schwerer, dem Eigentümer nicht zumutbarer Beeinträchtigung konnte die Zahlung einer Entschädigung zur Auflage gemacht werden, wobei der Rechtsweg ausgeschlossen war. Art. 4 Grundges. und Art. 159 BayVerf. fordern für Eingriffe in das Privateigentum eine angemessene Entschädigung und eröffnen hierfür den Rechtsweg vor den ordentlichen Gerichten. Insoweit ist daher das Ges. vom 18. 12. 1935 über Beschränkung der Nachbarrechte geändert;

Gesetz über Erschließung von Bodenschätzen vom 1. 12. 1936 (RGBl. I, 999);

Gesetz zum Schutze der landwirtschaftlichen Kulturpflanzen vom 5. 3. 1937 (RGBl. I, 271);

BayFlurbereinigungsges. vom 15. 6. 1946 (GVBl. 185), durch das unter Aufhebung der ReichsumlegungsVO. vom 16. 6. 1937 (RGBl. I, 629), das alte Bay. Ges. vom 11. 3. 1923 (GVBl. 73) in der Fassung vom 3. 9. 1937 (GVBl. 259) wieder in Kraft gesetzt worden ist;

Wohnungsgesetz (KRG. 18), dazu das BayWohnungsges. vom 6. 12. 1946 (GVBl. 1947, 101) und vom 31. 1. 1947 (GVBl. 168); damit wird den Gemeinden das Recht zur Erfassung von Wohnraum gewährt;

KRG. 45 vom 20. 7. 1947 und die hiezu ergangene BayDVO. Nr. 127 vom 22. 5. 1947 (GVBl. 180) ordnen das Landwirtschaftsrecht neu. Das Erbhofges. sowie die Grundstücksverkehrsbek. vom 15. 3. 1918 in der Fassung vom 26. 1. 1937 und 28. 2. 1939 sind damit außer Wirksamkeit getreten. Verfügungen über landwirtschaftliche Grundstücke (Auflassung, Nießbrauchbestellung, Belastung) sind nach Art. IV, V und VI des KRG. 45 genehmigungspflichtig, vor der Genehmigung schwebend wirksam, bei Versagung der Genehmigung endgültig nichtig (vgl. DRZ. 1947, 184). Gegen schlecht wirtschaftende Landwirte gibt Art. VII die Möglichkeit der Überwachung und der Zwangsbewirtschaftung durch einen Treuhänder, evtl. Zwangsverpachtung.

Siedlungs- und Bodenreformgesetze: in Bayern Ges. Nr. 48 vom 18. 9. 1946 (GVBl. 245) mit AVO. vom 26. 2. 1947 (GVBl. 92). Abgabepflichtig ist Grundeigentum über 100 Hektar.

III. Zeitliche Statutenkollision.

Das Nachbarrecht regelt den Inhalt des Eigentums; demgemäß finden die nachbarrechtlichen Vorschriften des Bürgerlichen Gesetzbuchs und des Ausführungsgesetzes vom Inkrafttreten des Bürgerlichen Gesetzbuchs an ohne weiteres Anwendung (Art. 181 EG.). Nach neuem Recht ist daher zu entscheiden, ob und in welchem Maße der Grundeigentümer dem Nachbar Rauch, Ruß, Dampf, Erschütterungen und ähnliche Immissionen zuführen darf[29]), ob der Nachbar die Beseitigung von Anlagen, durch deren Bestand oder Benützung er in seinem Eigentumsrechte beeinträchtigt wird[30]), oder die Beseitigung eines Überbaues[31]) verlangen kann, ob er die Abwendung eines gefahrdrohenden Zustandes auf dem Nachbargrundstück verlangen kann[32]), ob und in welcher Weise der Eigentümer sein Grundstück vertiefen[33]) oder erhöhen[34]) darf, ob er sich die von einem Nachbarbaume herübergefallenen Früchte aneignen darf[35]), ob er dem Nachbar das Licht verbauen[36]), ob er von seinem Nachbar die Bestellung eines Notwegs[37]) oder die Einräumung eines sonstigen für die Benützung seines Grundstücks unentbehrlichen Rechtes (z. B. Hammerschlagsrecht, Leiterrecht)[38]) verlangen darf, ob ein Grenzabstand bei der Errichtung von Gebäuden, Zäunen, Aborten, Düngerstätten, Brunnen, Kanälen und ähnliche Anlagen eingehalten werden muß[39]), ob durch den fremden Luftraum Drähte oder durch den fremden Berg ein Tunnel geführt werden dürfen[40]).

In einzelnen Punkten ist die zeitliche Statutenkollision besonders geregelt worden, nämlich für das Fensterrecht[41]), das Eindringen von Zweigen und Wurzeln[42]) und den Abstand von Pflanzen[43]).

---

[29]) § 906 BGB. s. unten S. 180ff.
[30]) § 907 BGB. s. unten S. 211ff.
[31]) §§ 912ff. BGB. s. unten S. 282ff.
[32]) Z. B. bei Gefahr des Einsturzes eines baufälligen Hauses § 908 BGB. s. unten S. 205 oder bei Gefahr des Einsturzes eines morschen Baumes s. unten S. 207.
[33]) § 909 BGB. s. unten S. 239ff.
[34]) S. unten S. 253.
[35]) § 911 BGB. s. unten S. 280.
[36]) S. unten S. 334.
[37]) §§ 917ff. BGB. s. unten S. 348ff.
[38]) S. unten S. 348.
[39]) S. oben S. XII.
[40]) § 905 BGB. s. unten S. 11ff.
[41]) Art. 66 AG. s. unten S. 315ff.
[42]) Art. 9 ÜG. s. unten S. 255ff.
[43]) Art. 75 AG. s. unten S. 265ff.

IV. Besondere Rechtsverhältnisse.

Hat der Eigentümer unter der Geltung der bisherigen Gesetze ein besonderes Recht erworben, welches ihn von der Einhaltung der damaligen gesetzlichen Eigentumsbeschränkung entband, so bleibt dieses besondere Recht auch gegenüber dem neuen Rechte in Kraft, selbst dann, wenn dieses die Beschränkung verschärft (Art. 184 EG.). Zu den Erwerbstiteln eines solchen besonderen Rechts kann auch die Verjährung gehören, wenn durch sie nach bisherigem Rechte eine Befreiung von der Eigentumsbeschränkung als Grunddienstbarkeit ersessen wurde.

Unter der Herrschaft des Bürgerlichen Gesetzbuchs ist auch die Neubegründung einer Grunddienstbarkeit zulässig des Inhalts, daß die Ausübung eines Rechts ausgeschlossen ist, das sich aus dem Eigentum an dem belasteten Grundstück dem anderen Grundstücke gegenüber ergibt (§ 1018 BGB.). Für die Entstehung einer solchen Grunddienstbarkeit ist aber auseinander zu halten der Zeitraum vor und nach dem Zeitpunkte, zu welchem das Grundbuch als angelegt anzusehen ist.

Der Zeitpunkt, zu welchem das Grundbuch als für einen Bezirk angelegt anzusehen ist, wird durch Ministerialverfügung bestimmt (§ 82 der Grundbuchordnung und § 26 der Verordnung vom 23. Juli 1898 [rechtsrheinisch] und vom 28. August 1898 [pfälzisch])[44].

Bis zu diesem Zeitpunkte richtet sich die Begründung einer Grunddienstbarkeit noch nach bisherigem Recht (Art. 180 EG., Art. 177 AG.)[45].

---

[44]) S. unten S. 473.
[45]) S. unten S. 479.

I. Abschnitt.

Die räumliche Begrenzung des Eigentums.

§ 1. Das Grundstück und seine Begrenzung.

I. Der Begriff des Grundstücks.

Der Begriff des Grundstücks ist nicht von der Natur gegeben, sondern von der Rechtsordnung geschaffen, aber auch hier nicht einheitlich verwendet. Er ist weder im BGB. noch in der GBO. erläutert. Im Bereich des bürgerlichen Rechts bezeichnet die Rechtsprechung (auf Grund der Bestimmungen in §§ 2, 3, 4 und 7 GBO.), als Grundstück einen Teil der Erdoberfläche, der räumlich abgegrenzt und im Grundbuch unter einer besonderen Nummer des Bestandsverzeichnisses als selbständiges Grundstück gebucht ist (RG. 84, 270; 73, 125; 68, 25; OLG. 21, 104; KGJ. 49, 253). Diese Begriffsbestimmung erfaßt nicht die Erdmasse unter der Erdoberfläche[1]) und läßt außer Acht, daß es auch Grundstücke gibt, die nicht im Grundbuch eingetragen sind, nämlich die in § 3 Abs. 2 GBO. aufgeführten buchungsfreien Grundstücke des Reichs (jetzt des Bundes), der Länder, der öffentlich-rechtlichen Körperschaften und der Religionsgesellschaften, ferner die Wasserläufe, die öffentlichen Wege und jene Grundstücke, die einer dem öffentlichen Verkehr dienenden Bahnunternehmen gewidmet sind.

Als Grundstücke im Sinne des bürgerlichen Rechts ist demnach ein abgegrenzter Teil der in natürlichem Zusammenhang stehenden Erdmasse zu verstehen, der nach den Bestimmungen der GBO. entweder im

---

§ 1. [1]) Die Motive (3, 48) zum Entwurf des BGB. bezeichnen als Grundstück einen „mathematisch abgegrenzten Erdausschnitt", dessen Grenzen durch Flächen bewirkt werden, die von den auf der Erdoberfläche befindlichen Grenzlinien in senkrechter Richtung nach dem Erdmittelpunkt zu sich ausdehnen bis sie wieder in einander zusammenlaufen.

Grundbuch als selbständiges Grundstück gebucht ist oder zu den als buchungsfrei erklärten Grundstücken gehört[2]).

Verschiedene Wirtschaftsgesetze fassen den Grundstücksbegriff unabhängig von der GBO. rein wirtschaftlich auf. So versteht das Reichssiedlungsgesetz vom 11. Aug. 1919 (RGBl. I, 1429) und § 4 der AusfBest. hierzu unter Grundstück jeden einheitlich bewirtschafteten landwirtsch. Grundbesitz. Auf denselben Begriff ist abgestellt im KRG. 45 und in der BayDVO. Nr. 127 (GVBl. 1947, 180). Dagegen fassen die Gesetze über die Aufschließung von Wohnsiedlungsbauten vom 22. Sept. 1933 (RGBl. I, 659) und vom 27. Sept. 1938 (RGBl. I, 1246) den Grundstücksbegriff im Sinn des bürgerlichen Rechts.

Die Abgrenzung, Teilung und Vereinigung der Grundstücke erfolgt durch die Willenserklärung des Berechtigten (vgl. Seuff. Bl. 73, 102; BayZ. 1908, 405; Staudinger I, 1 vor § 873). Hiezu ist in rechtlicher Beziehung erforderlich eine Kundgebung des Eigentümers, daß er den auf der Erde gekennzeichneten Teil der Erde als Einheit aufgefaßt wissen will. Der von diesem Willen erfaßte Erdausschnitt wird zu einem selbständigen Grundstück, wenn er in seinem Verhältnis zu den mit ihm in natürlichem Zusammenhang stehenden anderen Erdausschnitten ermittelt und im Grundsteuerkataster eingetragen wird (vgl. Oberneck-Gruchot 43, 169; BayZ. 1908, 405 u. 1907, 351; ObLG. 8, 359). Dagegen ist die Eintragung im Grundbuch nicht erforderlich. Ist freilich eine solche vorhanden, so ist sie maßgebend. Denn in der Eintragung ist der Wille zum Ausdruck gebracht, daß das fragliche Bodenstück, das für sich allein oder auf einem gemeinschaftlichen Blatt unter besonderer Nummer im Bestandsverzeichnis eingetragen ist, das Grundstück bilden soll (vgl. RG. 84, 269; KGJ. 49, 232; Güthe §§ 3 u. 6).

Sind also im Grundbuch mehrere Parzellen unter einer Nummer vereinigt, so stellen sich diese Katastergrundstücke als unselbständige (aber nicht wesentliche) Bestandteile des einheitlichen Grundbuchgrundstücks dar (vgl. OLG. 43, 6).

Da mehrere im amtlichen Verzeichnis aufgeführte Grundstücke auf Antrag des Eigentümers als ein Grundstück im Grundbuch eingetragen werden können, so kann ein Teil eines Grundstücks (im Sinn von Art. 120 Abs. 1 EGBGB.) auch eine einzelne ganze Pl.-Nr. sein, wenn mehrere Pl.-Nr.n nach § 890 BGB. ein einheitliches Grundstück bilden (ObLG. 31, 3).

---

[2]) Im Gegensatz dazu stellen SeuffBl. 76, 363 den historischen Begriff des Grundstücks auf. Dieser hat auch heute noch erhebliche Bedeutung für buchungsfreie Grundstücke, insoweit als es sich um die Grenzen gegenüber anderen, nahestehenden buchungsfreien Grundstücken handelt, wie überhaupt in jenen Fällen, in denen es sich um den zulässigen Gegenbeweis gegen die Vermutung des § 891 BGB., also um den Beweis, daß die grundbuchmäßigen Katastergrenzen unrichtig sind, handelt (vgl. Meisner-Stern, PrNachbarr. § 6, 71; Staudinger Anm. 1 vor § 873).

Der Grundsteuerkataster wird in Bayern auf Grund Landesvermessung (Grundsteuergesetz. vom 15. Aug. 1828, vom 19. Mai 1881 und vom 14. Aug. 1910 — GVBl. 1910, 1030) für jede Steuergemeinde vom Finanzamt geführt. In dem damit verbundenen Katasterplan sind die einzelnen Grundstücke mit ihren Grenzen eingezeichnet und mit einer Plannummer (= Pl.-Nr.) bezeichnet. Mit dieser Pl.-Nr. ist jedes Grundstück im Sachregister und im Bestandsverzeichnis des Grundbuchs eingetragen (§ 6 Grundbuchverf. vom 8. Aug. 1935 — RGBl. I, 637; RJM. vom 30. März 1936 — DJ. 534; für das alte bayer. System vgl. DAnw. §§ 165 ff.). Mehrere Grundstücke können zu einem Grundstück vereinigt werden (§ 890 BGB.). In der Anlegung eines gemeinschaftlichen Grundbuchblatts liegt eine solche Vereinigung nicht ohne weiteres (BayZ. 1913, 338).

Das Herrschaftsgebiet des Grundeigentümers umfaßt das Recht, hoch zu bauen und in die Tiefe zu gehen sowie Bodenbestandteile zu entnehmen (RGK. Bem. 1 zu § 905).

Das Grundstück besteht aus dem durch die Grenzen festgelegten Ausschnitt der Erdoberfläche mit dem darunter befindlichen Teil des Erdkörpers. Es ist ein Körper, keine Fläche[3]). Die Begrenzung der zum Grundstück gehörigen Erdmasse wird durch mathematische Flächen bestimmt[4]), die sich von den auf der Oberfläche gedachten Grenzlinien in lotrechter Richtung nach unten erstrecken, bis sie in einem Punkt, dem Mittelpunkt der Erde, zusammenlaufen. Der durch diese Flächen umschlossene, sich nach unten bis zu einer Spitze verjüngende Erdkörperteil bildet das Grundstück.

II. Erdkörper und Luftraum.

1. Natürlich ist diese Vorstellung eines aus dem Erdkörper herausgeschnittenen Teiles, dessen Endpunkt mit einem Mittelpunkt der Erde zusammenfällt, rein theoretisch. Wollte man aus dieser Vorstellung nach juristischer Logik die Folgerung ziehen, so würde dem Eigentümer des Grundstückes die Berechtigung zugesprochen sein, mit dem unter der Oberfläche seines Grundstückes gelegenen Boden bis zum Mittelpunkt der Erde nach seinem Belieben zu verfahren und andere von jeder Einwirkung auszuschließen (§ 903). Der Gesetzgeber wollte einerseits diese der Logik entsprechende Folgerung nicht verwerfen; andrerseits scheute er sich, die für menschliches Vermögen recht überheb-

---

[3]) Mot. 3, 48; Planck Bem. I, 1 zum 2. Abschnitt des Sachenrechts und Bem. 1 zu § 905. Vielfach wird ungenau das Grundstück als Teil der „Erdoberfläche" umschrieben (vgl. Oberneck bei Gruchot 43, 170; Meikel Bem. 2 zu § 3 GBO.; RGK. Bem. 4 zu § 873; Isay, preuß. BergG. 1, 84; Staudinger 3, 74; Dernburg, Sachenrecht § 3, der immer von einem „Flächenabschnitt" spricht). Dabei ist Oberfläche nicht als mathematische Gestalt aufzufassen, sondern als die dem Luftraum zunächst liegende Masse des Erdkörpers (vgl. Planck Bem 1 zu § 905). Soergel vor § 873 Anm. 1. Recht 1912 Nr. 547 u. 692.

[4]) Vgl. Monich, JherJ. 38, 178; Maenner 155. Über Wassergrundstücke s. RG. 53, 98.

liche Folgerung auszusprechen. Diesem Widerstreit der Empfindungen verdanken wir die Fassung des § 905, wonach sich das „Recht des Eigentümers" eines Grundstückes auf den Raum über der Erdoberfläche und den Erdkörper[5]) unter der Erdoberfläche „erstreckt". Dabei sind zwei Dinge gleichheitlich behandelt, die für die rechtliche Beherrschung durchaus wesensverschieden sind. Während der Luftraum als solcher nicht als Gegenstand des Eigentums gedacht werden kann, ist ein Eigentum an der festen Masse des Erdkörpers durchaus denkbar und wenigstens bis zu einer gewissen Tiefe für die Rechtsordnung unentbehrlich. Und trotz der sprachlich gleichwertigen Verbindung, in welcher die rechtliche Machtbefugnis an Luftraum und Erdkörper geregelt wird, ist für Luftraum und Erdkörper der Begriff dieser Machtbefugnis verschieden konstruiert. Das „Recht des Eigentürmers" ist der übergeordnete Begriff, unter ihn fallen das Eigentum am Erdkörper[6]) und die Machtbefugnis im Luftraum, die kein Eigentum ist[7]). Nach oben wie nach unten ist diesem „Recht des Eigentümers", soweit das „nach Belieben verfahren" in Betracht kommt, keine Schranke gezogen; dies bleibt dem menschlichen Vermögen überlassen. Die andere Seite des Rechts des Eigentümers, das Ausschließungsrecht, wird jedoch eingeschränkt durch

---

[5]) Der Ausdruck „Erdkörper" ist ungenau; auch unterirdische Höhlen und Gewässer gehören dazu; vgl. Gierke DPrR. 2, 394 Anm. 3. — Auf das Bergwerkseigentum findet § 905 keine Anwendung. Art. 47 bayer. BergG. erklärt lediglich die Vorschriften des BGB. über den Erwerb des Eigentums und die Ansprüche aus dem Eigentum für anwendbar; vgl. die auf Grund des (mit Art. 47 bayer. BergG. übereinstimmenden) § 50 Abs. 3 preuß. BergG. ergangenen RGEntsch. 73, 304; 87, 400).

[6]) Theoretisch steht der ganze Erdausschnitt bis zum Mittelpunkt der Erde im Eigentum des Grundstückseigentümers. Praktisch wird diese Theorie nur insoweit, als man tatsächlich in der Lage ist, auf die Bestandteile des Erdkörpers einzuwirken. Unabhängig davon und daneben besteht das Gewinnungsrecht an den dem Bergbau vorbehaltenen Bodenbestandteilen. Diese stehen auch schon vor der Verleihung des Bergwerkseigentums nicht im Eigentum des Grundstückseigentümers und diesem steht als solchem auch kein Gewinnungsrecht hierauf zu. Es handelt sich also um zwei Rechte verschiedenen Charakters am Erdkörper (vgl. RG. vom 24. Okt. 1888 in Brassert Z. f. Bergrecht 30, 105): Das Eigentumsrecht des Grundeigentümers, das die ganze Erdrinde durchzieht, insoweit ihre Teile nicht dem Bergbau vorbehalten sind, und das Gewinnungsrecht auf die dem Bergbau vorbehaltenen Teile. Dieses steht demjenigen zu, dem das Bergwerkseigentum verliehen ist und vor der Verleihung niemand. Isay, preuß. BergG. 1, 86 lehnt dagegen ein Eigentum des Grundstückseigentümers an den Bestandteilen des Erdkörpers ab. Auch dieser soll nur ein Gewinnungsrecht haben, so daß also das Recht des Grundeigentümers an den bergbaufreien Bestandteilen der Erdrinde und das Gewinnungsrecht des Bergwerkseigentümers auf die dem Bergbau vorbehaltenen Teile der Erdrinde gleichwertig nebeneinander stehen, wenn sie auch aus verschiedenen Wurzeln entspringen. (Diese Ansicht beruht auf einer unrichtigen Vorstellung von dem Begriff des Grundstücks, als welches Isay nur die Erdoberfläche betrachtet (vgl. Isay, preuß. BergG. 1, 84).

[7]) KommProt. 3529 (Mugdan 3, 579), vgl. Neumann, Jahrb. 8, 382.

die Bestimmung des § 905 Abs. 2, wonach der Eigentümer Einwirkungen nicht verbieten kann, die in solcher Höhe oder Tiefe[8]) vorgenommen werden, daß er an ihrer Ausschließung kein Interesse hat.

2. Grundsätzlich gehört alles, was über und unter der Erdoberfläche mit dem Boden fest verbunden ist, zum Eigentum am Grundstück[9]). Der Eigentümer eines Hauses ist daher auch Eigentümer des darunter befindlichen Kellers[10]). Was hier vom Grundstück gesagt wird, muß auch für Gebäude gelten, die ausnahmsweise nicht Bestandteil des Bodens geworden sind (vgl. § 95 BGB.)[11]). In solchem Falle muß man dem Gebäudeeigentümer mindestens das Recht auf den Raum über der Erdoberfläche einräumen[12]). Die gegenteilige Meinung[13]) würde dazu führen, daß niemand Einwirkungen auf den Raum über der Erdoberfläche verbieten könnte; dem Eigentümer des Grundstückes kann das Verbietungsrecht nicht zustehen; denn er hat, wenn das Gebäude einem anderen gehört, an der Ausschließung kein Interesse (vgl. auch § 226 BGB.).

Der Eigentümer des Flußbettes hat das Ausschließungsrecht des § 905 an dem Raum, der sich über dem Flußbett befindet; auch dann, wenn das Wasser selbst öffentlich ist[14]). Sein Ausschließungsrecht erstreckt sich auf den Luftraum über dem Wasser und auf den innerhalb der Ufer und der Sohle befindlichen Raum, in welchem das Wasser fließt[15]).

Der Eigentumsgegenstand ist auf den Erdkörper (und das, was er umschließt) beschränkt und das Recht des Grundstückseigentümers am Luftraum über seinem Grundstück ist nur der Ausfluß des Eigentums am Grundstück. Nach der zutreffenden Formulierung Niemeyers[16])

---

[8]) Über Abgrenzung des Eigentums am Grundstück vom Bergwerkseigentum vgl. oben Anm. 1.

[9]) Es kann demnach nach dem 1. Januar 1900 kein Sondereigentum an einem wesentlichen Teile eines Grundstückes begründet werden. Vgl. hierüber unten § 2.

[10]) Das schließt aber nicht aus, daß ein Dritter Besitz an dem Keller hat, oder daß der Keller auf Grund einer Grunddienstbarkeit, ja sogar eines Sondereigentums nach § 95 der ausschließlichen Benützung des Dritten untersteht. S. darüber § 4.

[11]) Behelfsheime s. unten S. 21.

[12]) Biermann zu § 905; Planck Bem. 1 zu § 905.

[13]) Maenner S. 161 Anm. 20; zweifelnd Staudinger zu § 905.

[14]) Die den Gemeingebrauch überschreitende Einwirkung ist unzulässig (RG 53, 99; 94, 35).

[15]) RG. 92, 48; 53, 99; 94, 35 für preußisches Recht. Nach bayer. Wasserrecht ist nicht anders zu entscheiden. — Über öffentliche Gewässer (auch über Privatflüsse mit erheblicher Hochwassergefahr) dürfen Drähte nur mit Erlaubnis der Verwaltungsbehörde geführt werden (Art. 78 WG.).

[16]) Niemeyer, Verh. f. d. 31. DJurTag Bd. 2 S. 39f. Über Luftverkehr s. unten S. 11.

erschöpft sich das Recht des Grundeigentümers am Luftraum in dem ausschließlichen Recht auf Benützung des Luftraums, soweit es ausgeübt werden kann vom Grundstück aus und in Verbindung mit diesem und in dem Verbietungsrecht gegen solche Einwirkungen, welche diese Benützung des Luftraumes und die Benutzung des Grundstückes beeinträchtigen.

Hiernach braucht sich der Grundstückseigentümer[17]) nicht das Überragen des Daches des Nachbarhauses[18]) oder eines Erkers[19]) in seinen Luftraum gefallen zu lassen, ebensowenig ein Übergreifen eines Kellers auf sein Grundstück.

Der Abwehranspruch setzt aber stets eine Einwirkung auf die senkrechte Luftsäule über dem Grundstück oder auf den Erdkörper voraus. An dieser (positiven) Einwirkung fehlt es, wenn der Windmühle durch einen Neubau des Nachbars nur der Luftzug entzogen wird[20]).

3. Das Zusammenleben der Menschen und der hierdurch notwendig werdende Ausgleich der widerstreitenden Interessen hat für das Nachbarrecht eine Reihe gesetzlicher Beschränkungen des Eigentums notwendig gemacht, die als Ausnahmen in den Grundsatz des § 905 eingreifen; so z. B. der Wegfall des Ausschließungsrechtes für mäßige Immissionen (Zuleitung von Gasen, Gerüchen, Rauch, Lärm usw.), die Bestimmungen über den Notweg, Überbau, den natürlichen Wasserlauf usw. Insoweit nicht solche besondere Ausnahmen Platz greifen, ist die gemeinrechtliche Lehre, daß sich der Machtbereich des Grundeigentümers bis zum Mittelpunkt des Erdkörpers nach unten und bis zum Ende der Luftsäule nach oben erstrecke, dem Grundsatz nach auch für das neue Recht übernommen. Vernünftigerweise wird jedoch diesem theoretischen Gedanken wieder die Spitze abgebrochen[21]) durch die Beschränkung, welche Satz 2 des § 905 dem Satz 1 beifügt, wonach der Eigentümer Einwirkungen nicht verbieten kann, die in solcher Höhe oder Tiefe vorgenommen werden, daß er an der Ausschließung kein Interesse hat. Diese Beschränkung des Machtbereichs des Eigentümers beruht auf demselben sozialen Gedanken, wie das Schikaneverbot des

---

[17]) Befindet sich das Grundstück nicht im Besitz des Eigentümers, so kann auch der Besitzer die unzulässigen Einwirkungen mit der Besitzstörungsklage verbieten. Planck Bem. 5 zu § 905.

[18]) Vgl. darüber unten § 21, I, 2 und § 24, 2b.

[19]) Vgl. darüber unten § 21. Die Stadtgemeinde kann unter Umständen Klage auf Beseitigung der Schaukästen über dem Bürgersteig erheben (OLG. 18, 121; SeuffA. 65, 454 [RG.]); vgl. Gruchot 54, 918 (RG.).

[20]) SeuffA. 64, 225; JW. 1909, 161. — Entziehung von Licht und Luft (RG. 51, 254; JW. 1908, 142; s. oben Einleitung I.

[21]) Vgl. hierzu Monich in Iherings Jahrb. Bd. 38 S. 155ff.

§ 226 BGB. Es wäre jedoch unrichtig, den Satz 2 des § 905 als einen Anwendungsfall des § 226 zu bezeichnen[22]). Satz 2 des § 905 geht vielmehr weiter, als das allgemeine Schikaneverbot des § 226; denn es genügt für die Anwendung jener Bestimmung schon die Feststellung, daß der Eigentümer tatsächlich kein Interesse an der Ausschließung hat, ohne daß es nötig wäre festzustellen, daß er an der Ausschließung kein Interesse haben kann, und ebensowenig ist hier, wie im Falle des § 226 Voraussetzung, daß der Eigentümer mit dem Verbot der Einwirkung den Zweck verfolgt, einem anderen Schaden zuzufügen[23]). Das nach § 905 maßgebende Interesse des Eigentümers an der Ausschließung braucht nicht notwendig ein vermögensrechtliches zu sein; es genügt jedes nur irgend schutzwürdige[24]) Interesse (z. B. auch ein ästhetisches) in Ansehung der Benutzung des Wertes des Grundstücks[25]). Immerhin aber wird ein wirklich begründetes Interesse nicht allzu persönlicher Natur verlangt werden müssen, da ja durch Satz 2 eine gewisse allgemeine Duldungspflicht auferlegt werden will[26]).

Deshalb ist z. B. die nachweisbare und nicht zu beseitigende aber unbegründete Angst des Hauseigentümers, daß die Drähte[27]) über dem Hause die Gefahr des Blitzschlages erhöhen, nicht genügend, ein solches Interesse darzutun; denn das ist kein wirkliches, sondern nur ein vermeintliches Interesse. Anders wenn ein Mieter infolge einer solchen unbegründeten Angst ausziehen will; hierdurch wird das Interesse des Hauseigentümers sehr wesentlich berührt[28]).

Führt über ein Grundstück ein öffentl. Weg, so ist der Grundstückseigentümer in seinem Eigentum insoweit beschränkt, als dies durch den Zweck des Weges, dem öffentl. Verkehr zu dienen, erfordert wird. Die Duldungspflicht des Grundstückseigentümers erstreckt sich daher nicht auf Überführungen, die eine Versorgung privater Abnehmer von elektrischem Strom zum Zwecke haben (Warn. 1926 Nr. 158).

---

[22]) So Kuhlenbeck Anm. 1 zu § 905.

[23]) Maenner S. 161. Vgl. Planck Bem. 3 zu § 905.

[24]) Vgl. RG. 97, 27; 150, 226. Die Schutzwürdigkeit ist zu entnehmen aus der allgem. Verkehrsanschauung und den örtl. Verhältnissen. Notwendig ist eine Behinderung der Benutzung oder die Besorgnis künftiger Behinderung.

[25]) Vgl. KommProt. 3529 (Mugdan 3, 579); Staudinger, Vorträge 323; RG. 59, 118. Das Interesse des Eigentümers und nicht das des fremden Eingreifers bildet den Maßstab und die Grundlage. Auch das reine Affektionsinteresse genügt. OLG. 5, 384. Vgl. Gruchot 58, 201 (RG.). Drahtleitungen werden regelmäßig nicht als eine ins Gewicht fallende Verunstaltung des Straßenbildes empfunden (SeuffA. 71, 154).

[26]) Staudinger Anm. 1b zu § 905.

[27]) Über Telephon- und Telegraphendrähte s. unten § 13.

[28]) Vgl. RG. 59, 120: Dem Eigentümer wurde ein Verbietungsrecht zugesprochen dagegen, daß von einer elektrischen Zentrale elektrische Leitungsdrähte in einer Höhe von 4 m über dem flachen Dache des Hotels gezogen wurden, da der Besuch des Hotels unter der Furcht der Gäste vor Gefahren aus der elektrischen Kraftleitung leiden könne. Solche Befürchtungen können, wenn sie auch sachlich ungerechtfertigt sein mögen, doch von verständigen Leuten geteilt werden.

Eine Gemeinde braucht Lichtreklameanlagen im Luftraum über der Straße nicht zu dulden; für Lichtreklamen geringen Umfangs, die den Verkehr nicht behindern, kann sich die Duldungspflicht aus der Widmung der Straße für den öffentlichen Verkehr ergeben (RG. 123, 181, JW. 1930, 961; RGK. 9. Aufl. Anm. 4 S. 195 zu § 905).

Keine Duldungspflicht besteht für eine Stadtgemeinde hinsichtlich eines Vordaches vor einem Hauseingang, wenn dieses in den Luftraum über der Straße hineinragt (RG. 132, 398).

Die Benutzung des Luftraums über der Straße zum Tanken von Kraftfahrzeugen kann je nach den örtlichen Verhältnissen im Rahmen des Gemeingebrauchs liegen und muß dann geduldet werden (RG. 123, 187). Die in RG. 150, 216 vertretene Auffassung, daß die Straßeneigentümerin ein solches Tanken nicht unentgeltlich zu dulden brauche, wird den heutigen Verkehrsverhältnissen nicht mehr gerecht; von der Überlassung einer Straße für den öffentlichen Verkehr kann das für den Kraftfahrverkehr notwendige Tanken über den Luftraum der Straße hinweg nicht ausgeschlossen werden, denn zur beschleunigten Abwicklung des Verkehrs gehört die Tankgelegenheit unmittelbar an der Straße.

Das Interesse muß sich auf das Grundstück und den dazugehörigen Rechtskreis beziehen und auf die Ausschließung der Einwirkung auf das Grundstück gerichtet sein; deshalb ist die Absicht, durch das Verbot der Einwirkung die Entrichtung einer Abgabe zu erzwingen, nicht zu berücksichtigen[29]); ebensowenig kann eine Stadtgemeinde ihr Interesse auf Beseitigung der Drähte daraus ableiten, daß sie selbst elektrischen Strom herstellt und durch die Drähte, deren Beseitigung sie verlangt, anderen Grundstücken elektrischer Strom zugeführt, ihr also Konkurrenz gemacht wird[30]). Dagegen kann ein Verbietungsrecht damit begründet werden, daß die fremden elektrischen Drähte auf eine elektrische Leitung des Eigentümers störend einwirken (s. hierüber unten § 13).

Aus der Fassung des Gesetzes „Einwirkungen . ., die in solcher Höhe oder Tiefe vorgenommen werden, daß er an der Ausschließung kein Interesse hat" darf nicht etwa abgeleitet werden, daß das Interesse nur nach *abstrakten* Grundsätzen zu erforschen ist[31]). Dies würde dazu führen, daß der § 905 Satz 2 fast nie angewendet werden könnte. Denn dann müßte jede *Möglichkeit* einer Beeinträchtigung durch die Einwirkung ausgeschlossen sein und bei der Prüfung dieser Frage müßte auch jede Möglichkeit einer Veränderung der Umstände berücksichtigt werden[32]). Man müßte damit rechnen, daß es dem Grundstückseigentümer einmal einfallen könnte, auf seinem Grundstücke eine Sternwarte zu errichten, deren Benutzung durch vorhandene Leitungsdrähte beeinträchtigt werden könnte. Richtiger wird es wohl sein zu

---

[29]) Dernburg 232; Maenner 161; Gruchot 58, 201.
[30]) SeuffA. 71, Nr. 89.
[31]) A. M. Turnau-Förster Anm. 2 zu § 905.
[32]) Vgl. dagegen Turnau-Förster a. a. O.

sagen: Die Frage, ob der Eigentümer an der Ausschließung der Einwirkung ein Interesse hat, ist nach den konkreten Verhältnissen zu beurteilen; dabei ist aber zu berücksichtigen, daß der Wegfall des Interesses durch die Höhe oder die Tiefe, in welcher die Einwirkung vorgenommen wird, verursacht sein muß. Der Mangel eines Interesses muß in der Höhe (oder Tiefe), in welcher die Einwirkung erfolgt, seinen Grund haben. Dadurch kommt man bei Beurteilung der Höhe und Tiefe zu einem relativen Maßstabe[33]).

Hiernach hat der Eigentümer ein Interesse an der Ausschließung aller Einwirkungen, welche die Benützung seines Grundstückes beeinträchtigen, mögen sie auch in noch so großer Höhe oder Tiefe vorgenommen werden. Wesentlich im Sinne des § 906 braucht die Beeinträchtigung nicht zu sein, denn § 906 handelt von Einwirkungen, die von einem anderen Grundstücke ausgehen; § 905 betrifft dagegen Einwirkungen, die in der zum Grundstück selbst gehörigen Luftsäule (bzw. in den dazugehörigen Erdkörper) vorgenommen werden. Immerhin wird auch hier für die Frage, ob ein schutzwürdiges Interesse vorliegt, der Grad der Einwirkung von Bedeutung sein[34]). Dabei ist nicht nur die derzeitige Art der Benutzung[35]), sondern auch jede andere Art der Benützung, die unter den gegebenen Verhältnissen normal sein würde[36]), aber auch jede bereits in Aussicht genommene anormale Benützungsart, nicht aber jede mögliche Art der Benutzung[37]), in Betracht zu ziehen.

Wenn ein Unternehmer einen Draht in so geringer Höhe über dem Dachstuhl meines Hauses zieht, daß ich dadurch an der in Aussicht genommenen Erhöhung meines Hauses behindert werde, so liegt ein solches Interesse vor. Wenn ich auf meinem Grundstück einen 70 m hohen Aussichtsturm erbauen will, so muß eine in dieser Höhe befindliche Leitung beseitigt werden.

Besonders bei Einwirkungen in der Tiefe wird ein strenger Maßstab an den Nachweis, daß der Eigentümer an der Ausschließung der Einwirkung kein Interesse hat, zu legen sein; denn es läßt sich schwer übersehen, ob nicht durch die Einwirkung eine Veränderung in den

---

33) Vgl. z. B. unzulässiges Überragen einer Grenzmauer OLG. 34, 171; Überragen von Gesimsen (Recht 1910 Nr. 4089).

34) Vgl. RG. 97, 27; SeuffA. 71 Nr. 89.

35) Maenner 160 Anm. 16; Kretzschmar im SächsArch. 12, 410.

36) RG. 59, 119 spricht von „beliebiger ordnungsgemäßer Verfügung" und tritt dem OLG. bei, das „die beliebige Benützung des Luftraums über dem Hause" durch den Eigentümer „zu solchen Vorkehrungen, die bei gegebener Sachlage ordnungsmäßig und üblich sein würden", in Betracht gezogen hatte; für das bisherige Recht vgl. RG. 42, 205.

37) Recht 1908 Nr. 3615; OLG. 18, 121 gehen zu weit. Von OLG. 18, 121 wird Beseitigung einer Drahtseilbahn in einer Höhe von 9,5 Meter zugesprochen, weil die Wiese später einmal Bauplatz werden könnte.

unterirdischen Wasserläufen oder im Grundwasser eintritt. Hier müssen schlüssige Gutachten von Sachverständigen beigebracht werden, aus welchen erhellt, daß jede Gefahr ausgeschlossen ist.

Die Beweislast dafür, daß die Voraussetzungen der ausnahmsweisen Zulässigkeit der Einwirkung gegeben sind, hat derjenige, welcher die Zulässigkeit der Einwirkung behauptet[38]), und nicht der Eigentümer, welcher das Verbietungsrecht geltend macht. Dieser Beweislast hat jener zunächst Genüge geleistet, wenn er die äußeren Umstände darlegt, welche den Mangel eines Interesses für den Eigentümer erkennen lassen. Dem Eigentümer bleibt es dann immer noch anheimgestellt, ein bestimmtes Interesse zu *behaupten*; der andere hat dann auch das Nichtbestehen dieses behaupteten Interesses nachzuweisen[39]). Der Eigentümer eines Gebäudes, dessen Gesimse über die Grenze ragen, ist (vorbehaltlich des § 912 BGB.) zur Beseitigung verpflichtet. Auf § 905 kann er sich regelmäßig[40]) nicht berufen, da der Nachbar jederzeit in die Lage kommen kann, den Raum für ein von ihm zu errichtendes Gebäude in Anspruch zu nehmen[41]).

Der Eigentümer, welcher auf Grund des § 905 Abs. 2 zur Duldung einer Einwirkung verurteilt wurde, kann, wenn später infolge einer Veränderung der Umstände ein zur Zeit der Urteilsfällung nicht vorhandenes Interesse eingetreten ist, die Vollstreckungsgegenklage des § 767 ZPO. anstrengen[42]).

4. Anwendungsfälle des § 905 Abs. 2 sind z. B. Tunnelbauten[43]), elektrische Leitungen[44]), Viadukte, Legung unterirdischer Kabel, Kanäle, Untergrundbahnen, Drahtseilbahnen Auch Schaukästen, Balkons, Erker über öffentlichen Straßen können in Betracht kommen. In jedem einzelnen dieser Fälle ist zu prüfen, ob die Voraussetzungen des § 905

---

[38]) Turnau-Förster Anm. 2 zu § 905; Planck Bem. 4 zu § 905; Kretzschmar im Sächs.-Arch. 12, 410. RG. 59, 120; R. d. OLG. 5, 383; A. M. Bunsen in Bernhöft und Binders Beitr. Heft 6 S. 419ff. mit der Begründung, daß die im Gesetz gezogene Schranke eine aus der Materie der Sache folgende, den sozialen Verhältnissen entsprechende *regelmäßige* Begrenzung der Besitzmachtvollkommenheit des Eigentümers bilde.

[39]) Vgl. Monich in Iherings Jahrb. 38, 157.

[40]) Ausnahme, wenn nach den gegebenen sachlichen Umständen mit der Möglichkeit einer Bebauung nicht zu rechnen ist.

[41]) Mit einer Bescheinigung des Eigentümers, für diesen Fall die Gesimse zu beseitigen, braucht er sich nicht zu begnügen (Recht 10 Nr. 4089).

[42]) Turnau-Förster a. a. O. muß auf Grund seiner Anschauung, daß an die Voraussetzungen des § 905 Abs. 2 ein abstrakter Maßstab anzulegen ist, zum entgegengesetzten Resultate gelangen.

[43]) JW. 1912, 869.

[44]) Vgl. SchlHolstAnz. 1910, 83; SeuffA. 71, 154. Über Telegraphen- und Telephondrähte s. unten § 13.

Satz 2 gegeben sind. Ein Recht, Gestänge auf Gebäuden (Telephonständer) aufzustellen, ist durch § 905 nicht begründet (s. unten § 13 B). Soweit die Einwirkung unter der Erde zulässig ist, wird dadurch niemals ein Recht zur Aufgrabung der Erdoberfläche zwecks Herstellung der an sich zulässigen Anlage begründet, auch dann nicht, wenn sich der Unternehmer unter Sicherheitsleistung zur Wiederherstellung verpflichtet.

Das Luftverkehrsges. vom 1. Aug. 1922 in der Fassung vom 21. Aug. 1936 (RGBl. I, 653, 936) mit Änderung vom 27. Sept. 1938 (RGBl. I, 1246) und vom 26. Jan. 1943 (RGBl. I, 69) hat das Recht des Grundeigentümers auf dem Luftraum über seinem Grundstück weitgehend eingeschränkt und die Benutzung des Luftraums für Luftfahrzeuge grundsätzlich freigegeben. § 19 des Ges. gibt dafür einen weitgehenden Schadensersatzanspruch; danach ist der Luftfahrzeughalter verpflichtet, allen Schaden zu ersetzen, den jemand (auch ein Unbeteiligter) beim Betrieb eines Luftfahrzeugs durch Unfall erleidet (Gefährdungshaftung). Der Schaden muß „beim Betrieb" entstanden, also eine adäquate Folge des Betriebs sein. Darunter fällt auch ein Schaden, den Dritte durch Herauswerfen von Gegenständen aus dem Luftfahrzeug erleiden. Dagegen besteht keine Haftung für Schäden, die bei ordnungsgemäßem Betrieb lediglich durch außergewöhnliche Empfindlichkeit des beschädigten Gegenstandes herbeigeführt wird, z. B. wenn jemand durch das einfache Motorengeräusch eines ruhig fliegenden Fahrzeugs infolge überempfindlicher Nerven erschrickt und dadurch zu Schaden kommt (RG. 133, 127 u. 350). Neben § 19 LuftVG. scheiden die Vorschriften der §§ 905 und 1004 BGB. als Grundlage für einen Anspruch des Grundeigentümers aus. Andererseits aber hat § 27 Abs. 2 LuftVG. die in § 17 KraftFG. vorgesehene Ausgleichspflicht noch erweitert, indem diese auf alle sonst etwa für den Schaden Verantwortliche ausgedehnt wird.

Der durch eine Landung verursachte Flurschaden fällt unter § 19 LuftVG. Der Ersatzanspruch ist gegeben für Tötung, Beschädigung der Gesundheit und des Eigentums. § 28 stellt klar, daß über die Gefährdungshaftung des § 19 hinaus im Falle schuldhaften Verhaltens des Luftfahrzeughalters oder Führers der Schadensersatzanspruch nach allgemeinen bürgerlich-rechtlichen Bestimmungen (§§ 823ff. BGB.) gegeben ist. Ein solches Verschulden kann insbesondere darin liegen, daß der Luftfahrer den Sicherheitsvorschriften über Luftverkehr nach § 63 der VO. über LuftV. vom 21. Aug. 1936 (RGBl. I, 659) nicht genügt hat.

Luftfahrzeuge dürfen außerhalb von Flugplätzen nur landen, wenn es die Sicherheit des Flugs erfordert, d. h. wenn der Flug ohne Gefahr nicht fortgesetzt werden kann (§§ 12 LuftVG. und 39 der VO. hierzu). Für die durch eine Notlandung verursachten Schäden hat der Grundeigentümer nur den Anspruch aus § 19 LuftVG. und eventuell aus §§ 823 ff. BGB. (vgl. RG. 158, 34).

Das Interesse des Eigentümers eines Wohnhauses wird regelmäßig nicht verletzt, wenn man Drähte über seinem Haus spannt; er kann dies also regelmäßig (vgl. aber oben S. 6) nicht verbieten. Anders, wenn er sich auf seinem Dache einen sogen. Berliner Garten oder eine Privatsternwarte eingerichtet hat, und durch die Drähte in seinem freien Ausblick gestört wird; dies kann in letzterem Fall schon durch einen einzigen Draht bewirkt werden. Befindet sich auf einem Grundstücke ein wissenschaftliches Laboratorium, dessen Präzisionsapparate durch den oberhalb des Hauses hingeleiteten elektrischen Strom beeinträchtigt werden, so kann der Unternehmer zur Beseitigung dieser Leitungsdrähte, soweit sie durch den Luftraum des Hauseigentümers gehen, angehalten werden.

Der Eigentümer eines Ziergartengrundstückes wird wohl durch eine mäßige Anzahl von Leitungsdrähten, welche sich in der üblichen Höhe befinden, regelmäßig nicht beeinträchtigt, während bei einer solchen Menge von Drähten, daß hierdurch die ästhetische Gesamtwirkung der Gartenanlage gestört wird, ein zur Rechtfertigung des Widerspruchs genügendes Interesse gegeben ist[45]). Auch darin liegt ein genügendes Interesse, daß infolge einer über ein Hotel geführten elektrischen Leitung möglicherweise Gäste aus Furcht vor Gefahren wegbleiben können[46]).

Wenn sich unter meinem Grundstücke eine von diesem aus nicht zugängliche Höhle befindet, so kann ich meinem Nachbar, von dessen Grundstück die Höhle zugänglich ist, nicht verbieten, diese gegen ein Eintrittsgeld zu zeigen[47]). Sobald ich mir aber selbst einen Zugang zu der Höhle verschafft habe, muß dies aufhören.

Die Eigentümer hochgelegener Almen haben ein Interesse an der Ausschließung eines Tunnelbaues, wenn die Gefahr besteht, daß durch die Anlegung des Tunnels eine Almenquelle versiegt[48]).

Dagegen läßt sich der Fall, daß die Fensterflügel des Nachbarhauses beim Öffnen durch den Luftraum des Grundeigentümers geführt werden, zumeist nicht unter § 905 Abs. 2 BGB. bringen. Denn diese Bestimmung hat eine solche Höhe im Auge, welche für die regelmäßige Benützung von Grundstücken überhaupt nicht in Betracht kommt. Anwendbar ist hier unter Umständen § 226 BGB.

5. Schadenersatzpflicht. Die Einwirkungen, die der Eigentümer gemäß § 905 Abs. 2 nicht verbieten kann, sind nicht rechtswidrig[49]); denn durch § 905 Satz 2 wird der gesetzliche Inhalt des Eigentumsrechts eingeschränkt[50]). Deshalb kann derjenige, welcher in einer nach § 905 Abs. 2 zulässigen Weise auf dieses Recht eingewirkt hat, auf Schadenersatz nur aus einem besonderen Rechtsgrunde[51]) in An-

---

[45]) Vgl. KommProt. 3529 (Mugdan 3, 579); Maenner 161.

[46]) RG. 42, 210; 59, 120.

[47]) Cosack 2, 152. Vgl. RG. 28, 154: Hier ist ausgesprochen, daß die Barbarossahöhle und deren Verwertung durch Einführung von Fremden dem Grundeigentümer, nicht dem Bergberechtigten gehört. — Das ist richtig. Das vom RG. nach gemeinem Recht anerkannte Verbietungsrecht wäre nach § 905 nur dann begründet, wenn der Grundeigentümer einen von den Bergbaueinrichtungen unabhängigen Zugang zu der Höhle hat. Denn sonst hat er an der Ausschließung der Besichtigung kein Interesse. So schon nach gemeinem Recht richtig Dernburg, Pand. I § 198 Anm. 4 für folgenden Fall: Unter einem Acker befindet sich in großer Tiefe eine Tropfsteinhöhle, die den einzigen Zugang von einem weit entfernten fremden Grundstück hat. Der Eigentümer des Ackers kann dem andern nicht verbieten, die Höhle gegen Entgelt zu zeigen; er kann auch nicht beanspruchen, daß dafür von ihm eine Vergütung bezahlt wird. (Unrichtig Schumacher, Z. f. Vermessungswesen 1903, 106 Anm. 5).

[48]) Schumacher, Z. f. Vermessungswesen 1903, 105. Das ist beim Simplontunnel der Fall gewesen. — Das Verbietungsrecht gegenüber der Eisenbahn ist jedoch entzogen und in einen Anspruch auf Schadloshaltung umgewandelt (s. hierüber unten § 39). Infolge der Anlage des Bahntunnels Cochem-Eller ist das Wasser eines Baches unterirdisch verschwunden. Der Bahnfiskus wurde zur Entschädigung verurteilt (RG. 4, 344).

[49]) Kipp, JW. 1908, 644.

[50]) Vgl. Niemeyer, Verh. d. 31. DJurTag. 2, 41.

[51]) Ebenso Linkelmann, JW. 1909, 8; Goldfeld, JW. 1911, 565; wie Kipp dagegen Staudinger Bem. 1h zu § 905; Meurer, Luftschiffahrtsrecht 16; Bodenheim, Luftschiffahrt

spruch genommen werden. In dieser Hinsicht kommt, abgesehen von einem Verschulden des Einwirkenden, die Ersatzpflicht für Schäden, die durch den Betrieb eines Bergwerkes verursacht sind[52]) und die Gefährdungshaftung in Betracht[53]).

6. Noch weitergehende Einschränkungen als die durch § 905 bestimmten (etwa die Pflicht zur Duldung von Einwirkungen in unmittlebarer Nähe der Erdoberfläche) können durch die öffentlich-rechtliche Gesetzgebung bestimmt werden. Eine solche Vorschrift über die Verpflichtung zur Duldung von Telegraphen- und Telephondrähten enthält das Reichsgesetz betreffend die Telegraphenwege vom 18. Dezember 1899. Hiervon wird später (§ 13) die Rede sein. Abgesehen von diesem Gesetz bestehen in Bayern keine besonderen Vorschriften über die Benützung des Raumes über öffentlichen Straßen.

III. Verschiebungen der Erdoberfläche.

1. Die Abgrenzung muß sich naturgemäß an die Gestaltung der Erdoberfläche anschließen. Durch die auf der Oberfläche gedachten Linien (die Grenzen) wird das Grundstück in seiner räumlichen Beziehung zu den übrigen Teilen des Erdkörpers (also nach seiner geographischen Lage) dauernd und unverrückbar festgelegt und individualisiert. Diese Auffassung des Juristen beruht auf der Unterstellung, daß die Erdoberfläche im ganzen betrachtet in einem dauernd unveränderlichen Zusammenhang der sie bildenden Teile bleibt, also unbeweglich und unverrückbar ist. Tatsächlich ist aber die Erdoberfläche keineswegs unverrückbar. Im Innern des Erdkörpers gehen fortgesetzt Veränderungen vor sich, die naturgemäß auch die Oberfläche in Mitleidenschaft ziehen. Dabei handelt es sich nicht nur um plötzlich einsetzende elementare oder durch menschliche Tätigkeit veranlaßte Ereignisse, wie Erdbeben oder Einsturz von Erdmassen (Erdrutsch), sondern auch um stetig fortschreitende Veränderungen im Erdinnern, deren Auswirkung auf die Oberfläche sich so allmählich und deshalb unmerklich vollzieht, daß sie den Beteiligten gar nicht zum Bewußtsein kommt und erst durch genaue wissenschaftliche Beobachtung festgestellt werden kann.

Der geologische Aufbau des Erdkörpers ist nicht abgeschlossen. Infolge des ungleichen Drucks der Massen, welche den Erdkörper bilden, treten allmähliche Verlage-

---

24; Ludewig JW 1908, 705 führt gegenüber Kipp JW. 1908, 644 zutreffend aus, daß die Ersatzpflicht des Luftschiffers nicht nach Analogie des § 26 RGewO. begründet werden kann. Gleichwohl besteht Ersatzpflicht für den durch Absturz herbeigeführten Schaden auf Grund der gewohnheitsrechtlich geltenden Gefährdungshaftung (s. unten § 43 D III).

[52]) S. darüber unten § 37.

[53]) S. darüber unten § 43 D III.

rungen ein. Man spricht hier von tektonischen Veränderungen. Unter Tektonik versteht man die gesetzmäßige Umbildung des Aufbaues der Gesteinsmassen[54]), namentlich der Gebirge. Eine solche Umbildung im Aufbau der Gebirge muß zu Verschiebungen der Oberfläche, zu tektonischen Verschiebungen führen. Solche tektonische Verschiebungen wurden namentlich im bayerischen Alpenvorland festgestellt. Sie sind eine Folge des durch das Alpenmassiv ausgeübten Druckes. Man sollte meinen, daß dieser Druck eine Verschiebung des Alpenvorlandes von Süden nach Norden bewirkt. Allein im Norden wird der von Süden kommenden Druckwirkung des Alpenmassivs durch die vorgelagerten in der Tiefe fest verankerten Mittelgebirge (namentlich die böhmische Urgebirgsmasse) Widerstand entgegengesetzt, mit der Folge, daß die von der Druckwirkung ausgelöste Bewegung nach der Richtung des geringeren Widerstandes, nämlich nach Westen abgelenkt wird. Im Westen stößt der Druck auf jüngere Miozän- und Quartärschichten der Oberfläche, deren Zusammenhang zudem noch durch zahlreiche, tief eingeschnittene und durch lose Geröllmassen ausgefüllte Flußtäler unterbrochen ist. Diese weicheren Gesteinsmassen vermögen dem von den Alpen ausgehenden und von den nördlich vorgelagerten Mittelgebirgen zurückgegebenen Gegendruck nicht standzuhalten, so daß sie infolge der Zusammenpressung nach und nach allmählich nach Westen ausweichen. Es wurde festgestellt, daß seit der Ausführung der bayerischen Landestriangulierung in der ersten Hälfte des vergangenen Jahrhunderts eine Verschiebung der ganzen Erdkruste des Alpenvorlandes besonders nach der Westrichtung, also eine tektonische Westwanderung eingetreten ist, die Professor Schmidt bis zu Maßen von $2\frac{1}{2}$ m errechnet[55]).

Im Gegensatz zu diesen ganz allmählich und unmerklich fortschreitenden, nur in ihrer Gesamtwirkung erheblichen tektonischen Verschiebungen springt der Einfluß plötzlich auftretender, gewaltsamer Einwirkungen auf den Erdkörper in die Augen.

Als Folge von Erdbeben kann die ganze Oberfläche eines Grundstücks verschwinden, oder es kann die Oberfläche eines Grundstückes samt den darauf stehenden Bauwerken und Bäumen über ein anderes Grundstück geschoben werden[56]).

Dicht bei dem als Weinort berühmten Städtchen Lorch im Rheingau ragt als Wahrzeichen des Ortes ein steiler, mit Weinstöcken bepflanzter Berg empor, dessen Gipfel die uralte Ruine Nollig trägt. Im Frühjahr 1919 begann nun dieser Nolligberg zu arbeiten. Es zeigten sich im Gebirge und in den ins Gebirge eingehauenen Bergkellern Risse und Spalten. Von der Berliner geologischen Landesanstalt wurde festgestellt, daß erhebliche Bergmassen in Bewegung geraten waren. Vergebens wurde

[54]) Der Geologe bezeichnet die Massen, aus denen die feste Erdrinde (Lithosphäre) besteht, als Gestein, gleichgültig, ob sie eine feste Beschaffenheit besitzen, wie die Granite, Kalk- und Sandsteine, oder ob sie in lockerer Form als Sande oder Tone auftreten (Wahnschaffe, Recht 1913 S. 477).

[55]) Vortrag von Maximilian Schmidt, Professor der technischen Hochschule in München, in der Sitzung der bayer. Akademie der Wissenschaften vom 5. Juni 1920 (Sitzungsbericht aus Jahrgang 1920 S. 297 ff.).

[56]) Schumacher, Zeitschr. f. Vermessungswesen 1903 S. 99, berichtet, daß im Jahre 1783 in Calabrien infolge eines Erdbebens ein Bauernhof zum Teil auf einen anderen geschoben wurde. Der hieraus entstehende Prozeß wurde dahin entschieden, daß dem Eigentümer des unten liegenden Landgutes das Eigentum im ganzen bisherigen Umfang dieses Gutes verblieb, daß aber dem Eigentümer des oben liegenden Gutes das Recht zugesprochen wurde, von seiner auf das andere Gut geschobenen Erdmasse soviel wegzunehmen, als er wolle.

versucht, der Bewegung durch Abtragung einzelner Felsblöcke und Ausfüllung der Risse mit Ton Einhalt zu tun. Der das Bergmassiv bedeckende Bergschutt wanderte in der Richtung auf das Tal zu und bedeckte Räume und Flächen, die als Hofräume und Gärten benutzt waren. An einer steil gegen das Tal geneigten Schieferungsfläche ist das Gebirge abgerissen und um mehrere Meter abgesunken. Bei der absinkenden und nach dem Tale zu drängenden Bewegung der einzelnen Felsstaffeln sind deren hervorragende Klippen abgebrochen, abgestürzt und erfüllen mit dem talabwärts gleitenden Gehängeschutt nicht nur den ganzen Hang, sondern zum Teil auch die Hofräume, sind sogar in einzelnen Fällen in die unteren Teile der Häuser hineingesprungen. Auch wurden Gebäude durch die Bergmassen von ihrem Standort verschoben.

Als Ursache des Bergsturzes wurde das Zusammenwirken menschlicher Eingriffe auf den Fuß des Berges festgestellt (beim Eisenbahnbau, bei Herstellung von Kellern, Planierung von Hofräumen), durch die der natürliche Gleichgewichtszustand aufgehoben wurde, so daß die natürlichen Vorgänge der Verwitterung und der im Rheinland überaus häufigen kleinen Erderschütterungen (tektonische Erdbeben) die Katastrophe unweigerlich herbeiführen mußten[57].

Bedeutsame Veränderungen im Innern der Erde mit Rückwirkung auf die Erdoberfläche können von den Grundwasserverhältnissen ausgehen. In durchlässigen Schichten (z. B. in Sanden, Sandsteinen und Kiesen) oder in Gesteinsklüften sammelt sich das von oben her in die Schichten eingedrungene Meteorwasser an. Man nennt diese wasserführenden Schichten Grundwasserträger. In ihnen bewegt sich das Grundwasser nach dem Gesetz der Schwere. Demgemäß würde es nach unten verschwinden, wenn es nicht durch undurchlässige Schichten, die aus Tonen, Tonschiefern und anderen dichten Gesteinen gebildet werden (die sog. Grundwasserstauer) aufgehalten würde. So bewegt sich das Grundwasser der Neigung der Schichten entsprechend nach tiefer gelegenen Gebieten[58]. Wird der Ablauf des Grundwassers durch irgendwelche Vorgänge (Bruch des Wasserstauers, Tunnellierung, Bergwerkbetrieb) geändert, so daß Schichten, deren poröse Teile bisher vom Grundwasser ausgefüllt waren, wasserfrei werden, so kann es vorkommen, daß die poröse Gesteinsmasse durch den auf ihr lastenden Druck zusammengepreßt wird, mit der Folge, daß sich die Gesteinsmassen senken und von oben her Gesteinsmassen seitlich nach sich ziehen, so daß die Oberfläche verschoben wird.

Durch das Zusammenwirken menschlicher Eingriffe bei Benützung des Bodens (Anlage von Kellern, Abbau von Bodenbestandteilen, Ausschachtung der Fundamente, Planierung, Einschnitte für den Eisenbahnkörper), die am Fuße eines Berges vorgenommen werden und von denen jeder Eingriff für sich allein für die Standsicherheit bedeutungslos ist, kann im Laufe der Zeit die Bergmasse in eine labile Gleichgewichtslage gebracht werden, zu deren Störung und völliger Aufhebung es dann nur noch eines ganz geringen natürlichen Eingriffs bedarf, eines kleinen, aber folgerichtigen unabwendbaren Eingriffs von scheinbar unendlich geringer Bedeutung und doch alles menschliche Eingreifen in seiner Wirkung weit übertreffend. Die in dieser Weise tätigen Naturkräfte heißen: Verwitterung und Erschütterung des festen Felsgerüstes der Erde. Zermürbt die Verwitterung durch eindringendes Regenwasser den letzten Gesteinspfeiler, zersprengt die unwiderstehliche Kraft des in die Spalten eingedrungenen und zu Eis erstarrten Wassers diesen letzten Pfeiler, dann ist der Moment der Aufhebung des Gleichgewichts gekommen. Der Fels rutscht und stürzt. Das gleiche tritt ein durch Zermürbung und Bewegung der Felsmassen als Folge der fast täglichen kleinen

---

[57]) Gutachten des Geheimrats Beyschlag in Berlin, Präsident der geologischen Landesanstalt in Berlin, vom 19. November 1920.

[58]) Wahnschaffe im Recht 1913, 481.

zitternden Erderschütterungen, welche z. B. im Rheingebiet von den Erdbebenmessern angezeigt werden und die zurückzuführen sind auf ein inneres Schieben und Drängen riesiger, infolge der Schwerkraft sich dauernd vollziehender Bewegungen ganzer Gebirge (tektonische Bewegungen). So ist die in den Jahren 1919, 1920 eingetretene Gesteinssturzbewegung am Nolligberg in Lorch am Rhein entstanden[59].

Vielfache Verschiebungen der Erdoberfläche sind als Folge des Bergwerksbetriebes festgestellt worden. Durch das Niedergehen der Gebirgsschichten in die durch Auskohlung geschaffenen Hohlräume[60], durch die Änderung der Grundwasserverhältnisse, durch Gasentweichung entstehen Senkungen und in Verbindung mit diesen auch seitliche Verschiebungen.

Bei einer Untersuchung über Verschiebungen trigonometrischer Punkte im Ruhrkohlengebiet hat Rothkegel auf Entfernungen unter 100 m Verschiebungen bis zu 66 cm festgestellt[61]. Nach einer Mitteilung von Köndgen ist am Schlacht- und Viehhof in Essen ein ganzer Baublock von 320 m Länge und 70 m Tiefe infolge der Einwirkungen des Bergbaues verschoben worden, so daß im Jahre 1903 Anlieger bis zu 72 cm von der ursprünglichen Bautiefe eingebüßt hatten[62]. Hillegart hat bei seinen Untersuchungen über den Einfluß des Bergbaues auf die Erdoberfläche im Zwickauer Steinkohlenrevier gefunden, daß innerhalb eines Zeitraumes von 40 Jahren Verschiebungen von 3—5 m nachzuweisen seien[63]. Schumacher erwähnt einen Fall aus dem Ruhrkohlenrevier, wo zwei von einander 900 m entfernte Geländepunkte in entgegengesetzter Richtung um 6,03 m verschoben waren und das zwischen den beiden Punkten liegende Gelände mithin um so viel größer geworden war[64].

Die Horizontalverschiebungen sollen nach Hillegart[65] im Verhältnis zur Senkung am stärksten an den Grenzen eines Abbaugebietes auftreten und sich weit über das Abbaugebiet hinaus in Gebiete erstrecken, die vom Abbau gar nicht berührt wurden. Die Verschiebung geht in der Weise vor sich, daß mit der zunehmenden Ausdehnung der Hohlräume den darüber liegenden Gesteinsschichten die erforderliche Stütze entzogen wird, so daß sie in die Hohlräume niedergehen. An der darüber liegenden Oberfläche macht sich dieser Vorgang als Senkung, zuweilen auch als Durchbruch bemerkbar. Durch das Niedergehen der Gesteinsmassen wird der seitliche Druck auf die sich daran anschließenden Gesteinsmassen aufgehoben. Sie haben ihr Widerlager verloren mit der Folge des Nachzugs dieser Erdschichten auf die Einsturzstellen zu. Die Oberfläche geht mit dieser Bewegung mit, indem sie sich nach seitwärts verschiebt.

Wenn in der Nähe der Grenze mit zu geringer Bemessung des Sicherheitspfeilers in steilen Wänden Ton abgebaut wird, können Rutschungen von dem Erdkörper des Nachbargrundstückes nach der Tongrube stattfinden und dadurch die vermarkten Grenzzeichen verschoben werden. Bei dem Abbau von Tonen, namentlich wenn diese durch Niederschläge aufgeweicht sind, sind Quellungen und Rutschungen dann unausbleiblich, wenn durch Fortnahme des Widerlagers der einheitlich lastende Druck ausgelöst wird, so daß er sich in eine Horizontalbewegung umsetzen muß[66].

---

[59]) Gutachten des Geheimrats Beyschlag, Präsident der geologischen Landesanstalt in Berlin, vom 19. Nov. 1920.

[60]) Schumacher, Z. f. Vermessungswesen 1903, 101 gibt im Jahre 1903 an, daß allein die durch die Kohlengewinnung innerhalb des Bezirkes des Westfälischen Steinkohlenbergbaues alljährlich in der Erdrinde geschaffenen Hohlräume insgesamt einen Rauminhalt von 30 Millionen cbm haben.

[61]) Rothkegel, Z. f. Vermessungswesen 1903, 217.

[62]) Köndgen, ebenda S. 233.

[63]) Hillegart, ebenda 1910, 957.

[64]) Schumacher, ebenda 1903, 102.

[65]) Hillegart, ebenda 1910, 559ff.

[66]) Wahnschaffe, Recht 1913 S. 492.

Unterwaschungen durch Wasser können ohne jede menschliche Tätigkeit Erdschichten, namentlich Tongeschiebe in Bewegung setzen und dadurch eine Verschiebung der Grenzzeichen herbeiführen[67]).

2. Es fragt sich nun, welchen Einfluß solche Verschiebungen der Oberfläche auf den rechtlichen Bestand des Grundstückes ausüben. Das Grundstück im Rechtssinn ist der keilförmige Ausschnitt aus dem Erdkörper, der durch Lotebenen umschlossen wird, die durch die Grenzlinien der Erdoberfläche gelegt sind und die über die Erdoberfläche hinaus nach oben fortgesetzt gedacht werden. Diese Lotebenen werden sich, den Erdkörper als Kugel angenommen, im Erdmittelpunkte schneiden. Sie bilden, wenn man den Umfang des Grundstückes in gerade Linien zerlegt, eine Pyramide, deren Spitze der Erdmittelpunkt ist (vgl. Abbildung!) Ihre räumliche Begrenzung zu den übrigen Teilen der Erde ist in ihrer geographischen Lage dauernd und unverrückbar festgelegt. Der rechtliche Bestand des Grundstückes wird durch die Flächen der Lotebenen bestimmt. Was als Keil-Ausschnitt der Erde und des Luftraumes von dem durch diese Flächen gebildeten Mantel umschlossen wird, bildet den rechtlichen Bestand des Grundstückes. Praktisch besehen bestimmt die Oberfläche den körperlichen Gehalt des Grundstückes und an der Oberfläche scheidet sich das Recht des einen Grundstückes von dem andern. Das ist auch theoretisch richtig für den Zeitpunkt der Verfügung, durch welche ein Teil des Erdkörpers zum Grundstück wird. Ändert sich aber später die Oberfläche, so erkennen wir, daß nach dem Zeitpunkte dieser Verfügung nicht mehr die Oberfläche den rechtlichen Bestand des Grundstückes bestimmt, sondern der Schnitt der ursprünglich festgelegten Lotebenen mit der geänderten Erdoberfläche.

Man muß sich die Entwicklung des rechtlichen Vorgangs folgendermaßen vorstellen: Durch menschliche Verfügung wird ein Teil des Erdkörpers zum selbständigen Grundstück. Diese Verfügung schließt sich an die zur Zeit der Verfügung vorhandene Gestaltung der Erdoberfläche an. Auf dieser Erdoberfläche werden Linien gedacht, durch welche das Grundstück von den übrigen Teilen der Erdoberfläche abgegrenzt wird. Die rechtliche Wirkung dieser Abgrenzung der Oberfläche besteht darin, daß zu dem Grundstück der unter der abgegrenzten Oberfläche befindliche Erdkörper und der darüber befindliche Luftraum gehört. Die Begrenzung dieser Erdmasse wird durch geometrische Flächen bestimmt, die sich von den auf der Oberfläche gedachten Grenzlinien lotrecht nach unten und oben erstrecken. Der Inbegriff dessen, was innerhalb dieses Raumes (also innerhalb des Keilmantels) von der Erdmasse und den damit festverbundenen Körpern ausgefüllt ist, ist das Grundstück. Legt

[67]) Schumacher, Z. f. Vermessungswesen 1903, 100.

man durch die Figur dieses Erdkeilausschnittes eine waagrechte Ebene, so erhält man den Querschnitt, der die unverrückbare Grundlage des rechtlichen Bestands des Grundstücks bildet. *Der Umriß dieses Querschnittes und damit auch sein Flächenmaß bleibt unwandelbar und unberührt von den Veränderungen, die mit der Oberfläche vor sich gehen.*

Verzerrte Darstellung zur Veranschaulichung der Pyramidenbildung.

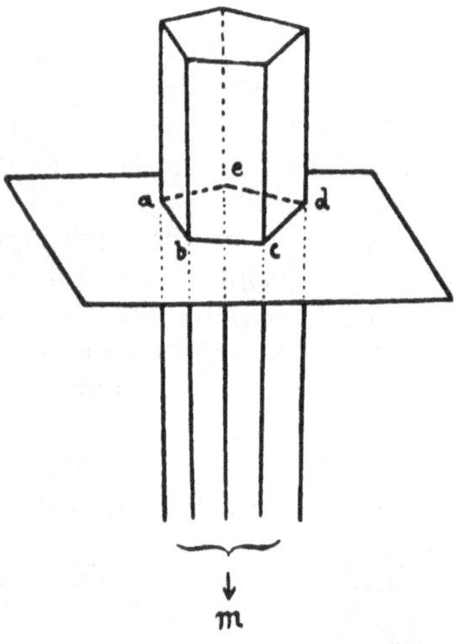

Die Pyramidenkanten ma, mb, mc, md u. me (Lote) sind an der Erdoberfläche für praktische Begriffe parallel.

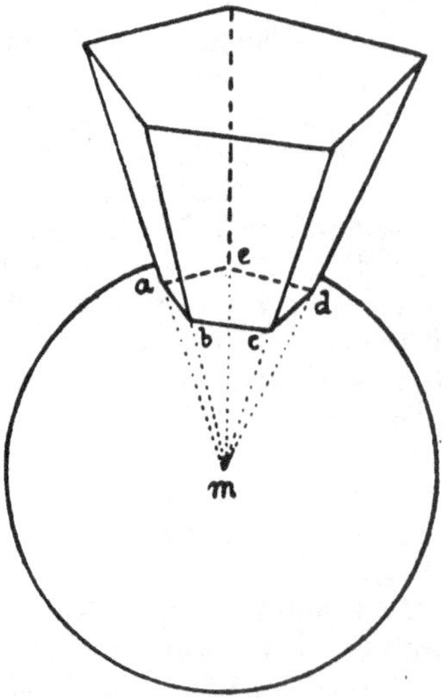

a b c d e = Grundstück an der Erdoberfläche
m = Erdmittelpunkt*)

M. a. W. Nur in dem Moment, in welchem ein Stück der Erde zum selbständigen Grundstück *wird*, sind die auf der Oberfäche gedachten Grenzen bestimmend für den rechtlichen Bestand des Grundstücks. In demselben Moment, in welchem das Stück der Erde zum selbständigen Grundstück *geworden ist*, löst sich der rechtliche Bestand des Grundstückes von der Begrenzung auf der Oberfläche los; er ist von da ab unwandelbar verknüpft mit dem waagerechten Keilquerschnitt. Die Li-

*) Die Zeichnungen verdanke ich Herrn Oberregierungsrat Oberharzbacher in München.

nien dieses Querschnittes sind auf die Oberfläche dieses Grundstückes zu übertragen (projizieren). Diese auf die Oberfläche übertragenen Linien sind die Grenzen. Die auf der Oberfläche vorhandenen Grenzzeichen sind nicht die Grenzen, sondern nur ihre Bezeichnung, die äußere Beurkundung der nur gedachten Grenzlinien. Sind die Grenzzeichen verschoben, so zeigen sie nicht mehr die wahre Grenze auf; sie stehen an einem unrichtigen geographischen Ort.

Damit sind wir bei der Beantwortung der gestellten Frage angelangt. Das Grundstück, d. i. der vom Recht als selbständige Einheitssache anerkannte Ausschnitt aus dem Erdkörper geht nicht mit, wenn Bestandteile des Grundstücks ihren Standort verändern und über die Grenzflächen des Keilausschnittes hinüberwandern. Ob sich die Bestandteile nur im Innern verschieben oder ob die Verschiebung auch auf die Oberfläche übergreift; ob nur geringe Massen der Bodenbestandteile über die Grenzen verschoben werden, oder ob die Massen noch so gewaltig sind; ob sie auseinandergerissen werden oder ob sie im natürlichen Zusammenhang bleiben, all dies ist belanglos, soweit der rechtliche Bestand des Grundstücks in Betracht kommt. Und auch das ist für die Grenzfrage völlig belanglos, ob die Ursache der Verschiebung auf natürlichen Vorgängen (höherer Gewalt) oder menschlichem (auch schuldhaftem) Verhalten beruht[68]. Der rechtliche Bestand des Grundstücks (der durch die waagrechte Ebene herausgeschnittene Querschnitt des Erdkörperteiles) wird durch die Verschiebung der Oberfläche nicht verändert, er wird weder größer noch kleiner.

Wenn die Oberfläche eines Grundstücks mit ihrer Umgebung abgerutscht ist, so kann es bei entsprechender Mächtigkeit der abgerutschten Erdmassen vorkommen, daß die abgerutschte Oberfläche eines Grundstücks an ihrem neuen Standort noch unzweideutig zu erkennen ist, wenn sie auch durch das Gewicht der von oben nachgerutschten Massen und den Aufprall der Erdmassen am Ruhepunkt zusammengedrückt, gefaltet und in der Rutschwirkung verkürzt sein wird. Die Annahme, daß diese unzweideutig erkennbare frühere Oberfläche des Grundstücks auch nach dem Abrutsch den rechtlichen Bestand dieses Grundstücks bestimme und mit dem darunter liegenden Boden dieses Grundstück bilde, wäre durchaus verfehlt. An dem Eigentumsrecht dieses Grundstücks, auf welchem die abgerutschte Oberfläche des anderen Grundstücks zur Ruhe gelangt ist, hat sich nichts geändert[69]) und das Grundstück, dessen Oberfläche ausgewandert ist, hat diese Wanderung nicht mitgemacht, sondern ist geblieben, wo es vorher war.

Wenn eine auf einem Grundstück hart an der Grenze stehende Felswand infolge des Zusammenbruchs einer darunter befindlichen Höhle sich mit der Folge neigt, daß

---

[68]) Schumacher a. a. O. 103.

[69]) Deshalb wäre der aus Anlaß des Erdbebens in Calabrien vom Jahre 1783 entstandene Prozeß (s. o. S. 14 Anm. 56) hinsichtlich des Eigentums am Grundstück nach deutschem Recht genau so zu entscheiden, wie er seinerzeit von dem italienischen Gericht entschieden wurde (vgl. Schumacher a. a. O. 99).

ein Teil des Felsens über die Grenze hinüberragt, so ist der überragende Teil der Felswand Teil des Nachbargrundstücks geworden. Ein auf dem überragenden Teil des Felsens stehendes Gebäude teilt dessen rechtliches Schicksal[70]. Ragt jedoch nur ein Teil des Gebäudes in den fremden Luftraum hinein, so sind auf den überragenden Teil des Gebäudes die Grundsätze des Überbaus abzuwenden[71]. Wird durch den überragenden Teil des Gebäudes keinerlei Interesse des Grundeigentümers beeinträchtigt, so ergibt sich aus § 905 BGB., daß ein Überbaurecht nicht gefordert werden kann.

Aus dem klargelegten Begriff des Grundstücks und der Unveränderlichkeit seines rechtlichen Bestands ergibt sich die Folge, daß ein Untergang des Grundstücks (des geographisch festgelegten Teiles des Erdkörpers) rechtlich nicht denkbar ist.

Wenn infolge von Vorgängen im Erdinnern ein Durchbruch der Oberfläche stattfindet, so kann es sich begeben, daß die ganze Oberfläche eines Grundstücks in der Tiefe des Erdinnern versinkt und sich die in der Natur vorhandenen Oberflächen der benachbarten Grundstücke über der versunkenen Oberfläche zusammenschließen[72]. Das Grundstück, dessen Oberfläche versunken ist, hat infolge dieses Vorgangs keineswegs aufgehört, rechtlich zu bestehen[73]. Sein rechtlicher Bestand ist unverändert in der geographischen Lage geblieben, welche dem Grundstück durch den gedachten Keilausschnitt des Erdkörpers angewiesen ist. Das ist selbst dann der Fall, wenn infolge dieses Ereignisses bis auf noch so große Tiefe die früheren Bestandteile des Grundstücks über die Grenzen gewandert sind. Eine andere Frage ist die, ob die in der Natur vorhandene neue Oberfläche wesentlicher Bestandteil des Grundstücks geworden ist, auf welchem sie sich jetzt befindet.

Senkt sich die Oberfläche eines Grundstückes in der Weise, daß sie dauernd von dem Wasser eines daran angrenzenden Sees bedeckt wird, so bleibt das Eigentum an dem versunkenen Grundstück mit der Folge erhalten, daß es sich auf das darüber befindliche Wasser erstreckt[74].

---

[70]) Das Eigentum des Grundstücks, in dessen Keilausschnitt das ganze Gebäude eingetreten ist, erstreckt sich daher auch auf das Gebäude, da es mit dem dazu gehörigen (im Keilausschnitt befindlichen) Boden fest verbunden ist. Der bisherige Eigentümer hat aber den Berichtigungsanspruch auf Herausgabe nach § 812 BGB. Dieser wird durch Bestellung einer Grunddienstbarkeit zum Halten des Gebäudes gegen Zahlung einer jährlichen Überbaurente zu erfüllen sein.

[71]) S. unten § 21 Ziff. 3.

[72]) Solche Verwerfungen können ohne jeden Zusammenhang mit Bergbau oder einer anderen menschlichen Einwirkung durch eine Gesteinsmassenverschiebung herbeigeführt werden (Henschel, Z. f. Vermessungswesen 1910, 975).

[73]) Unrichtig Schumacher a. a. O. 111 Anm. 10.

[74]) JW. 1900, 492 (RG.). Wenn es sich freilich um einen öffentlichen See (Art. 1 Abs. 2 WG.) handelt, gehört das über dem versunkenen Grundstück befindliche Wasser dem Eigentümer dieses Grundstückes nicht. — Wird ein Teil eines Grundstücks zum Bett eines Flusses, so ist nach Wasserrecht zu entscheiden, ob hierdurch der Eigentümer des Grundstücks das Eigentum an diesem zum Flußbett gewordenen Teil verliert; vgl. JW. 1908, 443. Nach Art. 12 WG. wird der Staat ipso jure Eigentümer des neuen Bettes eines öffentlichen Flusses. — Aber dieser gesetzliche Eigentumsverlust für den bisherigen Eigentümer beruht nicht auf der Annahme eines Untergangs des Grundstücks; denn dann bestünde ja kein Grund für die vom Gesetz angeordnete Entschädigung des bisherigen Eigentümers. — Vgl. RG. 8, 182 (Überschwemmungen); Harster-Cassimir Bem. 4 zu Art. 12 WG.

Der Grundsatz der geographischen Unveränderlichkeit der Grundstücke erleidet eine einzige Ausnahme. Auf die tektonischen Verlagerungen der Gesteinsmassen und die dadurch bewirkte stetige Verschiebung der Erdoberfläche kann er dann nicht angewendet werden, wenn es sich um Vorgänge handelt, die das Gelände im weiten Umgriff erfassen und sich so allmählich und unmerklich vollziehen, daß sie erst nach einer längeren (Jahrzehnte umfassenden) Zeitspanne durch genaue, äußerst schwierige und nicht absolut zuverlässige wissenschaftliche Beobachtung in ihrer Gesamtwirkung festgestellt werden können.

In diesem Falle steht nichts entgegen, bei der Anwendung des Rechts die Unterstellung des Gesetzgebers von der Unbeweglichkeit der Erdoberfläche hinzunehmen und sich damit abzufinden, obwohl wir wissen, daß diese Unterstellung mit den Ergebnissen der Naturwissenschaft nicht im Einklang steht. Die Rechtsanwendung kann nur praktisch bedeutsame Veränderungen berücksichtigen; Ergebnisse der Wissenschaft, mögen sie auch noch so interessant sein, sind von der Rechtsanwendung nicht zu berücksichtigen, wenn die ihnen zugrunde liegenden Vorgänge auf das praktische Leben ohne jeden Einfluß sind. Die Einflußlosigkeit der stetig fortwirkenden und nur ganz allmählich fortschreitenden tektonischen Verschiebungen[75]) besteht. Denn die ganze Umgebung eines jeden hiervon berührten Grundstücks wird davon in gleicher Weise betroffen, so daß die räumliche Beziehung der beteiligten Grundstücke untereinander in keiner Weise geändert wird. Die während eines übersehbaren Zeitraumes vor sich gehende Verschiebung ist so unbedeutsam, daß sie von keinem Beteiligten bemerkt werden kann. Es besteht daher für die Rechtsanwendung nicht das mindeste Bedürfnis, aus solchen stetig und allmählich wirkenden tektonischen Verschiebungen praktische Folgerungen zu ziehen, die im höchsten Maße unpraktisch wären. Man muß sogar noch weitergehen und als Willen des Gesetzgebers erachten, daß diese Folgerungen nicht gezogen werden dürfen.

Wenn der Gesetzgeber die Unbeweglichkeit des Grundstücks unterstellt[76]), so hat er dabei den Zustand im Auge, der nach der menschlichen Erfahrung als Unbeweglichkeit erachtet wird. Der Begriff ist also nach dem Maßstab der Erfahrung zu bestimmen und diese merkt und weiß nichts davon, daß infolge des tektonischen Aufbaues der Gesteinsmassen in diesen eine Art von Bewegung ist. Die dadurch herbeigeführten, im einzelnen unmerklichen Verschiebungen fallen für den Begriff nicht ins

---

[75]) Durch tektonische Ursachen können auch sinnfällige Veränderungen bewirkt werden.

[76]) § 781 Entw. I sprach dies ausdrücklich aus: „Unbewegliche Sachen sind die Grundstücke". Die zweite Kommission hat diesen Satz gestrichen, weil sie ihn als selbstverständlich und daher als überflüssig erachtete.

Gewicht, sie sind, wie sie es tatsächlich sind, so auch rechtlich unbeachtlich. Bewirkt aber die stetig wirkende tektonische Arbeit eine aus dem Rahmen der allmählich fortschreitenden Entwicklung herausfallende sinnfällige (lokale) Verschiebung, so wird eine solche von der Erfahrung als Bewegung erkannt und in gleichem vom Recht gewertet, so daß der Grundsatz der geographischen Unveränderlichkeit auf einen solchen Fall, wie auf jeden anderen (nicht auf tektonischer Ursache beruhenden) Fall einer Verschiebung der Oberfläche anzuwenden ist.

Zusammenfassend ist über die rechtliche Beurteilung von Verschiebungen der Erdoberfläche zu sagen: Die durch tektonische Arbeit von Gesteinsmassen bewirkte Verschiebung der Erdoberfläche wird vom Rechte dann nicht beachtet, wenn sie nicht sinnfällig ist. Die unmerklich und allmählich eintretende tektonische Verschiebung der Erdoberfläche nimmt den rechtlichen Bestand des Grundstücks mit. In allen übrigen Fällen, in welchen — gleichviel aus welcher Ursache — eine Verschiebung der Erdoberfläche eintritt, wird hiervon der rechtliche Bestand des Grundstücks nicht berührt. Das Grundstück als solches d. i. sein rechtlicher Bestand geht nicht mit der Oberfläche, wenn sie über die Grenze hinüberwandert. Die verschobenen Grenzzeichen bezeichnen nicht mehr die richtige Grenze; sie sind an ihren richtigen geographischen Standort zurückzuversetzen.

§ 2. Bestandteile des Grundstücks.

I.

Das Grundstück ist ein abgegrenzter Ausschnitt der Bodenmasse. Es ist ein Körper, keine Fläche. Dieser Körper ist aus Bestandteilen zusammengesetzt.

Der Begriff des Bestandteils ist im Gesetze nicht bestimmt, sondern als gegeben vorausgesetzt. Bestandteile sind diejenigen körperlichen Gegenstände, die entweder von Natur eine Einheit bilden oder durch Verbindung miteinander ihre Selbständigkeit dergestalt verloren haben, daß sie, solange die Verbindung dauert, als ein Ganzes, als eine Einheitssache erscheinen[1]).

Bestandteil kann daher nur sein, was Teil einer einheitlichen Sache, ein unselbständiges Stück eines Körpers ist, nicht was selbst eine Sache unter mehreren selbständigen Sachen ist, die zusammen ein einheitliches Ganzes bilden.

---

§ 2. [1]) RG. 63, 416. RGK. Bem. 2 zu § 93 und die dort aufgeführten Entscheidungen des RG.

Das Gesetz hebt unter den Bestandteilen die wesentlichen Bestandteile hervor. Wesentliche Bestandteile eines Grundstücks sind zunächst einmal diejenigen Bestandteile, die voneinander nicht getrennt werden können, ohne daß der eine oder der andere zerstört oder in seinem Wesen verändert wird (§ 93), sodann aber die mit dem Grund und Boden fest verbundenen Sachen[2]), insbesondere Gebäude, sowie die Erzeugnisse[3]) des Grundstücks, solange sie mit dem Boden zusammenhängen (§ 94 Abs. 1). Zu den wesentlichen Bestandteilen eines Gebäudes gehören die zur Herstellung des Gebäudes eingefügten Sachen (§ 94 Abs. 2).

Die wesentlichen Bestandteile können nach der zwingenden Vorschrift des § 93 BGB. nicht Gegenstand besonderer Rechte sein.

Deshalb ist eine Vereinbarung, wonach sich der Verkäufer eines Grundstücks bei dessen Veräußerung ein darauf stehendes Gebäude als Eigentum zurückbehält, dinglich wirkungslos. Der Veräußerer hat lediglich einen obligatorischen Anspruch darauf, daß ihm der Käufer nach Abschreibung des Gebäudes mit der darunter liegenden Grundfläche das Eigentum an dem Gebäude verschafft (vgl. RGK. Bem. 7 zu § 93), eventuell kann er den ganzen Vertrag wegen Unmöglichkeit der Erfüllung (§§ 305, 139) anfechten. Es wird sich empfehlen, mit dem Anspruch auf Verschaffung des Eigentums den Feststellungsanspruch auf Nichtigkeit und den Anspruch auf Rückübertragung des Eigentums am ganzen Grundstück zu verbinden. Der Sonderbesitz an dem Gebäude (§ 865) mit dem daraus folgenden Besitzschutzrechte (§§ 858ff.) ist rechtlich zulässig.

---

²) Ein leichter Schuppen, der ohne feste Verbindung einfach auf den Boden gestellt ist, ist selbst dann nicht wesentlicher Bestandteil, wenn er zu einem dauernden Zwecke errichtet wurde.

Eine Gleisanlage auf einem Fabrikgrundstück zum Anschluß an die Eisenbahngeleise ist nicht fest verbunden (OLG. 28, 18). Nicht festverbunden sind regelmäßige Leitungsmaste für elektr. Stromleitungen (vgl. Warneyer 1914 Nr. 143; vgl. auch hierzu S. 27 Anm. 34). Dagegen sind Rohrleitungen, die in den Boden eingelassen sind, fest verbunden (vgl. S. 27 Anm. 34). Hopfenstangen und Weinbergspfähle sind nicht fest verbunden. Steine einer gepflasterten Straße sind fest verbunden (RGK. Bem. 2 zu § 93).

³) Ein vom Eigentum am Grundstück verschiedenes Eigentum an stehenden Bäumen (anders bei Baumschulen des Pächters) ist ausgeschlossen (JW. 1905, 280; Recht 1905, 14 [ObLG.]). Der Mieter darf einen von ihm gepflanzten Baum nicht wegnehmen. § 547 Abs. 2 ist nicht einschlägig, da der Baum keine „Einrichtung" ist. Auch der Pächter darf die von ihm gepflanzten Bäume nicht wegnehmen, soweit sie nicht nach den Regeln einer ordnungsmäßigen Wirtschaft als Ertrag des Pachtgrundstückes anzusehen sind (vgl. Soergel Rspr. 1912 Nr. 1 zu § 581). Unter Umständen kann Ersatz für „Verwendungen" (Kosten des Einpflanzens) verlangt werden (vgl. §§ 994ff. insbes. § 997 Abs. 2). — Für die Übergangszeit nach preußischem und französischem Recht s. unten S. 36.

Samen wird mit dem Aussäen, eine Pflanze mit dem Einpflanzen wesentlicher Bestandteil (§ 94) ohne Rücksicht darauf, ob die Pflanze Wurzel geschlagen hat. Das Eigentum am Baum steht demjenigen zu, auf dessen Grundstück der Stamm aus dem Boden heraustritt. Die Wurzeln und Zweige des Baumes folgen notwendigerweise dem Eigentum am Stamm. Über die Rechte des Eigentümers, in dessen Machtbereich sie eingedrungen sind, trifft § 910 Bestimmung (s. darüber unten § 18). Ein auf der Grenze stehender Baum steht im Miteigentum der Nachbarn (gegen die herrschende Meinung s. unten § 10).

Sonderrechte nach früherem Recht an Gegenständen, die nach §§ 93, 94 wesentliche Bestandteile sind, sind gemäß Art. 181 EGBGB. am 1. Jan. 1900 erloschen (RG. 56, 243; JW. 1903, Beil. 90, 1904, 89; 1912, 120). Hinsichtlich des Stockwerkseigentums s. unten § 3.

Ein Grundstück kann immer nur einem anderen, nicht mehreren Grundstücken als Bestandteil zugeschrieben werden (HRR. 1941, 602).

Wird beantragt, ein Grundstück einem anderen „zuzuschreiben", so ist darunter regelmäßig die Zuschreibung als Bestandteil zu verstehen. § 6 GBO. behandelt die Zuschreibung im Sinn des § 890 Abs. 2 BGB., wodurch das zugeschriebene Grundstück nichtwesentlicher Bestandteil des nunmehr einheitlichen Grundstücks wird. § 5 GBO. dagegen behandelt die Vereinigung mehrerer Grundstücke. § 4 GBO. betrifft lediglich die Führung eines gemeinschaftlichen Blattes für mehrere Grundstücke, also ein ausschließlich grundbuchtechnisches Verfahren ohne sachlichrechtliche Folgen (HRR. 1941, 28).

Während § 93 die für alle Sachen gültige Begriffsbestimmung der wesentlichen Bestandteile gibt, bezieht sich § 94 nur auf die Bestandteile von Grundstücken, für welche eine Erweiterung des in § 93 gegebenen Begriffes bestimmt wird. Die Bedeutung des § 94 besteht also darin, daß den dort aufgeführten Sachen die Eigenschaft wesentlicher Bestandteile eines Grundstücks selbst dann zukommt, wenn die Voraussetzungen des § 93 nicht gegeben, ja sogar, wenn sie nach natürlicher Auffassung nicht als Bestandteile aufzufassen sind.

Die einzelnen Flächenteile eines Grundstücks sind keine wesentlichen Bestandteile, weil das Grundstück durch Ziehen von Grenzlinien jederzeit in verschiedene Teile zerlegt werden kann[4]). Deshalb können die einzelnen Parzellen eines Grundstücks auch mit besonderen dinglichen Rechten belastet werden. So kann z. B. dann, wenn im Grundbuch mehrere Katasterparzellen unter einer Nummer vereinigt sind, eine dieser Katasterparzellen mit einer Grunddienstbarkeit belastet werden. Zwar bestimmt § 6 GBO.: „Soll ein Grundstückteil mit einem Rechte belastet werden, so ist er von dem Grundstück abzuschreiben und als selbständiges Grundstück einzutragen." Aber diese Vorschrift ist nur eine Ordnungsvorschrift[5]) und § 6 Satz 2 GBO. bestimmt: „Ist das Recht eine Dienstbarkeit oder eine Reallast, so kann die Abschreibung unterbleiben, wenn Verwirrung nicht zu besorgen ist." Aus den gleichen Gründen muß es aber auch möglich sein, zugunsten einer von mehreren Katasterparzellen, die im Grundbuch unter einer Nummer vereinigt sind, eine Grunddienstbarkeit zu bestellen[6]). Wenn für diesen Fall die GBO. eine dem § 6 entsprechende Vorschrift nicht enthält, so hat dies

[4]) JW. 1910, 813. Aus dem gleichen Grund ist ein zu einem Weg gehöriger Abzugsgraben als unwesentlicher Bestandteil des Wegs zu erachten (vgl. Warneyer 1919 Nr. 187).

[5]) RGK. Bem. 6 zu § 93. Planck Vorbem. 2 vor § 2018.

[6]) Unrichtig OLG. 43, 6.

seinen Grund darin, daß die Grunddienstbarkeit nur auf dem Blatt des dienenden Grundstücks nicht auch des herrschenden Grundstücks einzutragen ist.

Eine für sich allein auf einem Grundbuchblatt stehende Liegenschaft ist eine selbständige Sache; sie kann niemals als Bestandteil eines anderen Grundstücks in Betracht kommen[7]).

Von den Gegenständen, die nach § 93 oder § 94 wesentliche Bestandteile eines Grundstücks sein würden, werden durch § 95 Ausnahmen gesetzt[8]). Darnach gehören zu den Bestandteilen des Grundstücks solche Sachen nicht, die nur zu einem vorübergehenden Zweck[9]) mit dem Grund und Boden verbunden sind.

Maßgebend ist, ob der Wegfall der Verbindung von vornherein beabsichtigt (RG. 47, 197) oder nach der Natur des Zwecks der Verbindung sicher war (RG. 63, 416) oder ob eine bei normalem Verlauf der Dinge als dauernd gedachte nicht von vornherein zur Wiederaufhebung bestimmte Verbindung in Frage stand (RG. 62, 410; SeuffA. 78 Nr. 58). Der Zweck der Verbindung ist nicht nur dann vorübergehend, wenn er sich in kurzer Zeit erreichen läßt; er kann es auch dann sein, wenn ihm seiner Natur nach eine zeitliche Begrenzung innewohnt, wenn auch das Ende erst nach Jahren oder Jahrzehnten eintritt. Im Gegensatz dazu ist als dauernd derjenige Zweck anzusehen, für dessen Fortwirken ein Endpunkt begrifflich nicht feststeht, wenn nicht durch das Dazwischentreten unberechenbarer zufälliger Ereignisse Änderungen herbeigeführt werden (RG. 61, 188; 66, 88; Seuff.A. 78 Nr. 58 RG.).

Auch was nach Herstellung eines Gebäudes in dieses eingebaut wird, kann wesentlicher Bestandteil werden (RG. 160, 183). Im Gegensatz zum Zubehör dient der Bestandteil der Vollendung der Hauptsache und geht in ihr auf. Wesentliche und unwesentliche Bestandteile unter-

---

7) JW. 1910, 60.

8) Die Beweislast für die tatsächlichen Voraussetzungen der Ausnahme trifft denjenigen, der den Ausnahmefall behauptet.

9) Z. B. für die Dauer der Mietzeit (RG. 55, 284; 59, 20; 63, 421; 87, 51; Recht 1914 Nr. 1632). Sonach gehören die vom Mieter eingepflanzten Rosenstöcke diesem. — Bis zur Fertigstellung eines Gebäudes (Bauhütte, Gerüste RG. Warneyer 10, 154). — Für die Zeit einer vorübergehenden Schaustellung (Ausstellungsgebäude JW. 1901, 184).

Der Zweck bleibt vorübergehend, wenn bei der Verbindung der Wegfall dieses Zweckes früher oder später mit Sicherheit zu unterstellen ist, mag auch eine noch so lange Dauer vorherzusehen sein (vgl. RG. 97, 102. Errichtung von Hüttenwerken aus allodialen Mitteln auf Fideikommißgrundstücken).

Trockenschuppen, die bald auf diesem, bald auf jenem Grundstück eines Fabrikanwesens aufgestellt werden, sind nicht Bestandteile der Grundstücke, auch wenn sie zum Zwecke der Verlegung auseinandergenommen werden müssen (ObLG. 10, 160).

scheiden sich voneinander nur insofern, als die unwesentlichen Gegenstand besonderer Rechte sein können. Läßt sich im Einzelfall eine Verkehrsauffassung oder eine allgemeine natürliche Anschauung über die Bestandteilseigenschaft nicht feststellen, so hat der Richter zu entscheiden, wie jeder verständige und unbefangene Beurteiler die Dinge sehen würde. Auf Festigkeit der Verbindung kann geschlossen werden, wenn die Lösung so erhebliche Schwierigkeiten bereitet, daß die Kosten der Trennung im Vergleich zum Wert des Bestandteils unverhältnismäßig hoch sind. Die Zerlegung eines Gasbehälters z. B. erfordert im Verhältnis zum Wert der einzelnen Teile hohe Kosten; durch die Zerlegung würde er in seinem Wesen verändert (vgl. RG. 158, 362; Warneyer 1934 Nr. 114).

Ob eine Sache dauernd oder nur zu einem vorübergehenden Zweck in ein Gebäude eingefügt ist, darüber entscheidet die Bestimmung des Einfügenden; die Willensrichtung ist aber nur dann ausschlaggebend, wenn sie mit dem äußeren Sachverhalt vereinbar ist (RG. 158, 376; HRR. 1937, 1216).

Wenn ein Kleingärtnerverein ohne besondere eigene Mittel auf einem Pachtgrundstück ein massives Vereinsheim mit erheblichem Kostenaufwand unter Aufnahme fremder Gelder errichtet, so würde es aller wirtschaftlichen Vernunft widersprechen, wenn dies mit dem Willen geschähe, die Lebensdauer des so errichteten Baues auf die Pachtzeit zu beschränken und den Bau nach deren Ablauf wieder abzubrechen. Die tatsächliche Vermutung spricht dafür, daß der Bau als Daueranlage errichtet ist. Die Anwendung des § 95 Abs. 1 S. 1 BGB. hierauf ist nicht haltbar (HRR. 1941, 257; RG. 153, 236).

Bei einem auf fremdem Grund errichteten Behelfsheim spricht eine tatsächliche Vermutung dafür, daß die Verbindung zu einem vorübergehenden Zweck erfolgt ist, also das Heim bewegliche Sache ist. Diese Vermutung wird aber dann entkräftet, wenn vereinbart ist, daß das Heim im Falle einer Verkaufsabsicht des Bauherrn an den Grundstückseigentümer fallen soll. Entscheidend ist der Wille der Verfügenden, sofern er mit dem äußeren Tatbestand vereinbar ist (OGHZiv. 1, 168; MDR. 1948, 457; RG. 153, 236; 62, 410; 158, 304; JW. 1937, 2265).

Das gleiche gilt von einem Gebäude oder anderen Werke[10]), das in

[10]) Unter einem Werk versteht man eine einem bestimmten Zwecke dienende, nach gewissen Kunst- oder Erfahrungsregeln erstellte und mit dem Erdkörper verbundene Sache (RG. 60, 139; 76, 261). Z. B. Wasserleitung (vgl. RG. 39, 205; 48, 267; 61, 192). Eisenbahndamm (JW. 1908, 196). Zaun (OLG. 20, 37). Erdaufschüttung zur Anlage einer Erdböschung (SeuffA. 36 Nr. 261). Baugerüst (JW. 1910, 288). Senkgrube, Mauer, Keller. Ein Komposthaufen ist kein Bestandteil SeuffA. 35 Nr. 96). Über die Rechtsverhältnisse an Kellern s. unten § 4.

Sind Röhren- oder Drahtleitungen eines Gas-, Wasser- oder Elektr.-Werkes mit dem

Ausübung eines dinglichen[11]) Rechts an einem fremden Grundstück von dem Berechtigten mit dem Grundstück verbunden worden ist (§ 95 Abs. 1)[12]). Endlich gehören Sachen, die nur zu einem vorübergehenden Zwecke in ein Gebäude eingefügt sind, nicht zu den Bestandteilen des Gebäudes (§ 95 Abs. 2).

Durch zusammenfassende Anwendung der in den §§ 93, 94 und 95 enthaltenen Begriffsbestimmungen ist zu entscheiden, ob ein zu einem Grundstück in Beziehung stehender Gegenstand wesentlicher Bestandteil dieses Grundstücks ist. Ist ein Gegenstand wesentlicher Bestandteil eines Grundstücks, dann sind notwendigerweise die wesentlichen Bestandteile dieses Gegenstandes mit ihm und durch ihn auch wesentliche Bestandteile des Grundstücks. Da ein Gebäude wesentlicher Bestandteil des Grundstücks ist und die Mauer wesentlicher Bestandteil des Gebäudes, so ist die Mauer auch wesentlicher Bestandteil des Grundstücks.

Das grundlegende Gesetz, das für die wesentlichen Bestandteile des § 93, wie jene des § 94 in gleicher Weise gilt, gibt § 93 durch die zwingende[13]) Vorschrift, daß wesentliche Bestandteile nicht Gegenstand besonderer Rechte sein können. Sie stehen also notwendigerweise im Eigentum des Eigentümers der Einheitssache. Davon gibt es keine Ausnahme[14]). Wenn nun ein Gebäude von der Grenze zweier selbständiger Grundstücke dergestalt durchschnitten ist, daß es zu einem Teile auf der Pl.Nr. 1 und zum anderen Teile auf der Pl.Nr. 2 steht, dann sind zunächst alle

---

Grund und Boden, auf dem sich das Werk befindet, fest verbunden (§ 94) (das ist nicht der Fall, wenn die Masten, an denen sich die Drähte befinden, leicht heraus genommen werden können, ohne daß der Erdboden abgegraben werden muß oder die Masten beschädigt werden — vgl. Warneyer 1914 Nr. 143), so sind sie wesentlichen Bestandteile dieses Grundstücks, soweit dieses reicht. Andernfalls sind sie Zubehör (§ 97 Abs. 1, § 98 Ziff. 2, vgl. RG. 83, 69; 87, 50). Sind die Leitungen in Ausübung eines dinglichen Rechts oder nur vorübergehend durch oder über fremde Grundstücke gelegt, so sind sie nicht Bestandteile dieser fremden Grundstücke, auch nicht, wenn sie fest mit ihnen verbunden sind, sondern Zubehör des Grundstücks, auf dem das Werk steht; sie gelten als bewegliche Sachen (RG. 83, 69; 87, 50; Warneyer 1918 Nr. 155).

[11]) OLG. 10, 160. RGKomm. Bem. 5 zu § 95. Dem dinglichen Recht an fremder Sache steht ein Recht am eigenen Grundstück mit dinglicher Wirkung auf das Nachbargrundstück gleich (vgl. § 922 Satz 3 [Grenzeinrichtungen]; s. hierüber unten § 7).

[12]) Die Scheinbestandteile des § 95 sind als bewegliche Sachen zu erachten (RG. 55, 284; 59, 20; Wendt, ArchZPr. 103, 453), sofern sie nicht als wesentliche Bestandteile eines auf einem anderen Grundstück stehenden Gebäudes Immobiliareigenschaft haben.

[13]) RG. 62, 410; 74, 203.

[14]) Auf Straßen und Wege soll nach JW. 1910, 813 (RG.) § 93 überhaupt nicht anwendbar sein, weil sie (wie jedes Grundstück) durch Ziehen von Grenzlinien jederzeit in verschiedene Teile zerlegt werden können, ohne daß ihr Wesen verändert wird. Wird es sich um eine Straße mit Steinrollierung und Steingeschläg handeln, die als ein besonderes Werk erscheint, wird man gegen die Anwendung dieses Grundsatzes Bedenken erheben können.

Teile des Hauses, die mit ihm fest verbunden sind, wesentliche Bestandteile dieses Hauses. Die Vorschrift des § 93 verbietet, daß diese wesentlichen Bestandteile Gegenstand besonderer Rechte sind. Sie müssen also alle demselben Eigentumsrechte unterworfen sein. Nun bestimmt aber der § 94 Abs. 1, daß das mit der Pl.-Nr. 1 verbundene Gebäude wesentlicher Bestandteil der Pl.Nr. 1 und das mit der Pl.Nr. 2 verbundene Gebäude wesentlicher Bestandteil der Pl.-Nr. 2 ist. Daraus würde sich ergeben, daß die wesentlichen Bestandteile des Hauses zum Teil im Eigentum des A, zum Teil im Eigentum des B stehen. Dieses Ergebnis ist durch § 93 in zwingender Weise ausgeschlossen und es ist in zwingender Weise durch § 94 Abs. 1 angeordnet. So treten die Bestimmungen der §§ 93 und 94 Abs. 1 miteinander in einen Widerstreit. Die Lösung dieses Widerstreites ist nur dadurch möglich, daß eine dieser beiden Vorschriften durch die andere überwunden wird. Deshalb ist zu prüfen, welche Vorschrift die stärkere ist. Aus der natürlichen Zusammengehörigkeit der Sachteile hat der Gesetzgeber in wirtschaftlicher Denkweise den Rechtsgrundsatz der Zusammengehörigkeit abgeleitet. Der Gefahr wirtschaftlich nutzloser Zerstörung vorzubeugen ist Absicht und Zweck des Gesetzes[15]). Der Satz des § 93, der in zwingender Weise und ohne Anerkennung einer Ausnahme die rechtliche Zusammengehörigkeit der Bestandteile verfügt, erhebt ein Naturgesetz oder wenigstens einen wirtschaftlichen, dem gesunden Menschenverstand entsprechenden Grundsatz zum Rechtssatz. Im Gegensatz hierzu beruht die Vorschrift des § 94 Abs. 1 (superficies solo cedit) auf juristischer Begriffsbildung, die, dem römischen Rechte entnommen, in verschiedenen Rechtssystemen stark durchlöchert wurde und auch im BGB. keine ausnahmslose[16]) Durchführung erfahren hat. An und für sich sind die Sachen Naturdinge. Das Wesen der Sache beruht in ihrer körperlichen Einheitlichkeit. Das Grundstück im Sinne einer selbständigen Sache ist kein Naturding, sondern durch die Rechtsordnung erst künstlich geschaffen. Ein willkürlich ausgewählter Ausschnitt der Erdmasse wird durch einen Willensakt zum Grundstück und dadurch zur Einheitssache. Es ist keineswegs verwunderlich, wenn durch die Einführung einer solchen, durch die Rechtsordnung geschaffenen Sacheinheit in den Kreis der Einheitssachen, deren Anerkennung durch das Recht auf natürlicher Grundlage ruht, Unstimmigkeiten herbeigeführt werden. Der Rechtssatz „superficies solo cedit" ist eine Konsequenz der durch den Gesetzgeber vollbrachten Schöpfung des Grundstücks. Er ist formal-juristisch und logisch auf der vom Recht angeordneten Fiktion aufgebaut, daß ein nur gedachter Ausschnitt der einheitlichen Erdmasse eine selb-

[15]) RG. 58, 341.
[16]) Vgl. RG. 72, 272.

ständige Sache ist. Der Gesetzgeber hat wohl die Macht, dies anzuordnen, aber es fehlt ihm die Macht, seine Anordnung durchzusetzen. Darin liegt der tiefste Grund des Widerstreites zwischen dem Grundsatz des § 93 und jenem des § 94 Abs. 1. Der stärkere Grundsatz ist der des § 93. Er ist der leibhaftigen Natur, dem natürlichen Recht und dem wirtschaftlichen Denken entnommen. Der Grundsatz des § 94 Abs. 1 ist auf einer gesetzlichen Anordnung aufgebaut, die den wahren Tatsachen Gewalt antut und deshalb nicht wurzelecht ist. Deshalb muß dem natürlichen Zusammenhang der Teile derselben Einheitssache (§ 93) der Vorzug gegeben werden vor dem erst vom Recht geschaffenen Zusammenhang des § 94 Abs. 1, der das rechtliche Schicksal eines Sachteils ohne Rücksicht auf die Zugehörigkeit zu dieser Sache mit der Grundfläche zusammenfassen will[17]).

Gelangt man schon auf Grund dieser ausschließlichen Betrachtungen der §§ 93 und 94 Abs. 1 zu diesem Ergebnis, so findet es die volle gesetzliche Rechtfertigung, wenn man die Gesamtheit der die Bestandteilseigenschaft regelnden Vorschriften einer zusammenfassenden, einheitlichen Würdigung unterstellt. Der abstrakte Rechtsgrundsatz des § 94 Abs. 1 „superficies solo cedit" steht nicht für sich allein im Gesetz. Die Vorschriften der §§ 93 und 95 und insbesondere des § 94 Abs. 2 sind zusammen mit § 94 Abs. 1 und unter Heranziehung der §§ 946 ff. als einheitliches Recht zu würdigen. In ihrer Gesamtheit ist in diesen Vorschriften das gesetzgeberische Ziel ausgeprägt, einem Gegenstand, der kraft seiner Zweckbestimmung und der allgemein gültigen Verkehrsauffassung als wirtschaftliche Einheit erscheint, auch die entsprechende rechtliche Einheit zu geben[18]). Zweckbestimmung und Verkehrsauffassung geben den Ausschlag für die Entscheidung der Frage, ob eine Sache wesentlicher Bestandteil einer anderen ist[19]). Dabei handelt es sich um eine Zweckbestimmung, die nicht nur ein innerer Vorgang bei dem Schaffenden ist, sondern durch die Verwirklichung seines Willens so vergegenständlicht wird, daß der Zweck in das Wesen des Werkes übergeht. Nur dann, wenn dieser Zweck infolge des Zusammenhanges des Werkes mit dem Boden nicht verwirklicht werden konnte, kann sich der abstrakte Rechtsgrundsatz des § 94 Abs. 1 behaupten, während im übrigen die verwirklichte Zwecksetzung (§ 93) den Ausschlag gibt.

Die Zusammengehörigkeit der einzelnen Gebäudeteile untereinander ist enger und wirtschaftlich notwendiger als die Zusammengehörig-

---

[17]) Vgl. Becher, BayZ. 1915, 67.

[18]) Vgl. RG. 58, 341; 61, 192; 62, 408; 63, 419; 69, 121 und 153. Staudinger Bem. 1 zu § 93.

[19]) RheinA. 110, 145 (Düsseldorf).

keit der Gebäudebestandteile mit dem Grundstück; die Folge davon ist, daß das Gebäude als rechtliche Einheit betrachtet wird und da Miteigentum nicht in Frage kommt, nur im Eigentum eines Eigentümers stehen kann. Eigentümer des als Einheit aufzufassenden Gebäudes ist immer der bauende Grundeigentümer (Staudinger-Riezler 9. Aufl. § 94 Anmerkung 7)[20]).

Diese Auffassung wird nun auch vom Reichsgericht (RG. 142, 231; 150, 22 und 16, 177; JW. 1936, 1123) geteilt; wenn Gegenstände zur Herstellung eines Gebäudes eingefügt sind, so sind sie nach § 94 Abs. 2 wesentliche Bestandteile und es kommt nicht darauf an, ob daneben die Voraussetzungen der §§ 93 und 94 Abs. 1 gegeben sind. Die

[20]) Vgl. RheinArch. 108, 373 (RG.); auszugsweise in JW. 1911 S. 365. Diese grundsätzl. Entsch. ist unten § 8 II S. 110 erörtert; vgl. auch S. 87. Für diese Ansicht vgl. ferner RG. 70, 209; 72, 272; JW. 1911, 211; Seuff. A. 67 Nr. 367; RGK. Bem. 1 zu § 94 verkennt nicht, daß die Streitfrage mit § 94 allein nicht zu lösen ist. Es heißt dort: „Es kann vorkommen, daß ein Gegenstand mit zwei Sachen derart verbunden ist, daß er nach § 93 oder § 94 als wesentlicher Bestandteil der einen wie der anderen Sache erscheint. Dann muß in Anwendung des Grundsatzes des § 905 (Raum über und unter der Erdoberfläche), der auch aus den §§ 921—923 ersichtlich ist, das Eigentum an dem betreffenden Grundstücke derart geteilt werden, daß jedem Grundstückseigentümer das Eigentum an dem innerhalb seiner Grenzen befindlichen Teile des Gegenstandes, z. B. eines auf zwei Grundstücken errichteten Gebäudes zusteht." § 905 stellt allerdings den Grundsatz auf, daß alles, was über und unter der Erdoberfläche mit dem Boden festverbunden ist, zum Eigentum am Grundstück gehört. Aber dieser Grundsatz gilt nicht ausnahmslos und die Ausnahmen werden gerade in den §§ 93—95 BGB. normiert. Die §§ 921 und 922 können für die Entscheidung der Streitfrage überhaupt nicht herangezogen werden. Die Grenzeinrichtung besteht nämlich nicht nur aus der auf dem Grund und Boden aufgeführten Anlage, sondern auch aus dem zur Einrichtung verwendeten Grund und Boden selbst. Deshalb ist die von einem Nachbar errichtete halbscheidige Giebelmauer schon vor dem Anbau des anderen Nachbars eine Grenzeinrichtung, obwohl bis zu diesem Anbau die ganze Giebelmauer im Alleineigentum des Erbauers steht (BayZ. 1915, 350 RG.). § 923 BGB. bestimmt über das Eigentum an einem auf der Grenze stehenden Bau überhaupt nichts.

Ein Gebäude ist grundsätzlich nur soweit wesentlicher Bestandteil eines Grundstücks, als es fest damit verbunden ist, also darauf steht. Reicht ein Teil des Gebäudes über die Grenze des Grundstücks hinaus, so ist dieser Teil Bestandteil des angrenzenden Grundstücks. Diese aus §§ 93, 94 Abs. 1 u. 946 BGB. folgende Regel (RGK. § 94 Bem. 3; § 921 Bem. 1 u. § 946 Bem. 4; RG. 65, 361; 70, 201; 83, 147; JW. 1911, 365) findet auch Anwendung, wenn die angrenzenden Grundstücke früher in einer Hand waren und der Eigentümer sie an verschiedene Personen veräußert hat, sofern sich nicht aus den abgeschlossenen Verträgen ein anderes ergibt (RGK. § 921 Bem. 1).

Selbst wenn im Vertrag steht, daß das Gebäude mit der ganzen Giebelwand verkauft wird, so würde das für den sich durch die Auflassung und die Eintragung vollziehenden Eigentumserwerb nichts ausmachen. Denn diese erstrecken sich nur auf das Grundstück in den planmäßigen Grenzen und der öffentliche Glaube des Grundbuchs nach §§ 891, 892 BGB. bezieht sich nicht auf die lediglich tatsächlichen Angaben über auf dem Grundstück errichtete Gebäude, da solche nicht zu den eingetragenen und eintragungsfähigen Rechten gehören (BayZ. 1924, 106; RG. vom 15. Dez. 1923).

auf fremdem Grund und Boden stehende Hälfte einer Giebelmauer ist Bestandteil des Gebäudes und gehört dem, dem das Gebäude, nicht dem, dem der fremde Grund gehört (RG. 160, 177).

Unrichtig ist es, wenn behauptet wird, das Gesetz selbst habe die Zugehörigkeit zum Grundstück als das hauptsächliche und entscheidende erklärt. Es werden sich [21]) Stellen der Gesetzesmaterialien, nicht aber eine einzige des Gesetzes dafür anziehen lassen. Die hier vertretene Ansicht ist zunächst für die Lehre vom Überbau aufgestellt worden [22]). Die Rechtsprechung der OLG. Dresden und Düsseldorf baut auf ihr die Lehre von der Kommunmauer auf [23]). Sie ist aber nicht auf diese Gebiete zu beschränken, wie es zumeist geschieht, sondern ist auch der Schlüssel zur Konstruktion des Eigentums an Grenzeinrichtungen. Vgl. hierüber unten S. 95.

II. Vereinigung und Trennung der Bestandteile.

Dem Eigentümer eines Grundstückes gehören — abgesehen von den dem Bergberechtigten vorbehaltenen Mineralien (Berggeſ. Art. 1) — grundsätzlich alle Bestandteile, aus denen sich die Erdmasse des Grundstücks zusammensetzt. Lösen sich einzelne Bestandteile des zum Grundstück gehörigen Erdkörpers los [24]) — gleichviel ob sich diese Loslösung im Inneren des Erdkörpers oder an der Oberfläche vollzieht —, so bleibt der Eigentümer des Grundstückes zunächst Eigentümer der losgelösten, also beweglich gewordenen Bestandteile. Das gilt dem Grundsatz nach auch dann, wenn die losgelösten und in Bewegung geratenen Bestandteile auf ein anderes Grundstück gelangen und hier zum Stillstand gekommen sind. Wenn z. B. ein Bergrutsch stattgefunden hat mit der Folge, daß die Erdmasse des höher gelegenen Grundstückes mitsamt der Erdoberfläche und den darauf stehenden Grenzsteinen über die Grenzlinie hinüber auf das tiefer gelegene Grundstück geschoben ist, so wird hierdurch eine Änderung des rechtlichen Bestandes des Grundstückes

---

21) Mit Busch in BayZfR. 14, 157.

22) Zuerst von Boethke bei Gruchot 45, 722. Dann ausführlich niedergelegt von Staudinger-Ritzler Bem. 7 zu § 94. S. ferner Delbrück, ArchBürgR. 39, 436; Schmitt, BayZfR. 15, 58; s. hierüber unten § 8.

23) Vgl. SächsAnn. 33, 178; RheinA. 110, 151; s. hierüber unten § 8.

24) Dafür sind die verschiedensten Ursachen denkbar: Erdbeben, Einfluß des Bergbaus, Vertiefung der Nachbargrundstücke; Unterwaschung durch Wasser, Verwitterung am Gestein; Zusammenbruch von Hohlräumen im Erdinnern, Veränderung der Grundwasserverhältnisse (s. oben S. 11 ff.). Über eine durch den Druck aufgeschichteter Steinmassen (Halde) verursachte Verschiebung der Bodenbestandteile vgl. JW. 1921, 253 (RG.).

nicht bewirkt. Das Grundstück als solches, das ist der keilförmige Ausschnitt aus der Erdmasse, der durch gedachte Linien auf der Oberfläche (die Grenzen) in seiner räumlichen Beziehung zu den übrigen Teilen der Erdkugel (in seiner geographischen Lage) dauernd und unverrückbar festgelegt und durch diese gedachten Linien individualisiert ist, geht nicht mit, wenn sich einzelne Bestandteile des Grundstückes, sei es von der Oberfläche, sei es von dem Erdinnern, loslösen und auf ein anderes Grundstück gelangen. Die durch die verschobenen Grenzzeichen abgegebene Linie ist nicht die Grenzlinie und die verschobenen Grenzzeichen müssen deshalb wieder an ihren richtigen geographischen Standort gesetzt werden.

Grundverschieden davon ist die Frage, welches rechtliche Schicksal die früheren Bestandteile des Grundstücks haben, die nach ihrer Loslösung auf einem anderen Grundstück angelangt sind. Auszuscheiden sind hier zunächst die Veränderungen, deren rechtliche Beurteilung gemäß Art. 65 EG. nach den landesgesetzlichen Vorschriften zu erfolgen hat. Das ist der Erwerb nach Ufer- und Wasserrecht, insbesondere die Fragen, die sich hinsichtlich des Eigentums am verlassenen Flußbett (Art. 12, 23, 25 WG.), hinsichtlich der Verlandungen (Art. 8, 21, 23, 24 WG.), hinsichtlich der Landversetzungen und Uferabrisse (Art. 14, 21, 24 WG.), hinsichtlich neu entstandener Inseln (Art. 11, 13, 22 W.) ergeben.

Bei den nach BGB. zu beurteilenden Verschiebungen kann es sich um Steine, Erde usw., um Gebäude und um Pflanzen (Bäume) handeln. Auszugehen ist davon, daß durch die Loslösung an dem Eigentumsverhältnis der Bestandteile nichts geändert wird. Wenn aber die fortgewanderten Bestandteile des Grundstückes auf oder in ein anderes Grundstück gelangt sind, dann verliert der bisherige Eigentümer sein Eigentum an den losgelösten Bestandteilen, sobald diese wesentlichen Bestandteile des anderen Grundstücks geworden sind; denn § 946 bestimmt: „Wird eine bewegliche Sache mit einem Grundstück dergestalt verbunden, daß sie wesentlicher Bestandteil des Grundstückes wird, so erstreckt sich das Eigentum an dem Grundstück auf diese Sache.“ Um die Verbindung beweglicher Sachen mit einem Grundstück handelt es sich; denn durch die Loslösung haben die Bestandteile die Eigenschaft (unselbständiger) unbeweglicher Sachen verloren; sie sind (selbständige) bewegliche Sachen geworden. Das bleiben sie solange, bis sie wieder „unbewegliche Sachen“ im Rechtssinne werden. Dieser Begriff ist noch nicht ohne weiteres erfüllt, wenn sich die losgelösten Sachen nicht mehr bewegen. Dazu ist erforderlich die feste Verbindung mit einer unbeweglichen Sache, dem Grundstück (§ 946). Für die Anwendung des § 946 ist es ohne Bedeutung, ob die Ursache der Loslösung und der Verbindung auf menschlicher Tätigkeit[25]) oder auf Zufall (höherer Gewalt) beruht.

In allen Fällen ist zunächst nach den von §§ 93, 94, 95 aufgestellten Voraussetzungen zu entscheiden, ob die von einem Grundstück losgelösten Bestandteile zu einem wesentlichen Bestandteil des anderen Grundstückes geworden sind. Eine Sondervorschrift, wie sie der von der zweiten Kommission gestrichene § 786 E I hatte, gilt nicht. Es kommt vor allem darauf an, ob die ausgewanderten Bestandteile in feste Verbindung mit dem Grund und Boden des anderen Grundstückes gekommen sind. Diese Frage kann nicht für alle Fälle in gleicher Weise entschieden werden[26]).

Die Entscheidung muß noch heute nach denselben Grundsätzen getroffen werden, die schon die Römer aufgestellt haben. l g § 2 D 39, 2 überliefert uns die Entscheidung des Juristen Alfenus, die folgendermaßen lautet: „Wenn von Deinem Acker ein Stück auf meinen Acker gefallen ist, kannst Du die herabgefallene Erde nur unter der Voraussetzung zurückfordern, daß sie sich mit meinem Erdreich nicht schon verbunden und vereinigt hat .... Auch ein Baum, welcher auf meinen Acker geschoben wurde und mit meinem Erdreich zusammengewachsen ist, kann von Dir nicht eigentümlich zurückgefordert werden. Aber auch ich werde gegen Dich keine Klage anstellen können, daß Dir kein Recht zustehe, das (frühere) Stück Deines Ackers auf meinem Acker zu haben, sobald es mit dem meinigen sich verbunden hat, weil es mein Eigentum geworden ist."

Und weiter bestimmt § 21 J 2, 1 und die damit fast gleichlautende l. 7 § 2 D 41, 1: „Wenn der Strom von Deinem Grundstück ein Stück abreißt und es an ein benachbartes ansetzt, so ist es klar, daß es Dein bleibt. Wenn es freilich längere Zeit hindurch mit meinem Boden zusammengehangen und die Bäume, welche es mit fortgetragen, in meinem Boden Wurzel getrieben haben, so sind sie von da ab für mein Grundstück erworben."

Und l. 20 J 2, 1; l. 7 § 1 D 41, 1 bestimmen: „Was ein Fluß durch Ausspülung an Deinen Acker anschwemmt ist Dein. Durch Anschwemmung wird das angesetzt, was so allmählich hinzukommt, daß man nicht gewahr werden kann, wieviel in jedem Augenblick dazu kommt."

Wesentlich in diesen Quellenstellen sind zwei Gesichtspunkte. Die Anschwemmung wird ohne weiteres deshalb Bestandteil des Grundstückes, weil die Aussonderung nicht tunlich ist. Weil und soweit bei dem abgerissenen Stück Land die Aussonderung möglich ist, wird es nicht sofort Bestandteil. Es erwirbt die Bestandteilseigenschaft erst, wenn es sich mit dem Grundstück fest verbunden hat.

Eine im Innern des Erdkörpers vor sich gehende Verschiebung, welche Bestandteile über die lotrechte Grenzfläche hinüber in den Bodenkörper eines anderen Grundstückes geführt hat, bewirkt ohne weiteres einen Wechsel im Eigentum, weil, abgesehen davon, daß die Aussonderung nicht möglich ist, die in die kompakte Masse des Erdkörpers ein-

---

[25]) Ausnahmen können sich aus § 95 ergeben.

[26]) Vgl. RG. 50, 243; JW. 1904, 110.

gedrungenen Gegenstände infolge des Druckes, den die zusammenhängende Masse von allen Seiten auf sie ausübt, mit dem Boden an der Stelle, an welcher sie zur Ruhe gekommen sind, in fester Verbindung stehen.

Nicht so einfach ist die Rechtslage, wenn die Oberfläche des Grundstückes von der Verschiebung der Bestandteile betroffen ist. Solange und soweit die von dem Grundstück losgelösten, auf ein anderes Grundstück verschobenen Bestandteile unterscheidbar und der Aussonderung fähig sind, bleibt das bisherige Eigentum regelmäßig zunächst erhalten.

Deshalb kann der Eigentümer des Weinberges die auf die Wiese eines Unterliegers gelangte Humuserde zurückholen (§ 967)[27]. Läßt er die Humuserde längere Zeit liegen, dann ist unter Berücksichtigung aller Umstände zu prüfen, ob er hierdurch nicht seinen Willen der Aufgabe seines Eigentums kundgegeben hat[28]) (§ 959) und daraufhin der Nachbar die dadurch herrenlos gewordene Sache sich angeeignet hat (§ 958). Ohne Rücksicht auf diesen Willen der Eigentumsaufgabe durch den einen und des Erwerbs durch den andern Nachbarn geht das Eigentum an der Humuserde von dem einen Nachbarn auf den andern selbsttätig mit dem Zeitpunkte über, in welchem die Humuserde mit dem Wiesengrundstück zusammengewachsen ist. Das ist z. B. der Fall, wenn die Gräser der unter der Humusschicht liegenden Grasnarbe aus der Humusschicht herausgewachsen sind. Oder bei einer dickeren Humusschicht, wenn die darunter liegende Grasnarbe zerstört ist und sich auf der Humusschicht eine geschlossene Vegetation gebildet hat.

Sind von der Felswand eines Grundstückes abgelöste Steine auf den Acker des Nachbarn gefallen, so ist hinsichtlich der Dereliktion und Aneignung nicht anders zu entscheiden. Eine feste Verbindung dieser Steine mit dem Grundstück wird dagegen, wenn überhaupt, so erst nach recht langer Zeit eintreten.

Ist eine dem Grundstückseigentümer gehörige (isolierte) Scheidemauer mitsamt der Erdoberfläche über die Grenze auf das Nachbargrundstück hinüber gewandert, so erwirbt der Nachbar ohne weiteres das Eigentum der Mauer. Denn in einem solchen Fall muß die verschobene Erdmasse so mächtig sein, daß sie infolge des von ihr ausgeübten Druckes auf den darunter liegenden Erdkörper ohne weiteres mit diesem Erdkörper in eine feste Verbindung gelangt ist und da die Mauer ihrerseits mit der verschobenen Erdmasse fest verbunden ist, so ist die Mauer wesentlicher Bestandteil des Nachbargrundstückes. In gleicher Weise ist zu entscheiden, wenn mit der Erdmasse ein darin eingewurzelter Baum auf ein fremdes Grundstück geschoben ist. Handelt es sich um eine mächtige Erdschicht, die durch ihre eigene Schwere eine feste Verbindung mit dem Grundstück herstellt, dann ist diese und durch sie auch der Baum

---

[27]) Der Besitzer des Grundstücks muß ihm die Wegschaffung gestatten. Weigert er sich, so kann er hierauf verklagt werden und wird bei Verzug schadenersatzpflichtig (§ 286). Eine gegen den Willen des Grundstücksbesitzers ausgeführte Zurückschaffung wäre verbotene Eigenmacht (§ 858). Hat der Grundstücksbesitzer die ausgewanderten Bestandteile in seinen Besitz genommen, so ist gegen ihn der Anspruch auf Herausgabe nach § 861 und nach § 985 begründet.

[28]) § 959 ist auch dann anzuwenden, wenn die Kundgebung des Willens, das Eigentum aufzugeben, dem unfreiwilligen Besitzverlust zeitlich nachfolgt. RGKomm. Bem. 4 zu § 959.

Bestandteil des Grundstücks geworden. In einem solchen Fall ist es zur Erlangung der Bestandteilseigenschaft des Baumes nicht erforderlich, daß der Baum in dem ursprünglichen Bestand der Erdmasse des Grundstückes Wurzel geschlagen hat. Wenn die verschobene Erdschichte dagegen dünn ist, so werden die darauf stehenden mitverschobenen Pflanzen Bestandteil, sobald sie in den ursprünglichen Bestand der Erdmasse Wurzel geschlagen haben. Dadurch wird dann auch die verschobene Erdschicht mit dem Grundstück fest verbunden. Eine andere Beurteilung hat Platz zu greifen, wenn es sich nicht um eine isolierte Mauer, sondern um eine Hauswand handelt, die durch seitliche Verschiebung der Erdmasse (und des daraufstehenden Hauses) über die Grenze auf das Nachbargrundstück hinüber gerückt ist. Auch hier ist zwar die hinübergewanderte Erdmasse wesentlicher Bestandteil des Nachbargrundstückes geworden. Allein die daraufstehende Hauswand verbleibt als wesentlicher Bestandteil des Hauses im Eigentum des Gebäudeeigentümers, weil der Grundsatz des § 93 mächtiger ist als der des § 94 Abs. 1.

Eine andere Frage ist wiederum die, ob der Eigentümer des Grundstückes, dessen Bestandteile auf ein anderes Grundstück gelangt sind, diese Bestandteile zurückholen muß. Sind die ausgewanderten Bestandteile zu wesentlichen Bestandteilen des fremden Grundstückes geworden, dann ist ohne weiteres klar, daß eine solche Verpflichtung nicht besteht. Aber auch solange das ursprüngliche Eigentum an diesen Bestandteilen noch besteht, kann deshalb allein, weil diese Gegenstände in fremdem Eigentum stehen, der Eigentümer des Grundstückes, auf welchem sie sich befinden, einen Anspruch auf Beseitigung nicht erheben[29]). Dazu wäre ein besonderer Rechtsgrund erforderlich. Ist die Verschiebung der Grundstücksbestandteile durch ein unzulässiges Verhalten eines Anderen herbeigeführt worden, dann kann der Eigentümer des Grundstückes, auf welches hierdurch die Bestandteile verschoben wurden, die Beseitigung mit der Eigentumsfreiheitsklage verlangen (§ 1004 BGB.). Verschulden ist Voraussetzung dieses Anspruches nicht. Liegt ein solches Verschulden vor, dann kann Ersatz des durch die Verschiebung verursachten Schadens (es ist z. B. eine Mauer eingedrückt worden) in Gemäßheit des § 249 BGB. beansprucht werden. In Betracht kommt u. a. eine unzulässige Änderung des Wasserlaufes[30]) oder eine andere gewillkürte Veränderung des natürlichen Zustandes des Grundstückes (Erdaufschüttung, Auflagerung von Steinhalden)[31]) oder ein Vertiefen des Erdbodens[32]).

Zum Schluß ist noch zu prüfen, welche Rechte dem Eigentümer zu-

[29]) Wohl aber kann er selbst beseitigen. Dagegen kann er die Gegenstände nicht auf das Grundstück zurückschaffen, von dem sie gekommen sind, falls dessen Eigentümer nicht damit einverstanden ist.

[30]) Der Besitzer eines Zwischengrundstücks haftet nicht für Zuführung von Erdmassen, wenn diese durch Veranstaltungen auf einem anderen Grundstück verursacht ist. Vgl. Recht 1915 Nr. 537 RG.

[31]) Vgl. JW. 1921, 253.

[32]) Siehe unten § 17.

stehen, der sein Eigentum an Bestandteilen dadurch verloren hat, daß sie wesentliche Bestandteile des fremden Grundstückes geworden sind. Er kann von demjenigen, zu dessen Gunsten die Rechtsveränderung eingetreten ist, Vergütung in Geld nach den Vorschriften über die Herausgabe einer ungerechtfertigten Bereicherung fordern. Die Wiederherstellung des früheren Zustandes kann nicht verlangt werden (§ 951). Der Verpflichtete kann jedoch diesen Bereicherungsanspruch dadurch erfüllen, daß er dem Berechtigten die früheren Bestandteile seines Grundstückes herausgibt, die sich dann dieser holen mag. Er ist zur Herausgabe nicht verpflichtet (§ 951 Abs. 1 Satz 2), aber natürlich berechtigt. Durch die Herausgabe entfällt seine Bereicherung. Geldentschädigung kann also der Berechtigte trotz § 951 Abs. 1 Satz 1 nur dann verlangen, wenn der Verpflichtete zur Herausgabe nicht bereit ist.

Wenn eine unter dem Acker des A befindliche Tonschicht in den Erdkörper des dem B gehörigen Grundstückes eingedrungen ist und sich mit diesem Erdkörper fest verbunden hat, ist B der Eigentümer geworden. Erhebt A gegen B Klage auf Zahlung des Werts der ausgewanderten Tonmassen, so muß die Klage abgewiesen werden, wenn B sich zur Herausgabe[33]) bereit erklärt. Verbraucht aber B die Tonmasse, so muß er ihren Wert ersetzen.

III. Übergangsrecht.

Während nach dem BGB. Sonderrechte an wesentlichen Bestandteilen insbes. Erzeugnissen (Bäumen) eines Grundstückes nicht begründet werden können, sind die vor dem 1. Januar 1900 begründeten Sonderrechte durch Art. 181 Abs. 2 EG. hinsichtlich der Erzeugnisse (Bäume), durch Art. 182 hinsichtlich des Stockwerkseigentums aufrecht erhalten.

Das Stockwerkseigentum ist unten (§ 3) behandelt.

Hinsichtlich der Erzeugnisse (Bäume) wird der Vorbehalt des Art. 181 EG. wohl kaum mehr praktisch werden. Es kommen Bestimmungen des preußischen Landrechts und des Code civil in Betracht.

a) §§ 187, 199, 200 ALR. I, 22 anerkennen die Möglichkeit, daß bei wildwachsendem Holz der Grundeigentümer und der Eigentümer verschiedene Personen sein können. Das Sondereigentum an Bäumen konnte durch die gewöhnlichen Eigentumserwerbstitel z. B. durch An-

[33]) Ist infolge der Vermischung eine Ausscheidung nicht tunlich, so muß sich A damit begnügen, daß ihm B von der gemischten Masse so viel herausgibt, als A Ton verloren hat. Hat sich der Ton des A mit Mergel des B vermischt, so wird wohl B durch den Zuwachs überhaupt nicht bereichert sein (vgl. § 818 Abs. 3), äußerstenfalls müßte A sich mit der Zurückgabe seines Tones mitsamt dem Mergel begnügen.

schlag mit dem Forsthammer erworben werden[34]). Hat am 1. Januar 1900 Sondereigentum an Bäumen bestanden, so kann es nach §§ 929 ff. BGB. weiterübertragen werden. §§ 932 ff. BGB. finden auf den gutgläubigen Erwerb Anwendung. Dagegen kann der Erwerber des Grundstücks, der gutgläubig den Veräußerer für den Eigentümer der Bäume gehalten hat, das Eigentum an den Bäumen nicht beanspruchen. § 892 BGB. findet auf einen Irrtum über die Bestandteilseigenschaft von Erzeugnissen keine Anwendung[35]).

b) Das französische Recht[36]) kennt ein Sondereigentum an Bäumen, die unter der Geltung des Gesetzes vom 9. Ventôse 13 auf routes nationales et départementales angepflanzt wurden; diese Bäume gehören den Anliegern. Das Gesetz vom 9. Vent. 13 ist durch Gesetz vom 16. Dezember 1811 aufgehoben.

§ 3. Stockwerkseigentum[1]).

Eine Teilung des Grundstücks und seiner wesentlichen Bestandteile in waagrechter Richtung ist nach dem System des Bürgerlichen Gesetzbuches unmöglich; die wesentlichen Bestandteile eines Gebäudes folgen mit Notwendigkeit seinem rechtlichen Schicksale (s. oben S. 27). Es ist daher die Neubegründung eines Stockwerkseigentums nach dem Bürgerlichen Gesetzbuche nicht mehr zulässig[2]). Ein am 1. Januar 1900 bestehendes Stockwerkseigentum kann nicht mehr auf ein zu dem horizontal geteilten Gebäude neuerdings hinzugezogenes Grundstück erweitert werden[3]). Das am 1. Januar 1900 bestehende[4]) Stockwerkseigentum bleibt bestehen (Art. 182, 189 Abs. 1 EG.).

---

[34]) Vgl. Förster-Eccius 3, 40 ff.; Dernburg 3, 335. Dieses Sondereigentum ist nicht mit der superficies nach §§ 243 ff., ALR. I 22 zu verwechseln, bei welcher das Verfügungsrecht über die Bäume dem beschränkten dinglichen Recht am Grund und Boden entspringt.

[35]) RG. 61, 194.

[36]) Vgl. Kisch-Dernburg, Elf.-Lothr. Privatr. S. 486; Fuzier-Hermann, Répertoire générale V, 26 ff.

§ 3. [1]) Über Eintragung des Stockwerkeigentums im Grundbuch s. D. A. §§ 173 Abs. 1, 220 Abs. 2, 296 Abs. 2, 397.

[2]) Vgl. M. 3, 44 f. (Mugdau 3, 24 f.); Ausschußverh. der Kammer d. A. 1898, 31 (Becher, Mat. I, 188). Es ist auch nicht zulässig, aus einem bestehenden Stockwerkseigentum durch Teilung weiteres Stockwerlseigentum zu schaffen, auch dann nicht, wenn nach bisherigem Rechte eine solche Teilung zulässig war. Recht 1905, 576 (Stuttgart). ObLG. 11, 716. Darüber, auf welche Weise es möglich ist, unter der Geltung des neuen Rechts ein dem Stockwerkseigentum wirtschaftlich verwandtes Rechtsgebilde hervorzubringen, s. am Schluß dieses § 3 S. 46.

[3]) SeuffBl. 58, 187 (ObLG.).

[4]) Dem gemeinen Recht war das Stockwerkseigentum (auch Etageneigentum oder Herbergsrecht genannt) fremd. RG. 31, 171; ebenso dem preußischen Landrecht nach

Das Wesen des Rechtsverhältnisses wurde verschieden aufgefaßt. Nach der einen Ansicht galten die dem Sonderrecht der einzelnen Teilhaber unterworfenen Teile des Gebäudes als selbständige unbewegliche Sachen, wobei das Miteigentum an der Grundfläche und den gemeinschaftlichen Teilen des Gebäudes als ein den Teilhabern mit dem Eigen-

---

der neueren Praxis, vgl. EntschOTr. 53, 4; 75, 85; 79, 128; Recht 1913, 210 (RG.). Nach code civil Art. 664 konnten die verschiedenen Stockwerke eines Gebäudes verschiedenen Eigentümern gehören (RG. 24, 340; 56, 259); das badische Landrecht hat diesen Artikel unverändert übernommen; vgl. Neumann Jahrb. 1908, 595. Auf Grund eines Gewohnheitsrechtes wurde das Stockwerkseigentum zugelassen für das Gebiet des bayerischen Landrechts; vgl. SeuffBl. 32, 297; EntschOGH. 6, 553; 13, 105; ebenso für das Gebiet des Ansbacher Rechts, vgl. SeuffBl. 4, 191; EntschOGH. 8, 221; SeuffA. 36, Nr. 106; SeuffBl. 45, 133. Durch ausdrückliche statuarische Vorschrift („ein Keller oder eine Kammer unter dem Gebäude eines anderen") war das Herbergsrecht begründet, für Nürnberg (Reformation XXVI, 10), Kempten (VI, 21), Salzburg (Einstandsordnung § 16). Für die Stadt München wird die gewohnheitsrechtliche Bildung des Stockwerkseigentums bezeugt von Roth, Bayer. Zivilrecht § 120 Anm. 35. Für einige Rechtsgebiete ergibt sich das frühere Vorhandensein dieses Gewohnheitsrechts aus Statutarvorschriften, durch welche die Teilung eines Hauses nach Stockwerken untersagt wird, so für Würzburg (Stadtbauordnung Nr. 8), Regensburg (Wachtgerichtsordnung § 9). Roth, Bay. Zivilrecht Bd. 2 S. 57, § 120 Anm. 35 sagt:

„In anderen Rechtsgebieten ergibt sich aus Verboten die frühere Zulässigkeit des Stockwerkseigentums."

Roth beruft sich hier auf die Würzburger Bauordnung von 1722 Nr. 8; Mandatssammlung 1 S. 680 und führt diese Stelle wörtlich an. Sie lautet:

„So wollen wir auch dabei aus vorigen und anderen und hiezu bewegten Ursachen durchaus nimmer gestatten, daß fürohin bei vorkommenden Teilungen ein Haus anders als von oben bis unten hinaus und daß dadurch der Übertritt von dem einen Teil in den anderen von Böden, Kellern und Gemächern vermieden werde, als Senkelrecht geschehe."

Es handelt sich hier um die Bauordnung für die Stadt Würzburg vom 22. Aug. 1722, Landmandatssammlung Bd. 1 S. 678 ff. Es ist aber die einschläg. Bestimmung nicht unter 8, wie Roth angibt, sondern unter Nr. 7, und aus dem weiteren Inhalt ergibt sich, daß die VO. fortfährt, nach den Worten „als Senkelrecht geschehe" wie folgt: „oder eo ipso zu gewärtigen, daß auf Erfahrung dessen man nicht nur dergl. Abteilungen für Null und nichtig deklarieren, darauf eine andere ex officio vornehmen, in Sonderheit aber die geschworenen, die sich solcher wieder unter Gebot unternommen, zur wohlverdienten Strafe ziehen werde."

Aus der Bauordnung vom Jahre 1722 ergibt sich aber anscheinend, daß sie nur für die Stadt Würzburg getroffen wurde.

Es gibt aber noch ein weiteres Würzburger Stadtbaurecht, abgedr. in der Landsmandatsammlung Bd. 3 S. 784 ff. Auch dieses ist mit Stadtbaurecht überschrieben und es ist noch anerkannten Rechtens, daß dieses Stadtbaurecht vom Jahr 1774 im ganzen Bezirk des Fürstbischofs von Würzburg gegolten hat.

Auf S. 789 ist im letzten Abschnitt „von dem Grund unter dem gemeinen Stadtgassenpflaster" in § 1 folgendes bestimmt:

„Dagegen ist es nicht erlaubt, unter eine freie Gassen oder seines Nachbars Haus einen Keller zu graben, weil er sich von einem Grund und Boden etwas zueignen würde, der ihm nicht gehört."

tum an den ersteren zustehendes Recht behandelt wurde[5]), nach der anderen Ansicht bestand lediglich ein Miteigentumsverhältnis mit Ausschluß der Teilung und dauernder Zuweisung der Benutzung einzelner Teile des Gebäudes an die einzelnen Teilhaber[6]).

Beiden Auffassungen ist gemeinsam einmal das ausschließliche Benützungsrecht an den ausgeschiedenen Gebäudeteilen und dann das Miteigentumsrecht an anderen Teilen des Grundstückes insbesondere der Bodenfläche, den Hauptmauern, dem Dache, dem Hausflur[7]). Das pfälzische Recht unterscheidet ausdrücklich, ob die Stockwerksberechtigten Miteigentümer des Grundstückes sind, auf dem sich das im geteilten Eigentum stehende Gebäude befindet. Nur wenn dies der Fall ist, findet der mit Art. 42 ÜG. gleichlautende Art. 20 LiegenschG. Anwendung. Wenn aber ein Stockwerksberechtigter allein, oder ein Dritter der Eigentümer des Grundstückes ist, dann gilt für die Pfalz Art. 19 LiegenschG., wonach das Sondereigentum an einzelnen Räumen eines fremden Gebäudes von dem Inkrafttreten des Bürgerlichen Gesetzbuches an als das veräußerliche und vererbliche Recht an dem fremden Grundstücke gilt, auf diesem den Gebäudeteil zu haben, wobei §§ 1016, 1017 BGB. entsprechende Anwendung finden[8]). Es erscheint auffällig, daß eine derartige Unterscheidung für das rechtsrheinische Bayern nicht getroffen werde; denn auch hier gibt es Rechtsbildungen, bei denen jemand nur das Sonderrecht an dem Stockwerk zusteht, während er an den

---

Es heißt dort weiter:

„Zwar erstrecken sich mehrere Keller unter die gemeine Gassen; allein derselben Besitzer haben entweder

1. eine besondere Vergünstigung des Stadtrats auch etwan ohne Grundzins, oder
2. eine Verjährung, da man solches an dem durch die Gassen gebrochenen offen. Löcher wohl gesehen und nicht widersprochen hat, oder
3. es ist ein heimlich eingerichtetes Werk.

In beiden ersten Fällen erwirbt jedoch der Inhaber eines solchen Kellers dessen Eigentum nicht, sondern er hat nur gegen die gemeine Stadt ein Dienstbarkeitsrecht, kraft welchen selbige solchen Keller dulden muß.

Im dritten Fall aber kann dessen Inhaber angehalten werden, das eingerichtete Werk alsbald wieder zuzuschütten."

Vgl. bezüglich der Fleischbanken in Frankfurt Stobbe 2, 284; SeuffA. 9 Nr. 264; für Württemberg s. SeuffA. 24 Nr. 239; 47 Nr. 107; Recht 1905, 576; bezüglich weiterer außerbayerischer Rechte, vgl. Stobbe 2, 284.

[5]) S. Roth, Bayer. Zivilrecht 2 § 120; vgl. RheinArch. 90 Abt. I, 237; 91 Abt. I, 71; JW. 1894, 95 Nr. 52; Becher, Mat. VII, 46.

[6]) Vgl. Stobbe 2, 285; Henle-Schneider 468; Oertmann 316.

[7]) Zu den Hauptmauern gehören nicht nur die Umfassungsmauern, sondern auch die anderen Mauern, soweit sie Gebälke und Decken tragen, nicht aber die nur die Zimmer einteilenden Zwischenwände. Wenn eine Zwischenwand zwei Stockwerksrechte trennt, so gehört sie den Inhabern dieser Stockwerksrechte gemeinschaftlich.

[8]) Schneider 208.

übrigen Grundstücksteilen keinerlei Miteigentumsrecht besitzt. In einem solchen Fall wird man den Art. 42 ÜG. nicht anwenden können. Hier kann ein superfiziarisches Rechtsverhältnis, Erbbaurecht oder auch eine Servitut in Frage kommen [9]). Eine superficies und ein Erbbaurecht ist aber regelmäßig nur dann gegeben, wenn der in Sonderbenutzung stehende Gebäudeteil eine wirtschaftlich selbständige Bedeutung hat, also nicht lediglich ein annexum eines anderen Grundstückes ist, wie dies namentlich bei einem für sich allein nicht benutzbaren Teile eines Gebäudes der Fall ist [10]). Die superficies und ein Erbbaurecht hat nach § 95 Abs. 1 mit 184 EG. [11]), eine Servitut nach Art. 184 EG. fortdauernde Geltung.

Der Inhalt dieser am 1. Januar 1900 bestehenden superfiziarischen und servitutarischen Rechtsverhältnisse bestimmt sich auch unter der Geltung des neuen Rechts im rechtsrheinischen Bayern ausschließlich nach bisherigem Recht; für die Pfalz sind die superfiziarischen Verhältnisse durch Art. 19 LiegenschG. in Erbbaurechte umgewandelt. Art. 42 ÜG. und Art. 20 LiegenschG. befassen sich ausschließlich mit der Regelung des Stockwerkseigentums in dem oben dargelegten Sinne und suchen, indem sie von der im Art. 218 EG. eingeräumten Befugnis Gebrauch machen und die in Art. 131 EG. gegebenen Anhaltspunkte verwerten, das bestehende Stockwerkseigentum dem Geiste des neuen Rechts anzupassen.

Das zur Zeit des Inkrafttretens des Bürgerlichen Gesetzbuchs bestehende Stockwerkseigentum (Herbergsrecht) gilt nämlich gemäß Art. 42 ÜG. bzw. Art. 20 LiegenschG. [12]) von diesem Zeitpunkte an (nicht erst von dem Zeitpunkte an, in welchem das Grundbuch für angelegt anzusehen ist) als Miteigentum an dem ganzen Grundstücke, d. i. an

[9]) Vgl. RG. 56, 260.

[10]) So wird man es beispielsweise bei einem Felsenkeller, der eine vollständig selbständige Existenz (insbes. auch einen eigenen Zugang) hat, zumeist mit einer superficies oder einem Erbbaurecht zu tun haben. Gehört zu einem Hause ein Zimmer, welches in ein fremdes Haus hineingebaut ist, ohne von diesem letzteren aus zugänglich zu sein, so wird man regelmäßig ein servitutarisches Verhältnis anzunehmen haben. Vgl. hierzu auch Becher, Mat. III, 30: „Beschränkt sich das Recht auf einen Teil eines fremden Bauwerkes, so kommt es darauf an, ob dieser Teil für den Berechtigten ein selbständiges Vermögensstück bildet oder ob er Bestandteil einer eigenen Anlage des Berechtigten ist. Im ersten Fall, z. B. wenn jemand Eigentümer eines Zimmers oder eines sonstigen Raumes in einem fremden Hause ist, besteht ein dem Erbbaurecht ähnliches vererbliches und veräußerliches Recht; im zweiten Falle, z. B. wenn jemand in seinem Hause einen Keller hat, der sich in das Nachbargrundstück hineinerstreckt, liegt im Sinne des Bürgerlichen Gesetzbuches eine Grunddienstbarkeit vor. Der Inhalt aller dieser Rechte wird durch Art. 184 EG. gewahrt."

[11]) Die superfiziarischen Rechte werden aufrecht erhalten, auch wenn sie nach dem Bürgerlichen Gesetzbuch künftig unzulässig sind. Niedner Bem. 4a $\alpha\,\beta\beta$ zu Art. 184.

[12]) Indivision forcée des bisherigen Pfälzer Rechts.

der Bodenfläche und dem darauf stehenden Gebäude[13]). Das Sondereigentum der einzelnen Berechtigten ist also vom 1. Januar 1900 an erloschen, und an dessen Stelle tritt ein dem Rechte nach ungeteiltes Miteigentum mit Sonderbenützungsrechten; die Vorschriften des Bürgerlichen Gesetzbuches über das Miteigentum (§§ 1008—1011) bzw. die zu deren Ergänzung dienenden Bestimmungen über die Gemeinschaft (§§ 741—758) sind insoweit heranzuziehen, als sich nicht aus Art. 42 ÜG. ein anderes ergibt.

Hiernach ist im Zweifel anzunehmen, daß den Teilhabern gleiche Anteile zustehen (§ 742 BGB.). Wer aber das Recht der einzelnen Berechtigten vor dem Inkrafttreten des Bürgerlichen Gesetzbuches räumlich kein gleiches, so steht ihnen nach diesem Zeitpunkt das Miteigentum nach dem Verhältnis der früheren räumlichen Beteiligung zu[14]). Hatte der eine Berechtigte an einem Gebäude mit zwei Obergeschossen ein Stockwerk, der andere zwei Stockwerke zu Alleineigentum, so ist nach dem Inkrafttreten des Bürgerlichen Gesetzbuches das Miteigentum an dem Gebäude samt Grund und Boden in der Weise geteilt, daß ersterer zu einem Drittel, letzterer zu zwei Drittel anteilsberechtigt ist.

Der einzelne Teilhaber kann über diesen seinen Anteil samt dem hiervon untrennbaren[15]) Benützungsrechte durch Veräußerung, Bestellung einer Hypothek, Grund- oder Rentenschuld, sowie eines dinglichen Vorkaufsrechtes verfügen (§ 747 Satz 1 BGB.)[16]). Der Anteil eines Teilhabers kann von seinen Gläubigern zum Gegenstand der Zwangsvollstreckung gemacht werden. Dagegen kann über das ganze Gebäude nur von allen Teilhabern gemeinschaftlich verfügt werden (§ 747 Satz 2 BGB.). Ein einzelner Miteigentümer kann das Grundstück im ganzen weder veräußern noch belasten. Eine solche Verfügung ist gänzlich, auch bezüglich des Anteils des Verfügenden, unwirksam[17]).

---

[13]) Vgl. § 17 der VO. vom 23. Juli 1898 betr. Anlegung des Grundbuchs r. d. Rh., sowie §§ 397, 220 Abs. 2, 296 Abs. 2 der DAnw., wonach die Anteile der Miteigentümer (die bisherigen Stockwerksrechte) regelmäßig auf gesonderten Blättern einzutragen sind. Vgl. ferner Henle-Dandl, Grundbuchanlegung 39, 63, 77, 80, 89.

[14]) Zustimmend Oertmann 319.

[15]) Schneider 211.

[16]) Zustimmend Oertmann 318.

[17]) Vgl. Striethorst, Arch. 35, 226; 96, 252. Es kann nicht als zulässig erachtet werden, daß die Teilhaber die räumliche Ausdehnung der bestehenden Stockwerksrechte durch Vereinbarung dauernd ändern. Dies muß also ebenso unzulässig erachtet werden, wie die Teilung eines bestehenden Stockwerkseigentums. Im letzteren Punkte richtig Recht 1905, 576 (Stuttgart). Bedenklich ist dagegen die dortige Bemerkung: „Nicht jede Änderung an der Sache schafft übrigens ein neues Rechtsobjekt und es ist insbesondere nach Umständen nicht ausgeschlossen, daß die Anteilsberechtigten bei bestehendem Stockwerkseigentum eine andere Zuscheidung der Räume, wenigstens der bisher schon abgeteilten, vornehmen."

Jeder Teilhaber ist zum Gebrauche des ganzen Grundstückes und des ganzen Gebäudes insoweit befugt, als nicht der Mitgebrauch der übrigen Teilhaber beeinträchtigt wird (§ 743 BGB.). Dieses Recht des gemeinsamen Gebrauchs erstreckt sich jedoch gemäß Art. 42 ÜG. nicht auf diejenigen Gebäudeteile, welche zur Zeit des Inkrafttretens des Bürgerlichen Gesetzbuches dem einen Teilhaber allein gehörten; er ist zur ausschließlichen und dauernden Benützung dieser Teile nach wie vor befugt.

Der Ausdruck „gehörten" trägt den verschiedenen Konstruktionen Rechnung, die nach bisherigem Rechte möglich waren (s. oben S. 38), so daß es gleichgültig ist, ob das bisherige rechtliche Herrschaftsverhältnis auf einem Sondereigentum oder dinglichem Benützungsrecht beruhte. Das durch Art. 42 in eine neue Form gebrachte Recht ist ein dingliches, dauerndes und ausschließliches Benützungsrecht. Das Miteigentum aller ist mit diesem Benützungsrechte zugunsten eines jeden Miteigentümers belastet[18]).

Das Rechtsverhältnis ist also folgendermaßen gestaltet: Es besteht Miteigentum an der ganzen Fläche, auf welcher das Gebäude steht, und an dem ganzen Gebäude. Es steht ferner ein Sonderbenützungsrecht für jeden der Miteigentümer an denjenigen Teilen des Hauses, welche ihm am 1. Januar 1900 gehörten. An den übrigen Teilen des Gebäudes und der Grundfläche besteht ein gemeinschaftliches Benützungsrecht, welches Ausfluß des Miteigentums ist und nach den §§ 1008 ff., 741 ff. zu beurteilen ist.

Da das Sonderbenützungsrecht nicht auf einem Sondereigentum beruht, können auf das Rechtsverhältnis der Sonderbenützungsrechte untereinander die gesetzlichen, insbesondere die nachbarrechtlichen Eigentumsbeschränkungen nicht angewendet werden. Das Sonderbenutzungsrecht wurzelt im Miteigentum an dem ganzen Haus, ist also Ausfluß der hieran bestehenden Gemeinschaft. Zwar ist das Sonderbenützungsrecht an dem betreffenden Teil ein ausschließliches, aber durch die gesonderte Benützung des Teiles wird zugleich das ganze Haus (als Einheitssache) benützt und somit wird das Gemeinschaftsverhältnis durch die Sonderbenützung ausgeübt. Es ist deshalb § 743 BGB. anzuwenden, wonach jeder Teilhaber zum Gebrauch des gemeinschaftlichen Gegenstandes insoweit befugt ist, als nicht der Mitgebrauch der übrigen Teilhaber beeinträchtigt wird. Jeder Teilhaber hat also die ausschließliche Benützung seines Stockwerkes so auszuüben, daß das Sonderbenützungsrecht des anderen Teilhabers an seinem Stockwerk und dessen

[18]) Schneider 211.

Mitbenützungsrecht an den gemeinschaftlichen Teilen nicht beeinträchtigt wird. Die Richtschnur wird durch das billige Ermessen gezogen (§ 242). Hiefür können die Gedanken herangezogen werden, welche der gesetzlichen Regelung des Nachbarrechtes zugrunde liegen (vgl. z. B. § 906 über Zuführung von Lärm, Gerüchen usw.). Dabei ist natürlich der Verschiedenheit des Zusammenwohnens unter einem Dache von den nachbarlichen Verhältnissen Rechnung zu tragen. Es wird z. B. auch in einem Fabrikviertel nicht angängig sein, daß in einem Wohnhause mit Stockwerkseigentum der eine Teilhaber in seinem Stockwerk einen Fabrikbetrieb einrichtet; ebensowenig zulässig wäre es, wenn er in sein Stockwerkseigentum einen Stall verlegen würde. Hat aber das Erdgeschoß von alters her als Stall eines Teilhabers gedient, so kann der andere diese Benützung nicht mit Rücksicht auf den Geruch und die Fliegenplage verbieten[19]).

Andererseits muß bei einem Widerstreit der Interessen immer daran gedacht werden, daß der Gesetzgeber mit der Vorschrift des Art. 42 ÜG. zwar das Rechtsverhältnis auf eine neue konstruktive Grundlage stellte, dabei aber von der Absicht geleitet war, die Rechtseinwirkungen aufrecht zu erhalten, die sich nach bisherigem Recht aus dem Sondereigentum ergaben. Im Zweifel wird man sich also dafür entscheiden müssen, daß eine beanstandete Art der Benützung des in Sonderbenützung stehenden Teils zulässig ist. Nimmt ein Teilhaber eine Familie in Untermiete auf, so kann das von dem anderen Teilhaber nicht verboten werden. Natürlich gibt es auch dafür ein Maß. Wenn die Sonderbenützung und Mitbenützung der anderen in unerträglicher Weise beeinträchtigt wird, und die Beeinträchtigung von einer Benützungsart ausgeht, für die nach objektiver Sachlage das Stockwerkseigentum nicht bestimmt erscheint, kann durch das billige Ermessen ein Verbietungsrecht begründet werden.

Da der Berechtigte den Mitgebrauch der übrigen Teilhaber nicht beeinträchtigen darf, so darf der Erdgeschoßberechtigte ein auf den gemeinsamen Hof gehendes Fenster nicht in eine Türe umwandeln. Der Eigentümer des obersten Geschosses ist nicht befugt, ein weiteres Stockwerk aufzusetzen, weil jedes neue Stockwerk die unteren Stockwerke und die gemeinschaftlichen Hauptmauern belastet und auch zu einer Steigerung des Mitgebrauchs der gemeinschaftlichen Teile führt[20]).

---

[19]) Auch in diesem Fall braucht ein Übermaß solcher Einwirkungen nicht geduldet zu werden. Ob ein solches Übermaß vorliegt, ist durch entsprechende Verwertung der dem § 906 zugrunde liegenden Gedanken zu ermitteln.

[20]) Vgl. JW. 1894, 95.

Die Verwaltung des Grundstücks steht den Stockwerksberechtigten gemeinschaftlich zu. Jeder Teilhaber ist berechtigt, die zur Erhaltung des Gebäudes notwendigen Maßregeln ohne Zustimmung der anderen Teilhaber zu treffen; er kann verlangen, daß diese ihre Einwilligung zu einer solchen Maßregel im voraus erklären (§ 744 BGB.). Ist das Miteigentum nach ungleichen Quoten geteilt, so kann eine der Beschaffenheit des Stockwerkshauses entsprechende ordnungsgemäße Verwaltung und Benützung des ganzen Grundstücks und jener Teile, welche dem gemeinsamen Gebrauche offenstehen, durch Stimmenmehrheit beschlossen werden. Die Stimmenmehrheit ist nach der Größe der Anteile zu berechnen (§ 745)[21]). Haben die Stockwerkseigentümer die Verwaltung und Benützung geregelt, so wirkt die getroffene Bestimmung gegen den Sondernachfolger eines Berechtigten, wenn sie als Belastung des Anteils im Grundbuch eingetragen ist (§ 1010 BGB.).

Jeder Stockwerksberechtigte kann die Ansprüche aus dem Eigentum Dritten gegenüber in Ansehung des ganzen Grundstücks geltend machen. Nur in der Verfolgung des Anspruchs auf Herausgabe des Grundstücks ist er beschränkt, indem er nur die Herausgabe an alle Stockwerksberechtigten beanspruchen kann (§ 1011 mit § 432 BGB.).

Jeder Stockwerksberechtigte ist dem anderen Berechtigten gegenüber verpflichtet, die Lasten des gemeinschaftlichen Gebäudes sowie die Kosten der Erhaltung, der Verwaltung und der gemeinschaftlichen Benutzung nach Verhältnis seines Anteils zu tragen (§ 748 BGB.)[22]); jedoch fällt der Aufwand für die Unterhaltung jener Gebäudeteile, an welchen dem betreffenden Stockwerksberechtigten das ausschließliche Benützungsrecht zusteht, auch ihm allein zur Last[23]) (Art. 42 ÜG.). An den Um-

---

[21]) Wenn der eine zu $^2/_3$, der andere zu $^1/_3$ berechtigt ist, so kann ersterer anordnen daß der gemeinschaftliche Hausflur in jeder dritten Woche von dem anderen Teilhaber sonst von ihm zu reinigen ist.

[22]) Darunter fallen auch die öffentlichen Lasten (Grundsteuern, Straßenpflasterkosten).

[23]) Art. 664 Cod. civ. legt dem Stockwerkseigentümer die Pflicht auf, für den Fußboden zu sorgen, auf dem er geht. Art. 664 ist außer Geltung. Art. 42 ÜG. führt aber zu dem gleichen Ergebnis. Die Sorge für den Fußboden umfaßt die Sorge für die ihn tragenden Balken und die auf diesen liegenden Schwellen. Eine Treppe, die ausschließlich von dem einen Stockwerkseigentümer benützbar ist, ist von diesem zu unterhalten. Der Berechtigte des unteren Stockwerkes hat für die Zimmerdecken zu sorgen.

Wenn der Berechtigte eines unteren Stockwerkes eines Wohnhauses in seinem Stockwerk eine Wäscherei betreibt mit der Folge, daß die aufsteigenden Dämpfe das Zimmerbodengebälk des darüber liegenden Stockwerkes mit Feuchtigkeit durchsetzen, so ist eine hierdurch herbeigeführte Beschädigung des Fußbodengebälks des darüber liegenden Stockwerkes von dem Berechtigten des unteren Stockwerkes zu vertreten. Das gleiche muß gelten, wenn die Beschädigung durch die Dünste eines Stalles herbeigeführt ist. Art. 42 beruht auf dem Gedanken, daß die Lasten der gemeinschaftlichen Benützung gemeinschaftlich, die Lasten

fassungsmauern steht die Sonderbenützung nicht zu, weil sie ja nicht nur dem einen Stockwerk, sondern dem ganzen Haus dienen; das gilt auch für die Umfassungsmauern, welche das oberste Stockwerk umschließen, da auf ihnen das Dach ruht. Das gleiche muß für die Innenmauern gelten, wenn sie Gebälk, Decken usw. tragen, nicht aber für die Zwischenwände, durch welche lediglich ein Stockwerkseigentum in einzelne Gelasse eingeteilt wird (vgl. Art. 664 Code civil). Die Unterhaltung der innerhalb des Stockwerkseigentums befindlichen Fenster obliegt dem Berechtigten. Bezüglich der seiner Sonderbenützung unterstehenden Teile entscheidet der Berechtigte nach eigenem Ermessen, ob und welche Aufwendungen zu machen sind. Soweit aber der Aufwand für die Erhaltung des ganzen Gebäudes notwendig ist, muß der Sonderberechtigte bezüglich der ihm allein zustehenden Teile den erforderlichen Aufwand machen und zwar aus seiner eigenen Tasche[24]). Soweit die Rechte der übrigen Berechtigten hierdurch keine Beeinträchtigung erleiden, ist jeder Berechtigte berechtigt, an den seinem Sonderrechte unterstehenden Gebäudeteilen ohne Zustimmung der anderen Teihaber Veränderungen vorzunehmen[25]). Dies gilt trotz § 744 gemäß § 226.

Der Anspruch auf Aufhebung der Gemeinschaft ist ausgeschlossen (Art. 42 ÜG.). Das Gemeinschaftsverhältnis bleibt bestehen, solange es nicht durch Übereinkommen aufgehoben ist. Die Aufhebung kann weder aus wichtigen Gründen (§ 749 Abs. 2 BGB.), noch im Falle des Konkurses über das Vermögen eines Miteigentümers von dem Konkursverwalter verlangt werden[26]). Mit dem Untergang des Gebäudes bleibt

---

der Sonderbenützung gesondert zu tragen sind. Diese seine Absicht glaubte Art. 42 dadurch zu erreichen, daß er den Aufwand für die Unterhaltung der Sonderteile dem Sonderberechtigten auferlegte. Wenn aber der Aufwand für einen solchen Sonderteil durch die Sonderbenützung des anderen an seinem Sonderteil herbeigeführt ist, so muß nach der ratio des Gesetzes (Art. 42 ÜG.) angenommen werden, daß der Gesetzgeber an den hier besprochenen Fall nicht gedacht hat und, wenn er daran gedacht hätte, ihn zweifellos in dem hier entschiedenen Sinne geregelt hätte; dies würde allein noch nicht hinreichen, um eine Entscheidung gegen den Wortlaut des Gesetzes (Art. 42 ÜG.) zu rechtfertigen. Hier greifen aber die Rechtsgrundsätze der Gemeinschaft ein, die zur Auslegung der in Art. 42 getroffenen Regelung heranzuziehen sind.

[24]) Schneider 212.

[25]) Doch ist der Eigentümer des obersten Geschosses nicht berechtigt, ein weiteres Stockwerk darauf zu setzen, weil jedes weitere Stockwerk eine Belastung der gemeinsamen Teile (insbesondere der Umfassungsmauern) bewirkt (JW. 1894, 95 RG.). — Setzt er ein weiteres Stockwerk mit Genehmigung der übrigen Berechtigten und mit der Vereinbarung auf, daß das neue Stockwerk sein Sondereigentum oder doch seinem Sonderbenutzungsrecht unterworfen sein soll, so werden die mehreren Berechtigten gleichwohl Miteigentümer. Der Vereinbarung kann dingliche Wirkung verschafft werden nach Maßgabe des § 1010 BGB. (s. hierüber unten S. 47).

[26]) Henle-Schneider Anm. 9 zu Art. 42 ÜG.).

nur noch das ungeteilte Miteigentum an der Grundfläche übrig. Wird das Gebäude wieder hergestellt, so lebt das Gemeinschaftsverhältnis an dem Gebäude nicht wieder auf[27]. Das Rechtsverhältnis läßt sich vermöge seiner Eigenart auf einen Neubau nicht übertragen; es ist an das spezielle Gebäude gebunden und kann nach dessen Untergang nicht wieder aufleben. Wenn nur ein Teil des Gebäudes abgebrannt ist, so wird zu untersuchen sein, ob der abgebrannte Teil die Hauptsache darstellt, oder die Überreste. Ersterenfalls ist das Stockwerkseigentum ebenfalls erloschen. Ob der Untergang des Gebäudes auf Zufall (Brand)[28] oder auf gewolltes Zusammenwirken aller Beteiligten (Abbruch) zurückzuführen ist, hat keine Bedeutung[29]. Haben die Teilhaber ein bisher im Stockwerkseigentum stehendes Gebäude abgebrochen und ein Ersatzgebäude errichtet mit dem Willen und der Verabredung, daß dasselbe und seine einzelnen Teile dem gleichen Stockwerkseigentum wie das frühere Haus unterworfen sein soll, so wird hierdurch kein Stockwerkseigentum begründet. Das neue Gebäude steht wie das Grundstück selbst im einfachen Miteigentum. Man wird annehmen können, daß durch eine solche Vereinbarung das Recht, die Aufhebung der Gemeinschaft zu verlangen, für immer ausgeschlossen sein soll; es kommt daher § 1010 BGB. zur Anwendung[30].

Auf die gleiche Weise läßt sich an jedem Gebäude ein dem Stockwerkseigentum verwandtes Ergebnis erreichen, wenn an dem Gebäude das Miteigentum begründet wird und die einzelnen Miteigentümer vertragsmäßig die Verwaltung und Benutzung in der Weise regeln, daß

---

[27]) A. M. Henle-Schneider Anm. 9 zu Art. 42 ÜG.; Planck Bem. zu Art. 182; Habicht, Einwirkung 416; Oberneck 559. Nach Oertmann 319 soll beim Wegfall des Gebäudes nur die Ausübung der Sondernutzungsrechte bis zur Neuerrichtung des Gebäudes suspendiert sein.

[28]) Wenn nach den Vorschriften des Brandversicherungsgesetzes ein Zwang zum Wiederaufbau besteht, so haben alle Teilhaber im Verhältnis ihrer Anteile zum Wiederaufbau beizusteuern, wie ihnen auch die Brandversicherungssumme nach diesem Verhältnis zufällt (Schneider 211).

[29]) Selbst wenn ein Berechtigter rechtswidrig das Gebäude beseitigt hat, kann die ihm obliegende Schadenersatzpflicht nicht zur Wiederherstellung des eigentlichen Stockwerkseigentums führen, weil diese Wiederherstellung gesetzlich nicht möglich ist (§ 251 BGB.). Dagegen kann Wiederherstellung des Hauses verlangt werden. Das Haus mit allen seinen Teilen wird Miteigentum. Der Ersatzpflichtige hat dann zu einem dinglichen Vertrag (§ 1010) mitzuwirken, durch welchen die Benützung der einzelnen Teile genau so geregelt wird, wie sie nach dem Stockwerkseigentum zustand. Die Herstellung dieses zu demselben wirtschaftlichen Ergebnis führenden Rechtszustandes (vgl. RG. 76, 146) kann auf Grund des § 249 verlangt werden.

[30]) Aber auch § 749 kommt zur Anwendung, wonach trotz einer solchen Vereinbarung die Aufhebung der Gemeinschaft jederzeit verlangt werden kann, wenn ein wichtiger Grund vorliegt.

jedem einzelnen ein Sonderrecht an einem Stockwerk eingeräumt wird, und endlich auch das Recht auf Aufhebung der Gemeinschaft für immer ausschließen und diese Vereinbarung im Grundbuch eintragen lassen[31]).

Das Stockwerkseigentum erlischt nicht durch Vereinigung der mehreren Stockwerksanteile in einer Hand. Alsdann ist eben das Miteigentumsrecht zugunsten des anderen belastet, so daß in Ansehung des einen Miteigentumsanteils dem Miteigentümer zugleich ein Sonderrecht zugunsten des anderen Anteils zusteht. Diese Doppelstellung unterliegt keinen rechtlichen Bedenken und ist in den §§ 889, 1009 BGB. ausdrücklich zugelassen. Weil aber die in einer Hand vereinigten Stockwerksrechte noch als gesonderte Rechte nebeneinander bestehen, so steht der Veräußerung des einen Stockwerksrechts kein rechtliches Hindernis entgegen[32]).

§ 4. Das Recht an Kellern.

I. Das Eigentum an einem Grundstück erstreckt sich nach § 905 BGB. auch auf den Erdkörper unter der Erdoberfläche. Der Eigentümer eines Grundstücks ist daher auch Eigentümer des darunter befindlichen Kellers. Die Begründung eines Sondereigentums an dem Keller ist unter der Geltung des neuen Rechts nicht mehr möglich[1]). Dagegen kann an einem Keller, der für sich einen selbständigen Bau bildet und dann als Gebäude zu erachten ist, auch jetzt noch ein Erbbaurecht begründet werden (§ 1012 BGB.) mit der Folge, daß das Eigentum an dem Kellergewölbe als Bestandteil des Erbbaurechts in Gemäßheit des § 95 BGB. dem Berechtigten zusteht[2]). Stellt aber der Keller für sich keinen selbständigen Bau dar, sondern nur einen Teil eines anderen Gebäudes, so kann ein Erbbaurecht unter der Herrschaft des Bürgerlichen Gesetzbuches hieran nicht mehr begründet werden (§ 1014 BGB.).

---

[31]) Staudinger Bem. 3b zu § 1010; Schneider 214; Oertmann 317; vgl. oben S. 46 Anm. 29.

[32]) BayZ. 11, 92 (ObLG.). Anders natürlich, wo nach altem Recht vor 1900 das Stockwerkseigentum durch Vereinigung in einen Grund erloschen war (Bad. Rspr. 09, 178).

§ 4. [1]) Übrigens ist ein nach früherem Recht etwa vorhanden gewesenes Sondereigentum (vgl. RG. 24, 340), abgesehen vom Stockwerkseigentum, nicht aufrecht erhalten. (Vgl. JW. 1903, Beilage S. 90). Wo nach bisherigem Recht ein solches Sondereigentum bestanden hat, gilt es jetzt als das Recht, den Keller auf einem fremden Grundstück zu haben (RG. 56, 260). Man muß annehmen, daß dieses Sondereigentum von selbst in ein Erbbaurecht übergegangen ist. Vgl. RheinArch. 102 Abt. I, 144. Das Kellergewölbe wird sodann als Bestandteil des Erbbaurechts anzusehen sein und kann daher nach § 95BGB. im Sondereigentum des Erbbauberechtigten stehen. Bei Zerfall des Gewölbes bleibt der Superfiziar Eigentümer des mobilisierten Materials. M. 3, 473 (Mugdan 3, 264); Dernburg § 163 Anm. 8. Vgl. RG. 22, 195.

[2]) Vgl. JW. 1903, Beilage S. 90.

Dagegen ist die Begründung einer Grunddienstbarkeit an einem solchen Keller auch nach neuem Recht zulässig.

Die zur Zeit des Inkrafttretens des Bürgerlichen Gesetzbuches an Kellern bestehenden Sonderberechtigungen sind aufrecht erhalten, das Sondereigentum unter Umwandelung in ein Erbbaurecht [3]) (siehe oben), das Stockwerkseigentum nach Art. 182 EG., Art. 42 des ÜG. und Art. 20 des LiegenschG., die superficies (Erbbaurecht, Platzrecht, auch Kellerrecht genannt) [4]) und die Grunddienstbarkeiten nach Art. 184 EG. Die Frage, welches Rechtsverhältnis gegeben ist, bietet in einzelnen Fällen Schwierigkeiten [5]). Hierfür lassen sich folgende allgemeine Richtpunkte angeben:

a) Wenn man es mit einem selbständigen Bau dergestalt zu tun hat, daß der Keller keinen Teil eines anderen Gebäudes darstellt, wird niemals Stockwerkseigentum anzunehmen sein, weil wahres Stockwerkseigentum voraussetzt, daß der Kellereigentümer Miteigentümer der Grundfläche ist (s. oben § 3). Es kommt nach bisherigem Recht nur Sondereigentum, superficies und Grunddienstbarkeit in Frage. Dem Sondereigentum und der superficies ist gemeinsam, daß diese Rechte nicht mit einem (herrschenden) Grundstücke verbunden, sondern frei veräußerlich und vererblich sind [6]). Im Gegensatz hierzu steht die Grund-

[3]) Ob ein vor dem 1. Januar 1900 entstandenes Recht als Erbbaurecht im Sinne des BGB. anzusehen ist, ist nur nach dem Rechte des BGB. zu beurteilen. ObLG. 14, 254.

[4]) War nach bisherigem Rechte ein Erbbaurecht (superficies) an einem Teile eines Gebäudes begründet (vgl. RG. 7, 145, l. 3 D. 8, 5), so bleibt dasselbe aufrecht erhalten. Art. 184 EG. Vielfach finden sich bei einer ganzen Reihe von Häusern Bogenhallen (Laubengänge), unter denen sich der Bürgersteig am Erdgeschoß der Häuser entlang zieht, während die durch die Bogenpfeiler gestützten oberen Stockwerke den Laubengang überragen, die zu den Häusern gehörigen Keller aber in den unter dem Laubengang befindlichen Grund hineinragen. Das Reichsgericht hat in einem solchen Falle (Münster) angenommen, daß aus diesen Umständen weder nach gemeinem, noch nach preußischem allgemeinen Landrechte ohne weiteres zu folgern sei, daß die Hauseigentümer Eigentümer des Grundes und Bodens seien, soweit über demselben der Bürgersteig läuft. Bolze 1 Nr. 81. Über gemeindliche Wegeservitut an der Fläche unter einem Laubengang s. ObLG. 10, 199.

[5]) Im Streitfalle wird der Kläger gut daran tun, den Antrag der Klage lediglich auf Anerkennung seines ausschließlichen Benützungsrechtes und Unterlassung jeder Störung dieses Benützungsrechts zu richten, nicht aber z. B. auf Feststellung, daß ihm das Eigentum zusteht. Es könnte z. B. eine Klage auf Anerkennung des Eigentums an einem Keller abgewiesen werden, weil jedenfalls kein Eigentum erwiesen und auf Anerkennung eines Erbbaurechts nicht geklagt worden sei. (Vgl. JW. 1903, Beilage S. 90).

[6]) Vgl. ObLG. 18 B, 315 (Bamberg) 14, 254. Da das Sondereigentum infolge der Überleitung in ein Erbbaurecht übergegangen ist, besteht für eine Untersuchung des Unterschieds zwischen Sondereigentum und superficies kein Bedürfnis. Für die Zulässigkeit der Ersitzung einer superficies vgl. RG. 7, 144 (gemeines Recht), Gruchot 30, 130 (preuß. Recht). Die bei der Bestellung eines Kellerrechts erfolgte Vereinbarung einer fortlaufenden Grundzinspflicht des Erwerbers ist als typisches Merkmal des aus dem römischen Recht ent-

dienstbarkeit als ein mit dem Eigentum an einem anderen Grundstück verbundenes Nebenrecht[7]).

b) Wenn aber der Keller einen konstruktiven Teil eines Gebäudes bildet, so ist vor allem wiederum zu unterscheiden, ob der Keller der gegebenen objektiven Beschaffenheit zufolge von diesem Gebäude aus wirtschaftlich benützbar ist oder nicht. Letzterenfalls (z. B. wenn der Keller von dem Hause aus, unter welchem er sich befindet, gar nicht zugänglich ist) hat man es zu tun mit einem Keller, der ebenso zu beurteilen ist, als wenn er ein selbständiges Bauwerk wäre. Dieser Fall

nommenen Rechtsinstitutes der superficies zu erachten. In einem solchen Fall hat das Oberlandesgericht mit Recht superficies und nicht Sondereigentum angenommen, obwohl in der Erwerbsurkunde von dem käuflichen Erwerb des Erdraums die Rede war (ObLG. 22, 27). Auch wenn für die dem Erwerber auferlegte fortlaufende Zahlungsverpflichtung der für die superficies typische Ausdruck „Grundzins" in der Bestellungsurkunde nicht gebraucht ist, wird man wohl regelmäßig eine superficies anzunehmen haben. Denn wenn auch die Vereinbarung einer fortlaufenden Gegenleistung mit deutschrechtlichen Grunddienstbarkeiten nicht unvereinbar ist, so entspricht eine solche fortlaufende Gegenleistung doch weit mehr dem Wesen der superficies als dem der Grunddienstbarkeit, bei der sie nur ausnahmsweise vorkommt. In der Vereinbarung einer derartigen fortlaufenden Gegenleistung liegt also ein Indiz für die Annahme einer superficies.

[7]) ObLG. 18 B, 315 (Bamberg). — RG. 7, 146 nimmt theoretisch an, daß eine superficies nicht allein als ein für sich bestehendes selbständiges Recht, sondern auch nach Art einer Prädialservitut als ein mit dem Eigentum eines benachbarten Grundstückes verbundenes Nebenrecht vorkommen könne. In Wahrheit hat man es eben dann mit einer Prädialservitut zu tun. Hält man die Merkmale der Veräußerlichkeit und Vererblichkeit der Superfiziarrechte nicht fest, so verwischt man die Grenze zwischen Superfiziarrechten und Dienstbarkeiten, so mit Recht M. 3, 471 (Mugdan 3, 262). — Die Entsch. d. RG. 7, 146 hat im Ergebnis zutreffend eine Servitut angenommen. Der Begründung kann aber nicht beigetreten werden. Wäre dort ein frei veräußerliches und vererbliches Recht in Frage gestanden, so hätten die nachgewiesenen Ersitzungshandlungen vollauf zur Begründung einer superficies genügt und hätte dann dem Berechtigten ohne weiteres ein unbeschränktes Benützungsrecht, ja sogar die Befugnis, in gewissen Grenzen über die Substanz des Gegenstandes seines Rechtes zu verfügen, zugestanden werden müssen (z. B. zur Vornahme von Änderungen an dem Keller, dessen Wänden und Fenstern, sofern dieselben das darüber liegende Haus nicht schädigen oder gefährden. Vgl. SeuffA. 6 Nr. 152). Weil aber die Berechtigung mit einem anderen Grundstücke verbunden war, mußten die Grundsätze über den Inhalt von Dienstbarkeiten angewendet werden; hiernach ist aber der Berechtigte, soferne er nicht weitergehende Ersitzungshandlungen speziell nachweist, auf Erhaltung der dienenden Sache in ihrem einmal vorhandenen Zustande beschränkt (vgl. SeuffA. 6 Nr. 152). Zutreffend setzt Staudinger Bem. I 1 b δ zu § 1014 als Erfordernis des Erbbaurechtes, daß der Keller eine selbständige Anlage bilden muß, also in seiner Existenz nicht von anderen dem Erbbaurecht nicht unterliegenden Baulichkeiten abhängig sein darf, wobei darauf hingewiesen wird, daß es einen wichtigen Anhaltspunkt für die Selbständigkeit eines Kellers bildet, wenn derselbe schon einmal ohne ein Anwesen frei veräußert wurde. Vgl. über den Unterschied zwischen superficies und Servitut auch Holzschuher, Theorie und Kasuistik 2, 104; Oberneck, Reichsgrundbuchrecht 2. Aufl., 363; Silberschmidt in SeuffBl. 69, 411. Grunddienstbarkeit wurde mit Recht angenommen SeuffA. 29 Nr. 11; EntschOGH. 11, 726. Vgl. RG. 4, 135.

ist besonders dann gegeben, wenn der Keller eines fremden Hauses in den unter dem Nachbarhaus befindlichen Raum herüberreicht[8]).

Wenn aber der Keller von dem Hause aus, unter welchem er sich befindet, seiner gegebenen Beschaffenheit zufolge benützt werden kann, so gehört er zu diesem Hause, ist konstruktiv und wirtschaftlich ein Teil desselben[9]). Bestehen dingliche Rechte Dritter an diesem Hause, so werden sie als Grunddienstbarkeiten zu betrachten sein[10]). Der Keller ist die Anlage, die der Berechtigte auf dem belasteten Grundstücke hat. Auch Stockwerkseigentum kann vorliegen, aber nur dann, wenn den einzelnen Sonderberechtigten zum mindesten an jenen Teilen des Grundstücks, welche der Sonderbenützung nicht unterstehen, das ideelle Miteigentum zusteht[11]).

---

[8]) Man wird aber immerhin den Unterschied machen müssen, ob der Keller einen konstruktiven Teil des darüber befindlichen Hauses bildet oder nicht. Ist dies nicht der Fall, z. B. weil über einem bereits bestehenden selbständigen Kellerbau von einem Dritten ein Haus errichtet ist, oder weil unter einem ohne Keller errichteten Haus von einem Dritten ein Keller angelegt wurde, so hat man es mit einem wirklich selbständigen Kellerbau zu tun, der für sich ein Gebäude bildet oder wenigstens einen Teil eines anderen Gebäudes. Regelmäßig wird dieser Kellerbau mit der servitus oneris ferendi zugunsten des darüber errichteten Hauses belastet sein. Vgl. SeuffA. 6 Nr. 152. Vgl. § 1022 BGB. Das Erbbaurecht kann ja Subjekt und Objekt einer Grunddienstbarkeit sein. Vgl. Silberschmidt a. a. O. und Zitate. Aber selbst wenn der Keller mit Rücksicht auf seine bauliche Verbindung mit dem Hause und seine Einbauung in dasselbe als ein Teil dieses Hauses im konstruktiven Sinne zu betrachten ist, ist ein solcher Keller (der Hohlraum) dann als eigenes Ganzes aufzufassen, wenn der innerhalb der Umfassungsmauern des Hauses befindliche Keller überhaupt keine Türöffnung gegen die Seite dieses Hauses hat, also von den übrigen Räumen desselben aus seine Benützung gar nicht möglich ist. Wie in diesem Falle für das bisherige Recht angenommen wurde (OHG. 16, 282; SeuffA. 6 Nr. 152; 52, Nr. 147; SeuffBl. 32, 297; StriethA. 68, 224), daß an einem solchen Keller ein selbständiger Besitz möglich ist, so muß auch für das neue Recht angenommen werden, daß dieser Hohlraum nicht zu den Bestandteilen des Hauses gehört. Es kann deshalb unter den angegebenen Voraussetzungen an einem solchen Keller ungeachtet des § 1014 BGB. auch unter der Geltung des neuen Rechts ein Erbbaurecht begründet werden. Vgl. Maenner 263 Anm. 9; Silberschmidt a. a. O. 411. Das Kellergewölbe ist aber Eigentum des Hauseigentümers, da die Voraussetzungen des § 95 BGB. nicht gegeben sind.

[9]) Vgl. Bolze 1 Nr. 115.

[10]) Silberschmidt SeuffBl. 69, 412, der zutreffend darauf hinweist, daß die §§ 1021 bis 1023 BGB. hierbei in Betracht kommen können (namentlich wichtig wegen der Unterhaltungslast). Über Kellerrecht unter dem gemeinen Stadtgassenpflaster vgl. Würzburger Stadtbaurecht, Würzb. Verordn.-Samml. 3, 790; Weber, Statutar. 3, 393.

Ein Erbbaurecht kann an einem solchen Keller nicht mehr begründet werden, § 1014 BGB. Wird von dem Eigentümer des Kellers einem Dritten das persönliche (also nicht mit einem Grundstück) verbundene vererbliche und veräußerliche Recht bestellt, den Keller (ausschließlich oder gemeinschaftlich) zu benützen, so wird damit nur eine beschränkte persönliche Dienstbarkeit begründet, die mit dem Tode des Berechtigten erlischt (§§ 1090 mit 1061 BGB.).

[11]) S. darüber oben § 3 S. 41.

II. Wird das Recht am Keller in anderer Weise als durch Entziehung oder Vorenthaltung des Besitzes beeinträchtigt, so steht dem Berechtigten der Anspruch aus § 1004 zu, dem Eigentümer des Kellers ohne weiteres, dem Erbbauberechtigten nach § 1017 Abs. 2, dem Dienstbarkeitsberechtigten nach §§ 1027, 1090 Abs. 2.

Als Beeinträchtigung des Rechts am Keller können auch Abgrabungen auf dem Nachbargrundstück in Betracht kommen. Der Nachbar ist hierzu, soferne er innerhalb seiner Grenzen bleibt, befugt; nur darf das Grundstück nicht in der Weise vertieft werden, daß der Boden des Nachbargrundstücks die erforderliche Stütze verliert, es sei denn, daß für eine genügende anderweitige Befestigung gesorgt ist (§ 909 BGB., s. darüber unten § 17).

Zumeist liegt der Hauptwert des Kellers in der kühlen Temperatur, infolge deren der Keller zur Auflagerung von Vorräten (so namentlich Bier, Wein) geeignet ist. Wenn nun das den Keller umgebende Erdreich auf dem Nachbargrundstück weggenommen wird (z. B. durch Anlegung eines Steinbruches oder einer Lehmgrube), wird dem Zutritt der Wärme Vorschub geleistet und so der Keller verdorben. Das kann z. B. bei dem Lagerkeller einer Brauerei zu einer äußerst erheblichen Entwertung des Kellers führen. Der Eigentümer des Kellers kann dessen ungeachtet keinerlei Ansprüche gegen den Nachbar erheben, da er nur von der in seinem Eigentum gelegenen Befugnis Gebrauch macht, wenn er das Erdreich seines Grundstückes beseitigt.

Anders kann das Rechtsverhältnis zu beurteilen sein, wenn das Recht am Keller auf einer Grunddienstbarkeit, einer superficies oder einem Erbbaurecht beruht. Der Eigentümer des mit diesem Kellerrecht dinglich belasteten Grundstücks darf auf diesem[12]) keine Handlung vornehmen, durch welche die bestimmungsgemäße Benützung des Kellers beeinträchtigt wird.

§ 5. Die Grenze und ihre Vermarkung.

Der Zug der Grenzen[1]) wird durch gedachte Linien bestimmt[2]). Zur äußeren Kennbarmachung dieser Grenzlinien dienen sichtbare Zeichen,

[12]) Wohl aber auf einem anderen Grundstück vgl. Kohler, ArchZivPrax. 87, 226. Ist die Grunddienstbarkeit vertragsmäßig bestellt, so kann die Auslegung des Vertragswillens dazu führen, daß der Besteller und sein Universalrechtsnachfolger auch auf einem anderen als dem belasteten Grundstück keinerlei Handlungen vornehmen dürfen, durch welche der mit der Bestellung der Grunddienstbarkeit verfolgte Zweck vereitelt wird. Dabei handelt es sich natürlich nur um eine obligatorische Verpflichtung.

§ 5. [1]) Es handelt sich hier nur um die privatrechtliche Abgrenzung der Grundstücke. Über Gemeindemarkungsgrenzen siehe Becher, Bayer. Landeszivilrecht 1, 240, Seydel, Bayer. Staatsrecht 2, 44.

[2]) S. oben S. 17.

die sog. Grenzmarken. In früherer Zeit setzten die Nachbarn ihre Grenzzeichen selbst, indem sie Pflöcke einschlugen oder Steine und ähnliche sichtbare Gegenstände aufstellten. Mit der zunehmenden Ausnützung des Bodens und der dadurch bewirkten Zersplitterung des Grundbesitzes wurde die sichere Festhaltung der Grenzen zu einem öffentlichen Interesse. In vielen Gegenden bildete sich schon frühzeitig das Institut der Feldschieder oder Märker aus, die für den Flurbezirk der Markgenossenschaft oder Gemeinde als Hüter der Grenzen aufgestellt waren und die Grenzzeichen meist unter Anwendung geheimer Merkmale zu setzen hatten.

An dieses durch das Herkommen bewährte Institut schloß sich die bayerische Gesetzgebung mit dem Vermarkungsgesetz vom 16. April 1868 an. Das jetzt geltende Recht ist in dem bayerischen Gesetz vom 30. Juni 1900, die Abmarkung der Grundstücke betreffend[3]), enthalten. Daneben kommt aber auch § 919 BGB. in Betracht.

Die Abmarkungspflicht liegt im Interesse der beteiligten Nachbarn und im allgemeinen Interesse. Dementsprechend ist eine privatrechtliche Verpflichtung zur Abmarkung und eine öffentlich-rechtliche gegeben. In den Rahmen dieser Abhandlung fällt nur der privatrechtliche Anspruch. Hierüber gilt folgendes:

I. Der Abmarkungsanspruch.

Die privatrechtliche Verpflichtung zur Abmarkung ist durch § 919 Abs. 1 BGB. normiert, wonach der Eigentümer[4]) eines Grundstücks von dem Eigentümer des Nachbargrundstücks verlangen kann, daß dieser zur Errichtung fester Grenzzeichen und wenn ein Grenzzeichen verrückt oder unkenntlich geworden ist, zur Wiederherstellung mitwirkt.

Der Anspruch auf Grenzabmarkung ist ein rein dinglicher Anspruch aus dem Eigentum[5]).

Der Anspruch setzt unmittelbar aneinander anstoßende Grundstücke voraus; sind zwei Grundstücke durch ein drittes Grundstück, einen Weg, einen Fluß getrennt, so ist der Anspruch nicht gegeben[6]).

---

[3]) Durch Art. 32 dieses Gesetzes ist das Vermarkungsgesetz vom 16. April 1868 mit Art. 156 AG. aufgehoben worden.

[4]) Eine Mitwirkung der Realberechtigten ist nicht erforderlich, da die Anwendung des § 919 keine Veränderung im Bestande des Grundstückes herbeiführt. Staudinger Bem. I zu § 919.

[5]) Höninger, Grenzstreitigkeiten 48; Planck Bem. 2 zu § 919; Staudinger Bem. I zu § 919; Crome 296; Müller 87; Behrend in Busch, Zeitschr. 30, 273. Dagegen M. 3, 268. (Mugdan 3, 148). Endemann 456 Anm. 13; Goldmann-Lilienthal 61.

[6]) Höninger, Grenzstreitigkeiten 52; Staudinger Bem. I 1a zu § 919.

Aktiv und passiv legitimiert zum Grenzabmarkungsanspruch sind die Eigentümer[7]) der angrenzenden Grundstücke, und nur diese, also nicht die an dem Grundstück dinglich Berechtigten (Nießbraucher, Pfandgläubiger, Dienstbarkeitsberechtigte), auch nicht der Erbbauberechtigte, weil ihm die Macht zur rechtlichen Verfügung über das Grundstück fehlt[8]). Der Fideikommißinhaber war nach bayerischem Rechte aktiv und passiv legitimiert[9]), ebenso der Lehensinhaber[10]). Nach § 1011 ist jeder Miteigentümer für sich allein aktiv legitimiert, dagegen muß die Klage gegen alle Miteigentümer gestellt werden[11]). Der Pächter ist natürlich nicht legitimiert[12]).

§ 919 bezieht sich auf alle Arten von Grundstücken, also auch auf städtische Grundstücke, selbst auf Gebäude mit festen Grenzwänden, weil nur die Marksteine als Grenzzeichen im Sinne des Gesetzes gelten[13]). Auch die Grundstücke des Staates[14]) und der Gemeinde unterliegen selbstverständlich dieser Abmarkungspflicht[15]).

Nach Art. 3 AbmarkG. müssen die von den zuständigen Behörden und Personen gesetzten Grenzzeichen von den beteiligten Grundeigentümern stets im Stand erhalten werden.

Unter Grenzzeichen im Sinne des § 919 BGB. sind für Bayern solche im Sinne des Vermarkungsgesetzes vom 16. Mai 1868 und des Abmarkungsgesetzes vom 30. Juni 1900 zu verstehen, nicht aber private Grenzzeichen. Art. 30 AbmarkG. bestimmt, daß bezüglich der Art der Abmarkung für die durch § 919 BGB. begründete Abmarkungspflicht die einschlägigen Vorschriften des Abmarkungsgesetzes maßgebend sind.

---

[7]) Der Vorerbe ist Eigentümer, solange der Fall der Nacherbschaft noch nicht eingetreten ist. (§§ 2100, 2139 BGB.)

[8]) Kretzschmar, ZBlFG. 3, 444. A. M. die herrschende Ansicht z. B. RGKomm. Bem. 2; Planck Bem. 3; Staudinger Bem. I, 2 zu § 919; Maenner 174; Crome 96; Müller 87. Die herrschende Ansicht beruft sich zu Unrecht auf § 1017, aus dem sich nur ergibt, daß die Abmarkung eines Erbbaurechts verlangt werden kann, nicht aber, daß der Erbbauberechtigte Abmarkung des ganzen Grundstücks verlangen kann, auch wenn nur ein Teil des Grundstücks von dem Erbbaurecht erfaßt wird. Wie der Erbbauberechtigte kann auch der Inhaber eines (vor dem bayer. Gesetz vom 4. Juni 1848 begründeten, durch Art. 63 EG. aufrecht erhaltenen) Erbpachtrechts (Emphyteuse) die Abmarkung der seinem Recht unterworfenen Fläche verlangen.

[9]) Roth, Bayer. Zivilrecht § 225; Brettreich S. 24. Jetzt hat der bisherige Fideikommißinhaber die Stellung eines Vorerben.

[10]) Roth a. a. O. § 206 Ziff. 4; Brettreich 24.

[11]) Höninger 56; Staudinger Bem. I 2 zu § 919.

[12]) M. 3, 270 (Mugdan 3, 149).

[13]) Aus diesem Grunde ist RG. 44, 171 nicht mehr anwendbar. Vgl. auch Entsch. d. BGH. 17, 253.

[14]) Über Vermarkung der Staatsstraßen vgl. Weber Ges.-Samml. 17, 592.

[15]) Vgl. Brettreich, Abmarkungsgesetz 25.

Der Abmarkungsanspruch ist sowohl dann gegeben, wenn bisher Grenzzeichen überhaupt noch nicht bestanden haben oder dieselben wieder ganz verloren gegangen sind, als auch, wenn die bestehenden Marksteine nicht die richtige Grenze angeben, sei es, daß sie von Anfang an falsch gesetzt wurden[16]), oder daß sie durch irgendwelche Ursachen von der Stelle gerückt wurden (z. B. durch Erdrutsch, Bodensenkungen)[17]) oder unkenntlich geworden sind (z. B. durch Verwitterung oder mechanische Beschädigung). Der Anspruch steht selbst demjenigen zu, der in strafbarer Weise die Grenzzeichen eigenmächtig verrückt hat; denn der Grund, aus welchem die Sicherung der Grenze durch Grenzzeichen fehlt, ist für die Entstehung der Abmarkungspflicht gleichgültig[18]).

Die Verpflichtung zur Mitwirkung geht nur so weit, wie das Bedürfnis nach Sicherung der Grenze. Die Grenze ist gesichert, wenn die Marksteine alle Grenzzüge der Grundstücke vollkommen sicher (also von einem Grenzzeichen zum anderen in gerader Linie) erkennen lassen.

Der Anspruch ist gemäß § 924 BGB. unverjährbar. Auf den Anspruch kann mit dinglicher Wirkung nicht verzichtet werden[19]), in einem Verzichte könnte deshalb nur das Versprechen gefunden werden, den Anspruch nicht geltend zu machen[20]); der Singular-Rechtsnachfolger wird daher durch einen Verzicht nicht gebunden[21]). Die obligatorische Wirkung eines solchen Versprechens kann jedoch weder nach § 138 BGB. noch nach § 309 BGB. in Zweifel gezogen werden[22]); denn die Geltendmachung des durch § 919 BGB. gegebenen Anspruchs ist in das freie Belieben des Eigentümers gestellt; es liegt daher keine zwingende Vorschrift vor.

---

[16]) Besteht Streit darüber, ob eine Abmarkung formell gültig ist, so haben die Verwaltungsgerichte zu entscheiden. S. darüber unten S. 47.

[17]) Vgl. Schuhmacher, Lage und Feststellung der Eigentumsgrenzen bei seitlicher Verschiebung der Grenzzeichen infolge der durch den Bergwerksbetrieb veranlaßten Bodensenkungen in der Zeitschr. f. Bergrecht 1903, 203 ff. Wenn sich infolge einer Senkung der Erdmasse auch die Oberfläche des Grundstückes verschiebt, so werden sich damit regelmäßig auch die Grenzlinien und Grenzzeichen verschieben; sie sind wieder an den geographischen Ort zu setzen, an welchem sie sich vor der Verschiebung befunden haben. Schuhmacher 212 f. S. darüber oben S. 19.

[18]) BGH. 17, 253.

[19]) Das könnte formell nur durch Begründung einer Dienstbarkeit geschehen (Gierke S. 640). Inhaltlich eignet sich aber die Befreiung von der Abmarkungspflicht nicht zu einer Grunddienstbarkeit, weil es an der hiefür notwendigen Voraussetzung des Nutzens für das herrschende Grundstück fehlt (Güthe 2, 1692).

[20]) Vgl. M. 3, 270 (Mugdan 3, 149).

[21]) KommProt. 3535 (Mugdan 3, 582).

[22]) Biermann, Planck, Staudinger, Fischer-Henle zu § 919. Vgl. dagegen M. 3, 270 (Mugdan 3, 149); Höniger 68.

Voraussetzung des Anspruchs aus § 919 BGB. ist, daß die Grenze zwischen den Nachbarn unbestritten ist[23]).

Weigert sich der Nachbar, den Anspruch zu erfüllen, so ist Klage zum Verwaltungsgericht, nicht zum Zivilgericht, zu erheben, da zur Entscheidung der Streitigkeiten über die Abmarkungspflicht gemäß Art. 30 mit Art. 19 AbmarkG. die Verwaltungsgerichte in erster und der Verwaltungsgerichtshof in zweiter und letzter Instanz zuständig sind. Die Zuständigkeitsbestimmung hat ihre Wurzel in § 13 GVG., welcher der Landesgesetzgebung allgemein gestattet, einzelne bürgerliche Rechtsstreitigkeiten den Verwaltungsbehörden zuzuweisen[24]), und in Art. 13 Abs. 3 der VO. Nr. 85 (GVBl. 1946, 281).

Der Gerichtsstand ist der ausschließlich dingliche des § 24 ZPO.[25]), der entsprechend anzuwenden ist. Liegt die zu vermarkende Grenze in

---

[23]) M. 3, 268 (Mugdan 3, 148); Maenner 174; Höniger 52; s. dagegen Scherer Anm. 203c zu §§ 919, 920; Rönnberg, Die Grenzscheidungsklage nach römischem und gemeinem Rechte sowie nach den Entwürfen eines Bürgerlichen Gesetzbuches (Berlin 1896) 84. — Für Bayern hat die ganze Streitfrage keine Bedeutung; denn nach Art. 30 mit Art. 19 des bayerischen AbmarkG. entscheiden über die Abmarkungspflicht die Verwaltungsgerichte. Nach Art. 19 Abs. 3 AbmarkG. sind Streitigkeiten über Feststellung der Grenze ausdrücklich der Entscheidung der Gerichte vorbehalten. Der Anspruch auf Vermarkung kann daher schon aus prozessualen Gründen nur dann geltend gemacht werden, wenn die Grenzen unbestritten sind. VGH. 23, 232; ObLGSt. 5, 164. Wenn die Grenze auf dem Vermessungsplan als richtig von beiden Nachbarn anerkannt wurde, dann aber ein Nachbar vor der Vermarkung Widerspruch erhebt (etwa wegen Irrtums, weil er bei der Unterzeichnung nur geglaubt habe, daß er die Richtigkeit der Vermessung, nicht aber die Richtigkeit der Grenze anerkenne), kann die Vermarkung nicht vorgenommen werden. Auch dann nicht, wenn ein über den Lauf der Grenze abgeschlossenes Übereinkommen von einer Seite wegen Irrtums, Betrugs oder Zwangs angefochten ist und selbst dann nicht, wenn die Gültigkeit des Übereinkommens in offensichtlich unbegründeter Weise z. B. wegen eines angeblichen Formmangels bestritten wird, vgl. Brettreich 26 und unten § 6 IV.

[24]) Nach Art. 19 AbmarkG. sind die Verwaltungsgerichte auch zur Entscheidung über die Gültigkeit einer Abmarkung zuständig. Wenn aber Streit darüber besteht, ob die formell gültig gesetzten Marksteine auf der richtigen Grenze stehen, so sind die Zivilgerichte zuständig. Niemals kann die Klage vor dem Zivilgerichte dahin erhoben werden, daß Beklagter in die Entfernung oder Versetzung der Marksteine einwillige; Kläger muß erst vom Zivilgericht die Grenze feststellen lassen und dann Klage zum Verwaltungsgericht erheben. Wenn freilich der Beklagte selbst und ohne Mitwirkung der staatlichen Organe Grenzzeichen gesetzt hat, ist die Klage auf Entfernung solcher Grenzzeichen, die im Sinne des Gesetzes keine wahren Grenzzeichen sind, an das Zivilgericht zu richten. Hat aber das zuständige Staatsorgan (Geometer, Feldgeschworene) die Vermarkung wenn auch in ganz ungesetzlicher Weise vorgenommen, so kann auf Entfernung dieser Grenzzeichen nicht vor Gericht geklagt werden; die Klage auf Entfernung ist vielmehr an das Verwaltungsgericht zu stellen und ist natürlich Voraussetzung dieses Klagsanspruches nichts weiter als die formelle Ungültigkeit der Vermarkung; keineswegs ist erforderlich, daß die Grenze unbestritten feststeht. Vgl. hierzu die Entsch. des Gerichtshofes für Kompetenzkonflikte vom 8. Jan. 1907, Beil. II zum GVBl. vom Jahre 1907 S. 9.

[25]) RGKomm. Bem. 5 zu § 919.

verschiedenen Verwaltungsbezirken, so ist in entsprechender Anwendung des § 36 Ziff. 4 ZPO. von dem Verwaltungsgerichtshof, der hier zunächst übergeordneten Instanz, das zuständige Verwaltungsgericht zu bestimmen.

Wird nach Erhebung des Anspruchs, die im verwaltungsrechtlichen Verfahren mit der Einbringung des Antrags bei der Verwaltungsbehörde, nicht erst mit der Eröffnung des Antrags an den Beklagten vollzogen ist, das Grundstück des Beklagten an einen Dritten veräußert, so ist der Rechtsnachfolger berechtigt und auf Antrag des Gegners verpflichtet, den Rechtsstreit in der Lage, in welcher er sich befindet, als Hauptpartei zu übernehmen (§ 266 ZPO.).

Bei der Entscheidung über den Abmarkungsanspruch kann das Verwaltungsgericht nach ausdrücklicher Vorschrift des Art. 30 mit Art. 19 Abs. 3 AbmarkG. Streitigkeiten über Feststellung der Grenze nicht entscheiden, da diese der Entscheidung der Gerichte vorbehalten sind. Das Verwaltungsgericht wird deshalb, wenn sich vor ihm erst nach Erhebung eines Anspruchs aus § 919 BGB. Streit über den Lauf der Grenze entspinnt, das Verfahren bis zur Entscheidung über den Lauf der Grenze sachgemäßerweise aussetzen, dagegen die Klage abweisen, wenn schon vor ihrer Anbringung Streit über die Grenze bestand[26]). Eine Streitigkeit über die Grenze liegt jedoch dann nicht vor, wenn sie lediglich von dem beteiligten Nachbar simuliert wird, während die Grenze durch rechtskräftiges gerichtliches Urteil[27]) außer Zweifel gestellt ist. Beim Vorliegen des Nachweises hat das Verwaltungsgericht die Abmarkungsverpflichtung festzustellen. Die Prüfung der Aktiv- und Passivlegitimation ist stets Sache des Verwaltungsgerichts, das daher im Streitfalle incidenter auch darüber entscheiden muß, ob der Antragsteller bzw. der von diesem auf Errichtung der Grenzzeichen der belangte Eigentümer des in Betracht kommenden Grundstückes ist[28]).

---

[26]) Henle-Schneider, AG. 264; Brettreich, Abmarkungsgesetz 75; Windstoßer, Vermarkungsgesetz 18 meint dagegen, daß der Antrag abzuweisen sei. Das ist nicht immer angezeigt; denn die Verpflichtung zur Abmarkung besteht auch dann, wenn die Grenze noch nicht feststeht (§ 919 BGB.). Dagegen kann das Verwaltungsgericht dem Antragsteller auch eine Frist zur Erhebung der Klage an das Zivilgericht vorstrecken und nach deren fruchtlosem Ablauf den Antrag abweisen.

[27]) Vgl. Brettreich, Abmarkungsgesetz 76; Windstoßer, Vermarkungsgesetz 16 und die dort angeführte Entscheidung des Verwaltungsgerichtshofes vom 14. Sept. 1885. Wenn dort gesagt ist, daß auch beim Vorliegen eines rechtsgültigen Übereinkommens über die Grenze die Verwaltungsbehörde die Abmarkungspflicht festzustellen habe, so erachte ich dies für unzutreffend; denn das Verwaltungsgericht hat im Streitfalle nicht zu entscheiden, ob das betr. Übereinkommen rechtsverbindlich ist.

[28]) Henle-Schneider, AG. 264; vgl. VGH. 13, 16.

Wird die Entscheidung des Verwaltungsgerichts angerufen, so hat der Antragsteller die Plannummern der Grundstücke, um deren Abmarkung es sich handelt, den Namen des Grundeigentümers, welcher der Abmarkung widerspricht oder eine Erklärung noch nicht abgegeben hat, die Gründe, auf welche der Antrag gestützt wird, sowie die gewünschte Art der Abmarkung anzugeben und erforderlichenfalls den Katasterplan, auf welchem die zu setzenden Grenzzeichen vorgetragen sein müssen, vorzulegen (Art. 20 AbmarkG.). Der Antrag der Klage wird dahin formuliert werden können, den Beklagten zu verurteilen, a) zur Errichtung von Marksteinen auf der im beiliegenden Plane verzeichneten Grenze der Pl.-Nr. x und y mitzuwirken, demgemäß in Gemeinschaft mit dem Kläger die Feldgeschworenen der Gemeinde N. oder das Messungsamt zu ersuchen, diese Grenze zu vermarken, b) die Kosten der Abmarkung hälftig mit dem Kläger, die Kosten des Verwaltungsrechtsverfahrens aber allein zu tragen. Eine genaue Bezeichnung der Grenze im Antrag und im verfügenden Teil des Urteils wird sich empfehlen, weil sonst die Zwangsvollstreckung[29]) Schwierigkeiten bereiten würde. Daneben muß dargetan werden, daß Grenzzeichen fehlen oder unkenntlich geworden sind oder nicht mehr auf der anerkannten Grenzlinie liegen. Das Verwaltungsgericht vernimmt zunächst die widersprechenden und noch nicht gehörten Grundeigentümer mit ihren Erinnerungen, erholt die erforderlichen Gutachten der Sachverständigen und entscheidet hiernach über den gestellten Antrag. Findet für die Einvernahme der Beteiligten eine besondere Verhandlungstagfahrt statt, so sind sie hierzu gegen Nachweis mit dem Beifügen zu laden, daß diejenigen Grundeigentümer, welche ohne Entschuldigung weder in Person erscheinen, noch durch einen Bevollmächtigten sich vertreten lassen, als der Abmarkung zustimmend gelten (Art. 21 AbmarkG.).

[29]) Der verwaltungsgerichtliche Beschluß ersetzt die Zustimmungserklärung des Beklagten zur Grenze und zur Vornahme der Abmarkung durch die Feldgeschworenen (§ 894 ZPO., vgl. RGSt. 41, 97); vgl. unten S. 60. Nach RGKomm. Bem. 7 zu § 919 soll die Verurteilung zur Mitwirkung eine unvertretbare Handlung betreffen, die nach § 888 ZPO. zu erzwingen ist (vgl. jedoch JW. 1915, 717 RG.). Für Bayern ist bestimmt, daß die Abmarkung nur durch die Feldgeschworenen oder die Messungsbehörde vorgenommen werden kann. (Anders in Preußen, wo die Nachbarn die Grenzzeichen selbst setzen oder den Katasterbeamten hiemit betrauen können.) Es kann daher der Anspruch erhoben werden, das Messungsamt oder die Feldgeschworenen um die Vermarkung zu ersuchen. Dieses Ersuchen ist eine vertretbare Handlung nach § 894 ZPO. — Wenn eine Grenze durch gerichtliches Urteil festgestellt ist, hat das Gericht I. Instanz die Messungsbehörde hievon zu verständigen, die Messungsbehörde hat dann binnen drei Monaten die allenfalls noch erforderliche Messung auszuführen und die Abmarkung entweder selbst zu bewirken oder durch die Feldgeschworenen vollziehen zu lassen (§ 4 der VollzVorschr. vom 21. Dez. 1900 zum Abmarkungsgesetz. In einem solchen Fall wäre ein Antrag an das Verwaltungsgericht unbegründet (VGH. 38, 23), vgl. dagegen RGSt. 41, 97.

Bleibt der geladene Gegner des Antragstellers trotz richtiger Ladung in dem Termine aus, so hat dies keineswegs zur Folge, daß nunmehr ein dem Antrage entsprechender Beschluß zu erlassen ist. Denn im Verwaltungsrechtsverfahren erfolgt die Feststellung des Sachverhalts von Amts wegen, der Richter hat im Gegensatz zum Zivilprozeßverfahren den Sachverhalt unabhängig von den Anträgen und Behauptungen der Parteien zu ermitteln.

Nach § 63 des Ges. Nr. 39 über die Verwaltungsgerichtsbarkeit vom 25. 9. 1946 (GVBl. 281 und 384) hat das Verwaltungsgericht den Sachverhalt unter Heranziehung der Beteiligten von Amts wegen zu erforschen.

Art. 27 des Gesetzes vom 8. August 1878, betr. die Errichtung eines Verwaltungsgerichtshofes und das Verfahren in Verwaltungsrechtssachen, bestimmte, daß die Distriktsverwaltungsbehörden vor allem für richtige Ermittelung des Sachverhaltes zu sorgen und zu diesem Behufe nicht bloß das von den Beteiligten gebotene, sondern auch das sonst zur Aufklärung dienende Material zu den Akten zu bringen, insbesondere ausschlußgebende Vorakten und Urkunden beizufügen, Zeugen und Sachverständige zu vernehmen hatten. Nunmehr regelt Ges. Nr. 39 das Verfahren in §§ 56 ff. Der Verwirklichung des gestellten Präjudizes kommt keine eigentlich prozessuale Bedeutung zu[31]. Der Verwaltungsrichter muß daher trotz Ausbleibens des geladenen Beklagten von Amts wegen insbesondere feststellen, ob zwischen den Beteiligten die Grenze unbestritten feststeht; denn dies ist die erste Voraussetzung des Anspruchs auf Mitwirkung bei der Abmarkung[32].

Wenn die Beteiligten im Laufe des verwaltungsrechtlichen Verfahrens eine Linie als richtige Grenzlinie anerkannt haben, und alsdann ein rechtskräftiger verwaltungsgerichtlicher Beschluß erlassen wurde, so ist, wenn sich hinterher herausstellt, daß die anerkannte Grenzlinie mit dem rechtlichen Bestande nicht übereinstimmt, durch den Beschluß eine Änderung in den Eigentumsverhältnissen nicht herbeigeführt worden, und die Beteiligten können nachträglich die Richtigkeit der Grenzlinie bestreiten[33]. Das muß aber im Wege eines Zivilprozesses geschehen; denn einen Streit über die richtige Grenze haben die Zivilgerichte zu entscheiden (evtl. § 920 BGB.). Ist die richtige Grenze fest-

[30] GVBl. 1879, 1014 ff.

[31] Vgl. VGH. 11, 432 u. 550; 14, 54 u. 216.

[32] S. oben S. 56.

[33] Brettreich, Abmarkungsgesetz 75.

gestellt, so kann im Wiederaufnahmeverfahren vor dem Verwaltungsgericht gem. § 122 des Ges. Nr. 39 unter den in §§ 579, 580 Ziff. 2—7, 581 Abs. 1 und 583 ZPO. gegebenen Voraussetzungen die Abmarkung der neu festgelegten Grenze durchgeführt werden.

Im Zivilprozeß muß derjenige, welcher die ordnungsgemäß vermarkte Grenze nicht gelten lassen will, die Unrichtigkeit nachweisen[34]).

Das Verwaltungsgericht entscheidet durch Urteil (§§ 78, 83 Ges. Nr. 39 vom 25. 9. 1946 — BayGVBl. 1946, 281 und 384). Dagegen steht den Beteiligten die Berufung an den Verwaltungsgerichtshof zu (§ 101 Ges. Nr. 39); diese ist binnen eines Monats nach Zustellung des Urteils beim Verwaltungsgericht einzureichen. Sie muß einen bestimmten Antrag enthalten.

Die Entscheidung über die Verpflichtung zur Abmarkung erzeugt Rechtskraft gegen Dritte, die zur Zeit der Rechtshängigkeit an dem Grundstücke dinglich berechtigt oder Besitzmittler waren[35]).

Die Zwangsvollstreckung aus Entscheidungen über die Verpflichtung zur Abmarkung erfolgt nach Art. 10 und 11 der BayAVO. Nr. 85 vom 27. 9. 1946 (GVBl. 281) zum Ges. Nr. 39 in Verbindung mit Art. 22 AbmarkG. Der Antrag des Klägers ist an die Kreisverwaltungsbehörde zu stellen, welches dem Verpflichteten zur Erfüllung der ihm obliegenden Verpflichtung, zur Errichtung oder Wiederherstellung der Grenzzeichen mitzuwirken, eine angemessene Frist setzt, nach deren Ablauf die Gemeindebehörde mit dem weiteren Vollzug beauftragt wird.

Bezüglich der Kosten der Abmarkung erfolgt die Vollstreckung durch die Gemeindebehörde nach den Bestimmungen über die Abhebung und zwangsweise Beitreibung der Gemeindeumlagen (Art. 25 Abs. 6 AbmarkG.).

Die durch Art. 3 AbmarkG. begründete Verpflichtung der beteiligten Grundeigentümer, die von den zuständigen Behörden und Personen gesetzten Grenzzeichen *stets instand zu halten*, gewährt dem Angrenzer gegen den Nachbar, welcher sich weigert, bei der Erfüllung dieser Verpflichtung mitzuwirken, einen Anspruch auf Erfüllung, der in gleicher Weise geltend zu machen ist, wie der Anspruch auf Mitwirkung bei der Abmarkung.

---

[34]) S. unten S. 63.

[35]) Höniger 76.

II. Das Abmarkungsgeschäft[36]).

Die Art der Abmarkung und das Verfahren ist durch § 919 Abs. 2 BGB. den Landesgesetzen überlassen; für Bayern ist das Abmarkungsgesetz vom 30. 6. 1900 maßgebend.

Hiernach sind zur Vornahme der Vermarkung eigene Organe aufgestellt, derart, daß die Vermarkung nur durch diese Organe in legaler Weise vorgenommen werden kann. Für jeden Gemeindebezirk und jeden ausmärkischen Bezirk sind auf Lebensdauer 4—7 eidlich verpflichtete (Art. 16 AbmarkG.) Feldgeschworene aufgestellt, welche sich durch eigene Zuwahl ergänzen (Art. 5—8 AbmarkG.). Dieselben sind (neben den staatlichen Messungsbehörden) im Umfange ihres Bezirkes ausschließlich befugt, Abmarkungsgeschäfte vorzunehmen, d. i. Grenzzeichen zu setzen, sie zum Zwecke der Untersuchung zu heben, sie wieder in die richtige Lage zu bringen und im Falle der Entbehrlichkeit herauszunehmen. Zur gültigen Vornahme eines Abmarkungsgeschäftes ist die Anwesenheit von zwei Feldgeschworenen nötig (Art. 9 AbmarkG.). Die Feldgeschworenen können sich zum Zwecke der Kontrolle der Echtheit und Unverrücktheit der Grenzzeichen bei dem Setzen derselben bestimmter geheimer Zeichen, sog. Unterlagen, bedienen (Siebenergeheimnis, Art. 10 AbmarkG.). Zur Abmarkung sind in der Regel dauerhafte Steine von entsprechender Größe oder Form zu verwenden. Die Steine müssen soweit zugerichtet sein, daß ihre Bedeutung als Grenzzeichen zweifellos erkennbar ist. Ausnahmsweise sind auch andere Grenzzeichen, insbesondere solche von dauerhaftem Holze zulässig, wenn die Beschaffenheit des Bodens (z. B. Sumpfland) das Setzen von Steinen nicht angezeigt erscheinen läßt, oder wenn die Beschaffung der Steine mit unverhältnismäßigen Kosten verbunden wäre (Art. 2 AbmarkG.)[37]).

Zur Vornahme des Abmarkungsgeschäftes sind die beteiligten Grundeigentümer oder deren Vertreter gegen Nachweis zu laden. Erscheinen die Beteiligten nicht, so kann das Abmarkungsgeschäft gleichwohl gültig vorgenommen werden (Art. 17 AbmarkG.). Hierbei muß jedoch die Einschränkung gemacht werden, daß die Abmarkung in Abwesenheit der Beteiligten nur dann gültig vorgenommen werden kann, wenn die Voraussetzungen der Abmarkung gegeben sind. Dazu ge-

---

[36]) Über das Recht der Messungsbeamten, die Grundstücke zum Zweck ihrer amtlichen Handlungen zu betreten, s. Zeiler, BlAdmPr. 61, 13ff.

[37]) Vgl. hierzu MB. über den Vollzug des Abmarkungsgesetzes vom 21. Dez. 1900 (MABl. 771) geändert durch MB. vom 9. Aug. 1917 (GVBl. 417); Feldgeschworenenordnung vom 21. Dez. 1900 (MABl. 819; MB. vom 20. Febr. 1901 über den technischen Vollzug des Abmarkungsges. (FMBl.217), geändert durch MB. vom 6. Nov. 1918 (FMBl. 225) und vom 12. Dez. 1922 (FMBl. 185) sowie vom 27. 11. 1933 (GVBl. 446).

hört vor allem, daß die Grenze und die Verpflichtung zur Abmarkung feststeht, sei es, daß hierüber eine Einigung der Beteiligten nachgewiesen[38]) ist oder ein rechtskräftiger verwaltungsgerichtlicher Beschluß vorliegt. War dies nicht der Fall, so kann die Gültigkeit einer in Abwesenheit eines Beteiligten erfolgten Abmarkung bei dem Verwaltungsgericht angefochten werden (vgl. Art. 19 AbmarkG.)[39]). Weil mit Rücksicht hierauf die Abwesenheit der Beteiligten vielfach nicht umgangen werden kann, bestimmt Art. 17 AbmarkG., daß die Kosten eines durch unentschuldigtes Ausbleiben vereitelten Termines der Nichterschienene zu tragen hat. Beim Legen oder Untersuchen der geheimen Zeichen haben sich die Beteiligten Grundeigentümer und ihre Vertreter zu entfernen (Art. 17 AbmarkG.). Über die Vornahme der Abmarkungsgeschäfte sind Protokolle zu führen, in welche die Zeit, der Name und die Eigenschaft der Anwesenden anzugeben, und die stattgehabte Handlung zu beschreiben ist. Das Protokoll ist von den beteiligten Grundeigentümern oder deren Vertretern und den Feldgeschworenen zu unterzeichnen (Art. 18 AbmarkG.). Die Unterlassung der Eintragung eines Vermarkungsgeschäftes bildet keinen Grund für die Ungültigkeit der vorgenommenen Vermarkung, wenn die sonstigen gesetzlichen Voraussetzungen erfüllt sind[40]).

Stimmt die nach dem Willen der Beteiligten abzumarkende Grenzlinie nicht mit den wirklichen Eigentumsverhältnissen überein und soll demnach eine neue Eigentumsgrenze geschaffen werden, so kann zwar die Abmarkung einstweilen vorgenommen werden; diese erlangt aber ihre endgültige Wirksamkeit erst, wenn den Erfordernissen für den dinglichen Eigentumsübergang Genüge geleistet ist (notarielle Verlautbarung und nach Anlegung des Grundbuchs Eintrag im Grundbuch)[41]). (Vgl. § 22 der Vollzugsvorschriften vom 21. Dezember 1900; § 20 Ziff. 4 der Feldgeschworenenordnung.)[42]).

Streitigkeiten über die Art der Abmarkung, über die Gültigkeit einer solchen und über die Erhaltung von Grenzzeichen sind in gleicher Weise wie die Streitigkeiten über die Abmarkungspflicht von dem

[38]) Vgl. Beil. z. d. Verhandl. d. K. d. A. 1899 Bd. 1 S. 352, Brettreich, Abmarkungsgesetz 33. Die Anerkennung der festgestellten Grenze muß ausdrücklich entweder an Ort und Stelle oder auf Grund eines entsprechenden Planes erfolgen; s. hierüber unten S. 64.

[39]) S. darüber oben S. 58.

[40]) VGH. 17, 253.

[41]) Vgl. Begründung zum Abmarkungsgesetz 350. Brettreich 26f. Ein Vertrag über Festsetzung unsicherer Grenzen, bei dem die Vertragsteile keine Veränderung in den Eigentumsverhältnissen, sondern nur die Feststellung des vorhandenen Eigentums beabsichtigen, bedarf zu seiner Gültigkeit keiner Form. BayZ. 1906, 227 (RG.); vgl. unten S. 63.

[42]) MABl. 1900 Nr. 62; VO. v. 27. 11. 1933 (GVBl. 446).

Verwaltungsgericht in erster und von dem Verwaltungsgerichtshof in zweiter und letzter Instanz zu entscheiden (Art. 19 AbmarkG.). Mit einem Streit über die formale Gültigkeit der Abmarkung ist ein Streit über die materielle Wirkung der Vermarkung nicht zu verwechseln, zu dessen Entscheidung der Zivilrichter berufen ist (s. hierüber unten III).

Die Kosten der Abmarkung[43]) sind von den Beteiligten zu gleichen Teilen zu tragen, soferne nicht aus einem zwischen ihnen bestehenden Rechtsverhältnisse sich ein anderes ergibt (§ 919 BGB.)[44]). Letzteres ist z. B. dann der Fall, wenn die Abmarkung dadurch notwendig geworden ist, daß ein Beteiligter die vorhandenen Grenzsteine schuldhaft zerstört hat und daher nach §§ 823 ff. BGB. für den Schaden haftbar ist. Auch über diese Frage hat im Streitfalle das Verwaltungsgericht zu entscheiden. Nach Art. 17 Abs. 3 AbmarkG. fallen die Kosten eines durch unentschuldigtes Ausbleiben eines Beteiligten vereitelten Termines zur Vornahme des Abmarkungsgeschäftes dem Nichterschienenen zur Last. Für einen Streit, der sich auf die Kosten der Abmarkung beschränkt, ist in gleicher Weise, wie bei einem Streit über die Abmarkungspflicht (Art. 19 AbmarkG.) die Zuständigkeit der Verwaltungsgerichte gegeben[45]).

III. Wirkung der Abmarkung[46]).

Die gesetzlich vollzogene Abmarkung[47]) bewirkt, abgesehen von dem durch Art. 28 AbmarkG. und § 274 Nr. 2 RStGB. gegebenen straf-

[43]) Von den Kosten der Abmarkung sind wohl zu unterscheiden die Kosten des Verwaltungsrechtsstreites über die Abmarkungspflicht, welche dem Unterliegenden ausschließlich zur Last fallen.

[44]) Ausnahmen für die Abmarkung öffentlicher Verkehrswege s. Art. 25 Abs. 3 AbmarkG.; vgl. VGH. 31, 91.

[45]) Vgl. Beil. z. d. Verhandl. d. K. d. A. 1899 I, 353; VGH. 17, 156; 38, 21.

[46]) Abmarkung ist nicht zu verwechseln mit Vermessung, s. unten S. 69.

[47]) Es kommen hierfür Grenzzeichen im Sinne des VermarkG. vom 16. Mai 1868 und des AbmarkG. vom 30. Juni 1900 in Betracht, nicht aber private Grenzzeichen (vgl. Begründung 350). Grenzzeichen, welche vor Inkrafttreten des VermarkG. vom 16. Mai 1868 durch Siebener, Feldgeschworene auf Grund alter Siebenerordnungen gesetzt wurden, sind gleichfalls als gültig zu erachten. Brettreich 27. Vgl. VermarkG. von 1868 Art. 25. Nach Roth, Bayer. Zivilrecht Bd. 2 § 118 Anm. 24 finden sich Bestimmungen über Siebener (Steinsetzer, Feldschieder usw.): Hohenlohe, LR. III, 20, Arnold II, 485; Weißenburg, St. IV, Arnold II, 720; Würzburg, V. 5. Juli 1753 MS. 2, 640; Schweinfurt Feldordnung Samml. 60—82; Solms, LO. II, 30; Mainz, LR. V u. UGO. IX; Erbach, Steinsetzordnung 7. Nov. 1695, Weber V, 305; Amberg, Amt- und Portungschauordnung 26. Febr. 1552 Art. 26. Bei einem Eigentumsstreit kann das Zivilgericht in die Lage kommen, über die Gültigkeit der Abmarkung incidenter zu entscheiden, während an sich ein Streit über die Gültigkeit der Abmarkung zur Zuständigkeit der Verwaltungsgerichte gehört. Kläger beruft

rechtlichen Schutz der vermarkten Grenze[48]), eine behördliche Beurkundung darüber, daß die beteiligten Nachbarn die Richtigkeit der Grenze so, wie sie vermarkt wurde, anerkannt haben. Durch die Vermarkung wird keine Änderung in den Eigentumsverhältnissen herbeigeführt; aber sie schafft ein ausschlaggebendes Beweismittel dafür, wie weit das Eigentum zur Zeit der Vermarkung gereicht hat.

Die Beweiskraft der Vermarkung (Setzung der Grenzzeichen) kann zwar nicht aus § 415 ZPO. abgeleitet werden, weil als Urkunde im Sinne der ZPO. nur schriftliche Verkörperungen eines Gedankens gelten (vgl. Baumbach 19. Aufl. Ü.Z. 1 vor § 415)[49]). Grenzzeichen können jedoch im Wege des Augenscheins als Beweismittel dienen (§§ 144, 371 ZPO.). Unter Anwendung des § 286 ZPO. wird das Gericht dann dazu kommen, auf Grund der Abmarkung die beiderseitige Anerkennung der Grenze als voll erwiesen zu erachten[50]); denn das staatlich geordnete Abmarkungsverfahren gibt hinreichende Gewähr dafür, daß diese erste Voraussetzung des Abmarkungsgeschäftes vorgelegen hat. — Ist aber die beiderseitige Anerkennung der Grenze bewiesen, so muß sie bis zum Beweise des Gegenteiles als richtig angenommen werden. Denn die Anerkennung ist unter Umständen erfolgt, welche den Beteiligten die Tragweite ihrer Erklärungen zum vollen Bewußtsein bringen mußten, und es ist daher auch anzunehmen, daß sich die Beteiligten, welche als Eigentümer hierzu wohl in der Lage waren, über die einschlägigen Verhältnisse informiert haben. Diese Erwägungen müssen vernünftigerweise den Richter zur Überzeugung bringen, daß die vermarkte Grenze die richtige ist, sofern nicht das Gegenteil bewiesen wird[51]).

---

sich beispielsweise zum Beweise seines Eigentums auf vorhandene Marksteine, Beklagter wendet ein, daß die Vermarkung ungültig ist. Ist die Abmarkung von dem hierzu zuständigen öffentlichen Organe vorgenommen worden, so darf das Zivilgericht die Ungültigkeit nicht annehmen; dem Beklagten ist eine Frist zur Einleitung des verwaltungsgerichtlichen Verfahrens zu setzen und der Prozeß bis zur Entscheidung des Verwaltungsgerichts auszusetzen. Wenn Beklagter das verwaltungsgerichtliche Verfahren innerhalb der gesetzten Frist nicht eingeleitet hat, muß das Gericht die Abmarkung als formell gültig behandeln.

[48]) Vgl. SeuffBl. 70, 510. In der dort mitgeteilten Entscheidung hat das Oberste Landesgericht als Voraussetzung für den strafrechtlichen Schutz der Grenzzeichen bezeichnet, daß die Grenze unbestritten feststeht, da andernfalls die Feldgeschworenen zur Setzung nicht zuständig seien. Auch das Reichsgericht (JW. 1908, 383 Nr. 24; RGSt. 41, 95) hat ausgesprochen, daß Grenzzeichen den Schutz des § 274 Z. 2 RStGB. nur dann genießen, wenn sie mit Zustimmung beider Grenznachbarn gesetzt sind oder die fehlende Zustimmung des einen nach § 919 BGB. ersetzt ist.

[49]) RG. 6, 197.

[50]) Vgl. Kretzschmar im SächsArch. 12, 405; Staudinger Bem. IV zu § 919.

[51]) Vgl. Maenner 175 Anm. 112; Staudinger Bem. IV zu § 919.

Nach § 891 wird vermutet, daß ein Recht, das im Grundbuch eingetragen ist, dem eingetragenen Berechtigten zusteht. Diese Vermutung erstreckt sich auf die katastermäßige Grenze [52]. Durch eine entgegenstehende Vermarkung wird diese Vermutung überwunden. Dagegen überwindet der Buchglaube des rechtsgeschäftlichen Erwerbers (§ 892) eine entgegenstehende Vermarkung. Denn der buchgläubige Erwerber kann die Grenzen auch dann beanspruchen, wenn sie erwiesenermaßen unrichtig sind [53].

IV. Grenzfeststellungsvertrag.

Vielfach wird der Anerkennung der Grenze, die vor der Abmarkung erfolgt, eine vertragsmäßige Feststellung der Grenze zugrunde liegen, oder damit zusammenfallen. Nicht immer ist in den Erklärungen, welche die Beteiligten im Anschluß an eine geometrische Vermessung oder bei einer Abmarkung abgeben, insbesondere in einer Anerkennung der durch die Vermessung gefundenen Grenzlinie ein Grenzfeststellungsvertrag enthalten. Dazu ist ein Austausch (Antrag und Annahme) der beiderseitigen Willenserklärungen erforderlich, die Grenze rechtsgeschäftlich festzusetzen [54]. Es kann sehr wohl sein, daß die Unterzeichnung des Ergebnisses der geometrischen Vermessung sich nach dem Willen des Unterzeichners in der Anerkennung der Tatsache erschöpft, daß dieses Ergebnis die Einträge im Katasterplan richtig wiedergibt, also die Vermessung technisch richtig ausgeführt ist [55].

Aber regelmäßig (also bis zum Beweis des Gegenteils) wird man wohl unterstellen dürfen, daß der Beteiligte, der ein Messungsergebnis unterschreibt, damit nicht nur dem Messungsbeamten, sondern auch dem Nachbar gegenüber zum Ausdruck bringen will, daß er die vermessene Grenze als die richtige gelten lasse. Das genügt vollauf als Erklärung eines rechtsgeschäftlichen Willens und da der Beteilgte weiß, daß der Vermessungsbeamte über die Vermessung und die Grenzfestung auch mit dem Nachbar verhandelt, so ist er sich auch bewußt, und damit einverstanden, daß der Austausch der beiderseitigen Erklärungen durch den Messungsbeamten erfolgt. Die früher vertretene Ansicht, ein rechtsgeschäftlicher Wille sei dann nicht zu unterstellen, wenn der Unterzeichner von der Annahme ausgeht, das Ergebnis der Vermessung sei für die Beteiligten schlechthin bindend, so daß es auf seinen eigenen Willen

---

[52]) S. darüber unten S. 65.

[53]) Zeiler, BayZ. 1913, 377.

[54]) Meisner, SeuffBl. 77, 256; zustimmend Zeiler, BayZ. 1913, 348 u. 372 (unrichtig Feßler, BayZ. 1911, 236).

[55]) Zeiler, BayZ. 1913, 372.

gar nicht ankomme[56]), läßt sich nicht halten. Die Beteiligten wissen sehr wohl, daß der Unterzeichnung eine rechtliche Wirkung zukommt und wenn sie wirklich in der irrigen Annahme unterzeichnen, daß das Messungsergebnis schlechthin bindend sei, so sind sie doch darüber klar, daß sie mit ihrer Unterschrift ihre eigene Zustimmung erklären. Diese Erklärung ist rechtswirksam, da der Irrtum nur den Beweggrund dieser Erklärung betrifft und daher unbeachtlich ist.

Wenn nun die Nachbarn bei einem solchen Grenzfeststellungsvertrage davon ausgehen, daß durch diesen die richtige Grenze festgelegt werden und vielleicht unter Lösung einer vorhandenen Ungewißheit jeder von ihnen erhalten oder behalten soll, was ihm gehört, dann ist ein solcher Vertrag formfrei gültig. Wenn aber die Beteiligten die Auffassung haben, daß eine von der wahren Grenze abweichende neue Grenze geschaffen werden, also ein Stück Land den Eigentümer wechseln soll, dann ist zur Gültigkeit eines solchen Vertrags die Einhaltung der Form des § 313 erforderlich[57]). Es kommt also darauf an, ob nach dem Willen der Nachbarn die Grenzfestsetzung deklaratorische oder konstitutive Bedeutung haben soll; in letzterem Fall ist die Einhaltung der Form des § 313 erforderlich, während in ersterem Fall der Vertrag formfrei gültig ist. Die Wirkung des formfrei gültigen Vertrags ist dann allerdings konstitutiv, d. h. die unrichtig festgestellte Grenze ist durch den Vertrag die richtige geworden[58]).

§ 6. Grenzstreitigkeiten.

I.

Grundstücke sind festumrissene Teile des Erdkörpers. Der Umriß ist durch gedachte Linien auf der Erdoberfläche (die Grenzen) bestimmt.

---

[56]) So auch, wennschon widerstrebend, Zeiler, BayZ. 1913, 373.

[57]) BayZ. 1906, 227 (RG.); JW. 1906, 302; Staudinger Bem. III zu § 920; Meisner, SeuffBl. 77, 251; Feßler, BayZ. 1911, 235; RGKomm. Bem. 1 zu § 313. Also nicht darauf kommt es an, ob durch den Vertrag die Grenze anders festgesetzt wird, als sie in Wahrheit (objektiv) besteht, sondern darauf, ob nach der Meinung und dem Willen der Beteiligten ein Stück Land den Eigentümer wechseln soll. So mit Nachdruck Zeiler BayZ. 1913, 349. Nicht verständlich ist jedoch die Kritik Zeilers gegen die von mir (Nachbarr. 2. Aufl. S. 28 u. SeuffBl. 77, 256) für die Formfreiheit aufgestellte Bedingung, daß beide Nachbarn davon ausgegangen sein müssen, jeder behalte oder erhalte durch die Vereinbarung, was ihm gehört. Denn wenn das nicht ihre Auffassung war, dann haben sie eben gewollt, daß ein Stück Land den Eigentümer wechseln soll. — Übrigens bedarf der Grenzfeststellungsvertrag auch dann der Form des § 313, wenn nur der eine der beiden Beteiligten, nämlich derjenige, der durch den Vertrag ein Stück verliert, seinen Willen auf den Wechsel des Eigentums an diesem Stück gerichtet hat.

[58]) So mit Recht Zeiler BayZ. 1913, 350.

Wer die Eigentumsklage erhebt, muß sein Eigentum beweisen. Wenn nicht das Eigentum am ganzen Grundstück streitig ist, sondern nur darüber gestritten wird, wie weit sich das Eigentumsrecht am Grundstück räumlich erstreckt, mit anderen Worten, wie seine Grenzen verlaufen, so ist es Sache des Eigentumsklägers, den von ihm behaupteten Zug der Grenze zu beweisen. Ist dies dem Kläger nicht möglich, so muß er mit der Eigentumsklage selbst dann unterliegen, wenn der beklagte Nachbar nicht den Gegenbeweis liefern kann, daß der von dem Kläger in Anspruch genommene Landstreifen sein — des Beklagten — Eigentum ist. Die Konsequenz würde dahin führen, daß die Grenze für immer im Zweifel bleiben müßte.

Dem wird durch die Bestimmung des § 920 BGB. abgeholfen. Ihre Anwendung setzt eine Grenzverwirrung voraus. Eine solche liegt vor, wenn keiner der beiden Grenznachbarn den genauen Zug der Grenze beweisen kann. Eine Grenzverwirrung kann nur bei Grundstücken, die unmittelbar aneinanderstoßen, vorkommen. Liegt z. B. zwischen den beiden Grundstücken des A und B ein öffentlicher Weg, so kann zwar A gegen B negatorisch klagen, weil B auf den Weg herauspflügt und dadurch den Weg über die Grenze des A herüberdrängt[1]); denn hierdurch hat B einen Zustand der Beeinträchtigung für das Eigentum des A geschaffen, für welchen B als Störer verantwortlich ist (§ 1004), aber das den B zur Beseitigung der Beeinträchtigung verurteilende Erkenntnis erzeugt keine dingliche Wirkung. Die Vorschrift des § 920 BGB. bezieht sich auf alle Fälle einer Grenzverwirrung, in denen die richtige Grenze nicht ermittelt werden kann und ist daher auch für überbaute Grundstücke anzuwenden[2]). Ist die Grenze ordnungsgemäß vermarkt, dann wird regelmäßig eine Grenzverwirrung

---

§ 6. [1]) Vgl. OGH. 12, 260; Dernburg, Pand. 1 § 229 Anm. 7; Dernburg, Sachenrecht 300 Note 15.

[2]) Nach gemeinem Recht ist die Grenzscheidungsklage da ausgeschlossen, wo die Nachbargrundstücke mit Gebäuden besetzt sind, die feste Grundmauern aufweisen. — Vgl. Windscheid, Pand. 2 § 450 Anm. 1; Staudinger Bem. 2b zu § 920; SeuffA. 51 Nr. 97; diese Entscheidung ist für das neue Recht nicht mehr zutreffend. Die freie richterliche Beweiswürdigung wird in vielen Fällen annehmen können, daß durch den Bestand fester Grenzmauern das Eigentum bewiesen wird; eventuell wird die Grenze auf Grund des Besitzstandes nach dem Zug der Mauer in Gemäßheit des § 920 festgelegt. Andererseits wird bei der Behauptung eines Grenzüberbaues (vgl. §§ 912ff. BGB.) vielfach die Grenze gesucht werden müssen; so schon für gemeines Recht Dernburg, Pand. Bd. 1 § 229 Anm. 5. — Wird von einem Grundstückseigentümer behauptet, daß der Nachbar über die Grenze gebaut hat, so wird, trotz des Vorhandenseins fester Grundmauern, über den Zug der Grenze gestritten.

Bei Grenzmauern im Sinne des § 921 wird wohl in den seltensten Fällen die Grenzlinie haarscharf festgestellt werden können. Gerade hier ist daher eine Grenzverwirrung sehr wohl möglich. (Vgl. hierüber unten § 6 II, 5.)

nicht vorliegen; denn durch die Vermarkung wird Beweis dafür erbracht, daß die Grenze zur Zeit der Vermarkung so verlaufen ist, wie sie von den Marksteinen aufgezeigt wird [3]). Zwar ist gegen die Richtigkeit dieser angezeigten Grenzlinie Gegenbeweis zulässig, der aber nur dadurch geführt werden kann, daß der Gegenbeweisführer das Eigentum an einer bestimmten Fläche des Bodens nachweist. Es ist nicht etwa angängig, daß er lediglich die Unrichtigkeit der vermarkten Grenze nachweist und dadurch die Bedeutung der Markzeichen überhaupt aufhebt; er muß vielmehr sein Eigentum für jeden Quadratzentimeter Land, den er jenseits der vermarkten Grenzliene für sich in Anspruch nimmt, nachweisen, und nur insoweit als ihm dies gelingt, ist die vermarkte Grenzlinie zurückzusetzen. Wenn aber infolge einer Bodensenkung oder eines Erdrutsches mit den Erdmassen die Grenzzeichen eine Verschiebung erfahren haben, so kann trotz vorliegender Abmarkung eine Grenzverwirrung gegeben sein, auf welche § 920 anzuwenden ist [4]). Andererseits ist dort, wo die Grenze nicht vermarkt ist, eine Grenzverwirrung leichter möglich; denn es fehlte in Bayern vor Einführung des Grundbuchs an einem Flurplan, der mit gesetzlicher Beweiskraft ausgestattet ist.

Der Steuerkatasterplan als solcher hatte diese Beweiskraft nicht. Nach dem Grundsteuergesetz, auf Grund dessen der Steuerkatasterplan geschaffen und fortgeführt wird, erschöpft sich sein Zweck darin, für die Steuererhebung die erforderlichen Grundlagen zu geben; er war nicht bestimmt, für zivilrechtliche Verhältnisse Maß zu geben. § 95 des Grundsteuergesetzes läßt einen zivilrechtlichen Nachteil für die Unterlassung eines Widerspruchs nur insoweit eintreten, als es sich um Dominikalien, Zehnten und andere nutzbare Rechte handelt [5]).

Was nun aber die Verwertung des Katasterplanes als tatsächlicher Beweisbehelf anlangt, so ist zwar die Herstellung des Katasters auf Grund einer Liquidierung, d. h. der Anerkennung der Richtigkeit aller maßgebenden Feststellungen durch die Besitzer, erfolgt. Man mag daher zugeben, daß dem solchermaßen zustandegekommenen Kataster eine gewisse Autorität beikommt. Allein andererseits sind durch die Erfahrung in zahlreichen Fällen Irrungen festgestellt. Es hängt dies vor allem damit zusammen, daß der Katasterplan nicht nach der auf unmittelbarer Messung beruhenden zuverlässigen Zahlenmethode, die jetzt vorzugsweise angewendet wird, sondern nach der sog. graphischen Methode hergestellt wurde; dazu kommt dann der verhältnismäßig kleine Maß-

[3]) Vgl. oben S. 63.
[4]) Schuhmacher, Zeitschr. für Bergrecht 1903, 216. Vgl. oben S. 17.
[5]) Vgl. SeuffBl. 50, 14; 57, 160.

stab der Karte (1:5000), bei welchem Irrtümer sich leicht einschleichen können[6]). Endlich liegt es in der Natur der Sache, daß gerade bei der Feststellung der Grenzen zuweilen eine gewisse Willkür obwalten mußte. Denn es ist klar, daß die Grenzen zu der Zeit, als sie zwecks Anlegung des Steuerkatasters ermittelt wurden, vielfach unter den Beteiligten gar nicht unbestritten feststanden. Gleichwohl mußte im Katasterplan eine bestimmte Grenze gezogen werden, und es besteht keine Gewähr dafür, daß die in Streitfällen angenommene Grenze auch die richtige war. Auch ist die Vermessung in Bayern in der Zeit von 1808 bis 1853[7]) vorgenommen worden; somit liegen die ursprünglichen Katastereinträge zeitlich soweit zurück, daß inzwischen Eigentumsverschiebungen eingetreten sein können[8]). Es kann ja auch ein formloser

---

[6]) Vgl. Entsch. d. VGH. Bd. 13 S. 423; Brettreich, Abmarkungsgesetz S. 2: „Das bayerische Katasterwesen hat ohne Zweifel seine großen Vorzüge, allein die Katasterpläne, namentlich die älteren, durch Neumessungen nicht ersetzten, entbehren der ausreichenden Genauigkeit und oft der Übereinstimmung mit den tatsächlichen Eigentumsverhältnissen."

Reinmund, Grenzermittlungen nach dem Katasterplan (Regensburg 1903), weist darauf hin, daß die Benützung der Katasterpläne zur Grenzwiederherstellung nicht einwandfrei ist. S. 4. Gerade in jenen Bezirken, in welchen die Vermarkung schon von jeher üblich gewesen sei (s. oben S. 62 Anm. 47), seien häufig durch allzu eifrige Feldgeschworene eigenmächtig ganze Ortsfluren und dann meistens entgegen dem Katasterplane vermarkt worden. Noch schwieriger sei die Grenzermittlung in Landstrichen, die keine Vermarkung haben. Wenn Raine vorhanden seien, so sei die Herstellung der Grenze noch etwas leichter. Wo die Raine einigermaßen von beiden Angrenzern geschont worden seien, bieten die Ecken der auf ihre Breiten kontrollierten Grundstücke genügende Anhaltspunkte; wo aber früher sehr breite Raine bestanden hätten, von denen ursprünglich die Mitte aufgemessen worden sei, lasse sich nie annehmen, daß beide Grundstücke gleichmäßig gegen die Mitte erweitert worden seien. Es werde vielmehr regelmäßig der Fall sein, daß nur ein Nachbar im Lauf der Zeit den Rain verschmälert und somit die Grenze zu seinen Gunsten verschoben habe. Die abgesteckte Grenze weiche hier bedeutend von dem bisherigen Grenzzug in der Natur ab. S. 6. In Ländereien, die hauptsächlich dem Gemüsebau dienen, sei die Ausnützung des Bodens eine derartige, daß die Raine ganz zu Verlust gegangen seien. Hier müsse eben von Fall zu Fall entschieden werden, ob es möglich sei, die Plangrenze herzustellen oder nicht. Für Preußen hat Plähn, Der Grenzprozeß (1911) S. 109, 408ff. die Mängel der preußischen Kartierung dargetan. Bei der Nachmessung eines Gebiets von 137 Grundstücken fand Plähn (Z. der deutschen Landmesser-Vereine 1908 Heft 9 u. 15) nur 9% als richtig gemessen vor, während die katastermäßige Größe der übrigen von der Wirklichkeit abwich, bei verschiedenen um 50, 60, 70 bis 114% (Reiß 20).

[7]) Vgl. Stengel, Wörterb. d. deutsch. VerwR. Bd. 1 S. 713.

[8]) In jenen Gegenden Bayerns, in welchen vor Inkrafttreten des Notariatsgesetzes vom Jahre 1861 für die Verträge über Grundstücke eine besondere Form nicht vorgeschrieben war (vgl. Roth, Bayer. Zivilrecht § 136), kommen außer der Ersitzung auch Änderungen durch Rechtsgeschäfte in Betracht. Vgl. auch oben S. 64.

Nach gemeinem Recht kann eine Grenze auf Grund von Ersitzung nur dann beansprucht werden, wenn die betreffende Grenze durch außerordentliche 30jährige Verjährung ersessen ist. Die 10jährige ordentliche (titulierte) Verjährung reicht in Grenzstreitigkeiten nicht aus (SeuffA. 75 Nr. 91) (s. unten S. 497).

Grenzfeststellungsvertrag unter gewissen Voraussetzungen nach altem wie neuem Recht gültig sein (s. hierüber oben S. 64). Es gibt also reichliche Fehlerquellen für den Katasterplan (vgl. hierzu unten II, 1).

Auf Grund dieser Erwägungen wurde dem Grundsteuerkataster von der bisherigen Rechtsprechung bei Ermittlung der Grenzen eine sehr geringe Bedeutung beigemessen. Durch die geometrische Vermessung, deren Richtigkeit nicht durch gewichtige andere Gründe[9]) gestützt wurde, war für den Beweis der Grenzen nach bisheriger Auffassung nichts gewonnen[10]).

II.

Das hat sich seit der Anlegung des Grundbuchs geändert. Dem Steuerkatasterplan wird jetzt bei den meisten Grenzstreitigkeiten eine erhebliche, unter Umständen sogar ausschlaggebende und nicht zu widerlegende Bedeutung beizumessen sein.

1. Unerläßliche Voraussetzung für die zivilrechtliche Bedeutung der Katastergrenze ist in allen Fällen, daß die im Katasterplan für das betreffende Grundstück eingezeichneten Grenzen derart sind, daß sie auf die Natur übertragen werden können[11]). Das ist nicht der Fall, wenn die Linie, die der Katasterplan darstellen will, sich an Ort und Stelle nicht mehr ermitteln läßt, weil es an Grenzmalen fehlt oder an Messungszahlen, mit deren Hilfe die richtigen Maße von den feststehenden Grenzmalen aus im Felde abgetragen werden könnten, oder weil die festen Punkte, von denen aus die vorliegenden Messungszahlen zu rechnen sind (z. B. Gebäude, Raine, Hügel) verschwunden sind[12]).

Eine Katasterkarte, welche die in der Natur vorhandenen festen Punkte (z. B. Hügel, Gebäude, Mauern, Raine) falsch verzeichnet, ist

---

[9]) Wenn z. B. nachgewiesen wird, daß vom Jahre 1885 an bis 1899 der Besitzstand dem Flurplan entsprochen hat und für die Zeit vor dem Jahre 1885 keiner der Beteiligten den Besitz nachgewiesen hat, dann kann der Richter, obwohl der Zeitraum von 1885 bis 1899 die dreißigjährige Ersitzungszeit des gemeinen Rechtes nicht ausfüllt, das Eigentum desjenigen als bewiesen erachten, der im Jahre 1899 aus dem Besitze verdrängt wurde.

[10]) Vgl. OGH. 6, 389; ObLG. 2, 116; Lindner, Gemeindeordnung Anm. 1a zu Art. 27.

[11]) Vgl. RG. 73, 125: „Ob der Inhalt des Grundbuchs der Voraussetzung, eine bestimmte Grundfläche als Gegenstand der eingetragenen Rechte nachzuweisen, genügt, das ist in jedem einzelnen Falle zu prüfen."

[12]) Reiß 23,59. Unter Umständen wird es trotzdem möglich sein, auf graphischem Wege durch sog. Abgreifen die gesuchte Stelle zu ermitteln, indem von weiter entfernt liegenden Punkten Abmessungen nach der Richtung vorgenommen werden, in welcher der gesuchte Punkt liegen muß. Versagt auch dieses Verfahren, so ist eine genügende Unterlage für die Übertragung der Katastergrenzen auf die Natur nicht vorhanden (Reiß 71).

überhaupt keine geeignete Unterlage für die Auffindung von Grenzen in der Örtlichkeit[13]).

Wenn die Katasterkarte alt ist, kann es vorkommen, daß sie infolge des Eintrocknens des Papiers durch Kartenschwund gelitten hat. Hat sich dieser Kartenschwund dem Papier in allen seinen Teilen gleichmäßig mitgeteilt, so ist dadurch nur der Maßstab etwas verändert und zwar in gleichmäßiger Weise. Bei ungleichmäßigem Schwund dagegen entsteht ein verzerrtes Bild, das zur Übertragung auf die Natur ungeeignet ist[14]).

Doppelte, sich widersprechende Eintragungen an verschiedenen Stellen des Grundbuchs heben einander auf, so daß also die Rechtslage so zu beurteilen ist, als ob im Grundbuch überhaupt kein Eintrag vorhanden sei[15]).

2. Nach § 891 BGB. wird vermutet, daß ein Recht, das im Grundbuch eingetragen ist, dem eingetragenen Berechtigten zusteht. Nach § 892 BGB. gilt zugunsten des rechtsgeschäftlichen Erwerbers eines Grundstückes der Inhalt des Grundbuchs als richtig, es sei denn, daß ein Widerspruch gegen die Richtigkeit des Grundbuchs eingetragen oder daß dem Erwerber die Unrichtigkeit bekannt ist. Hervorragendstes Recht im Sinne dieser Vorschriften ist das Eigentum; die Vermutung des § 891 BGB. und die Fiktion des § 892 BGB. beziehen sich darauf in erster Reihe.

§ 892 wirkt nur zugunsten des rechtsgeschäftlichen[16]), also nicht des gesetzlichen[17]) und nicht des vollstreckungsweisen[18]) Erwerbs.

3. Für den Erwerb durch Zwangsversteigerung ist der Zuschlag maßgebend. Darnach wird das Grundstück in dem Umfang zugeschlagen, der sich aus dem Inhalt des Grundbuchs ergibt, das ist der ka-

[13]) Reiß S. 24, der beispielsweise anführt: Eine Linie, welche auf der Karte in ihrem Verlauf durch Hügel bestimmt wird, die an ihrem Anfangs- und Endpunkt liegen, läßt sich nicht mit Sicherheit in der Natur wiederfinden, wenn sich herausstellt, daß die Hügel, welche die Karte darstellen wollte, nicht auf den ihnen in der Karte angewiesenen Plätzen, sondern von diesen mehrere Meter weit entfernt liegen (vgl. Reiß 72).

[14]) Reiß 72.

[15]) JW. 1900, 573; RG. 56, 58. Eine Doppelbuchung, die nur einen Teil einer Parzelle betrifft, kann vorkommen, wenn von zwei aneinander grenzenden Grundstücken nur das eine vermessen wird und das Ergebnis dieser Vermessung in das Grundbuch übernommen wird (Reiß 87).

[16]) § 892 hat nur das dingliche Rechtsgeschäft, also beim Erwerb des Eigentums die Auflassung (§ 925) im Auge.

[17]) Brachvogel bei Gruchot 47, 554. Kraft Gesetzes vollzieht sich der Erwerb des Erben (nicht der des Vermächtnisnehmers).

[18]) RG. 54, 105; Gruchot 57, 1087 (RG.); JW. 1902, 272; OLG. 25, 155.

tastermäßige Umfang[19]). Der Ansteigerer erwirbt deshalb das Eigentum mit den im Katasterplan angegebenen Grenzen selbst dann, wenn sich in Wahrheit das Eigentum des Schuldners nicht so weit erstreckte. Es ist belanglos, ob der Ansteigerer die wahren Grenzen kannte. Selbst wenn er das Grundstück nur in dem geringeren Umfang erwerben will, der sich aus den ihm bekannten richtigen Grenzen ergibt, erwirbt er durch den Zuschlag das Eigentum mit den katastermäßigen Grenzen, weil es beim Zuschlag auf den Erwerbswillen des Ansteigerers überhaupt nicht ankommt[20]).

Steht einem Dritten das Eigentum an der Grenzfläche zu, so verliert er es durch den Zuschlag an den Ansteigerer. Seine entgegenstehenden Rechte sind durch das Aufgebot ausgeschlossen (§ 37 Nr. 5 ZwVG.)[21]). Diese Ausschließung tritt aber nur dann ein, wenn der Dritte aus der veröffentlichten Terminsbestimmung ersehen konnte, daß sein Recht der Zwangsversteigerung entgegensteht, er also Veranlassung nehmen mußte, sein Recht zu wahren[22]). Ist die gehörige Bekanntmachung des Termines unterblieben oder sind bei der Bekanntmachung des Termines nicht die einzelnen Plannummern, sondern nur das Grundbuchblatt angeführt, so hatte der Nachbar keine Veranlassung, im Versteigerungsverfahren geltend zu machen, daß die wahren Grenzen des zu versteigernden Grundstücks nicht so weit reichen, wie die katastermäßigen; er verliert daher sein Eigentum an der Grenzfläche durch den Zuschlag n i c h t[23]).

4. Soll das Grundbuch Aufschluß über das Eigentum geben, so muß man aus ihm vor allem ersehen können, an welchem Gegenstand das Eigentum besteht, mit anderen Worten, welcher Abschnitt des Erdkörpers von diesem Eigentum erfaßt wird.

---

[19]) Gruchot 54, 398 (RG.); 55, 1114 (RG.); Meisner SeuffBl. 77, 280; Staudinger Bem. II B 1 a zu § 892; OLG. 11, 324; Güthe Bem. 57 zu § 2; Consbruch, JW. 1921, 219. Zu demselben Ergebnis gelangte man nach bayer. Subhastationsrecht, wenn eine mit gutgläubig erworbener Hypothek belastete Liegenschaft zugeschlagen wurde (Meisner, SeuffBl. 77, 280).

[20]) Meisner, SeuffBl. 77, 280. Wenn der Ersteher das mit den wahren Eigentumsverhältnissen widersprechende Ergebnis arglistig herbeigeführt hat, ist er ersatzpflichtig (JW. 1903, 406).

[21]) Vgl. JW. 1903, 406 (RG.); OLG. 8, 4; 14, 107; Jaeckel-Güthe Bem. 3 zu § 90 ZwVG.

[22]) RG. 57, 200; Jaeckel-Güthe Bem. 4 zu § 90 ZwVG.

[23]) Vgl. Reiß 57f.; Jaeckel-Güthe Bem. 4 zu § 90 ZwVG.; RG. 57, 200; OLG. 17, 356 22, 410). Ist aber die Pl.-Nr. in der Bekanntmachung angegeben, dann hat der Dritte die Möglichkeit und Veranlassung, sich zu erkundigen, ob diese Pl.-Nr. an sein Grundstück grenzt und ob nicht sein Eigentum durch die katastermäßige Grenze verkürzt wird (Reiß 57).

Die Grundstücke werden im Grundbuch nach Plannummern bezeichnet. Die Grundlage für diese Bezeichnung bildet das Grundsteuerkataster (§ 159 DAnw.). Einen wesentlichen Bestandteil des Grundsteuerkatasters bildet der Katasterplan. Dieser läßt insbesondere die Lage, Figur, Begrenzung und Plannummer des einzelnen Grundstückes entnehmen (§§ 163, 168 DAnw.)[24]. Nach § 2 GBO. hat die Bezeichnung der Grundstücke im Grundbuch nach einem amtlichen Verzeichnis zu erfolgen. Zu diesem amtlichen Verzeichnis sind nach § 2 KVO. vom 25. Februar 1905 (JMBl. 61)[25] die Sachregister[26]) bestimmt, die auf der Grundlage des Steuerkatasterplans und des Grundsteuerkatasters für jede Steuergemeinde besonders hergestellt und vom Grundbuchamt mit diesen Unterlagen stets in Übereinstimmung

[24]) Über die Einrichtung des Grundsteuerkatasters und des Katasterplanes verbreitet sich die Dienstanweisung für die Grundbuchämter in den Landesteilen rechts des Rheins (§§ 159ff.). Es wird für jede Steuergemeinde ein eigener Grundsteuerkataster geführt (§ 161). Der Katasterplan läßt insbesondere die Lage, Figur, Begrenzung, Kulturart und Plannummer jedes einzelnen Grundstückes mit der Hausnummer oder Besitznummer des Eigentümers entnehmen. Die Plannummern sind in der Regel mit schwarzen, die Hausnummern oder Besitznummern mit roten Ziffern eingeschrieben (§ 163). Die Wege und Gewässer und andere nicht steuerbare Flächen werden in der Regel am Schlusse des Katasters vorgetragen (§ 164). Privatflüsse sind vielfach im Kataster ohne Rücksicht auf die Eigentumsverhältnisse mit einer Plannummer bezeichnet; in ähnlicher Weise sind häufig Wege und Gräben behandelt, die nicht eigene Grundstücke im Eigentum einer bestimmten Person oder im Miteigentum mehrerer Personen sind, sondern die Bestandteile der Grundstücke bilden, über die der Weg oder der Graben führt, bei denen also die als Weg oder Graben benützten Teile nur mit einer Grunddienstbarkeit belastet sind. In diesen Fällen darf also für die Frage, ob ein Privatfluß, Weg oder Graben als eigenes Grundstück zu erachten ist, die Tatsache nicht als ausschlaggebend erachtet werden, daß eine gesonderte Plannummer gebildet ist (§ 170 der DAnw.). Die Beifügung kleiner lateinischer Buchstaben bei der Plannummer deutet an, daß das an sich einheitliche, im Eigentum einer Person stehende Grundstück in seinen einzelnen Teilen von verschiedener Bodengüte oder von verschiedener Bebauung ist. Ist z. B. auf dem Grundstücke Pl.-Nr. 100 ein Wohnhaus mit Hofraum, ein Hausgarten und ein Baumgarten angelegt, so kann das Wohnhaus mit Umgriff als Pl.-Nr. 100a, der Hausgarten mit Pl.-Nr. 100b, der Baumgarten mit Pl.-Nr. 100c bezeichnet sein. Diese einzelnen durch Buchstaben kenntlich gemachten Teile bilden keine eigenen Grundstücke, sondern alle Teile zusammen bilden das Grundstück Pl.-Nr. 100. Es ist früher nicht selten vorgekommen, daß bei Veräußerung der mit Buchstabenplannummern bezeichneten Teile eines Grundstückes an verschiedene Personen, die Buchstabenplannummern beibehalten wurden (§ 171 der DAnw.).

Die Beifügung eines Sternes zur Plannummer zeigt an, daß die Plannummer mehrmals vorgetragen ist. Dies geschieht im Falle gesonderter Katasterierung der Anteile an einem in ungeteilter Gemeinschaft stehenden Grundstücke und im Falle der Überbauung eines fremden Grundstückes; letzterem wird der Fall der Errichtung eines Bauwerks unter der Oberfläche eines fremden Grundstückes gleich geachtet (§ 172 der DAnw.).

[25]) Für die Pfalz § 2 der KV. vom 26. Aug. 1898 (GVBl. 561).

[26]) An Stelle des Sachregisters tritt bei den auf Reichsmuster umgeschriebenen Grundbüchern das Liegenschaftskataster (VO. v. 23. 1. 40, RGBl. I, 240 — AV. v. 20. 1. 40, DJ 212 u. AV. v. 28. 4. 41, DJ 548).

zu halten sind. Auf diese Weise geht die im Steuerkataster enthaltene Plannummernbezeichnung in das Grundbuch über (§§ 219, 294 D.-Anw.)[26].

Auf Grund dieser im Grundbuch enthaltenen Plannummernbezeichnung ist Gegenstand der Eintragung derjenige Ausschnitt des Erdkörpers, welcher im Steuerkatasterplan als die betreffende Plannummer mit der dort ersichtlichen Abgrenzung der Erdoberfläche eingetragen ist. Auf den hierdurch ausgewiesenen Ausschnitt des Erdkörpers beziehen sich alle Eintragungen im Grundbuch, vor allem der wichtigste Eintrag: das Eigentum.

Daraus folgt: Es wird auf Grund des § 891 vermutet, daß das im Grundbuch eingetragene Eigentum am Grundstück in der räumlichen Ausdehnung zusteht, welche die im Katasterplan eingezeichneten Grenzen ausweisen, es sei denn, daß ein Widerspruch gegen die Richtigkeit des Grundbuchs eingetragen ist. Die Vermutung kann durch Gegenbeweis entkräftet werden[27].

Die nur aus dem Kataster ohne weiteren Zusatz herübergenommenen Bezeichnungen eines Grundstücks gelten nur als tatsächliche Angaben und unterstehen daher nicht dem Schutze des öffentlichen Glaubens (BayZ. 1923, 23 ObLG.).

§ 891 gilt nicht für die tatsächlichen Angaben des Grundbuchs über Umfang, Grenzen des Grundstücks oder über die auf dem Grundstück errichteten Gebäude (RG. in LZ. 25, 713). Jene beschreibenden Angaben jedoch, aus denen zu entnehmen ist, welche Teile des Erdkörpers unter das Eigentumsrecht fallen, sind keine bloß tatsächlichen Angaben (RG. 73, 129; JW. 1927, 44; RGK. 9. Aufl. Bem. 3 S. 123).

Aber selbst wenn dieser Gegenbeweis geführt und die Unrichtigkeit der durch das Grundbuch im Zusammenhalt mit dem Steuerkatasterplan ausgewiesenen Grenzen nachgewiesen werden kann, gelten zugunsten desjenigen, welcher das Eigentum durch Rechtsgeschäft erwirbt, die durch das Grundbuch (den Steuerkataster p l a n) ausgewiesenen Grenzen als richtig; es sei denn, daß ein Widerspruch gegen die Richtigkeit eingetragen oder die Unrichtigkeit dem Erwerber bekannt ist (§ 892)[28]. Die in das Grundbuch übergegangene Bestands-

[26]) Für die Pfalz JMBek. vom 17. Juli 1906, § 14 (JMBl. 1048) mit GAO. vom 15. September 1902 Nr. 294ff. (JMBl. 745).

[27]) Über die Beweiskraft der Vermarkung gegenüber § 891 s. Meisner SeuffBl. 71, 355; Zeiler, BayZ. 1913, 376; vgl. oben S. 6 .

[28]) RG. 73, 125 für das nach Maßgabe der preuß. Verfügung vom 20. Nov. 1899 angerichtete Grundbuch (ebenso JW. 1910, 813; DJZ. 1910, 1354; Recht 1918 Nr. 523 KG.). Die Gründe des Reichsgerichts treffen auch für das nach bayerischem Recht eingerichtete Grundbuch in allen Teilen zu (OLG. 31, 315; BayZ. 1915, 246 München). Die Ansicht des Reichsgerichts, die schon für das frühere preußische Recht herrschend war (vgl.

nachweisung des Katasterplanes fällt somit unter den öffentlichen Glauben des Grundbuchs, jedoch nur insoweit, als dadurch der Gegenstand des im Grundbuch eingetragenen Eigentums begrenzt wird. Die übrigen in das Grundbuch übernommenen Angaben des Katasters, durch welche das Grundstück näher bezeichnet wird, vor allem die Angaben über die Größe des Grundstücks (Flächenmaß), werden durch den öffentlichen Glauben des Grundbuchs nicht gedeckt[29]). Diese Angaben sind lediglich tatsächlicher Natur, während § 892 dem Erwerber nur die Sicherheit geben will, daß der Inhalt des Grundbuchs in Ansehung der dinglichen Rechtsverhältnisse mit der wirklichen Rechtslage im Einklang steht[30]).

5. Die Anwendbarkeit des § 892 setzt ein positives Vertrauen auf die im Grundbuch enthaltenen Bestandsangaben nicht voraus. Der Erwerber kann sich daher auf § 892 selbst dann berufen, wenn in der Katasterkarte günstigere Grenzen eingezeichnet sind, als er sie sich beim Erwerbe vorstellte[31]). Nur darf diese Vorstellung nicht auf Kenntnis von der Unrichtigkeit des Grundbuchs beruhen. Entscheidend für die Kenntnis ist der Zeitpunkt, zu welchem der Antrag auf Eintragung der Eigentumsveränderung beim Grundbuchamt einläuft (§ 892 Abs. 2).

Güthe Bem. 57 zu § 2 und Reiß 16) ist scharf umstritten. Die Ansicht des RG. wird vertreten von RGK. Bem. 3 zu § 891; Staudinger Bem. 2c zu § 891 II B 2 zu § 892; Wolff, Gruchot 45, 765; Meisner, SeuffBl. 77, 251; Guethe, GBO. Bem. 56 zu § 2; Fuchs I, 157; Oberneck 390; Reiß 9 u. 16; Sawitz, der Inhalt des Grundbuchs nach § 892 S. 59; Seuffert bei Gruchot 43, 171; Forstner, DJZ. 1917, 400; vgl. auch BayZ. 1916, 73 (ObLG.).

Die entgegengesetzte Meinung wird vertreten von Dernburg 157; Crome 151; Neumann bei Gruchot 48, 20; Maenner 43; Turnau-Förster Bem. zu § 891; Endemann 300; Hoeniger 94; Ramdohr bei Gruchot 44, 341; Planck, Bem. zu § 921; Predari, GBO. 204; Bauer, ZBl. FG. 11, 560; Bauer, DJZ. 1916, 1443; Fröhlich, DNotZ. 1912, 329; Consbruch, JW. 1921, 219; Plähn, Die Mängel des preuß. Katasters und der Rechtsprechung in Grenz- und Grundeigentumsprozessen.

Röttgen bei Gruchot 56, 208 führt aus, daß nicht die Grenze der Katasterkarte, sondern die zur Zeit der Anfertigung der Katasterkarte im Felde vorhandene Grenze, welche die Karte darstellen will, die rechtliche Beziehung zwischen Eigentümer und Grundstück zum Ausdruck bringt und somit unter den öffentlichen Glauben des Grundbuchs falle, während die Tatsache, daß diese Linie in der Karte falsch eingezeichnet sei, lediglich tatsächlicher Natur sei. Diese Ansicht ist widerlegt von Reiß 20ff.; sie würde dem Grundbuchglauben hinsichtlich der Grenzen den Boden unter den Füßen wegziehen.

Reiß, JW. 1915, 1412 stellt zwar in Abrede, daß zutreffende Gründe rein juristischer Natur dafür anzusehen seien, daß den Katasterangaben öffentlicher Glaube beizumessen sei, er hält aber die rechts- und wirtschaftspolitischen Gründe des RG. (73, 125) für durchschlagend.

[29]) RG. 61, 194; KGJ. 27 A 93; 30 A 207.

[30]) Mot. z. GBO. 17.

[31]) RGK. Bem. zu § 892; Staudinger Bem. III, 3 zu § 892. RG. 86, 356 (gegen RG. 61, 195).

Hat sich der Käufer in der Zeit zwischen Abschluß des Kaufvertrags und dem erwähnten Zeitpunkt die Grenzen vom Verkäufer einweisen lassen, so hat er sie gekannt.

„Kennen" ist gleichbedeutend mit „für wahr halten"[32]. Ist das, was der Erwerber für wahr hielt, tatsächlich wahr gewesen, dann ist ihm die Unrichtigkeit einer damit in Widerspruch stehenden Angabe des Grundbuchs bekannt gewesen, und somit der Schutz des § 892 ausgeschlossen. Kannte der Erwerber den Umstand, daß die Grenze nicht da verläuft, wo sie in der Katasterkarte eingezeichnet ist, dann ist es ohne Bedeutung, ob der Erwerber statt dessen nun den richtigen oder einen anderen gleichfalls falschen Grenzzug für den zutreffenden gehalten hat[33].

Woher der Erwerber die Kenntnis genommen hat, ist gleichgültig. Erkenntnisquellen werden besonders Mitteilungen des Veräußerers und eigene Beobachtungen sein. Es ist jedoch nicht ausgeschlossen, daß auch durch Mitteilungen dritter Personen, welche der Erwerber für glaubwürdig hielt, die Kenntnis gewonnen wird[34]. Hat der Erwerber das Grundstück vor dem Kauf besichtigt und hierdurch den Verlauf der in Natur ersichtlichen Grenzen kennen gelernt, so kann er die im Katasterplan eingezeichnete günstigere Grenze nicht auf Grund des § 892 in Anspruch nehmen. Gegenstand des Kaufs war z. B. ein zur Zeit der Besichtigung mit Klee bestellter Acker. Die tatsächlich mit Klee bestellte Grundfläche reicht nicht ganz bis zur katastermäßigen Grenze, während der daranstoßende Kartoffelacker des Nachbarn über die katastermäßige Grenze in der Natur hinüberreichte. Die auf eigener Wahrnehmung beruhende Vorstellung des Käufers, der bei der Besichtigung sah, wie weit mit Klee und wie weit mit Kartoffeln bestellt war, ging dahin, daß der Kaufacker so weit reicht, als die Bestellung mit Klee[35]. Verläuft die Katastergrenze anders, so hat er deren Unrichtigkeit gekannt. Er kann sich also auf § 892 BGB. nicht berufen, wenn schon er nach der Erfahrung damit rechnen konnte, daß vielleicht der Nachbar über die Grenze herübergeackert haben könne. Auf die widerlegbare Vermutung des § 891 BGB. kann er sich jedoch berufen[36]. War Gegenstand des

[32]) Prot. 3, 79 u. 85.

[33]) Reiß 51.

[34]) JW. 1910, 813.

[35]) Eine andere Beurteilung greift natürlich z. B. dann Platz, wenn der Verkäufer dem Käufer erklärt hat, der Nachbar habe über die Grenze herübergeackert.

[36]) Auch das ist nicht ausnahmslos. Kann nachgewiesen werden, daß beim Erwerb die beiden Vertragsteile darüber einig waren, daß Gegenstand des Vertrags das Grundstück mit den ihnen beiden bekannten in der Natur vorhandenen Grenzen sein sollte und deckt sich damit die katastermäßige Grenze nicht, so haben die beiden Vertragsteile

Kaufs ein Landgut mit zerstreutem Parzellenbesitz und hat der Käufer vor dem Erwerb die Flur begangen, so wird er durch diese Besichtigung wohl kaum die in der Natur ersichtlichen Grenzen eines jeden Grundstücks kennen gelernt haben. Es ist zu berücksichtigen, daß dem Erwerber die Kenntnis von der Unrichtigkeit der Katastergrenze bewiesen werden muß[37]) und daß Grobfahrlässigkeit der Unkenntnis den Buchglauben nicht ausschließt[38]).

6. Der Grundsatz des Buchglaubens kann dazu führen, daß dem rechtmäßigen Eigentümer wertvolle Bestandteile seines Grundstückes, ja das ganze Grundstück genommen wird (Katasterraub)[39]). Er kann nicht einmal Entschädigung dafür verlangen, denn der Bereicherungsanspruch des § 812 ist ihm gegen den Erwerber[40]) versagt, da dieser nicht ohne rechtlichen Grund erworben hat. Soll der Grundsatz des Buchglaubens nicht in einer dem gesunden Rechtsempfinden unerträglichen Weise überspannt werden, so dürfen die Anforderungen an den Nachweis, daß der Erwerber die wahren Grenzen gekannt hat, nicht zu streng gestellt werden[41]). Dem regelmäßigen Verlaufe der Dinge entspricht es, daß der Eigentümer sein Eigentum bis zur Grenze ausnützt. Hat also der Erwerber zur Zeit der Eintragung des Eigentumserwerbes in das Grundbuch gewußt, daß sein Besitzvorgänger die Boden-

durch die Erklärung, daß die Pl.-Nr. 312 verkauft werde, ihren übereinstimmenden Willen unrichtig erklärt. Es liegt eine falsa demonstratio vor. Der wahre Wille gilt (s. darüber unten S. 77).

[37]) RG. 90, 395. Die Kenntnis der Tatsachen, aus denen sich die Unrichtigkeit des Grundbuchinhalts ergibt, genügt. Dem Erwerber muß aber der Gegenbeweis offen gelassen werden, daß er trotz Kenntnis dieser Tatsachen infolge Rechtsirrtums den Inhalt des Grundbuchs für richtig gehalten hat (vgl. Recht 1914 Nr. 3011; JW. 1906, 226; OLG. 31, 347; Gruchot 50, 985).

[38]) Der Gegenbeweis nach § 892 ist darauf zu richten, daß das Grundbuch unrichtig ist und der Erwerber beim Erwerb die Unrichtigkeit gekannt hat (ObLG. 21 B 13 (Nürnberg).

[39]) Über Katasterraub vgl. Recht 1905, 271; 1908, 874; 1909, 417.

[40]) Nur beim Erwerb auf Grund unentgeltlicher Verfügung kann der Erwerber nach § 816 Abs. 1 Satz 2 in Anspruch genommen werden. Bei entgeltlichem Erwerb ist der geschädigte Eigentümer auf den Bereicherungsanspruch des § 816 Abs. 1 Satz 1 gegen den Veräußerer angewiesen. Er kann nur das verlangen, was der Veräußerer infolge der unberechtigten Verfügung mehr erlangt hat, als er erlangt hätte, wenn er nur über das ihm Zustehende verfügt haben würde (RJ. Recht 1913 Nr. 476; 1915 Nr. 489). Damit wird derjenige, der den Grenzstreifen verloren hat, nur in den seltensten Fällen zu einem Ersatz kommen (Reiß 91).

[41]) Vgl. Staudinger, Bem. III 2 a γ zu § 892: „Das Vorschützen grobfahrlässiger Unkenntnis von der Unrichtigkeit des Grundbuchs kann unter Umständen derart frivol sein, daß das Gericht auf Grund freier Beweiswürdigung zu dem Schluß gelangen kann, der Erwerber habe in Kenntnis der Unrichtigkeit des Grundbuchs gehandelt.“ (Zustimmend Consbruch, JW. 1921, 219).

fläche nur bis zu einer gewissen Linie ausgenützt und jenseits dieser Linie ein anderer den Boden benützt hat, so hat der Erwerber annehmen können und müssen, daß das von ihm erworbene Eigentum nur bis zu dieser Linie reicht, mit anderen Worten, daß diese Linie die Grenze ist. Reicht die katastermäßige Grenze darüber hinaus, so muß der Angrenzer die Unrichtigkeit der Katastergrenze beweisen (§ 891). Gelingt ihm dieser Beweis, dann behält er sein Eigentum trotz § 892 BGB., weil der Erwerber die wahre Grenze gekannt hat.

In einem solchen Fall hat man es übrigens mit einer falsa demonstratio zu tun. Beide Teile haben denselben Willen erklärt, indem sie als Gegenstand des Vertrages die Pl.-Nr. 312 bezeichneten. Das ist eben der Teil des Erdkörpers, der im Katasterplan die Nr. 312 mit den dort ausgewiesenen Grenzen führt. Aber sie haben beide etwas anderes gewollt und zwar beide das gleiche. Gegenstand des Vertrages sollte das Grundstück sein, welches im Kataster die Pl.-Nr. 312 führt, aber mit den ihnen bekannten in der Natur vorhandenen Grenzen. Sie haben ihren übereinstimmenden Willen unzutreffend zum Ausdruck gebracht. Die Auflassung ist nur hinsichtlich der von dem übereinstimmenden Willen umfaßten Grundfläche rechtsgültig, hinsichtlich der anderen Grundfläche nichtig[42]).

Dabei ist zu berücksichtigen: daß der Inhalt der Erklärung nicht bloß aus ihrem Wortlaut, sondern auch aus den begleitenden Umständen abzuleiten ist[43]). Die vertragliche Erklärung unterliegt deshalb der Auslegung. Hierfür kommt es aber nicht ausschlaggebend darauf an, wie jeder Teil für sich den Inhalt seiner Erklärung aufgefaßt hat, sondern darauf, wie die vorliegende Erklärung objektiv verstanden werden muß[44]). Nur wenn nach diesem Standpunkt die Erklärung verschieden aufgefaßt werden kann, und sie in der Tat von den beiden Vertragsteilen verschieden aufgefaßt worden ist[45]), liegt in Wahrheit eine Willenseinigung über den Gegenstand des Vertrages nicht vor. In einem solchen Falle hat man es mit einem versteckten Dissens im Sinne des § 155 BGB. zu tun mit der Folge, daß ein Vertrag überhaupt nicht

---

[42]) RG. 60, 340; 66, 21; 77, 33; JW. 1907, 540; 1911, 940; OLG. 26, 38. Mit Recht weist deshalb Consbruch, JW. 1921, 219 darauf hin, daß den auf Herausgabe eines Grundstücks erhobenen Klagen die Beklagten in der Regel mit dem Einwand des Mangels der Aktivlegitimation begegnen können, da sich meistens der Wille der Veräußerer und Erwerber eines Grundstücks auf die Grundstücksfläche erstreckt habe, die der Veräußerer besessen hat.

[43]) RG. 66, 125.

[44]) RG. 58, 235.

[45]) Vgl. RG. 66, 122; 68, 9; 78, 376.

zustande gekommen ist[46]). Der Fall eines versteckten Dissenses, wo beide Parteien, jede im Irrtum über die Erklärung der anderen, verschiedenes erklärt haben, ist häufig schwer zu unterscheiden von dem Fall des Irrtums eines Vertragsteiles über den Inhalt seiner Erklärung. Die Anfechtung wegen Irrtums setzt voraus, daß die beiderseitigen Erklärungen objektiv den gleichen Inhalt haben, gleichviel ob sich dieser aus dem Wortlaut ohne weiteres ergibt oder unter Berücksichtigung aller dafür auf beiden Seiten in Betracht kommenden Umstände durch Auslegung festgestellt wird. Dann liegt eben nicht der Fall eines Mißverständnisses, einer bloßen fälschlichen Annahme des Einverständnisses vor (§ 155), sondern ein wirklich erklärtes Einverständnis und wenn sich dabei die eine Partei über die Bedeutung ihrer Erklärung getäuscht hat, so betrifft dieser Irrtum nicht den Inhalt der gegnerischen, sondern den ihrer eigenen Erklärung[47]).

Dieser rechtliche Unterschied führt zu praktisch wichtigen Ergebnissen. Denn im Falle des § 155 kann jeder Dritte sich auf die Nichtigkeit des Vertrages berufen. Im Falle der Anfechtung wegen Irrtums (§ 119 BGB.) kann nur der irrende Vertragsteil durch Anfechtung die Nichtigkeit herbeiführen[48]). Ist die Plannummer 312 als verkauft bezeichnet, so liegt darin, von besonderen Umständen abgesehen, regelmäßig die Erklärung, daß Gegenstand des Vertrages jener abgegrenzte Teil des Erdkörpers sein soll, welcher im Katasterplan als die Plannummer 312 mit den dort eingezeichneten Grenzen ausgewiesen ist. Der Käufer, der die in der Natur anders verlaufenden Grenzen nicht kennt, wird wohl regelmäßig seiner Erklärung den Willen zugrunde gelegt haben, das Grundstück mit den katastermäßigen Grenzen zu erwerben. Sein Wille deckt sich mit der Erklärung. Der gleichlautenden Erklärung (Pl.-Nr. 312) des Verkäufers lag dagegen der Wille zugrunde, nur das Grundstück mit den in der Natur vorhandenen Grenzen zu verkaufen. Sein Wille deckt sich nicht mit der Erklärung. Er kann deshalb seine Erklärung wegen Irrtums anfechten (§ 119 BGB). Dies muß er ohne schuldhaftes Zögern tun, sobald ihm die rechtliche Tragweite seiner Erklärung klar geworden ist (§ 121 BGB.), was unter Umständen lange dauern kann. Da aber die Anfechtung nur dem irrenden Vertragsteil zusteht, wird die Irrtumsanfechtung nur in den Fällen von praktischer Bedeutung sein, in welchem der Anfechtungsberechtigte Eigentümer des an die Parzelle angrenzenden Grundstückes geblieben oder geworden ist, das von dem Katasterraub betroffen wird.

[46]) RG. 66, 122.
[47]) RG. 58, 236.
[48]) Vgl. RG. 58, 233; JW. 1906, 190; WarnE. 1910 Nr 270.

Da aber für den Inhalt der Erklärung nicht bloß der Wortlaut maßgebend ist, sondern der objektive Inhalt der Erklärung durch Auslegung festzustellen ist, muß im Einzelfalle immer geprüft werden, ob die Erklärung objektiv auch wirklich so und nicht anders zu verstehen ist, als daß Gegenstand des Vertrages die im Katasterplan als Plannummer 312 bezeichnete Grundfläche mit den dort eingezeichneten Grenzen sein soll. Das ist nicht der Fall, wenn in dem Vertrag nicht nur die Plannummern aufgeführt sind, sondern daneben gesagt wird, daß der Verkäufer seinen Grundbesitz in dem Umfange verkauft, wie er ihn bisher besessen hat; es ist ferner regelmäßig nicht der Fall, wenn im Vertrag als verkauft bezeichnet ist die „Plannummer 312 Ödung“ und wenn der strittige Teil der zur Plannummer 312 gehörigen katastermäßigen Fläche mit Bäumen bepflanzt ist, während der übrige Teil der katastermäßigen Plannummer 312 noch Ödung ist. Ebenso liegt der Fall, wenn als verkauft bezeichnet ist die „Plannummer 311 Wiese“ und wenn auf einem Teil dieser katastermäßigen Fläche ein Gebäude steht[49]).

In allen diesen Fällen ist die Erklärung objektiv so zu verstehen, daß Gegenstand des Vertrages und der Auflassung sein sollen die Grundstücke mit den in der Natur vorhandenen Grenzen. Ein Dissens liegt nicht vor. Denn objektiv ist die beiderseitige Erklärung in gleicher Weise aufzufassen; nur wenn die Bezeichnung Plannummer 312 für sich allein ins Auge gefaßt wird, ist diese Bezeichnung für den übereinstimmenden wahren Willen unzutreffend. Insoweit liegt also eine falsa demonstratio vor, mit der Folge, daß eine rechtswirksame Auflassung desjenigen Gegenstandes eingetreten ist, auf den sich der beiderseitige Wille und der durch Auslegung gewonnene objektive Inhalt der beiderseitigen Erklärung erstreckte, also nur derjenigen Fläche, welche durch die in der Natur vorhandenen Grenzen der Plannummer 312 umschrieben wird, während hinsichtlich des über diese natürlichen Grenzen herausfallenden Teiles der katastermäßigen Plannummer 312 die Auflassungserklärung nichtig ist[50]).

Festzuhalten ist die Voraussetzung einer alsa demonstratio. Jeder Teil meint mit seiner Erklärung dasselbe; er bedient sich jedoch einer unzutreffenden Bezeichnung des Vertragsgegenstandes[51]). Eine falsche Bezeichnung, mit der die beiden Vertragsgegner denselben Gegenstand

---

[49]) Vgl. Sawitz, Der Inhalt des Grundbuchs nach § 892 S. 79; Guethe, Bem. 57 zu § 2 GBO.; Fröhlich, DNotZ. 1912, 335.

[50]) Vgl. RG. 60, 340; 66, 21; 77, 33; JW. 1907, 540; 1911, 944; Gruchot 58, 196; OLG. 26, 38.

[51]) Staudinger, Bem. 2 zu § 155; ObLG. 17, 42.

gemeint haben, ist unschädlich, gleichviel, ob beide Vertragsteile oder einer von ihnen ihrem Willen eine unrichtige Annahme über das Flächenmaß zugrunde gelegt haben [52]).

III.

1. Bei einer Grenzstreitigkeit ist für die im Grundbuch eingetragenen Grundstücke zunächst zu prüfen, ob nach Anlegung des Grundbuchs der derzeitige Eigentümer oder sein Sondervorgänger [53]) das Grundstück im Buchglauben an die Richtigkeit der im Grundbuch (Katasterplan) eingetragenen Grenzen erworben hat. Ist das der Fall, so kann er die durch den Katasterplan ausgewiesenen Grenzen selbst dann in Anspruch nehmen, wenn feststeht, daß diese Grenzen unrichtig sind.

Kann sich der Eigentümer auf den Schutz des öffentlichen Glauben des Grundbuchs hinsichtlich der dort ausgewiesenen Grenzen nicht berufen, so gelten diese gleichwohl auf Grund des § 891 BGB. bis zum Beweis des Gegenteils als richtig.

Daraus folgt, daß eine Grenzverwirrung bei aneinander grenzenden Grundstücken, die im Grundbuch eingetragen sind [54]), nicht zu häufig vorkommen wird. Ausgenommen von dem Buchungszwang sind in Bayern nur die Grundstücke des Fiskus, der Kreis- und Distriktsgemeinden, der politischen und Kirchengemeinden, der Ortschaften, der öffentlichen Stiftungen, der Klöster und der Versicherungsanstalten für Invaliditäts- und Altersversicherung, ferner die öffentlichen Wege und Gewässer, sowie solche Grundstücke, welche einem dem öffentlichen Verkehr dienenden Bahnunternehmen gewidmet sind, endlich die Grundstücke, welche zum Hausgut oder Familiengut einer ehemals landesherrlichen Familie gehören (§ 90 GBO., k. Verordnung vom 1. Juli 1898, GVBl. S. 377). Diese Grundstücke erhalten nur auf Antrag ein Grundbuchblatt. Solche nicht eingetragene Grundstücke werden regelmäßig an ein eingetragenes Grundstück anstoßen. Dessen Eigentümer kann sich auf § 891, unter Umständen auch auf § 892 berufen. Behauptet er, daß sein Grundstück weiter reicht, als die im Katasterplan eingezeichnete

---

[52]) OLG. 40, 260 (ObLG.). Dort ist auch ausgeführt, daß es in einem solchen Falle, in welchem beide Teile über den Gegenstand des Vertrages durchaus einig sind, überhaupt nichts „anzufechten" gibt.

[53]) Dem Nachmann eines gutgläubigen Erwerbers schadet die Kenntnis von der früheren Unrichtigkeit des Grundbuchs nichts. Ein gutgläubig erworbenes Recht bleibt bestehen, auch wenn es später auf einen schlechtgläubigen Erwerber übergeht (OLG. 2, 266; 25, 378; SeuffA. 67 Nr. 12).

[54]) Die §§ 891, 892 gelten auch für ein eingetragenes buchungsfreies Grundstück (Lehmann, BayNotZ. 1916, 373)

Grenze ausweist, so ist bezüglich der jenseits der Katastergrenze liegenden Fläche eine Grenzverwirrung möglich."

Dabei wird allerdings mit dem Reichsgericht[55]) von der Voraussetzung vorausgegangen, daß §§ 891, 892 BGB. auf die in das Grundbuch übergegangene Bestandsangabe des Katasterplanes anzuwenden ist.

Eine Grenzverwirrung liegt vor, wenn keiner der beiden Angrenzer die Grenze nach den für den Beweis des Eigentums geltenden Grundsätzen nachweisen kann.

In einem solchen Fall soll nach § 920 BGB. in erster Linie der Besitzstand maßgebend sein. Welcher Zeitpunkt hierfür entscheidend sein soll, ist im Gesetze nicht gesagt. Man muß daher annehmen, daß der gegenwärtige, nicht der bisherige Besitzstand gemeint ist[56]). Der Richter hat also die Zeit der Urteilsfällung, nicht etwa die der Klageerhebung zugrunde zu legen. Wer sich den Besitz durch verbotene Eigenmacht verschafft hat, besitzt fehlerhaft (§ 858 BGB.). Der andere kann Wiedereinräumung des Besitzes verlangen (§ 861 BGB.). Dieser Anspruch bildet den Ersatz für den gegenwärtigen Besitz. Es ist nicht erforderlich, daß der Verdrängte gegen seinen Gegner die Besitzklage auf Wiedereinräumung des Besitzes erhebt[57]). Es ist also der Nachweis gestattet, daß der Besitzer dem anderen gegenüber fehlerhaft besitzt. Wenn aber die Besitzklagen nicht mehr zulässig sind[58]), so übt es keinen Einfluß, daß der Besitz einen fehlerhaften Ursprung hat. Es ist auch ruhiger Besitzstand keine Voraussetzung des § 920 BGB.)[59]). Besitzer eines Grundstückes ist derjenige, welcher die tatsächliche Gewalt ausübt (§ 854 BGB.). Ob dies der Fall ist, bestimmt sich nach den Umständen. Ein hierauf gerichteter Wille ist nicht unerläßlich[60]). In dem Einpflocken eines Grundstückes mit Grenzzeichen, Einzäunen eines Grundstückes,

---

[55]) RG. 73, 125; Recht 1918 Nr. 523 (s. hierüber oben I, 2; ebenso OLG. 31, 315 [München]).

[56]) Vgl. M. 3, 271 (Mugdan 3, 150); Planck Bem. 2a zu § 920; SächsAnn. 33, 182 (Dresden).

[57]) Vgl. M. 3, 272 (Mugdan 3, 150); RGK. Bem. 3; Staudinger Bem. 3a zu § 920.

[58]) Nach § 864 BGB. erlischt der Anspruch auf Widereinräumung des Besitzes mit dem Ablauf eines Jahres nach der Verübung der verbotenen Eigenmacht, wenn nicht vorher der Anspruch im Wege der Klage geltend gemacht wird.

[59]) Vgl. M. 3, 271 (Mugdan 3, 150).

[60]) Vgl. Bendix, Die Besitzlehre nach dem BGB. S. 1; Turnau-Förster Bem. 4 zu § 854; a. M. Dernburg 63; Frank, Besitzwille 14ff. Wird die streitige Grenzfläche nur auf Grund eines ausdrücklich vorläufigen Abkommens benützt, so ist für eine Entscheidung nach dem derzeitigen Besitzstand kein Raum. Vgl. SächsAnn. 33, 182 (Dresden). — Zum Erwerb des Besitzes ist nicht erforderlich, daß der Erwerber von seinem Besitze Kenntnis hat. Vgl. Strohal, Jahrbücher für Dogmatik 38, 71; Turnau-Förster Bem. 4 zu § 854.

Einstecken von Dörnern zum Schutze gegen Betreten durch Menschen, Errichtung einer Warnungstafel, in dem Pflügen eines Ackers, Abgrasen eines Raines sind regelmäßig Besitzhandlungen zu finden. Auch durch den Tropfenfall kann an dem unter der Traufe gelegenen Raum Besitz ausgeübt werden[61]. Alle Handlungen, durch welche auf das Grundstück eingewirkt wird, können als Besitzhandlungen in Betracht kommen. Es ist nach der Anschauung des Lebens und Verkehrs zu entscheiden, ob infolge solcher Einwirkungen ein tatsächliches Herrschaftsverhältnis vorliegt[62]. Unter Umständen ist auch eine Einwirkung genügend, die weder alle Teile der Sache trifft, noch an sich die inhaltlich vollendete Herrschaft in sich begreift, aus der sich aber doch die Fähigkeit für den Handelnden ergibt, über den Gegenstand zu verfügen[63]. An einem Teich kann z. B. durch Ausübung der Jagd, Fischerei, Schilf- und Materialentnahme voller Besitz ausgeübt sein[64].

2. Kann der Besitzstand nicht festgestellt werden, (z. B. bei unkultivierten Grundstücken), so ist jedem der Grundstücke ein gleich großes Stück der streitigen Fläche, d. i. jener Fläche, an welcher der Besitz nicht nachweisbar ist, zuzuteilen. Eine Feststellung des Besitzstandes ist namentlich dann unmöglich, wenn beide Teile den Besitz nebeneinander ausgeübt haben. Jedem Grundstücke ist ein gleich großes Stück zuzuteilen. Auf Wert und Bonität wird also keine Rücksicht genommen[65]. Auch das Größenverhältnis der beteiligten Nachbargrundstücke dergestalt, daß etwa ein diesem Größenverhältnis entsprechender Teilungsmaßstab angelegt würde[66], kommt nicht in Betracht. Bei der Teilung braucht eine bestimmte Teilungslinie nicht eingehalten zu werden. Es sind in jedem Fall verschiedene Linien möglich, durch welche die vorgeschriebene Teilung bewirkt werden kann[67].

3. Soweit eine diesen Vorschriften entsprechende Bestimmung der Grenze zu einem Ergebnis führt, das mit den ermittelten Umständen,

---

61) S. unten § 24, 1.

62) Vgl. Bendix, Die Besitzlehre 9.

63) Bendix, a. a. O. 9. Weitergehend stellen frühere Partikularrechte die gesetzliche Vermutung auf, daß die unter der Traufe liegende Fläche Eigentum des Traufeninhabers sei; s. hierüber unten § 24.

64) Vgl. EntschOTr. 55, 208.

65) Vgl. M. 3, 272 (Mugdan 3, 150).

66) Vgl. dagegen Staudinger Anm. II, 3c zu § 920. Das Gesetz führt keineswegs, wie Staudinger annimmt, die unverhältnismäßige Größe der beteiligten Grundstücke als Beispiel an; unter dem Ergebnis, das mit der feststehenden Größe der Grundstücke nicht übereinstimmt, soll vielmehr der Fall getroffen werden, in welchem infolge der Zuteilung das eine Grundstück mehr Flächenmaß und das andere weniger erhalten würde, als es feststehendermaßen hat.

67) Vgl. KommProt. 3536 (Mugdan 3, 583).

insbesondere mit der feststehenden Größe der Grundstücke, nicht übereinstimmt, ist die Grenze so zu ziehen, wie es unter Berücksichtigung dieser Umstände der Billigkeit entspricht (§ 920 Abs. 2 BGB.)[68]. Bei der Hervorhebung des Falles, in welchem die Größe der Grundstücke feststeht, ist der Gesetzgeber von folgender Erwägung ausgegangen: Wenn im Falle der Grenzverwirrung die richtige Grenze nicht erwiesen werde, so könne doch genau feststehen, ein wie großer Teil des streitigen Flächenabschnittes dem einen oder dem anderen Nachbar gehöre, z. B. wenn feststehe, daß von zwei benachbarten Grundstücken das eine 100, das andere 200 qm groß sei; in solchem Falle dürfe die Grenze weder nach dem Besitzstand, noch durch Halbierung des streitigen Stücks bestimmt werden Die Bestimmung müsse vielmehr so erfolgen, daß jeder Nachbar ein Grundstück von dem ihm unzweifelhaft zustehenden Flächeninhalt erhalte[69].

4. Im übrigen ist der Inhalt der im § 920 Abs. 2 BGB. enthaltenen Bestimmung recht dunkel[70]. Was man unter einem Ergebnis, das mit den ermittelten Umständen nicht übereinstimmt, verstehen soll, ist kaum zu ergründen. Man wird nur solche Umstände heranziehen dürfen, aus denen sich ergibt, daß die nach Abs. 1 gefundene Grenze nicht richtig sein kann. Eine bloße Unzweckmäßigkeit dieser gefundenen Grenze erfüllt wohl diese Voraussetzung nicht. Es genügt daher z. B. nicht ohne weiteres, daß ein Bach vorhanden ist, der eine zweckmäßigere Grenzlinie bilden würde, als die gefundene Linie[71].

5. Auch aus der Unverhältnismäßigkeit der Größe der beiden Grundstücke kann ein solcher Umstand nicht abgeleitet werden. Wenn also von den angrenzenden Grundstücken die unbestrittenermaßen dem A gehörige Fläche 1 ha und die unbestritten dem B gehörige Fläche nur 0,10 ha umfaßt, so mag wohl die Hälfteteilung der streitigen Fläche, welche eine Größe von 0,5 ha hat, unbillig sein; allein das Gesetz hat

[68]) Vgl. Recht 1901 Nr. 1329; Recht 1908 Nr. 75. Der Richter ist aber nicht befugt, absichtlich eine Umlegung unzweckmäßiger Grenzen vorzunehmen. Endemann 457; Biermann, Anm. 2 zu § 920.

[69]) Vgl. KommProt. 3536 (Mugdan 3, 853). Auch hier ist übrigens wiederum darauf hinzuweisen, daß die katastermäßige Größenbestimmung noch keine Feststellung der Größe darstellt, da für deren Richtigkeit von Anfang an zuverlässige Garantien nicht gegeben waren und seit der Katastrierung auch eine Verschiebung der Größenverhältnisse eingetreten sein kann. (S. oben S. 68ff.)

[70]) Rönnberg, Grenzscheidungsklage 92, spricht von einer bedauernswerten Unklarheit.

[71]) Vgl. dagegen Staudinger Anm. II, 3c zu § 920. — Etwas anderes ist es, wenn der Richter auf Grund seiner freien Beweiswürdigung aus dem Umstande, daß ein wertloser Streifen Landes jenseits des Baches liegt, als bewiesen annimmt, daß dieser Streifen nicht zum Eigentum des diesseits des Baches liegenden Grundstückes gehöre.

im Abs. 1 des § 920 BGB. ausdrücklich bestimmt, daß bei Ermangelung einer Feststellung über den Besitzstand jedem Grundstück ein gleich großes Stück der streitigen Fläche zuzuteilen ist und in den Gesetzgebungsarbeiten[72]) ist besonders hervorgehoben, daß nicht etwa das Größenverhältnis der Nachbargrundstücke in Frage komme, dergestalt, daß ein diesem Größenverhältnis entsprechender Teilungsmodus angelegt werde[73])

Dagegen kann ein Umstand, mit welchem das Ergebnis, zu dem die nach Abs. 1 erfolgte Bestimmung der Grenze geführt hat, nicht übereinstimmt, bei Grenzeinrichtungen, die zum Vorteile beider Grundstücke dienen (s. § 921 BGB., Mauer, Winkel, Rain, Hecke usw.) häufig gegeben sein. § 921 BGB. stellt die Vermutung auf, daß die Nachbarn zur Benützung solcher Grenzeinrichtungen gemeinschaftlich berechtigt sind, soferne nicht äußere Merkmale darauf hinweisen, daß die Einrichtung einem der Nachbarn allein gehört. — Der Besitzstand ist für diese Frage gleichgültig. Strengt ein Nachbar die Grenzscheidungsklage an, so würde, wenn sich die richtige Grenze nicht ermitteln läßt, gemäß § 920 BGB. für die Abgrenzung zunächst der Besitzstand maßgebend sein. Allein eine diesem Besitzstand entsprechende Bestimmung der Grenze kann, wenn der eine Nachbar den Besitz der ganzen Grenzeinrichtung hat, unter Umständen zu einem Ergebnis führen, das mit dem vom Gesetze vermuteten Recht der gemeinschaftlichen Benützung im Widerspruch steht (§ 920 Abs. 2 BGB.). Es ist daher die Grenze so zu ziehen, wie es unter Berücksichtigung dieses Umstandes der Billigkeit entspricht. Dies wird dazu führen, die gedachte Grenzlinie durch die Mitte der Grenzeinrichtung zu legen[74]). Wenn aber äußere Umstände darauf hinweisen, daß die Einrichtung einem der Nachbarn allein gehört, dann entfällt die im § 921 aufgestellte Vermutung des gemeinschaftlichen Benützungsrechts. In diesem Falle hat eben der eine Nachbar einen Umstand dargetan, der dafür spricht, daß die Grenzeinrichtung auf seinem Eigentum steht und die Grenzlinie mit dieser Einrichtung abschneidet. Auf den Besitzstand kommt es auch hier nicht an.

Ein instruktives anderes Beispiel bringt Cosack[75]). Ein Majoratsherr und dessen Rechtsvorgänger haben jahrhundertelang das Majoratsgut und das daran grenzende Allodialgut gemeinsam bewirtschaftet. Nun teilt sich die Majorats- und Allodial-Erbschaft. Niemand kennt die Grenze zwischen dem Majoratsgut und dem Allodialgut. Doch ergeben die Wirtschaftsrechnungen der ältesten Zeit, daß das Allodialgut klein gewesen sein muß. Das Gericht darf mit souveräner Freiheit die Grenze so ziehen, daß auf das Allodialgut nur $^1/_{10}$ des gesamten Areals entfällt.

IV.

Während die Eigentumsklage dem Kläger die Verpflichtung[76]) auferlegt, eine bestimmte Grenze zu behaupten und zu beweisen, wird im

---

[72]) KommProt. 3536 (Mugdan 3, 583).

[73]) S. dagegen Staudinger Anm. II, 3c zu § 920. Die dortige Aufstellung, daß das Gesetz die unverhältnismäßige Größe der beteiligten Grundstücke als Beispiel anführe, ist sicher unzutreffend. S. oben S. 83.

[74]) Unrichtig Höniger, Grenzscheidungsklage 102.

[75]) Cosack 2, 160.

[76]) RG. 68, 24.

Falle der Grenzverwirrung durch § 920 BGB. ein besonderer Anspruch gewährt, der gerade voraussetzt, daß die wahre Grenze weder vom Kläger noch vom Beklagten bewiesen werden kann. Just entgegengesetzt zur Eigentumsklage muß in der Grenzscheidungsklage des § 820 als Klagegrund behauptet werden, daß sich die richtige Grenze nicht ermitteln läßt[77]). Die Grenze läßt sich ermitteln, wenn nach den für den Beweis des Eigentums geltenden Regeln die Grenze nachgewiesen werden kann. Die Grenzscheidungsklage ist deshalb nur dann gegeben, wenn keiner der beiden Nachbarn die richtige Grenze beweisen kann[78]). Erachtet der Kläger Grenzverwirrung für gegeben, indem er die vom Beklagten behauptete Grenze bestreitet, so muß er mit seiner Grenzscheidungsklage aus § 920 abgewiesen werden, wenn der Beklagte die von ihm behauptete Grenze nachweisen kann. Andernfalls würde Beklagter in der Sache recht bekommen und gleichwohl die Kosten tragen. Kann jedoch der Beklagte die von ihm behauptete Grenze nicht nachweisen, so dringt die Grenzscheidungsklage selbst dann durch, wenn sich die festgestellte Grenze nicht mit der vom Kläger außerhalb des Rechtsstreites beanspruchten oder im Rechtsstreit vorgeschlagenen Grenze deckt. Wenn der Beklagte vor dem Prozeß die Grenzverwirrung nicht bestritten, und im Prozeß sofort das Verlangen auf Abgrenzung als berechtigt anerkennt, dann fallen dem Beklagten gleichwohl die Kosten zur Last, weil der Anspruch nicht auf ein Tun oder Unterlassen des Beklagten, sondern auf eine richterliche Handlung gerichtet ist. Dem Beklagten steht aber so gut wie dem Kläger das Recht zu, die Feststellung der Grenze durch den Richter zu verlangen. Er ist hierbei vom Kläger völlig unabhängig und kann hierauf Widerklage stellen. Die rechtliche Natur des iudicium duplex kommt hierin zum Ausdruck. Der Klageantrag ist kein Anspruch auf ein Tun oder Unterlassen des Beklagten, sondern das durch Klage gestellte

---

[77]) Prot. 3, 129; Gierke 442; Höniger 86, 88, 90; Staudinger Bem. 1c; Biermann Bem. 1 RGK. Bem. 1; Wolff, Bem. 1 zu § 920; Crome 297; Mathias 481. — Für die Auffassung als Eigentumsklage treten ein Planck Bem. 1 zu § 920; Goldmann-Lilienthal 62; Endemann 457; Maenner 176; Zeiler, BayZ. 1913, 347; Reiß 132ff. und vor allem Mot. 3, 270. Auch die früheren Auflagen des bayerischen Nachbarrechts vertraten diesen Standpunkt. Er läßt sich mit Rücksicht auf den grundsätzlichen Gegensatz des Klagegrundes der Grenzscheidungsklage zu dem der Eigentumsklage nicht aufrecht erhalten. Dazu kommt die Fassung des § 920 „so ist .... zuzuteilen“, während es im Entwurf I hieß: „Wird im Fall einer Grenzverwirrung die richtige Grenze nicht erwiesen, so ist als richtige Grenze diejenige Linie anzusehen, durch welche .... zugeteilt wird“ (vgl. Rönnberg 86ff.). Vgl. auch die Besonderheit des § 924.

Der Übergang von der Eigentumsklage zur Grenzscheidungsklage ist eine Klageänderung. Einer hilfsweisen (eventuell) Verbindung der Grenzscheidungsklage mit der in erster Linie erhobenen Eigentumsklage steht nichts im Wege.

[78]) RGK. Bem. 1; Staudinger Bem. 1 zu § 920; Höniger 93.

Verlangen an das Gericht, die Grenze zu bestimmen. Dieses Verlangen kann der Beklagte so gut stellen, wie der Kläger und auch dann noch, wenn es der Kläger bereits gestellt hat. Der Sinn der Widerklage ist der: Was der Kläger verlangt, verlange ich auch, und die Folge ist, daß die beiden Parteien die Kosten gemeinschaftlich tragen, ein Ergebnis, welches das allein vernünftige ist.

Zur Erhebung der Grenzscheidungsklage ist der Eigentümer aktiv und passiv legitimiert. Gemäß § 1011 mit § 432 BGB. kann die Klage auch von nur einem Miteigentümer erhoben werden. Dagegen muß sie gegen alle Miteigentümer gerichtet werden, da eine notwendige Streitgenossenschaft im Sinne des § 62 der RZPO. besteht[79]). Einem nur dinglich Berechtigten (Servitutberechtigten, Nutznießer) steht der im § 1004 normierte Anspruch zu (§§ 1017, 1027, 1065, 1090 BGB). Wenn es sich bei Geltendmachung dieses Anspruchs um die räumliche Ausdehnung des Rechts handelt, muß diese räumliche Ausdehnung bewiesen werden. § 920 kann dabei nicht zur Anwendung kommen[80]).

Das Urteil wirkt konstitutiv[81]). Das Urteil erzeugt daher auch Rechtskraft gegen die sonstigen Berechtigten; anders nur für den Fall einer nachweisbaren Kollusion[82]). Das Urteil muß die Grenze genau bestimmen[83]). Vielfach wird dies nur unter Bezugnahme auf einen Plan möglich sein. Ist im Rechtsstreit zwischen den Eigentümern das Eigentum an der strittigen Fläche rechtskräftig festgestellt, dann kann die Klage nicht mehr gestellt werden; ihr steht der Einwand der rechtskräftig entschiedenen Sache entgegen[84]). Der sich aus § 920 BGB. er-

[79]) Vgl. Gruchot 26, 993.

[80]) Biermann Bem. 5 zu § 920; a. M. dagegen Goldmann-Lilienthal 279; Höniger 97. Vgl. Planck, Staudinger, Turnau-Förster zu § 920; Maenner 176; Dernburg 300.

[81]) A. M. die vorigen Auflagen; Ortloff, Nachbarrecht 224; Maenner 176; BayZ. 1906, 227 (RG.). Turnau-Förster, Planck zu § 920; Kretzschmar im SächsArch. 12, 407; Endemann 457. RGK. Bem. 1 zu § 920. Für konstitutive Kraft: Höniger 103; Leske 400; Staudinger Bem. I, 4 zu § 920. Kuhlenbeck, Anm. 3 zu § 920, Rönnberg, Grenzscheidungsklage 94.

Ein nach § 920 ergangenes Urteil begründet nicht nur einen persönlichen Anspruch des einzelnen Nachbarn gegen den anderen auf Übertragung einer bestimmten Fläche, sondern setzt die Grenzen derart fest, daß das Eigentum an dem diesseits oder jenseits der Grenze liegenden Stücke der streitigen Fläche dem betreffenden Nachbar zu Eigentum zugeteilt wird. (OLG. 20, 405). Nach Maßgabe des Urteils kann die Abmarkung verlangt werden (vgl. § 5 oben).

[82]) Biermann, S. 118; Turnau-Förster Anm. zu § 920; Kretzschmar im SächsArch. Bd. 12 S. 407. Liegt aber der Fall der Kollusion nicht vor, so bleibt es bei dem Urteil, selbst wenn sich nachträglich herausstellt, daß die angenommene Grenzlinie unrichtig ist. A. M. Staudinger, Bem. II, 4 δ zu § 920. Die Restitutionsklage bleibt selbstverständlich vorbehalten.

[83]) Vgl. JW. 1881, 70.

[84]) Vgl. JW. 1880, 156.

gebende Anspruch ist durch § 924 BGB. der Verjährung entzogen, d. h. wenn die Grenzverwirrung auch noch so lange gedauert hat, kann der Anspruch auf Bestimmung gleichwohl erhoben werden.

§ 7. Grenzeinrichtungen.

I. Begriff der Grenzeinrichtung.

1. Unter Grenzeinrichtung im Sinne des § 921 BGB. versteht man eine durch Menschentätigkeit herbeigeführte Veranstaltung, durch welche der von der Grenze durchschnittenen Bodenfläche eine Beschaffenheit gegeben ist, die von selbst den Zweck der Einrichtung, zum Vorteile beider Grundstücke zu dienen, ergibt. Die Vorschriften der §§ 921, 922 finden auch auf eine vor dem 1. Januar 1900 schon vorhandene Einrichtung Anwendung. Es ist aber nicht erforderlich, daß die Einrichtung schon von alters her bestanden hat, auch deren Neuerrichtung kann vielmehr die Voraussetzungen für die Anwendung des § 921 BGB. erfüllen[1]). Es ist auch keineswegs erforderlich, daß die Nachbarn einen auf gemeinsame Benutzung abzielenden förmlichen Grunddienstbarkeitvertrag geschlossen haben; im Gegenteil: die Vorschriften der §§ 921, 922 sind gerade für die Fälle getroffen, in welchen ein Grunddienstbarkeitsverhältnis nicht oder doch nicht erwiesenermaßen vorhanden ist[2]). Es kann aber selbstredend nicht in der Willkür eines Grundeigentümers gelegen sein, einseitig und gegen den Willen seines Nachbars eine Grenzeinrichtung zu schaffen, für welche der Grund und Boden des Nachbars mit in Anspruch genommen wird. Es steht vielmehr an sich dem Nachbar der Anspruch auf Beseitigung einer solchen einseitig gerichteten Einrichtung zu, insoweit sie seinen Grund und Boden umfaßt (§ 903 BGB.). Allein hier können wieder die Vorschriften der §§ 912 ff. BGB. über den Überbau eingreifen. Wird von zwei Nachbarn gemeinschaftlich oder von einem unter ausdrücklicher oder stillschweigender Zustimmung des anderen eine von der Grenze durchschnittene Einrichtung getroffen, welche nach ihrer objektiven Beschaffenheit zum Vorteile beider Grundstücke dient und dauernd zu dienen bestimmt erscheint, so hat man es mit einer Grenzeinrichtung im Sinne des § 921 zu tun[3]). Die ausdrückliche oder stillschweigende Zustimmung des Nach-

---

§ 7. [1]) M. 3, 275 (Mugdan 3, 152). Ob die Grenzeinrichtung vor oder nach dem Inkrafttreten des Bürgerlichen Gesetzbuches errichtet wurde, ist gleichgültig. Vgl. Staudinger, Vorträge 349.

[2]) Pfirstinger in SeuffBl. 67, 67.

[3]) Vgl. Pfirstinger in SeuffBl. 67, 68. Dieser Grundsatz läßt sich sogar auf den Fall anwenden, daß der Eigentümer eines Grundstückes dadurch eine enge Reihe, welche von der

bars zur Schaffung der Grenzeinrichtung, die neben der objektiven Beschaffenheit der Einrichtung Voraussetzung für Entstehung einer Grenzeinrichtung im Sinne des § 921 ist, liegt unter Umständen schon in der Unterlassung eines Widerspruchs, wenn dem Nachbarn die unter Beanspruchung seines Eigentums erfolgte Schaffung der Einrichtung bekannt ist (stillschweigend erklärte Zustimmung). Bei einer schon länger bestehenden Einrichtung, die sich objektiv als Grenzeinrichtung darstellt, wird man demjenigen, der die Einrichtung nicht als Grenzeinrichtung gelten lassen will, den Beweis dafür überbürden, daß er oder sein Besitzvorgänger Widerspruch gegen die Schaffung der Einrichtung erhoben und diesen Widerspruch auch nicht (stillschweigend) fallen gelassen hat.

Somit ist durch eine im beiderseitigen Einverständnis von dem einen Nachbar halbscheidig errichtete Giebelwand, deren spätere Mitbenützung durch den Anbau des Nachbars in Aussicht genommen ist, schon vor dem Anbau eine Grenzeinrichtung im Sinne des § 921 geschaffen[4]). Die Mauer dient schon vor dem Anbau dem Vorteil des Nachbargrundstückes; dieser Vorteil liegt einerseits in der grenzscheidenden Wirkung der Mauer, andrerseits in dem bloßen Vorhandensein einer Giebelwand, die jederzeit zum Anbau benützt werden darf. Auch äußere Merkmale weisen nicht darauf hin, daß die Einrichtung einem der Nachbarn allein gehört. Zwar ist offensichtlich, daß die Mauer vor dem Anbau ein Bestandteil des stehenden Hauses ist und deshalb (§ 93) die Mauer im Alleineigentum des Hauseigentümers steht[5]). Allein die Grenzein-

---

Grenze durchschnitten wird, bildet, daß er, gleichwie es der Angrenzer seinerzeit bei Errichtung seines Gebäudes getan hat, mit seinem Neubau ebenfalls etwas von der Grenze zurückbleibt. Die Schaffung der engen Reihe war dann mit der Errichtung des älteren Baues vorbereitet, und mit der Aufführung des Neubaus vollendet. Vgl. dagegen Wolff im Recht 1900, 448, nach dessen Ansicht sich in solchem Falle der äußerlich als Grenzanlage erkennbare Zustand erst dann zu einem gesetzlichen gestalten soll, wenn beide Nachbarn die Absicht der Abschließung aufgegeben haben. Dies soll insbes. dann anzunehmen sein, wenn die dem Zweck der Anlage entsprechende Benützung längere Zeit hindurch beiderseits geduldet ist. Die Ansicht von Wolff ist geeignet, in der Praxis zu unklaren Verhältnissen zu führen. Wird mit Wissen und Wollen der beiden Nachbarn eine Einrichtung geschaffen, die sich äußerlich als Grenzeinrichtung darstellt, dann ist sie auch als gesetzliche zu behandeln, wenn nicht ein Teil seinen gegenteiligen Willen äußerlich wahrnehmbar kundgegeben hat (z. B. durch Einschlagen von Pflöcken auf der Grenze). Übrigens bestimmt § 49 BauO. (ebenso § 68 Münch. BauO.): „Winkel und sogenannte Reihen (Ehegräben usw.) zwischen den einzelnen Bauten müssen, wo nur immer möglich, vermieden werden." Diese Vorschrift ist nur eine Anweisung an die Baupolizeibehörde (ObLGSt. 8, 372). Eine Reihe im Sinne des § 49 BauO. setzt im allgemeinen einen Gebäudeabstand von weniger als 3,50 m voraus (ObLGSt. 2, 289). § 49 BauO. bezieht sich nur auf Entstehung von Reihen, nicht auf die Aufhebung bestehender, in deren Nähe ein Neubau aufgeführt wird (ObLGSt. 8, 372); vgl. über § 49 BauO. (§ 68 Münch. BauO.) von Scheurl, BlAdmPr. 55, 204ff.

[4]) BayZ. 1915, 350 (RG.); Koppers, DJZ. 1904, 806; Broicher, PucheltsZ. 38, 178; Bungard 13ff.; 17ff.; OLG. 18, 130 (Dresden); Hallbauer, SächsAnn. 27, 176; 35, 120; Buhmann, BayZ. 1914, 199; Lieberich, BayZ. 1914, 240 (gegen die zweite Aufl. des Nachbarrechts) s. dagegen RheinArch. 108, 366; 109, 280; 110, 147 (Düsseldorf); Breit in FischersZ. 35, 147; Staudinger Bem. I B zu § 921; Crome 300 Anm. 13 u. 19.

[5]) Siehe darüber unten S. 100 und § 8.

richtung besteht, wie die beispielsweise Aufzählung solcher Einrichtungen in § 921 zeigt, nicht nur aus der auf dem Grund und Boden aufgeführten Anlage, sondern auch aus dem zur Einrichtung verwendeten Grund und Boden selbst[6]). Die äußere Beschaffenheit der Mauer (größere Stärke, rauhe Außenseite) weist sogar darauf hin, daß die Grenzeinrichtung nicht einem der Nachbarn allein gehört[7]) (§ 921).

2. Ein Zwang zur Mitwirkung an der Schaffung einer Grenzeinrichtung kann nicht ausgeübt werden[8]). Für Weinberge läßt sich nach bisherigem Recht in manchen Gegenden ein Herkommen nachweisen, wonach der Eigentümer eines jeden Weinbergs eine gewisse Breite liegen lassen mußte. Unter der Geltung des neuen Rechts kommt einem solchen Herkommen keine gesetzliche Bedeutung mehr zu (vgl. unter § 32 B IV). Immerhin wird eine solche Übung auch unter der Geltung des neuen Rechts als tatsächlicher Behelf für die Annahme einer Grenzeinrichtung Verwertung finden können.

3. Nach der oben gegebenen Begriffbestimmung ist also einmal erforderlich, daß die Grenzeinrichtung von der Grenze durchschnitten wird, mithin teils zu dem einen, teils zu dem anderen Grundstücke gehört[9]), wobei aber die Grenze nicht gerade durch die Mitte der Einrichtung zu fallen braucht[10]). Gehört die Bodenfläche, auf welcher sich die Einrichtung befindet, erweislich[11]) nur dem einen Nachbar, so ist eben eine Grenzeinrichtung im Sinne des § 921 BGB. nicht gegeben[12]). Gleichwohl kann unter Umständen dem angrenzenden Nachbar das Recht der Mitbenützung an einer solchen jenseits seiner Grenze liegenden Einrichtung (z. B. einer Mauer) zustehen; er muß aber den besonderen Erwerb dieses Rechtes (z. B. vertragsmäßige Bestellung oder Ersitzung)

---

[6]) BayZ. 1915, 350 (RG.).
[7]) Vgl. RheinArch. 110, 308 (Düsseldorf).
[8]) Insbes. besteht kein Kommunmauerzwang mehr, s. unten § 8.
[9]) Mit den Grenzeinrichtungen sind nicht zu verwechseln die sogenannten „Scheidungen", die zwar zwei Grundstücke von einander abgrenzen, aber vollständig auf dem einen Grundstück stehen.
[10]) Vgl. Wolff im Recht 1900, 449.
[11]) Das Alleineigentum kann auch durch den Nachweis der Ersitzung bewiesen werden. Doch ist hierfür der Nachweis des ausschließlichen Besitzes erforderlich. Hat der Gegner desjenigen, der sich auf Ersitzung beruft, bezüglich einer engen Häuserreihe zwar keine anderen Besitzhandlungen und Einrichtungen, als das Haben von an sich unzulässigen Fenstern und eines Dachvorsprunges, so genügt dies doch, um darzutun, daß jener nicht im alleinigen und ausschließlichen Besitze war, mithin das Alleineigentum nicht ersessen hat; vgl. Entsch.-OGH. 16, 58.
[12]) Dies gilt auch dann, wenn die Einrichtung zugleich dem Vorteil des anderen Grundstücks dient. JW. 1909, 162. — Cosack, Bd. 2 S. 159 hält es zur Widerlegung der Vermutung des § 921 nicht genügend, wenn einer der Nachbarn sein Alleineigentum dartut, wohl aber, wenn das Alleineigentum durch äußere Merkmale erkennbar ist.

nachweisen. Das Recht auf Mitbenützung stellt sich in solchem Falle als Grunddienstbarkeit dar[13]).

Außer dieser Lage der Grenzeinrichtung ist aber eine Beschaffenheit erforderlich, welche äußerlich ihren Zweck kundgibt, der Benützung der Nachbarn zum Vorteile der beiderseitigen Grundstücke zu dienen. Die Zweckbestimmung ist nach objektivem Maßstab zu beurteilen[14]). Dagegen ist es kein begriffsbestimmendes Erfordernis, daß die Einrichtung bestimmt ist, gerade als Grenzscheidungsmittel zu dienen; es kann daher auch eine Brunnenanlage, eine Dachrinne, Grenzeinrichtung sein[15]). Andererseits dient eine Einrichtung schon wegen ihrer bloßen Eigenschaft als Grenzscheidungsmittel zum Vorteil beider Grundstücke[16]). Das Vorhandensein einer baulichen Anlage ist nicht erforderlich, sondern es genügt schon, daß eine zu gemeinsamer Benützung verwendbare und eingerichtete Fläche vorliegt[17]), wie dies z. B. bei einem zwischen zwei Häusern liegenden engen Zwischenraum (sog. Reihe oder Winkel) zutrifft. Der Zweck, zum Vorteile beider Grundstücke zu dienen, muß sich aus der Beschaffenheit der Einrichtung von selbst ergeben. Deshalb erfüllen nur Zwischenräume von geringer Ausdehnung zwischen zwei Häusern den Begriff einer Grenzeinrichtung, also nicht eine zwischen zwei Häusern befindliche Durchfahrt von 8 Fuß Breite[19]), andererseits ist auch nicht erforderlich, daß der Winkel höchstens 3 Fuß breit ist[19]).

4. Wohl zu unterscheiden von einer Grenzeinrichtung ist der Fall, in welchem ein zwischen zwei Grundstücken belegenes selbständiges

[13]) Mot. 3, 277; RGK. Bem. 6 zu § 921. Vgl. übrigens Häbicht, Einwirkung 381.

[14]) Planck Bem. 3c; Staudinger Bem. 1 b zu § 921.

[15]) Recht 1904 Nr. 2490 (Dresden); Staudinger Bem. 1; Kretzschmar Bem. 1 zu § 921; Goldmann-Lilienthal 64 Anm. 28. — A. M. RGKomm. Bem. 3; Planck Bem. 3 zu § 921; Crome 300a; Cosack 161 XIII; Graf i. WürttJ. 1907, 322. — RG. 70, 204 darf dieser gegenteiligen Ansicht nicht zugerechnet werden. Wenn das RG. dort sagt, daß die Einrichtung nur dann nach § 921 zu beurteilen ist, wenn sie gerade durch ihre Lage auf der Grenze und durch ihre die Grundstücke scheidende Wirkung den beiden Grundstücken zum Vorteil dient, so kann diese Voraussetzung unter Umständen wohl für Teile eines von der Grenzlinie durchschnittenen Gebäudes fehlen. Es ist aber anders bei Anlagen von geringer Ausdehnung, wie Brunnen, Dachrinnen und Dungstätten, durch welche, wenn auch nicht als durch eigentliche Grenzscheidungsmittel, so doch der Wirkung nach die beiden Grundstücke von einander geschieden werden. Das RG. wird nicht verkannt haben, daß als Grenzeinrichtungen auch Gebäude von geringer Breite in Betracht kommen können; für den dort zur Entscheidung stehenden Fall war ein Hinweis hierauf nicht geboten.

[16]) SächsArch. 10, 48 (LG. Dresden).

[17]) M. 3, 275 (Mugdan 3, 152); BayZ. 1915, 351 (RG.).

[18]) Vgl. JW. 1881, 142; OTr. 78, 318. Es wird deshalb auch ein zwischen zwei Häusern befindlicher Lichthof nur dann eine Grenzeinrichtung darstellen, wenn er eine geringe Breite hat.

[19]) Vgl. Striethorst, Arch. 16, 171.

Grundstück im Miteigentum der beiden Angrenzer[20]) steht und den wirtschaftlichen Zwecken dieser beiden angrenzenden Grundstücke dauernd zu dienen bestimmt ist, wie dies namentlich bei gemeinschaftlichen Einfahrten[21]), Hofräumen, Brunnen, Backöfen, aber auch Wegen[22]) vorkommt. Entscheidend ist, ob das betreffende gemeinschaftliche Grundstück ein selbständiges Grundstück ist, also im Grundsteuerkataster als eigene Plannummer eingetragen ist. Nach gemeinem Recht, wie auch nach allgemeinem preußischen Landrecht und code civil (indivision forcée) ist in Ansehung solcher Gemeinschaftsverhältnisse die Teilung ausgeschlossen, wenn die Fortdauer der Gemeinschaftlichkeit für den Gebrauch oder die Bewirtschaftung der Nachbargrundstücke dauernd notwendig ist[23]). Ist nach den bisherigen Vorschriften die Teilung eines solchen Grundstückes, das im Miteigentum der Eigentümer anderer Grundstücke steht, und diesen dauernd zu bestimmten wirtschaftlichen Zwecken dient, wegen dieser Zweckbestimmung ausgeschlossen, so gilt das Grundstück von dem Inkrafttreten des Bürgerlichen Gesetzbuchs an als zugunsten des jeweiligen Eigentümers eines jeden der anderen Grundstücke mit einer Grunddienstbarkeit des Inhalts belastet, daß er es zu den bestimmten Zwecken benützen darf (Art. 43 ÜG. ähnlich Art. 21 LiegenschG. für die Pfalz)[24]). Daß das gemeinschaftliche Grundstück gerade zwischen den Grundstücken der Eigentümer liegt, in deren Miteigentum es steht, ist kein begriffsmäßiges Erfordernis. Es fällt deshalb auch das im Miteigentum der Müller stehende Quellgrundstück unter Art. 43 ÜG. — Im übrigen laufen die Bestimmungen des Art. 43 ÜG. und Art. 21 LiegenschG. über die Gebrauchsrechte an dieser sogen. notwendigen Gemeinschaft des bisherigen Rechts (indivision forcée) im wesentlichen

---

20) Vgl. § 346 DA. Henle-Schmitt Bem. 1 zu § 3.

21) Daher wendet Sindlinger, WürttZ. 1907, 129 zu Unrecht die Grundsätze des § 921 auf solche gemeinschaftliche Einfahrten an. Dagegen Setzgus, ebendort 230; Graf 322 und Kley, Bad. NotZ. 1912, 81. Der gleiche Irrtum findet sich bei Planck Bem. 6 zu Art. 181 EG.

22) Vgl. für Kulturweg (Exploitionsweg), der lediglich dem Zwecke der Bewirtschaftung der anstoßenden Grundstücke dient und eine eigene Plannummer hat. RG. 15, 330. Über Adjazentenwege vgl. BayZ. 1911, 54ff.

23) Für gemeines Recht vgl. Windscheid 772; Dernburg, Pand. § 197 Anm. 10; Gruchot 6, 279; Kohler, Gesamm. Abh. 170ff.; Stölzel im ArchPraktR. N. F. 4, 3ff.; SeuffBl. 5, 108; 41, 328; EntschOGH. 6, 68; 7, 401; SeuffA. 7 Nr. 176; 15 Nr. 126. Für preuß. Landrecht: Rehbein, OTr. 3, 58; Dernburg, PrR. 563ff.; OTr. 34, 142; Gruchot 12, 375. Für rhein. Recht: Zachariae-Crome 1, 573 Anm. 22; Habicht, Einwirkung 398; Crome 3 § 424 Anm. 11; Aubry-Rau § 221; RheinA. 108, 298 (Köln).

24) Das Miteigentum am Grundstück ist aufrecht erhalten (Art. 181 EG.); somit gelten die Vorschriften über die Gemeinschaft (§ 741 BGB.) im Zusammenhalt mit § 1011; BGB. und Art. 43 ÜG.

auf dieselben Regeln hinaus, wie sie für die Grenzreinrichtungen durch § 921 normiert sind[25]).

5. Als Beispiele von Grenzeinrichtungen sind in § 921 BGB. besonders genannt Zwischenräume (Häuserreihen, Feuergassen, Lichtschacht)[26]), Raine, Winkel, Gräben (Flutgräben), Mauern (Kommunmauern), Hecken[27]), Planken. Die gesetzlichen Beispiele lassen sich noch vermehren: gemeinsame Dachrinnen zwischen zwei Häusern, gemeinsame Dungstätte, gemeinsamer Brunnen[28]), durch Waldungen geschlagene Grenzgestelle, Wege, namentlich Gangsteige, Baumreihen; es ich auch denkbar, daß ein Weg samt der dazu gehörigen Allee Grenzeinrichtung ist; Steinwälle[29]).

II. Wesen der Grenzeinrichtung.

Nach dem oben dargelegten Begriff der Grenzeinrichtung ist es wesentliches Erfordernis, daß die Grenze durch die Einrichtung geht. Da in zahllosen Fällen gerade das Vorhandensein von Einrichtungen das Auffinden der genauen Grenze erschwert, so würde an sich die Frage, wer Eigentümer der Grenzeinrichtung ist, ja, ob überhaupt die Grenze durch die Einrichtung geht, häufig zu einem schwierigen Grenzermittlungsverfahren führen. Das soll vermieden werden, um so mehr als regelmäßig die Nachbarn viel weniger Interesse an der Frage haben, wem von ihnen das Eigentum zusteht als daran, ob und inwieweit sie ein Benützungsrecht haben. In verständiger Würdigung dieser Sachlage hat das Gesetz die Eigentumsfrage offen gelassen. Hiergegen führt § 921,

[25]) Die Teilhaber müssen einen angemessenen modus vivendi bei der gemienschaftlichen Benützung finden (vgl. SeuffA. 62 Nr. 207). Es können die übrigen Teilhaber keinen Widerspruch dagegen erheben, wenn sich das Maß der Benützung einer Einfahrt durch einen Teilhaber z. B. wegen Hebung seines Geschäftes steigert; selbstverständlich brauchen sich aber die anderen Teilhaber nicht ganz an die Wand drücken zu lassen (vgl. SeuffA. 24 Nr. 300); andererseits darf die Benützungsart der Einfahrt von einer bloßen Durchfahrt nicht geändert werden zu einem Stapelplatz für Wägen (vgl. SeuffA. 22 Nr. 216). Vgl. ferner SeuffA. 43 Nr. 175; 57 Nr. 34. Es sind die Grundsätze entsprechend anzuwenden, die für Grunddienstbarkeiten bei einer Änderung des Bedürfnisses des herrschenden Grundstücks gelten (s. darüber unten § 28 II).

[26]) WarnE. 1916, 264; über die Breite dieser Zwischenräume vgl. oben S. 81.

[27]) Bei einer Hecke, die als Grenzeinrichtung dient, kommen nicht die Grundsätze des § 923 BGB. in Anwendung; die Beseitigung einer solchen Hecke kann daher einseitig nicht verlangt werden, s. dagegen Scherer, Bem. 211 zu § 923.

[28]) Recht 1904 Nr. 2490 (Dresden).

[29]) Bei steinigem Boden hat oft eine zuweilen auf Generationen zurückgehende Arbeit die Steine gesammelt und längs der Grenze aufgeschichtet, wodurch sich allmählich ein förmlicher Rain von Steinen gebildet hat. Hier hat man es mit einer Grenzeinrichtung zu tun. Jeder Nachbar ist berechtigt, die weiter herausgeholten Steine darauf zu legen, auch wenn dadurch mit der Zeit die Einrichtung breiter wird.

wenn die unter I dargelegten Voraussetzungen vorliegen, wenn also insbesondere die Einrichtung sich äußerlich als dem Vorteil beider Grundstücke gewidmet zeigt, eine Vermutung dafür auf, daß beide Nachbarn zu ihrer Benützung gemeinsam berechtigt sind [30]). Diese Vermutung wird aber durch den Nachweis [31]) widerlegt, daß die sich äußerlich als Grenzeinrichtung darstellende Einrichtung in Wirklichkeit keine ist, daß z. B. eine Mauer ganz auf dem einen Grundstück steht. Nach ausdrücklicher Vorschrift des § 921 wird die Vermutung eines gemeinschaftlichen Benützungsrechtes aber schon durch äußerliche Merkmale widerlegt, die darauf hinweisen, daß die Einrichtung einem Nachbar allein gehört (s. unter III).

Natürlich bleibt es beiden Nachbarn überlassen, das gesetzliche Mitbenutzungsrecht an der Grenzeinrichtung durch Vereinbarungen zu ändern oder auszuschließen. Im Wege der Dienstbarkeitsbestellung können sie dinglichen Charakter erhalten und soweit sie sich lediglich auf die Art und Weise der Benützung beziehen, sind auch formlose Vereinbarungen für die Sondernachfolger verbindlich (§ 745) [32]).

III. Das Eigentum an der Grenzeinrichtung.

1. Die Frage nach dem Eigentum an den Grenzeinrichtungen bereitet erhebliche Schwierigkeiten. Aus § 921 selbst ist, wie schon erwähnt wurde, für die Eigentumsfrage nichts zu entnehmen; die gesetzliche Vermutung bezieht sich nur auf das Benutzungsrecht. Im Gegenteil: durch den Nachweis des Alleineigentums wird die für gemeinschaftliches Benutzungsrecht bestehende Vermutung des § 921 beseitigt [33]). Bei echten Grenzeinrichtungen, die also von der Grenze durchschnitten werden, ist die Entscheidung, wer Eigentümer ist, nach der Einrichtung verschieden.

2. Handelt es sich um bloße Grenz**flächen** (Raine, Winkel, Gestelle im Walde), so ist reale Teilung durch die Grenzlinie gegeben, da

---

[30]) Die in der zweiten Auflage des bayer. Nachbarrechts 44 und Seuff. Bl. 77, 281 vertretene Auffassung, daß die Vermutung auch dafür sprechen soll, daß der Grenzzug durch die Anlage gehe, kann nicht aufrechterhalten werden. Diese Auffassung ist auf eine Wendung des Prot. III, 131 zurückzuführen, die sich mit dem Wortlaut des Gesetzes nicht verträgt.

[31]) Ob der Nachweis erbracht ist, entscheidet das Gericht nach freier Beweiswürdigung. In § 891 BGB. wird die Vermutung aufgestellt, daß durch den Eintrag im Grundbuch das Eigentum als bewiesen gilt. Durch die Vermutung des § 891 wird die Vermutung des § 921 entkräftet.

[32]) S. unten § 8.

[33]) Natürlich kann gleichwohl ein servitutarisches Mitbenützungsrecht bestehen, aber dieses muß dann eben nachgewiesen werden.

Grundstücks **teil**flächen nie wesentliche Bestandteile sind und somit § 93 BGB. nicht entgegensteht.

3. Bei Einrichtungen, die sich von der Grundfläche abheben, kann die Entscheidung verschieden ausfallen. Ein aus unverbundenen Steinen bestehender Steinwall, zu dem beide Nachbarn durch Anhäufung von Steinen beigetragen haben, steht gemäß §§ 948, 947 BGB. im Miteigentum beider Nachbarn.

Wie aber, wenn es sich um eine Anlage handelt, die mit dem Grundstück **fest verbunden** ist (z. B. Mauer, Zaun, Hecke)? Die früher herrschende Meinung nimmt an, daß auch hier, wie bei Flächen, reale Teilung gemäß dem Zug der Grenze eintritt[34]) und stützt sich vor allem auf folgende Ausführungen der Motive:

„Der Entwurf geht von dem Prinzip aus, daß ein jedes Grundstück gegen das Nachbargrundstück eine geometrische Grenze haben muß und daß diese Grenze objektiv stets gewiß und in den Fällen subjektiver Ungewißheit stets auffindbar ist. Mit der strengen Durchführung dieses Prinzips ist derjenige Weg, welchen die modernen Gesetzgebungen zu dem Zwecke der Erhaltung der Grenzanlagen einschlagen, unvereinbar. Dieselben suchen nämlich mit der Annahme eines Miteigentums und mit einer aus diesem Gesichtspunkt sich ergebenden Regelung des gegenseitigen Verhältnisses zu helfen. Für ein solches Miteigentum fehlt es aber an einem Gegenstande; denn ein drittes Grundstück außer den beiden Nachbargrundstücken gibt es nicht, und an einer Superfizies finden von dem Rechte am Grundstücke abgesonderte Rechte nicht statt. Wollte man in der Grenzanlage ein selbständiges, von den beiderseitigen Grenzen der Nachbargrundstücke eingeschlossenes Grundstück erblicken, so müßte dieses Grundstück und das Recht an demselben gebucht oder es müßte von der Regel der Buchung eine Ausnahme gemacht werden. Außerdem müßten die angenommenen Miteigentumsrechte entsprechend dem Zwecke ihrer Annahme als anomale Miteigentumsrechte gedacht werden, welche als subjektiv dingliche Rechte mit dem Eigentume der Nachbargrundstücke verbunden sind. Alle diese Konsequenzen sind für den Entwurf nicht annehmbar. Hiernach kann derselbe die zu bestimmenden Rechte nicht als Miteigentumsrechte, sondern nur als Rechte der Nachbarn denken, welche die aus den allgemeinen Bestimmungen der §§ 848, 849 sich ergebenden Rechte gegenseitig beschränken. Die beschränkenden Rechte finden ihren Gegenstand in der durch die Grenzeinrichtung okkupierten Grundstücksparzelle. Damit eine gegenseitige Beschränkung — nur eine solche soll bestimmt werden — denkbar sei, ist erforderlich, daß jene Grundstücksparzelle von der Grenze durchschnitten, teils zu dem einen, teils zu dem andern Nachbargrundstücke gehöre, wenn auch die Beiträge von der einen und von der anderen Seite von verschiedener Größe sind."

[34]) Staudinger Bem. 11a; Biermann Bem. 1: RGK. Bem. I u. 6; Planck Bem. 2a zu § 921 u. Bem. 4 zu § 94. Kretzschmar Bem. 1; Turnau-Förster Bem. 1 zu § 921; Endemann 458 Nr. 25; Matthias 454b; Molitor, Elf.-Lothr. AusfGes. 464; Schröder in PuchelsZ. 36, 228; Bungard, Kommunmauer 87f.; de Boor 32f.; Buecken 16f.; Pfirstinger i. SeuffBl. 67, 65f.; Broicher in PuchelsZ. 38, 171; Goldmann-Lilienthal 63; Maenner 177; Dernburg 242; Frkf. Rdschau 1912, 39/40 (Frkf.); vor allem RG. bei Gruchot 45, 1018; RG. 53, 311; 65, 363; RheinArch. 190, 279; 110, 145 (Düsseldorf); BayZ. 1916, 156 (Nürnberg); OLG. 4, 294 (Zweibrücken); HessRspr. 17, 189 (Darmstadt); auch die vorigen Auflagen des Nachbarrechts.

Daran ist richtig, daß ein drittes Grundstück neben den Nachbargrundstücken nicht vorhanden ist; das ist aber auch gar nicht nötig, da Gegenstand des Miteigentums nicht der Boden, sondern die Anlage ist. Unrichtig aber ist es, und das ist der Kern der Streitfrage, daß an einer Superfecies kein anderes Eigentumsverhältnis bestehen könne, als am Grundstück selbst. Hier sind die oben[35]) aufgeführten Grundsätze über den Fall einschlägig, daß die Grenze durch eine Einheitssache geht. Dann verliert der in § 94 Abs. 1 BGB. aufgestellte Satz „superficies solo cedit" seine Kraft zugunsten der in § 93 aufgestellten Norm von der Untrennbarkeit wesentlicher Sachbestandteile. Das bedeutet die Ablehnung der Meinung, daß die Grenzeinrichtung nach dem Verlauf des Grenzzugs real geteilt sei. Sie führt zu der Annahme, daß eine Mauer von 30 cm Dicke in einer Breite von 15 cm dem A, von 15 cm dem B als Alleineigentümer zusteht. Diese Auffassung widerstrebt jedem natürlichen Empfinden und führt zu konstruktiver Rechtsbildung.

Diese Meinung beruft sich auf RG. 70, 201. Diese Entscheidung bezieht sich jedoch nicht auf eine Grenzeinrichtung, sondern auf den Fall, daß die Grenze mitten durch ein einheitlich errichtetes Gebäude geht. Dabei hat nun allerdings das RG. Grundsätze aufgestellt, deren Übertragung auf Grenzeinrichtungen zu einer realen Abteilung des Eigentums an der Grenzeinrichtung führt[36]).

---

[35]) S. oben § 2 S. 27.

[36]) In der Tat wird aus dieser Entscheidung dieser Folgerung für die Grenzeinrichtung unbedenklich gezogen (vgl. z. B. RGRKomm. Bem. 1 zu § 921), obwohl hinsichtlich der wirtschaftlichen Zusammengehörigkeit der einzelnen Teile eines solchen Hauses und der einzelnen Teile einer Grenzanlage der nicht zu verkennende Unterschied besteht, daß im zweiten Fall eine Gemeinschaft der beiden Nachbarn besteht, im ersten Falle dagegen nicht.

Das Reichsgericht hat in der Entscheidung Bd. 142 S. 231 seine frühere Auffassung, daß ein Grundeigentümer auf seinem Grund keine Grunddienstbarkeit und kein grunddienstbarkeitsähnliches Recht (also auch das Recht zum Überbau nach § 912 BGB.) haben könne, aufgegeben; es vertritt nunmehr auch die Ansicht, daß die §§ 912 und 95 S. 2 BGB. auf jene Fälle anwendbar seien, in denen zwei Grundstücke ursprünglich in einer Hand sich befanden und nach Errichtung eines über beiden Grundstücken errichteten Gebäudes in verschiedene Hände gelangten.

Außerdem hat das RG. in Bd. 150 S. 22 u. 160 S. 177 u. 196, 172 sich der Ansicht Staudinger-Riezler (§ 94 Anm. 4) angeschlossen, daß die zur Herstellung eines Gebäudes eingefügten Gegenstände wesentliche Bestandteile werden und es nicht darauf ankomme, ob die Voraussetzungen der §§ 93 u. 94 Abs. 1 BGB. gegeben seien.

Das bei rechtmäßigem Überbau auf Grund des § 912 BGB. entstehende Recht des Überbauenden auf Duldung durch den Nachbar hat entsprechend der Vorschrift des § 95 Abs. 1 S. 2 BGB. die Wirkung, daß der hinübergebaute Gebäudeteil nicht Bestandteil des Nachbargrundstücks wird, vielmehr wesentlicher Bestandteil (§§ 93 u. 94 Abs. 2) des Grundstücks bleibt, von dem aus übergebaut worden ist. Das gilt auch beim Eigenüberbau, d. i. wenn beide Grundstücke im Eigentum derselben Person stehen (RG. 196, 172).

Damit ist die umstrittene Frage des Eigentums an dem über die Grenze gebauten Gebäudeteil einer einheitlichen Lösung näher gebracht.

Diese Verallgemeinung führt zu recht gekünstelten Ergebnissen. Das RG. führt aus:

„Würde das von der Grenze durchschnittene Gebäude durch Niederreißen in seine Bestandteile zerlegt, oder würden sonst die Teile des Gebäudes voneinander getrennt, so verblieben zunächst die Stücke, die je innerhalb der Grundstücksgrenzen sich befunden hätten, im Eigentume der Partei, der das Grundstück gehört; denn die Tatsache der Trennung könnte auf das bestehende Eigentum keinen Einfluß ausüben. Die Stücke aber, die sich unmittelbar auf der Grenze der beiden Grundstücke dergestalt befinden, daß sie durch die Grenzlinie durchschnitten würden, müßten, da sie nach der Trennung von dem Boden und dessen anderen Bestandteilen den für bewegliche Sachen geltenden Rechtsgrundsätzen unterlägen, und da eine Sonderinhabung eines jeden der beiden Grundstückeigentümer an ihnen tatsächlich nicht möglich wäre, mit Rechtsnotwendigkeit Miteigentum der beiden Parteien werden und zwar zu Bruchteilen, die der früheren räumlichen Erstreckung des zur beweglichen Sache gewordenen Bodenbestandteiles auf das eine und das andere Grundstück entsprechen müssen."

Diese Ausführungen sind nicht frei von innerem Widerspruch. Einmal heißt es, „das real geteilte Eigentum erhalte sich auch nach der Trennung; denn die Tatsache der Trennung könnte auf das bestehende Eigen-

---

Bestritten bleibt nach wie vor, ob der überbaute Gebäudeteil im Eigentum des Erbauers bleibt oder ob die Eigentümer der beiden überbauten Grundstücke Miteigentümer des Überbaus werden.

Ebel (Arch. f. ziv. Pr. 141, 183 [192]) stellt die Entscheidung der Eigentumsfrage auf den konkreten Fall ab. Aus der jeweiligen tatsächlichen Lage des Gebäudes soll geschlossen werden, ob der in §§ 93 u. 94 Abs. 2 BGB. niedergelegte Grundsatz so stark sei, daß er die Bestandteilszugehörigkeit eines der Gebäudeteile zu dem Grundstück, auf dem dieser Teil steht, zurückdränge und das Gesamtgebäude als Ganzes von einem der beiden Grundstücke (eben dem wirtschaftlich stärkeren) umfaßt werde (nach § 94 Abs. 1). Das sei dann der Fall, wenn der eine Teil des Gebäudes so erheblich sei, daß er als Hauptsache gegenüber dem kleineren Teil angesprochen werden könne. Dann soll der kleinere Teil als wesentlicher Bestandteil der Hauptsache gelten, die als „Gebäude" gem. § 946 BGB. im Eigentum des Grundstückseigentümers stehe. Hiernach würde also der hauptsächlichste Teil des Gebäudes das rechtliche Schicksal des Ganzen und damit auch des Überbaus bestimmen. Wenn jedoch ein erhebliches offensichtliches Übergewicht des einen Gebäudeteils nicht bestehe, könne keines der Grundstücke das ganze Haus als Bestandteil erfassen und es müsse deshalb die Sacheinheit des Gebäudes der Zugehörigkeit der Teile zu den Grundstücken weichen; in solchen Fällen trete Teileigentum nach Kopfteilen ein.

Diese Ansicht leidet daran, daß sie die Frage, wem das Eigentum am übergebauten Gebäudeteil zustehen soll, von dem unsichern, oft schwer feststellbaren und auch wechselbaren Umstand abhängig macht, ob ein erhebliches Übergewicht des einen Gebäudeteils über den anderen gegeben sei. Es ist durchaus denkbar, daß mit den Fortschritten in Wirtschaft und Technik das Übergewicht von dem einen Gebäudeteil auf den anderen sich verlagert; soll etwa in solchen Fällen eine erneute Verschiebung in den Eigentumsverhältnissen eintreten? Das würde zu unhaltbaren Folgerungen führen, die mit der Rechtssicherheit unvereinbar sind. Wenn man schon in Fällen, in denen kein Gebäudeteil ein erhebliches, offensichtliches Übergewicht über den anderen hat, Miteigentum der Grundstückseigentümer nach Kopfteilen annimmt, so ist kein Grund einzusehen, warum ein solches Miteigentum nicht allgemein ohne Rücksicht auf ein etwaiges Übergewicht des einen Teils über den anderen in Betracht gezogen wird.

tum keinen Einfluß ausüben". Andrerseits sollen die unmittelbar auf der Grenze stehenden (!) Stücke durch die Trennung Miteigentum beider Parteien nach Quoten werden, da sie nach der Trennung den Normen für Mobilien unterlägen und eine getrennte Innehabung nicht vertrügen; damit aber wird die Tatsache der Trennung dennoch von Einfluß auf das Eigentum. Es ist auch nicht zu verstehen, wo das Reichsgericht die Grenze für diejenigen Teile ziehen will, die sich im Sondereigentum erhalten gegenüber den Teilen, die aus dem Sondereigentum ins Miteigentum treten. Wo sollen z. B. bei einer festen Scheidemauer von 1 m Dicke die von der Grenze geschnittenen „Stücke" aufhören? Es kann doch wohl kaum das Eigentum an Teilen bis zu 5, 10, 15 cm Entfernung von der Grenzlinie durch die Trennung berührt werden, die weiter entfernten Teile nicht. Eine solche Mauer kann durch die Verhärtung des Mörtels so zusammengewachsen sein, daß sie ohne Zerstörung der einzelnen Steine, durch welche sie zusammengesetzt ist, gar nicht auseinandergenommen werden kann. Man könnte darauf antworten, daß eben dann alle Bestandteile dieser Mauer nach der Trennung vom Boden ins Miteigentum fallen. Soll das dann anders sein, wenn der Mörtel die Mauersteine weniger fest zusammenhält? Eine Entscheidung, die zu solchen Widersprüchen und Künsteleien führt, kann unmöglich von richtiger Grundanschauung ausgehen. Die logische und juristische Unmöglichkeit der Zerlegung von Teilen der Einheitssache steht ihr entgegen. Läßt man diese Unmöglichkeit in den Hintergrund treten gegenüber der doch nur rechtspolitischen Vorschrift des § 94 Abs. 1 „superficies solo cedit", dann führt das bei Grenzeinrichtungen zu Ergebnissen, die mit den Anschauungen des Verkehrs unverträglich sind.

Man muß sich nur freimachen von der Anschauung, die Grenzeinrichtung in erster Linie nach ihrem Zusammenhang mit dem Grund und Boden zu beurteilen. In Wahrheit ist ja doch der Zusammenhang der Teile untereinander von vorneherein inniger als der Zusammenhang mit dem Boden. Die Steine der Mauer sind zunächst Bestandteile der Mauer, erst mit dieser und durch sie werden sie zum Bestandteil des Grundstücks.

Davon muß man auch bei der rechtlichen Würdigung ausgehen und den Zusammenhang des Steines mit der Mauer auch in seiner Wirkung den Zusammenhang des Steines mit dem Grundstück voranstellen. Der Zusammenhang des Steines mit der Mauer ist auch stärker. Bei einer durch Verhärtung des Mörtels zusammengewachsener Mauer läßt sich denken, daß man die Mauer vom Boden trennt und die Steine bleiben dennoch beisammen.

Der Natur der Sache entsprechend muß demnach auch der rechtliche Zusammenhang der Teile untereinander für stärker erachtet werden, als der rechtliche Zusammenhang der Teile mit dem Grundstück. Dann bleibt aber für die rechtliche Beurteilung des Eigentumsverhältnisses keine andere Wahl als die mit dem Rechtsbewußtsein, der Verkehrsanschauung und der Rechtsüberlieferung im Einklang stehende Annahme eines Miteigentums an der Grenzanlage[37]). Die Anlage selbst bleibt ungeteilt (§ 92 BGB.), nur das Herrschaftsrecht an der Anlage wird in Teile zerlegt. Genau dieselbe Erwägung, die das Reichsgericht dazu bringt, nach der Trennung vom Grundstück Miteigentum an den vorher von der Grenze geschnittenen zusammenhängenden Bestandteilen der Sache anzunehmen, führt zur Annahme des Miteigentums an der noch stehenden Anlage. Denn „da eine Sonderinhabung an ihnen tatsächlich nicht möglich" ist, sind sie „mit Rechtsnotwendigkeit Miteigentum der beiden" Nachbarn. Sie sind es nach der Trennung und weil die „Tatsache der Trennung auf das bestehende Eigentum keinen Einfluß ausüben könnte" auch schon vor der Trennung.

Das Miteigentumsrecht an der Grenzanlage ist als subjektiv dingliches Recht untrennbar mit dem Eigentum der Nachbargrundstücke verbunden. Insoweit kommt die Anhängigkeit der Anlage von dem Grund und Boden, auf welchem sie steht und somit der Grundsatz des § 94 Abs. 1 zur Geltung.

Die Voranstellung des Grundsatzes von der Untrennbarkeit der Bestandteile führt aber zu einem weiteren Rechtskonflikt, wenn die Einheitssache (Mauer), um deren Teile es sich handelt, selbst wieder ein Bestandteil einer anderen Anlage (Haus) ist; wenn z. B. eine auf der Grenze stehende Mauer die Scheidewand von zwei Häusern bildet, dergestalt, daß sie ebenso gut zu dem einen Haus gehört wie zu dem andern. Die beiden Häuser stehen in Alleineigentum. § 93 bestimmt, daß sich das Eigentum auf die wesentlichen Bestandteile erstreckt. Die Mauer, und zwar die ganze Mauer, ist wesentlicher Bestandteil des Hauses Nr. 1 nicht mehr und nicht weniger als des Hauses Nr. 2. Es trifft also bei konsequenter Durchführung des § 93 an der ganzen Mauer das Alleineigentumsrecht des einen mit dem Allgemeineigentumsrecht des andern zusammen. Es würde keine Lösung des Konfliktes, sondern nur ein Ausweichen bedeuten, wenn man deshalb den § 93

---

[37]) Miteigentum nehmen an: Crome 428f., und 299 Nr. 3; Landsberg 2, 645; Cosack 2, 160; Breit in FischersZ. 38, 185f.; Waller, JW. 1909, 945 und in RheinArch. 107, 87ff. (allerdings mit bedenklichen Folgerungen); Brugger in BadRspr. 1911, 60 und in BadNotZ. 1912, 7.

völlig preisgeben und sich auf den Standpunkt des § 94 Abs. 1 (superficies solo cedit) zurückziehen wollte. Denn wenn die Vorschrift des § 94 Abs. 1 nicht bestünde, müßte der Konflikt, der sich ausschließlich im Rahmen des § 93 selbst bewegt, doch auch gelöst werden. Es ist allerdings nicht zu verkennen, daß dieser Konflikt gerade eine Folge der Unbeweglichkeit der beiden Häuser, also eine Folge ihrer festen Verbindung mit dem Grund und Boden ist. Allein die Preisgabe des § 93 und der Rückzug auf den Rechtsboden des § 94 Abs. 1 führt zu demselben Konflikt. Denn der Grundsatz des § 94 Abs. 1 gilt nicht ausnahmslos. Nach § 95 gehört nicht zu den wesentlichen Bestandteilen des Grundstückes ein Werk, das in Ausübung eines (dinglichen)[38]) Rechts von dem Berechtigten mit dem Grundstück verbunden worden ist. Ist das eine Haus mit der halbscheidigen Mauer mit Zustimmung des Nachbars errichtet, so hat man es schon vor dem Anbau mit einer Grenzeinrichtung des § 921 zu tun, folglich darf die Mauer nicht ohne Zustimmung des Eigentümers des zuerst gebauten Hauses beseitigt werden (§ 922). Dieses dingliche Recht auf das Halten der Mauer, soweit sie auf fremden Boden steht, fällt unter § 95 (s. unten § 8).

Daraus folgt, daß auf den übergebauten Mauerteil nicht § 94 Abs. 1, sondern § 94 Abs. 2 und § 93 anzuwenden ist, mithin auch dieser Mauerteil im Alleineigentum des Gebäudeeigentümers steht. Hat dann der Nachbar an das Gebäude angebaut, so hat er das gleiche dingliche Recht, an dem auf den Boden des ersterrichteten Gebäudes stehenden Mauerteil. Er kann sich deshalb mit demselben Rechte, wie sein Nachbar, darauf berufen, daß der (von seinem Grundstück aus betrachtet) hinübergebaute Teil der Mauer nicht zu den wesentlichen Bestandteilen des Nachbargrundstückes gehört, sondern als wesentlicher Bestandteil seines Hauses in seinem Alleineigentum steht. Also auch im Rahmen der §§ 94 Abs. 1, 95 stößt das Alleineigentum des einen Nachbars auf das Alleineigentum des andern mit der rechtlich unabweisbaren Folge, daß sie beide Miteigentümer der ganzen Mauer sind. Das deckt sich mit der Tatsache, daß die ganze Mauer gemeinschaftlich ist. Es ist nicht wahr, daß jedem an der einen Hälfte die ausschließliche Einwirkungs- und Ausschlußbefugnis zusteht. Die Macht der Tatsachen erzwingt die Behandlung der Scheidewand als einer gemeinschaftlichen. Die Beteiligten wissen es nicht anders, und der Jurist geht fehl, wenn er mit einem doktrinären Grundsatz, den er doch nicht durchführen kann, den Tatsachen Gewalt antun und den gesunden Menschenverstand in Fesseln schlagen will.

---

[38]) Herrschende Meinung.

Wenn § 93 zwei verschiedenen Personen das volle und ausschließliche Herrschaftsrecht an derselben Sache zuspricht, so kann es logischerweise gar nichts anderes sein als Miteigentum. In dem Zusammentreffen von zwei Alleineigentumsrechten in derselben Sache ist begrifflich Miteigentumsrecht gegeben [39]). Es ist kein Ausfluß des Eigentums am Grund und Boden, sondern untrennbar mit dem Eigentum am Gebäude verbunden. Solange nur ein Haus besteht, gehört die ganze Grenzmauer, die von der Grenze durchschnitten wird, zu diesem Haus. Wird das Nachbarhaus angebaut und die Scheidewand auch diesem Nachbarhaus als wesentlicher Bestandteil einverleibt, so verwandelt sich das bisherige Alleineigentum des einen Nachbars in Miteigentum der beiden Nachbarn. Reißt der Nachbar, der zuerst gebaut hatte, sein Haus ab, so muß er die ganze Mauer stehen lassen und der andere wird von selbst Alleineigentümer der ganzen Mauer [40]). Allenthalben sehen wir, wie der wirtschaftliche Zusammenhang der Sachbestandteile (§ 93) dem Zusammenhang mit dem Boden vorangeht und der Grundsatz superficies solo cedit zurücktritt.

4. Die vorstehenden Darlegungen führen auch für das Übergangsrecht zu einer von der herrschenden Meinung abweichenden Ansicht. Die herrschende Meinung, die lehrt, daß nach BGB. ein vom Grundeigentum getrenntes Gebäude nicht existieren kann, daß also nur Sondereigentum an vertikal geteilten Bauwerkteilen denkbar sei, muß gemäß § 181 Abs. 1 EG. das bestehende Miteigentum in real geteiltes

---

39) § 947 bestimmt: Werden bewegliche Sachen miteinander dergestalt verbunden, daß sie wesentliche Bestandteile einer einheitlichen Sache werden, so werden die bisherigen Eigentümer dieser Sache; die Anteile bestimmen sich nach dem Verhältnis des Wertes, den die Sachen zurzeit der Verbindung haben. Ist eine der Sachen als die Hauptsache anzusehen, so erwirbt ihr Eigentümer das Alleineigentum.

Gewiß gilt diese Vorschrift nur für bewegliche Sachen; die Erlassung einer Vorschrift für den Fall der Verbindung mehrerer unbeweglicher Sachen hat der Gesetzgeber — wie zugegeben werden muß — bewußt unterlassen, weil er sich vorgestellt hat, daß eine solche Verbindung mit Rücksicht auf die Bestimmungen des § 94, 946 rechtlich nicht möglich sei. Diese Möglichkeit wird aber durch die Macht der Tatsachen erzwungen und die sich hieraus ergebende Gesetzeslücke muß dann eben durch analoge Anwendung des in § 947 anerkannten Prinzips ausgefüllt werden.

40) Er wird daraus nicht verpflichtet, dem Eigentümer des zuerst gebauten Hauses den Wert der halben Mauer zu ersetzen. Zwar hat dieser einen Rechtsverlust erlitten, den der andere als Vorteil erlangt hat; er hat ihn auch ohne rechtlichen Grund im Sinne der § 812 erlangt. Aber die ganze Mauer, die auch jetzt noch der Wirkung nach der Grenze scheidet, ist Bestandteil der noch vorhandenen (s. darüber oben S. 89) Grenzeinrichtung geblieben, und derjenige, der sein Haus abgerissen hat, ist berechtigt, jederzeit die Mauer wieder zum Anbau zu benützen. Es wird also nur die Hälfte der so belasteten Mauer erworben. Der Erwerber hat somit nicht mehr Befugnis durch den Erwerb erlangt, als er schon vorher hatte und infolgedessen ist der Geldwert des erworbenen Eigentumsrechts gleich Null.

Eigentum überleiten[41]). Das bedeutet einen völligen Bruch mit der bisherigen Rechtsentwicklung, da nach gemeinem, rheinischem und preußischem Recht Grenzeinrichtungen als im Miteigentum der Nachbarn stehend erachtet werden[42]). Die herrschende Meinung beseitigt diesen Rechtszustand, so daß das bisherige Miteigentum in real geteiltes Eigentum übergeführt werden muß.

Nach der hier vertretenen Ansicht bleibt das Miteigentum bestehen, allerdings nach Art. 181 Abs. 1 EG. gemäß den Normen des BGB. über Miteigentum und Gemeinschaft[43]). Auch etwa begründetes Gesamteigentum bleibt aufrechterhalten[44]). Im Gegensatz zur herrschenden Meinung müßte sogar Sondereigentum an Teilen der Grenzeinrichtung, wie es nach der für ALR.[45]) herrschenden Ansicht zur Entstehung gelangt sein kann, in Wegfall kommen und in Miteigentum nach Bruchteilen übergeleitet werden; denn für den Inhalt des Eigentums gilt gemäß § 181 EG. neues Recht.

5. Das Rechtverhältnis an Grenzeinrichtungen ist danach gemäß §§ 921, 922 wie folgt aufzufassen:

Bei Grenzanlagen, die im Miteigentum stehen, trifft, wenn die Vermutung des § 921 eingreift und unwiderlegt bleibt, Gemeinschaft an Eigentum und Benutzung zusammen, diese ist ein Ausfluß jener, wie bei jedem Miteigentum, nur mit etwas abweichender Regelung der Ge-

---

41) Vgl. RG. in Gruchots 45, 1018; RGK. Bem. 8 zu § 921; Endemann 458 Anm. 24; Kretzschmar Bem. 4 zu § 921; SächsAnn. 33, 18 (Dresden).

42) Gem. Recht: Dernburg, Pand. 642 Anm. 17—19; Kohler, ges. Abh. 170f.; SeuffA. 22 Nr. 216; 34 Nr. 99; 35 Nr. 99; SächsAnn. 33, 186; Stölzel, ArchPraktRw. NF. 4, 3ff.

ALR.: Rehbein 1, 287f.; StriethorstArch. 54, 170; 74, 257; 100, 74; OTr. 48, 25. Abweichend zum Teil die Rechtslehre Dernburg, 533 Nr. 17; Förster-Eccius 74 Nr. 25.

Franz. Recht: Zachariae-Crome 1, 529ff.; Kohler a. a. O. 175; Dernburg-Kisch 486; Aron, Elf.-Lothr. AusfGes. § 91 Nr. 2; Aubry-Rau 2, § 222 S. 417; Baudry-Lacantinerie 636 Nr. 931; Habicht 411, 413; Maenner, Recht 1900, 410; RG. 60, 311; BadRspr. 1903, 565; Scherer, EG. 163 Nr. 219, der sogar Gesamthandeigentum annimmt.

43) Ebenso Biermann Bem. 2 zu § 921; Crome 300 Anm. 26; Goldmann-Lilienthal 63 Anm. 26.

44) Vgl. Planck Bem. 6; Niedner Bem. 5a; Staudinger Bem. 4b zu Art. 181; Habicht 410; RheinArch. 108, 299 (Köln), die die Ansicht vertreten, daß das in Art. 181 Abs. 2 aufrecht erhaltene Gesamthandeigentum sich lediglich beziehe auf besondere Fälle (z. B. adelige Ganerbschaften), nicht auf Gesamthandeigentum, das sich aus allgemeinen Lehrsätzen der Gesetze ergibt. Diese Unterscheidung ist zwar in den Protokollen VI, 517a enthalten; sie hat aber im Gesetz selbst keine Aufnahme gefunden. Es muß daher der unzweifelhafte und unzweideutige Gesetzestext den Vorrang behalten. Ebenso Gierke 389 Nr. 61 und Strübbe, BadRspr. 1903, 96ff. Vgl. auch Maenner in Recht 1900, 410, der keineswegs (vgl. auch 409) wie Habicht a. a. O. meint, die obengenannte Stelle der Protokolle übersehen hat.

45) Gemeinrechtlich war die Frage bestritten, vgl. Holzschuher, Theorie und Kasuistik 2, 36.

meinschaftsrechte und -pflichten. Fällt die Vermutung des § 921, so gelten die gewöhnlichen Regeln für Miteigentum.

Kommt bei Grenzflächen, an denen ja geteiltes Eigentum vorliegt, die Vermutung des § 921 in Anwendung, so ist einerseits jeder der Nachbarn in seinem Eigentum beschränkt durch das gemeinschaftliche Benutzungsrecht[46]), welches die Einwirkungs- wie die Ausschließungsbefugnis des § 903 bezüglich der eigenen Fläche entsprechend eingengt. Zugleich ist aber auch dem Eigentum jedes Nachbarn eine den gesetzlichen Eigentumsinhalt übersteigende Einwirkungsmacht auf die fremde Fläche zugelegt. Jeder Nachbar benutzt daher die Grenzanlage aus demselben Rechtsgrund, nämlich auf Grund seines Eigentums an dem Flächenteil[47]).

IV. Äußere Merkmale für und gegen das Sondereigentum eines Nachbars.

Die Vermutung des § 921 kann, außer durch den Nachweis der Grenze, welche die Einrichtung ganz dem einen Grundstück zuweist (s. darüber oben S. 80), dadurch widerlegt werden, daß äußere Merkmale auf das Sondereigentum eines Nachbarn hinweisen. Es kommt nicht darauf an, ob die Merkmale auf Sonderbenutzung hinweisen, sondern auf Sondereigentum wird abgestellt[48]). Trotz solcher Merkmale kann ein gemeinschaftliches Benützungsrecht bestehen; es wird nur nicht vermutet[49]).

Welcher Art die Merkmale sein müssen, die auf Sondereigentum hinweisen, bestimmt das BGB. nicht, während die statutarischen Rechte hierüber vielfach genaue Vorschriften geben. Für die am 1. Januar 1900 bestehenden Grenzeinrichtungen bleibt in dieser Beziehung das bisherige Recht maßgebend[50]). Die zeitliche Geltung von gesetzlichen Vermutungen bestimmt sich nach dem materiellen Rechtsgebiet, für das

---

[46]) Es gibt nur ein gemeinschaftliches Benutzungsrecht, nicht zwei parallel laufende Befugnisse: Prot. 3, 130; Turnau-Förster Bem. 2 zu §§ 921, 922; Wolff, Sachenrecht 173; Crome 300; Goldmann-Lilienthal 64/5.

[47]) Unrichtig ist daher die Auffassung, als entfließe das Nutzungsrecht auf die eigene Fläche dem Grundeigentum, das auf den fremden Teil einer eigenen „gesetzlichen Grunddienstbarkeit“; so Wolff im Recht 1900, 176; Staudinger Bem. 11 zu § 922.

[48]) Breit in Fischers Z. 38, 174ff. A. M. die vorigen Auflagen.

[49]) Vgl. Breit a. a. O. — Über Ersitzung einer Reihe nach bayer. LR., s. ObLG. 16, 58.

[50]) Habicht 398; Niedner Bem. 2b zu Art. 181; OLG. 4, 294 (Zweibrücken); wohl auch Planck Bem. 4b zu Art. 181. A. M. dagegen Schröder, PucheltsZ. 36, 227; Dernburg, Sachenrecht 242 meint: Diese Bestimmungen haben keine gesetzliche Kraft mehr, aber die hierin aufgestellten Merkmale sind auch unter der Herrschaft des BGB. zu beachten, jedoch nicht in bindender Weise.

Beweisregelung getroffen wird[51]). Dieses ist hier der Eigentumserwerb, der nach altem Recht zu beurteilen ist[52]).

Übrigens geben die in den bisherigen Rechtsquellen aufgestellten diesbezüglichen Normen nur Erfahrungssätze wieder, die — wenn auch nicht mit bindender Kraft — auch für die nach dem 1. Januar 1900 entstandenen Grenzeinrichtungen anzuwenden sind. Im Bezirke des gemeinsamen Rechts waren gesetzliche Merkmale überhaupt nicht bestimmt und hatte man sich daher nach den durch die Erfahrung gewonnenen Regeln zu richten[53]). Hierfür dürfen auch die Normen anderer Rechtsquellen herangezogen werden.

Daß die äußeren Merkmale sich gerade an der Grenzeinrichtung selbst befinden, ist nicht erforderlich.

Winkel. Wenn in einen Winkel (Häuserreihe) bisher nur einer der Nachbarn die Traufe hat fallen oder allein dorthin Gossen hat ausmünden lassen oder allein Fenster in seiner daran angrenzenden Wand hat, so wird vermutet, daß der Zwischenraum ihm allein gehöre[54]). Wenn ein Winkel von nicht zu geringer Längsausdehnung nur dem einen Nachbar zugänglich ist, so spricht dies dafür, daß er diesem allein gehört.

Graben. Befindet sich der Auswurf eines Grabens oder Kanals nur auf dem Grund und Boden des einen Nachbars, so ist zu vermuten, daß diesem die Grenzeinrichtung allein gehört[55]).

Bei Mauern sind die äußeren Merkmale, welche darauf hinweisen, daß sie einem der Nachbarn allein gehören, verschieden, je nachdem es sich um Mauern handelt, welche den Nachbarhäusern als Wände dienen, oder um solche Mauern, welche die Hofräume, Hausgärten usw. der Nachbarn voneinander trennen.

Bei Hausmauern, die als Wände der beiden Nachbarhäuser dienen, gibt es nur wenige Merkmale, welche dartun, daß die Mauer nur einem der Nachbarn gehört. Wenn nur das Gebälke des einen Hauses auf der Mauer und nicht nur auf der halben Dicke der Mauer, sondern auf ihrer ganzen Dicke aufliegt, dann ist anzunehmen, daß sie zu diesem Hause gehört[56]), wogegen umgekehrt Miteigentum vermutet wird, wenn die Balken der beiden Häuser gleich tief in der Mauer liegen[57]). Wenn eine Mauer, die überhaupt kein Gebälke trägt, über das Gebäude des einen Nachbars hinausragt, so daß sie sich nur unter dem Dache des anderen Nachbars befindet, gehört sie dem letzteren[58]). Doch kann die Beweiskraft dieser Merkmale wiederum dadurch ausgeschlossen werden, daß andere Merkmale die Gemeinschaftlichkeit dartun, so z. B. wenn durch die Mauer eine Abtrittsröhre[59]) oder ein Kamin[60]) geht, der von beiden Nachbarn gemeinschaftlich benützt wird, oder wenn auf der Stirnseite der Mauer in deren Mitte ein Abzugsrohr (Nust) senkrecht zum Boden führt,

---

[51]) Hedemann, Die Vermutung 346ff.; Affolter, Intemporales Privatrecht 95.

[52]) Planck Bem. 3a; Staudinger Bem. F 3b zu Art. 181.

[53]) Vgl. Schelhaß 99.

[54]) ALR. I, 8 § 121; Ulmer Bauordnung XI 1; Memminger Bauordnung. Derselbe Grundsatz hat auch nach fränkischem Landrecht gegolten, vgl. Würzburger Stadtbaurecht, dritter Abschnitt § 3. (Hiernach wird vermutet, daß eine Giebelwand kein Winkelrecht hat. Wird ein Winkel von der Traufwand des einen Nachbars und von der Giebelwand des anderen Nachbars begrenzt, so muß daher vermutet werden, daß er dem ersteren allein gehört). S. d. n. unten § 24.

welches das von den Dachtraufrinnen beider Nachbaranwesen kommende Wasser aufnimmt[61]).

Die Gemeinschaftlichkeit an einer Scheidemauer ist unter besonderen Umständen selbst dann möglich, wenn sie einen konstruktiv notwendigen Bestandteil des zuerst errichteten Hauses und die Abschlußwand des von demselben Besitzer später daran angebauten Hauses bildet. Wird später ein Haus wegverkauft und hierbei ausdrücklich bestimmt, daß die Scheidewand gemeinschaftliches Eigentum sein solle, so hat man es mit einer Grenzeinrichtung zu tun[62]).

Bei Mauern, durch welche die Hofräume und Hausgärten der Nachbarn voneinander geschieden werden, sind die Merkmale, welche darauf hinweisen, daß die Mauer nur dem einen Nachbar gehört, zahlreicher. Solche sind darin zu finden, wenn nur an der einen Mauerseite Pfeiler, Bogen, Tragsteine, Vertiefungen (Blenden), Blindfenster, eiserne Ringe, eingehauene Wappen und Schriften sich vorfinden. Die Mauer gehört demjenigen, auf dessen Seite sich die Pfeiler, Bogen usw. befinden[63]). Besonders wichtig ist der Umstand, daß die Oberfläche der Mauer nur nach einer Seite geneigt ist (Traufe). Dies weist darauf hin, daß die Mauer dem Nachbar gehört, auf dessen Seite sich die Traufe befindet[64]).

Ein weiteres Merkmal liegt vor, wenn eine Mauer, die unten dicker ist als oben, auf der einen Seite lotrecht ist, so daß nur die andere Seite die nach oben laufende Verjüngung der Mauer zeigt. Die Mauer gehört demjenigen, auf dessen Seite sich die Verdickung der Mauer befindet. Ist die eine Seite der Mauer rauh, der andere aber glatt, so spricht dieser Umstand für das ausschließliche Recht desjenigen Nachbars, dem die rauhe Seite zugekehrt ist[65]).

Ist ein Grundstück ringsum von einer Mauer umgeben, das daran angrenzende Nachbargrundstück aber nicht, so ist die Mauer als zu ersterem gehörig zu betrachten.

---

[55]) Diese Vermutung ist im ALR. I, 8 § 188 und Code civil Art. 668 ausgesprochen, ist aber als allgemein gültige Regel zu erachten, vgl. Roth, Bayer. Zivilrecht 2, 66.

[56]) Vgl. Amberger Bauordnung IX; Würzburger Bauordnung IV § 6; Mainzer Bauordnung VII § 23; Holzschuher, Theorie und Kasuistik 2, 92.

[57]) Mainzer Bauordnung VII, § 23.

[58]) Vgl. Regensburger Wachtgerichtsordnung XVI 1—5; Mainzer Bauordnung VII 23; Ulmer Bauordnung VI 4—11; Memminger Bauordnung X 4—13; Schelhaß, Nachbarrecht 98.

[59]) Vgl. Würzburger Stadtbaurecht VI § 6.

[60]) Vgl. Mainzer Bauordnung VII § 23.

[61]) Vgl. Ulmer Bauordnung VI § 4—11; Memminger Bauordnung X § 4—13; Augsburger Bauordnung I § 32—36.

[62]) RG. 53, 309. Wäre eine solche Vereinbarung nicht nachweisbar, so wäre für das zuletzt erbaute Haus nur die Bestellung einer Grunddienstbarkeit durch Widmung anzunehmen. Der Grunddienstbarkeitsberechtigte darf die Mauer nur in dem bisherigen Umfange benützen.

[63]) Vgl. ALR. Tl. I Tit. 8 § 160; Würzburger Bauordnung IV § 6; Regensburger Wachtgerichtsordnung VI § 1—5; Mainzer Bauordnung VII § 23; Ulmer Bauordnung VI § 4—11; Memminger Bauordnung X § 4—13; Augsburger Bauordnung I § 32—36; Holzschuher, Theorie und Kasuistik 2, 92; Schelhaß, Nachbarrecht 97f.

[64]) Vgl. Code civil Art. 654; ALR. I, 8 § 159; Regensburger Wachtgerichtsordnung XVI; Würzburger Stadtbaurecht IV § 8. — Vgl. SeuffBl. 43, 93: Wenn sich der Horsch oder die Platten nach beiden Seiten neigen, so kommt nichts darauf an, wenn die Neigung des Horsches gegen die eine Seite stärker ist, als gegen die andere; die Mauer gilt als gemeinschaftlich.

[65]) Holzschuher, Theorie und Kasuistik 2, 92; Schelhaß, Nachbarrecht 100.

Eine **Hecke** muß dann als dem einen Nachbar gehörig erachtet werden, wenn dieser sein Grundstück auch an der anderen Seite eingezäunt hat, während dies bei dem Nachbargrundstück nicht der Fall ist[66].

Die **Planke** gehört dann dem einen Nachbarn ausschließlich, wenn auf der diesem zugekehrten Seite allein die Pfostenständer oder Stiele stehen[67]. Aus dem Umstand, auf welcher Seite ausschließlich die Häupter der Nägel stehen, läßt sich ein verlässiger Schluß nicht ziehen[68].

Eine **Dungstätte** auf der Grenze wird dann als ausschließlich dem einen Nachbarn gehörig erachtet, wenn nur von dessen Haus ein Rohr in dieselbe mündet und auch sonst keine Rinne von dem anderen Anwesen in die Dungstätte führt[69].

Der sogen. **hohe Rain**, d. h. der zwischen einem höher und einem tiefer liegenden Grundstücke befindliche Abhang, gehört nach seiner natürlichen Beschaffenheit zum oberliegenden Grundstück[70]. Dies gilt aber nur bei ganz auffälliger Niveauverschiedenheit der beiden Grundstücke.

V. Inhalt des gemeinschaftlichen Benützungsrechtes.

Ist im gegebenen Fall in Gemäßheit des § 921 BGB. die gemeinschaftliche Berechtigung beider Nachbarn zur Benützung der Grenzeinrichtung gegeben, so fragt sich, welchen Inhalt dieses Benützungsrecht hat. Hierüber stellt § 922 BGB. die Norm auf. Jeder Nachbar kann die Grenzeinrichtung zu dem Zwecke, der sich aus ihrer Beschaffenheit ergibt, insoweit benützen, als nicht die Mitbenützung des anderen beeinträchtigt wird.

Welcher Zweck sich aus der Beschaffenheit der Grenzeinrichtung ergibt, ist aus ihren objektiven Merkmalen nach wirtschaftlichen Grundsätzen zu entscheiden. Vielfach geht der Zweck nicht weiter, als eine Scheidung der beiden Grundstücke herbeizuführen. Bei anderen Grenzeinrichtungen liegt der Zweck in der Abwendung der Feuersgefahr, der Ableitung des Dachtraufwassers, der Ermöglichung des Durchgehens, der Zuführung von Licht und Luft usw. Nur eine dieser Zweckbestimmung entsprechende Benützung ist dem Nachbar gestattet. Will ein Nachbar ein weitergehendes Benützungsrecht behaupten, so muß er einen besonderen Erwerbsgrund, z. B. vertragsmäßige Bestellung oder Ersitzung einer Grunddienstbarkeit beweisen.

Im einzelnen sind hiernach folgende allgemeine Gesichtspunkte gegeben:

---

66) Vgl. Code civil Art. 670.

67) Vgl. Augsburger Bauordnung I 51; ALR. I Tit. 8 § 154; Roth, Bayer. Zivilrecht 2, 67.

68) Nach Amberger Bauordnung IX soll die Planke demjenigen gehören, auf dessen Seite die Häupter der Nägel stehen; Memminger Bauordnung X 14 entscheidet genau umgekehrt.

69) Vgl. Augsburger Bauordnung I 53; Roth, Bayer. Zivilrecht 2, 68.

70) Dernburg, Sachenrecht 242; Dernburg, PrPrR. 552f.

In die Winkel oder Häuserreihen dürfen Abwässer der Hauswirtschaft nicht geleitet werden, noch weniger Unrat und Fäkalien. Wenn freilich seit alters für die Abwässer oder Fäkalien Abzugsrohre oder sonstige Zuleitung bestehen, welche in den Winkel einmünden, dann sprechen eben äußere Merkmale für die Befugnis zu solcher Benützung. Dem Nachbar ist es nicht verwehrt von seinem Anwesen eine Türe in den Winkel zu brechen, um ihn zum Zwecke der Reinigung zu betreten und auch sonst durchzugehen [71]). Ist ein solcher Gang der objektiven Beschaffenheit nach bestimmt, als Durchgang zu dienen, so muß es auch gestattet sein, mit einem Schubkarren durchzufahren, dies selbst dann, wenn es mit Rücksicht auf die Enge des Ganges nicht möglich ist [72]). Andererseits ist es nicht gestattet, die Reihe zur Aufbewahrung irgendwelcher Gegenstände (z. B. Lagerung von Holz oder Steinen, Aufbewahrung von Handwagen, Dung [73]) zu benützen; es müßte denn sein, daß eine vorhandene besondere Einrichtung das Gegenteil dartut, z. B. ein Schutzdach, oder eine Dunggrube usw. Wohl aber dürfen Gerüste in der Reihe zur Ausbesserung der Häuser aufgestellt werden [74]). Dem Teilhaber kann nicht verwehrt werden, durch Erhöhung seines Hauses der zur Lichtzuführung bestimmten Reihe Licht zu entziehen [75]).

Eine Polizeivorschrift über die Reihen enthält § 49 der bayerischen Bauordnung vom 17. Februar 1901, wonach die Winkel und Reihen so gepflastert werden müssen, daß ein entsprechender Wasserlauf ermöglicht ist und Vorrichtungen zur Einleitung des Inhalts von Abtritten in solche Reihen unzulässig und zur Einleitung von Schmutzwässern nur dann erlaubt sind, wenn eine hinreichende Spülung mit reinem Wasser bewirkt werden kann. Zuwiderhandlungen sind nach Art. 73 des Polizeistrafgesetzbuches strafbar. Durch diese Bestimmungen wird in das privatrechtliche Benützungsrecht von Reihen eingegriffen, gleichviel ob das Benutzungsrecht nur einer Person oder den beiden Nachbarn gemeinschaftlich zusteht. Es ist aber zu beachten, daß dies nur auf Grund einer Polizeivorschrift eintritt, und es kann sich auf diese Weise ergeben, daß eine Zivilklage auf Unterlassung der Zuleitung von Abwässern und Fäkalien abgewiesen werden muß, weil durch das Vor-

---

[71]) Vgl. l. 41 § 1 D 8, 2. Wolff im Recht 1900, 176. Anders wäre nur zu entscheiden, wenn hierdurch das Mitbenützungsrecht des Nachbars beeinträchtigt werden würde; dies könnte der Fall sein, wenn die beiderseitigen dem Winkel zugekehrten Hauswände überhaupt keine Öffnungen haben und somit infolge dieser Beschaffenheit die ganze Einrichtung dem Schutz gegen Feuersgefahr zu dienen bestimmt erscheint.

[72]) Vgl. SeuffA. 62 Nr. 207.

[73]) Vgl. Gruchot 27, 914 (RG.).

[74]) Staudinger Bem. 18 zu § 922.

[75]) S. darüber unten S. 116.

handensein von Zuleitungseinrichtungen die wirtschaftliche Zweckbestimmung der Reihe für die Aufnahme dieser Stoffe dargetan wird, während auf Anzeige die Polizeibehörde dem Nachbar trotz seiner zivilrechtlichen Berechtigung diese Zuleitung verbieten kann.

Dagegen hat die Polizeivorschrift des § 49 der Bauordnung insoferne eine zivilrechtliche Folge, als der eine Nachbar gegen den anderen Anspruch erheben kann, daß die Reihe auf gemeinschaftliche Kosten gepflastert wird. Denn die Unterhaltungskosten sind gemäß § 922 Abs. 2 BGB. von beiden Nachbarn zu gleichen Teilen zu tragen und die Pflasterung der Reihe ist infolge der polizeilichen Vorschrift eine notwendige Vorkehrung.

Grenzraine zwischen Feldern dürfen von den Teilhabern zum Zweck der Pflugwende benutzt, nicht aber durch Geröll oder Steine verschüttet werden[76]), es müßte denn sein, daß diese Zweckbestimmung des Raines äußerlich (durch vorhandene Steinauflagerung) ersichtlich ist[77]).

Flutgräben sind vor allem für die Zuleitung und die Entnahme von Wasser bestimmt[78]); sie dürfen daher nicht plötzlich von einem Anlieger überflutet werden, z. B. dadurch, daß er auf seinem Grundstücke zahlreiche neue Torfgräben angelgt[79]).

Bei Grenzmauern kann sich ebenfalls je nach der Beschaffenheit der Mauer ein verschiedener Zweck und somit auch eine Verschiedenheit der zulässigen Benützungsart ergeben. Eine Mauer, deren Zweck lediglich in der Scheidung der beiden Grundstücke besteht, darf nicht als Stütze für Balken benützt werden. Dagegen ist es dem Nachbarn unverwehrt, an derselben auf seiner Seite Gemälde oder Spalierlatten zur Ziehung von Pflanzen oder Haken für Leitern anzubringen[80]). Eine wesentliche Veränderung der Mauer ist nur mit Zustimmung beider Nachbarn zulässig. Deshalb kann — sofern man die Vorschrift des Art. 68 AG. für ungültig erachtet (s. darüber unten S. 110) — einem Beteiligten das Recht nicht zugesprochen werden, die Mauern gegen den Willen des anderen zu erhöhen (vgl. aber unten § 9). Eine halbscheidig gebaute Giebelmauer, an die der Nachbar noch nicht angebaut hat, darf von diesem zur Anbringung von Reklameschildern nicht benützt werden[81]); denn der Zweck dieser Grenzeinrichtung erschöpft sich in dem Anbau und der grenzscheidenden Wirkung.

---

[76]) Planck Bem. 1a; RGKomm. Bem. 2; Staudinger Bem. 1b zu § 922; Ortloff 229.
[77]) Vgl. oben S. 93 Anm. 33.
[78]) Planck u. RGKomm. a. a. O.; Wolff, Sachenrecht 173.
[79]) Gruchot 47, 1066 (RG.).
[80]) Vgl. Holzschuher, Theorie und Kasuistik 2, 87.
[81]) Vgl. RheinArch. 1909 I 200 (Köln).

Eine Mauer, welche zwei Gebäude voneinander trennt, wird regelmäßig nach ihrer Beschaffenheit dazu bestimmt sein, die Last des beiderseitigen Gebälkes zu tragen und einen schall- und feuersicheren Abschluß der Häuser zu bilden[82]. Der Nachbar kann daher Balken in dieselbe einlassen. Eine Mauer kann von jedem der Nachbarn nicht nur bis zur Hälfte ihrer Dicke, sondern in ihrer ganzen Ausdehnung benützt werden, sofern sich diese Art der Benützung aus der Zweckbestimmung der Mauer ergibt, was für den Einzelfall besonders zu entscheiden ist[83]. So kann z. B. das Gebälk auf der ganzen Dicke der Mauer aufgelegt werden, während eine Aushöhlung der Mauer regelmäßig nur bis zur Hälfte der Mauer gehen darf[84]. Wenn die Mitbenützung des anderen Teiles dadurch nicht beeinträchtigt wird, dürfen Treppenstufen in die Wand auch über die Mittellinie hinaus eingefügt werden[85]. Ein Wandschrank darf nicht eingelassen werden, wenn dadurch der Zweck der Mauer, einen schallsicheren Abschluß der Nachbarhäuser zu bilden, vereitelt würde[86]. Man darf sich aber bei Entscheidung dieser Frage nicht gerade den Fall denken, daß beide Nachbarn an derselben Stelle zur Einlassung eines Wandschrankes die Mauer bis zur Hälfte aushöhlen würden, denn die beiden Berechtigten haben gegenseitig aufeinander Rücksicht zu nehmen[87]. Gas- und Wasserleitungsröhren darf jeder Nachbar einfügen. Nach moderner Anschauung dienen die Mauern bestimmungsgemäß zur Aufnahme solcher Leitungsröhren. Auch darf der Nachbar regelmäßig seinen Kamin in die Mauer hineinstellen, sofern hierdurch nicht die Feuersicherheit gefährdet wird[88]. Selbstverständlich darf die Mauerwand getüncht oder tapeziert werden; es können Nägel und Kloben eingeschlagen werden. Eine Treppe kann an der Mauer mit ihren Stützpunkten angebracht werden. An der Stirnseite der gemeinschaftlichen Hausmauer

---

[82]) SeuffA. 66 Nr. 189 (RG.).

[83]) A. M. Dernburg, Sachenrecht 242.

[84]) Vgl. Maenner 178; JW. 1883, 188 Nr. 40; Wolff im Recht 1900, 476.

[85]) JW. 1911, 367; SeuffA. 66 Nr. 189.

[86]) Vgl. SeuffA. 66 Nr. 189.

[87]) Vgl. OLG. 4, 294; Cosack 2, 159; Dernburg, Sachenrecht 242. Ist die Mauer eine Brandmauer im Sinne des § 40 der Bauordnung vom 17. Februar 1901, so ist sie gegen Einbrüche, die ihren Zweck gefährden, durch die Vorschriften des § 16 der Bauordnung geschützt, wonach Öffnungen in Brandmauern im allgemeinen unzulässig sind und nur unter besonderen Voraussetzungen von der Baupolizeibehörde gestattet werden können. Über den Begriff Brandmauer vgl. OLG. München-Str. 6, 674. Nach ALR. I, 8 §§ 135, 136 durfte jeder Nachbar die Mauer an seiner Seite bis zur Hälfte der Dicke durch Anlegung von Wandschränken und anderen Anlagen benutzen. EntschOTr. 26, 191; für das gemeine Recht vgl. l. 25 § 1 D 8, 2, aber auch SeuffA. 41, Nr. 5.

[88]) Dernburg, Sachenrecht 242; Planck Bem. 1a zu § 922. Es kommt also auf die tatsächliche Lage des Einzelfalles an. ALR. I, 8 § 132, wonach ein Anlehnen von Öfen und Feuerherden schlechtweg verboten war, ist nicht mehr gültig.

kann die Dachrinne senkrecht zum Boden geführt werden, doch darf hierbei der eine Nachbar für sich nur soviel Raum beanspruchen, daß von der Dicke der Mauer derselbe Raum für den anderen Nachbar zum gleichen Zweck übrig bleibt. Über die Zuführung von Feuchtigkeit und ähnlichen Immissionen sind die für das Alleineigentum geltenden Grundsätze des Nachbarrechts (§§ 906 ff. BGB.) analog anzuwenden.

Eine besondere Regelung hat die bayerische Ausführungsgesetzgebung (Art. 68 AG.) der Frage angedeihen lassen, ob der Nachbar berechtigt ist, die Grenzmauern zu erhöhen und inwieweit er hierzu die Mitwirkung des anderen Nachbars verlangen kann[89]). Die Befugnis zur Erlassung derartiger Vorschriften wird aus Art. 124 EG. abgeleitet. Allein mit Unrecht. Denn nach Art. 124 EG. bleiben die landesgesetzlichen Vorschriften, welche das Eigentum an Grundstücken zugunsten der Nachbarn noch anderen als den durch das Bürgerliche Gesetzbuch bestimmten Beschränkungen unterwerfen, unberührt. Es ist nun klar, daß damit eine Befugnis nicht erteilt ist, den Inhalt jener Beschränkungen, welche durch §§ 905 bis 924 BGB. erschöpfend geregelt sind, abzuändern[90]). Nun werden von §§ 921 f. BGB. die gegenseitigen Beschränkungen, welchen das Eigentum der Nachbarn an den Grenzeinrichtungen unterworfen sein soll, geregelt. § 922 sagt ausdrücklich, inwieweit jeder Nachbar berechtigt sein soll, die Grenzeinrichtung zu benützen. Die Erhöhung einer Mauer ist eine Art der Benützung; denn die bestehenden Teile der Mauer werden dazu benützt, den Aufbau zu tragen. Ist also dieses Benützungsrecht nicht schon durch das Bürgerliche Gesetzbuch dem Nachbar eingeräumt, so liegt in der landesgesetzlichen Aufstellung dieser Befugnis eine Erweiterung einer in dem Bürgerlichen Gesetzbuch bestimmten Beschränkung und nicht die Einführung einer anderen Beschränkung. Eine solche Erweiterung ist aber der Landesgesetzgebung nicht anheimgestellt. Die über die Befugnis der Nachbarn zur Erhöhung einer gemeinschaftlichen Mauer gegebenen landesrechtlichen Vorschriften sind deshalb ungültig[91]), soweit sie sich

---

[89]) Das bayerische Ausführungsgesetz hat die Bestimmungen, welche das preußische Ausführungsgesetz Art. 23 und 24 für den bisherigen Geltungsbereich des Rheinischen Rechtes getroffen hat, übernommen. Dieselben finden sich ferner in den Ausführungsgesetzen von Anhalt Art. 34; Baden Art. 13; Bremen § 24; Hessen Art. 82. Für die Rechtsgültigkeit der Art. 23 und 24 pr. AG.: Stranz-Gerhard Bem. 11; Chusen-Müller Bem. 1; Hodler Bem. 1 zu Art. 23 pr. AG.; Endemann 459 Anm. 27 RGK. Bem. 2 zu § 922; Turnau-Förster Bem. 8 zu § 921. Gegen die Gültigkeit: Biermann Bem. 1 zu § 922; Goldmann-Lilienthal 66 Anm. 1; Dernburg-Wolff, Hess. Landesprivatrecht 262.

[90]) Vgl. Niedner, EG. Bem. 1 u. 1a zu Art. 124; Staudinger Anm. 2B zu Art. 124 EG.

[91]) Oertmann, Landesprivatrecht 337 erkennt an, daß die hier gegen die Rechtsgültigkeit vorgebrachten Gründe beachtenswert sind, tritt denselben aber entgegen, weil die

nicht auf die Übergangszeit (Art. 69 und 70 AG.) beziehen. Nach dem Bürgerlichen Gesetzbuche ist der Nachbar zur einseitigen Erhöhung einer Grenzmauer nicht befugt. Nach § 922 darf die Grenzeinrichtung nur zu dem Zwecke benützt werden, der sich aus ihrer Beschaffenheit ergibt. Das Recht auf Vergrößerung der Grenzeinrichtung ist hiermit nicht eingeräumt. Denn die Benützung muß sich an die bestehende Beschaffenheit anschließen. Zur Beschaffenheit gehört in erster Linie die räumliche Ausdehnung der Einrichtung. Auch wenn die Mauer durch die Erhöhung nicht gefährdet würde, hat der Nachbar das Recht, zu widersprechen.

Nimmt man real geteiltes Eigentum an, so kann der Nachbar nach § 922 dem Aufbau jedenfalls insoweit widersprechen, als sein realer Anteil an der Mauer in Betracht kommt[92]); denn er ist Eigentümer desselben und es kann ihm nicht als Schikane ausgelegt werden, wenn er auf sein Eigentum nicht weiter einwirken läßt, als ihm durch das Gesetz zur Pflicht gemacht ist. Soweit derjenige Teil der Mauer in Betracht kommt, der im Alleineigentum seines Nachbars steht, hat er ein Mitbenützungsrecht. Insoweit dies nicht geschmälert wird, kann er die Vornahme eines Aufbaues, der sich nur auf diesen seinem Nachbar eigentümlich gehörigen Mauerteil erstreckt, nicht hindern[93]). Das Benützungsrecht wird durch einen Aufbau jedenfalls dann beeinträchtigt, wenn durch die Erhöhung die bereits stehende Mauer gefährdet wird. Nimmt man Miteigentum an, so ist eine einseitige Veränderung an der ganzen gemeinschaftlichen Mauer unzulässig (§ 922).

An dem Inhalt dieser reichsrechtlichen Bestimmungen konnte die Landesgesetzgebung nichts ändern. Art. 68 AG. ist daher ungültig. Da auch der gegenteiligen Meinung Rechnung zu tragen ist, muß gleichwohl in eine Erörterung dieser landesgesetzlichen Bestimmung eingetreten werden. Es geschieht dies unten § 9.

Die nach obigen Grundsätzen der Zweckbestimmung der Grenzeinrichtung entsprechende Benützung darf nur soweit ausgedehnt werden, daß dem anderen Nachbar die Möglichkeit der gleichen Benützung für

---

§§ 921, 922 BGB. in Wahrheit keine Eigentumsbeschränkung, sondern nur eine Rechtsvermutung wegen der Abgrenzung der den Beteiligten zustehenden Rechte enthalten. Mir scheint damit nichts gewonnen.

[92]) Baut ein Berechtigter auch auf dem Teile der Mauer auf, welcher auf dem Alleineigentum des Nachbars steht, so können die Vorschriften über den Überbau nur dann Anwendung finden, wenn ein neues Gebäude auf der Grenzmauer errichtet wird; § 912 setzt voraus, daß die Grenzüberschreitung bei Errichtung eines Gebäudes erfolgt ist. Das schließt sowohl die Änderung eines bestehenden Gebäudes als auch die Neuerrichtung eines anderen Bauwerks (bloßen Maueraufbau) aus. S. unten § 21, I, 4.

[93]) Zustimmend JW. 1908, 12 Nr. 13 (RG.) (auch abgedruckt BayZ. 1908, 42).

sein Grundstück bleibt. Unter Benützung hat man den tatsächlichen Gebrauch und die Nutzung zu verstehen.

Ob Früchte und Nutzungen von der Grenzeinrichtung zu ziehen sind, bestimmt sich nach dem Zwecke, der sich aus der Beschaffenheit der Anlage ergibt. Bei einer Häuserreihe ist dies nicht der Fall. In einer solchen darf man nicht etwa Gras oder Bäume anpflanzen. Sind aber Früchte vorhanden[94]), so gebührt nach § 743 BGB., der nach dem Schlußsatz des § 922 BGB. hierher bezüglich ist, jedem Nachbar ein seinem Anteil entsprechender Bruchteil der Früchte, wobei nach § 742 BGB. anzunehmen ist, daß jeder Nachbar Anspruch auf die Hälfte der Früchte hat.

VI. Die Verwaltung der Grenzeinrichtung.

Die Verwaltung der Grenzeinrichtung steht den beiden Nachbarn gemeinschaftlich zu (§ 922 mit § 744 Abs. 1 BGB.). Jeder Nachbar ist berechtigt, die zur Erhaltung der Grenzeinrichtung notwendigen Maßregeln ohne Zustimmung des anderen zu treffen. Er kann verlangen, daß dieser seine Einwilligung zu einer solchen Maßregel im voraus erteilt (§ 744 Abs. 2 BGB.). Die Nachbarn können über die Verwaltung und Benutzung Vereinbarungen treffen. Das ergibt sich aus dem Grundsatz der Vertragsfreiheit und ist in den §§ 745 Abs. 2, 746 bestätigt.

Nun bestimmt § 746: „Haben die Teilhaber die Verwaltung und Benützung des gemeinschaftlichen Gegenstandes geregelt, so wirkt die getroffene Bestimmung auch für und gegen die Sondernachfolger.“ Damit sind nur solche Vereinbarungen gemeint, welche Art und Weise des bestehenden und in seinem rechtlichen Bestand unberührt gelassenen Benutzungsrechts regeln, also sich darüber verhalten, wie zu benutzen, nicht aber, ob überhaupt benutzt werden darf. Deshalb geht eine Vereinbarung, wonach die Benutzung nur gegen eine Geldzahlung erfolgen darf, nicht auf die Sondernachfolger über[95]).

Aber auch eine über Maß und Art der auszuübenden Benutzung getroffene Vereinbarung geht nur dann auf die Sondernachfolger über, wenn sich aus den Umständen ergibt, daß bei der Vereinbarung wirklich eine dauernde Regelung der Benutzung beabsichtigt war, also dann nicht, wenn es sich nur um eine Vereinbarung vorübergehender und rein persönlicher Natur handelt[96]).

---

94) Z. B. der Grasertrag eines Raines. RGKomm. Bem. 7 zu § 922.
95) S. hierüber unten S. 138.
96) Lieberich, BayZ. 1914, 242 Anm. 18.

§ 746 kann aber überhaupt nicht angewendet werden, wenn man an einer Grenzeinrichtung (die keine bloße Fläche ist) Miteigentum nach Bruchteilen annimmt, wie dies bei Grenzeinrichtungsanlagen im Gegensatz zu der herrschenden Meinung hier vertreten ist, weil hierauf § 1010 BGB. anzuwenden ist, wonach eine solche Vereinbarung den Sondernachfolger nur dann bindet, wenn sie als Belastung in das Grundbuch eingetragen ist[97]).

Die Unterhaltungskosten sind unter allen Umständen von beiden Nachbarn je zur Hälfte zu tragen, auch wenn die Grenze nachweisbar nicht durch die Mitte der Einrichtung geht (§ 922 Abs. 2 BGB.). Unter Unterhaltungskosten sind nur jene Aufwendungen zu verstehen, welche erforderlich sind, um die Grenzeinrichtung in einer ihrem Zweck entsprechenden Beschaffenheit zu erhalten. Stellt sich ein Weg mitsamt der dazu gehörigen Allee als Grenzeinrichtung dar, so gehört auch die Nachpflanzung einzelner eingegangener Bäume zu den Unterhaltungskosten. Es muß daher zu den Kosten, welche durch die Nachpflanzung des auf dem Boden eines Nachbarn stehenden, zu der Grenzeinrichtung (Allee) gehörigen Baumes erwachsen, auch der andere Nachbar beitragen.

Auch solche Unterhaltungskosten, die nur durch die Benützung des einen Nachbars entstanden sind, müssen von beiden Nachbarn gemeinschaftlich getragen werden[98]). Das Gesetz legt schlechtweg die Unterhaltungspflicht beiden Nachbarn auf. Es hat daher nur darauf anzukommen, ob die Aufwendung notwendig ist. Aus welchem Grunde die Notwendigkeit eingetreten ist, ist gleichgültig. War die Benützungsart, durch welche der eine Nachbar die Voraussetzung für die Aufwendung der Unterhaltskosten gesetzt hat, zulässig, so spricht nicht einmal die Billigkeit dafür, den anderen Nachbar, der aus freien Stücken von dem ihm in gleicher Weise zustehenden Benützungsrecht keinen Gebrauch gemacht hat, von der Unterhaltungspflicht freizuhalten. War dagegen die Art der einseitigen Benützung unzulässig, so ist zwar an und für sich der andere Nachbar verpflichtet, die Unterhaltungskosten mit zu tragen, er hat aber

---

[97]) Vom Standpunkt der herrschenden Meinung, welche real geteiltes Eigentum annimmt, ist § 1010 nicht anzuwenden, so daß hiernach anzunehmen wäre, daß die Sondernachfolger auch ohne Eintragung der Vereinbarung in das Grundbuch gebunden sind; s. hierüber RGK. Bem. 6 zu § 922; Lieberich, BayZ. 1914, 242 Anm. 18; Maenner 178 Anm. 125 und dagegen Staudinger Bem. 3 zu § 746; Wolff, Recht 1900, 476; Becher, Mat. 1, 89 und zweite Aufl. des bay. Nachbarr. 54. — Voraussetzung müßte natürlich auch nach dieser Ansicht sein, daß es sich um eine Vereinbarung handelt, welche nur die Art und Weise des Benützungsrechtes regelt.

[98]) Der Ansicht im KommProt. 3549, daß gegen die unbillige Verteilung solcher Kosten die Praxis sich durch eine strenge Auslegung des Begriffs der Unterhaltungskosten helfen könne, ist nicht beizupflichten.

unter Umständen gegen den Nachbar einen Schadenersatzanspruch gemäß §§ 823 ff. BGB., mit dem er aufrechnen kann. Ist das Eigentum von dem Nachbar, welcher durch unzulässige Benützung die Unterhaltungskosten verursacht hat, später auf einen anderen übergegangen, so können sie diesem letzteren gegenüber nicht aufgerechnet werden. Diese Folge kann nicht befremden. Der Grund hierfür liegt in dem Unterschied zwischen dem dinglichen Anspruch aus § 922 und dem obligatorischen Anspruch aus §§ 823 ff.

Eine Klage auf Teilung ist ausgeschlossen[99]). Dies ergibt sich aus § 922 Abs. 3 BGB., wonach die Einrichtung, insolange einer der Nachbarn an dem Fortbestand der Einrichtung ein Interesse[100]) hat, ohne seine Zustimmung nicht beseitigt oder geändert werden darf. Damit ist nicht gesagt, daß gegen den Widerspruch des Nachbars überhaupt keine Änderung vorgenommen werden darf. Die Änderung ist nur insoweit unzulässig, als die Mitbenützung des Nachbars beeinträchtigt wird[101]) oder der Nachbar an dem unveränderten Fortbestand sonst ein Interesse hat[102]). Dies folgt aus § 226 BGB. Daraus ergibt sich, daß eine zeitgemäße Umgestaltung der Einrichtung unter Umständen auch gegen den Willen des Nachbars zulässig ist. Dann nämlich, wenn hierdurch dieser weder in seinem Benützungsrecht beeinträchtigt wird, noch eine Höhe der Unterhaltungskosten für die Zukunft herbeigeführt wird. Wenn das Ziergartengrundstück des A von alters her durch einen Lattenzaun, der sich als Grenzeinrichtung im Sinne des § 921 BGB. darstellt, von dem Acker des B geschieden wird, so kann A auch gegen den Widerspruch des B den Lattenzaun auf seine Kosten durch einen eisernen Zaun ersetzen. Daß ein Nachbar auch gegen den Widerspruch des anderen den morschen Holzzaun, der durch eine Reparatur nicht in ordnungsgemäßen Zustand zurückgebracht werden kann, durch einen neuen Holzzaun ersetzen kann, ergibt sich schon aus seiner in § 744 Abs. 2 BGB. begründeten Berechtigung, die zur Erhaltung der Grenzeinrichtung notwendigen Maßregeln einseitig zu treffen. Der andere Nachbar muß die Hälfte der Herstellungskosten ersetzen. Hat ein Nachbar einseitig an Stelle des unbrauchbaren Holzzaunes einen eleganten eisernen Zaun errichtet, so kann er den anderen Nachbar nur auf den hälftigen Ersatz

---

[99]) Planck Bem. 2e; Turnau-Förster Bem. 6 zu § 922.

[100]) Biermann Anm. zu § 822; Staudinger Anm. zu § 922; Maenner 178. Das Interesse braucht kein vermögensrechtliches zu sein.

[101]) JW. 1908, 12 (RG.) (auch abgedruckt BayZfR. 1908, 42).

[102]) Darnach kann im Falle der vorgenannten Entscheidung (JW. 1908, 12) die Erhöhung der Grenzmauer auf der einen Mauerhälfte selbst dann unzulässig sein, wenn der Ausbau keinem bautechnischen Bedenken unterliegt; es kann dadurch ein ästhetisches Interesse verletzt werden.

desjenigen Betrages in Anspruch nehmen, den die Einrichtung eines neuen Holzzaunes erfordert hätte.

Selbstverständlich bedeutet eine Verlegung der Grenzeinrichtung eine sehr wesentliche Änderung; sie kann besonders bei Rainen, Wegen, Gangsteigen vorkommen. Die Fälle sind zahlreich, in welchen die Bauern bestrebt sind, die Ausdehnung ihres Grundstücks zu vergrößern, indem sie immer mehr von dem auf der Grenze befindlichen Rain oder Weg wegackern. Während der Rain auf diese Wiese immer schmäler wird und schließlich ganz verschwindet, wird der Weg mehr und mehr auf das Nachbargrundstück hinübergedrängt, so daß er schließlich ganz jenseits der Grenze liegt. In einem solchen Falle kann man natürlich aus der Untätigkeit des Nachbars, der sich eine solche Verschiebung gefallen läßt, nicht ableiten, daß er hiermit einverstanden ist. Ihm steht vielmehr der Anspruch auf Wiederherstellung des früheren Zustandes zu (§ 1004 BGB.).

Bei Flutgräben auf der Grenze bewirkt oft die selbsttätige Wirkung des Wassers die Verschiebung. Hier kann natürlich der Eigentümer, auf dessen Grundstück der Flutgraben durch das Wasser ohne Mitwirkung des anderen Angrenzers hinübergeschoben wurde, gegen diesen nicht den Anspruch auf Wiederherstellung des früheren Zustandes erheben, wohl aber darauf, daß er dies gemeinschaftlich mit ihm bewirkt; es ist dies eine Folge der gemeinschaftlichen Unterhaltungspflicht.

Nimmt der eine Nachbar ohne Zustimmung des anderen eine unzulässige Beseitigung oder Änderung der Grenzeinrichtung vor oder schafft er sonst eine Beeinträchtigung des Mitbenützungsrechts des anderen, so hat dieser den Anspruch aus § 1004 BGB.[103]). Dieser Anspruch ist immer dann gegeben, wenn der andere Nachbar seine Zustimmung nicht erteilt hat. Es ist einerseits nicht erforderlich, daß er Widerspruch erhoben hat, andererseits kann unter Umständen in einem Stillschweigen die Zustimmung gefunden werden[104]).

Eine Beseitigung oder Änderung der Grenzeinrichtung, die der eine Teil ohne Zustimmung des anderen vornimmt, oder eine Benützung der Einrichtung zu einem Zwecke, der sich nicht aus ihrer Beschaffenheit ergibt oder durch welche die Mitbenützung des anderen Teiles beeinträchtigt wird, kann (nach dem Standpunkt real abgeteilten Eigentums) von dem anderen mit der Eigentumsfreiheitsklage des § 1004 abgewehrt

---

[103]) Unter Umständen kann der Eingriff als Sachbeschädigung oder nach Art. 112 Z. 2 PStGB. strafbar sein (BayZ. 1911, 488).

[104]) Die Zustimmung zur Aufhebung und Änderung der Grenzeinrichtung bedarf keiner Form. Wolff im Recht 1900, 477. Solange der Aufhebungswille nicht äußerlich vollzogen ist, besteht die Grenzeinrichtung als solche weiter.

werden[105]). Voraussetzung ist jedoch hiebei, daß die Beeinträchtigung durch eine Einwirkung auf die Grenzeinrichtung selbst herbeigeführt wird. Deshalb hat der Teilhaber einer engen Reihe kein Widerspruchsrecht aus §§ 922, 1004 dagegen, daß der andere Teilhaber durch einen Aufbau auf die Mauer seines Hauses der Reihe Licht und Luft entzieht[106]).

Wie eine Grenzeinrichtung formlos begründet werden kann, so kann das hierdurch begründete Rechtsverhältnis der Grenzeinrichtung auch formlos wieder aufgehoben werden. Eine bloße Vereinbarung genügt hierzu noch nicht, sondern es muß die Vereinbarung auch ausgeführt werden. Ist einmal ein tatsächlicher Zustand mit Zustimmung der beiden Nachbarn vorhanden, vermöge dessen die Einrichtung objektiv dem Vorteil beider Grundstücke dient, so bleibt die vom Gesetz daran geknüpfte dingliche Wirkung solange erhalten, bis dieser Zustand mit Zustimmung beider Nachbarn beseitigt ist[107]).

§ 8. Die Kommunmauer[1]).

I.

1. In vielen Gegenden Deutschlands ist es üblich, zur Ersparung von Baugrund und Baumaterial zwei aneinander stoßenden Häusern eine gemeinsame Giebelmauer verstärkten Umfangs zu geben. Nur selten erfolgt der Bau solcher Häuser gleichzeitig. Häufiger baut zunächst nur der eine Nachbar sein Haus und setzt dabei eine Giebelwand zum Teil, meist zur Hälfte (halbscheidig)[2]) über die Grenze auf den Grund und

---

[105]) BayZ. 1916, 321 (RG.). Bei Annahme von Miteigentum (§ 1011) gelangt man zu demselben Ergebnis aus §§ 744 ff.

[106]) Das sich aus dem Alleineigentum des Hausbesitzers ergebende Recht, mit seiner Sache nach Belieben zu verfahren, könnte nur durch einen besonderen Rechtstitel etwa durch eine bestellte oder ersessene Dienstbarkeit beschränkt sein. Das gilt auch dann, wenn die Reihe zur Licht- und Luftzuführung bestimmt ist (BayZ. 1916, 321 RG.). Eine solche Grunddienstbarkeit wäre ersessen, wenn früher der Hauseigentümer hätte aufbauen wollen, dies aber auf den Widerspruch des anderen an der Reihe Beteiligten unter der Geltung des bisherigen Rechts während der Ersitzungszeit unterlassen hat.

[107]) S. hierüber unten S. 142.

§ 8. [1]) Vgl. Abele, LZ. 1916, 831; Breit in Fischers Z. 33, 155; 35, 113 u. 385; Breit, SächsRpfl. Arch. 1911, 385; Geiershöfer im Recht 1905, 401; Kukuk, Die Rechtsverhältnisse an der gemeinschaftlichen Mauer (Leipz. Dissertation 1909); Pfirstinger, Die Kommunmauer (1909); Waller, RheinArch. 107, 78; Wein, BayZ. 1913, 454 u. 472; Ziel, Die gemeinschaftlichen Giebelmauern (Leipz. Dissert. 1911); Nützel, BayZ. 1914, 179; Buhmann, BayZ. 1914, 197; Lieberich, BayZ. 1914, 237; Frommherz, BadRspr. 1914, 241; Becher, BayZ. 1915, 65; Metzges, Gruchot 62, 76; Droste, Gruchot 60, 251.

[2]) Der Einfachheit halber wird in folgendem immer nur von einer „halbscheidigen" Giebelwand gesprochen. Es ist aber für das rechtliche Schicksal der Mauer und die Befugnis

Boden seines Nachbars. Baut dann früher oder später dieser, so verwendet er die zum Teil auf seinem Boden stehende Mauer als Umfassungsmauer seines Neubaues.

Diese Bauweise bürgerte sich namentlich in den Rheinlanden (Rheinpfalz) ein, wo sie durch Art. 660, 661 Code civil und die daran anknüpfende Rechtsprechung des OLG. Köln und des Reichsgerichts gestützt wurde[3]). Aus der dem Angrenzer durch Art. 661 Code civil eingeräumten Befugnis, eine ganz auf dem Nachbargrundstücke stehende Mauer gegen Ersatz des halben Mauerwertes gemeinschaftlich zu machen, leitete die Rechtsprechung seine Pflicht ab, dem Mauereigentümer Ersatz zu leisten. Bis zur Ersatzleistung konnte der Ersatzberechtigte die Mitbenützung der Mauer verbieten.

In ähnlicher Weise vollzog sich die Rechtsentwicklung nach Münchener Stadtrecht[4]) auf der Grundlage des Münchener Stadtrechtsbuchs (Art. 349—351) und der Art. 3ff., 60 der Münchener Bau- und Kundschaftsordnung von 1489, sowie nach Nürnberger Stadtrecht[5]) auf der Grundlage des Tit. 26 Gesetz 8 der Nürnberger Reformation von 1564. In diesen Gebieten ist die halbscheidige Errichtung von Giebelmauern, die auch anderweitig vorkommt [6]), besonders häufig. Wenn erst einmal wieder eine rege Bautätigkeit einsetzen wird, so wird die gewaltige Steigerung der Baukosten und der dadurch bewirkte Zwang zu Einsparungen die halbscheidige Bauweise wohl auch in den Gebieten heimisch machen, in denen sie bisher nicht üblich war.

Reichsrechtliche Sonderbestimmungen[7]) über Anbau an eine halbscheidige Mauer bestehen nicht. Das AG. hat sich darauf beschränkt, in

zum Anbau belanglos, ob die Grenze gerade durch die Mitte geht oder ob die 40 cm dicke Mauer nur in einer Dicke von 10 cm auf dem einen Grundstück steht.

[3]) OLG. Köln im RheinArch. 82 I 213; 92 I 201; RG. 2, 346; RheinArch. 74 III 41; vgl. RheinArch. 100 I 46; 110, 211 (Köln); 100, 46 (Düsseldorf).

[4]) Vgl. SeuffBl. 54, 243 (München); Samml. 1, 162; 7, 821; 12, 121 und 321; 14, 499; BayZ. 1915, 249 (RG.). Die Geltung des Münchener Stadtrechts beschränkte sich auf das Gebiet innerhalb des Burgfriedens (SeuffBl. 54, 243).

[5]) Die aus der Reformation für die Kommunmauer abgeleiteten Rechtsgrundsätze wurden auch in den neuen Stadtteilen Nürnbergs angewendet (BayZ. 1916, 157 Nürnberg).

[6]) Vgl. Amberger BauO. 11; Ulmer BO. VII, 3; Memminger BO. XI, 4; Mainzer BO. VII, 21 u. Entw. III 205, 207 (Roth, BayZivilr. 2, 65); Würzburger Stadtbaurecht vom 25. Febr. 1774, IV §§ 3, 6 (Würzb. Landes-Verordn. 3, 787; Weber, Statuarr. 385f.).

[7]) Art. 181 EG. wirkt auf das Eigentumsverhältnis an Kommunmauern ein. Die §§ 93, 94, 95 BGB., welche ein Sonderrecht an Bestandteilen einer Sache ausschließen, haben mit Inkrafttreten des BGB. ein damit im Widerspruch stehendes Sonderrecht beseitigt (vgl. RG. 65, 243; JW. 1904, 89; 1912, 129), vgl. hierzu oben S. 101.

Art. 68 Bestimmungen über die Erhöhung[8]) einer Kommunmauer zu treffen. Die Rechtsgültigkeit des Art. 68 ist mehr als zweifelhaft[9]).

2. Zwang zur Errichtung einer Kommunmauer.

Im übrigen enthält das AG. nur noch Übergangsbestimmungen. Verschiedene bisherige Rechtsvorschriften verpflichteten den Eigentümer, auf Anfordern seines Nachbars eine Mauer als Kommunmauer zu bauen oder dem Nachbar den erforderlichen Grund und Boden abzutreten. Für Bayern kommen nur Code civil, Art. 663, Nürnberger Reformation von 1564, Tit. 26 Ges. 8 und Münchener Bau- und Kundschaftsordnung vom Jahre 1489, Art. 4 in Betracht[10]). Für die Fälle, in welchen zur Zeit des Inkrafttretens des BGB. der Eigentümer eines Grundstückes auf Grund eines solchen Zwangsrechtes eine derartige Mauer zur gemeinschaftlichen Benützung zu errichten begonnen hatte[11]), bestimmt Art. 70 Abs. 1 AG., daß die bisherigen Vorschriften für das Recht und die Pflicht zur Herstellung der Mauer maßgebend bleiben. Für die Benützung der gemeinschaftlichen Mauer gelten im übrigen die Bestimmungen des § 922. Ist eine gemeinschaftliche Mauer auf Grund eines solchen Zwangsrechtes hergestellt worden, gleichviel ob die Mauer vor oder nach dem 1. November 1900 vollendet wurde, so finden die bisherigen Vorschriften, nach welchen im Falle der Benützung der Mauer seitens des Eigentümers des Nachbargrundstückes ein Teil der Kosten zu ersetzen ist, keine Anwendung mehr. Es sind vielmehr die Bestimmungen des Art. 68 Abs. 2 und 3 AG., welche sich mit dem Ersatz der Baukosten für eine Mauererhöhung befassen, entsprechend zur Anwendung zu bringen[12]). Nur dann, wenn der durch das bisherige Recht eingeräumte Ersatzanspruch schon vor dem 1. Januar 1900 fällig geworden war, bleiben die bisherigen Vorschriften maßgebend[13]).

3. Abgesehen von diesem Fall sind für das Kommun-Mauerrecht die bisherigen Rechtsquellen weder durch das BGB., noch durch das AG.

---

[8]) Art. 68 setzt eine fertige Kommunmauer voraus. Eine bei Inkrafttreten des BGB. begonnene, aber noch nicht fertiggestellte halbscheidige Mauer fällt nur dann unter Art. 68 AG., wenn sie auf Grund eines Zwangsrechtes des bisherigen Rechts zu bauen begonnen wurde (Art. 70 Abs. 1 u. 2). Ungenau daher Lieberich, BayZ. 1914, 238.

[9]) S. darüber oben S. 110.

[10]) Roth, Bayer. Zivilrecht, 2, 64 f.

[11]) Der tatsächliche Beginn der Errichtung entscheidet; dem Zeitpunkt der Vollendung ist keine Bedeutung beizumessen (SeuffBl. 70, 209). Mit der Errichtung ist begonnen, sobald der erste Spatenstich für das Fundament gemacht ist.

[12]) Siehe darüber unten, § 9.

[13]) Art. 70 Abs. 2 AG.

aufrechterhalten, so daß deren Geltung erloschen ist. Die für Preußen recht zweifelhafte Frage, ob bei Erbauung des ersten Hauses vor 1900, des zweiten nach 1900 Anbaurecht und Entschädigungspflicht nach dem alten oder neuen Recht zu entscheiden ist, ist daher für Bayern (abgesehen von dem Sonderfall des Art. 70 Abs. 2 AG.) zweifelsfrei zugunsten des neuen Rechts zu beurteilen, weil ja das bayerische AG. auf dem Gebiete des Nachbarrechts grundsätzlich einheitliches Recht schaffen wollte und daher das bisherige Recht auf diesem Gebiete als aufgehoben gilt, soferne es nicht ausdrücklich aufrecht erhalten ist.

Da das BGB. und das AG. unterlassen haben, für die Kommunmauern Sonderbestimmungen zu treffen, so ist es Aufgabe der Rechtslehre und Rechtspflege, die überaus schwierigen Rechtsverhältnisse der Kommunmauer auf Grund der allgemeinen Vorschriften des BGB.[14]) zu meistern. Seit Inkrafttreten des BGB. quält sich die Wissenschaft und Rechtspflege damit ab, eine mit den Anforderungen der Vernunft und den Bedürfnissen der Wirtschaft im Einklang stehende rechtliche Konstruktion herauszuarbeiten. Eine vollbefriedigende Lösung ist bis jetzt nicht gefunden. Der Wirrwarr der Meinungen ist so groß und bis jetzt so ungeklärt, daß man nicht einmal von einer herrschenden Meinung reden kann.

4. Nach allen möglichen Richtungen sind rechtliche Konstruktionen unternommen worden.

Zunächst wurde vom OLG. Köln der Versuch gemacht, das bisherige Recht durch analoge Anwendung des Art. 23 PrAG. (der denselben Wortlaut wie Art. 68 BayAG. hat) aufrecht zu erhalten[15]). Dieser Versuch wurde vom Oberlandesgericht Köln selbst stillschweigend aufgegeben[16]). Mit Recht; Art. 653 ff. code civil sind durch Art. 69 PrAG. ausdrücklich aufgehoben. Das BayAG. enthält eine solche ausdrückliche Aufhebung nicht. Dies war auch nach dem Standpunkt der bayerischen Ausführungsgesetzgebung nicht notwendig, nach welchem nur die ausdrücklich aufrechterhaltenen Bestimmungen des bisherigen Nachbarrechts weiter gelten.

---

[14]) Nur die Ablösung derjenigen Kommunmauern, welche auf Grund eines gesetzlichen Kommunmauerzwangs des bisherigen Rechts errichtet wurden, ist unter entsprechender Anwendung des Art. 68 Abs. 2, 3 AG. zu beurteilen (Art. 70 Abs. 2 AG.). Es ist oben (S. 110) aufgestellt, daß Art. 68 AG. nicht gültig ist. Soweit Art. 70 Abs. 2 AG. seine Anwendung auf die infolge Kommunmauerzwanges des bisherigen Rechts vorhandenen Kommunmauern vorschreibt, ist der Art. 68 AG. lediglich Übergangsvorschrift und als solche gemäß Art. 124 EG. gültig.

[15]) RheinArch. 100 I 48; 101 I 227; 104 I 34; 105 I 48.

[16]) RheinArch. 110 I 426 (Köln); 106, 80 und 164 (Düsseldorf), Haase im RheinArch. 105, 328.

Ein anderer Versuch, das alte Recht aufrechtzuerhalten, unterstellte, daß in den Gebieten, in welchen die kommune Bauweise gemeinüblich war, sich dieser Brauch zu einem förmlichen Gewohnheitsrecht verstärkt habe derart, daß hierdurch ein wirkliches Recht gewährt werde[17]. Der Versuch war schon deswegen verfehlt, weil eine Rechtsübung, welche die gesetzlichen Vorschriften anwendet, zur Begründung eines Gewohnheitsrechtes nicht tauglich ist[18] und sich ein solches Gewohnheitsrecht nur für das ganze Gebiet des Gesetzesrechtes, also entweder für das ganze Reich oder (auf Grund der Art. 2, 124 EG.) für das ganze Land hätte bilden können[19].

Das OLG. Düsseldorf wollte aus der bloßen Zwecksatzung, welche der halbscheidigen Mauer durch den Erstbauenden gegeben wurde, ein Anbaurecht des Nachbars folgern[20]. Mit diesem kühnen Versuch war aber ebensowenig weiterzukommen, wie durch den Vergleich mit der Rechtsprechung über Straßenanliegerecht[21].

Man bemühte sich auch, die Lehre von der gemeinschaftlichen Giebelmauer auf einem Gewebe stillschweigender Verträge aufzubauen[22]. Von diesem Weg hat sich die Rechtsprechung bald wieder abgewendet, weil im Regelfall die auf den Vertragsschluß hinzielende Willenseinrichtung, der rechtsgeschäftliche Wille fehlt[23]. Es wird weiter unten[24] dargetan werden, daß mit der Konstruktion stillschweigender Verträge auf diesem Gebiet sehr wenig anzufangen ist.

Auch mit der Einrede der Arglist wurde das Anbaurecht des Nachbars an die halbscheidige Mauer begründet. So hat das OLG. Düsseldorf in wiederholten Entscheidungen ausgeführt[25], daß in den Gegenden, wo die halbscheidige Bauweise gemeinüblich ist, jeder Grundeigentümer, der ein Gebäude mit halbscheidiger Mauer inne hat, weiß, zu wes Ende die Mauer teilweise über die Grenze gesetzt ist, daß sie eben dem Anbau des Nachbars dienen soll. Wer seinerseits den Vorteil daraus ziehe, daß ein Teil der Mauer auf dem Grund des Nachbars steht, handle arglistig, wenn er sein Eigentum in einer der offensichtlichen Zweckbe-

[17]) RheinAKZ. 29, 170.
[18]) Vgl. RheinAKZ. 29, 149.
[19]) RheinArch. 110, 145 (Düsseldorf).
[20]) RheinArch. 110, 309.
[21]) S. darüber unten S. 211.
[22]) Koppers, DJZ. 1904, 806; Broicher in PucheltsZ. 38, 175; OLG. 18, 130; RheinArch. 109, 285 (Düsseldorf).
[23]) Neumann, Jahrb. 1912 Ziff. 2 und 3 (Dresden); RheinArch. 108, 368 (Karlsruhe); RheinArch. 110, 145 (Düsseldorf).
[24]) S. unten S. 141.
[25]) RheinArch. 110, 308.

stimmung der Mauer zuwiderlaufenden Weise geltend mache. Diese Erwägungen mögen zutreffen auf den Fall, daß der Erbauer der Mauer noch ihr Eigentümer ist, seinem Sondernachfolger wird man die Pflicht der Duldung zum Anbau, wenn sie nach dem Gesetz nicht bestehen sollte, nicht dadurch aufbürden können, daß man in der Geltendmachung seines gesetzlichen Abwehranspruchs ein arglistiges Verhalten erblickt.

Als ein offensichtlicher Verlegenheitsbehelf stellt sich der Versuch dar, die Verpflichtung des Anbauenden zur Zahlung einer Ablösungsentschädigung aus der Vorschrift des § 922 oder § 748 abzuleiten, wonach die Unterhaltskosten einer gemeinschaftlichen Einrichtung von den Nachbarn zu gleichen Teilen zu tragen sind[26]. Es liegt ja auf der Hand, daß es sich bei der Neuherstellung einer Mauer nicht um Unterhaltskosten handeln kann[27].

Ein lebhafter Streit entspann sich über die Frage, ob eine halbscheidig errichtete Mauer vor dem Anbau als Grenzeinrichtung im Sinne des § 921 zu erachten sei. Das RG. hat diese Frage bejaht und die gleiche Ansicht wird hier vertreten (s. hierüber unten S. 124).

Mehr und mehr ist in die Rechtsprechung und Rechtslehre der Gedanke eingedrungen, den Ablösungsanspruch mit der Bereicherung zu begründen, wobei wieder die Ansichten darüber auseinander gingen, ob dieser Bereicherungsanspruch aus § 951 oder aus § 812 abzuleiten sei. Der Bereicherungsanspruch bietet wohl den einzigen brauchbaren Ausweg[28].

Zu seiner Begründung ist es erforderlich, die sachenrechtliche Grundlage darzustellen, auf welcher das Rechtsverhältnis der Kommunmauer beruht[29].

II. Das Rechtsverhältnis an der Kommunmauer vor dem Anbau.

Wer beim Bau seines Hauses eine Giebelmauer halb auf das Nachbargrundstück stellt, vollendet den Tatbestand, der in § 912 als Grenzüberbau behandelt ist[30]. Sind sämtliche Voraussetzungen des

---

[26]) So Pfirstinger 24; SächsRpflArch. 11, 4 (Dresden).

[27]) Lieberich, BayZ. 1914, 262 Anm. 21; Staudinger Bem. IV 2b zu § 922 und FrkfRdsch. 1906, 71 (Frankfurt). Zu Unrecht wird aber dort der Ersatzanspruch aus der Geschäftsführung ohne Auftrag abgeleitet.

[28]) Siehe hierüber unten S. 132.

[29]) Die folgenden Ausführungen stehen im Gegensatz zur zweiten Aufl. d. bayer. Nachbarrechts.

[30]) Vgl. RheinArch. 108, 373 (RG.); 109 I 198 (Köln); 106 I 80 und 109 I 283 (Düsseldorf); 108 I 365 (Karlsruhe); Geiershöfer im Recht 1905, 403; Breit in FischersZ. 38, 160; Ziel 18; Becher 66. — Siehe dagegen Wein, BayZ. 1913, 455 und Buhmann, BayZ. 1914, 198.

§ 912 gegeben, dann steht der übergebaute Teil der Mauer im Alleineigentum des Hauseigentümers[31]). Man muß sogar noch weiter gehen und das Alleineigentum des Hauseigentümers an der ganzen Mauer in jedem Falle, also z. B.[32]) auch dann annehmen, wenn der Hauseigentümer bewußt rechtswidrig einen Teil der Mauer über die Grenze hinübergesetzt hat. Der gute Glaube ist von Bedeutung für die Frage, ob der Eigentümer des überbauten Grundstückes die Beseitigung des Überbaues verlangen kann, nicht aber für das Eigentumsverhältnis an der Mauer. Sie gehört in jedem Fall dem Hauseigentümer; es ist „seine" Mauer. Das ist eine Auswirkung der oben (S. 98) vertretenen Auffassung, daß der Grundsatz der rechtlichen Untrennbarkeit der Bestandteile (§ 93) stärker ist, wie der Grundsatz des § 94 Abs. 1 (Superficies solo cedit) und deshalb beim Zusammentreffen der beiden Grundsätze auf denselben Tatbestand der § 94 dem § 93 weichen muß.

Das Reichsgericht geht von einem anderen Standpunkt aus: Darnach soll ein Gebäude grundsätzlich nur soweit wesentlicher Bestandteil eines Grundstückes sein, als es mit diesem fest verbunden ist, also darauf steht (§ 94). Reicht ein Teil des Gebäudes über die Grenze des Grundstückes hinaus, so ist dieser Teil Bestandteil des angrenzenden Grundstückes. Nur dann ist der hinübergebaute Teil eines Gebäudes ausnahmsweise rechtlicher Bestandteil des Gebäudes, wenn der Teil in Ausübung eines Rechtes an dem Nachbargrundstücke mit diesem verbunden wurde (§ 95 Abs. 1) oder wenn die Voraussetzungen gegeben sind, unter denen der Nachbar den Überbau nach § 912 zu dulden hat[33]).

In der für Kommunemauerrecht grundsätzlichen Entscheidung vom 8. Februar 1911 führt das RG.[34]) aus: Wenn es sich um eine halb-

---

[31]) Jetzt herrsch. Meinung. RheinArch. 108, 363 (Karlsruhe); 109, 198 (Köln); 109, 277 (auch in JW. 1912, 491) u. 110, 145 (Düsseldorf); Sächs. Ann. 33, 175 (Dresden); Geiershöfer a. a. O. 402; Kukuk 38; Breit, SächsAnn. 38, 168 und SächsRpflArch. 1911, 392; Frommherz, BadRspr. 14, 225; Becher a. a. O. 67; vgl. BayZ. 1907, 334 (Nürnberg). An diesem Alleineigentum kann durch entgegenstehende Vereinbarung nichts geändert werden, da die Vorschrift des § 93 zwingend ist. Unrichtig daher BayZ. 1914, 181 und 182 (München).

[32]) Auch dann, wenn der Erbauer bei Errichtung der halbscheidigen Mauer Eigentümer der beiden Grundstücke war und dann das eine Grundstück veräußert hat oder die beiden Grundstücke im Wege der Zwangsversteigerung an verschiedene Erwerber zugeschlagen sind. Weil in einem solchen Fall § 912 nicht anwendbar sein soll (s. dagegen unten § 21 VII, 1), nimmt RG. 65, 361 u. BayZ. 1914, 180 (München) Realteilung an der Mauer an. Im Fall RG. 72, 269 wurde bei rechtsgeschäftlicher Veräußerung mit der Annahme einer stillschweigenden Bestellung einer Überbaugerechtigkeit geholfen (destination du père de famille nach franz. Recht).

[33]) RGKomm. Bem. 3 zu § 94. S. Anm. 3 zu S. 24.

[34]) RheinArch. 108, 373 ff. (in recht unvollständigem Auszug, der leicht zu Mißverständnissen führen kann, auch abgedruckt. JW. 1911, 365).

scheidig errichtete Mauer handelt, die weder in Ausübung eines Rechts am Nachbargrundstücke (§ 95 Abs. 1 Satz 2) noch unter den eine Duldungspflicht des Nachbarn begründeten Voraussetzungen des § 912 hinübergebaut wurde, so steht die Mauer je zur Hälfte in real abgeteiltem Eigentum der beiden Nachbarn (§ 94). Der Angrenzer kann die Beseitigung des übergebauten Mauerteiles verlangen. Bei dem abgeteilten Eigentum bleibt es auch nach dem Anbau. Handelt es sich aber um eine halbscheidige Mauer, bei der die Voraussetzungen des § 95 oder der Duldungspflicht des § 912 gegeben sind, so steht die ganze Mauer im Alleineigentum des Hauseigentümers und dabei bleibt es auch nach dem Anbau[35]).

Will man die Tragweite dieser Entscheidung richtig erfassen, so muß in eine Erörterung der beiden vom RG. zugelassenen Ausnahmefälle eingegangen werden.

1. Die Anwendbarkeit des § 912 wird vom RG. verneint[36]), wenn der Überbau auf Grund und in Gemäßheit einer Vereinbarung erfolgt, durch die der Erbauer eine rechtliche Befugnis zum Bauen über die Grenze wirklich erworben hat[37]); in diesem Fall ist § 95 anzuwenden. Es ist nur die Frage, welche Anforderungen an einen Vertrag gestellt werden müssen, durch welchen eine rechtliche Befugnis im Sinne des § 95 Absatz 1 Satz 2 erworben wird. Die herrschende Meinung nimmt mit Recht an, daß nur ein dingliches Recht die Befugnis des § 95 gewährt[38]). Man sollte meinen, daß ein solches dingliches Recht nur in der Form wirksam bestellt werden kann, welche für die Begründung dinglicher Rechte vorgeschrieben ist, also durch Einigung und Eintragung im Grundbuche (§ 873). Das RG. hat jedoch in einer anderen Entscheidung[39]) angenommen, daß durch die formlose Zustimmung des Nachbars zur halbscheidigen Errichtung der Mauer die rechtliche Befugnis zur Verbindung der Scheidemauer mit dem Nachbargrundstück erworben wird. Dieser Standpunkt ist richtig, bedarf aber der Begründung.

Wie in dieser Entscheidung des RG.[39]) anerkannt wird, ist die im beiderseitigen Einverständnis halbscheidig errichtete Mauer, deren

---

[35]) Aus dieser unrichtigen (s. darüber unten S. 130) Annahme wird dann die Folgerung gezogen, daß der anbauende Nachbar für den Anbau in keinem Falle eine Entschädigung bezahlen müsse, weil der andere Nachbar in keinem Fall durch den Anbau einen Rechtsverlust erleide.

[36]) Ebenso OLG. 34, 191 (Zweibrücken); RG. 70, 203; Recht 1910 Nr. 3925 (Hamburg); JW. 1914, 40; Wein, BayZ. 1913, 455; Buhmann, BayZ. 1914, 198.

[37]) RG. Warn. 1915 Nr. 270; BayZ. 1915, 350 (RG.).

[38]) RGKomm. Bem. 5 zu § 95.

[39]) BayZ. 1915, 350 (RG.). Im Einklang hiermit lehrt RGKomm. Bem. 5 zu § 95 (nachdem vorher das Erfordernis eines dinglichen Rechts für die Befugnis des § 95 auf-

spätere Mitbenützung durch den Anbau des Nachbars in Aussicht genommen ist, auch schon vor dem Anbau eine Grenzrichtung im Sinne des § 921 BGB.[40]).

Eine Grenzeinrichtung darf aber, so lange einer der Nachbarn an dem Fortbestand der Einrichtung ein Interesse hat, nicht ohne seine Zustimmung beseitigt werden (§ 922). Dieses dinglich wirkende Recht[41]) an dem fremden Grund und Boden, soweit darauf die Anlage steht, wird durch die mit formloser Zustimmung erfolgte Schaffung einer Einrichtung erworben, welche nach ihrer objektiven Beschaffenheit zum Vorteil beider Grundstücke dient (§ 921). Es fällt unter § 95 Abs. 1 Satz 2. Zwar ist, streng genommen, die Verbindung der Anlage mit dem fremden Grundstück nicht in Ausübung eines dinglich oder dinglich wirkenden Rechts an diesem Grundstück vorgenommen (§ 95 Abs. 1). Denn dieses Recht wird nicht schon durch die bloße Zustimmung zur Schaffung der Einrichtung erworben, sondern erst durch die mit Zustimmung erfolgte Schaffung der Einrichtung, welche objektiv dem Vorteil beider Grundstücke dient. Dieser Zustand wird erst durch die Verbindung geschaffen, während § 95 voraussetzt, daß schon die Vornahme der Verbindung in Ausübung eines dinglichen Rechtes erfolgt. Aber wegen völliger Gleichheit des Rechtsgrundes bestehen keine Bedenken gegen die analoge Anwendung des § 95 auf diesen Fall. Die Entscheidung des RG. ist also nur unzureichend begründet, aber richtig.

Das Ergebnis ist: Immer dann, wenn der Nachbar der Errichtung einer herüber gebauten Scheidemauer zugestimmt hat, gilt die Mauer, soweit sie auf seinem Grund und Boden steht, als von dem andern

---

gestellt ist): Wenn eine Giebelmauer mit der ausdrücklich oder stillschweigend von den Nachbarn vereinbarten Bestimmung des späteren Anbaus des Nachbarn halbscheidig errichtet wird, so ist der hinübergebaute Teil „als in Ausübung eines bedingten Rechtes mit dem Nachbargrundstück verbunden anzusehen".

[40]) S. darüber oben S. 87. Deshalb darf der Eigentümer der halbscheidigen Mauer diese ohne Zustimmung des Nachbars nicht beseitigen. A. M. mit unzureichender Begründung Lieberich, BayZ. 1914, 262. Nach § 922 muß der Nachbar die Hälfte der Unterhaltungskosten für die mit seiner Zustimmung erbaute halbscheidige Mauer auch schon vor dem Anbau tragen. Das ist durchaus nicht unbillig. Derjenige, der das erste Haus gebaut hat, mußte mit den gesamten Herstellungskosten in Vorschuß gehen. Da der Nachbar der Schaffung der Grenzeinrichtung zugestimmt hat und die halbscheidige Mauer schon vor dem Anbau den Wert seines Grundstücks erhöht und es ihm ja jederzeit frei steht, den in Aussicht genommenen Anbau auszuführen, so ist nicht erfindlich, weshalb er sich der Zahlung der hälftigen Unterhaltungskosten entschlagen können sollte. A.M. Buhmann, BayZ. 1914, 223; Lieberich, BayZ. 1914, 263. Nur unter ganz besonderen Umständen kann eine gegenteilige stillschweigende Vereinbarung unterstellt werden (vgl. unten S. 139).

[41]) Es ist kein dingliches Recht, sondern Ausfluß und Inhalt des Eigentums an seinem Grundstück, aber es wirkt dinglich.

Nachbar (dem an der Grenzeinrichtung Mitberechtigten)[42]) in Ausübung eines Rechtes an einem fremden Grundstück mit dem Grundstück verbunden (§ 95).

Auf einen solchen Fall ist § 912 nicht anzuwenden. Damit ist auch die Streitfrage[43]), ob für den hinüber gebauten Teil der Mauer Überbaurente und Grundabnahme verlangt werden kann, ohne weiteres zu verneinen.

2. § 912 ist auf den Fall einer halbscheidig gebauten Giebelmauer vor dem Anbau des Nachbars anzuwenden, wenn:

a) der Nachbar dem Grenzüberbau weder ausdrücklich noch stillschweigend zugestimmt hat (s. oben Ziff. 1);

b) wenn der Nachbar weder bei der Grenzüberschreitung Widerspruch erhoben hat, noch auch einen rechtzeitig erhobenen Widerspruch später fallen ließ[44]);

c) wenn dem Hauseigentümer bei Überschreitung der Grenze weder Vorsatz noch grobe Fahrlässigkeit zur Last fällt.

Vorsatz bei der Grenzüberschreitung liegt vor, wenn der Hauseigentümer bei der Errichtung der Mauer gewußt hat, daß er unberechtigt über die Grenze baut. Hat er sich über den Verlauf der Grenze getäuscht oder irrtümlich angenommen, daß er auch Eigentümer des Nachbargrundstückes sei oder daß der Nachbar mit dem Überbau einverstanden sei[45]), dann hat er die Grenze nicht mit dem Bewußtsein der Rechtswidrigkeit, also nicht vorsätzlich rechtswidrig überschritten. Es kommt dann darauf an, ob sein Irrtum auf grober Fahrlässigkeit beruht. Der Hauseigentümer muß beweisen, daß ihm Vorsatz und Fahrlässigkeit bei der Grenzüberschreitung nicht zur Last fällt. Andernfalls besteht die Duldungspflicht des § 912 nicht. In Gegenden, in denen die halbscheidige Bauweise Brauch ist, also vor allem in Nürnberg, München

---

[42]) Gewiß hat nicht er, sondern der Hauseigentümer die Verbindung ausgeführt. Aber dieser hat zugleich auch für den Nachbarn gehandelt, bei dessen vorheriger Zustimmung als Beauftragter, bei nachträglicher Genehmigung als Geschäftsführer ohne Auftrag.

[43]) Vgl. Breit, FischersZ. 38, 180; Ziel 27; Wein 455; Pfirstinger 21 und SeuffBl. 1902, 100, und dagegen Planck Bem. 5 zu § 921; de Boor 22 und die 2. Aufl. des bayer. Nachbarrecht.

[44]) SeuffA. 62 Nr. 109.

[45]) Hat der Nachbar ein Verhalten an den Tag gelegt, welches objektiv betrachtet, nicht anders aufgefaßt werden kann als die Zustimmung, dann hat er diese Zustimmung auch dann erklärt, wenn dies seinem inneren Willen nicht entsprach. Denn auch die stillschweigende Zustimmung ist eine Willenserklärung (vgl. RGK. Vorbem. 2 vor § 116). Wird sie nicht rechtzeitig (§ 121) wegen Irrtums angefochten (§ 119), dann liegt der Fall a des Textes vor.

und in der Pfalz, werden Vorsatz und grobe Fahrlässigkeit regelmäßig durch den Nachweis dieses Brauches[46]) ausgeschlossen sein[47]).

3. Nunmehr übersehen wir die Grundlagen der reichsgerichtlichen Entscheidung, die so starke Anfechtung erfahren hat. Diesen Grundlagen der Entscheidung (nicht den daraus gezogenen Folgerungen) ist beizupflichten:

a) Ist die halbscheidige Giebelwand mit ausdrücklicher oder stillschweigender Zustimmung des Nachbars errichtet, so muß er den Überbau dulden. Er kann Überbaurente und Grundabnahme nicht verlangen, hat aber das Recht, die Giebelwand zum Anbau seines Hauses zu benützen. Bis zum Anbau steht die Giebelwand im Alleineigentum des Hauseigentümers (§§ 95, 922).

b) Ist die halbscheidige Giebelwand ohne ausdrückliche oder stillschweigende Zustimmung des Nachbars errichtet, so muß der Nachbar[48]) die Giebelwand dulden, wenn die Voraussetzungen des § 912 gegeben sind. Die ganze Mauer steht im Alleineigentum des Hauseigentümers. Der Nachbar kann Überbaurente und Grundabnahme verlangen. Dagegen darf er die Giebelwand nicht zum Anbau seines Neubaues verwenden. Tut er dies trotzdem, so muß er auf Verlangen des Eigentümers des ersten Hauses die Beeinträchtigung der Giebelwand selbst dann beseitigen, wenn dieser rechtzeitig Widerspruch (§ 912 Abs. 1) nicht erhoben hat (§§ 903, 1004). Wenn dieser aber durch sein Verhalten ausdrücklich oder stillschweigend zum Ausdruck gebracht hat, daß er mit der Benützung seiner Mauer beim Anbau des Nachbars einverstanden ist, dann entfällt von da ab die Anwendbarkeit der Bestimmungen des

---

[46]) Zu weit geht RheinArchRZ. 29, 172, wenn dort der Brauch als Gewohnheitsrecht aufgefaßt wird, durch welches ein wirkliches Recht zum Bauen verliehen werde. Dagegen mit Recht RheinArch. 110, 149 (Düsseldorf).

[47]) Vgl. RheinArch. 109 I 199 (Kolmar). Ist in einer Stadt, wo die halbscheidige Bauweise üblich ist, ein Bauplan, der die halbscheidige Errichtung der Giebelwand aufzeigt, vom Nachbar unterschrieben worden, so liegt darin zwar nicht die ausdrückliche Erklärung seiner Zustimmung. Denn bei der Unterzeichnung des Bauplanes handelt es sich nur um eine Erklärung gegenüber der Behörde, nicht gegenüber dem Bauherrn. Aber in der Unterzeichnung des Bauplanes im Zusammenhalt mit dem Geschehenlassen des halbscheidigen Mauerbaues wird dem Bauherrn gegenüber ein Verhalten an den Tag gelegt, das nach Lage der Sache keine andere Auslegung zuläßt, als die Zustimmung. Es liegt also die stillschweigende Erklärung der Zustimmung vor. (Im Ergebnis richtig BayZ. 1915, 350 [München]; vgl. Beche, BayZ. 1915, 66.) War der Nachbar im Irrtum darüber, daß halbscheidig angebaut werde, so ist er auf die Anfechtung wegen Irrtums angewiesen (s. S. 124 Anm. 45).

[48]) Natürlich auch sein Sondernachfolger, da die Beschränkung des § 912 dinglich wirkt. Die Kritik Lieberichs (BayZ. 1914, 239) an den Ausführungen der 2. Aufl. des Bayer. Nachbarrechts S. 58 geht deshalb fehl.

§ 912 ff. Denn dann ist mit Zustimmung beider Nachbarn eine Einrichtung vorhanden, die objektiv dem Vorteil beider Nachbarn dient und dauernd zu dienen bestimmt ist. Das ist eine Grenzeinrichtung (§ 921 und § 95), so daß von da ab der Fall a gegeben ist.

c) Ist die halbscheidige Giebelwand ohne ausdrückliche oder stillschweigende Genehmigung des Nachbars errichtet oder fehlt eine der Voraussetzungen der Duldungspflicht des § 912 Abs. 1, dann steht die ganze Mauer gleichwohl im Alleineigentum des Hauseigentümers, der jede Einwirkung auf seine Mauer verbieten kann (§ 903, 1004). Davon weicht die Ansicht des Reichsgerichtes[49]) ab, das in diesem Falle real abgeteiltes Eigentum an der Mauer annimmt. Jedenfalls kann der Nachbar Überbaurente und Grundabnahme nicht verlangen. Erhebt er gleichwohl den Anspruch auf Überbaurente oder Grundabnahme, dann wird darin zwar nicht ohne weiteres die nachträgliche Zustimmung der Grenzüberschreitung, aber im Zweifel der Antrag an den Eigentümer des zuerst gebauten Hauses zu erblicken sein, den Überbau nach den Bestimmungen der §§ 912 ff. zu behandeln. Dieser Antrag schließt den Verzicht auf den Beseitigungsanspruch ein. Nimmt der Nachbar diesen Antrag an, so sind von da ab die Bestimmungen der §§ 912 ff. anzuwenden. Benützt der Nachbar die Mauer zum Anbau seines Neubaues, so ist das Rechtsverhältnis genau so zu beurteilen, wie bei der darin liegenden Zustimmung zur rechtlichen Begründung einer Grenzeinrichtung im Fall b.

III. Der gesetzliche Ablösungsanspruch.

Baut der Nachbar an die vom Hauseigentümer halbscheidig errichtete Mauer an, so benützt er einen Gebäudeteil, zu dessen Errichtung er zwar durch Grund und Boden, aber weder durch Arbeit noch durch Baustoff etwas beigetragen hat. Die Rechtsprechung zog daraus unter der Herrschaft des rheinischen Rechts, wie des Münchener und des Nürnberger Stadtrechts die Folgerung, daß er den Eigentümer des zuerst gebauten Grundstückes dafür entschädigen muß. Diese Entschädigungspflicht, die der Billigkeit und der Überlieferung entspricht, wird nun für das neue Recht von einem Teil der Rechtslehre und der Gerichte, an der Spitze vom Reichsgericht geleugnet[50]).

Für die Untersuchung der Frage, ob für den Anbau nach neuem Recht Entschädigung gezahlt werden muß, empfiehlt es sich, zunächst von

---

[49]) RheinArch. 108, 377; JW. 1911, 366; OLG. 34, 190 (München).

[50]) RheinArch. 108, 373 (RG.); im ungenügenden Auszug auch in JW. 1911, 366; BayZ. 1914, 181 (München); OLG. 34, 191; Bungard 28; Wein 455; Geiershöfer 403; Staudinger Bem. IVa b zu § 921.

Abreden der Beteiligten abzusehen und bei der Untersuchung zu unterstellen, daß weder eine dingliche noch eine schuldrechtliche Vereinbarung über die Ersatzleistung zwischen den Nachbarn und ihren Besitzvorgängern getroffen wurde.

1. Änderung des Eigentumsverhältnisses durch den Anbau.

Die Untersuchung hat auszugehen von dem Eigentumsverhältnis, das an der halbscheidigen Mauer vor dem Anbau besteht. Wie oben gezeigt wurde, steht in jedem Fall[51]) das Alleineigentum an der halbscheidig gebauten Mauer vor dem Anbau dem Gebäudeeigentümer zu. Dieses Alleineigentum an der ganzen Mauer wird aber durch den Anbau geändert. Denn durch die Einverleibung der Mauer in das zweite Haus wird sie auch zu dessen wesentlichen Bestandteil[52]) (s. oben S. 27).

Der Rechtsgrundsatz des § 94 Abs. 1 „superficies solo cedit" ist an sich ein abstrakter Rechtsgrundsatz. Er steht aber nicht für sich allein im Gesetz. Die Vorschriften der §§ 93 und 95 und insbesondere des § 94 Abs. 2 sind zusammen mit § 94 Abs. 1 und unter Heranziehung der §§ 946 ff. einer einheitlichen Betrachtung zu unterstellen. In ihrer Gesamtheit ist in diesen Vorschriften das gesetzgeberische Ziel ausgeprägt, einem Gegenstand, der kraft seiner Zweckbestimmung und der allgemein gültigen Verkehrsauffassung als wirtschaftliche Einheit erscheint, auch die entsprechende rechtliche Einheit zu geben[53]). Die Zweckbestimmung und Verkehrsauffassung gibt den Ausschlag für die Entscheidung der Frage, ob eine Sache wesentlicher Bestandteil einer andern ist oder durch die Verbindung wird[54]). Dabei handelt es sich um eine Zweckbestimmung, die nicht nur ein innerer Vorgang bei dem Schaffenden ist, sondern durch die Verwirklichung seiner Willensrichtung so vergegenständlicht wird, daß der Zweck in das Wesen des

---

[51]) Das RG. macht jedoch hiervon eine (einzige) Ausnahme, nämlich für eine halbscheidige Mauer, bei der weder die Voraussetzungen des § 95 Abs. 1 Satz 2 (s. oben S. 110) noch die Duldungspflicht des § 912 Abs. 1 (s. oben S. 113) gegeben ist. Diese Ausnahme ist nicht gerechtfertigt, wie oben S. 101 dargetan wurde.

[52]) JW. 1912, 1038 (Dresden); RheinArch. 109, 277 (Düsseldorf); auch in JW. 1912, 491; Metzges, Gruchot 62, 77; s. dagegen BayZ. 1914, 181 (München); Droste, Gruchot 60, 256. Ganz seltsam OLG. 29, 241 (München): Es wird Überbau angenommen und daraus richtig gefolgert, daß an sich der hinübergebaute Teil Bestandteil des Hauses sei. Durch Annahme stillschweigender Abrede wird das Gegenteil (Realteilung) konstruiert, wobei übersehen wird, daß die Vorschriften der §§ 93 ff. zwingendes Recht sind.

[53]) Vgl. RG. 58, 341; 61, 192; 62, 408; 63, 419; 67, 419; 69, 121 u. 153; Staudinger Anm. 1 zu § 93.

[54]) RheinArch. 110, 145 (Düsseldorf).

Werkes übergeht. Der Erbauer einer halbscheidigen Mauer gibt dieser Mauer zunächst einmal die Zweckbestimmung, die Abschlußmauer seines Hauses zu bilden; sie fällt daher gemäß §§ 93, 94 Abs. 2 als Bestandteil seines Hauses in sein Alleineigentum. Daneben aber gibt der Erbauer, indem er die Abschlußmauer seines Hauses halb über die Grenze setzt, der Mauer die weitere Zweckbestimmung, später, nämlich im Fall des Anbaues, auch dem Nachbarhaus als Abschlußmauer zu dienen. Diese Zweckbestimmung ist im Wesen der Mauer vergegenständlicht. Baut dann der Nachbar an, so wird dadurch lediglich die Zweckbestimmung verwirklicht, welche die Mauer von allem Anfang in sich getragen und für die Verkehrsauffassung ersichtlich bewahrt hat. Wenn die in die Einheitssache hineingelegte, ihrem Wesen aufgeprägte Zweckbestimmung von allem Anfang an und immer darin besteht, dem einen Haus so gut wie dem andern die unentbehrliche Abschlußmauer, also wesentlicher Bestandteil zu werden, so muß in dem Augenblick, in welchem diese Zweckbestimmung auch für das zweite Haus verwirklicht wird, die wirtschaftliche wie die rechtliche Zusammengehörigkeit der Mauer zu dem zweiten Haus genau dieselbe werden, wie zu dem ersten Haus. Für jedes der beiden Häuser ist die ganze Mauer, nicht nur die eine real abgeschnittene Hälfte unentbehrlich; die ganze Mauer ist mit dem einen wie mit dem andern Haus fest verbunden, sie ist wesentlicher Bestandteil beider Häuser (§ 94 Abs. 2). Indem das Alleineigentum des einen Nachbars an der ganzen Mauer mit dem Alleineigentum des andern an derselben ganzen Mauer zusammentrifft und keines die Kraft hat, das andere zu überwinden, müssen sich die beiden Eigentumsrechte vereinigen und auflösen in ein ungeteiltes Miteigentum.

Durch den Anbau wird also die Mauer nach wirtschaftlicher und rechtlicher Auffassung auch dem neuen Haus als Bestandteil einverleibt [55]) Die erforderliche feste Verbindung liegt schon dann vor, wenn die halbscheidige Mauer als Abschluß des Neubaues (als dessen Verwandung) benützt wird, auch wenn eine besonders feste Verbindung durch Einbauen oder Auflegen von Balken nicht hergestellt ist [56]). Wird das neue Haus mit einer selbständigen Mauer nicht neben die alte

---

[55]) Becher, BayZ. 1915, 84; RheinArch. 110 I 145 (Düsseldorf); JW. 1912, 1038 (Dresden) wenden den § 946 (Verbindung einer beweglichen Sache mit einer unbeweglichen Sache) entsprechend an. Das wird nicht angängig sein; abgesehen davon, daß die Mauerhälfte keine bewegliche Sache ist und es doch etwas zu gekünstelt ist, sich die Mauerhälfte einen Augenblick als bewegliche Sache zu denken (vgl. RheinArch. 110, 145), kann man überhaupt mit der Mauerhälfte auch in Gedanken nicht so umspringen, als ob die andere Mauerhälfte nicht fest mit ihr verbunden wäre und mit ihr nicht eine Einheitssache bilden würde.

[56]) BayZ. 1916, 157 (Nürnberg).

Scheidewand gestellt, dann wird diese dem Neubau nicht einverleibt. Es muß sich aber auch wirklich um eine selbständige Mauer des Neubaues handeln, die für sich allein (also ohne Anlehnung an die Halbscheidemauer standsicher wäre. Das ist bei einer aus (auf der schmalen Seite) aufgestellten Backsteinen bestehenden Wand eines einigermaßen hohen Gebäudes nicht der Fall.

Die Änderung des Eigentumsverhältnisses vollzieht sich in dem Augenblick, in welchem sich der Neubau nach wirtschaftlicher Auffassung als ein wirtschaftlich zusammengehöriges und benützbares Ganzes, als eine Einheitssache, nämlich als ein Gebäude darstellt. Das ist der Zeitpunkt, in welchem der Neubau in Rohbau vollendet ist[57]). In diesem Augenblick zieht der Neubau die halbscheidige Mauer als Bestandteil zu sich herüber.

Wie oben (S. 95 und S. 128) dargelegt ist, besteht die Änderung des Eigentumsverhältnisses, die durch den Anbau herbeigeführt wird, darin, daß die bisher im Alleineigentum des Eigentümers des ersten Hauses stehende halbscheidige Mauer in das ungeteilte Miteigentum der beiden Nachbarn überführt wird. Nach der Ansicht des Reichsgerichts, deren Widerlegung oben versucht wurde[58]), wird durch den Anbau eine Änderung des Eigentumsrechts nicht bewirkt. Nach der Ansicht der Obergerichte[59]) wird durch den Anbau eine Änderung des Eigentumsverhältnisses bewirkt, die darin bestehen soll, daß sich das Alleineigentum des einen Nachbars an der ganzen Mauer verwandelt in zwei Alleineigentumsrechte, je an der durch die Grenze geteilten, real gedachten Hälfte der Mauer[60]).

Während also nach der Ansicht des Reichsgerichts ein Rechtsverlust des bisherigen Alleineigentümers des Hauses durch den Anbau nicht herbeigeführt wird, tritt infolge des Anbaues ein Rechtsverlust ein nach der Ansicht der Obergerichte an der realen Hälfte, nach der hier vertretenen Ansicht an der ideellen Hälfte.

---

[57]) RheinArch. 110 I 152 (Düsseldorf); 110 I 216 (Köln); SächsAnn. 33, 180 (Dresden); Breit in SächsArchR. 1911, 400; Ziel 36. — Abweichend RheinArch 110 I 306 und 311 (Düsseldorf); Bungard 27; Becher 85; welche die Eigentumsänderung entsprechend dem Fortschreiten des Baues eintreten lassen. Allein nur das fertige Gebäude hat die Kraft, die Mauer zu seinem Bestandteil an sich zu ziehen. — Metzges in Gruchot 62, 76 hält den Beginn des Baues für den entscheidenden Zeitpunkt.

[58]) S. oben S. 95.

[59]) BayZ. 1915, 350 (München); 1916, 157 (Nürnberg); RheinArch. 108, 368 (Karlsruhe); 109, 277; 110 I 145 (Düsseldorf); 110 I 219 (Köln); JW. 1912, 1038 (Dresden); 1912, 491 (Düsseldorf). Vgl. Lieberich, BayZ. 1914, 239.

[60]) Dieser Ansicht der Obergerichte hat sich gegen das RG. (JW. 1911, 364) angeschlossen RGK. Bem. 5 zu § 95. Vgl. jetzt auch RG. 196, 172, s. oben S. 94.

Es kommt nun häufig vor, daß die halbscheidige Mauer nur teilweise zum Anbau benützt wird, sei es, daß der Neubau nicht so tief ist wie das anstoßende Haus oder daß der Neubau nicht so hoch ist, so daß der obere Teil der halbscheidigen Mauer frei vom Anbau in die Luft ragt.

Die hier aufgezeichneten Querschnitte von Giebelwänden enthalten einen schraffierten Ausschnitt, welcher den Querschnitt des Neubaues

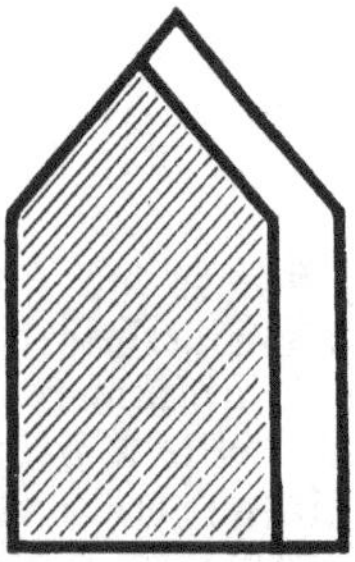

Fall I

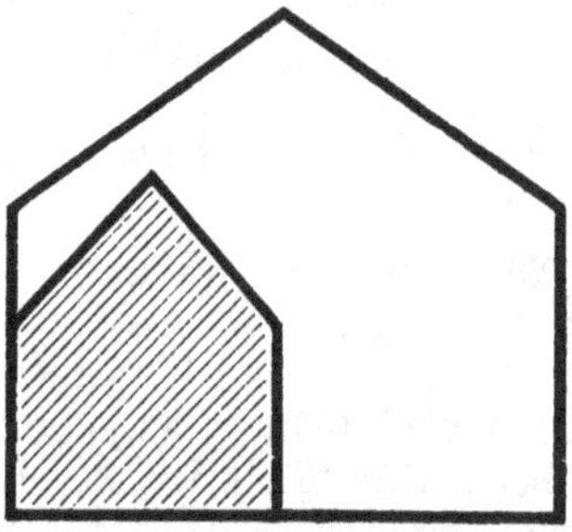

Fall II

darstellt. Der schraffierte Teil der halbscheidigen Mauer ist durch den Anbau auch Bestandteil des neuen Hauses geworden; er ist zugleich Bestandteil des ersten Hauses, steht also im ungeteilten Miteigentum der beiden Nachbarn. Der nicht schraffierte Teil der Giebelwand ist nicht zum Bestandteile des Neubaues geworden, würde also im Alleineigentum des Eigentümers des zuerst gebauten Hauses verbleiben. Es ist nun aber rechtlich unmöglich (§ 93), daß dieselbe Einheitssache (halbscheidige Mauer) einem verschiedenen Herrschaftsrecht unterworfen ist. Weil nun feststeht, daß der schraffierte Teil der Mauer Bestandteil des Neubaues ist, aber auch Bestandteil des alten Hauses und infolgedessen dieser Teil nur im Miteigentum der beiden Nachbarn stehen kann, so muß auch der nichtschraffierte Teil dem gleichen Herrschaftsrechte unterworfen sein, weil ja sonst zweierlei Herrschaftsrechte an derselben Sache bestehen würden. Aber das Miteigentum ist in diesem Falle nicht nach gleichen (hälftigen) Bruchteilen geteilt, sondern nach dem Verhältnis, in welchem das Flächenmaß des zum Anbau benützten Teiles der halbscheidigen Mauer zu dem Flächenmaße der ganzen halbscheidigen Mauer steht. Das Flächenmaß des schraffierten Teiles beträgt im Falle I 90 qm, im Falle II 80 qm. Das Flächenmaß der ganzen halbscheidigen Mauer beträgt im Falle I 120 qm, im Falle II 240 qm. Es steht die ganze halbscheidig errichtete Mauer im Miteigentum nach Bruchteilen, wobei der Eigentümer des zuerst gebauten Hauses im Falle I zu $^5/_8$, im Falle II zu $^5/_6$, der Eigentümer des Neubaues im Falle I zu $^3/_8$, im Falle II zu $^1/_6$ beteiligt ist. Der Rechtsverlust, den der Eigentümer des alten Hauses erleidet, beträgt somit im Falle I $^3/_8$, im Falle II $^1/_6$ seines Eigentumsrechts [61]).

2. Grund und Höhe der Entschädigung.

Für den Rechtsverlust, den der Eigentümer des ersten Hauses an seinem Mauereigentum durch den Anbau erleidet, muß Entschädigung geleistet werden. Der eine hat einen Teil seines Eigentums verloren, der andere hat ihn erlangt. Um den Wert dieses von dem einen verlorenen Eigentumsteiles ist der andere bereichert. Diese Bereicherung beruht auf einer kraft Gesetzes (§ 93) eintretenden Rechtsänderung. Es muß nach Sinn und Zweck dieser gesetzlichen Bestimmung (§ 93) beurteilt werden, ob nach dem Willen des Gesetzgebers der Verlust der Wiederherstellung des gekränkten Rechts oder nur der logischen Durchführung einer Rechtskonstruktion dienen soll.

Der von § 93 erzwungene Rechtsverlust tritt nur deshalb ein, weil ein zwiefaches Herrschaftsrecht an derselben Einheitssache sich mit der Logik nicht verträgt. Deshalb muß das Herrschaftsrecht des einen vernichtet werden, auch wenn dieses Eigentum der materiellen Gerechtigkeit durchaus entspricht. Mit § 93 wird also das materielle Recht durch das formale überwunden. Ein dadurch herbeigeführter Rechtsverlust beruht nicht auf einem von Recht und Billigkeit getragenen Rechtsgrund, also hat der andere das, was der eine verloren hat, auf dessen Kosten ohne rechtlichen Grund verlangt. Damit ist der Herausgabeanspruch des § 812 gegeben [62]). Der Einwand, daß ja der Nachbar das Recht zum

[61]) Vgl. Breit in FischersZ. 38, 196; Kukuk 48 u. 80; a. A. RG. 162, 209. „Das Eigentum an einer Grenzmauer steht jedem Nachbar an dem auf seinem Grundstück stehenden Mauerteil zu (also kein Bruchteilseigentum); jeder Eigentümer wird jedoch durch das Mitbenutzungsrecht des Nachbarn in seinem Grundeigentum beschränkt" (RG. 162, 209).

[62]) Breit, FischersZ. 38, 195; Kukuk 79; RheinArch. 109, 227 (Düsseldorf), auch JW. 1912, 491; s. dagegen Lieberich, BayZ. 1914, 251. Auf dem Umweg der §§ 946, 951 nehmen den Bereicherungsanspruch an JW. 1912, 1038 (Dresden); RheinArch. 110 I 219 (Köln); 108, 368 (Karlsruhe); RGKomm. Bem. 5 zu § 95; das OLG. Dresden verkennt nicht, daß § 946 sich nur auf die Verbindung einer beweglichen Sache mit einem Grundstück bezieht; meint aber, daß das, was gelte, wenn die beiden Nachbarn die Mauer zusammen errichtet hätten, auch nach dem Anbau an eine von einem Nachbar allein errichtete halbscheidige Mauer gelten müsse. Das gilt auch, aber nicht auf Grund des § 951 lex specialis für Verbindung beweglicher Sachen mit einem Grundstück), sondern auf Grund der allgemeinen Vorschrift des § 812.

Anbau habe (§ 922), und deshalb das Eigentumsrecht an der Mauer mit rechtlichem Grund erlangt, ist nicht stichhaltig. Allerdings hat der Nachbar das Recht, die halbschichtige Mauer durch den Anbau mit seinem Haus zu verbinden. Aber der Erwerb des Eigentumsrechts gehört nicht zum Inhalt dieser Befugnis, sondern ist nur die rechtliche Folge der Ausübung der Befugnis. Der Bereicherte muß das, was er erlangt hat, herausgeben. Da er aber hierzu aus demselben zwingenden Rechtsgrund des § 93, der ihm das Eigentum zugebracht hat, außerstande ist, muß er den Geldwert ersetzen (§ 818 Abs. 2).

Zu ersetzen ist der Wert des Eigentumsrechts, das er erlangt hat. Der Wert des Eigentums ist kein anderer, als eben der Wert der Sache. Das Eigentum an der ideellen Hälfte der Mauer deckt sich mit der Hälfte ihres Wertes.

Maßgebend für den Wert ist der Zeitpunkt, in welchem der Vorteil erlangt ist. Das ist der Zeitpunkt der Vollendung des Anbaues im Rohbau. In diesem Zeitpunkt wird der Ablösungsanspruch fällig[63]).

Die Hälfte des Wertes, den die Mauer in diesem Zeitpunkt hat, ist zu ersetzen. Ob die Kosten, die seinerzeit für die Herstellung der Mauer aufgewendet wurden, höher oder niedriger waren, als ihr Wert im Zeitpunkt der Vollendung des Rohbaues, ist belanglos[64]). Somit ist zu ersetzen die Hälfte des Betrages, den die Herstellung der Mauer kosten würde, wenn sie erst zur Zeit der Vollendung des Rohbaues durch Werk-

---

[63]) Vgl. hierüber oben S. 128. Für Zahlbarkeit bei Beginn des Anbaus Lieberich S. 262 und dortige Nachweise (OLG. München). Der Anbau und seine Fortführung kann nicht etwa von der Zahlung der Ablösungsentschädigung abhängig gemacht und bis dahin verboten werden. Denn der Ablösungsanspruch ist vor Vollendung des Rohbaues noch nicht fällig (§ 273). Abweichend RheinArch. 109, 325; 110 I 306 u. 311 (Düsseldorf), das ratenweise Fälligkeit nach Fortschreiten des Baues annimmt. Ähnlich, aber nicht mit folgerichtiger Durchführung, Becher, BayZ. 1915, 85.

[64]) Vgl. RGKomm. Bem. 3 zu § 818 u. Bem. 3 zu § 951 und die damit in Widerspruch stehende Bem. 5 zu § 95. — Hier wird ein Anspruch auf Entschädigung „wegen der Kosten der Herstellung" zugesprochen. Den Unterschied zwischen „Herstellungskosten" und Mauerwert scharf erfassend, führt Lieberich, BayZ. 1914, 262 aus, daß nach Münchener Übung der Wert des vom Nachbar zum Anbau beanspruchten, auf seinem Grund und Boden stehenden Mauerteils zu vergüten und die Ablösung nach dem Bauwert zur Zeit der Ablösung unter Zugrundelegung des allgemeinen Arbeits- und Materialpreises dieses Zeitpunktes zu berechnen sei. — Wohl ohne an den Unterschied zwischen Herstellungskosten und Mauerwert zu denken, spricht das OLG. München (BayZ. 1915, 350) und das OLG. Nürnberg (BayZ. 1916, 157) von den „Herstellungskosten". Damals bestand bei den gleichbleibenden Preisen keine Veranlassung, an den rechtlichen Unterschied zu denken. Jetzt bei der Geldentwertung wird eine große Streitfrage daraus werden. Vor dem Krieg erforderte die Errichtung einer halbscheidigen Kommunmauer in München regelmäßig (je nach Größe des Hauses) einen Aufwand von etwa 2000 bis 4000 Mk. Die jetzigen Baukosten betragen ein hundertfaches Mehr.

vertrag fest vergeben worden wäre. Hiervon ist der Betrag abzuziehen, um den der Wert der halbschichtigen Mauer in diesem Zeitpunkt infolge von Abnützung geringer war, als eine neue Mauer.

Die Hälfte dieses so errechneten Betrages muß ersetzt werden. Dabei ist es ganz gleichgültig, ob die Grenze genau durch die Mitte der Mauer geht, oder ob beispielsweise die Mauer in einer Dicke von 35 cm auf dem einen, in einer Dicke von 15 cm auf dem andern Grundstück steht; denn der Eigentümer des zuerst gebauten Hauses ist vor dem Anbau in allen Fällen der Alleineigentümer der ganzen Mauer und er verliert durch den Anbau die ideelle Hälfte des Eigentums an den Nachbar.

Die Anhänger der Lehre von der realen Abteilung der Mauer durch die Grenzlinie müssen für den Bereicherungsanspruch zu einem anderen Ergebnis gelangen. Nach dieser Lehre stellt sich die Rechtslage folgendermaßen dar: Ist die Mauer vor dem Anbau Alleineigentum des Gebäudeeigentümers (Fall des § 95 oder des § 912), dann verliert dieser durch den Anbau den jenseits der Grenze stehenden Mauerteil an das Alleineigentum des Nachbarn und dieser ist um den Wert dieses Mauerteils bereichert. Das würde zu dem Ergebnis führen, daß der Anbauende um so mehr bezahlen muß, je mehr von seinem eigenen Grund und Boden durch die Mauer weggenommen ist und daß er um so weniger bezahlt, je weniger von seinem eigenen Boden durch die Mauer bedeckt wird. Hat man es aber vor dem Anbau mit einer halbscheidigen Giebelmauer zu tun, die weder unter § 95, noch unter § 912 fällt und infolgedessen nach der Ansicht des Reichsgerichts schon vor dem Anbau real durch die Grenzlinie geteilt ist, dann hätte der Nachbar, der diese Mauer seinem Neubau einverleibt, dafür überhaupt nichts zu bezahlen, weil ja durch den Anbau an den Eigentumsverhältnissen nichts geändert wird. Das sind unsinnige Ergebnisse und lehrreiche Beispiele dafür, daß diese Lehre eben nur eine Rechtskonstruktion ist, die der wahren Sachlage Gewalt antut. In Wahrheit kann eine einheitliche Hauswand dem Herrschaftsrecht nach nicht real geteilt sein und wenn zwei Personen das Herrschaftsrecht an derselben Hauswand zusteht, so kann es nur Miteigentum sein. So war es nach alter deutschrechtlicher Auffassung. So und nicht anders wird das Rechtsverhältnis vom gesunden Menschenverstand beurteilt und so muß es auch vom Juristen aufgefaßt werden, wenn ihm der Vorwurf der Weltfremdheit erspart bleiben soll. Das ist, wie oben gezeigt, mit dem Standpunkt des Gesetzes vereinbar.

Weil der Grund des Bereicherungsanspruchs die eingetretene Eigentumsveränderung ist, kann der Ablösungsanspruch nur dann erhoben werden, wenn durch den Anbau eine Änderung des Eigentums bewirkt wurde. Das ist nur der Fall, wenn die halbscheidige Mauer dem Neubau einverleibt ist. Hat der Nachbar seinen Neubau mit einer selbständigen[65]) Mauer neben die halbschichtige Mauer gestellt, dann braucht eine Ablösung nicht bezahlt zu werden. Es kann auch nicht etwa Schadensersatz wegen Unterlassung der Einverleibung verlangt werden. Denn es besteht keine gesetzliche Pflicht zum Anbau[66]).

Ist die halbscheidige Mauer nur teilweise zum Anbau benützt worden, dann besteht, wie oben S. 131 gezeigt, die Änderung des Eigentumsverhältnisses darin, daß das Miteigentum an der Mauer nicht nach hälftigen Bruchteilen erworben wird, sondern nach dem Verhältnis, in welchem das Flächenmaß des zum Anbau benützten Teils der halbscheidigen Mauer zum Flächenmaß der ganzen halbscheidigen Mauer steht. Zu genau demselben Bruchteile, zu welchem der Anbauende am Miteigentum der halbscheidigen Mauer beteiligt wird, muß auch Ersatz für den Wert der Mauer geleistet werden. Vom Standpunkt der Annahme, daß reale Teilung eintritt, müßten auch Mauerteile bezahlt werden, die zum Anbau nicht benützt werden.

3. Gläubiger und Schuldner des Ablösungsanspruchs.

Weil sich der Wechsel in der Bestandteileigenschaft der Mauer erst im Zeitpunkt der Vollendung des Neubaues im Rohbau vollzieht, so trifft der Rechtsverlust nur denjenigen, dem in diesem Zeitpunkt das Eigentum an dem zuerst gebauten Hause zusteht und dieser ist also der Gläubiger des Ablösungsanspruchs[67]).

Aus dem gleichen Grunde erlangt den Vorteil nur derjenige, der

---

[65]) S. darüber oben S. 128f.

[66]) Aus § 922 ist nichts Gegenteiliges abzuleiten. Dort ist bestimmt: „Solange einer der Nachbarn an dem Fortbestande der Einrichtung ein Interesse hat, darf sie nicht ohne seine Zustimmung beseitigt oder geändert werden." Durch den Anbau einer selbständigen Mauer an die halbscheidige Mauer wird diese noch nicht einmal ihrer Eigenschaft als Grenzeinrichtung entkleidet, da sie ihre grenzscheidende Wirkung behält. Aber selbst wenn man annehmen würde, daß die Mauer durch einen solchen Anbau aufhören würde, eine Grenzeinrichtung zu sein, so wird jedenfalls die Einrichtung selbst durch den Anbau weder beseitigt noch geändert und das Interesse des Eigentümers des ersten Hauses an seiner Benützung nicht berührt. Berührt wird wohl sein Interesse an der Ablösungssumme, aber darauf hat er keinen Anspruch, wenn der andere von dem ihm freistehenden Recht der Benützung zum Anbau keinen Gebrauch macht.

[67]) BayZ. 1915, 350 (RG.); OLG. 34, 191; SächsAnn. 36, 281 (Dresden); vgl. Lieberich 264 u. dagegen Bungard 22. Unrichtig: BayZ. 1914, 180 (LG. München); Nützel, BayZ. 1914, 183.

in diesem Zeitpunkt der Eigentümer des Neubaues ist[68]). Dieser ist also der Schuldner des Ablösungsanspruchs[69]).

Daraus folgt: Nur derjenige, der zur Zeit der Vollendung des Anbaues im Rohbau der Eigentümer des zuerst errichteten Hauses ist[70]), ist zur Abtretung[71]) des Ablösungsanspruchs berechtigt. Eine von ihm vorgenommene Abtretung ist aber auch dann wirksam, wenn sie schon vor diesem Zeitpunkte erfolgte, soferne nur der Abtretende noch zur Zeit der Vollendung des Anbaues im Rohbau der Eigentümer ist[72]) und abgetreten kann immer nur werden die Forderung gegen den Vollender des Rohbaues.

Ein vor Entstehung des Ablösungsanspruchs von dem Eigentümer der Kommunmauer erklärter Verzicht auf den Ablösungsanspruch bindet seinen Sondernachfolger nicht[73]).

Eine Beschlagnahme des alten Hauses zum Zwecke der Zwangsversteigerung erstreckt sich nicht auf den Ablösungsanspruch[74]), der deshalb dem Zessionar verbleibt, gleichviel ob die Beschlagnahme vor oder nach der Abtretung erfolgt, immer wieder vorausgesetzt, daß der Rohbau des Nachbars zu der Zeit vollendet ist, in welcher der Zedent noch

---

[68]) Hat dieser das Baugrundstück unmittelbar vor Vollendung des Rohbaues an einen Dritten übereignet, so ist dieser Erwerber zur Zahlung verpflichtet. Der Versuch des OLG. Düsseldorf, diesem Ergebnis aus Billigkeitsgründen durch die Annahme zu entgehen, daß die Eigentumsänderung im Verhältnis zum Fortschreiten des Anbaues vor sich geht, ist verfehlt (s. oben S. 120 Anm. 63). Doch kann dem Käufer, der durch arglistiges Verhalten des Verkäufers (z. B. geflissentliches Hinauszögern der Vollendung des Rohbaues während der Kaufverhandlungen und spekulatives Verschweigen der bevorstehenden Zahlungspflicht) geschädigt ist, mit § 826 geholfen werden, aber nur gegenüber seinem Verkäufer.

[69]) OLG. 34, 190 (München); das gleiche gilt bei Pfändung OLG. 34, 191 (Dresden); a. M. Lieberich, BayZ. 1914, 262 u. 264, der die Fälligkeit des Ablösungsanspruchs auf den Beginn des Anbaues verlegt. Schuldner ist der Eigentümer des Anbaugrundstückes zu diesem Zeitpunkt. Gleichwohl soll sein Besitznachfolger vor Zahlung der Ablösungssumme nicht weiterbauen dürfen oder gar den Anbau beseitigen müssen.

[70]) Unrichtig Bungard 22; Buhmann, BayZ. 1914, 223, die den Anspruch demjenigen zusprechen, der die halbscheidige Mauer gebaut hat. Der in der Person des bisherigen Eigentümers durch den vorgenommenen Anbau schon begründete Anspruch wird durch eine Veräußerung seines Grundstückes nicht berührt. Lieberich 262; SeuffBl. 72, 262 (München).

[71]) Über die Zulässigkeit der Abtretung künftiger Forderungen vgl. RGK. Bem. 2 Abs. 2 zu § 398; Lieberich, BayZ. 1914, 291; Buhmann, BayZ. 1914, 223; OLG. 34, 190 (München). Zweifelhaft ist, ob auch die Pfändung schon vor dem Anbau zulässig ist. Die Frage wird zu bejahen sein; vgl. RG. 82, 227; Lieberich, BayZ. 1914, 291; Buhmann 14, 223; OLG. 34, 191 (Dresden). Das durch die Pfändung begründete Pfandrecht entsteht jedoch nicht vor der Entstehung der Forderung (RG. 82, 231).

[72]) OLG. 34, 190 (München); 34, 191 (Dresden); BayZ. 1910, 412 (Nürnberg); 1917, 250.

[73]) Vgl. BayZ. 1917, 250 (Dresden); a. M. Lieberich, BayZ. 1914, 290.

[74]) Vgl. Jäckel-Güthe Bem. 10 a. E. zu § 21 ZwVG.

Eigentümer ist, also vor dem Zuschlag[75]). Aus dem Veräußerungsverbot des § 23 ZwVG. kann das Gegenteil nicht abgeleitet werden, da von dieser Bestimmung nur rechtliche Verfügungen des Eigentümers getroffen werden, im Falle des Anbaues aber der Verlust kraft Gesetzes eintritt. Der naheliegende Gedanke, daß an die Stelle des von der Beschlagnahme erfaßten Gegenstandes (hier der ganzen Mauer) der wirtschaftliche Ersatz (hier die Ersatzforderung) treten muß, ist vom Gesetz (§ 20 Abs. 2 ZwVG. mit § 1127 BGB.) nur für die besonderen Fälle des Anspruchs auf die Versicherungssumme (§ 20 Abs. 2 des ZwVG. mit § 1127 BGB.), für den Anspruch auf Grund einer Zwangsenteignung (Art. 52 und 109 EGBGB.) und für die Ansprüche wegen Entschädigung durch den Bergbau (Art. 67 EGBGB.) angenommen. Auch im Falle der Zwangsverwaltung wird die Kommunmauerentschädigung von der Beschlagnahme nicht ergriffen, da es sich hier um eine einmalige Entschädigung handelt, die nicht zu den „Rechten auf wiederkehrende Leistungen" (§§ 20 Abs. 2, 148 ZwVG.) gerechnet werden kann[76]).

Ist das Grundstück, auf welchem der Neubau errichtet ist, zur Zeit der Vollendung des Rohbaues beschlagnahmt, so kann der ersatzberechtigte Eigentümer des erst gebauten Hauses den Anspruch nicht als Masseforderung geltend machen. Gegen den Ersteher des Neubaues hat er keinen Berechtigungsanspruch, da dieser das Miteigentumsrecht an der Mauer (nach der herrschenden Ansicht das Eigentum an der realen Hälfte der Mauer) auf Grund des Zuschlags, also nicht ohne Rechtsgrund (§ 812) erlangt hat. Er hat ein Haus mit vier Wänden eingesteigert und dementsprechend hat er sein Gebot gelegt. Bereichert ist und bleibt allein derjenige, der zur Zeit der Vollendung des Rohbaues Eigentümer des Neubaues war (also der Beschlagnahmeschuldner). Zu seinen Gunsten ist die Rechtsveränderung eingetreten; denn er hat trotz vorliegender Beschlagnahme das Eigentumsrecht erworben. Die Gläubiger, die Befriedigung aus dem Versteigerungserlös erlangt haben, sind nicht bereichert. Auch wenn der schier unmögliche Beweis erbracht werden könnte, daß infolge der eingetretenen Rechtsveränderung an der Mauer bei der Versteigerung ein ziffermäßig feststellbarer Mehrerlös erzielt wurde und einem Gläubiger zugefallen ist, der sonst ausgefallen wäre, ist dieser Gläubiger nicht bereichert. Nicht an ihn hat der Eigentümer der Mauer das Miteigentum verloren, sondern an den Eigentümer des Baugrundstückes. Dem genannten Gläubiger ist dieser Eigentumswechsel nur indirekt zugute gekommen und nicht etwa auf Grund einer Zu-

---

75) Vgl. Lieberich, BayZ. 1914, 292; Pfirstinger 36; Wolff im Recht 1900, 417.
76) OLG. 9, 139 (Dresden); Lieberich, BayZ. 1914, 292.

wendung des Beschlagnahme-Schuldners, sondern auf Grund des Gesetzes (§ 20 ZwVG., § 1120 BGB.).

IV. Der vertragsmäßige Ablösungsanspruch.

Bei den bisherigen Ausführungen wurde unterstellt, daß, abgesehen von einer etwaigen Zustimmung zur Überschreitung der Grenze irgendwelche Abreden über die halbscheidige Mauer, insbesondere den Anbau und die hierfür zu zahlende Ablösungsentschädigung von den Beteiligten nicht getroffen wurden. Nunmehr ist zu untersuchen, welche rechtlichen Folgen eintreten, wenn solche Abreden vorliegen.

1. Dinglicher Vertrag.

In dinglicher Weise kann das Rechtsverhältnis der halbscheidigen Mauer durch formgültige Bestellung einer Grunddienstbarkeit geregelt werden[77]). In diesem Falle ist das Rechtsverhältnis nach dem Inhalt der Bestellung und den Gesetzesvorschriften über die Grunddienstbarkeiten zu beurteilen. Das Recht zur Ausübung der Grunddienstbarkeit (Benützung der Mauer zum Anbau) kann bei der Bestellung von einer Gegenleistung (Zahlung einer bestimmten Summe, der halben Baukosten oder des halben Bauwertes) abhängig gemacht werden[78]).

Die Bestellung der Grunddienstbarkeit könnte etwa in folgender Form rechtswirksam erfolgen:

Die beiden Nachbarn räumen sich für ihre beiden Grundstücke gegenseitig in dinglicher Weise das An- und Aufbaurecht auf der Grenze als Grunddienstbarkeit ein. Derjenige, welcher auf seinem Grundstück zuerst einen Neubau errichtet, muß die ganze Mauer seines Neubaues je zur hälftigen Breite auf das beiderseitige Besitztum stellen. Der andere ist bei Errichtung eines Gebäudes auf seinem Grundstück zur Benützung der Grenzmauer berechtigt und verpflichtet und muß dem Eigentümer des Hauses, das zuerst gebaut wurde, die Hälfte des Bauwertes zahlen, den die halbscheidige Mauer zur Zeit des Beginns seines Neubaues hat. Der Ablösungsbetrag ist fällig, sobald mit dem Legen des Fundaments begonnen wird (oder sobald der Anbau im Rohbau vollendet ist)[79]).

Das Rechtsverhältnis an der halbscheidigen Mauer kann auch in der Weise dinglich geregelt werden, daß aus dem Grund und Boden, auf welchem die halbscheidige Giebelwand steht, ein von den beiden Nach-

---

[77]) Vgl. Mot. 3, 277; RGK. Bem. 6 zu § 921.
[78]) Staudinger Bem. IVa zu § 921; Geiershöfer i. Recht 1905, 402.
[79]) BayZ. 1907, 334; Recht 1914 Nr. 912 (Nürnberg).

bargrundstücken abgetrenntes selbständiges Kommunmauergrundstück gebildet und im Grundbuch als Miteigentum der beiden Angrenzer eingetragen wird. Dabei wäre nach § 1010 das Recht auf dauernde Benützung dieses Grundstückes zum Zwecke der Errichtung und zum Halten einer Kommunmauer zu vereinbaren und das Recht der beiden Miteigentümer, die Aufhebung der Gemeinschaft zu verlangen, für immer auszuschließen. Diese Bestimmung wäre als Belastung des Anteils im Grundbuch einzutragen (§ 1010)[80].

2. Schuldrechtlicher Vertrag.

Ist zwischen dem Erbauer der halbscheidigen Mauer und dem Angrenzer oder zwischen ihren Besitznachfolgern eine Vereinbarung darüber getroffen, unter welchen Bedingungen oder Voraussetzungen der Nachbar zum Anbau berechtigt sein soll, insbesondere ob und in welcher Höhe eine Ablösung zu bezahlen ist, dann ist ein solches, wenn auch formlos getroffenes Abkommen zunächst einmal obligatorisch verbindlich. Ist seit Abschluß der Vereinbarung bis zur Vollendung des Anbaues im Rohbau auf keiner Seite eine Sondernachfolge eingetreten, so ergeben sich keine besonderen Schwierigkeiten.

Ist bedungen, daß der Nachbar für den Anbau die Hälfte der Herstellungskosten der halbscheidigen Mauer zu entrichten hat, so kann natürlich der Berechnung der Ablösung der Wert der Mauer zur Zeit des Anbaues nicht zugrunde gelegt werden, gleichviel ob er höher oder niedriger ist, wie die seinerzeitigen Herstellungskosten, während andererseits von den Herstellungskosten ein Betrag für Abnützung nicht abzuschreiben ist.

Wenn über die Fälligkeit der Ablösung keine weitere Bestimmung getroffen wurde, dann wird man im Zweifel die Fälligkeit auf den Zeitpunkt der Vollendung des Rohbaues verlegen müssen; denn die volle Entschädigung wird ja für die Benützung der Mauer zum Anbau versprochen und so lange sie noch nicht benützt ist, wird sie nicht geschuldet. Regelmäßig wird einer solchen Vereinbarung auf beiden Seiten der Wille zugrunde liegen, daß der Nachbar, wenn er anbaut, die ganze Mauer zum Anbau benützen soll. Er muß daher die vereinbarte Entschädigung im vollen Betrage auch dann bezahlen, wenn nur ein Teil der Mauer zum Anbau benützt wird. Das gilt wenigstens bei einer Vereinbarung, die *vor* der Errichtung der halbscheidigen Mauer getroffen ist; denn in einem solchen Fall wird die halbscheidige Mauer im Vertrauen auf das Versprechen des Nachbarn errichtet, im Falle des Anbaues die halben Kosten zu ersetzen.

Wenn jedoch vor Vollendung des Anbaues eine Sondernachfolge im Eigentum eines der beiden Grundstücke eingetreten ist, so erhebt sich die schwierige Lage, ob die zwischen dem Vorbesitzer und dem Nachbarn getroffene Abrede auch für den Sondernachfolger verbindlich ist. Selbst-

---

[80]) Vgl. Lieberich, BayZ. 1914, 239; ObLG. 12, 859.

verständlich ist das der Fall, wenn das Rechtsverhältnis in dinglicher Weise vereinbart ist[81]).

Erfahrungsgemäß fehlt es aber in den Rechtsgebieten, in denen die halbscheidige Bauweise üblich ist, sehr häufig sogar an formlosen Abreden, während die Bestellung einer Grunddienstbarkeit auf diesem Rechtsgebiete zu den größten Seltenheiten gehört.

Es wird nun von einem Teil der Rechtslehre[82]) die Ansicht aufgestellt, daß eine über die Kommunmauerablösung formlos abgeschlossene Vereinbarung kraft Gesetzes auch für die Sondernachfolger verbindlich sei. Mit besonderem Nachdruck wird diese Lehre von Lieberich vertreten. Lieberich geht zutreffend davon aus, daß die halbscheidige Mauer auch schon vor dem Anbau des Nachbars eine Grenzeinrichtung im Sinne des § 921 darstellt. Nun bestimme zwar § 922, daß jeder Teilhaber berechtigt sei, die Grenzeinrichtung zu dem Zwecke zu benützen, der sich aus ihrer Beschaffenheit ergebe. Da aber nach § 922 auf die Grenzeinrichtung im übrigen die Bestimmungen über die Gemeinschaft anzuwenden seien und hiernach (§ 745) die Verwaltung und Benützung der Grenzeinrichtung durch Vereinbarung, die gemäß § 746 auch für die Sondernachfolger wirksam sei, geregelt werden könne, so könne die nach § 922 regelmäßige Form der gemeinschaftlichen Benützung vereinbarungsgemäß eingeschränkt oder von Bedingungen (Zahlung einer Ablösungssumme) abhängig gemacht werden und eine solche formlos gültige Vereinbarung sei in ihrer Wirksamkeit von einem Besitzwechsel unabhängig.

Das ist freilich eine sehr einfache und deshalb bestechende Lösung. Sie kann aber der Nachprüfung nicht standhalten. Der Angelpunkt der Begründung liegt in der Annahme, daß das durch § 922 bestimmte gemeinschaftliche Benützungsrecht durch eine die Sondernachfolge bindende Vereinbarung über das Gemeinschaftsverhältnis (§ 746) von einer Bedingung abhängig und auch völlig aufgehoben werden könne. Aber der Grundsatz des gemeinschaftlichen Benützungsrechts wird von § 922 vorangestellt und nur „im übrigen" sollen die Bestimmungen über die Gemeinschaft gelten. Daraus folgt: Nur eine Vereinbarung über die Art und Weise des Benützungsrechts, also eine Vereinbarung, durch welche der Benützungsanspruch als solcher unberührt bleibt, ist für den Sondernachfolger verbindlich (§ 746). Das gilt für die Gemeinschaft an einer Grenzeinrichtung. Aber ganz abgesehen davon gilt bei einer dinglichen Gemeinschaft an Grundstücken überhaupt das gleiche schon auf Grund der Bestimmungen über die Gemeinschaft[83]). Mit rein obli-

---

[81]) S. hierüber oben S. 137.

[82]) Lieberich, BayZ. 1914, 241; Buhmann, BayZ. 1914, 223.

[83]) § 1010 kann allerdings zur Stütze dieser Ansicht nicht herangezogen werden, da er sich nur auf Miteigentum an einem Grundstücke bezieht (Buhmann, BayZ. 1914, 223;

gatorischer Wirksamkeit können die Beteiligten frei über das Benützungsrecht, also auch über dessen rechtlichen Bestand Vereinbarungen treffen, mithin die Befugnis eines Teilhabers auch völlig ausschließen. Zwischen ihnen und ihren allgemeinen Rechtsnachfolgern gilt die Vereinbarung allemal. Das ergibt sich aus dem Grundsatz der Vertragsfreiheit und wird durch §§ 745 Abs. II, 746 lediglich bestätigt, nicht bestimmt. Zu einer Vereinbarung ist die Zustimmung aller Teilhaber erforderlich. Daneben kann nach § 745 Abs. 1 durch Stimmenmehrheit der Teilhaber, deren Stimmrecht sich nach der Größe ihrer Anteile bestimmt, eine der Beschaffenheit des gemeinschaftlichen Gegenstands entsprechende ordnungsgemäße Verwaltung und Benützung beschlossen werden. § 746 bestimmt: „Haben die Teilhaber die Verwaltung und Benützung des gemeinschaftlichen Gegenstandes geregelt, so wirkt die getroffene Bestimmung auch für und gegen die Sondernachfolger.

Durch diese Bestimmung wird der fundamentale Grundsatz des Grundbuchrechts durchbrochen, wonach ohne Eintrag in das Grundbuch Vereinbarungen der Vorbesitzer über Grundstücksverhältnisse für die Sondernachfolger nicht verbindlich sind. Es handelt sich also in § 746 um eine Ausnahmebestimmung, die als solche nicht ausdehnend ausgelegt werden darf. Schon der Gebrauch des Wortes „regeln" weist nach dem Sprachgebrauch auf eine Wiederholung gleichartiger Fälle eines länger dauernden Verhältnisses hin und dieser sprachliche Hinweis wird verstärkt durch die Gleichstellung der Begriffe „Verwaltung und Benützung" in § 745 Abs. 1 und 3, § 746. Die Ausbedingung einer einmaligen Abfindung als Bedingung für die Benützung wird daher als Regelung der Verwaltung und Benützung um so weniger aufgefaßt werden können, als ja dadurch vereinbart wird, daß ohne Zahlung überhaupt nicht benützt werden darf, mit anderen Worten das Recht der Benutzung als solches gekauft werden muß. Unter Regelung der Benutzung kann vielmehr nur eine Vereinbarung verstanden werden, welche Art und Maß des bestehenden und in seinem rechtlichen Bestand unberührt gelassenen Benutzungsrecht bestimmt, also sich darüber verhält, wie zu benutzen ist, nicht aber ob überhaupt[84]) benutzt werden darf.

Gewiß kann eine Grenzeinrichtung formlos begründet werden, das dadurch begründete Rechtsverhältnis muß also auch formlos wieder aufgehoben werden können. Allein durch bloße Vereinbarung wird eine Grenzeinrichtung nicht geschaffen; erforderlich ist vielmehr die mit Zu-

---

Staudinger Anm. 1d zu § 1010), während § 922 das gemeinschaftliche Benützungsrecht ganz abgesehen von der Eigentumsfrage regelt.

[84]) Eine solche Vereinbarung hat nur obligatorische Wirksamkeit unter den Vertragschließenden.

stimmung beider Nachbarn erfolgte Schaffung eines tatsächlichen Zustandes, vermöge dessen die Einrichtung objektiv dem Vorteil beider Grundstücke dient. Ist einmal ein solcher tatsächlicher, von dem Gesetz mit nachbarrechtlicher (also dinglicher) Wirkung ausgestatteten Zustand[85]) der beteiligten Grundstücke mit Zustimmung[86]) beider Nachbarn vorhanden, dann bleibt die vom Gesetz darangeknüpfte dingliche Wirkung solange erhalten, bis dieser tatsächliche Zustand mit Zustimmung beider Nachbarn beseitigt ist[87]). Die bloße, nicht tatsächlich ausgeführte Vereinbarung, das Grenzeinrichtungsverhältnis aufzuheben, erzeugt daher nur obligatorische, keine dingliche Wirkung[88]).

3. Stillschweigender Vertrag.

An und für sich kann jede Art von Verträgen, für die keine Form vorgeschrieben ist, durch stillschweigende Erklärung der Beteiligten geschlossen werden. Eine stillschweigende Willenserklärung darf nur in einem solchen Verhalten gefunden werden, das nach Lage der Sache gar keine andere Deutung zuläßt, als eben die, daß dadurch dem andern Teil ein bestimmter Wille kundgegeben werden soll[89]). Ganz stillschweigend kann sich ein rechtsgeschäftlicher Akt nicht vollziehen. Irgendwie muß der Wille immerhin erklärt sein[90]). Aber es genügt, wenn die schlüssigen Handlungen zwar unmittelbar auf andere Zwecke gerichtet sind, gleichwohl aber mit Gewißheit und jede andere Deutung ausschließend den Willen erkennbar zum Ausdruck bringen, daß auch ein anderer Zweck mit umfaßt sein sollte[91]).

Dabei ist aber zu berücksichtigen, daß für das Zustandekommen eines Vertrages Erklärungen der beiden Vertragsteile erforderlich sind, die sich in allen Punkten decken. Das gilt natürlich auch für die stillschweigenden Erklärungen. Bei einem so schwierigen Rechtsverhältnis, wie es die Kommunmauer und insbesondere die Frage der Ablösungsentschädigung ist, wo die Juristen in jedem Punkt miteinander streiten, muß eine solche Feststellung praktisch als ausgeschlossen erscheinen. Es gibt eine Theorie, welche der juristischen Not bei der Konstruktion des

[85]) Vgl. Lieberich, BayZ. 1914, 241 u. 290.

[86]) Einwilligung nach § 183 oder Genehmigung nach § 184.

[87]) Das ist schon bei einer Änderung dieses tatsächlichen Zustandes der Fall, durch welche äußerlich sichtbar gemacht ist (vgl. § 921: „äußere Merkmale"), daß die Einrichtung nicht mehr dem Vorteil beider Grundstücke dienen soll.

[88]) S. dagegen Lieberich, BayZ. 1914, 290.

[89]) Vgl. RGKomm. Vorbem. 2 vor § 116.

[90]) RG. 96, 138.

[91]) RG. Warn. 1919 Nr. 132.

Ablösungsanspruchs geradezu oder fast grundsätzlich durch Unterstellung eines stillschweigenden Vertrags abhelfen will. Die stillschweigenden und sich deckenden Erklärungen der Beteiligten werden in dem Sinne konstruiert, daß sie nach der Natur der Sache durch ihr ganzes Verhalten stillschweigend erklärt haben sollen, es solle hinsichtlich der Kommunmauer, insbesondere hinsichtlich der Entschädigung für den Anbau alles nach dem Brauche gehalten werden, der sich hierüber herausgebildet hat. Aber worin besteht denn dieser Brauch? Wenn schon auf dem Gebiete des bisherigen Rechts erhebliche Meinungsverschiedenheiten vorhanden waren, wenn nach dem geltenden Recht das RG. einen gesetzlichen Ablösungsanspruch ablehnt, während die Rechtsprechung der Obergerichte diesen Anspruch zubilligt, dabei aber in allen Einzelheiten weit auseinandergeht, ja selbst dasselbe Obergericht seine Ansicht über dieselbe Frage wiederholt ändert? Bald soll die Hälfte der Herstellungskosten, bald die Hälfte des Wertes der Mauer ersetzt werden. Bald soll die Entschädigung beim Beginn des Anbaues, bald bei Vollendung des Rohbaues bezahlt werden. Die einen sprechen den Anspruch dem Erbauer zu, die andern demjenigen, der zur Zeit des Anbaues der Eigentümer ist.

Wie soll hier aus der Natur der Sache der Wille der Beteiligten und noch mehr der sich in allen Punkten deckende Wille als absolut zwingend gefolgert werden, während sich die Juristen in den Haaren darüber liegen, was der Natur der Sache entspricht? In Wahrheit machen sich die Beteiligten über all diese Dinge viel weniger Gedanken als die Juristen und es braucht deshalb gar nicht darauf hingewiesen zu werden, daß im Einzelfall die Beteiligten sehr häufig gar nicht darüber im klaren sein werden, daß überhaupt eine halbscheidige Scheidewand vorhanden ist. Es muß deshalb die Theorie der stillschweigenden Verträge für die Begründung der Rechtsverhältnisse der Kommunmauer [92]) als ein Mißbrauch erachtet werden, der dem Willen der Beteiligten in willkürlicher Weise Zwang angelegt und mit dem in der Praxis nichts anzufangen ist [93]).

Wenn nun aber und nur dann, wenn zwischen dem Erbauer der halbscheidigen Mauer und dem Nachbar eine klare Vereinbarung über das Recht zum Anbau und die dafür zu zahlende Entschädigung ge-

---

[92]) Vgl. Koppers, DJZ. 1904, 806; Broicher in PuchZ. 38, 175; BadRspr. 1905, 61 (Karlsruhe) und die ältere, später preisgegebene Rechtsprechung des OLG. Dresden seit dem Urteil im SächsAnn. 26, 132 (s. darüber Breit in FischersZ. 35, 116).

[93]) Mit Recht ist darauf hingewiesen (RheinArch. 110, 147 [Düsseldorf]); 108, 372 (Karlsruhe) und insbes. von Breit in FischersZ. 35, 120), daß gerade in Gebieten, wo die halbscheidige Bauweise althergebracht ist, die Beteiligten bauen im Vertrauen auf diesen Brauch, nicht auf ein Einverständnis des Nachbars, das sie meist gar nicht für nötig halten.

troffen ist, dann kann allerdings nach den Umständen, die für jeden Einzelfall sorgfältig zu würdigen sind, ein Übergang des Schuldverhältnisses auf den Sondernachfolger durch stillschweigende Willenserklärungen herbeigeführt sein.

Man kann in einem solchen Fall auch daran denken, daß schon in dem Abschluß des Vertrages zwischen A und B, wonach B dem A für den Fall des Anbaues an die von A errichtete halbscheidige Mauer eine Ablösungsentschädigung verspricht, ein Vertrag zugunsten eines Dritten vorliegt, nämlich des Sondernachfolgers des A für den Fall, daß A sein Grundstück an ihn (C) weiterverkauft, bevor B angebaut hat. Ob in dem Vertragsabschluß zwischen A und B wirklich dieser Wille stillschweigend zum Ausdruck gebracht wurde, ist unter Berücksichtigung aller Umstände des Einzelfalls festzustellen. In einem solchen Fall wäre dann bei Veräußerung des Grundstückes des A an C eine ausdrückliche oder stillschweigende Abtretung des Ablösungsanspruchs gar nicht erforderlich. Auf Grund des Vertrages zugunsten des Sondernachfolgers würde C unmittlebar den Anspruch erwerben, soferne er nicht das aus dem Vertrage erworbene Recht dem Versprechenden B gegenüber zurückweist (§ 333). Dazu kann er alle Veranlassung haben, wenn er nach der Abrede seines Vorbesitzers A mit B nur die halben Herstellungskosten beanspruchen könnte, der halbe Wert der Mauer, auf den er gesetzlich Anspruch hat, aber inzwischen viel höher geworden ist.

Ein zwischen den Nachbarn mit obligatorischer Wirkung unter ihnen begründetes Schuldverhältnis kann natürlich sowohl auf der Gläubiger- wie auf der Schuldnerseite auf dritte Personen übergehen.

Die Zulässigkeit einer Abtretung des bedingten Ablösungsanspruchs ist bereits oben dargetan. Es fragt sich nur, ob diese Abtretung auch stillschweigend erfolgen kann. Das ist grundsätzlich möglich. Wenn A und B die Vereinbarung getroffen haben, daß B im Falle des Anbaues an die von A errichtete halbscheidige Mauer an A eine Ablösungsentschädigung zu bezahlen habe, dann werden die beiden Nachbarn unter Umständen als selbstverständlich erachten, daß dann, wenn zur Zeit des Anbaues A nicht mehr Eigentümer sein sollte, dessen bedingter Anspruch auf seinen Sondernachfolger übergehen soll. Wenn nun auch C von der Tatsache, daß eine halbscheidige Kommunmauer vorhanden ist, zur Zeit des Kaufabschlusses Kenntnis hatte, dann wird man als Willen des Verkäufers A und des Käufers C beim Kaufabschluß unterstellen dürfen, daß der dem A gegen B zustehende Anspruch auf C übergehen soll. In einem solchen Fall kann unter Umständen stillschweigende Abtretung angenommen werden. Wird der Eigentumsübergang im Grundbuch eingetragen, dann wird die stillschweigende auf Abtretung gerichtete Willenserklärung gültig (§ 313 Abs. 2). Baut dann B an, so muß er gleichwohl nicht ohne weiteres an C bezahlen; denn er ist zur Leistung an C nur gegen eine von dem bisherigen Gläubiger A über die Abtretung ausgestellte Urkunde verpflichtet (§ 410). Die Ausstellung dieser Urkunde kann aber C von A verlangen (§ 403).

Andererseits kann die Schuld (Ablösungsentschädigung) von einem Dritten (Sondernachfolger) durch Vertrag mit dem Schuldner in der Weise übernommen werden, daß der Dritte an die Stelle des bisherigen Schuldners tritt (§ 415). Wenn also das Grundstück, auf dem der Anbau in Aussicht genommen war, an D, als dem Sondernachfolger des B, übergegangen ist, dann kann die bedingte Ablösungsschuld durch Vertrag zwischen dem Verkäufer B und dem Käufer D von letzterem übernommen werden. Wie jeder Vertrag, so kann auch die Schuldübernahme durch stillschweigende Erklärungen vereinbart werden. Die Wirksamkeit der Schuldübernahme hängt nach § 415 von der Genehmigung des Gläubigers (das ist der Eigentümer des zuerst erbauten Hauses) ab. Auch diese Genehmigung kann stillschweigend erklärt werden[94]). Wenn der Gläubiger an die mit dem Vorbesitzer des Anbaugrundstückes getroffene Vereinbarung obligatorisch gebunden ist (sei es, daß er die Vereinbarung selbst getroffen oder in den von seinem Vorbesitzer geschlossenen Vertrag vertragsmäßig eingetreten ist), dann ist zu untersuchen, ob nicht der Gläubiger nach dem Inhalt dieses ursprünglichen Vertrages im vornherein seine Einwilligung zu der Übernahme der Schuld durch jeden Sondernachfolger des Schuldners erklärt hat. Eine solche im voraus erklärte Einwilligung ist wirksam[95]).

§ 9. Erhöhung einer Grenzmauer.

I. Recht der Erhöhung[1]).

Es ist oben[2]) die Ansicht begründet worden, daß die Bestimmungen des Ausführungsgesetzes über das Recht eines Teilhabers, eine Grenzmauer ihrer ganzen Dicke nach zu erhöhen, ungültig sind.

Pflichtet man dieser Ansicht nicht bei, so ergibt sich folgendes:

An und für sich läßt Art. 68 Abs. 1 AG. dem Nachbar für den auf seiner Seite liegenden Teil der Mauer[3]) das aus seinem Sonder-

---

[94]) Vgl. BayZ. 1921, 44.

[95]) Vgl. RGKomm. Bem. 2 zu § 415.

§ 9. [1]) Auf ein Unterfangen (Tieferlegen) der Mauer (z. B. zum Zwecke der Anlage eines Kellers, wo bis dahin keiner vorhanden ist) hat ein Teilhaber gegen den Willen des anderen keinen Anspruch. Obermeyer in SeuffBl. 68, 496.

[2]) S. oben S. 109.

[3]) Ein bloßer aus zusammengemauerten Steinen verbundener Sockel, der nur zur Anbringung und Stütze eines Grenzgitters dient, ist überhaupt nicht als Mauer zu erachten. Vgl. RheinArch. 104 I 38 (Köln).

eigentum[4]) entspringende Recht, der Erhöhung der Mauer nach ihrer ganzen Dicke zu widersprechen. Wenn ihm aber der andere Nachbar den Nachweis erbringt, daß durch eine solche Erhöhung die Mauer keine Gefährdung erleidet[5]), so wird hierdurch das Verbietungsrecht aufgehoben[6]). Wie dieser außergerichtliche Nachweis zu führen ist, bestimmt das Gesetz nicht; in der Regel wird er durch Beibringung sachverständiger Gutachten geliefert werden. Es muß aber jedenfalls ein solcher Nachweis erbracht werden, daß ein vernünftiger Mensch sich dabei beruhigen kann. Es ist möglich, daß der Eigentümer gegen das vom Nachbar beigebrachte Gutachten von Sachverständigen begründete persönliche oder sachliche Bedenken haben kann. Insolange er begründeten Anlaß zu solchen Bedenken hat, verliert er sein Verbietungsrecht nicht. Der Nachweis muß eben so beschaffen sein, daß er vernünftige Zweifel ausschließt[7]). Ist dem Nachbar zwar ein Beweis durch Sachverständige oder auf andere Weise erbracht, welchen er nicht für genügend erklärt und es kommt dann zum Prozeß[8]), in welchem dargetan wird, daß einerseits der beigebrachte Nachweis ein vollständiger nicht war und andrerseits ein Schaden durch die Erhöhung tatsächlich nicht verursacht wird, so werden die Prozeßkosten nach § 93 RZPO. dem Kläger zur Last gelegt werden müssen, wenn der Beklagte sofort nach Erbringung des genügenden Nachweises seine Zustimmung zur Erhöhung erteilt. Denn dann hat er zur Erhebung der Klage durch sein Verhalten keinen Anlaß gegeben[9]). Wenn der Beklagte aber noch nach der im Prozeß erfolgten Beibringung des genügenden Nachweises widersprochen hätte, dann müßte er sämtliche Kosten tragen[10]).

---

4) Vom Standpunkt der hier bekämpften Lehre der Motive, der auch der des bayerischen wie des preußischen AG. ist (RheinArch. 97, 141 RG.); Crusen-Müller Bem. 1 zu Art. 32 pr. AG. Für die von mir vertretene Auffassung vom Miteigentum gelangt man in gleicher Weise zum Widerspruchsrecht aus § 744 Abs. 2 BGB.

5) Aus anderen Gründen (z. B. Entziehung von Luft und Licht durch den Maueraufbau) kann ein Verbietungsrecht nicht abgeleitet werden. Oertmann, Landesprivatrecht 335.

6) Selbstverständlich entfällt das Verbietungsrecht, wenn der Nachbar den Aufbau gestattet hat; eine solche formlos erteilte Erlaubnis wirkt aber natürlich nur obligatorisch.

7) AAPr. 171 u. 172; Becher, Mat. I, 444 f.

8) Derjenige, welcher die Mauer ihrer ganzen Dicke nach erhöhen will und hieran durch den anderen Angrenzer gehindert wird, hat die actio negatoria (§ 1004) zu erheben; Oertmann, Landesprivatrecht 336; für die Feststellungsklage ist hier das rechtliche Interesse stets gegeben; gegen tatsächliche Hinderung ist der Anspruch auf Unterlassung weiterer Beeinträchtigung gegeben. S. unten § 38.

9) AAPr. 172; Becher, Mat. I, 445.

10) Nicht bloß die „weiteren", wie es in AAPr. 172; Becher, Mat. I, 445 heißt; denn dann fehlt es an der zweiten Voraussetzung des § 93 ZPO., daß der Beklagte den Anspruch sofort anerkennt.

Wollen beide Nachbarn erhöhen, so ist nicht die Priorität der Erklärung entscheidend, sondern es ist unter Zugrundelegung der Gemeinschaftsnormen eine verständige Regelung zu treffen[11]).

Sobald der genügende Nachweis erbracht ist, ist der Nachbar verpflichtet, die Erhöhung auf der ganzen Dicke der Mauer, also auch auf seiner Seite zu dulden[12]). Zu einem aktiven Mitwirken bei der Errichtung des Maueraufbaues ist der Nachbar nicht verpflichtet. Ist die Mauer zu schwach, um den beabsichtigten Aufbau zu tragen, so kann der Nachbar, welcher den Aufbau aufführen will, die Mauer verstärken lassen. Die Verstärkung hat er jedoch auf seiner Seite anzubringen (Art. 68 Abs. 3 AG.). Dagegen ist es nicht etwa zulässig, daß er die stehende Mauer einreißt und mit stärkerer Konstruktion herstellt[13]). Art. 68 AG. räumt dem Nachbar nur ein Recht zur Erhöhung der Mauer ein; steht die Mauer unter den Dächern der beiden Nachbarhäuser derart, daß die Dachtraufdächer der beiden Nachbaranwesen auf der Oberkante der Mauer zusammenstoßen, so darf der Nachbar zum Zwecke der Erhöhung der Mauer keine Einwirkung auf das Dach des Nachbars ausüben. Denn dort, wo das Dach des Nachbars anfängt, hört die Grenzeinrichtung auf. Vielfach ist die Beschaffenheit der Scheidemauer derart, daß die beiden Häuser, welche äußerlich ein unausgeschiedenes Ganzes bilden, im Innern von der Scheidemauer getrennt werden. Solche Nachbarhäuser haben meistens zusammen einen einheitlichen Dachstuhl. Der Dachstuhl ist nun unter keinen Umständen eine Grenzeinrichtung. Schwierigkeit wird es nur bereiten, die genaue Grenzlinie beim Mangel äußerer Merkmale festzustellen. Aber die Grenze läßt sich nötigenfalls im Wege des Grenzscheidungsverfahrens feststellen. Würde durch die beabsichtigte Erhöhung der Mauer auf das so gefundene Alleineigentum des Nachbars an dem Dachstuhl eingewirkt, dann ist die Erhöhung der Mauer unzulässig. Regelmäßig wird diese Voraussetzung zutreffen. Der Nachbar, welcher bauen will, kann sich nur dadurch helfen, daß er die Mauer auf seiner Seite verstärkt und dann den Aufbau in einer Weise aufführt, daß er hierdurch auf das Eigentum des Nachbars an dem realiter abgeteilten Dachstuhl keine Einwirkung ausübt. Verjüngt sich die Mauer nach oben, so darf die Erhöhung nur in der Stärke des oberen Teiles vorgenommen, nicht etwa die ganze Mauer vom Beginn der Verjüngung an gleichmäßig breit verstärkt

---

11) Vgl. Stranz-Gebhard Bem. 9; Crusen-Müller Bem. 1b zu Art. 23 pr. AG.

12) Und zwar im Gegensatz zu Art. 658 C. c. ohne Vergütung (Stranz-Gebhard Bem. 8 zu Art. 23 pr. AG.).

13) Vgl. Henle-Schneider Anm. 5 zu Art. 68 AG. RheinArch. 97 II 142 (RG.). Anders war es nach Art. 659 C. c.

und dann erhöht werden[14]). Ist die Erhöhung der Mauer zulässig, so müssen ihre Kosten von demjenigen Nachbar bestritten werden, der sie ausführt. Dieser hat auch den Mehraufwand zu tragen, den die Unterhaltung der Mauer infolge der Erhöhung verursacht (Art. 68 Abs. 4 letzter Satz)[15]). Andrerseits ist auch nur dieser Nachbar berechtigt, die Vorteile der Mauererhöhung zu genießen. Der andere Nachbar hat also keinen Anspruch auf die Mitbenützung jenes Teiles der Mauererhöhung, der auf seinem Alleineigentum steht[16]). Durch Art. 68 Abs. 2 AG. wird dies in negativer Weise zum Ausdruck gebracht. Der Eigentümer des Gundstückes, von dem aus die Erhöhung erfolgt ist, kann dem Eigentümer des anderen Grundstückes die Benützung des Aufbaues verbieten. Bei dieser Fassung des Gesetzes ist die Benützung des Maueraufbaues durch den anderen Nachbar insolange nicht rechtswidrig, als kein Verbot der Benützung erfolgt ist.

Das Verbietungsrecht des Eigentümers des Grundstückes, von dem aus die Erhöhung erfolgt ist, fällt aber dann weg, wenn ihm von dem anderen Nachbar für die Hälfte oder, wenn nur ein Teil des Aufbaues benützt werden soll, für den entsprechenden Teil der Baukosten Ersatz geleistet wird. Ist der Bauwert geringer als der Betrag der Baukosten, so bestimmt sich der zu ersetzende Betrag nach dem Bauwerte. Der Ersatz ist stets dem derzeitigen Eigentümer des Grundstückes, von dem aus die Erhöhung vorgenommen wurde, zu leisten, auch wenn dessen Besitzvorgänger den Aufbau ausgeführt hatte. Das Verbietungsrecht ist ein dem Eigentümer zustehendes dingliches Recht; er verliert es, wenn man an ihn bezahlt[17]). Hat der Eigentümer des Grundstückes, von dem aus die Erhöhung vorgenommen wurde, die Mauer zum Zwecke der Erhöhung verstärken müssen[18]), so erhöht sich der von dem anderen Nachbar zu ersetzende Betrag um die Hälfte der Baukosten der Verstärkung und des entsprechenden Teiles des Wertes der zu der Ver-

---

[14]) RheinArch. 97 I 58 (Köln); 97 II 135 (RG.).

[15]) Böhm-Klein Anm. 2 zu Art. 68.

[16]) RheinArch. 102 I 268 (Köln) nimmt an, daß das aufgesetzte Mauerstück nach § 95 im Alleineigentum desjenigen steht, der es aufgesetzt hat. Danach besteht die Mauer unten aus zwei Mauerteilen im getrennten Eigentum der beiden Nachbarn, oben aus je einem Stück, das ganz im Alleineigentum steht. Ein Musterbeispiel konstruktiver Künstelei, die abzulehnen ist.

[17]) Vgl. übrigens SeuffBl. 53, 1 ff. Das Verbietungsrecht auf Benützung des Anbaus ist der Verjährung nicht entzogen (Art. 78 AG.). Die Verjährung beginnt mit der Benützung. Meikel in SeuffBl. 66, 512.

[18]) Das ist nur dann der Fall, wenn die Verstärkung zum Zwecke der Erhöhung notwendig, nicht nur nützlich war, vgl. Begründung z. AG. 42; Becher, Mat. I, 90; Böhm-Klein Bem. 3 zu Art. 68.

stärkung verwendeten Grundfläche. Verlangt[19]) der Eigentümer des Grundstückes, auf dem die Verstärkung angebracht ist, diese Ersatzleistung, so ist er verpflichtet, dem Eigentümer des anderen Grundstückes das Eigentum an der zu der Mauer verwendeten Grundfläche soweit zu übertragen, daß die neue Grenzlinie durch die Mitte der verstärkten Mauer geht[20]). Die Vorschriften über den Kauf finden entsprechende Anwendung[21]). Die Ersatzleistung kann auch durch Hinterlegung[22]) oder durch Aufrechnung erfolgen. Es ist keineswegs in das Belieben des Nachbars, der den Aufbau ausgeführt hat, gestellt, sich durch Verweigerung der Annahme der Ersatzleistung sein Verbietungsrecht zu erhalten. Andrerseits kann der Nachbar, welcher den Maueraufbau errichtet hat, den anderen Nachbar, sobald dieser den Maueraufbau ohne vorherige Ersatzleistung tatsächlich in Benützung genommen hat, nach seiner Wahl auf Ersatz der Baukosten oder nach vorausgegangenem Verbot auf Unterlassung der Benützung belangen[23]).

[19]) Er kann sich natürlich auch mit der einfachen Kostenerstattung des Art. 68 Abs. 2 begnügen.

[20]) Diese Bestimmung ist äußerst doktrinär und unpraktisch. Der Gesetzgeber ist zu derselben durch eine schiefe Auffassung des Wesens der Grenzeinrichtung gekommen. Er geht nämlich von der Voraussetzung aus, daß vermöge der Verstärkung eine Grenzverschiebung stattfinden wird, infolge deren die genaue Grenze durch die Mitte der verstärkten Mauer geht. Das ist nicht richtig. Eine von einem Angrenzer auf seinem Grund und Boden vorgenommene bauliche Änderung übt auf das Eigentum des unter der Mauer befindlichen Bodens gar keinen Einfluß. Es ist eine unrichtige Voraussetzung, daß die Grenze gerade durch die Mitte der Grenzeinrichtung gehen muß. (Vgl. dagegen M. 3, 275; Mugdan 3, 152). Es ist sehr wohl möglich, daß eine Grenzmauer zu $^1/_4$ ihres Querschnitts auf dem Boden des A und zu $^3/_4$ auf dem Boden des B steht. Bei einer solchen Rechtslage würde sich aus der obenerwähnten Bestimmung des Art. 68 AG. eine geradezu absurde Konsequenz ergeben, wie die nachstehende Skizze dartut.

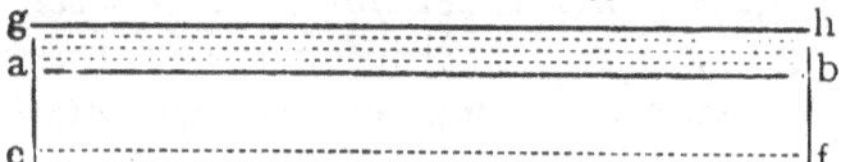

a b c d stellt den Querschnitt der Grenzmauer dar; e f ist die Grenzlinie. g h a b ist der Querschnitt der Verstärkung, welche A angebracht hat. Nach Art. 68 AG. muß nun die Mittellinie von g h c d festgelegt werden; dieselbe wird durch i k dargestellt. A hat dann samt der Verstärkung noch lange nicht die Hälfte der verstärkten Mauer; durch eine von ihm betätigte Abtretung kann daher die Grenze unmöglich in die Mitte verlegt werden.

[21]) Das Verlangen zur Eigentumsübertragung ist formlos wirksam; aufgelassen muß jedoch dann in der Form des § 313 werden.

[22]) Durch bloßes, wenn auch tatsächliches Anbieten der Ersatzleistung wird das Verbietungsrecht noch nicht entzogen. Nimmt der Ersatzberechtigte nicht an, so muß vielmehr hinterlegt werden.

[23]) Aus dem Wortlaut des Art. 68 AG. (gleichlautend mit Art. 23 § 2 pr. AG.) „kann verbieten, bis ihm ... Ersatz geleistet wird", wird von Stranz-Gerhard Bem. 11;

Anlangend die Beweislast, so muß derjenige, der das Verbietungsrecht geltend macht, lediglich beweisen, daß von ihm oder seinem Besitzvorgänger der Aufbau ausgeführt wurde[24]). Sache des Gegners ist es dann, zu beweisen, daß er die Baukosten dem Eigentümer oder dessen Besitzvorgänger ersetzt hat. Sowohl das Verbietungsrecht, als der Anspruch auf Ersatzleistung[25]) erlöschen gemäß Art. 77 AG. durch Verzicht des Berechtigten, welcher als empfangsbedürftige Willenserklärung gegenüber dem Eigentümer des Nachbargrundstückes zu erklären ist. Für diesen Verzicht ist keine Form vorgeschrieben; er ist unwiderruflich. Ist das Grundstück des Berechtigten mit dem dinglichen Rechte eines Dritten belastet, so ist die Zustimmung des Dritten zum Verzichte erforderlich, wenn dessen Recht durch den Verzicht berührt würde. Die Zustimmung des Dritten ist entweder dem Grundbuchamte oder dem Eigentümer des Nachbargrundstückes gegenüber zu erklären und ist unwiderruflich (Art. 77 Abs. 2 AG. mit § 876 BGB.). Im Falle der Belastung mit einer Reallast, einer Hypothek, einer Grundschuld oder einer Rentenschuld ist der Verzicht auf das in Art. 68 Abs. 2 AG. bezeichnete Verbietungsrecht dem Dritten gegenüber wirksam, wenn er erfolgt, bevor das Grundstück zugunsten des Dritten in Beschlag genommen worden ist (Art. 77 Abs. 2 AG.). Der Eigentümer kann also ungeachtet einer bestehenden Hypothek oder eines dieser gleichgestellten Rechte auf sein Verbietungsrecht ohne Zustimmung des Gläubigers verzichten, solange nicht das Grundstück zu dessen Gunsten in Beschlag genommen ist.

Crusen-Müller Bem. II 1 b; Hodler Bem. 3 zu Art. 23 pr. AG. und RheinArch. 102 I 268; 104 I 34 (Köln) gefolgert, daß das Kostenbegehren nur einredeweise gegen den Benutzungsanspruch, nicht aber aktiv geltend gemacht werden dürfe. Die Redaktion des Art. 68 Bay.-AG. (Art. 33 pr. AG.) ist aber schwach. In Art. 68 Abs. 3 BayrAG. (Art. 23 § 3) steht deutlich: „Verlangt der Eigentümer — die Ersatzleistung". Der Wortlaut des Gesetzes gibt also jeder der zwei Deutungen Raum. Die Absicht des preuß. Gesetzgebers, dessen Konzept der bayerische abgeschrieben hat, ging dahin, das bisherige Recht dem Sinne nach aufrechtzuerhalten. Art. 660 C. c. gewährte aber dem Erhöhenden ein Forderungsrecht. Das besteht auch unter der Geltung des neuen Rechts (RheinArch. 105 I 48 [Köln]; SeuffBl. 70, 210 [München]). Auch Oertmann, Bayer. Landesprivatrecht 336 f. gewährt einen klagbaren Anspruch auf Kostenerstattung von dem Moment an, wo der Nachbar durch tatsächliche Gebrauchsanmaßung oder wörtliche Erklärung den Willen bekundet hat, sich die Vorteile der Mauererhöhung anzueignen.

[24]) Ob die Erhöhung für die Mauer schädlich war oder nicht, ist für das Verbieten der Benützung gleichgültig. Auch wenn die Erhöhung auf Grund einer von dem anderen Nachbar erteilten Erlaubnis ausgeführt wurde, kann ihm der Erbauer die Benützung des Aufbaus bis zur Ersetzung der halben Baukosten verbieten.

[25]) Und zwar auf Ersatz sowohl der Baukosten der Erhöhung als der Verstärkung: Art. 68 Abs. 3 AG., welcher die Kosten der Verstärkung behandelt, ist zwar in Art. 77 AG. nicht besonders genannt, allein es handelt sich hierbei nur um eine Erweiterung der in Art. 68 Abs. 2 AG. behandelten Ersatzpflicht (vgl. Böhm-Klein Anm. 5 zu Art. 68 AG.).

II. Beseitigung eines Aufbaues auf der Kommunmauer.

Hat ein Teilhaber die Kommunmauer erhöht, so darf er diese Erhöhung eigenmächtig jedenfalls dann nicht beseitigen, wenn er für die Erhöhung auch einen Teil der Kommunmauer benützt hat, der auf dem Grund und Boden des Nachbarn steht. Denn in diesem Fall ist auch der Maueraufbau als Grenzeinrichtung zu betrachten (vgl. oben S. 84). Die zur Schaffung einer Grenzeinrichtung erforderliche Zustimmung des Nachbars, die auch als nachträgliche Genehmigung erfolgen kann, liegt hinsichtlich des Maueraufbaues letzten Endes in der Unterlassung eines Widerspruches gegen den Aufbau.

Ist aber die Erhöhung nur auf dem Teil der Mauer vorgenommen worden, der auf dem Grund und Boden des Erhöhenden steht, so ist der Aufbau nicht als eine Grenzeinrichtung zu erachten. Dann darf der andere die Erhöhung trotz des Widerspruches des Teilhabers nicht beseitigen, und zwar selbst dann nicht, wenn auf dieser auf seiner Seite der Kommunmauer einen Aufbau ausgeführt hat. Dabei ist es für die Entscheidung dieser Frage ohne Bedeutung, ob man Miteigentum oder abgeteiltes Alleineigentum an der Kommunmauer unterstellt. Denn da die Unterstellung des Miteigentums auf der Annahme beruht, daß § 93 BGB. den § 94 BGB. überwindet, so steht das Miteigentum an der Kommunmauer der Annahme des Alleineigentums an den Maueraufbau nicht entgegen. Da der aufgebaute Teil nur dem Haus dessen, der die Erhöhung vorgenommen hat, als Umfassungsmauer dient, steht diese als wesentlicher Teil des Hauses im Alleineigentum des Hauseigentümers (§ 93 BGB.). Das Recht zur Beseitigung des Aufbaues ergibt sich aus § 903 BGB.

Auf einer Kommunmauer, die mit ihrem breiteren Teil auf dem Grundstück des Beklagten steht, hat zunächst dieser, dann der Kläger eine Mauer je als Seitenwand eines Hausaufbaues errichtet. Die beiden Mauern hielten sich diesseits der der Grundstücksgrenzen. Beklagter hat sein Gebäude und damit auch seinen Maueraufbau, nicht aber die Kommunmauer abgerissen. Der Maueraufbau des Klägers war für sich allein zu schwach und mußte deshalb verstärkt werden. Kl. beanspruchte vom Bekl. Ersatz der Kosten der Verstärkung. Die Klage wurde mit recht abgewiesen (HeßRspr. 1917, 189). Ob der Bekl. beim Abbruch der Mauer die nötigen Vorsichtsmaßnahmen getroffen hatte (s. unten S. 225), stand nicht in Frage.

III. Übergangsvorschrift.

Art. 68 AG. ist maßgebend für alle Grenzmauern, gleichviel ob sie vor oder nach Inkrafttreten des Bürgerlichen Gesetzbuches errichtet worden sind[26]). Ist eine Grenzmauer, zu deren Benützung die Eigen-

[26]) Pfirstinger, Die Kommunmauer 12; vgl. RheinArch. 101, 227; 104 I 34; 105 I 48 (Köln).

tümer der Nachbargrundstücke gemeinschaftlich berechtigt sind, vor dem Inkrafttreten des Bürgerlichen Gesetzbuches von dem Eigentümer des einen Grundstückes erhöht worden, so findet, soweit nach den bisherigen Vorschriften[27]) für die Benützung des Aufbaues seitens des Eigentümers des anderen Grundstückes ein Teil der Kosten zu ersetzen oder eine sonstige Vergütung zu leisten ist, die Vorschrift des Art. 68 Abs. 2 und 3 über das Recht des einen Nachbars, die Benützung des Aufbaues zu verbieten, Anwendung, es sei denn, daß die Vergütung schon vor dem Inkrafttreten des Bürgerlichen Gesetzbuches fällig geworden ist, in welchem Falle es bei der Gestaltung, die das Rechtsverhältnis durch die bisherigen Vorschriften erhalten hat, sein Bewenden hat (Art. 69 AG.). Im anderen Falle richtet sich die Heranziehung zu den Baukosten auch nach den neuen Vorschriften, wenn die Erhöhung der gemeinschaftlichen Mauer schon vor dem Inkrafttreten des Bürgerlichen Gesetzbuches erfolgt ist, die Benützung des Aufbaues aber erst nach diesen Zeitpunkte eintritt[28]). Dagegen ist die Frage, ob die vor diesem Zeitpunkte erfolgte Erhöhung der Mauer zulässig war, nach bisherigem Rechte zu entscheiden[29]). Hat aber das bisherige Recht für den Fall, daß die Erhöhung in unzulässiger Weise von dem einen Teilhaber vorgenommen wurde, dem anderen Teile einen Anspruch auf Niederreißung einer verbotswidrig vorgenommenen Erhöhung eingeräumt, so wird dieser Anspruch durch das Inkrafttreten der Ausführungsgesetzgebung[30]) beseitigt. Die gegenteilige Ansicht entbehrt der Begründung, obwohl sie sich auf Gesetzgebungsverhandlungen berufen kann[31]). Es kann in einem geordneten Rechtsleben nicht angängig sein, daß der eine Teilhaber von dem anderen die Niederreißung der Mauer verlangen kann, obwohl der andere Nachbar berechtigt ist, die nieder-

---

[27]) Code civil Art. 658f., sowie die Statutarrechte von München (Bauordnung Art. 4); Amberg (Bauordnung XI); Ulm (Bauordnung VII, 3); Memmingen (Bauordnung XI, 4); Mainz (Bauordnung VII, 21) geben dem Nachbar die Befugnis, eine gemeinschaftliche Mauer ohne Zustimmung des anderen Nachbars zu erhöhen und versagen dem anderen Nachbar das Recht der Mitbenützung, bis er die Hälfte der Baukosten ersetzt hat.

[28]) Henle-Schneider Anm. 3 zu Art. 69 AG.

[29]) Zulässig ist die Erhöhung einer Kommunmauer ihrer ganzen Dicke nach nach den Statutarrechten von München, Amberg, Ulm, Memmingen und Mainz. Die Statutarrechte von Nürnberg Ref. XXVI, 4 und Augsburg (Bauordnung II, 5) gestatten dem Miteigentümer das Höherbauen auf der Hälfte der Mauer. Das gemeine Recht dagegen verbietet die einseitige Erhöhung der Kommunmauer l. 27 § I D 8, 2: Si in area communi aedificare velis, socius prohibendi ius habet, quia invito socio in iure communi non habeas ius aedificandi.

[30]) Die Gültigkeit des Art. 68 AG. vorausgesetzt s. oben § 7 III.

[31]) Äußerung von Jacubezkys AAPr. 173 (Becher, Mat. I, 446f.) und im Gefolge hiervon Böhm-Klein Anm. 2 zu Art. 69 und Henle-Schneider Anm. 2 zu Art. 69 AG.

gerissene Mauer am anderen Tag in gleicher Weise wieder aufzubauen. Einem solchen Verlangen kann aus § 226 BGB. wirksam begegnet werden.

§ 10. Grenzbaum.

Indem die Grenze die zusammenhängenden Bestandteile der Grundstücke (Erdboden, Gestein, Gebäude) durchschneidet, teilt sie auf beiden Seiten der Grenze liegenden Stücke dem einen oder dem anderen Grundstücke zu. Durchschneidet die Grenzlinie den Stamm eines Baumes da, wo er aus der Erde heraustritt, so würde bei strenger Durchführung des § 94 der Baum, solange er steht, körperlich geteilt zu erachten sein; das eine Stück würde dem einen, das andere dem anderen Grundeigentümer zum Alleineigentum gehören. Allein nach der hier vertretenen Ansicht (s. oben S. 24) geht § 93 dem § 94 vor; ein körperlich geteiltes Eigentum an einer einheitlichen Sache ist wirtschaftlich damit rechtlich unmöglich. Der Baum und andere Gewächse, die auf der Grenze stehen, sind im Miteigentum der beiden Nachbarn[1]), auf welches die Vorschriften der §§ 741 ff. BGB. über die Gemeinschaft anzuwenden sind.

Im Einklang mit § 749 BGB. bestimmt § 923 BGB., daß jeder der Nachbarn die Beseitigung des Baumes verlangen kann.

Auf die Wurzelung kommt es nicht an. Der Baum, dessen Stamm von der Grenze nur gestreift, nicht geschnitten wird, steht mit samt seinen in das Eigentum des Nachbars hinüberragenden Wurzeln und Zweigen im Alleineigentume desjenigen, auf dessen Grund und Boden der Stamm heraustritt[2]). Wird der Stamm erst weiter oben wegen schiefen Wachstums von der Grenze geschnitten, so ist § 910 anzuwenden[3]). Auf keinen Fall hat aber der Nachbar das Recht, den Baum ohne Einwilligung des anderen zu fällen[4]). Der Anspruch auf Beseitigung des Grenzbaumes oder Grenzstrauches unterliegt nach § 924 BGB. nicht der Verjährung. Der Anspruch auf Beseitigung ist aber dann ausgeschlossen, wenn der Baum als Grenzzeichen dient und den Umständen nach nicht durch ein anderes zweckmäßiges Grenzzeichen ersetzt werden kann[5]). Letztere Ausnahme wurde für notwendig gehalten wegen der

---

§ 10. [1]) Übereinstimmend nur Crome 429; Luks bei Gruchot 60, 480. A. M. auf Grund M. 3, 278 (Mugdan 3, 153) die gemeine Meinung.

[2]) Vgl. EntschOGH. 8, 453; Staudinger Anm. 1 zu § 923.

[3]) Staudinger Bem. 1b zu § 923.

[4]) Staudinger Bem. zu § 923; RGKomm. Bem. 4 zu § 923.

[5]) Die Beweislast dafür, daß der Baum als Grenzzeichen dient, trägt derjenige, der den Baum erhalten will; sie wird erfüllt sein, wenn die Grenze nicht vermarkt ist und

in manchen Gegenden, insbesondere den Überschwemmungsgebieten größerer Flüsse, bestehenden Notwendigkeit, die Grenze durch Bäume (sog. Kopfbäume, gekappte Weiden) zu sichern, weil andere Grenzzeichen weggespült würden[6]). Dient eine Baumreihe oder eine Sträucherreihe (Hecke) als Grenzeinrichtung im Sinne des § 921, so besteht der Anspruch auf Beseitigung nicht, gemäß § 922 BGB.[7]). Im übrigen sind für die Verwaltung des Baumes (Strauches) die Vorschriften der §§ 744 ff. BGB. maßgebend.

Für andere Sachen, z. B. Steine, Balken, gelten die Vorschriften des § 923 selbstverständlich nicht. Der Nachbar ist befugt, den Stein bis zu seiner Grenze herauszubrechen, denn so weit gehört er ihm. Nimmt er den ganzen von der Grenze durchschnittenen Steinblock heraus, so handelt er rechtswidrig. An dem herausgenommenen Steinblock besteht Miteigentum nach Bruchteilen, welche von dem bisherigen Grenzschnitt nach Verhältnis des Realeigentums bestimmt werden[8]).

An und für sich müßte man annehmen, daß von dem Miteigentum an dem Baum jedem der Teilhaber ein Bruchteil zuzuweisen sei, dessen Größe dem Verhältnis der räumlichen Erstreckung des Baumes in das eine oder andere Gebiet entspricht. Da aber § 923 BGB. den gefällten Baum und die Früchte[9]) des stehenden Baumes den Teilhabern zu gleichen Teilen zuspricht[10]) und ebenso die Kosten der Beseitigung verteilt, so müssen (vgl. § 743 BGB.) auch an dem stehenden Baum gleiche Anteilsrechte angenommen werden. Die Ermittlung eines anderen Quotenverhältnisses wäre mit ungebührlichen Schwierigkeiten verbunden.

Da die Beseitigung möglicherweise mehr Kosten verursacht als Gewinn verschafft, so erfordert die Billigkeit, daß der eine Nachbar dem

---

der Grenzbaum an einer Stelle steht, an welche bei vorzunehmender Vermarkung ein Grenzstein kommen müßte. Die Beweislast dafür, daß der Baum nicht durch ein anderes zweckmäßiges Grenzzeichen ersetzt werden kann, trifft denjenigen, der die Beseitigung verlangt. Biermann, Staudinger, Planck zu § 923; a. M. Endemann 460 Anm. 35; Crome § 302 Anm. 27.

[6]) KommProt. 3550 (Mugdan 3, 585).

[7]) A. M. Scherer Anm. 211 zu § 923 (3, 111).

[8]) Vgl. Staudinger Bem. 3 zu § 923 und dortige Nachweise.

[9]) Dazu gehört auch dürres Holz (Dernburg 290), Baumblätter, die als Streu dienen (OLG. München in Straff. 3, 380).

[10]) Die Bestimmung des § 923, wonach die Früchte den Nachbarn zu gleichen Teilen zustehen, ist mit der Annahme eines körperlich abgeteilten Eigentums unvereinbar. Denn bei körperlich abgeteilten Bäumen würde das Eigentum an den hängenden Früchten demjenigen zustehen, über dessen Grundstück sie hängen. — Die abgefallenen Früchte gelten aber auch bei einem auf der Grenze stehenden Baum als Früchte des Grundstücks, auf welches sie gefallen sind (§ 911 BGB.).

anderen Nachbar, welcher die Beseitigung fordert, die Ausführung der Trennung auf eigene Kosten und zu eigenem Gewinn überlassen kann (§ 923 BGB.). In diesem Falle erwirbt derjenige, der den Baum beseitigt, mit der Trennung des Baumes das Alleineigentum.

Besteht ein Nießbrauch am Grundstücke, so ist, da der Baum eine Frucht ist, nur der Nießbraucher zu der Trennung und zu der Verfügung über die getrennten Stücke des Baumes, welche sein Eigentum werden, berechtigt[11]). Der Pächter hat nur einen obligatorischen Anspruch darauf, daß ihm der Verpächter während der Pachtzeit die Aneignung der Früchte gestattet. Befindet sich der Pächter im Besitze des verpachteten Grundstückes, so erwirbt er zwar das Eigentum an den Früchten mit deren Trennung (§ 956 BGB.), aber gemäß § 581 nur an den Früchten, die nach den Regeln einer ordnungsmäßigen Wirtschaft als Ertrag anzusehen sind. Ob der gefällte Grenzbaum zu diesen Früchten gehört, ist je nach der Gestaltung des einzelnen Falles verschieden zu beurteilen; deshalb ist der Pächter dem Nießbraucher nicht schlechtweg gleichzustellen[12]).

Soferne auf Grund eines besonderen Rechtsverhältnisses (z. B. Pacht) die Früchte einem anderen als dem Eigentümer gehören, gilt der andere als Nachbar im Sinne des § 923[13]).

Die landesgesetzlichen Vorschriften, welche die Rechte der Grundeigentümer in Ansehung der auf der Grenze stehenden Obstbäume abweichend von den Vorschriften des § 923 Abs. 2 BGB. bestimmen, bleiben nach Art. 122 EG. unberührt. Ebenso bleiben zugunsten eines Grundstückes, das am 1. Januar 1900 mit Wald bestanden ist, die landesgesetzlichen Vorschriften, welche die Rechte des Eigentümers eines Nachbargrundstückes in Ansehung der auf der Grenze stehenden Bäume und Sträucher abweichend von den Vorschriften des § 923 Abs. 2 und 3 bestimmen, bis zur nächsten Verjüngung des Waldes in Kraft (Art. 183 EG.). Die bayerische Ausführungsgesetzgebung hat von diesem Vorbehalt weder nach der einen noch nach der anderen Richtung Gebrauch gemacht.

---

[11]) M. 3, 279 (Mugdan 3, 154).

[12]) Vgl. Goldmann-Lilienthal 67 Anm. 53 und dagegen Maenner 179.

[13]) Staudinger Bem. 1c zu § 923 und Nachweise.

II. Abschnitt.

Gesetzliche Beschränkungen des Eigentums.

A. Allgemeine Eigentumsbeschränkungen.

§ 11. Schikanöse Rechtsausübung[1]).

Aus dem Wesen des Rechtes folgt an sich, daß es im Belieben des Berechtigten steht, das Recht innerhalb der gezogenen Schranken auszuüben. Die Ausübung eines Rechtes ist nicht schon deswegen unerlaubt, weil dadurch ein anderer Schaden leidet[2]). Im Prinzip gilt auch für das bürgerliche Recht der Grundsatz: qui iure suo utitur, nemini facit iniuriam. Deshalb darf z. B. der Grundstückseigentümer dem Nachbar durch Errichtung eines Gebäudes das Licht verbauen[3]). An und für sich wäre der Eigentümer befugt, auf seinem Grundstücke Einrichtungen zu treffen, durch welche die Ausübung drahtloser Telegraphie auf anderen Grundstücken vereitelt wird oder die abgesandten Funken abgefangen werden[4]).

Es besteht deshalb an sich keine Verpflichtung des Grundeigentümers, positive Veranstaltungen auf seinem Eigentum zu treffen, um seinen Nachbar vor Nachteilen zu schützen[5]). So ist der Eigentümer

---

§ 11. [1]) Vgl. Ramdohr bei Gruchot 46, 577ff. u. 806ff.

[2]) ObLG. 7, 237.

[3]) S. unten § 23.

[4]) Endemann 461 Anm. 2. Allein hier wird das Interesse des einzelnen von dem der Gesamtheit überwunden, welches erheischt, daß das wirtschaftlich wertvolle und unentbehrliche Nachrichtenmittel ohne Beengung durch die einzelnen ausgeübt werden kann. In einem solchen Falle ist § 826 BGB. anwendbar, aber auch § 823 Abs. 2 BGB. in Verbindung mit § 360 Ziff. 11 RStGB. Über drahtlose Telegraphie vgl. den Internationalen Funkentelegraphenvertrag vom 3. Nov. 1906 (RGBl. 1908, 411ff.), der übrigens keine nachbarrechtlichen Vorschriften enthält.

[5]) Vgl. Endemann 461, der beispielsweise anführt, daß der Eigentümer nicht verpflichtet sei, die Berberizen, von denen Pilze ausgehen, welche die Übertragung des

eines Grundstückes, von dem sich ein Felsblock abzulösen droht, nicht verpflichtet, denselben zu stützen[6]); und ebensowenig kann der Nachbar von dem Eigentümer eines von Natur bestehenden Teiches verlangen, daß er den Teich unter allen Umständen so einrichte, daß Gerüche nicht in erheblichem Grade auf das Nachbargrundstück gelangen[7]).

Aber in allen diesen Fällen kann nach Lage der besonderen Verhältnisse doch eine Verpflichtung zum Schadenersatze bestehen; denn nach geltendem Gesetze ist die brutale Ausübung des eigenen Rechtes, wenn sie zur erheblichen Verletzung anderer Interessen führt, nicht immer zulässig[8]). Vielfach werden auch polizeiliche Vorschriften eingreifen, deren schuldhafte Verletzung nach § 823 Abs. 2 zum Schadenersatz verpflichtet.

Eine grundsätzliche Einschränkung der Machtbefugnis des Eigentümers bewirkt § 226 BGB. Wenn eine rechtliche Befugnis ohne eigenes Interesse des Berechtigten lediglich zur Kränkung eines Dritten ausgeübt wird, dann verstößt dies gegen den Zweck des Gesetzes, das eine Berechtigung nur zur Förderung menschlicher Interessen, niemals aber zu deren Schädigung verleiht[9]). Soll einem solchen Mißbrauch des Rechtes ein Riegel vorgeschoben werden, so ist hierzu ein allgemeines gesetzliches Verbot erforderlich. In den Entwürfen zum Bürgerlichen Gesetzbuche hatte man von der Entlassung eines derartigen Verbotes Umgang genommen. Man hatte erwogen, es sei nicht rätlich, einem Streite über die Beschaffenheit eines Interesses, welches der Berechtigte an der Ausübung des Rechtes hat und dessen Vorhandensein er durch die Tatsache der Ausübung bekundet, die Türe zu öffnen; der

---

Getreiderostes auf die Roggenfelder des Nachbars herbeiführen, zu beseitigen, da er diese Pflanzen nicht halte und daher von ihm die schädigende Einwirkung nicht verursacht werde. Dem wird aus den oben in Anm. 4 angegebenen Gründen nicht durchweg beizupflichten sein. Die von jedermann zu erfordernde Rücksicht auf fremde Interessen kann unter Umständen eine Rechtspflicht begründen, deren Verabsäumung nach § 823 u. § 826 ersatzpflichtig machen kann. So wird in einer Getreidegegend gefordert werden können, daß der Grundeigentümer die Berberizensträuche, welche eine Gefahr für den Getreidebau der ganzen Gegend bilden, ausrottet oder doch dem Anlieger der Ausrottung gestattet. Verweigert er das, so handelt er gegen die guten Sitten (jetzige Nahrungsmittelnot), auch § 226 BGB. kann einschlägig sein. Ähnliches gilt bei den weiteren Beispielen Endemanns, daß der Eigentümer die Wespennester in seinem Garten (vgl. § 368 Abs. 2 RStGB.) und den Schwamm in seinem Keller nicht zu beseitigen brauche. Wer eine „Anlage" — dazu gehört ein künstlicher Teich — hält, muß die von ihr ausgehenden Einwirkungen vertreten. Deshalb sind Einwirkungen, die von einem künstlich geschaffenen Teich ausgehen, anders zu beurteilen wie bei einem von Natur vorhandenen Teich.

[6]) Vgl. unten § 16.

[7]) Vgl. Anm. 5 zu S. 142/143 unten § 14.

[8]) Vgl. unten § 17.

[9]) Ramdohr bei Gruchot 46, 589.

Nachweis, daß die Rechtsausübung nur aus Schikane erfolge, sei schwer zu erbringen, während auf der anderen Seite ein solches Verbot vielfach mißbraucht werden und so im Ergebnis zu einer Schikane auf der anderen Seite führen könne[10]). Erst der Bundesrat hat nach dem Vorbild des preußischen Landrechtes (ALR. I 8 § 28) dem damaligen § 887 den Zusatz gegeben: „Eine Ausübung des Eigentumes, die nur den Zweck haben kann, einem anderen Schaden zuzufügen, ist unzulässig." Der Reichstag hat diesen auf das Eigentum beschränkten Grundsatz zu einem allgemeingültigen erhoben. Hiernach ist die Ausübung eines Rechtes unzulässig, wenn sie nur den Zweck haben kann, einem anderen Schaden zuzufügen (§ 226 BGB.).

Die Rechtsbefugnis selbst ist nicht entzogen, sondern nur die Ausübung in dem besonderen Fall[11]). Ist diese Ausübung im gegebenen Fall rechtskräftig als unzulässig erklärt, so steht die Rechtskraft des Urteils einer unter anderen Verhältnissen erfolgenden Ausübung nicht entgegen[12]).

Die Fassung des § 226 ist eine recht enge, so daß sich der Richter nicht allzu häufig in der Lage finden wird, von dieser Gesetzesbestimmung Gebrauch zu machen; denn § 226 ist an die Voraussetzung gebunden, daß, objektiv betrachtet, die Rechtsausübung gar keinen anderen Zweck haben kann, als den der Schädigung[13]), wobei begrifflich nicht erforderlich ist, daß der Zweck bereits erreicht wurde[14]). Jeder andere Zweck muß ausgeschlossen sein[15]). Zweck ist gleichbedeutend mit Absicht[16]). In diesem Erfordernis eines objektiven Tatbestandes ruht das

[10]) M. 1, 275 (Mugdan 1, 505).

[11]) Hirsch, ZZP. 42, 48. A. M. Kipp bei Windscheid § 121; Endemann 422 Anm. 2, die das Recht selber durch das Verbot des § 226 beschränkt wissen wollen.

[12]) Staudinger Bem. 4a zu § 226; Ramdohr bei Gruchot 46, 809; SeuffA. 35 Nr. 273.

[13]) Ramdohr bei Gruchot 46, 819, der mit bes. Schärfe auf den Unterschied der Begriffe Zweck und Absicht hinweist. Zweck ist die Bestimmung, welche ein „Etwas" hat; er haftet dem Dinge oder Vorgang objektiv an. Die Ermittlung der Zweckbestimmung erfolgt von einem außerhalb der Person des Bestimmenden befindlichen, objektiven Standpunkt aus.

[14]) Ramdohr a. a. O. 825.

[15]) RG. 98, 17. Dort wird die Anwendung des § 226 abgelehnt, weil die vor die Fenster des Nachbarhauses gestellte Bretterwand möglicherweise auch den Zweck haben könne, sich und die Familienmitglieder vor Belästigungen und Beleidigungen des Nachbars zu schützen. (Dabei hatten die vernommenen Zeugen nichts von Beleidigungen gehört.) Es genügt die Möglichkeit, daß solche Beleidigungen vorgekommen sind. — (Die Abstellung auf die bloße Möglichkeit ist bedenklich.) Vgl. ObLG. 6, 148: Ein anderer Zweck der Rechtsausübung als die Zufügung von Schaden muß überhaupt undenkbar sein oder doch nur ganz nebenbei in Betracht kommen können.

[16]) Dabei kommt es nicht auf die Absicht des Berechtigten an; entscheidend ist vielmehr der Zweck des Handelns, wie er sich bei objektiver Betrachtung der gesamten Um-

Schwergewicht der Bestimmung und hierdurch wird der Vorstoß, der mit § 226 gegen den Begriff der Rechtsbefugnis, insbesondere in seiner Anwendung auf das Eigentum, geführt werden sollte, außerordentlich abgeschwächt. Zuweilen wird die Rechtsausübung, die auf Grund des § 226 nicht verboten werden kann, nach § 826 unzulässig sein[17]). Die wichtigsten Fälle, in denen schikanöse Rechtsausübung in Frage kommen könnte, sind durch Einzelbestimmungen in der Weise geregelt, daß die Rechtsbefugnis selbst entzogen wird, wenn zur Ausübung derselben das Interesse fehlt. So § 905 BGB., wonach der Eigentümer Einwirkungen nicht verbieten kann, die in solcher Höhe oder Tiefe vorgenommen werden, daß er an der Ausschließung kein Interesse hat; § 906 BGB., wonach der Eigentümer eines Grundstückes die Zuführung von Gasen, Dämpfen, Gerüchen, Rauch, Ruß, Wärme, Geräusch, Erschütterungen und ähnliche von einem anderen Grundstück ausgehende Einwirkungen insoweit nicht verbieten kann, als die Einwirkung die Benützung seines Grundstückes nicht oder nur unwesentlich beeinträchtigt; ferner § 910 Abs. 2 BGB., wonach der Grundstückseigentümer Wurzeln und Zweige, die in seine Eigentumssphäre herübergedrungen sind, nicht beseitigen darf, wenn sie die Benützung des Grundstückes nicht beeinträchtigen. Auf alle diese Vorschriften bezieht sich das allgemeine Schikaneverbot des § 226 nicht; denn diese Bestimmung setzt voraus, daß an sich ein Recht besteht, was in den Fällen dieser Einzelvorschriften nicht zutrifft.

Das erwähnte Erfordernis eines objektiven Tatbestandes führt bei der Anwendung des § 226 zu wichtigen Folgen. Es genügt nicht, daß die Rechtsausübung der Absicht einer Schädigung entspringt, ja nicht einmal, daß nachweisbar der einzige Zweck des Handelnden die Schadenzufügung gewesen ist[18]). Der Gesetzgeber will nicht haben,

---

stände des Falles darstellt, wobei freilich auch die inneren Beweggründe des Handelnden von Bedeutung sein können.

Zulässige Notwehr: der Dieb läuft mit dem gestohlenen Sack Kartoffeln davon, der Eigentümer gibt einen Schreckschuß ab und verletzt dadurch den Dieb. Schadensersatzklage abgewiesen (RGZ. 111, 372).

[17]) Vgl. darüber Maenner 158 Anm. 8; SeuffA. 62 Nr. 151. (Verbauen der Aussicht.) Vgl. RG. 98, 17 (oben Anm. 5). Im dortigen Falle wurde die Anwendbarkeit des § 826 verneint, weil die von den Beklagten in ihrem berechtigten Interesse vorgenommene und an sich rechtlich erlaubte Errichtung der Bretterwand auch dann noch nicht sittenwidrig werde, wenn die Beklagten nebenbei die Absicht gehabt haben sollten, den Kläger zu schädigen (vgl. RG. 71, 173). Selbst wenn man annehmen würde, daß sich die Beklagten eines anstößigen Mittels zur Erreichung ihrer Zwecke bedient hätten, so haben die Beklagten wenigstens geglaubt, sie dürften so verfahren, wie sie es getan haben (RG. 79, 23). Dieser Aufwand von Scharfsinn zur Unterstützung der Bosheit ist bedauerlich und verfehlt.

[18]) Vgl. dagegen OLG. 1, 439 (Kammergericht). Hier wurde der § 226 angewendet, weil nach Lage des Falles der wahre Zweck, den der Kläger verfolge, nicht der einer

daß bei dem Offenbleiben verschiedener Möglichkeiten die Absicht des Rechtsausübenden nachgeprüft werden soll; erforderlich ist vielmehr, daß nach Lage der Verhältnisse, objektiv betrachtet, gar kein anderer Zweck des Handelns gedacht werden kann, als der einer Schadenzufügung. Maßgebend ist der Zweck des Handelnden, wie er sich bei Betrachtung der gesamten objektiven Sachlage darstellt; auch die inneren Beweggründe sind dabei wesentlich, wenn sie sich in dem objektiven Tatbestand widerspiegeln[19]). Die Schädigungsabsicht rückt den Schädigungszweck erheblich näher[20]).

Hieraus ergibt sich die wichtige Folge, daß die Beweislast für diese Voraussetzung des § 226, welche demjenigen obliegt, der seine Anwendung verlangt, nicht durch eine Eideszuschiebung über die subjektive Absicht der Schadenzufügung getragen werden kann; denn diese Absicht beweist für sich allein noch nichts. In Gemäßheit des § 445 ZPO. kann aber auch nicht über den objektiven Tatbestand (daß die Rechtsausübung nur einen schikanösen Zweck haben kann) der Eid zugeschoben werden[21]).

Sicherung seiner Mietforderung sein könne, sondern nur der, den Beklagten in seinem Interesse zu schädigen. Allein nicht darauf kommt es an, was der wahre Zweck ist, sondern darauf, daß kein anderer Zweck vorliegen kann. Gegen diese Entscheidung wendet sich Ramdohr bei Gruchot 46, 590 u. 829. Nur wenn jeder andere Zweck als der einer Benachteiligung des anderen ausgeschlossen ist, kann die Anwendung des § 226 in Frage kommen. JW. 1905, 388; Staudinger Bem. 4b zu § 226. Läßt sich noch ein anderer Zweck des Handelns, namentlich also der des eigenen Vorteils, denken, mag selbst dieser Zweck augenscheinlich mit der Schädigung des anderen verknüpft und wegen der Wahl des benützten Mittels oder aus sonstigen Gründen von einem rechtlich Denkenden nicht zu billigen sein, also gegen die guten Sitten verstoßen, so ist für die Anwendung des § 226 kein Raum; es kann aber in solchem Fall § 826 in Frage kommen. SeuffA. 62 Nr. 151 (München), (Verbauen der Aussicht); ObLG. n. F. 3, 758 (Entziehung des Grundwassers). Über die Anwendbarkeit des § 826 und daß derselbe weiter geht als § 226 vgl. Maenner 158 Anm. 8; Oertmann, DJZ. 1903, 325ff.; Staudinger Bem. 6 zu § 826; RG. 58, 214; 60, 103. — Schneidler im Recht 1906, 603 vertritt den Standpunkt, es sei zur Anwendung des § 226 weiter nichts erforderlich, als daß der Rechtausübende subjektiv keinen anderen Zweck hat, als den der Schadenszufügung. Es sei gar nicht zu beweisen, daß objektiv kein anderer Zweck denkbar sei. Nach Zahn, Recht 1906, 847 soll § 226 stets dann anwendbar sein, wenn als Zweck einer Rechtsausübung in so hervorragender Weise die Schadenfreude erscheint, daß daneben etwaige andere Motive für die moralisch-juristische Betrachtung gar nicht ins Gewicht fallen. Diesem Standpunkt steht nahe SeuffA. 61, 92 (ObLG.).

Vgl. hierzu auch Planck Anm. zu § 226. SeuffBl. 63, 502.

Anders nach gemeinem Recht, vgl. Windscheid, Pand. 1 § 121 Anm. 3; Dernburg, Pand. 1 § 41; Vangerow, Pand. 1 § 297; EntschOGH. 10, 619; SeuffA. 31 Nr. 118; 35 Nr. 273; 37 Nr. 292; 45 Nr. 167.

[19]) Vgl. RG. 68, 424; Recht 1911 Nr. 1269 (ObLG.). Dort wird den inneren Beweggründen eine etwas größere Bedeutung beigelegt.

[20]) ObLG. 12, 110.

[21]) Ramdohr bei Gruchot 46, 822; Staudinger Bem. 4b zu § 226; Maenner 159 Anm. 9. Ist der Tatbestand des § 226 dargetan, so ist die Widerrechtlichkeit der Rechtsaus-

Bei dinglichen Rechtsverhältnissen muß zur Feststellung der schikanösen Rechtsausübung aus den örtlichen Verhältnissen der Nachweis erbracht werden, daß für die Rechtsausübung weder ein wirtschaftlicher noch ein persönlicher Zweck vorliegen kann; hieraus ist sodann die Schlußfolgerung zu ziehen, daß der Zweck eben nur auf eine Schädigung gerichtet sein kann. Der Richter wird sich seine Überzeugung wohl in erster Linie auf Grund eines Augenscheines an Ort und Stelle bilden.

Wer sein Grundstück mit einer Mauer umgibt und dadurch dem Nachbar das Licht entzieht, kann aus § 226 zur Beseitigung nicht schon deshalb angehalten werden, weil er nachweisbar (z. B. weil er es selbst dem Maurermeister gesagt hat oder sogar vor Gericht ausdrücklich zugestanden hat) die Mauer nur zu dem Zweck errichtet hat, um seinem Nachbar Licht und Aussicht zu benehmen; denn die Umfriedungen von Grundstücken können objektiv betrachtet auch dem wirtschaftlichen Zweck dienen, die Grundstücke zu sichern. Allemal dann, wenn nach den örtlichen Verhältnissen bei der konkreten Anlage ein wirtschaftlicher Zweck erkannt werden kann, ist die Anwendung des § 226 von vorneherein ausgeschlossen. (Es kann aber § 826 in Frage kommen, s. oben S. 146). Wenn freilich die Mauer zu einer derartigen Höhe geführt wurde, daß die Unwirtschaftlichkeit und objektive Unzweckmäßigkeit[22]) der Bauführung in die Augen springt, dann ist der Schluß gerechtfertigt, daß die Errichtung der Mauer, insoweit dies der Fall ist, nur den Zweck einer Schädigung haben kann und kann der Nachbar zur Einlegung bis zu der Höhe angehalten werden, die einen wirtschaftlichen Zweck erkennen läßt. Wenn der Besitzer eines Grundstückes dieses nach drei Seiten mit einem durchsichtigen Lattenzaun umgibt und nur auf der Seite, welche den Fenstern des unmittelbar anstoßenden Nachbarhauses zugekehrt ist, eine dichte Bretterwand aufstellt, so ist ebenfalls regelmäßig die Anwendung des § 226 gerechtfertigt.

Auf Störungen durch einen in Ausübung eines Gewerbebetriebes erzeugten Lärm ist § 226 nicht anwendbar[23]).

Steht einem Grundstück die Grunddienstbarkeit zu, daß der daran anstoßende Hof nicht überbaut werden darf, so kann dem Anspruch auf Beseitigung des dennoch errichteten Baues nicht der Einwand der Schikane entgegengesetzt werden, weil durch den Bau dem herrschenden Grundstück weder Luft noch Licht entzogen werde[24]).

Unzweifelhaft liegt der Fall der Schikane vor, wenn der Eigentümer dem Nachbar, dem die Grunddienstbarkeit zusteht über den Hof des ersteren zu gehen, verwehrt, den Weg mit Sand zu bestreuen, um ihn trockenen Fußes passieren zu können; anders wenn dies auf einem landwirtschaftlich benutzten Grundstück geschehen soll.

Es ist übrigens nicht an dem, daß nur die Möglichkeit eines wirtschaftlichen Interesses die Anwendung des § 226 ausschließt, viel-

---

übung von Amts wegen zu berücksichtigen. Maenner 159 Anm. 9; Crome 1, 531; Endemann 1, § 84a Z. 2; a. M. Staudinger Bem. 6 zu § 226; Planck Bem. zu § 226; Dernburg 1, 110. Ob eine Rechtsausübung im Sinne des § 226 unzulässig ist, ergibt sich für den Richter durch einen — der Nachprüfung des Revisionsgerichts unterworfenen — rechtlichen Schluß aus dem ihm vorliegenden Tatbestand (Ramdohr bei Gruchot 46, 822; a. M. RG. 72, 255).

22) Vgl. EntschOGH. 10, 619.

23) Vgl. Bolze 9 Nr. 39 (Störung des Gottesdienstes durch eine Böttcherei).

24) Vgl. Bolze 6 Nr. 84.

mehr genügt hierzu jegliches, auch nur rein persönliches Interesse[25]). Auch ein zukünftiges Interesse kann genügend sein[26]).

Dient ein Gartengrundstück als Restaurationsgarten, so kann es seinem Eigentümer nicht verwehrt werden, eine Bretterwand an der Grenze vor den Fenstern des Nachbarhauses bis zu dessen 3. Stock emporzuführen; denn der Zweck dieser Bauführung kann auch darin bestehen, die Gäste vor neugierigen Blicken zu schützen: dieser Zweck ist auf den Schutz des eigenen Interesses gerichtet, wenn seine Erfüllung auch die Interessen des Nachbars schädigt[27]).

Hieraus ergibt sich, daß der wahre Wortlaut des Gesetzes gegen den sog. Neidbau, an welchen der Gesetzgeber wohl in erster Linie gedacht hat, nur in seltenen Fällen einen Schutz gewährt. Der Nachbar, der boshaft genug ist, es sich etwas kosten zu lassen, um seinem Nachbar Schaden zuzufügen, braucht nur irgendeinen Bau (Scheune, Halle) auszuführen, welcher nach den örtlichen Verhältnissen eine wirtschaftliche Zweckbestimmung erkennen läßt. Mit § 226 kann dann dem geschädigten Nachbarn nicht geholfen werden[28]); dagegen kann unter besonderen Umständen durch § 826 BGB. dem gekränkten Rechtsgefühl Genugtuung verschafft werden.

Der Eigentümer eines Hauses hat das Recht, eine Maschine zur Erzeugung elektrischen Lichtes aufzustellen; die hiermit verbundenen Belästigungen durch Ruß, Rauch, Geräusch und Erschütterung muß sich der Nachbar nach § 906 gefallen lassen, wenn diese Einwirkungen die Benützung seines Grundstückes nicht oder nur unwesentlich beeinträchtigen oder durch eine Benützung des anderen Grundstückes herbeigeführt werden, die nach den örtlichen Verhältnissen bei Grundstücken dieser Lage gewöhnlich ist. Wenn nun jenes Haus gar nicht bewohnt wird und gleichwohl die Maschine zur Erzeugung des überhaupt nicht verwendeten Lichts in Betrieb gesetzt wird, so ist regelmäßig § 226 anwendbar[29]). Ausnahmen sind denkbar, so z. B. wenn die Maschine zeitweilig in Gang gesetzt werden muß, um im richtigen Stand gehalten zu werden, oder wenn nach den gegebenen Umständen mit der Möglichkeit zu rechnen ist, daß der Besitzer des Hauses durch Beleuchtung Mietslustige aufmerksam machen will.

Abwehr widerrechtlicher, wenn auch unschädlicher Einwirkung auf das Eigentum stellt keine Schikane dar[30]).

An der Einhaltung der Grenze hat der Grundeigentümer jederzeit ein Interesse, auch wenn die Grenzüberschreitung dermalen irgendwelchen nachteiligen Einfluß auf die Benützung des Grundstückes nicht

---

[25]) Vgl. RG. 72, 251; OLG. 34, 172; ObLG. 6, 148.

[26]) RG. 54, 434.

[27]) Vgl. SeuffA. 59, 225.

[28]) Vgl. Plattner i. Preuß. VerwBl. 22, 542.

[29]) SeuffBl. 63, 503.

[30]) OLG. 26, 72 (RG.); Recht 1911 Nr. 1268 (ObLG.); Recht 1910 Nr. 3308 (RG.); ObLG. 12, 86; vgl. Recht 1908 Nr. 287, wo das RG. darin, daß der Eigentümer das Legen weiterer Wasserleitungsröhren verbietet, Schikane nicht erblickte, obwohl dadurch eine weitere Belastung nicht entstehen würde.

ausübt[31]). Dem Anspruch des Eigentümers auf Beseitigung einer Anlage, mit welcher die Grenze überschritten ist, wird daher, soferne dieser Anspruch nach § 912 ff. des BGB. überhaupt gerechtfertigt ist, regelmäßig § 226 nicht entgegen gehalten werden können. Auch wenn nachgewiesen wird, daß er die Beseitigung in der Absicht verlangt, den anderen zu schädigen und er dermalen von der Grenzüberschreitung keinerlei fühlbare Beeinträchtigungen erleidet, so kann, objektiv betrachtet, der Anspruch auf Beseitigung doch auch den Zweck haben, die Integrität der Grenze zu erhalten. Nur bei ganz geringfügigen Grenzüberschreitungen mag es vorkommen, daß der Eigentümer zeitweilig an deren Beseitigung gar kein Interesse haben kann.

Z.B. bei einer Ausbauchung der Mauer des Nachbarhauses, die in seinen Luftraum hineinragt. An sich könnte der Eigentümer nach § 1004 die Beseitigung dieser Beeinträchtigung verlangen, aber zumeist wird man vom objektiven Standpunkte aus sagen können, daß für die Ausübung dieses Anspruches auch nicht die Möglichkeit eines anderen Zweckes besteht als die Schadenszufügung[32]). Wenn freilich der Grundstückseigentümer, in dessen Luftraum die Mauerausbauchung hineinragt, seinerseits senkrecht an der Grenze eine Mauer für seinen Neubau aufführen will, dann ist ein wirtschaftliches Interesse an der Beseitigung der Mauerausbauchung sofort erkennbar[33]). Der Eigentümer kann den Luftraum nicht bis zur Grenzlinie ausnützen, bzw. er müßte, wenn er dies doch will, seiner Wand eine fehlerhafte Struktur geben (vgl. unten § 21, VII, 4).

Ähnlich verhält es sich, wenn die Fensterflügel des Nachbarhauses beim Öffnen durch den Luftraum des Grundeigentümers geführt werden. § 905 Abs. 2 ist hier nicht anzuwenden, denn diese Bestimmung hat eine solche Höhe im Auge, welche für die regelmäßige Benützung von Grundstücken überhaupt nicht in Betracht kommt. Dagegen kann der Anspruch des Grundeigentümers auf Unterlassung dieser Einwirkung auf den Luftraum durch die Vorschrift des § 226 lahm gelegt werden. Die Gefahr einer Grenzverwischung besteht bei einer derartigen Beeinträchtigung nicht, ebensowenig besteht die Gefahr, daß der Hauseigentümer durch Zeitablauf ein Recht auf die Benützung des nachbarlichen Luftraumes zum Aufschlagen der Fenster erwirkt; denn das Bürgerliche Gesetzbuch kennt im Prinzip keinen Erwerb von Grunddienstbarkeiten durch Ersitzung oder Verjährung[34]). Es läßt sich deshalb vielfach für

---

[31]) ObLG. 12, 110. Auch ein kleiner Grenzstreifen ist für ein städtisches Grundstück, wenn auch nur als Zubehör, von nicht zu unterschätzender Bedeutung; daher kann die Geltendmachung des Eigentumsrechts daran gegenüber dem, der es überbaut, nicht als Schikane erachtet werden (ObLG. 14, 704).

[32]) Vgl. SeuffA. 23 Nr. 210, 42 Nr. 192; RG. 45, 287; BayZ. 1906, 227; Endemann 463 Anm. 11.

[33]) Vgl. RG. 45, 287. Dort ist auch ausgeführt, daß das bloße Hineinragen eines schiefen Giebels in den fremden Luftraum für sich allein keinen zur Ersitzung geeigneten Rechtsbesitz darstellt. Vgl. aber andererseits wegen der Ersitzung OLG. 5, 423.

[34]) Für die Übergangszeit ist die Rechtslage eine andere. Denn gemäß Art. 189 EG. u. Art. 177 AG. erfolgt die Begründung eines Rechts an einem Grundstück auch nach dem Inkrafttreten des Bürgerlichen Gesetzbuches nach den bisherigen Gesetzen bis zu dem Zeitpunkt, in welchem das Grundbuch als angelegt anzusehen ist. Vgl. unten § 32. Über das Bestehen von Fensterläden als servitus proiciendi. EntschOGH. 4, 410.

den Anspruch auf Unterlassung einer solchen Benützung des Luftraums gar keine Möglichkeit eines anderen Zweckes als der einer Schikane erkennen. Wenn freilich der Grundeigentümer das Recht hat, das Öffnen der Fenster überhaupt (auch wenn sein Luftraum nicht benützt wird) zu verbieten[35]), so kann er in der Ausübung des Rechtes durch die Vorschrift des § 226 nie gehindert werden.

Das Verlangen, einen rechtswidrigen Überbau zu beseitigen, ist nicht schon deswegen schikanös, weil der Überbau nur wenig über der Grenze steht[36]).

Sind die Voraussetzungen des § 226 BGB. gegeben, so ist die Rechtsausübung unzulässig und daher widerrechtlich. Derjenige, dessen Eigentum durch die Rechtsausübung beeinträchtigt wird, kann die Beseitigung der Beeinträchtigung verlangen; sind weitere Beeinträchtigungen zu besorgen, so kann der Eigentümer auf Unterlassung klagen[37]) (§ 1004 BGB.)[38]). Daneben hat der Eigentümer auf Grund des § 823 Abs. 2 BGB., sowie auf Grund des § 826 einen Anspruch auf Schadenersatz[39]).

Wenn der Richter aus dem ihm vorliegenden Sachverhalt die Überzeugung ableitet, daß die Rechtsausübung nur den Zweck haben kann, einem anderen Schaden zuzufügen, muß er die Unzulässigkeit dieser Rechtsausübung seiner Entscheidung zugrunde legen, auch wenn der Einwand der Schikane nicht erhoben ist. (RGK. Bem. 2 zu § 226.)

§ 12. Notstandshandlung.

Der eigenmächtige Eingriff in die Eigentumssphäre eines anderen ist rechtswidrig; auf das Motiv des Eingriffs kommt im allgemeinen nichts an. Das Gemeinwohl, in dessen Dienst auch das Privateigentum von einer sittlichen Rechtsordnung gestellt werden muß, verlangt eine Ausnahme von diesem Grundsatz für den Fall, daß der Eingriff durch

---

35) S. unten § 22.

36) Vgl. Recht 1916 Nr. 625.

37) RG. 72, 251.

38) RG. 72, 254.

39) Planck Anm. zu § 226 führt aus, daß sich § 826 mit dem § 226 deckt. Man müsse annehmen, daß der § 826 davon ausgehe, daß eine Handlung, welche in Ausübung eines Rechtes vorgenommen werde, nur dann gegen die guten Sitten verstoße, wenn die Ausübung des Rechtes unzulässig sei. Wann dies der Fall sei, werde in § 226 bestimmt. Dem ist nicht beizupflichten. § 826 verbietet schon das sittenwidrige nicht bloß das vom Recht verbotene Handeln; jede nach § 226 unzulässige Rechtsausübung fällt auch unter § 826. Der Rechtsmißbrauch des § 226 hat jedoch viel weitergehende Folgen als das sittenwidrige Handeln nach § 826. Er löst das Recht der Notwehr aus und berechtigt zur Störungs- und Unterlassungsklage (Oertmann, DJZ. 1903, 325ff., dessen Auslegung die jetzt herrschende Meinung folgt, vgl. Staudinger Bem. 6 zu § 826; RG. 58, 214; 60, 103).

einen Notstand, das ist zum Zwecke der erforderlichen Abwehr einer gegenwärtigen Gefahr veranlaßt wurde.

Diesem Gedanken trägt das geltende Recht in weitgehendem Maße Rechnung, indem es in § 904 BGB. bestimmt, daß der Eigentümer[1]) einer Sache nicht berechtigt ist, die Einwirkung eines anderen auf die Sache zu verbieten, wenn die Einwirkung zur Abwendung einer gegenwärtigen Gefahr objektiv notwendig und der drohende Schaden gegenüber dem aus der Einwirkung dem Eigentümer entstehenden Schaden unverhältnismäßig groß ist. Diese Vorschrift ist eine Ergänzung der in § 228 BGB. enthaltenen Bestimmung. § 228 erlaubt der verteidigende Notstandshandlung, bei welcher die Gefahr durch die fremde Sache selbst droht, z. B. ich schieße den wutkranken, auf mich losgehenden fremden Hund nieder. Im Falle des § 904 BGB. dagegen handelt es sich um eine angreifende Notstandshandlung: Der Eingriff erfolgt in eine Sache, welche an dem Notstand gänzlich unbeteiligt ist; die Gefahr kommt von einer anderen Seite und die fremde Sache wird als Mittel zur Abwendung dieser Gefahr benützt.

Wenn bei einer Feuersbrunst ein Haus eingerissen wird, um die Weiterverbreitung des Feuers zu hindern, so ist zu unterscheiden, ob das Haus bereits brennt oder nicht; ersterenfalls ist § 228 BGB., letzterenfalls § 904 BGB. anzuwenden.

§ 904 enthält eine gesetzliche Einschränkung des Eigentumsinhalts; er ist als Ausnahme von § 903 gedacht, so daß er dem Eigentümer die dort eingeräumte Ausschließungsbefugnis nimmt und ihm eine Duldungspflicht auferlegt. Doch steht dem anderen auf Grund des § 904 ein klagbarer Anspruch nicht zu[2]).

1. Die Vorschrift des § 904 BGB. gilt für alle Arten von Einwirkungen auf die Sache (Gebrauch, Beschädigung, Wegnahme und selbst Zerstörung)[3]).

Es genügt, daß die Gefahr droht, also schon unmittelbar bevorsteht, ohne sich schon gegenwärtig zu zeigen. (RG. 12, 137.)

Nur eine Einwirkung auf Sachen, nicht auch auf andere Rechts-

§ 12. [1]) Selbstverständlich gilt das Gleiche auch für den Inhaber anderer Rechte an der Sache, insbesondere für den Besitzer (KommProt. 8522, Mugdan 1, 804.

[2]) RGK. Bem. 3 zu § 904; OLG. 12, 12 (Hamm); Dernburg 3, 268; vgl. RG. 71, 241; Planck Bem. 3a zu § 904.

Die Sache selbst muß unmittelbar die Gefahr erzeugen. Das trifft z. B. zu, wenn der Eigentümer einen unterhalb seines Grundstückes befindlichen fremden Damm durchsticht, um dem sich oberhalb des Dammes auf seinem Grundstück anstauenden Wasser einen Ablauf zu verschaffen. Die Gefahr wird hier unmittelbar durch die Wassermassen, nicht durch den Damm verursacht (RG. 71, 240).

[3]) Weilinghaus, Recht 1911, 66.

güter, steht in Frage. Deshalb ist ein Eingriff in den Hausfrieden unter keinen Umständen erlaubt[4]).

2. Die Regel gilt für alle Arten von Gefahren. Es ist gleichgültig, ob die Gefahr Leben oder Gesundheit, Ehre oder Freiheit, oder das Vermögen betrifft. Jedes rechtlich anerkannte Interesse kann in Betracht kommen. Es ist ohne Bedeutung, ob die Gefahr von dem Eingreifenden verschuldet ist[5]). Ebenso bedeutungslos ist es, ob durch die Gefahr die Interessen desjenigen, der die Einwirkung vornimmt, oder die Interessen eines Dritten bedroht werden (Nothilfe)[6]).

Immer aber muß eine Gefahr[7]), d. i. die Gefährdung eines Rechtsgutes vorliegen. Es wird also ein außergewöhnliches Ereignis vorausgesetzt, durch das die bestehenden Verhältnisse, mit denen man rechnen muß, derart verändert werden, daß eine sofortige Abhilfe notwendig wird[8]).

Dem Hauseigentümer steht daher kein Recht zu, zwecks Vornahme einer Reparatur an seiner Hausmauer auf dem Nachbargrundstücke ein Gerüst aufzuschlagen. Ein sogen. Hammerschlags- oder Leiterrecht ist dem Hauseigentümer auch sonst nirgends eingeräumt[9]). Wenn dagegen ein Balkon herabzustürzen droht, kann die

[4]) Vgl. Maenner 160; Biermann zu § 904. Wenn man daher auch nicht mit Dernburg, Sachenrecht 269 annehmen kann, daß das Verbietungsrecht des Eigentümers nur dann ausgeschlossen ist, wenn sittliche Pflicht die Hilfe in der Not gebietet, so braucht man deswegen doch nicht gut zu heißen, daß hungernde und frierende Vagabunden, welche obdachlos zur Winterszeit herumstreifen, ungestraft, ja von Rechts wegen, in das Gehöfte des Gutsbesitzers eindringen, dort nächtigen und sich auf Kosten des Gutsbesitzers nähren können.

[5]) Maenner 160; Dernburg, Sachenrecht 268; Planck, Staudinger zu § 904. A. M. Liszt, Deliktsobligationen 89, 93, 94; Endemann 1 § 88.

[6]) Endemann 1 § 88; Staudinger Bem. 3a zu § 904; Biermann zu § 904.

[7]) Über den Begriff „Gefahr" s. unten § 16.

[8]) RG. 57, 191; Maenner 159 Anm. 11.

[9]) OLG. 12, 122. Die Fundamente der Giebelwand des dem Kläger gehörigen Hauses sind unmittelbar an das lehmige, erheblich höhere Grundstück des Beklagten gesetzt. Dadurch bestand die Gefahr, daß in die Giebelwand Feuchtigkeit und Pilze eindringen und sich infolgedessen Schwamm und Pilze im Haus des Klägers entwickeln. Der Anspruch des Klägers, die Giebelwand seines Hauses am Grundstück des Beklagten zu verputzen, um sein Haus vor Zerstörung zu bewahren, findet in § 904 BGB. keine Rechtfertigung; es handelt sich nicht um eine außergewöhnliche unerwartete, plötzlich hervortretende Gefahr, nicht um eine gegenwärtige Gefahr im Sinne des § 904. Auch mit § 226 ist nicht zu helfen. Der Anspruch des Klägers wurde abgewiesen (OLG. 12, 122). Es hätte aber geprüft werden sollen, ob nicht mit § 826 zu helfen ist. Diese Frage ist bei dem gegebenen, besonderen Tatbestand zu bejahen. Es widerspricht dem Anstandsgefühl aller billig und gerecht Denkenden, daß das Haus bloß deshalb zugrunde gehen soll, weil der Nachbar auf seinem Scheinrecht besteht und die Ausführung der für den Bestand des Nachbarhauses unerläßlichen, anders gar nicht vorzunehmenden Arbeiten verbietet, obwohl ihm hierdurch keine erheblichen Ungelegenheiten bereitet werden. Für den Ersatz etwa möglicher Schäden müßte der Kläger Sicherheit leisten.

Anwendung des § 904 BGB. gegeben sein. Nicht minder muß sich der Nachbar gefallen lassen, daß sein Haus zum Verspriessen des Nachbargebäudes, an welchem eine Hauptreparatur vorgenommen wird, benützt wird, soferne dies zur Verhütung des Einsturzes notwendig ist. Der Eigentümer eines Grundstücks ist regelmäßig nicht verpflichtet, das Betreten seines Grundstücks dem Nachbar, der sein Grundstück vertieft, zwecks Vornahme der Befestigungsarbeiten zu gestatten. Auch auf § 226 kann sich derselbe nicht berufen[10]). Der Luftschiffer, der Ballast abwirft und dadurch Schaden anrichtet, handelt rechtswidrig, wenn das Abwerfen von Ballast nicht zur Abwendung von Gefahr geboten war[11]).

Die Gefahr muß eine gegenwärtige, d. h. unmittelbar bevorstehende sein. Wenn der Schaden bereits eingetreten ist, dann ist diese Voraussetzung ebensowenig gegeben, wie bei einer zukünftigen Gefahr[12]).

Wer nachts auf dem Heimwege eine Latte von einem fremden Zaun herunterbricht, um für einen allenfallsigen Angriff gewappnet zu sein, handelt widerrechtlich; anders, wenn er die Latte erst dann wegnimmt, wenn er bemerkt, daß er verfolgt wird.

3. Erfordernis ist aber, daß der drohende Schaden gegenüber dem durch die Einwirkung dem Eigentümer entstehenden Schaden unverhältnismäßig groß ist. Soll ein Vermögensschaden durch Zufügung eines Vermögensschadens abgewendet werden, so entscheidet das Verhältnis der in Betracht kommenden Vermögensverluste. Handelt es sich um den Schutz immaterieller Interessen, so wird nach billigem Ermessen abzuwägen sein[13]). Der Schutz der körperlichen Integrität wird zumeist einen mit der Einwirkung verbundenen Vermögensschaden des Eigentümers überwiegen.

4. Die Einwirkung muß zur Abwendung der Gefahr notwendig sein, d. h. das Recht zum Eingriff ist ausgeschlossen, wenn zur Abwendung der Gefahr andere genügende Hilfsmittel zu Gebote standen[14]), oder der Eingriff ein zur Abwendung der Gefahr objektiv untaugliches Mittel[15]) war.

Die Notwendigkeit ist zwar im objektiven Sinne zu verstehen, doch darf nicht eine absolute Notwendigkeit erfordert werden. Es ist vielmehr unter Berücksichtigung der Situation zu entscheiden, ob ein verständiger Mensch unter den gegebenen Umständen ein anderes Mittel zur Beseitigung der Gefahr finden konnte. Wenn das nicht der Fall

[10]) Recht 1904 Nr. 1164 (Köln).

[11]) Vgl. Kipp, JW. 1908, 643.

[12]) Vgl. die Rechtsprechung zum § 53 StGB. (gegenwärtiger Angriff als Voraussetzung der Notwehr). Wenn die Gefahr, hier der Einsturz des Hauses, in der Zukunft liegt, kommt § 904 nicht zur Anwendung, Recht 1904 Nr. 1164 (Köln).

[13]) Maenner 160.

[14]) Staudinger Anm. 2b zu § 904; Planck Bem. 2b zu § 904.

[15]) Endemann 1 § 88.

war, ist der Begriff der Notwendigkeit, dem immer ein relatives Gepräge anhaftet, erschöpft.

Wenn ein Teil meines Hauses abzustürzen droht, so bin ich nicht berechtigt, ein Gerüst auf dem Gartengrundstück meines Nachbars zur Befestigung dieses Gebäudeteils aufzurichten, wenn sich diese Arbeit auch von dem Dache meines Hauses bewerkstelligen läßt. Wenn dagegen meiner Mauer der Einsturz droht, kann ich auf dem Grundstück meines Nachbars Stützbalken anbringen, auch wenn hierdurch dessen Gartenanlagen beschädigt werden.

Darauf, ob die Gefahr durch die Einwirkung tatsächlich abgewendet wird, kommt es nicht an, es genügt, wenn die Einwirkung nach den Umständen als geeignet betrachtet werden konnte, der Gefahr wirksam zu begegnen[16]). Es ist keine Voraussetzung des Notrechts, daß der Schaden mit Sicherheit eingetreten wäre, wenn die Nothandlung nicht erfolgt wäre[17]).

5. Die Entziehung des Verbietungsrechts, welche zunächst für den Eigentümer ausgesprochen wird, aber auch für alle anderen Rechte an Sachen und für den Besitz Geltung hat[18]), bewirkt, daß dem Eigentümer das Recht der Selbstverteidigung gegen den Eingriff genommen ist. Wehrt er sich, so hat der Urheber der Einwirkung das Recht der Selbsthilfe[19]).

Die Anwendung des § 904 hängt nicht davon ab, daß dem Eigentümer die Voraussetzungen des Rechts zum Eingriffe nachgewiesen werden[20]).

Ein der Einwirkung von dem Eigentümer entgegengesetzter Widerstand ist eine unerlaubte Handlung, die zum Schadenersatz verpflichtet[21]), sofern dem Eigentümer Vorsatz oder Fahrlässigkeit zur Last fällt, er also das Recht des andern zur Einwirkung kannte oder erkennen mußte[22]).

6. Dagegen kann der Beschädigte Ersatz des ihm durch die Einwirkung[23]) entstehenden Schadens verlangen. Als ersatzpflichtig kann

---

[16]) Vgl. Planck Bem. 2b zu § 904.

[17]) Fischer, Die Rechtswidrigkeit 235ff.

[18]) KommProt. 8522 (Mugdan 1, 804).

[19]) Endemann 1 § 88; Biermann zu § 904; Maenner 160; Kuhlenbeck Anm. 2 zu § 904; Planck Bem. 3a zu § 904; a. M. Cosack 1, 273; 2, 149. Nach Cosack dürfte das Notrecht zur Einwirkung auf die Sache nicht mittels Eigenmacht gegen den Besitzer der Sache ausgeübt werden. Wenn der Eigentümer den Eingriff verbiete, so handle er zwar rechtswidrig und werde schadensersatzpflichtig, aber der Gefährdete dürfe das Verbot nicht einfach unbeachtet lassen und den Eingriff eigenmächtig vornehmen.

[20]) Maenner 159.

[21]) Biermann Anm. 2 zu § 904; Neumann, Prolegomena § 27.

[22]) Planck Bem. 3a zu § 904.

[23]) Wenn der Schaden nicht durch die gewollte Notstandshandlung, sondern nur anläßlich ihrer Vornahme durch eine zufällige Einwirkung auf die Sache verursacht wird, besteht keine Ersatzpflicht (SeuffBl. 75, 83; OLG. 20, 404).

nur derjenige in Anspruch genommen werden, der den Eingriff vorgenommen hat[24]. Zwar beruht die Ersatzpflicht nicht auf einer deliktartigen Handlung, denn sie tritt ein ohne Rücksicht darauf, ob der Notstand und die dadurch bewirkte Einwirkung auf einem Verschulden beruht oder nicht[25]. Allein an und für sich hätte der Eigentümer das Recht, die Einwirkung auf seine Sache zu verbieten. Dieses Verbietungsrecht könnte selbstverständlich nur gegen den ausgeübt werden, der die Einwirkung vornehmen will. § 904 BGB. entzieht dem Eigentümer das Verbietungsrecht und gibt ihm als Ersatz den Schadenersatzanspruch. Es ist in der Natur der Sache begründet, daß dieser Ersatzanspruch seine Richtung gegen eben denjenigen nehmen muß, gegen welchen die entzogene Rechtsbefugnis begründet wäre. Es ist nicht zu verkennen, daß diese Auffassung zu unpraktischen Ergebnissen führen mag, indem bei der Nothilfe häufig die Beteiligung des einzelnen und die Person des zu belangenden Helfers gar nicht mehr festzustellen ist und ebenso häufig diese Leute nicht in der Lage sein werden, aus ihren Mitteln den Ersatz zu leisten. Auch mag eine derartige Haftung des Helfers in der Not nicht geeignet sein, zur Hilfeleistung in der Stunde der Gefahr anzuspornen. Allein andererseits würde es doch zu weit gehen, den Dritten lediglich deshalb, weil in seinem Interesse die Einwirkung erfolgte, direkt haftbar zu machen. Es fehlt an jedem Rechtsgrund für eine solche juristische Konstruktion. Die dem öffentliche Rechte angehörenden Enteignungsvorschriften können keine analoge Anwendung auf § 904 finden[26]. Die Erwägung[27], daß Rettung gegen Schadenersatz eine rechtliche Einheit bilde und man beides nicht trennen, noch unter verschiedene Voraussetzungen stellen dürfe und daß das gerettete Gut ipso iure mit der Schadenersatzpflicht belastet werde, gibt keine Lösung; denn auf Grund welcher Gesetzesvorschrift soll diese Folge ipso iure eintreten? Wer sollte übrigens für den Schaden aufkommen, wenn die Einwirkung zur Abwendung einer gemeinsamen Gefahr erfolgt? Es entsteht z. B. in einem Theater ein Gedränge; ein Vorübergehender zertrümmert die

---

[24] Cosack 2, 151; Dernburg § 79; Kuhlenbeck Bem. 6 zu § 904; Staudinger Bem. 3a zu § 904; Merkel, Kollision rechtmäßiger Interessen 184; Rümelin, Gründe der Schadenzurechnung 96; Kretzschmar im SächsArch. 12, 394, jetzt auch Maenner 160; RGK. Bem. 8 zu § 904. A. M. Endemann § 88 Anm. 14; Biermann Anm. 3 zu § 904; Neumann, Prolegomena § 27. Nach deren Ansicht würde den Schaden stets derjenige zu ersetzen haben zu dessen Rettung die Sache beschädigt wurde.

[25] Deshalb gilt für die Verjährung des Schadenersatzanspruches § 195 und nicht § 852 Neumann Bem. 4c zu § 904, und aus dem gleichen Grunde ist auch der Unzurechnungsfähige ersatzpflichtig. Neumann, Prolegomena § 28.

[26] Planck Bem. 3β zu § 904.

[27] Endemann 1 § 88 Anm. 14.

verschlossene Notausgangstüre, um Luft zu schaffen. Ein billiger Ausgleich wird dadurch herbeigeführt, daß der Handelnde gegen den Dritten, zu dessen Gunsten er gehandelt hat, einen Ersatzanspruch wegen Geschäftsführung ohne Auftrag hat[28]).

Hat der Eingreifende auf Weisung eines Dritten gehandelt, zu dem er im Verhältnis eines Besitzdieners steht, so haftet der Dritte unmittelbar[29]).

Ersatzberechtigt ist der Geschädigte, mag es der Eigentümer oder ein Berechtigter sein[30]).

Allerdings ist § 852 nicht unmittelbar anwendbar; da der Eingriff nicht rechtswidrig ist, liegt keine unerlaubte Handlung vor. Weil aber dann, wenn der Eingriff unberechtigt wäre, der Schadenersatzanspruch in 3 Jahren verjähren würde, muß die Frist auch bei berechtigtem Eingriff gelten (A. M. RGK. Bem. 8 zu § 944).

Wenn die zerstörte Sache auch ohne die Einwirkung mit Sicherheit verloren gewesen wäre, so entfällt die Ersatzpflicht[31]).

Wenn die durch eine Notstandshandlung beschädigte Sache bei Unterbleiben der Notstandshandlung den gleichen oder einen noch größeren Schaden erlitten hätte, so ist die Notstandshandlung nicht ursächlich für den Schaden (RG. 156, 187; JW. 1938, 323 — Überschwemmung einer Gärtnerei durch Ziehen einer Kanalschleuse; das Öffnen der Schleuse war rechtmäßig, weil Dammbruch drohte; bei Nichtöffnen wäre die Gärtnerei infolge Dammbruchs überschwemmt worden).

Es widerspricht dem Sinn des § 904 BGB., dem Eigentümer einer Sache, die durch ein späteres Ereignis ohnehin zu Verlust geraten wäre, deshalb einen Schadensersatz zuzubilligen, weil ein anderer es vorher durch eine Notstandshandlung beschädigte (NJW. 1949, 585).

7. Durch Art. 109 EG. ist bestimmt, daß die landesgesetzlichen Vorschriften über die im öffentlichen Interesse erfolgte Entziehung, Beschädigung oder Benützung einer Sache unberührt bleiben. In dieser Hinsicht kommt insbesondere Art. IB des Bayerischen Zwangsenteignungsgesetzes vom 17. November 1837 in Betracht, wonach Eigentümer angehalten werden können, unbewegliches Eigentum für öffentliche, notwendige oder gemeinnützige Zwecke abzutreten oder mit einer Dienst-

---

[28]) Vgl. Staudinger Bem. 3a zu § 904; Endemann 1 § 88 erachtet dies zu Unrecht für sehr zweifelhaft; § 677 BGB. u. insbes. § 680 BGB. stellen diesen Ersatzanspruch außer allen Zweifel.

Gefährdet ein Motorradfahrer die Allgemeinheit, so kommt die daraus entstehende Gefahr vom Fahrer; es greift daher nicht § 228 BGB., sondern § 904 BGB. Platz, wenn durch Eingreifen der Polizei im Interesse der Allgemeinheit etwas beschädigt wird; es haftet der Staat dem Eigentümer der beschädigten Sache (VerwRspr. 1, 273 — BGH. —).

[29]) Neumann Bem. 4b zu § 904.

[30]) Maenner 160.

[31]) Oetker in Bernhöfts Beitr. Heft 4, 48.

barkeit beschweren zu lassen; in Fällen öffentlichen Notstands, nämlich bei Feuers- und Wassergefahr, Erdbeben und Erdfällen sowie in Kriegs- und anderer Not und zwar ohne vorgängiges förmliches Verfahren und ohne Aufenthalt, jedoch gegen nachträgliche volle Entschädigung. Die Befugnis zu solchen Eingriffen bei Unglücksfällen steht nur der Staatsgewalt und zwar regelmäßig der Distriktspolizeibehörde, in äußersten Notfällen auch der Ortspolizeibehörde zu[32]). Man wird mit Rücksicht auf die staatliche Ordnung des Feuerlöschwesens nicht fehl gehen, wenn man annimmt, daß die Leitung der organisierten freiwilligen oder Pflichtfeuerwehr auf Grund einer Delegation ermächtigt ist, bei Brandfällen derartige Eingriffe mit staatlicher Autorität vorzunehmen[33]). Die Bestimmung des Zwangsenteignungsgesetzes hat eine besonders praktische Bedeutung für die Fälle, in welchen Gebäude niedergerissen werden, um einen in einem anderen Gebäude[34]) ausgebrochenen Brand zu hemmen. Geschieht dies auf Anordnung der Obrigkeit, so ist die Anwendung des § 904 BGB. schlechtweg ausgeschlossen und kommen nur die Bestimmungen des Zwangsenteignungsgesetzes in Betracht[35]). Ein nachträgliches Verfahren darüber, ob der Eingriff notwendig war, findet nicht statt; der Eigentümer ist zu entschädigen (Art. VII des Zwangsenteignungsgesetzes). Entschädigungspflichtig ist der Staat, sobald dessen Organe die Expropriation veranlaßt haben[36]). Geht die Anordvom Bürgermeister, dem Vertreter der Ortspolizeibehörde aus, so ist die Gemeinde haftbar[37]). Die einschlägigen Bestimmungen des Zwangs-

---

[32]) Vgl. Henle, Zwangsenteignungsgesetz 65; Staudinger, Vorträge 322, Anm. 6.

[33]) Vgl. Delius, „Der Bayerische Bürgermeister" 1924, 128. Die Organe der freiwilligen Feuerwehr sind keine Beamte der Gemeinde. Die Haftung der Gemeinde für Schäden, welche die Feuerwehr verursacht, kann deshalb nicht auf Grund der Bestimmungen über die Amtshaftpflicht in Anspruch genommen werden.

[34]) Wird das brennende Haus selbst eingerissen, um eine Ausdehnung des Feuers auf die Nachbarhäuser aufzuhalten, so ist § 228 BGB. einschlägig; denn dann handelt es sich um eine Beschädigung der Sache, durch welche die Gefahr droht. Vgl. Endemann 1 § 88.

[35]) Vgl. dagegen Josef in PrVerwBl., der die Ersatzansprüche des Gründstückseigentümers, dessen Haus durch Löscharbeiten beschädigt wird, u. a. auf § 904 Satz 2 BGB. stützt.

§ 83 des Ges. über den Versicherungsvertrag bestimmt, daß der Versicherer auch den Schaden zu ersetzen hat, der bei dem Brande durch Löschen, Niederreißen oder Ausräumen verursacht wird und daß darunter auch Schäden fallen, die auf einem Nachbargrundstück verursacht werden. Haftbar ist nur der Versicherer des Hauses, welches beschädigt wurde, nicht der Versicherer des Hauses, in dem es brannte. Der Versicherer kann von der Gemeinde, deren Feuerwehr eingegriffen hat, keinen Ersatz verlangen.

[36]) Vgl. RG. 7, 173.

[37]) Vgl. SeuffBl. 72, 561 (München); Kahr, GemO. 2, 9ff.; Stengel, Wörterbuch 2, 263. Vgl. ferner RG. 98, 195 (Übernahme einer stillschweigenden Haftpflicht der Gemeinde für Körperverletzungen durch den Gemeindevorsteher bei Zuziehung von Hilfspersonen zu Rettungsarbeiten anläßlich eines Brandes. Rhein. Recht).

enteigungsgesetzes kommen übrigens nur für jene Gebäude in Betracht, die nicht bei der Bayerischen Brandversicherungsanstalt versichert sind, Denn nach Art. 34 des Gesetzes vom 3. April 1875, die Brandversicherungsanstalt für Gebäude in den Landesteilen rechts des Rheines betreffend, ist die Brandversicherungsanstalt ersatzpflichtig auch bezüglich derjenigen versicherten Gebäude, in welchen es zwar nicht gebrannt hat, welche aber bei Gelegenheit und infolge eines in einem anderen Gebäude ausgebrochenen Brandes beschädigt oder zur Hemmung des Feuers ganz oder teilweise niedergerissen werden. Diese Entschädigungspflicht der Anstalt erstreckt sich nur auf die bei ihr versicherten Gegenstände. Sie ist begründet allemal dann, wenn der Eingriff in die nichtbrennenden Gebäulichkeiten zweckentsprechend gewesen ist, gleichviel, wer den Eingriff vorgenommen hat. Ist aber die Beschädigung oder die Niederreißung durch das Löschpersonal oder auf Anordnung des das Lösch- und Rettungswerk leitenden Beamten vorgenommen, so muß die Anstalt selbst dann haften, wenn der Eingriff als unnötig und zweckwidrig befunden werden muß[38]). Hat dagegen ein Unberufener den Eingriff veranlaßt, so haftet die Anstalt nur dann, wenn sich der Eingriff zweckentsprechend darstellt; andernfalls haftet derjenige, der den Eingriff vorgenommen hat, dem Eigentümer auf Entschädigung, aber nicht nach Maßgabe des § 904 BGB., der mangels einer Notwendigkeit der Einwirkung nicht anzuwenden ist, sondern auf Grund der allgemeinen Vorschriften über die unerlaubten Handlungen (§ 823 BGB.). In solchem Falle hat überdies der Eigentümer des Hauses, welches beschädigt werden soll, das Recht, sich gegen den Eingriff eines Unberufenen zur Wehr zu setzen, weil eben mangels der Voraussetzung des § 904 BGB. sein Verbietungsrecht nicht aufgehoben ist.

§ 13. Verpflichtung zur Duldung von Telegraphen- und Telephonanlagen.

Während bis zum 1. Januar 1900 die Benützung fremder Grundstücke, auch öffentlicher Straßen, für die Telegraphenlinien an sich unzulässig war und, abgesehen von dem Rechte der Zwangsenteignung[1]), das

[38]) Vgl. Hauck, Erläuterungen zum Brandverf.-Gef. 70; BlAdmPr. 24, 31.

§ 13. [1]) Nach Art. I Z. 12 des Zwangsenteignungsgesetzes, welcher neben dem vom Reich erlassenen Telegraphenwegegesetze fortdauernde Gültigkeit hat, können Eigentümer angehalten werden, ihre Grundstücke gegen vorgängige Entschädigung zur Aufstellung von Telegraphen zum Dienste des Staates abzutreten oder mit einer Dienstbarkeit beschweren zu lassen. Diese Bestimmung gilt nur für die vom Staate betriebenen Telegraphenlinien, gleichviel ob dieselben zum amtlichen oder öffentlichen Verkehr benützt werden (vgl. Henle, Zwangsenteignungsgesetz 62); sie kann nicht auf Telephonanlagen ausgedehnt werden, auch wenn dieselben vom Staate betrieben werden. Meili, Die Anwendung des Expropriationsrechtes auf die Telephonlinien 67; Henle, Zwangsenteignungsgesetz 62.

Verbietungsrecht des Eigentümers nur durch den Mangel eines jeden Interesses an der Ausschließung beseitigt werden konnte[2]), ist durch das vom Reich erlassene Telegraphenwegegesetz vom 18. Dezember 1899[3]), welches zufolge seines § 19 am 1. Januar 1900 in Kraft getreten ist[4]), der Telegraphenverwaltung[5]) die Benützung fremder Grundstücke für ihre Telegraphenlinien, unter welchen nach § 1 Abs. 2 des Gesetzes die Fernsprechlinien mitbegriffen sind, unter gewissen Voraussetzungen gestattet.

A. Recht der Benützung von Verkehrswegen.

Vor allem ist der Telegraphenverwaltung ein Recht der Benützung eingeräumt an Verkehrswegen, als welche mit Einschluß des Luftraumes und des Erdkörpers die öffentlichen Wege, Plätze, Brücken und

[2]) Vgl. die interessante Entsch. des RG. 42, 205. Hier wurde ein indirektes Interesse an der Ausschließung angenommen für eine Stadtgemeinde, welche auf ihren Straßen die elektrische Straßenbahn betreiben will. Durch § 12 des RG. über das Telegraphenwesen vom 7. März 1908 (RGBl. 79) ist nämlich dem Unternehmer einer Starkstromleitung die Verpflichtung auferlegt, beim Vorhandensein älterer Schwachstromleitungen der Gefahr einer Störung im Betriebe der letzteren dadurch vorzubeugen, daß er an seiner späteren elektrischen Anlage auf seine Kosten Vorkehrungen trifft oder dulden muß, daß solche auf seine Kosten getroffen werden. Dasselbe gilt, wenn durch eine später eintretende Änderung der bereits früher bestehenden elektrischen Anlage die Gefahr einer Störung der anderen Leitung veranlaßt wird. Auf diese Weise ist durch den Bestand der Fernsprech- und Telegraphenleitungen eine Beeinträchtigung der Freiheit des Privateigentums dargetan, an deren Ausschließung der Eigentümer ein Interesse hat. Vgl. RG. 50, 83 über die Frage, inwieweit nach § 12 des Gesetzes über das Telegraphenwesem der Unternehmer der späteren elektrischen Anlage verpflichtet ist, die Kosten verbesserter Sicherungsmaßregeln dem Unternehmer der älteren elektrischen Anlage zu ersetzen. § 12 Telegraphenges. hat Anwendung zu finden, wenn da, wo eine störende Beeinflussung der einen Leitung durch die andere eingetreten oder zu befürchten ist, keine der beiden Leitungen oder nur eine derselben auf einem öffentlichen Verkehrswege sich befindet, ferner in allen Fällen, in welchen die staatliche Leitung nicht zu öffentlichen Zwecken dient. In den übrigen Fällen gelten die Bestimmungen der §§ 5 und 6 des Telegraphen-Wege-Gesetzes (Bayer. Post- und Telegr.-Dienstanw. 11). Über die Kollision elektrischer Leitungen vgl. Aron in den Annalen des Deutschen Reichs 1904, 311 ff.

[3]) RGBl. 1899, 705.

[4]) Die bereits vor dem 1. Januar 1900 für oder gegen die Telegraphenverwaltung, sei es auf Grund besonderer Verträge, sei es auf Grund des § 12 des Telegraphengesetzes vom 6. April 1892 erwachsenen Ansprüche sind nach bisherigem Recht zu beurteilen. Amtlich erläuterte Ausgabe des TelWegGes. Anm. I zu § 19. Im übrigen findet auf die vorhandenen zu öffentlichen Zwecken dienenden Linien der Telegraphenverwaltung das neue Gesetz Anwendung, soweit nicht entgegenstehende besondere Vereinbarungen (z. B. Vereinbarung einer Vergütung für die Benützung des Verkehrsweges, Ermäßigung der Fernsprechgebühren) getroffen sind. Vgl. hierüber Amtl. erl. Ausg. TelWegGes. Anm. III zu § 19.

[5]) Das ist die Bundestelegraphenverwaltung (§ 16 TelWegGes.).

die öffentlichen Gewässer nebst deren dem Gemeingebrauche dienenden Ufer gelten (§§ 1—11 TelWegGes.). Soweit ein Verkehrsweg eingezogen wird, worüber die nach dem Landesrecht zuständigen Behörden zu entscheiden haben[6]), erlischt die Befugnis der Telegraphenverwaltung zu seiner Benützung (§ 3 Abs. 3 TelWegGes.).

I. Inhalt des Benützungsrechtes an Verkehrswegen.

Die Telegraphenverwaltung darf für ihre zu öffentlichen Zwecken dienenden Telegraphen- und Fernsprechlinien die Verkehrswege benützen (§ 1 TelWegGes.).

Der Begriff der zu öffentlichen Zwecken dienenden Telegraphenlinien ist derselbe wie in den §§ 317 und 318 StGB.[7]). Damit sind nicht bloß die der Benützung des Publikums offen stehenden Telegraphenanlagen gemeint, sondern alle jene, welche dem Interesse der Allgemeinheit dienen, also auch diejenigen, welche zur Benützung in öffentlichen Angelegenheiten dienen, ohne dem Publikum geöffnet zu sein[8]), z. B. Feuerwehrtelegraphen. Auch die Haupt- und Nebenanschlüsse an die Fernsprechnetze oder Umschaltestellen gehören dazu[9]).

Der Begriff der öffentlichen Wege und öffentlichen Flüsse bestimmt sich nach dem Landesrecht.

1. Die Benützung der Verkehrswege für die Telegraphenanlagen ist jedoch unzulässig, insoweit dadurch der Gemeingebrauch der Verkehrswege, d. i. der jedermann ohne besondere Genehmigung[10]) zustehende Gebrauch, dauernd beschränkt würde (§ 1 TelWegGes.).

Ergibt sich nach der Errichtung einer Telegraphenlinie, daß sie den Gemeingebrauch eines Verkehrsweges[11]) und zwar nicht nur vorübergehend, beschränkt oder die Vornahme der zu seiner Unterhaltung erforderlichen Arbeiten verhindert oder der Ausführung einer von dem Unterhaltspflichtigen beabsichtigten Änderung des Verkehrsweges entgegensteht, so ist die Telegraphenlinie, soweit erforderlich, abzuändern oder gänzlich zu beseitigen (§ 3 Abs. 1 TelWegGes.)[12]). Die gebotene

---

[6]) S. Seydel, Bayer. Staatsrecht § 337 Note 44 (3, 302).

[7]) Kom.-Ber. z. TelWegGes. 5.

[8]) Vgl. Olshausen, StGB. Anm. 3 zu § 317; Oppenhoff, StGB. Anm. 2 zu § 317.

[9]) RGSt. 29, 244.

[10]) Daher fällt die Benützung des Weges zu besonderen Anlagen (Straßenbahnen, Beleuchtungsanlagen usw.) nicht unter den Gemeingebrauch (Amtl. erl. Ausg. des Tel.-WegGes. Bem. II zu § 1). Über Rechtsverhältnisse des Gemeingebrauches s. Kuhlenbeck, Von den Pandekten zum Bürgerlichen Gesetzbuch 2, 391 ff.

[11]) Das Verhältnis zu den auf dem Verkehrsweg eingerichteten „besonderen Anlagen" ist in § 5 und § 6 TelWegGes. geregelt (RG. 80, 288).

[12]) Vgl. hierzu RG. 102, 185.

Änderung oder Beseitigung hat die Telegraphenverwaltung auf ihre Kosten zu bewirken (§ 3 Abs. 2 TelWegGes.). Wegen einer nur vorübergehenden Erschwerung der Unterhaltung eines Verkehrsweges ist Ersatz zu leisten (§ 2 TelWegGes.). Der Ersatzanspruch verjährt in zwei Jahren von dem Schlusse des Jahres an, in welchem er entstanden ist (§ 13 TelWegGes.). Er wird von der Verwaltungsbehörde[13]) vorläufig festgesetzt; gegen deren Entscheidung steht binnen eines Monats nach der Zustellung die gerichtliche Klage zu (§ 13 TelWegGes.).

Entsteht Streit darüber, ob wegen nicht nur vorübergehender Behinderung des Gemeingebrauchs der Verkehrswege, z. B. infolge einer erheblichen Steigerung des Wagenverkehrs auf einer Straße, eine Änderung an der Telegraphenlinie notwendig ist, so ist dieser Streit, da für Bayern besondere Zuständigkeitsbestimmungen fehlen, im ordentlichen Rechtswege auszutragen[14]).

2. Die Baumpflanzungen auf und an den Verkehrswegen sind nach Möglichkeit zu schonen, auf das Wachstum der Bäume ist tunlichst Rücksicht zu nehmen. Ausästungen können nur insoweit verlangt werden, als sie zur Herstellung der Telegraphenlinien oder zur Verhütung von Betriebsstörungen erforderlich sind; sie sind auf das unbedingt notwendige Maß zu beschränken (§ 4 Abs. 1 TelWegGes.). Nach den Ausführungsbestimmungen des Reichskanzlers vom 26. Januar 1900[15]) sind die Ausästungen in dem Maße zu bewirken, daß die Baumpflanzungen mindestens 60 cm nach allen Richtungen von den Leitungen entfernt sind. Ausästungen über die Entfernung von 1 m im Umkreis der Leitungen können nicht verlangt werden.

Die Telegraphenverwaltung hat dem Besitzer der Baumpflanzungen eine mit Rücksicht auf den Umfang der Arbeiten angemessene[16]) Frist zu setzen, innerhalb welcher er die Ausästung selbst vornehmen kann. Sind die Ausästungen innerhalb der Frist nicht oder nicht genügend vorgenommen, so bewirkt die Telegraphenverwaltung die Ausästungen. Dazu ist sie auch berechtigt, wenn es sich um dringliche Verhütung oder Beseitigung einer Störung handelt (§ 4 Abs. 2 TelWeg.-Gesetz). Einer speziellen Aufforderung zur Ausästung bedarf es nur, wenn es sich um neue Telegraphenanlagen handelt. Bezüglich der regelmäßigen Ausästungen sind die Baumbesitzer nur zu befragen, ob sie diese

---

[13]) Zuständig hierfür ist die Verwaltungsbehörde, für die der Kreisregierung unmittelbar untergeordneten Städte die Kreisregierung, Kammer des Innern (MinBek. vom 11. April 1900, GVBl. 398).

[14]) Vgl. Amtl. erl. Ausg. des TelWegGes. Bem. I zu § 3.

[15]) RGBl. 1900, 7.

[16]) Vgl. hierzu unten § 18 I.

selbst bewirken oder deren Vornahme der Telegraphenverwaltung überlassen wollen [17]).

Die Telegraphenverwaltung ersetzt den an den Baumpflanzungen verursachten Schaden und die Kosten der auf ihr Verlangen vorgemenen Ausästungen (§ 4 Abs. 3 TelWegGes.). Diese Kosten sind nicht nur bei Neuanlagen, sondern auch bei den regelmäßigen Ausästungen an vorhandenen Linien von der Telegraphenverwaltung zu tragen [18]). Der Ersatzanspruch verjährt in zwei Jahren von dem Schlusse des Jahres an, in welchem er entstanden ist (§ 13 TelWegGes.). Er wird von der Verwaltungsbehörde [19]) vorläufig festgesetzt; gegen deren Entscheidung steht binnen eines Monats nach der Zustellung die gerichtliche Klage zu (§ 13 TelWegGes.) [20]).

3. Die Rechtsverhältnisse rücksichtlich der besonderen Anlagen auf Verkehrswegen, d. i. aller jener Anlagen, welche auf den Verkehrswegen nur mit besonderer Bewilligung errichtet werden dürfen (der Wegeunterhaltung dienende Einrichtungen, Kanalisations-, Wasser-, Gasleitungen, Schienenbahnen, elektrische Anlagen, Leitungen und dergleichen sind in den §§ 5 und 6 TelWegGes. behandelt [21]).

Die Vorschriften der §§ 5 und 6 TelWegGes. beziehen sich nur auf solche Fälle, in denen eine zu öffentlichen Zwecken dienende staatliche Telegraphenlinie und eine der in § 5 Abs. 1 bezeichneten besonderen Anlagen auf einem Verkehrswege zusammentreffen. In allen sonstigen Fällen des Zusammentreffens staatlicher öffentlicher Telegraphenlinien mit besonderen Anlagen — sei es, daß da, wo eine staatliche Telegraphen-(Telephon-)Anlage mit einer besonderen Anlage zusammentrifft, jede der beiden Anlagen oder auch nur eine derselben sich auf einem anderen Grundstücke als einem Verkehrswege befindet, oder daß das Zusammentreffen zwar auf einem Verkehrswege stattfindet, die staatliche Telegraphenanlage aber nicht öffentlichen Zwecken, sondern nur den Zwecken einer einzelnen oder einiger weniger Personen dient — sind die gegenseitigen Rechte und Pflichten der Telegraphenverwaltung und des Unternehmers der besonderen Anlage nach § 12 des Gesetzes über das Telegraphenwesen [22]) vom 6. April 1892 bzw. 7. März 1908 zu beurteilen [23]).

---

17) Amtl. erl. Ausg. des TelWegGes. Anm. II zu § 4.

18) S. dagegen Amtl. erl. Ausg. des TelWegGes. a. a. O.

19) S. oben unter I 1.

20) Vorher ist der Rechtsweg unzulässig, JW. 1901, 86 (RG.).

21) Vgl. Aron in den AnnDR. 1904, 311 ff.

22) Vgl. oben S. 172 Anm. 2.

23) Bayr. Post- und Telegr.-Dienst-Anw. Abschnitt IV Abs. 1 S. 11 u. 24.

a) Die Telegraphenlinien sind so auszuführen, daß sie vorhandene[24]) besondere Anlagen nicht störend beeinflussen Die aus der Herstellung erforderlichen Schutzvorkehrungen erwachsenden Kosten hat die Telegraphenverwaltung zu tragen (§ 5 Abs 1 TelWegGes.)

Der Verlegung oder Veränderung vorhandener besonderer Anlagen kann nur gegen Entschädigung und nur dann verlangt werden, wenn die Benützung des Verkehrsweges für die Telegraphenlinie sonst unterbleiben müßte und die besondere Anlage anderweit ihrem Zwecke entsprechend untergebracht werden kann (§ 5 Abs 2 TelWegGes) über Verjährung und Geltendmachung dieses Anspruchs s oben Z. 2 a. E.

Auch beim Vorhandensein dieser Voraussetzungen hat die Benützung der Verkehrswege für die Telegraphenlinie zu unterbleiben, wenn der aus der Verlegung oder Veränderung der besonderen Anlage entstehender Schaden gegenüber den Kosten, welche der Telegraphenverwaltung aus der Benützung eines anderen ihr zur Verfügung stehenden Verkehrsweges erwachsen, unverhältnismäßig groß ist (§ 5 Abs 3 TelWegGes)

b) Diese Vorschriften finden auf solche in der Vorbereitung befindliche besondere Anlagen, deren Herstellung im öffentlichen Interesse liegt, entsprechende Anwendung Eine Entschädigung auf Grund des § 5 Abs 2 TelWegGes.[25]) wird nur bis zu dem Betrage der Aufwendungen gewährt, die durch die Vorbereitung entstanden sind In der Vorbereitung begriffen sind Anlagen, sobald sie auf Grund eines im einzelnen ausgearbeiteten Planes die Genehmigung des Auftraggebers und, soweit erforderlich, die Genehmigung der zuständigen Behörden und des Eigentümers oder des sonstigen Nutzungsberechtigten des in Anspruch genommenen Weges erhalten haben (§ 5 Abs 4 TelWegGes)

c) Spätere[26]) besondere Anlagen[27]) in gleichen Veränderungen[28]) solcher Anlagen sind nach Möglichkeit[29]) so auszuführen, daß sie die vorhandenen Telegraphenlinien nicht störend beeinflussen (§ 6 Abs 1 TelWegGes) Soweit zu diesem Zwecke Maßnahmen zum

---

[24]) Vgl. RG. 80, 289; vgl. im Text b.

[25]) S. oben unter a.

[26]) Vgl. RG. 80, 289.

[27]) Vgl. RG. 90, 121 (Starkstromanlage einer Überlandzentrale); RG. 78, 223 (Elektrische Überlandleitung zur Versorgung von Landgemeinden); RG. 63, 88 (Elektrische Anlage einer Stadtgemeinde zur Beleuchtung von Straßen und zur Lieferung von Strom für gewerbliche Zwecke).

[28]) § 6 Abs. 6 TelWegGes.

[29]) Damit ist zum Ausdruck gebracht, daß die spätere Anlage ausgeführt werden darf, wenn auch die Störung einer vorhandenen Telegraphenlinie nicht zu vermeiden ist, während im Falle des § 5 Abs. 1 die neue Telegraphenlinie nicht angebracht werden darf, wenn die Störung der vorhandenen Anlage nicht zu vermeiden ist. Aron in den AnnDR. 1904, 312.

Schutze von Telegraphenanlagen **an der späteren** Anlage[30]) oder **an den Telegraphenanlagen**[31]) zu treffen sind, hat der Unternehmer der besonderen Anlage die hierdurch erwachsenden Kosten zu tragen. Es muß also die spätere besondere Anlage mit allen Schutzvorkehrungen, die an ihr getroffen werden können, ohne ihren wirtschaftlichen Zweck zu gefährden[32]) versehen werden. Hierher gehört z. B. die Anbringung von Schutznetzen und Schutzdrähten, die Auffattelung von Holzleisten auf die Arbeitsleitung elektrischer Bahnen, die Anwendung isolierter Leitungsdrähte, die Herstellung kurzer Kabelleitungen, welche die Kosten nicht unverhältnismäßig steigern. Soweit hiermit nicht ausreichend geholfen werden kann, sind die dann nötigen Schutzmaßregeln an der vorhandenen Telegraphenanlage anzubringen, z. B. durch Einschaltung von Schmelzsicherungen, Herstellung metallischer Rückleitungen, Umwandlung oberirdischer Linien in unterirdische, wo dies ohne Gefährdung des Betriebes möglich ist[33]). Läßt sich auch durch Schutzvorrichtungen eine Sicherstellung des Betriebes der vorhandenen Telegraphenanlage nicht erreichen, so hat die beabsichtigte spätere besondere Anlage zu unterbleiben[34]).

d) Für **jene späteren** Anlagen, welche aus Gründen des öffentlichen Interesses, insbesondere aus volkswirtschaftlichen oder Verkehrsrücksichtigen, **von den Wegunterhaltungspflichtigen** oder unter **überwiegender Beteiligung** eines oder mehrerer derselben zur Ausführung gebracht werden[35]), hat das Gesetz (§ 6 Abs. 2 und 3) besondere Vorteile zugestanden[36]):

α) Würden die durch die Anpassung der späteren besonderen Anlage an die vorhandenen Telegraphenanlagen erforderlichen Maßregeln, durch welche ein störender Einfluß der neuen besonderen Anlage auf die vorhandenen Telegraphenlinien nach Tunlichkeit

---

30) § 6 Abs. 1 TelWegGes.

31) § 6 Abs. 5 TelWegGes.; vgl. oben § 13 am Anfang.

32) „Nach Möglichkeit" § 6 Abs. 1 TelWegGes. Der Verband Deutscher Elektrotechniker hat „Allgemeine Vorschriften für die Ausführung und den Betrieb neuer elektrischer Starkstromanlagen (ausschließlich der elektrischen Bahnen) bei Kreuzungen und Näherungen von Telegraphen- und Fernsprechleitungen" aufgestellt (Electrotechn. Zeitschr. 1908, 876).

33) Amtl. erl. Ausg. des TelWegGes. Anm. II zu § 6 (S. 15).

34) Amtl. erl. Ausg. des TelWegGes. Anm. IIb zu § 6 (S. 16).

35) S. hierüber RG. 63, 88; 65, 311; 78, 225; 80, 289; 90, 119; 97, 71; 101, 280.

36) Berührt die von einem Wege-Unterhaltspflichtigen errichtete besondere Anlage zum Teil öffentliche Verkehrswege, zum Teil anderes Gelände, so sind die Vergünstigungen des § 6 Abs. 2 u. 3 des TelWegGes. einem derartigen Unternehmen nur insoweit zuzugestehen, als es die öffentlichen Verkehrswege benützt. Wo es diese verläßt, fällt der gesetzgeberische Grund seiner Bevorzugung gegenüber den Telegraphenlinien weg. Von diesem Punkt an unterliegt die Anlage dem Reichsgesetz über das Telegraphenwesen vom 7. März 1908 (RGBl. 79), insbes. dessen § 12 (RG. 101, 280); s. hierzu oben S. 177 Anm. 2.

hintangehalten werden soll[37]) (§ 6 Abs. 1 TelWegGes.), zu einer wesentlichen Erschwerung der Herstellung der Anlage führen oder deren Herstellung unmöglich machen, so muß die Telegraphenanlage der besonderen Anlage Platz machen und beim Verlangen des Wegunterhaltspflichtigen auf Kosten der Telegraphenverwaltung verlegt oder entsprechend verändert werden[38]) (§ 6 Abs. 2 TelWegGes.).

Die Verlegung einer nicht lediglich dem Orts-, Vororts- oder Nachbarortsverkehr dienenden Telegraphenlinie kann nur dann verlangt werden, wenn die Telegraphenlinie ohne Aufwendung unverhältnismäßig hoher Kosten[39]) anderweitig ihrem Zwecke entsprechend untergebracht werden kann (§ 6 Abs. 2 letzter Satz TelWegGes.).

β) Wenn diese Voraussetzung nicht gegeben ist, mithin die Telegraphenanlage bestehen bleiben darf, so hat die Telegraphenverwaltung die zum Schutze der Telegraphenlinie erforderlichen Vorrichtungen[40]) auf ihre Kosten zu treffen (§ 6 Abs. 3 TelWegGes.). Ein Ersatzanspruch verjährt in zwei Jahren von dem Schlusse des Jahres an, in welchem er entstanden ist. Er wird von der Verwaltungsbehörde[41]) vorläufig festgesetzt; gegen deren Entscheidung steht binnen eines Monats von der Zustellung die gerichtliche Klage zu (§ 13 TelWegGes.).

II. Verfahren vor Benützung der Verkehrswege.

Vor der Benützung eines Verkehrsweges zur Ausführung neuer Telegraphenlinien oder wesentlicher Änderungen vorhandener Telegraphenlinien hat die Telegraphenverwaltung einen Plan[42]) über die in Aussicht genommene Anlage aufzustellen. Dieser Plan soll den besonders Beteiligten mitgeteilt und außerdem bei den Post- und Tele-

[37]) Und deren Kosten auch in diesem Falle dem Unternehmer der besonderen Anlage zur Last fallen; vgl. Amtl. erl. Ausg. des TelWegGes. Anm. II Abs. 1 zu § 6.

[38]) Vgl. Amtl. erl. Ausg. des TelWegGes. Anm. IIa zu § 6.

[39]) Für den Begriff der „unverhältnismäßig hohen" Kosten kommt nicht das Verhältnis der Kosten der neuen Anlage zu den Kosten der Verlegung der Telegraphenlinien in Betracht, sondern das Interesse der Telegraphenverwaltung wird für die Feststellung der Verhältnisziffern wesentlich maßgebend sein müssen. Aron in den AnnDR. 1904, 315.

[40]) Dies umfaßt die Schutzvorkehrungen sowohl an der Telegraphenanlage selbst, wie auch an der späteren Anlage. RG. 57, 364.

[41]) S. oben I 1.

[42]) Hierüber trifft die Ausführungsbestimmung des Reichskanzlers vom 26. Jan. 1900 nähere Bestimmungen. RGBl. 1900, 7. Nach d. Ges. v. 24. 9. 35. (RGBl. I, 1177) mit DVO. v. 10. 10. 35. (RGBl. I, 1236) kann die Postverwaltung anordnen, daß von dem Planverfahren abgesehen wird; sie bestimmt, wer als Beteiligter gehört wird; die Anhörung kann mündlich erfolgen.

graphenämtern, soweit die Telegraphenlinien deren Bezirke berührt, auf die Dauer von vier Wochen öffentlich ausgelegt werden (§ 7 Tel.-WegGes.). Die Telegraphenverwaltung ist zur Ausführung des Planes befugt, wenn nicht gegen diesen binnen vier Wochen von der Zustellung bzw. der öffentlichen Auslegung des Planes bei der Behörde, welche den Plan ausgelegt hat, Einspruch schriftlich oder zu Protokoll[43]) erhoben wird. Über den Einspruch entscheidet die höhere Verwaltungsbehörde[44]), gegen deren Entscheidung binnen einer Frist von zwei Wochen nach der Zustellung die Beschwerde an die Landeszentralbehörde[45]) stattfindet (§ 8 TelWegGes.). Gegen deren Entscheidung gibt Ges. Nr. 39 vom 25. 9. 1946 (GVBl. 281) die Anfechtungsklage.

B. Rechte der Telegraphenverwaltung zur Benützung von Privatgrundstücken.

Die Telegraphenverwaltung ist befugt, Telegraphenlinien durch den Luftraum[46]) über Grundstücken, die nicht Verkehrswege im Sinne des Telegraphengesetzes sind, zu führen, soweit nicht dadurch die Benützung des Grundstücks nach den zur Zeit der Herstellung der Anlage[47]) bestehenden Verhältnissen wesentlich beeinträchtigt wird. Wird erst durch eine später in diesen eintretende Änderung eine Beeinträchtigung der Benützung verursacht, z. B. weil der Eigentümer sein von den Telegraphenleitungen überspanntes Gebäude erhöhen will, so muß die Telegraphenverwaltung die Leitung auf ihre Kosten beseitigen oder so verlegen, daß eine Beeinträchtigung des Grundstückseigentums völlig vermieden wird[48]) (§ 12 Abs. 1 TelWegGes.). Dies gilt insbesondere auch, wenn der Eigentümer auf seinem Grundstück besondere Anlagen (z. B. elektrische Beleuchtungsanlagen) errichtet, welche den Betrieb der durch den Luftraum geführten Telegraphenlinien beeinträchtigen. In diesem Falle finden die §§ 5 und 6 TelWegGes. keine Anwendung. Streitigkeiten über die Befugnis der Telegraphenverwaltung zur Benützung fremder Grundstücke (z. B. der Anspruch auf Beseitigung einer Telephonleitung, § 1004 BGB.) sind im Zivilrechtswege auszutragen.

[43]) Ausführungsbestimmungen des Reichskanzlers vom 26. Jan. 1900 Ziff. 5.

[44]) Als höhere Verwaltungsbehörde i. S. des § 8 TelWegGes. gilt die Kreisregierung K. d. J. (MinBek. v. 11. April 1900, GVBl. 398).

[45]) Die Befugnisse der Landeszentralbehörde werden von dem Staatsministerium d. J. im Benehmen mit dem Staatsministerium des Äußeren ausgeübt. (MinBek. v. 11. April 1900, GVBl. 398).

[46]) Ein Recht, Gestänge auf Gebäuden oder Grundstücken aufzustellen, ist dadurch nicht gegeben (Amtl. erl. Ausg. des TelWegGes. Anm. IV zu § 12). Ein solches Recht ist auch aus keiner allgemeinen Bestimmung des BGB., insbes. nicht aus § 905 BGB. abzuleiten. Vgl. Staudinger, Vorträge 323.

[47]) Darin liegt der wesentliche Unterschied von Satz 2 des § 905 BGB.

[48]) Amtl. erl. Ausgabe des TelWegGes. Anm. I zu § 12.

Beeinträchtigungen in der Benützung eines Grundstückes, welche ihrer Natur nach lediglich vorübergehend sind, stehen der Führung der Telegraphenlinien durch den Luftraum nicht entgegen, doch ist der entstehende Schaden zu ersetzen. Ebenso ist für Beschädigungen des Grundstücks und seines Zubehörs, die infolge der Führung der Telegraphenlinie durch den Luftraum eintreten, Ersatz zu leisten (§ 12 Abs. 2 Tel.-WegGes.).

Die Post haftet für Beschädigung körperlicher Sachen des Eigentümers eines Grundstücks, durch dessen Luftraum sie eine Fernsprechleitung legt (RG. 126, 28). Der dieser Entscheidung zugrundeliegende Sachverhalt war folgender: Bei Legung einer Fernsprechleitung, die über eine Starkstromleitung hinwegführte, warf ein Telegraphenarbeiter einen mit einer Zange beschwerten Draht über die Drähte der Starkstromleitung. Hiebei entstand Kurzschluß. Die Starkstromleitung brannte durch. Die Pferde eines gerade vorbeifahrenden Fuhrwerks kamen mit der Drahtrolle in Berührung und wurden durch elektrischen Schlag getötet. Das RG. sah in der schädigenden Handlung des Postarbeiters einen so engen und unmittelbaren Zusammenhang mit der auf einem Hoheitsakt beruhenden Legung der Leitung, daß eine in Ausübung der öffentlichen Gewalt begangene unerlaubte Handlung nach § 839 BGB. anzunehmen war.

Die Beamten und Beauftragten der Telegraphenverwaltung, welche sich als solche ausweisen, sind befugt, zur Vornahme notwendiger Arbeiten an Telegraphenlinien, insbesondere zur Verhütung und Beseitigung von Störungen, die Grundstücke nebst den darauf befindlichen Baulichkeiten und deren Dächer mit Ausnahme der abgeschlossenen Wohnräume während der Tagesstunden nach vorheriger schriftlicher Ankündigung zu betreten (§ 12 Abs. 3 TelWegGes.).

Der Ersatzanspruch des § 12 Abs. 2 und 3 TelWegGes. verjährt in zwei Jahren von dem Schlusse des Jahres an, in welchem er entstanden ist (§ 13 TelWegGes.)[49].

C. Die gesetzlichen Eigentumsbeschränkungen des Nachbarrechtes.

§ 14. Immissionen.

Die rechtliche Abscheidung der Grundstücke würde mit den Bedürfnissen des Lebens in einen unversöhnlichen Widerspruch treten, wenn die zugunsten des Eigentümers bestehende Befugnis, die Einwirkung Dritter auszuschließen, derart streng durchgeführt würde, daß eine jede nicht autorisierte mechanische oder physikalische Hinüberwirkung als objektive Rechtswidrigkeit behandelt würde[1]).

---

[49]) Auf Ersatzansprüche, die vor dem 1. Januar entstanden sind, findet das TelWegGes. keine Anwendung. JW. 1901, 86 (RG.).

§ 14. [1]) M. 3, 264 (Mugdan 146).

Vor allem läßt sich eine gewisse Art der Hinüberwirkung nicht in bestimmte Grenzen bannen. Die Schall- und Lichtwellen, die auf dem einen Grundstücke erzeugt werden, pflanzen sich mit physikalischer Notwendigkeit auf andere Grundstücke fort und ebensowenig lassen sich die Gase (Gerüche) an der Scholle festhalten. Auch der Erschütterung, welche auf den Boden übertragen wird, läßt sich an den Grenzpfählen nicht Halt gebieten; kurz, es läßt sich eine ganze Reihe derartiger Immissionen auf fremdes Gebiet nach zwingenden Naturgesetzen und unvermeidlichen Folgen des menschlichen Beisammenlebens nicht aufhalten[2]). Andererseits würde der Inhalt des Eigentums in vielen Fällen zu stark eingeschränkt, wenn man jede derartige Immission, z. B. die Einwirkung eines noch so unerträglichen Geräusches, das Eindringen selbst gesundheitsschädlicher Gase usw. ohne Einschränkung zulassen würde. Das positive Herrschaftsrecht des einen Nachbarn und das negative Ausschließungsrecht des andern geraten auf diese Weise in Widerstreit, den die Rechtsordnung auszugleichen hat[3]). Dabei war die erste Kommission davon ausgegangen, daß jeder Grundeigentümer innerhalb seines Machtbereiches schalten und walten könne ohne Rücksicht darauf, daß seine Handlungen notwendig in den Machtbereich anderer Grundeigentümer hinüberwirken, so daß es sich für den Gesetzgeber nur darum handele, die natürliche Immissionsfreiheit jedes Grundeigentümers positiv auf ein für die anderen erträgliches Maß einzuschränken[4]). Die zweite Kommission ist von dem gegenteiligen Standpunkt ausgegangen, wonach jede Immission an sich verboten ist und die Zulässigkeit einer Immission durch eine besondere Ausnahmebestimmung begründet wird. Dieser grundsätzliche Standpunkt ist für die Auslegung des § 906 von wesentlicher Bedeutung. § 906 stellt die Ausnahmen von dem grundsätzlichen Recht dar, die Einwirkungen auf das Grundstück auszuschließen. Nur insoweit, als die Ausschließungbefugnis des § 903 durch § 906 eingeschränkt ist, handelt der Einwirkende in Ausübung einer Befugnis, also rechtmäßig[5]). In Anlehnung an die bisherige Rechtsprechung[6]) stellt § 906 BGB. den Grundsatz auf, daß der Eigentümer Einwirkungen, die das gewöhnliche Maß des Erträglichen nicht übersteigen, im Interesse des Zusammenlebens der Menschen zu dulden habe, daß ihm mithin

---

[2]) KommProt. 3532 (Mugdan 3, 580).

[3]) M. 3, 266 (Mugdan 3, 147).

[4]) Vgl. KommProt. 3532 (Mugdan 3, 580).

[5]) Wolff, Sachenrecht 138; Monich in JhJahrb. 38, 185; RGK. Bem. 13 zu § 906.

[6]) Das grundsätzliche Immissionsverbot beherrscht das gemeine Recht (RG. 6, 217), das ALR. (Plenar-Entsch. Ob.-Tr. 23, 252; RG. 7, 265), das Recht des code civil (RG. 11, 343). Die bisherige Rechtsprechung hat daher durch Inkrafttreten des BGB. ihre Bedeutung nicht verloren (vgl. JW. 1900, 890; Gruchot 45, 1014).

nur gegen übermäßige Immissionen das durch § 903 BGB. begründete Verbietungsrecht verbleibt.

I. § 906 befaßt sich nur mit Einwirkungen, die durch sinnliche Wahrnehmung vermittelt werden; eine Einwirkung auf das Gefühlsleben fällt nicht darunter, wie überhaupt der Begriff der „ideellen" oder „immateriellen" Immission dem Bürgerlichen Gesetzbuch fremd ist [7]). Der Umstand, daß durch eine nicht über die Grenzen hinauswirkende Benützung des Grundstückes der Wert des Nachbargrundstückes beeinträchtigt wird, ist belanglos [8]). Deshalb kann eine Fabrik explodierender Stoffe, ein Pulvermagazin nicht deshalb verboten werden, weil durch die hiermit verbundene Explosionsgefahr Furcht erregt wird [9]). Der Anspruch auf die Unterlassung von Schießübungen kann mit der unbegründeten Besorgnis einer Verletzung durch abirrende Kugeln nicht begründet werden [10]), ebensowenig kann die Errichtung eines Leichenhauses, weil hierdurch Schauder und Grausen erregt wird [11]), oder ein Bordell verboten werden, weil hierdurch das Schamgefühl verletzt wird [12]), oder ein städtisches Freibad wegen des Anblicks nackter Badegäste [13]). Dagegen kann es bei einem Leichenhause nach § 906 ins Gewicht fallen, wenn üble Gerüche herüberdringen oder durch die herüber-

---

[7]) RG. 50, 226; 57, 239; OLG. 5, 386; Recht 1915 Nr. 1084 (RG.). Vgl. hierzu auch Endemann 471.

[8]) Es müßte denn der Tatbestand der §§ 226, 823, 826 gegeben sein. JW. 1902 Beil. 211. Wenn infolge eines gefährlichen Betriebes die Nachbarn durch polizeiliche Anordnung in der Bebauung ihrer Grundstücke beschränkt werden, kann aus diesem besonderen Rechtsgrund eine Entschädigungspflicht in Frage kommen. SeuffA. 57 Nr. 191.

[9]) RG. 50, 225 (Petroleumraffinerie); 63, 374 (Gasfabrik); OLG. 4, 55. Solche gefährliche Betriebe (wie Schießpulverfabriken, Anlagen zu Feuerwerkereien, zur Bereitung von Zündstoffen aller Art, Gasbereitungsanstalten) bedürfen nach § 16 der GewO. einer gewerbepolizeilichen Genehmigung. Die Verwaltungsbehörde hat darauf zu sehen, daß die Anlage nur unter Bedingungen gestattet wird, welche für die Sicherheit Dritter hinreichende Gewähr leisten. Vgl. auch die k. VO. vom 27. Juni 1862, die Verhütung von Feuersgefahren betr. (RegBl. 1862, 1573); MinBek. vom 6. Aug. 1870, betr. die Verfertigung, den Besitz, die Aufbewahrung, den Verkauf und Transport von Schießpulvern, Schießbaumwolle und Feuerwerksgegenständen (RegBl. 1870, 1425). Vgl. auch § 47 der Bauordnung vom 18. Febr. 1901. Über Anlegung und Betrieb von Dampfkesseln s. Pechmann, Wirkungskreis der Distriktsverwaltungsbehörde 2, 210; über Anfertigung von Sprengstoffen s. Pechmann a. a. O. 212.

[10]) Aber eine solche Angst kann das Schießgeräusch indirekt insofern lästiger machen, als man bei dem Knall unwillkürlich, also nicht infolge einer bewußten Vorstellung einer Gefahr, zusammenschreckt (Recht 1915 Nr. 1084 RG.).

[11]) OLG. 4, 61.

[12]) RG. 57, 239; JW. 1904, 291; BadRechtspr. 1905, 198; Recht 1904, 361 Nr. 1642. Dagegen kann auf Grund des § 826 Schadenersatz verlangt werden, wenn durch einen, sei es auch polizeilich genehmigten, Bordellbetrieb der Wert der Nachbargrundstücke herabgedrückt wird (RG. 38, 380; 50, 227; 57, 239).

[13]) JW. 1911, 587; RG. 76, 130.

fliegenden Insekten eine Gefahr der Infektion durch Insektenstiche herbeigeführt wird [14]). Auch bei dem Betriebe eines Bordells kann § 906 nur insoweit Anwendung finden, als derselbe von Umständen begleitet wird, die eine durch sinnliche Wahrnehmung vermittelte Einwirkung auf das Nachbargrundstück herbeiführen (z. B. das Benehmen der Dirnen, insbesondere Belästigung der Passanten durch dieselben, fortwährendes Anfahren von Droschken in der Nacht, Singen und Klavierspiel usw.) [15]). Im übrigen kann der Bordellbetrieb, soweit § 906 nicht einschlägt, unter Umständen aus § 826 verboten werden [16]).

Auch die sog. „negativen Einwirkungen“ [17]) (Entziehung der Aussicht, Abhalten von Licht und Luft) [18]) gehören nicht zu den in § 906 geregelten Rechtsverhältnissen [19]).

1. Im einzelnen fällt unter § 906 die Zuführung von Gasen [20]), Dämpfen [21]), Gerüchen [22]), Rauch [23]), Ruß [24]), Wärme [25]), Geräusch [26]),

---

14) OLG. 4, 61: PucheltsZ. 33, 94.

15) RG. 57, 239; JW. 1904, 291; OLG. 5, 386; SeuffA. 60, 18.

Sind diese Voraussetzungen vorhanden, so ist der Anspruch auf Unterlassung selbst dann gegeben, wenn die Prostitution von der Polizei auf die fragliche Straße konsigniert wurde; gerade dann sind weitere Beeinträchtigungen zu besorgen. Vgl. Recht 1908, 234 Nr. 1386.

16) SeuffA. 56 Nr. 199; OLG. 2, 457; JW. 1904, 291; BayZ. 1908, 183.

17) RGK. Bem. 1 zu § 906; Staudinger Bem. 5 zu § 906.

18) RG. 51, 252; JW. 1908, 142 (Aussicht); JW. 1909, 161 (Wind).

19) Vgl. hierüber oben Einleitung.

20) Gase. Vgl. SeuffA. 3 Nr. 7; 15 Nr. 2 (Gasfabrik); JW. 1908, 11 Nr. 12 (Brikettfabrik); 1912, 752 (chemische Fabrik); RG. 63, 374 (Gas aus dem gebrochenen Rohr einer Gasanstalt vgl. hierzu unten § 43 D III).

21) Dämpfe. Vgl. SeuffA. 3 Nr. 7 (Gasfabrik); 8 Nr. 346 (Ziegelei); 11 Nr. 14 (Seifenfabrik); 32 Nr. 18 (Mittelbare Immission übelriechender Dämpfe durch Einleitung heißer Fabrikwässer in einen öffentlichen Fluß); Bolze 5 Nr. 106 (Dämpfe aus warmem Abwasser, infolge deren Holzwerk anfaulte und Pflanzen eingingen); JW. 1904, 203 (Hotelküche).

22) Gerüche (Miasmen, Ausdünstungen, vgl. unten § 14 II 2). Vgl. Bolze 14 Nr. 175 (Schlachthaus); WarnE. 1915 Nr. 83 (Gänsemästerei); OLG. 18, 122 (Straßenkanäle); SeuffA. 46 Nr. 248 (Fabrik); 51 Nr. 11 (Käserei); RG. 37, 173; Bolze 22 Nr. 56 (Fäkalien); Recht 1904, 282 Nr. 1279); JW. 1904, 203 Nr. 15 (Dünste aus Hotelküche); 1900, 639; SeuffA. 71, 281; Warn. 15 Nr. 285; Recht 1915 Nr. 1081 (Düngerfabrik, Bedürfnisanstalt); RG. 37, 172; SeuffA. 53 Nr. 8; JW. 1904, 487 Nr. 12; WarnE. 14 Nr. 189 (Knochenkocherei); Recht 1904, 386 Nr. 1709 (Schmiede). Über Autorennen vgl. unten § 27 I b.

App. H. 9. Sept. 1916: (Bern-Waldis f. Schweizer Nachbarrecht): Die Dünste, die bei gewöhnlicher Entlüftung einer Hotelküche in einem Kurort entweichen, sind zu dulden, wenn sie nicht infolge unzulässiger Einrichtungen das Maß übersteigen, das allgemein zu ertragen ist.

23) Rauch. Vgl. Bolze 18 Nr. 43 (Brennerei); SeuffA. 31 Nr. 312; 42 Nr. 100 (Dampfdreschmaschine); 46 Nr. 248 (Fabrik); 38 Nr. 8 (Ziegelfeldbrände); SeuffBl. 36, 392; Recht 1908, 91 Nr. 528; WarnE. 15 Nr. 284 (Eisenbahnbetrieb); R. d. OLG. 2, 506;

Erschütterungen[27]) und ähnlichen von einem anderen Grundstücke ausgehenden Einwirkungen, deren Feststellung der Praxis überlassen wurde

Als weitere Anwendungsfälle ergeben sich aus der Praxis: das Eindringen von Staub[28]), Sand[29]), Steinsplittern[30]), Asche[31], Fun-

---

SeuffBl. 73, 697 RG. (schädliche Raucheinwirkung auf Waldungen); Recht 1904, 386 Nr. 1709 (Schmiede). Schweizer Bundesgericht 28. Juni 1916: Unzulässig ist es, eine Waschküche mit Holz zu heizen, das einen anormalen Rauch entwickelt (Waldiws, Schweizer Nachbarrecht).

[24]) Ruß. SeuffA. 11 Nr. 114 (Dampfmühle); 21 Nr. 208 (Bäckerei); Bolze 3 Nr. 90 (Schwärzung der Häuser durch Lokomotivruß).

[25]) Wärme. Vgl. JW. 1899, 757 Nr. 38 (Backofen); 1905, 495 Nr. 21 (Dampfkesselraum neben Eiskeller). Über die Frage, ob der Besitzer eines Kellers Ansprüche erheben kann, wenn seinem Keller durch Abgraben von Erdreich Wärme zugeführt wird, s. oben S. 51.

[26]) Geräusch. Vgl. SeuffA. 52 Nr. 146 (Schriftgießerei); RG. 6, 217; SeuffBl. 4. Erg.-Bd., 148 (Dampfdruckerei); Recht 1905, 194 Nr. 846 (RG.); 1903, 551 Nr. 2789 (Jena); Warn. 15 Nr. 83; 17 Nr. 244 (Schnattern der Gänse); Bolze 16 Nr. 65 (Brüllen der Kühe in einer Molkerei); Warn. 3 Nr. 336; JW. 1910, 654 (Froschquaken in künstlichen Teichen); JW. 1893, 315 Nr. 32 (Geschäftsbetrieb im ganzen bei einer Molkerei), Schweizer Bundesgericht 5. Febr. 1914: Unzulässig ist der von Pfauen, Truthühnern, Perlhühnern ausgehende nächtliche Lärm eines Tierparkes in einem Luftkurort. Schweizer Bundesgericht 30. Sept. 1919: Umzulässig ist das Glockengeläute einer Viehherde bei der Nachtweide. SeuffA. 49 Nr. 236 und SeuffBl. 12. Erg.-Bd., 389 (Eisenbahnbetrieb); JW. 1904, 384; DJZ. 9, 407 (Kinderspielplatz); RG. 57, 234 (Straßenbahnbetrieb, Wagenhalle einer Trambahn); Warn. 3 Nr. 118 (Rangierbahnhof einer Eisenbahn); SeuffA. 59 Nr. 217 (Kirchenglocken, jedoch Rechtsweg unzulässig); JW. 1904, 175; 1905, 231 (Kegelbahn); SeuffA. 57 Nr. 9; WarnE. 16 Nr. 138 (Wirtshauslärm); DJZ. 8, 552 (nächtliches Klavierspielen in einem Restaurant); bezüglich des Lärms infolge eines Bordells s. oben S. 183; Recht 1904, 386 Nr. 1709 (Hamburg); BadRspr. 1907, 129 (Hundegebell), 1906, 168 (Bäckerei); JW. 1894, 267 (Übungsschießen); 1908, 682 und dagegen Recht 1911 Nr. 2733 (Schießstand eines Schützenvereins); Recht 1915 Nr. 1084 (Knall bei Schießübungen); OGH. 14, 175 (Wasserwerksbetrieb); SeuffBl. 4. Erg.-Bd., 148 (Dampfdruckerei); RG. 26, 352 (Holzsägerei); Recht 1916 Nr. 1507 (Sägewerk); SeuffA. 45 Nr. 240 (Böttcherei); Bolze 8 Nr. 62 (Dampfpfeife einer Fabrik); JW. 1911, 387 (städt. Freibad); Recht 1908 Nr. 3133 (Exhaustor); OLG. 26, 125 (Benzinmotor); LZ. 1916, 1098 (Musikkaffee); Gruchot 58, 1024 (Kindergeschrei aus einem Säuglingsheim). Bezüglich der Errichtung und Verlegung von Anlagen, von denen ein übermäßiger Lärm ausgeht, in der Nähe von Kirchen, Schulen, öffentlichen Gebäuden, Krankenhäusern vgl. § 27 GewO. Für Kegeln vgl. unten S. 203. Anm. 127. Über Lärm eines Automobilrennens vgl. unten § 38.

Obergericht Luzern 15. Okt. 1918: Betrieb eines holprigen Personenaufzuges bei Nacht (Waldis, Schweizer Nachbarrecht).

[27]) Erschütterungen. Bolze 22 Nr. 71 (Kreis- und Hobelmaschine); OGH. 9, 185 (Stanzmaschine); 14, 175 (Wasserwerksbetrieb); JW. 1890, 182 Nr. 18; Bolze 3 Nr. 89 (Dampfhammer); RG. 7, 265; 17, 103 (Eisenbahnbetrieb); OLG. 2, 252 (elektrische Kraftanlage); 5, 151.

[28]) Staub. SeuffA. 18 Nr. 11; 42 Nr. 100; 48 Nr. 247 (Dampfdrescherei); JW. 1908, 11 Nr. 12 (Kohlenstaub); Recht 1916 Nr. 1507 (Holzstaub eines Sägewerks); JW. 1910, 654 (Zementfabrik).

[29]) Sand. RG. 60, 140; SeuffA. 61 Nr. 55 RG. (vor einem aufgeschütteten Sandhaufen, Sandkippe); Puchelt-Heinsheimer, Zeitschr. für franz. Zivilr. 21, 441 (bei mili-

ken[32]), Feuchtigkeit[33]), Wasserstaub[34]), Zuführung starker Lichtreflexe[35]), von starker Kälte[36]), von Pilzkeimen[37]), Schnee[38]), Geschossen[39]), Einwirkung von elektrischen Strömen[40]), Herüberfliegen von

---

tärischen Übungen). Vgl. Bolze 10 Nr. 60. Dort wurde der Militärfiskus zur Entschädigung des Eigentümers eines an den Exerzierplatz angrenzenden Grundstückes verurteilt, weil dieses durch die aufgewirbelten Sandwehen, welche infolge des Zusammenfahrens des Kieses entstanden, allmählich versandet war.

[30]) l. 8 § 5 D 8, 5 (Steinbruch)); vgl. RG. 6, 219; 76, 132; WarnE. 18 Nr. 55; JW. 1911, 588.

[31]) Asche. RG. 40, 182; JW. 1908, 11 Nr. 12; 1910, 20; 1912, 31; WarnE. 19 Nr. 172.

[32]) Lokomotivfunken. RG. 17, 103; SeuffA. 13 Nr. 235; 14 Nr. 208; Gruchot 45, 1016; 46, 1009; JW. 1904, 360; 1910, 20. Nach JW. 1910, 619 (RG.) soll der Funkenauswurf wegen seiner Gefährlichkeit überhaupt nicht unter § 906 fallen. Diese Annahme ist unhaltbar. Diese Entscheidungen gewähren bei Schadenszufügung durch Funkenwurf Ersatzanspruch ohne Verschulden; s. darüber unten § 43.

[33]) Feuchtigkeit. Vgl. Bolze 5 Nr. 86 (durch eine Brauerei).

[34]) Z. B. von einem Springbrunnen.

[35]) JW. 1911, 587. Z. B. Scheinwerfer (Endemann 470 Anm. 37) oder Anstrich einer Mauer mit blendend weißer Lackfarbe. Die Beschattung (Entziehung von Licht) ist keine unzulässige Einwirkung, BayZ. 1908, 125 (RG.). Dagegen steht den Eigentümern eines Hauses kein Unterlassungsanspruch gegen die Anbringung von Reklametafeln auf dem Nachbargrundstück zu, auch wenn dadurch das Landschaftsbild verunstaltet wird. In einzelnen Kantonen der Schweiz bestehen derartige Schutzvorschriften (Waldis, Schweizer Nachbarrecht S. 64).

[36]) Urteil des RG. V 344/97 mitgeteilt von Turnau-Förster Anm. 2 zu § 906 (künstlich erzeugte Kälte); RG. VI 77/01 in RGK. Bem. 4 zu § 906.

[37]) Striethorst, Arch. 59, 1 (Pilze, welche sich auf Berberizensträuchern entwickeln und welche notorisch Rost in den Roggenfeldern herbeiführen). Vgl. hierzu oben § 11 S. 155 Anm. 5 und Endemann 461 Anm. 4. Cour d'appel Limoges mitgeteilt von Scherer 3. Jahrg., 306 (Tuberkelbazillen infolge eines Asyls für im letzten Stadium befindliche Lungenkranke).

[38]) Schnee. Vgl. Bolze 21 Nr. 52 (beim Schneeschippen eines Weges).

[39]) Geschosse. Vgl. Bolze 21 Nr. 54; Gruchot 45, 1016 (Haftung des Militärfiskus ohne Verschulden für das zufällige Herüberfliegen von Kugeln aus einem Militärschießstand); WarnE. 11 Nr. 330 lehnt die Anwendbarkeit des § 906 auf Kugeln ab; vgl. über Zulässigkeit des Rechtswegs unten § 44.

[40]) Endemann 470 Anm. 37; Staudinger Bem. II 3 zu § 906; vgl. RG. 81, 216 (Vagabondierende elektrische Ströme, die von einer elektrisch betriebenen Straßenbahn mit Schienenrückleitung in den Erdkörper ausstrahlen). Die Einwirkung von Starkstromleitungen auf bereits früher bestandene Schwachstromleitungen ist durch § 12 des Reichsgesetzes über das Telegraphenwesen vom 6. April 1892 (RGBl. 1892, 469) geregelt; s. hierüber oben S. 172 Anm. 2.

Nach § 14 Abs. 3 der VO. über Bau u Betrieb von Straßenbahnen vom 13. Nov. 1937 (RGBl. I, 1247) in Verbindung mit dem Ges. vom 4. Dez. 1934 (RGBl. I, 1237) gelten für die Anbringung von Haltevorrichtungen für die Oberleitung der Straßenbahnen die Bestimmungen in § 3 StrVO. vom 10. Aug. 1937 (RGBl. I, 901). Hiernach sind die Besitzer von Grundstücken und Baulichkeiten verpflichtet, das Anbringen der erforderlichen Vorrichtungen zu dulden.

Bienen[41]) und Tauben[42]). Ferner gehört hierher das Eindringen von Ratten und Mäusen[43]).

2. Feste und flüssige Körper.

Nicht bei allen diesen Fällen ist es zweifelsfrei, daß sie unter § 906 fallen. Die herrschende Meinung klammert sich an die Ausdrucksweise der Motive, die von „Imponderabilien" sprechen und lehnt die Anwendbarkeit des § 906 auf feste und flüssige Körper ab[44]). Das bedeutet einen Bruch mit der bisherigen Rechtsprechung, zu welchem der Wortlaut des Gesetzes nicht zwingt. Der § 906 verdankt seine Entstehung der Tatsache, daß es eine Reihe von Einwirkungen gibt, die sich nicht in bestimmten Grenzen bannen lassen und deren strenge Ausschließung die Wirtschaft der einzelnen und der Gesamtheit erheblich schädigen würde. Das Gesetz führt eine Reihe von Beispielen auf und stellt ihnen „ähnliche Einwirkungen" gleich. Eine Abgrenzung von festen und nicht festen Stoffen würde dazu führen, daß auch Staub, Sand, Steinsplitter nicht unter § 906 fallen können. Das einzelne Sandkorn ist ein fester

---

41) Bienen. Vgl. unten S. 187; vgl. RG. 12, 174; 76, 130; SeuffA. 47 Nr. 97; JW. 1911, 588; OLG. 26, 23; Pritzl, SeuffBl. 66, 459; Endemann 469; Friedrichs, DJZ. 1904, 685; Kuhlenbeck im Recht 1904, 309 gegen Strauß, DJZ. 1903, 367. Für den durch Bienen herbeigeführten Schaden (Bienenstich) haftet der Bienenzüchter nach § 833; Pritzl in Seuff. Bl. 66, 465; Oppermann, SächsRpfl. 16, 449. Durch das Gesetz vom 30. Mai 1908 betr. Änderung des § 833 ist die Haftung des Halters von Haustieren gemildert worden. Die Biene ist kein Haustier. (Anders Oppermann a. a. O.). Ein Antrag, dem § 833 als Abs. 3 hinzuzufügen: „Die Bienen gelten als Haustiere" wurde abgelehnt. (Nr. 538 der Drucks. d. RT. 1907/08, KommBer. S. 4, Reichstagsberatung S. 5142). Über das Recht des Selbstschutzes gegen Bienen und die Schranken dieses Rechtes s. unten § 14 V. Der Eigentumsfreiheitsklage wegen Eindringens von Bienen ist die Grundlage entzogen, wenn der Bienenschwarm infolge Ausziehens herrenlos geworden ist (§ 971). Endemann 469 Anm. 35. Die Bienen werden vom römischen Recht zu den wilden Tieren, vom alten Sachsenrecht (Sächs. Weichbild Art. 124) zu den Gewürmern und von verschiedenen Provinzialrechten zu dem gezähmten Vieh (Geflügel) gerechnet (Hagemann S. 541).

42) Tauben. Vgl. JW. 1911, 588; EntschOGH. 6, 400; SeuffA. 33 Nr. 5; SeuffBl. 42, 94. Vgl. dagegen Endemann 469 Anm. 35.

43) Mit manchen Gewerbebetrieben (z. B. Getreidelagern, Aufbereitung von Tierfellen) ist eine Ratten- und Mäuseplage verbunden, welche für die Nachbarn sehr lästig werden kann. Schadensersatzpflicht hier nur bei Verschulden, da § 833 nicht einschlägt.

44) RGK. Bem. 5 zu § 906; Endemann 476; Planck Bem. 3 zu § 906; Biermann Bem. 1 zu § 906; Staudinger Bem. 5a β zu § 906; Maenner 61; Turnau-Förster Bem. 1 zu § 906 u. a. Wolff, Sachenrecht 136 spricht sich nur gegen Anwendung auf feste Körper, nicht auch auf Flüssigkeiten aus. Gegen die herrschende Meinung Mathias 37; Hörle, Pr.-VerwArch. 10, 367; Hörig 10ff. Auch RG. 76, 132 spricht von der Anwendbarkeit des § 906 auf „feste Körper, wie Bienen, Tauben, Steine aus Steinbrüchen". Dagegen verneint RG. in LZ. 1918, 845 die Anwendung des § 906 bei festen Körpern — abgesehen von Kohlenstaub und Asche —; ebenso Recht 1911 Nr. 2732 (RG.), wo es sich um abgeirrte Kugeln eines Schießstandes handelt.

Körper[45]). Läßt man die Anwendbarkeit des § 906 auf diese Fälle nicht zu, so braucht die Einwirkung fester Körper vom Eigentümer nicht geduldet zu werden. Das ergibt sich aus den vom Gesetz anerkannten Ausschließungsprinzip (s. oben S. 181). Dadurch würde die Volkswirtschaft geschädigt. Ein solcher Wille kann dem Gesetzgeber ohne zwingende Not nicht unterstellt werden. Es liegt also kein hinreichender Grund vor, von den bewährten Grundsätzen der bisherigen Rechtsprechung abzugehen.

Beim Eindringen von Bienen und Tauben, sowie von Ratten und Mäusen könnte man freilich bezweifeln, ob es sich auch hier um eine „ähnliche Einwirkung" handelt, wie in den vom Gesetz aufgestellten Fällen. Doch dürfte dies zu bejahen sein; denn auch hier hat man es mit Körpern zu tun, welche von verhältnismäßig geringem Volumen sind und deren Abhaltung von den Nachbargrundstücken in Ansehung der Ratten und Mäuse geradezu unmöglich ist, in Ansehung der Bienen und Tauben zwar nicht gerade unmöglich, aber doch nach der Beschaffenheit der Tiere, denen eine rationelle Wirtschaft den Ausflug lassen muß, untunlich ist[46]). Dies trifft dagegen nicht zu bei Hühnern, Gänsen, Kaninchen, noch weniger bei Katzen, Hunden, Schafen, Rindern usw. Hier kann es sich zweifelsohne nicht um eine ähnliche Einwirkung handeln. Der Eigentümer eines Grundstückes kann daher das Eindringen solcher Tiere schlechtweg verbieten[47]).

Was speziell das Eindringen von Bienen (vgl. oben S. 186 Anm. 41) anlangt, so ergibt sich bei Anwendung der Grundsätze des § 906 folgendes:

a) Das Verbietungsrecht besteht vor allem dann nicht, wenn durch das Hinüberfliegen der Bienen die Benützung des Nachbargrundstückes nicht oder nicht wesentlich beeinträchtigt wird.

Ob eine wesentliche Beeinträchtigung vorliegt, wird einerseits nach der Menge der Bienen und der Zahl der Fälle, in welchen sie eindringen, andererseits nach der Art der Benützung des betr. Grundstückes zu entscheiden sein.

---

[45]) Vgl. Recht 1911 Nr. 2732 (RG.).

[46]) A. M. Staudinger Bem. I 5 zu § 906 und Nachweise; vgl. OLG. 18, 123.

[47]) Dem Eigentümer ist der Anspruch aus § 1004 BGB. gegeben; der Anspruch auf Beseitigung der Störung wird wohl kaum praktisch werden; wohl aber der Anspruch auf Unterlassung weiterer Beeinträchtigungen, wenn solche zu besorgen sind. Wenn ein Hund auf fremdem Gebiet einmal reviert, so ist diese Besorgnis nicht begründet; anders, wenn der Hund des Nachbars wiederholt in den Hofraum des Eigentümers läuft. Desgleichen ist der Anspruch auf Unterlassung begründet, wenn ein Ortseinwohner es wiederholt geschehen läßt, daß seine Gänse oder Hühner in fremde Gärten, Hofräume oder auf fremde Felder laufen. Die Klage ist gegen denjenigen, welcher die Tiere hält, zu richten; dieser muß dafür sorgen, daß die Gänse und Hühner nicht auf fremde Grundstücke laufen. Für den durch die Tiere angerichteten Schaden haftet er in Gemäßheit des § 833 Abs. 2 BGB. Daneben kommt noch das Feldschadengesetz vom 6. März 1902, GVBl. 1902, 99 in Betracht. Vgl. hierzu Th. v. d. Pfordten, Feldschadengesetz, Textausgabe mit Erläuterungen, 2. Aufl. 1907 und unten § 43.

Die Belästigung ist weit fühlbarer in einem Restaurationsgarten als auf einer Wiese. Aber auch für einen Restaurationsgarten wird das Eindringen von Bienen nur dann als wesentliche Beeinträchtigung angesprochen werden können, wenn die Bienen in größerer Menge auftreten.

Aber selbst wenn durch die fremden Bienen die Benützung des Grundstücks wesentlich beeinträchtigt wird, kann dessen Eigentümer das Eindringen der Bienen dann nicht verbieten, wenn die Bienenzucht nach den örtlichen Verhältnissen bei Grundstücken der Lage wie die, von welchen die Bienen kommen, gewöhnlich ist. Auf dem Lande wird diese Voraussetzung eher zutreffen als in der Stadt[48]). Doch ist keineswegs ausgeschlossen, daß auch in der Stadt, namentlich in den mit Gartenanlagen reichlich versehenen Teilen, Bienenzucht getrieben wird. Wo dies in einer Vielzahl von Fällen, so daß man von Ortsüblichkeit sprechen kann, vorkommt, kann der Inhaber eines Konzertgartens das Eindringen von Bienen nicht verbieten, auch wenn ihm hierdurch die Gäste vertrieben werden[49]).

3 Das Eindringen von Wasser, welches nicht in der Luft suspendiert ist[50]), wird durch § 906 BGB nicht getroffen Soweit Wasser, welches auf dem Boden oder von der Dachtraufe läuft, in Betracht kommt, sind die landesgesetzlichen Vorschriften anzuwenden; denn gemäß Art. 65 EG. bleiben die landesgesetzlichen Vorschriften, welche dem Wasserrecht angehören, durch das bürgerliche Gesetz unberührt Nach Art 17 Abs. 2 WG. ist der Eigentümer des niedriger liegenden Grundstückes nicht befugt, den natürlichen Ablauf des Wassers, welches sich auf den höher liegenden Grundstück auf natürliche Weise ansammelt, zu dessen Nachteil zu hindern, während nach Art. 17 Abs. 1 WG. der Eigentümer nicht befugt ist, dem Wasser, welches auf seinem Grundstücke entspringt oder sich darauf natürlich sammelt, zum Abflusse auf fremdes Eigentum eine dieses belästigende andere Leitung, als wohin nach der Beschaffenheit des Bodens der natürliche Lauf geht, oder eine belästigende größere als die natürliche Stärke zu geben

Wird durch Anschüttungen, die auf einem Grundstück zum allgemeinen Nutzen vorgenommen werden, das Steigen des Grundwasserspiegels auf einem Nachbargrundstück verursacht, so liegt keine unzulässige Einwirkung im Sinne der §§ 905 bis 907 BGB vor (HRR 1936, 1937)

Auch die Frage, ob der Nachbar das durch den menschlichen Gebrauch hindurchgegangene, durch Fabrikabwässer verunreinigte Wasser von Privatflüssen aufnehmen muß, gehört dem Wasserrecht an[51]) Da-

---

[48]) Vgl. Pritzl, SeuffBl. 66, 459.

[49]) Recht des Selbstschutzes gegen eindringende Bienen (Vergiftung?) s. unten § 14 V.

[50]) Das Eindringen von Wasserstaub infolge eines Springbrunnens fällt unter § 906, nicht aber das Eindringen des ganzen Wasserstrahles des Springbrunnens, auch nicht, wenn derselbe nur zeitweilig z. B. durch stärkeren Wind auf das Nachbargrundstück hinübergetrieben wird.

[51]) A. M. Staudinger, Vorträge 334; vgl. auch S. 189 Anm. 55.

gegen fällt das Versetzen des Grundwassers mit schädlichen chemischen Stoffen unter § 906[52])

II 1. Voraussetzung des § 906 ist, daß die Einwirkung von einem anderen[53]) Grundstück ausgeht[54]); ob dieses Grundstück unmittelbar angrenzt oder weiter entfernt liegt, so daß die Einwirkung erst durch Vermittlung der dazwischen liegenden Grundstücker herübergelangt, ist gleichgültig[55]). Es ist unerheblich, ob der Dritte, dessen Grundstück die Immission vermittelt, dieselbe aufnehmen muß[56]). Es ist nicht notwendig, daß die Quelle der Einwirkungen sich in maschinellen oder sonstigen Einrichtungen verkörpert. Es ist nicht einmal erforderlich, daß die Einwirkung mit der wirtschaftlichen Benützung des Grundstücks zusammenhängt[57]), sondern es handelt sich lediglich um räumliche Bezeichnung des Ursprungs der Einwirkung. Auch braucht derjenige, der die Einwirkung veranlaßt, zu dem Grundstücke, von welchem sie ausgeht, in keinem rechtlichen Verhältnis als Eigentümer, Mieter usw. zu stehen[58])

Es ist daher nach § 906 zu beurteilen, wenn jemand auf der Straße eine Kanone abfeuert[59]).

---

[52]) Gruchot 48, 939

[53]) Wenn die Immission von einer auf dem betroffenen Grundstück befindlichen Anlage ausgeht, ist § 906 nicht einschlägig. RG. 81, 225.

[54]) Nach RG. 57, 240; RGK. Bem. 6 soll dieses Erfordernis nicht vorliegen, wenn auf dem Grundstück des Beklagten ein Gewerbe betrieben wird, das zu Ansammlungen und zum Lärmen des Publikums auf der Straße Anlaß gibt. In dieser Allgemeinheit ist das nicht richtig. Die Einwirkung geht von einem anderen Grundstück (oder Straße) aus. Es fragt sich nur, ob der Inhaber des Gewerbes der Einwirkende ist. Das ist nach § 1004 zu beurteilen und beispielsweise bei einem Schaubudenbesitzer der Fall.

[55]) M. 3, 265 (Mugdan 3, 146); Haidlen, Nachbarrecht 6. Vgl. JW. 1882, 158. — Deshalb fällt auch die Immission der Fabrikabwässer in einen öffentlichen Fluß dann, aber auch nur dann unter § 906 BGB., wenn infolge dieser Einleitung aus dem Flusse übelriechende Gase oder Dämpfe usw. aufsteigen. Die Angrenzer des Flusses haben dann unter Umständen in Gemäßheit des § 906 einen Anspruch gegen den Fabrikanten. Hierbei ist jedoch zu beachten, daß § 906 nicht einschlägig ist insoweit, als durch die Fabrikabwässer der Gebrauch des Flußwassers beeinträchtigt wird. Diese Frage gehört dem Wasserrecht an. Vgl. hierzu RG. 53, 43.

[56]) JW. 1887, 125 Nr. 42.

[57]) A. M. Goldmann-Lilienthal II § 10 Anm. 29 u. 50, gebilligt von Staudinger Bem. I 4 zu § 906, die dem Inhaber einer Konditorei einen unbeschränkten Anspruch gegen die Rauchbelästigung eines Kastanienrösters gewähren. Diese Anschauung deckt sich weder mit den Bedürfnissen des Verkehrs noch mit dem Wortlaute des Gesetzes.

[58]) Vgl. JW. 1894, 30 Nr. 93.

[59]) Dies wird regelmäßig unzulässig sein. Eine andere Frage ist die, ob der Eigentümer des Grundstücks hierwegen eine Klage erheben kann. Die Beeinträchtigung ist mit dem Aufhören der Schallwirkung von selbst beseitigt. Die Gefahr der Wiederholung wird zur Zeit der Klageerhebung regelmäßig nicht mehr bestehen. Es ist deshalb auch kein An-

Deshalb ist auch gegen übermäßige Belästigungen durch fortgesetztes Klavierspielen unter Umständen ein Verbietungsrecht des Eigentümers begründet[60]).

2. Die Zuführung[61]) setzt kein positives Tun voraus, ein Nichthindern genügt. Wer zur Entstehung oder Verbreitung der Imponderabilien die Ursache liefert, muß es verantworten, daß diese ihren eigenen Weg nehmen[62]). Ist somit eine unmittelbare Tätigkeit nicht Voraussetzung des Begriffes „Zuführen", so erfordert er doch ein eigenes Verhalten des Nachbarn; ein solches eigenes Verhalten liegt z. B. nicht vor, wenn sich Ruß auf einem Grundstücke von selbst angesammelt hat und später wieder aufgewirbelt wird[63]). Anders, wenn

spruch auf Beseitigung der Beeinträchtigung oder Unterlassung weiterer Beeinträchtigung (§ 1004 BGB.) gegeben. Ist infolge des Schreckens (vgl. hierzu ROHG. 21, 412), der durch den plötzlichen Knall verursacht wurde, die Gesundheit eines Hausbewohners beschädigt worden, so hat dieser einen Schadensersatzanspruch gem. § 823 BGB., weil das unerwartete Abfeuern einer Kanone in der Nähe bewohnter Häuser eine schuldhafte Handlung darstellt. Vgl. § 367 Nr. 8 StGB., worunter auch das blinde Schießen fällt (Stenglein 7, 217).

[60]) Vgl. DJZ. 1903, 552 (Braunschweig). Zum Teil a. M. Staudinger Anm. II1b zu § 906, weil gegen Belästigungen nach der rein persönlichen Seite der Schutz des BGB. versage und dieser Schutz der polizeilichen und strafrechtlichen Regelung überlassen sei. Richtig ist, daß damit, daß ein Nervenkranker die Musik vertragen kann, ein Verbietungsrecht nicht zu begründen ist. Wenn aber ein Haus als Wohnhaus benützt wird und die drei Töchter des Nachbars von früh bis nachts die lärmendsten Weisen bei offenem Fenster herunterspielen, dann ist das Wohnen in den angrenzenden Wohnhäusern jedermann verleidet, und daher nach objektivem Maßstabe die Benützung dieser Häuser zum Wohnen wesentlich beeinträchtigt. Eine andere Frage ist die, ob das Verbietungsrecht des Eigentümers nicht deswegen ausgeschlossen ist, weil die Einwirkung durch eine Benützung des anderen Grundstückes herbeigeführt wird, die nach den örtlichen Verhältnissen bei Grundstücken dieser Lage gewöhnlich ist (vgl. Cosak 2, 152). Gewiß ist es in Städten gewöhnlich, daß Klavier gespielt wird, aber es gibt hierfür doch eine Grenze, bei der das Außergewöhnliche anfängt. Es kann daher auch der Klavierteufel durch den Zivilrichter ausgetrieben werden. A. M. Staudinger, Vorträge 335, weil hier nur eine Beeinträchtigung nach Maßgabe rein subjektiver Empfindungen vorliege. Es gibt aber eine Klavierplage, die den Durchschnittsmenschen, nicht nur den Musikprofessor, zur Verzweiflung bringen kann.

[61]) Hörig 9f. weist darauf hin, daß unter den Begriff „Zuführung" zwei ganz verschiedene physikalische Vorgänge fallen: Gase, Gerüche, Rauch, Ruß, Dämpfe usw. dringen tatsächlich als Körper ein; Geräusche, Wärme und Erschütterung sind nichts anderes als eine von außen her durch Schwingung von Luftwellen bewirkte Bewegung der kleinsten Stoffteile in leidenden Grundstück selbst oder dem darüber befindlichen Luftraum. Der Ausdruck „Zuführung" ist daher ungenau.

[62]) M. 3, 265 (Mugdan 3, 146); Maenner 161.

[63]) Crome 3 § 394 Anm. 23; Endemann 461 Anm. 4 und 470 Anm. 39 setzt als Voraussetzung der Unzulässigkeit einer Immission, daß ihre Ursache in einer Veranstaltung liegt, welche auf dem Nachbargrundstücke durch menschliche Arbeit eingerichtet ist, im Gegensatz zu den von Natur vorhandenen schädlichen Zuständen, zu deren Beseitigung keine Pflicht bestehe. Das ist im Prinzip richtig, soweit die Eigentumfreiheitsklage in Betracht kommt. In besonderen Fällen kann aber ausnahmsweise eine Ersatzpflicht begründet sein, s. über diese Frage oben S. 155 Anm. 5; s. dort auch den Fall, daß von einem Sumpfe Miasmen aufsteigen. Dernburg 273 unterstellt eine solche Unterlassung schlechthin dem § 906.

der Ruß aus den auf dem Grundstück selbst befindlichen Schlöten stammt. Ein eigenes Verhalten in dem erwähnten Sinne liegt nicht vor, wenn der Wind den in natura vorhandenen Kalkstaub auf das Nachbargrundstück trägt, anders dagegen, wenn der Staub durch die exerzierenden Truppen aufgewühlt wird[64]). Wer ein Häutelager hält, ist für die davon ausgehende Rattenplage verantwortlich.

Die Unzulässigkeit einer Zuführung hat ein Verschulden des Immittenten nicht zur Voraussetzung[65]). Wenn der Wind denn Funkenwurf 50 Meter weit fortträgt, kann nicht von höherer Gewalt gesprochen werden[66]).

Die schädliche Einwirkung muß nicht durch unmittelbare menschliche Tätigkeit hervorgerufen sein; sie kann auch auf Naturereignissen beruhen, wenn nur die Tätigkeit des Störers einen Zustand geschaffen hat, der das Wirken der Naturkräfte ermöglicht hat (RG. 122, 29). Dagegen kann der Eigentümer eines Felsenhangs nicht als Störer belangt werden, wenn Gestein, das infolge von Verwitterung abbröckelt, auf ein Nachbargrundstück fällt (RG. 134, 231).

III. Die Zuführung solcher Imponderabilien durch eine eigene Leitung[67]) ist unter allen Umständen unzulässig. Eine besondere Leitung im Sinne des § 906 liegt dann vor, wenn die auch nicht beabsichtigte Wirkung der Einrichtung gerade darin besteht, daß hierdurch die Imponderabilien (Rauch, Dampf, Gas) von dem Grundstück, auf dem sie entstehen, weg auf ein anderes Grundstück gebracht werden[68]). Es ist nicht notwendig, daß die Leitung bis an die Grenze geführt ist. Andererseits ist aber erforderlich, daß die Leitung geeignet ist, den oben erwähnten Zweck zu erfüllen. Ist das Rohr, durch welches der Dampf ausströmt, zwar gegen das Nachbargrundstück gerichtet, aber die Mündung desselben soweit von der Grenze entfernt, daß der Dampf die ihm durch das Rohr gegebene Richtung nicht bis zur Grenze beibehalten kann, so ist dies nicht der Fall. Auf die absolute Unzulässigkeit der Zuführung durch eine besondere Leitung kann sich nur der Eigentümer jenes Grundstückes berufen, auf welches durch die Leitung ein direkter Einfluß ausgeübt wird.

---

[64]) Vgl. die oben S. 184 Anm. 29 angeführte Entscheidung.

[65]) Staudinger Bem. I 5 zu § 906; RG. 51, 408.

[66]) JW. 1910, 620.

[67]) Selbstverständlich unbefugte; der Fall, daß eine Dienstbarkeit oder eine sonstige Berechtigung vorliegt, gehört nicht hierher. Staudinger, Vorträge 335.

[68]) Es ist deshalb gleichgültig, ob die Anlage durch menschliches Tun oder durch Naturgewalt oder von Tieren (Gänge) bewirkt worden ist. Vgl. Hörle, Verwaltungsarchiv 10, 368.

Läßt z. B. der Fabrikherr unter Zustimmung seines unmittelbaren Angrenzers das Rohr, durch welches er den Dampf abführt, hart an dessen Grenze ausmünden, so kann der weiter entfernte Grundnachbar aus dem Umstande allein, daß eine besondere Leitung vorliegt, sein Verbietungsrecht nur dann begründen, wenn diese Leitung noch direkt auf sein Grundstück wirkt. Derjenige, der die Unzulässigkeit der Leitung behauptet, hat die Beweislast, daß eine besondere Leitung im obigen Sinne vorliegt. Ist dies der Fall, so kann er die Beseitigung dieser Leitung verlangen, auch wenn sie die Benützung seines Grundstückes nicht oder nur unwesentlich beeinträchtigt. Wird das Interesse des Eigentümers aber durch die Leitung überhaupt nicht berührt, so kann dem Verlangen auf Beseitigung unter Umständen § 226 BGB. im Wege stehen.

IV. Liegt keine besondere Leitung vor, sondern wirken die Imponderabilien lediglich durch ihre natürliche Verbreitung und unabhängig von menschlichem Zutun über die Grenze hinüber[69]), so gelten folgende Grundsätze:

Der Eigentümer kann die Zuführung derartiger Immissionen nicht verbieten:

1 insoweit die Einwirkung die Benützung seines Grundstückes nicht oder nur unwesentlich beeinträchtigt. Diese Frage bildet eine Rechtsfrage[70]). Nur eine Einwirkung auf das Grundstück und den darüber befindlichen Luftraum gibt dem Eigentümer das Verbietungsrecht, nicht also eine Einwirkung auf die öffentliche Straße, sofern sie nicht von da auf das Grundstück weiterwirkt[71]). Einflüsse des gewöhnlichen Haushaltes oder des kleinen Gewerbebetriebs werden regelmäßig zu dulden sein[72]). Ob die Benützung des Grundstückes wesentlich beeinträchtigt wird, ist nach einem rein objektiven Maßstabe zu beurteilen. Hierbei ist davon auszugehen, daß der Eigentümer das Recht hat, sein Grundstück beliebig zu benützen. Auch eine für derartige Grundstücke außergewöhnliche Art der Benützung darf daher der Nachbar nicht wesentlich beein-

[69]) M. 3, 265 (Mugdan 3, 146).

[70]) Recht 1904, 603 Nr. 2608 (ObLG.). Natürlich wird diese Rechtslage auf der Grundlage tatsächlicher Erwägungen entschieden. Es kann sich hierbei oft um Fragen handeln, die ganz besonders schwierig sind, bei deren Beantwortung der Richter immerhin nicht allzu ängstlich zu Werke gehen darf. Er wird sich mit demjenigen hohen Grade der Wahrscheinlichkeit begnügen dürfen und müssen, der dem Umfange der menschlichen Erkenntnis und den Erfahrungen entspricht und Wahrheit ist für ihn das, was er nach dem Stande der Wissenschaft und auf Grund der bisherigen Erfahrungen für Wahrheit halten darf. Unter Berufung auf RG. 15, 338 angewendet auf den Beweis für die Schädlichkeit der Raucheinwirkung auf das Wachstum des Waldes von OLG. 2, 506 (Dresden).

[71]) Der Umstand, daß infolge des Knallens beim Schießen wiederholt Pferde auf den Zugangsweg zum Nachbargrundstück scheu geworden sind und sich hiedurch ein im Wagen sitzender Mietlustiger abschrecken ließ, das Grundstück zu mieten, kann einen Anspruch aus § 1004 nicht begründen (Recht 1915 Nr. 1085 RG.).

[72]) Staudinger Bem. II 4 zu § 906; Planck Bem. 5 zu § 906.

trächtigen. Es entscheide weder die gewöhnliche, regelmäßige noch die bisher geübte Benützungsweise.

Beispielsweise wird dem Eigentümer einer Wiese, der sie als Bleiche benützen will und deshalb durch den Rauch und Ruß der benachbarten Fabrik erheblich beeinträchtigt wird, der negatorische Anspruch nicht deshalb zu versagen sein, weil die Benützung der Wiese als Bleiche in jener Gegend ganz außergewöhnlich ist[73]).

Eine wesentliche Beeinträchtigung kann darin erblickt werden, daß auf dem Nachbargrundstück gehaltene Bienenvölker durch Knallen (von einem Schießstand) wesentlich beunruhigt werden[74]).

Ob die Beeinträchtigung längere Zeit hindurch andauert oder ihrem Wesen nach vorübergehender Natur ist, ist nicht ausschlaggebend, kann aber sowohl für die Frage nach der Wesentlichkeit als für die Frage nach der Gemeinüblichkeit von Bedeutung werden[75].

Die Stärke der Reize ist für den Grad ihrer Lästigkeit nicht allein entscheidend; es kommt vielmehr auch auf die Dauer und den Wechsel der Schall-, Licht- oder Geruchsreize an[76]). Die von einer Maschine ausgehenden verschiedenartigen Geräusche sind nicht lediglich jedes für sich allein, sondern auch in ihrer Gesamtwirkung zu prüfen[77]).

Wird auf dem bisher als Ackerland benützten Grundstück ein Wohnhaus errichtet, so steigert sich dadurch das Verbietungsrecht des Eigentümers gegen Immissionen. Der Eigentümer eines noch nicht bebauten, aber zur Bebauung geeigneten und bestimmten Grundstücks (Bauplatz), kann durch die Zuführung von Immissionen in der Verwendbarkeit als Bauplatz wesentlich beeinträchtigt werden[78]) (Erschwerung des Verkaufs). Dabei darf es sich freilich nicht um eine entfernte Möglichkeit handeln, sondern um eine schon jetzt vorhandene Bauplatzeigenschaft[79]). Der Fabrikherr kann sich nicht darauf berufen, daß seine

[73]) KommProt. 3534 (Mugdan 3, 581). Vgl. Recht 1908, 57 Nr. 317 (Herstellung von Teigwaren).

[74]) Verneint auf Grund von Gutachten für Bienenstände, von denen der zunächst gelegene 30 m von der Zielscheibe entfernt ist, weil die Bienen gegen solchen Lärm, der durch den nahen Wald sehr stark gedämpft werde, unempfindlich seien (Obergericht Luzern 24. Sept. 1920).

[75]) Die Aufführung eines Neubaus wird zumeist für den Nachbar eine recht wesentliche Beeinträchtigung darstellen; gleichwohl muß er die damit verbundenen Belästigungen dulden, weil das Bauen gemeinüblich ist; dies gilt selbst für jene Lagen, in welchen weit und breit noch kein Haus steht. In solchem Fall muß eben der Kreis der in Betracht kommenden Grundstücke weit hinaus gelegt werden. Vgl. Hörle, Verwaltungsarchiv 10, 368. Eine besondere Häufigkeit und Dauer der Einwirkung ist an sich nicht erforderlich, unter Umständen aber für die Frage von Bedeutung, ob die Beeinträchtigung wesentlich ist (RG. 57, 227).

[76]) JW. 1911, 236.

[77]) Recht 1908 Nr. 3132 (RG.).

[78]) JW. 1909, 219.

[79]) OLG. 18, 125.

Fabrik eher gestanden hat, als das Wohnhaus [80]). Der Umstand, daß die Beeinträchtigung nur dadurch zu einer wesentlichen wird, daß das Nachbarhaus schlecht gebaut ist und deshalb die Erschütterung, welche einem gut gebauten Hause nicht schaden würde, nicht aushalten kann, genügt nicht zur Begründung der Zulässigkeit dieser Einwirkung [81]). Die Beschränkung hat ihren Grund im Mangel eines wesentlichen Interesses. Weshalb aber ein solches vorliegt, ist ohne Bedeutung, ebenso der Umstand, daß es in der Hand des Eigentümers liegt, ein solches Interesse in Wegfall zu bringen. Wenn aber der Eigentümer des Grundstücks, auf welches eingewirkt wird, durch verbotswidriges Handeln oder Unterlassen einen Zustand herbeiführt, infolgedessen eine an sich unwesentliche Beeinträchtigung wesentlich ist, kann er sie nicht verbieten [82]).

Bei Prüfung der Frage, ob eine Einwirkung übermäßig ist, ist das Gericht aber keineswegs an etwa hierüber erlassene polizeiliche Anordnungen gebunden [83]). Gewerbepolizeiliche Genehmigung eines Betriebes kann den Anspruch auf Unterlassung unter Umständen in einen solchen auf bloße Schadloshaltung umwandeln [84]).

Wenn seitens verschiedener Nachbarn unabhängig voneinander Immissionen zugeführt werden, und erst durch das Zusammenwirken aller Immissionen eine wesentliche Beeinträchtigung der Benützung des Grundstückes herbeigeführt wird, ist gleichwohl diese Beeinträchtigung als durch jede einzelne Immission herbeigeführt zu erachten. Dies ergibt sich aus dem oben erwähnten Zweck der Vorschrift; es ist jede einzelne Einwirkung kausal für den durch alle herbeigeführten Erfolg [85]). Auch

---

[80]) S. darüber unten S. 202.

[81]) Vgl. OHG. 17, 19; Bolze 10 Nr. 67.

[82]) Z. B. wenn er beim Bau seines Hauses die Trennungswand gegen die Schreinerei des Nachbars entgegen baupolizeilicher Vorschrift zu dünn aufgeführt hat. (Dernburg 274 Anm. 16; JW. 1912, 589; Gruchot 34, 476).

[83]) Recht 1905, 194 Nr. 846 (RG.), vgl. auch unten S. 202.

[84]) S. darüber unten § 39; sonstige polizeiliche Genehmigung übt keinen rechtlichen Einfluß; vgl. JW. 1904, 487 Nr. 12.

[85]) Vgl. RG. 21, 300; Riehl, GruchotsBeitr. 51, 159 kommt praktisch zu demselben Ergebnis. Dem Immittenten liege der Nachweis ob, daß seine Immissionen nicht über das Maß des Erlaubten hinausgehen. Da diesen Nachweis in solchen Fällen niemand zu erbringen vermöge, so falle die das Maß des Gemeinüblichen und Erlaubten überschreitende Gesamtwirkung allen zur Last. Mir erscheint diese Begründung bedenklich. Beizupflichten wird aber Riehls weiterer Ausführung sein, daß es bezüglich der Schadensersatzklage ex delicto und § 26 der Gewerbeordnung darauf ankomme, ob der Anteil des einzelnen an dem angerichteten Schaden feststellbar sei oder nicht; ersterenfalls habe ein jeder nur die auf ihn fallende Quote des Schadens zu ersetzen; letzterenfalls haften alle als Gesamtschuldner, das ergebe sich bei der Deliktslage aus § 830, bei der Klage aus § 26 der Gewerbeordnung aus § 431 BGB. Vgl. JW. 1908, 119. (Es besteht kein Gesamtschuldverhältnis bei Schädigung durch Bergbau einer Gewerkschaft und durch Immission Dritter).

kann von keinem der mehreren Immittenten eingewendet werden, daß die anderen neben oder vor ihn belangt werden müssen[86].

Immer aber muß **objektiv** die Benützung beeinträchtigt sein. Es muß daher regelmäßig das Empfinden eines normalen Durchschnittsmenschen zugrunde gelegt werden; auf persönliche Nervosität oder individuelle Eigentümlichkeit ist keine Rücksicht zu nehmen[87].

Der von der benachbarten Fabrik kommende Lärm beeinträchtigt die Benützung wesentlich, weil das davon betroffene Grundstück eine Nervenheilanstalt ist, nicht aber, weil der derzeitige Eigentümer nervenkrank ist[88].

Zur Annahme einer wesentlichen Beeinträchtigung genügt es, wenn das Wohnen an Annehmlichkeit verliert und dadurch der Wert des Grundstücks herabgemindert wird[89]. Aber auch hier ist das Empfinden eines normalen Menschen zum Maßstab zu nehmen. Ist hiernach eine nur unwesentliche Beeinträchtigung anzunehmen, so verschlägt es nichts, wenn eine Erschwerung der Vermietbarkeit infolge der Geräusche erwiesen wird[90], weil gerade ein Mietlustiger an den Geräuschen Anstoß genommen hat. An einem Badeort können für einzelne Wohnungsgebiete, welchen der Charakter einer besonders ruhigen Kurlage aufgedrückt ist, strengere Anforderungen gestellt werden, durch welche das besondere Ruhebedürfnis der erholungsbedürftigen Kurgäste berücksichtigt wird. Für eine solche Lage ist eben das Empfinden der Kurgäste das normale[91].

An der Wesentlichkeit der Beeinträchtigung ändert der Umstand nichts, daß dieselbe nur infolge einer solchen Benützung des von der

---

[86]) Vgl. Bolze 6 Nr. 134.

[87]) Endemann 472 Anm. 45; Recht 1903, 551 Nr. 2789 (Jena), ebenda 557 Nr. 2887 (Colmar); SeuffA. 59 Nr. 125 (RG.); JW. 1904, 384 (Kinderspielplatz, Schlafen bei offenem Fenster). Recht 1909 Nr. 1500 (Öffnen der Fenster unter Tags). In einem Badeplatz sind bezüglich Lärms, Rauches usw. strengere Anforderungen zu stellen als in einer anderen Stadt, auch wenn dies keine Fabrikstadt ist. Vgl. JW. 1904, 203 Nr. 15 (Küchengerüche in einem Badeort). Ähnlich für ein Villenviertel Recht 1909 Nr. 1133.

Es kann nicht als eine bloße Laune bezeichnet werden, wenn Kurgäste an einem Luftkurort Anspruch darauf erheben, während der Nacht die Fenster offen halten zu können. (Schweizer Bundesgericht 5. Febr. 1914.)

Ein allgemeiner Rechtsanspruch auf Beachtung der Gewohnheit eines Hausbewohners, nachts bei offenem Fenster zu schlafen, kann nicht anerkannt werden. Diese Gewohnheit kann aber unter Umständen ortsüblich sein und verdient dann Beachtung nach § 906 (JW. 1932, 400).

[88]) Endemann 472 Anm. 45; Staudinger Anm. II, 1b zu § 906.

[89]) Recht 1908, 201 Nr. 1198 (Frankfurt).

Ein Hotelbesitzer braucht die Beeinträchtigung durch übermäßigen Lärm, der von einer Autoreparaturwerkstätte des Nachbargrundstücks ausgeht, nicht zu dulden (Warneyer 1936, 172).

[90]) Recht 1909 Nr. 2114 (RG.).

[91]) Vgl. Anm. 87.

Immission betroffenen Grundstückes herbeigeführt wird, welche ungewöhnlich ist. Auch kann sich der Immittent nicht darauf berufen, daß jener seine Schädigung selbst abwenden könne[92]).

Er braucht also nicht zur Abdämpfung des Lärms seine Fenster zu schließen oder seine Hauswand zu verstärken. Andererseits muß er die Einrichtungen und Maßnahmen treffen, die allgemein gebräuchlich sind und die jeder billig denkende Nachbar unter gleichen Verhältnissen auf sich nehmen würde. Unterläßt er dies, so hat er es sich selbst zuzuschreiben, wenn sein Eigentum wesentlich beeinträchtigt wird. M. a. W. die wesentliche Beeinträchtigung wird nicht durch die Einwirkung herbeigeführt, sondern durch das eigene Verhaltenen des Betroffenen[93]).

Beeinträchtigen mehrere Betriebe in gleicher Weise die Benützung eines Grundstücks (z. B. durch Rauchgase das Wachstum eines Waldes), so ist die Frage, ob die Beeinträchtigung wesentlich ist, nach dem Gesamtschaden zu beurteilen; die einzelnen Betriebe werden also nicht dadurch entlastet, daß die von dem einzelnen Betrieb ausgehende Störung unerheblich ist. Erst für die Verteilung des Schadenersatzes kommt es darauf an, in welchem Maß der einzelne Betrieb an der Beeinträchtigung beteiligt ist (HRR. 1939, 889; RG. 155, 154; 167, 14).

2. Aber auch, wenn durch die Zuführung von Immissionen die Benützung des benachbarten Grundstückes wesentlich beeinträchtigt wird, kann dessen Eigentümer die Zuführung dann nicht verbieten, wenn dieselbe durch eine Benützung des anderen Grundstückes herbeigeführt wird, die nach den örtlichen Verhältnissen bei Grundstücken dieser Lage gewöhnlich ist. Damit will das Gesetz sagen: wenn in einer bestimmten Gegend („Lage") die Grundstücke gewöhnlich so benützt werden, daß die Benützung der anderen Grundstücke dieser Gegend dadurch beeinträchtigt wird, so sollen alle Grundstücke gleich behandelt werden, selbst wenn die Beeinträchtigung noch so wesentlich sein sollte; jeder Eingesessene dieser Gegend darf diese Benützung beginnen oder weiterführen, wie andererseits jeder Eigentümer dieser Lage verpflichtet ist, sich diese Störungen gefallen zu lassen[94]). Das Interesse der Allgemeinheit drängt eben das Interesse des einzelnen zurück. Ausschlag-

[92]) WarneyerE. 1902 Nr. 359; 1909 Nr. 359; 1911 Nr. 187; 1913 Nr. 227; JW. 1912, 589.

[93]) Vgl. JW. 1912, 589; Warneyer 13 Nr. 227; Gruchot 34, 476. (Scheidewand unter der polizeilich vorgeschriebenen Stärke; Einrichtung eines empfindlichen Betriebs unmittelbar an der Nachbarwand ohne die üblichen Vorkehrungen).

[94]) OLG. 2, 252; Recht 1908, 91 Nr. 526 (RG. jahrelange Bauarbeiten mit der Folge, daß das beeinträchtigte Haus nahezu unbewohnbar wurde). Dies gilt selbst dann, wenn durch die Einwirkung (Erschütterung) die Substanz des Nachbarhauses angegriffen wird (OLG. 5, 151 Breslau). Es darf keine Rücksicht darauf genommen werden, daß die Schädi-

gebend ist in dieser Beziehung lediglich die Lage des Grundstückes, von dem die Wirkung ausgeht.

Ortsüblichkeit nach § 906 BGB. erfordert eine gegenwärtige gleichartige Benützung einer Mehrheit von Grundstücken derselben örtlichen Lage. Dabei kann die Präventation, d. h. die Tatsache, daß eine Grundstücksanlage vor der anderen da war, nicht unberücksichtigt bleiben. § 906 BGB. ist keine starre Norm, sondern wandelbar nach den Fortschritten der Technik und des Verkehrs (RG. 162, 162 und 349; Warneyer 1936 Nr. 172).

Bei einer Straße mit starkem Verkehr sind die Erschütterungen der anliegenden Häuser durch den Fahrverkehr als gewöhnlich anzusehen (Warneyer 1935 Nr. 132).

In Wohngegenden mit Reihenhausbau sind Garagen kleineren Umfangs und die damit verbundenen Geräusche, Gerüche und Lichterscheinungen nicht ungewöhnlich und müssen geduldet werden (JW. 1937, 2116).

Bei Prüfung der Frage, ob die Benützung gewöhnlich ist, ist regelmäßig die nächste Umgebung des in dieser Art benützten Grundstückes maßgebend, weiter entfernte Ortschaften oder die Verhältnisse in anderen Städten sind regelmäßig nicht zu berücksichtigen[95]). Immerhin ist es zulässig, Ortsüblichkeit anzunehmen, wenn ein ähnlicher Betrieb nicht in demselben Dorfe, wohl aber allgemein in anderen Dörfern auf ähnlicher Grundlage üblich ist[96]). Dies gilt namentlich auch dann, wenn es

gung eine besonders große ist (z. B. infolge der Schonungsbedürftigkeit des auf Herstellung von Teigwaren gerichteten Gewerbes) Recht 1908, 57 Nr. 317 (RG.).

[95]) SeuffA. 65 Nr. 242 (RG.); Recht 1903, 18 Nr. 32 (RG.); 1908, 57 Nr. 318 (RG.). Vgl. auch Recht 1903, 430 Nr. 2263 (ObLG. Verlegung einer Brückenwage in eine andere Stadtgegend). Es ist für die Beobachtung, unter angemessener Berücksichtigung aller Umstände, ein Bezirk abzugrenzen. JW. 1908, 12 Nr. 12.

[96]) Z. B. eine Schmiede; DJZ. 1906, 486 (RG.). Ähnlich Recht 1911 Nr. 2733 (RG.) für Schützenhäuser im Kreise Teltow und Niederbarnim. Vgl. Recht 1910 Nr. 705 (verschiedene Städte derselben Gegend). Dagegen besteht keine Berechtigung, auch weit entfernt liegende einzelne Ortschaften, Großstädte usw. mit zu berücksichtigen (SeuffA. 65 Nr. 242; RG.). Verschiedene Stadtteile einer Großstadt können trotz räumlicher Trennung als zusammengehörig betrachtet werden, wenn sie durch die bes. Art ihrer Bebauung (Villenstil, herrschaftliche Miethäuser) ein einheitliches charakteristisches Gepräge haben, durch das sie sich in erkennbarer Weise von den anderen Stadtteilen unterscheiden (SeuffA. 71, 281; RG. Bedürfnisanstalten in Villenvierteln). Handelt es sich um eine städtische Schmiede, so genügt zur Annahme der Ortsüblichkeit die Feststellung, daß der betreffende Stadtteil der unruhigste der ganzen Stadt ist (Recht 1907, 511 Nr. 1036). Vgl. OLG. 5, 151 (Breslau). Der mit dem Straßenbahnbetrieb verbundene Lärm gilt als ortsüblich (RG. 57, 224). Desgleichen die gewöhnlichen mit dem Eisenbahnbetrieb ausgehenden Einwirkungen. Anders liegt dagegen die Sache, wenn eine ungewöhnliche Konzentration des Betriebes an einer Stelle stattfindet (vgl. RG. 70, 154; BayZ. 1909, 148, RG. SeuffA. 65 Nr. 242, RG.); vgl. Recht 1919 Nr. 2124 (RG.).

sich um einen sehr großen, weit ausgedehnten Betrieb handelt[97]). Es sind zunächst die Verhältnisse der ganzen Stadt ins Auge zu fassen. Nur dann darf die Beobachtung auf einen Teil der Stadt beschränkt werden, wenn dieser durch die Art seiner Bebauung oder der dort betriebenen Gewerbe ein charakteristisches, von anderen Stadtteilen in objektiv erkennbarer Weise unterschiedenes Gepräge trägt[98]). Dabei muß man sich jedoch bewußt bleiben, daß es sich bei der Ausscheidung einer bestimmten Lage aus dem gesamten Ortschaftsgebiete um einen Ausnahmefall handelt, mit dem man nicht ohne weiteres bei der Hand sein soll[99]). Die Feststellung, daß der fragliche Stadtbezirk keine Fabrikgegend sei, in der Geräusche und Qualm in dem erwiesenen Maße als ortsüblich zu bezeichnen seien, genügt deshalb nicht, wenn die betreffende Stadt eine Fabrikstadt ist; dann wäre vielmehr die weitere Feststellung erforderlich, daß das Stadtviertel, in welchem die Grundstücke der Parteien liegen, ein Villenviertel ist[100]). Ist der betreffende Stadtteil ganz überwiegend Wohnviertel, so ändert an diesem Charakter der Umstand nichts, daß vereinzelte Gewerbe mit kleinerem Maschinenbetrieb darin vorkommen[101]).

Das Vergleichsgebiet ist so zu umgrenzen, wie es sich infolge des dem betreffenden Umkreis eigentümlichen Gepräges (Charakters) als zusammengehörig dem Beobachter darstellt, auch wenn diese Teile des Vergleichsgebiets verschiedenen Ortsgemeinden oder Provinzen angehören[102]).

Um die Ortsüblichkeit annehmen zu können, ist eine gleichartige Übung bei einer Mehrheit[103]) von Grundstücken erforderlich[104]). Des-

---

[97]) JW. 1910, 942.
Ein Landkreis, der als Straßeneigentümer die Errichtung einer Rampe für Milchkannen auf der Straße gestattet, ist die Klage wegen nachbarrechtlicher Ansprüche sachlich legitimiert. Die Aufstellung derartiger dörflicher Gemeinschaftsrampen zur Abstellung der Milchkannen und die davon ausgehenden Einwirkungen (Lärm) müssen als nach den örtlichen Verhältnissen gewöhnlich angesehen werden (HRR. 1940, 295).

[98]) Recht 1904, 252 Nr. 1163; JW. 1904, 175 Nr. 18 (RG.); 1908, 11; 1010, 149; 1916, 149; 1919, 312; vgl. RG. 70, 311 (Villenkolonie Grunewald bei Berlin); SeuffA. 71, 281.

[99]) JW. 1919, 312.

[100]) Recht 1908, 92 Nr. 530 (RG.).

[101]) OLG. 26, 125 (München).

[102]) Vgl. LZ. 1916, 1098 RG. (Ortsüblichkeit eines Musikcafés in einer Wohnstraße, wenn daselbst noch zwei gleiche Cafés festgestellt sind).

[103]) LZ. 1916, 740; Recht 1916 Nr. 1302 (RG.).

[104]) JW. 1908, 12 Nr. 12 (RG.). Vgl. aber auch OLG. 5, 151. Eine Mehrheit von Grundstücken kann unter Umständen selbst dann angenommen werden, wenn die mehreren Parzellen im Grundbuch zu einer rechtlichen Einheit oder wenn sie zu einer wirtschaftlichen Einheit (Vereinigung zu einem Gewerbebetrieb) zusammengefaßt sind (RG. 70, 153). Bei einem solchen Großbetrieb können höhere Anforderungen hinsichtlich der Vermeidung ungünstiger Einwirkungen gestellt werden (Recht 1915 Nr. 889 RG.).

halb genügt das zeitliche Nachfolgen eines einzigen neuen störenden Betriebes auf einen gänzlich beendeten störenden Betrieb nicht[105]). Es ist aber nicht erforderlich, daß die Betriebe, von welchen die Einwirkung ausgeht, ganz gleichartig sind[106]), es genügt, wenn die Einwirkungen im wesentlichen gleichartig sind[107]). Es stellt kein Erfordernis für den Begriff der Gemeinüblichkeit dar, daß die betreffende Benützungsart während einer bestimmten längeren Zeit geübt worden ist[108]). Es kann deshalb diese Gemeinüblichkeit auch dadurch begründet werden, daß gleichzeitig eine größere Anzahl von Betrieben mit der gleichen Benützungsart in eine bis dahin hiervon freie Lage verlegt wird.

Wenn der Wind die unausstehlichen Gerüche eines Fabrikbetriebes in das eine halbe Stunde entfernte Villenquartier trägt, müssen das die Villenbewohner ertragen, wenn in der Lage, in welcher die Gerüche aufsteigen, eine Benützung, mit welcher die Erzeugung derartiger Gerüche verbunden ist, gewöhnlich ist[109]).

Der mit dem Dreschen verbundene Staub ist für denjenigen, der in einem Dorfe seine Sommervilla hat, so unangenehm, wie für den Bewohner eines städtischen Hauses. Aber den örtlichen Verhältnissen auf dem Lande entspricht es, daß der Landmann sein Getreide mittelst Dampfbetriebes ausdreschen läßt. Deshalb kann der Eigentümer der Sommervilla die damit verbundene Belästigung nicht von sich ab-

---

[105]) Recht 1904, 282 Nr. 1280 (RG.).

[106]) OLG. 5, 151 (Breslau).

[107]) Das ist aber nicht schon deshalb der Fall, weil die verschiedenen Betriebe Rauch zuführen. Es macht einen wesentlichen Unterschied in der Art der Zuführung aus, ob die den Rauch entwickelnden Eisenbahnlokomotiven in der Höhe des oberen Stockes und in der Entfernung von nur 1 m vorüberfahren und den Rauch unmittelbar auf das Haus werfen, oder ob der aus hohen Fabrikschlöten kommende Rauch erst nach der im Luftraum erfolgten Verteilung auf die Grundstücke herabkommt. Recht 1908, 91 Nr. 528 (RG.). Ein Eisenwerk kann sich nicht darauf berufen, daß gleiche und noch stärkere Einwirkungen durch den benachbarten Straßenverkehr und Eisenbahnbetrieb verursacht werden, weil hinsichtlich der Art, des Maßes und der Zeit der Einwirkungen wesentliche Verschiedenheiten bestehen. Recht 1908, 201 Nr. 1199 (RG.). Miteinander vergleichbar sind nur gleichartige Verhältnisse (RG. 57, 227). Wenn also als Grund des Anspruchs Lärm geltend gemacht wird, kann der Anspruch nicht damit abgewehrt werden, daß andere Betriebe jener Gegend üble Gerüche entwickeln (JW. 1910, 941; Recht 1917 Nr. 2736 (RG.). Ebensowenig kann von Gleichartigkeit bei Fabriklärm und Gewehrknall die Rede sein (Recht 1911 Nr. 2736 RG.). Dort ist jedoch mit Recht bemerkt, daß der anders geartete Lärm des Fabrikbetriebs für die Frage von Bedeutung sein kann, ob das Hinzukommen der Schießgeräusche überhaupt noch einen fühlbaren Eindruck macht (eine wesentliche Beeinträchtigung darstellt). – Andererseits ist nicht für jede einzelne Geräuschart (Pfeifen, Summen) selbständig zu untersuchen, ob sie ihr Gegenstück in einem gleichartigen Geräusch anderer Betriebe findet. Vielmehr ist, wenn mehrfache Geräusche herüberdringen, ihre Gesamtwirkung und das Maß der durch diese hervorgerufene Belästigung ausschlaggebend für die Frage der Üblichkeit (JW. 1919, 50 RG.).

[108]) Vgl. RG. 21, 299.

[109]) Cosack 2, 151.

weisen[110]). Dem Eigentümer des städtischen Anwesens steht dagegen das Verbietungsrecht zu; denn in der Stadt ist der Dreschmaschinenbetrieb etwas Außergewöhnliches. Liegt das städtische Anwesen in einem Fabrikviertel, so wird sich jeder Eigentümer den mit dem Fabrikbetrieb verbundenen Rauch, Ruß und Lärm gefallen lassen müssen. Den Staub der Dampfdreschmaschine, der im Vergleich mit jenen Einwirkungen eine viel geringere Belästigung darstellen mag, braucht er dagegen nicht zu dulden; denn der landwirtschaftliche Betrieb wird für ein Fabrikviertel regelmäßig nicht als gewöhnliche Benützungsart gelten können. Andererseits kann unter Umständen auch auf dem Lande die Dampfdrescherei zu einer außergewöhnlichen Art der Benützung werden. Dann nämlich, wenn sie sich nicht darauf beschränkt, eigenes Getreide auszudreschen, sondern als ein selbständiger Gewerbebetrieb ausgeübt wird. Der Eigentümer der Sommervilla in einem Dorf kann daher die Zuführung des mit dem Dampfmaschinenbetrieb verbundenen Staubes, Lärmes und Rauches verbieten, wenn der Dampfdreschmaschinenbesitzer, von dem die Ortsangehörigen ihr sämtliches Getreide gegen Entgelt ausdreschen lassen, die Dreschmaschine auf der Ortsstraße oder in einem benachbarten Hofe als Standquartier aufstellt; denn ein derartiger Großbetrieb ist nach den örtlichen Verhältnissen außergewöhnlich[111]). Anders, wenn der Dampfdreschmaschinenbesitzer mit seiner Maschine von Hof zu Hof zieht.

Auf dem Lande muß man die Gerüche eines Misthaufens und eines einigermaßen reinlich gehaltenen Schweinestalls in Kauf nehmen.

Liegt ein Dampfhammer in einem Industrieviertel, so müssen solche Erschütterungen, welche das Schreiben und Zeichnen behindern, ertragen werden, da es dort infolge der verschiedenen Werke, der Eisenbahn usw. allenthalben zittert[112]). Der Lärm und Ruß, den eine Holzzerkleinerungsmaschine durch die Aufarbeitung des Holzes für den Hausgebrauch verursacht, muß geduldet werden.

Für die Frage, welche Benützung in einer Gegend gewöhnlich ist, kommt es nicht nur auf die Art, sondern auch auf das Maß der Benützung der anderen Grundstücke an. Ist ein bestimmter Betrieb, mit dem ein gewisser Grad von Geräusch verbunden ist, in der Gegend gewöhnlich und kann deshalb die Zuführung dieses Geräusches nicht verboten werden, so ist es deshalb noch nicht gestattet, den Betrieb rücksichtslos zu steigern, so daß nun die Störung, die bisher vielleicht die Grenze, wo sie wesentlich wird, nur wenig überschritten hat, weit über diese Grenze hinausgeht[113]).

Werden in einem Viertel die Grundstücke gewöhnlich in der Weise benützt, daß auf ihnen die Elektrizität in eigenen Kraftanlagen erzeugt wird, so kommt es noch weiter darauf an, welches Maß von Geräusch und von Erschütterungen hierbei gewöhnlich erzeugt wird[114]). Denn für die Frage der Ortsüblichkeit ist nicht oder doch

---

110) Vgl. SeuffA. 42 Nr. 100.
111) Vgl. SeuffA. 48 Nr. 247.
112) Bolze 3 Nr. 89.
113) JW. 1903 Beil. 103. Vgl. JW. 1900, 890; 1903 Beil. 86; 1902 Beil. 202 (Übergang zur Nachtarbeit); OLG. 18, 125; Recht 1903, 18 Nr. 32 (Erweiterung des Fabrikbetriebs); OLG. 5, 151 Breslau (Einführung eines neuen Verfahrens). RG. bei Warneyer 1903 Nr. 386.
114) OLG. 2, 252.

nicht stets allein entscheidend, ob die Anlage in gleicher oder in wesentlich ähnlicher Weise hergestellt und eingerichtet ist, wie Anlagen auf anderen Grundstücken dieser Lage. Vielmehr kommt es vornehmlich oder doch auch darauf an, ob im Hinblick auf die schädliche Wirkung die Art und das Maß dieser Benutzung gleich oder im wesentlichen gleich zu erachten ist der Art und dem Maß der Benutzung auf den anderen Grundstücken[115]).

Es kommt aber nicht darauf an, ob neben dem Grundstück des Klägers auch andere Grundstücke in demselben Maße leiden, sondern darauf, ob die beeinträchtigende Benützung nach den örtlichen Verhältnissen bei Grundstücken der in Frage kommenden Lage gewöhnlich ist. Wird diese Frage bejaht, so ist es gleichgültig, wenn das Grundstück des Klägers stärker belästigt wird als die Nachbargrundstücke[116]).

Der Begriff der Ortsüblichkeit ist im wesentlichen tatsächlicher Natur[117]). Für denselben ist die Anschauung der Bevölkerung maßgebend; die Anschauung der Polizeibehörde kann höchstens in dem Sinne eines Spiegels der Auffassung der Bevölkerung verwertet werden[118]) (s. oben S. 194, vgl. auch unten S. 210).

Die örtlichen Verhältnisse sind jeweils nach dem derzeitig bestehenden Zustande zu würdigen[119]). Auf Erscheinungen, die erst in Zukunft zu erwarten sind, ist keine Rücksicht zu nehmen[120]).

Die nach § 906 in Betracht kommende Ortsüblichkeit ist ein beweglicher Regulator, der sich mit den veränderten Verhältnissen selbst verändert. Mit der Fortentwicklung und Ausdehnung der Industrie ändert sich der Charakter einer Gegend und damit auch das Maß der ortsüblichen Beeinträchtigung von Nachbargrundstücken.

---

115) SeuffA. 71, 281 RG. (Bedürfnisanstalt); vgl. Gruchot 47, 955.

116) Recht 1909 Nr. 989 (Hamburg).

117) JW. 1903 Beil. 86; 1905, 495 Nr. 21 (RG.).

118) Vgl. SeuffA. 71, 280 (RG.). Einem jahrelang bestehenden tatsächlichen Zustand wird übrigens durch Proteste der Angrenzer sein den Charakter der Stadtgegend als eines Fabrikviertels bestimmender Einfluß nicht genommen. (SeuffA. 64 Nr. 213 RG.).

119) Vgl. JW. 1893, 315 und 1902 Beil. 202; OLG. 6, 111. Mit der Änderung der örtlichen Verhältnisse kann gerade auch der Maßstab des Gemeinüblichen eine Änderung erfahren. Recht 1909 Nr. 687 (RG.). Vgl. Gruchot 46, 370; Staudinger Bem. IIIc zu § 906; JW. 1907, 17 Nr. 20.

Wird einer chemischen Fabrik nach § 18 GewO. die Bedingung auferlegt, das Ausströmen von Schwefelwasserstoff über eine bestimmte Menge hinaus auf ein Nachbargrundstück zu verhindern, so kann der Nachbar die Einhaltung dieser Bedingung durch Klage vor dem ordentlichen Gericht erzwingen. Das Gericht hat dabei zu prüfen, ob die unter Verletzung der Konzessionsbedingung erfolgte Ableitung des Schwefelwasserstoffs die Benützung des Nachbargrundstücks wesentlich beeinträchtigt und nicht ortsüblich ist. Der Grundsatz, daß es für die Ortsüblichkeit einer Immission allein auf die Benützung des schädigenden Grundstücks ankommt, findet eine Grenze an lebenswichtigen Interessen des Eigentümers des betroffenen Grundstücks. Einem in der Nähe einer Wohngegend errichteten Industriewerk kann es nicht erlaubt sein, übelriechende Gase in einem Ausmaß abzuleiten, das den Bewohnern der benachbarten Wohnviertel das Leben auf ihren Grundstücken völlig verleidet (NJW. 1949, 713 — OGH. Br.Z.).

120) Recht 1911 Nr. 2735 (RG.).

Der Begriff „Ortsüblichkeit" ist nach den Fortschritten der Technik und des Verkehrs und der Denkweise der beteiligten Volkskreise wandelbar (RG. 154, 164). Besonders starke Rauchentwicklung kann auch in Fabrikgegenden ungewöhnlich sein (RG. 159, 140).

Ist eine Molkerei seinerzeit auf unbebautem Areal errichtet worden, so ist, wenn inzwischen die Stadt an die Molkerei herangewachsen ist, nach städtischen Verhältnissen zu entscheiden, ob die Benützung des Grundstückes zu einer Molkerei gewöhnlich ist[121]).

Ist andererseits durch das Anwachsen einer Stadt und durch die damit verbundene Steigerung des Bodenwertes aus einem früheren Fabrikviertel ein Wohnungsviertel geworden, indem nach und nach die Fabriken weiter hinausverlegt wurden, so darf der Fabrikherr, der allein seine Fabrik an der früheren Stelle weiter betreibt, den Ruß und Rauch seines Betriebes den benachbarten Grundstücken nicht mehr in der gleichen Weise zuleiten, wie früher.

Durch die Priorität (Prävention) wird eine Befugnis zur Fortsetzung der Immission nicht erworben[122]).

Der Fabrikherr kann sich daher nicht darauf berufen, daß seine Fabrik eher bestanden hat, als das Wohnhaus[123]).

Dies gilt auch für Entschädigungsansprüche wegen Immission selbst dann, wenn der Eigentümer des leidenden Grundstückes die nachteilige Einwirkung der auf dem Nachbargrundstücke befindlichen Anlagen auf die veränderte Benützung seines Grundstückes (Wohnhausbau) voraussehen mußte; denn dann dürfte er auch annehmen, daß der Nachbar Vorkehrungen treffen werde, die von da ab im Gegensatz zu früher als schädlich empfundenen Einwirkung auf das ertragende Maß zurückzuführen[124]).

Auch eine Verjährung des Anspruchs auf Gestattung der Zuführung der Immission ist nicht denkbar. Selbst wenn die Immission unter der Geltung des früheren Rechts 30 Jahre lang und länger unbeanstandet zugeführt wurde, so ist hierdurch kein Recht begründet worden, weil die Zuführung keine Rechtsausübung darstellt[125]).

Wenn ein Gärtner in einem Villenviertel seit 30 Jahren seinen Garten unbehelligt mit Ausbeute seiner Senkgrube gedüngt hat, so darf der Nachbar die damit

---

[121]) Bolze 16 Nr. 65; JW. 1893, 315 Nr. 32.

[122]) JW. 1901, 19 Nr. 30; Gruchot 27, 905; RG. 70, 152; 81, 225; 162, 349; Recht 1901, 590 (Karlsruhe); JW. 1905, 495 Nr. 21 (Dampfkesselraum neben früher bestandenem Eiskeller). A. M. Hörle, Verwaltungsarchiv 10, 370 und zum Teil Endemann 473. Unzutreffend Scherer 3, 165: „Ein dreißigjähriger gleichmäßiger Betrieb begründet die Ortsüblichkeit im Sinne des § 906." Im Falle JW. 1890, 51 Nr. 17 wäre nach jetzigem Recht entgegengesetzt zu entscheiden.

[123]) SeuffA. 46 Nr. 248.

[124]) RG. 57, 232; Gruchot 45, 1015 (RG.). Anders beim Bergbau s. Gruchot a. a. O.

[125]) Vgl. RG. 12, 173; 57, 229; 11 Nr. 51. Ähnlich, jedoch gegen Verallgemeinerung zurückhaltend, Recht 1907, 1467 (RG.).

verbundene Einwirkung durch üble Gerüche gleichwohl verbieten. Denn weder die Rücksichtslosigkeit des einen, noch die Nachsicht des anderen hat einen Rechtszustand geschaffen[126]).

Entscheidend ist lediglich die tatsächliche allgemeine Übung, wobei keineswegs Voraussetzung ist, daß jedes Grundstück des ganzen Ortes in gleicher Weise benützt wird. So ist es z. B. für die Ortsüblichkeit des Kegelns nicht erforderlich, daß etwa auf jedem Grundstück gekegelt wird[127]). Ist die Benützung des Grundstücks nach Art und Maß bei Grundstücken dieser Lage nach den örtlichen Verhältnissen gewöhnlich, so kommt es nicht darauf an, ob die Einwirkung durch angemessene Maßregeln vermieden werden könnte.

Der Fabrikeigentümer ist nicht verpflichtet, schallsichere Fenster und Türen anzubringen, wenn dies auch sonst in jener Gegend nicht üblich ist. Er darf die Steinkohlen verwenden, die allgemein in der betreffenden Lage verfeuert werden, auch wenn dieselben besonders starken Qualm verursachen[128]). (Unter Umständen kann polizeilicher Schutz angerufen werden.) Dagegen muß der Fabrikant einen Rauchverzehrer auf seinem Kamin anbringen, wenn dies auch die anderen Fabrikanten seines Viertels tun.

Nach § 906 BGB. genügt es nicht, daß die Benützung eines Grundstücks durch einen gewerblichen Betrieb eine nach den örtlichen Verhältnissen übliche ist; der Betrieb muß vielmehr auch in der ortsüblichen Art eingerichtet sein. So kann z. B. eine Schreinerei in einem festen Gebäude, das die Schallwellen nach außen hin soweit als möglich dämpft, im Sinne des § 906 BGB. gewöhnlich sein, während sie ungewöhnlich ist, wenn sie im Freien oder in einem Bretterschuppen stattfindet, der die Geräusche nur unvollkommen dämpft (HRR. 1936, 1357).

In einem Fall, in dem aus dem Betrieb eines Steinbruchs Einwirkungen auf ein später erbautes, für Fremdenbeherbergung eingerichtetes Haus stattfinden, hat der Richter das beiden Teilen gerecht werdende Maß zu bestimmen, insbesondere inwieweit eine Verstärkung des Steinbruchbetriebs nicht mehr als ortsüblich anzusehen ist. Der Villenbesitzer kann die Unterlassung der danach unzulässigen Betriebsweise fordern (HRR. 1940, 509).

Es kann sich für eine bestimmte Gegend eine Benützungsweise des Eigentums als die dort gewöhnliche im Gegensatz zu dem herausbilden, was anderwärts, wo Menschen in geordneten Verhältnissen zusammenleben, gebräuchlich ist und wo dies der Fall ist, muß diese Benützungsweise geduldet werden[129]), mag auch die damit verbundene Beeinträchtigung für die Nachbargrundstücke noch so lästig und eine Abminderung dieser Belästigung noch so leicht möglich sein. Dabei kann es dann natür-

---

[126]) Cosack 2, 152.

[127]) Gruchot 48, 605; DJZ. 1904, 40. Vgl. bez. des Kegelns JW. 1905, 231; danach soll das Kegeln in einer Stadt nur insoweit verboten werden können, als hierdurch ein übermäßiger, die Nachtruhe der Nachbarn störender Lärm in die Nachbarhäuser hinüberdringt. — Nach Gruchot 48, 604 wird andererseits der Begriff der Ortsüblichkeit noch nicht dadurch erfüllt, daß sich in einem Häuserblock mehrere Kegelbahnen befinden.

[128]) Vgl. Cosack 2, 152.

[129]) Vgl. RG. 21, 299.

lich auch nicht von Bedeutung sein, daß nur ein einziges Grundstück im Verhältnis zu den anderen ungleich mehr belästigt wird[130].

Ein Verzicht auf die Ansprüche wegen an sich unzulässiger Immissionen ist natürlich wirksam. Derselbe kann auch stillschweigend erklärt werden; so z. B. kann in dem Verkauf der Teilfläche eines Grundstückes zur Errichtung einer Fabrik ein solcher Verzicht erblickt werden. Vgl. hierüber unten § 32.

3. Der Ortsüblichkeit kann dann die Rechtfertigung versagt werden, wenn die Benützung eine regelwidrige ist. Das kann z. B. dann der Fall sein, wenn unmittelbar an der Nachbarwand Betriebe stattfinden, ohne die zur Abwendung von Störungen leicht anzubringenden Vorkehrungen zu treffen (HRR. 1936, 1357).

Auch ortsübliche Benützung wird wesentlich, wenn die Daseinsgrundlage des Nachbarn angegriffen wird (RG. 159, 140).

Eine Immission kann nicht als ortsüblich angesehen werden, wenn sie (Ruß aus einem Fabrikschlot) die Lebensbedingungen einer Gärtnerei nahezu vernichtet (HRR. 1940, 294).

V. Während der Eigentümer gemäß § 903 BGB. an sich jede Einwirkung Dritter ausschließen und zu diesem Behufe die negatorische Klage gegen den Störer erheben kann[131], wird durch § 906 BGB. eine Eigentumsbeschränkung dahin statuiert, daß der Eigentümer gewisse Immissionen nicht verbieten, das heißt hierwegen den negatorischen Anspruch nicht erheben kann. Dagegen wird durch § 906 für den Eigentümer keine Duldungspflicht in dem Sinne begründet, daß es dem Eigentümer des beeinträchtigten Grundstückes verwehrt wäre, durch entsprechende Vorkehrungen die Immissionen tatsächlich abzuwehren[132].

Er kann z. B. eine hohe Mauer zum Schutze gegen die Schallwellen des benachbarten Fabrikbetriebes errichten, auch wenn dadurch die Schallwellen für das Grundstück, auf welchem sie erzeugt werden, unerträglich werden sollten. Andererseits braucht der Eigentümer des beeinträchtigten Grundstückes solche Vorkehrungen nicht zu treffen[133]. Steht ihm das Verbietungsrecht zu, so wird es ihm durch den Umstand nicht entzogen, daß sein Haus außergewöhnlich dünne Wände hat und er durch deren Verstärkung in der Lage wäre, die Einwirkung der Schallwellen auf ein erträgliches Maß zurückzuführen[134]. Er braucht auch nicht zu gestatten, daß der Nachbar selbst die Verstärkung der Mauer vornimmt, auch wenn dieser bereit ist, dies auf seine Kosten zu tun.

---

130) Recht 1909 Nr. 989 (Hamburg).

131) Vgl. hierüber unten § 14, VI.

132) M. 3, 268 (Mugdan 3, 148); KommProt. 3534 (Mugdan 3, 581).

133) Turnau-Förster Anm. 9 zu § 906, JW. 1898, 447 Nr. 39.

134) S. dagegen für bisheriges Recht SeuffA. 45 Nr. 240; vgl. übrigens oben S. 196.

Im Zusammenleben von Industrie und Landwirtschaft hat jene die bestmöglichen technischen Einrichtungen zur Schonung des Nachbarn zu treffen und deren einwandfreies Arbeiten sorgfältig zu überwachen. Aber auch dem Landwirt liegt die Pflicht ob, seinen Betrieb den ortsüblichen Verhältnissen entsprechend einzurichten und eine Art der Bewirtschaftung zu wählen, die gegenüber den schädlichen Zuführungen möglichst wenig empfindlich ist; eine Vernachlässigung dieser Pflicht mag die Anwendung des § 254 BGB. rechtfertigen (HRR. 1936, 1007; RG. 154, 161).

Die zur Abwehr berechtigende Vorschrift des § 903 BGB. wird ergänzt durch § 228 (Selbsthilfe). Das Schutzrecht des § 228 gilt auch zum Schutze der im Garten sich aufhaltenden Singvögel. Der Gartenbesitzer hat daher an sich das Recht, nötigenfalls die in seinem Garten den Singvögeln nachstellenden Katzen zu töten, aber nur dann, wenn den Singvögeln eine unmittelbare, durch andere Mittel nicht abzuwendende Gefahr droht; die bloße Möglichkeit des späteren Eintritts einer solchen Gefahr genügt nicht[135]).

Auch das Eindringen von Bienen (s. hierüber oben S. 187) kann der Nachbar durch entsprechende Vorkehrungen abwehren.

Wie weit geht aber dieses Recht zur Abwehr? Darf der Nachbar die Bienen, welche in sein Grundstück eingedrungen sind, töten? Sie stehen im Eigentum des Imkers und sind für den Nachbar fremde Sachen. Eine vorsätzliche oder fahrlässige Vernichtung der Bienen verpflichtet daher zum Schadenersatz, sofern die Vernichtung widerrechtlich ist (§ 823). Die Widerrechtlichkeit wird vor allem durch § 228 ausgeschlossen: Wer eine fremde Sache beschädigt oder zerstört, um eine durch sie drohende Gefahr von sich oder einem anderen abzuwenden, handelt nicht widerrechtlich, wenn die Beschädigung oder die Zerstörung zur Abwendung der Gefahr erforderlich ist und der Schaden nicht außer Verhältnis zu der Gefahr steht. Hat der Handelnde die Gefahr verschuldet, so ist er zum Schadenersatz verpflichtet. Daß diese Selbstverteidigung nach § 228 nur gegenüber einer einzelnen Biene, die mich belästigt, zulässig sein soll[136]), vermag ich nicht einzusehen. Weshalb soll der Besitzer eines Konzertgartens, dem infolge einer förmlichen Bienenplage die Gäste vertrieben werden, nicht gegenüber dieser Gefahr, die sein Geschäft und vielleicht seine wirtschaftliche Existenz bedroht, das Recht des Selbstschutzes haben; es sind ja durch § 228 auch die reinen Vermögensinteressen geschützt[137]). Einer Überspannung des Rechtes auf Selbstschutz wird in der Praxis dadurch vorgebeugt werden, daß im Einzelfalle unter Berücksichtigung aller Umstände kritisch geprüft wird, ob denn wirklich die Vernichtung zur Abwendung der Gefahr erforderlich war und der Schaden nicht außer Verhältnis zu der Gefahr stand. Die Bienen müssen schon außergewöhnlich massenhaft in den Restaurationsgarten eingedrungen sein, wenn die Annahme gerechtfertigt sein soll, daß die Aufstellung von flüssigem Zucker, welchen die Bienen überreichlich mit der Folge des Verendens aufzunehmen pflegen, oder gar von Gift erforderlich war. Nur

---

[135]) ReichsmilitätgerichtE. 12, 137.

[136]) So Kuhlenbeck im Recht 1904, 309.

[137]) Staudinger Bem. 4a zu § 228.

wenn dies der Fall war, entfällt die Rechtswidrigkeit. Bienen, die in bewohnte Räume eingedrungen sind, wird man regelmäßig mit allen Mitteln vernichten dürfen, gleichviel ob sie nur vereinzelt oder zahlreich auftreten; in solchem Falle wird man sich regelmäßig nicht anders helfen können[138]) Natürlich darf das wiederum nicht dazu mißbraucht werden, um die Bienen anzulocken und die eigens angelockten Bienen zu töten. Es geht nicht an, die Rechtswidrigkeit prinzipiell deshalb auszuschließen, weil das Aufstellen von flüssigem Zucker auf eigenem Grundstück nicht widerrechtlich sei (§ 903). An und für sich kann der Eigentümer freilich auf seinem Grundstücke tun was er will, aber so wenig er ohne weiteres befugt ist, in seinem Garten einen giftigen Köder aufzustellen, um die fremden Katzen zu töten[139]), so wenig ist es ihm prinzipiell und unter allen Umständen erlaubt, einen zur Vernichtung der fremden Bienen bestimmten Stoff auszulegen. Ebenso ist es sicher, daß mir das Anlegen von Pflanzen auf meinem Grundstück nicht schon deshalb verboten werden kann, weil sie den Bienen schädlich sind; wenn aber die Anlegung dieser Bienenschädlinge gerade zu dem Zwecke geschieht, um die Bienen zu vernichten, kann dieses Mittel rücksichtlich der Zulässigkeit seiner Anwendung nicht anders beurteilt werden, als das vorsätzliche Erschießen einer Katze[140]).

Honigraub, Raubbienen.

Eine besondere Untersuchung bedarf nun der Fall, daß in den Bienenstock eines Züchters fremde Bienen eindringen und daraus den Honig rauben[141]). Darf der Bienenzüchter zum Schutz gegen diese Beraubung seines Stockes die fremden Bienen durch Aufstellung von Gift töten?

Es steht fest, daß es eine besondere Raubbienenart nicht gibt, daß niemand imstande ist, seine Bienen auf Raub auszusenden, der Besitzer der beraubten Stöcke in 100 Fällen 99mal selbst die Schuld an der Räuberei trägt[142]), der der raubenden

---

[138]) Dem Schokoladenfabrikanten ist es unbenommen, sich gegen das Eindringen von Bienen in die Fabrikräume dadurch zu schützen, daß er an den Luft- und Lichtöffnungen flüssigen Zucker vermischt mit Salzsäure aufstellt.

[139]) Vgl. hierzu auch RGSt. 34, 296. So kann auch das Legen von Selbstgeschossen (Fußangeln) auf eigenem Grund und Boden rechtswidrig sein. Die Selbstgeschosse müssen so eingerichtet sein, daß sie erst gegenüber einem beginnenden Angriff in Tätigkeit treten; andernfalls kann der Veranstalter bei eintretenden Verletzungen Unschuldiger verantwortlich werden. Vgl. Olshausen, StGB. 7. Aufl. Bem. 12c zu § 53; vgl. ferner § 367 Nr. 8 StGB.). Durch die VO. vom 26. Jan. 1908 (GVBl. 1908, 965, BayZ. 1908, 444), den Schutz von Vögeln betreffend, ist das Fangen und Erlegen der dort angeführten Vögel schlechtweg verboten. Sie dürfen auch dann nicht getötet werden, wenn dies notwendig ist, um Schaden vom Grundstückseigentümer abzuwenden; § 53 RStGB. und § 228 BGB. sind nicht einschlägig (ObLGStr. 2, 381).

[140]) Vgl. dagegen Friedrichs, DJZ. 1904, 688; Kuhlenbeck im Recht 1904, 310; Kuhlenbeck will lediglich auf Grund des § 826 eine Haftung eintreten lassen. Strauß, DJZ. 1903, 367 versagt dem Grundeigentümer schlechtweg das Recht, auf seinem Grundstück Giftpflanzen zu halten oder Gift aufzustellen, um die vorüberfliegenden Bienen zu töten. BayZ. 1916, 91 RG. läßt diese Frage dahingestellt.

[141]) Nicht zu verwechseln mit dem Einfall eines Bienenschwarmes in eine fremde, besetzte Bienenwohnung (Not-, Hunger- oder Bettelschwarm). Die diesbezüglichen Rechtsverhältnisse sind in § 964 BGB. geregelt.

[142]) Durch Verstöße gegen die Imkerkunst, insbes. durch Füttern bei Tage und bei offenen Fluglöchern. Berlepsch, Die Biene u. die Bienenzucht (1860), 164; Huber, Die neue nützliche Bienenzucht (1905), 39.

Bienen aber stets und unter allen Umständen schuldlos ist[143]); insbesondere rauben die Bienen nicht aus Hunger oder Honigmangel, sondern aus dem natürlichen Triebe, Honig zu suchen, wo er eben zu finden ist[144]). Es kann auch dem Züchter der raubenden Bienen nicht zugemutet werden, daß er seinerseits seine raubenden Bienen in den Keller stellt, weil er dabei den Verlust des Honigs und selbst des Bienenvolkes riskiert. Endlich gibt es viele anderweitige Mittel zur Abwehr der sog. Raubbienen, während von den Imkern in Theorie und Praxis einmütig als das verwerflichste Mittel der Selbsthilfe die Vergiftung der sog. Raubbienen angesehen wird[145]).

Daraus ergibt sich, daß der Imker nicht berechtigt ist, die fremden Raubbienen zu vergiften, da dies zur Abwendung der Gefahr nicht erforderlich ist; denn es stehen dem Imker genügend Mittel zu Gebote, um sich der Räubereien auf andere Weise als durch Tötung der Bienen zu erwehren. Das Vergiften der Raubbienen zum Schutz gegen die Räuberei verpflichtet deshalb zum Schadenersatz (§ 823)[146]). Aber selbst wenn die Widerrechtlichkeit durch § 228 ausgeschlossen wäre, würde in solchem Falle die Schadensersatzpflicht nach § 228 Abs. 2 bestehen, wenn der gefährdete Imker die Gefahr durch sein unsachgemäßes Handeln selbst verschuldet hat[146]).

Da fast ausnahmslos der Eigentümer der beraubten Stöcke schuld an der Räuberei ist, wird man dies im gegebenen Falle insolange unterstellen dürfen, als nicht der Bienenzüchter den Entschuldungsbeweis erbringt.

Abgesehen von § 228 Abs. 2 kann hier übrigens unbedenklich § 826 angewendet werden, denn das Vergiften der Raubbienen gilt nach der Meinung aller anständigen Bienenzüchter als unanständig und unmoralisch.

Werden Bienen durch die giftigen Gase eines gewerblichen Betriebes, der nach § 16 RGewO. konzessioniert, in dem Luftraum über dem Grundstück des Gewerbebetriebes getötet, so haftet der Betriebsunternehmer nur dann auf Schadenersatz, wenn den bei der Konzession gemachten Auflagen, die als Schutzgesetz im Sinne des § 823 Abs. 2 zu erachten sind, zuwidergehandelt ist[147]).

Imker machten ein Hüttenwerk dafür verantwortlich, daß ihre Bienen durch arsenhaltige Gase aus den hohen Schornsteinen des Hüttenwerks getötet worden seien, die Gase würden ungereinigt hinausgelassen, obschon technische Einrichtungen zur besseren Reinigung möglich seien. Hier handelt es sich nicht um eine Zuführung von Giftstoffen auf die Bienenstöcke, sondern die Bienen haben bei der Nahrungssuche das auf vielen von vornherein unbestimmten Grundstücken verstreut liegende Gift zu sich genommen. Es fehlt an einer gesetzlichen Grundlage dafür, dem Imker eine Sachberechtigung aus eigenem Recht zur Verteidigung fremder Grundstücke gegen Eingriffe (Bestreuen mit Gift) zuzubilligen, wenn er mit seinen Völkern eine große Anzahl fremder Grundstücke flüchtig und vorübergehend benützt. Der Bienenflug ist in den Grenzen des § 906 zulässig; der Imker hat jedoch kein Recht am fremden Grundstück; er hat kein Legalservitut an allen für die Nahrungsaufnahme der Bienen in Betracht kommenden Grundstücke. Für den Anspruch des Imkers kommt lediglich die vom Nachweis eines Verschuldens abhängige Schadenersatzklage nach § 823 BGB. in Betracht (RG. JW. 1916, 38). Hier kommt es darauf an, ob und inwieweit die Arsenzuführung das nach § 906 zulässige Maß überschreitet. Was sich innerhalb dieses Rahmens hält, muß allgemein hingenommen werden (RG. 139, 34); das ist nicht rechtswidrig. Zuführungen, die das nach § 906 zulässige Maß überschreiten,

---

143) Berlepsch a. a. O. 170; Huber a. a. O. 42; vgl. auch Bienenzeitung 1898, 152.

144) Berlepsch a. a. O. 170; Huber a. a. O. 38.

145) Berlepsch und Huber a. a. O.

146) Urteil des Landgerichts Würzburg vom 13. Febr. 1907 R.-Nr. 745/A II 1905.

147) BayZ. 1916, 91 (RG.).

können — wenn Abhilfemaßnahmen nicht möglich — nicht verboten werden (§ 26 GewO.), wohl aber ist die Klage auf Ersatz des durch sie herbeigeführten Schadens gegeben, sofern ein schuldhaftes Verhalten nachgewiesen wird (RG. 159, 129).

VI. Die Eigentumsfreiheitsklage (s. hierüber das Nähere unten § 38). Insoweit die Einwirkung durch Immissionen nach den Bestimmungen des § 906 nicht erlaubt ist, ist der Nachbar gemäß § 903 BGB. zur Ausschließung der Einwirkung berechtigt[148]). Die Klage, mit welcher diese unzulässige Einwirkung abgewehrt wird, ist die Eigentumsfreiheitsklage des § 1004 BGB. Sie geht auf Beseitigung der Beeinträchtigung und auf Unterlassung weiterer Beeinträchtigung.

Der Anspruch auf Beseitigung der Beeinträchtigung setzt das objektive Bestehen eines durch den Willen einer anderen Person aufrecht erhaltenen körperlichen Zustandes voraus; hier kommen solche Anlagen in Betracht, welche durch ihre Benützung eine unzulässige Immission auf das Nachbargrundstück bewirken (§ 907), s. hierüber unten § 38 II, 1.

Der Anspruch auf Unterlassung weiterer Beeinträchtigung setzt lediglich voraus, daß nach den Umständen weitere Beeinträchtigungen zu besorgen sind[149]) (s. darüber unten § 38 II, 2). Der Klagsanspruch geht in solchem Falle dahin: der Beklagte hat die Zuführung von Rauch und Ruß auf das Grundstück des Klägers insoweit zu unterlassen, als dieselbe die Benützung dieses Grundstücks wesentlich beeinträchtigt und durch eine Benützung des Grundstücks des Beklagten herbeigeführt wird, welche nach den örtlichen Verhältnissen bei Grundstücken dieser Lage ungewöhnlich ist[150]). Der Kläger braucht nicht die Vorkehrung bestimmter Maßregeln, durch welche die unzulässige Beeinträchtigung hintangehalten werden soll, zu verlangen; er darf dies nicht einmal tun, ebensowenig als das Urteil hierüber Bestimmung zu treffen hat. All dies gehört in das Zwangsvollstreckungsverfahren (Näheres hierüber s. unten § 38, II, 2).

---

[148]) Der Immittent kann sich nicht darauf berufen, daß durch zu hohe Anforderungen hinsichtlich der Vermeidung schädlicher Einflüsse eine bestimmte Industrie vernichtet würde; Recht 1908, 57 Nr. 318 (RG.); s. jedoch § 26 GewO. (unten § 39).

[149]) Sind Kugeln von dem Schießstand bisher noch nicht herübergeflogen, so kann von der Besorgnis einer weiteren Beeinträchtigung nicht die Rede sein (Recht 1911 Nr. 2732 RG.).

[150]) Nach Staudinger Bem. IV 2 f β zu § 906; JW. 1908, 682 kann der Anspruch auf Unterlassung schlechtweg gerichtet werden; nur auf ausdrückliche Beanstandung des Beklagten sei der Urteilsformel die im Text angeführte Beschränkung beizufügen. Dem ist nicht beizupflichten. Dem Kläger steht nach dem Gesetz der Unterlassungsanspruch nur mit Einschränkung zu; der Richter kann daher nicht ohne Einschränkung verurteilen.

Aktiv legitimiert zur Eigentumfreiheitsklage ist der Eigentümer und der dinglich Berechtigte, nicht aber der Mieter und Pächter[151]) (s. darüber § 38, IV, 1).

Die Abwehrbefugnis nach § 906 BGB. steht dem Eigentümer und dem Besitzer (Pächter) eines Grundstücks zu. Dagegen ist keine gesetzliche Grundlage dafür vorhanden, dem Imker, der mit seinen Bienenvölkern vorübergehend fremde Grundstücke benützt, eine Berechtigung aus eigenem Recht zur Verteidigung fremder Grundstücke gegen schädigende Einwirkungen (giftiger Ruß und Staub auf Pflanzen) zuzubilligen (RG. 159, 68).

Passiv legitimiert zur Eigentumfreiheitsklage ist der Störer (vgl. hierüber unten § 38, IV, 2), ohne Rücksicht darauf, ob er Eigentümer des Grundstückes ist, von welchem die Störung ausgeht. Aber der letztere kann unter Umständen schon deswegen als Störer angesprochen werden, weil er den Zustand der Beeinträchtigung oder Gefährdung, der von seinem Grundstück aus für den Nachbarn herbeigeführt worden ist, nicht abstellt (z. B. als Vermieter bezüglich der von seinem Mieter begangenen Störung); s. darüber unten § 38, IV, 2.

Eine besondere Gestaltung erleidet die Eigentumfreiheitsklage gegenüber gewerblichen Anlagen durch § 26 der Reichsgewerbeordnung und gegenüber Verkehrsunternehmungen durch Art. 80 AG. (s. darüber unten § 39).

Die Eigentumfreiheitsklage selbst geht nicht auf Schadenersatz; hierfür ist Verschulden des Immittenten Voraussetzung (§ 823). Derselbe mußte voraussehen oder bei Anwendung der pflichtgemäßen Sorgfalt voraussehen können, daß von seinem Grundstücke aus eine unzulässige Einwirkung im Sinne des § 906 auf das Nachbargrundstück erfolgen werde (s. darüber unten § 43).

Nur in jenen Fällen, in welchen dem beeinträchtigten Eigentümer der Anspruch auf Beseitigung und Unterlassung der Immission durch Sondervorschrift entzogen ist, soll nach der herrschenden, insbesondere auch vom Reichsgericht vertretenen Ansicht auch ohne Nachweis eines

---

[151]) RG. 59, 327. Der Mieter kann aber wegen Immissionen die Besitzstörungsklage erheben. Vgl. Endemann 474 Anm. 52 und 244 Anm. 9. — Auch kann der Mieter den Vermieter aus § 536 dazu anhalten, daß er seinerseits gegen den Nachbar vorgeht. Vgl. OLG. 1 26 (Dresden). Eventuell kann der Mieter nach § 544 oder, wenn der Vermieter trotz Aufforderung nicht die erforderlichen Maßnahmen gegen den Nachbar ergreift, aus § 538 ohne Kündigungsfrist aufkündigen. Hat aber der Mieter beim Abschluß des Mietvertrags gewußt, daß nebenan ein Hammerwerk betrieben werde, so stehen ihm gegenüber dem Vermieter diese Rechte nicht zu (§ 539), während sein Anspruch auf Besitzschutz gegen den Nachbar von einer solchen Kenntnis nicht berührt wird.

Verschuldens ein Schadenersatzanspruch bestehen (s. darüber unten §§ 39 und 43).

VII. Die Beweislast dafür, daß die Immission zulässig sei, trägt der Imittent. Der Eigentümer, welcher die Immission verbietet und den negatorischen Anspruch wegen der Immission erhebt, hat nur zu beweisen, daß eine Einwirkung vorliegt. Damit hat er zunächst seine Befugnis zur Abwehr dargetan; denn diese liegt an sich im Begriffe des Eigentums. Sache des Immittenten ist es, darzutun, daß diese Einwirkung erlaubt ist, daß also entweder durch die Einwirkung die Benützung des Grundstückes nicht oder nur unwesentlich beeinträchtigt wird, oder aber die Einwirkung durch eine Benützung des anderen Grundstückes herbeigeführt wird, die nach den örtlichen Verhältnissen bei Grundstücken dieser Lage gewöhnlich ist[152].

VIII. Änderungen während des Prozesses. Wenn der Beklagte nach der Klageerhebung Abhilfe schafft, so wird hierdurch seine Verurteilung nur dann abgewendet, wenn er beweist, daß eine Wiederkehr der unzulässigen Einwirkung nach Lage der Sache als ausgeschlossen zu betrachten ist (s. hierüber unten § 38). Eine Steigerung der Einwirkung, die nach der Klageerhebung eintritt, ist natürlich bei der Entscheidung zu berücksichtigen[153].

Selbstverständlich läßt § 906 alle im öffentlichen Rechte begründeten Vorschriften unberührt, andererseits wird eine nach § 906 unzulässige Immission durch polizeiliche Genehmigung nicht zulässig[154]. So kann der Eigentümer eines Grundstückes die nach § 906 nicht zulässige Zuführung des mit dem Fässerpichen verbundenen Rauches und Geruches auch dann verbieten, wenn das Fässerpichen[155] auf dem von der Ortspolizeibehörde angewiesenen Platze stattfindet.

Beispielsweise seien erwähnt: § 368 Nr. 6 StGB. Art. 45, 96 des Forstgesetzes (Anzünden von Feuer an gefährlichen Stellen in Wäldern, Heiden oder in gefährlicher Nähe von Gebäuden oder feuerfangenden Sachen), § 3 Abs. 3, §§ 19, 12 der VO. vom 27. Juni 1862,

---

[152]) RGK. Bem. 8 zu § 906; Biermann Anm. zu § 906; Maenner 163; JW. 1901, 640 (RG.); 1902 Beil. 202 (RG.); Recht 1904, 282 Nr. 1280 (RG.); 1909 Nr. 3133; JW. 1911, 326; RG. 57, 224. A. M. Bunsen, Bernhöft und Binders Beitr. Heft 6, 419; Ortloff, Nachbarrecht 246f.; Leonhard, Beweislast 41, weil das Gesetz für den Regelfall das Verbietungsrecht ausschließe und den Anspruch nur ausnahmsweise gewähre.

[153]) RGK. Bem. 13 zu § 906; JW. 1910, 654; Recht 1911 Nr. 507; JW. 1911, 326 (RG.).

[154]) Vgl. oben S. 194 und 201. Anders bei gewerblich konzessionierten Anlagen nach § 26 RGewO.; s. hierüber unten § 39.

[155]) Vgl. VGH. 19, 113 (Faßpichereien fallen nicht unter §§ 16, 26 RGewO.).

§ 368 Nr. 7 StGB. (Schießen mit Feuergewehr oder Abbrennen von Feuerwerken in gefährlicher Nähe von Gebäuden oder feuerfangenden Sachen), § 368 Nr. 8 StGB. und § 8 der KompVO. vom 4. Januar 1872 (das Schießen und Abbrennen von Feuerwerkskörpern an bewohnten oder von Menschen besuchten Orten ohne distriktspolizeiliche Genehmigung); Art. 32 PStGB., § 15 der KompVO. vom 4. Januar 1872 (die Veranstaltung öffentlicher Feuerwerke)[156]), § 368 Nr. 8 StGB., VO. vom 27. Juni 1862 (das Feuermachen im Freien innerhalb der Ortschaften außer in Notfällen ist ohne ortspolizeiliche Genehmigung verboten, ebenso ist das Auspichen der Fässer an andern als den von der Ortspolizeibehörde bestimmten Plätzen, der Gebrauch von Fackeln, Leuchtpfannen ohne ortspolizeiliche Genehmigung verboten); Art. 78 PStGB., § 22 KompVO. vom 4. Januar 1872 (Anlegung einer Schießstätte)[157]).

§ 15. Verbotene Anlagen[1]).

I. Es gibt eine Menge von Anlagen, bei deren Errichtung sich der Eigentümer zwar streng innerhalb der Grenzen seines Eigentums hält, welche indessen im Laufe der Zeit, sei es, daß sie selbsttätig wirken, sei es, daß sie ihrem Zwecke gemäß oder zweckwidrig benützt werden, zu unzulässigen Einwirkungen führen[2]). Die Erlassung von Sondervorschriften, welche von der besonderen Natur der einzelnen Anlagen ausgehend, die Einhaltung von Abständen gebieten und Vorsichtsmaß-

---

[156]) Vgl. auch §§ 33b, 60a RGewO.

[157]) Bez. der Anlegung eines Militärschießplatzes s. Pechmann, Wirkungskreis der Distriktsverwaltungsbehörden 1, 263.

§ 15. [1]) Das allgemeine Prinzip von der Abgrenzung der im Eigentum liegenden Machtverhältnisse der Grundstückseigentümer beruht auf dem Grundsatze, daß jeder auf seinem Grund und Boden unbeschränkt ist, daß er jedoch bei Ausübung seiner Befugnisse nicht hinübergreifen darf in die Eigentumssphäre des Nachbarn. Solange daher eine von dem Eigentümer auf seinem Grundstück getroffene Einrichtung noch keine Einwirkung auf das Nachbargrundstück gezeitigt hat, hat der Eigentümer des letzteren kein Recht, gegen den anderen einen Anspruch zu erheben, auch wenn mit Sicherheit oder doch Wahrscheinlichkeit in Zukunft unzulässige Einwirkungen von seiten der Nachbareinrichtungen hervortreten werden.

Dieses allgemeine Prinzip wird aus wohlerwogenen Zweckmäßigkeitsgründen vom BGB. durchbrochen. Es wäre unbillig, dem Nachbar unter allen Umständen die Geltendmachung eines Anspruches zu versagen, bis tatsächlich die unzulässige Einwirkung erfolgt und somit der Schaden eintritt. Die Vorschriften, welche dem Schutze des Eigentums bei bloßer Gefährdung desselben, also vor der tatsächlich erfolgten Einwirkung, dienen, sind in den §§ 907—909 BGB. normiert (§§ 15—17 dieser Abhandlung).

[2]) M. 3, 293 (Mugdan 3, 162).

regeln auferlegen, hat man im Bürgerlichen Gesetzbuche[3]) mit Rücksicht auf die lokale Verschiedenheit der Anschauungen nicht für angezeigt erachtet. Dies wurde durch den Vorbehalt des Art. 124 des EG. der Landesgesetzgebung überlassen. Bayern hat übrigens von diesem Vorbehalt rücksichtlich der in § 907 BGB. in Betracht kommenden Anlagen keinen Gebrauch gemacht. Privatrechtliche Vorschriften über den Abstand solcher Anlagen sind, abgesehen von den Bestimmungen über den Abstand von Fenstern (Art. 60—66 AG.), in Bayern nicht in Geltung. Die früheren partikularrechtlichen Normen haben auch für die Anlagen, die vor dem 1. Januar 1900 errichtet wurden, keine Geltung mehr; so z. B. die Vorschriften des Preußischen-, Münchener-, Nürnberger-, Mainzer-, Augsburger-, Regensburger-, Ulmer- und Memminger-Rechtes über den Abstand für Abtritte; des Preußischen-, Münchener-, Memminger-, Augsburger- und Regensburger-Rechtes für Mistgruben; des Preußischen Landrechtes und Augsburger-Rechtes für Brunnen[4]). Dagegen sind die Vorschriften öffentlich-rechtlicher Natur, welche sich auf den Abstand von Anlagen von der Grenze beziehen, durch das Bürgerliche Gesetzbuch nicht berührt worden und haben daher fortlaufende Geltung[5]). Hierbei ist aber zu beachten, daß die Nichteinhaltung derartiger Polizeigesetze dem hiervon benachteiligten Nachbar keine Berechtigung zur Erhebung des negatorischen Anspruchs auf Einhaltung dieses Abstandes[6]), sondern nur Veranlassung zur Erhebung einer Beschwerde im Verwaltungswege geben kann; denn der Eigentümer hat kein Privatrecht auf Einhaltung dieser durch Polizeivorschriften normierten Abstände[7]).

---

[3]) Bei einer örtlichen Statutenkollision entscheidet über das Erfordernis des Grenzabstandes von Anlagen an sich das Recht desjenigen Gebietes, auf welchem sich die betreffende Anlage befindet. Müßte jedoch nach diesem Rechte ein Abstand eingehalten werden, nach dem Rechte des daran angrenzenden Grundstückes aber nicht oder nur in geringerem Maße, so ist nur diese Vorschrift zu berücksichtigen. Mit anderen Worten: bei Grundstücken, welche durch die Grenze verschiedener Rechtsgebiete geschieden sind, braucht für beide Grundstücke nur diejenige Rechtsvorschrift eingehalten zu werden, welche das Halten der Anlagen weniger erschwert. Vgl. Endemann 476 Anm. 60.

[4]) Vgl. Roth, Bayer. Zivilrecht 2 § 125 Anm. 17ff.

[5]) Prot. 3, 159.

[6]) JW. 1908, 142 Nr. 12 (RG.); vgl. Schade, ArchÖffR. 25, 286; Recht 1910 Nr. 1385 (Hamburg).

[7]) Durch Art. 73 PStGB. in Verbindung mit § 52 der Bauordnung sind dem Verordnungswege und der Polizeibehörde Anordnungen über Anlage, Einrichtung oder Abänderung von Abtritten, Dung- und Versitzgruben in Wohngebäuden oder in unmittelbarer Nähe von Wohnungen, Brunnen oder Brunnenquellen vorbehalten und können daher durch Verordnung mit Wirkung für ganz Bayern oder durch eine distrikts- oder ortspolizeiliche Verfügung mit Wirkung für den Amtsbezirk Vorschriften über den Grenzabstand der Abtritte, Dung- und Versitzgruben rechtswirksam gegeben werden. Dung-

II. Bei Anlagen, welche ihre Wirkung allmählich und unter kaum merklichen Fortschritten auf das Nachbargebiet erstrecken, wird die Lage beider Teile verschlimmert, wenn erst das Vorliegen einer grenzüberschreitenden Beeinträchtigung abgewartet werden muß, da die Erlangung des früheren Zustandes für den Beeinträchtigten erschwert und die Wiederherstellung für den anderen Teil mit großer Mühe und Kosten verbunden ist[8]). Aus diesem Grunde rechtfertigt sich ein grundsätzliches und allgemeines Präventivverbot, welches die von der Anlage ausgehenden Wirkungen, bevor sie die Grenzen überschreiten und fremdes Recht verletzen, zu verhüten sucht.

Demgemäß wird auch durch § 907 BGB. dem Eigentümer eines Grundstückes die Befugnis verliehen, zu verlangen, daß auf den Nachbargrundstücken nicht Anlagen hergestellt oder gehalten werden, von denen mit Sicherheit vorauszusehen ist, daß ihr Bestand oder ihre Benützung eine unzulässige Einwirkung auf sein Grundstück zur Folge hat. Dieser Anspruch ist durch § 924 BGB. der Verjährung entzogen.

Das Wesentliche bei § 907 ist somit, daß zur Begründung des Beseitigungsanspruches noch keine unzulässigen Einwirkungen auf das Nachbargrundstück stattgefunden zu haben brauchen[9]). § 907 setzt nicht voraus[10]), daß die beiden in Betracht kommenden Grundstücke unmittelbar aneinander angrenzen[11]).

Zwischen den Grundstücken befindet sich ein Gemeindeweg; auf der linken Seite steigt ein Rain empor, auf der rechten Seite fällt ein Rain ab. Der Eigentümer des höher gelegenen Grundstückes hat eine Auffahrt vom Gemeindeweg zu seinem Grundstück angelegt, von dieser Auffahrt geht ein Teil in den Gemeindeweg

---

und Versitzgruben müssen gemäß § 52 Abs. 2 der Bauordnung unter allen Umständen mindestens 1 m von den Umfassungsmauern bewohnter Gebäude entfernt sein. Zuwiderhandeln begründet Schadenersatzpflicht (§ 823 Abs. 2).

Den Angrenzern von Staatsstraßen ist verboten, Zäune auf freiem Felde näher als drei Schuh an die Straßengräben vorzurücken und hohe Zäune zu errichten. VO. vom 16. Aug. 1805 Z. V. RegBl. 897.

Gegen die Errichtung genehmigungspflichtiger gewerblicher Anlagen können im Verwaltungswege Einwendungen erhoben werden (§ 17 Abs. 2 GewO.). In diesem Verwaltungsverfahren sind auch die nachbarrechtlichen Vorschriften zu berücksichtigen. Dem Zivilrichter wird durch die Entscheidung der Verwaltungsbehörde selbstverständlich nicht vorgegriffen. Dagegen übt § 26 GewO. einen Einfluß auf die Art des zustehenden Anspruches aus. S. unten § 39.

8) M. 3, 294 (Mugdan 3, 163).

9) RG. 50, 229.

10) OLG. 18, 126.

11) Ebenso Dernburg 290 Anm. 2; Plattner, PrVerwBl. 22, 543; Gruchot 54, 1011. A. M. Staudinger Bem. 13 zu § 907; Goldmann-Lilienthal § 11 Anm. 4; Hörgi 82; Müller 47, alle auf Grund der irrigen Ansicht, daß unter „benachbartem" Grundstück nur das unmittelbar angrenzende zu verstehen sei. (Dagegen vgl. RG. 50, 322). Ebenso bei BayZ. 1922/203. Gruchot 66, 478. JW. 1923, 288.

hinein und erhöht diesen insoweit; dadurch wird die Fahrbahn ungleich hoch, so daß die Bauern den erhöhten Teil des Gemeindewegs mit ihren Fuhrwerken umfahren, weil diese sonst umfallen könnten. Bei dieser Art der Benützung des Feldweges ist mit Sicherheit zu erwarten, daß mit der Zeit der Feldweg auf die tiefer gelegenen Grundstücke herabgedrückt wird. Die Eigentümer können gegen den Hersteller der Auffahrt und wohl auch gegen die Gemeinde, die die Herstellung der Auffahrt auf ihrem Eigentum duldet, Anspruch aus § 907 BGB. erheben.

1. Unter Anlage[12]) ist ein Werk von gewisser Selbständigkeit und Beständigkeit[13]), ein Bau oder ein Bauteil u. dgl. zu verstehen. Bewegliche Sachen werden regelmäßig[14]) nicht als Anlagen im Sinne des § 907 zu betrachten sein. Wenn aber nach den Umständen anzunehmen ist, daß der Gegenstand für die Dauer aufgestellt ist und wenn ihm eine gewisse wirtschaftliche Selbständigkeit beizumessen ist, kann der Begriff der Anlage gegeben sein. Man denke z. B. an einen Bienenkorb[15]). Es kann doch keinen Unterschied begründen, ob der Imker ein Bienenhaus oder mehrere Bienenkörbe aufstellt.

Eine bloße räumliche Veränderung, wie Erhöhung oder Tieferlegung eines Grundstückes, z. B. die bloße erhöhende Aufschüttung einer Straße oder deren Tieferlegung, mag auch dadurch der Zugang zu dem Nachbargrundstücke erschwert oder demselben die Aussicht oder das Licht beeinträchtigt werden[16]), ist keine Anlage im Sinne des § 907.

---

[12]) Hörle, VerwArch. 10, 393 führt beispielsweise als Anlage im Sinne des § 907 auf: Dunggruben, Schlammgruben, Schmutzkanäle, Aborte, Brunnen, Gräben, Teiche, Häute- oder Knochenlager, Schweineställe, Fisch- und Geflügelschlächtereien, Schmieden, Backöfen, Rauchfänge, Heizungs- und Feuerungsanlagen, Brauereien, Wollwäschereien, Anstalten zur Bereitung künstlicher Mineralwässer, Salzmagazine, Gruben mit ätzenden Flüssigkeiten, sowie der Genehmigungspflicht nicht unterworfene Rauchwarenzubereitungsanstalten, Färbereien, Feldziegelöfen, Feldbrände, elektrische Leitungen.

[13]) JW. 1912, 752 (RG.).

[14]) Vgl. JW. 1912, 752; RG. 51, 253; Gruchot 46, 652.

[15]) Staudinger Bem. II 1a zu § 907; Kuhlenbeck im Recht 1904, 309. A. M. Strauß, DJZ. 1903, 367.

[16]) RG. 51, 253; 62, 88, wonach gegen die Erhöhung einer öffentlichen städtischen Straße dem dadurch geschädigten Angrenzer nach dem BGB. nur dann ein Verbietungsrecht oder ein Schadenersatzanspruch zusteht, wenn er ein besonderes wohlerworbenes Dienstbarkeits- oder Vertragsrecht darauf nachzuweisen vermöge. Über Aufhebung und Änderung einer öffentlichen Straße vgl. die Abhandlung von Kober, SeuffBl. 61, 1 ff., der die Entschädigungspflicht aus einem obligatorischen Garantievertrage ableitet. Maenner 157 Anm. 6 läßt das bisherige Recht weiter gelten, soweit der Straßenbau und der Hausbau vor dem Inkrafttreten des BGB. vor sich gingen, gleichviel ob es sich um ein dingliches Recht oder um ein Schuldverhältnis handle. Soweit hiernach das neue Recht anzuwenden sei, werde man zu dem gleichen Resultat gelangen können wie bisher, indem nur in jenen Gebieten, in welchen bisher die Verpflichtung des Straßeneigentümers anerkannt war, die Annahme einer stillschweigenden Begründung des Rechtsverhältnisses gerechtfertigt

Dagegen ist der Ausbau einer Straße dann als Anlage im Sinne des § 907 zu erachten, wenn dabei Wassergräben und Kanäle angelegt sind,

---

erscheine. Küster bei Gruchot 48, 745 möchte das einschlägige bisherige Recht auf Grund des Art. 113 EG. aufrecht erhalten.

Dernburg 239 lehnt den stillschweigenden Vertrag ab und sucht das Recht der Straßengrundstücke auf die Verbindung mit der Straße aus der „Natur der Dinge" abzuleiten. — Von anderen wird ganz allgemein der Satz aufgestellt, daß für alle Schädigungen Privater, die durch Maßnahmen im öffentlichen Interesse hervorgerufen werden, das betreffende Gemeinwesen zu haften habe; so SeuffA. 7 Nr. 184; 10 Nr. 166; 29 Nr. 244; Dernburg, Pand. 1 § 72; Gierke, Genossenschafts-Theorie 194; Regelsberger, Pand. 1, 423 und dagegen SeuffA. 37 Nr. 224; Kober, SeuffBl. 61, 17. Für das preußische Recht hat das Reichsgericht in konstanter Rechtsprechung einen servitutarischen Sonderrechtsanspruch des Straßenanliegers angenommen RG. 44, 284; JW. 1900, 167 Nr. 44; 1902, 192 Nr. 45; 1903, 275 Nr. 18; RG. 56, 101; LZ. 1918, 45; ebenso für das rheinische Recht RG. 10, 271; PuchZ. 24, 74; JW. 1900, 85 Nr. 33 auf Grund eines stillschweigenden Vertragsverhältnisses. Dagegen lehnt das Reichsgericht für das Gebiet des gemeinen Rechts jeden Anspruch des Straßenanliegers ab. RG. 3, 171; 6, 160; 21, 191; JW. 1889, 209 Nr. 19; 1902, 319 Nr. 41; 1903 Beil. 89; RG. 51, 255; BayZ. 1908, 123. — Oertmann 397 spricht für Bayern den Straßenanliegern ein Sonderrecht ab. Auch das ObLG. (JMBl. 1880, 7) hat dahin entschieden, daß eine Abänderung des Straßenniveaus keinen Ersatzanspruch der Straßenanlieger begründe. Übrigens sind für Streitigkeiten über Anlegung und Änderung öffentlicher Straßen, somit auch über Nivellierung solcher Straßen, die Gerichte nicht zuständig, selbst dann nicht, wenn der Anspruch auf Einhaltung eines gewissen Nivellementsplanes auf einen Vertrag mit der Stadtgemeinde gestützt wird. Entsch. d. Kompetenzkonfliktsgerichtshofes vom 30. Nov. 1882, 1, 43, auch im GVBl. 1883 Beil. I. Das RG. hält mit der herrschenden Ansicht an der Geltung des bisherigen Rechts für das Straßenanliegerrecht fest (RG. 62, 88; 70, 81; Recht 1910 Nr. 1748; JW. 1912, 868; LZ. 1918, 45; vgl. Habicht 396 Anm. 2; Turnau-Förster 578 I; Loebell bei Gruchot 41, 1 ff.; Bering bei Gruchot 44, 394 ff.; Küster ebenda 48, 745). Nach der herrschenden Ansicht soll die Geltung des bisherigen Rechts bald durch Art. 109 und Art. 111, bald durch Art. 124, zumeist durch Art. 113 EG. verbürgt sein. In Wahrheit war das Straßenanliegerrecht des bisherigen Rechts Rechtsbildung der Rechtsprechung (vgl. Gruchot 53, 850 RG.). Die grundverschiedene Behandlung, welche das Anliegerrecht für die verschiedenen Rechtsgebiete durch die Rechtsprechung erfuhr, ist nicht verständlich, da die allgemeinen Erwägungen und Grundlagen, auf denen der Entschädigungsanspruch für preußisches und rheinisches Recht zugelassen wurde, für das gemeine Recht zu demselben Ergebnis hätte führen sollen. Der richtige Weg, der einheitliches und dem modernen Rechtsempfinden entsprechendes Recht schafft, wäre die Anerkennung des Grundsatzes: Wer als Einzelner der Gesamtheit im öffentlichen Interesse ein besonderes Vermögensopfer bringen muß, hat Anspruch auf Entschädigung durch die Gesamtheit (Otto Mayer, Deutsches Verwaltungsrecht 131 ff.; Gierke, Sachenrecht 28 Anm. 36; v. Blume in der Königsberger Festgabe für Schirmer 106). Das Anliegerrecht ist ein einer Grunddienstbarkeit ähnliches Recht, das durch die Errichtung einer Ortsstraße seitens der Gemeinde einerseits und die Ausführung des Anbaues andererseits begründet wird und bei dem das bebaute Grundstück das herrschende, das Straßengrundstück das dienende ist (RG. 70, 80. JW. 1909, 87). Wird von dem Eigentümer des Nachbargrundstückes, der Gemeinde, durch Vornahme von Änderungen der Straße im öffentlichen Interesse in dieses Recht eingegriffen, so erwächst dem Anlieger, weil er die Veränderung der Straße im öffentlichen Interesse dulden muß, aber sein Recht nicht ohne Entschädigung zum allgemeinen Wohle aufopfern braucht, ein Entschädigungsanspruch gegen die Gemeinde (Warneyer 1911 Nr. 451).

welche dem Nachbargrundstück unzulässige Einwirkungen zuführen[17]), oder wenn dabei die Straße nicht höher gelegt wird, sondern vor dem angrenzenden Hause ein lichter Raum hergestellt, eine Futtermauer errichtet und der Wasserlauf verändert wird[18]), oder wenn infolge der Erhöhung die anliegenden Häuser durch Ansammlung von Sickerwasser Schaden (Ersatzpflicht nach § 367 Ziff. 14 StGB.), § 823 Abs. 2 GBG.) erleiden[19]). Desgleichen Schlamm- und Sandmassen, die beim Bau eines Kanals aufgeschüttet worden sind[20]). Ein Bienenkorb[21]) unmittelbar an der Grenze kann als Anlage im Sinne des § 907 angesprochen werden, desgleichen ein Taubenschlag. Auch eine in einem öffentlichen Flusse errichtete Stauanlage, durch welche das Grundstück eines Anliegers beeinträchtigt wird, gehört hierher[22]).

Nur Anlagen, welche eine Einwirkung auf das Nachbargrundstück ausüben, können unter § 907 fallen, nicht dagegen solche Anlagen, die sich streng auf der Grundfläche ihres Eigentümers halten und nicht in das Gebiet des anderen Grundstückes hinübergreifen, wenn sie dieses auch vielleicht durch Entziehung von Licht, Luft, Aussicht oder Bequemlichkeiten beeinträchtigen[23]); deshalb gehört eine Bretterwand nicht zu den Anlagen im Sinne des § 907[24]), noch weniger Fenster, für welche

---

Ein Aufopferungsanspruch kommt nur dann in Betracht, wenn in ein wohlerworbenes Recht des Geschädigten, namentlich in das Eigentum eingegriffen wird, nicht aber dann, wenn ihm tatsächliche Vorteile, auf deren Fortbestand er kein Anrecht hatte, entzogen werden (durch Bau eines Dammes wird Überschwemmung verhindert und damit der Vorteil der Düngung durch Hochwasser entzogen) (RG. 161, 364). Der durch unzulässige Einwirkungen geschädigte Eigentümer kann ohne Nachweis eines Verschuldens Entschädigung fordern, wenn ihm eine Gegenwehr wegen Gemeinnützigkeit des Unternehmens, von dem die Einwirkung ausgeht, versagt ist. Dieser Aufopferungs-Entschädigungsanspruch hat einen anderen Ursprung als der Anspruch aus § 909 u. § 823 BGB. Der Aufopferungsanspruch gründet sich auf einen allgemeinen Rechtsgedanken, der in § 75 der Einleitung zum preuß. ALR. niedergelegt ist. Verschieden davon ist der Anspruch auf Schadloshaltung nach § 26 GewO.

§ 254 BGB. kommt bei Bemessung der Entschädigung für den Aufopferungsanspruch nicht in Betracht. Ein dem beschädigten Grundstück innewohnender Mangel kann jedoch bei der nach Billigkeit zu bemessenden Entschädigung berücksichtigt werden (RG. 176, 14 u. 170, 40).

[17]) Recht 1906, 1197 Nr. 2848 (Frankfurt).

[18]) OLG. 18, 126; Recht 1915 Nr. 539.

[19]) Warneyer 1915 Nr. 51.

[20]) RG. 60, 1?8; JW. 1905, 201 Nr. 5.

[21]) S. oben S. 214.

[22]) Recht 1908, 268 Nr. 1563 (RG.); JW. 1908, 301 (RG.). Anders für einen Teich, der nach landesgesetzlichem Wasserrecht zu beurteilen ist JW. 1912, 392. Ein künstlicher Teich dagegen kann als Anlage gelten (Froschgequacke WarnE. 3 Nr. 336).

[23]) RG. 51, 253; 98, 17; Recht 1908 Nr. 531; JW. 1908, 142 (RG.); vgl. oben Einleitung.

[24]) Recht 1906 Nr. 2847 (Frankfurt); RG. 98, 17.

überhaupt die landesrechtlichen Vorschriften gelten [25]), dagegen sind Türen, welche bestimmungsgemäß nur den Zweck haben können, den Übertritt von einem Anwesen auf ein Nachbargrundstück zu ermöglichen, Anlagen im Sinne des § 907 [26]), desgleichen der Straßenanschluß, durch welchen jemand eine auf seinem Grundstück angelegte Straße in den Weg eines anderen einmünden läßt [27]).

Ein unmittelbar vor dem Fenster des Nachbars aufgestellter Kandelaber ist keine unzulässige Anlage, wenn auch hierdurch die Gefahr des Einsteigens in das Nachbarhaus begründet wird. Denn der Eigentümer ist nach § 903 befugt, den Kandelaber aufzustellen, er übt damit keine Einwirkung auf das Nachbargrundstück.

2. Man kann bei den Anlagen im Sinne des § 907 solche unterscheiden [28]), welche selbsttätig ohne Hinzutreten einer weiteren menschlichen Tätigkeit wirken (wie Gräben und Kanäle, welche übelriechendes Wasser enthalten [29]), oder Aufenthalt für schädliche Tiere bieten [30]), Dung- und Versitzgruben) [31]) und solche Anlagen, welche nur, wenn sie in Funktion gesetzt werden, einwirken (z. B. Backöfen, Rauchfänge, Viehställe [32]), Aufschüttungen von Erd- und Sandmassen [33]), Stauvorrichtung [34]) und gewerbliche Anlagen) [35]). In beiden Fällen kommen nur Anlagen mit solchen Einwirkungen in Betracht, die durch sinnliche Wahrnehmung vermittelt werden, nicht dagegen mit bloßen Einwirkungen auf das Gefühlsleben; es fallen also Anlagen, von denen lediglich sog. ideelle oder immaterielle Immissionen (Erregung von Furcht, Grausen, Scham) ausgehen, nicht unter § 907 (vgl. bezüglich der Anlagen mit Explosionsgefahr [Pulvermagazin], bezüglich der Leichenhäuser und Bordelle oben S. 182), wie überhaupt Anlagen, welche das Nachbargrundstück in anderer Weise als durch stoffliches Hinüberwirken, wie z. B. durch Werfen von Schatten oder Behinderung des

---

25) Neumann, Jahrb. 5, 399 (LG. Mainz).

26) Vgl. OGH. 8, 284. Der Nachbar, auf dessen Eigentum der durch die Türe vermittelte Ausgang führt, braucht sich nicht damit zu begnügen, daß die Türe verschlossen gehalten wird, er kann Beseitigung, zum mindesten aber eine solche Einrichtung der Türe verlangen, daß sie nicht mehr geöffnet werden kann.

27) OLG. 2, 345 (Marienwerder).

28) M. 3, 294 (Mugdan 3, 163).

29) RG. 51, 254.

30) JW. 1910, 654.

31) OLG. 4, 59.

32) RG. 51, 254.

33) RG. 60, 140.

34) JW. 1908, 301.

35) Turnau-Förster Anm. 1 zu § 907. Vgl. OLG. 2, 345; JW. 1901, 52.

Luftzutrittes beeinträchtigen, nicht unter § 907 fallen[36]). Die Höher- oder Tieferlegung einer Straße fällt nur dann unter § 907, wenn sie direkt auf das Eigentum einwirkt. Das ist nicht schon dann der Fall, wenn durch die Änderung der Straße Licht und Aussicht oder der Zugang zu der Straße genommen wird[37]), wohl aber z. B. dann, wenn der Wasserlauf in schädlicher Weise geändert wird[38]). Nicht zu den Anlagen im Sinne des § 907 BGB. gehören Bäume und Sträucher, die durch Abs. 2 des § 907 BGB. ausdrücklich ausgenommen sind. Für diese ist § 910 BGB. sowie Art. 71 ff. AG. maßgebend[39]). Dagegen fällt es unter § 907 BGB., wenn jemand ein Haus mit so schlechter Fundamentierung baut, daß sich die dem Nachbar zugekehrten Wände notwendig über dessen Grundstücke neigen müssen[40]).

3. Voraussetzung für die Anwendung des § 907 BGB. ist der Nachweis, daß die Anlage von selbst oder bei ihrer Benützung unzulässige Einwirkungen zur notwendigen, wenn auch nur allmählich hervortretenden Folge hat. Die auf die bloße Möglichkeit, ja selbst Wahrscheinlichkeit, sich gründende Besorgnis derartiger Einwirkungen genügt nicht[41]). So kann man beispielsweise nicht mit Sicherheit voraussehen, daß in einer Sprengstoffabrik früher oder später Explosionen eintreten werden[42]). Andererseits ist eine mathematische Sicherheit nicht erforderlich; es genügt, wenn nach den Lebenserfahrungen ein ernsthafter Zweifel darüber, daß das Ereignis früher oder später einmal eintreten muß, nicht bestehen kann[43]).

Wenn nach den besonderen Umständen die Gefahr so sehr gesteigert ist, daß man mit einer der Gewißheit gleichkommenden Wahrscheinlichkeit den Eintritt von unzulässigen Einwirkungen voraussehen konnte, dann sind diese Einwirkungen im Sinne des § 907 mit Sicherheit vorauszusehen (Gruchot 66, 476). Es ist also zur Anwendung des § 907

[36]) BayZ. 1908, 123 (RG.).
[37]) RG. 51, 253; OLG. 18, 126.
[38]) OLG. 18, 126.
[39]) S. unten §§ 18 und 19.
[40]) Cosack 2, 153. Vgl. hierzu unten § 16.
[41]) M. 3, 295 (Mugdan 3, 163); JW. 1902 Beil. 203 (RG.); Recht 1904, 282 Nr. 1281 (RG.); Recht 1907 Nr. 1157; JW. 1910, 20; SeuffA. 65 Nr. 212 (RG.). Es genügt also nicht der Beweis, daß, wenn auf dem Nachbargrundstücke Feuer entstehen sollte, mit Sicherheit die Flammen in das Grundstück des Klägers hinüberwirken würden, sondern es muß auch nachgewiesen werden, daß das Feuer mit Sicherheit vorauszusehen sei (RG. 50, 226). Aus dem gleichen Grunde sind bei einem ordnungsgemäß angelegten Rohrnetz einer Gas- oder Wasserleitung die Voraussetzungen des § 907 nicht gegeben. Der Unternehmer haftet für den durch Rohrbruch entstandenen Schaden nur im Falle seines Verschuldens (RG. 63, 374).
[42]) S. darüber unten § 43 III 2.
[43]) Vgl. Gruchot 59, 476.

nicht erforderlich, daß der Eintritt der schädigenden Einwirkung mit unbedingter Gewißheit, wie ein auf Grund von Naturgesetzen notwendig eintretendes Ereignis vorausgesetzt werden kann. Vielmehr muß mit Rücksicht auf die Beschränktheit der menschlichen Erkenntnis und des Voraussetzungsvermögens, wie in anderen Fällen (z. B. bei Feststellung des ursächlichen Zusammenhangs) so auch hier derjenige höchste Grad von Wahrscheinlichkeit genügen, auf Grund dessen nach der Lebenserfahrung im gewöhnlichen Laufe der Dinge von einer, wenn auch nur relativen Sicherheit des früheren oder späteren Eintritts der Einwirkung besprochen werden kann (JW. 1923, 289; SeuffA. 78, 83).

Von einer Anlage ist eine unzulässige Einwirkung nur dann mit Sicherheit zu erwarten, wenn sie die Folge einer ordnungsmäßigen Benützung der Anlage ist[44]. Denn andernfalls kann ja die Benützung so gestaltet werden, daß unzulässige Störungen vermieden werden[45]. Wenn aber der Bestand der Anlage selbst ein ordnungswidriger ist, läßt sich derselbe Grundsatz nicht aufstellen. Ist eine dicht an der Grenze befindliche Dunggrube nicht zementiert, dann kann auf Beseitigung geklagt werden. Dagegen kann nicht auf Beseitigung geklagt werden, wenn die Dunggrube zementiert ist und nur der Zementverputz schadhaft ist; denn in diesem Falle liegt nur eine mangelhafte Unterhaltung desjenigen Zustandes vor, der an sich geeignet wäre, die Einwirkung auszuschließen[46]. Die zu gewärtigende Einwirkung muß eine unzulässige, d. h. eine solche sein, durch welche das Recht des Eigentümers im Sinne der §§ 903, 905, 906 BGB verletzt würde[47].

III. Während nun nach § 1004 BGB. der Eigentümer gegenüber einer solchen Anlage erst vorgehen könnte, wenn bereits eine der nach §§ 903, 905, 906 BGB. unzulässigen Einwirkungen auf sein Grundstück eingetreten wäre, und auch unter dieser Voraussetzung das Recht hätte, Beseitigung der Einwirkung zu verlangen und gegebenenfalls auf Unterlassung weiterer Einwirkungen zu klagen, gibt § 907 BGB. dem Eigentümer das Recht, zu verlangen, daß auf den Nachbargrundstücken Anlagen der bezeichneten Art überhaupt gar nicht hergestellt oder gehalten werden. Vermöge dieses Anspruchs kann der Eigentümer sowohl die Herstellung solcher Anlagen verhindern, als auch ihre Beseitigung herbeiführen[48]. Durch § 907 wird der Inhalt des Eigentums

[44]) OLG. 4, 60; Maenner 164 Anm. 38.

[45]) JW. 1902 Beil. 187 (RG.). Hier kann der Anspruch auf Unterlassung (§ 1004) in Frage kommen.

[46]) Vgl. OLG. 4, 60; Maenner 164 Anm. 38.

[47]) KommProt. 3603 (Mugdan 3, 602).

[48]) Denkschrift 123 (Mugdan 3, 972); JW. 1900, 640 (Beseitigung einer öffentlichen Bedürfnisanstalt).

für den einen erweitert und demgemäß für den andern beschränkt. Durch die Schaffung eines Zustandes, der dem durch § 907 erweiterten Inhalts des Eigentums zuwiderläuft, wird das Eigentum beeinträchtigt. Diese Beeinträchtigung wird mit dem Anspruch aus § 1004 abgewehrt[49])

Der Anspruch auf Beseitigung setzt nicht voraus, daß der Nachbar der Anlage widersprochen hat. Handelt es sich um gewerbliche Anlagen, welche nach § 16 der Gewerbeordnung einer gewerbepolizeilichen Genehmigung bedürfen, so können die Einwendungen aus §§ 906, 907 BGB. in dem der Genehmigung vorausgehenden Verwaltungsverfahren geltend gemacht werden (§ 17 Gewerbeordnung). Dagegen besteht kein Klagerecht, durch welches die Errichtung einer solchen gewerblichen Anlage verhindert oder die Beseitigung der genehmigten Anlage verlangt werden könnte[50]). Ist die Anlage ohne Genehmigung errichtet, so kann unter den Voraussetzungen des § 907 auf Beseitigung geklagt werden.

Der Anspruch geht auf Unterlassung der Herstellung oder auf Beseitigung der Anlage. Ist der Zustand beseitigt, durch welchen die Unzulässigkeit der Anlage begründet wurde, so ist der Beseitigungsanspruch erfüllt[51]). Mit bloßer Unterlassung der Benützung, durch welche allein die unzulässige Einwirkung herbeigeführt wird, braucht sich der Nachbar nicht zu begnügen[52]). Wenn freilich der Nachbar Einrichtungen an der Anlage getroffen hat, welche für die Zukunft die unzulässige Einwirkung auf das Nachbargrundstück ausschließen, dann muß sich der Nachbar hiermit zufrieden geben. Er kann aber, insolange dies nicht geschehen ist, Klage auf Beseitigung der ganzen Anlage erheben und ist nicht etwa darauf beschränkt, die Klage lediglich auf Herstellung solcher Einrichtungen zu stellen Trifft der Eigentümer der Anlage solche Einrichtungen vor Erhebung der Klage, so ist dadurch der Anspruch auf Beseitigung der Anlage entzogen. Der Kläger, welcher die Klage auf Beseitigung stellt, muß beweisen, daß zur Zeit der Klageerhebung oder später die Anlage eine solche war, daß mit Sicherheit *unzulässige*[53]) Einwirkungen zu erwarten waren. War dies der

[49]) Ein Schadenersatzanspruch ist nur begründet, wenn dessen besondere Voraussetzungen erfüllt sind (RGK. Bem. 1 zu § 907).

[50]) S. unten § 39.

[51]) Vgl. BayZ. 1909, 375 RG. Um jeden Zweifel hierüber auszuschließen, hat das RG. den Urteilssatz wie folgt gefaßt: „Dem Beklagten wird untersagt, die Dunggrube als solche zu halten, bevor den polizeilichen Vorschriften genügt ist".

[52]) Vgl. KommProt. 3603 (Mugdan 3, 602).

[53]) RGK. Bem. 3 zu § 907: Planck Bem. 4 zu § 907; Endemann 198; Crome 284 Anm. 52; Goldmann-Lilienthal 42; JW. 1910, 20 (RG.); SeuffA. 65 Nr. 212 verlangen vom Kläger lediglich den Nachweis, daß die Anlage des Beklagten Einwirkungen mit

Fall und hat der Beklagte erst nach Erhebung der Klage diejenigen Einrichtungen getroffen, welche unzulässige Einwirkungen ausschließen, so kann eine Verurteilung zur Beseitigung nicht mehr eintreten. Der Beklagte muß aber in diesem Falle beweisen, daß tatsächlich infolge der nach der Klageerhebung getroffenen Einrichtungen bei ordnungsgemäßer Benützung unzulässige Einwirkungen ausgeschlossen sind. Erst wenn der Beklagte diesen Beweis erbracht hat, braucht der Kläger von seiner ursprünglich begründeten Klage auf Beseitigung abzugehen und wenn er dies sofort tut, fallen dem Beklagten die sämtlichen Kosten zur Last War aber zur Zeit der Klageerhebung oder später eine unzulässige Einwirkung bereits eingetreten und waren weitere unzulässige Einwirkungen für die Zukunft mit Sicherheit zu erwarten, so kann der Kläger, wenn nachgewiesenermaßen der Beklagte nach Erhebung der Klage Einrichtungen, welche für die Zukunft die Einwirkung ausschließen, getroffen hat, von der Klage auf Beseitigung der ganzen Anlage übergehen zum Anspruch auf Unterlassung weiterer Beeinträchtigung. Dieser letztere Anspruch wird dem Kläger nicht dadurch entzogen, daß die obenerwähnten Einrichtungen nach Erhebung der Klage hergestellt wurden [54])

IV § 907 fügt dem Inhalt des Eigentums das Recht hinzu, das dort vorgesehene Verlangen zu stellen. Der diesem Recht entsprechende Anspruch ist in § 1004 gegeben. Die Aktiv- und Passivlegitimation unterliegt daher den allgemeinen Regeln des § 1004 (s. hierüber unten § 38)

Eine einstweilige Verfügung auf Unterlassung oder Einstellung des Baues ist zulässig (§ 940 ZPO.) [55])

Sicherheit erwarten lasse; dann müsse Beklagter beweisen, daß die Einwirkungen zulässig seien. — Dieser Auffassung ist nicht beizutreten; sie entspricht allerdings dem Grundsatz, daß an sich jede Einwirkung verboten ist und die Zulässigkeit einer Einwirkung die besonders zu begründende Ausnahme bildet (s. oben S. 181). Für den Unterlassungsanspruch ist daher die Beweislast so zu verteilen, daß der Kläger die Einwirkung, Beklagter ihre Zulässigkeit zu beweisen hat. § 907 enthält aber einen besonders gearteten Anspruch, der nur ausnahmsweise gegeben ist, nämlich dann, wenn seine besonderen Voraussetzungen gegeben sind. Daß diese Voraussetzungen, zu denen die Unzulässigkeit der Einwirkung gehört, gegeben sind, hat der Kläger zu behaupten und zu beweisen. (So auch Biermann, Kretzschmar, Turnau-Förster sämtlich zu § 907; Müller 47).

[54]) Vgl. RG. 36, 178; JW. 1896, 210 Nr. 37; 1898, 610 Nr. 41. Vgl. unten § 38 II 2. Nur dann, wenn weitere unzulässige Beeinträchtigungen überhaupt (nicht nur bei ordnungsgemäßer Benützung) mit absoluter Sicherheit ausgeschlossen ist, ist der Kläger klaglos gestellt; das ist nicht schon dann ohne weiteres der Fall, wenn der Betrieb eingestellt wird oder Einrichtungen getroffen sind, die bei ordnungsgemäßer Instandhaltung und Benutzung die unzulässige Einwirkung auszuschließen geeignet sind. Nur mit dieser Beschränkung kann Staudinger Bem. I 1b zu § 907 beigepflichtet werden. Vgl. unten § 38.

[55]) OLG. 4, 61.

Einer mit obrigkeitlicher Genehmigung errichteten gewerblichen Anlage oder Eisenbahn-, Dampfschiffahrts- und ähnlichen Einrichtungen gegenüber kann jedoch die Klage nicht auf Einstellung des Gewerbebetriebes, auch nicht auf Beseitigung der Anlage, sondern nur auf Herstellung von Einrichtungen, welche die benachteiligende Einwirkung ausschließen, oder wo solche Einrichtungen untunlich oder mit einem gehörigen Betriebe des Gewerbes unvereinbar sind, auf Schadloshaltung gerichtet werden (§ 26 der Reichsgewerbeordnung und Art. 80 AG.)[56].

Kein Abwehranspruch besteht gegenüber Autobahnen, deren Einwirkungen auf die Umgebung des nach § 906 BGB. zulässige Maß überschreiten. Aus der öffentlich-rechtlichen Stellung des Unternehmens „Autobahn" (Ges. vom 27. 6. 1933 — RGBl. II, 509) folgt, daß wegen der Wichtigkeit der Autobahnen für die Allgemeinheit lediglich ein „Aufopferungsanspruch" besteht (RG. 159, 129). Nicht rechtmäßig sind jedoch solche Einwirkungen, die bei schuldiger Rücksichtnahme vermeidbar gewesen wären.

§ 37 des Reichsbahnges. v. 30. 8. 1924 u. 23. 3. 1930 enthält dieselben Rechtsgrundsätze wie § 14 des preuß. Ges. vom 3. 11. 1838. Hiernach hat die Bahn im Rahmen der technischen Ausführbarkeit auch andere als die von der Verwaltungsbehörde bestimmte Anlagen zu machen, wenn sich solche nachträglich als zum Schutz der Anlieger nötig herausstellen. Im Fall der Unterlassung solcher Anlagen haftet die Bahn für Schadensfolgen (RG. 122, 137).

Der Unternehmer der Eisenbahn haftet für alle bei der Beförderung auf der Bahn verursachten Schäden, und zwar auch für solche schädigende Einwirkungen auf Nachbargrundstücke selbst dann, wenn diese Einwirkungen nach § 906 BGB. erlaubt wären (RG. 133, 342).

Der Betrieb eines Rangier- und Abstellbahnhofs ist ein im öffentlichen Interesse genehmigter Betrieb. Gegen Beeinträchtigungen, die von einem solchen auf ein Nachbargrundstück einwirken, besteht kein Abwehranspruch, wohl aber ein Anspruch auf Vornahme schützender Vorkehrungen gegen wesentliche und nicht ortsübliche Einwirkungen (HRR. 1938, 1531).

Auch gegenüber Betrieben, die den Belangen der Volksgesundheit dienen, tritt eine Beschränkung der Nachbarrechte gemäß Ges. vom 18. 10. 1935 (RGBl. I, 1247) ein, soweit der störende Betrieb nach § 2 des

[56]) RG. 50, 229 f. hierüber unten § 39. Diese Ansprüche bleiben dem Eigentümer auch, wenn er im Verwaltungsverfahren gegen die Genehmigung der Anlage keine Einwendung (§ 17 Gewerbeordnung) erhoben hat. Es steht zweifellos eine auf privatrechtlichem Titel beruhende Einwendung in Frage. Staudinger, Vorträge S. 338.

Ges. vom 13. 12. 1933 (RGBl. I, 1058) genehmigt ist. Das Gesetz vom 18. 10. 1935 sieht eine sinngemäße Anwendung des Gesetzes vom 13. 12. 1933 vor; dieses aber beschränkt die Nachbarrechte nur gegenüber solchen Betrieben, bezüglich deren geprüft und entschieden ist, inwieweit das Gemeinwohl eine Beschränkung der Nachbarrechte erfordert und zumutbar macht (Pfundtner-Neubert II b, Nr. 26 Anm. 26). Eine Beschränkung der Rechte auf Grund des Gesetzes vom 13. 12. 1933 tritt nicht ein, soweit es sich um Ansprüche handelt, die auf einem besonderen bürgerlich-rechtlichen Titel, wie einem Vertrage oder einem rechtskräftigen Urteil, beruhen (HRR. 1936, 668). Bei Klagen auf Beseitigung öffentlicher Einrichtungen ist natürlich die Zulässigkeit des Rechtswegs zu prüfen [57]).

Bei übermäßiger Beeinträchtigung, die im Interesse der Allgemeinheit hingenommen werden muß, besteht ein „Aufopferungsanspruch", für den kein Verschulden nachzuweisen ist (RG. 159, 131; 139, 33).

Ein dem Aufopferungsanspruch entsprechender Ausgleichsanspruch steht auch dem beeinträchtigten Eigentümer zu, dessen Daseinsgrundlage durch eine nach § 906 BGB. an sich zulässige Einwirkung gefährdet wird (RG. 154, 165; 159, 141).

V. Eine Ausnahme von der Vorschrift des § 907 BGB. wird durch Abs. 1 Satz 2 geschaffen für den Fall, daß bei der Herstellung oder Einrichtung der Anlage die landesgesetzlichen Vorschriften, die einen bestimmten Abstand von der Grenze oder sonstige Schutzmaßregeln vorschreiben, eingehalten sind. Diese landesgesetzlichen Vorschriften können privatrechtlicher oder öffentlich-rechtlicher (polizeilicher) [58]) Natur sein. An privatrechtlichen Vorschriften kommen nur die Bestimmungen der Art. 60—66 AG. für den Abstand von Fenstern und Lichtöffnungen in Betracht.

Zu den landesgesetzlichen Vorschriften, die unter § 907 Abs. 1 Satz 2 fallen, gehört § 52 Abs. 2 BauO., wonach Dung- und Versitzgruben mindestens 1 Meter von den Umfassungswänden bewohnter Ge-

---

[57]) Für — wenigstens theoretisch — zulässig hat das RG. die Anwendung des § 907 erachtet bei städtischen Bedürfnisanstalten (JW. 1900, 369), Gasanstalten (RG. 63, 378), Kanalanlagen (JW. 1911, 764). Vgl. JW. 1901, 52; 1900, 639.

[58]) Ist in einer gesetzlichen oder allgemein gültigen Polizeiverordnung (z. B. in einer ortspolizeilichen Vorschrift) die Errichtung einer Anlage von einer polizeilichen Genehmigung abhängig, so ist dies eine sonstige „Schutzmaßregel" im Sinne des § 907 Abs. 1 Satz 2. Ist dann der betreffenden Anlage die polizeiliche Genehmigung erteilt, dann ist diese Gesetzesvorschrift einschlägig.

bäude hergestellt und Dunggruben überdies so angelegt werden müssen, daß ihr etwaiger Überlauf sich nicht dem Wohnhaus nähert.

In Gemäßheit des § 52 Abs. 1 BauO. (Art. 73 Abs. 1 PStGB.) können für die Anlage, Einrichtung oder Abänderung und bauliche Instandhaltung von Abtritten, Dung- und Versitzgruben in Wohngebäuden oder in unmittelbarer Nähe von Wohnungen, Brunnen oder Brunnquellen polizeiliche Vorschriften erlassen werden. Die meisten bayerischen Kreisregierungen haben solche Vorschriften erlassen. In den übrigen Regierungsbezirken haben die Staatsaufsichtsbehörden für eine distrikts- oder ortspolizeiliche Regelung Sorge getragen. Vielfach ist neben den oberpolizeilichen Vorschriften eine noch weitergehende ortspolizeiliche Regelung erfolgt. Nur dann, wenn diesen sämtlichen für eine Gemeinde geltenden Vorschriften im vollen Umfange genügt ist, gilt die in § 907 Abs. 1 Satz 2 bestimmte Einschränkung des Beseitigungsanspruchs.

Einschlägig ist ferner § 47 BauO., wonach (Abs. 1) Gebäude, welche zur Herstellung, Bearbeitung oder Lagerung größerer Quantitäten leicht entzündlichen oder schwer zu löschenden Materials bestimmt sind, mit massiven Mauern umgeben und, wenn sie mit anderen Gebäuden zusammenhängend gebaut werden sollen, von diesen durch Backsteinbrandmauern getrennt werden müssen. Nach § 47 Abs. 2 kann aber auch eine allseitig freie Lage bis zu 9 Meter Entfernung von anderen Gebäuden, Einwölbung, unverbrennliches Stiegenwerk, dann eiserner Tür- und Fensterverschluß, feuerfester Boden gefordert werden. Es kommen jedoch nur solche Schutzmaßregeln in Betracht, welche die konkrete Einwirkung abzuhalten oder abzuschwächen geeignet sind.

Der Inhaber einer Anlage, aus der große Gefahren für die Umwohner entstehen können, hat die Pflicht, die Nachbarschaft nach Möglichkeit zu schützen. Bei Benzintankstellen müssen bei Undichtigkeit gegen Entweichen von Gas Vorkehrungen zum Schutz der Nachbarschaft getroffen werden (HRR. 1939, 307; DJ. 1939, 270).

Wenn polizeilich bloß bestimmt ist, daß Dunggruben nach oben mit einem dichten Abschluß zu versehen sind, so kann die Beseitigung der Dunggrube verlangt werden, wenn zwar diese Auflage erfüllt ist, die Wandungen der Grube für Jauche aber durchlässig sind.

Der durch Art. 52 BauO. für Dunggruben vorgeschriebene Abstand von 1 Meter von den Umfassungsmauern bewohnter Gebäude bezweckt auch nur den Schutz des Mauerwerks. Ist dieser Abstand von 1 Meter eingehalten, so kann deshalb, weil die Benützung der Dunggrube der Mauer des Nachbarhauses sicher Jauche zugeführt werden wird, eine Klage auf Beseitigung erst nach erfolgter Zuführung erhoben werden, sofern bei der Anlage der Dunggrube auch die übrigen (oberpolizeilichen und ortspolizeilichen) Vorschriften eingehalten sind. Würden solche anderweitige polizeiliche Vorschriften nicht bestehen, so könnte die Beseitigung einer Dunggrube trotz Einhaltung des durch Art. 52 vorgeschriebenen Abstandes dann verlangt werden, wenn von der Benützung der Dunggrube übermäßige (§ 906) Gerüche mit Sicherheit zu erwarten sind.

Der Gesetzgeber wollte durch Zulassung der Ausnahme des Abs. 2 (§ 907) das unerwünschte Ergebnis vermeiden, daß jemand, der eine Anlage vorschriftsmäßig eingerichtet hat, gleichwohl vom Nachbar zur Beseitigung der Anlage gezwungen werden könnte. Das Verlangen auf Beseitigung der Anlage ist daher in diesem Fall erst dann statthaft, wenn tatsächlich unzulässige Einwirkungen auf das Nachbargrundstück eingetreten sind[59]). Die Landesgesetzgebung ist also nicht in der Lage zu bestimmen, daß bei Beobachtung der landesgesetzlichen Schutzvorschriften der Nachbar trotz Hervortretens unzulässiger Einwirkungen keinen negatorischen Anspruch haben soll[60]).

Im übrigen ist es gleichgültig, welcher Art diese landesgesetzlichen Vorschriften sind[61]). Regelmäßig werden es polizeiliche Vorschriften sein[62]). Auch jene Bestimmungen, welche von den Behörden auf Grund einer Delegation erlassen worden sind, gehören hierher.

Ist sonach durch ortspolizeiliche Vorschrift bestimmt, daß Schweineställe mit Abzugsröhren zum Zwecke des Luftwechsels zu versehen sind, so kann der Nachbar, wenn trotz Vorhandenseins vorschriftsmäßiger Abzugsröhren mit Sicherheit eine unzulässige Einwirkung durch Gerüche zu erwarten ist, keinen Anspruch auf Beseitigung erheben, bevor nicht die unzulässige Einwirkung tatsächlich hervorgetreten ist.

§ 16. Gefahr des Einsturzes von Gebäuden und sonstigen Bauwerken.

I. Ein weiterer Fall, in welchem gegen künftige Einwirkung ein Schutz gewährt wird, ist in § 908 BGB. enthalten. Während sich § 903 gegen rechtswidrige menschliche Handlungen wendet, fordert § 908 ein Eingreifen des Menschen zur Abwehr von Gefahren, welche von der toten, dem Naturgesetz der Schwerkraft unterworfenen Sache drohen[1]).

---

59) KommProt. 3604 (Mugdan 3, 603). Dann aber kann die Beseitigung verlangt werden; der Eigentümer braucht sich nicht mit der bloßen Unterlassung der Beeinträchtigung zu begnügen.

60) KommProt. 3605 (Mugdan 3, 603).

61) Privatrechtliche Vorschriften bestehen in Bayern nicht; s. oben § 15 am Anfang.

62) Vgl. Staudinger Bem. IIIa zu § 907. Meine Ausführungen in der ersten Aufl. S. 77 (2. Aufl. § 15 I) sind dort gründlich mißverstanden worden; es wird von mir lediglich vertreten, daß eine polizeiliche Abstandsvorschrift kein privatrechtliches Klagerecht auf Einhaltung des Abstandes gewährt.

§ 16. 1) Neumann, Jahrb. 5, 396 (Colmar).

Das gemeine Recht gibt demjenigen, der sich durch eine baufällige Anlage bedroht fühlt, das Rechtsmittel der cautio damni infecti. Die Haftung auf Grund dieses Rechtsinstituts ist eine im hohen Grade objektive, indem sie von aller Schuld des Handelnden absieht. Die Eigentümlichkeit desselben liegt darin, daß die Haftung nur dann eintritt, wenn der Bedrohte seinerseits sich vor dem Eintritt des schädigenden Erfolges gerührt und von dem Gegner gerichtliche Kautionsleistung verlangt hat. Nur dann wird von diesem Erfordernis abgesehen, wenn dem Bedrohten die Unterlassung des Kautionsbegehrens nicht als Nachlässigkeit ausgelegt werden kann, weil er wegen Kürze der Zeit oder sonstiger triftiger Gründe die Kautionsstellung nicht hat fordern können[2]). Das preußische Recht legt den Eigentümern von Gebäuden, die an Straßen oder öffentliche Plätze stoßen, die Verpflichtung auf, dieselben im baulichen Zustand zu unterhalten, soweit es zur Erhaltung der Substanz und zur Verhütung alles Schadens und Nachteiles für das Publikum notwendig ist (ALR. Tl. I, Tit. 8 § 37). Die Unterlassung dieser Pflicht hat nach ALR. Tl. I, Tit. 6 § 26 für den Eigentümer Schadenersatzpflicht zur Folge[3]). Nach code civil Art. 1686 bestand eine Schadenersatzpflicht ohne jedes Verschulden, soferne der durch den Einsturz verursachte Schaden in mangelhafter Unterhaltung oder fehlerhafter Konstruktion seine Ursache hat.

II. 1. Die einschlägige Vorschrift des Bürgerlichen Gesetzbuches ist in § 908 enthalten. Voraussetzung dieser Bestimmung ist, daß einem Grundstück die Gefahr droht, daß es durch den Einsturz eines Gebäudes oder eines anderen Werkes, das mit einem Nachbargrundstück verbunden ist oder durch die Ablösung von Teilen des Gebäudes oder Werkes beschädigt wird:

a) Über den Begriff des Gebäudes s. unten § 21. Unter einem Werk, das mit einem Nachbargrundstück verbunden ist, versteht man einen einem bestimmten Zweck dienenden, nach gewissen Regeln der Kunst und der Erfahrung hergestellten unbeweglichen Gegenstand[4]); also einen solchen, der in seiner Gesamtheit unbeschadet seiner Gestalt und Verbindung nicht von einer Stelle zur anderen gebracht werden kann.

---

[2]) Delius, Über die Haftung für den Einsturz von Gebäuden und anderen Werken S. 16.

[3]) Vgl. EntschROHG. 20, 171.

[4]) SeuffArch. 61 Nr. 55 (RG.); deshalb ist ein zusammengeschütteter Erdhaufen, gleichviel von welcher Höhe, kein Werk. Ein solcher wird zu einem Werk erst durch die Bearbeitung zu einem bestimmten Zweck, z. B. wenn eine Böschung hergestellt wird. Steile, durch bloße Abgrabungen entstandene, keinem bestimmten Zwecke dienende Erdwände eines Nachbargrundstückes sind kein mit diesem Grundstück verbundenes Werk. WürttJ. 19, 277 (Stuttg.), wohl aber ein Steinbruch vgl. Reger, Entsch. 5, 82.

Besonders hervorgehoben aus diesem weiteren Begriff sind von dem Gesetze die **Gebäude**[5]); zu den anderen mit einem Grundstück fest verbundenen Werken gehören Mauern, Senkgrube, Brunnen, Zaun, Denkmal, elektrische Leitungsstangen mitsamt den Leitungsdrähten[6]), Kanal, Damm, Turngerüste[7]). Dagegen gehört eine aus Balken und Brettern bestehende Hütte nicht hierher, soferne sie nicht mit dem Boden in eine feste Verbindung gebracht worden ist[8]). Wesentlich ist, daß das Werk von Menschenhand errichtet ist. Nicht in Betracht kommt daher der **natürliche Zustand** des Grundstückes, hätte er auch beseitigt werden können und müssen[9]).

Wenn z. B. ein Felsblock auf ein benachbartes Haus herabzustürzen droht, ist die Voraussetzung des § 908 BGB. nicht gegeben; ebensowenig, wenn ein altersschwacher Baum, der jenseits der Grenze steht, so morsch ist, daß er vom nächsten Sturmwind auf das Haus des Nachbars geworfen werden kann[10]). (Vgl. oben S. 156).

---

[5]) Über den Begriff der Gebäude s. unten § 21 I 1.

[6]) OLG. 18, 85; SeuffArch. 64 Nr. 30.

[7]) Vgl. Kuhlenbeck Note 1 zu § 836; Delius, Über die Haftung für den Einsturz von Gebäuden und anderen Werken S. 14. Vgl. JW. 1905, 370 Nr. 10 (Deichbruch), 387 Nr. 3 (Fensterladen); SeuffArch. 57, 62 (Torpfeiler); JW. 1906, 423 (Firmenschild); JW. 1908, 196 (Bahndamm); Gruchot 60, 132 (Fahrstuhl); JW. 1910, 653; OLG. 20, 37 (Drahtzaun); SeuffArch. 64 Nr. 92 (Kanal, Schleuße); JW. 1908, 196 (Brunnen, Wasserleitung); RG. 74, 22 (Gasrohrleitung); OLG. 14, 43 (Mauer); Warneyer 1912 Nr. 78 (Ruine, unfertig gelassener Rohbau); JW. 1910, 288 (Baugerüste, auch dann, wenn die Tragstangen nicht in den Boden eingelassen sind. Unrichtig OLG. 18, 86); RG. 60, 140 (Böschung); Gruchot 57, 972 (Signalmast).

[8]) Was aber auch durch die eigene Schwere bewirkt werden kann.

[9]) Delius, Über die Haftung für den Einsturz von Gebäuden und anderen Werken S. 14.

Wenn aber ein von Natur vorhandener Zustand infolge einer durch menschliche Tätigkeit bewirkten Umwandlung für das Nachbargrundstück gefahrdrohend wird, ist unter Umständen der Anspruch auf Abwendung der Gefahr selbst dann begründet, wenn man es nicht mit einem Werk im Sinne des § 908 zu tun hat. Der Anspruch kann sich aus § 907 ergeben, wenn mit **Sicherheit** vorauszusehen ist, daß der Bestand der Anlage eine unzulässige Einwirkung auf das Nachbargrundstück zur Folge haben wird. Vgl. SeuffArch. 61 Nr. 55 (RG.). (Ablösung oder Hinüberfallen von Teilen) s. darüber oben § 15 II, 2. Abgesehen hiervon kann sich die Verpflichtung des Eigentümers der gefahrdrohenden Anlage vermöge seiner Haftung aus der unerlaubten Handlung ergeben. Zwar liegt eine **Verletzung** des Eigentums im Sinne des § 823 Abs. 1 BGB. insolange nicht vor, als die Einwirkung bloß droht, also noch nicht eingetreten ist. Aber regelmäßig wird sich der Anspruch aus § 823 Abs. 2 ableiten lassen. Der Schaden ist schon dann gegeben, wenn durch den gefahrdrohenden Zustand die Benützung des Nachbargrundstückes beeinträchtigt wird. Der Schadenersatzanspruch wird erfüllt durch Abwendung der Gefahr (§ 249 BGB.). Als Schutzgesetze kommen hier die polizeilichen Vorschriften (auch die ortspolizeilichen) in Betracht. Ist eine Einwirkung schon eingetreten, so genügt die Gefahr weiterer Einwirkung, um den Anspruch aus § 1004 sicherzustellen.

[10]) Vgl. Cosack 2, 154. Auch § 907 BGB. ist nicht anwendbar; denn weder der Felsblock, noch der Baum ist eine Anlage; bezüglich des Baums ist dies in Abs. 2 des § 907 ausdrücklich hervorgehoben. Der Hauseigentümer ist aber berechtigt, die Schutzmaßregeln zu treffen, welche

b) Dem Nachbargrundstück muß ferner die Gefahr einer Beschädigung durch Einsturz oder durch Ablösung[11]) von Teilen des Gebäudes oder Werkes drohen.

Der Ausdruck „Teil des Gebäudes" ist entsprechend dem allgemeinen Sprachgebrauch unter Anschauung des Verkehrs zu verstehen. Es wird also, soweit einzelne Sachen als Gebäudeteile in Frage kommen, eine baumäßige, nicht nur äußerliche, sondern dem Zweck des Ganzen dienende und in diesem Sinne organische Verbindung der Sache mit dem Gebäude gefordert. Baumäßig ist die Verbindung dann, wenn die Sache zur Herstellung des Gebäudes eingefügt oder sonstwie aus baulichen Gründen oder zu baulichen Zwecken an ihm angebracht ist. Eine mechanische Verbindung genügt allein nicht, vielmehr muß das Verbinden in einem festen, dem Wesen eines Bauwerks entsprechenden Zusammenhang mit dem Gebäude stehen, so daß sich daraus ohne weiteres seine Zugehörigkeit zu dem Bauganzen ergibt (Recht 1924 Nr. 351).

Eine Gefahr droht nicht nur dann, wenn der künftige Eintritt der Beschädigung gewiß ist, sondern auch schon dann, wenn nach Lage der Verhältnisse die Möglichkeit zu gewärtigen ist. Es ist also nicht einmal eine Wahrscheinlichkeit erforderlich. Andererseits genügt auch nicht jede noch so entfernte Möglichkeit; die Möglichkeit muß vielmehr unter Zugrundelegung der vorliegenden Umstände und der normalen Verhältnisse gegeben sein. Die Gefahr muß infolge des allgemeinen Naturgesetzes bestehen, kraft dessen die Gebäude und sonstigen Werke, wie alle irdischen Dinge, mit der Zeit zugrunde gehen. Dabei ist auch die Benützung des Hauses und deren normale Folgen in Betracht zu ziehen, nicht aber ein bei der Benützung mögliches Unglück. Daher gehört der Fall, daß auf dem Nachbargrundstück eine Pulverfabrik betrieben wird und deshalb die Gefahr besteht, daß durch eine Explosion Teile der Fabrik herübergeschleudert werden, nicht unter § 908 BGB.[12]). Für normale Verhältnisse kann man auch nicht heranziehen, daß ein Erdbeben, wohl

die Gefahr aufheben; er darf zu diesem Zwecke das fremde Grundstück betreten und, soweit es notwendig ist, benützen, z. B. um den Felsblock zu stützen (§ 904); ist zur Abwendung der Gefahr die Absprengung des den Absturz drohenden Feldblockes erforderlich, so ist der Hauseigentümer hierzu in Gemäßheit des § 228 BGB. berechtigt. Würde dadurch ein auf dem Felsblock stehendes Bauwerk in Mitleidenschaft gezogen werden, so wäre abzumessen, ob der mit der Wegsprengung verbundene Schaden nicht außer Verhältnis zu der Gefahr steht. Selbst dann würde an sich der Hauseigentümer zur Wegsprengung des Felsblockes berechtigt sein, wenn er die durch denselben verursachte Gefahr selbst herbeigeführt hat, indem er z. B. sein Grundstück vertieft und dadurch dem Felsblock die erforderliche Stütze im Erdreich entzogen hat. Jedoch würde der Hauseigentümer schadenersatzpflichtig sein (Satz 2 des § 228).

[11]) Das ist nicht bloß die vollständige Trennung des Teils vom Ganzen, sondern auch das Einstürzen oder Zerbrechen eines Teiles (RG. 52, 236). Zum Begriff der Ablösung gehört die selbsttätige Trennung des Teiles. Die Ursache der Ablösung muß in der Beschaffenheit des Werkes liegen, die Veranlassung zur Ablösung kann jedoch durch einen von außen kommenden Anstoß (auch durch menschliche Einwirkung) gegeben werden (vgl. Gruchot 57, 973; 58, 193; Warneyer 1919 Nr. 169.

[12]) S. RG. 50, 226. Vgl. Recht 1901, 562 und oben § 14 I.

aber, daß ein heftiger Sturmwind kommen kann. Ein Wirbelwind, der ein ganz außergewöhnliches Naturereignis ist, gehört hinwiederum nicht zu normalen Verhältnissen. Ein Hochwasser gehört dann zu den normalen Verhältnissen, wenn das Werk im Überschwemmungsgebiet liegt, andernfalls nicht. In Betracht ist zu nehmen die Erschütterung, welche durch die hart am Hause vorbeifahrenden Schnellzüge oder durch die Ausübung des in dem baufälligen Haus oder auf einem Nachbargrundstück betriebenen Gewerbes herbeigeführt wird.

Ob eine Gefahr besteht, muß nach objektivem Maßstab beurteilt werden. Es genügt nicht, wenn die Gefahr nur subjektiv als bevorstehend befürchtet wird[13]). Wenn die Besorgnis nur in der Einbildung des Grundeigentümers beruht, besteht eben keine wirkliche, sondern nur eine vermeintliche Gefahr.

Eine wesentliche Rolle spielt für die Standesfestigkeit der Baugrund. Die Widerstandsfähigkeit (Tragkraft) des Baugrundes bestimmt die Erfordernisse für die Fundamentierung des Bauwerkes. In Sandböden oder aufgeschüttetem Gelände ist ein stärkeres und tieferes Fundament nötig. Wird das Gebäude auf aufgeschüttetem Boden errichtet, so müssen die Fundamente bis auf den gewachsenen Boden geführt werden oder in anderer Weise eine Sicherung des Fundaments geschaffen werden. Sonst ist das Gebäude fehlerhaft errichtet.

Wenn der Baugrund bei Errichtung des Gebäudes so beschaffen war, daß das eingebaute Fundament die Standsicherheit verbürgte, jedoch später an dem Baugrund (infolge Grundwassers) Veränderungen auftreten mit der Folge, daß der Boden unter dem Fundament nachgibt und dadurch die Standsicherheit des Gebäudes beeinträchtigt wird, dann gehört zur ordnungsgemäßer Unterhaltung des Gebäudes, die notwendigen Vorkehrungen zu treffen, um ein Ausweichen des Fundaments zu verhindern. Bei lettigem Boden ist eine Aufweichung des Baugrundes durch das eindringende Tagwasser, das in den tonigen Schichten keinen Durchlaß findet, häufig. Ein charakteristisches Merkmal der hierdurch begründeten Gefahr des Einsturzes ist es, wenn sich am Boden des Kellers konkave Wölbungen bilden.

In erster Linie ist also zu prüfen, ob die Gefahr eines Einsturzes des Werkes (Gebäudes) oder der Ablösung von Teilen desselben (Balken, Erker, Fenster, Dachziegel, Stuckverzierungen, Gesimse) besteht, wie überhaupt die Verursachung der Gefährdung gleichgültig ist[14]). Ob der

---

[13]) Anders für die cautio damni infecti des gemeinen Rechts; Burkhard, Die cautio damni infecti 128.

[14]) Ortloff, ArchBR. 26, 347; vgl. JW. 1903 Beil. 115; 1904, 487 (Gesimse); Recht 1921 Nr. 2180 (RG.); Warneyer 1916 Nr. 78 (Teile des Verputzes); JW. 1904, 91 (Dach-

Zustand des Werkes, durch welchen diese Gefahr bedingt ist, auf einem Verschulden des Eigentümers beruht, ist ohne Bedeutung. Selbst eine durch ein Erdbeben, durch einen Erdrutsch oder eine Feuersbrunst herbeigeführte Baufälligkeit gibt dem Nachbar den Anspruch aus § 908 [15]).

Hieran hat sich die weitere Prüfung zu schließen, ob die Gefahr besteht, daß durch den drohenden Einsturz des Werkes (oder die drohende Ablösung von Teilen desselben) das Nachbargrundstück beschädigt wird. Keineswegs ist erforderlich, daß das Werk die Grenze überragt oder gar auf Teilen des Nachbargrundstückes (Mauer) aufliegt [16]). Ingleichen nicht, daß das Grundstück, auf welchem das Werk steht, an das gefährdete Grundstück unmittelbar anstößt; es genügt vielmehr, wenn die beiden Grundstücke in einer so nahen räumlichen Beziehung zueinander stehen, daß der Einsturz des Werkes oder die Ablösung von Teilen eine schädigende Einwirkung auf das andere Grundstück ausüben kann. Das kann selbst dann der Fall sein, wenn andere Grundstücke dazwischen liegen. Man denke nur an die Gefahr des Einsturzes eines Fabrikschornsteines. Wenn das baufällige Haus des A auf dem in ordnungsmäßigem Zustande befindlichen Hause des B aufliegt und infolgedessen die Gefahr besteht, daß durch den Einsturz des dem A gehörigen Hauses das dem B gehörige Haus auf das an letzteres anstoßende Haus des C geworfen wird, so kann C nicht gegen B, wohl aber gegen A den Anspruch des § 908 BGB. erheben.

Eine Beschädigung ist in jeder mechanischen Einwirkung auf die Substanz des Grundstückes oder der darauf errichteten Anlagen zu erblicken. Sind die Ziegel des Nachbardaches gelockert, so kann auch der Eigentümer des daran anstoßenden Krautackers sich auf § 908 BGB. berufen. Denn durch herabfallende Ziegel werden zwar keine Löcher in den Boden geschlagen, wohl aber die Pflanzen beschädigt. Man wird sogar soweit gehen müssen, entgegen dem strengen Wortlaut des Gesetzes eine Beschädigung des Grundstückes schon in einer Beeinträchtigung seiner Benützung zu finden. Wenn ein Ziegel auf den gepflasterten Hofraum fällt, so ist dies der Fall.

---

aufsätze); Warneyer 1919 Nr. 169 (Dachziegel); RG. 60, 421 (Fensterläden); OLG. 5, 249 (Fensterscheiben); OLG. 14, 53 (Torflügel); OLG. 12, 277 (Fahnenstangen); OLG. 5, 246 (Telegraphenstangen); OLG. 18, 85; SeuffArch. 64 Nr. 30 (Draht einer elektrischen Leitung); Gruchot 60, 132 (Tragseil eines Fahrstuhls); OLG. 18, 86; RG. 59, 8 (Treppe, Treppengeländer). Kommt das eindringende Tagwasser von einem Nachbargrundstück, so steht dem Gebäudeeigentümer der negatorische Anspruch (evtl. Schadenersatzanspruch) nur dann zu, wenn die Voraussetzungen des Art. 19 WG. gegeben sind.

[15]) Vgl. Cosack 2, 153; Ortloff 239; Maenner 165.

[16]) Ortloff, ArchBR. 26, 347.

2. Der Anspruch aus § 908 BGB. geht dahin, daß der für den gefahrdrohenden Zustand Verantwortliche die zur Abwendung der Gefahr erforderliche Vorkehrung trifft.

a) Der Anspruch steht nur dem Eigentümer[17]) des bedrohten Grundstückes zu, nicht auch dem Besitzer (Mieter, Pächter usw.)[18]).

b) Der Anspruch richtet sich, und das ist die Besonderheit des § 908, nicht auf ein Dulden oder Unterlassen, sondern enthält einen Zwang zu direktem Handeln; er geht dahin, daß die zur Abwendung der Gefahr erforderliche Vorkehrung getroffen wird. Der Klagsantrag wird daher z. B. lauten: „Der Beklagte ist schuldig, Vorkehrungen zu treffen, welche die Gefahr einer Beschädigung des Grundstücks des Klägers durch einen Einsturz des auf dem Anwesen Hs.-Nr. x befindlichen Schornsteines (oder durch Ablösung von Dachziegeln von dem zum Anwesen Hs.-Nr. x gehörigen Gebäude) abwenden." Es ist nicht Sache des Klägers, die erforderlichen Vorkehrungen bestimmt zu bezeichnen. Es ist dies nicht einmal zulässig. Dem Beklagten muß es vielmehr überlassen werden, durch welche Vorkehrungen er die Gefahr abwenden will[19]). Er kann das baufällige Gebäude einlegen; er kann ihm durch eiserne Klammern ein festes Gefüge geben; er kann es durch Balken stützen; er kann auf der Grenze eine genügend starke Mauer aufführen, welche auch für den Fall eines Einsturzes jede Einwirkung auf das Nachbargrundstück abhalten würde. Unter Umständen kann ein völliger Abbruch des Werkes nötig sein[20]). Die Anbringung einer Warnungstafel ist natürlich nicht genügend[21]). Hierbei ist zu betonen, daß der Grundeigentümer kein Interesse an der Verhinderung des Einsturzes, sondern nur an der Verhinderung der Beschädigung hat. Die erforderliche Vorkehrung im Sinne des § 908 ist daher schon dann getroffen, wenn verhindert wird, daß bei einem Einsturz des Werkes Teile desselben auf das Nachbargrundstück fallen, z. B. durch Errichtung einer Schutzmauer. Im Zwangsvollstreckungsverfahren ist zu entscheiden, ob eine auf Grund einer Verurteilung betätigte Vorkehrung genügend ist[22]).

---

[17]) Dem Miteigentümer (§ 1011 BGB.), dem Erbbauberechtigten (§ 1017 Abs. 2 BGB.), dem Dienstbarkeitsberechtigten (§§ 1027, 1090 Abs. 2 BGB.) und dem Nießbraucher (§ 1065 BGB.).

[18]) Wolff, Sachenrecht 140 gibt dem Besitzer zwar nicht den Anspruch aus § 908, wohl aber einen inhaltsgleichen Anspruch aus dem Rechtsgrund des Besitzschutzes. Es ist aber sehr fraglich, ob der Besitz schon durch die „Gefahr" des Absturzes gestört wird. Wollte man das annehmen, dann wäre der § 908 wohl überflüssig.

[19]) Vgl. hierzu RG. 37, 174; 40, 184; 65, 76; Gruchot 44, 1097; JW. 100 Beil. 1.

[20]) RG. 65, 76.

[21]) A. M. Delius, Über die Haftung für den Einsturz von Gebäuden und anderen Werken 11.

[22]) Vgl. Gruchot 44, 1097.

c) Passiv legitimiert ist nach § 908 derjenige, der nach §§ 836 Abs. 1, 837, 838 für den eintretenden Schaden verantwortlich sein würde. Die herrschende Meinung[23]) nimmt an, daß die Verweisung auf diese Bestimmungen nicht nur die Person des Haftpflichtigen bestimme, sondern auch bedeute, daß die Voraussetzungen für seine Haftpflicht die gleichen seien wie in diesen Bestimmungen. Daher sei der Eigenbesitzer (§ 836 Abs. 1) oder der Berechtigte am Bau (§ 837) und der Unterhaltspflichtige (§ 838) zur Vorkehrung des § 908 nur verpflichtet, wenn der Einsturz die Folge fehlerhafter Einrichtung oder mangelhafter Unterhaltung sei, und die Pflicht zur Vorkehrung entfalle, wenn der an sich Pflichtige zum Zwecke der Abwendung der Gefahr die im Verkehr erforderliche Sorgfalt beobachtet habe.

Der herrschenden Meinung ist nicht beizutreten. Der § 908 betrachtet die Gefahr des Einsturzes als eine Beeinträchtigung des Eigentums am Nachbargrundstück. Der Anspruch aus § 908 geht auf Beseitigung dieser Beeinträchtigung. Er steht zum Schadenersatzanspruch aus §§ 836 ff. in demselben Verhältnis, wie der Anspruch auf Beseitigung aus § 1004 zum Schadenersatzanspruch aus § 823. Auch im Falle des § 908 ist lediglich die Beeinträchtigung Voraussetzung des Anspruchs auf Vorkehrung zur Abwendung der Gefahr; Verschulden des Beklagten ist keine Voraussetzung dieses Anspruchs

Die Streitfrage hat übrigens keine erhebliche praktische Bedeutung. Denn wenn ein gefahrdrohender Zustand besteht — das ist die Voraussetzung des § 908 —, dann muß er, auch wenn er durch vis major herbeigeführt ist, ohne Verzug beseitigt werden. Geschieht das nicht, so wird mangelhaft unterhalten.

Im übrigen ergibt sich aus dem Zusammenhalt des § 908 mit den dort angezogenen §§ 836 Abs 1, 837, 838, daß passiv legitimiert zunächst der Eigenbesitzer des Grundstücks ist, dagegen nicht der Eigentümer, auch nicht der frühere Besitzer; denn auf § 836 Abs. 2 ist in § 908 BGB. nicht verwiesen (§ 908 in Verbindung mit § 836 Abs. 1 BGB.). Besitzer ist derjenige, der das Grundstück als ihm gehörig besitzt, gleichviel, ob er sich im guten oder bösen Glauben befindet.

Wenn aber das gefahrdrohende Werk oder Gebäude nicht von dem Grundstücksbesitzer, sondern von einem anderen in Ausübung eines Rechtes besessen wird, so muß der Anspruch aus § 908 BGB. gegen diesen letzteren gerichtet werden; der Besitzer des Grundstückes ist in diesem Falle nicht passiv legitimiert (§ 908 mit § 837 BGB.). Der

[23]) RGK. Bem. 6 zu § 908; RG. 70, 206; Staudinger Bem. 1 zu § 908. A. M. nur Maenner 165, Müller 85, wohl auch Biermann zu § 908. Vgl. Gruchot 61, 758.

Fall des § 837 BGB. kann vorkommen auf Grund eines Erbbaurechts, einer Grunddienstbarkeit, eines Nießbrauches oder einer beschränkten persönlichen Dienstbarkeit, ferner bei einem Überbau[21]). Auch jene Fälle gehören hierher, in denen auf Grund eines obligatorischen Rechtes, z. B. eines Miet- oder Pachtverhältnisses, zu einem vorübergehenden Zweck ein Gebäude oder ein sonstiges Werk mit einem Grundstück verbunden ist (§ 95 Abs 1 BGB.) und sich im Eigenbesitz des obligatorisch Berechtigten befindet[25]).

Neben demjenigen, der nach den eben vorgetragenen Grundsätzen haftet, ist passiv legitimiert derjenige, der die Unterhaltung des Werkes für den Besitzer übernimmt (was beim Mieter, Pächter, Hausverwalter zutreffen kann, aber nicht zutreffen muß), oder das Werk vermöge eines ihm zustehenden Nutzungsrechtes zu unterhalten hat (ein Fall, der bei Grunddienstbarkeiten[26]), beim Nießbrauch[27]) und bei beschränkten persönlichen Dienstbarkeiten, insbesondere bei einem Wohnungsrecht[28]) vorkommen kann; § 908 mit § 838 BGB.). Die Verbindlichkeit aus § 908 BGB. ist vom Eigenbesitzer und dem daneben haftbaren Unterhaltspflichtigen samtverbindlich zu erfüllen.

d) Der Anspruch aus § 908 BGB. ist der Verjährung entzogen (§ 924 BGB.).

e) Vollständig unabhängig von den Vorschriften des § 908 BGB. sind das Recht der Selbsthilfe nach § 228 BGB., sowie die polizeilichen Schutzvorschriften. Nach § 367 Nr. 13 StGB. ist strafbar, wer es trotz der polizeilichen Aufforderung unterläßt, Gebäude, welche einzustürzen drohen, auszubessern oder niederzureißen. Im Falle einer Verurteilung hat der Richter gemäß Art. 105 PStGB. im Strafurteil auszusprechen, daß die Polizeibehörde berechtigt ist, die Beseitigung des ordnungswidrigen Zustandes anzuordnen und zu diesem Zwecke die Sicherstellung, Abänderung, den gänzlichen oder teilweisen Abbruch des be-

[24]) Planck Bem. zu § 837. Der Bauhandwerker, der auf einem fremden Grundstück ein Baugerüst zur Ausführung von Arbeiten (Malerarbeiten) an dem Grundstück errichtet, ist in Ausübung seines in Vertretung begründeten Vertragsrechts Besitzer des Gerüstes und daher im Rahmen des § 837 BGB. verantwortlich für das Gerüst (Recht 1924 Nr. 637).

[25]) Planck Bem. z. § 837. Der nach §§ 837 u. 838 Verantwortliche hat die zur Abwendung der Gefahr (des Einsturzes oder der Ablösung von Teilen) erforderlichen Vorkehrungen zu treffen. Hält der Beklagte unter dem fremden Grundstück einen Keller, ohne hierzu berechtigt zu sein, so ist er ersatzpflichtig für den Schaden, der dem Eigentümer durch Einsturz des mangelhaft unterstützten Kellergewölbes entsteht; sein Einwand, daß ihm eine Grunddienstbarkeit (Kellerrecht) gar nicht zusteht, wird durch die exceptio doli aus dem Feld geschlagen.

[26]) §§ 1021, 1022 BGB.

[27]) § 1041 BGB.

[28]) §§ 1090, 1093 BGB.

treffenden Bauwerkes zu verfügen. Besteht Gefahr auf Verzug, so ist die Polizeibehörde berechtigt, die Maßregel sofort vorzukehren.

3. Die Haftung für den durch den Einsturz eines Werkes (Gebäudes) verursachten Schaden wird in den §§ 836 ff. BGB. behandelt. Hiernach ist der Eigenbesitzer des Grundstückes verpflichtet, den Schaden zu ersetzen, soferne der Einsturz oder die Ablösung die Folge fehlerhafter Errichtung oder mangelhafter Unterhaltung ist. Die Ausdrücke fehlerhaft und mangelhaft sind durchaus objektiv zu nehmen: sie weisen nicht auf ein Verschulden hin. Es kann sein, daß der Baumeister sich der Fehlerhaftigkeit seiner Bauweise bewußt war und deswegen verantwortlich ist. Es kann aber auch sein, daß er vollständig den Regeln der Technik entsprechend gebaut hat; trotzdem ist ein Fehler da infolge von Umständen, die er nicht zu kennen brauchte. Ebenso ist die mangelhafte Unterhaltung nur der Gegensatz zur ordnungsgemäßen, und das ist diejenige, welche den schädigenden Erfolg verhütet hätte[29]).

Die Ersatzpflicht tritt nicht ein, wenn der Besitzer zum Zwecke der Abwendung der Gefahr die im Verkehr erforderliche Sorgfalt beobachtet hat[30]).

Befindet sich in der Zinkabdeckung eines Hauses ein Riß, so erfordert die ordnungsgemäße Unterhaltung des Gebäudes die Beseitigung des Risses. Wurde durch das eindringende Wasser das Mauerwerk feucht und löste sich deshalb der Putz ab, so war die Ablösung die Folge mangelhafter Unterhaltung des Gebäudes. Ist insoweit vom Beschädigten der Beweis erbracht, so haftet der Besitzer, sofern er seinerseits nicht den Beweis erbringt, daß er zum Zwecke der Abwendung der Gefahr die im Verkehr erforderliche Sorgfalt beobachtet hat. War der Putz, wenn auch nur an einzelnen Stellen, schadhaft, konnten die Stücke, die herabzufallen drohten, Beschädigungen verursachen und konnte dies der Besitzer bei Anwendung der im Verkehr erforderlichen Sorgfalt erkennen, so ist dieser Entlastungsbeweis mißlungen[31]).

Ob der Einsturz äußerlich durch menschliche Tätigkeit oder durch ein Naturereignis veranlaßt ist, macht keinen Unterschied, es kommt auf die Verursachung an[32]).

---

[29]) Delius, Haftung für den Einsturz 15.

[30]) Dieser dem Besitzer obliegende Entlastungsbeweis ist erbracht, wenn er im allgemeinen während der Besitzzeit die zur Verhütung solcher Gefahren verkehrsüblichen Maßnahmen und von Zeit zu Zeit Revisionen vorgenommen hat, hierbei aber keine Schäden entdecken konnte. SeuffArch. 61 Nr. 6 (RG.). Eine jährlich einmalige Prüfung der Stromleitungsdrähte und Schutznetze genügt wenigstens an den Straßenkreuzungen nicht zum Entschuldungsbeweis (OLG. 18, 85; SeuffArch. 64 Nr. 30). Wegen des lebhaften Personenverkehrs und der fortwährenden Erschütterungen sind Bahnhofgebäude besonders sorgfältig auf die Gefahr der Ablösung (z. B. des Verputzes) zu untersuchen (Recht 1921 Nr. 2180, RG.).

[31]) Gruchot 52, 129 (RG.).

[32]) Vgl. Planck Anm. 2c zu § 836. Der Besitzer eines Baugerüstes hat die erforderliche Sorgfalt nicht angewendet, wenn die polizeilich verlangten Absperrmaßnahmen vor völliger Fertigstellung des Gerüstes fehlten (Recht 1924 Nr. 637).

Wenn ein Erdbeben oder eine durch unterirdische Gewässer herbeigeführte Senkung des Bodens Risse in der Mauer verursacht hat, dann liegt es dem Verantwortlichen ob, alsbald geeignete Vorsichtsmaßregeln zu treffen. Tut er das nicht, so hat er seine Unterhaltungspflicht mangelhaft erfüllt. Stürzt in diesem Fall die Mauer zusammen, bevor der Besitzer in der Lage war, die erforderlichen Vorkehrungen zu treffen, so haftet er dagegen nicht für den Schaden; denn dann ist er keine Folge der mangelhaften Unterhaltung. Ebenso liegt der Fall, wenn der Baumeister durch fehlerhafte Konstruktion einen gefahrdrohenden Zustand verursacht hat. Auch hier ist es Sache des Besitzers, alsbald die nötigen Vorkehrungen zu treffen.

Schon aus dem Nichtstandhalten des Gebäudes gegenüber dem voraussehbarem regelmäßigen Einwirkungen des Wetters kann ein Schluß auf fehlerhafte Errichtung oder mangelhafte Unterhaltung gezogen werden. Für die Anwendung des § 836 genügt die Feststellung, daß entweder wetterfestes Material nicht verwendet worden ist, oder daß der verwendete Stoff nicht sorgsam instandgehalten worden ist. Auch schwierige und kostspielige Methoden zur Verhütung sind erforderlich, wenn die gewöhnlichen Untersuchungen nicht ausreichen (LeipzZ. 1921, 454; Recht 1921, Nr. 2186, 2380, 2381).

Die Anforderungen an den Entlastungsbeweis des Besitzers sind entsprechend der Entstehungsgeschichte des Gesetzes hochzustellen (vgl. SeuffA. 78 Nr. 128). Weitergehend als § 831 ist der Nachweis fortdauernder Überwachung zu fordern (LeipzZ. 1921, 226; Recht 1921 Nr. 1371).

Das Wesentliche ist also: der Einsturz muß zurückzuführen sein auf Ursachen, die im Gebäude selbst liegen. Die Haftung tritt nicht ein, wenn das Ereignis durch Vorgänge herbeigeführt ist, die ganz unabhängig vom Zustande des Hauses gewirkt haben, wie Erdbeben oder Überschwemmung, soferne sie den Einsturz oder die Ablösung unmittelbar bewirkt haben. Wenn sie nur einen schadhaften Zustand herbeigeführt haben, der aber wieder zu beheben war, dann tritt unter den sonstigen Voraussetzungen die Ersatzpflicht ein[33]).

Wird ein mangelhaft gebautes Haus durch einen Sturmwind zum Einsturz gebracht, so ist der Einsturz dann eine Folge des fehlerhaften Bauzustandes, wenn das Haus bei fehlerloser Beschaffenheit dem Sturmwinde widerstanden hätte.

Ablösung von Teilen ist jede Lockerung der Verbindung eines Teils mit dem übrigen unversehrt gebliebenen Ganzen. § 836 ist auch anwendbar, wenn das Herausstürzen eines bereits gelockerten Gebäudeteils durch menschliche Tätigkeit veranlaßt wird (Recht 19 Nr. 1783, Gruch. 64, 109 und 71, 257, RG. 133, 6).

Die Haftung aus § 836 besteht nicht, wenn der Zusammenhang zwischen dem herabgestürzten Mauerteil und dem mit dem Grundstück verbundenen Werk schon vor dem Unfall durch Menschenhand getrennt war.

---

[33]) Delius, Haftung für den Einsturz 15.

Ebensowenig tritt die Haftung aus § 836 BGB. ein, wenn bei einer baulichen Änderung infolge der Bauarbeiten ein Einsturz oder eine Ablösung von Teilen erfolgt.

Der Einsturz einer Brandmauer ist als Ablösung eines Teiles eines Gebäudes anzusehen. Der Hauseigentümer entgeht seiner Haftung nicht durch den Hinweis, daß die Gebäudetrümmer zugunsten der Stadt beschlagnahmt seien. Haftungsgrundlage ist ein vermutetes Verschulden des Eigentümers mit der ihm vorbehaltenen Möglichkeit, sich durch den Nachweis zu entlasten, daß er die zur Abwendung der Einsturzgefahr im Verkehr erforderliche Sorgfalt beobachtet habe. Die Frage, ob bei § 836 BGB. ein Mitverschulden beachtlich sei, ist zu bejahen (NJW. 1948, 427).

Neben dem Besitzer haftet nach § 836 Abs. 2 BGB. für den entstandenen Schaden auch der frühere Eigenbesitzer, wenn der Einsturz innerhalb eines Jahres nach der Beendigung seines Besitzes eingetreten ist, es sei denn, daß er während seines Besitzes die im Verkehr erforderliche Sorgfalt beobachtet hat oder ein späterer Besitzer durch Beobachtung dieser Sorgfalt den Schaden hätte abwenden können. Diese Bestimmung ist getroffen, daß eine Solidarhaftung des früheren und des späteren Besitzers vorkommen kann[34]). Die Verbindlichkeit des späteren Besitzers schließt jedoch die des früheren aus. Im übrigen haften neben bzw. an Stelle des Besitzers diejenigen Personen, welche für den Anspruch aus § 908 BGB. passiv legitimiert ist. (S. oben 232.) Die Haftung eines Dritten für Verschulden nach § 823 BGB., z. B. des Baumeisters, bleibt daneben bestehen. Mehrere Ersatzpflichtige haften solidarisch (§ 840 BGB.).

4. Umfang des Schadens. Der Schaden ist im vollen Umfang zu ersetzen. Ist das Gewölbe eines Kellers, den der Grunddienstbarkeitberechtigte unter einem fremden Keller hält, eingestürzt und der Berechtigte für den dadurch herbeigeführten Einsturz des darüberstehenden Hauses ersatzpflichtig, so kann dessen Eigentümer Wiederherstellung des Hauses, oder den hierfür erforderlichen Geldbetrag, außerdem Ersatz der Ausfalls von Miete fordern.

§ 16a. Trümmergesetz.

Die Zerstörung zahlreicher Gebäude durch Kriegseinwirkungen hat in vielen Orten, insbesondere in Städten und Industriegebieten, außerordentliche Gefahren verursacht, deren Beseitigung die Eigentümer der

---

[34]) Planck Bem. 2b zu § 836; Delius, Haftung für den Einsturz 17, ist dagegen der Ansicht, daß eine Solidarhaftung des früheren und des späteren Besitzers nicht vorkommen könne, da die Verbindlichkeit des einen die des anderen ausschließe.

einzelnen Grundstücke nicht gewachsen sind. Das Allgemeininteresse gebot daher eine gesetzliche Sonderregelung. In Bayern geschah dies durch das Trümmergesetz vom 30. 5. 1949 (GVBl. 117) und die DVO. hierzu vom 20. 2. 1950 (GVBl. 46)[35]. Hierdurch wurde die Behebung der gefahrdrohenden Zustände als Aufgabe der Gemeinden erklärt, die ja als Träger der Sicherheits-Verkehrs- und Gesundheitspolizei in erster Linie dazu berufen sind. Sache der Gemeinden ist es, die aus den Ruinen drohenden Gefahren zu beseitigen, die Trümmergrundstücke zu räumen und die hierbei gewonnenen Trümmer zu verwerten. Die Rechte der Eigentümer der Ruinengrundstücke sind nach dem Trümmergesetz dadurch gewahrt, daß vor der Räumung unter Beteiligung des Grundstückseigentümers der Schadenszustand festgestellt werden muß und dem Eigentümer die Räumung mit eigenen Mitteln anheimgegeben wird; entschließt sich der Eigentümer selbst zur Räumung, so hat er dies vier Wochen vor Beginn der Räumung der Gemeinde mitzuteilen. Diese kann dann bestimmte Fristen setzen und Auflagen machen. Falls ein Ruineneigentümer nicht selbst räumt, oder den von der Gemeinde bestimmten Auflagen nicht nachkommt, hat die Gemeinde die Räumung durchzuführen. Die Aufgabe der Gemeinde beschränkt sich jedoch auf gefahrdrohende Zustände aus Trümmergrundstücken. Als Gefahren gelten solche, die durch einsturzgefährdete Mauern und Bauteile einschließlich Kellermauern und Kellerdecken, durch herabfallende Trümmer oder lose Mauern, sowie durch Entstehen von Seuchen (Rattenplage) verursacht werden können (§ 2 DVO. vom 20. 2. 1950). Nimmt die Gemeinde die Beseitigung der Trümmer oder gefahrdrohender Zustände vor, so gehen die Trümmer in das Eigentum der Gemeinde über. Eine Entschädigung des Grundstücks-(Ruinen-)Eigentümers für die Trümmer kommt nur insoweit in Frage, als die Kosten der Räumung und eventueller Sicherungsmaßnahmen niedriger sind als der Wert der Trümmer (vgl. Art. 4 und 6 TrGes. und § 7 DVO.).

Für die Lagerung der Trümmer, für die Anlagen zu ihrer Beförderung und Verwertung sowie für die Unterstellung der hierfür erforderlichen Geräte haben die Gemeinden geeignete Plätze zur Verfügung zu stellen. Soweit den Gemeinden eigene Lagerplätze nicht zur Verfügung stehen, sind sie berechtigt, Grundstücke Dritter mit Rechten für

---

[35]) Hamburg: EnttrümmGes. vom 31. Juli 1948 mit DVO. vom 3. Aug. 1948 (GVBl. 75 u. 81), Hessen: TrGes. vom 21. Dez. 1949 und vom 20. Dez. 1949 DVO. vom 22. Sept. 1949 (GVBl. 1950, 1), Niedersachsen: TrGes. vom 21. März u. 10. April 1949 (GVBl. Nds. 64, 89 u. 96), Nord-Rhein-W.: TrGes. vom 2. Juni 1948 (GVBl. 106) und vom 2. Mai 1949 (GVBl. 109), Schleswig-H.: TrGes. vom 21. März 1948 (GVBl. 209), Württemberg-Baden: TrGes. vom 25. Nov. 1948 (RgBl. 173 u. 455).

die Gemeinde zu belasten oder zugunsten der Gemeinde zu enteignen. Auf die Enteignung finden die Vorschriften des EnteignGes. vom 1. 8. 1933 (GVBl. 217) und 9. 12. 1943 (GVBl. 1947, 1) Anwendung.

Gegen alle Anordnungen und Entscheidungen der Gemeinde bei Räumung der Trümmergrundstücke, bei Verwertung der Trümmer und bei Beseitigung gefahrdrohender Zustände steht den Grundstückseigentümern und sonst Betroffenen der Verwaltungsrechtsweg gemäß VGG. vom 25. 9. 1946 (GVBl. 281) zu (§§ 4 und 5 DVO.).

Das BayTrGes. geht davon aus, daß die Eigentumsrechte des Grundstückseigentümers durch Zerstörungen infolge Kriegseinwirkung keine rechtliche Einbuße erlitten haben. Die durch Gebäudeeinsturz entstandenen Gebäudeteile (Trümmer) sind nicht etwa herrenlos geworden; § 959 BGB. findet daher keine Anwendung.

Bei Ineinanderfallen von Einsturzteilen verschiedener benachbarter Gebäude besteht das Eigentum des ursprünglichen Eigentümers an den Trümmern fort, wenn diese nicht untrennbar mit einander vermengt sind und ohne unverhältnismäßig hohe Kosten ausgeschieden werden können (§§ 947, 948 BGB.). Im Falle einer untrennbaren Vermengung werden die bisherigen Eigentümer der einzelnen Gebäudeteile Miteigentümer an den Trümmern nach dem Verhältnis des Wertes, den die Sachen zur Zeit der Verbindung hatten.

Durch die Regelung der Ruinengefahren im BayTrGes. entfallen in der Regel die privatrechtlichen Ansprüche eines Grundstückseigentümers auf Beseitigung von Trümmern, die durch Einsturz des Nachbargebäudes auf sein Grundstück gefallen sind oder die sonst irgendwie sein Grundstück beeinträchtigen (wie etwa durch Eindringen von Feuchtigkeit). Ein Anspruch aus § 907 BGB. könnte dann in Frage kommen, wenn der Ruineneigentümer zur Entstehung eines Trümmerhaufens, der auf das Nachbargrundstück schädigend einwirkt, irgendwie beigetragen hat (vgl. BetrBer. 1947, 259).

Für die Haftung des Eigentümers eines Ruinengrundstücks sind die Vorschriften der §§ 908, 836, 837 und 838 BGB. maßgebend. Grundsätzlich hat jeder Eigentümer eines Ruinengrundstücks dieses auf eine Einsturzgefahr zu überwachen. Andererseits muß jedem Straßenpassanten zugemutet werden, daß er beim Vorübergehen an Ruinen, insbesondere bei starkem Wind und bei Erschütterungen des Bodens, z. B. bei Lastwagenverkehr, sein besonderes Augenmerk auf die Ruine richtet und sich dem Gefahrenbereich fernhält (BetrBer. 1947, 261 — Celle).

Der Besitzer eines Trümmergrundstückes hat die erforderliche Sorgfalt nicht beobachtet, wenn er sich nicht an die Baubehörde zur Abwendung einer Einsturzgefahr gewandt hat. Den geschädigten Nachbarn trifft ein Mitverschulden, wenn er sich nicht nachdrücklich bei der Baubehörde um die Beseitigung einer drohenden Gefahr bemüht hat (HEZ. 1, 153; MDR. 1949, 454).

Auch eine Hausruine, z. B. eine stehen gebliebene Brandmauer, ist als Teil eines Gebäudes im Sinne des § 836 BGB. anzusehen. Welche Maßnahmen des Grundbesitzers zur Erfüllung seiner Sorgfaltspflicht erforderlich sind, hängt von den Umständen des einzelnen Falles ab. Hierzu gehört nicht in jedem Fall ein Tätigwerden des Besitzers. Der Sorgfaltspflicht kann Genüge geleistet sein, wenn der Grundbesitzer gegenüber der gutachtlichen Äußerung eines städtischen Beamten keinen Grund zu weiteren Maßnahmen finden brauchte. Allerdings trifft in Fällen, in denen mit einem Bauwerk besondere Gefahren verbunden sind, den Besitzer eine besondere Sorgfaltspflicht. Es kann daher die Frage auftauchen, ob sich der Grundstücksbesitzer mit einer ersten Begutachtung der Brandmauer auch dann zufrieden geben durfte, wenn die Brandmauer längere Zeit den Witterungseinflüssen ausgesetzt gewesen und die Einsturzgefahr vergrößert worden ist (BetrB. 1950, 178; OGH. Br. Z.) — Vgl. HEZ. 2, 256 (Hamburg) — MDR. 1949, 554).

§ 17. Verbotenes Vertiefen des Erdbodens.

1. Das römische Recht gab im Falle des gefährlichen Grabens in der Nähe der Grenze nur den Anspruch auf cautio damni infecti.

Weder durch das Bürgerliche Gesetzbuch, noch durch die bayerischen Ausführungsgesetze ist ein zivilrechtlicher Zwang eingeführt, bei Abgrabungen einen bestimmten Abstand von der Grenze einzuhalten. Der Grundeigentümer ist daher an sich berechtigt, senkrecht an der Grenze herunter zu graben. Jede, wenn auch minimale Grenzüberschreitung begründet den Anspruch auf § 1004 BGB., eventuell aus § 823 BGB. Aber solange die Grenze nicht überschritten wird, darf unmittelbar an derselben heruntergegraben werden, auch wenn dadurch dem Nachbargrundstück geschadet, z. B. bewirkt wird, daß diesem durch den Sonnenbrand die Feuchtigkeit entzogen wird, so daß längs der Abgrabung die Planzen nicht mehr gedeihen können[1]) oder durch die Abgrabung die

§ 17. [1]) Scherer Bem. 182 z. § 909 stellt auf, daß der abgrabende Grundeigentümer einen genügenden Schutzstreifen, welcher die Austrocknung des Nachbargrundstückes verhindert und die Pflügung desselben bis zur Grenze ermöglicht, liegen lassen muß. Diese Ansicht findet im Gesetze keine Stütze. Der Eigentümer ist Herr seines Grundstücks; er braucht auf den Nachbar nicht weiter Rücksicht zu nehmen, als ihm durch das Gesetz zur Pflicht gemacht wird. Vgl. OGH. 5, 218; 7, 403; SeuffA. 47 Nr. 96. Anders wäre es natürlich, wenn dem Nachbargrundstück ein Anwenderecht zustehen würde. In diesem Fall hat der Nachbar einen Anspruch darauf, daß ein zum Wenden genügender Streifen Landes jenseits der Grenze liegengelassen wird. Vgl. hierüber unten § 26. Für das öffentliche Recht ist einschlägig die VO. vom 16. Aug. 1805, die Verbesserung der öffentlichen Straßen betreffend (RegBl. 1805, 897; Buchners GesSamml. 1. Erg.-Bd. 249), welche auf Grund des Art. 45 Abs. 2 PStGB. durch die MinBek. v. 28. April 1863 (RegBl. 1863, 691; Buchners GesSamml. 1. ErgBd. 247) aufrecht erhalten und durch die VO. v. 3. März 1870 (RegBl.

unterirdischen Wasserläufe verändert werden, so daß der Brunnen des Nachbars versiegt (vgl. jedoch Art. 19 WG.). § 909 BGB. bestimmt nun, daß ein Grundstück nicht in der Weise vertieft werden darf, daß der Boden des Nachbargrundstücks die erforderliche Stütze verliert; es sei denn, was Sache des Einredebeweises ist, daß für eine genügende anderweitige Befestigung gesorgt ist.

Grundstück im Sinne des § 909 ist der Grund und Boden des Grundstücks; der Boden kann auch ein künstlich erhöhter sein.

Zum Boden werden Aufhöhungen in der Regel nur dann, wenn sie dafür gemacht werden, ihn tauglich zu machen zu solchen Zwecken, denen er nach allgemeiner Auffassung dienen soll; z. B. Erhöhungen eines zu niedrigen Baugeländes oder Ausgleichung von Bodensenkungen. Anderes gilt dann, wenn die Aufschüttung vorgenommen wird, um das Grundstück nur dem besonderen Zweck geeignet zu machen, den der jeweilige Eigentümer mit ihm verbindet, insbesondere zu der gewerblichen Anlage, die er auf dem Grundstück errichtet. Es erscheint dann die Aufschüttung als ein Teil der Anlage, die auf dem Boden errichtet wird (OLG. 31, 319).

Unter Vertiefung eines Nachbargrundstückes versteht man jede Wegnahme von Bestandteilen des Bodens, gleichviel zu welchem Zweck dies geschieht (z. B. Unterkellerung eines Hauses)[2], Anlage eines Steinbruches, einer Senkgrube, eines Fundamentes[3]) für einen Neubau, eines Fischteiches, eines Bergwerks, Abbau von Lehm, Ton[4]) usw.

Die Abtragung eines Rains oder einer Böschung mit der Folge, daß diese steiler wird, ist als Vertiefung zu erachten[5]).

Daß der durch die Vertiefung bewirkte Zustand auf eine gewisse Dauer angelegt ist, ist nicht erforderlich; deshalb fällt auch das stück-

---

1870, 393; Buchners Ges.-Samml. 5. ErgBd., 56) geändert wurde. Hiernach ist den Angrenzern von Staatsstraßen — nur auf solche bezieht sich die Verordnung (Pechmann, Wirkungskreis der Distriktsverwaltungsbehörden 2, 269 Anm. 2) — polizeilich untersagt, ihre Felder näher als in einem Abstand von 3 Schuh von dem Graben oder Straßenrande zu pflügen (VO. v. 16. Aug. 1805 III). Wenn jedoch vor den Gräben oder Straßen Vorbifänge gezogen sind oder die Bifänge längs der Straße laufen, ist das Bepflügen bis zu einem Abstand von 1½ Schuh vom Graben oder Straßenrande gestattet (MinBek. v. 3. März 1870, I). Die Strafbestimmungen der VO. v. 16. Aug. 1805 sind durch Art. 2 Ziff. 14 EG. z. StGB. aufgehoben; einschlägig sind jetzt die Strafvorschriften des § 366 Nr. 10 StGB., Art. 10 u. 159 PStGB.

[2]) Vgl. Bolze 16 Nr. 47.

[3]) Vgl. SeuffA. 51 Nr. 8.

[4]) Vgl. Wahnschaffe, Recht 1913, 492.

[5]) Vgl. Warneyer 2 Nr. 2 (Zweibrücken); SeuffA. 64 Nr. 111 (Stuttgart, Böschung eines Straßenkörpers).

weise Ausheben eines Fundamentes behufs sofortiger Wiederauffüllung unter § 909[6]).

Der Boden bildet ein zusammenhängendes Ganzes. Ein Teil bedarf des anderen, um den Zusammenhang zu behalten. Durch eine Vertiefung des Grundstückes verliert das Nachbargrundstück die erforderliche Stütze, wenn seinem Boden infolge der Vertiefung der Halt entzogen wird, so daß die Gefahr eines Einsturzes oder der Senkung besteht.

§ 909 spricht nur von dem Boden des Nachbargrundstückes. Darunter hat man den Erdkörper als solchen mit seinen natürlichen Bestandteilen zu verstehen. Wenn aber der Boden des Nachbargrundstückes durch darauf errichtete Anlagen beschwert ist, so erfordert die dadurch bewirkte Mehrung des Drucks eine stärkere Stütze zur Bewahrung des Zusammenhalts. Es fragt sich, ob die Vertiefung so ausgeführt werden muß, daß der Boden des Nachbargrundstückes mit den darauf errichteten Anlagen die erforderliche Stütze behält. Diese Frage ist an sich zu bejahen[7]). Es sind aber Fälle denkbar, bei denen eine andere Beurteilung eintreten muß.

Hat der Nachbar auf seinem Grundstück eine Steinhalde sehr hoch aufgetürmt, so kann der dadurch ausgeübte Druck so stark sein, daß dem Angrenzer ein lohnender Abbau des auf seinem Grundstücke befindlichen Lehmes oder Tones unmöglich gemacht wird, wenn er für anderweitige Befestigung des Haldengrundstücks auf seine Kosten sorgen muß. Es will schwer einleuchten, daß er diesen Schaden tragen soll[8]).

Ein anderes besonders häufig vorkommendes Beispiel: Auf dem Grundstück steht ein schlecht fundamentiertes oder baulich schlecht unterhaltenes Haus, dessen Wände schief stehen und rissig sind. Das RG. zieht daraus die Folgerung, daß der Angrenzer, der auf seinem Grundstück eine Vertiefung vornehmen will, zur Verhütung des Einsturzes des Nachbarhauses besonders sorgfältige, m. a. W. sehr kostspielige Vorkehrungen treffen müsse[9]). Dieses Ergebnis ist durchaus unbefriedigend. Es führt dazu, daß der Angrenzer auf seine Kosten dem Haus die ihm fehlende genügende Fundamentierung beschaffen oder die für die Ausnützung seines Grundstückes erforderliche Vertiefung unterlassen muß.

Der Zusammenhang der einzelnen Teile des Erdkörpers ist an sich kein völlig unveränderlicher. Auch ohne menschliche Einwirkung gehen im Innern des Erdkörpers Veränderungen vor sich, die auch unter normalen Verhältnissen gewisse, wenn auch im allgemeinen unerhebliche

---

6) SeuffA. 58 Nr. 53; 64 Nr. 32 (Zweibrücken); RG. 51, 179.

7) Vgl. SeuffA. 51 Nr. 8; Bolze 14, 41; Marwitz in JW. 1916, 1179.

8) Vgl. hierzu unten S. 254 Anm. 45.

9) JW. 1910, 330; Warneyer 1910, 23; 1912, 385.

Verschiebungen und Senkungen herbeiführen. Es sei hier nur auf die Einwirkung der atmosphärischen Niederschläge und eine Änderung in den Grundwasserverhältnissen verwiesen. Auch die Benützung der Erdoberfläche durch die menschliche Wirtschaft übt einen gewissen Einfluß auf den Zusammenhang und die Verlagerung der Erdkörperbestandteile aus. Man denke an die Erschütterungen durch einen benachbarten Fabrikbetrieb oder durch den Eisenbahnbetrieb. Mit solchen geringfügigen und für die normale menschliche Wirtschaft unerheblichen Veränderungen muß die Wirtschaft rechnen und auch der Gesetzgeber (vgl. z. B. § 906).

§ 909 behandelt nun die Vertiefung, die einen unmittelbaren und sinnfälligen Einfluß auf den Zusammenhalt der Erdkörperbestandteile ausübt und bestimmt, daß ein Grundstück nicht in der Weise vertieft werden darf, daß der Boden des Nachbargrundstückes die „erforderliche Stütze" verliert. Die erforderliche Stütze ist ein relativer Begriff. Erforderlich ist die Stütze, die der Boden braucht, um den Zwecken zu genügen, zu welchen er von der menschlichen Wirtschaft benützt wird. Eine durch die Vertiefung herbeigeführte Senkung, die so minimal ist, daß die wirtschaftliche Benützung des Bodens hiervon nicht berührt wird, kommt für die Anwendung des Gesetzes nicht in Betracht. Es ist nicht eine solche Stütze erforderlich, daß das angrenzende Erdreich sich auch nicht um einen Millimeter in seiner Verlagerung ändert. Man denke z. B. an den Fall, daß auf einem Grundstück Präzisionsinstrumente in Tätigkeit sind. Hier kann vom Nachbar nicht verlangt werden, daß er bei einer Vertiefung so verfährt, daß diese Instrumente nicht im mindesten in Mitleidenschaft gezogen werden. Der Grund besteht darin, daß es sich bei der Aufstellung von Präzisionsinstrumenten um eine ganz außergewöhnliche Art von Benützung handelt. Eine Stütze, die einer solchen außergewöhnliche Benützungsart Rechnung trägt, ist im Sinne des § 909 eben nicht erforderlich. Ganz außergewöhnliche Verhältnisse der Bodenbenützung oder ein ordnungswidriger Zustand des Nachbargrundstückes sind nicht einzubeziehen. Aus diesem Grunde wird zum mindesten in dem Fall, in welchem die Vertiefung auf ein einigermaßen entsprechend gebautes Haus ohne jegliche Nachteile bleiben würde, nicht deshalb unzulässig, weil das ohne genügendes Fundament errichtete Haus oder das in seinem baulichen Zustand verwahrloste Haus des Nachbarn eine geringfügige und für die menschliche Wirtschaft im allgemeinen unerhebliche Senkung des Bodens nicht aushält[10]). Gewiß darf der Grundeigen-

[10]) Ähnlich leitet Marwitz, JW. 1916 1197 aus §§ 1024, 1060 durch analoge Anwendung ab, daß unter der erforderlichen Stütze nur eine solche zu verstehen sei, die einem ordnungsgemäß gebauten und unterhaltenen Gebäude Halt gewährt. Genügt diese Stütze wegen mangelhafter Beschaffenheit des Nachbargrundstückes nicht, dann kann der vertiefende Eigentümer die weiteren Schutzmaßnahmen dem Nachbar überlassen.

tümer sein Grundstück in jeder beliebigen Art benützen. Ordnungsmäßig, wie z. B. im Sinne des § 917, braucht seine Benützung nicht zu sein, um auf den Schutz des § 909 Anspruch zu haben. Aber andererseits wird eine solche Benützung durch § 909 nicht geschützt, die auch bei einem Mindestmaß von Anforderungen als ordnungswidrig zu erachten ist.

Unter Stütze ist nicht nur der vertikale Halt zu verstehen, welchen die benachbarten Grundstücke einander gegenseitig gewähren, so daß das seitliche Abstürzen oder Nachstürzen (von Gestein) nicht eintritt, sondern auch die horizontale Stütze, die ein Grundstück in seinen unteren Bodenschichten findet und durch die ein Einbruch, ein Zusammenstürzen verhindert wird (in dem in Gruchot 58, 664 entschiedenen Fall war der Moorboden infolge Entziehung des Grundwassers zusammengesunken).

Im übrigen fehlt die erforderliche Stütze nicht bloß dann, wenn der Zusammenhang selbst bereits verloren ist, sondern auch dann, wenn der Zusammenhang derart gelockert ist, daß früher oder später mit einem Einsturz oder einer Senkung zu rechnen ist (vgl. SeuffArch. 51, 8).

Hierzu kann unter Umständen schon eine an sich unerhebliche Vertiefung genügen.

An einem Berghang liegen übereinander zwei Weinberge. Längs der oberen Grenze des tiefer liegenden Grundstücks hebt dessen Eigentümer einen Graben aus; das von oben kommende Wasser nimmt das fruchtbare Erdreich des oben liegenden Weinbergs nach und nach mit und der Tieferliegende fängt dieses Erdreich in seinem Graben auf. Eine solche Vertiefung ist unzulässig.

Die Entziehung der erforderlichen Stütze kann auch dadurch bewirkt werden, daß dem Boden durch die Vertiefung das Grundwasser entzogen und das darüber liegende Erdreich gesenkt wird. Dadurch allein, daß infolge der Vertiefung der Grundwasserstand sinkt oder der Brunnen des Nachbars versiegt, wird § 909 freilich nicht anwendbar[11]); wenn

---

[11]) JW. 1913, 267 (RG.). Ein Anspruch auf Unterlassung der Störung des Druckwasserzustroms läßt sich den sachlichrechtlichen Vorschriften des BGB., deren Anwendung durch das WassG. nicht grundsätzlich ausgeschlossen ist, nicht entnehmen. Die Unterbindung von Druckwasserzustrom ist keine Einwirkung auf die Sache im Sinne des § 903 BGB., die der Eigentümer mit dem Anspruch aus § 1004 BGB. ausschließen könnte. Auch den Vorschriften der §§ 906—909 BGB. ist ein Anspruch auf ungestörten Druckwasserzustrom in die Grenzen des Grundstücks nicht zu entnehmen. Entziehung von Stoffen fällt nicht unter § 906, also nicht einmal die Entziehung vorhandenen Grundwassers, noch weniger die Verhinderung des Zustroms von solchen. Auch § 907 schützt nur gegen Einwirkungen durch Anlagen auf dem Grundstück. Anlagen, die nur negativ wirken, fallen nicht unter § 907 (RG. 98, 17). Da das Druckwasser an Zufluß verhindert wird, wird dieses nicht Eigentum, kann also gar nicht Gegenstand sachlich-rechtlichen Eigentumsschutzes nach § 1004 BGB. werden (BObLG. 31, 244 u. OLG. 42, 276).

§ 909 BGB. ist anwendbar, wenn bei Tiefbauten durch Senkung des Grundwassers der Pfahlrost, auf dem ein Gebäude errichtet ist, in Fäulnis gerät. Soweit das Grundwasserschöpfen untrennbar zu den durch Grundwassersenkung ermöglichten Bauarbeiten

aber die Festigkeit und Tragfähigkeit des Bodens des Nachbargrundstücks auf einem gewissen Stande des Grundwassers unter ihm beruht und wenn dem Boden durch die infolge der Vertiefung herbeigeführte Entziehung des Grundwassers die erforderliche Festigkeit entzogen wird, so daß das darauf befindliche Gebäude seine Stütze verliert, so findet § 909, nicht das durch Art. 65 EG. der Landesgesetzgebung vorbehaltene Wasserrecht Anwendung[12]).

Ob die Entziehung der erforderlichen Stütze infolge der Ausführung einer beabsichtigten Vertiefung eintreten wird, ist eine technische Frage. Es genügt für den Anspruch auf Unterlassung der Vertiefung, daß ihre Ausführung eine Gefahr[13]) des Einsturzes oder der Senkung begründen würde; eine Gewißheit braucht nicht dargetan zu werden.

Wenn eine steile Abgrabung vorgenommen ist, dann wird infolge der Witterungsverhältnisse (Wasser und Verwitterung) durch Abschwemmen und Abbröckeln allmählich eine Böschung gebildet, die sich solange fortentwickelt, bis die Standsicherheit erreicht ist. Dem Nachbargrundstücke ist durch eine auf einem Grundstück vorgenommene Vertiefung nur dann die erforderliche Stütze nicht entzogen, wenn die Vertiefung soweit von der Grenze entfernt bleibt, daß der stehengebliebene Geländestreifen die allmähliche Einstellung einer standsicheren Böschung ermöglicht, ohne daß die Oberfläche des Nachbargrundstückes für die Grundfläche der Böschung mit verwendet wird.

Die Breite des für die Böschung erforderlichen Schutzstreifens richtet sich nach Gewicht, Reibung und Zusammenhalt der in Betracht kommenden Bodenarten, nach der Gleichartigkeit der Masse und der Lage und Beschaffenheit der Auflagenschicht; man spricht von einem natürlichen Böschungswinkel, wie ihn die speziellen Bodenarten und Verhältnisse erfordern. Unter Böschungswinkel ist der Winkel zu verstehen, welchen die schräge Abdachung mit der Horizontalebene bildet. Die Höhe der Böschung

---

gehört, fällt es unter den Begriff des Vertiefens im Sinn des § 909 BGB. Es liegt daher keine wasserrechtliche Frage nach Art. 65 EGBGB. vor, die dem Landesrecht vorbehalten wäre. Der Begriff „Nachbarschaft" im Sinn von § 909 umfaßt den Einwirkungskreis der Vertiefungsarbeiten (RG. 167, 14).

Eine Grundstücksvertiefung liegt auch dann vor, wenn bei Anlegung von Senkbrunnen ein später beabsichtigtes Fördern von Grundwasser mittels dieser Brunnen stattfindet (RG. 155, 389).

[12]) OLG. 26, 19 u. 20; RG. 62, 372; bedenklich ist jedoch an dieser Entscheidung die Bemerkung: „Daß die Entziehung des Grundwassers unmittelbar erst mit dem Auspumpen des in dem vertieften Kanal angesammtelten Wassers erfolgt ist, kann den ursächlichen Zusammenhang zwischen der Vertiefung und der Entziehung des Grundwassers nicht beeinflussen." In solchem Falle hat nicht die Vertiefung, sondern erst die nach dem Vertiefen erfolgte Entziehung des Grundwassers die Bodensenkung herbeigeführt. Diese Frage gehört dem Wasserrecht an; vgl. Gruchot 54, 1014; JW. 1910, 330. — Wenn aber durch Pumpen bei Anlage eines Brunnens nicht das Grundwasser, sondern die Flugsandschicht des Nachbargrundstücks abgehoben und diesem dadurch die Stütze entzogen wird, ist § 909 BGB. einschlägig.

[13]) S. oben § 16, 1b. Vgl. Bolze 14 Nr. 40.

bezeichnet die lotrechte Linie von dem höchsten Punkt der Abdachung auf die durch den Fuß der Böschung gelegte Horizontalebene. Der Abstand dieser Lotlinie von dem Fuß der Böschung bezeichnet die „Anlage" der Böschung. Die Böschung von 45°, bei welcher Höhe und Anlage gleich groß sind, wird als Böschung mit ganzer Anlage bezeichnet, wogegen man unter Böschung von $^1/_4$ oder von dreifacher Anlage spricht, je nachdem die Anlage um $^1/_4$ kleiner oder um das Dreifache größer als die Höhe ist. Eine Böschung in gewachsener Lehmerde, die ohne Bekleidung standsicher sein soll, muß mindestens ganze Anlage haben. Nach dem „Handbuche der Ingenieurwissenschaften" ist in unserem Klima der natürliche Böschungswinkel für sandige Erdarten $1^1/_2 : 1$, unter ungünstigen Verhältnissen bis $2 : 1$ und nur ausnahmsweise flacher; in Kies und Gerölle pflegen sich die Böschungen bei einer Steigung von $1^1/_4 : 1$, in weichem Tagegestein u. dgl. bei einer Steigung von $1 : 1$ und in festem Gestein je nach dem Grade der Wetterbeständigkeit in steiler Lage bis zur senkrechten dauernd zu halten. Nach Loewe Straßenbau sind die erforderlichen Steigungsverhältnisse für Humus $1^1/_2 : 1$, lehmige Erden $1^1/_4 : 1$ bis $1 : 1$, wenn die Einschnittstiefen nicht mehr als 4—5 m betragen und die durchschnittenen Bodenarten trocken gelagert sind. Angenommen z. B., es wäre auf einem Grundstück eine 1 m tiefe Sandschicht (hierfür Böschungswinkel $2 : 1$), darauffolgend eine 2 m tiefe kiesige Geröllschicht (hierfür Böschungswinkel $1^1/_4 : 1$); dann eine 2 m tiefe weiche Tagegesteinsschicht (hierfür Böschungswinkel $1 : 1$) vorhanden, worauf standsicheres Felsgestein folgen würde, so würde eine 6 m tiefe Abgrabung 6,5 m von der Grenze entfernt bleiben (oder für anderweitige Sicherung gesorgt werden) müssen, falls der Gleichgewichtszustand für das Nachbargrundstück erhalten bleiben soll; nämlich für die 1 m tiefe Sandschicht 2 m, für die 2 m tiefe Geröllschicht $2^1/_2$ m, für die 2 m tiefe weiche Tagegesteinsschicht 2 m. Durch entsprechende Bekleidung (Faschinen, Sockelmauer, aufgesetzte Steinstützen u. a.) wird Standsicherheit bei viel steilerem Böschungswinkel hergestellt.

Wenn ein Eigentümer auf seinem Grundstück bereits eine Vertiefung vorgenommen (z. B. einen Keller ohne festes Mauerwerk ausgehoben) hat und sein Nachbar nimmt nun auf seinem Grundstück ebenfalls eine Vertiefung vor, wird natürlich auch das Erdreich jenes Grundstücks viel leichter zusammenfallen. Hier ist nach einem billigen Ausgleich und unter Zuteilung der gleichen Rechte an beide Nachbarn zu entscheiden, ob und inwieweit die neue Vertiefung unzulässig ist. Im allgemeinen muß davon ausgegangen werden, daß eine Vertiefung dann zulässig ist, wenn durch diese Vertiefung die Standsicherheit der benachbarten Grundstücke in ihrem dermaligen Zustand nicht beeinträchtigt wird. Durch das Zusammenwirken menschlicher Eingriffe bei Benützung des Bodens (Anlage von Kellern, Abbau von Bodenbestandteilen, Ausschachten von Fundamenten, Planierungen, Eisenbahneinschnitte), die am Fuß eines Berges vorgenommen werden und von denen jeder Eingriff für sich allein für die Standsicherheit bedeutungslos ist, kann im Laufe der Zeit die Bergmasse in eine labile Gleichgewichtslage gebracht werden, zu deren Störung und völliger Aufhebung es dann nur noch eines ganz geringfügigen menschlichen oder natürlichen Eingriffs bedarf. Der beabsichtigte Eingriff, von dem diese Wirkung vorauszusehen ist (Gefahr), muß unterbleiben, wenn er auch für sich allein betrachtet noch so geringfügig ist. War jedoch diese Wirkung nicht vorauszusehen, so besteht keine Haftung, wenn sie infolge des ausgeführten Eingriffs eintritt.

Wenn an einem Berghang eine subkutane Bodenbewegung vorhanden ist, also ein Gebäude bergunsicher ist, dann muß jede Vertiefung unterbleiben. Wird sie dennoch ausgeführt und so die Gleichgewichtslage gestört, so wird die Wiederherstellung des vor dem Eingriff vorhandenen Zustandes unmöglich sein. Auf keinen Fall kann derjenige, der den Eingriff verursacht hat, angehalten werden, dem Gebäude eine bessere Standsicherheit zu geben, als es vor dem Eingriff hatte. Wenn der Boden schon vor dem Eingriff die notwendige Stütze (infolge Bergflusses) nicht besessen hat, so kann nur die Wiederherstellung des Zustandes verlangt werden, der bestehen würde, wenn die Wirkung des Eingriffes nicht mehr vorhanden wäre. Der Kläger muß sich mit der Herstellung eines Zustandes begnügen, der nach wie vor standunsicher ist, nur nicht in höherem Maße, als dies vor dem Einbruch der Fall war.

Die erforderliche Stütze ist nicht *verloren*, wenn sie schon vorher nicht vorhanden war.

Nur dann darf das Grundstück in der Weise vertieft werden, daß der Boden des Nachbargrundstücks die erforderliche Stütze verliert, wenn für eine genügend anderweitige Befestigung[14]) gesorgt ist. Diese anderweitige Befestigung muß schon zur Zeit der Vertiefung wirken, so daß jede Gefahr eines Einsturzes oder einer Senkung für das Nachbargrundstück und dessen Anlagen ausgeschlossen ist. Durch die Vertiefung darf also nicht einmal eine vorübergehende Gefahr begründet werden[15]).

---

[14]) Der Eigentümer eines Grundstückes ist regelmäßig (Notstand im Sinne des § 964 ausgenommen) nicht verpflichtet, das Betreten seines Grundstückes dem vertiefenden Nachbarn zwecks Vornahme der Befestigungsarbeiten zu gestatten. Diesem steht hierfür auch § 226 nicht zur Seite (Recht 1904, 252 Nr. 1164 [Köln]). Unter besonderen Ausnahmeverhältnissen (z. B. zur Vermeidung unerträglicher Mehrkosten) wird das Betreten des Nachbargrundstückes mit § 826 erzwungen werden können. Wenn nicht die Unterlassungsklage des § 909, sondern die Schadenersatzklage aus unerlaubter Handlung erhoben ist, dann kann dem Kläger unter Umständen der Einwand mitwirkenden Verschuldens (§ 254 Abs. 2) entgegengesetzt werden, wenn er die Betretung seines Grundstücks zwecks Vornahme der Befestigungsarbeiten verweigert hat (JW. 1910, 330; Gruchot 54, 1010). Das Herausziehen von Erde aus einem versenkten Rohr (Straußsches Gründungsverfahren) stellt eine Wegnahme von Bestandteilen des Bodens und damit eine Vertiefung dar. Daß die Vertiefung nur eine vorübergehende war, indem sie durch den in das Rohr eingelassenen Beton wieder ausgefüllt sei, ist unerheblich. Das Gesetz unterscheidet zwischen dauernder und vorübergehender Vertiefung. Unter Stütze im Sinne des § 909 ist sowohl die vertikale wie die horizontale zu verstehen (RG. 144, 177. — HHR. 1935, 1207).

[15]) Nur für die Sicherungsmaßregeln, die *zur Zeit* notwendig sind und für erforderliche Vorbereitung künftig notwendiger Maßnahmen muß der den Bau beginnende Nachbar sorgen. WürttZ. 14, 317 (Stuttgart).

Welcher Art die anderweitige Befestigung ist, ist gleichgültig. Der Nachbar muß deshalb auch mit einem noch so unschönen Gerüst zufrieden sein. Er kann auch nicht eine solche Befestigung verlangen, die eine besondere Dauerhaftigkeit gewährleistet. Verspriessung mit Holzbalken ist daher genügend. Wenn diese später morsch werden, muß der Besitzer des vertieften Grundstückes eben anderweitige Fürsorge treffen. Daß diese anderweitige Befestigung genügend ist, hat er zu beweisen[16].

Für eine genügende anderweitige Befestigung ist gesorgt, wenn derjenige, der sein Grundstück vertiefen will, Schutzvorkehrungen getroffen hat, die ausreichen, um den Zusammenhang des Nachbarbodens mit den derzeit darauf stehenden Anlagen zu erhalten. Man wird aber noch weiter verlangen müssen, daß die Befestigung eine derartige sein muß, daß der Boden des Nachbargrundstückes auch eine Belastung durch weitere Anlagen verträgt, mit deren Errichtung unter Berücksichtigung aller Verhältnisse, namentlich der örtlichen Lage des Grundstücks zu rechnen ist. Auch hier zeigt sich die Relativität des Begriffes „erforderliche Stütze". Handelt es sich um ein unbebautes, im freien Felde liegendes Nachbargrundstück, dann wird eine solche Befestigung, daß der Boden auch bei Errichtung eines Gebäudes in keiner Weise nachgibt, nicht erforderlich sein. Handelt es sich um einen Bauplatz, so ist eben eine anderweitige Befestigung erforderlich, die die bestimmungsgemäße Ausnützung des Bauplatzes durch Bebauung ins Auge faßt.

Ist auf einem Grundstück durch eine Vertiefung dem Nachbargrundstück die natürliche Stütze entzogen, so erwächst hierdurch dem Eigentümer die dauernde (auch auf den Sondernachfolger) übergehende Verpflichtung, für eine genügende anderweitige Befestigung zu sorgen; es muß also die Stützmauer in einem für ihren Zweck geeigneten Zustand unterhalten und in anderer Weise für die Erhaltung der Standsicherheit gesorgt werden. In der Unterlassung der Erfüllung dieser Pflicht liegt der Wirkung nach eine unzulässige Vertiefung.

Wenn das Hügelgelände, wie es namentlich in Weinbaugebieten der Fall ist, in einzelne Terrassen abgeteilt ist, die durch Mauern (zumeist Trockenmauern) gestützt sind, dann obliegt dem einzelnen Weinbergsbesitzer gegenüber dem Oberlieger aus § 909 (und aus § 908 auch gegenüber dem Unterlieger) die Pflicht, die Stützmauer in einem für ihren Zweck geeigneten Zustand zu unterhalten. Diese Pflicht geht nicht so weit, daß eine solche Beschaffenheit der Mauer vorhanden sein muß, daß jegliches Abwandern des Erd- und Schuttgeländes ausgeschlossen ist. Es braucht keine höhere Standsicherheit hergestellt und erhalten zu werden, als bestehen würde, wenn der natürliche Zustand des Weinberges (die natürliche Böschung vom höchsten Teil des Weinberges bis zum Fuß der Mauer) erhalten wäre. Man wird unterstellen dürfen, daß die Trockenmauern, wie sie (nach Höhe, Dicke, Art der verwendeten Steine und ihrer Zusammenfügung) in der betreffenden Lage herkömmlich sind, der Erfahrung

[16]) Dernburg 3, 177; WürttZ. 19, 278. A. M. Leonhard, Beweislast 413

entsprechend die für normale Verhältnisse ausreichende Stütze bieten. In dieser Beschaffenheit muß die Mauer erhalten werden. Hat der Besitzer der Mauer dieser Verpflichtung genügt und wird dann gleichwohl infolge außergewöhnlich langandauernder Regengüsse oder eines Wolkenbruches oder infolge der Schmelze außergewöhnlicher Schneemassen die Mauer eingedrückt, so besteht keine Haftung für die dadurch bewirkte Beschädigung der Nachbargrundstücke. Dem Eigentümer der eingedrückten Mauer obliegt jedoch die Verpflichtung, die beschädigte Mauer alsbald nach Eintritt besserer Wetterverhältnisse wieder herzustellen.

Ist für anderweitige genügende Befestigung nicht gesorgt, so hat der Eigentümer[17]) des Nachbargrundstücks den negatorischen Anspruch auf Unterlassung der Vertiefung[18]).

Ist bereits eine unzuverlässige Vertiefung vorgenommen worden und besteht nach Lage der Sache die Besorgnis weiterer unzulässiger Vertiefungen, so ist die Klage auf Unterlassung nach § 1004 BGB gegeben. Eines weiteren Nachweises, daß der Beklagte Veranlassung zur Klageerhebung gegeben habe, bedarf es in diesem Falle nicht (Vgl. RGK. Bem. 1 zu § 909.)

Der Klageantrag hat zu lauten: „Der Beklagte hat es zu unterlassen, sein Grundstück weiter in der Weise zu vertiefen, daß . . usw."

Mag auch die Wiederherstellung noch so kostspielig sein, der Beklagte muß sie ausführen (vgl. S. 540)[19]).

§ 909 erweitert den Inhalt des Eigentums für den einen, indem er dem anderen Nachbar eine Handlung verbietet und dadurch dessen Eigen-

---

[17]) §§ 1011, 1017, 1027, 1065, 1090, 1227 sind anzuwenden; vgl. Maenner 166.

[18]) Solange die Vertiefung noch nicht vorgenommen ist, geht der Klageantrag nur auf Unterlassung der Vertiefung. Es braucht dem Beklagten nicht offen gelassen werden, für eine anderweitige Befestigung zu sorgen; denn er darf nicht eher vertiefen, als er anderweitig befestigt hat. — Vgl. Biermann Anm. z. § 909.

Ist eine genügende Befestigung des Bodens des Nachbargrundstückes technisch nicht möglich, so muß die beabsichtigte Vertiefung unterbleiben. Dies kann namentlich praktisch werden, wenn durch die Vertiefung dem Nachbargrundstücke das Grundwasser und damit die erforderliche Stütze entzogen wird. Kann dies durch eine Spundwand nicht verhindert werden, so muß die Vertiefung unterbleiben. Vgl. RG. 62, 371 und andererseits Turnau-Förster Bem. 3 zu § 909.

[19]) Die Vertiefung war unzulässig; allein es hat der Kläger nicht schlechtweg den Anspruch auf Ausfüllung der Vertiefung; er muß sich zufrieden geben, wenn der Beklagte für anderweitige Befestigung sorgt. Vgl. dagegen Recht 1906, 1197 Nr. 2849 (Stuttgart), wonach der Nachbar nur auf Beseitigung d. i. Zufüllung der Vertiefung seinen Antrag zu richten habe. — Vgl. übrigens Turnau-Förster Anm. 2 zu § 900. — Der Klageantrag würde etwa lauten: „Der Beklagte ist schuldig, entweder den von ihm ausgehobenen Graben derart auszufüllen, daß der Boden des dem Kläger gehörigen Grundstücks Pl.-Nr. x die erforderliche Stütze wieder erhält oder für eine genügende anderweitige Befestigung zu sorgen." Die Fassung des Antrags in der zweiten Alternative muß allgemein gehalten werden, weil es dem Beklagten überlassen werden muß, welche Art von genügender Befestigung er wählen will. Durch eine Verurteilung zur Aufführung einer Schutzmauer würde er in diesem Wahlrecht beschränkt (vgl. OLG. 18, 130).

tum dem Inhalt nach beschränkt Durch die Vornahme der verbotenen Vertiefung ist ein Zustand geschaffen, der das Recht des Nachbars beeinträchtigt. § 1004 verleiht den Anspruch auf Beseitigung dieser Beeinträchtigung. Dieser negatorische Anspruch setzt kein Verschulden des Beklagten voraus[20]).

Aktivlegitimiert zur Erhebung des Anspruchs ist der Eigentümer des benachbarten Grundstückes Gemäß §§ 1927, 1090 Abs. 2 BGB. auch der Dienstbarkeitsberechtigte; gemäß § 11 der ErbbaurechtsVO. vom 15 1 1919 der Erbbauberechtigte; gemäß § 1065 BGB. der Nießbraucher. — Der Besitzer kann die Besitzstörungsklage erheben, wenn durch die Vertiefung sein Besitz beeinträchtigt wird (vgl. unten § 40).

Es wird anzunehmen sein, daß auch der nicht unmittelbar angrenzende Nachbar das Untersagungsrecht hat, sondern nur sein Grundstück durch die Vertiefung gefährdet wird[21]). Man denke nur an den Fall, daß am Hange eines Berges drei Äcker übereinanderliegen. Wenn der Eigentümer des untersten Ackers eine Vertiefung vornimmt, welche für das mittlere Grundstück eine Gefahr des Erdsturzes mit sich bringt, so besteht für das oberste Grundstück die Gefahr des Nachrutsches

Wird das durch die Vertiefung beeinträchtigte Grundstück veräußert, so ist der neue Eigentümer aktiv legitimiert zur Erhebung des Anspruches auf Wiederherstellung des früheren Zustandes oder zur Herstellung einer genügenden sonstigen Befestigung. Soll ein Vergleich geschlossen werden, so empfiehlt sich die Bestellung einer Grunddienstbarkeit: Der Eigentümer der Pl.-Nr. 1 bestellt zugunsten der Pl.-Nr. 2 eine Grunddienstbarkeit, inhaltlich deren die Beeinträchtigung des Eigentums der Pl.-Nr. 1, die durch die Ableitung des Berges auf Pl.-Nr. 2 bewirkt ist, zu dulden ist.

Passivlegitimiert für den Anspruch ist derjenige, welcher die Vertiefung vornimmt oder vornehmen läßt und, wenn die zulässige Vertiefung ausgeführt ist, derjenige, welcher diesen Zustand aufrecht erhält. Der derzeitige Eigentümer ist daher regelmäßig der richtige Beklagte[22]), ebenso der Besitzer und Inhaber[23]) Anders wäre es, wenn jemand, dem der Eigentümer keinerlei Rechte an dem Grundstück eingeräumt

[20]) RG. 103, 176 (JW. 1922, 485); SeuffA. 56 Nr. 200; OLG. 4, 64; 5, 152. Der Anspruch aus § 909 besteht deshalb auch dann, wenn die Vertiefung unter Beobachtung der Grundsätze der Baukunst vorgenommen ist (JW. 1910, 330). Der Beklagte kann sich nicht darauf berufen, daß er die Vertiefungsarbeiten durch einen sachkundigen Baumeister ausführen ließ (Recht 1909 Nr. 3368).

[21]) Gruchot 54, 1013; JW. 1910, 150 (RG.), vgl. Gruchot 66, 478. A. M. Bl. f. Rechtspfl. 1910, 109 (KG.).

[22]) Zustimmend RG. 103, 176 (JW. 1922, 486); ebenso SeuffA. 56 Nr. 200; 64 Nr. 32; OLG. 4, 62; 10, 138).

[23]) RG. 103, 176 (JW. 1922, 486).

hat, eine Vertiefung vornehmen will[24]). Hat derjenige, der die Vertiefung vorgenommen hat, das Grundstück vor Rechtshängigkeit veräußert, so kann er mit dem dinglichen Anspruch des § 909 nicht mehr belangt werden, da der Zustand der Beeinträchtigung nicht durch ihn aufrecht erhalten wird[25]). Auch wenn nur der Teil des Grundstücks, auf welchem die Vertiefung vorgenommen wurde, wegveräußert wurde, fehlt dem früheren Eigentümer dieses Teilstücks die Passivlegitimation[26]). Jedoch kann der frühere Eigentümer im Fall des Verschuldens aus §§ 823, 249 auf Wiederherstellung des früheren Zustandes belangt werden[27]).

Beweislast: Der Kläger muß beweisen, daß der Boden seines Grundstücks die erforderliche Stütze verliert, während dann dem Beklagten der Nachweis obliegt, daß für eine genügende anderweitige Befestigung gesorgt ist. (RGK. Bem. 4 zu § 909.)

2. Schadenersatzpflicht. Die vorsätzliche oder fahrlässige Ü r- tretung des gesetzlichen Verbotes ist ein gegen den Eigentümer sich richtendes Delikt mit den allgemeinen Folgen einer unerlaubten Handlung nach § 823 Abs. 2 BGB.[28]). Der eingetretene Erfolg kann aber dem Täter nur dann zugerechnet werden, wenn er denselben voraussehen konnte[29]). Eine Ersatzpflicht für den Einsturz des Hauses trifft ihn daher nur dann, wenn er bei sorgfältiger Prüfung hätte voraussehen können, daß durch die Vertiefung das Nachbargrundstuck die erforderliche Stütze

[24]) Hat er aber die unzulässige Vertiefung — wenn auch gegen den Willen des Eigentümers — vorgenommen, so muß dieser die Vertiefung beseitigen; denn er ist für den gesetzmäßigen Zustand seines Grundstücks verantwortlich u. ein Fall höherer Gewalt liegtnicht vor.

[25]) RG. 103, 176 (JW. 1922, 486).

[26]) RG. 103 176 (JW. 1922 486) läßt dies merkwürdigerweise dahingestellt.

[27]) Noest, JW. 1922, 485 Anm. 7. Der Eigentümer und der ersatzpflichtige Dritte haften, soweit sich des letzteren Schadenersatzpflicht (§§ 823, 249) auf Wiederherstellung (Befestigung) mit der Verpflichtung des Eigentümers aus § 909 deckt, als Gesamtschuldner (vgl. Reichel, Grundstücks-Archiv 1909, 83).

[28]) Vgl. SeuffA. 53 Nr. 150; Bolze 23 Nr. 49 u. 50. — Immer aber ist ein Verschulden Voraussetzung der Ersatzpflicht. Recht 1904, 253 Nr. 1165 (Köln); Gruchot 50, 680 (RG.); SeuffA. 61 Nr. 34 (RG.); JW. 1911, 467: Recht 1911 Nr. 3187; RG. EisenbE. 26, 34. Vgl. auch unter § 43. § 909 ist zwar ein den Schutz des anderen bezweckendes Gesetz im Sinne des § 823 Abs. 2 BGB. RG. 54, 177; 62, 371; SeuffA. 58 Nr. 53 (RG.). Es ist aber zweifellos, daß bei § 909 ein Verstoß gegen das Gesetz auch ohne Verschulden möglich ist (SeuffA. 61 Nr. 34 RG.). Nimmt ein Nachbar Ausschachtungen auf seinem Grundstücke vor, ohne die erforderlichen Sicherungsmaßregeln trotz der Erkennbarkeit ihrer Notwendigkeit zu treffen, so liegt hierin ein Verschulden. Vgl. Samml. d. Entsch. d. Bayer. Gerichtsh. für Kompetenzkonflikte 1, 32, woselbst für den Ersatzanspruch gegen eine pfälzische Distriktsgemeinde wegen Beschädigung eines Hauses durch plangemäße Ausführung des obrigkeitlich genehmigten Baues einer Distriktsstraße die Zuständigkeit der Gerichte angenommen wurde. Infolge Abgrabung des Bodens war eine Scheune eingestürzt.

[29]) Vgl. OHG. 17, 16; Recht 1914 Nr. 628.

verlieren würde. Hierfür ist auf die Bodenbeschaffenheit beider Grundstücke und auf die Entfernung der Vertiefung von der Grenze entscheidendes Gewicht zu legen[30]). Die Ersatzpflicht ist nicht an die Voraussetzung gebunden, daß gegen ein Verbot des Nachbars vertieft wurde. Man kann dem Nachbar die Unterlassung eines Verbots auch nicht als konkurrierendes Verschulden anrechnen; denn er kann sich ruhig darauf verlassen, daß der vertiefende Eigentümer die Tragweite der Vertiefung pflichtgemäß geprüft hat. Zur pflichtmäßigen Prüfung für den Eigentümer, der die Vertiefung ausführen will, wird unter Umständen auch die Einholung eines technischen Gutachtens erforderlich sein, z. B. über die Frage, ob die beabsichtigte Vertiefung dem Nachbarhause nicht Schaden bringen werde[31]). Erhebungen über die Fundamentierung des fremden Hauses können je nach der Art der beabsichtigten Vertiefung geboten sein. Deshalb wird sich der Vertiefende regelmäßig nicht damit entlasten können, daß die Fundamentierung des Nachbarhauses zu schwach gewesen sei; denn, wenn das Fundament ohne Vertiefung genügend tragkräftig war, wird regelmäßig anzunehmen sein, daß eine eingetretene Mauersenkung die Folge der Vertiefung war.

Zeigt sich die Gefahr eines Nachsturzes erst später und war sie bei Anlegung der Vertiefung auch bei sorgfältiger Prüfung nicht vorauszusehen, so kann nur das spätere Unterlassen der Fürsorge für eine genügende Befestigung den Charakter einer unerlaubten Handlung annehmen[32]). Der Besitznachfolger desjenigen, der die Vertiefung vorgenommen hat, haftet für denjenigen Schaden, der hätte vermieden werden können, wenn er alsbald die nötigen Vorkehrungen getroffen hätte[33]) Der Vertiefende kann seine Pflicht nicht auf den Nachbar abwälzen durch die Aufforderung zur Vornahme von Vorkehrungen, er hat selbst die nötigen Vorkehrungen zu treffen[34]). Dagegen kann seine Schadenersatzpflicht entfallen, wenn sich der Nachbar weigert, die erforderlichen Sicherungsarbeiten auf seinem Grundstück vornehmen zu lassen, obwohl dessen Benützung hierdurch nicht wesentlich beeinträchtigt würde[35]).

[30]) Vgl. Turnau-Förster Anm. 2 zu § 909.

[31]) Bedient sich der Eigentümer bei Vertiefungsarbeiten der Tätigkeit eines Baumeisters, so haftet er nicht bloß aus § 831, sondern hat an sich auch die Pflicht der Überwachung (vgl. Recht 1909 Nr. 3368). Es kann aber in dieser Richtung von einem Laien nur verlangt werden, daß er Fehler und Mängel wahrnimmt, die so auffällig und augenscheinlich zutage treten, daß sie jedem auch nicht sachkundigen Beobachter ohne weiteres als Mängel oder doch als gefahrdrohende Maßnahmen erkennbar sind. Recht 1908 Beil. 2, 495 Nr. 2826 (Augsburg).

[32]) Vgl. M. 3, 296 (Mugdan 3, 164).

[33]) Vgl. Bolze 6 Nr. 85.

[34]) Recht 1911 Nr. 405 (RG.).

[35]) Gruchot 54, 1016.

Ist die Vertiefung schon vor dem Inkrafttreten des Bürgerlichen Gesetzbuches vorgenommen worden, so kommt es darauf an, ob sie nach früherem Recht zulässig war oder nicht. Nach gemeinem Recht konnte der Nachbar sich die cautio damni infecti bestellen lassen. Hatte er dies übersehen, so war die Vertiefung zulässig. Bei strenger Durchführung des Instituts der cautio damni infecti müßte man annehmen, daß eine Schadenersatzpflicht für den durch die Vertiefung dem Nachbar zugefügten Schaden dann nicht besteht, wenn der letztere es unterlassen hat, sich die cautio damni infecti bestellen zu lassen. Allein die Praxis hatte jenen starren Rechtsstandpunkt schon längst verlassen und die aquilische Klage gleichwohl gewährt[36]).

Der Anspruch auf Unterlassung der Vertiefung wie auch auf Beseitigung einer unzulässigen Vertiefung unterliegt nicht der Verjährung (§ 924).

Sind Bestandteile des Grundstücks infolge einer Vertiefung des Nachbargrundstücks auf dieses gelangt, so behalten sie ihr bisheriges Eigentumsrecht, bis sie wesentlicher Bestandteil des anderen Grundstückes geworden sind (s. hierüber oben § 2, II ff.). Daraus folgt, daß der Eigentümer der ausgewanderten Bestandteile solange zurückholen kann, als er ihr Eigentümer ist[37]). Dies gilt auch dann, wenn die Vertiefung in zulässiger Weise ausgeführt ist. War die Vertiefung unzulässig, so kann der Eigentümer die Rückschaffung durch den Nachbar nicht mit der Eigentumsfreiheitsklage verlangen, diese geht nur darauf, daß der Zustand der unzulässigen Vertiefung beseitigt wird. Soweit ein Anspruch auf Schadenersatz besteht, ist dieser nach §§ 249 ff. zu leisten. Somit hat der Ersatzpflichtige grundsätzlich die abgewanderten Ersatzteile an ihren alten Standort zurückzubringen (§ 249). Es steht ihm aber frei, statt dessen in Geld zu entschädigen, wenn dies nur mit unverhältnismäßigen Aufwendungen möglich ist (§ 251 Abs. 2).

3. Wegreißen von Gebäuden. § 909 BGB. bezieht sich nicht auf den Fall, daß ein Gebäude abgerissen wird und dadurch das Nachbarhaus den Halt verliert[38]). Auch sonst ist keine gesetzliche Bestimmung

---

[36]) Vgl. SeuffA. 53 Nr. 150.

[37]) Eignet sich der andere die Bestandteile an, so ist er nach § 823 wie auch nach § 812 zum Ersatz verpflichtet. Sind die ausgewanderten Bestandteile zu Bestandteilen des anderen Grundstücks geworden, so steht ihm der Bereicherungsanspruch zu (§ 951; s. hierüber oben S. 35 u. 36).

[38]) Recht 1909 Nr. 841; vgl. Endemann 2, 479; RG. 70, 206. Das gilt auch für den Fall, daß auf einer Kommunmauer, die mit ihrem breiteren Teil auf dem Grundstück des Beklagten steht, zunächst dieser dann der Kläger eine Mauer je als Seitenwand eines Hausaufbaues der Gestalt errichtet hat, daß sich die beiden Mauern diesseits der Grundstücksgrenzen hielten. Bekl. ist berechtigt, die von ihm errichtete Mauer zu beseitigen, auch wenn dadurch der Seitenwand des Klägers die erforderliche Stütze entzogen wird (HessRspr. 1917, 189 — s. oben S. 137).

vorhanden, welche dem Eigentümer des Hauses, welches weggerissen werden soll, die Verpflichtung auferlegt, dafür zu sorgen, daß dem Nachbarhaus ein anderweitiger genügender Halt gegeben wird. Wenn kein besonderes Rechtsverhältnis, wie z. B. servitus oneris ferendi, vorliegt[39]), so kann der Eigentümer sein Haus wegreißen, auch wenn dadurch dem Hause des Nachbars der Halt verloren geht. Doch muß er dabei mit aller Vorsicht verfahren[40]), widrigenfalls er in Gemäßheit des § 367 Nr. 14 BGB. in Verbindung mit § 823 Abs. 2 BGB. ersatzpflichtig werden kann[41]). Durch § 367 Nr. 14 StGB. soll aber nur verhütet werden, daß durch den Abbruch eines Bauwerkes und im unmittelbaren Anschluß daran Leben und Gesundheit von Personen und fremdes Eigentum gefährdet und geschädigt wird; keinesfalls darf aber diese Vorschrift darauf erstreckt werden, daß der Abbrechende Vorsichtsmaßregeln zu treffen habe, die darauf abzielen, den nach erfolgtem Abbruch (etwa infolge davon, daß hierdurch dem Nachbarhause eine Stütze entzogen wurde) eintretenden Unfällen dauernd vorzubeugen. Ist der Abbruch ohne Schädigung des Nachbarhauses ausgeführt, so ist es Sache seines Eigentümers, dafür zu sorgen, daß sein Haus in den Stand gesetzt werde, ohne die frühere Stütze fortzubestehen[42]). Zu diesem Behufe muß ihm der Eigentümer des Nachbargrundstücks, wenn dies nach § 904 notwendig erscheint, die Benützung seines Eigentums gestatten. Kommt der Hauseigentümer dieser seiner Verpflichtung nicht nach, so finden die Vorschriften des § 908 BGB. gegen ihn Anwendung. S. oben § 16.

4. Erhöhung der Erdoberfläche. An dieser Stelle ist darauf einzugehen, wie sich das Rechtsverhältnis zwischen den Nachbarn bei einer Erhöhung der Erdoberfläche stellt. Man denke an den Fall, daß eine im Eigentum des Eisenbahnfiskus stehende Wiese zu dem daran anstoßenden, höher gelegenen Eisenbahnterrain gezogen und deshalb entsprechend erhöht wird[43]). Es besteht keine gesetzliche Vorschrift, welche den Eigentümer verhindern könnte, eine solche Erhöhung vorzunehmen[44]). Fügt er dadurch dem Nachbar Schaden zu, so hat er den-

[39]) Eine solche Servitut ist nicht schon dadurch erworben, daß tatsächlich während rechtsverjährender Zeit das Nachbarhaus seine Stütze an dem anderen Haus gefunden hat; denn dies stellt für sich allein noch keinen Rechtsbesitz dar. OGH. 5, 458. Wenn jedoch die Konstruktion des angebauten Hauses derart ist, daß nicht nur eine Anlehnung an das andere Haus gegeben ist, sondern Teile dieses Hauses zum Tragen benützt werden oder wenn gar Balken aufgelegt sind, dann liegt natürlich ein Rechtsbesitz vor.

[40]) Vgl. OGH. 5, 443; SeuffA. 56 Nr. 25; OLG. 4, 281.

[41]) JW. 1902 Beil. 231. Vgl. RG. 38, 183; 70, 206.

[42]) Gruchot 45, 1053 (RG.). Dort wird auch darauf hingewiesen, daß eine Ersatzpflicht durch Zuwiderhandeln gegen § 367 Nr. 15 StGB. begründet werden kann. Vgl. hierzu Gruchot 46, 975 (RG.).

[43]) SeuffA. 51 Nr. 7. [44]) OLG. 26, 21.

selben im allgemeinen nicht zu ersetzen. So kann z. B. der Nachbar nicht den Ersatz des Schadens verlangen, der durch Entziehung des Lichtes und der Luft herbeigeführt wird. Wenn sich der Untergrund infolge des Drucks, welchen das aufgeschüttete Erdmaterial ausübt, senkt und hierdurch dem Nachbargrundstück die erforderliche Stütze entzogen wird, so liegt der Fall des § 909 BGB. vor; denn durch den Druck wird eine Vertiefung herbeigeführt und die Erdaufschüttung würde im gegebenen Falle sich nicht als genügende anderweitige Befestigung erwiesen haben[45]). Insoweit durch die Erhöhung der natürliche Wasserlauf geändert wird, indem das Wasser nicht wie bisher von dem Nachbaranwesen auf die Wiese ablaufen kann oder das Wasser von dem erhöhten Grundstück in vermehrtem Maße auf das Nachbargrundstück abströmt, kommt das Wassergesetz in Anwendung. Nach dessen Bestimmungen ist eine schädliche Änderung des natürlichen Wasserlaufes unzulässig (Art. 17 WG.). Wenn durch den vermehrten Druck eine Veränderung in den unterirdischen Wasserläufen oder dem Grundwasser herbeigeführt wird (z. B. es steigt das Grundwasser im Nachbarkeller), so kann deswegen der Nachbar weder einen Anspruch auf Unterlassung der Erhöhung, noch auf Schadenersatz erheben. Immerhin muß angenommen werden, daß bei Ausführung der Erhöhung nach allen Regeln der Technik und mit allen Vorsichtsmaßregeln verfahren werden muß, welche eine derartige benachteiligende Einwirkung auf das Nachbargrundstück hintanzuhalten geeignet sind. Denn auch ein Recht darf nicht in brutaler Weise so ausgeübt werden, daß die Ausübung einem anderen Schaden bringt[46]).

Wird durch die Erderhöhung eine durch sinnliche Wahrnehmung vermittelte Immission auf das Nachbargrundstück bewirkt, so ist nach Maßgabe der §§ 906 und 907 über die Zulässigkeit der Immission und der ganzen Anlage zu entscheiden. Vgl. über den Fall der Aufschüttung von Sandhaufen (Sandkippe) und dadurch bewirkten Sandzuführung oben S. 184 Anm. 29.

Droht die Gefahr des Abrutsches von Teilen einer Erderhöhung (Böschung, Halde), so kann der Anspruch aus § 908 in Frage kommen (s. oben § 16).

---

[45]) Vgl. JW. 1921, 252 (Dresden). So hat das OLG. Oldenburg (OldenbZ. 32, 83) einen Grundstückseigentümer zum Schadenersatz verurteilt, der durch das Höherbauen seines Hauses und die dadurch bewirkte Belastung des Bodens das Senken des Nachbarhauses bewirkt hat, weil er diese schädliche Einwirkung durch geeignete Maßregeln (Schlagen einer Spundwand) hätte verhüten können. Voraussetzung der Schadenersatzpflicht ist natürlich Vorhersehbarkeit der Einwirkung.

[46]) Vgl. oben § 11 S. 155 Anm. 5.

§ 18. Überhängen von Zweigen. Eindringen von Wurzeln.

Die Grenzen, durch welche die Grundstücke verschiedener Eigentümer getrennt sind, setzen dem Machtbereich des Eigentümers ein räumliches Ziel. Innerhalb der räumlichen Grenzen seines Grundstücks darf er die ihm durch das Gesetz verliehenen Machtbefugnisse ausüben; ein Übergreifen auf die jenseits der Grenze liegenden Grundstücke ist ihm nicht gestattet. Eine Ausnahme von diesem Grundsatze ist durch das gegenseitige nachbarliche Interesse für die Eigentümer von Bäumen begründet.

Das Eigentum am Baum steht demjenigen zu, auf dessen Grundstück der Stamm aus dem Boden heraustritt. Auf die Lage der Wurzeln kommt es nicht an; sie sind wesentliche Bestandteile des Baumes und stehen daher im Eigentum desjenigen, aus dessen Boden der Stamm heraustritt. Bäume, die nicht weit von der Grenze stehen, ragen mit ihren Wurzeln und Zweigen über die Grenze hinüber und greifen daher in den Machtbereich des Nachbars ein. Gegen diesen Eingriff in sein Eigentum ist dem Nachbar ein besonderer Rechtsbehelf gegeben.

I. § 910 BGB. verleiht ihm ein Selbsthilferecht gegen Wurzeln eines Baumes oder Strauches, die von einem Nachbargrundstück eingedrungen sind und gegen Zweige[1]), welche von einem Baum oder Strauch[2]) herüberragen. Es darf nämlich der Grundstückseigentümer und nur dieser[3]), die eingedrungenen Wurzeln und herüberragenden Zweige abschneiden und behalten. Die Wurzeln ohne weiteres[4]), die Zweige jedoch erst dann, wenn er dem Besitzer des Baumes oder Strauches eine angemessene Frist zur Beseitigung bestimmt hat und die Beseitigung nicht innerhalb der Frist erfolgt ist. Für die Angemessenheit dieser Frist kommt in Betracht, daß die Beseitigung der Äste in der Periode des Wachstums des Baumes schädlich ist[5]). Bei einem großen

---

§ 18. [1]) Nicht dieselben Grundsätze gelten, wenn der Stamm, der jenseits der Grenze aus dem Boden heraustritt, infolge eines schiefen Wachstums über die Grenze herüberragt. — Vgl. Cosack 2 § 211 II. In diesem Fall hat der Nachbar kein Selbsthilferecht; er kann nur auf Beseitigung klagen; Staudinger Bem. 4 zu § 910. — Vgl. dagegen SeuffA. 43 Nr. 6.

[2]) § 910 gilt auch für Bäume auf oder an öffentlichen Straßen (vgl. Henle-Schneider Anm. 5 zu Art. 74 AG.).

[3]) Nicht auch diejenigen, welche bezüglich des Anspruchs aus § 1004 dem Eigentümer gleichgestellt sind. Biermann 108; Planck Bem. zu § 910; RGK. Bem. 1 zu § 910. A. M. Maenner 167 Anm. 60.

[4]) Ortloff im ArchBürgR. 17, 277 hält auch vor der Beseitigung der Wurzeln die Bestimmung einer angemessenen Frist für notwendig.

[5]) KommProt. 3570 (Mugdan 3, 594). Bei Beurteilung der Angemessenheit der Frist ist nicht allein auf ihre absolute Dauer, sondern auch auf die Jahreszeit und eine sachgemäße Bewirtschaftung Rücksicht zu nehmen; insbesondere bei Obstbäumen kann in der Zeit, in welcher sie im Wachstum oder in vollem Safte stehen, die Beseitigung von Ästen nicht verlangt werden. Fromherz im Recht 1906, 1070.

Wald muß insbesondere auch der Umfang der Arbeit in Betracht gezogen werden. Wenn der Grundstückseigentümer vor der Beseitigung der Zweige keine oder doch keine angemessene Frist gesetzt hat, so ist die Beseitigung widerrechtlich[6]). Dies hat vor allem zur Folge, daß der Nachbar, welcher die Zweige beseitigt hat, das hierdurch angefallene Holz nicht behalten darf. Er muß es herausgeben oder den Wert ersetzen[7]). Im Falle des Verschuldens ist er schadenersatzpflichtig, z. B. wenn er bei dem Ausästen von Obstbäumen nicht sorgfältig zu Werke gegangen ist[8]). Entfernt der Nachbar im Rahmen des § 910 Wurzeln und Zweige, so geschieht dies auf Gefahr des Baumeigentümers, dem kein Schadenersatzanspruch zusteht[9]).

Die in zulässiger Ausübung des Selbsthilferechts abgeschnittenen Wurzeln und Zweige darf der Nachbar behalten. Hängen an den Zweigen Früchte, so gehören ihm auch diese[10]). Hat der Baumeigentümer der an ihn ergangenen Aufforderung Folge geleistet und die Zweige beseitigt, so verbleiben ihm dieselben selbstverständlich. Hat der Baumeigentümer auf Verlangen des Nachbars oder doch mit dessen Zustimmung die Wurzeln beseitigt, so gehört ihm das Holz, weil er der Eigentümer des Baumes und somit auch der Wurzeln ist[11]). Die rechtmäßig abgeschnittenen Teile darf er auch vom Nachbargrundstück abholen[12]).

Dem Eigentümer des Nachbargrundstückes steht das durch § 910 BGB. eingeräumte Selbsthilferecht nicht zu, wenn und insoweit die Wurzeln oder die Zweige die Benützung seines Grundstückes nicht be-

[6]) War die Frist nicht angemessen, so gilt die zur Angemessenheit verlängerte Frist. Der Nachbar braucht nicht nochmals eine angemessene Frist zu setzen, vgl. RG. 56, 234; 62, 68; RGK. Bem. 2 zu § 250; Staudinger Bem. 5b zu § 250 mit Nachweisen. A. M. Planck Bem. 2 zu § 250; Staudinger Bem. 2 b γ zu § 910. Wenn der Nachbar nach dem Fristablauf und im ganzen eine angemessene Zeit gewartet hat, so darf er das Abschneiden der Zweige vornehmen.

[7]) Kretzschmar im SächsArch. 12, 413.

[8]) Turnau-Förster Bem. I, 1 zu § 910. Die Beseitigung der Äste darf nicht in einer Zeit vorgenommen werden, in welcher sie für die Bäume schädlich ist (etwa weil diese im vollen Safte stehen). Fromherz im Recht 1906, 1070. Ausnahmen sind denkbar. Wenn z. B. der Nachbar einen Bau aufführen will und aus diesem Grunde die Beseitigung der überragenden Äste nicht aufgeschoben werden kann, liegt kein Verschulden vor.

[9]) Es sei denn, daß die Beseitigung so heimlich und schnell erfolgt, daß der Baumeigentümer sein Interesse nicht wahren kann. Ein Außerachtlassen der durch Treu und Glauben gebotenen nachbarlichen Rücksicht kann unter Umständen Ersatzansprüche nach §§ 823, 826 begründen. OLG. 39, 215.

[10]) A. M. Fromherz im Recht 1906, 1069. Dagegen ist dessen Ansicht beizupflichten, daß die Beseitigung der Äste während der Zeit, in welcher ein Obstbaum noch mit Früchten behangen ist, regelmäßig nicht verlangt werden kann; dies ist bei Bemessung der „angemessenen Frist" zu berücksichtigen.

[11]) Es fehlt also die in diesem Fall regelnde gesetzliche Bestimmung keineswegs, wie Ortloff im ArchBürgR. 17, 277 annimmt.

[12]) Staudinger Bem. 7 zu § 910.

einträchtigen (§ 910 Abs. 2 BGB.). Daß die Voraussetzungen dieser Ausnahmebestimmung gegeben sind, hat der Baumeigentümer zu erweisen [13]). Eine Beeinträchtigung der Benützung ist immer dann gegeben, wenn die wirtschaftliche Verwertung des Grundstücks infolge der Wurzeln oder Zweige nach irgendwelcher Richtung verhindert oder erschwert wird. Hierfür sind nicht nur die bisherigen Verhältnisse, sondern auch ein unmittelbar bevorstehender Wechsel maßgebend, nicht aber die entfernte Möglichkeit späterer Wirtschaftsänderung [14]).

Die Benützung einer Wiese wird durch eingedrungene Wurzeln meist nicht beeinträchtigt. Der Grundstückseigentümer kann aber regelmäßig die Wurzeln beseitigen, wenn er die Wiese in ein Ackergrundstück umwandeln will; denn das Ackern wird regelmäßig durch die Wurzeln erschwert werden.

Befinden sich überragende Zweige über dem Dache des Nachbarhauses, so kann der Nachbar deren Beseitigung verlangen, da die atmosphärischen Niederschläge infolge des Vorhandenseins der überragenden Zweige das Dach in erhöhtem Maße angreifen und auch die Feuchtigkeit festhalten.

Will der Nachbar auf seinem Grundstücke einen Bau errichten, so können ihm die Wurzeln, von deren Vorhandensein er früher gar nichts wußte, sehr hinderlich werden.

Weil nur die jeweilige Art der Benützung in Berücksichtigung gezogen wird, so steht dem Nachbar auch nicht die Einrede der rechtskräftig entschiedenen Sache entgegen, wenn er nach Änderung der Benützung wieder klagt [15]).

Es ist sehr gut möglich, daß nur ein Teil der Wurzeln oder Zweige die Benützung das Nachbargrundstückes beeinträchtigt. Bei den Wurzeln wird dies sogar regelmäßig der Fall sein. In solchen Fällen darf der Nachbar nur jene Wurzeln und Zweige beseitigen, welche die Benützung beeinträchtigen [16]).

Eine Beeinträchtigung der Benützung liegt nicht schon darin, daß die Wurzeln dem Boden unter allen Umständen Nahrung entziehen und insoferne, objektiv betrachtet, nachteilig auf das Grundstück einwirken. Es ist vielmehr eine nachteilige Wirkung *auf die Benützung* zu verlangen. Eine solche ist dann gegeben, wenn durch die Wurzeln dem Boden derartig viel Nahrung [17]) entzogen wird, daß die Fruchtgewinnung verkürzt oder durch die Wurzeln die Bestellung erschwert wird. Die Beschränkung des Selbsthilferechts wurde von der Kommission auf-

---

[13]) KommProt. 3567 (Mugdan 3, 593).

[14]) Staudinger Bem. 7 zu § 910.

[15]) Kretzschmar im SächsArch. 12, 413.

[16]) Vgl. SeuffA. 43 Nr. 6. Dort ist das Recht auf Beseitigung der Zweige, nicht aber jenes auf Beseitigung des herübergewachsenen schiefen Stammes zugesprochen, weil letzterer nicht schade. Nach heutigem Recht braucht übrigens der Stamm überhaupt nicht geduldet zu werden, da sich die Vorschrift des § 910 BGB. auf den herübergewachsenen Stamm nicht bezieht.

[17]) Vgl. KommProt. 3571 (Mugdan 3, 594).

genommen, um der Möglichkeit einer Schikane vorzubeugen. Sie deckt sich nicht mit dem allgemeinen Schikaneverbot, wonach bloß jene Rechtsausübung unzulässig ist, welche nur den Zweck haben kann, einem anderen Schaden zuzufügen. § 226 BGB. wäre z. B. dann nicht anwendbar, wenn der Grundeigentümer irrtümlicherweise annehmen würde, daß durch die Zweige oder Wurzeln die Benützung seines Grundstückes beeinträchtigt wird. Wohl aber tritt in diesem Falle die Beschränkung des § 910 BGB. in Wirksamkeit [18]).

II Ob der Eigentümer neben dem Recht zur Selbsthilfe ein Klagerecht auf Beseitigung der eingedrungenen Wurzeln und Zweige habe, ist bestritten. Die herrschende Meinung verneint dies, indem sie sich den in den Gesetzgebungsakten gemachten Ausführungen anschließt [19]). Entwurf I § 861 hatte einen solchen Anspruch auf Beseitigung ausdrücklich vorgesehen. Die Meinungen in der zweiten Kommission waren geteilt. Ein Antrag auf Abänderung des § 861 enthielt u. a. folgende Bestimmung: „Ein Anspruch darauf, daß der Besitzer die Beseitigung vornehme, steht ihm (dem Nachbar) nicht zu.“ Die Kommission billigte diesen Satz mit folgender Begründung [20]):

Der Gedanke, dem Eigentümer einen Anspruch auf Beseitigung zu geben, sei unpraktisch. Der Eigentümer müsse dann, wenn etwa der Nachbar sich weigere, ein Urteil erwirken, und selbst dieses sei nicht direkt vollstreckbar. Der Anspruch auf Beseitigung erscheine aber überhaupt nicht genügend gerechtfertigt. Es handle sich nicht um einen bewußt widerrechtlichen Eingriff in das Eigentum. Man könne nicht wohl sagen, daß der Nachbar durch sein Verschulden die Störung herbeigeführt habe; denn der Baum wachse einfach aus natürlichen Gründen.

Diese Erwägungen führten dazu, daß die Bestimmung des Entwurfes I § 851, in der ausdrücklich der Anspruch auf Beseitigung eingeräumt war, gestrichen wurde. Dagegen unterließ man es bei der Redaktion, den im Prinzip durchaus gebilligten Satz des oben erwähnten Antrags ausdrücklich aufzunehmen, daß dem Nachbar ein Anspruch auf Beseitigung nicht zustehe. Man hielt dies für überflüssig.

Dem gegenüber ist folgendes zu bemerken: Auszugehen ist von dem allgemeinen Prinzip des § 903 BGB., wonach der Eigentümer andere von jeder Einwirkung ausschließen kann, soweit nicht das Gesetz oder Rechte Dritter entgegenstehen. Nirgends im Gesetze ist gesagt, daß der andere ein Recht hat, die Wurzeln und Zweige seiner Bäume in den

---

[18]) Die Beschränkung des § 910 schließt sich an deutschrechtliche Grundsätze an. Vgl. Sachsenspiegel II Art. 52 § 2: Siner bome telge ne solm over den tun ok nicht gan, sine nakebare to scaden; und die Glosse hierzu: Dis alles vernimm doch sofern die Zweige dir als den nachbauern schaden theten, denn so solches nicht wäre, darf man ihn nicht abhauen. Vgl. Gierke 429 ff.

[19]) KommProt. 3568 (Mugdan 3, 593); Denkschrift 124 (Mugdan 3, 973); Maenner 166; Turnau-Förster Anm. 1 zu § 910; Leske, Vergl. Darstellung d. BGB. usw. 274; Staudinger Bem. 3 zu § 910; Planck Bem. 2 zu § 910; OLG. 2, 141; Kretzschmar im SächsArch. 12, 414; RGK. Bem. 1 zu § 910; Müller 85; Crome 285.

[20]) KommProt. 3568 (Mugdan 3, 593).

Machtbereich seines Nachbars eindringen zu lassen; insbesondere ist dies im § 910 BGB. nicht bestimmt. Hier ist dem Nachbar nur ein besonderes Selbsthilferecht gegen die Einwirkung eingeräumt. Der Eigentümer, auf dessen Grundstück eingewirkt wird, hat durch die Bestimmung des § 910 BGB. etwas erhalten und nichts verloren. Steht daher auf Grund der allgemeinen gesetzlichen Vorschriften dem Eigentümer ein Anspruch auf Beseitigung zu, so ist er ihm durch § 910 BGB. nicht entzogen[21]). Dieser Anspruch auf Beseitigung ist durch § 1004 BGB. gegeben. Derjenige, welcher Bäume in der Nähe der Grenze anlegt oder hält, hat auch das Bewußtsein davon, daß er das Eigentum des Nachbars beeinträchtigt. Ein weiterer Behelf für die hier vertretene Ansicht ist aus folgendem abzuleiten. Das Selbsthilferecht des § 910 ist nur dem Eigentümer gegeben, nicht auch denjenigen, welche bezüglich des Anspruchs aus § 1004 dem Eigentümer gleich gestellt sind (s. oben S. 255 Anm. 3). Entweder gewährt man diesen den Anspruch auf Beseitigung aus § 1004, der dem Eigentümer selbst nicht zusteht, oder aber man muß ihnen Pflicht zur Duldung auferlegen, wofür im Gesetz gar kein Anhaltspunkt gegeben ist. Im Gebiete des gemeinen Rechts wurde mit Recht neben dem interdictum de arboribus caedendis die actio negatoria zugelassen[22]).

Die notwendige Folgerung, die hieraus gezogen werden muß, ist die, daß der Anspruch auf Beseitigung an und für sich auch dann gegeben ist, wenn die Wurzeln oder Zweige die Benützung des Nachbargrundstückes nicht beeinträchtigen und daher das Selbsthilferecht des § 910 BGB. durch dessen Abs. 2 ausgeschlossen ist[23]). Allein § 226 BGB. wird wohl in den meisten Fällen zur Ausschließung dieses Klagerechts führen. Ausnahmen sind allerdings denkbar.

Dem Eigentümer eines Wiesengrundes, dessen Wiesenkultur durch die eingedrungenen Wurzeln der vom Nachbar gepflanzten Bäume einer Baumreihe nicht beeinträchtigt wird, kann man, wenn er die Beseitigung der Wurzeln verlangt, wohl kaum entgegenhalten, daß die Ausübung dieses Anspruchs nur den Zweck haben kann, dem Baumbesitzer zu schaden; denn tatsächlich werden dem Grundstück durch die

[21]) Die irrige Meinung des Gesetzgebers, daß dies geschehen sei, kann für sich allein eine andere Gesetzesnorm nicht zur Aufhebung bringen. Übereinstimmend Ortloff, Arch. BürgR. 17, 274 ff.; Gierke 431; Goldmann-Lilienthal 47 Anm. 22; Wolff 142. Die beiden letzteren wenden sich zutreffend gegen den hauptsächlichen Grund der herrschenden Meinung, daß § 1004 sich nur auf störende Menschenhandlung beziehe. Kipp-Windscheid 1, 868 will nur einen Anspruch auf Duldung der Beseitigung durch den Gestörten geben. Der Anspruch auf Beseitigung (§ 1004) ist hinsichtlich von Bäumen gegeben, die der Eigentümer gepflanzt hat (im Gegensatz zu wild gewachsenen Bäumen); denn bei jenen beruht das Eindringen auf dem Willen des Eigentümers.

[22]) Vgl. SeuffA. 11 Nr. 115; 17 Nr. 7; Windscheid, Pand. § 169 N. 10; Wächter, Pand. § 119.

[23]) A. M. Ortloff a. a. O., der die Beschränkung des Selbsthilferechts (wonach nicht mehr vom Überhang beseitigt werden soll, als zur Abwendung der Beeinträchtigung notwendig ist) auch für die klageweise Geltendmachung des Anspruchs aus § 1004 gelten läßt.

Wurzeln Nährstoffe entzogen, an deren Erhaltung der Eigentümer ein Interesse haben mag, auch wenn die dermalige Benützung des Grundstücks hierdurch nicht beeinträchtigt wird.

Es ist möglich, daß durch die eingedrungenen Wurzeln ein Schaden verursacht wird, es wird z. B. die Fundamentmauer eines Hauses auseinandergetrieben. Durch das Eindringen der Wurzeln wird, sofern hierdurch die Benützung des Nachbargrundstückes beeinträchtigt wird, ein objektiv rechtswidriger Zustand bewirkt. Solange aber der Nachbar weder die Beseitigung der Wurzeln verlangt noch sein Selbsthilferecht ausübt, wird sein Einverständnis damit, daß der Baum an der Grenze steht und somit mit seinen Wurzeln herübergreift, angenommen werden können. Er hat deshalb keinen Ersatzanspruch für die Beschädigung seiner Hausmauer. Selbst wenn man die Zustimmung nicht aus den Umständen ableiten könnte, würde man zu demselben Resultat auf Grund des § 254 gelangen können. Denn wenn man ein Verschulden des Baumeigentümers annehmen könnte, so wäre das des Gebäudeeigentümers sicher das weit überwiegende.

Wenn ein Pferd. das im eingezäunten Sprunggarten gehalten wurde, von den überhängenden Zweigen einer auf dem Nachbargrundstück stehenden Eibe gefressen hat, und infolge dessen verendet ist, so kann der Eigentümer der Eibe nicht ersatzpflichtig gemacht werden.

Der Eigentümer der Eibe braucht nicht zu wissen, daß die Eibe für Pferde giftig ist, diese Kenntnis geht in erster Linie den Pferdehalter an (Schweizer Bundesgericht vom 17. 4. 1919).

III. Zeitliche Statutenkollision. Die Vorschriften des § 910 BGB. finden auch auf die zur Zeit des Inkrafttretens des BGB. schon vorhandenen Bäume Anwendung[24]).

Auf Grund des in Art. 183 EG. eingeräumten Vorbehaltes hat das bayerische Gesetz, Übergangsvorschriften zum Bürgerlichen Gesetzbuch betr., in Art. 9 zugunsten der auf einem Waldgrundstücke stehenden Bäume für die Übergangszeit Ausnahmen bestimmt.

Der Begriff des Waldes ist ein verschiedener, je nachdem man ihn im naturwissenschaftlichen oder forstwirtschaftlichen Sinne auffaßt. Naturwissenschaftlich wird jede größere, mit wilden Holzarten bewachsene Fläche — ohne Rücksicht auf ihre wirtschaftliche Bestimmung — Wald genannt. Im forstwirtschaftlichen Sinne versteht man dagegen unter Wald eine mit wilden Holzarten bestandene und zur Gewinnung des Holzes bestimmte Bodenfläche von einer gewissen räumlichen Ausdehnung[25]).

---

[24]) Turnau-Förster Anm. I, 1 zu § 910.

[25]) Ganghofer, Forstgesetz 1.

Wenn auch zuzugeben ist, daß der in Art. 183 EG. zugunsten der Waldgrundstücke eingeräumte Vorbehalt der Absicht entsprungen ist, die Waldbewirtschaftung zu fördern und dies darauf hinweisen könnte, den Begriff Wald im forstwirtschaftlichen Sinne zu verstehen, so ist doch ausschlaggebend, daß der gemeine Sprachgebrauch den Begriff Wald im naturwissenschaftlichen Sinne versteht und dürfte daher dieser bei Auslegung des Gesetzes zugrunde zu legen sein.

Es sind daher Parkanlagen, die nicht der Holzgewinnung, sondern nur dem Vergnügen dienen, bei entsprechender Größe den Waldungen zuzurechnen. Keinesfalls aber isolierte Baumgruppen, auch wenn sie zur Holzzucht bestimmt sind; ebensowenig Alleen und Baumanlagen, die zum Obstbau bestimmt sind[26]).

a) Der Eigentümer eines Waldgrundstückes[27]) ist gemäß Art 9 Abs. 1 ÜG. verpflichtet, die eingedrungenen Wurzeln und herüberragenden Zweige eines Baumes dann zu dulden, wenn der Baum auf einem Nachbargrundstück steht, das schon am 1. Januar 1900 mit Wald bestanden war. Die Wurzeln und Zweige müssen geduldet werden, selbst wenn sie Schaden anrichten und auch dann, wenn sich die Zweige in geringerer Höhe als fünf Meter vom Boden befinden. Diese Duldungspflicht besteht nur solange, als die beiden Nachbargrundstücke mit Wald bestanden sind. Ob die Wurzeln und Zweige vor oder nach dem 1. Januar 1900 eingedrungen sind, ist ohne Bedeutung.

Die Duldungspflicht nach dieser landesgesetzlichen Vorschrift hört auf, wenn auf dem Grundstücke, von dessen Bäumen Wurzeln und Zweige eingedrungen sind, die nächste Verjüngung des Waldes stattfindet, indem der Wald als Ganzes gerodet und neu aufgeforstet wird. Es ist nicht notwendig, daß der ganze Wald auf einmal verjüngt wird, sondern es genügt, wenn er nur partienweise verjüngt wird. Wenn also nur ein bestimmter Teil abgetrieben und neu angepflanzt wird, dann ist bezüglich dieses Teiles eine Verjüngung des Waldes eingetreten. Für diesen verjüngten Teil gelten die allgemeinen Vorschriften des Bürger-

---

[26]) Ganghofer a. a. O.

[27]) Zu einem Waldgrundstück gehören alle einzelnen Bestandteile des Waldes, wenn sie momentan auch nicht mit Bäumen und Pflanzen bestockt sind. Auch die auf dem Waldgrundstück vorhandenen Wege, öden Plätze usw. sind zum Walde zu rechnen (Ganghofer, Forstgesetz 2). Einer Bodenfläche geht die Eigenschaft eines Waldes nur dadurch, daß sie dauernd eine andere Bestimmung erhält, nicht aber schon dadurch verloren, daß sie teilweise nebenher oder vorübergehend in anderer Weise als zur Erzielung und Gewinnung von Holz benützt wird. Aus diesem Grunde ändert auch die Anlage und Ausbeutung eines Steinbruchs auf einer Bodenfläche, welche bis dahin einen Bestandteil eines Waldes bildete, diese Eigenschaft nicht ohne weiteres und können daher auch Steinbrüche in Waldungen, gleich den Waldblößen, Bestandteile eines Waldes bilden. OLGSt. 4, 48.

lichen Gesetzbuches, während für die übrigen Waldteile Art. 9 ÜG. Anwendung findet[28]).

Die Beseitigung einzelner Bäume und ihre Ersetzung durch neue ist keine Verjüngung[29]). Den einzelnen nachgepflanzten Ersatzbäumen gegenüber besteht daher bis zur erfolgten Verjüngung des Waldes die gleiche Duldungspflicht, wie den Bäumen gegenüber, die schon am 1. Januar 1900 gestanden sind.

Wenn das an das Waldgrundstück anstoßende Grundstück, in welches die Zweige eingedrungen sind, zur Zeit des Inkrafttreten des Bürgerlichen Gesetzbuches gleichfalls mit Wald bestanden war, aber später Ackergrundstück wurde, so gilt von der Zeit dieser Änderung seiner Beschaffenheit an nicht mehr der Abs. 1, sondern der Abs. 2 des Art. 9 ÜG. (s. nachstehend unter b). Die weitergehende Duldungspflicht des Abs. 1 beruht auf der Erwägung, daß der Nachbar infolge der gegenseitigen Duldungspflicht ebensoviel erhält, als er dem Nachbargrundstücke gewährt. Diese Erwägung trifft nicht mehr zu, wenn das Grundstück des Nachbars ein Ackergrundstück geworden ist[30]).

Wird der Wald, von welchem Zweige in das Nachbargrundstück eingedrungen sind, niedergelegt und nicht wieder aufgeforstet, so findet Art. 9 ÜG. für Bäume, welche auf diesem Grundstücke übrig gelassen oder neu angepflanzt wurden, selbstverständlich keine Anwendung mehr[31]).

Im Falle des Plenterbetriebes gilt als der Zeitpunkt der nächsten Verjüngung der Beginn des Jahres 1950 (Art. 9 Abs. 3 ÜG.).

Die Waldungen in Bayern werden vorzugsweise im schlagweisen Betriebe bewirtschaftet. Der schlagweise Betrieb charakterisiert sich zunächst dadurch, daß an Stelle eines haubaren oder abnutzfähigen Waldbestandes innerhalb eines verhältnismäßig kurzen, zumeist die Dauer von 30 Jahren nicht überschreitenden Zeitraumes ein ganz neuer Waldbestand begründet wird, so daß auf einer hinreichend großen Fläche jeweils ein gleichaltriger Holzwuchs sich befindet. Der Schlag kann nun ein Kahlschlag sein, wenn ganz abgeräumt wird, oder ein sog. Sonnenschlag, bei welchem innerhalb eines gewissen Zeitraumes die älteren Bäume weggenommen werden, damit der entstandene Jungwuchs sich entwickeln kann. Die Verjüngung eines Waldes erstreckt sich hiernach entweder sogleich über die ganze Fläche desselben oder in bestimmten Intervallen je über einen geschlossenen Teil dieser Fläche[32]).

Der Plenterbetrieb ist nur in einigen Bezirken Bayerns, zumeist in Waldungen bäuerlichen Besitzes oder in Schutzwaldungen üblich und zunächst nur für gewisse schattenliebende Holzarten, wie Buche, Weißtanne und Fichte geeignet. Von

---

28) AAPr. 495 (Becher, Mat. Abt. VII, 97).
29) AAPr. 495 (Becher, Mat. Abt. VII, 98).
30) AAPr. 495 (Becher, Mat. Abt. VII, 97).
31) Vgl. Habicht, Einwirkung 369.
32) AAPr. 562 (Becher, Mat. Abt. IV und V, 1, 977).

den im schlagweisen Betriebe bewirtschafteten Waldungen unterscheiden sich die Plenterwaldungen dadurch, daß in ihnen die Altersstufen nicht flächenweise geschieden sind, sondern daß Stämme aller Altersklassen, von der einjährigen Pflanze an bis zum haubaren Stamme, zumeist einzeln, zuweilen auch gruppenweise regellos durcheinander gemengt stehen. Der Plenterwald ist daher jederzeit mit vollem Holzwuchs versehen, er ist aber auch ebenso in ständiger Verjüngung begriffen. Eine völlige Verjüngung eines Plenterwaldes wäre daher nur dann gegeben, wenn an Stelle eines jeden einzelnen zur Zeit des Inkrafttretens des BGB. aufstehenden Holzwuchses ein anderer von gleichem Alter getreten sein würde; an Stelle eines haubaren Stammes müßte also wieder ein haubarer Stamm, an Stelle einer einjährigen Pflanze wieder eine solche getreten sein. Man müßte sozusagen über jeden Baum ein Geburtsregister führen. Da dies technisch unmöglich ist, wurde an Stelle des Zeitpunkts der nächsten Verjüngung für Plenterwaldungen der Beginn des Jahres 1950 als maßgebend erklärt[33]).

b) Dem Eigentümer eines nicht mit Wald bestandenen Grundstücks liegt zugunsten von Grundstücken, die bei dem Inkrafttreten des Bürgerlichen Gesetzbuches schon mit Wald bestanden waren[34]), gegenüber den herüberragenden Zweigen (nicht auch gegenüber eingedrungenen Wurzeln[35]), soweit diese mindestens 5 Meter vom Boden entfernt sind, die gleiche Duldungspflicht ob, wie sie Art. 9 Abs. 1 ÜG. vorschreibt. Diese Duldungspflicht endigt in dem gleichen Zeitpunkt (Art. 9 Abs. 2 ÜG.).

Die Entfernung wird von der unteren Spitze der Zweige bis zum Boden gemessen. Die Messung ist vorzunehmen, wenn die Zweige frei von Regen oder Schnee sind. Sind die Zweige durch daranhängende Früchte heruntergedrückt, so muß gleichwohl die volle Entfernung von 5 m gewahrt sein. Wenn der Erdboden durch bestimmungsgemäße Benützung des Grundstückes (z. B. durch Aufackern) erhöht ist, ist nicht von der Furche aus, sondern von dem Kamm des Beetes zu messen.

Solche Zweige müssen auch dann geduldet werden, wenn sie die Benützung des anderen Grundstückes beeinträchtigen. Die Zweige, die weniger als 5 m vom Boden entfernt sind, dürfen andererseits nur dann im Wege der Selbsthilfe beseitigt werden, wenn sie die Benützung des Grundstücks beeinträchtigen. Dies folgt aus § 910 BGB., der, soweit Art. 9 ÜG. nicht Platz greift, in Anwendung zu kommen hat[36]).

---

[33]) AAPr. 562 (Becher, Mat. Abt. IV und V, 1, 977).

[34]) Hiervon sind aber durch Art. 9 Abs. 4 ÜG. isolierte Waldparzellen, die bis zum Beginn des Jahres 1885 als landwirtschaftliche Grundstücke benutzt worden sind, ausgenommen. S. unten Ende dieses Paragraphen.

[35]) S. unten Ende dieses Paragraphen und oben Ziff. I.

[36]) A. M. Henle-Schneider Anm. 6 zu Art. 9 ÜG., nach deren Ansicht die Entfernung der Zweige, die weniger als 5 m vom Boden entfernt sind, verlangt werden kann, unabhängig davon, ob sie dem anderen Grundstücke Nachteile bringen, also z. B. auch von dem Eigentümer einer Ödfläche. Die Vorschrift des § 910 Abs. 2 BGB. finde hier keine An-

Für die Beseitigung der herüberragenden Zweige, die weniger als 5 m vom Boden entfernt sind, ist dem Eigentümer des mit Wald bestandenen Grundstückes eine dem Umfange der Arbeit für das ganze Grundstück entsprechende Frist von höchstens zwei Jahren zu gewähren (Art. 9 Abs. 2 ÜG.). Durch diese Bestimmung wird zugunsten der Waldgrundstücke die Angemessenheit der in § 910 BGB. vorgesehenen Frist in einen ziemlich weiten Rahmen gestellt. Die Frist muß nicht nur gewährt, sondern dem Waldbesitzer direkt gestellt werden (§ 910 BGB.)[37].

Auf der westlichen, nordwestlichen, südwestlichen und südlichen Seite des mit Wald bestandenen Grundstückes müssen auch solche weniger als 5 m vom Boden entfernte herüberragende Zweige geduldet werden, wenn im Falle der Beseitigung der Fortbestand eines zum Schutze des Waldes erforderlichen Baumes oder Strauches gefährdet oder die Ertragsfähigkeit des Waldbodens infolge des Eindringens von Wind und Sonne beeinträchtigt werden würde (Art. 9 Abs. 2 ÜG.)[38].

Für die eingedrungenen Wurzeln gilt keine Besonderheit; sie können daher nach § 910 BGB. beseitigt werden, wenn sie die Benützung des Grundstückes beeinträchtigen.

Auf isolierte Waldparzellen, d. h. auf solche mit wilden Bäumen bestandene Grundstücke, welche von landwirtschaftlichen Grundstücken umgeben sind und vermöge ihrer geringen Ausdehnung eine forstwirtschaftliche Benützung nicht gestatten[39]), finden, sofern sie bis zum Beginne des Jahres 1885 als landwirtschaftliche Grundstücke benützt worden sind, nicht die Vorschriften des Art. 9 ÜG., sondern die allgemeinen Normen des § 910 BGB. Anwendung (Art. 9 Abs. 4 ÜG.).

---

wendung. — Dies kann dem Art. 9 ÜG. nicht entnommen werden. Sein Wortlaut spricht nicht dafür, daß in dieser Beziehung der Eigentümer eines Waldgrundstückes ungünstiger gestellt sein soll als die Eigentümer anderer Grundstücke. Selbst wenn dies aber der Fall wäre, würde es keine Wirkung haben, weil Art. 183 EG. dem Landesrecht nur einen Vorbehalt „zugunsten" der Waldgrundstücke einräumt.

[37]) S. darüber oben Ziff. I.

[38]) Auf den Südwest-, West- und Nordwesträndern der Wälder ist der Angriff des Windes besonders schädlich für die Waldungen, auf der Südseite wirkt die Isolation (Sonnenbestrahlung) auf die durch Äste nicht geschützten Stammteile namentlich durch Austrocknung des aufsteigenden Saftes nachteilig. Vgl. Trendel, SeuffBl. 71, 519.

[39]) Bei den Verhandlungen des Ausschusses der Reichsratskammer hat der Vertreter der Forstbehörde sich dahin ausgesprochen, daß zu den Parzellen kleine Waldgrundstücke gehören, welche über 8—10 Tagwerke nicht hinausgehen. Stoßen zwei oder mehrere Parzellen zusammen, so werden sie insgesamt als isolierte Parzelle gelten können, wenn sie in ihrer Gesamtfläche die für eine Parzelle zulässige Größe nicht überschreiten. Vgl. hierzu Trendel, SeuffBl. 71, 520.

§ 19. Grenzabstand von Pflanzen[1].

Es ist an sich kein Eingriff in das Recht des Nachbars, wenn jemand auf seinem Grundstück Bäume hält; das ist des Eigentümers gutes Recht[2]). Soweit dies direkte Einwirkungen in die Eigentumssphäre des Nachbars im Gefolge hat (Eindringen von Wurzeln und Zweigen), kann sich der Nachbar in Gemäßheit des § 910 BGB. schützen[3]). Allein dieser Schutz ist nicht ausreichend. Die Wurzeln und Zweige greifen naturgemäß immer von neuem über; die von den Bäumen ausgehende Beschattung beeinträchtigt die Ertragsfähigkeit des unmittelbar angrenzenden Grundstückes; die Bäume halten die Feuchtigkeit im Boden fest und sind eine Brutstätte für Insekten und andere kleine Tiere[4]). Deshalb hat das bayerische Ausführungsgesetz in Anlehnung an die neueren Gesetzgebungen[5]) dem Grundeigentümer das Gebot eines mäßigen Abstandes der Bäume und Sträucher von der Nachbargrenze auferlegt. Diese Eigentumsbeschränkung findet ihre Rechtfertigung in dem durch das nachbarliche Zusammenleben bedingten Gebote gegenseitiger Rücksicht. Es soll hintangehalten werden, daß der Eigentümer durch eine Benützung seines Grundeigentums, die ihm nur geringe Vorteile bringt, dem Nachbar einen unverhältnismäßig größeren Nachteil zufügt[6]). Deshalb hat Art. 71 AG. Vorschriften über den Grenzabstand von Gewächsen eingeführt, die sich auf *Bäume*, *Sträucher*, *Hecken*, *Weinstöcke* und *Hopfenstöcke* beziehen.

Unter einem Strauch ist ein Gewächs zu verstehen, dessen Stamm sich schon von der Wurzel an in mehrere über der Erde als Einzelsträucher erscheinende Äste zerteilt, sich somit in seinen Zweigen niedrig zu halten und holzartig zu entwickeln pflegt. Darunter fallen z. B. Rhododendron, nicht aber Malven oder Rittersporn (BObLG. 26, 267).

---

§ 19. [1]) Bei einer örtlichen Statutenkollision entscheidet über das Erfordernis des Grenzabstandes das Recht desjenigen Gebietes, auf welchem sich die betreffende Pflanze befindet. Müßte nach diesem Rechte ein Abstand eingehalten werden, nach dem Rechte des daran angrenzenden Grundstücks aber nicht oder nur in geringerem Maße, so ist nur diese Vorschrift zu berücksichtigen. Mit anderen Worten: Bei Grundstücken, welche durch die Grenze verschiedener Rechtsgebiete geschieden sind, braucht für beide Grundstücke nur derjenigen Rechtsvorschrift entsprochen zu werden, welche das Halten der Pflanze weniger erschwert. Vgl. Endemann 476 Anm. 60.

[2]) AAPr. 175 (Becher, Mat. Abt. IV und V, 1, 451).

[3]) S. oben § 18.

[4]) Begründung zu AG. 42 (Becher, Mat. Abt. IV und V, 1, 91).

[5]) Vgl. Code civil, HessGes. vom 23. Jan. 1881, WürttGes. vom 15. Juni 1893. Von den Statutarrechten hatten nur wenige (Augsburg, Regensburg, Schweinfurt, für Hopfen auch München und Memmingen) ähnliche Vorschriften. Vgl. Begründung z. AG. 42 (Becher, Mat. Abt. IV und V, 1, 91).

[6]) Vgl. AAPr. 175 (Becher, Mat. Abt. IV u. V, 1, 452).

Die Abstandsvorschriften sind zwar in erster Linie zum Schutz der landwirtschaftlichen Benützung bestimmt; sie können aber auch von Eigentümern nichtlandwirtschaftlicher Grundstücke in Anspruch genommen werden.

I. Diese Pflanzen dürfen, abgesehen von den unten III behandelten Ausnahmefällen, nicht unmittelbar an der Grenze, sondern nur in einem bestimmten Abstand von der Grenze gehalten werden.

Der Abstand ist nur dann einzuhalten, wenn der Berechtigte es verlangt. Das Verlangen kann formlos und zu jeder Zeit geschehen, solange der Anspruch nicht verjährt ist. Es kann daher gestellt werden sowohl vor als nach der Pflanzung der betreffenden Gewächse. Ein Verzicht auf dieses Verlangen ist, wie sich aus Art. 77 Abs. 1 AG. ergibt, wirkungslos[7]). Aktiv legitimiert zu dem Verlangen und dem sich hieraus ergebenden Anspruch auf Erfüllung ist nur der Eigentümer des Grundstückes (Art. 71 AG.), aber auch diejenigen, welche bezüglich des Anspruchs aus § 1004 dem Eigentümer gleichgestellt sind §§ 1017, 1027, 1065, 1090), nicht auch der Besitzer. Passivlegitimiert ist derjenige, welcher die Pflanzen hält oder halten will; also regelmäßig der Besitzer, aber auch der Eigentümer des Nachbargrundstückes. Denn er ist derjenige, welcher den Widerspruch mit dem Inhalt des Eigentums stehenden Zustand aufrecht erhält oder begründen will.

Der Inhalt des Anspruchs geht auf Erfüllung des Verlangens. Sind die Bäume usw. noch nicht gepflanzt, so kann der Anspruch nur im Wege der Feststellungsklage geltend gemacht werden. Es müssen dann aber auch deren prozessuale Voraussetzungen gegeben sein. Der Klageantrag würde dahin gehen: „Es wird festgestellt, daß der Beklagte nicht berechtigt ist, Bäume in einer geringeren Entfernung als x Meter von der Grenze des dem Kläger gehörigen Grundstückes zu halten.“ Sind die Bäume bereits gepflanzt, so kann der Eigentümer des Nachbargrundstückes die Beseitigung der Beeinträchtigung verlangen (§ 1004 BGB.)[8]). Der Anspruch geht darauf, daß der Baum auf das zulässige Höchstmaß herabgesetzt (zugeschnitten) wird; denn die Beeinträchtigung des Nachbargrundstücks liegt darin, daß die Bäume in einer das Höchstmaß übersteigenden Höhe „gehalten“ (Art. 71 AGBGB.) werden. Es kann daher nicht die Entfernung der Bäume begehrt werden. Der Klageantrag geht daher dahin: „Der Beklagte ist schuldig, den Pappelbaum auf das zulässige Höchstmaß von 2 m herabzusetzen. Ist zu besorgen, daß der Nachbar auch in Zukunft Pflanzen in vorschrifts-

[7]) Böhm-Klein Anm. 2 zu Art. 71.

[8]) Der Nachbar ist nicht berechtigt, die Bäume selbst zu beseitigen; das wäre verbotene Eigentmacht (§ 862) und Sachbeschädigung (§ 303 StGB.).

widriger Nähe der Grenzen anlegen wird, so kann auch auf Unterlassung geklagt werden (§ 1004 BGB.).

Wie unten noch dargelegt werden wird, kann für Bäume, die über 2 m hoch sind, ein größerer Abstand verlangt werden, als für Bäume, welche diese Höhe nicht überschritten haben. Die Verpflichtung zur Einhaltung dieses größeren Abstandes kann der Nachbar hintanhalten, wenn er den betr. Baum durch Beschneiden verhindert, über 2 m hinauszuwachsen. Sobald er aber den Baum tatsächlich über 2 m hat hinauswachsen lassen und der Nachbar das Verlangen auf Beseitigung gestellt hat, muß der Baum beseitigt werden, auch wenn der für Bäume bis zu 2 m Höhe vorgeschriebene Abstand eingehalten ist. Der Nachbar braucht sich nicht damit zu begnügen, daß der Baum durch nachträgliches Abschneiden auf das Maß unter 2 m zurückgebracht wird[9]). Hat der Eigentümer des Baumes, der über 2 m hinausgewachsen ist, den Baum durch Abschneiden auf das Maß von 2 m zurückgebracht, bevor der Nachbar das Verlangen auf Beseitigung gestellt hatte, so kann dieser die Beseitigung des Baumes, der den für Bäume bis zu 2 m vorgeschriebenen Abstand einhält, nicht mehr verlangen; denn das Recht des Nachbars wird durch Überschreitung des vorgeschriebenen Abstandes erst von dem Zeitpunkte an verletzt, in welchem er die Einhaltung des Abstandes verlangt.

Die **Verjährung** des Anspruchs auf Beseitigung tritt in fünf Jahren ein; sie beginnt mit dem Ablauf des Kalenderjahres, in welchem die Verletzung der über den Abstand gegebenen Vorschriften erkennbar wird (Art. 78 AG.)[10]). Die Verletzung ist erkennbar, sobald mit einem Baum, Strauch usw., der vorgeschriebene Abstand nicht eingehalten ist und Klarheit über die Grenze besteht[11]). Besteht ein Irrtum über den Lauf der Grenze und geht deshalb der Eigentümer des Grundstückes, dessen Grenze der Baum in Wahrheit zu nahe steht, von der irrigen Annahme aus, daß die tatsächlichen Voraussetzungen, von deren Vorhandensein das Gesetz sein Beseitigungsrecht abhängig macht, nicht gegeben seien, so ist die Verletzung der Abstandsvorschriften für ihn nicht erkennbar. Daß er in einem solchen Irrtum nicht nur in einem Zweifel war,

---

[9]) Böhm-Klein Anm. 5 zu Art. 71; Meikel Anm. 2 zu Art. 71 AG.

[10]) Haberstumpf tritt in Bayer. StZ. Nr. 96 vom 26. April 1922 mit Recht dafür ein, daß mit Rücksicht auf das jetzt bestehende Interesse an der Förderung der landwirtschaftlichen Produktion die Vorschrift des Art. 78 über die Verjährung beseitigt werden sollte. —

[11]) In die Verjährungszeit von fünf Jahren ist bei Sondernachfolge die Besitzzeit des Rechtsvorgängers, während dessen Besitzzeit die Verletzung der Abstandsvorschrift erkennbar geworden ist, einzurechnen (Begr. z. AG. 44; Becher, Mat. 95; Haberstumpf in „Der Bayerische Bürgermeister" 1921, 219).

müßte er beweisen. Der Beginn der Verjährung ist also nicht an die Voraussetzung gebunden, daß der Nachbar die Einhaltung des Abstandes verlangt. Für Pflanzen bis zu 2 m Höhe ist ein Abstand von 0,50 m vorgeschrieben. Für Pflanzen, die über 2 m hoch sind, ist regelmäßig ein Abstand von 2 m vorgeschrieben und gegenüber einem landwirtschaftlich genützten Grundstück regelmäßig sogar ein Abstand von 4 m. Man setze nun den Fall, daß am 1. Mai 1908 eine Baumpflanze von 1,90 m Höhe in einer Entfernung von 0,30 m von der Grenze gesetzt wird. Im Jahre 1909 überschreitet der Baum die Höhe von 2 m. Wann beginnt die Verjährung des Anspruchs auf Einhaltung des Abstandes von 2 m? Am 31. Dezember 1908; denn die Verletzung der Abstandsvorschriften ist schon im Jahre 1908 eingetreten.

Nach der Vollendung der Verjährung ist der Verpflichtete berechtigt, die Leistung, d. i. die Beseitigung des Baumes, zu verweigern (§ 222 BGB.). Durch die Verjährung wird dagegen nicht eine dauernde Belastung des Inhaltes begründet, daß eine Pflanze von der Art derjenigen, die während der Verjährungszeit bestanden hat, an der Stelle, wo diese bestanden hat, gehalten werden darf [12]). Werden Gewächse, in Ansehung derer der Anspruch verjährt ist, durch neue ersetzt, so ist daher gemäß Art. 78 Abs. 2 AG. die vollendete Verjährung ohne Einfluß auf das Recht des Eigentümers des Nachbargrundstückes, in Ansehung der neuen Gewächse die Einhaltung des vorgeschriebenen Abstandes zu verlangen. Werden in einer Reihe von Gewächsen (Baumreihe oder Hecke) einzelne Pflanzen ersetzt, so ist zu untersuchen, ob die Baum- oder Gesträucherreihe sich als eine Einheit darstellt. Zweifelsohne ist die Hecke eine solche Einheit. Dagegen ist eine Baumreihe oder eine Reihe von Weinstöcken, Hopfenstöcken usw. regelmäßig keine Einheit; wohl aber eine förmliche Allee [13]), und ebenso eine durch Weinstöcke gebildete Laube. Bei kunstgärtnerischen Anlagen kann auch in einer bloßen Baumreihe eine Einheit gefunden werden, wenn sie bestimmt ist, der ganzen Anlage als ein symmetrisch eingefügter Teil zu dienen. Wird ein einzelner Teil einer Einheit von Gewächsen ersetzt, so wirkt die für das Ganze eingetretene Verjährung auch für den einzelnen Teil. Dies folgt trotz Art. 78 Abs. 2 AG. aus dem Verhältnis des Ganzen zu seinen Teilen. Der Eigentümer des Nachbargrundstückes muß sich daher gefallen lassen, daß die neuen Gewächse an die Stelle der alten gesetzt werden, deren Ersatz sie abgeben sollen.

---

[12]) Begründung zum AG. 44 (Becher, Mat. Abt. IV und V, 1, 95).

[13]) Dies hat nur für Grundstücke, die keine öffentlichen Wege sind, Bedeutung; denn mit Bäumen längs einer öffentlichen Straße braucht nach Art. 74 AG. überhaupt kein Abstand eingehalten zu werden.

Ein Verzicht auf die durch die Abstandsvorschriften begründeten Beschränkungen findet nicht statt, wie sich durch argumentum a contrario aus Art. 77 AG. ergibt[14]).

II. Die Größe des Abstandes wird gemäß Art. 73 AG. bei Bäumen von der Mitte des Stammes an der Stelle, wo dieser aus dem Boden hervortritt, bei Sträuchern und Hecken von der Mitte der zunächst an der Grenze befindlichen Triebe[15]), bei Hopfenstöcken von der Hopfenstange oder dem Steigdraht (und zwar ebenfalls, wo diese aus dem Boden herauskommen) gemessen.

Die Größe des Abstandes ist verschieden:

a) für Pflanzen unter und bis zu 2 m Höhe beträgt der vorgeschriebene Abstand 0,50 m (Art. 71 Abs. 1 AG.). Hierbei macht es keinen Unterschied, ob das Grundstück, zu dessen Gunsten der Abstand verlangt wird, angepflanzt ist oder nicht[16]), oder ob auf ihm Gebäude stehen. Auch Pflanzen, welche an fremden (z. B. öffentlichen) Gewässern stehen, müssen diesen Abstand einhalten.

b) für Pflanzen, die über 2 m hoch sind, beträgt der vorgeschriebene Abstand im allgemeinen 2 m (Art. 71 Abs. 1 AG.). Hiervon gibt es jedoch drei Ausnahmen:

Der Abstand der Sträucher und Hecken wird von der Mitte der zunächst an der Grenze befindlichen Triebe aus gemessen (Art. 73 AG.). Unter Strauch versteht man im allgemeinen ein Holzgewächs, das keinen Stamm hat, sondern in mehreren Trieben aus dem Boden heraus wächst. Für den zulässigen Abstand des ganzen Strauches wird das Maß genommen an dem Triebe, der an der Stelle, wo er aus dem Boden kommt, die geringste Entfernung von der Grenze hat. Es gibt aber auch Sträucher, die mit einem, wenn auch kurzen Stamm aus dem Boden kommen und erst über dem Boden Zweige austreiben; das sind im Grunde genommen Bäume; bei diesen ist der Abstand von der Mitte des Stammes zu rechnen.

Unter einem Halbstrauch versteht man ein Holzgewächs, von dem nur ein Teil verholzt, während die jüngeren Zweige im Herbst absterben. Für ihn gilt keine Besonderheit; er wird wie der Strauch behandelt. Wenn jedoch alle über dem Boden befindlichen Teile eines

[14]) Oertmann, Landesprivatrecht 338. Doch ist eine Änderung dieses Rechtszustandes durch Bestellung einer entgegenstehenden Grunddienstbarkeit möglich. Oertmann a. a. O.

[15]) Der Eigentümer der Sträucher und Hecken kann natürlich die der Grenze zugekehrten Triebe jeweils zuschneiden und dadurch bewirken, daß er die Hecke viel näher an der Grenze halten darf, als dies bei ungehindertem natürlichen Wachstum der Fall wäre.

[16]) Unter Umständen könnte das allgemeine Schikaneverbot des § 226 BGB. in Frage kommen.

Gewächses im Herbst absterben, dann hat man es mit einer Staude zu tun, bei der kein Abstand von der Grenze einzuhalten ist.

1. Zugunsten eines Waldgrundstückes[17]) kann auch für solche Pflanzen nur die Einhaltung eines Abstandes von 0,50 m verlangt werden (Art. 71 Abs. 2 AG.). An Waldgrundstücke dürfen die Pflanzen deshalb näher herangerückt werden, weil bei diesen Schutz vor Beschattung nicht in Frage kommt und sie von den sonstigen Nachteilen der Nähe von Gewächsen weniger berührt sind[18]). Hiervon werden insbesondere[19]) die Fälle betroffen, in welchen Waldung gegen Waldung steht.

Bezüglich der Grundstücke, die schon zur Zeit des Inkrafttretens des Bürgerlichen Gesetzbuchs mit Wald bestanden waren, vgl. unten IV, 2.

Im übrigen ist es ohne Bedeutung, ob es sich um bereits bestehende Waldungen handelt, oder ob ein bisher anderweitig benütztes Grundstück aufgeforstet wird[20]). Steht Waldung gegen Waldung und rodet der eine Waldbesitzer sein Waldgrundstück, um darauf einen Acker anzulegen, so muß der andere bei der nächsten Verjüngung seines Waldes 2 m Abstand von der Grenze einhalten (Art. 75 Abs. 2 AG.)[21]); dem ersteren aber ist es dann nach wie vor unverwehrt, einzelne Bäume (z. B. Obstbäume) bis auf einen Abstand von 0,50 m an die Grenze heranzurücken; denn zugunsten eines Waldgrundstückes kann kein größerer Abstand gefordert werden (Art. 71 Abs. 2 AG.).

2. Ein Abstand von nur 0,50 m und nicht von 2 m kann ferner dann gefordert werden, wenn Wein oder Hopfen auf einem Grundstück angebaut wird, in dessen Lage ein solcher Anbau nach den örtlichen Verhältnissen üblich ist (Art. 71 Abs. 2 Satz 2 AG.). Es ist keine notwendige Voraussetzung, daß auch das Nachbargrundstück in gleicher Weise angebaut ist; auch wenn an der Grenze des Nachbargrundstückes ein Wohnhaus steht, ist beim Vorhandensein der oben aufgestellten Voraussetzung mit diesen Pflanzen nur der geringere Abstand einzuhalten. Erfordernis ist aber, daß gerade in der Lage des betreffenden Grundstückes der Anbau von Hopfen bzw. Wein üblich ist. Wenn z. B. in einer Weingegend nur die Hänge, nicht auch die Niederungen mit Wein angebaut zu werden pflegen, so kann sich der Eigentümer eines

---

17) Über den Begriff Waldgrundstücke s. oben § 18, II.

18) Begründung z. AG. 42 (Becher, Mat. Abt. IV und V, 1, 91).

19) Nicht „nur“; vgl. AAPr. 173 (Becher, Mat. Abt. IV und V, 1, 448) und dagegen die auf einem offenbaren Mißverständnis der Äußerung des Regierungsvertreers beruhende Bemerkung des Abgeordneten Fuchs in AAPr. 174 (Becher, Mat. 1, 449).

20) Trendel, SeuffBl. 71, 510.

21) Trendel a. a. O. Vgl. unten IV, 2.

in der Niederung gelegenen Grundstückes nicht auf die Ausnahmebestimmung berufen, selbst dann nicht, wenn zufällig noch ein anderer Eigentümer eines benachbarten Grundstückes Wein auf seinem Grundstück angebaut haben sollte; denn einzelne Fälle bewirken nicht, daß der Anbau in der betreffenden Lage üblich ist. Diese Voraussetzung trifft nur dann zu, wenn eine größere Anzahl (nicht gerade die Mehrzahl) der Grundstücke in derselben Weise angebaut ist. Maßgebend ist der gegenwärtige Zustand. Werden in einer bisherigen Hopfengegend die Hopfenstöcke fast allgemein ausgerodet, so kann sich der Eigentümer eines weiterhin als Hopfengarten benützten Grundstückes nicht darauf berufen, daß bislang in der betr. Lage der Hopfenbau üblich war.

3. Gegenüber einem landwirtschaftlich benützten Grundstücke, dessen wirtschaftliche Bestimmung durch Schmälerung des Sonnenlichtes erheblich beeinträchtigt werden würde, ist gemäß Art. 72 Abs. 1 AG. mit Bäumen (nicht auch mit Sträuchern und Hopfenstöcken), welche über 2 m hoch sind, ein Abstand von 4 m einzuhalten. Diese weitergehende Eigentumsbeschränkung wurde mit Rücksicht auf das Bedürfnis der Landwirtschaft eingeführt, den Betrieb intensiver zu gestalten[22].

Hervorzuheben ist, daß der größere Abstand von 4 m nur zugunsten derjenigen landwirtschaftlich benützten Grundstücke einzuhalten ist, deren landwirtschaftliche Bestimmung durch Schmälerung des Sonnenlichtes erheblich beeinträchtigt würde[23]. Die Voraussetzung fehl bei Ödungen, Viehweiden und minderwertigen Wiesen[24]. Zu den landwirtschaftlich benützten Grundstücken gehören an sich auch die Ökonomiegebäude; nach dem Zwecke der Vorschrift wird man von einer landwirtschaftlichen Benützung im Sinne des Gesetzes nur dann sprechen können, wenn durch die Benützung dem Boden Früchte abgewonnen werden sollen. Deshalb kann zugunsten einer Scheune der größere Abstand des Art. 72 auch dann nicht verlangt werden, wenn durch die Nähe der Bäume der Scheune der erforderliche Luftzug entzogen wird.

Eine weitere Voraussetzung ist nach Art. 72 Abs. 2 AG., daß das Grundstück diese wirtschaftliche Bestimmung schon zu der Zeit gehabt hat, zu welcher die Bäume die Höhe von 2 m überschritten haben. Die Beweislast hierfür trifft denjenigen, welcher den Abstand von 4 m ver-

---

[22]) Begründung z. AG. 43 (Becher, Mat. Abt. IV und V, 1, 91).

[23]) Trendel, SeuffBl. 71, 511 nimmt an, daß nur auf der Südseite des landwirtschaftlich benützten Grundstückes der größere Abstand von 4 m einzuhalten sei, weil nur hier von einer Schmälerung des Sonnenlichtes gesprochen werden könne. Das wird für die Regel, aber keineswegs ausnahmslos zutreffen.

[24]) AAPr. 176 (Becher, Mat. Abt. IV und V, 1, 452).

langt[25]). Dies ergibt sich aus der Fassung des Gesetzes: „Die Einhaltung des Abstandes kann nur verlangt werden, wenn ...“

Hat z. B. der Eigentümer einer nur als Weide benützten Wiese sein Grundstück durch Bewässerungsanlagen zu einer guten Wiese umgestaltet, so kann er die Beseitigung eines von der Grenze 2 m entfernten, 8 m hohen Nußbaumes dann nicht verlangen, wenn dieser schon vor Herbeiführung der Melioration der Wiese höher als 2 m war.

Andererseits müssen die Voraussetzungen des Art. 72 Abs. 1 AG. zur Zeit des Verlangens gegeben sein[26]).

Wenn z. B. eine Wiese infolge einer Änderung des Wasserlaufes zu einer ganz minderwertigen geworden ist, so kann der Abstand von 4 m nicht mehr verlangt werden.

Hat der Eigentümer einer kultivierten Wiese die Beseitigung eines nur 2 m von der Grenze entfernten Baumes von 5 m Höhe im Wege der Klage verlangt, so entzieht er dieser Klage den Boden, wenn er auf der in Betracht kommenden Stelle seiner Wiese ein Gebäude errichtet; es bleibt ihm dann nichts anderes übrig, als seine Klage in der Hauptsache zurückzunehmen, andernfalls müßte sie abgewiesen werden; bei rechtzeitiger Zurücknahme des Hauptanspruchs fallen die Kosten dem Beklagten zur Last.

Hatte der Kläger schon vor Erbauung des Hauses rechtskräftiges Urteil auf Beseitigung des Baumes erwirkt und dann den Neubau ausgeführt, so steht dem Beklagten die Vollstreckungsgegenklage des § 767 ZPO. zu.

Aber auch, wenn sämtliche Voraussetzungen des Art. 72 Abs. 1 AG. gegeben sind, ist in folgenden Ausnahmefällen nur ein Abstand von 2 m und nicht von 4 m einzuhalten:

α) mit Stein- und Kernobstbäumen[27]) (Art. 72 Abs. 1 Satz 2). Hierher sind zu rechnen Birn-, Apfel-, Pflaumen-, Zwetschgen-, Pfirsich-, Aprikosen-, Kirsch-, Reineklauden-, Mirabellenbäume usw. Die Nußbäume fallen nicht unter diese Kategorie.

β) mit Bäumen, die sich in einem Hofraum oder Hausgarten befinden (Art. 74 Abs. 2 AG.). Als Hofraum ist eine zu einem Gebäude gehörige Grundfläche zu betrachten, die bestimmt ist, dem wirtschaftlichen Zwecke des Gebäudes zu dienen[28]). Eine Umfriedung des Raumes ist nicht erforderlich, doch muß die Fläche unmittelbar an das Gebäude angrenzen, zu welchem sie gehört. Unter Hausgarten hat man ein Grundstück zu verstehen, welches in der Nähe eines Wohngebäudes gelegen ist und die Be-

[25]) Vgl. Böhm-Klein Bem 3b zu Art. 72 AG.

[26]) A. M. Meikel Anm. 2 zu Art. 72 AG., der den Zeitpunkt der Geltendmachung des Anspruchs derart entscheidend betrachtet, daß es belanglos sei, ob in der Zwischenzeit die wirtschaftliche Bestimmung gewechselt habe.

[27]) Durch den größeren Abstand von 4 m würde die Obstbaumzucht beeinträchtigt, auch genügt mit Rücksicht auf die gewöhnliche Höhe und die sonstige Beschaffenheit dieser Bäume ein Abstand von 2 m zum Schutze der Nachbargrundstücke. Begründung z. AG. 43 (Becher, Mat. Abt. IV und V, 1, 92).

[28]) Vgl. VGH. 14, 237.

stimmung hat, den Bewohnern des Hauses als kultiviertes Grundstück zu dienen[29]). Eine Umfriedung ist auch hier nicht wesentlich; ebensowenig erforderlich ist ein unmittelbares Angrenzen an das Wohngebäude. Unter Umständen kann sonach auch eine neben dem Hause befindliche, mit Obstbäumen versehene Wiese unter den Begriff des Hausgartens fallen[30]).

Dies selbst dann, wenn zwar der Ertrag der Wiese als Viehfutter, die Wiese zugleich aber als Trockenplatz, Bleiche, als Aufenthaltsort für die Hausbewohner (Spielplatz) dient. Aber immer ist Erfordernis, daß der Garten zunächst den häuslichen Zwecken gewidmet ist. Der Begriff wird also, namentlich auf dem Lande, wo die Grenzen zwischen Feld- und Gartenbau sowohl nach Art als Gegenstand der Bestellung mehr oder minder ineinander fließen, nicht gerade auf Gärten für Blumenzucht, Obst- und Gemüsebau (Baum- und Krautgärten) einzuschränken sein; wohl aber wird Grundstücken, welche lediglich dem allgemeinen Zwecke des Landwirtschaftsbetriebes dienen, wie Kornäckern, Weidegründen, namentlich bei größeren Flächenmaßen, wenn sie auch in die Umfriedung des häuslichen Anwesens einbezogen sind, in der Regel die Eigenschaft eines Hausgartens nicht zuerkannt werden können[31]).

Die ein Schloßgut umgebenden Parkanlagen können, wenn der Umfang nicht allzu groß ist, als Hausgarten betrachtet werden[32]).

γ) Im Falle einer A u f f o r s t u n g, wenn sie nach der Lage des aufzuforstenden Grundstückes der wirtschaftlichen Zweckmäßigkeit entspricht (Art. 74 Abs. 3 AG.). Unter Aufforstung versteht man die Anlegung von Wald auf einem bisher nicht mit Wald bestandenen Grundstück (im Gegensatz zur Wiederaufforstung oder Verjüngung)[33]). Die erforderliche Zweckmäßigkeit ist im objektiven Sinne zu verstehen. Es kommt daher nicht darauf an, ob die Aufforstung etwa nach den Verhältnissen des Eigentümers zweckmäßig ist, z. B. weil er sich mit dem landwirtschaftlichen Betriebe nicht befassen will und die einfachere forstwirtschaftliche Benützung vorzieht, sondern es muß die Lage des Grundstückes eine solche sein, daß es zweckmäßig ist, es aufzuforsten. Bei der Vorschrift des Abs. 3

[29]) AAPr. 165 (Becher, Mat. Abt. IV und V, 1, 434). Ein Lawn-Tennis-Spielplatz gehört nicht hierher; ein solcher kann aber in einem Hausgarten liegen.

[30]) AAPr. 165 (Becher, Mat. Abt. IV und V, 1, 434). Stenglein, Zeitschr. 13, 198 (Grasgarten).

[31]) Wirschinger, Jagdrecht 37; RGSt. 5, 230.

[32]) Vgl. Wirschinger, Jagdrecht 46.

[33]) Böhm-Klein, Anm. 6 zu Art. 75 AG.

handelt es sich um öde Flächen und um Abhänge, die nicht anders ausgenützt werden können[34]). Es wird aber auch der Fall hierher zu rechnen sein, daß eine kleine Wiese von drei Seiten von Wald umschlossen ist und wegen dieser ihrer Lage als Wiese keinen entsprechenden Ertrag abwirft. Die Voraussetzung des Art. 74 Abs. 3 AG. liegt nicht vor, wenn ein Grundstück in Mitte einer dem Ackerbau gewidmeten Fläche aufgeforstet wird[35]).

Die Aufforstung eines landwirtschaftlich benützten Grundstücks bedarf der Erlaubnis der zuständigen Verwaltungsbehörde. Zu den landwirtschaftlich benützten gehören auch Grundstücke, soweit sie zeitweise brach liegen (Art. 1 BayAufforstGes. vom 22. Dezember 1921 — GVBl. 609). Die Erlaubnis kann unter Auflagen erteilt werden (Art. 4 AuffGes.), folglich kann auch ein größerer Grenzabstand bestimmt werden, als im AG. z. BGB. vorgeschrieben (Haberstumpf: Wochenbl. d. landw. Vereins 1928 Nr. 26).

4. Zugunsten der Staatsstraßen besteht in Bayern schon seit langer Zeit eine öffentlich-rechtliche Eigentumsbeschränkung[36]), welche durch das Inkrafttreten des Bürgerlichen Gesetzbuches und der Ausführungsgesetzgebung gemäß Art. 111 EG. und Art. 1 AG. nicht berührt wurde.

Hiernach muß zu beiden Seiten der Staatsstraßen mit Holz[37])

---

[34]) AAPr. 175 (Becher, Mat. Abt. IV und V, 1, 452). Jacubezky bei Becher, Mat. Abt. IV und V, 1, 839.

[35]) Jacubezky (Becher, Mat. Abt. IV und V, 1, 838).

[36]) Durch kurfürstliches Mandat vom 29. April 1773 wurde die späterhin mehrmals gleichlautend wiederholte Bestimmung getroffen, daß zu beiden Seiten der Staatsstraßen das Gehölze und Gebüsch auf eine bestimmte Entfernung ausgehauen werden solle. Bestätigt sind diese Vorschriften u. a. durch königl. Reskript vom 13. Febr. 1800 (Döllinger, GVSamml. 16, 717). Während ursprünglich der vorgeschriebene Abstand 15 Schritt betrug, wurde er durch MinE. vom 5. August 1840 auf 8 Schritt reduziert und mit königl. Entschließung vom 7. Dezember 1850 (Döllinger, GVSamml. 31, 181, Weber, Gesetzessammlung 4, 202) auf 10 Schritt oder 25 Fuß festgesetzt. Mit diesem Maßstab sind die genannten Verordnungen durch den Landtagsabschied vom Jahre 1837 und die oberpolizeilichen Vorschriften vom 28. April 1863 § 2 Z. 2 (RegBl. 1863, 681 ff.) ausdrücklich bestätigt worden. Der oberste Gerichtshof hat wiederholt (Samml. von EntschOGHSt. 5, 42; 6, 41, 398) die rechtsverbindliche Kraft dieser Vorschriften anerkannt; s. insbesondere auch die eingehenden Ausführungen in VGH. 13, 346 ff. Vgl. ferner Henle, Zwangsenteignungsgesetz 44 ff.

[37]) Wie sich aus der wiederholten Anwendung des Ausdruckes „Auslichten" und „Gehölz" ergibt, bezieht sich die Vorschrift nicht auf jeden einzelnen Baum oder Strauch, sondern man wird für die Anwendung dieser öffentlich-rechtlichen Eigentumsbeschränkung als Voraussetzung aufstellen müssen, daß zum mindesten eine wald- oder schlagähnliche Anhäufung von Bäumen oder Sträuchern vorhanden sein muß. Vgl. insbesondere Verordnung vom 13. Februar 1809, die Auslichtung der „Gehölze" an den Straßen betr. (Döllinger, GVSamml. 16, 717; Weber, Gesetzessammlung 1, 277); MinE. vom 7. Dezember 1850, die Breite der „Waldauslichtung" an den Staatsstraßen betr. (Döllinger

und Gesträuch ein Abstand von 7 m[38]) eingehalten werden. Der Abstand von 7 m ist die Normalgrenze. Die Einhaltung eines größeren Abstandes kann die Straßenbaubehörde unter keinen Umständen verlangen; innerhalb der Normalgrenze wird in jedem Einzelfalle der einzuhaltende Abstand nach dem örtlichen Bedürfnis bestimmt; entscheidend hiefür ist das Ermessen der Verwaltungsbehörde.

Ein Anspruch auf Entschädigung für diese Eigentumsbeschwerung steht den beteiligten Grundeigentümern nicht zu. Durch eine Ministerialbekanntmachung vom 6. Juli 1876[39]) ist jedoch bestimmt, daß in der Folge[40]) bei der Anlage neuer Staatsstraßen sowie bei Erweiterung oder Umlegung bestehender Staatsstraßen für die in Anspruch genommenen Auslichtungsflächen den betr. Grundeigentümern nach Maßgabe des Zwangsenteignungsgesetzes vom 17. November 1837 Entschädigung gewährt werde. Nach ausdrücklicher Erklärung des Ministers bewegt sich diese Verordnung als Vollzugsvorschrift innerhalb des Rahmens der bestehenden Auslichtungsgesetze, eine Gesetzesänderung wollte und konnte durch diese Bekanntmachung nicht herbeigeführt werden. Die zugesicherte Entschädigung erfolge in jedem Einzelfall auf Grund des Verzichts der Staatsregierung auf ihr gesetzliches Recht der unentgeltlichen Inanspruchnahme der Auslichtungsfläche[41]). In der Ministerialbekanntmachung vom 26. Oktober 1876[42]) ist als Regel die eigentümliche Erwerbung der Auslichtungsfläche durch das Staatsärar in Aussicht genommen.

Ein Rechtsanspruch im Sinne eines vor den Zivil- oder Verwaltungsgerichten verfolgbaren Anspruches auf Entschädigung ist bei dieser rechtlichen Gestaltung den Beteiligten nicht verliehen. Die Entschädigung hat ihre Wurzel in dem guten Willen der Staatsregierung; diese hat wohl bekanntgegeben, daß allgemein Entschädigung geleistet und rücksichtlich der Höhe dieser Entschädigung für die Staatsregierung die Grundsätze des Zwangsenteignungsgesetzes zugrunde gelegt werden

GVSamml. 31, 181; Weber, Gesetzessammlung 4, 202); MinBek. vom 6. Juni 1876, das Auslichten der „Gehölze" längs der Staatsstraßen betr. (GVBl. 358; Weber, Gesetzessammlung 11, 557.

[38]) Der nach dem Landtagsabschied vom Jahre 1837 maßgebende Abstand von 10 Schritt oder 25 Fuß ist in der MinBek. vom 26. Oktober 1876 (MABl. 425) in 7 m umgewandelt worden.

[39]) GVBl. 1876, 358 (Weber, Gesetzessammlung 11, 557).

[40]) Damit ist zugleich ein Entschädigungsanspruch insoweit abgeschnitten, als eine Verpflichtung zur Auslichtung schon zur Zeit der Erlassung der Ministerialbekanntmachung bestand; mit anderen Worten: rücksichtlich der zu seinem Zeitpunkt bereits bestehenden Staatsstraßen ist die Auslichtung nach wie vor ohne Entschädigung durchzuführen.

[41]) Henle, Zwangsenteignungsgesetz 48 f.

[42]) MABl. 1876, 425 ff.

sollen; wenn aber die Staatsregierung diesen ihren guten Vorsatz im Einzelfalle preisgibt, bleibt dem Beteiligten nur die Aufsichtsbeschwerde an die vorgesetzte Behörde, während die Hilfe der Zivil- und Verwaltungsgerichte beim Mangel eines gesetzlich gewährleisteten Entschädigungsanspruches versagen muß.

Der Vollzug der Vorschriften über das Auslichten der Gehölze und Gebüsche an Staatsstraßen liegt auf Ersuchen der Straßenbaubehörde den Kreisverwaltungsbehörden ob, welche sich zu diesem Behufe der in Art. 20 PStGB. gegebenen Mittel bedienen können[43]. Gegen Maßnahmen nach Art. 21 PStGB. ist der Verwaltungsrechtsweg nach § 22 des Ges. Nr. 39 über die Verwaltungsgerichtsbarkeit gegeben.

Die Nichtbeachtung der Auslichtungsvorschriften ist strafbar gemäß § 366 Nr. 10 StGB. bzw. Art. 90 mit 159 PStGB.[45]).

Die Auslichtungsvorschriften beziehen sich lediglich auf Staatsstraßen[46]), nicht aber auf Kreisstraßen und Gemeindewege[47]).

III. Überhaupt kein Abstand ist einzuhalten:

1. Mit Gewächsen, die sich hinter einer Mauer oder einer sonstigen dichten Einfriedung befinden und diese nicht oder nicht erheblich überragen (Art. 74 Abs. 1 Satz 1 AG.). Gleichgültig ist, ob die dichte Einfriedung auf dem Grund und Boden des Pflanzen-

---

[43]) Henle, Zwangsenteignungsgesetz 49.

[44]) Art. 4 Nr. 8 AVO. zu Ges. Nr. 39.

[45]) Vgl. OGHSt. 5, 42; 6, 41 und 398.

[46]) Die Erklärung eines Weges zur Staatsstraße ist Sache der Staatsgewalt und zwar des freien Ermessens der staatlichen Verwaltung. Seydel, Bayer. Staatsrecht § 337 bei Note 34, 3, 301.

[47]) BlAdmPr. 13, 116; 15, 141; MinBek. vom 19. Mai 1876 (MABl. 1876, 237); Pechmann, Wirkungskreis der Distriktsverwaltungsbehörden 2, 270; Henle, Zwangsenteignungsgesetz 49. In Bedürfnisfällen ist hier das strikte Zwangsenteignungsverfahren einzuleiten. Henle a.a.O. — Das Ges. über das Straßenwesen v. 26. 3. 34. (RGBl. I, S. 243) mit DVO. v. 7. 12. 34. (RGBl. I, S. 1237) und vom 25. 3. 39 (RGBl. I, S. 629) unterscheidet Reichs- (nun Bundes-) straßen sowie Straßen I. u. II. Ordnung. Das Straßenwesen untersteht der Obersten Baubehörde, die Straßen II. Ordn. den Kreisen (vgl. Bayer. Ges. über Straßenbaulast v. 12. 4. 48. u. 25. 2. 48. (GVBl. S. 61 u. 57).

§ 9 des Autobahnges. v. 29. 4. 41. (RGBl. I, S. 313) erklärt Waldungen, die an die Autobahn anschließen in einer Breite von 40 m, von der Außenkante der befestigten Fahrbahn an gerechnet, als „Schutzwaldungen“, die nach den Weisungen der Forstaufsichtsbehörde (Min. f. Ern. Landw. u. Forsten) zu bewirtschaften sind. Nutzungsbeschränkungen (Auslichtungsvorschriften!) oder besondere Aufwendungen sind angemessen zu entschädigen (§ 9 Abs. 2). In § 10 des Autobahnges. ist auch Enteignung vorgesehen. Gegen Entscheidungen der Obersten Baubehörde oder der Landesforstbehörde ist nunmehr der Verwaltungsrechtsweg gegeben (§ 21 ff. des Ges. Nr. 39 über die Verwaltungsgerichtsbarkeit u. Art. 4 Nr. 8 u. 16 der AVO. Nr. 85 v. 25. 9. 46 (GVBl. S. 281).

besitzers oder dem des Nachbars steht. In solchen Fällen wird der Schaden nicht durch die Bäume usw., sondern durch die dichte Einfriedung zugefügt. Dagegen aber, daß der Nachbar auf seinem Grundstücke hart oder unmittelbar an der Grenze eine Einfriedung errichtet, wird ein Schutz überhaupt nicht gewährt [48]).

Der Begriff der dichten Einfriedung ist nach dem Zwecke der Vorschrift zu bestimmen. Ob man durch die Einfriedung durchsehen kann, ist gleichgültig; wesentlich ist nur, ob bei der Beschaffenheit der Einfriedung die Gefahr besteht, daß die Zweige durch sie hindurchragen [49]). Ob diese Gefahr besteht, ist nach der Beschaffenheit der Einfriedung und der Gewächse zu entscheiden. Bei einem engen Lattenzaune wird sie zumeist nicht bestehen, noch weniger bei einer Umfriedung aus Drahtgeflecht, wohl aber bei einem eisernen Staketenzaun mit größeren Zwischenräumen.

Die Frage, ob der Baum die Mauer erheblich überragt, hängt davon ab, ob eine Gefahr besteht, daß die überragenden Teile des Baumes in den Luftraum des Nachbargrundstückes eindringen, oder ob der durch den Baum verursachte Schatten neben dem durch die Umfriedung verursachten Schatten sich für das Nachbargrundstück augenfällig geltend macht. Dies ergibt sich aus dem Zweck der Vorschrift. Ist diese Frage nach der einen oder anderen Richtung zu bejahen, dann ist mit dem betreffenden Baum der Abstand einzuhalten, welcher durch die allgemeinen Bestimmungen vorgeschrieben ist [50]).

Der Eigentümer des Baumes, mit welchem der vorgeschriebene Abstand nicht eingehalten ist, kann sich dem Verlangen auf Beseitigung des Baumes dadurch entziehen, daß er an der Grenze eine dichte Einfriedung errichtet. Geschieht dies erst, nachdem Klage auf Beseitigung des Baumes erhoben war, so müssen die bis zur Errichtung der Einfriedung erwachsenen Kosten dem Beklagten überbürdet werden; in der Hauptsache kann aber der Kläger kein Urteil erwirken, weil der Anspruch nicht mehr besteht.

2. Überhaupt kein Abstand ist ferner einzuhalten mit Bäumen, die längs einer öffentlichen Straße oder auf einem öffentlichen Platze [51]) gehalten werden (Art. 74 Abs. 1 Satz 2 AG.). Die Worte: „längs einer öffentlichen Straße" sind gewählt, um

---

[48]) AAPr. 177 (Becher, Mat. Abt. IV und V, 1, 455).

[49]) AAPr. 177 (Becher, Mat. Abt. IV und V, 1, 455).

[50]) S. oben unter II.

[51]) Aber die Vorschrift des § 910 über eingedrungene Wurzeln und herüberragende Zweige gilt auch für Bäume an öffentlichen Straßen (vgl. Henle-Schneider Anm. 5 zu Art. 74 AG.).

sowohl den Fall zu treffen, daß die Bäume auf dem Straßenkörper selbst stehen, als auch der Fall, daß sie neben dem Straßenkörper gepflanzt sind[52]).

Nur für öffentliche Straßen gilt die Erlassung des Abstandes.

Der Gutsbesitzer, der längs der Grenze einen Privatweg hält und mit Alleebäumen bepflanzen will, muß den vorgeschriebenen Abstand einhalten.

Der Begriff der öffentlichen Straßen und Plätze bestimmt sich nach Landesrecht[53]).

3. Endlich braucht kein Abstand eingehalten zu werden mit Pflanzungen, welche zum Uferschutze, zum Schutze von Abhängen und Böschungen oder zum Schutze einer Eisenbahn dienen (Art. 74 Abs. 1 AG.). Es ist zu prüfen, ob objektiv diese Pflanzen geeignet sind einen Schutz zu gewähren; die bloße subjektive Willensrichtung des Pflanzenhalters genügt nicht.

IV. Zeitliche Statutenkollision. Der Gesetzgeber hielt es für unbillig[54]), die durch das Ausführungsgesetz neu eingeführten Vorschriften über den Abstand von Gewächsen auf Pflanzungen anzuwenden, welche bei dem Inkrafttreten des Ausführungsgesetzes nach den bis dahin geltenden Vorschriften in zulässiger Weise bereits bestanden haben.

1. Deshalb bestimmt Art. 75 AG., daß es für die zur Zeit des Inkrafttretens des Bürgerlichen Gesetzbuches vorhandenen Bäume, Sträucher und Hecken, Weinstöcke und Hopfenstöcke bei den bisherigen Vorschriften verbleibt, soweit sie das Halten der Gewächse in einer geringeren[55]) als der nach dem Ausführungsgesetz einzuhaltenden Entfernung von der Grenze des Nachbargrundstückes gestatten.

Werden in einer Reihe von Gewächsen (Baumreihen) oder von einer Hecke einzelne Teile ersetzt, so ist zu untersuchen, ob die betreffende

---

[52]) AAPr. 178; Becher, Mat. Abt. IV und V, 1, 458.

[53]) S. hierüber BlAdmPr. 43, 321 ff.; vgl. ferner OLGSt. 6, 119: Öffentlicher Weg ist jeder dem allgemeinen Verkehre dienende Weg ohne Rücksicht darauf, wer sein Eigentümer ist. Es ist deshalb auch ein Weg, der von jedermann auf Grund einer der Gemeinde zustehenden Servitut (Gemeindeservitut) begangen werden darf, als öffentlicher Weg zu erachten.

[54]) Dieser Standpunkt, der zur Zeit der Erlassung des Gesetzes richtig war, kann heute mit Rücksicht auf die Lebens- und Futtermittelnot nicht mehr als gerechtfertigt betrachtet werden. Deshalb empfiehlt Haberstumpf im Bayer. StA. Nr. 96 vom 26. April 1922 mit Recht die Aufhebung des Art. 75.

[55]) Soweit die bisherigen Vorschriften eine größere Entfernung als das neue Recht fordern, sind sie schlechtweg aufgehoben. Das preußische Recht schreibt nur für Hecken einen Abstand von 1½ Fuß vor (Tl. I Tit. 8 § 174 ALR.). — Code civil Art. 671 schreibt, soferne nicht in besonderen Verordnungen oder nach Herkommen etwas anderes bestimmt ist, für hochstämmige Bäume einen Abstand von 2 m und für andere Bäume und lebende Hecken einen Abstand von ½ m vor. — Von den Statutarrechten enthalten nur wenige (Augsburg, Regensburg, Schweinfurt, für Hopfen auch München und Memmingen) solche Vorschriften.

Baum- oder Pflanzenreihe sich als eine Einheit darstellt. Zweifellos ist die Hecke eine solche Einheit; dagegen ist eine Baumreihe oder eine Reihe von Weinstöcken, Hopfenstöcken regelmäßig keine Einheit, wohl aber eine förmliche Allee[56]) oder eine durch Weinstöcke gebildete Laube. Bei kunstgärtnerischen Anlagen kann auch in einer bloßen Baumreihe eine Einheit gefunden werden, wenn sie bestimmt ist, der ganzen Anlage als ein symmetrisch eingefügter Teil zu dienen.

Solange die Einheit (Hecke, Allee, Laube), welche schon zur Zeit des Inkrafttretens des Bürgerlichen Gesetzbuches vorhanden war, besteht, darf eine in der Einheit entstandene Lücke ersetzt werden. Stellt sich aber die Reihe von Bäumen, Sträuchern usw. nicht als Einheit dar, so müssen die neuen Pflanzen, durch welche die abgehenden ersetzt werden, auf den durch das Ausführungsgesetz vorgeschriebenen Abstand zurückgerückt werden. Nach und nach wird so die ganze Reihe auf den gesetzlichen Abstand gebracht werden.

2. Waldgrundstücke. Bei einem Grundstücke, das zur Zeit des Inkrafttretens des Bürgerlichen Gesetzbuches mit Wald[57]) bestanden ist, verbleibt es auch für neue Bäume und Sträucher bei den bisherigen Vorschriften, soweit sie das Halten der Gewächse in einer geringeren als der nach dem Ausführungsgesetz einzuhaltenden Entfernung von der Grenze des Nachbargrundstückes gestatten, jedoch nur bis zur nächsten Verjüngung[58]) des Waldes. Im Falle des Plenterbetriebes[59]) gilt die Verjüngung als am 1. Januar 1950 eingetreten. Aber auch nach der Verjüngung kann die Einhaltung eines mehr als 2 m betragenden Abstandes unter keinen Umständen verlangt werden (also auch nicht zugunsten eines landwirtschaftlich benützten Grundstückes, dessen wirtschaftliche Bestimmung durch Schmälerung des Sonnenlichtes erheblich beeinträchtigt werden würde[60]). Art. 75 Abs. 2 AG.

§ 20. Überfall von Baumfrüchten[1]).

Trägt ein überstehender Baum oder Strauch, d. h. ein solcher, von welchem Teile über die Grenze in den Luftraum des Nachbars

[56]) Das hat nur für Alleen, welche an Wegen stehen, die nicht öffentlich sind, eine Bedeutung; denn mit Bäumen längs einer öffentlichen Straße braucht nach Art. 74 Abs. 1 Satz 2 AG. überhaupt kein Abstand gehalten zu werden; s. oben III, 2.

[57]) Über den Begriff Wald s. oben § 18, II.

[58]) Über den Begriff Verjüngung, insbes. auch teilweise Verjüngung s. oben § 18, II, a.

[59]) Über den Begriff Plenterbetrieb s. oben § 18, II, a.

[60]) Hier wäre nach Art. 72 Abs. 1 AG. an sich mit Bäumen, die über 2 m hoch sind, ein Abstand von 4 m einzuhalten; s. oben II, b.

§ 20. [1]) Der Überfall von Baumfrüchten war durch das gemeine Recht dahin geregelt, daß dem Eigentümer eines überhängenden Fruchtbaumes gestattet war, einen Tag um

hinüberragen, Früchte[2]), so stehen diese, solange sie hängen, im Eigentum desjenigen, aus dessen Grund und Boden der Stamm heraustritt; er darf auch die Früchte abernten[3]). Geht die Grenzlinie durch den Stamm, so gehören alle Früchte des stehenden Baumes den Nachbarn zu gleichen Teilen (Gemeinschaft nach Bruchteilen).

Fallen aber Früchte auf das Nachbargrundstück, so gelten sie als Früchte dieses Grundstückes, gleich als ob sie auf diesem gewachsen wären (§ 911 BGB.). Dies gilt gleichmäßig von Bäumen und Sträuchern, die auf der Grenze oder jenseits derselben stehen[4]). Das Eigentum an diesen hinübergefallenen Früchten fällt daher regelmäßig (§ 953 BGB.) dem Grundstückseigentümer zu, eventuell dem Nießbrauchberechtigten (§ 954 BGB.) oder dem Pächter, der im Besitze des Grundstückes ist (§ 956 BGB.).

Eignet sich der Eigentümer eines Baumes die auf das Nachbargrundstück gefallenen Früchte an, so handelt er objektiv rechtswidrig.

Es ist gleichgültig, wodurch veranlaßt wurde, daß die Früchte hinübergefallen sind und ob sie jenseits der Grenze gehangen haben. § 911 BGB. gilt auch bei einem durch Sturm verursachten größeren Obstfall. Selbst wenn das Fallen der Früchte durch Schütteln veranlaßt wurde, gelangen sie in das Eigentum desjenigen, welchem die Früchte des Grundstückes gehören, auf welches sie gefallen sind. Hat dieser selbst geschüttelt, so hat er unbefugt gehandelt und ist deshalb obligatorisch verpflichtet, die Früchte zurückzugeben oder ihren Wert zu erstatten. §§ 823, 812 BGB.[5]). Einen Diebstahl begeht er

den anderen das Nachbargrundstück zum Zweck der Abholung der daraufgefallenen Früchte zu betreten. Im älteren sächsischen Recht galt der Satz, daß dem Baumeigentümer an überhängenden Früchten soviel gehöre, als er erlangen könne, alles übrige aber dem Nachbar zu Eigentum zufalle. Dort wie hier war die Voraussetzung, daß der Nachbar den Überhang sich gefallen lasse und im Überfall eine Ausgleichung des ihm etwa durch den Überhang zugehenden Nachteiles zu finden sei. Das preußische Landrecht (ALR. Tl. 1 Tit. 9 § 289) spricht dem Nachbar nicht nur den Überfall zu, sondern auch das Recht, die in seinem Luftraum am Baume hängenden Früchte abzubrechen, soweit sie der Eigentümer nicht erreichen kann, ohne des Nachbars Grund zu betreten. Das sächsische bürgerliche Gesetzbuch (§ 363) räumt dem Stammeigentümer das Recht ein, die hängenden Früchte sich insoweit anzueignen, als er sie ohne Betretung des fremden Grundstückes erlangen kann, wogegen die herabgefallenen Früchte dem Nachbar gehören. Vgl. Ortloff, Nachbarrecht 254f.

[2]) Früchte im natürlichen Sinne, also Kirschen, Äpfel, Eicheln, nicht aber Früchte im Sinne des § 99 BGB., also z. B. nicht Äste. Dernburg 280, wohl aber Baumblätter, die als Düngemittel dienen können. OLG. München in Straff. 3, 380.

[3]) A. M. Cosack 2, 157.

[4]) Cosack 2, 158.

[5]) Vgl. Planck Bem. zu § 911; Endemann 465 Anm. 18; Cosack 2, 159; a. M. Staudinger Bem. 1 zu § 911; Ortloff, Nachbarrecht 256; Biermann, Turnau-Förster Bem. zu § 911. Am weitesten geht Endemann a. a. O., der in Anwendung des Satzes: „Wer den bösen Tropfen hat, genießt auch den guten" dem Eigentümer des Grundstückes, über welchem

aber durch Aneignung nicht, denn im Moment der Inbesitznahme ist die Sache für ihn keine fremde; § 911 BGB. bestimmt, daß diese Früchte als Früchte jenes Grundstückes gelten, auf welches sie gefallen sind. An Früchten des Grundstückes erwirbt aber der Berechtigte mit der Trennung von selbst[6]) das Eigentum (§§ 953 ff. BGB.). Möglicherweise kann aber derjenige, welcher unbefugt geschüttelt hat, wegen Sachbeschädigung strafbar sein[7]).

Als gefallen sind nur jene Früchte zu betrachten, welche unmittelbar nach ihrer Loslösung von dem Baume auf das Nachbargrundstück gefallen sind, wenn sie auch zunächst auf dem Boden des Baumeigentümers aufgeschlagen und dann erst über die Grenze gerollt sind. Dagegen sind solche Früchte, die schon ruhig auf dem Grundstück des Baumeigentümers gelegen sind und dann von einem Sturmwind über die Grenze geschleudert wurden, nicht hierher zu rechnen[8]). Doch kann man dem Nachbar, auf dessen Grundstück die Früchte tatsächlich liegen, nicht den Beweis aufbürden, daß sie hinübergefallen sind und nicht etwa erst nachträglich durch den Wind hinübergeschleudert wurden. Letzteres nachzuweisen, liegt vielmehr dem Baumeigentümer ob.

Der Baumeigentümer ist nicht berechtigt, die hinübergefallenen Früchte zu holen und setzt sich einer Bestrafung wegen Diebstahls aus, wenn er dies doch tut. Dagegen ist es ihm nicht verwehrt, die an dem Baume hängenden Früchte zu brechen, auch wenn sie in dem Luftraum des Nachbargrundstückes hängen[9]), er kann sich hierzu auch eines Obstbrechers bedienen.

Die Vorschrift des § 911 Satz 1 BGB. findet nach Satz 2 keine Anwendung, wenn das Nachbargrundstück dem öffentlichen Gebrauche dient. Hieher gehören öffentliche Straßen und Plätze[10]), öffentliche Flüsse und Seen[11]). In diesen Fällen verbleiben die Früchte dem-

sich der Überhang befindet, nicht nur das Schütteln, sondern im Gegensatz zu Planck auch das Abbrechen gestattet. Das widerspricht dem klaren Wortlaut des Gesetzes, das nur den Überfall im Auge hat.

[6]) A. M. Kuhlenbeck Bem. 1 zu § 911.

[7]) Vgl. dagegen Endemann 465 Anm. 18.

[8]) Z. B. das aus einem Wald auf die Wiese gewehte dürre Laub (Laubstreu) OLG. München in Straff. 3, 380.

[9]) Vgl. Scherer Anm. 186 zu § 911.

[10]) Über den Begriff der öffentlichen Wege und Plätze entscheidet das Landesrecht: s. hierüber BlAdmPr. 43, 321 ff.; vgl. ferner OLGSt. 6, 119: Öffentlicher Weg ist jeder dem allgemeinen Verkehr dienende Weg ohne Rücksicht darauf, wer sein Eigentümer ist. Steht der Gemeinde ein sogen. Gemeindewegrecht zu, inhaltlich dessen nicht nur die Gemeindemitglieder, sondern jeder Beliebige den Weg benützen darf, so ist dieser Weg als ein öffentlicher zu betrachten.

[11]) Der Begriff der öffentlichen Gewässer ist nach Wasserrecht zu bestimmen.

jenigen, welchem die übrigen Früchte des Baumes gehören, also regelmäßig dem Eigentümer des Grundstückes, auf welchem der Baum steht[12]. Dieser kann die Früchte an sich nehmen, auch wenn sie auf dem Nachbargrundstück, welches dem öffentlichen Gebrauche dient, liegen. Diese liegenden Früchte bleiben solange im Eigenbesitz des Baumeigentümers, bis ein Preisgeben derselben nach den Umständen anzunehmen ist[13] und damit die übergefallenen Früchte als herrenlos im Sinne der §§ 958 und 959 BGB. zu gelten haben. Insolange dies nicht der Fall ist, ist die Aneignung der Früchte seitens Dritter objektiv rechtswidrig und setzt sich derjenige, welcher die Früchte wegnimmt, der Gefahr einer Bestrafung wegen Diebstahls eventuell wegen Mundraubes aus. Regelmäßig wird aber das Bewußtsein der Rechtswidrigkeit fehlen. Manche Früchte, z. B. wilde Kastanien, Haselnüsse, Tannenzapfen dürfen nach allgemeiner Auffassung ohne weiteres als preisgegeben erachtet werden, so daß ihre Aneignung auf öffentlich zugänglichem Gebiete nicht rechtswidrig ist, so lange nicht ein ausdrückliches Verbot und dessen Kenntnis das Bewußtsein der Rechtswidrigkeit begründet[14]. Aber auch bezüglich anderer Früchte sind die Volksanschauungen lockere, indem vielfach angenommen wird, daß dann, wenn der Berechtigte nicht sofort die auf öffentliches Gebiet übergefallenen Früchte aufnehmen läßt oder ein Verbot gegen das Auflesen erläßt, ein Verzicht auf das Eigentum angenommen werden dürfe[15].

§ 21. Überbau.

Wer bei Errichtung eines Gebäudes die Grenze seines Eigentums[1] überschreitet, begeht einen Eingriff in das Eigentum des Nachbars. Bei folgerichtiger Durchführung des Eigentumsschutzes könnte der betroffene Nachbar die Beseitigung des Bauwerkes verlangen, soweit es über die Grenze gebaut ist[2]. Der hiermit für den Eigentümer des Bauwerkes verbundene Schaden würde oft außer allem Verhältnis zu der dem Eigentümer der überbauten Fläche zugefügten Beeinträchtigung stehen[3]. Die Durchführung des Eigentumsschutzes wäre daher nament-

[12]) Vgl. §§ 953ff. BGB.

[13]) Ortloff, Nachbarrecht 257.

[14]) Vgl. Staudinger Bem. 2 zu § 912; Kuhlenbeck Bem. 2 zu § 912.

[15]) Ortloff, Nachbarrecht 257.

§ 21. [1]) Über analoge Anwendung der §§ 912ff. s. unten VII S. 309.

[2]) Standpunkt des gemeinen Rechtes (vgl. JW. 1880, 93).

[3]) Der Gesetzgeber ließ sich bei den Überbauvorschriften von dem volkswirtschaftlichen Gedanken leiten, daß die Erhaltung stehender Gebäude wichtiger ist als die schroffe Durchsetzung des Eigentumsrechts (vgl. Mot. 3, 283, Prot. 3, 135). Dadurch ist der Rechtsprechung

lich dann eine unbillige Härte gegenüber dem Gebäudeeigentümer, wenn dieser im besten Glauben, auf eigenem Grund und Boden zu bauen, den Überbau ausgeführt hat. Das BGB. hat durch die §§ 912 bis 916 einen billigen Ausgleich zwischen den widerstreitenden Interessen des Gebäudeeigentümers und des beeinträchtigten Grundnachbars herbeigeführt[4]). Dieser Ausgleich verschafft dem Gebäudeeigentümer erhebliche Vorteile, ohne den anderen Teil in unerträglicher Weise zu belästigen.

Dem beeinträchtigten Nachbar wird nämlich durch § 912 in gewissen Fällen das Recht entzogen, die Beseitigung des Überbaues zu verlangen; er muß vielmehr den Überbau dulden und sich hierfüt mit einer Geldentschädigung abfinden lassen.

I. Voraussetzungen der Duldungspflicht (§ 912).

1. Zu dulden ist der Überbau nur bei einem Gebäude, nicht bei jedem sonstigen Bauwerk[5]). Der Begriff des Bauwerkes ist der weitere[6]); man versteht darunter jedes von Menschenhand hergestellte Werk, das sich als ein selbständiges Ganzes darstellt und mit dem Erdboden verbunden ist[7]).

Unter einem Gebäude versteht man ein Bauwerk, welches nach der Art seiner Anlage[8]) geeignet ist, Personen, Tieren oder Sachen durch seine räumliche Umfriedung[9]) Schutz gegen äußere Einflüsse zu gewähren[10]). Erforderlich ist aber, daß das Bauwerk seinem Umfange

eine analoge Anwendung des § 912 auf verwandte Tatbestände nahegelegt. Bedauerlicherweise hat die Rechtsprechung des RG. diese Bahn nicht beschritten; s. darüber unten VII S. 309.

[4]) ALR. Tl. 1 Tit. 9 §§ 340 und 341 bestimmen, daß derjenige, welcher auf der Grenze einen Bau ausführen will, dies dem Nachbar mit der Angabe, wie weit er ihn vorzurücken beabsichtige, anzuzeigen habe und daß dann, wenn gegen die angegebenen Baufluchtlinien von dem Nachbar kein Einwand erhoben und das Gebäude durch einen Zufall oder ein geringes Versehen über die angegebene Linie vorgerückt worden sei, der Bauherr dem Nachbar nur den Grund und Boden nach einer billigen Taxe zu vergüten brauche. — Die württembergische Bauordnung vom 6. Oktober 1872 Art. 72 läßt das Eigentum des überbauten Grundes, wenn der Bauende im guten Glauben bei Ausführung des Baues ohne Widerspruch des Nachbars die Grenze seines Eigentums überschritten hatte, gegen volle Entschädigung des Nachbars auf den Bauenden übergehen. Vgl. M. 3, 283 (Mugdan 3, 156).

[5]) Mot. 3, 470 u. 482.

[6]) M. 3, 470 (Mugdan 3, 262); Wolff, Grenzüberbau 88.

[7]) Wolff, Grenzüberbau 88.

[8]) Nicht notwendig „nach seiner Zweckbestimmung"; Wolff, Grenzüberbau 89.

[9]) Wolff, Grenzüberbau 89; deshalb gehören Schleusen und Dämme nicht zu den Gebäuden.

[10]) Vgl. RGSt. 3, 411. Zu den Gebäuden gehören demnach jene Bauwerke nicht, welche nur der Umfriedung des Raumes zu dienen geeignet sind, z. B. Mauern. Vgl.

nach den Zutritt von Menschen gestattet[11]). Zum Unterschied von Hütten wird daneben eine gewisse Dauerhaftigkeit und Festigkeit des verwendeten Baumaterials erfordert[12]) und außerdem eine feste Verbindung mit dem Erdboden. Das Bauwerk muß unbeweglich sein, also in seiner Gesamtheit unbeschadet seiner Gestalt und Verbindung nicht von einer Stelle zur andern gebracht werden können[13]).

Für den Begriff des Gebäudes ist nicht erforderlich, daß das Bauwerk die Eigenschaft eines umschlossenen Raumes hat[14]), wenn es nur nach der Seite oder nach oben umfriedet ist. Deshalb ist eine für den Wirtschaftsbetrieb bestimmte Gartenhalle als Gebäude zu betrachten[15]); auch eine Bedachung ist nicht unbedingt erforderlich[16]). Nicht erforderlich ist, daß das Bauwerk verschließbar ist[17]).

Auf dem Lande findet man häufig freistehende Backöfen, die solid gebaut sind und den Zutritt von Menschen gestatten. Solche Backöfen[18]) gehören zu den Gebäuden. Ebenso gehören Brunnenstuben, die auf dem Lande vielfach in einem steinernen Aufbau mit Überdachung bestehen, zu den Gebäuden.

Eine mit Steinen massiv ausgemauerte und zementierte Senkgrube (Mistgrube) ist kein Gebäude[19]), dagegen ist ein mit soliden Mauern versehener Keller ein Gebäude[20]), da es für den Begriff des Gebäudes

---

Turnau-Förster Bem. 2 zu § 912; ebensowenig eine Brücke, ein Tor, ein Denkmal; Wolff, Grenzüberbau 92.

[11]) Wolff, Grenzüberbau 89; RGSt. 10, 103; deshalb ist ein Taubenschlag kein Gebäude, RGSt. 7, 262; Olshausen, KommStGB. Anm. 13 zu § 243.

[12]) RGSt. 10, 103. A. M. für das BGB. Wolff, Grenzüberbau 90, der hierfür einen anderen Maßstab anwenden will als für das Strafrecht. Aber der Zweck der Vorschriften über den Überbau weist naturgemäß auf das Erfordernis der Dauerhaftigkeit hin. Es müßte sonst auch eine aus Lehm zusammengeklebte Unterkunftshütte im Walde den Gebäuden zugerechnet werden. Ein leichter Schuppen ist kein Gebäude im Sinne des § 912 (Recht 1919 Nr. 1290, Stuttgart).

[13]) RGSt. 4, 164; Wolff, Grenzüberbau 90; Olshausen, KommStGB. Anm. 11 zu § 243; A. M. Oppenhoff, KommStGB. Anm. 14 zu § 243; Rüdorff-Stenglein, Komm.-StGB. Anm. 10 zu § 243.

[14]) RGSt. 10, 403; Wolff, Grenzüberbau 89; A. M. Striethorst' Arch. 97, 91.

[15]) OGH. 17, 43f.

[16]) Wolff, Grenzüberbau 89; A. M. Olshausen, KommStGB. Anm. 12b zu § 243; mit Recht wird daher der ungedeckte Rohbau zu den Gebäuden gerechnet. Ein nach römischer Art gebauter Zirkus ist ein Gebäude.

[17]) EntschOLGSt. 3, 591.

[18]) Rüdorff-Stenglein, KommStGB. Anm. 10 zu § 243. Vgl. dagegen Wolff, Grenzüberbau 89; Olshausen, KommStGB. Anm. 13 zu § 243; Oppenhoff, KommStGB. Anm. 13 zu § 243. RGKomm. Bem. 4 zu § 912.

[19]) Striethorst' Arch. 48, 240.

[20]) RGSt. 3, 411; Liszt, Strafrecht 444.

gleichgültig ist, ob das Werk oberhalb oder unterhalb des Erdbodens errichtet ist.

Die Vorschriften über den Überbau gelten auch für die sogenannten Zeitbauten des § 95 Abs. 1 Satz 1, die nur zu einem vorübergehenden Zweck bestimmt sind, da die ratio legis (Erhaltung wirtschaftlicher Werte) auch auf sie zutrifft und die Zeitbauten in § 912 nicht ausgenommen sind[21]).

Nicht erforderlich zur Anwendung der Vorschriften über den Überbau ist, daß das Gebäude bereits vollständig fertiggestellt ist; es genügt, wenn mit der Errichtung des Gebäudes begonnen und dieselbe so weit fortgeschritten ist, daß der Teil des Gebäudes, mit welchem überbaut ist, bereits aus dem Boden hervorgetreten ist und mit demselben in fester Verbindung steht[22]).

2. Weitere Voraussetzung ist, daß über die Grenze gebaut ist (§ 912 BGB.). Welcher Art das überbaute Grundstück ist, insbesondere welchem Zweck es dient, kommt im allgemeinen nicht in Betracht.

Einer besonderen Erwähnung bedarf der Fall der Überbauung einer öffentlichen Straße. Auch in diesem Falle ist die Anwendung der §§ 912 ff. BGB. nicht grundsätzlich ausgeschlossen; allein tatsächlich wird es meistens an der Voraussetzung des § 912 BGB. fehlen, daß dem Überbauenden weder Vorsatz noch grobe Fahrlässigkeit zur Last fällt.

Doch lassen sich Ausnahmen denken; so z. B. bei einem freien Platz vor dem Hause, der zwar in Wirklichkeit zu der Straße gehört, aber von dem Hauseigentümer als ihm gehörig betrachtet wird, oder wenn auf Grund eines unrichtigen Bescheides der Baupolizeibehörde gebaut oder die privatrechtliche Erlaubnis zur Überbauung erteilt wurde. Jedenfalls sind bei einer Überbauung einer öffentlichen Straße auch die privatrechtlichen Rechte und Pflichten des Straßeneigentümers in Betracht zu ziehen[23]). Zwar wird das öffentliche Recht durch das bürgerliche Recht nicht berührt (Art. 111 EG.). Die Bestimmungen des öffentlichen Rechts über den Überbau auf öffentlichen Straßen haben daher fortdauernde Gültigkeit. Sie nehmen aber nur Rücksicht auf das öffentliche Interesse; daneben besteht das privatrechtliche Interesse des Straßeneigentümers[24]). § 38 der Bauordnung vom

---

[21]) Wolff, Überbau 90; Staudinger Bem. I 1 a zu § 912; Goldmann-Lilienthal 50 Anm. 5; Oberneck 1, 641; dagegen A. M. Turnau-Förster Bem. II, 2; RGKomm. Bem. 4; Biermann Bem. 1 a zu § 912. — Nimmt man die Anwendbarkeit der §§ 912 ff. an, so ist allerdings nicht angängig, den Inhaber eines Zeitbaues von der Pflicht zur Grundabnahme zu entbinden, wie dies Wolff und Oberneck a. a. O. tun. Wenn ihm sein Zeitbau nicht so viel wert ist, mag er ihn beseitigen.

[22]) Vgl. oben S. 283 Anm. 4.

[23]) A. M. Wolff, Grenzüberbau 101, Crome 292, Biermann Bem. 4, Staudinger Bem. I 1 h zu § 912, weil das öffentliche Recht in erschöpfender Weise das Maß normiere, in welchem die öffentliche Straße verengt werden dürfe; vgl. Gruchot 54, 918 (RG.); SeuffA. 65, 454; OLG. 18, 211; RheinA. 106, 41.

[24]) Vgl. SeuffA. 55 Nr. 132. Hier hat das Reichsgericht der Negatorienklage der Stadtgemeinde als Eigentümerin einer Straße gegen eine polizeilich genehmigte Benützung des Bürgersteiges zum Wirtschaftsbetriebe stattgegeben.

17. Februar 1901 bestimmt, daß Altanen, Balkone oder Galerien über die **Baulinie**[25]) nicht mehr als 1,30 m vorspringen, nur in Straßen von wenigstens 12 m Breite und nur in einer Höhe von mindestens 3,50 m über dem darunter befindlichen Trottoir oder öffentlichen Wege angebracht werden dürfen. -- Hieraus geht nur hervor, unter welchen Voraussetzungen vom **öffentlich-rechtlichen** Gesichtspunkte aus eine Überbauung der Straße unzulässig ist und daß darüber hinaus ein Überbau selbst dann unzulässig ist, wenn der Eigentümer der Straße den Überbau ausführen will oder mit der Ausführung des Überbaues durch einen Dritten einverstanden ist[26]). Es wird aber keineswegs die **privatrechtliche** Frage entschieden, ob der Eigentümer der Straße den in dem Überbau liegenden Eingriff in sein Eigentum gestatten muß[27]). Hierfür ist lediglich das bürgerliche Recht maßgebend. An und für sich könnte der Eigentümer den Überbau, auch wenn er sich in den Grenzen des § 38 der Bauordnung hält, verbieten (§ 903 BGB.). Allein mit Rücksicht auf die regelmäßige Benützung einer Straße handelt es sich hier regelmäßig um eine Einwirkung, die in solcher Höhe vorgenommen wird, daß der Straßeneigentümer an der Ausschließung der Einwirkung kein Interesse hat (§ 905 BGB.). Deshalb kann er einen nach § 38 der Bauordnung zulässigen Überbau regelmäßig nicht verbieten[28]), aber nicht darin ist der Grund zu finden, daß § 38 der Bauordnung den Überbau nach öffentlichem Recht zuläßt, sondern weil das **Privatrecht** (§ 905 BGB.) das Verbietungsrecht nimmt. -- In diesem Falle kommen die Vorschriften des BGB. über den Überbau, insbesondere der Rentenanspruch des Grundeigentümers, nicht zur Anwendung, weil es an der Voraussetzung fehlt, daß der Überbau objektiv rechtswidrig ist[29]). Eine solche objektive Rechtswidrigkeit kann nach Privatrecht trotz öffentlich-rechtlicher Zulässigkeit eines Überbaues z. B. dann vorliegen, wenn das Staatsministerium einen den Vorschriften des § 38 der Bauordnung nicht entsprechenden Überbau durch Erteilung einer nach § 65 Abs. 2 der Bauordnung zulässigen Erlaubnis genehmigt hat. Der Straßeneigentümer kann dann trotz erteilter baupolizeilicher Genehmigung die Beseitigung des Überbaues verlangen, wenn er durch den Überbau in der Benützung des überbauten Straßenteils beeinträchtigt wird; eventuell kommen die Bestimmungen des BGB. über den Überbau (§§ 912ff.) zur Anwendung.

Über die Grenze[30]) **ist dann gebaut**, wenn das Gebäude selbst oder irgendein festgefügter Teil[31]) des Gebäudes (Erker, Balkon, Keller,

[25]) Die Baulinie **kann** (nicht „muß") mit der Grenze zwischen Straßenkörper und Gebäude zusammenfallen. Trifft dies zu, so ist im Falle des § 38 der Bauordnung ein Überbau gegeben.

[26]) Vgl. SeuffA. 55 Nr. 132.

[27]) SeuffA. 65 Nr. 241 (RG.).

[28]) S. aber RheinArch. 106, 38 (Köln), bestätigt vom RG. (SeuffA. 65 Nr. 241, Gruchot 54, 918). Dort ist der Klage der Stadt auf Beseitigung eines Erkers, der in den Luftraum der Straße hineinragt, stattgegeben. Mit Recht hat OLG. 18, 121 zur Beseitigung von Schaukästen verurteilt.

[29]) S. unten § 21 I, 6.

[30]) Der Nachweis der Grenze liegt demjenigen ob, der die Beseitigung verlangt. S. über Grenzstreitigkeiten, insbes. die Beweiskraft der Vermarkung und des Katasterplans oben S. 53 u. 69. Über analoge Anwendung des § 912 auf den Fall, daß nicht die Grenze, sondern der durch Gesetz oder Grunddienstbarkeit vorgeschriebene Abstand nicht eingehalten ist, s. unten VII, 2 S. 312. Über den Fall, daß der Bauende die Grenze eines anderen, ihm ebenfalls gehörenden Grundstücks überbaut s. unten VII, 1 S. 309.

[31]) Festgefügt, nicht bloß eingefügt muß der Gebäudeteil sein, derart, daß er von dem Gebäude nicht getrennt werden kann, ohne daß das Gebäude oder der Teil zerstört oder in seinem Wesen verändert würde. Die Notwendigkeit dieser Einschränkung ergibt sich aus dem

Giebel[32]), Mauerausbuchtung[33]) in das Erdreich oder den Luftraum des Nachbargrundstückes hinübergreift. Es ist belanglos, ob sich der hinübergebaute Gebäudeteil oberhalb oder unterhalb der Erdoberfläche (z. B. ein Weinkeller) befindet[34]). Um wie viel die Grenze überschritten wird, ist gleichgültig; auch wenn das Gebäude zum weitaus größten Teile auf dem Nachbargrundstücke steht[35]) und selbst, wenn sich der fremde Bau über das ganze Nachbargrundstück erstreckt[36]), liegt ein Überbau vor. Doch darf der Überbau kein selbständiges Gebäude darstellen; er muß mit dem auf dem Boden des Bauherrn stehenden Bauwerk ein einheitliches Gebäude darstellen[37]).

Wenn das ganze Gebäude auf fremdem Boden steht, so können die §§ 912 ff. BGB. nicht in Anwendung kommen; in solchem Falle kommen §§ 94 und 93, eventuell 1012 ff. BGB. in Betracht[38]).

3. Der Überbau muß von dem Eigentümer[39]) ausgeführt sein; dem Eigentümer steht der Erbbauberechtigte gleich (§ 1017

Zwecke des Gesetzes im Zusammenhalt mit dessen Wortlaut „über die Grenze gebaut". Wenn lediglich die an dem Gebäude angebrachten Läden, Jalousien in das Nachbargrundstück überragen oder die Läden und Fenster beim Aufschlagen in den Luftraum des Nachbars hinüberragen, liegt kein Überbau im Sinne der §§ 912 ff. BGB. vor. Der Grundnachbar kann daher die Beseitigung der überragenden Läden und Jalousien verlangen (§ 907 BGB.) bzw. das Aufschlagen der Fenster und Läden durch seinen Luftraum verbieten. Wenn die Ausübung dieses Rechtes nur den Zweck haben kann, dem Inhaber des Gebäudes zu schaden, ist sie nach § 226 BGB. unzulässig; s. oben S. 155.

[32]) Der überragende Gebäudeteil braucht nicht auf dem fremden Boden zu stehen; es genügt ein Hineinragen in den fremden Luftraum. Dernburg 282; Biermann Anm. 1 zu § 912; RG. 88, 41; Staudinger Bem. I 1 d zu § 912; jetzt auch Goldmann-Lilienthal 50 Anm. 5; ferner Wolff, Grenzüberbau 94. Mit letzterem wird man auch § 915 BGB. für anwendbar erachten müssen. — Man wird aber gegen Wolff a. a. O. annehmen müssen, daß auch dann, wenn die Störung nur eine geringfügige ist, z. B. der herüberragende Dachgiebel nur durch den Tropfenfall lästig wird, der Nachbar gemäß § 915 BGB. von dem Hauseigentümer den Erwerb der überbauten Fläche verlangen kann. Derjenige, welcher objektiv rechtswidrig in fremdes Eigentum eingreift, kann sich nicht beschwert fühlen, wenn hieraus die Konsequenzen gezogen werden. Der Kaufpreis wird entsprechend niedrig sein. Zweifelnd dagegen Endemann S. 481 Anm. 8: „Begrifflich könnte auch ein übergreifender Erker, Dachvorsprung, Keller als Überbau angesprochen werden; aber die Rechtsfolge des § 912 scheint mir hierauf nicht zu passen; ich kann, insbesondere wenn ich selbst bauen will, die Beseitigung dieser übergreifenden Bauteile verlangen". Vgl. auch Förster, DJZ. 6, 244.

[33]) Recht 1911 Nr. 943 (Naumburg), s. hierüber unten VII 4.

[34]) RGKomm. Bem. 5 zu § 912; RG. 88, 41.

[35]) Wolff, Grenzüberbau 93; vgl. JW. 1914, 38; s. dagegen Schmitt, BayZ. 1914, 60.

[36]) RG. 52, 15; 83, 146.

[37]) Wolff, Grenzüberbau 93. Es können auch zwei unter einem Dache stehende Häuser sich als verschiedene Gebäude darstellen, vgl. oben S. 115 und RGSt. 8, 102. Das Vorder- und Hinterhaus wird als ein Gebäude anzusehen sein, nicht aber das Vorderhaus und Gartenhaus. Wolff a. a. O. Anm. 1.

[38]) Staudinger Bem. 1 a, RGKomm. Bem. 5 zu § 912, vgl. RG. 52, 17.

[39]) Die Anwendung der §§ 912 ff. auf einen von einem Vorbesitzer, der nicht Eigen-

BGB.), auch der Fideikommißbesitzer wird ihm gleichzustellen sein[40]), dagegen erzeugt der Überbau des Pächters, Nießbrauchers die Duldungspflicht des Nachbars nicht[41]). Hat aber der Nießbraucher, Pächter mit Einverständnis oder Genehmigung des Eigentümers gebaut, so hat er als dessen Vertreter gehandelt (§§ 185, 184 BGB.)[42]). Dem Überbau des Eigentümers ist derjenige des fälschlich eingetragenen Bucheigentümers nur dann gleichzustellen, wenn die Voraussetzungen des § 185 BGB. gegeben sind[43]).

4. Bei der Errichtung des Gebäudes muß die Grenzüberschreitung erfolgt sein. Eine nach Errichtung des Gebäudes betätigte Ansetzung eines Balkons oder Erkers muß auf Verlangen des Nachbars beseitigt werden[44]); anders bei einem nachträglichen Anbau, der für sich selbst ein Gebäude darstellt und teilweise die Grenze überschreitet.

5. Das Überschreiten der Grenze darf nicht auf Vorsatz oder grober Fahrlässigkeit beruhen (§ 912 Abs. 1 BGB.). Vorsatz liegt vor, wenn der Bauende weiß, daß er die Grenze überschreitet, ohne ein Recht zu haben. Fahrlässigkeit liegt vor, wenn er dies hätte wissen müssen[45]). Eine Definition der groben Fahrlässigkeit gibt das BGB. nicht. Es ist nach den Umständen zu entscheiden, ob eine besonders schwere Verletzung der im Verkehr erforderlichen Sorgfalt anzunehmen ist[46]). Vorsatz und Fahrlässigkeit sind dann zu verneinen, wenn der Bauende zu der Annahme berechtigt war, daß er über die Grenze

---

tümer war, aufgeführten Bau ist nicht ausgeschlossen. Turnau-Förster Bem. II, 1 zu § 912. A. M. Goldmann-Lilienthal 51 Anm. 8.

[40]) Wolff, Grenzüberbau 108.

[41]) A. M. nur Dernburg 282.

[42]) Wolff, Grenzüberbau 111. RGKomm. Bem. 2 zu § 917; Crome 287 Anm. 6. Da die Genehmigung mit rückwirkender Kraft ausgestattet ist (§ 184 BGB.), so gilt der Nachbar schon von der Grenzüberschreitung, nicht erst von der Erteilung der Genehmigung an zur Duldung verpflichtet. Der Zeitpunkt der Grenzüberschreitung ist daher maßgebend für den Widerspruch des Nachbars und für dessen Anspruch auf die Rente.

[43]) Wolff, Grenzüberbau 112; dagegen A. M. Endemann 2, 481 Anm. 7 und Staudinger Bem. I 2 a zu § 912.

[44]) Wolff, Grenzüberbau 92. (A. M. Recht 13, 1291, Stuttgart, da eine Veranda ein selbständiges Gebäude sei). Die Regeln der §§ 912 ff. BGB. gelten insbesondere auch dann nicht, wenn ein Gebäude nur ausgebessert wird. Biermann Anm. 1 zu § 912; OLG. 4, 65; Kretzschmar im SächsArch. 12, 418; dagegen will Turnau-Förster Bem. 2 zu § 912 in Ansehung des Reparaturbaues die Entscheidung nach Lage des Einzelfalles gefällt wissen.

[45]) Das Kennen oder Kennenmüssen der Grenzüberschreitung genügt nicht; der zu vertretende Umstand ist die objektiv rechtswidrige Grenzüberschreitung. Wolff, Grenzüberbau 113. A. M. Bungard, Kommunmauer 6. Vgl. auch OLG. 15, 348 (Hamburg).

[46]) Turnau-Förster Anm. 3 zu § 912; JW. 1901, 52.

bauen dürfe[47]). Nicht unter allen Umständen ist die grobe Fahrlässigkeit schon deshalb zu verneinen, weil der Überbauende im guten Glauben war, daß der Nachbar mit dem Überbau einverstanden sei; es kommt eben darauf an, ob dieser gute Glaube, wenn irrig, auf grober Fahrlässigkeit beruht[48]). Hat der Bauherr den Bau durch einen Vertreter ausführen lassen, so kommt für den Vorsatz und die Fahrlässigkeit nicht die Person des Vertretenen, sondern die des Vertreters in Betracht. Hat aber im Falle einer durch Rechtsgeschäft erteilten Vertretungsmacht (Vollmacht) der Vertreter nach bestimmten Weisungen des Vollmachtgebers gehandelt, so kann sich dieser in Ansehung solcher Umstände, die er selbst kannte, nicht auf die Unkenntnis des Vertreters berufen. Dasselbe gilt von Umständen, die der Vollmachtgeber kennen mußte, sofern das Kennenmüssen der Kenntnis gleichsteht (§ 166 BGB.)[49]).

Maßgebender Zeitpunkt für den Vorsatz und die grobe Fahrlässigkeit ist der Zeitpunkt der Grenzüberschreitung[50]). Die Grenze ist überschritten, sobald der Zustand eingetreten ist, in welchem das fremde Grundstück überbaut ist. Eine Vollendung des Baues ist hierzu nicht erforderlich.

Die Beweislast für die Abwesenheit von Vorsatz und grobem Verschulden trifft den Gebäudeeigentümer[51]). Die Beweislast muß durch Darlegung der tatsächlichen Verhältnisse belegt werden. Wird die Grenzüberschreitung erst nach längerer Zeit entdeckt, so wird gerade das längere Unbekanntgebliebensein der richtigen Grenze für den entschuldbaren Irrtum sprechen[52]).

---

[47]) RG. 52, 17. Eine solche Annahme kann unter besonderen Umständen ihre Berechtigung in einem obligatorischen Vertrage finden, durch welchen sich der Eigentümer zur Überlassung des Eigentums an der hinterher überbauten Fläche verpflichtet hat. RG. a. a. O.; vgl. auch RG. 74, 87 und dazu unten III, 1 S. 289. Hat ein Grundeigentümer die Mauer seines Gebäudes auf Grund einer mit dem Nachbar getroffenen formlosen Vereinbarung über kommune Errichtung der Mauer zur Hälfte jenseits der Grenze errichtet, so ist eine Grenzeinrichtung geschaffen; § 912 ist hierauf nicht anwendbar s. oben S. 124.

[48]) Vgl. dagegen OLG. 15, 348 (Hamburg). Der Umstand, daß den vom Überbau betroffenen Nachbar ein konkurrierendes Verschulden trifft (er hat z. B. als Verkäufer die Grenze dem Käufer unrichtig angegeben), wird regelmäßig eine grobe Fahrlässigkeit bei der Grenzüberschreitung ausschließen. Wo dies aber ausnahmsweise nicht zutrifft, kann nicht etwa § 254 Anwendung finden. A. M. Endemann 482 Anm. 13. Über den Ausschluß der Anwendung des § 254 bei nicht grobfahrlässigem Überbau vgl. Wolff, 141 und RG. 74, 90; s. unten III, 1 S. 289.

[49]) Wolff, Grenzüberbau 114. Der Bauarbeiter ist übrigens nicht Vertreter.

[50]) Wolff, Grenzüberbau 115; Staudinger I 2b zu § 912.

[51]) Wolff, Grenzüberbau 115; RG. 47, 117; JW. 1901, 52; Neumann Bem. 1 zu § 912.

[52]) M. 3, 284 (Mugdan 3, 157); Kohler, ArchZivPr. 87, 287.

Dem Bauenden ist keine Pflicht zur Anzeige seines Bauvorhabens an den Nachbar auferlegt. Gerade wenn der Bauende im besten Glauben über den Zug der Grenze ist, wird er die Anzeige unterlassen[53]). Überdies läßt eine bloße Anzeige, wenn die Grenze nicht an Ort und Stelle begangen wird, leicht Raum zu Mißverständnissen, welche den Nachbar zu einer ihm nachteiligen Unterlassung des Widerspruchs veranlassen können [54]).

6. Der Überbau muß objektiv rechtswidrig sein. Diese Voraussetzung ist dann gegeben, wenn der Eingriff in das Eigentum an sich unzulässig wäre, so daß der Nachbar die Beseitigung der Beeinträchtigung verlangen könnte, wenn nicht eben die §§ 912 ff. BGB. entgegenständen[55]). Hier ist zu prüfen, ob und inwieweit durch eine Erlaubnis des Nachbars, den Neubau über die Grenze zu rücken, die objektive Rechtswidrigkeit des Überbaus ausgeschlossen ist.

Soll die Erlaubnis nicht nur obligatorische Wirkung haben, so bedarf es der formgültigen Bestellung einer Grunddienstbarkeit[56]). Nur bei einer halbscheidig auf die Grenze gesetzten Giebelwand bewirkt die formlose Zustimmung des Nachbars zu diesem Überbau das dinglich wirkende Recht des § 922 mit § 95, weil in diesem Falle eine Grenzeinrichtung im Sinne des § 921 gegeben ist[57]). In den übrigen Fällen wird durch eine formlose Zustimmung zum Überbau ein vertragliches dingliches Recht am Grundstück nicht begründet. Ist die Erlaubnis nicht durch einen formgültigen dinglichen Vertrag erteilt, so ist daher der Überbau trotz der Erlaubnis objektiv rechtswidrig. Im Verhältnis zwischen den Vertragschließenden und ihren allgemeinen Rechtsnachfol-

---

[53]) M. 3, 284 (Mugdan 3, 157); Oftermeyer, Sachenrecht 142; RG. 83, 146.

[54]) Es geht deshalb auch zu weit, wenn Schmidt in der BayNoZ. 1907, 49 annimmt, daß die seitens des Nachbars erfolgte Unterzeichnung des Bauplanes, aus welchem er die Grenzüberschreitung ersehen konnte, den Bauherrn zur Annahme des Einverständnisses mit der Grenzüberschreitung berechtige, so daß Vorsatz und grobe Fahrlässigkeit zu verneinen seien. In dieser Allgemeinheit ist dem nicht beizupflichten; es wird immer auf die näheren Umstände des Einzelfalls ankommen; u. a. wird hierbei die Geschäftsgewandtheit des Nachbarn, die Art der Grenzüberschreitung, deren Offensichtlichkeit im Bauplane eine Rolle spielen. Im Zweifel wird man eher gegen den Bauherrn entscheiden müssen; denn wenn er mit Vorbedacht fremdes Eigentum in rechtswidriger Weise an sich ziehen will, ist er nach Anstand und Rechtsgefühl verpflichtet, sich über das Einverständnis des Nachbars zweifelsfrei zu vergewissern.

[55]) Wolff, Grenzüberbau 96.

[56]) Die Bedingungen für den Überbau, insbesondere ob und welche Entschädigung dafür zu zahlen ist, richten sich ausschließlich nach dem dinglichen Vertrag. Mit einer Heranziehung des § 912 für die Willensauslegung (Wolff 97) wird man vorsichtig sein müssen, weil deren immerhin künstliche Konstruktion dem Willen der Beteiligten regelmäßig fernliegen dürfte.

[57]) S. hierüber oben S. 122.

gern[58]) treten die schuldrechtlichen Wirkungen der Abreden ein, die der erteilten Erlaubnis zugrunde liegen[59]). Ist der Vertrag, auf dem die Erlaubnis zum Überbau beruht, aus irgendwelchem Grunde schuldrechtlich nicht gültig oder wird er aus irgendeinem Grunde hinfällig[60]), so kann derjenige, der auf Grund einer solchen, auch schuldrechtlich ungültigen Erlaubnis gebaut hat, sich auch seinem Vertragsgegner gegenüber nicht darauf berufen, daß er ein vertragsmäßiges Recht auf Beibehaltung des Überbaus habe. Es ist dann auch im Verhältnis zwischen den Vertragschließenden[61]) zu untersuchen, ob der an sich rechtswidrige Überbau auf Grund des § 912 vom Nachbar geduldet werden muß. Die schuldrechtliche Unwirksamkeit des Vertrags bewirkt also, daß das Rechtsverhältnis gegenüber demjenigen, der die (ungültige) Erlaubnis erteilt hat, genau so zu beurteilen ist wie gegenüber seinem Sondernachfolger.

Es läßt sich nicht etwa die Auffassung vertreten, daß der Überbauer mit Rücksicht auf die Nichtigkeit des Vertrages, auf Grund dessen überbaut wurde, nach den Grundsätzen der ungerechtfertigten Bereicherung

[58]) Über stillschweigenden Eintritt des Sondernachfolgers in den Vertrag s. S. 141.

[59]) Vgl. RG. 83, 146.

[60]) Vgl. RG. 74, 87. Im dortigen Fall hatte Kläger dem Beklagten die Grenzüberschreitung ohne Entschädigung erlaubt, da eine allgemeine Neueinteilung der Grundstücke in Aussicht stand, bei der die Beteiligten das zu überbauende Stück gegen ein anderes Stück zu vertauschen gedachten. Der Überbau wurde ausgeführt. Zur Neueinteilung und zum Austausch kam es nicht; vgl. Gruchot 54, 918 (RG.). Hier hatte die klagende Gemeinde dem Beklagten die Überbauung der Straße gegen Entschädigung gestattet; da der Beklagte sich weigerte, die vereinbarte Entschädigung zu zahlen, trat sie nach Errichtung des Überbaus vom Vertrag zurück. Im Fall RG. 74, 87 hat das RG. die Anwendbarkeit des § 912 bejaht, da der Beklagte durch die Erlaubnis gedeckt, die Grenze ohne grobe Fahrlässigkeit überschritten hat. Im Fall Gruchot 54, 918 dagegen hat das RG. die Anwendung des § 912 abgelehnt, da in der Erlaubnis gegen Entschädigung ein Widerspruch gegen das Bauen ohne Entschädigung zu erblicken sei. Das ist gekünstelt. Die Ablehnung der Anwendung des § 912 wäre in einem solchen Fall zu rechtfertigen, wenn der Überbauende schon bei Ausführung des Baus die Absicht hatte, nach dem Bau die Entschädigung zu verweigern. Denn dann wußte er trotz der Erlaubnis, daß die Gemeinde unter diesen Umständen mit der Grenzüberschreitung trotz der erteilten Erlaubnis nicht einverstanden sei. Liegt aber solche Arglist nicht vor, dann kann die Gemeinde unter dem Erbieten, dem Beklagten eine Grunddienstbarkeit auf dauernde Duldung des Überbaus zu bestellen, die vereinbarte Entschädigung beanspruchen. Zur Bestellung der Grunddienstbarkeit muß sich die Gemeinde erbieten, weil nach dem Vertragswillen der Beklagte durch die Zahlung ein dauerndes Recht zur Belassung des Überbaus erhalten sollte. Die Gemeinde kann Frist setzen nach § 326 und nach Ablauf der Frist zurücktreten. Dann erst ist das Vertragsverhältnis erledigt und von da ab nach dem Gesetz § 912 zu beurteilen, so daß die Gemeinde nunmehr Überbaurente und Grundabnahme verlangen kann.

[61]) Wolff 97. S. darüber oben Ziff. 5 S. 288. Auch der Sondernachfolger des überbauten Grundstücks muß den Überbau dulden. Er kann aber auch dann Überbaurente verlangen, wenn sein Vorbesitzer für die seinerzeitige Grenzüberschreitung entschädigt wurde.

zur Herausgabe des von ihm in Besitz genommenen unüberbauten Grundstückstreifens verpflichtet ist. Denn durch die ohne Widerspruch gebliebene Überbauung aat der Überbauer, dem weder Vorsatz noch grobe Fahrlässigkeit zur Last fällt, eine Recht auf Duldung des Überbaues (§ 912) erworben. Er hat deshalb den Besitz der Fläche nicht ohne rechtlichen Grund erlangt und ist zur Räumung und Beseitigung des Bauwerks nicht verpflichtet (Recht 1924 Nr. 456).

In beiden Fällen sind die §§ 912 ff. anzuwenden, wenn dem Bauherrn mit Rücksicht auf die erteilte Erlaubnis Vorsatz nicht zur Last fällt, weil er sich zur Grenzüberschreitung für berechtigt halten konnte.

7. Der Überbau darf nicht gegen den Widerspruch des Nachbars ausgeführt sein. Der Nachbar braucht den Überbau dann nicht zu dulden, wenn er vor oder sofort nach der Grenzüberschreitung Widerspruch erhoben hat (§ 912 Abs. 1 BGB.). Widerspruchsberechtigt ist aber nach § 916 BGB. ferner derjenige, dessen Erbbau- oder Dienstbarkeitsrecht durch den Überbau beeinträchtigt wird. Hat von den mehreren Widerspruchsberechtigten der eine widersprochen, der andere nicht, so kann ersterer die Beseitigung des Überbaues verlangen, während letzterer ihn dulden muß[62]). Durch die zeitliche Beschränkung, welche für die Wirksamkeit des Widerspruchs bestimmt ist, soll eine Zerstörung des Gebäudes vermieden werden. Sofort ist nicht gleichbedeutend mit augenblicklich. Mit Rücksicht auf die Lebensgewohnheiten ist anzunehmen, daß eine mäßige Spanne Zeit zu gewähren ist. Schriftliche Mitteilung ist verkehrsüblich; wenn dieser Weg für den Widerspruch gewählt wurde, ist das Schwergewicht auf den Zeitpunkt der Absendung zu legen, mag auch der Brief dem Adressaten etwas verspätet zugehen. Eine übermäßige Verspätung der Zustellung geht zu Lasten des Absenders; denn der Widerspruch ist empfangsbedürftig[63]). Der Widerspruch darf also nicht schlechthin solange mit Wirksamkeit erfolgen, als das Gebäude noch nicht fertig ist, sondern muß sofort erfolgen, sobald die erste sichtbare, tatsächliche Grenzüberschreitung (z. B. Legung des Fundaments) erfolgt ist. Hierzu ist erforderlich, daß schon ein Teil des Gebäudes selbst errichtet ist[64]); denn nur um eine Grenzüberschrei-

[62]) Das folgt aus der rechtlichen Natur des Widerspruchs. Er soll die Folgen des „Verschweigens" abwenden. Die „Verschweigung" bewirkt als objektiv eintretendes Tatbestandsmoment den Rechtsverlust, nicht etwa als unterstellte Genehmigung. Der Widerspruch ist daher kein Rechtsgeschäft, das Schweigen keine konkludente Willenserklärung, vgl. Wolff 130 u. 116 u. 52; Turnau-Förster Bem. II, 4; Planck Bem. 1e; Biermann Bem. 1c zu § 912; Oberneck 643. — Dagegen geben dem Widerspruch des einen Wirkung für alle (Staudinger Bem. I 2 c zu § 912; Goldmann-Lilienthal 51.

[63]) Wolff 122.

[64]) Ebenso Müller 99. A. M. Wolff, Grenzüberbau 121. Vgl. Kretzschmar im

tung durch einen Überbau handelt es sich. Deshalb genügt die Aufgrabung des fremden Erdbodens noch nicht, noch weniger die Aufstellung des Baugerüstes, wenn auch aus dessen Aufstellung erhellt, daß das Gebäude über die Grenze gerückt werden soll.

Darauf, ob überhaupt oder wann der Nachbar von der Grenzüberschreitung Kenntnis erhielt, kommt gar nichts an[65]). Auch wenn der Nachbar gar nicht in der Lage war, Kenntnis davon zu nehmen, ist er mit einem späteren Widerspruch ausgeschlossen[66]); das Gesetz geht von dem Standpunkte aus, daß es Sache des Grundeigentümers ist, sich um sein Eigentum umzutun und die Grenzschau zu halten; sonst „verschweigt" er sich.

Der Widerspruch kann formlos, auch durch konkludente Handlungen, z. B. Niederreißen des Baues[67]), zum Ausdruck gebracht werden. Immer aber muß er sich gegen die konkrete Grenzüberschreitung richten; das ist wichtig, besonders für einen vor der Grenzüberschreitung erfolgten Widerspruch. Ein genereller Widerspruch ist wirkungslos.

Der Grund des Widerspruchs ist gleichgültig. Auch wenn der Nachbar, welcher den Irrtum über die Grenze teilte, nur widersprochen hat, weil er ungerechtfertigter Weise ein Lichtrecht zu haben glaubte, muß ein Widerspruch im Sinne des § 912 BGB. angenommen werden. Berechtigt zur Erhebung des Widerspruchs ist der Eigentümer oder Miteigentümer (§ 1011 BGB.) des Bodens; der Pächter ist nicht berechtigt, das Widerspruchsrecht für den Eigentümer auszuüben[68]). Tut er dies gleichwohl, so handelt er als Geschäftsführer ohne Auftrag für den Verpächter und ist daher der Widerspruch gültig, wenn ihn der Bauende nicht wegen Mangels der Vertretungsmacht zurückweist (§ 180 BGB.). Der Hypothekengläubiger und Vorkaufsberechtigte ist zum Widerspruch nicht

---

SächsArch. 12, 419: „Der Widerspruch muß spätestens unmittelbar nach der Grenzüberschreitung erklärt werden". Der Widerspruch kann aber schon vor der Grenzüberschreitung wirksam erhoben werden, nur muß eine bestimmte Überschreitung bereits drohen. Wolff, Grenzüberbau S. 134.

[65]) Turnau-Förster Anm. 4 zu § 912; Wolff, Grenzüberbau 123; RG. 83, 147.

[66]) Eine Anfechtung des „Verschweigens" wegen Betrugs, Zwangs oder Irrtums findet nicht statt, weil das Schweigen keine Willenserklärung ist (Wolff 123; RGKomm. Bem. 11; Planck Bem. 1e; Kretzschmar Bem. 3c; Biermann Bem. 1c zu § 912; Endemann 462; OLG. 15, 530 (Posen). Dagegen A. M. Turnau-Förster Bem. II 4a zu § 912).

[67]) Wolff, Grenzüberbau 120. ObLG. 14, 704 (der Widerspruch ist eine Rechtsverwahrung, er bedarf keiner Begründung und kann auch stillschweigend erfolgen).

[68]) Lehmann-Enneccerus 2, 118; Goldmann-Lilienthal 51 Anm. 14; Kretzschmar Bem. 3b zu § 912 halten den Widerspruch des bloßen Besitzers für bedeutungslos. — Nach Wolff, Grenzüberbau 118; Biermann Bem. 1c; Staudinger Bem. I 2c; Crome 288 Anm. 11 und Dernburg 283 ist der Widerspruch des Besitzers wirksam.

berechtigt[69]). Gegner ist der Überbauende[70]) oder dessen Vertreter; ein gegenüber dem Bauarbeiter erfolgter Widerspruch genügt nicht; macht der Arbeiter dem Bauherrn noch rechtzeitig Mitteilung, so kann er als Bote des Widersprechenden gelten. Der von dem Bauherrn bestellte Baumeister oder dessen Bauleiter darf als ermächtigt gelten, alle auf den Bau bezüglichen Mitteilungen für den Bauherrn entgegenzunehmen[71]).

Der Nachbar, welcher die Beseitigung des Überbaues verlangt, hat die Beweislast dafür, daß er rechtzeitig gegen die Grenzüberschreitung Widerspruch erhoben hat[72]).

II. Inhalt der Duldungspflicht.

Sind die unter I. aufgeführten Voraussetzungen gegeben, so hat der Nachbar[73]) den Überbau zu dulden (§ 912 BGB.). Diese Verpflichtung enthält eine gesetzliche Eigentumsbeschränkung. Sie tritt von Rechts wegen, nicht erst auf Verlangen des Überbauenden ein. Sie ist auch nicht davon abhängig, daß der Berechtigte die dem Verpflichteten nach § 912 Abs. 2 BGB. zustehende Rente bezahlt hat. § 273 BGB. steht nicht entgegen, weil sich aus dem Rechtsverhältnis des Überbaues ein anderes ergibt[74]).

Die Duldungspflicht bedarf zu ihrer Entstehung nicht der Eintragung in das Grundbuch; ist überhaupt nicht eintragungsfähig[75]).

Das Eigentumsrecht an der überbauten Fläche erleidet keine Änderung[76]).

Dem Überbauenden steht das Eigentum an dem Überbau zu; denn dieser wird nicht Bestandteil des Grundstückes, auf welchem er steht, weil es ein Sondereigentum an Gebäudeteilen nicht gibt (§ 93)[77]) und

[69]) Wolff, Grenzüberbau 120. Vgl. Recht 1902, 258 (RG.).

[70]) Wird der Bau von mehreren errichtet, so ist der Widerspruch allen gegenüber zu erklären; Turnau-Förster zu § 982 und die dort zitierte EntschRG.; doch wird vielfach der eine als von den übrigen stillschweigend bevollmächtigt erachtet werden dürfen z. B. wenn er den Bau leitet; eventuell kann er als Bote gelten; vgl. Biermann Bem. 1c zu § 912; Wolff, Grenzüberbau 120; Oberneck 643 Anm. 16; abweichend Staudinger Bem. I 2c zu § 912; Goldmann-Lilienthal 51 Anm. 15.

[71]) Es ist hierzu nicht erforderlich, daß der Bauherr ortsabwesend ist. In diesem Punkte anscheinend a. M. Wolff, Grenzüberbau 120.

[72]) Vgl. M. 3, 284 (Mugdan 3, 157).

[73]) § 916 bestimmt: „Wird durch den Überbau ein Erbbaurecht oder eine Dienstbarkeit an dem Nachbargrundstück beeinträchtigt, so finden zugunsten des Berechtigten die Vorschriften der §§ 912—914 entsprechende Anwendung." Für die Duldungspflicht des Berechtigten kommt es darauf an, ob er rechtzeitig Widerspruch erhoben hat.

[74]) Wolff, Grenzüberbau 127; Turnau-Förster Anm. 4 zu § 912.

[75]) S. darüber unten VI S. 304.

[76]) Anders nach ALR. I 9 § 341 und nach Art. 72 württemb. BO.

[77]) Boethke bei Gruchot 45, 722; Staudinger Bem. 7 zu § 94, wo mit Recht dargetan wird, daß Gebäudeteile nach § 93 nicht Gegenstand besonderer Rechte sein können, so daß

abgesehen hiervon der Überbau, wenn er nach § 912 zu dulden ist, in Ausübung eines Rechtes an dem fremden Grundstück auf diesem steht (§ 95 Abs. 1)[78].

Der Überbau muß, so lange er steht, geduldet werden. Es ist dem Gebäudeeigentümer nicht verwehrt, Veränderungen an dem Überbau vorzunehmen, soferne dadurch nur nicht die Grenzüberschreitung rücksichtlich der fremden Grundfläche vergrößert wird. Der Gebäudeeigen-

der Grundsatz des § 94 (superficies solo cedit) dem stärkeren Grundsatz der rechtlichen Untrennbarkeit der Bestandteile (§ 93) weichen muß. Diese Frage ist oben S. 27 ausführlich behandelt. — Ist der Überbau der wirtschaftlich nebensächliche Teil, so folgt er dem Recht des Hauptteils und dieser dem rechtlichen Schicksal des Grundstücks (§ 94), auf dem er steht (so auch JW. 1914, 40 RG.). Ist der Überbau wirtschaftlich der Hauptteil des Gebäudes, dann zieht dieser den Nebenteil an sich (Schmitt, BayZ. 1914, 60). Der Erbauer des Gebäudes (bzw. sein Rechtsnachfolger) wird nach den Grundsätzen der Bereicherung zu entschädigen sein. Die Gebäudeteile können daher rechtlich nicht auseinanderfallen, auch dann nicht, wenn der Überbau nach § 912 nicht zu dulden ist.

[78]) Herrschende Meinung, so insbes. RG. 83, 147; 72, 272; RheinArch. 1908, 367 u. 373; JW. 1914, 70; Staudinger Bem. II 2 zu § 912. Wolff 134; Dernburg 282 Anm. 3; Oberneck 643 Anm. 20; Kretzschmar Vorbem. 1 vor § 912. Darnach steht das Eigentum an dem Überbau dem Gebäudeeigentümer nur dann zu, wenn der Überbau nach § 912 zu dulden ist, weil im Falle des § 912 ein Sonderfall des § 95 gegeben ist, wonach das Akzessionsprinzip der §§ 94, 946 dadurch aufgehoben ist, daß der übergebaute Teil in Ausübung eines Rechts mit dem Nachbargrundstück verbunden ist. Gegen die herrschende Meinung sind Bedenken geltend gemacht worden (vgl. RheinArch. 109, 277, Düsseldorf; SächsAnn. 31, 60, Dresden; Bungard 9).

Zunächst wird eingewendet, daß § 912 den Inhalt des Eigentums des einen erweitere, des anderen beschränke, somit die Befugnis, den Überbau auf dem fremden Grundstück zu halten, zum gesetzlichen Inhalt des Eigentums des Grundstückes gehöre, von dem aus der Überbau errichtet sei. Das ist richtig; unrichtig dagegen ist die daraus gezogene Folgerung, daß somit die Befugnis zum Halten des Baus ein „Recht an einem fremden Grundstück" im Sinne des § 95 nicht darstelle. § 912 gewährt die Befugnis den Überbau auf dem fremden Grundstück dauernd zu halten und wenn diese Befugnis auch zum Inhalt des Eigentums am eigenen Grundstück gehört, so wirkt die Befugnis doch dinglich und ebenso, wie ein nicht zum Eigentumsinhalt gehörendes Recht an einer fremden Sache. Die ratio legis des § 95 trifft also auch auf eine zum Inhalt des Eigentums gehörende dinglich wirkende Befugnis durchaus zu (vgl. RG. 83, 147).

Sodann wird mit noch größerem Nachdruck geltend gemacht, daß die Voraussetzung des § 95 für einen Überbau nicht gegeben sei. Denn nach § 95 Abs. 1 Satz 2 sei Voraussetzung, daß die Verbindung des Werkes in Ausübung eines Rechtes an dem fremden Grundstück vorgenommen sei, während beim Überbau zur Vornahme der Verbindung kein Recht bestehe, vielmehr die Befugnis zur Beibehaltung des Überbaus erst durch die erfolgte Verbindung — also nachher — zur Entstehung gelange. All dies ist durchaus logisch und streng genommen richtig. Gleichwohl muß § 95 Abs. 1 Satz 2 auch auf den Tatbestand des zu duldenden Überbaus angewendet werden, denn der Gesetzgeber (§ 912) will ja gerade, daß die Verbindung, zu deren Vornahme objektiv betrachtet kein Recht bestand, nach ihrer Ausführung, soweit das Halten des Überbaus auf dem fremden Grund in Frage kommt, als zu Recht bestehend anerkannt wird, gerade so, als ob die Verbindung mit Recht vorgenommen wäre (ähnlich de Boor 43ff.).

tümer darf daher den Überbau beliebig erhöhen[79]). Berührt der Überbau den Boden des überbauten Grundstückes nicht (z. B. Balkon, Erker), so darf er wohl erhöht, nicht aber nach unten fortgesetzt werden; denn dadurch würde eine größere Beeinträchtigung des Nachbargrundstückes herbeigeführt. Die aus dem Überbau sich ergebenden Rechte und Pflichten bleiben stetig. Es kann deshalb auch ein späterer Erwerber des Grundstückes, auf welches übergebaut ist, den Abbruch des Gebäudes nicht verlangen, auch wenn er von dem Überbau nichts wußte[80]).

Die Pflicht zur Duldung des Überbaues erlischt, sobald der Überbau tatsächlich beseitigt ist[81]). Um eine Beseitigung des Überbaues annehmen zu können, ist nicht immer erforderlich, daß von ihm gar nichts mehr auf fremdem Grunde übrig geblieben ist. Eine Beseitigung des auf fremdem Grund stehenden Überbaues ist vielmehr schon dann als eingetreten zu erachten, wenn seine Überbleibsel nach den Umständen keine selbständige wirtschaftliche Bedeutung mehr haben. Bei einem mit festen Grundmauern versehenen Gebäude wird eine Beseitigung des Überbaues regelmäßig insolange nicht angenommen werden können, als das Fundament noch im Boden steckt. Wenn aber der Bauherr seinen Neubau weiter zurücksetzt, hat das Fundament keine selbständige wirtschaftliche Bedeutung mehr; der Überbau ist als beseitigt zu erachten. Dasselbe gilt, wenn der Bauherr geraume Zeit überhaupt keine Anstalten zum Wiederaufbau trifft und infolge der Länge der Zeit die Oberfläche des Grundstücks mit dem Fundament sich gewissermaßen verwachsen hat. In solchen und ähnlichen Fällen kann man vom wirtschaftlichen Standpunkte aus einen Überbau im Sinne des Gesetzes als vorhanden nicht mehr annehmen; der wirtschaftliche Standpunkt ist aber hier der entscheidende; denn die §§ 912 ff. haben nur den Zweck, einer unwirtschaftlichen Zerstörung vorzubeugen[82]). Wenn nur ein Teil des

[79]) Wolff, Grenzüberbau 137.

[80]) Maenner 171.

[81]) Wolff 160; Turnau-Förster Bem. 2 zu § 914; Crome 289 Anm. 20.

[82]) Wie gestaltet sich das rechtliche Schicksal der Überbleibsel (des Fundamentes)? Sobald ein Überbau im Sinne des Gesetzes nicht mehr vorliegt, ist die Beeinträchtigung des Eigentums durch die Überbleibsel unzulässig; der Grundstückseigentümer kann die actio negatoria (§ 1004 BGB.) auf Beseitigung anstellen. Aus demselben Grunde muß der Eigentümer des Überbaues die übrigen Beeinträchtigungen des überbauten Grundstückes beseitigen, welche nach der Beseitigung des Überbaues noch vorhanden sind; so z. B. wenn durch Aufsaugung chemischer Abwässer der in dem Überbau betriebenen Fabrik der Boden für Ackerbau und Anpflanzungen unbrauchbar geworden ist, muß der ordnungsgemäße Zustand wieder hergestellt werden; dagegen besteht eine Schadenersatzpflicht nicht. Wolff, Grenzüberbau 160 gewährt dagegen einen Schadenersatzanspruch; der Überbauende dürfe wohl ein schädliches Gewerbe betreiben, müsse aber für den durch den Betrieb verursachten Schaden einstehen; nur mit dieser durch Treu und Glauben gebotenen Begrenzung dürfe

überbauten Grundes von dem Überbau befreit wird, so erlischt die Duldungspflicht eben nur teilweise[83]).

Der Grund der Beseitigung des Überbaues ist gleichgültig. Die Duldungspflicht erlischt, gleichviel ob der Überbau durch Naturgewalt oder freiwillige Handlung des Bauherrn oder eines Dritten beseitigt wurde, ja selbst wenn der zur Duldung Verpflichtete den Überbau rechtswidrig beseitigt hat; doch ist dieser zum Schadenersatz verpflechtet und muß daher den Zustand wieder herstellen, welcher bestehen würde, wenn die schuldhafte Beseitigung des Überbaues nicht eingetreten wäre[84]). Dies kann aber nur durch Bestellung einer Grunddienstbarkeit, welcher ein dem gesetzlichen Inhalt des Überbaurechtes entsprechender vertragsmäßiger Inhalt zu geben ist, geschehen; denn für den durch den Nachbar selbst ausgeführten Bau fehlt es an den gesetzlichen Voraussetzungen des § 912[85]).

Wird das überbaute Grundstück im Wege der Zwangsversteigerung veräußert, so muß der Überbau von dem Ansteigerer auch dann weiter geduldet werden, wenn die Überbaupflicht im Zwangsversteigerungsverfahren nicht angemeldet ist; denn die Überbaulast ist eine gesetzliche Eigentumsbeschränkung[86]).

Verpflichtet sich der Berechtigte zur Beseitigung des Überbaus, so wird hierdurch nur eine persönliche Verpflichtung begründet[87]). Soll

---

sein Recht auf Duldung des Überbaues verstanden werden. Diese Begründung dürfte unzulänglich sein. Der Schadenersatzanspruch setzt ein Verschulden voraus. Wer den Überbau wie ein Eigentümer benützt, handelt aber nicht schuldhaft, weil er hierzu, solange die Voraussetzungen des Überbaues gegeben sind, berechtigt ist. Vgl. Müller 100.

[83]) Wolff, Grenzüberbau 158. Hier wird zutreffend hervorgehoben, daß der Fall, in welchem nur ein Stockwerk des Überbaues abgetragen worden ist, auf die Duldungspflicht gar keinen Einfluß ausübt. Das Stockwerk kann wieder aufgesetzt und noch ein weiteres dazugefügt werden. Wenn der Besitzer eines Gebäudes, dessen Dachvorsprung in den Luftraum des Nachbars hinüberragt, seinem Haus ein Stockwerk aufsetzt, so muß der Nachbar den Dachvorsprung des höher gesetzten Daches dulden. Zwar könnte man sagen, daß mit der Beseitigung des ursprünglichen Dachvorsprungs der Überbau vollständig beseitigt und damit die Duldungspflicht endgültig erloschen sei. Allein diese Annahme widerspricht der ratio legis, die auf Erhaltung wirtschaftlicher Werte gerichtet ist. Das Haus, dessen Traufwand dicht an der Grenze steht, kann ohne Ausladung des Daches in den Luftraum des Nachbars nicht bestehen. Der Hauseigentümer ist deshalb berechtigt, den Dachvorsprung an der alten Stelle wieder zu überbauen; dann darf er dies aber auch ein Stockwerk höher tun, weil hierdurch der Nachbar sogar noch weniger belästigt wird (§§ 905, 226).

[84]) Wolff, Grenzüberbau 158. Diese Verpflichtung ist eine persönliche, geht also auf den Singularrechtsnachfolger nicht über. Wolff 159.

[85]) S. oben I, 3.

[86]) Vgl. RGKomm. Bem. 10 zu § 912.

[87]) Hat der Versprechende das Versprechen der Beseitigung deshalb gegeben, weil er sich irrtümlicherweise zur Beseitigung für verpflichtet hielt, so kann ihm unter Umständen mit § 812 geholfen werden.

durch Rechtsgeschäft die dingliche Befreiung von der Pflicht zur Duldung des Überbaus, die eine gesetzliche Eigentumsbeschränkung darstellt, begründet werden, so ist die Bestellung einer Grunddienstbarkeit erforderlich[88]). Trotz eines (formlosen) Versprechens des Berechtigten, den Überbau zu beseitigen, besteht also die dingliche Duldungspflicht des Nachbars bis zur Beseitigung weiter. Wenn also der Versprechende vor Beseitigung des Überbaus sein Haus verkauft, kann der Käufer die Duldung des Überbaus beanspruchen.

III. Entschädigung des Grundeigentümers.

1. Der Nachbar, welcher den Überbau zu dulden hat, ist durch eine Rente zu entschädigen (§ 912 Abs. 2 BGB.). Ist durch das Überbauen der Tatbestand einer unerlaubten Handlung nach § 823 Abs. 1 erfüllt, so steht dem Nachbar neben dem Retenanspruch Anspruch auf Ersatz des durch die Rentenpflicht nicht ausgeglichenen Schadens zu[89]).

Die Rente hat die Natur einer gesetzlichen, allen anderen, auch den älteren Lasten vorgehenden Belastung (§ 914 Abs. 1 BGB.). Die Rentenpflicht ist Eigentumsbeschränkung des Gebäudegrundstücks, das Rentenrecht Eigentumsinhalt des überbauten Grundstücks[90]). Die Rente ist nicht als Schadenersatz für die Grenzüberschreitung, überhaupt nicht als Schadenersatz, sondern als Wertersatz für die Entziehung der überbauten Fläche anzusehen[91]). Bei der Zwangsversteigerung bleibt die Rente auch dann bestehen, wenn sie bei der Feststellung des geringsten Gebots nicht berücksichtigt wurde (§ 52 Abs. 2 ZVG.)[92]).

Voraussetzung des Rentenanspruches ist, daß der Eigentümer des überbauten Grundstücks verpflichtet ist, den Überbau zu dulden[93]).

---

[88]) S. unten § 32.

[89]) RG. 65, 73. Das kann praktisch werden, wenn die Grenze zwar nicht grobfahrlässig, aber doch fahrlässig überschritten wurde. Der Schadenersatzanspruch kann aber natürlich nicht auf Wiederherstellung des früheren Zustandes (Beseitigung) gehen, da dies durch § 912 ausgeschlossen ist.

[90]) S. unten S. 304.

[91]) RG. 74, 90. Da die Rente kein Schadenersatz ist, kann der Rentenpflichtige sich auf § 254 (konkurrierendes Verschulden des Eigentümers des überbauten Grundstücks) nicht berufen.

[92]) Der Rentenberechtigte kann wegen der laufenden und der aus den letzten zwei Jahren rückständigen Rente in der vierten Klasse an erster Stelle Befriedigung verlangen, wegen älterer Rückstände in der achten Klasse an erster Stelle (§ 10 ZVG. mit § 914 Abs. 1 BGB.), Dernburg 284 Anm. 12. Wegen der Zwangsvollstreckung in das rentenberechtigte Grundstück s. § 148 Abs. 1 ZVG.

[93]) Der Anspruch auf Rente entfällt, wenn die Duldung freiwillig, vertraglich übernommen ist (Wolff 138; Recht 10 Nr. 3925, dagegen Cosack 2, 157 Anm. 2), vorausgesetzt natürlich, daß für den Eigentümer des überbauten Grundstücks dieser Vertrag bindend ist.

Das ist insbesondere dann nicht der Fall, wenn er gegen die Grenzüberschreitung rechtzeitig Widerspruch erhoben hat. Doch kann in der Einforderung der Rente ein Verzicht auf den Beseitigungsanspruch je nach den Umständen für Zeit oder für immer gefunden werden. Ein solcher Verzicht ist obligatorisch, nicht aber dinglich, auch ohne Form wirksam[94]. Wird die Überschreitung der Grenze erst nachträglich entdeckt, so kann die Rente doch von dem Zeitpunkt der Grenzüberschreitung an gefordert werden[95].

2. Der Anspruch auf die Rente steht demjenigen zu, dessen Rechte durch den Überbau beeinträchtigt werden; das ist der jeweilige Eigentümer des überbauten Grundstückes (§ 913 BGB.). Entsprechende Rechte räumt § 916 BGB. demjenigen ein, dessen Erbbaurecht oder Dienstbarkeit von dem Nachbargrundstücke durch den Überbau beeinträchtigt ist. Weitere Realberechtigte kommen nicht in Betracht, da für diese, insbesondere für die Pfandgläubiger, die durch den Überbau herbeigeführte Beeinträchtigung durch die mit der Duldungspflicht verbundene Rente, welche ihnen an Stelle der überbauten Fläche haftet, ausgeglichen wird (§§ 96, 1107, 1126, 1192, 1200 BGB.)[96].

Das Rentenrecht selbst kann nicht von dem Eigentum an dem überbauten Grundstücke getrennt werden, da es zum Inhalt dieses Eigentums gehört (§ 914 Abs. 3 mit § 1110 BGB.). Dies steht jedoch einer Abtretung oder Pfändung des Anspruchs auf die einzelne Rente nicht entgegen.

Der Miteigentümer kann die Ansprüche aus dem Rentenrechte in Ansehung der ganzen Sache geltend machen, den auf Befriedigung nur in Gemäßheit des § 432 BGB.[97]. Auf das Rentenrecht und die Rentenpflicht finden, obwohl es sich nicht um ein selbständiges Recht bzw. eine selbständige Last handelt, die Vorschriften Anwendung, die für eine zugunsten des jeweiligen Eigentümers eines Grundstücks bestehende Reallast gelten (§ 914 Abs. 3).

Wird das Grundstück, auf welchem der Überbau steht, geteilt, so ist

---

Ist aber die Erlaubnis zum Überbau an eine Bedingung oder Voraussetzung geknüpft, so besteht das Rentenrecht, wenn die Bedingung oder Voraussetzung nicht eintritt (RG. 74, 87), s. oben S. 290 Anm. 54.

[94]) Wolff, Grenzüberbau 139. Anders bei Kommunmauern s. oben S. 289.

[95]) Maenner 170.

[96]) Die Hypothekengläubiger beider Grundstücke aber haben ein Interesse an der Feststellung der gesetzlichen Rentenhöhe; es ist ihnen deshalb ein Klagerecht auf diese Feststellung einzuräumen (Turnau-Förster Bem. 2; RGKomm. Bem. 2 zu § 913; vgl. Mot. 3, 286; Prot. 3, 136).

[97]) Wolff, Grenzüberbau 139.

nur der Eigentümer jenes Teiles rentenberechtigt, auf welchem sich der Überbau befindet[98]) (§ 1109 Abs. 3 BGB.).

Der Rentenanspruch steht dem Berechtigten auch dann zu, wenn er den Widerspruch gegen die Grenzüberschreitung absichtlich unterließ[99]).

3. Schuldner der Rente ist der Eigentümer des Überbaues.

Der Eigentümer haftet für die während der Dauer seines Eigentums fälligen Leistungen auch persönlich (§ 914 Abs. 3 mit § 1108 BGB.). Der Besitznachfolger haftet für die Rückstände des Vorbesitzers dinglich (§ 914 Abs. 3 mit §§ 1107, 1113 ff. BGB.).

Wird das Grundstück, zu welchem der Überbau gehört, geteilt, so bleiben nach § 914 Abs. 3, § 1108 Abs. 2 alle Teileigentümer für die Entrichtung der Rente als Gesamtschuldner verhaftet. Der ausdrücklichen Anordnung des Gesetzgebers muß sich die Auslegung um so mehr fügen, als die Realgläubiger des rentenberechtigten Grundstücks ein Anrecht auf die Haftung des ganzen Grundstücks für die Rente haben[100]).

4. Für die Höhe der Rente ist die Zeit der Grenzüberschreitung[101]) maßgebend (§ 912 Abs. 2 BGB.). Eine spätere Veränderung der Umstände, insbesondere ein Steigen oder Sinken des Grundwertes oder Geldwertes hat deshalb auf die Höhe der Rente keinen Einfluß. Für die Festsetzung der Rentenhöhe ist die Größe des durch den Überbau herbeigeführten Schadens maßgebend. Hierfür ist auch damit zu rechnen, daß der Überbau jederzeit erhöht werden kann. Die Höhe des Entschädigungsanspruches ist beim Vorhandensein mehrerer Berechtigter für jeden einzelnen Berechtigten nach Maßgabe der widerfahrenen Beeinträchtigung selbständig festzusetzen. Die mehreren Rentenberechtigten (vgl. § 916 BGB.) werden in Ansehung der Höhe des Entschädigungsanspruches weder durch die von anderer Seite abgeschlossenen Rechtsgeschäfte, noch durch die unter anderen Personen ergehenden Urteile gebunden und können für die künftige Duldung die Festsetzung eines angemessenen Betrages verlangen[102]).

---

98) Unbestritten, vgl. Staudinger Bem. 4, RGKomm. Bem. 6 zu § 914.

99) Wolff, Grenzüberbau 141.

100) RGKomm. Bem. 6; Planck Bem. 3 zu § 914; Turnau-Förster Bem. IV zu § 912; Goldmann-Lilienthal 53 Anm. 24; Güthe 1777. A. M. dagegen (nur für Rentenpflicht des überbauten Teils) die 2. Aufl. des bayr. Nachbarr., ferner Staudinger; Kretzschmar Bem. 5; Oberneck 644; Fuchs 205d; Biermann Bem. zu § 914; Maenner 171; Wolff, Grenzüberbau 141; Kretzschmar im SächsArch. 12, 426.

101) M. 3, 286 (Mugdan 3, 158); Recht 1913 Nr. 1298 (Stuttgart).

102) Wird die Grenzüberschreitung erst später entdeckt, so kann der Rentenanspruch auch für die Zeit vor der Entdeckung geltend gemacht werden (Wolff, Grenzüberbau 144), soweit er nicht verjährt ist.

Die Feststellung der Höhe ist zunächst der Vereinbarung der Beteiligten anheimgestellt. Eine solche Vereinbarung erzeugt, wenn formlos abgeschlossen, eine nur obligatorische Wirkung zwischen den Beteiligten. Dasselbe gilt von einer Vereinbarung über einen Erlaß der Rente. Dagegen wird zu einer vertragsmäßigen Feststellung der Rentenhöhe mit dinglicher Wirkung und ebenso zu einem Verzicht auf die Rente mit dinglicher Wirkung bis zu dem Zeitpunkt, in welchem das Grundbuch als angelegt anzusehen ist, notarielle Verlautbarung nach Art. 14 des NotG.[103]) und von da ab Eintragung im Grundbuch erfordert (§ 914 Abs. 2 BGB.).

Über die grundbuchrechtlichen Fragen s. unten VI.

Kommt es zu keiner vertraglichen Einigung über die Höhe der Rente, so muß die gesetzliche Höhe durch Urteil festgestellt werden. Diese richterliche Feststellung hat natürlich die Wirkung eines rechtskräftigen Urteils (§§ 325, 265, 266 GBO.), wirkt also nur zwischen den Parteien, ihren allgemeinen Rechtsnachfolgern und den bösgläubigen Sondernachfolgern.

5. Verfallzeit der Rente. Die Rente verfällt jährlich (§ 913 Abs. 2 BGB.). Das Jahr ist vom Zeitpunkte der Grenzüberschreitung[104]) zu rechnen[105]).

Die Rente ist im voraus zu entrichten (§ 913 BGB.). Verzug in der Zahlung der Rente hat nicht zur Folge, daß der Rentenberechtigte die Beseitigung des Überbaues verlangen kann[106]).

Verzugszinsen können nicht beansprucht werden (§ 914 Abs. 3 mit §§ 1107, 289 BGB.).

Ansprüche auf Rückstände verjähren in vier Jahren (§ 197 BGB.) vom Schlusse des Kalenderjahres ab, in welchem der Anspruch fällig geworden ist (§ 201 BGB.)[107]).

6. Das Rentenrecht erlischt mit der Beseitigung[108]) des Überbaus.

Die Rente wird nicht in das Grundbuch eingetragen (§ 914 Abs. 2 BGB.)[109]).

Das Recht auf die Rente bleibt auch bestehen, wenn es bei der Festsetzung des geringsten Gebotes im Zwangsversteigerungsverfahren

---

[103]) Art. 14 des NotG. gilt bis zu diesem Zeitpunkte gemäß Art. 177 AG., 189 EG.

[104]) S. oben I, 5.

[105]) Dernburg 284.

[106]) S. oben II.

[107]) Recht 1913 Nr. 1292 (Stuttgart).

[108]) S. oben II.

[109]) Abgesehen von einer vertragsmäßigen Feststellung der Rente; s. oben III 4 und unten VI. Vgl. Dienstanw. f. d. Grundb. r. d. R. § 123 Z. 1.

nicht berücksichtigt worden ist (§ 52 Abs. 2 ZVO.), das Recht auf die rückständigen Renten jedoch nur mit der Beschränkung des § 10 Nr. 4 ZVO.[110]). Bei Konkurrenz mehrerer Überbaurenten oder einer Notwegsrente mit einer Überbaurente geht die ältere der jüngeren vor[111]). Da das Rentenrecht zum Inhalt des Eigentums gehört, ist es begrifflich unverjährbar[112]).

IV. Recht des Grundeigentümers auf Kapitalabfindung gegen Abtretung der überbauten Fläche.

Der rentenberechtigte Grundeigentümer[113]) kann nach § 914 BGB. jederzeit verlangen, daß ihm der Rentenpflichtige gegen Übertragung des Eigentums an dem überbauten Teile des Grundstücks den Wert ersetzt, den dieser Teil zur Zeit der Grenzüberschreitung gehabt hat (§ 915 BGB.), sofern es der Eigentümer des Überbaues nicht vorzieht, den Überbau zu beseitigen[114]). Nur dem Rentenberechtigten ist dieses Recht eingeräumt; dem Rentenpflichtigen steht daher die Befugnis nicht zu, seinerseits die Übereignung der überbauten Grundfläche zu verlangen.

Für die Höhe des Wertersatzes ist der Kapitalstock der Rente, welche sich nach Maßgabe der oben (III, 4) vorgetragenen Grundsätze ergibt, zu berechnen, wobei der zur Zeit der Grenzüberschreitung landesübliche Zinsfuß zugrunde zu legen ist. Die bezahlten Rentenbeträge kommen für die Kapitalabfindung nicht in Anrechnung. Selbstverständlich können aber neben den bezogenen Renten nicht noch Zinsen von dem Übernahmekapital gefordert werden[115]).

Die Geltendmachung des Rechts erfolgt durch eine empfangsbedürftige[116]) Willenserklärung der Berechtigten. Sie kann bedingt und befristet erfolgen. Es ist nicht erforderlich, daß sich hierbei der Berechtigte ausdrücklich zur Übereignung der Grundfläche er-

[110]) Turnau-Förster zu § 916.

[111]) Herrsch. Meinung. Staudinger Bem. 1c; Planck Bem. 1; RGKomm. Bem. 1 zu § 914. A. M. nur noch Wolff 145 und Kretzschmar Bem. 1 zu § 914.

[112]) Diese herrsch. Meinung schließt die Verjährung deshalb aus, weil der Rentenanspruch stets neu entsteht. Dagegen wird von Goldmann-Lilienthal 55 Anm. 36 mit Recht darauf hingewiesen, daß diese Begründung auf alle Ansprüche aus dinglichen Rechten passe und doch auch diese grundsätzlich der Verjährung unterliegen.

[113]) Und nur der Eigentümer, nicht etwa auch der Erbbau- oder Dienstbarkeitsberechtigte. Wolff, Grenzüberbau 165. Jeder Miteigentümer kann das Recht aus § 915 allein geltend machen. Wolff, Grenzüberbau 166.

[114]) S. dagegen Wolff, Grenzüberbau 166 u. 168.

[115]) Turnau-Förster Bem. zu § 915.

[116]) Daher ist § 130 BGB. anzuwenden. Gegner der Willenserklärung ist der Rentenpflichtige. Ist ein solcher zur Zeit nicht vorhanden, so muß ein Grundstücksvertreter nach §§ 58, 787 ZPO. bestellt werden. Wolff, Grenzüberbau 167.

bietet. Es genügt, wenn sich diese Willensmeinung aus den Umständen ergibt.

Das Verlangen auf Grundabnahme ist nicht etwa als Antrag zum Abschluß eines Kaufvertrages anzusehen, den der Rentenpflichtige anzunehmen gezwungen sei[117]). Vielmehr tritt an Stelle der vertraglichen Einigung das einseitige Grundabnahmebegehren des Rentenberechtigten als (unselbständiges) Gestaltungsrecht[118]). Mit der Ausübung dieses Rechts ist der Zustand geschaffen, der vorläge, wenn die Nachbarn einen Kaufvertrag über die überbaute Fläche geschlossen hätten. Zur Erfüllung dienen dann, wie nach abgeschlossenem Kauf, Auflassung und Eintragung[119]). Der Berechtigte hat das Eigentum frei von Lasten zu übertragen (§§ 433, 434 BGB.)[120]). und kann nur Zug um Zug gegen eine solche Überlassung Zahlung der Kapitalabfindung verlangen. Für die Zeit bis zur Übertragung des Eigentums ist die Rente fortzuentrichten (§ 915 Abs. 2 BGB.), soferne nicht der Werterſatz bezahlt ist[121]). § 439 BGB. wonach der Verkäufer einen Mangel im Rechte nicht zu vertreten hat, wenn der Käufer den Mangel beim Abschlusse des Kaufes kennt, kann nicht angewendet werden, weil § 439 BGB. voraussetzt, daß der Käufer in der Lage war, beim Abschlusse des Kaufes die Beseitigung des ihm bekannten Mangels auszubedingen, was hier nicht zutrifft[122]).

Der Anspruch auf die Kapitalabfindung ist der Verjährung entzogen (§ 924 BGB.); der Anspruch auf Leistung der festgestellten Kapitalabfindung unterliegt der Verjährung.

V. Zeitliche Statutenkollision.

Die Frage, ob die Bestimmungen des BGB. über den Überbau auch dann gelten, wenn der Überbau schon vor dem 1. Januar 1900 ausgeführt worden ist, ist bestritten. Nach der einen Meinung ist das schlechtweg ausgeschlossen[123]), nach einer anderen Meinung treten diese Bestimmungen erst dann in Kraft, wenn und sobald das Grundbuch

---

117) Planck Bem. 3; RGKomm. Bem. 3; Kretzschmar Bem. 2 zu § 915; Crome 291, und vor allem Wolff, Sachenrechte 165 und Grenzüberbau 169. Es ist daher unrichtig von einem Kontrahierungszwang zu sprechen, wie dies mehr oder minder bestimmt geschieht von Staudinger Bem. 2b zu § 915; Biermann Bem. zu § 915; Müller 102; Fuchs 204; auch 2. Aufl. bayr. Nachbarr.

118) Wolff, Sachenrecht 165.

119) Man kann daher nicht, wie Biermann Bem. zu § 915 von einer besonderen Verpflichtung zu Entgegennahme der Auflassung sprechen. Diese Verpflichtung besteht ebenso und nicht anders wie nach jedem obligatorischen Kaufgeschäft.

120) Vgl. Art. 120 EG. über die Ausstellung der sog. Unschädlichkeitsatteste.

121) Wolff, Grenzüberbau 186.

122) Wolff, Grenzüberbau 179.

123) Gruchot, Beiträge 44, 21.

als angelegt anzusehen ist[124]), nach einer dritten Meinung sind diese Vorschriften ohne weiteres sofort mit dem Inkrafttreten des BGB. anzuwenden, auch wenn der Überbau schon vorher errichtet wurde [125]). Der letzten herrschenden Meinung ist der Vorzug zu geben. Ausschlaggebend ist, daß die §§ 912 ff. BGB. dem Eigentümer kein Recht verleihen, über die Grenze zu bauen, sondern nur den Nachbar verpflichten, den Überbau zu dulden, obwohl er einen rechtswidrigen Zustand darstellt. Es handelt sich also um eine Beschränkung des Eigentums; darüber, was der Eigentümer auf Grund seines Eigentums jetzt tun oder lassen muß, können nur die jetzt geltenden Vorschriften entscheiden. Deshalb, weil einzelne Bestimmungen über das Überbaurecht erst durchzuführen sind, wenn das Grundbuch als angelegt anzusehen ist, folgt nur, daß diese Vorschriften, welche nur den Vollzug, nicht die Voraussetzungen des Überbaurechtes regeln, vorerst nicht angewendet werden konnten[126]).

Es stellt keine Ausnahme von diesem Grundsatze dar, daß in jenen Fällen das neue Recht keine Anwendung findet, in welchen der Überbauende durch den Überbau schon vor dem 1. Januar 1900 auf Grund des bisherigen Rechts das Eigentum an der überbauten Fläche erlangt hatte[127]). Denn hier fehlt es an der ersten Voraussetzung der §§ 912 ff. BGB., daß das Eigentum an der überbauten Fläche dem Gebäudeeigentümer nicht zusteht[128]).

Für die Bemessung der Überbaurente ist nicht die Zeit der Grenzüberschreitung, sondern die des Inkrafttretens des BGB. maßgebend, weil erst mit diesem Zeitpunkt die Duldungspflicht und somit der Rentenanspruch entstanden ist[129]). Daraus folgt auch, daß für die Zeit vor dem 1. Januar 1900 unter keinen Umständen eine Rente beansprucht werden kann.

VI. Konstruktion und grundbuchliche Behandlung der Rechte aus dem Überbau.

Die im volkswirtschaftlichen Interesse dem Eigentümer des überbauten Grundstückes auferlegte Duldungspflicht ist gesetzlich eine Eigen-

[124]) Maenner 1. Aufl. 126, während es in der 2. Aufl. 168 dahingestellt bleibt, und dagegen Wolff, Grenzüberbau 192.

[125]) Habicht, Einwirkung 379; Wolff, Grenzüberbau 189; Niedner, Anm. 3b α zu Art. 181; JW. 1900, 561 u. 891; JW. 1900 Beil. 16; RG. 46, 143; 47, 115; 52, 16. Selbst dann gilt das neue Recht, wenn rechtskräftiges Urteil auf Beseitigung des Überbaues vorliegt. Gegen ein solches Urteil kann die Vollstreckungsklage (§ 767 ZPO.) erhoben werden. Wolff, Grenzüberbau 191; Habicht, Einwirkung 379.

[126]) Wolff, Grenzüberbau 192.

[127]) Vgl. ALR: Tl. I Tit. 9 § 341; Württemb. BauO. Art. 72.

[128]) RG. 46, 143; 47, 115; 52, 16.

[129]) Wolff, Grenzüberbau 191.

tumsbeschränkung; der Inhalt des Eigentums am duldenden Grundstück wird dadurch eingeengt, daß dem Eigentümer die Ausschließungsbefugnis gegenüber dem Bau genommen und das „nach Belieben Verfahren" mit dem überbauten Teil seiner Grundfläche beschränkt ist. Entsprechend ist der Eigentumsinhalt am Baugrundstück dahin erweitert, daß ihm gewisse Herrschaftsrechte aus dem Kreis des Nachbareigentums hinzugefügt sind. Es hat also im Interesse des nachbarlichen Ausgleichs eine von § 903 abweichende Verteilung des Eigentumsinhalts stattgefunden, das Kennzeichen echter Eigentumsbeschränkung[130]).

Andererseits hat das Gesetz dem Duldungspflichtigen als Ersatz für den Verlust der actio negatoria das Rentenbezugsrecht gewährt; dieses ist Inhalt des Eigentums, wie es die Ausschließungsbefugnis sein würde, es bildet den gesetzlichen Ersatz für die Duldungspflicht. Dementsprechend ist das — zunächst um das Einwirkungsrecht auf den nachbarlichen Baugrund erweiterte — Eigentum des Überbauenden dahin eingeengt, daß ihm zugleich mit diesem Einwirkungsrecht eine Rentenpflicht zufällt. Kurz gesagt, das Eigentum des Überbauers ist inhaltlich erweitert um das Recht zum Halten des Baues und zugleich eingeschränkt durch die Rentenpflicht, das Eigentum des Überbaubelasteten ist inhaltlich beschränkt durch die Duldungspflicht und zugleich erweitert um das Rentenbezugsrecht.

Daß es sich um echte Eigentumsbeschränkungen handelt, zeigt außer der Einfügung des § 912 in die Vorschriften über den Eigentumsinhalt vor allem die sonst unerklärliche Tatsache, daß die Überbaurente der Grundbucheintragung entzogen ist. Hätte man sich die Duldungspflicht als Grunddienstbarkeit, die Rentenpflicht als Reallast gedacht, so hätte man entsprechende Rechte mit gesetzlichem Tatbestand geschaffen und schaffen müssen. Weil die Überbaurentenpflicht nicht als „gesetzliche Reallast" gedacht wurde, war es nötig, in § 914 Abs. 3 die Anwendung der Vorschriften über Reallasten anzuordnen. Das hatte nur Sinn, wenn die Rentenpflicht eine Reallast an sich nicht ist. Die Heranziehung dieser Vorschriften hat nun aber zur Anwendung von Gedanken aus dem Bereich der — dem BGB. fremden — Legalservitut verleitet. Bei der Überbaubelastung sprechen die Motive von einer gesetzlichen Duldungspflicht[131]), der als Kehrseite „ein grunddienstbarkeitartiges Recht" des Nachbarn entspreche[132]). Zweifellos würde sich der Inhalt der Duldungspflicht an sich auch als Inhalt einer Grunddienstbarkeit eignen; das ist aber bei allen nachbar-

[130]) Gierke 418.
[131]) Mot. 3, 283.
[132]) Mot. 3, 285.

lichen Eigentumsbeschränkungen auf Duldung oder Unterlassung der Fall und verdiente keine besondere Hervorhebung. Indes ist diese immerhin nebensächliche Bemerkung der Motive Angelpunkt einer für die Ausgestaltung des Überbaurechtes schiefen Auffassung der Rechtslehre und Rechtsprechung geworden[133]. Das „Grunddienstbarkeitsartige" der Duldungspflicht wurde so stark betont, daß geradezu Normen aus dem Bereich der Belastungen auf sie angewandt wurden. Auf diese Weise wurde sie in eine echte Legalservitut und die Rentenpflicht in eine gesetzliche Reallast umgewandelt.

Im Gegensatz hierzu ist das folgerichtige Festhalten an den hier festgelegten konstruktiven Grundlagen wichtig, einmal für die analoge Anwendung der Überbaunormen[134]) und dann für ihre grundbuchliche Behandlung. Hier gibt es eine Fülle von Ansichten. Zwar, daß die Rentenpflicht nicht eintragungsfähig ist, sagt das Gesetz mit klaren Worten (§ 914 Abs. 2 S. 1) und darüber herrscht denn auch füglich kein Streit[135]). Auch daß die Duldungspflicht als gesetzliche Eigentumsbeschränkung keine Eintragung verträgt, darf als herrschende Ansicht bezeichnet werden[136]). Dagegen weichen die Meinungen stark unter-

[133]) Eigenartig hat sich die Rechtsprechung des RG. entwickelt. Zunächst ist das Wesen der Duldungspflicht als Inhalt des Eigentums richtig betont in den oben S. 304 Anm. 125 genannten Entscheidungen, die die zeitliche Geltung der §§ 912 ff. regeln. Dann folgt die unten zu VII noch näher zu erörternde Entscheidung 65, 361 ff., in der die Duldungspflicht als „grunddienstbarkeitsartiges Rechtsverhältnis" erklärt wird und durch welche der § 912 als „Ausnahme von der Regel des § 873 Abs. 1 betr. die Belastung (!) von Grundstücken" hingestellt wird. Dieser Entscheidung schließt sich noch RG. 72, 272 an und der größte Teil der Rechtslehre, RGKomm. Bem. 10; Biermann Bem. 2 zu § 912; Güthe 1776; Goldmann-Lilienthal 52 Nr. 3a; Planck Vorbem. 3 vor § 912; Dernburg 283 Nr. 2. Von einer gesetzlichen Grunddienstbarkeit hatte Wolff, Grenzüberbau 132 Anm. 8 gesprochen (ebenso Boethke bei Gruchot 45, 722); er hat diese Ansicht aber in seinem Sachenrecht 164 ausdrücklich aufgegeben. Müller 97 spricht von einer notwendigen Servitut"; Oberneck hält auf 643c die Duldungspflicht für ein Grunddienstbarkeitsverhältnis, auf S. 645 für eine gesetzliche Eigentumsbeschränkung. Die richtige Ansicht vertreten Gierke 435; Endemann 480; Wolff, Sachenrecht 164; OLG. 10, 109 (Celle).

Die Rentenpflicht erklären als gesetzliche Reallast: Staudinger Bem. 1; Turnau-Förster Bem. 3 zu § 914; Goldmann-Lilienthal 53c; Planck Vorbem. 3 vor § 912; Crome 289d; von „reallastähnlichem Recht" sprechen Oberneck 644 und Boethke a. a. O. 724. Richtig („Korrelat der Eigentumsbeschränkung"); Gierke 436; Wolff, Sachenrecht 165 Nr. 18, 149 Nr. 10.

[134]) Hierüber unten zu Nr. VII.

[135]) DAnw. § 123 Ziff. 1, vgl. z. B. Güthe 1777, Fuchs 204 IIa; Henle-Schmitt Anm. 2 I 1 b zu § 18 GBO.

[136]) Staudinger Bem. II A 1; Turnau-Förster Bem. 1; RGKomm. Bem. 10; Kretzschmar Bem. II zu § 912; Planck Bem. 2 zu § 914; Crome 289 Anm. 19; Fuchs 204, 1 b; Güthe Bd. I 1776, Bd. II 200 Bem. 21; Predari 72 A; abw. nur Dernburg 283 g; Oberneck 643 Anm. 19; Goldmann-Lilienthal 52 Anm. 20, die die Eintragung für zulässig halten, vgl. auch Wolff, Sachenrecht 164.

einander ab über Art und Ort der Grundbucheintragung bei den Rechtsvorgängen, die das Gesetz als eintragungsfähig und -pflichtig bezeichnet hat: vertragliche Abänderung der gesetzlichen Rentenhöhe und Verzicht auf das Rentenrecht.

Hierbei ist folgendes zu erwägen: Die Rentenpflicht in gesetzlicher Höhe (z. B. 1000 Mk.) ist Inhalt des Eigentums am Grundstück des Überbauenden. Ändern nun die Parteien die gesetzliche Höhe ab, so bedeutet die Herabsetzung der Rente (auf 500 Mk.), daß auf dem rentenberechtigten Grundstück die Ausübung des gesetzlichen Rentenrechts (in Höhe von 1000 Mk.) ausgeschlossen ist: es wird also auf dem rentenberechtigten Grundstück zugunsten des rentenpflichtigen eine Grunddienstbarkeit bestellt (§ 1018 Fall 3). Die Erhöhung der Rente (auf 1500 Mk.) schließt zwar auch die Ausübung des gesetzlichen Rentenrechts (i. H. von 1000 Mk.) aus; das bedeutet aber für das rentenpflichtige Grundstück keine Grunddienstbarkeit — servitus fundo utilis esse debet (§ 1019 BGB.) — da es nur höher beschwert wird. Vielmehr stellt sich die vertragliche Erhöhung der Rente als Bestellung einer Reallast (Grunddienstbarkeit ist ausgeschlossen: servitus in faciendo consistere nequit) zugunsten des rentenberechtigten Grundstücks dar. Der Verzicht auf das Rentenrecht endlich — der Ausdruck ist vom Gesetz schlecht gewählt und bedeutet einen Rückfall in die Lehre von der Legalservitut — ist keine Aufgabe eines besonderen Rechtes am Grundstück gemäß § 875 BGB., sondern der vertragsmäßige Ausschluß eines gesetzlichen Nachbarrechts (§ 1018 Fall 3); er enthält also die Bestellung einer Grunddienstbarkeit am überbauten Grundstück[137]).

Hieraus folgt für die Eintragung im Grundbuch: Die Herabsetzung der gesetzlichen Rente erfolgt durch Bestellung einer Grunddienstbarkeit, die in Abt. II des rentenberechtigten Grundstücks eingetragen wird (§ 365 Ziff. 5 DAAnw.). („Die gesetzliche Überbaurente ist durch Vertrag auf 500 Mk. herabgesetzt"). Die Zustimmung der Realberechtigten des rentenberechtigten Grundstückes ist gemäß § 876 BGB. erforderlich, da der Gegenstand der Haftung verringert wird[138]). Die Eintragung auf dem rentenpflichtigen Grundstück ist gemäß § 8 GBO.

[137]) Daß umgekehrt die nachbarliche Duldungspflicht durch Bestellung einer Grunddienstbarkeit am Grundstück des Überbauenden ausgeschlossen werden kann, ist selbstverständlich: Wolff, Sachenrecht a. a. O.

[138]) Fuchs 204; Güthe 1777; Goldmann-Lilienthal 54 d; RGKomm. Bem. 5 zu § 914. Die Zustimmung der Realberechtigten beider Grundstücke erfordern Turnau Förster Bem. 3; Kretzschmar Bem. 4 b zu § 914; Planck Bem. 2a zu § 914 verlangt in jedem Fall vertraglicher Änderung die Zustimmung der am rentenpflichtigen Grundstück Berechtigten.

in Nr. II des Bestandverzeichnisses zulässig und wegen § 21 der GBO. empfehlenswert.

Die Erhöhung der Rente ist als Reallast in Abt. II des rentenpflichtigen Grundstücks (evtl. gemäß § 8 GBO. auch auf dem rentenberechtigten Grundstück) einzutragen (§ 365 Ziff. 5 DAnw.) („Eine vertraglich auf 1500 Mk. festgesetzte Überbaurente"). Der Zustimmung der Realberechtigten des belasteten Grundstücks bedarf es nur, wenn dem die gesetzliche Rentenhöhe übersteigenden Betrag der dieser zustehende Vorrang vor allen Rechten eingeräumt werden soll[139]) (§ 880).

Praktisch wird die Handhabung dieser Regeln im Einzelfall für den Grundbuchrichter schier unmöglich sein; denn ihm wird die sachliche Prüfung der Frage zugemutet, ob die vertragliche Rentenfestsetzung eine Erhöhung oder Verringerung der gesetzlichen Rente enthält; je nach Ausfall dieser Prüfung wird die Eintragsbewilligung bald vom Eigenütmer des rentenberechtigten, bald von dem des rentenpflichtigen Grundstücks einzuholen sein, wird ferner die Zustimmung der Realgläubiger des berechtigten Grundstücks erforderlich werden und, wenn der Vorrang für die Rente in ganzer Höhe verlangt wird, auch die der Realberechtigten des rentenpflichtigen Grundstücks. Der Grundbuchrichter kann der Schwierigkeit der Prüfung ausweichen, indem er in jedem Fall die vereinbarte Rentenhöhe auf beiden Grundstücken einträgt, wobei er bei der Eintragung auf dem berechtigten Grundstück eine Verringerung der gesetzlichen Rentenhöhe bei der Eintragung auf dem belasteten Grundstücke eine Erhöhung der gesetzlichen Rentenhöhe stillschweigend als möglich unterstellt. Im Eintrag schreibt er weder „Erhöhung" noch „Ermäßigung", sondern „Festsetzung".

Der Verzicht auf die Rente ist als Begründung einer Grunddienstbarkeit aus § 1018 Fall 3 am rentenberechtigten Grundstück dort in Abt. II einzutragen[140]), die Zustimmung des Realberechtigten dieses Grundstückes ist erforderlich[141]). Die Eintragung in Nr. II des Bestandverzeichnisses des rentenfreien Grundstücks ist gemäß § 8 GBO. zulässig[142]).

---

[139]) Fuchs a. a. O.; RGKomm. a. a. O.; Goldmann-Lilienthal 54 Anm. 34; Güthe 1777; abw. Crome 291 Anm. 34, der diese Zustimmung überhaupt nicht erfordert.

[140]) Ebenso: Fuchs 205; Güthe Bem. 5, 593; Fischer-Henle Bem. 3 zu § 914. Dagegen verlangt die herrschende Meinung Eintragung auf dem von der Rentenpflicht befreiten Grundstück, vgl. Planck Bem. 2b; RGKomm. Bem. 4 zu § 914; Predari Bem. 2 zu § 8. Die Eintragung auf beiden Grundbuchblättern soll nötig sein nach Goldmann-Lilienthal 53 Nr. 29.

[141]) Herrschende Meinung: RGKomm. Bem. 4; Planck Bem. 2b; Turnau-Förster Bem. 5; Kretzschmar Bem. 4a zu § 914; Fuchs a. a. O.; Goldmann-Lilienthal 54 Anm. 32.

[142]) Umgekehrt wird von Turnau-Förster Bem. 5 zu § 914 Eintragung auf dem

VII. Analoge Anwendung der Überbauvorschriften.

Die §§ 912 ff. beschränken zum Zweck der Erhaltung wirtschaftlicher Werte[143]) das Eigentum des vom Überbau betroffenen Grundstücks: diesem Eigentum wird die an sich zustehende Ausschließungsbefugnis entzogen und in einen Anspruch auf Ersatz umgewandelt. Dem Gedanken, daß die volle Auswirkung des Eigentumsrechts nicht zur Zerstörung wirtschaftlicher Werte führen darf und deshalb gegen Schadloshaltung zu beschränken ist, hat der Gesetzgeber wiederholt Rechnung getragen. § 904 BGB. und der weitgreifende § 26 RGewO. sind bekannte Ausflüsse dieses wohltätigen Rechtsgedankens.

Es ist daher von vorneherein unzutreffend, wenn in Rechtslehre und Rechtsprechung behauptet wird, die §§ 912 ff. stellten singuläre Vorschriften dar, deren ratio keine analoge Ausdehnung vertrage. Es ist dies eine gefährliche petitio principii, die allein keineswegs genügt, um die Ausdehnung des Rechtsgedankens auf gleich geartete Fälle auszuscheiden[144]).

1. Nach der früher herrschenden Meinung[145]) sind die §§ 912 ff. nicht anwendbar, wenn das Grundstück, auf welchem der Bau errichtet ist und das daran anstoßende übergebaute Grundstück zur Zeit der Ausführung des Baues in der Hand eines Eigentümers vereinigt waren und dann in getrenntes Eigentum gelangt sind, dem ist nicht beizupflichten.

Die Entscheidung dieser Frage ist auf sachenrechtlichem Gebiet zu suchen; es empfiehlt sich jedoch zunächst die rein schuldrechtlichen Wirkungen eines Eigentumswechsels auf den Überbau zu erörtern. Wird eines der beiden anstoßenden Grundstücke durch Rechtsgeschäft veräußert, so ist vor allem zu prüfen, ob nicht in dem Veräußerungsgeschäft der stillschweigend erklärte Vertragswille der Vertragsteile eingeschlossen ist, daß der Überbau ohne Entschädigung geduldet werden muß. Das ist zweifellos, wenn von dem Eigentümer der beiden Grundstücke dasjenige Grundstück veräußert wird, auf welchem der wirtschaft-

berechtigten Grundstück in Nr. II des Bestandverzeichnisses, auf dem befreiten in Abt. II verlangt. Da Turnau-Förster selbst richtig nur die Eintragung auf dem berechtigten Grundstück für wesentlich und rechtserzeugend hält, so dürfte er nie die Eintragung im Bestandsverzeichnis Nr. II vorschreiben, das nicht zu konstitutiven Eintragungen bestimmt ist.

[143]) Siehe am Anfang dieses Paragraphen S. 282.

[144]) Vgl. Oberneck 641; Crome 287 Nr. 1; RG. 47, 360; SeuffA. 63, 154 (Hamburg). Für generelle Zulassung der Analogie: Krückmann ArchZivPr. 101, 41 Nr. 34; v. Thur i. JheringsJ. 46, 45 f., 54, vor allem Wolff, Sachenrecht 162 Nr. 4.

[145]) RG. 65, 361; 72, 272; OLG. 26, 25 (KammerG.); BraunschwZ. 18, 46 (Braunschweig); Staudinger Bem. I 2a; RGKomm. Bem. 9; Planck Bem. 1b; Turnau-Förster Bem. II, 2; Fischer-Henle Bem. 2 zu § 912. — Dagegen treten für analoge Anwendung der §§ 912 ff. auf diesen Fall ein: Wolff: Grenzüberbau 102 ff. und Sachenrecht 1623; Kretzschmar Bem. 1d zu § 912; Oberneck 641 Anm. 8; Waller in JW. 1909, 945; OLG. 10,

lich ausschlaggebende Teil des Gebäudes steht. Aber auch wenn das Grundstück wegveräußenrt wird, auf welchem der wirtschaftlich nebensächliche Teil des Gebäudes steht, wird man regelmäßig annehmen dürfen, daß der Erweber, dem das Vorhandensein des Gebäudes beim Kauf bekannt war, die Duldung des Überbaues ohne Entschädigung stillschweigend auf sich genommen hat. Denn auch in diesem Falle werden die beiden Vertragsteile einig darüber gewesen sein, daß dem Gebäudeeigentümer die volle Herrschaft über das ganze Gebäude mit allen seinen Teilen verbleiben soll und das gilt als ihr Vertragswille selbst dann, wenn sich die Vertragsteile nicht darüber klar waren, daß ein Teil des Gebäudes auf dem wegveräußerten Grundstück steht. In beiden Fällen ist jedoch im Auge zu behalten, daß es sich hier nur um schuldrechtliche Verpflichtung zur Duldung des Überbaues handelt[146]), die auf einen Sondernachfolger nur dann übergeht, wenn er in das Schuldverhältnis eingetreten ist, was auch stillschweigend geschehen kann (vgl. hierzu oben S. 144).

Ohne einen solchen Eintritt in das Schuldverhältnis ist dem Sondernachfolger gegenüber der Überbau objektiv rechtswidrig.

Beim Zuschlag in der Zwangsversteigerung ist von vorneherein für die stillschweigende Übernahme der Pflicht den Überbau zu dulden, kein Raum, weil über die mit dem Zuschlag erworbenen Rechte und übernommenen Pflichten ausschließlich der Zuschlag selbst entscheidet. Da hier mit stillschweigender Willenserklärung nicht geholfen werden kann, muß die Frage sachenrechtlich ausgetragen werden. Im Falle RG. 65, 361 hatten die beiden Parteien durch Zuschlag je eines von zwei aneinandergrenzenden, bis dahin in einer Hand vereinigte Grundstücke erworben, die mit e i n e m Haus überbaut waren. Die auf Duldung des Überbaues gerichtete Klage des Nachbars, auf dessen Grundstück der hauptsächliche Teil des Hauses stand, hat das RG. abgewiesen,

---

108; Tücking im Recht 1912, 411 (mit Einschränkung); vgl. auch Breit in FischersZ. 33, 319; Schmidt-Rimpler, Eigentümerdienstbarkeit 178ff. weisen darauf hin, daß die Duldungspflicht des § 914 auch beim Überbau auf eigenem Boden voraussetzt, daß die Grenzüberschreitung weder auf Vorsatz, noch auf grober Fahrlässigkeit beruht. Allein der Eigentümer ist berechtigt, so zu bauen, er handelt also nicht rechtswidrig, so daß ein Verschulden nicht in Frage kommen kann. Vgl. nun RG. 196, 172, s. oben S. 95.

[146]) Davon gibt es eine einzige Ausnahme für die Grenzeinrichtung (§ 921). Bei einer halbscheidig auf die Grenze gesetzten Giebelwand bewirkt die formlose (auch die nur stillschweigende) Zustimmung des Nachbars zu diesem Überbau die Schaffung einer Grenzeinrichtung und damit die dinglich wirkende Befugnis des § 922 mit § 95 den übergebauten Teil auf dem fremden Grund zu halten. Der Überbau ist nicht rechtswidrig (auch dem Sondernachfolger gegenüber nicht), so daß die Anwendung der §§ 912ff. auf diesen Fall ausgeschlossen ist.

indem es die analoge Anwendung des § 912 mit der Begründung ablehnte, daß beim Überbau ein „Grunddienstbarkeitsartiges", „ein servitutarisches Rechtsverhältnis" vorliege: Ein solches Rechtsverhältnis sei bei Grundstücken desselben Eigentümers begrifflich unmöglich gemäß dem Rechtsgrundsatz: „nemini res sua servit", es könne nur durch rechtsgeschäftliche Bestellung aus § 873 BGB. nach der Trennung der Eigentumsgemeinschaft bestellt werden; eine analoge Anwendung der §§ 912 ff. sei „um so weniger gerechtfertigt, als es sich in der Tat um Ausnahmevorschriften handle, um Ausnahmevorschriften insofern, als sie eine Ausnahme von der Regel des § 873 Abs. 1 betr. die Belastung von Grundstücken begründen". Dieser Begründung ist nicht beizupflichten. Es mag nur nebenher erwähnt sein, daß selbst bei echten Belastungen das BGB. den Grundsatz „nemini res sua servit" zuweilen preisgegeben hat (vgl. § 889)[147]. Vor allem geht die Begründung von dem unrichtigen[148] Gedanken aus, daß § 912 Grundstücksbelastungen normiere. Es liegen vielmehr Eigentumsbeschränkungen vor, die kraft Gesetzes (ohne § 873) entstehen. § 912 ist keine Ausnahme vom Eintragungsgrundsatz des § 873, weil § 912 keine besonders abgegrenzten Legalservituten begründet, sondern das Eigentum inhaltlich aus denselben volkswirtschaftlichen Gründen einschränkt, die das RG. in seiner Entscheidung ausdrücklich[149] hinter seine formaljuristischen Erwägungen zurücktreten läßt. Da diese rechtlichen Erwägungen nicht stichhaltig sind, besteht kein Hindernis, die Auswirkung des Grundsatzes der Erhaltung wirtschaftlicher Werte zuzulassen[150]. Wie der Eigentümer den während seiner Herrschaft entstehenden fremden Überbau dulden muß, so muß er auch den übernommenen Überbau bestehen lassen, der z. Z. der Eigentumsgemeinschaft entstanden ist[151]. Hierbei gilt als Überbau der wirtschaftlich nebensächliche Gebäudeteil, der notwendigerweise (§ 93) im Eigentum dessen steht, der den Haupt-

[147] So auch Waller, JW. 1909, 745; Schmidt-Rimpler, Eigentümerdienstbarkeit 179.

[148] S. oben VI S. 304, s. nun RG. 142, 231, s. oben S. 95.

[149] RG. 65, 364 und dagegen Wolff, Sachenrecht 162 Nr. 4.

[150] Anschaulich schildert die Mißstände der herrschenden Lehre Königer i. ArchBürgR. 35, 282 ff. Aber auch für ihn scheitert die analoge Anwendung der Überbaunormen am Fehlen eines herrschenden und dienenden Grundstücks. Wenn er die §§ 921 f. entsprechend anwendet, so liegt doch diese Analogie erheblich ferner. Gebäude sind im allgemeinen keine Grenzeinrichtungen, da sie nicht dem Vorteil beider Grundstücke dienen (RG. 70, 205).

[151] Wenn die herrschende Meinung die Anwendung des § 912 deshalb ablehnt, weil ein Nachbarverhältnis fehle (RGKomm. Bem. 9 zu § 912), so ist dagegen zu sagen: Über die Grenze eines Grundstücks ist auch dann gebaut, wenn die beiden überbauten Grundstücke in einer Hand sind. Nach § 912 hat der „Nachbar" den Überbau zu dulden. Das Nachbarverhältnis ist aber eingetreten, sobald die beiden Grundstücke in das Eigentum verschiedener Personen gelangt sind.

bestand des Hauses besitzt[152]). Sind beide Teile wirtschaftlich annähernd gleich, so wird eine Rechtsgemeinschaft beider Nachbarn am Haus unter Kompensation der Renten anzunehmen sein, die man als Miteigentum[153]) oder auch nur als Verwaltungs- und Nutzungsgemeinschaft[154]) bezeichnen mag; wesentliche Unterschiede in der Behandlung ergeben sich aus der Konstruktionsverschiedenheit nicht.

2. Weitere Fälle analoger Anwendung der §§ 912 ff. sind die folgenden Tatbestände des Überbaues auf eigenem Boden:

a) A hat auf dem Grundstück des B eine Grunddienstbarkeit, wonach der Eigentümer B Gebäude überhaupt nicht oder nicht über einen festumgrenzten Teil des Grundstückes hinaus (nur in einem bestimmten Abstand von der Grenze) errichten darf. Verletzt B die Grunddienstbarkeit des A ohne Vorsatz und grobe Fahrlässigkeit[155]), so muß A den Bau bzw. den Überbau gemäß § 912 dulden. Denn die Verschiedenheit des Tatbestandes gegenüber § 912 wird von dem gemeinsamen Rechtsprinzip des Gebäudeschutzes überwunden, das oben besprochen ist; versagt das Gesetz dem durch Überbau verletzten Eigentum den negatorischen Schutz, so kann ihn die bloße Dienstbarkeitsverletzung erst recht nicht beanspruchen, wo doch das dingliche Recht am Grundstück dem Eigentum gegenüber ein Minus ist[156]).

b) Dieselben Erwägungen treffen für den Fall zu, daß jemand auf seinem Grundstück über den landesgesetzlich vorgesehenen Bauabstand[157]) hinausbaut. Auch hier steht die Erhaltung des Gebäudes höher als die Wahrung des Nachbarrechts, und der in die Abstandszone eingerückte Bauteil muß gemäß § 912 geduldet werden[158]).

3. Der Gesetzgeber behandelt den Erdkörper als unbeweglich. In Wahrheit ist er in seinen ihn bildenden Bestandteilen nicht unver-

[152]) S. oben zu II S. 294.

[153]) Waller a. a. O.

[154]) Wolff, Grenzüberbau 105; Höniger a. a. O.

[155]) Das wird allerdings im ersten der im Text erwähnten Fälle (servitus non aedificandi) schlechthin selten der Fall sein. So mit Recht Krückmann in ArchZivPrax. 101, 41 Nr. 34.

[156]) S. v. Tuhr a. a. O.; Wolff, Sachenrecht 162 Nr. 4; Krückmann a. a. O.; vgl. auch Cosack 2, 157 Anm. 5 und OLG. Hamburg i. SeuffA. 57, 13 ff. A. M. dagegen die herrschende Ansicht z. B. Staudinger Bem. VI zu § 912; Turnau-Förster Bem. II 2 zu § 912 und Bem. 2 zu § 916; Neumann Bem. 2; RGKomm. 2; Biermann zu § 916; Dernburg 283 zu N. 7; Oberneck 642; Gierke 435 Nr. 73; RG. 47, 360 ff. (Fall 2 des Textes); 48, 265 (Fall 1 des Textes).

[157]) In Bayern bestehen keine Vorschriften über den Grenzabstand von Gebäuden.

[158]) So schon Prot. III, 378; Gierke 435 N. 73; Dernburg 282 1d; Wolff, Überbau 99 und Sachenrecht 162 N. 5; v. Tuhr a. a. O. A. M. dagegen: Staudinger Bem. I 1f; Turnau-Förster Bem. V; Biermann Bem. 4; RGKomm. Bem. 5 zu § 912; Planck Vorbem. 4 vor § 912; Goldmann-Lilienthal 51 Nr. 7; Endemann 482 N. 11; vgl. RG. 87, 373.

rückbar. So ist z. B. im Jahre 1903 im Stadtgebiete Essen festge- festgestellt worden[159]), daß in den 30 vorhergegangenen Jahren infolge der durch den Bergbau herbeigeführten Seitwärtsbewegung von Erdmassen nach und nach Häuser zum Teil über die Grenze geschoben wurden. Solche Verschiebungen von Häusern wurden in der Altstadt bis zu 30 cm, in den neuen Stadteilen bis zu 72 cm beobachtet. Am Schlacht- und Viehhof war schon damals ein ganzer Hausblock von 320 m Länge und 70 m Tiefe derart verschoben, daß einzelne Anliegen 72 cm von der ursprünglichen Bautiefe ihres Grundstücks eingebüßt hatten.

Nach der Ansicht des RG. würde das Recht des Grundeigentümers, die über die Grenze auf sein Grundstück geschobenen Teile des Hauses zu beseitigen, nicht durch § 912 ausgeschlossen sein. Eine andere Gesetzesvorschrift, durch welche dieses Beseitigungsrecht ausgeschlossen sein könnte, gibt es nicht. Nach der ratio legis ist die entsprechende Anwendung des § 912 auf diesen Tatbestand zulässig und geboten. Wenn der Gesetzgeber in § 912 anordnet, daß ein Gebäude trotz der durch menschliche Tätigkeit bei seiner Errichtung bewirkten rechtswidrigen Grenzüberschreitung erhalten werden soll, so würde man den Willen des Gesetzgebers gröblich mißverstehen, wenn man darin nicht zugleich auch die Anordnung finden wollte, daß dies erst recht für den Fall gelten muß, daß ein unter ordnungsgemäßer Einhaltung der Grenzen errichtetes Gebäude ohne Zutun seines Eigentümers über die Grenze geschoben worden ist. Der durch den Überbau geschädigte Nachbar ist durch Überbaurente zu entschädigen. Auf diese Weise kommt auch dieser Grundeigentümer zu seinem Recht. Ohne entsprechende Anwendung des § 912 bestünde, falls man das Beseitigungsrecht aus irgendeinem anderen Grund als undurchführbar erklären würde, keine Möglichkeit, ihn schadlos zu halten; insbesondere wäre ihm nicht mit dem Versicherungsanspruch zu helfen, da ja der unter dem Überbau befindliche Grund und Boden sein Eigentum bleibt, mithin kein Rechtsverlust eintritt. Die entsprechende Anwendung des § 912 bildet den einzig möglichen, mit dem Grundsatz der Erhaltung wirtschaftlicher Werte und dem Erfordernis eines billigen Interessenausgleiches im Einklang stehenden Ausweg.

Für die Bemessung der Rente ist der Zeitpunkt der Grenzüberschreitung maßgebend. Da sich diese infolge der allmählichen Verschiebung in einer langen Reihe von Jahren vollzieht, muß der Richter unter ständiger Berücksichtigung aller Umstände einen einheitlichen Zeit-

[159]) Vgl. den Vortrag des Stadtgeometers Köndgen in der Z. f. Vermessungswesen 1903, 233ff.; vgl. oben S. 16.

punkt wählen, der dem zeitlichen Ende der bisher eingetretenen Verschiebungen weit näher liegen wird, als dem Anfang. Auf einen Widerspruch des Nachbars gegen die Grenzüberschreitung kommt es nach keiner Richtung an, da ein solcher Widerspruch naturgemäß unbeachtlich wäre.

4. Mauerausbauchung. Die gemeinrechtliche Vorschrift (l. 17 pr. D. 8, 5), wonach eine Mauerausbauchung bis zur Breite von einem halben Fuß geduldet werden muß[160]), gilt nicht mehr. Weil § 912 voraussetzt, daß die Grenze „bei Errichtung eines Gebäudes" überschritten ist, nimmt die herrschende Meinung an, daß eine Mauerausbauchung nur dann unter § 912 falle, wenn sie schon beim Bauen entstanden ist[161]). Wenn also durch ungenaues Aufrichten des Mauerwerks oder ein zu schwaches Fundament Mauerteile noch während des Baues aus dem Lot gekommen und infolgedessen seitlich ausgewichen sind, so ist auch vom Standpunkt der herrschenden Meinung aus diese Grenzüberschreitung als Überbau im Sinne des § 912 zu behandeln[162]). Eine nachträgliche, das ist nach Vollendung des Baues entstandene Mauerausbauchung würde dagegen nach diesem Standpunkt nicht unter § 912 fallen, weil hier nicht über die Grenze gebaut ist[163]). Allein wenn das Mauerwerk ungenau aufgerichtet oder zu stark belastet oder ungenügend fundamentiert ist, so ist die Ursache für die Mauerausbauchung schon bei Errichtung des Baues gesetzt, auch wenn die Teile der Mauer erst nach Vollendung des Baues über die Grenzlinie hinübergedrückt werden. In einem solchen Falle läßt sich daher aufstellen, daß über die Grenze gebaut ist[163]). Sind dagegen beim Bauen alle Voraussetzungen für die lotrechte Standsicherheit der Mauer erfüllt worden, so kann eine Mauerausbauchung nachträglich entstehen durch eine Änderung der Grundwasserverhältnisse oder überhaupt durch unterirdische Vorgänge im Erdkörper (s. oben Ziff. 3), durch Ausschachtung von Kellern oder Gruben in der Umgebung des Gebäudes, durch Verwitterung des Gesteins, aus dem die Mauer zusammengesetzt ist, oder durch Verwitterung des Erdkörpers, auf dem sie steht, durch Erschütterungen infolge eines benachbarten Betriebes oder des Eisenbahnverkehrs.

Die Gründe, welche oben unter Ziffer 3 für die Erhaltung eines zum Teil über die Grenze geschobenen Gebäudes angeführt sind, lassen sich teils unmittelbar, teils entsprechend auf diese nachträglich eingetretene Mauerausbauchung anwenden. Sie ist also nach § 912 zu be-

[160]) Vgl. Windscheid-Kipp § 169 Nr. 2; RG. 45, 288; Gierke 435 Anm. 72.

[161]) Recht 1911 Nr. 373; Naumburg; RG. Gruchot 50, 939 (dahingestellt gelassen).

[162]) RG. 88, 39; JW. 1906, 302.

[163]) Vgl. 2. Aufl. des Nachbarr. 166.

urteilen. Die Frage des Vorsatzes wird hier ausscheiden, während die Frage grober Fahrlässigkeit wohl in Betracht kommen kann[164]). Eine Mauerausbauchung, deren Beseitigung an sich verlangt werden könnte, wird mit Rücksicht auf § 226 BGB. dann zu dulden sein, wenn hier durch die Benützung des Nachbargrundstückes nicht beeinträchtigt wird[165]).

§ 22. Fensterrecht[1]).

Aus dem Begriff des Eigentums (§ 903) folgt die Befugnis des Eigentümers, sein Eigentum bis zur Grenze auszunützen. Er darf deshalb unmittelbar an der Grenze seinen Neubau aufführen und der Nachbar muß sich die dadurch herbeigeführte Entziehung von Licht und Luft gefallen lassen. Unannehmlichkeiten, welche ein dicht an der Grenze stehendes Haus für den Nachbar mit sich bringt, werden namentlich auch durch die Fenster vermittelt. Sie gewähren den Einblick in das nachbarliche Tun und Treiben; sie bieten die Gelegenheit, Immissionen, dem Nachbargrundstück zuzuführen, in das Nachbargrundstück einzusteigen. Deshalb wurde in den bisherigen Rechtsquellen das Recht zur Anlage von Fenstern an der Grenze verschiedenartigen Beschränkungen unterworfen. An diese Rechtsentwicklung hat sich die bayerische Ausführungsgesetzgebung angeschlossen, indem sie in den Art. 62 ff. AG. das dem Eigentümer nach § 903 BGB. zustehende Recht zur beliebigen Innehabung von Fenstern beschränkt.

I. Voraussetzung der Beschränkung.

Diese Beschränkung besteht jedoch nur zugunsten jener Nachbargrundstücke, die mit Gebäuden versehen sind oder als Hofraum oder Hausgarten dienen (Art. 62 AG.) und

---

164) Vgl. Gruchot 50, 940 (RG.).

165) Vgl. Staudinger Bem. 1 zu § 912; Monich, IheringsJ. 38, 179 will die Mauerausbauchung nach Analogie des § 910 behandeln. Wolff 92 Anm. 24 pflichtet dem hinsichtlich des Abs. 2 des § 910 bei, nicht aber bezüglich des Abs. 1. Eine analoge Anwendung des § 910 verbietet sich aber überhaupt, da es sich dort um eine Vorschrift handelt, welche nur mit Rücksicht auf das natürliche Wachstum der Bäume gegeben ist. Turnau-Förster Bem. 2 zu § 912 unterstellt die Mauerausbauchung dem § 905 oder § 908. § 905 kann nur dann in Frage kommen, wenn sich die Ausbauchung in besonders großer Höhe befindet. § 908 ist natürlich einschlägig, wenn infolge des Zustandes der Mauer ihr Einsturz oder die Loslösung von Teilen zu besorgen ist. Besteht die Mauerausbauchung lediglich darin, daß sich der Verputz losgelöst hat mit der Folge eines Hohlraumes zwischen den Mauersteinen, dann kann natürlich von der Anwendung der Überbauvorschriften nicht die Rede sein, weil ja dieser Zustand auf eine mangelhafte Unterhaltung (grobe Fahrlässigkeit) zurückzuführen ist.

§ 22. 1) Bei Grundstücken, welche durch die Grenze zweier Rechtsgebiete geschieden sind, braucht für beide Grundstücke nur diejenige Rechtsvorschrift eingehalten zu werden, welche das Halten der Fenster weniger erschwert. Vgl. oben S. 212 Anm. 3.

ferner zugunsten jener Grundstücke, die einer öffentlichen Eisenbahnanlage dienen, z. B. Eisenbahnkörper (Art. 64 AG.); sie gilt nicht für die Mauern, zwischen denen sich ein nach § 921 BGB. zu beurteilender Zwischenraum befindet; hierfür sind die §§ 921, 922 ausschließlich maßgebend (vgl. oben § 7). Unter einem Gebäude versteht man ein Bauwerk, welches nach der Art seiner Anlage geeignet ist, Personen, Tieren oder Sachen durch seine räumliche Umfriedung Schutz gegen äußere Einflüsse zu gewähren. Erforderlich ist aber, daß das Bauwerk seinem Umfange nach den Zutritt von Menschen gestattet. Zum Unterschied von Hütten wird daneben eine gewisse Dauerhaftigkeit und Festigkeit des verwendeten Baumaterials erfordert und außerdem eine feste Verbindung mit dem Erdboden [2]). Nicht erforderlich zur Erfüllung des Begriffes eines Gebäudes ist sonach, daß das Bauwerk zum Wohnen bestimmt ist [3]). Ein Merkmal des Gebäudes ist in Umfassungsmauern und Bedachung zu erkennen [4]); doch ist die Bedachung nicht unerläßlich; ein altrömischer Zirkus ist zweifellos ein Gebäude [5]). Wenn ein bisher nicht mit einem Gebäude versehenes Grundstück bebaut wird, so tritt der Fall des Art. 62 AG. ein. Es muß also nunmehr der Eigentümer des Nachbargrundstückes seine Fenster entsprechend den Vorschriften des Art. 62 AG. einrichten, wenn die übrigen Voraussetzungen dieser Gesetzesbestimmung gegeben sind. Er hat kein Recht darauf, daß der ihm günstige bisherige Zustand fortdauert [6]).

Daß das geschützte Gebäude sich unmittelbar bis zur Grenze des Nachbargrundstückes ausdehnt, ist nicht erforderlich. Wenn es aber so weit von der Grenze des Nachbargrundstückes entfernt ist, daß der Gebäudeinhaber nicht das mindeste Interesse daran hat, daß der Nachbar

---

[2]) Über den Begriff des Gebäudes siehe des Näheren oben § 18 I, 1. Hütten werden mit Rücksicht auf den Begriff des Gebäudes nicht in Betracht kommen. Oertmann, Landesprivatrecht 331 Anm. 4. Dagegen können Anlagen, die nur zu einem vorübergehenden Zweck mit dem Grund und Boden verbunden sind, Gebäude sein. S. oben § 18, I und dagegen Oertmann a. a. O.

[3]) Vgl. dagegen AbgAusschProt. 165 (Becher, Mat. Abt. IV und V, 1, 432: „Der besondere Schutz wird auf diejenigen Grundstücke beschränkt, welche Wohnzwecken dienen, im Gegensatze zu den Grundstücken, die bloß der Landwirtschaft dienen, weil nur bei diesen Grundstücken ein ernstes Schutzbedürfnis besteht." Diese Erwägung ist vollständig zutreffend, deckt sich aber nicht mit dem Inhalte des Gesetzes, in welchem die Gebäude schlechtweg genannt sind. Im Sinne des Gesetzes ist daher auch eine Scheune, Lagerhalle und Fabrik geschützt.

[4]) Kahn, Fensterrecht 7.

[5]) Kahn, Fensterrecht 8.

[6]) AbgAusschProt. 165 (Becher, Mat. Abt. IV und V, 1, 433). Waren jedoch die Fenster schon vor dem 1. Januar 1900 vorhanden, so kommt unter Umständen Art. 66 AG. zur Anwendung; s. darüber unten.

bei seinen Fenstern die Beschränkungen des Art. 64 AG. einhält, kann die Ausübung des Verbietungsrechtes nach § 226 BGB. unzulässig sein[7]).

Immer aber wird als Voraussetzung des Verbietungsrechtes erfordert, daß sich auf dem Grundstücke, für welches der Schutz des Art. 64 AG. in Anspruch genommen wird, ein Gebäude befindet. Ist das nicht der Fall und dient das Grundstück auch nicht als Hofraum oder Hausgarten, so ist die Entrichtung von Fenstern ohne Beschränkung auch dann gestattet, wenn das unmittelbar anstoßende, nicht mit einem Gebäude versehene Grundstück an ein demselben Eigentümer gehörendes, mit einem Gebäude versehenes Grundstück angrenzt.

Als Hofraum ist eine zu einem Gebäude gehörige Grundfläche zu betrachten, die bestimmt ist, dem wirtschaftlichen Zwecke des Gebäudes zu dienen[8]). Eine Umfriedung des Raumes ist nicht erforderlich, doch muß die Fläche in räumlicher Beziehung zu dem Gebäude stehen, zu welchem sie gehört. Unter Hausgarten hat man ein Grundstück zu verstehen, welches in der Nähe eines Wohngebäudes gelegen ist und die Bestimmung hat, den Bewohnern des Hauses als kultiviertes Grundstück zu dienen [9]). Eine Umfriedung ist auch hier nicht erforderlich, ebensowenig ein unmittelbares Angrenzen an das Wohngebäude. Unter Umständen kann sonach auch eine neben dem Hause befindliche, mit Obstbäumen versehene Wiese unter den Begriff des Hausgartens fallen[10]). Desgleichen eine jenseits der Straße gelegene Fläche, deren Erträgnisse in erster Linie für den Hausgebrauch der Bewohner des Hauses bestimmt sind, zu dem sie gehört. Die Kleingartenanlagen, welche außer Verbindung mit Häusern an der Peripherie der Städte angelegt sind, fallen nach dem Wortlaut nicht unter den Begriff „Hausgarten". Gleichwohl sind die Vorschriften des Art. 64 AG. auf solche Kleingärten anzuwenden; denn sie werden wie die Hausgärten benützt, gleich ihnen dienen sie als Erholungsaufenthalt und ihre Erträgnisse sind hauptsächlich für den Hausgebrauch bestimmt. Sie ersetzen die Hausgärten und deshalb trifft Zweck und Sinn des Art. 64 auf sie zu.

Auf Fälle, in welchen das Nachbargrundstück beiden Nachbarn gemeinschaftlich gehört, können an sich die Vorschriften des Art. 64 AG. Anwendung finden; handelt es sich um einen gemeinschaftlichen Zwischenraum, der Grenzeinrichtung im Sinne des § 921 BGB. ist, dann

---

[7]) Oertmann, Landesprivatrecht 331.

[8]) Entsch. d. VGH. 14, 238.

[9]) AbgAusschProt. 165 (Becher, Mat. Abt. IV und V, 1, 434). Ein Lawn-Tennisspielplatz gehört deshalb nicht hierher. Über den Begriff des Hausgartens vgl. oben § 19 II 3 β.

[10]) AbgAusschProt. 165 (Becher, Mat. Abt. IV und V, 1, 434).

ist ausschließlich nach §§ 921 f. zu entscheiden, ob die in der Fensteranbringung gelegene Benützung des Zwischenraumes zulässig ist[11]). Nach Maßgabe des § 922 kann die Anbringung eines Fensters, welches den Beschränkungen des Art. 62 AG. entsprechend eingerichtet ist, gleichwohl unzulässig sein (z. B. bei einer Feuergasse); umgekehrt ist die Anbringung von Fenstern, die dem Art. 62 AG. nicht entsprechen, gestattet, wenn der Zwischenraum seiner äußeren Beschaffenheit zufolge zur Zuführung von Licht bestimmt erscheint.

Zugunsten der in Art. 64 AG. bezeichneten Grundstücke besteht für den Nachbar rücksichtlich der Haltung von Fenster- und Lichtöffnungen aller Art, von Balkonen, Galerien und ähnlichen Anlagen[12]), eine Eigentumsbeschränkung, von der jedoch wieder jene Fenster- und Lichtöffnungen sowie sonstige Anlagen ausgenommen sind, die sich an der Baulinie[13]) befinden (Art. 65 AG.).

Erlangt ein Grundstück erst nach der Anbringung der Fenster auf dem Nachbargebäude die Eigenrat, von deren Vorhandensein die Beschränkungen bezüglich der Fenstereinrichtung abhängen (z. B. durch Erbauung eines Gebäudes), so ist von da ab das Verlangen auf eine den Art. 62 f. entsprechende Einrichtung der Fenster berechtigt. Der Bau

---

[11]) Vgl. Turnau-Förster 356.

[12]) Z. B. Terrassen, Belvederes; auch sog. Berliner Gärten, die auf dem Dache eines Bauwerks angelegt und für den Zutritt von Menschen eingerichtet sind, gehören hierher; nicht aber natürliche Bodenerhöhungen (vgl. JW. 1905, 192). Türen mit voller Füllung fallen nicht unter den Begriff der Lichtöffnungen; auf die Möglichkeit vorübergehender Aussicht beim Türöffnen kommt es nicht an. Auch wenn die Türe zeitweise länger offen steht, wird sie dadurch nicht zur Lichtöffnung. Es lassen sich aber doch Verhältnisse denken, bei denen die Türe wie eine Lichtöffnung benutzt wird. Wenn der Inhaber eine Türe offensichtlich als Lichtöffnung behandelt, dann muß sie auch von der Rechtsanwendung als Lichtöffnung gewertet werden. Eine Glastüre ist — soweit sie verglast ist — als Fenster zu erachten.

[13]) Art. 65 setzt voraus, daß eine Baulinie vorhanden ist. Unter Baulinie versteht man eine von der zuständigen Behörde gezogene Linie, durch welche die Grenzen der nach dem Bebauungsplan anzulegenden öffentlichen Straßen festgelegt werden. Hier ist erforderlich, daß diese Baulinie längs des Gebäudes hinzieht, dessen Fenster in Frage stehen. Vgl. Oertmann, Landesprivatrecht 332. Solange die Baulinie nicht gezogen ist, gilt für die Fenster usw. die nachbarrechtliche Beschränkung; sie fällt aber dann weg, wenn hinterher die Baulinie so gezogen wird, daß sie nunmehr die Fenster usw. an der Baulinie befinden. Die Entscheidung über die Festsetzung der Baulinie erfolgt für die unmittelbaren Städte durch die Kreisregierung in erster und durch das Staatsministerium in zweiter und letzter Instanz; sonst durch das Bezirksamt in erster und durch die Regierung in zweiter und letzter Instanz, vorbehaltlich des ministeriellen Oberaufsichtsrechtes (§§ 58, 61, 77 der Bauordnung vom 17. Februar 1901). Solange die Baulinie nicht rechtskräftig festgesetzt ist, muß die Beschränkung eingehalten werden. Wird die Baulinie erst nach Rechtshängigkeit des sich aus Art. 62 AG. ergebenden Anspruchs (rechtskräftig) festgesetzt, so ist der Anspruch in der Hauptsache zurückzunehmen; die Prozeßkosten fallen dann dem Bekl. zur Last.

an der Grenze eines noch unbebauten Nachbargrundstückes verleiht kein Recht auf Fortdauer des günstigen bisherigen Zustandes[14]).

Unter Lichtöffnung ist eine für den Eintritt von Licht bestimmte Öffnung zu verstehen[15]). Dazu gehören auch Bodenluken[16]). Für andere Öffnungen gelten diese Beschränkungen nicht; insbesondere also nicht für Türen. Wenn die Türe eines Gebäudes unmittelbar auf das Nachbargrundstück führt und dem Gebäudeeigentümer eine Grunddienstbarkeit zur Begehung des Nachbargrundstückes nicht zusteht, so kann die Beseitigung der Türe auf Grund des § 907 BGB. verlangt werden[17]).

Die Eigentumsbeschränkung für den Inhaber der Fenster usw. hat zur Voraussetzung, daß die Fenster und sonstigen Lichtöffnungen sowie die Balkone, Erker, Galerien und ähnliche Anlagen weniger als 60 cm von der Grenze des Nachbargrundstückes entfernt sind. Das Maß von 60 cm ist nicht willkürlich gewählt, sondern entspricht im wesentlichen dem alten Traufabstand von zwei Werkschuh. Auch war dasselbe Maß in mehreren deutschen Nachbarrechtsgesetzen bestimmt[18]). Die Möglichkeit des Einblickes in fremde Grundstücke ist mit dem Zusammenwohnen in geschlossenen Ortschaften unvermeidbar verbunden. Der Ausblick auf ein fremdes Grundstück ist keine Einwirkung auf dieses. Es ist deshalb nicht als angängig erachtet worden, ein allgemeines Verbot solcher Fenster zu erlassen, welche den Einblick in die Nachbarbehausungen gestatten. Anders verhält es sich bei Fenstern, die der Grenze so nahe sind, daß sie Luft und Licht nur von dem fremden Grundstück her erhalten. Deswegen hat es der Gesetzgeber für genügend erachtet, nur für jene Fenster nachbarrechtliche Beschränkungen einzuführen, welche weniger als 60 cm von der Grenze entfernt sind[19]). Daß diese Voraussetzung des geringeren Abstandes als 60 cm gegeben ist, hat derjenige zu beweisen, welcher die Beschränkung rücksichtlich der Fenster verlangt. Hierzu gehört auch der Nachweis der Grenzlinie, wenn sie bestritten ist.

Für die Eigentumsbeschränkung kommen demnach nur die dem begünstigten Nachbargrundstück zugekehrten Fenster in Betracht[20]), aber auch diejenigen, welche in schräger Richtung dem Nachbargrundstück zugekehrt sind[21]).

---

14) Oertmann, Landesprivatrecht 332; Becher, Mat. IV und V, 1, 433.
15) ReichsrAusschProt. Nr. 715 (Becher, Mat. Abt. IV und V, 1, 827).
16) Vgl. Gruchot 41, 641; JW. 1897, 258 Nr. 96.
17) Begründung z. AG. 40 (Becher, Mat. Abt. IV und V, 1, 86).
18) AbgAusschProt. 165 (Becher, Mat. Abt. IV und V, 1, 433).
19) Begründung z. AG. 40 (Becher, Mat. Abt. IV und V, 1, 85).
20) Böhm-Klein, Bem. 4 zu Art. 62—65.
21) ObLG. 13, 86. Art. 54 des Regierungsentwurfes hatte folgende Fassung: „Sind

Die Entfernung wird von dem Fuße der Wand, in der sich das Fenster befindet, unterhalb der zunächst der Grenze befindlichen Außenkante der Fensteröffnung ab gemessen (Art. 62 Abs. 1 Satz 2 AG.). Das Maß wird von außen genommen; nicht etwa von der Höhe des Fußbodens innen, sondern von der äußeren Umfassungsmauer des Gebäudes[22]). Es ist also auszugehen von derjenigen Außenkante der Fensteröffnung, welche der Grenze zunächst liegt. Von dem Punkte der Kante, welcher der Grenze am nächsten gelegen ist, ist die kürzeste Verbindungslinie mit dem Fuße der Wand, d. h. mit jener Linie, welche durch das Gebäude und den Erdboden gebildet wird, herzustellen. Von dem Punkte, an welchem sich die beiden Linien schneiden, ist dann zu messen, ob der nächste Punkt der Grenzlinie weniger als 60 cm entfernt ist. Ist dies der Fall, dann ist die Lichtöffnung usw. der gesetzlichen Beschränkung unterworfen[23]).

In gleicher Weise wird auch bei den übrigen Anlagen (Balkone, Erker, Galerien und ähnliche Anlagen), welche der Beschränkung unterworfen sind, der Abstand gemessen (Art. 63 Satz 2 AG.).

II. Inhalt der Beschränkung.

Sind obige Voraussetzungen erfüllt, so geht der Inhalt der für solche Fenster und Lichtöffnungen sowie Balkone, Erker, Galerien und ähnliche Anlagen eingeführten Beschränkung nicht dahin, daß sie überhaupt nicht eingerichtet bzw. beibehalten werden dürfen. Es muß ihnen nur eine Einrichtung gegeben werden, daß sowohl das Auswerfen von Sachen als das Ausgießen von Flüssigkeiten auf das Nachbargrundstück verhindert und der Nachbar gegen die durch den Einblick aus allzu großer Nähe verursachte Belästigung gesichert wird[24]). Zu diesem Zwecke

Fenster, die in gerader oder schräger Richtung auf ein mit Gebäuden versehenes oder als Hofraum oder Hausgarten dienendes Nachbargrundstück gehen, weniger als 0,60 m von der Grenze des Nachbargrundstückes entfernt, so müssen sie usw." Durch die Fassung des Gesetzes wollte man keine sachliche Änderung herbeiführen, sondern nur etwas Selbstverständliches weglassen. Man denke an eine Straße, die nach dem geschlossenen Bausystem gebaut ist. Die Häuser sind aneinander gebaut, hinter den Häusern sind die Hausgärten, welche durch eiserne Zäune voneinander getrennt sind. Von den gegen den Hausgarten gekehrten Fenstern muß das dem Zaune zunächst liegende mindestens 60 cm von der Grenze entfernt sein, andernfalls ist es der gesetzlichen Eigentumsbeschränkung unterworfen. Vgl. Abg.-AusschProt. 165 (Becher, Mat. Abt. IV und V, 1, 432ff.).

22) AbgAusschProt. 164 (Becher, Mat. Abt. IV und V, 1, 432).

23) Wenn die Mauer, in welcher sich das Fenster befindet, nicht lotrecht steht oder einen Sockel hat, kann es vorkommen, daß der Fuß der Mauer nur 59 cm von der Grenze entfernt ist, während der Abstand des Fensters selbst eigentlich 61 cm beträgt. Es muß das Fenster dann gleichwohl so behandelt werden, als ob es weniger als 60 cm von der Grenze entfernt wäre.

24) Vgl. Begründung z. AG. 39ff. (Becher, Mat. Abt. IV und V, 1, 84).

bestimmt das Gesetz (Art. 62 AG.), daß die Fenster (Lichtöffnungen) auf Verlangen des Eigentümers des Nachbargrundstückes so eingerichtet werden müssen, daß bis zur Höhe von 1,80 m über dem hinter ihnen befindlichen Boden weder das Öffnen noch das Durchblicken möglich ist [25]). Die Höhe von 1,80 m wird also von dem im Innern des Gebäudes befindlichen Fußboden gemessen. Das Gesetz bezweckt, einem aufrecht stehenden Menschen das Durchblicken unmöglich zu machen. Ist das Grundstück, zu dessen Gunsten die Beschränkung geltend gemacht wird, ein solches, das einer öffentlichen Eisenbahnanlage dient, so müssen die Fenster und andere Lichtöffnungen so eingerichtet werden, daß das Öffnen nicht möglich ist, während sie das Durchblicken gestatten dürfen (Art. 64 AG. [26]).

Nur auf Verlangen des Eigentümers [27]), für welches weder eine Form noch eine Frist vorgeschrieben ist [28]), müssen die Fenster und

---

[25]) Dies kann geschehen durch Ausmauern der Lichtöffnungen bis zu dieser Höhe oder zweckmäßiger durch Verwendung von solchem Material zur nicht bewegbaren Ausfüllung, das zwar die Lichtstrahlen, nicht aber den Blick des Menschen durchläßt (Milchglas, gewelltes Glas usw.). Wenn im Innern eines Raumes längs der Wand eine Galerie geführt ist, dann ist bezüglich der über dieser befindlichen Fenster der Boden der Galerie maßgebend.

Wenn sich das Fenster oberhalb der Treppe befindet, dann ist die Höhe von 1,80 m über den senkrecht unter dem Fenster befindlichen Treppenstufen zu rechnen. Das Öffnen ist dann nicht möglich, wenn der mit undurchsichtigem Glas ausgefüllte Fensterrahmen derart festgestellt ist, daß ohne Zerstörung der Verbindung des Rahmens mit der Wand der Fensterrahmen ausgehoben werden kann. Zu einer solchen festen Einfügung des Rahmens kann ein Eingipsen des Fensters genügen; ebenso ein Festhalten mit in die Wand eingelassenem Bandeisen, nicht aber eine bloße Verschraubung. Will der Inhaber das undurchsichtige Fensterglas reinigen, so steht ihm kein Recht zu, zu diesem Zweck das Nachbargrundstück zu betreten. Wenn er nur die Verbindung des Rahmens mit der Wand löst, den Rahmen mitsamt dem Fenster herausholt, dann das Fenster reinigt und den Rahmen mit Fenster wieder einsetzt und die Verbindung mit der Wand (durch Vergipsung oder mit Bandeisen oder sonstwie) wieder herstellt, so kann der Nachbar dagegen nichts unternehmen.

Es kann aber, sofern die Gefahr der Wiederholung besteht, der Anspruch auf Unterlassung erhoben werden. Dieser würde lauten: Der Beklagte ist schuldig, die Herausnahme des Fensterrahmens zu unterlassen (?).

[26]) Wenn aber dieses Grundstück mit einem Gebäude versehen ist oder als Hofraum dient, darf auch das Durchblicken nicht möglich sein. Es kommt dann die allgemeine Bestimmung des Art. 62 AG. zur Anwendung.

[27]) Nur der Eigentümer ist berechtigt, das Verlangen zu stellen, nicht etwa ein dinglich oder gar nur persönlich Berechtigter (Nießbraucher, Pächter). Oertmann, Landesprivatrecht 332. Ein Miteigentümer kann für sich allein das Verlangen wirksam stellen.

[28]) Der Nachbar kann dieses Verlangen auch dann jederzeit stellen, wenn er gegen die ohne Beschränkung ausgeführte Einrichtung der Fenster keinen Widerspruch erhoben hat. In dem bewußten Unterlassen eines durch die Sachlage nahegelegten Verlangens und in der Hinausschiebung dieses Widerspruchs bis nach Vollendung der Fenster wird man selbst oder richtiger gerade dann keinen Verzicht auf den Beseitigungsanspruch finden können (wie Oertmann, Landesprivatrecht 332 annimmt), wenn der Widerspruch nachweisbar nur zu dem Zweck hinausgeschoben wurde, um dem Nachbar Kosten und Unan-

sonstigen Anlagen die vorgeschriebene Einrichtung erhalten. Auch in der Klageerhebung liegt ein solches Verlangen. Unterwirft sich der Beklagte sofort diesem Verlangen, das erstmals mit der Klagestellung erfolgt, so müssen dem Kläger die Kosten überbürdet werden. Wenn der Eigentümer des Nachbargrundstückes das Verlangen gestellt hat und der Nachbar ihm innerhalb einer angemessenen Frist[29]) nicht nachkommt, steht nur dem Eigentümer[30]), nicht etwa auch dessen Mieter der Anspruch auf gesetzmäßige Herstellung zu. Zur Begründung der Klage, welche sich als die Eigentumsfreiheitsklage des § 1004 darstellt[31]), genügt der Nachweis, daß die Lichtöffnungen dem Gesetze nicht entsprechen. Behauptet der Beklagte Befreiung von der gesetzlichen Beschränkung aus einem besonderen Rechtsgrund, so trifft ihn die Beweislast[32]). Eine Befreiung von der gesetzlichen Beschränkung kann insbesondere durch Bestellung einer Grunddienstbarkeit erfolgen[33]). Waren die beiden Grundstücke in einer Hand vereinigt und hat der Eigentümer in dem auf dem einen Grundstück stehenden Gebäude Lichtöffnungen anbringen lassen, welche den Vorschriften der Art. 62ff. AG. nicht entsprechen, so kann

---

nehmlichkeiten zu bereiten. § 226 BGB. kann in solchem Falle nicht angewendet werden, wohl aber ist eine Schadenersatzpflicht nach § 826 begründet. Der zum Ersatz verpflichtende Umstand im Sinne des § 249 ist die Verzögerung des Widerspruchs. Es ist also der Zustand herzustellen, der bestehen würde, wenn der Widerspruch sofort erfolgt wäre (also Ersatz der Mehrkosten).

Hat der Nachbar die Anbringung von Fenstern ohne die vorgeschriebenen Beschränkungen ausdrücklich genehmigt, so bedarf die Unterstellung eines definitiven Verzichts auf die dem Gesetz entsprechende Einrichtung dieser Fenster besonderer Umstände. In der Unterzeichnung eines Bauplanes allein kann niemals ein Verzicht in dem Sinne erblickt werden, daß der Nachbar sich für alle Zeiten des Rechts begeben will, das Verlangen auf gesetzliche Einrichtung der Fenster zu stellen. Gerade weil erst durch das Verlangen die Beschränkung begründet wird, wird für einen Verzicht zumeist die Grundlage fehlen. Rechtlich denkbar ist ein solcher Verzicht allerdings, zwar nicht auf das Recht in seiner Totalität (vgl. Art. 77 AG.), aber mit Bezug auf den konkreten Einzelfall (Oertmann, Landesprivatrecht 334). Übrigens würde ein solcher Verzicht, falls er der dinglichen Form entbehrt, den Singularrechtsnachfolger nicht binden.

[29]) Die Frist ist vom Nachbar nicht zu setzen, aber zu gewähren. Angemessen muß die Frist sein. Da erst infolge des Verlangens des Nachbars die Pflicht zur entsprechenden Einrichtung begründet wird, muß dem Eigentümer auch die Zeit und Gelegenheit gelassen werden, die Einrichtung auszuführen. Die Angemessenheit der Frist wird sich nicht lediglich nach der zur Ausführung der Einrichtung erforderlichen Zeit bemessen; handelt es sich z. B. um die Fenster eines bewohnten Zimmers, so braucht die Umänderung der Fenster im Winter nicht vorgenommen zu werden.

[30]) Aber auch dinglich Berechtigten.

[31]) Oertmann, Landesprivatrecht 333. Der Klageantrag lautet: der Beklagte ist schuldig, das Fenster so einzurichten, daß ...... (es kann nicht etwa auf Beseitigung des Fensters geklagt werden).

[32]) Striethorst' Arch. 66, 213.

[33]) Vgl. Recht 1908 Nr. 3134 (RG.).

der spätere Erwerber des anderen Grundstückes aus Art. 62 AG. Ansprüche regelmäßig nicht herleiten, weil angenommen werden muß, daß durch den Vertrag diese Ansprüche durch stillschweigende Bestellung einer Grunddienstbarkeit aufgegeben worden sind[34]).

Die Befugnisse, die sich aus dem gesetzlichen Inhalt des Eigentums ergeben, gehen kraft Gesetzes auf den Sondernachfolger über. Nach bürgerlichem Recht erlischt eine zum Inhalt des Eigentums gehörige Befugnis nur durch Bestellung einer Dienstbarkeit. Art. 77 AG. hat für die dort speziell aufgeführten nachbarrechtlichen Befugnisse einen weiteren Erlöschungsgrund eingeführt, nämlich den Verzicht des Berechtigten, der in öffentlich beglaubigter Form abzugeben ist. Die Befugnis, die sich aus den Vorschriften des Art. 62 (Fensterrecht) ergibt, ist in Art. 77 nicht erwähnt, so daß also für das Erlöschen des Fensterrechts § 873 BGB. gilt. Es erlischt also nicht durch einen wenn auch in öffentlich beglaubigter Form erklärten Verzicht. Der Gesetzgeber hat in diesem Fall davon abgesehen, den Verzicht als Erlöschungsgrund einzuführen, mit Rücksicht auf die Bedeutung der Einhaltung der Beschränkungen der Art. 62ff. für den jeweiligen Eigentümer; dieser sollte durch einen solchen Verzicht seines Sondervorgängers nicht gebunden werden (vgl. Heene-Schneider Anm. 1 zu Art. 77).

In den vom Art. 77 speziell aufgeführten Fällen dagegen bringt ein in öffentlicher Form erklärter Verzicht die Befugnis in dinglicher Weise zum Erlöschen, so daß auch der Sondernachfolger daran gebunden ist. Ein derartiger Verzicht hat also, ohne daß er in das Grundbuch einzutragen ist, dieselbe Rechtswirkung wie die Bestellung (Eintragung einer Grunddienstbarkeit), wonach eine Befugnis, die nach dem Gesetz zum Inhalt des Eigentums am (belasteten) Grundstück dem anderen (Berechtigten) Grundstück gegenüber ergibt, ausgeschlossen ist (§ 1018 BGB. 3. Fall). Mit Nachdruck ist hervorzuheben: Art. 77 befaßt sich nur mit dem dinglich wirksamen Erlöschen der dort speziell angeführten nachbarrechtlichen Befugnisse, nicht auch mit dem obligatorischen Rechtsverhältnis der beiden Nachbarn. In dieser Hinsicht bleibt das Reichsrecht unberührt. Hiernach kann der Eigentümer durch formlosen Vertrag, unter Umständen auch durch einseitigen formlosen Verzicht auf eine ihm nach dem Gesetz zustehende Eigentumsbefugnis verzichten, oder m. a. W.: sich verpflichten, eine Beeinträchtigung seines Eigentums zu dulden. Wer Fenster hält, die nach Art. 62 AG. unzulässig sind, beeinträchtigt hierdurch das Eigentum des Nachbarn. Trotzdem muß dieser für seine Person (also nicht auch seinen Sondernachfolgern) die Beeinträchtigung dulden, wenn er hierzu obligatorisch verpflichtet ist.

[34]) Vgl. EntschOTr. 47, 89 (Striethorst' Arch. 44, 237). Vgl. unten § 32.

Die Ansprüche aus den durch Art. 62—65 AG. statuierten Eigentumsbeschränkungen unterliegen gemäß Art. 78 AG. nicht der Verjährung und erlöschen nicht durch einen Verzicht des Berechtigten (Art. 77 AG.)[35].

Die baupolizeilichen Vorschriften über die Beschaffenheit und den Grenzabstand von Fenster- und Lichtöffnungen werden durch die Art. 62ff. AG. nicht berührt[36]. Die bayerische Bauordnung enthält übrigens solche Vorschriften nicht.

III. Zeitliche Statutenkollision.

Da der Inhalt des Eigentums sich nach den jeweils geltenden Gesetzen bestimmt, so sind die Vorschriften des AG. über das Fensterrecht sofort mit Inkrafttreten des BGB. in Wirksamkeit getreten[37]. Die Konsequenz dieses Grundsatzes würde dahin führen, daß auch diejenigen Fenster, welche am 1. Januar 1900 bereits bestanden haben, den Vorschriften des AG. entsprechen und daher eventuell umgeändert werden müßten. Diese Konsequenz wollte aber der Gesetzgeber nicht eintreten lassen und hat deshalb den Eigentümern bestehender Fenster gestattet, bei dem bisherigen Rechte zu bleiben, wenn dieses für sie günstiger ist. Der Nachbar wird dadurch nicht beschwert, weil er keinen Anspruch auf Änderung des Gesetzes zu seinen Gunsten hat[38]. Art. 66 AG. bestimmt demzufolge, daß für die am 1. Januar 1900 bestehenden Lichtöffnungen (Fenster, Balkone, Erker und ähnliche Anlagen) die bisherigen Vorschriften in Geltung bleiben, soweit sie eine geringere Beschränkung des Fensterinhabers bestimmen, als die Art. 62—65 AG. Wird das Gebäude unter der Herrschaft des neuen Rechts abgebrochen und wieder aufgebaut, so besteht kein Recht, die Fenster in dem Neubau nach den Vorschriften des alten Rechts einzurichten[39], ebensowenig ist eine Verlegung eines nur nach bisherigem Recht zulässigen Fensters angängig. Dem Nachbar kann bei einer solchen Verlegung nicht entgegengehalten werden, daß hierdurch sein Interesse nicht berührt werde und seinen Anspruch auf Einrichtung des verlegten Fensters nach dem AG. der § 226 entgegenstehe. Daran, daß das Fenster die Einrichtung erhält, hat ja der Nachbar ein Interesse. Selbstverständlich dürfen die nach bisherigem Rechte

---

[35]) Art. 77 steht übrigens der Begründung einer Dienstbarkeit, welche den Nachbar zur Duldung einer den gesetzlichen Vorschriften nicht entsprechenden Lichtöffnung verpflichtet, nicht entgegen.

[36]) Begründung z. AG. S. 40 (Becher, Mat. Abt. IV und V, 1, 86).

[37]) Oertmann, Landesprivatrecht S. 333.

[38]) Begründung z. AG. S. 40 (Becher, Mat. Abt. IV und V, 1, 86).

[39]) Oertmann, Landesprivatrecht S. 334.

zulässigen Fenster bei einem bloßen Umbau des Gebäudes in ihrer bisherigen Gestalt beibehalten werden; wenn aber infolge des Umbaues zeitweilig das Fenster vollständig beseitigt war, dann muß das Ersatzfenster auf Verlangen den Vorschriften des neuen Rechtes angepaßt werden.

Eine geringere Beschränkung als das AG. bestimmen vor allem jene Vorschriften des bisherigen Rechtes, welche die Einrichtung von Fenstern schlechtweg, d. h. ohne jede Beschränkung zulassen, wie z. B. das gemeine Recht und das bayerische Landrecht. Sind nach bisherigem Rechte für die Einrichtung von Fenstern beschränkende Bestimmungen gegeben, so ist zu prüfen, ob sie eine geringere Beschränkung darstellen als die Vorschriften des neuen Rechts. Nur in diesem Falle können sie für die bestehenden Fenster noch weiter angewendet werden, wobei es dem Eigentümer natürlich nicht verwehrt ist, den Fenstern und den übrigen Anlagen die durch das AG. vorgeschriebene Einrichtung zu geben. Ist aber nach bisherigem Recht die Beschränkung eine stärkere als nach dem neuen Gesetze, so ist nur das letztere maßgebend. Dies trifft vor allem bei jenen Rechtsvorschriften zu, welche die Anlage von Fenstern überhaupt verbieten, so z. B. das Mainzer-, Amberger-, Nürnberger-[40]), Dinkelsbühler- und Münchener-Recht für jene Mauern, die kein Traufrecht haben[41]).

1. Für die einzelnen Gebiete des bisherigen Rechts gilt folgendes:

a) In jenen Rechtsgebieten, in welchen bisher das gemeine Recht[42]) oder das bayerische Landrecht gegolten hat und nicht auf Grund von Statutarrechten abweichende Normen bestanden haben, darf der Eigentümer die bestehenden Fenster ohne jede Veränderung beibehalten.

b) Im Gebiete des Würzburger Stadtbaurechtes, das gewohnheitsrechtlich im ganzen Gebiete der fränkischen Landesgerichtsordnung gilt, muß unterschieden werden zwischen Giebelmauern und solchen Mauern, die keine Giebelmauern sind. In den Giebelmauern durften nur sog. hohe Lichter angebracht werden, die so eingerichtet sein mußten, daß niemand leichtlich dadurch aus- und in des Nachbars Haus

---

[40]) Für Nürnberger Recht vgl. SeuffBl. 56, 172.

[41]) Über Traufrecht s. unten § 24.

[42]) Das gemeine Recht kannte Beschränkungen weder für die Anlage von Fenstern noch für die Entziehung des Lichtes für die Fenster (Hesse 610; Gierke, Sachenrecht 426; Kahn, Fensterrecht 36; Gruchot 6, 293 [RG.]; SeuffA. 35 Nr. 273; 59 Nr. 124; RG. 31, 343; 44, 317). Die l. 12 C 8, 10, welche für die Fensteranlagen einen Abstand von 12 Fuß zwischen den Häusern vorschreibt, ist nicht glossiert und vom gemeinen Recht nicht übernommen (Windscheid § 211 a Anm. 8; Kahn, Fensterrecht 49).

und Hof einsehen kann[43]). Diese hohen Lichter können beibehalten werden. Sollte aber ein Eigentümer in einer Giebelwand vor dem 1. Januar 1900 gewöhnliche Fenster angebracht haben, so müssen sie nunmehr nach den Vorschriften des AG. oder nach der Bestimmung des Stadtbaurechtes (hohe Lichter) eingerichtet werden, soferne nicht der Fensterinhaber die Freiheit von der Eigentumsbeschränkung durch besonderen Rechtstitel erworben hat[44]).

Rücksichtlich jener Mauern, welche keine Giebelmauern sind, muß wiederum unterschieden werden zwischen solchen, denen das Traufrecht zusteht und solchen, welche kein Traufrecht haben[45]). In jenen Mauern, welchen das Dachtraufrecht zusteht, durfte der Eigentümer nach Belieben Fenster und Lichtöffnungen anbringen[46]). Die in solchen Mauern am 1. Januar 1900 bereits vorhandenen Fenster dürfen daher ohne jede Beschränkung in dem alten Zustande beibehalten werden. In jenen Mauern, die kein Traufrecht haben, durften ebenfalls Fenster angebracht werden; sie mußten aber nach Stadtbaurecht vergittert werden, d. h. die Gitter mußten vier Zoll hoch und vier Zoll weit sein[47]). Die am 1. Januar 1900 in solchen Mauern befindlichen Fenster müssen entweder nach Stadtbaurecht vergittert oder den Vorschriften des AG. entsprechend eingerichtet sein. Sind daher in solchen Mauern am 1. Januar 1900 unvergitterte Fenster vorhanden, so kann der Nachbar verlangen, daß sie nach Wahl des Eigentümers entweder nach Stadtbaurecht vergittert oder nach den Vorschriften des AG. eingerichtet werden[48]).

---

[43]) Würzburger Bauordg. III. (von Mauern und zwar von Giebelmauern) § 2. Über den Begriff Giebelmauern s. unten § 24, 1.

[44]) S. darüber unten § 22 III, 1, i.

[45]) S. darüber unten § 24.

[46]) Würzburger Bauordg. IV. (von Mauern so keine Giebelmauern sind) § 1.

[47]) Würzburger Bauordg. IV. (von Mauern so keine Giebelmauern sind) § 2. 4 Zoll sind rund 10 cm.

[48]) In einer Mauer, welcher das Traufrecht zusteht, befinden sich am 1. Jan. 1900 drei unvergitterte Fenster, die vollen Einblick in alle Teile des Nachbargartens ermöglichen. Nach dem 1. Jan. 1900 macht der Fensterinhaber diese Fenster bei gleichbleibender Breite höher. Das muß sich der Nachbar gefallen lassen; seinem Verlangen, die Vergrößerung der Fenster zu beseitigen, steht § 226 entgegen. Das gleiche muß gelten, wenn die vorhandenen Fenster auch verbreitert werden; denn vorher konnte man ebensogut hinaussehen. Unter Umständen muß sich der Garteninhaber gefallen lassen, daß zu den alten Fenstern noch ein vollständig neues kommt, wenn z. B. zu einem Fenster, das ein Wohnzimmer belichtet, noch ein zweites in den gleichen Raum kommt; hier wird regelmäßig das Interesse des Nachbars nicht berührt. Wenn freilich in dem Haus zwei alte Jungfern wohnen, von denen jede an einem der beiden Fenster sitzt, dann kann es anders sein.

Wenn der Nachbar in seinem Hausgarten eine Scheune errichtet, wodurch dem einen am 1. Jan. 1900 vorhandenem Fenster der Einblick in den Garten entzogen wird, während er von dem neu eingerichteten Fenster aus möglich bleibt, dann hat der Nachbar ein Interesse an der Beseitigung dieses neuen Fensters.

c) Nach Ulmer-[49]) und Memminger-Stadtrecht[50]) ist ebenfalls der Unterschied zu machen zwischen Mauern, denen das Traufrecht zusteht und solchen, welche kein Traufrecht haben. In den Mauern mit Traufrecht konnten Lichtöffnungen angebracht werden; der Eigentümer aber war verpflichtet, sie auf Verlangen des Nachbars nach Stadtbaurecht mit eisernen Gittern, deren Sprossen einen halben Schuh weit kreuzweis voneinander standen, zu vergittern. In den Mauern ohne Traufrecht durften keine Lichtöffnungen angebracht werden. Sind in einer Mauer, welcher kein Traufrecht zustand, am 1. Januar 1900 Fenster vorhanden, so ist der Inhaber auf Verlangen des Nachbars verpflichtet, sie nach den Bestimmungen des AG. einzurichten, falls er nicht durch besondere Rechtstitel ein Recht auf Beibehaltung der Fenster erworben hat[51]). Der Nachbar ist nicht berechtigt, dieses Verlangen des Nachbars abzulehnen und eine Vergitterung der Fenster nach Stadtrecht vorzunehmen, weil den Mauern ohne Traufrecht bisher gar kein Fensterrecht zustand.

Sind in einer Mauer, welcher nach bisherigem Rechte das Traufrecht zustand, am 1. Januar 1900 Fenster vorhanden, so genügt es von da ab, wenn diese Fenster entweder den Vorschriften des Stadtbaurechtes oder den Bestimmungen des AG. entsprechen.

d) Nach Augsburger Baurecht durften in den Mauern ohne Traufrecht keine Lichtöffnungen angebracht werden. Ist dies doch geschehen, so sind sie ohne Beibringung eines anderen Beweises nur als Vergunstlichter anzusehen[52]). In den Mauern mit Traufrecht durften Fenster eingerichtet werden, jedoch nicht gerade denen des Nachbars gegenüber. Auch mußten die Fenster vergittert sein. Hiernach ergibt sich folgendes:

Befinden sich am 1. Januar 1900 in einer Mauer mit Traufrecht

---

In einer Giebelwand dürfen nur sog. „hohe Lichter“ angebracht werden. Nach fränkischem Landrecht war es unzulässig, in Giebelwänden Fenster mit vollem Einblick anzubringen. Wenn trotzdem vielfach Fenster in Giebelwänden gefunden werden, so beruht das darauf, daß dies stillschweigend geduldet wurde; durch Zeitablauf entstand eine Grunddienstbarkeit zur Beibehaltung dieser Fenster. In diesen Fällen gilt für Vergrößerung der Fenster dasselbe, wie vorhin aufgeführt. Wenn und insolange dem Verlangen des Nachbars, diese Fenster nach den Bestimmungen des AG. einzurichten, infolge Vorhandenseins der anderen Fenster mit vollem Einblick eine Dienstbarkeit besteht, dann gilt § 226. Voraussetzung hierfür ist, daß an den Fenstern die am 1. Jan. 1900 zu Recht bestehen, der Einblick in alle Teile des Nachbargrundstücks möglich ist.

[49]) Ulmer Bauordg. X. §§ 3 u. 4.

[50]) Memminger Bauordg. XIV. §§ 3 u. 4.

[51]) S. darüber unten § 22, III, 1, i.

[52]) Augsburger Bauordg. Tl. II Kap. 8 §§ 35 u. 36, Tl. I Kap. 3 § 45. Über Traufrecht s. unten § 24.

Fenster, welche denen des Nachbarhauses nicht gerade gegenüber liegen, so genügt es, wenn sie entweder nach Stadtbaurecht vergittert oder nach den Vorschriften des AG. eingerichtet sind. Liegen die Fenster aber denen eines Nachbarhauses gerade gegenüber, so kommt es darauf an, welche Fenster zuerst bestanden haben. Der Inhaber jener Fenster, die zuerst bestanden haben, könnte nach Stadtbaurecht von dem Nachbar die Beseitigung der gerade gegenüberliegenden Fenster verlangen. Jetzt kann er nur Einrichtung nach den Vorschriften des AG. verlangen. Mit einer bloßen Vergitterung, wie sie dem Stadtbaurecht entspricht, braucht er sich nicht zu begnügen. Die Beweislast dafür, daß die Fenster früher bestanden haben, trifft denjenigen, welcher auf Grund dieser Tatsache Rechte ableitet.

Sind am 1. Januar 1900 in einer Mauer, welcher bis dahin kein Traufrecht zustand, Fenster vorhanden, so müssen sie auf Verlangen den Vorschriften des AG. entsprechend eingerichtet werden.

e) Nach der Regensburger Wachtgerichtsordnung[53]) ist die Anbringung von Fenstern gestattet, sie müssen jedoch mit engen und weitern Gittern genugsam verwahrt sein, damit man in des Nächsten Haus, Hof oder Garten dadurch nicht steigen möge. Nur dann ist die Anbringung von Fenstern schlechtweg untersagt, wenn die in einer Mauer früher bestandenen Fenster sämtlich[54]) vermauert worden sind. Aus einem solchen Zustande wurde darauf geschlossen, daß der Eigentümer der Mauer seinem Nachbar eine Servitut, kraft deren er die Haltung von Fenstern verbieten dürfe, eingeräumt hat[55]). An dem Inhalte dieser Servitut, durch welche die nach dem Gesetze im Eigentum liegende Befugnis zur Haltung von Fenstern entzogen ist, wird durch das BGB. und das AG. gar nichts gändert. Denn die Vorschriften des AG. über das Fensterrecht beziehen sich lediglich darauf, ob und inwieweit das Eigentum die Befugnis zur Haltung von Fenstern mit sich bringt. Ist durch Vertrag oder Ersitzung ein besonderes dingliches Recht an einer fremden Sache erworben worden, so hat es hierbei sein Bewenden.

Soweit der Nachbar keine solche Servitut auf Untersagung von Fenstern hat, kann er verlangen, daß die Fenster nach Wahl des Fensterinhabers entweder nach der Wachtgerichts- und Bauordnung vergittert oder nach den Vorschriften des AG. eingerichtet werden.

f) Nach Nürnberger-[56]), Mainzer-[57]), Amberger-[58]),

[53]) Regensburger Wachtgerichtsordg. VI. §§ 1—17.
[54]) SeuffBl. 34, 128.
[55]) Vgl. Weber, Statutarrecht 5, 72; Roth, Bayer. ZivR. Bd. 2 § 168 Note 36.
[56]) Nürnberger Reform. XXVI. Tit. 3 § 1.
[57]) Amberger Bauordg. VII.
[58]) Mainzer Bauamtsordg. § 34 (Land.-Ordg. VII).

Dinkelsbühler=Stadtrecht[59]) ist die Anlage von Fenstern nach der Seite des Nachbars verboten, insoweit nicht eine besondere Befugnis hierzu, deren Entstehung nachgewiesen werden muß[60]), vorliegt. Die in den bisherigen Gebieten dieser Rechtsquellen am 1. Januar 1900 bestehenden Fenster müssen daher den Vorschriften des AG. entsprechend eingerichtet werden, soferne nicht eine besondere Berechtigung besteht.

g) Nach Münchener Stadtbauordnung[61]) war dem Eigentümer eines Gebäudes ohne Traufrecht untersagt, an der dem Nachbar zugewendeten Seite seiner Mauer Lichtöffnungen unterhalb einer Höhe von 12 Fuß von dem Erdboden aus gerechnet anzubringen[62]). Jetzt können in solchen Mauern Lichtöffnungen mit den Beschränkungen des AG. gehalten werden.

h) Nach dem preußischen Landrecht[63]) ist die Rechtslage folgendermaßen:

Jeder Grundeigentümer kann, wenn sein Gebäude nicht unmittelbar an der Grenze steht, also nur ein wenig von ihr entfernt ist, ohne jede Einschränkung in der nach dem Nachbargrundstücke zu belegenen Wand Fenster und sonstige Lichtöffnungen anbringen (§ 137 I 8 ALR.)[64]). Auch dann, wenn das Gebäude unmittelbar an der Grenze steht, kann er solches in dem Falle ohne alle Einschränkung tun, wenn auf dem Nachbargrundstücke ein Gebäude sich unmittelbar an das seinige anschließt, die von ihm eröffneten Fenster also auf das Dach des Nachbargebäudes hinausgehen[65]).

Sind Fenster, die nach diesen Bestimmungen zulässig sind, am 1. Januar 1900 vorhanden, so können sie nach Art. 66 AG. unverändert beibehalten werden.

Dagegen ist nach preußischem Rechte (§ 138, I, 8 ALR.) der Eigentümer dann, wenn sein Gebäude unmittelbar[66]) auf der Grenze

---

[59]) Dinkelsbühler Statutarrecht XIX. § 8.

[60]) S. unten § 22, III, 2.

[61]) Art. 53.

[62]) EntschOGH. 3. 373.

[63]) ALR. Tl. I Tit. 8 §§ 137 ff.

[64]) Striethorst' Arch. 96, 168; RG. 44, 317.

[65]) Striethorst' Arch 92, 167; Gruchot 25, 430; RG. 44, 317.

[66]) Entscheidend ist, daß der untere Teil der Fensterwand (der Sockel) unmittelbar an der Grenze steht, wenn auch der die Fenster enthaltende Teil der Mauer zurücktritt (ObTr. 68, 357; Striethorst' Arch. 58, 335; Gruchot 32, 939; Kahn, Fensterrecht 82). A. M. dagegen EntschOGH. 15, 608. — Wenn der Sockel von der Grenze zurücksteht, aber der obere die Fenster enthaltende Teil der Mauer überladen ist, so daß die Grenze mit diesem Teil abschneidet, ist § 138 anzuwenden. — Jeder auch noch so geringfügige Abstand der Mauer von der Grenze bringt die Beschränkung des § 138 I 8 in Wegfall (Plenarentscheid d. ObTrPräjG. S. 26 Nr. 975b; ObTr. 68, 357; Striethorst' Arch. 61, 29).

steht und der daran anstoßende Teil des Nachbargrundstückes ein Hof oder Garten ist, d. h. nicht mit Gebäuden besetzt ist[67]), während aber ein anderer Teil desselben Grundstückes bebaut ist[68]), in der Einrichtung von Öffnungen[69]), insbesondere von Fenstern, aber auch nur in dieser, nicht etwa in der Anbringung von solchen überhaupt, insoferne beschränkt, als er sie unbedingt mit einem Drahtgitter oder eisernen zwei Zoll voneinander abstehenden Stäben verwahren muß[70]) und als er außerdem, sofern es die Umstände gestatten[71]), die Fenster nur in einer Höhe von sechs Fuß über dem Boden des Zimmers oder Behältnisses[72]) anbringen darf. Die Lichtöffnungen, welche in einer solchen unmittelbar an der Grenze stehenden Wand am 1. Januar 1900 vorhanden waren, müssen von da an eine Beschaffenheit haben, die entweder den Vorschriften des preußischen Rechts oder den Vorschriften des AG. entspricht.

---

[67]) EntschOTr. 92, 164; Gruchot 25, 429.

[68]) EntschOTr. 94, 206. Unter dem Ausdruck „Hof oder Garten" ist also auch jeder zu dem Hause gehörige offene Raum zu verstehen. Striethorst' Arch. 23, 162. Ein Raum, welcher der Einfriedigung ermangelt und tatsächlich im freien Verkehr steht, ist nicht als Hof zu erachten. EntschOTr. 94, 206. Der Hof oder Garten muß den Teil eines praedium urbanum im Gegensatz zu einem Ackergrundstück in der freien Feldflur ausmachen und mit dem Hausgrundstück als ein ihm dienender Platz in räumlicher Verbindung stehen. Striethorst' Arch. 69, 313, EntschOTr. 94, 206. So ist eine Einfahrt als Hof behandelt und ebenso ein zur Ableitung des Trauf- und Regenwassers dienender Raum. Striethorst' Arch. 12, 312; 65, 309.

[69]) Die Beschränkung des § 138 gilt für Öffnungen jeder Art, gleichviel welchem Zwecke sie dienen (ObTr. 19, 104; Striethorst' Arch. 24, 33; 41, 300; 58, 335; 78, 153; Dernburg, Pr. PrR. 554 Anm. 12; Abw. Kahn 83, der den § 138 auf Luftöffnungen nicht anwenden will.

[70]) Striethorst' Arch. 64, 108; Gruchot 26, 939. Die Gitter und Stäbe müssen in der Wand derart befestigt sein, daß sie nicht beliebig herausgenommen werden können. Das ergibt sich aus dem Begriff „verwahren". Auch das Drahtgitter darf nur höchstens zwei Quadratzoll breite Öffnungen haben. Müller, Deutsches Bau- und Nachbarrecht 66. Wenn dem Fenstereigentümer ein besonderes (dingliches oder schuldrechtliches) Recht auf „freie Aussicht" zusteht, so obliegt ihm die Vergitterungspflicht nicht, weil er sonst an der freien Aussicht nach der Seite (Herausbeugen aus dem Fenster) behindert wäre (Dernburg, Pr. PrR. 555 Anm. 12; Sachenrecht 296 Anm. 21; A. M. dagegen Turnau-Förster 355, Koch Bem. 20 zu § 138 I 8).

[71]) Vgl. darüber RG. 5, 229. — Ist das Zimmer nur sechs Fuß hoch, so muß das Fenster so hoch als möglich, doch so, daß es noch seinen Zweck erfüllen kann, angelegt werden. Striethorst' Arch. 23, 142. Die neue Fensteranlage ist den vorher bestandenen faktischen Verhältnissen anzupassen. Werden aber die Bedürfnisse und Verhältnisse willkürlich geändert, z. B. ein Haus in einen Gasthof umgewandelt, so kann sich der Bauende nicht darauf berufen, daß die jetzigen Umstände es nicht gestatten. Striethorst' Arch. 65, 309.

[72]) Unter einem Behältnis ist ein nicht zum Bewohnen bestimmter Raum zu verstehen. Gruchot 30, 939; 41, 641; JW. 1897, 258 Nr. 96. Für die Messung der 6 Fuß vom Boden kommt nur die Lichtöffnung mit Rahmen in Betracht, nicht aber das Fensterfutter, d. h. die Verkleidung, in welcher der Rahmen sitzt. Striethorst' Arch. 10, 309.

Selbstverständlich muß dies nur dann und insolange der Fall sein, als die rechtlichen Voraussetzungen des Art. 62 ff. AG. gegeben sind.

Auf Fälle, in welchen das Nachbargrundstück beiden Nachbarn gemeinschaftlich gehört, findet § 138, I, 8 ALR. keine Anwendung. Handelt es sich um einen Zwischenraum, der Grenzeinrichtung im Sinne des § 921 BGB. ist, dann finden nur die einschlägigen Bestimmungen des BGB. Anwendung[73]).

i) Nach code civil Art. 676—680[74]) galt folgendes:

Der Eigentümer einer Mauer durfte, auch wenn sie unmittelbar an das Nachbargrundstück angrenzte, in ihr Öffnungen und Fenster anbringen, die mit einem Drahtgitter[75]) versehen waren und nicht geöffnet[76]) werden konnten. Sie mußten im Erdgeschosse acht Fuß (260 cm), in den oberen Geschossen sechs Fuß (190 cm) vom Erdboden[77]) entfernt sein, wobei der Fensterrahmen nicht mitgerechnet wurde[78]). Man nannte solche Fenster „jours" (Lichtfenster), im Gegensatz zu „vues" (Aussichtsfenstern), die nur in einer bestimmten Entfernung von der Grenze zulässig waren.

Gegen die weitere Beibehaltung von Lichtöffnungen, welche diesen Vorschriften entsprechen, ist auch unter der Geltung des BGB. nichts zu erinnern. Sind solche Lichtöffnungen mindestens 60 cm von der Grenze entfernt, so können sie nach Belieben des Inhabers umgeändert werden; sind sie aber weniger als 60 cm von der Grenze entfernt, so hat der Fensterinhaber die Wahl, ob er die Fenster mit einer der Vorschrift des code civil entsprechenden Einrichtung oder mit einer solchen, welche dem AG. entspricht, halten will.

Aussichtsfenster („vues"), das sind solche, welche in der Einrichtung keiner Beschränkung unterworfen waren, durften nur in einer bestimm-

---

[73]) Turnau-Förster 356, vgl. Striethorst' Arch. 18, 159.

[74]) Es sind hier nur die Vorschriften bezüglich der nicht gemeinschaftlichen Mauern erörtert, weil die Frage, ob in einer gemeinschaftlichen Mauer Fenster angebracht werden, sich nunmehr ausschließlich nach § 920 BGB. richtet. Hiernach ist die Anbringung von Fenstern in einer gemeinschaftlichen Mauer im allgemeinen unzulässig (vgl. oben S. 107) und daher gilt unter dem neuen Rechte dasselbe, was Art. 675 code civil bestimmte.

[75]) „à fer maillé", die Maschen oder Stäbe dürfen höchstens 10 cm weit sein.

[76]) „chassis à verre dormant". Zu Unrecht wird dies von Kretzschmar, RheinZivilrecht Art. 676 mit blinden (undurchsichtigen) Fenstern übersetzt. Dagegen mit der französischen Rechtslehre RheinArch. 93 II, 45 (RG.); 101 I 141 (Köln). Die unbeweglichen Rahmen brauchen nicht mit Kalk oder Gips vermauert zu sein (Bandry-Lacantinerie Nr. 1029, 1).

[77]) Die Bemessung hat von der Seite des Fensterinhabers aus zu erfolgen. Haben die beiden Nachbargrundstücke verschiedenes Niveau, so kommt nur der Boden desjenigen Grundstücks in Betracht, auf dem der Bau mit dem Fenster steht (Carpentier Nr. 30; Fuzier-Hermann Bem. 2 zu Art. 677; Bandry-Lacantinerie Nr. 1029, 734).

[78]) Code civil Art. 676, 677.

ten Entfernung von der Grenze gehalten werden. Diese Entfernung betrug bei Fenstern, welche die Aussicht geradeaus auf das Nachbargrundstück gewährten, sechs Fuß (190 cm)[79] und für Fenster, welche die Aussicht von der Seite oder in schräger Richtung auf das Nachbargrundstück hatten, zwei Fuß (60 cm)[80]. Diese Entfernungen wurden berechnet von der Außenseite der Mauer, in welcher die Öffnung angebracht ist und wenn es sich um einen Balkon oder anderen ähnlichen Vorsprung handelt, von dessen äußerster Linie[81]. Diese Bestimmung ist außer Geltung getreten, weil sie für die Fenster eine größere Beschränkung auferlegt, als die Vorschriften des AG.

Von Kellerfenstern ist in den Art. 676 ff. nicht die Rede, sie unterliegen daher keinen Beschränkungen[82].

2. Besondere Rechtsverhältnisse. Die in den oben aufgeführten bisherigen Rechtsvorschriften enthaltenen Beschränkungen des Eigentums, durch welche die an sich im Eigentum gelegene Befugnis zur Haltung von Fenstern eingeschränkt ist, konnten durch Begründung eines besonderen Rechtsverhältnisses beseitigt werden. Der wichtigste Fall einer solchen Beseitigung der gesetzlichen Eigentumsbeschränkung ist nach bisherigem Recht die Ersitzung einer Servitut[83].

Trotz Art. 189 EG. und Art. 177 AG. läuft eine am 1. Januar 1900 in Lauf befindliche Ersitzung einer Fenstergerechtigkeit nicht weiter bis zum Zeitpunkt der Anlegung des Grundbuchs. Denn Art. 78 entzieht den durch Art. 62 verliehenen Anspruch der Verjährung. Daran wird auch durch Art. 66 nichts geändert; denn dort wird den am 1. Januar 1900 vorhandenen Fenstern nur die Vergünstigung eingeräumt, daß es genügt, wenn sie entweder den alten oder den neuen gesetzlichen Anforderungen entsprechen (vgl. Art. 67)[84].

Ist eine Grunddienstbarkeit, deren Inhalt in der Freiheit von der gesetzlichen Eigentumsbeschränkung bezüglich des Haltens von Fenstern besteht, nach den bisherigen Rechtsvorschriften am 1. Januar 1900 bereits erworben, so können auf dieses besondere Rechtsverhältnis die Bestimmungen des AG. nicht angewendet werden; denn diese beziehen sich lediglich darauf, ob und inwieweit das Eigentum die Befugnis zur Haltung von Fenstern mit sich bringt.

---

[79]) Code civil Art. 678; vgl. RG. 15, 328.

[80]) Code civil Art. 679.

[81]) Code civil Art. 680.

[82]) Demolombe 1912 Nr. 534; Carpentier Nr. 54; Baudry-Lacantinerie Nr. 1029; Fuzier-Hermann Bem. 7 zu Art. 676.

[83]) Vgl. Recht 1908 Nr. 3134 (RG.).

[84]) Die gegenteilige Ansicht der früheren Auflagen, welche die Zustimmung Oertmanns, Landesprivatrecht 333, gefunden hat, kann nicht aufrecht erhalten werden.

Für die Ersitzung einer Servitut (Grunddienstbarkeit) ist erste Voraussetzung der Besitz eines Fensters, dessen Anlage den Vorschriften des Gesetzes, welchem es unterworfen ist, nicht entspricht.

Dieser Besitz muß während der Ersitzungszeit ausgeübt worden sein; diese beträgt 30 Jahre nach Nürnberger[85]), Amberger[86]), Rothenburger[87]) und rheinischem[88]), 10 Jahre nach gemeinem Rechte; nach BayLR. 10 Jahre, soferne ein Titel oder Kenntnis des Gegners vorhanden ist, andernfalls 40 Jahre; nach ALR. mit Titel 10, ohne Titel 30 Jahre. Die übrigen unter 1 erwähnten Statutarrechte haben über die Verjährungszeit keine besonderen Vorschriften, es sind also die Grundsätze des subsidiär anzuwendenden (gemeinen, bayerischen oder preußischen) Rechts maßgebend.

Durch die Ersitzung einer Grunddienstbarkeit des Inhalts, daß der Berechtigte Fenster, deren Anlage oder Einrichtung im Widerspruch mit den Gesetzesvorschriften steht, halten darf, wird noch kein Recht erworben des Inhalts, daß diesen Fenstern die Aussicht nicht verbaut werden darf. Hierzu ist der Erwerb einer Lichtgerechtigkeit erforderlich[89]).

Zur Bestellung einer Servitut ist bis zu dem Zeitpunkte, in welchem das Grundbuch als angelegt anzusehen ist, notarieller Vertrag erforderlich, von da ab Eintragung im Grundbuch[90]). Die Unterzeichnung des Bauplanes kann den notariellen Vertrag nicht ersetzen[91]).

---

[85]) Nürnberger Reformation XXVI; SeuffBl. 36, 295.

[86]) Amberger Bauordnung § 7.

[87]) Ratsbescheid vom 9. Oktober 1730 und 2. Mai 1731 (Arnold, Beiträge 2, 596).

[88]) Code civil Art. 690. Wenn der Gebäudeeigentümer die durch das Gesetz verbotenen Fenster während eines Zeitraums von 30 Jahren innehatte, so hat er hierdurch ein Recht auf Beibehaltung der Fenster erworben. Art. 67 Abs. 2 AG. bestimmt ausdrücklich: Wenn der Eigentümer eines Gebäudes vor dem Inkrafttreten des BGB. nach den Vorschriften des Pfälzischen Rechts durch Zeitablauf das Recht erlangt hat, Fenster, andere Lichtöffnungen oder Balkone, Erker usw. zu halten, die den gesetzlichen Vorschriften nicht entsprechen, so gilt dieses Recht als Grunddienstbarkeit. Das Reichsgericht hat den Erwerb der Freiheit von dieser gesetzlichen Eigentumsbeschränkung ohnedies als Grunddienstbarkeit aufgefaßt (RG. 13, 305; 15, 329; 31, 344. Vgl. übrigens EntschOGH. 5, 91; 8, 572). Gleichwohl kann auch im ehemaligen Gebiet des rheinischen Rechts eine Fenstergerechtigkeit als Grunddienstbarkeit durch Ersitzung in der Zeit zwischen dem 1. Januar 1900 und dem Zeitpunkte, in welchem das Grundbuch als angelegt anzusehen ist, nicht mehr erworben werden (Art. 78, 67 Abs. 2 AG.); Begründung zum AG. 41 (Becher, Mat. Abt. IV u. V 1, 87). Über die bestrittene Frage, ob durch eine solche Fenstergerechtigkeit zugleich auch ein Recht erworben wurde, dem Nachbar die Verbauung dieser Fenster zu verbieten (Lichtrecht), s. unten § 23e.

[89]) S. unten § 23.

[90]) S. unten § 23a. Über Eintragung im Grundbuch s. Oertmann, Landesprivatrecht 333.

[91]) EntschOGH. 3, 371; vgl. oben § 22 II.

§ 23. Lichtrecht.

Von dem Fensterrecht, d. i. der Befugnis des Eigentümers in seinem Gebäude Fenster zu haben, ist wohl zu unterscheiden das Lichtrecht als Befugnis des Fensterinhabers dem Nachbar die Verbauung des Lichtes für diese Fenster zu verbieten. Das Recht des Eigentümers, Fenster in seinem Gebäude zu haben, ist der natürliche Ausfluß des Eigentums. Andererseits verhält es sich ebenso mit der Befugnis des Nachbars, auf seinem Grundstück nach Belieben zu bauen. Der Inhaber von Fenstern, der befugt ist, die Fenster zu haben, muß es sich daher gefallen lassen, daß der Nachbar diesen Fenstern durch Bauten das Licht entzieht, ja sogar (wenn die Mauer, in der sich die Fenster befinden, unmittelbar auf der Grenze steht[1]), daß der Nachbar die Fenster zubaut[2]). Will der Inhaber der Fenster dem Nachbar die Entziehung des Lichtes verbieten, so muß er ein besonderes Recht zur Begründung der Verbotes geltend machen; eine gesetzliche Eigentumsbeschränkung ist in dieser Richtung weder im bürgerlichen Gesetze noch in den bayerischen Nebengesetzen enthalten[3]). Hatte der Fensterinhaber auf Grund nachbarrechtlicher Vorschriften der bisherigen Rechtsquellen ein solches Verbietungsrecht, so ist es ihm durch die neue Gesetzgebung entzogen, während ein Verbietungsrecht, das in einem besonderen Rechtsverhältnisse seine Wurzel hat, auch unter der Geltung des BGB. weiter besteht. Der wichtigste Fall eines besonderen Rechtsverhältnisses ist die Servitut. Die Begründung eines servitutarischen Lichtrechts richtet sich bis zu dem Zeitpunkt, in welchem das Grundbuch als angelegt anzusehen ist, nach bisherigem Recht.

---

§ 23. [1]) S. darüber unter Traufrecht, unten § 24.

[2]) Dies gilt selbst dann, wenn das Recht auf das Fenster unter der Geltung eines Rechts ersessen wurde, nach welchem das Fenster an sich (ohne speziellen Erwerb) unzulässig war; denn das Fensterrecht schließt kein Lichtrecht in sich. Wenn eine Baupolizeibehörde für eine Brandmauer die Einfügung von Lichtflächen, die mit Glasbausteinen ausgemauert sind, zuläßt, so ändert das nichts an dem bestehenden Rechtszustand, daß der Nachbar von der Befugnis Gebrauch zu machen hat, unmittelbar an der Grenze, also an die Brandmauer anzubauen (wenn nicht die örtliche Bauordnung entgegensteht); Der Bauende macht sich durch Herstellung der Brandmauer unter Mitverwendung der Glasbausteine nur einen einmal bestehenden Vorteil zunutze, das erzeugt jedoch ohne Verständigung des Nachbarn noch kein Recht gegen diesen und keine Pflicht der Baupolizeibehörde (D. Verw.-BVbl. 1938, 30 — Sächs. OVG.).

[3]) Wenn zwei Häuser durch eine enge Reihe geschieden werden, welche sich als Grenzeinrichtung im Sinne des § 921 BGB. darstellt, dann können die in den Häusern befindlichen Fenster nicht verbaut werden; hier handelt es sich natürlich nicht um ein Lichtrecht, sondern man hat es nur mit der gesetzlichen Folge des § 922 BGB. zu tun, wonach an der Grenzeinrichtung (d. i. der freie Luftraum zwischen den beiden Häusern) einseitig nichts geändert werden darf. S. oben § 7.

a) Nach gemeinem Recht wurde eine solche Servitut (servitus ne luminibus officiatur) nicht schon dadurch erworben, daß während der Verjährungszeit oder seit unvordenklicher Zeit aussichtsfreie Fenster bestanden haben; denn die Einrichtung und Innehabung von Fenstern im eigenen Haus erscheint zunächst nur als eine tatsächliche Ausübung des Eigentumsrechts. Der Besitz von Fenstern, auch wenn er unangefochten seitens des Nachbars besteht, schließt deshalb noch nicht den Besitz eines den letzteren beschränkenden Lichtsrechts in sich. Dies gilt selbst dann, wenn das Fenster in seiner Einrichtung den gesetzlichen Vorschriften zuwiderläuft. Wenn z. B. unter der Geltung der Würzburger Bauordnung in einer Giebelwand während der Dauer von 10 Jahren mit gutgläubiger Rechtsausübung ein unvergittertes Fenster gehalten wurde, so ist hierdurch lediglich das Recht auf Beibehaltung dieses Fensters ersessen, nicht auch das Recht, die Verdunkelung dieses Fensters zu verbieten. Da ein Fensterrecht nach dem 1. Januar 1900 nicht mehr ersessen werden kann (Art. 78 AG.), wohl aber bis zum Inkrafttreten der Grundbuchverfassung ein Lichtrecht, so kann für ein nach bisherigem wie jetzigem Recht unzulässig eingerichtetes Fenster ein nach dem 1. Januar 1900 ersessenes Lichtrecht bestehen.

Am 1. Mai 1894 hat A ein Haus vollendet, dessen dem Nachbargrundstück zugekehrte Giebelwand unmittelbar an der Grenze steht. In dieser Giebelwand befindet sich ein unvergittertes Fenster, das nach Würzburger Baurecht unzulässig war. Durch mündliche Vereinbarung hatte der Nachbar B diesem Fenster gegen Zahlung von 50 Mk. ein Lichtrecht eingeräumt. Im Jahr 1896 verkaufte B sein Grundstück an C, der im gleichen Jahr einen Bau errichten wollte, durch welchen dem Fenster des A das Licht entzogen worden wäre. A widersprach diesem Neubau, indem er gutgläubig den (irrigen) Standpunkt vertrat, daß er durch die Vereinbarung mit B und die an diesen geleistete Zahlung von 50 Mk. eine Servitut erworben habe. Infolge dieses Widerspruches stand C von dem Neubau ab. Die Grundbuchverfassung ist in Würzburg am 1. Oktober 1910 in Kraft getreten. Da C seit dem Jahre 1896 zehn Jahre lang sich dem Verbot des Nachbarn A gefügt hat, hat A durch Ersitzung ein Lichtrecht, das ist eine Grunddienstbarkeit, erworben, vermöge deren er das Verbauen seines Fensters verbieten kann. Ein Fensterrecht dagegen, das ist eine Grunddienstbarkeit, vermöge deren er berechtigt ist, das Fenster mit der dem Gesetz nicht entsprechenden Einrichtung zu halten, hat er nicht erworben, weil die hierfür im Jahre 1894 (nicht erst 1896) in Lauf gesetzte zehnjährige Ersitzungszeit mit dem 1. Januar 1900 abgeschnitten wurde. Er muß also das Fenster so einrichten, daß es den Vorschriften entweder der Würzburger Bauordnung oder des Art. 62 AG. entspricht.

Ein für die Ersitzung einer Lichtgerechtigkeit genügender Besitzstand erfordert also außer dem Halten des Fensters besondere Umstände[4]). Ein solcher besonderer Umstand liegt darin, daß der Eigentümer dem

---

[4]) SeuffA. 36 Nr. 110; JW. 1891, 23 Nr. 53. In letzterer Entscheidung ist ausgesprochen worden, daß der Eigentümer, welcher das Recht hat, die Fensterflügel durch den Luftraum des Grundstückes aufzuschlagen, dadurch allein noch nicht die Befugnis erhält, eine

Nachbar die Verbauung der Fenster verboten und von diesem Verbot ab die Fenster während der Ersitzungszeit unbeeinträchtigt beibehalten hat oder, wenn der Eigentümer durch mündlichen (dinglich unwirksamen Art. 14 NotG.) Vertrag vom Nachbar das Lichtrecht gekauft und die Ersitzungszeit hindurch die aussichtsfreien Fenster besessen hat.

Neben der Ersitzung eines Lichtrechts kommt die rechtsgeschäftliche Bestellung in Betracht.

In einem Fall, in welchem das Eigentum zweier aneinandergrenzender Anwesen in einer Hand vereinigt war und dann eines der Häuser „samt allen Lichtern und Trüpfen" verkauft wurde, ist angenommen worden, daß hierdurch dem Käufer ein dingliches Verbietungsrecht zum Schutze seiner Fenster habe eingeräumt und nicht nur eine Verpflichtung zur bloßen Duldung der Fenster ohne Verzicht auf beliebigen Anbau auf Seite des Verkäufers habe ausgedrückt werden wollen[5]).

Bei einer Veräußerung des einen von zwei in der Hand eines Eigentümers befindlichen Anwesens hat sich die bisherige Praxis geneigt gezeigt, aus den Umständen auf eine stillschweigende Bestellung einer Lichtgerechtigkeit zu schließen.

Zwischen den beiden Häusern befindet sich ein Zwischenraum, der ihnen, so lange sie noch in einer Hand waren, als Lichthof diente; beide Häuser hatten nach außen schlagende Fenster nach diesem Lichthof. Das Dach des an den Kläger verkauften Hauses ragt in den Luftraum des Hofes. Der Wert beider Häuser würde wesentlich beeinträchtigt, wenn der Hof dieser seiner Bestimmung als Lichthof entzogen würde. Daraus ist die Absicht der Parteien bei dem Verkauf abgeleitet worden, daß der Hof weiter zu diesem Zwecke benützt werden soll und daß dem Kläger, der das eine Haus gekauft hat, an dem Zwischenraum eine stillschweigend bestellte Servitut auf Gewährung von Licht und Luft zusteht[6]).

Die stillschweigende Bestellung einer Grunddienstbarkeit setzt den erkennbaren Willen des Veräußerers und Erwerbers, daß das tatsächliche Benützungsverhältnis auch nach der Trennung der Grundstücke fortbestehen soll, voraus. Es ist jedoch nicht von ausschlaggebender Bedeutung, ob auch ein wesentliches Bedürfnis zu solcher Benützung für das fortan herrschende Grundstück nachgewiesen ist; denn das wesentliche Bedürfnis ersetzt nicht den mangelnden Willen, sondern es begründet bloß eine Rechtsvermutung für dessen Vorhandensein und hat somit die Eigenschaft einer rechtlich anerkannten Tatsache, durch welche ein sonst nicht nachweisbarer Wille erkennbar gemacht wird[7]).

Verbauung des Lichtes zu verbieten, auch wenn durch diese Lichtentziehung sein Recht zur Aufschlagung der Fenster wertlos wird. Ein solches Ladenrecht müßte an sich durch Ausschachten der Mauer gewahrt bleiben. Allein da der Inhaber des Ladenrechts, wenn sein Fenster vollständig zugebaut wird, absolut kein Interesse mehr an dem Aufschlagen der Fensterflügel hat, kann der Nachbar die Ausschachtung unterlassen, da das Verlangen der Ausschachtung eine schikanöse Rechtsausübung darstellen würde. § 226 BGB.

[5]) SeuffBl. 36, 94.

[6]) SeuffA. 53 Nr. 10.

[7]) EntschOGH. 17, 215. Vgl. ferner über stillschweigende Bestellung von Servituten: EntschOGH. 8, 409; 9, 679; JW. 1891, 213 Nr. 49; RG. 42, 158. In der letzten Entscheidung wird stillschweigende Servitutenbestellung für den Fall der Subhastation abgelehnt. Über stillschweigende Servitutenbestellung s. unten § 32 A II und B I 3.

Nach gemeinem Recht ist zu unterscheiden zwischen der servitus altius non tollendi und der servitus ne luminibus officiatur[8]). Die servitus altius non tollendi steht nur dem Höherbauen entgegen, nicht aber Anpflanzungen oder Aufstapelungen von Materialien, welche Licht und Aussicht benehmen[9]). Daher liegt in der Übernahme der Verpflichtung, eine Grenzmauer nicht zu erhöhen und auf einem Grundstück nicht zu bauen, für den Andern noch nicht das Recht, dem Nachbar zu verbieten, Bäume auf seinem Grundstücke zu halten, welche den Fenstern das Licht nehmen[10]).

b) Keine von dem gemeinen Recht abweichenden Bestimmungen enthalten die Vorschriften des BayLR.[11]), sowie der Statuten von Ulm, Nürnberg, Amberg, Mainz, Dinkelsbühl, München und Würzburg. Mittelbar wurde aber durch das nach den Statuten von Ulm, Nürnberg, München und Würzburg anerkannte Traufrecht ein gewisser Schutz gegen Verdunkelung der Fenster bewirkt (s. hierüber unten § 24).

Das nach den Statutarrechten von Nürnberg und Amberg durch bloßen Zeitablauf erworbene Fensterrecht schloß nicht die Befugnis in sich, ein Verbauen des Lichtes zu verbieten. Dieses Verbietungsrecht ist nur dann durch Ersitzung erworben, wenn der Nachbar verbauen wollte, dies aber auf Widerspruch unterließ und von diesem Zeitpunkte an 10 Jahre (nicht 30 Jahre) abgelaufen sind.

c) Dagegen mußte nach Regensburger Recht[12]) bei Unentbehrlichkeit der bestehenden Fenster mit einem Neubau drei Schuh gewichen werden. Nach Augsburger Statutarrecht[12]) war eine Reihe von vier Schuh zu bilden. Diese Bestimmungen, bei welchen der Schutz der angelegten Fenster nicht von einem Zeitablauf abhängt, sind nachbarrechtliche Vorschriften über den Inhalt des Eigentums und daher durch das BGB. bzw. AG. aufgehoben, da ein Vorbehalt nicht gemacht ist[13]). Hieraus ergibt sich eine eigentümliche Konsequenz. Da in dem Gebiete des Regensburger und Augsburger Stadtrechts der Schutz der unentbehrlichen Fenster gegen Verdunkelung jedem stehenden Gebäude auf Grund des Nachbarrechts zustand, konnte eine Servitut durch Ersitzung nicht erworben werden; denn es fehlte an einem mit dem Gesetz im Widerspruch stehenden Besitzstand, welcher die erste Voraussetzung des

[8]) Vgl. SeuffBl. 60, 195. Über servitus prospectus vgl. SeuffA. 32 Nr. 305.

[9]) Vgl. Dernburg, Pand. 1, § 244 Z. 3.

[10]) EntschOGH. 15, 518.

[11]) BayLR. Tl. II Kap. 8 § 7.

[12]) Über Traufrecht nach Regensburger und Augsburger Statutarrecht s. unten § 24.

[13]) Vgl. AAPr. 168 (Becher, Mat. Abt. IV. u. V. 1, 439). Über Licht-, Trauf- und Tropfrecht nach Augsburger Recht vgl. SeuffBl. 43, 37; 44, 104.

Servitutenerwerbes ist. In den bisherigen Gebieten des Regensburger und Augsburger Statutarrechts kann daher eine Lichtgerechtigkeit für unentbehrliche Fenster nur dann in Anspruch genommen werden, wenn sie durch Bestellung entstanden ist[14]).

d) Für das bisherige Gebiet des preuß. Rechts war ALR. Tl. I Tit. 8 § 139 maßgebend. Es ist oben ausgeführt worden, daß nach preuß. Recht der Eigentümer im allgemeinen berechtigt war, nach Belieben Fenster in seinem Gebäude anzubringen, auch wenn die Wand unmittelbar auf der Grenze stand. Nur dann, wenn die unmittelbar auf der Grenze stehende Wand an einen Hof oder Garten[15]) angrenzte, war die Einrichtung neuer Fenster gewissen Beschränkungen unterworfen. Waren die gesetzlichen Voraussetzungen für diese Beschränkung in der Einrichtung der Fenster gegeben und hat im Widerspruch hierzu ein Fenster während der Ersitzungszeit bestanden, so hat hierdurch der Fensterinhaber ein Fensterrecht als Grunddienstbarkeit erworben[16]). Auch hier gewährt aber das Fensterrecht nicht zugleich ein Lichtrecht. Regel ist vielmehr, daß der Grundeigentümer durch das Vorhandensein von Fenstern, welche der Nachbar in zulässiger Weise hält, nicht gehindert ist, diesen Fenstern das Licht zu entziehen; er kann vielmehr unmittelbar auf der Grenze bauen[17]), auch wenn er dadurch dem Nachbar Luft und Licht verbaut. Wenn aber die Fenster[18]) eines an der Grenze stehenden[19]) Gebäudes in zulässiger Weise schon seit wenigstens 10 Jahren bestehen[20]) und der innere Raum der Zimmer oder sonstigen Behältnisse[21]) nur durch diese Fenster, also nicht auch von einer anderen

[14]) Zustimmend Kahn, Fensterrecht 181.

[15]) Vgl. darüber oben § 22.

[16]) Siehe oben § 22 a. E.

[17]) ALR. Tl. 1 Tit. 8 § 139, wonach für neue Gebäude allgemein ein Abstand von drei Werkschuh vorgeschrieben war, enthält keine Besonderheit für Fenster- und Lichtrecht und kommt als nachbarrechtliche Bestimmung unter der Geltung des BGB. nicht mehr in Betracht.

[18]) §§ 142 und 143 I 8 sprechen im Gegensatz zu § 138 I a nur von Fenstern. Alle Öffnungen sind geeignet Licht einzulassen, Fenster sind dazu bestimmt (Recht 1913, 378); Öffnungen, die mit Glasziegeln ausgefüllt sind, sind daher als Fenster anzusprechen (OLG. 26, 14); Luken, Luftlöcher kommen als Träger eines Lichtrechts nicht in Betracht (Koch Bem. 38 zu § 142 I 8; Gruchot 40, 611 RG.).

[19]) Es ist gleich, ob die dem Neubau zugekehrte Seite die Front- oder die Giebelseite des Hauses ist (JW. 1897, 258 Nr. 96).

[20]) Ein innerhalb der 10 Jahre seitens des Nachbars erfolgter Widerspruch, ja sogar Klagestellung halten die Frist nicht auf. RG. 44, 313. Es kann also der Nachbar die Entstehung des Lichtrechts nur dadurch hindern, daß er vor Ablauf der 10 Jahre tatsächlich baut.

[21]) Unter Behältnissen sind schlechthin alle Räumlichkeiten zu verstehen (Striethorst' Arch. 57, 148), insbesondere auch Bodenräume (Gruchot 41, 644; JW. 1897, 258 Nr. 96), Treppenhäuser, Hausflure (Gruchot 30, 929).

Seite[22]) Licht empfängt[23]), muß der Nachbar[24]) mit einem Neubau[25]) so weit von der Grenze zurückbleiben[26]), daß man in normaler Stellung[27]) aus den ungeöffneten Fenstern[28]) des zu ebener Erde gelegenen[29]) Geschosses und wenn der innere Raum noch von einer anderen

---

[22]) Hierzu genügt nicht schon das Vorhandensein irgendeiner noch so unbedeutenden Lichtquelle, vielmehr wird erfordert, daß aus dieser Nebenlichtquelle dem Behältnisse genügendes Licht zufließt (RG. 44, 335); dies kann auch bei einem Oberlicht der Fall sein (Bolze 21 Nr. 53; RG. 36, 220). Das Licht kommt von einer anderen Seite auch dann, wenn es nur mittelbar (z. B. durch die Glastüre eines Nebenzimmers) zugeführt wird (RG. 2, 196; JW. 1897, 585 Nr. 67). Unter den Begriff „einer anderen Seite" fällt die dem Bau zugekehrte Seite nicht; wenn daher von mehreren Fenstern, welche sich auf derselben Seite befinden, nur eines verbaut wird, ist § 142 anzuwenden (RG. 2, 199; 32, 193; 36, 217; JW. 1900, 303 Nr. 25; A. M. Gruchot 30, 939).

[23]) Die bloße Möglichkeit, auch auf einer anderen Seite Fenster anzubringen, steht dem Vorhandensein einer anderen Lichtquelle nicht gleich, auch dann nicht, wenn sich der Bauende erbietet, eine andere Lichtquelle auf seine Kosten zu schaffen (RG. 35, 181; JW. 1895, 231 Nr. 27; 1897, 585 Nr. 67).

[24]) Diese Bestimmungen über den Schutz der Fenster vor Verdunkelung kommen nur dann zur Anwendung, wenn der Neubau auf einem Grundstück errichtet wird, welches unmittelbar an das Gebäudegrundstück anstößt. Deshalb kommen diese Vorschriften für ein an einer öffentlichen Straße stehendes Gebäude gegenüber einem an der Jenseite derselben Straße zu errichtenden Neubau nicht in Betracht, selbst dann nicht, wenn das Straßenterrain demselben Eigentümer wie der Neubau gehört. (RG. 45, 295; JW. 1900, 303.)

[25]) Unter Neubau ist nicht nur ein Bau auf bisher unbebauter Stelle, sondern auch das Höherführen eines bestehenden Gebäudes zu verstehen Striethorst' Arch. 92, 166; 95, 331; RG. 2, 196; Recht 1913, 378 [RG.]; Kahn, Fensterrecht 94). Wird ein abgebranntes oder abgebrochenes Gebäude wieder hergestellt, dann können, insoweit die Dimensionen dieselben sind wie beim alten Gebäude, von dem Fensterinhaber Rechte aus §§ 142, 143 nicht hergeleitet werden (Turnau-Förster 357). Nur gegen Neubauten, nicht auch gegen die Auflagerung von Holz ist der Fensterinhaber durch §§ 142, 143 geschützt, weil diese Vorschriften singulärer Natur sind und daher nicht ausdehnend ausgelegt werden können (Striethorst' Arch. 88, 74; 95, 336).

[26]) Der Gegenbau braucht nur insoweit zurückzutreten, als er dem lichtberechtigten Fenster gegenüberliegt (Koch Bem. 45 zu § 143 I 8; Müller, Baurecht 72). Der Bauende kann daher seiner Verpflichtung auch durch Herstellung eines trichterförmigen Lichtschachtes genügen (JW. 1897, 258 Nr. 96).

[27]) Gruchot 31, 928; 36, 964; es ist die aufrechte Haltung eines Mannes von mittlerer Größe maßgebend (RG. 32, 194; JW. 1897, 585 Nr. 67; OLG. Neue Folge 2, 818; Recht 1918, 121 [RG.]; vgl. RG. 64, 299). Über analoge Anwendung des Lichtschutzes in einem Fall, wo das Fenster unterhalb der Augenhöhe eines mittelgroßen Menschen liegt, vgl. JW. 1906, 29 Nr. 31, vgl. auch RG. 32, 200.

[28]) Darunter sind nur Lichtöffnungen zu verstehen, nicht auch Einrichtungen, welche lediglich den Zutritt der Luft zu vermitteln bestimmt sind. Gruchot 30, 938; 41, 641. Im übrigen erstreckt sich der Schutz der §§ 142, 143 ALR. auch auf Flur-, Treppen- und Bodenfenster, ohne Rücksicht auf deren Größe, Gruchot a. a. O. Es ist ohne Bedeutung, daß ein Fenster einem polizeilichen Gebote zuwider angelegt ist; ist z. B. die Anlage von Fenstern in Brandmauern verboten, so hat das gleichwohl vorhandene Fenster dem Nachbar gegenüber Anspruch auf den privatrechtlichen Schutz der §§ 142, 143 ALR.; RG. 35, 181; 36, 218.

[29]) Striethorst' Arch. 55, 358. Ein Raum, dessen Fußboden erheblich unter der Erd-

Seite Licht empfängt (s. hierüber Anm. 22 und 23), aus den ungeöffneten Fenstern des eine Treppe hoch gelegenen Geschosses[29]) in vertikaler Richtung[30]) den Himmel sehen kann[31]).

Der Anspruch auf Erfüllung der sich aus § 143 I 8 ergebenden Verpflichtung ist mit der actio negatoria (§ 1004) zu verfolgen[32]).

Der Lichtrechtschutz der §§ 142, 143 I 8 gebührt auch solchen Fenstern, die unter Einhaltung der gesetzlichen Voraussetzungen diesen Bestimmungen gegen baupolizeilichen Bestimmungen oder die Einrichtungsvorschriften des § 138 verstoßen[33]), wie andererseits das Lichtschutzrecht als solches den Nachbar nicht hindern kann, die Befolgung jener Einrichtungsvorschriften zu verlangen[34]).

Das Verbietungsrecht, welches dem Inhaber des Fensters gegen dessen Verbauung zusteht, erlosch nach preußischem Recht durch stillschweigende Einwilligung mit Wirkung auch für den Singularrechtsnachfolger, wenn er es ohne Widerspruch wissentlich geschehen ließ, daß ihm der Nachbar die Fenster verbaute[35]).

---

oberfläche liegt, kann nicht als unteres Stockwerk angesehen werden (RG. 47, 264). Bei der Frage, ob das Hochparterre oder Souterrain als unteres Stockwerk anzusehen ist, entscheidet der Umstand, welches der beiden Gelasse mit seinem Fußboden der ebenen Erde näher gelegen ist. Vgl. Turnau-Förster 357. Wenn das Erdgeschoß überhaupt kein Fenster hat, sich dagegen im Obergeschoß Fenster befinden, so genügt es, wenn der Ausblick auf den Himmel aus dem hierauf zunächst folgenden Geschosse möglich ist. Striethorst' Arch. 79, 113; Turnau Förster 358; RG. 64, 301. Als unteres Stockwerk ist das erste von der Erde aus aufsteigende Stockwerk anzusehen (das Erdgeschoß): als „zweites Stockwerk" im Sinne des § 143 I 8 das darüber gelegene Geschoß, sog. Bel-Etage (Recht 1918, 121 RG.).

[30]) Hat ein Haus nur ein Stockwerk, so ist nach den Umständen, insbesondere der Bauart, zu ermitteln, ob, wenn das Haus ein oberes Stockwerk hätte, dasselbe nur nach der Bauseite Fenster haben und aus diesen der Blick auf den Himmel möglich sein würde (RG. 32, 194; JW. 1901, 214 Nr. 21).

Es genügt nicht, daß der Himmel seitwärts erblickt werden kann (Striethorst' Arch. 65, 256; 79, 113).

[31]) Wird dies nur durch außergewöhnliche Beschaffenheit (z. B. Erker, Balkone) der Wand, in welcher sich die Fenster befinden, unmöglich gemacht, so kann dieser Umstand dem Bauenden nicht zur Last gelegt werden (JW. 1895, 304 Nr. 42; Gruchot 39, 935). Es genügt, daß der Nachbar durch irgendeine Scheibe den Himmel sehen kann und ist also nicht erforderlich, daß dies durch alle Scheiben möglich ist. Müller, Bau- und Nachbarrecht 72.

[32]) JW. 1898, 620. Zur Erhaltung des Anspruchs ist nach jetzigem im Gegensatz zum früheren Recht nicht erforderlich, daß der Fenstereigentümer gegen den Neubau Widerspruch erhebt (Turnau-Förster 358). Die Aktiv- und Passivlegitimation richtet sich nach den allgemeinen Grundsätzen des § 1004. Die preußisch-rechtliche Auffassung, daß nur der Eigentümer passiv legitimiert sei (JW. 1898, 620; OLG. 26, 15) ist für das neue Recht nicht mehr zutreffend.

[33]) RG. 35, 181; 36, 218; JW. 1895, 232; Recht 1913, 70 u. 378; vgl. Recht 1911, 418.

[34]) Recht 1913, 70 (RG.).

[35]) Müller a. a. O. 73. Veranlassung zum Widerspruch ist erst gegeben, wenn der Fensterinhaber sich darüber im klaren ist, daß seine Fenster nicht nur verdunkelt werden,

Bezüglich des Schutzes, der hiernach im Gebiete des ALR. den seit 10 Jahren bestehenden Fenstern gewährt wurde, sind die Ansichten darüber geteilt, ob es sich um Ersitzung einer Grunddienstbarkeit[36]) oder um die Entstehung einer nachbarrechtlichen Eigentumsbeschränkung handelt[37]). Dieser letzteren, vom Reichsgericht eingehend begründeten Ansicht ist entschieden der Vorzug zu geben. Die Streitfrage hat auch für das geltende Recht fortdauernde Bedeutung insoweit, als die Entstehung eines solchen Rechtes nach dem 1. Januar 1900 in Frage steht. Würde man der ersteren Ansicht beipflichten, so müßte man folgerichtig, da Art. 67 AG. sich nur mit dem Lichtrecht befaßt, welches der Fensterinhaber vor dem Inkrafttreten des BGB. erlangt hat, annehmen, daß nach dem Inkrafttreten des BGB. bis zu dem Zeitpunkte, in welchem das Grundbuch als angelegt zu erachten ist, ein Lichtrecht nach Maßgabe der §§ 142, 143 Tit. 8 Tl. I ALR. erworben werden könnte (Art. 189 EG., Art. 177 AG.). Wenn es sich aber bei diesen Vorschriften um gesetzliche Eigentumsbeschränkungen handelt, so sind diese durch Art. 1 AG. von der Geltung des BGB. an außer Wirksamkeit gesetzt und kann ein solches Lichtrecht durch einen bloßen zehnjährigen Zeitablauf nicht mehr erworben werden[38]).

Anlangend die Fälle, in welchen zur Zeit des Inkrafttretens des BGB. die Voraussetzungen der §§ 142, 143 ALR. schon erfüllt waren, hat die bayerische Ausführungsgesetzgebung die Streitfrage zugunsten der Auffassung gelöst, welche annimmt, daß ein erworbenes Recht in Frage stehe. Art. 67 AG. bestimmt: „Hat der Eigentümer eines Gebäudes vor dem Inkrafttreten des BGB. nach den Vorschriften des ALR. durch zehnjährigen Zeitablauf das Recht erlangt, daß zum Schutze seiner Fenster mit Anlagen auf einem Nachbargrundstück ein bestimmter Abstand eingehalten werden muß, so gilt dieses Recht als Grunddienstbarkeit." Das Lichtrecht kann also in das Grundbuch eingetragen werden.

c) Für das bisherige Gebiet des pfälzischen Rechts bestand die Streitfrage, ob das durch dreißigjährige Verjährung gegenüber dem gesetzlichen Verbot erworbene Recht auf Beibehaltung der Fenster das Recht in sich schloß, einer Verbauung dieser Fenster durch den Nachbar

---

sondern ihnen der gewährleistete Ausblick genommen wird. Müller a. a. O. 74. Es genügt nicht, daß er den Bau sehen konnte oder mußte, sondern es ist erforderlich, daß er den Bau tatsächlich gesehen hat. JW. 1896, 717 Nr. 76. Vgl. RG. 32, 189.

[36]) Striethorst' Arch. 28, 112; 42, 234; 71, 130; 93, 356; 98, 19; 99, 233; Dernburg 294 Anm. 17; Rehbein und Reincke zu Tl. 1 Tit. 8 § 143.

[37]) Paris in Gruchot 24, 67; Eccius in Förster-Eccius, PrPrivR. 3 § 170 Anm. 37; RG. 44, 312; 46, 269; JW. 1899, 733; 1900, 571; OLG. 24, 317; 26, 15.

[38]) Im Ergebnis ebenso Oertmann, Landesprivatrecht 333.

zu widersprechen. Während das RG. diese Frage bejahend entschied[39], wurde sie von der bayerischen Rechtsprechung konstant verneint[40]). Es wäre der vom RG. vertretenen Meinung der Vorzug zu geben, wenn nicht durch Art. 67 Abs. 2 AG. die bayerische Rechtsprechung eine gesetzliche Bestätigung erhalten hätte. Dort wird von dem durch Zeitablauf erlangten „Rechte, Fenster zu halten, die den gesetzlichen Vorschriften nicht entsprechen", gehandelt. Indem der Gesetzgeber den Inhalt des Rechtes angibt und den Schutz der Fenster vor Verdunkelung nicht erwähnt, muß er durch diese Gesetzesbestimmung als ausgeschlossen erachtet werden[41]).

§ 24. Traufrecht.

1. Das sog. Traufrecht (Trüpfe) ist der Hauptsache nach kein Recht an einer fremden Sache; es ist also nicht zu verwechseln mit der römischrechtlichen servitus stillicidii, welche eine reine Grunddienstbarkeit darstellt, deren Inhalt darin besteht, daß der Eigentümer des Hauses das von der Dachtraufe fließende Wasser auf das Grundstück des Nachbars fallen lassen darf[1]). Das Traufrecht im deutschrechtlichen Sinne beruht vielmehr auf der den Gegenbeweis nicht ausschließenden Vermutung, daß bei Erbauung eines Hauses in der Breite des Trüpfraumes von der Grenze des eigenen Grundes zurückgeblieben worden sei, mithin die Traufe noch auf diesen falle[2]).

Nur insoweit schließt das Traufrecht ein Recht an fremder Sache in sich, als der Boden des Nachbars in Betracht kommt, der an den unter der Traufe liegenden Boden angrenzt. Das Traufrecht berechtigt nämlich den Gebäudeeigentümer, das Wasser von der Traufe ablaufen zu lassen, ohne hierbei auf das Nachbargrundstück weiter Rücksicht zu nehmen. Wenn das Wasser von der Traufe auf das Grundstück des Nachbars abläuft, so muß es dieser aufnehmen. Das war wenigstens der

[39]) RG. 13, 304; 15, 328; 31, 341.

[40]) OGH. 5, 89; 8, 571.

[41]) Zustimmend Kahn, Fensterrecht 182.

§ 24. [1]) Vgl. SeuffBl. 43, 38; 45, 282; OGH. 8, 397.

[2]) Vgl. Weiske, Skeptisch-praktische Behandlung einiger zivilrechtlicher Gegenstände (1829) 95 Anm. 2; Elvers, Servitutenlehre 434; Holzschuher, Theorie und Kasuistik 2, 400; SeuffBl. 43, 37; 44, 104; Weiske a. a. O. kennt ein Traufrecht nur bei der Vorderseite der Gebäude, nach Gassen und Plätzen hin. Dort ist das sächsische Recht zugrunde gelegt; s. dagegen Hesse, Nachbarrecht 503, der mit Recht nicht einsehen kann, warum die Vermutung des Eigentums nur gegen die Straße hin gelten soll und nicht gegen des Nachbars Hof. Man möchte im Gegenteil veranlaßt sein, sie gerade im letzten Fall gelten zu lassen, weil hier (SächsLR. II, 49) die Vorschrift gelte, daß kein Hausbesitzer dem anderen die Dachtraufe zuweisen könne.

Im Sinne der für Bayern in Betracht kommenden Statutarrechte bezieht sich das Traufrecht auf die dem Nachbar zugekehrte Seite des Gebäudes.

Grundsatz der alten Statutarrechte. Diese Seite des Traufrechts, welche ein Recht zur Benützung einer fremden Sache darstellt, war in Bayern schon durch Art. 34 des WG. vom 28. Mai 1852 aufgehoben worden. Ingleichen hat nach Art. 17 WG. jeder bei der Einrichtung seiner Traufe dafür zu sorgen, daß die Traufe nicht den Nachbargrund trifft[3]) und das aus der Traufe auf dem Boden sich sammelnde Wasser nicht auf das Nachbargrundstück abfließt, soferne nicht nach der Beschaffenheit des Bodens der natürliche Lauf des Wassers sich dorthin richtet.

Die andere Seite des Traufrechts, nämlich die gesetzliche Vermutung des Eigentums an dem unter der Dachtraufe liegenden Grund und Boden galt nach den Statuten von Würzburg[4]), Augsburg[5]), München[6]), Regensburg[7]), Ulm[8]), Memmingen[9]) und Nürnberg[10]). (Vgl. auch Art. 681 code civ.)

Seine Wurzel hat das Traufrecht in dem gemeinrechtlichen Verbot, Flüssigkeiten auf das Grundstück des Nachbars abzuleiten[11]), sofern kein besonderes Recht hierzu (Grunddienstbarkeit) bestand. Dadurch wurde der Grundeigentümer genötigt, bei Errichtung eines Gebäudes mit der Umfassungsmauer so weit von der Grenze zurückzubleiben, daß das darübergelegte Dach das Regenwasser noch auf seinen eigenen Grund und Boden gelangen ließ. Da eine förmliche servitus stillicidii nicht zu vermuten ist, hat man aus dem bloßen Vorhandensein der Dachtraufe einen Rückschluß darauf gezogen, daß der Erbauer des Gebäudes seinerzeit von der Grenze um den Raum zurückgeblieben sei, der von dem Dachtraufenfall betroffen wird. So führt das Vorhandensein der Dachtraufe zu einer Vermutung für das Eigentum an dem darunter liegenden Boden. Diese Vermutung ist zunächst nur eine tatsächliche und dabei hatte es im Gebiete des gemeinen Rechts, wie im Gebiete des preußischen und bayerischen Landrechts sein Bewenden[12]). Einzelne Statuten aber

[3]) Begründung zum AG. 39 (Becher, Mat. Abt. IV u. V, 1, 84).

[4]) Würzburger Stadtbaurecht I § 2, V § 1.

[5]) Augsburger Stadtbauordnung Tl. II c. 1 § 35. Über Licht-, Trauf- und Tropfrecht nach Augsburger Recht vgl. SeuffBl. 43, 37; 44, 104.

[6]) Münchener Bauordnung Art. 28.

[7]) Regensburger Wachtgerichtsordnung XVIII § 1.

[8]) Ulmer Bauordnung X § 6.

[9]) Memminger Bauordnung XIV § 6.

[10]) Nürnberger Reformation XXVI §§ 3 und 6.

[11]) § 1 J. 2, 3; l. 17 § 3, l. 20 §§ 2 und 3, D. 8, 2. Vgl. Windscheid, Pand. § 211 Anm. 1.

[12]) So für das gemeine Recht auch Hesse, Nachbarrecht 508: „Da es Rechtssatz ist, daß der Hausbesitzer seine Dachtraufe nicht dem Nachbar zuweisen darf, so spricht eine faktische Vermutung dafür, daß der Streifen Landes, soweit meine Dachtraufe reicht, mein Eigentum sei... Diese Vermutung kann als Beweisbeihilfe benützt werden."

haben diese tatsächliche Vermutung zu einer gesetzlichen ausgewertet[13]). Die Vermutung konnte durch Gegenbeweis entkräftet werden. Das Traufrecht setzt ein Gebäude[14]) voraus; deshalb besteht für eine freistehende Mauer, auch wenn deren Abdecksteine dem Nachbar zugekehrt sind, so daß der Tropfenfall nach dessen Seite gelenkt wird, die Eigentumsvermutung nicht[15]).

Während in den Gebieten des gemeinen Rechts und BayLR. die rein tatsächliche Vermutung nur auf den Raum sich erstreckt, welcher durch den Tropfenfall direkt betroffen wird, haben einzelne Statutarrechte bestimmte Abstandsmaße gegeben, deren Einhaltung vermutet wird. Meist beträgt dieser Abstand 1½ Schuh[16]), aber auch 2[17]) und 3[18]) Werkschuh[19]).

Hierbei kommt es nicht darauf an, ob das Traufdach tatsächlich in voller Breite des gesetzlich bestimmten Abstandes vorspringt. Wenn z. B. das Dach nur so weit überladen ist, daß die abfallenden Tropfen in einer Entfernung von 20 cm vom Sockel der **Wand** niederfallen, so gilt das Traufrecht (gesetzliche Vermutung des Eigentums) gleichwohl für die vollen 1½ (bzw. 2 oder 3) Werkschuh.

Übrigens konnte es ausnahmsweise vorkommen, daß der Eigentümer des Gebäudes die vorgeschriebenen Werkschuh nicht eingehalten hatte[20]). Solchen Mauern steht kein Traufrecht zu, auch wenn es keine Giebelmauern sind. Während aber bei Giebelmauern keine Vermutung besteht, daß sie von der Grenze zurückgeblieben sind, besteht bei Mauern, die keine Giebelmauern sind, eine solche Vermutung und muß daher das Gegenteil nachgewiesen werden. Dieser Nachweis kann insbesondere aus dem Umstand abgeleitet werden, daß die von alters her vorhandenen Fenster die Einhaltung der Beschränkungen aufweisen, welche von den einzelnen Statutarrechten gerade für jene Mauern vorgeschrieben sind,

---

[13]) S. oben Anm. 1—7.

[14]) Über den Begriff des Gebäudes s. oben § 21.

[15]) SeuffBl. 43, 38.

[16]) Würzburger Stadtbaurecht I § 5, V § 1; ALR. Tl. I Tit. 8 § 140; Münchener Bauordnung Art. 28.

[17]) Augsburger Stadtbauordnung II c. 1 § 35; Ulmer Bauordnung X § 6; Memminger Bauordnung XIV § 6.

[18]) Nürnberger Reformation XXVI §§ 3 und 6; Regensburger Wachtgerichtsordnung XVII § 1; ALR. Tl. I Tit. 8 § 139.

[19]) Ein Werkschuh oder ein Duodezimal-Fuß ist gleich 0,31385 m.

[20]) Vgl. Würzburger Stadtbaurecht I §§ 4 und 5, IV § 2; Münchener Bauordnung: Auer, Einleitung C; Ulmer Bauordnung X § 5; Memminger Bauordnung XIV § 5; Augsburger Bauordnung II c. 3 §§ 35 und 36.

bei deren Errichtung die 2 bzw. $1^1/_2$ Werkschuh verbaut wurden[21]). Dieser Umstand kann aber wieder dadurch entkräftet werden, daß die Fenster der übrigen Wände, welche durch das Gesetz der betreffenden Beschränkung nicht unterworfen sind, gleichwohl ebenfalls den Beschränkungen entsprechend eingerichtet sind.

Das Würzburger Stadtbaurecht schreibt vor, daß in Wänden, welchen kein Traufrecht zusteht, d. i. bei welchen die $1^1/_2$ Schuh verbaut wurden, nur Fenster mit einer Vergitterung gehalten werden dürfen. Sind nun in der an der Grenze stehenden Wand, auf welcher die Dachtraufe aufliegt, Fenster, die nach Stadtbaurecht vergittert sind, so wird daraus gefolgert, daß der Gebäudeeigentümer seine $1^1/_2$ Schuh verbaut hat; denn man kann im allgemeinen annehmen, daß er seine Fenster nicht den Beschränkungen unterworfen hätte, wenn er nicht durch das Gesetz hierzu gezwungen gewesen wäre. Wäre er aber $1^1/_2$ Schuh von der Grenze geblieben, so hätte er seine Fenster nach Belieben einrichten können. Wenn aber auch die Fenster in der gegen die Straße gelegenen Wand in gleicher Weise vergittert sind, so läßt sich diese Folgerung nicht ziehen, weil die Fenster in einer an der Straße liegenden Wand keiner Beschränkung unterworfen sind und man daher auch bezüglich der anderen Wand nicht annehmen darf, daß die Fenster deshalb vergittert wurden, weil es durch das Gesetz vorgeschrieben ist.

Übrigens reicht die Vermutung des Eigentums in jenen Fällen, in welchen Umstände dafür sprechen, daß der Eigentümer seine $1^1/_2$ Schuh verbaut hat, doch soweit, als er tatsächlich vorgebaut hat, also bis zu jener Linie, welche durch das Ende des Dachvorsprungs gebildet wird.

In der Praxis entsteht häufig Streit darüber, wie weit die Grenze bebauter Anwesen geht, namentlich für den Raum der Erdoberfläche, welcher vor der Grenzmauer eines Gebäudes unter der Dachtraufe liegt. Kann von keinem Teile das Eigentum an diesem unter der Trüpfe gelegenen Raum bewiesen werden, so wird zunächst der Besitzstand entscheiden. Im allgemeinen läßt sich sagen, daß durch den Tropfenfall ein Besitzstand ausgeübt wird. Besitzhandlungen sind auch darin zu erblicken, wenn sich nach außen schlagende Fenster oder Läden in dem Gebäude befinden; ja selbst in der Innehabung von Fenstern in dem Gebäude, welche nach den jeweils geltenden Vorschriften in dieser Gestalt nicht bestehen dürften, wenn der Nachbar Eigentümer des unter der Trüpfe belegenen Raumes wäre, kann eine Besitzhandlung gefunden werden, die in Verbindung mit dem Tropfenfall einen hinreichenden Besitzstand darstellt.

Andererseits wird dadurch, daß der Nachbar hie und da unter den an seinem Hofraum angrenzenden Trüpfraum Handwerksgeräte usw. an das Nachbarhaus angelehnt hat, ein Besitzstand nicht ausgeübt. Es fehlt derartigen Handlungen, an deren Unterlassung der Gebäudeeigentümer nicht das mindeste Interesse hat, der Charakter der Rechtsausübung.

---

[21]) Vgl. hierüber oben S. 324f.

Wenn freilich die Dachtraufe in einen von dem Gebäude und dem Nachbargebäude gebildeten Winkel einfällt, so wird dieser Besitzstand regelmäßig nicht maßgebend sein (s. darüber oben S. 82 u. 84).

Zuweilen ist an dem Sockel der Traufwand ein schräger Stein angebracht; derselbe dient bestimmungsgemäß dem Nachweis, daß der Dachtraufraum nicht verbaut wurde; durch das Vorhandensein eines solchen Steines wahrt sich der Gebäudeeigentümer zwar nicht den Besitzstand an dem Trüpfraum, aber er schließt den guten Glauben des Angrenzers aus; überdies bildet der schräge Stein ein Beweismittel für sein Eigentum an dem Trüpfraum.

Es fragt sich, ob das Traufrecht im Sinne einer Eigentumsvermutung auch dann in Betracht kommen kann, wenn die Dachtraufe mit einer Rinne versehen ist. Läßt sich nachweisen, daß die Dachtraufe früher nicht mit einer Rinne versehen war, so ist der Fall für den Beweis des Eigentums nicht anders zu entscheiden, als wenn auch jetzt noch keine Rinne vorhanden wäre. Läßt sich aber dieser Nachweis von dem hierfür beweispflichtigen Gebäudeeigentümer nicht erbringen, so kommt es darauf an, ob das Rohr, mit welchem das in die Rinne eingelaufene Wasser zum Erdboden geführt wird, in den $1\frac{1}{2}$ (bzw. 2 oder 3) Schuh breiten Raum einmündet. Ist dies der Fall, dann muß man das Eigentum des Gebäudeeigentümers an den $1\frac{1}{2}$ (bzw. 2 oder 3) Werkschuh selbst dann annehmen, wenn das aus dem Rohr kommende Wasser den jenseits dieser $1\frac{1}{2}$ Schuh liegenden Raum nicht überschreitet, vielmehr diesseits abfließt. Wenn aber die Mündung des Rohres von dem unter der Traufe liegenden Raum weg nach der anderen Seite des Hauses gerichtet ist, dann spricht die Vermutung für das Gegenteil. Immerhin aber muß man annehmen, daß das Eigentum bis zu jener Linie reicht, welche durch das Ende des Dachvorsprunges gebildet wird.

Die Giebelmauern haben keine Traufe und daher auch kein Traufrecht. Giebelmauern sind jene Mauern, bei welchen die Wand bis zum First des Daches geführt ist. Die obere Fläche der Wand bildet regelmäßig ein Dreieck, dessen obere Spitze durch den Dachfirst gebildet wird. Es kann aber auch vorkommen, daß die obere Fläche der Wand kein Dreieck bildet; dann nämlich, wenn das Haus nur ein einziges Pultdach hat, dessen obere Grenzlinie direkt auf der Hausmauer aufliegt. Die Wand, welche in ihrer oberen Grenzlinie den Dachfirst bildet, ist eine Giebelwand. Ein solches Haus hat dann regelmäßig drei Giebelwände. Es kann aber sein, daß die an vorbeschriebene Giebelmauer anstoßenden beiden Wände mit den daranstoßenden Kanten nicht bis an den Giebel reichen, sondern unter dem Dache stehen; dann hat das Haus nur eine Giebelwand.

2. Es ist nun zu prüfen, ob das Traufrecht auch noch unter der Herrschaft des BGB. gilt:

a) Bezüglich derjenigen Dachtraufen, welche bereits vor dem 1. Januar 1900 bestanden haben. Das BGB. und die bayerischen Ausführungsgesetze enthalten überhaupt keine Vorschrift über das Traufrecht[22]. Damit entfällt auch die gesetzliche Geltung dieser Vermutung. Gleichwohl wird man sie in den Gebieten des bisherigen Rechts, in welchen sie bis zum 1. Januar 1900 als gesetzliche Vermutung gegolten hat, für die Gebäude, welche am 1. Januar 1900 bereits mit der Traufe bestanden haben, als einen in den Tatsachen begründeten Satz der Erfahrung in Anwendung zu bringen haben. Denn, wenn nach den zur Zeit der Erbauung geltenden Rechtsvorschriften der Erbauer eines Gebäudes, welcher auf der dem Nachbar zugekehrten Seite ein Abfalldach für das Regenwasser einrichtete, gehalten war, mit seiner Mauer einen gewissen Abstand von der Grenze einzuhalten, so kann man auch annehmen, daß dies geschehen ist. Derselbe Gedankengang, welcher die Gesetzgeber der Statuten zur Aufstellung einer gesetzlichen Vermutung veranlaßt hat, führt nun dazu, diese Vermutung als eine tatsächliche beizubehalten; dies um so mehr, als erfahrungsgemäß die Vorschrift der Statuten über das Eigentum an dem unter der Traufe befindlichen Boden allgemein bekannt war und daher anzunehmen ist, daß der Nachbar einem etwaigen Übergriff widersprochen haben würde. Deshalb wird man die Vermutung für jene Breite (1½ Schuh) anwenden dürfen, auf welche sich nach der bisherigen Rechtsvorschrift das Traufrecht bezog[23].

b) Bezüglich jener Gebäude, die nach dem Inkrafttreten des BGB. entstanden sind, kann von einem Traufrecht im technischen Sinne nicht gesprochen werden; denn weder das BGB. noch die Ausführungsgesetze enthalten eine einschlägige Vorschrift, und wo es vorher in Bayern gegolten hat, ist es von da ab aufgehoben[24].

Aus der allgemeinen Vorschrift des § 903 BGB. ergibt sich, daß der Eigentümer sein Dach nicht in der Weise überladen darf, daß es in den Luftraum des Nachbars reicht; er muß seinen Bau so einrichten, daß er mit keinem Teile desselben (Vordach, Dachrinne) die Grenze überschreitet. Bringt er an seinem Dache keine Rinne an, sondern läßt er das Wasser von der Dachtraufe abfallen, so dürfen die Tropfen nicht

[22] Vgl. Begr. zum AG. 39 (Becher, Mat. IV u. V. Abt., 1, 84).

[23] Vgl. Oertmann, Landesprivatrecht 335: „Die Vermutung gilt zwar an sich nur für die Zeit vor dem 1. Januar 1900, da aber das einmal erworbene Eigentum, weil ein ‚ewiges Recht', als bis zum Eintritt eines besonderen Verlustgrundes fortbestehend zu erachten ist, kann sie auch später noch verwertet werden."

[24] Vgl. Begr. z. AG. 39 (Becher, Mat. IV. u. V. Abt., 1, 84).

unmittelbar auf den Boden des Nachbars auffallen. Ob der Nachbar das von der Traufe auf das Grundstück des Traufeninhabers abgefallene und von da abfließende Wasser aufnehmen muß, richtet sich danach, ob dieses Wasser seinen natürlichen Abfluß auf das Nachbargrundstück hat[25]). Ist dies nicht der Fall, so kann sich der Nachbar nicht nur gegen das Dachträufwasser schützen, sondern auch dessen Zuführung verbieten (§ 903 BGB.). Er kann sogar die Beseitigung der Dachtraufe verlangen, wenn sie so eingerichtet ist, daß sie den Tropfenfall dem Nachbargrundstücke zuweist (§ 907 BGB.)[26]).

Aus dieser Rechtsvorschrift wird man auch für die erst nach dem 1. Januar 1900 erbauten Häuser die rein tatsächliche Vermutung ableiten dürfen, daß die von der Dachtraufe betroffene Fläche noch zum Gebäude gehört[27]). Diese Vermutung kann durch andere Umstände beseitigt werden und erstreckt sich keinesfalls weiter als der tatsächlich überladene Raum, also nicht etwa ohne weiteres auf eine Breite von 1½ (bzw. 2 oder 3) Schuh.

§ 25. Notweg.

Für den Eigentümer eines Grundstücks besteht ein Notstand, wenn die erforderliche Verbindung zwischen dem öffentlichen Wegnetze und seinem Grundstücke fehlt. Die gemeinrechtliche Praxis[1]) hat in ausdehnender Auslegung der einen ganz singulären Fall behandelnden l. 12 D. 11, 7 dem Richter die Befugnis zuerkannt, im Notfalle den Nachbar zur Bestellung einer Wegegerechtigkeit gegen Entschädigung zu verurteilen. Viel weiter geht das preußische Recht: ALR. Tl. I Tit. 22 §§ 3—10 legt jedem Eigentümer eines Grundstücks diejenigen Einschränkungen seines Eigentums auf, ohne welche ein anderes Grundstück ganz oder zum Teil völlig unbrauchbar sein würde und es wird dortselbst andererseits auch zum Zwecke einer Verbesserung das Recht einer Notservitut eingeräumt. Code civil Art. 682—685 gewährt unter der Voraussetzung des Notstandes ein Notwegerecht gegen die Eigentümer benachbarter Grundstücke[2]).

Das BGB. verleiht in §§ 917 und 918 den Anspruch auf einen Notweg. Weitere Fälle, sog. Notservituten, kennt das BGB. nicht. Auch die bayerische Ausführungsgesetzgebung hat solche weder einge-

[25]) Art. 17 WG.

[26]) Begr. z. AG. 39 (Becher, Mat. IV. u. V. Abt., 1, 84).

[27]) Zustimmend Oertmann, Landesprivatrecht 335.

§ 25. [1]) Vgl. SeuffA. 1 Nr. 177 u. 321; 4 Nr. 204; 6 Nr. 156; 13 Nr. 211; 14 Nr. 114; OGH. 8, 68; 10, 607.

[2]) Die Notwegsgerechtigkeit konnte nach französ. Rechte durch Ersitzung nicht erworben werden. Preuß in PucheltsZ. 33, 627 ff.

führt, noch aufrechterhalten. Da es sich in allen diesen Fällen um eine gesetzliche Beschränkung des Eigentums handelt[3]), so sind seit Inkrafttreten des BGB. die übrigen Notservituten der bisherigen Rechtsvorschriften beseitigt. Es gilt dies insbesondere von dem sog. Hammerschlags- oder Leiterrecht, d. i. der Befugnis des Eigentümers, in Notfällen das Nachbargrundstück zur Vornahme baulicher Reparaturen an seinem Gebäude zu betreten oder zu benützen[4]).

I. Voraussetzungen des Notwegrechtes.

§ 917 BGB. macht den Anspruch auf den Notweg davon abhängig, daß einem Grundstücke die zur ordnungsmäßigen Benützung notwendige Verbindung mit einem öffentlichen Wege fehlt.

1. Nur für Grundstücke[5]), gleichviel ob städtisch oder ländlich, kann die Einräumung des Notwegs verlangt werden; der Schäfereiberechtigte kann deshalb auf Grund des § 917 BGB. die Einräumung eines Notweges auch dann nicht verlangen, wenn er mangels eines Weges das ihm zustehende Weiderecht teilweise nicht ausüben kann[6]). Dies gilt auch für den Fall, daß die Schäfereiberechtigung mit einem Grundstücke derart verbunden ist, daß sie seinem jeweiligen Eigentümer zusteht. Hat der Mangel eines Triebweges seinen Grund in dem gesetzlichen Verbot der Beweidung fremder Äcker während der Fruktifikations- oder Hegezeit[7]), so hat der Weideberechtigte nach Art. 3 des Gesetzes vom 28. Mai 1852 (über Ausübung und Ablösung des Weiderechts auf fremdem Grund und Boden) einen Anspruch darauf, daß ihm der erforderliche Durchtrieb auf den befreiten Grundstücken eingeräumt wird. Die Bestimmung des Triebweges in bezug auf Richtung und

---

[3]) Deshalb untersteht jetzt auch der vor 1900 bestehende Notweg dem BGB. (PucheltsZ. 36, 60, Köln), soferne nicht nach bisherigem Recht ein Sonderrecht (Grunddienstbarkeit) bereits vorher erworben ist.

[4]) Begr. z. AG. 38 (Becher, Mat. IV u. V. Abt., 1, 82); Staudinger, Vorträge 341. — Als gesetzliche Eigentumsbeschränkung galt das Hammerschlagsrecht übrigens nur in Regensburg und Amberg. Die Bestimmung des PrLR. über die Benützung des Nachbargrundes zur Ausbesserung von Planken hat keine besondere Bedeutung. Vgl. auch Fenner und Mecke, Praxis des RG. 1, 77; OGH. 3, 159; JW. 1880, 13. Ein Hammerschlagsrecht kann übrigens auch als Grunddienstbarkeit erworben worden sein. Ein solches erworbenes Sonderrecht bleibt von dem Inkrafttreten des BGB. unberührt. Vgl. OGH. 3, 157; 4, 412; SeuffBl. 38, 110; 39, 184. Einen Ersatz bietet jetzt unter Umständen § 904 BGB. Siehe oben S. 166.

[5]) Auch ein See ist als Grundstück zu betrachten; vgl. Striethorst' Arch. 77, 202; Rüdenberg, Notwegrecht 13.

[6]) Vgl. Hesse, Nachbarrecht 548; Holzschuher, Theorie und Kasuistik 2, 149.

[7]) Art. 1 und 2 des Gesetzes vom 28. Mai 1852, betr. Ausübung und Ablösung des Weiderechts auf fremdem Grund und Boden.

Breite sowie in bezug auf Dauer der Benützung erfolgt in diesem Falle, wenn sich die Beteiligten nicht gütlich einigen, durch die Behörde[8]) unter Beiziehung von Sachverständigen, wobei stets auf die möglichst geringe Belästigung der von der Weide befreiten Grundstücke Bedacht zu nehmen ist (Art. 2 des Gesetzes vom 28 Mai 1852).

2. Die Verbindung mit einem öffentlichen Wege muß fehlen. Der Begriff des öffentlichen Weges richtet sich nach Landesrecht In Bayern unterscheidet man Staats-, Distrikts- und Gemeindestraßen; letztere teilen sich in Gemeindeverbindungswege, Ortsstraßen und Feldwege[9]).

Die Verbindung mit einem schiffbaren Flusse schließt den Anspruch nicht aus, auch wenn ein Leinpfad vorhanden ist[10]), wenigstens wenn und soweit derselbe — was der Regel entspricht — zu anderen Zwecken als zu jenen der Schiffahrt nicht benützt werden darf

Ein Fluß oder See kommt als Verbindung nicht in Betracht, auch wenn er befahrbar ist und die erforderlichen Transportmittel vorhanden sind[11]) Es kann jedoch hierdurch die Notwendigkeit einer Landverbindung ausgeschlossen werden

Nicht nur die Verbindung, sondern auch der öffentliche Weg, zu dem sie führt, muß den Anforderungen für eine ordnungsgemäße Benützung genügen[12])

Ist das Grundstück durch ein demselben Eigentümer gehöriges Grundstück vom öffentlichen Wege getrennt, so kann regelmäßig ein Notweganspruch gegen einen Dritten nicht erhoben werden, solange die beiden Grundstücke in einer Hand vereinigt sind Nur dann, wenn das demselben Eigentümer gehörige Grundstück durchaus nicht geeignet ist, eine entsprechende Verbindung für das andere herzustellen, kann ein Notweg auf einem anderen Grundstück verlangt werden[13])

---

[8]) Zuständig ist die Distriktsverwaltungsbehörde in erster und die Kreisregierung, Kammer des Innern, in zweiter und letzter Instanz, Art. 47 a. a. O.

[9]) Vgl. Becher, BayLZR. 1073; BlAdmPr. 43, 321ff. Auch ein Weg, der im Eigentum eines Dritten steht, an welchem aber der Gemeinde eine Wegegerechtigkeit für alle ihre Mitglieder und Dritte zusteht, ist ein öffentlicher Weg (OLGSt. 6, 119).

[10]) Dernburg 286. Vgl. RG. 6, 323; Bolze 8 Nr. 82.

[11]) Vgl. dagegen Rüdenberg 13.

[12]) S. unten S. 354.

Ein Winter-Wegerecht stellt nach den heutigen Anschauungen über sachgemäße Bewirtschaftung keine genügende Verbindung für ein landw. benütztes Grundstück dar.

[13]) Vgl. SeuffA. 27 Nr. 8. Ebenso Rüdenberg 13 „Mehrere aneinanderstoßende Grundstücke desselben Eigentümers sind einem einzelnen Grundstücke gleichzuachten." Deshalb erlischt auch der Notweganspruch, sobald der Eigentümer des berechtigten Grundstücks ein daran angrenzendes Grundstück erwirbt, welches die Verbindung mit dem öffentlichen Wege hat und auch als Verbindung für das erste Grundstück dienen kann, auch wenn damit ein ziemlicher Umweg verbunden wäre. OLG. 2, 506 (Karlsruhe).

Derselbe Grundsatz muß entsprechend angewendet werden, wenn der eine Teil eines Grundstückes die Verbindung mit dem öffentlichen Wege hat, ein anderer wesentlicher Teil aber nicht, weil infolge der Geländeverhältnisse die Verbindung von letzterem über ersteren nicht möglich ist.

Der Anspruch auf Räumung des Notwegs besteht auch dann nicht, wenn dem Grundeigentümer bereits ein ausreichendes Recht gegen einen Dritten auf Bestellung eines Wegerechtes zusteht [14]) oder, wenn die bisherige Verbindung des Grundstücks mit dem öffentlichen Wege durch eine willkürliche Handlung des Eigentümers aufgehoben ist (s. unten Ziff 3 a E).

Der Eigentümer eines Grundstücks, das an einen öffentlichen Weg grenzt, hat kein Notwegrecht, wenn nur ein Teil des Grundstücks keine Verbindung zu diesem Wege hat. Die Errichtung eines Fabrikbetriebs auf einem Teil des Grundstücks ist eine willkürliche Handlung, die kein Notwegrecht begründet, auch wenn die Fabrikanlage die ganze Wegfront einnimmt und dadurch den abseits gelegenen Grundstücksteilen die Verbindung mit dem Weg genommen wird (MDR. 1948, 358).

Beweispflichtig dafür, daß die erforderliche Verbindung mit dem öffentlichen Weg fehlt, ist derjenige, der den Notweg beansprucht. Beruft sich der Beklagte darauf, daß dem Kläger ein ausreichendes Wegerecht gegen einen anderen Nachbar zusteht, so muß deshalb der Kläger nachweisen, daß ein solches Wegerecht nicht besteht. Bestreitet der als wegepflichtig bezeichnete Nachbar das Wegerecht, so wird dieser Nachweis regelmäßig als erbracht anzusehen sein, und es wird Sache des Beklagten sein darzulegen, daß trotz dieses Bestreitens mindestens eine Wahrscheinlichkeit für das Bestehen dieses Wegerechts gegeben ist (JW. 1925, 475) Auch wenn das Wegerecht vom Nachbar zu Unrecht bestritten wird, kann ein dem Notweg Anspruch begründende Zugangsnot bestehen, wenn das Grundstück nicht solange unbewirtschaftet gelassen werden kann, bis der Rechtsstreit mit dem Nachbar ausgetragen ist.

3. Notwendig und nicht bloß zweckmäßig für die ordnungsmäßige Benützung des Grundstücks muß die

[14]) Vgl. Maenner 172. Mit Recht führt Rüdenberg 22 aus, daß der Notweganspruch selbst dann nicht besteht, wenn eine ausreichende Verbindung tatsächlich, wenn auch ohne rechtliche Grundlage (z. B. precarium) vorhanden ist, sofern sich nur die Ungewißheit über das künftige Weiterbestehen der Verbindung mit der ordnungsmäßigen Benützung des Grundstückes vertrage. Vgl. hierzu SeuffA. 1 Nr. 177; Hesse, Nachbarrecht 549. So hat z. B. der franz. Kassationshof (Sirey, Recueil général 1895 2, 168) das Bedürfnis für einen Notweg verneint, weil die Forstverwaltung die Benützung eines ihr gehörigen, nicht öffentlichen Weges, der zu einem öffentlichen Wege führt, nicht beanstande. Vgl. aber auch Endemann 484 Anm. 28.

Verbindung sein. Unter Benützung ist der Gebrauch und die Ausbeute des Grundstückes zu verstehen (§§ 99, 100)[15]. Der Begriff der Notwendigkeit ist objektiv und nach den Bedürfnissen einer praktischen Wirtschaft zu beurteilen. Er ist gegeben, wenn ohne die Verbindung die ordnungsmäßige Benützung des Grundstücks überhaupt nicht möglich ist oder sich nur durch kostspielige Veranstaltungen ermöglichen läßt, welche zu dem Ertrage der Benützung in keinem wirtschaftlichen Verhältnisse stehen[16]. Die bloße Schwierigkeit oder Unbequemlichkeit der Benützung rechtfertigt den Notweganspruch nicht[17]. Deshalb kann der Notweg wegen bloßen Gewinnes durch Wegabschneidung nicht verlangt werden[18]; wie es überhaupt ohne Bedeutung ist, ob die Benützung der vorhandenen Verbindung etwas kostspieliger ist, wie eine andere, während eine unverhältnismäßige Schmälerung des Ertrags den Anspruch auf den Notweg begründet[19].

In Villenvororten der Großstädte und in Kur- und Badeorten bestehen Landhäuser mit Garten in Berglage und werden solche neu angelegt, die lediglich durch einen Fußweg mit dem öffentlichen Weg Verbindung haben. Unter solchen Umständen wird regelmäßig eine Zufahrt nicht beansprucht werden können, da diese nach der maßgebenden Verkehrsauffassung nicht notwendig ist. Die Schwierigkeiten der Beibringung von Brennmaterial und Lebensmittel sind nicht größer als in den Stadtwohnungen für die höheren Stockwerke[20].

---

[15]) Rüdenberg 15.

[16]) Vgl. Hesse, Nachbarrecht 547; Dernburg 286; Recht 1901, 121 (Dresden); Staudinger Bem. III g zu § 917; Crome 293 Anm. 65. Abweichend RGK. Bem. 4; Planck Bem. 1 zu § 917.

[17]) Vgl. Hesse, Nachbarrecht 548; Recht 1901, 311 (LG. Metz); Gierke 438 Anm. 93; RGK. Bem. 4; Staudinger Bem. II, 2b zu § 917. Selbst erhebliche Unbequemlichkeit: SächsArch. 14, 236 (Dresden); Recht 1904, 503 Nr. 2107 (Dresden); OLG. 26, 30. Deshalb besteht ein Notweganspruch nicht etwa nur deshalb, weil das deutsche Grundstück nur eine Verbindung mit einem französischen öffentlichen Wege hat und sein Eigentümer durch „les mesures politiques et douanières par la France" „geniert" wird. So Rüdenberg 15 unter Berufung auf ein Urteil des franz. Kassationshofes (Sirey, Recueil général 1890, 1, 392). Dabei wird aber doch wohl die Einschränkung zu machen sein, daß infolge dieser mesures die ordnungsgemäße Benützung des Grundstücks nicht ungebührlich erschwert sein darf. Denn die Verbindung muß immerhin derartig sein, daß sie den Bedürfnissen für eine ordnungsgemäße Benützung des Grundstücks wenigstens notdürftig genügt. Puchelt, Zeitschr. 1905, 152 (Zweibrücken).

[18]) Vgl. SeuffA. 13 Nr. 210; OLG. 2, 506. Eine bloße Unbequemlichkeit liegt übrigens dann nicht mehr vor, wenn der Weg so weit außen herumführt, daß mit den ordnungsgemäß vorhandenen Transportmitteln die Ernte nicht in angemessener Zeit hereingeschafft werden kann.

[19]) Rüdenberg 15.

[20]) LG. Würzburg 27. Sept. 1921 F. 83/21.

Für die Ordnungsmäßigkeit der Benützung kommt es nicht nur auf die bisherige Benützung an, sondern auch darauf, ob überhaupt eine ordnungsmäßige Benützung den Notweg als erforderlich erscheinen läßt[21].

Ausschlaggebend ist, ob die geplante Benützung den wirtschaftlichen Bedürfnissen mit Rücksicht auf die Beschaffenheit des Grundstücks entspricht[22]. Nicht jede spekulative Änderung in der Benützung genügt, um den Anspruch auf den Notweg zu begründen, sondern es muß das Grundstück seiner Natur nach zu einer der Änderung entsprechenden Benützungsart bestimmt sein. Ordnungsgemäß ist eine Benützung, die nach ihrer Art der Natur (d. i. der Bodenbeschaffenheit, Größe und klimatischen Lage) und der Umgebung des Grundstückes angemessen ist und deren Ausübungsweise rationell ist[23]. So kann die Umwandlung eines bisher landwirtschaftlich benützten Grundstückes in einen Steinbruch eine ordnungsgemäße Benützung sein[24]. Wenn der Eigentümer aus persönlichen Gründen[25] irgendeine neue Benützung, welche nicht als ordnungswidrig bezeichnet werden kann, der bisherigen vorzuziehen geneigt ist, so kann er hierfür nicht ohne weiteres einen Notweg beanspruchen[26]. Wenn der Eigentümer den Fortschritten und Anforderungen der Zeit und der örtlichen Verhältnisse Rechnung trägt und deshalb eine Änderung der Benützung eintreten läßt, so handelt er rationell[27].

Ist die Stadt an ein bisher landwirtschaftlich benütztes Grundstück herangewachsen, so wird die Erbauung von Wohnhäusern der Natur des Grundstückes entsprechen. Ist für diese Benützung der bisherige Zugang nicht mehr genügend, so kann der Notweg verlangt werden, nicht aber gleich für ein Hotel.

Soll auf einem Grundstück der dort vorhandene Steinbruch ausgebeutet werden, so ist dies eine ordnungsmäßige Benützung, die einen Fahrweg erforderlich macht.

Will der Eigentümer auf seinem Grundstück eine Fabrik errichten, so kommt es auf die Lage des Grundstückes an. In einem Industrieviertel ist dies eine ordnungsmäßige Benützung. Auf dem platten Lande dagegen liegt diese Voraussetzung regelmäßig nicht vor; denn hier wird zumeist diese Änderung der Benützung nicht auf die

---

21) KommProt. 3588 (Mugdan 3, 598); BayZ. 1914, 191 (RG.). Anders Entw. I § 863 und für das gemeine Recht SeuffA. 50 Nr. 79.

22) BayZ. 1914, 191 (RG.).

23) Rüdenberg 15—18.

24) Puchelts Zeitschr. 1905, 152 (Zweibrücken).

25) Wenn RG. 79, 117 die Abgabe der Bewirtschaftung eines Grundstücks an mehrere Teilpächter hierher rechnet, so mag das im allgemeinen richtig sein. Wenn aber die Zerteilung in Einzelbewirtschaftung eine rationellere Ausnutzung des Bodens gewährleistet, so entspricht sie der Beschaffenheit des Grundstücks.

26) KommProt. 3591 (Mugdan 3, 599). Für jetziges Recht würde die den Notweganspruch einschränkende Entscheidung in JW. 1894, 437 Nr. 49 nicht mehr zutreffen. Vgl. OLG. 12, 124.

27) Scherer Bem. 198 zu §§ 917 und 918 (3, 105). Ein Nachweis der Rentabilität der Neuanlage kann nicht gefordert werden. Endemann 484 Anm. 29.

durch die objektive Beschaffenheit des Grundstückes bedingten wirtschaftlichen Bedürfnisse, sondern auf die subjektive Willensrichtung des Eigentümers zurückzuführen sein. Wenn sich aber auf dem Grundstücke wertvolle Tonlager befinden, so wird die Errichtung einer Tonwarenfabrik der rationellen Ausbeutung dieses Tonlagers entsprechen und daher eine ordnungsmäßige Benützung im Sinne des Gesetzes darstellen.

Die Einrichtung einer Mühle auf einem an einem Triebgewässer liegenden Grundstücke ist ebenfalls eine ordnungsmäßige Benützung, da das Grundstück infolge seiner Lage zu dieser Art der Benützung bestimmt ist.

Es entspricht regelmäßig nicht der Lage, sohin nicht der Natur eines eingeschlossenen Grundstücks, darauf einen frequentierten Schuppen zu stellen, der im Laufe der täglichen Arbeit vielfach benützt werden muß. Diese Benutzungsweise ist zwar nicht ordnungswidrig, aber auch nicht naturgemäß[28]). Anders, wenn in der Umgebung des Grundstücks sich mehrfach Schuppen befinden.

Das Bedürfnis unserer Volkswirtschaft erheischt die stärkste Ausnützung des Bodens. Wenn man vor dem Krieg die Umwandlung eines mageren Weidegrundstücks in Ackerland als irrationell betrachtet hat, so ist hierin jetzt ein Wandel der Anschauung eingetreten. Heute hätte der Richter für eine solche Änderung der Benützung den Notweg zuzusprechen.

Das Bedürfnis nach einem Notweg kann ein nur vorübergehendes sein[29]); dann kann der Notweg nur insolange beansprucht werden, als das Bedürfnis besteht.

Wenn infolge der Baufälligkeit eines Hauses Baumaterialien zu seiner Instandsetzung beigefahren werden müssen, muß zu diesem Zwecke ein Notweg eingeräumt werden.

Auf der anderen Seite wird der Notweganspruch nicht dadurch ausgeschlossen, daß das Bedürfnis nach einem Notweg durch eine Veränderung der Kulturart, z. B. durch Holzbepflanzung, in Wegfall oder doch in engere Grenzen gebracht werden könnte[30]). Dies gilt selbst dann, wenn bisher das Grundstück mit Holz bestanden war und erst als Ackerland urbar gemacht wurde.

Wie die Verbindung, so muß auch der öffentliche Weg, zu dem sie führt, den Anforderungen einer ordnungsgemäßen Benützung genügen[31]). Deshalb fehlt die zur ordnungsmäßigen Benützung notwen-

---

[28]) OLG. 12, 124.

[29]) Rüdenberg 21; Staudinger Bem. II 1d; Wolff, Sachenrecht 167.

[30]) Vgl. Striethorst' Arch. 31, 14; Dernburg 286.

[31]) Rüdenberg 20; Zeiler, SeuffBl. 78, 99; BraunschwZ. 10, 180 (Braunschweig); Wolff, Sachenrecht 166 Anm. 5. A. M. dagegen Endemann in der Festgabe für Gierke 951 ff.; Josef im Recht 1911, 649 ff.; Staudinger Bem. II 2a zu § 917; Stölzle und OLG. Augsburg in BayZ. 1912, 15 u. 1925, 169. Diese gegenteilige Meinung beruft sich auf die Entstehungsgeschichte und den Wortlaut des Gesetzes. Die für die ordnungsmäßige Ausnützung des Grundstücks erforderliche Verbindung mit einem öffentlichen Weg ist nicht schon dann vorhanden, wenn das Grundstück Anschluß an eine als öffentlicher Weg bezeichnete Bodenfläche hat, sondern diese Bodenfläche muß auch in der Tat die Eigenschaft

tige Verbindung mit einem öffentlichen Weg nicht nur dann, wenn das notleidende Grundstück von der Verbindung mit dem öffentlichen Wege durch zwischenliegende, einer Wegeservitut nicht unterworfene Ländereien absolut ausgeschlossen ist; es kann vielmehr der Notweganspruch auch dann erhoben werden, wenn zwar ein Fußweg, nicht aber der erforderliche Fahrweg vorhanden[32]) ist oder, wenn der vorhandene Fahrweg zu schmal oder für schwere Fuhrwerke nicht fahrbar ist[33]).

Die erforderliche Verbindung mit einem öffentlichen Weg ist dann gegeben, wenn der Grundstückseigentümer eine dem Bedürfnis entsprechende Zugangs- bzw. Zufahrtsmöglichkeit[34]) zu einem dem gemeinen Gebrauch unterstellten Wege hat.

Unter Umständen können für die ordnungsmäßige Benützung zwei Wege notwendig sein[35]); dies kann namentlich bei einem größeren Komplex zusammengehöriger Grundstücke der Fall sein.

Das BGB. verlangt von dem Eigentümer des notleidenden Grundstückes nicht den Nachweis, daß die Notlage ohne sein Verschulden eingetreten sei, wohl aber gestattet es dem in Anspruch genommenen Nachbar, die Duldung des Notweges zu verweigern, wenn die bisherige Verbindung des Grundstückes mit dem öffentlichen Weg durch eine willkürliche Handlung des Eigentümers aufgehoben wurde (§ 918 BGB.). Beweispflichtig hierfür ist der in Anspruch genommene Nachbar[36]).

Dieser Umstand steht auch dem späteren Erwerber des Grundstücks entgegen, selbst wenn er nicht Gesamtrechtsnachfolger desjenigen ist, welcher die willkürliche Handlung vorgenommen hat[37]).

---

eines Weges haben. Unter einem Weg versteht man eine Bodenfläche, die bestimmt und geeignet ist, dem Verkehr zu dienen. Deshalb steht der Wortlaut des Gesetzes der hier vertretenen Auslegung nicht zwingend entgegen. Das gleiche gilt von der Entstehungsgeschichte, wie sie sich aus M. 3, 291 (s. den Text zu der Anm. 2) ergibt. Ausschlaggebend ist der Zweck des Gesetzes. Das Gesetz will aus wirtschaftlichen Gründen die ordnungsmäßige Ausnützung des Grundstücks ermöglichen. Der Gesetzgeber hätte diesen Zweck nicht erreicht, wenn die an sich vorhandene Verbindung mit einem öffentlichen Weg den Notweganspruch auch dann ausschließen würde, wenn dieser Weg unbrauchbar oder doch für das ordnungsgemäße Bedürfnis des Grundstücks ungeeignet ist. Wenn Endemann betont, daß eine übermäßige Belastung des Nachbareigentums nicht zuzulassen sei, so ist darauf zu verweisen, daß ein strenger Maßstab für das Erfordernis eines ordnungsmäßigen Bedürfnisses und eine entsprechende Festsetzung der zu zahlenden Rente dem Richter die Möglichkeit zu einem gerechten Ausgleich bietet.

[32]) BayZ. 1912, 16 (Augsburg).

[33]) M. 3, 291 (Mugdan 3, 161).

[34]) Dem steht aber nicht der Fall gleich, daß sich der eingeschlossene Grundstückseigentümer durch Kauf einen Weg erwerben könnte. Puchelts Zeitschr. 1905, 152 (Zweibrücken).

[35]) Rüdenberg 87.

[36]) Maenner 172; Planck Anm. 1 zu § 918.

[37]) Dernburg 287 Anm. 9; Rüdenberg 33.

Der Ausdruck „willkürliche Handlung" ist lediglich in objektivem Sinne auszulegen, er stellt keineswegs einen Fall des Vorsatzes dar[38]; er ist nicht gleichbedeutend mit schuldhaft[39]. Willkürlich ist eine Handlung dann, wenn sie weder durch die ordnungsgemäße Benützung noch durch eine zwingende andere Veranlassung geboten ist[40]. Als willkürliche Handlungen können sonach unter Umständen[41] in Betracht kommen der Abbruch einer den Zugang vermittelnden Brücke, die Überbauung der bisherigen Verbindungsfläche[42], Verschüttung der bisherigen Verbindung durch Anlage einer Halde[43], Verzicht auf eine Wegedienstbarkeit. Ordnungswidriges Unterlassen ist dem Handeln gleichzuachten[44]. Die Zustimmung des Wegebedürftigen zur Verlegung des bisher bestandenen öffentlichen Weges (ingleichen die Unterlassung eines Widerspruchs gegen die Verlegung) schließt den Notweganspruch dann aus, wenn anzunehmen ist, daß gegen den Widerspruch die Verlegung des öffentlichen Weges nicht erfolgt wäre[45]. Wenn der Notstand nur dadurch herbeigeführt wurde, daß das Grundstück verpachtet wurde und deshalb nach einer ganz anderen Richtung gravitiert, ist § 918 Abs. 1 anzuwenden.

Die bisherige Verbindung des Grundstücks mit dem öffentlichen Wege ist nur dann aufgehoben, wenn die Zugangsverhältnisse in tatsächlicher Beziehung geändert werden. Durch eine Veräußerung des Grundstücks wird eine solche Änderung nicht bewirkt, wenn auch für den

[38]) Weyl, Verschuldensbegriffe 410.

[39]) Rüdenberg 28; Staudinger Bem. I 1a zu § 918.

[40]) Nach Rüdenberg 33 ist eine Handlung des Eigentümers dann nicht willkürlich, wenn er erstens zur Vornahme derselben von der Rechtsordnung oder durch widerrechtliche Drohung oder arglistige Täuschung eines Dritten bestimmt wird oder zweitens er sie kraft öffentlichen oder privaten Rechts vornimmt, insbesondere kraft des Rechts zur (schikanefreien) ordnungsgemäßen Benutzung seines Grundstückes. Alle anderen Handlungen des Eigentümers, durch welche die bisherige Verbindung aufgehoben wird, werden von Rüdenberg als willkürlich erachtet. Wolff, Sachenrecht 167, spricht im Anschluß an Zitelmann von dem „Vorsatz gegen sich selbst"; es müsse eine „wirtschaftswidrige" Verletzung des eigenen Interesses vorliegen.

[41]) Nicht immer; man denke z. B. an die Zerstörung einer Brücke auf Anordnung der Behörde oder auf Drohung des Feindes. Vgl. Rüdenberg 29. Erfolgt die behördliche Anordnung zum Abbruch der Brücke wegen Baufälligkeit, so kann die willkürliche Handlung in der Unterlassung der baulichen Unterhaltung bestehen.

[42]) Dernburg 287 wendet den § 918 Abs. 1 entsprechend an, wenn der Eigentümer sich willkürlich durch Veränderung in der Hauptbestimmung, z. B. durch Errichtung eines Miethauses auf einem früheren Kornfeld, in die Notlage versetzt hat. Jedenfalls müßte aber hier die Einschränkung gemacht werden, daß der Neubau nicht durch die ordnungsgemäße Benützung veranlaßt war.

[43]) JW. 1921, 252 (Dresden).

[44]) Rüdenberg 26. Vgl. Anm. 4.

[45]) Vgl. Bolze 8 Nr. 82.

Erwerber die Möglichkeit bestehen bleibt, die bisherige Verbindung weiter zu benützen. Es kann sich dabei aber ergeben, daß die für den bisherigen Besitzer völlig genügende Verbindung für die ordnungsgemäße Benützung des neuen Erwerbers deshalb ungenügend ist, weil das erworbene Grundstück nun von einem in ganz anderer Richtung gelegenen Anwesen aus bewirtschaftet wird und deshalb die bisherige Verbindung einen wirtschaftlich untragbaren Umweg mit sich bringt. Der neue Erwerber kann den Notweg beanspruchen; die Einrede aus § 918 Abs. 1 kann ihm nicht entgegengesetzt werden. Denn wenn auch der Erwerb des Grundstücks als willkürliche Handlung zu erachten ist, so ist dadurch keineswegs die frühere Verbindung mit dem öffentlichen Weg aufgehoben worden; es ist nur bewirkt worden, daß die unveränderte Verbindung nunmehr für die ordnungsgemäße Benützung nicht mehr genügt (JW. 1925, 474 — RG.).

Ob die willkürliche Handlung, durch welche der Notstand geschaffen wurde, vor oder nach dem Inkrafttreten des BGB. vorgenommen wurde, ist belanglos, da das Gesetz keinen Unterschied macht[46].

II. Inhalt des Notweganspruches.

Sind diese Voraussetzungen gegeben, so hat der Nachbar auf Verlangen des Eigentümers die Benützung seines Grundstückes zur Herstellung der erforderlichen Verbindung zu dulden (§ 917 Abs. 1 BGB.). Diese Verpflichtung enthält eine gesetzliche Eigentumsbeschränkung[47], kraft welcher der Nachbar einen Weg dulden muß. Es kann auf Grund des § 917 BGB. nicht die Duldung einer durch den Luftraum des Nachbargrundstückes geführten Drahtseilbahn zur Bei- und Fortschaffung von Material usw. verlangt werden[48]. Unter Umständen kann der Nachbar die Führung einer solchen Drahtseilbahn durch seinen Luftraum auf Grund des § 905 BGB. nicht verbieten[49]. Ebensowenig kann auf Grund des § 917 ein Anspruch darauf erhoben werden, Rohre durch ein Nachbargrundstück zu legen[50]; § 917 erschöpft sich eben in einem

[46] Nicht um eine rückwirkende Kraft des § 918 handelt es sich, sondern darum, unter welchen Voraussetzungen das geltende Recht den Notweganspruch einräumt. Dagegen meint Höchtle, SeuffBl. 1911, 465, der Einwand, daß der Notstand durch eine willkürliche Handlung geschaffen sei, könne dann nicht gebracht werden, wenn die Handlung vor 1900 vorgenommen wurde, weil der § 918 Abs. 1 in gewissem Sinne (!) eine Strafvorschrift für ziviles Unrecht sei und deshalb keine rückwirkende Kraft haben könne.

[47] Gierke 438; Wolff, Sachenrecht 168; Staudinger Bem. 2; Planck Bem. 2a zu § 917. Vgl. M. 3, 291 (Mugdan 3, 161). Dort werden die Gründe dargelegt, aus denen der Gesetzgeber die Konstruktion einer Expropriation ebenso wie die einer gesetzlichen Obligation abgelehnt hat.

[48] SeuffA. 62 Nr. 41 (ObLG.).

[49] S. oben S. 10.

[50] A. M. dagegen LG. Elbing, Neumanns Jahrb. 8, 388.

Wegerecht, d. i. in der Befugnis über die Nachbargrundstücke zu fahren (auch mit Kraftwagen), zu reiten, treiben und zu gehen[51]), oder Fässer zu rollen und Baumstämme zu schleifen[52]).

Der Notweg ist von dem Berechtigten auf seine Kosten anzulegen und zu unterhalten[53]). Ob der Verpflichtete den Notweg neben dem Berechtigten oder ob ihn dieser allein benutzen darf, entscheidet sich danach, ob bei der Mitbenützung durch den Eigentümer die für die ordnungsgemäße Benützung des herrschenden Grundstücks erforderliche Verbindung beeinträchtigt wird[54]).

1. Die Verpflichtung zur Duldung des Notweges tritt nur auf Verlangen[55]) des Eigentümers des notleidenden Grundstückes ein. Das Verlangen ist eine empfangsbedürftige Willenserklärung; sie setzt Geschäftsfähigkeit des Verlangenden voraus und wird wirksam, sobald sie dem Gegner zugeht (§ 310 BGB.). Das Verlangen kann formlos geschehen. Immer aber ist erforderlich, daß in dieser Erklärung zum Ausdruck gebracht wird, daß der Wegebedürftige die Duldungspflicht als einen Notweganspruch geltend macht. Dies ist z. B. dann nicht der Fall, wenn der Eigentümer des wegebedürftigen Grundstückes eine Wegegerechtigkeit behauptet und deswegen die Duldung verlangt. Es muß dies aus dem Unterschiede der Fassung des § 917 BGB. mit jener des § 912 BGB. gefolgert werden. § 912 BGB. besagt einfach: „So hat der Nachbar den Überbau zu dulden.“ § 917 BGB. dagegen bestimmt: „So kann der Eigentümer von den Nachbarn verlangen, daß sie ...... dulden.“ Hat der Eigentümer gegen die Anmaßung des als Grunddienstbarkeit beanspruchten Weges die actio negatoria erhoben, so kann der Beklagte, insolange er eine Grunddienstbarkeit behauptet, nicht eventuell den Notweganspruch einwenden; denn insolange er ohne Entschädigung zu fahren beansprucht, hat er in Wahrheit nicht die Einräumung eines Notweges verlangt[56]).

---

[51]) RheinArch. 100, I, 134 (Köln); RGKomm. Bem. 10; Staudinger Bem. III zu § 917.

[52]) Auch hierbei handelt es sich um die Benützung eines Grundstücks zum Transport von Sachen und diese Art des Transportes ist (z. B. bei Brauereien) üblich und für die Waldnutzung unter Umständen die allein mögliche. Unrichtig daher für das Schleifen von Baumstämmen. Neumanns Jahrb. 8, 388 (Colmar).

[53]) Der Nachbar kann dies der Duldungsklage gegenüber im Wege der Widerklage geltend machen. Soergel, Rechtsprechung 1903, 169; Recht 1903, 551 Nr. 2791 (Posen).

[54]) Rüdenberg 86; zu weit geht in der Annahme des Mitbenützungsrechtes Süßheim, BlAdmPr. 52, 365. Wenn der Notwegberechtigte und der Eigentümer den Weg gemeinsam benützen, so tragen sie die Kosten der Unterhaltung nach den Grundsätzen der Gemeinschaft zusammen. Rüdenberg 90.

[55]) Das Verlangen ist Tatbestandsmerkmal und zwar Voraussetzung der Duldungspflicht (Müller 103; RGKomm. Bem. 13, Staudinger Bem. zu § 917).

[56]) Im übrigen kann der Notweganspruch einredeweise gegen die Negatorienklage geltend gemacht werden. Biermann zu § 917, vgl. Puchelts Zeitschr. 1905, 152 (Zweibrücken)

Aktiv legitimiert zur Stellung des Verlangens wie zur Erhebung des Anspruchs auf Duldung[57]) ist der Eigentümer des wegebedürftigen Grundstücks (§ 917 BGB.). Ein einzelner Miteigentümer ist zum Verlangen und zur Klage auf Einräumung des Notweges nicht legitimiert (trotz § 1011 BGB.)[58]). Dem Nießbraucher steht der Notweganspruch so wenig zu[59]) wie dem Besitzer und Pächter[60]), wohl aber dem Erbbauberechtigten (§ 1017).

Die Duldungspflicht trifft die Eigentümer aller jener Grundstücke, welche der Verbindung mit dem öffentlichen Wege entgegenstehen, unter Umständen also auch die mittelbaren Nachbargrundstücke[61]).

Hat ein Grundstück eine Fahrtgerechtigkeit über das daranstoßende Grundstück des A, nicht aber über das an letzteres angrenzende Grundstück des B, welches an einem öffentlichen Wege liegt, so richtet sich der Anspruch auf Einräumung des Notweges gegen B.

Die mehreren Miteigentümer des belasteten Grundstückes müssen gemeinsam belangt werden[62]). Das Verlangen zur Duldung ist daher an sämtliche Miteigentümer zu richten. Die Zuziehung der Erbbau- und Dienstbarkeitsberechtigten ist nicht erforderlich[63]). Gegen nur ding-

[57]) Für die Klage ist der dingliche Gerichtsstand des § 24 ZPO. begründet, weil es sich um einen Anspruch aus dem Eigentum am notleidenden Grundstück handelt, und sie gegen den Eigentümer des Nachbargrundstückes als solchen zu richten ist. Dernburg 288 Anm. 15.

[58]) Turnau-Förster Bem. 1 zu § 917 BGB., weil der Anspruch auf Einräumung des Notweges von einer Gegenleistung abhängig ist. RGKomm. Bem. 6 zu § 917. A. M. Maenner 173; Biermann Bem. 2 zu § 917; Planck Bem. 2a β; Goldmann-Lilienthal 58; Müller 103.

[59]) Herrschende Meinung. A. M. Rüdenberg 81, der dem Nießbraucher das Notrecht grundsätzlich zuspricht, jedoch mit der weittragenden Einschränkung, daß er die „Bestimmung des Notweges" nicht vornehmen dürfe.

[60]) Rüdenberg 82; Süßheim, BlAdmPr. 52, 365; Neumann, Jahrbuch 6, 375 (Jena): „Der Pächter kann als solcher einen Notweg nicht beanspruchen. Indes wird man eine Erweiterung des Notwegrechts zugunsten des Jagdberechtigten nicht schlechthin ausschließen dürfen." Vgl. Recht 1920 Nr. 2406; RG. 79, 118 (der Pächter kann einen Notweg über andere Grundstücke des Verpächters nur nach Auslegung des Pachtvertrags, nicht nach § 917 beanspruchen).

[61]) Denkschrift 126 (Mugdan 3, 974). Das Verlangen kann sich nur gegen denjenigen richten, dessen Eigentum beschränkt ist, das ist also gegen den Eigentümer, nicht etwa gegen den bloßen Besitzer, Nießbraucher u. dgl. (SeuffA. 56 Nr. 150; Staudinger Bem. I 3 zu § 917).

[62]) RGKomm. Bem. 7; Staudinger Bem. I 3; JW. 1906, 233 (RG.). Die Klage ist gegen alle Eigentümer des Grundstücks zu richten, auch gegen solche, welche die Verpflichtung nicht bestreiten (notwendige Streitgenossenschaft). Wenn es sich dagegen um die Eigentümer verschiedener in Betracht kommenden Grundstücke handelt, ist § 60 ZPO. anzuwenden (Kraft, RheinZ. 2, 341).

[63]) RGKomm. Bem. 7; Oberneck 647 Anm. 38; Dernburg 288; a. M. dagegen Goldmann-Lilienthal 58 Anm. 58.

lich Berechtigte oder gegen den bloßen Besitzer ist die Klage nicht zulässig[64]).

2. Es führen viele Wege nach Rom; welches von den in Betracht kommenden Grundstücken ist im Einzelfalle belastet? Die Duldungspflicht liegt kraft Gesetzes allen Nachbarn ob, nicht nur dem Eigentümer desjenigen Grundstücks, welches durch den Weg am wenigsten belästigt wird[65]).

Es ist nicht erforderlich, daß der Eigentümer des notleidenden Grundstücks gerade die kürzeste Verbindung in Anspruch nimmt[66]). Der Einwand, daß der Notweg für ein anderes Grundstück weniger lästig wäre, ist daher unzulässig[67]). Immerhin muß angenommen werden, daß der Wegebedürftige nicht nach reiner Willkür irgendeine Verbindungslinie herausgreifen kann, sondern daß nur jene Grundstücke mit der gesetzlichen Eigentumsbeschränkung belastet sind, welche nach den Terrain- und sonstigen örtlichen Verhältnissen naturgemäß für eine Verbindung in Betracht kommen[68]).

Wenn in Frage steht, ob die Verbindung mit dem öffentlichen Wegenetz über eine kultivierte Wiese oder eine Ödung genommen wird, so kann der in Anspruch genommene Wieseneigentümer nicht geltend machen, daß der Weg über die Ödung für dessen Eigentümer nicht so lästig falle wie für ihn. Wenn aber der Weg über die Ödung nicht wesentlich länger und unbequemer ist, so kann man annehmen, daß die natürliche Verbindung über diese Ödung geht und daher die Wiese der gesetzlichen Beschränkung nicht unterworfen ist.

Wenn das eingeschlossene Grundstück eine entsprechende Verbindung über ein als Hausgarten dienendes Grundstück und ein als Ackerland benütztes Grundstück erhalten kann, so läßt sich unter Umständen annehmen, daß mit Rücksicht auf diese Verhältnisse der Hausgarten von der gesetzlichen Eigentumsbeschränkung nicht betroffen wird.

In Feldlagen kommen als besonders geeignet für den Notweg in erster Linie etwa vorhandene Häupter von Ackergrundstücken in Betracht.

Festungsanlagen und der dem Eisenbahnbetrieb dienende Boden kommen für den Notweganspruch als belastet nicht in Frage[69]).

---

[64]) SeuffA. 56 Nr. 150. — Wird durch den Notweg ein Erbbaurecht oder eine Dienstbarkeit beeinträchtigt, so ist das Verlangen auf Duldung des Notwegs nicht nur an den Eigentümer, sondern auch an den Berechtigten zu stellen (vgl. § 916).

[65]) Vgl. dagegen SeuffA. 16 Nr. 12, 27 Nr. 8.

[66]) SeuffA. 62 Nr. 41 (ObLG.).

[67]) Dernburg 287; Staudinger Bem. IV; Fischer-Henle Bem. 7. Vgl. dagegen Hesse, Nachbarrecht 549; SeuffA. 4 Nr. 204, 16 Nr. 12.

[68]) Vgl. Dernburg 287: „Wohl aber kann sich Beklagter darauf berufen, daß die leichtere Gewährung durch den Nachbar so offenbar sei, daß die Inanspruchnahme des Beklagten als Schikane erscheine." Ähnlich Rüdenberg 83: Der Berechtigte braucht bei seiner Wahl unter mehreren Nachbarn nur das Schikaneverbot zu beachten. — Er kann nicht gerade immer (vgl. Kraft, RheinZ. 2, 341) die kürzeste Verbindung beanspruchen. ObLG. N. F. 7, 230.

[69]) Rüdenberg 83. Vgl. Eger, Entsch. 18, 154 (RG.).

3. Eine Einschränkung erfährt der Kreis der Pflichtigen in den Fällen, in welchen infolge der Veräußerung eines Grundstücksteiles der veräußerte oder zurückbehaltene Teil von der Verbindung mit dem öffentlichen Wegenetz abgeschnitten ist. Hier wird ein Anspruch gegen die bisherigen Nachbarn dem Eigentümer des abgeschnittenen Grundstückes nicht gewährt, da durch seinen eigenen Willen die vorhandene Verbindung aufgehoben ist[70]). Jedoch darf in solchem Falle der Eigentümer, der versäumt hat, sich eine Wegegerechtigkeit bestellen zu lassen, nicht ohne Schutz bleiben. § 918 BGB. legt deshalb dem Eigentümer desjenigen Teiles, über welchen bisher die Verbindung stattgefunden hat, die Pflicht zur Duldung des Notweges auf. Auch in diesem Falle besteht Entschädigungspflicht[71]). In entsprechender Weise wird für den Fall Vorsorge getroffen, daß durch die Veräußerung eines von mehreren demselben Eigentümer gehörenden Grundstücken das veräußerte oder zurückbehaltene Grundstück von der Verbindung mit dem öffentlichen Wege abgeschnitten ist[72]).

Ergibt sich durch Auslegung des zwischen dem Eigentümer und dem Erwerber eines Grundstückes geschlossenen Vertrages, daß derjenige von beiden, welchem nach der Lage der Grundstücke ein Anspruch auf einen Notweg gegen den andern zustehen würde, hierauf habe verzichten wollen, so fragt es sich, welche Wirkung ein solcher Verzicht hat. Die Verpflichtung zur Duldung des Notweges ist eine gesetzliche Eigentumsbeschränkung des damit belasteten Grundstückes. Die Befreiung von dieser Last kann nur durch Begründung einer Grunddienstbarkeit herbeigeführt werden. Es ist im Wege der Auslegung aus den begleitenden Umständen abzuleiten, ob die Beteiligten durch den stillschweigenden Verzicht und dessen Annahme die Begründung einer solchen Dienstbarkeit herbeiführen wollten. Ist dies der Fall, so kann der Eigentümer des von der Duldungsfrist befreiten Grundstückes die formgültige Bestellung der Grunddienstbarkeit verlangen[73]), andernfalls hat der Verzicht nur obligatorische Bedeutung. Derjenige, welchem nach der Lage der Grundstücke ein Anspruch auf einen Notweg zustehen würde, kann ungeachtet eines Verzichtes, welcher der dinglichen Wirkung entbehrt,

---

[70]) § 918 Abs. 2 ist also ein Unterfall und zugleich eine Ausnahme von § 918 Abs. 1.

[71]) Süßheim, BlAdmPr. 52, 357.

[72]) Denkschrift 126 (Mugdan 3, 974). § 918 Abs. 2 bezieht sich nicht nur auf die Verhältnisse unmittelbar nach der Veräußerung des Grundstücksteiles; auch die künftigen Eigentümer der beiden Grundstücke sind gebunden. Die Vorschrift ist nicht analog anzuwenden, wenn das Grundstück in mehr als zwei Teile geteilt wird und eine der abgeteilten Parzellen durch alle übrigen von der Verbindung mit dem öffentlichen Wege abgeschnitten wird. Rüdenberg 130f.

[73]) Vgl. KommProt. 3593 (Mugdan 3, 600).

die Duldung des Notweges von dem Sonderrechtsnachfolger desjenigen, dem gegenüber der obligatorische Verzicht erklärt wurde, verlangen[74]). Liegt ein Verzicht mit dinglicher Wirkung vor, so ist der Anspruch auf Einräumung eines Notweges überhaupt verscherzt, auch gegenüber den anderen in Betracht kommenden Nachbarn, weil im Verhältnis zu diesen der Interessent die Notlage durch eine willkürliche Handlung herbeigeführt hat[75]). Andererseits kann bei einem Vertrag, durch welchen ein Eigentümer einen Teil seines Grundstückes oder eines der ihm gehörigen mehreren aneinandergrenzenden Grundstücke veräußert hat, durch Erforschung des wahren Willens der Parteien das Resultat gewonnen werden, daß eine Wegegrunddienstbarkeit für das infolge der Veräußerung vom öffentlichen Wege abgeschnittene Grundstück als stillschweigend bestellt angenommen wird[76]).

4. Das Recht des Wegebedürftigen kann, wenn sich die Beteiligten nicht über die Art seiner Verwirklichung einigen, seinen Inhalt nur dadurch erhalten, daß die Richtung des Notweges und der Umfang[77]) des Benützungsrechtes durch Urteil bestimmt wird (§ 917 Abs. 1 BGB.). Das richterliche Urteil hat nur deklaratorische, nicht konstitutive Bedeutung[78]). Das Benützungsrecht selbst und die demselben entsprechende Duldungspflicht sind vom Gesetz geschaffen. Nur die Feststellung des konkreten Inhalts dieses Rechts, wie er von den Parteien behauptet wird, bleibt dem Richter überlassen[79]). Das Recht selbst besteht aber mit dem Vorliegen seiner gesetzlichen Voraussetzungen und wird nicht erst durch einen Richterspruch begründet. Hieraus ergibt sich die notwendige Folgerung, daß die Ausübung des Notwegerechts durch den

---

[74]) Vgl. übrigens auch KommProt. 3593 (Mugdan 3, 600).

[75]) Vgl. KommPot. 3588 u. 3593 (Mugdan 3, 598 u. 600).

[76]) Vgl. M. 3, 293 (Mugdan 3, 162). Vgl. EntschOGH. 8, 409; 9, 679; JW. 1891, 213 Nr. 49; RG. 42, 158. In der letzten Entscheidung wird stillschweigende Servitutenbestellung im Falle einer Subhastation abgelehnt. — Der Umstand, daß zur Bestellung einer Grunddienstbarkeit nach Art. 14 NotG. bis zur Anlegung des Grundbuchs notarielle Verlautbarung erforderlich ist (Art. 177 AG., Art. 189 EG.), steht der stillschweigenden Servitutenbestellung nicht im Wege; denn es wird ja aus dem Inhalt des notariellen Kaufvertrages der auf Bestellung einer Servitut gerichtete Wille abgeleitet. Vgl. unten § 32 A II.

[77]) Es darf z. B. der Weg nur zu bestimmten Jahres- oder Tageszeiten oder zu bestimmten Zwecken verwendet werden. Es ist sehr wohl möglich, daß ein Bedürfnis für Fahrten mit Steinfuhrwerken besteht, während für Fahrten mit Fabrikfuhrwerken ein Bedürfnis in dem oben erwähnten objektiven Sinne (vgl. oben I, 3) nicht vorhanden ist.

[78]) Zustimmend ObLG. N. F. 7, 294; SeuffA. 61 Nr. 205 (ObLG.); ebenso Süßheim, BlAdmPr. 52, 370; Staudinger Bem. VI 2b; RGKomm. Bem. 8; Planck Bem. 2a; Dernburg 288 Anm. 5. A. M. Rüdenberg 107; Endemann 484 Anm. 33; Cosack 2, 158; Hellwig, Zivilprozeßrecht 1, 238; Kraft, RheinZ. 2, 342.

[79]) M. 3, 292 (Mugdan 3, 161); Maenner 173.

Berechtigten schon vor Erlassung des Urteils zulässig ist[80]). Der Eigentümer des belasteten Grundstückes handelt rechtswidrig, wenn er die Benützung seines Grundstückes für den Notweg verwehrt. Freilich darf der Berechtigte nur jene Richtung des Notweges und jenen Umfang des Benützungsrechtes beanspruchen, die zur Herstellung der Verbindung erforderlich sind. Ist er bei seinem Verlangen darüber hinausgegangen, so hat er objektiv rechtswidrig gehandelt. Ob dies der Fall war, wird durch das richterliche Urteil im Streitfalle festgestellt. Der Anspruch kann auf jede Weise geltend gemacht werden, nicht nur durch Klage und Widerklage, sondern auch mittels Einrede[81]). Die Bezeichnung des Wegs nach seiner Richtung gehört zur Substanzierung der Klage[82]), auch ist der Umfang des behaupteten Benützungsrechts anzugeben, weil die Duldungspflicht nur auf Verlangen eintritt[83]). Das Anerbieten eines bestimmten Betrages für die dem Nachbar zu gewährende Entschädigung wäre an sich nicht erforderlich[84]), doch kann der Verpflichtete die Duldung des Notweges insolange verweigern, als der Berechtigte mit der Rentenzahlung im Rückstand ist (s. unten III, 6).

5. Die Richtung des Notwegs ist durch einen billigen Ausgleich zwischen den widerstreitenden Interessen der Beteiligten zu bestimmen. In erster Linie entscheidet das Interesse des Eigentümers des belasteten Grundstücks. Deshalb kann der Berechtigte nicht gerade die kürzeste Wegerichtung verlangen[85]), wenn diese Richtung besonders beschwerlich für den Eigentümer wäre. Andererseits kann dem Berechtigten nicht ein ganz unverhältnismäßiger Umweg zugemutet werden. Bei wesentlicher Änderung der Verhältnisse kann eine Änderung der rechtsgeschäftlich oder richterlich festgesetzten Richtung und Benützungsart des Notwegs gefordert werden[86]).

Eine Vereinbarung über die Richtung des Notweges und den Umfang des Benützungsrechtes hat nur dann eine dingliche Wirkung, wenn die Vereinbarung die für die Bestellung einer Grunddienstbarkeit auf-

[80]) A. M. Rüdenberg 106.

[81]) Zustimmend SeuffA. 61 Nr. 205; ObLG. N. F. 7, 294. Erhebt der Nachbar die Negatorienklage, so kann der Eigentümer des eingeschlossenen Grundstücks unter der Darlegung, daß die Notwegvoraussetzungen gegeben sind, die Abweisung des dem Kläger nicht zustehenden Eigentumsanspruches erwirken. Maenner 173.

[82]) Dies folgt aus der nur deklaratorischen Natur des Urteils (M. 3, 292), vgl. dagegen Staudinger Bem. VI 2b; RGKomm. Bem. 8; Planck Bem. 2a zu § 917; Dernburg 288; Rüdenberg 105 und andererseits 98.

[83]) Vgl. dagegen Dernburg 288.

[84]) Dernburg 288 Anm. 13. Vgl. EntschOTr. 30, 99.

[85]) SeuffA. 62 Nr. 41 (ObLG.).

[86]) Puchelts Zschr. 1905, 60 (Köln). In analoger Anwendung des § 1023 kann der verpflichtete Nachbar die Verlegung des bereits bestimmten Notwegs verlangen. Rüdenberg 89.

gestellten Voraussetzungen erfüllt; denn eine Erschwerung oder Erleichterung der gesetzlichen Eigentumsbeschränkung läuft auf die Bestellung einer Grunddienstbarkeit für das gesetzlich berechtigte bzw. gesetzlich belastete Grundstück hinaus. Zur Bestellung einer Grunddienstbarkeit ist Eintragung im Grundbuch erforderlich.

Der Notweganspruch erlischt, sobald die gesetzlichen Voraussetzungen in Wegfall kommen[87]). Das ist z. B. der Fall, wenn durch eine Flurbereinigung ein öffentlicher Weg an das berechtigte Grundstück gelegt wird oder, wenn das Bedürfnis ganz oder teilweise wegfällt; z. B. der für die Ausbeutung eines Steinbruches notwendige Fahrweg wird überflüssig, weil der Steinbruch erschöpft ist.

Der Anspruch auf Duldung des Notweges ist nach § 924 BGB. der Verjährung entzogen.

Dem Notwegeberechtigten steht gegen jeden Störer in der Ausübung des Notwegs die Eigentumfreiheitsklage des § 1004 zu; denn ihm steht der Notweg an dem fremden Grundstücke auf Grund des Eigentums an seinem eigenen Grundstück zu.

III. Entschädigung des Grundeigentümers.

Wie im Falle des Überbaues steht der Verpflichtung zur Duldung des Notweges ein Anspruch auf Entschädigung durch eine Rente gegenüber. Hinsichtlich dieses Anspruches finden die für den Überbau geltenden Vorschriften des § 912 Abs. 2 Satz 2 und der §§ 913, 914, 916 BGB. entsprechende Anwendung (§ 917 Abs. 2 BGB.).

1. Das Rentenrecht ist Eigentumsinhalt des Duldungspflichtigen, die Rentenpflicht Eigentumsinhalt des anderen Grundstückes. Die Rente wird behandelt wie eine gesetzliche, allen anderen Lasten, auch den älteren, vorhergehende Belastung (§ 914 Abs. 1 BGB.)[88]). Bei der Zwangsversteigerung bleibt diese Last auch dann bestehen, wenn sie bei der Feststellung des geringsten Gebotes nicht berücksichtigt wurde (§ 52 Abs. 2 ZwVG.).

2. Der Anspruch auf die Rente tritt ipso iure ein und steht demjenigen zu, dessen Rechte durch den Notweg beeinträchtigt werden, d. i. der jeweilige Eigentümer des Grundstückes, über welches der Notweg

[87]) Maenner 173; RGKomm. Bem. 9; Staudinger Bem. I, 8 zu § 912. Der Hebung des Mangels steht es gleich, wenn der Eigentümer die Beseitigung des Mangels absichtlich hindert. Süßheim, BlAdmPr. 52, 356.

[88]) Deshalb kann das kraft Gesetzes entstandene Recht auf die Rente und die durch ein Urteil festgesetzte Höhe der Rente im Grundbuch nicht eingetragen werden; nur der Verzicht auf die Rente und die vertragsmäßige Festsetzung der Rente werden eingetragen. DAnw. § 123 Z. 1.

führt (§ 913 BGB.). Entsprechende Rechte räumt § 916 BGB. demjenigen ein, dessen Erbbaurecht oder Dienstbarkeit durch den Notweg beeinträchtigt wird. Weitere Realberechtigte kommen nicht in Betracht, da für diese, insbesondere für die Pfandgläubiger, die durch den Notweg herbeigeführte Beeinträchtigung durch die mit der Duldungspflicht verbundene Rente ausgeglichen wird (§§ 96, 1126, 1192, 1200 BGB.).

Das Rentenrecht selbst kann nicht von dem Eigentum an dem belasteten Grundstücke getrennt werden (§ 914 Abs. 3 mit § 1110 BGB.). Dies steht jedoch einer Abtretung oder Pfändung des Anspruchs auf die einzelne Rente nicht entgegen.

Der Miteigentümer kann die Ansprüche aus dem Rentenrecht in Ansehung der ganzen Sache geltend machen, aber auf Befriedigung nur in Gemäßheit des § 432 BGB. Wird das Grundstück, über welches der Notweg führt, geteilt, so ist nur der Eigentümer jenes Teiles rentenberechtigt, auf welchem sich der Notweg befindet (§ 1109 Abs. 3 BGB.).

3. Schuldner der Rente ist der Eigentümer des Grundstücks, welchem der Notweg dient. Der Eigentümer haftet für die während der Dauer seines Eigentums fälligen Leistungen auch persönlich (§ 914 Abs. 3 mit § 1108 BGB.). Der Besitznachfolger haftet für die Rückstände des Vorbesitzers dinglich (§ 914 Abs. 3 mit § 1107, 1113 ff. BGB.). Wird das Grundstück, welchem der Notweg dient, geteilt, so haften für die Rente die Eigentümer der einzelnen Teile als Gesamtschuldner (§ 914 Abs. 3 mit § 1108 BGB.).

4. Für die Höhe der Rente ist maßgebend der Zeitpunkt, in welchem der Wegebedürftige den Notweg in rechtmäßiger Weise in Anspruch nimmt[89]); denn die Duldungspflicht tritt nur ein auf Verlangen des Berechtigten. § 917 Abs. 2 BGB. bestimmt, daß die für den Überbau geltende Vorschrift des § 912 Abs. 2 Satz 2 BGB. entsprechend anzuwenden ist. Dort ist bestimmt, daß für die Höhe der Rente die Zeit der Grenzüberschreitung maßgebend ist. Dies muß dahin führen, daß hier der maßgebende Zeitpunkt jener ist, in welchem der Notweg in rechtmäßiger Weise in Anspruch genommen wird, da es in beiden Fällen auf den Zeitpunkt ankommt, in welchem aus der dem Nachbar auferlegten

[89]) KommProt. 3599 (Mugdan 3, 601); Planck Bem. 2b α zu § 917 u. Rüdenberg 117 betrachten als maßgebend den Zeitpunkt der Bestimmung des Notweges. Nicht maßgebend ist der Eintritt der Zugangsnot, wie M. 3, 291 annehmen: KommProt. 3599 (Mugdan 3, 601) betrachten als maßgebend den Zeitpunkt, in welchem der Wegebedürftige den Notweg in Anspruch nimmt; das ist nur für den Fall zutreffend, daß der in Anspruch genommene Weg auch der rechtlich zustehende ist. Vgl. JW. 1916, 404; BayZ. 1916, 92, RG. (der Lauf des Notwegrechts beginnt zugleich mit der Duldungspflicht, nicht erst mit der tatsächlichen Benützung des Notwegs). Wenn aber der Verpflichtete die Benützung des Notwegs verhindert hat, kann er natürlich insolange auch die Rente nicht beanspruchen.

Duldungspflicht ein Schaden entsteht[90]). Ist das Grundstück schon tatsächlich benützt worden, bevor eine Anerkennung des Notwegrechts verlangt wurde, so ist der Zeitpunkt maßgebend, in welchem der Notweg erstmals als solcher, d. i. als Recht, beansprucht wurde. Beweispflichtig für diesen Zeitpunkt ist derjenige, der ihn als weiter zurückliegend behauptet.

Eine spätere Veränderung der Umstände, insbesondere ein Steigen oder Sinken des Grundwertes, hat deshalb auf die Höhe der Rente keinen Einfluß. Wohl aber kann bei einer Steigerung oder Minderung des Wegebedürfnisses Erhöhung oder Herabsetzung der Jahresrente verlangt werden[91]). Für die Festsetzung der Rentenhöhe ist die Größe des durch den Notweg für die Benützung des Grundstückes herbeigeführten Schadens maßgebend[92]). Die Höhe des Entschädigungsanspruches ist bei dem Vorhandensein mehrerer Berechtigter nach Maßgabe der jedem einzelnen widerfahrenden Beeinträchtigung selbständig festzusetzen. Die mehreren Rentenberechtigten (§ 916 BGB.) werden in Ansehung der Höhe des Entschädigungsanspruches weder durch die von anderer Seite abgeschlossenen Rechtsgeschäfte, noch durch die unter anderen Personen ergehenden Urteile gebunden und können für die künftige Duldung die Festsetzung eines angemessenen Betrages verlangen[93]). Die Feststellung der Höhe ist zunächst der Vereinbarung der Beteiligten anheimgestellt. Eine solche Vereinbarung erzeugt, wenn formlos abgeschlossen, eine nur obligatorische Wirkung zwischen den Beteiligten. Dasselbe gilt von einer Vereinbarung über einen Erlaß der Rente. Dagegen ist zu einer vertragsmäßigen Feststellung der Rentenhöhe mit dinglicher Wirkung und ebenso zu einem Verzicht auf die Rente mit dinglicher Wirkung Eintragung im Grundbuch erforderlich. Eine Vereinbarung über die Höhe oder den Erlaß der Rente mit dinglicher Wirkung kann nur mit Zustimmung der an den beteiligten Grundstücken dinglich Berechtigten geschlossen werden[94]) (§§ 876, 877 BGB.).

5. Verfallzeit der Rente. Die Rente verfällt jährlich (§ 913 BGB.). Das Jahr ist von dem Zeitpunkte an zu rechnen, in welchem

[90]) So auch Turnau-Förster Bem. 2 zu § 917; Maenner 173.

[91]) Maenner 173; Planck u. Biermann zu § 917.

[92]) Süßheim, BlAdmPr. 52, 360 will daneben auch den Vorteil des Berechtigten in Betracht ziehen. Dem ist nicht beizutreten. Wohl aber ist bei der Festsetzung der Höhe der Umstand in Betracht zu ziehen, daß ein mit einem Wegerecht belastetes Grundstück erfahrungsgemäß in seinem Wert erheblich herabgesetzt wird.

[93]) M. 3, 286 (Mugdan 3, 158).

[94]) KommProt. 3557 (Mugdan, 3, 590). Nachträgliche Änderung der dinglich festgestellten Rente nach § 323 ZPO. ist unzulässig, sofern nicht eine Änderung im Notwege selbst eingetreten ist. Süßheim, BlAdmPr. 52, 361 f.

das Verlangen auf Duldung des Notweges gestellt wurde. Die Rente ist im voraus zu entrichten (§ 913 BGB.). Verzugszinsen können nicht beansprucht werden (§ 914 Abs. 3 mit §§ 1107, 289 BGB.). Ansprüche auf Rückstände verjähren in vier Jahren (§ 197 BGB.) vom Schluß des Kalenderjahres ab, in welchem der Anspruch fällig geworden ist (§ 201 BGB.). Das Rentenrecht erlischt, sobald die Voraussetzungen für die Duldung des Notweges in Wegfall gekommen sind. Die Rente wird, abgesehen von dem Fall einer vertragsmäßigen Feststellung, nicht in das Grundbuch eingetragen (§ 914 Abs. 2 BGB.). Das Rentenrecht selbst ist der Verjährung entzogen, weil der Rentenanspruch stets neu entsteht, solange die Duldungspflicht besteht.

6. Notwegerecht und Entschädigungspflicht beruhen auf „demselben rechtlichen Verhältnis" im Sinne des § 273 BGB. Es kann also der Notwegberechtigte die Zahlung verweigern, wenn der Nachbar die Ausübung des Notwegrechts hindert[95]); in gleicher Weise kann aber der Eigentümer die Duldung des Notwegs verweigern, wenn der Berechtigte mit der Rentenzahlung im Rückstand ist[96]).

IV. Kein Anspruch des Eigentümers auf Kapitalabfindung.

Der Eigentümer des mit dem Notwege belasteten Grundstückes hat keinen Anspruch darauf, daß er gegen Abtretung der zum Notweg benützten Fläche eine Kapitalabfindung erhält; denn im § 917 Abs. 2 BGB. ist auf § 915 BGB. nicht verwiesen.

Ebensowenig hat der Rentenpflichtige Anspruch darauf, daß der Rentenberechtigte sein Rentenbezugsrecht durch eine Kapitalabfindung beseitigen läßt.

§ 26. **Anwenderecht**[1]).

Unter der Geltung des bisherigen Rechts war es nichts Seltenes, daß dem Eigentümer eines Ackergrundstückes das Recht zustand, bei

---

[95]) Rüdenberg 118.

[96]) A. M. Rüdenberg 118, da sich aus dem Verhältnis ein anderes — § 273 BGB. — mit Rücksicht darauf ergebe, daß der Rentenberechtigte durch die Verdinglichung und durch den Vorrang seines Rentenanspruchs Sicherheit genug habe. Das trifft wohl für die Duldung des Überbaus zu, die einen körperlichen Zustand voraussetzt, mit dessen Beseitigung die Duldungspflicht endgültig, nicht bloß vorübergehend, aufgehoben wäre; für die Notwegduldung besteht diese Besonderheit nicht und es verbleibt deshalb bei der Regel des § 273. Vgl. Dernburd 288 Anm. 13: „Zur Klage auf Einräumung des Notwegs ist das Anerbieten eines bestimmten Betrages der Entschädigung nicht erforderlich", hierzu vgl. oben II, 4.

§ 26. [1]) Über den Abstand von den Staatsstraßen, der beim Pflügen eingehalten werden muß, s. oben S. 239 Anm. 1.

dessen Bestellung das Nachbargrundstück zur Führung des Gespanns insoweit zu benützen, als es zur Bestellung seines Ackers bis an die Grenze notwendig war (Anwenderecht).

Diese Befugnis konnte auf einem besonderen Rechtsverhältnis zwischen den Eigentümern der aneinanderstoßenden Grundstücke beruhen (Grunddienstbarkeit) oder sich aus einem Herkommen[2]) ableiten, das innerhalb eines bestimmten örtlichen Kreises alle Rechtsverhältnisse der betreffenden Art beherrschte.

Während nun durch das Inkrafttreten des BGB. an dem Bestand und Inhalt der Grunddienstbarkeiten gar nichts geändert wurde, weil es sich hier um wohlerworbene Sonderrechte handelt (Art. 184 EG.), wäre die Frage, ob ein auf Herkommen beruhendes Anwenderecht durch das BGB. und die bayerische Ausführungsgesetzgebung außer Wirksamkeit gesetzt wurde, einer näheren Prüfung zu unterstellen. Durch Art. 76 AG. wird man dieser Prüfung überhoben, indem dort bestimmt ist: Soweit in den Landesteilen rechts des Rheins am 1. Januar 1900 nach örtlichem Herkommen das Anwenderecht bestanden hat, bleibt es mit dem bisherigen Inhalt bestehen.

Der Begriff des Herkommens ist ein verschiedener, je nachdem man dasselbe im subjektiven oder objektiven Sinne auffaßt. Unter Herkommen im subjektiven Sinne versteht man die fortwährende, gleichmäßige Vollziehung eines Rechtsverhältnisses und die hierdurch ausgedrückte tatsächliche Anerkennung desselben[3]). Im objektiven Sinne — und nur dieser ist in Art. 76 AG. unterlegt — versteht man unter Herkommen die Übung einer Rechtsnorm, welche innerhalb eines bestimmten örtlichen Kreises alle Rechtsverhältnisse der betreffenden Art beherrscht. Das Herkommen in diesem Sinne entsteht durch die gleichförmige Beobachtung einer allgemeinen Rechtsregel, welcher unter den gleichen Verhältnissen verschiedene Personen bei ihren rechtlichen Handlungen in übereinstimmender Überzeugung von der rechtsverbindlichen Kraft dieser Regel Ausdruck geben[4]).

I. Zur Begründung eines solchen Herkommens ist vor allem die Überzeugung von der rechtsverbindlichen Kraft

---

[2]) Vgl. Roth, BayLZR. 2, § 128 Anm. 8; Beseler, PrR. § 93, 7; Schelhaß, Nachbarrecht 11; ALR. Tl. I Tit. 8 § 118; Thomas, Fuldaer Privatrecht 1, § 46, 259; SeuffBl. 15, 332; 46, 232; OGH. 9, 35.

[3]) Vgl. SeuffBl. 7, 142; 19, 285; 40, 280; 41, 106; OGH. 5, 806; 9, 11; SeuffA. 19 Nr. 1; RG. 11, 212. Ein solches Herkommen im subj. Sinne stellt ein wohlerworbenes Recht dar.

[4]) Vgl. SeuffA. 10 Nr. 190; BGH. 13, 131 u. 175; RG. 33, 199; SeuffBl. 7, 142; 19, 285; 40, 280; 41, 106; OGH. 1, 425; 5, 806; 9, 11; SeuffBl. 70, 705 (ObLG.).

der Norm (opinio necessitatis) erforderlich[5]). Die Annahme gemeinsamer Rechtsüberzeugung wird aber dadurch, daß einzelne von der Norm betroffene Personen die Übung für eine unrechtmäßige gehalten oder erklärt haben, nicht schlechtweg ausgeschlossen[6]). Ob die Überzeugung sich infolge eines Irrtums der Beteiligten gebildet hat, ist ohne Bedeutung[7]). Das Herkommen muß sich gebildet haben bei dem Mangel einer gesetzlichen Vorschrift oder gegen eine gesetzliche Vorschrift. Das bloße Handeln nach Maßgabe einer allgemeinen gesetzlichen Vorschrift kann daher ein Herkommen nicht begründen[8]).

Die Überzeugung von der rechtlichen Verbindlichkeit der Norm muß in einer tatsächlichen Übung Ausdruck gefunden haben[9]). Die faktische Übung braucht aber nicht gerade immer eine langjährige zu sein[10]). Ob die festgestellte Übung zur Entwicklung eines örtlichen Gewohnheitsrechts genüge, war im Geltungsbereiche des gemeinen Rechts in Betracht der obwaltenden Umstände von Fall zu Fall zu entscheiden[11]). Hierbei ist zu berücksichtigen, daß die Übung eine gleichförmige sein muß; eine Unterbrechung durch einzelne Fälle eines abweichenden Handelns schadet nicht, wenn dieselben zu denen, in welchen die gewöhnliche Norm gleichförmig eingehalten wurde, der Zahl nach in keinem Verhältnisse stehen[12]). Das BayLR. Tl. I Kap. 2 § 15 Nr. 3 setzt regelmäßig für die Entstehung eines Herkommens eine dreißigjährige Übung voraus.

Das preußische Landrecht erklärt in dem Promulgationspatent vom 5. 11. 1794 — § III und VII — die Provinzialgewohnheiten, soweit sie vom ALR. abweichen, nur für den Fall als gültig, daß das Landrecht in einzelnen Materien ausdrücklich auf solche verweist. Ganz anders lautet das für die Fürstentümer Ansbach und Bayreuth erlassene Patent vom 29. 11. 1795, in dem es im § 11 ausdrücklich sagt, „daß die in jedem der fränk. Fürstentümer bisher bestandenen besonderen Provinzialgesetze, Statuten und wohl hergebrachte Gewohnheiten, insofern

[5]) Vgl. die unter der vorhergehenden Anm. aufgeführten Nachweise, insbes. BGH. 13, 131; SeuffBl. 41, 106. Wenn die Rechtsüberzeugung in einer ortspolizeilichen Vorschrift ihre Bekräftigung gefunden hat, so wird hierdurch der privatrechtliche Charakter des Herkommens keineswegs beeinflußt.

[6]) Vgl. SeuffA. 7 Nr. 279.

[7]) Vgl. SeuffA. 1 Nr. 309; BGH. 13, 131; Kuhlenbeck in der JW. 1895, 160f. und dagegen RG. 12, 293.

[8]) EntschOGH. 3, 245.

[9]) RG. 20, 304; SeuffA. 47 Nr. 89.

[10]) SeuffA. 47 Nr. 90.

[11]) BGH. 13, 131; SeuffA. 3 Nr. 291.

[12]) Seuffert, Pandekten § 9.

letztere gehörig bescheinigt werden, vorderhand noch ihre gesetzliche Kraft und Gültigkeit behalten" (Arnold Beitr. I, 4). Daraus ist zu folgern: örtliches Gewohnheitsrecht, das vor dem 1. 1. 1796 (von da ab galt das ALR. in den Fürstentümern Ansbach und Bayreuth) bestanden hat, bleibt aufrecht erhalten; neues Gewohnheitsrecht konnte sich aber nicht mehr bilden. Ist jedoch die Übung eines Gewohnheitsrechts seit 1. 1. 1796 nachweisbar, so wird man unterstellen können, daß es sich um altes Gewohnheitsrecht (vor 1. 1. 1796) gehandelt hat; das gilt namentlich dann, wenn die Übung gerichtlich anerkannt ist.

Wenn sich nun für einen örtlich abgegrenzten Bezirk ein Herkommen dahin gebildet hat, daß jeder Grundbesitzer gewisse Eingriffe des Nachbars auf sein Grundstück dulden muß, dann findet dieser Rechtssatz Anwendung auf alle zu dem örtlichen Bezirke gehörigen Grundstücke[13]). Es ist demnach völlig unzulässig, die Rechtsverbindlichkeit eines bestehenden örtlichen Gewohnheitsrechts (Herkommens) gegenüber einzelnen Angehörigen seines Geltungsbereiches von dem speziellen Nachweis abhängig zu machen, daß die jener Rechtsregel entsprechende Verpflichtung in Anspruch genommen bzw. erfüllt worden ist. Hierin zeigt sich am deutlichsten der begriffliche Unterschied zwischen Herkommen im objektiven Sinne (örtliches Gewohnheitsrecht) und Herkommen im subjektiven Sinne (Verjährung). Bei einer Verpflichtung, die auf einem Herkommen im objektiven Sinne beruht, ist die Verpflichtung als solche in ihrem Rechtsbestande von der Willkür des einzelnen nicht beeinflußt, so wenig als das geschriebene Recht seine Rechtsverbindlichkeit etwa deshalb verliert, weil es im einzelnen Falle nicht zur Anwendung kam[14]). Das auf einem Herkommen beruhende Anwenderecht ist ebensogut eine gesetzliche Eigentumsbeschränkung als die auf § 906 BGB. beruhende Verpflichtung zur Aufnahme mäßiger Immissionen. Für den berechtigten Grundeigentümer bildet das Anwenderecht eine Verstärkung des Eigentums. Wird das Anwenderecht beeinträchtigt, so liegt hierin eine Beeinträchtigung des Eigentums, zu deren Abwehr dem Eigentümer der negatorische Anspruch (§ 1004 BGB.) zusteht.

Wenn für ein im Geltungsbereich des Herkommens belegenes Grundstück das Anwenderecht noch nie ausgeübt wurde, kann es gleichwohl in Anspruch genommen werden. Für eine Wiese, welche in ein Ackergrundstück umgewandelt wird, kann daher von der Zeit dieser Umwandlung an das Anwenderecht ausgeübt werden, sofern nur das betreffende Grundstück in dem räumlichen Geltungsbereich des Herkommens

---

[13]) RG. 33, 199. Der Geltungsbezirk des Herkommens braucht keineswegs mit einem politisch abgegrenzten Bezirk zusammenzufallen. So können z. B. in den Bereich des Herkommens außer einer ganzen Ortsflur auch noch Teile der daran angrenzenden Nachbarflur einbezogen sein.

[14]) Vgl. SeuffA. 13 Nr. 3; BGH. 13, 175.

liegt; ja selbst dann, wenn das Grundstück von jeher Ackerland war und gleichwohl das Anwenderecht für dasselbe bisher nie ausgeübt wurde, kann das Anwenderecht beansprucht werden.

Will die Freiheit von der Eigentumsbeschränkung des Anwenderechts für ein einzelnes Grundstück behauptet werden, so muß für den Erwerb dieser Freiheit ein besonderer Rechtsgrund (Bestellung oder Ersitzung einer Servitut) dargetan werden. Wenn der Eigentümer eines Ackergrundstücks zehn Jahre lang das Anwenderecht nicht ausgeübt hat, so genügt das nach bisherigem Recht für sich allein nicht zum Erwerb einer solchen Servitut; denn hierin liegt noch kein Besitz der Freiheit. Anders, wenn dem Grundeigentümer die Ausübung des Anwenderechts von dem Nachbar verboten oder durch Errichtung einer Anlage unmöglich gemacht wurde und ersterer während der Verjährungszeit dabei sich ruhig verhalten hat. Dagegen tritt nach positiver Vorschrift des Art. 79 AG. Erlöschung des Anwenderechts ohne weiteres ein, wenn es unter der Geltung des BGB. zehn Jahre lang nicht ausgeübt wird.

Nach Maßgabe dieser Grundsätze ist zu prüfen, ob in einem Bezirke das Anwenderecht nach örtlichem Herkommen am 1. Januar 1900 bestanden hat. War dies der Fall, dann bleibt es mit dem bisherigen Inhalt bestehen (Art. 76 AG.).

II. Der Inhalt des Anwenderechts ist in den verschiedenen Bezirken, in welchen das Herkommen besteht, verschieden bestimmt. Man versteht darunter stets nur die Befugnis bei der Bestellung (Pflügen, Eggen) das Nachbargrundstück zu benützen, nicht aber vor oder nach der Bestellung darüber zu fahren[15]). Einen bestimmten Umfang hat das Anwenderecht nicht; es kommt in verschiedenem Umfang vor und wird nur insoweit geschützt, als es hergebracht ist[16]). Bald kann das Nachbargrundstück nur zum Wenden des Gespannes und des Pfluges benützt, bald auch beim Pflügen und Eggen entlang der Grenze des zu bestellenden Grundstücks betreten werden. Auch die Voraussetzungen, unter welchen das Betreten des Nachbargrundstücks gestattet ist, sind verschieden; so wird das Anwenderecht in manchen Gegenden nur anerkannt, wenn sich der Eigentümer bei der Bestellung seines Grundstücks nicht durch Ziehen von Querfurchen an der Grenze helfen kann[17]). In manchen Gegenden darf das Anwenderecht nur insolange ausgeübt werden, als das Nachbargrundstück nicht bestellt ist, während ander-

---

[15]) Darüber, daß eine durch Herkommen begründete Berechtigung am fremden Grundstück (z. B. Befahren der Häupter) nicht aufrecht erhalten ist, vgl. unten § 32.

[16]) ObLG. N. F. 4, 675.

[17]) Begr. zum AG. 43 (Becher, Mat. Abt. IV und V, 1, 93).

wärts ohne Rücksicht darauf gewendet werden darf, ob das Grundstück des Nachbars bestellt ist oder nicht[18]).

Das örtliche Herkommen entscheidet auch über die Frage, ob die Eigentümer mit Rücksicht auf das Anwenderecht eine Benützung ihrer Grundstücke unterlassen müssen, durch welche die Anwende unmöglich gemacht wird (Einzäunen des Grundstücks, Errichtung eines Gebäudes hart an der Grenze, Anlage eines Steinbruchs). Es ist Sache des Richters, den Inhalt des Herkommens, das als Gesetzesnorm zu erachten ist, festzustellen; von einer Beweislast der Parteien kann nicht gesprochen werden (iura novit curia). Bei der Feststellung des örtlichen Herkommens hat der Richter von der gesetzlichen Freiheit des Eigentums auszugehen; er darf daher eine Beschränkung dieser Freiheit nur insoweit als Inhalt des örtlichen Herkommens feststellen, als sie durch den rechtlichen Gebrauch erwiesen ist[19]). Die Überzeugung von der rechtlichen Notwendigkeit kann nicht nur durch positive Handlungen, sondern auch durch Unterlassungen zum Ausdruck kommen.

Wenn z. B. in einer Flurmarkung, in welcher das Anwenderecht am 1. Januar 1900 herkömmlich war, überhaupt keine Gärten liegen und es überhaupt niemals vorkam, daß sich dort jemand einen Garten mit Umzäunung anlegte, so ist es sicher unrichtig, daraus unmittelbar zu folgern, daß sich ein Herkommen, wonach die Anwende g e g e n ü b e r G ä r t e n ausgeübt werden könne, unmöglich gebildet haben könne[20]). Denn die entscheidende Frage ist die, ob nach der opinio iuris die Grundeigentümer durch das Anwenderecht verhindert waren, ihre Grundstücke einzuzäunen. Und wenn dies in keinem einzigen Fall geschehen, ja nicht einmal versucht wurde, so weist dieser Umstand gerade darauf hin, daß nach dem örtlichen Herkommen eine solche Einzäunung unzulässig war. Je sicherer die Überzeugung von der rechtlichen Notwendigkeit allseits begründet war, desto weniger konnte der Versuch, ein einzelnes Grundstück der Duldungspflicht zu entziehen, in Frage kommen[21]).

Gegenseitigkeit in dem Sinne, daß das Anwenderecht nur auf solchen Grundstücken ausgeübt werden könne, welche gleichfalls als Ackergrundstücke benützt werden, ist keine begriffsgemäße Voraussetzung des Anwenderechts[22]); jedoch kann sich das örtliche Herkommen mit dieser Beschränkung gebildet haben.

---

[18]) Vgl. AAPr. 181 (Becher, Mat. Abt. IV und V, 1, 463).

[19]) Vgl. LG. Würzburg 8. Juni 1913 F. I 255/12.

[20]) Unrichtig daher ObLG. 4, 675.

[21]) Vgl. SeuffA. 1 Nr. 308; 3 Nr. 1.

[22]) ObLG. N. F. 4, 675; es können daher auch Wiesen zum Wenden benützt werden, wenn dies nach dem örtlichen Herkommen zulässig war.

Zumeist hängt das Anwenderecht mit der Dreifelderwirtschaft zusammen[23]), die auch jetzt noch in einem großen Teile Bayerns üblich ist, aber immer mehr abkommt[24]). Da, wo sich das Anwenderecht im Anschluß an die Grundsätze der Dreifelderwirtschaft gebildet hat, steht auch der Inhalt des Anwenderechts regelmäßig mit den Grundsätzen der Dreifelderwirtschaft im Einklang. Da die Grundstücke einer Flurmarkung in einem genau bestimmten Turnus bestellt wurden, brauchte das Anwenderecht allseits nur zu einer Zeit ausgeübt werden, zu welcher die Grundstücke nicht bestellt waren. Man nannte dies offene Zeit[25]) im Gegensatz zu der geschlossenen Zeit, in welcher die Grundstücke in der Fruktifikation stehen. Während der geschlossenen Zeit bestand, solange sich alle Beteiligten nach der Flurordnung bei der Bestellung ihrer Grundstücke richteten, kein Bedürfnis zum Anwenden. Deshalb entwickelt sich hierzu auch keine Berechtigung. Dabei hat es sein Bewenden; zwar kann man von keinem Grundeigentümer verlangen, daß er die Flurordnung (Zelchenordnung) einhält; er kann vielmehr, weil er Herr seines Eigentums ist, von der Flurordnung abgehen (verunzelchen). Er darf aber einerseits während der nach den Grundsätzen der Dreifelderwirtschaft geschlossenen Zeit nicht auf die Nachbargrundstücke hinüberwenden und muß sich andererseits, wenn infolge der Verunzelchung sein Grundstück zu einer Zeit bestellt ist, in welcher es bei Einhaltung der Zelchenordnung offen wäre, gefallen lassen, daß auch auf seinem bestellten Grundstücke gewendet wird, m. a. W. die für das Anwenden geschlossene und geöffnete Zeit bleibt auch bei einem Aufgeben der Dreifelderwirtschaft die gleiche wie früher[26]). Hier zeigt sich, wie wesentlich die Streichung der vom Entwurf vorgesehenen Bestimmung war, daß gegenüber einem *bestellten* Grundstücke die Ausübung des Anwenderechts ausgeschlossen sein solle[27]).

---

[23]) Vgl. AAPr. 183 (Becher, Mat. Abt. IV und V, 1, 467): „Das Herkommen wird überall da bestehen, wo die Dreifelderwirtschaft üblich ist." Keineswegs ist natürlich damit gesagt, daß da, wo die Dreifelderwirtschaft nicht besteht, auch kein herkömmliches Anwenderecht bestehen könne. Vgl. unten Anm. 3.

[24]) Die Äußerungen des Abgeordneten Lutz (AAPr. 183; Becher, Mat. Abt. IV und V, 1, 457), daß die Dreifelderwirtschaft noch bei 95 Prozent der bayerischen Landwirte Geltung habe, ist durch die fortschrittliche Entwicklung (Fruchtwechselwirtschaft völlig überholt. Das herkömmliche Anwenderecht ist in Franken sehr häufig. Reichsrat Dr. von Schmitt bezeugt, daß es in seiner Heimat in Franken ganz allgemein bestehe (Becher, Mat. Abt. IV und V, 1, 843).

[25]) Über offene Zeit vgl. SeuffBl. 8. Erg.-Bd., 153; 21, 431.

[26]) Vgl. auch OGH. 10, 121.

[27]) Mit Recht wurde vom Abgeordneten Lutz darauf hingewiesen, daß durch diese Bestimmung des Entwurfs das Anwenderecht tatsächlich aufgehoben werden würde; denn jeder würde dann, um das Anwenderecht unmöglich zu machen, seinen Acker so schnell als

Wenn aber in einem Flurbezirke die Dreifelderwirtschaft immer mehr abkommt, so kann es sich begeben, daß die geschlossene und offene Zeit sich durch ein neues Herkommen verschiebt, ja sogar, daß das Anwenderecht durch ein neues Herkommen gänzlich beseitigt wird[28]). Es bedarf im Einzelfall einer sorgfältigen Prüfung, ob die neue Übung die Kraft hat, das alte Recht aufzuheben. Jedenfalls muß auch für das neue Herkommen eine gleichförmige Übung, die getragen ist von der Überzeugung der rechtlichen Notwendigkeit, erfordert werden.

III. Nach dem 1. Januar 1900 kann in einem Flurbezirke, in welchem zu diesem Zeitpunkt ein herkömmliches Anwenderecht nicht besteht, ein solches nicht mehr begründet werden. Die Bundesgesetzgebung würde zwar der Bildung eines partikulären Gewohnheitsrechts nicht im Wege stehen; denn es handelt sich bei dem Anwenderecht um eine Beschränkung des Eigentums und dieses Gebiet gehört nach Art. 124 EG. insoweit zu den der Landesgesetzgebung vorbehaltenen Gebieten, als es nicht durch die Reichsgesetzgebung geregelt wurde. Auf diesen der Landesgesetzgebung vorbehaltenen Gebieten war aber nach Reichsrecht die Bildung eines örtlichen Gewohnheitsrechts (Herkommen) nicht ausgeschlossen[29]). Dagegen steht das Landesrecht der Begründung eines neuen Anwenderechts durch Herkommen entgegen. Zwar ist im Prinzip ein Herkommen auch auf einem Rechtsgebiete, welches durch ein allgemeines Landesgesetz geregelt wird, nicht schlechtweg unzulässig[30]); es ist vielmehr bei jedem allgemeinen Landesgesetz zu untersuchen, ob es die Bildung eines Herkommens auf dem von ihm geregelten Gebiete zulassen oder verbieten wollte. Ein diesbezügliches Verbot kann sich auch aus den Umständen ergeben. Das BayAG. wollte nun offenbar das Nachbarrecht auf dem ihm von der Reichsgesetzgebung übriggelassenen Gebiete erschöpfend regeln; es sollte ein für ganz Bayern einheitliches Recht geschaffen werden[31]). Übrigens machen die bayerischen Landesgesetze grundsätzlich ebenso Anspruch, für das ganze Land zu gelten, wie die Reichsgesetze gemäß Art. 13 der Reichsverfassung einheitliche Geltung für das Reichsgebiet beanspruchten. Nur soweit in dem betreffenden Landesgesetze ausdrücklich zugelassen ist, daß

---

möglich mit irgendeiner Frucht bestellen. AAPr. 181 und 182 (Becher, Mat. Abt. IV und V, 1, 463 und 465).

[28]) Keineswegs geht mit Aufhören der Dreifelderwirtschaft das Anwenderecht von selbst unter. Vgl. übrigens ObLG. N.F. 4, 673.

[29]) Vgl. Niedner Bem. 5 zu Art. 2 EG.

[30]) Vgl. OGH. 11, 18; RG. 5, 134.

[31]) Vgl. Begr. z. AG. 38 (Becher, Mat. Abt. IV und V, 1, 82).

besondere partikuläre Rechtsnormen durch Gewohnheitsrecht (Herkommen) entstehen, kann durch örtliche Rechtsübung das einheitliche Landesrecht durchbrochen werden[32]). Die Fassung des Art. 76 AG. ergibt nun, daß ein Vorbehalt nur für das am 1. Januar 1900 bestehende Anwenderecht geltend gemacht werden wollte. Die Worte: „Mit dem bisherigen Inhalte weisen unzweideutig darauf hin." Auch die Motive gehen von derselben Auffassung aus, wenn sie sagen[33]), es sei geboten, die Anwenderechte da, wo sie bestehen, in dem durch das örtliche Herkommen bestimmten Umfang aufrecht zu erhalten und die allmähliche Beseitigung dem Fortschreiten der Flurbereinigung zu überlassen.

Ist diese Auslegung aber richtig, so bleibt es im übrigen bei der gesetzlichen Regel; nach dem 1. Januar 1900 kann deshalb ein Anwenderecht durch Herkommen nicht mehr begründet werden.

Der Inhalt des aufrecht erhaltenen Anwenderechts bleibt so, wie er sich nach dem örtlichen Herkommen herausgebildet hat. Hierbei ist aber zu berücksichtigen, daß durch eine nach dem 1. Januar 1900 betätigte gleichförmige Rechtsübung eine Änderung in dem Inhalte des Anwenderechts herbeigeführt werden kann. Denn nach bisherigem Recht konnte ein Herkommen durch ein anderweitiges Herkommen abgeändert werden. Auch diese Abänderungsmöglichkeit gehört zu dem bisherigen Inhalt der Befugnis, welcher durch Art. 76 AG. aufrecht erhalten wurde. Dies muß auch für die Aufhebung des Herkommens durch ein entgegengesetztes Herkommen gelten.

IV. Erlöschen des Anwenderechts.

a) Verzicht. Die aus dem örtlichen Herkommen abgeleitete Befugnis zur Benützung des Nachbargrundstückes erlischt gemäß Art. 77 AG. durch Verzicht des Berechtigten, welcher gegenüber dem Eigentümer des Nachbargrundstücks in öffentlich beglaubigter Form[34]) abzugeben ist.

Ist das Grundstück des Berechtigten mit dem dinglichen[35]) Rechte eines Dritten belastet, so ist die Zustimmung des Dritten zum Verzicht erforderlich, es sei denn, daß dessen Recht durch den Verzicht nicht berührt wird. Die Zustimmung des Dritten ist entweder dem Grundbuchamte oder dem Eigentümer des Nachbargrundstücks gegenüber zu erklären und ist unwiderruflich (Art. 77 Abs. 2 AG. mit § 876 BGB.).

---

[32]) Vgl. AAPr. 35 (Becher, Mat. Abt. IV und V, 1, 195); Becher, Bayer. Landeszivilrecht 5.

[33]) Begr. z. AG. 44 (Becher, Mat. IV und V, 1, 93).

[34]) Vgl. § 129 BGB.; Art. 1, 35 NotG.

[35]) Henle-Schneider Bem. 6 zu Art. 77 AG.

b) Zeitablauf. Das Anwenderecht erlischt mit dem Ablaufe von zehn Jahren nach der letzten Ausübung. Auf die Berechnung der Frist finden die Vorschriften über die Hemmung und Unterbrechung der Verjährung (§§ 202—207, 209—212, 216, 217, 219, 220 BGB.) entsprechende Anwendung (Art. 79 AG.). Dadurch, daß der Verpflichtete dem Berechtigten gegenüber den Anspruch anerkennt, wird die Verjährung nicht unterbrochen; dies ist durch die Übergehung des § 208 BGB. in Art. 78 AG. zum Ausdruck gebracht. Der Grund, aus welchem der Berechtigte von seiner Befugnis keinen Gebrauch gemacht hat, ist ohne Bedeutung.

c) Einseitige Handlungen des Eigentümers des belasteten Grundstückes können dagegen ein Erlöschen der Anwendeberechtigung nicht herbeiführen. Das Herkommen erstreckt sich auf einen bestimmten, räumlich begrenzten Flurbezirk. Alle innerhalb dieses Flurbezirkes gelegenen Grundstücke sind zugunsten der angrenzenden Ackergrundstücke der gesetzlichen Eigentumsbeschränkung des Anwenderechts unterworfen. Die Eigentümer sind durch diese Eigentumsbeschränkung insoferne in der Verfügung über ihre Grundstücke beschränkt, als sie keine Einrichtungen treffen dürfen, welche die Ausübung des Anwenderechts beeinträchtigen[36]).

Will ein Grundstückseigentümer sein Grundstück einzäunen oder auf demselben ein Haus errichten, so muß er soweit von der Grenze zurückbleiben, daß dem Angrenzer das Anwenden in der herkömmlichen Weise weder unmöglich gemacht noch erschwert wird.

d) Über Aufhebung des Herkommens durch ein entgegengesetztes Herkommen s. oben III a. E.

V. Das Anwenderecht ist nicht mit dem Fahrtrecht zu verwechseln. Das Fahrtrecht ist zumeist eine Dienstbarkeit, doch kann die Befugnis, über ein fremdes Grundstück zu fahren, auch durch ein Herkommen begründet sein. Ein solches Herkommen hat mit dem Inkrafttreten des BGB. seine Geltung verloren (vgl. unten § 32).

---

[36]) Vgl. oben II a. E.

III. Abschnitt.

Grunddienstbarkeiten.

§ 27. Begriff und Wesen der Grunddienstbarkeiten.

I. Die Grunddienstbarkeiten sind dingliche Rechte auf Benützung eines Grundstückes zugunsten eines anderen Grundstückes[1]), mit welchem sie verbunden sind[2]). Die Grunddienstbarkeit ist Bestandteil des herrschenden Grundstücks (§ 96) und kann von diesem nicht getrennt werden[3]).

§ 27. [1]) Grunddienstbarkeiten sind auch zugunsten von Erbbaurechten (§ 1017 BGB.) und von Bergwerken zulässig. Vgl. Striethorst' Arch. 56, 44 (über ein mit einer selbständigen Fleischbankgerechtigkeit verbundenes Hütungsrecht). Das Recht auf ein Anschlußgleis an eine Staatsbahnstrecke ist keine Grunddienstbarkeit; der Berechtigte will nicht den Grund und Boden nützen, sondern auf dem Gleis Güter an die Hauptstrecke heranschaffen. Ein derartiges Rechtsverhältnis unterliegt der Regel des öffentlichen Eisenbahnrechts (Schlesw.-Holst. Anz. 1922, 25 — Kiel).

[2]) Dernburg 553. In der Regel wird anzunehmen sein, daß derjenige, der ein beschränktes dingliches Recht an seinem Grundstücke bestellt, die übernommene Verpflichtung in der Belastung des Grundstückes erschöpfen und sich nicht auch noch persönlich (obligatorisch) zur Erfüllung der Verpflichtung verbinden will; jedoch ist die Übernahme der persönlichen Verpflichtungen neben der dinglichen keineswegs ausgeschlossen. Recht 1907, 1068 Nr. 2558; Gruchot 52, 1206 (RG.).

[3]) Vgl. KGJ. 43, 132; OLG. 34, 194. Dieser Grundsatz galt schon nach bisherigem Recht (vgl. Dernburg, Pand. I § 238 Anm. 7). Er kann namentlich bei Servituten, deren Entstehung weit zurückliegt, von Bedeutung werden. Es ist nicht selten vorgekommen, daß Berechtigungen, die nachweisbar für ein praedium dominans zustanden (z. B. Weide- oder Forstrechte) von dessen Eigentümer wegverkauft und seitdem von dem Käufer und seinen Erben ausgeübt wurden. Eine solche Veräußerung hat keine dingliche Wirkung. Im Streitfall fehlt dem Käufer die Aktivlegitimation zur Geltendmachung der Servitut. — Es ist jedoch zu beachten, daß nach gemeinem Recht Servituten zugunsten territorialer (Gemeinde) und persönlicher (Fischerzunft) Kreise anerkannt wurden. Endlich wird zu prüfen sein, ob man es nicht mit einer deutschrechtlichen Reallast zu tun hat, die in vereinzelten Fällen ohne Verbindung mit bestimmten Anwesen als selbständige frei veräußerliche und vererbliche Berechtigung vorkommt (vgl. Spoldt, BayZ. 1907, 205 und dortige Nachweise). Es gibt deutschrechtliche Weidrechte ohne praedium dominans, die unter Umständen weiter veräußert werden können (SeuffA. 42, Nr. 18).

Die Übertragung einer Grunddienstbarkeit kann nur zusammen mit dem herrschenden Grundstück, dessen Bestandteil sie ist, erfolgen. Eine Abtrennung von diesem ist mit Rücksicht auf § 1019 BGB. nicht zulässig (KGJ. 43, 132).

Die Grunddienstbarkeiten unterscheiden sich von den beschränkten persönlichen Dienstbarkeiten dadurch, daß erstere subjektiv-dingliche Rechte (Träger des Rechts ist das Grundstück), diese subjektiv-persönliche Rechte (Träger des Rechts ist die Person) sind[4].

Der dingliche Charakter der Grunddienstbarkeiten besteht darin, daß sie den Berechtigten in ein Verhältnis nicht zum Besteller des Rechtes, sondern zu der Sache selbst setzen[5]), so daß die Berechtigung jedem gegenüber geltend gemacht werden kann, also nicht nur gegenüber dem Besteller und seinem Erben[6]). Häufig kann es zweifelhaft sein, ob eine vertragliche Abmachung auf Begründung einer bloß obligatorischen Verpflichtung oder auf Begründung einer dinglichen Belastung gerichtet ist.

Im Zweifel ist eine bloß obligatorische Verpflichtung als das Geringere anzunehmen[7]). Wenn aber der durch Übernahme der Beschränkung erfolgte Vertragszweck nur durch eine dauernde, vom Wechsel des Besitzers unabhängige Belastung erreicht werden kann, streitet die Vermutung dafür, daß die Herbeiführung einer dinglichen Rechtsänderung gewollt ist (pactum intuitu fundi initum)[8]). Dies gilt namentlich

---

[4]) Eine Grunddienstbarkeit und eine persönliche Dienstbarkeit gleichen Inhalts können nebeneinander eingetragen werden (OLG. 15, 359).

[5]) Dernburg, Pand. I § 236 Anm. 2. Der Anspruch auf Eintragung der Dienstbarkeit, der durch eine solche Verpflichtung begründet ist, kann durch Vormerkung im Grundbuch gesichert werden (RGK. Bem. 5 zu § 1010; KGJ. 40, 127).

[6]) Vgl. Warneyer, E. 1909 Nr. 69.

[7]) Dernburg a. a. O.; Bolze 5 Nr. 103; vgl. SeuffA. 32 Nr. 21 (Recht zum Steinbrechen); SeuffBl. 37, 161 (Recht zum Torfstich). — SeuffBl. 29, 237 behandelt das Recht zum Torfstich als Grunddienstbarkeit; ich würde im dortigen Fall für heutiges Recht ein obligatorisches Rechtsverhältnis annehmen, wohl aber Grunddienstbarkeit im Fall SeuffBl. 39, 263. Vgl. ObLG. 10, 280 (Recht auf Bohrungen nach Erdöl gegen fortlaufende Vergütung, Pachtvertrag).

[8]) SeuffA. 17 Nr. 118, vgl. 9 Nr. 10. Wird jemand „als Eigentümer" eines Grundstücks ein Fahrtrecht eingeräumt, so handelt es sich um eine Grunddienstbarkeit (BayZ. 1919, 290; Recht 1919 Nr. 1789 RG.). Ist der Vertragswille auf Verpflichtung zur Bestellung einer Grunddienstbarkeit gerichtet, so ist nicht ohne weiteres zu unterstellen, daß daneben auch eine schuldrechtliche Leistungspflicht übernommen ist (Recht 1907 Nr. 2558). So ist damit zugleich auch die Verpflichtung begründet, die Beeinträchtigung auf dem Grundstück zu dulden. Darüber hinaus wird in der Regel nicht anzunehmen sein, daß eine schuldrechtliche Leistungspflicht übernommen ist. Die Übernahme einer solchen persönlichen Verpflichtung neben der dinglichen Belastung ist zwar nicht ausgeschlossen, aber nicht ohne weiteres zu unterstellen (Recht 1907 Nr. 2558 — RG.).

dann, wenn durch die Verabredung das nachbarliche Verhältnis der Grundstücke geregelt und hinsichtlich ihrer Benützung eine bleibende Einrichtung getroffen wird[9]).

Wenn eine jährlich wiederkehrende Leistung für die Einräumung des Gebrauchsrechtes bedungen ist, wird man es regelmäßig (vgl. jedoch unten § 27, III, 7) mit einem Mietvertrag[10]) zu tun haben, so z. B. wenn der Grundeigentümer dem Besitzer eines Elektrizitätswerkes die Aufstellung eines Mastes gegen eine jährliche Entschädigung von 3 DM gestattet. Wäre dagegen eine einmalige Zahlung bedungen, so würde die Vermutung dafür streiten, daß die Verpflichtung zur Bestellung einer Grunddienstbarkeit begründet werden sollte. Wenn aber freilich die Verpflichtung nur für eine bestimmte Zeit von Jahren eingegangen wird, so wird dies wieder mehr auf einen Mietvertrag hinweisen; denn wenn auch die Bestellung einer Grunddienstbarkeit für Zeit möglich ist (s. hierüber unten § 27, III, 2), so ist dies doch außergewöhnlich. Wird die Benützung des Grundstückes unentgeltlich eingeräumt, so wird im Zweifel Leihe (§ 598 BGB.) anzunehmen sein; die schenkungsweise übernommene Verpflichtung zur Bestellung einer Grunddienstbarkeit hätte übrigens der Formvorschrift des § 518 BGB. zu genügen.

Eine Grunddienstbarkeit kann unter einer Bedingung (§ 158) oder Befristung (§ 163) bestellt werden. Die Bedingung darf jedoch nicht einen derartigen Inhalt haben, daß durch sie der Begriff der Grunddienstbarkeit berührt wird[11]).

Als Grunddienstbarkeit kann nicht eingetragen werden eine durch Gesetz festgelegte Duldungs- oder Unterlassungspflicht (RG. 130, 354), jedoch stehen örtliche Bauordnungen Gesetzen nicht gleich.

II. Die gesetzliche Begriffsbestimmung der Grunddienstbarkeit gibt § 1018 BGB. Hiernach sind die Unterscheidungsmerkmale der bis-

---

[9]) Vgl. SeuffA. 26 Nr. 222; Bolze 4 Nr. 102.

[10]) Vgl. hierzu Staudinger Bem. B I, 1, a zu § 535. (Auch bloße Teile einer unbeweglichen Sache können vermietet werden). Bei der Miete und Leihe ist für die Dauer des Gebrauchsrechtes zunächst die Bestimmung des Vertrags maßgebend (§§ 564, 604 Abs. 1 BGB.). Beim Mietvertrag, der für längere Zeit als ein Jahr geschlossen ist, kommt das Erfordernis der Schriftlichkeit in Betracht (§ 566 BGB.), wähernd die obligatorische Verpflichtung zur Bestellung einer Grunddienstbarkeit formlos begründet werden kann (s. unten § 32). Ist eine Zeit nicht bestimmt, so kommen bei der Miete §§ 564 Abs. 2, 565 BGB., bei der Leihe § 604 Abs. 2 und 3 BGB. zur Anwendung. Die Verpflichtung aus der Miete geht auf den Erwerber des vermieteten Grundstückes nach Maßgabe des § 571 BGB. über, die Leihe verpflichtet den Erwerber des verliehenen Grundstückes nicht.

Über den Einfluß des Konkurses auf die Miete s. §§ 19, 20, 21 KO.; der Ersteher in einer Zwangsversteigerung kann die Miete aufkündigen, § 52 ZwVG. Bezüglich des Einflusses der Zwangsversteigerung auf die Dienstbarkeit s. §§ 45, 91, 92 ZwVG.

[11]) ObLG. 13, 145; 31, 334; RGKomm. Bem. 5 zu § 1018.

herigen Rechtsquellen nach Feld- und Gebäudeservituten (servitutes russticae und urbanae), nach ständigen und nichtständigen (continuae und discontinuae), nach offensichtlichen und nichtoffensichtlichen (apparentes und non apparentes) bedeutungslos[12]).

§ 1018 BGB. bestimmt, daß ein Grundstück zugunsten des jeweiligen Eigentümers eines anderen Grundstückes in der Weise dinglich belastet werden kann,

a) daß dieser das Grundstück in einzelnen Beziehungen[13]) benützen darf; z. B. zum Gehen, Fahren[14]), Pflugwenden[15]), Viehtreiben[16]), Viehweiden[17]), Befahren eines Gewässers[18]), zum Halten einer Stauanlage in einem Fluß[19]), Ausbeuten von Bodenbestandteilen[20]), zur Fischerei[21]),

---

[12]) M. 3, 480 (Mugdan 3, 267). Für die Übergangszeit behalten jedoch diese Unterschiede fortdauernde Geltung und zwar nicht nur bezüglich der am 1. Januar 1900 bereits begründeten Grunddienstbarkeiten, die nach Art. 184 EG. mit dem sich aus den bisherigen Gesetzen ergebenden Inhalt (es gelten jedoch die §§ 1020 bis 1028 BGB.) bestehen bleiben, sondern auch noch nach dem 1. Januar 1900 bis zum Inkrafttreten der Grundbuchverfassung für den Erwerb der Servituten (Art. 189 EG. Art. 177 AG.), s. darüber unter § 32 B, II.

[13]) Unzulässig ist die Bestellung einer Grunddienstbarkeit, wonach die Befugnis zu jeder in Betracht kommenden Art von Benützung eingeräumt wird (Nießbrauch). Vgl. OLG. 15, 359. Die Beschränkung auf die Benützung „in einzelnen Beziehungen" steht der Bestellung einer Wegegerechtigkeit auf der ganzen Fläche des dienenden Grundstückes nicht im Wege. Recht 1907, 1536 Nr. 3819 (RG.). Übrigens gilt der Grundsatz der Unteilbarkeit der Grunddienstbarkeit auch für das neue Recht. Deshalb ist eine Grunddienstbarkeit, deren Bestand sich nur auf einen Teil des Grundstückes erstrecken soll, unzulässig, wohl aber kann die Ausübung auf einen Teil beschränkt sein. OLG. 2, 513; 18, 145. Das Recht, auf einem Grundstück ein Bauwerk zu haben, kann nur dann den Gegenstand einer Grunddienstbarkeit bilden, wenn die dem Berechtigten gestattete bauliche Ausnützung des Grundstücks nicht derart umfassend ist, daß sie jede andere Benützung des Grundstücks ausschließt. Das Recht, ein Grundstück zum Bau einer Kirche zu benützen, kann hiernach nicht Gegenstand einer Grunddienstbarkeit sein (KGJ. 39 A 215). Bleibt aber trotz des fremden Rechts auf Beibehaltung eines Bauwerks eine Benützung des Grundstücks durch den Eigentümer möglich, so eignet sich dieses Recht zum Inhalt einer Grunddienstbarkeit. Ist es jedoch selbständig veräußerlich, so hat man es mit einem Erbbaurecht zu tun (vgl. OLG. 15, 360; SeuffA. 29 Nr. 11).

[14]) S. über Wegegerechtigkeiten unten § 29.

[15]) S. oben S. 367.

[16]) Vgl. SeuffA. 2 Nr. 140; 17 Nr. 213 (servitus actus) s. darüber unten § 29.

[17]) S. unten § 30.

[18]) Servitus navigandi l. 23 § 1 D. 8, 3.

[19]) Vgl. JW. 1912, 361.

[20]) Vgl. SeuffA. 32 Nr. 21 (Steinbrechen); 5 Nr. 142; Gruchot 50, 102 (Graben von Ziegelerde); EntschOGH. 4, 491 (Ton und Porzellanerde); 9, 216 (Mitbenützungsrecht des Eigentümers); JW. 1905, 393; OLG. 15, 359; 31, 337. Das Recht zur Ausbeutung von Bodenbestandteilen kann auch mit rein obligatorischer Wirkung eingeräumt werden. BayZfR. 1, 200; vgl. oben § 27, I.

[21]) Vgl. Bolze 2 Nr. 185; OGH. 1, 1; 5, 400; 9, 98; 11, 315. Fischereirechte können seit Inkrafttreten des Fischereiges. vom 15. Aug. 1908 (GVBl. 527), d. i. seit 1. April 1909)

zum Wasserschöpfen [22]), Viehtränken [23]), zum Halten eines Bauwerkes [24]) oder einer sonstigen Anlage [25]), zum Wohnen [26]), zu einer Rohrleitung [27]), zum Halten eines Feldbahngeleises [28]), oder Führung einer Drahtseilbahn durch den Luftraum [29]), zur Aufnahme des Tropfenfalls aus der Dachtraufe [30]), der Abwässer [31]), zum Betreten und Aufstellen von Leitern oder Gerüsten zwecks baulicher Reparaturen [32]), zur Auf-

---

nicht mehr als Dienstbarkeiten bestehen. Seit diesem Zeitpunkt gelten auch Fischereirechte, die früher Grunddienstbarkeiten waren, auf Grund des Art. 15 FischGes. als „Fischereirechte zugunsten des jeweiligen Eigentümers eines Grundstücks", d. i. als dingliche Nutzungsrechte mit Grundstücksnatur (Art. 9, 10 u. 16 FischGes.). Als wesentliche Bestandteile eines Grundstücks (§ 93 BGB.) können solche Fischereirechte nicht erachtet werden, weil es nicht in der Natur des Fischereirechts liegt, mit dem Grundeigentum verbunden zu sein.

Die zugunsten des jeweiligen Eigentümers eines Grundstücks bereits bestehenden Fischereirechte sind nur eine besondere Art der selbständigen Fischereirechte (Art. 10 Fisch.-Ges.); sie sind frei vererblich und frei veräußerlich (BObLG. 31, 320).

[22]) Servitus aquae haustus oder aquae hauriendae, vgl. Windscheid, Pand. § 211 Anm. 7 und dortige Quellen.

[23]) Servitus pecoris ad aquam appulsus, vgl. Windscheid, Pand. § 211 Anm. 8 und dortige Quellen.

[24]) S. oben S. 379 Anm. 3. Vgl. SeuffA. 29 Nr. 11. Über das Recht auf dem fremden Grundstücke einen Keller zu haben, s. oben § 4 S. 47 ff. Über den Unterschied der Grunddienstbarkeit von der superficies und dem Erbbaurecht s. oben S. 40.

[25]) Servitus protigendi, proiciendi. OGH. 6, 775 (Dachvorsprung); SeuffA. 46 Nr. 170 (Ladenrecht; dieses schließt nicht notwendig ein Lichtrecht in sich); SeuffA. 36 Nr. 110; JW. 1891, 23 Nr. 53 (Recht, die Fensterflügel in den Luftraum des Nachbarn aufzuschlagen, s. oben S. 336 Anm. 1); OGH. 6, 773 (Begräbnisstätte), 2, 12 (Dungstätte).

[26]) Es wird beispielsweise dem Eigentümer eines als Hotel eingerichteten Grundstücks die Befugnis eingeräumt, im Notfall zwei Zimmer eines benachbarten Gebäudes zur Unterbringung von Gästen zu benützen.

[27]) Vgl. EntschFG. 5, 205; OGH. 4, 413; Neumann, Jahrb. 4, 343 (Kammergericht); RG. 79, 377.

[28]) Warneyer 1913 Nr. 154.

[29]) JW. 1900, 676 Nr. 46 (RG.).

[30]) Servitus stillicidii, s. hierüber oben S. 342; vgl. OGH. 7, 847 (durch ein Traufrecht wird die Aufführung eines niedrigen Gebäudes an der Abfallstelle nicht ausgeschlossen). SeuffA. 4 Nr. 209, 32 Nr. 113, 34 Nr. 281, 35 Nr. 276; SeuffBl. 45, 282. Wenn der Nachbar das in einem Strahle oder einer Rinne gesammelte Wasser aufnehmen muß, spricht man von der servitus fluminis immittendi.

[31]) Servitus cloacae (mittendae) l. 7, D. 8, l. 1 § 4, 6 D. 43, 23; vgl. SeuffBl. 41, 269; SeuffA. 4 Nr. 209, 21 Nr. 214, 32 Nr. 307. Zum Unterschied von der servitus latrinae ist der Berechtigte bei der servitus cloacae nicht berechtigt, Urin (Mistsudel) und andere übelriechende Dinge, sondern nur Spül- und Waschwasser durch den Kanal abzuführen. Beim Ersitzungsbeweis wird derjenige, welcher ein Recht behauptet, seine Mistsudel abzuführen, diese spezielle Art der Benützung des Kanals während der Ersitzungszeit nachzuweisen haben. Vgl. Holzschuher, Theor. und Kas. 2, 400. Über Servitut zur Ableitung von Abwässern in einen Fluß Bolze 1 Nr. 180.

[32]) Leiterrecht, Hammerschlagsrecht, s. hierzu oben S. 349 Anm. 4; vgl. OGH. 3, 159; 4, 410; JW. 1880, 13; SeuffBl. 38, 109; 39, 185.

lagerung von Gegenständen[33]), zur Benützung der Nachbarwand als eigener Wand[34]), zum Stützen eines Bauwerkes oder eines Teiles desselben (Balken, Mauer) auf das Bauwerk des Nachbars[35]). Unter „Benützen eines Grundstückes in einzelnen Beziehungen" ist ein fortgesetztes oder doch mehr oder weniger häufig und regelmäßig wiederkehrendes Gebrauchmachen von dem Grundstücke zu bestimmten Zwecken zu verstehen[36]). Die Berechtigung oder Verpflichtung zur Vornahme einer einmaligen Handlung (z. B. zur Beseitigung eines Bauwerkes, zur Abholzung eines Waldes) kann deshalb den Inhalt einer Dienstbarkeit nicht bilden[37]), ebensowenig die Verpflichtung, bei einem späteren Neu-

---

[33]) Vgl. OGH. 2, 12 (Ablagerung des Düngers in der Dungstätte des Nachbarn). SeuffBl. 44. 202 (Grunddienstbarkeit, eine Düngerstätte an des Nachbarn Mauer anzulegen. Abwendung ihres schädlichen Einflusses).

[34]) Vgl. SeuffA. 53 Nr. 9.

[35]) Servitus tigni immittendi, tignum immissum habendi (Tramrecht). Mit dieser Servitut ist nach gemeinem Recht nicht ohne weiteres eine Pflicht des Nachbarn, das tragende Bauwerk in gutem Stand zu erhalten, verbunden. Dazu wäre besondere Bestimmung bei der Bestellung oder bei der Ersitzung der Nachweis erforderlich, daß der Nachbar im Interesse des Servitutenberechtigten eine Unterhaltungspflicht durch positive Handlung betätigt hat und von da an die Ersitzungszeit abgelaufen ist, ohne daß der Servitutberechtigte selbst das tragende Bauwerk erhalten hat; vgl. Windscheid, Pand. § 211 a Anm. 3; SeuffA. 42 Nr. 193. In solchem Falle spricht man von der servitus oneris ferendi. Vgl. ArchZPr. 87, 200. Nach ausdrücklicher Bestimmung der l. 6 § 4 D. 8, 5 kann der Inhaber der servitus oneris ferendi an einer mehreren gemeinschaftlichen Mauer deren Eigentümer nicht solidarisch, sondern nur pro rata auf die nötigen Reparaturen belangen. Dies entspricht auch dem bürgerlichen Rechte, sofern nicht § 427 BGB. einschlägt (§ 1022 mit § 1108 BGB.); Turnau-Förster Bem. 2 zu § 1108. Für preußisches Recht hat EntschOTr. 72, 125 Solidarhaftung der mehreren Miteigentümer angenommen.

[36]) OLG. 21, 100. Benützung ist jedoch mit einem Vorteil verbundener Gebrauch (KGJ. 39, A 216).

[37]) ObLG. 21, 100; BayZ. 1921, 101 (Berechtigung, ein Gebäude abzubrechen und sich das Abbruchmaterial anzueignen). Doch wäre es zulässig, eine Grunddienstbarkeit zu bestellen, wonach der Eigentümer des Grundstücks, auf welchem jetzt das Gebäude steht, von dem Zeitpunkt an, zu welchem der andere baut, kein Gebäude halten darf. — ObLG. 3, 129 (Verpflichtung, ein Gebäude abzubrechen); OJG. 1, 426; 18, 146 (Verpflichtung, einen Überbau, der nach § 912 geduldet werden muß, zu beseitigen). In diesem Falle kann der erstrebte wirtschaftliche Zweck auf folgende Weise erreicht werden. Die Pflicht, den Überbau zu dulden, ist eine gesetzliche Beschränkung des Eigentums am überbauten Grundstück. Es kann (§ 1018, dritter Fall) eine Grunddienstbarkeit bestellt werden, durch deren Inhalt die Eigentumsbeschränkung beseitigt wird; also kann der Eigentümer des Überbaus dem überbauten Grundstück eine Grunddienstbarkeit des Inhalts bestellen, daß dieser den Überbau nicht zu dulden oder nicht mehr zu dulden braucht, sobald er auf seinem Grundstück einen Neubau errichtet.

In Fällen, bei denen nur eine einmalige Handlung in Frage steht, liegt auch keine Reallast vor (OLG. 1, 426; ObLG. 3, 129). Dagegen steht mit dem Begriff der Reallast nicht in Widerspruch, daß neben den wiederkehrenden Leistungen auch eine einmalige bedungen ist (JW. 1893, 626 RG.). Soweit die Verpflichtung zu einer Handlung den wesent-

bau einen Geländestreifen zum Straßenbau an die Gemeinde abzutreten [38]).

Die Jagdberechtigung auf fremdem Grund und Boden wurde schon durch Art. 1 des Jagdges. vom 30. 3. 1852 aufgehoben; auch das Reichsjagdges. vom 3. 7. 1934 (RGBl. I, 549) ließ keine Möglichkeit für ein dingliches Jagdrecht. Seit Inkrafttreten des Bayer. Jagdges. vom 15. 12. 1949 (GVBl. 1950, 33) ist ebenfalls jede Jagdberechtigung als Grunddienstbarkeit ausgeschlossen. Art. 3 dieses Ges. bestimmt ausdrücklich: „Das Jagdrecht liegt im Grundeigentum, kann von diesem nicht getrennt und als selbständiges dingliches Recht an einem fremden Grundstück nicht bestellt werden."

Die Jagdberechtigung auf fremdem Grund und Boden darf in Zukunft nicht wieder als Grundgerechtigkeit bestellt werden [39]) (Art. 1 des Jagdges. vom 30. März 1852, für die Pfalz Art. 86 AG.). Über unzulässige Forst- und Weidedienstbarkeiten s. unten § 36; oder

b) daß auf dem Grundstücke gewisse Handlungen, die eine Benützung des Grundstückes darstellen, nicht vorgenommen werden dürfen. Unter diese Kategorie fallen nur Beschränkungen in der tatsächlichen Herrschaft über das Grundstück, nicht Beschränkungen in der rechtlichen Verfügungsmacht über das Grundstück [40]). Hier können nur solche Handlungen in Betracht kommen, die nicht schon ohnedies durch Gesetz (z. B. die nachbarlichen Vorschriften) verboten sind [41]). Unter § 1018 fällt z. B. die Belastung, daß auf dem Nachbargrundstücke kein

---

lichen Inhalt der dem anderen zustehenden Berechtigung bilden soll, steht der Grundsatz „servitus in faciendo consistore nequit" entgegen (s. unten § 27 III 6).

[38]) RG, Jahrb. 25 A., 147.

[39]) Vgl. OLG. 15, 372; die dort dem preußischen Jagdrechte entnommenen Gründe treffen in gleicher Weise für das bayerische Recht zu. Die Begründung einer beschränkten persönlichen Dienstbarkeit zwecks Ausübung der Jagd ist unzulässig, obwohl Art. 1 Jagdges. nur die Bestellung einer Jagdberechtigung als Grundgerechtigkeit verbietet. Art. 1 wollte jedes dingliche Jagdrecht beseitigen und hat dies genügend zum Ausdruck gebracht durch die Vorschrift: „Die Jagdberechtigung auf fremden Grund und Boden bleibt aufgehoben" (Recht 1923 Nr. 653 — RG.).

[40]) Vgl. Schmitt, BayNotZ. 1916, 133. Unzulässig als Inhalt der Grunddienstbarkeit ist daher die Beschränkung der Befugnis das Grundstück in Teilgrundstücke zu zerlegen (SeuffA. 65 Nr. 169; 66 Nr. 210) oder das Grundstück zu verpachten oder zu vermieten (vgl. KGJ. 45, 229; 51, 297).

[41]) OLG. 1, 380; Staudinger Bem. II, 1 b zu § 1018. A. M. Planck Bem. 1 b zu § 1018. Das Verbot, das belastete Grundstück nicht anders zu benützen als zum landwirtschaftlichen oder zum Brauerei-Betrieb, kann nicht Gegenstand einer Grunddienstbarkeit bilden. Der Kreis der verbotenen Handlungen ist so groß, daß dadurch der Grundsatz der Bestimmtheit der Belastung verletzt wird; auch ist nicht erkennbar, ob jede der gebotenen Unterlassungen dem herrschenden Grundstück Vorteile bietet (Jahrb. KG. 53, 152).

Gebäude[42]) oder doch keines über eine bestimmte Höhe[43]) oder unter einem bestimmten Abstand von der Grenze[44]) oder kein Gebäude bestimmter Art[45]) oder nur ein Gebäude in Villenstil[46]) errichtet werden dürfe; daß einer Windmühle der Mahlwind nicht entzogen werden dürfe[47]), daß auf einem Grundstücke ein gewisses Gewerbe nicht betrieben werde[48]), oder daß jeder lästige Gewerbebetrieb unterbleibe[49]), oder daß ein Haus nicht bewohnt oder von nicht mehr als einer bestimmten Zahl von Personen bewohnt werden dürfe[50]), oder daß der Eigentümer des belasteten Wegegrundstücks den Weg zu bestimmten Zwecken nicht benützen dürfe[51]), oder daß der Wald zur Wahrung des Landschaftsbildes für das berechtigte Schloß oder als Windschutz erhalten werden müsse (nicht beseitigt werden dürfe)[52]), oder daß der Eigentümer des belasteten Grundstücks die Gartenmauer nicht beseitigen dürfe[53]), oder daß Steine nicht gebrochen[54]), oder keine Keller ange-

---

[42]) SeuffBl. 63, 370; RG. 47, 356.

[43]) Servitus non altius tollendi, servitus ne luminibus officiatur, Lichtgerechtigkeit, SeuffBl. 60, 195; SeuffA. 18 Nr. 19, 31 Nr. 313; Windscheid, Pand. 1 § 211a Anm. 7 u. 8 und dortige Quellen; s. oben S. 335. Hierher gehört auch die servitus ne prospectui officiatur sive prospiciendi, wonach dem herrschenden Grundstücke die Aussicht nicht beeinträchtigt werden darf. Vgl. SeuffA. 31 Nr. 313, 32 Nr. 305; Windscheid, Pand. 1 § 211a Anm. 9 und dortige Quellen; ferner Holzschuher, Theorie und Kas. 2, 398f.

[44]) JW. 1900, 900.

[45]) Z. B. keine öffentlichen Vergnügungs- und Schanklokale, OLG. 15, 372 (Kammergericht); Bolze 19 Nr. 74; vgl. ObLG. Neue Folge 3, 133 (Dienstbarkeit, daß ein Grundstück, soweit es über die Baulinie hinausragt, nicht überbaut werden darf). Bolze 15 Nr. 43 (Beschränkung, kein Gebäude zu halten, es sei denn ein solches mit sauber gestrichener Wand, s. hierüber unten § 27 II, 6). Der Inhalt einer Dienstbarkeit kann auch darin bestehen, daß auf dem Grundstücke solche Anlagen nicht errichtet und solche Gegenstände nicht aufgestellt werden dürfen, die einen landschaftlich unschönen Anblick gewähren. Es ist nicht zu fordern, daß alle in Betracht kommenden Einzelanlagen im voraus bestimmt sein müssen. Es genügt die objektive Bestimmbarkeit auf Grund der angegebenen allgemeinen Merkmale. Im Streitfalle entscheidet der Richter. Bl. f. Rechtspfl. 1907, 11f. (Kammergericht); Bolze 12 Nr. 65.

[46]) Vgl. Kohler, ArchZivPrax. 87, 187. Über den Begriff Villa s. a. a. O. 165.

[47]) Zur Begründung einer solchen Servitut (servitus ne ventus excludatur) durch Ersitzung ist nach gemeinem Recht ein Widerspruch des Müllers gegen eine windentziehende Anlage und Stillesitzen des Nachbars während der hierauf folgenden Ersitzungszeit erforderlich. Holzschuher, Theor. i. Kas. 2, 403.

[48]) SeuffA. 45 Nr. 168, 15 Nr. 204 (Recht, die Errichtung einer Mahlmühle zu verbieten). Voraussetzung ist in allen derartigen Fällen, daß die Beschränkung für die Benützung des dienenden Grundstückes betrifft, s. darüber unten III, 1.

[49]) Recht 1918 Nr. 375 (RG.).

[50]) KGJ. 36 A, 220.

[51]) JW. 1909, 688.

[52]) Vgl. KGJ. 26 A, 277; RJA. 11, 133.

[53]) Vgl. KGJ. 26 A, 277.

[54]) Vgl. OGH. 13, 592.

legt[55]) werden dürfen, oder daß auf dem belasteten Grundstück (Schankwirtschaft) nur Bier aus der (berechtigten) Brauerei ausgeschenkt werden dürfe[56]). Eine Grunddienstbarkeit, die den Eigentümer verpflichtet, das ihm zustehende Jagdrecht nicht oder nur mit besonderen Beschränkungen auszuüben, ist inhaltlich unzulässig[57]); oder

c) daß die Ausübung eines Rechtes ausgeschlossen ist, das sich aus dem Eigentum an dem anderen Grundstücke auf Grund der nachbarrechtlichen[58]) Vorschriften ergibt[59]) Hierher gehört z. B. die Verpflichtung, sich Eingriffe in das Eigentum, insbesondere die Belästigung durch Funkauswürfe aus den Lokomotiven[60]) oder durch Fabrikrauch[61]) oder durch Dämpfe[62]) gefallen zu lassen[63]); aber auch die Duldungspflicht von Fenstern, die nach dem Gesetze unzulässig wären[64]) (s. oben S. 315) Ein Verzicht auf künftige Entschädigungsansprüche wegen Beschädigung des Grundeigentums kann als zulässiger Inhalt einer Grunddienstbarkeit nicht erachtet werden[65]). Unter der Geltung des bisherigen Rechts haben sich vielfach Grunddienstbarkeiten entwickelt, deren Inhalt eine Befreiung von einer nach bisherigem Recht (namentlich nach Lokalbau-

---

[55]) HansGZ. 11, 118.

[56]) SeuffA. 45 Nr. 168; Turnau-Förster Bem. I 1b zu § 1018; Maenner 273; Recht 1903 Nr. 2160 (ObLG.). A. M. dagegen Kohler, ArchZPr. 87, 174; OLG. 15, 317 (KG.); RGKomm. Bem. 8 zu § 1018, weil es sich nicht um Unterlassung der Benützung eines Grundstücks handle.

[57]) OLG. 15, 372 (Kammergericht). Die dort dem preußischen Jagdrecht entnommenen Gründe treffen in gleicher Weise für das bayerische Jagdgesetz zu.

[58]) Der Ausschluß der Befugnis das Grundstück in Teilgrundstücke zu zerlegen, eignet sich nicht zum Inhalt einer Grunddienstbarkeit, ist gemäß § 137 auch nicht als Verfügungsbeschränkung eintragungsfähig (SeuffA. 65 Nr. 169, Rostock).

[59]) Vgl. JW. 1892, 153 Nr. 17.

[60]) Vgl. Gruchot 39, 974; 40, 1007; DNotZ. 1882, 155.

[61]) Vgl. SeuffA. 28 Nr. 201, 36 Nr. 265.

[62]) Vgl. SeuffA. 36 Nr. 264.

[63]) l. 8 §§ 5, 7 D, 8, 5. In solchen Fällen wird für die Ersitzung das Erfordernis der Rechtsüberzeugung besonders zu berücksichtigen sein, s. unten § 32 B.

[64]) S. oben § 22. Servitus luminum, vgl. SeuffA. 2 Nr. 139, 6 Nr. 15, 14 Nr. 13; ArchZivPrax. 52, 206. Vielfach wird die servitus luminum als das Recht aufgefaßt, in einer fremden oder gemeinschaftlichen Wand Fenster zu haben. Vgl. Windscheid, Pand. § 211a Anm. 8; Holzschuher, Theor. und Kas. 2, 399; SeuffA. 10 Nr. 16. Der Inhaber eines Fensterrechts (ohne Lichtrecht) kann dem Nachbar die Errichtung eines Baues in einer Höhe verbieten, welche die Polizei zum Verbot des Fensters veranlassen würde (Bolze 18 Nr. 59).

[65]) Vgl. Staudinger Bem. II, 1c zu § 1018 und dortige Nachweise. Doch ist eine Auslegung eines solchen Vertrages dahin zulässig, daß die Duldungspflicht selbst mit der Folge des Wegfalls des Entschädigungsanspruchs begründet werden wollte. OLG. 3, 291; ObLG. 10, 439; BayZ. 1909, 475.

statuten) geltenden Eigentumsbeschränkung darstellt[66]). Soweit die neue Gesetzgebung diese Eigentumsbeschränkungen aufgehoben hat, ruhen diese Servituten; sie gehen nicht etwa unter, so daß sie bei einer Gesetzesänderung ohne weiteres wieder aufleben würden.

III. 1. Allen diesen Fällen ist jedoch gemeinsam, daß die Grunddienstbarkeit nur in einer Belastung bestehen kann, die für die Benützung des Grundstücks des Berechtigten Vorteil bietet (§ 1019 BGB.)[67]), wenn auch erst in der Zukunft[68]); servitus fundo utilis esse debet. Begrifflich war keine Voraussetzung, daß der Vorteil in Geldeswert umzusetzen sei; weil aber Belastungen, die nur den rein persönlichen Bedürfnissen oder Vorteilen eines bestimmten Grundeigentümers dienen[69]), keine Grunddienstbarkeiten im Sinne des BGB. darstellen, so wird im praktischen Ergebnis der Vorteil, welcher für die Benützung des Grundstückes objektiv wirkt, regelmäßig auch ein geldwerter sein. So wird z. B. durch das Recht, einen fremden Garten zu benützen, das Bewohnen des Hauses, mit welchem dieses Recht verknüpft ist, für jedermann annehmlicher und die Annehmlichkeit stellt einen Geldwert dar[70]). Übrigens kann der Vorteil auch in der Befriedigung anerkannter ästhetischer Interessen[71]) oder sozialer Zwecke[72]) liegen.

Die Beschränkung eines Gewerbebetriebes[73]) auf einem anderen Grundstücke bietet den geforderten Vorteil für die Benützung des Grundstückes des Berechtigten, soferne der Vorteil in der Beschaffenheit des

---

[66]) So z. B. Dienstbarkeiten auf das Recht zum Höherbauen oder zum Bauen unmittelbar an der Grenze, zum Verbauen der Aussicht; auf Befreiung von der Pflicht den Tropfenfall aufzunehmen. Servitus altius tollendi, officiendi luminibus vicini, stillicidii non avertendi; vgl. hierzu Windscheid, Pand. 1 § 211a Anm. 10 und 11, aber auch Holzschuher, Theorie und Kas. 2, 400.

[67]) § 1019 enthält zwingendes Recht, SeuffBl. 66, 7.

[68]) Grunddienstbarkeit, die einem in der Zukunft zu errichtenden Gebäude zugute kommt (SeuffA. 47 Nr. 10); vgl. RGK. Bem. 3 zu § 1019.

[69]) In diesem Falle fehlt eben die wesentliche Voraussetzung, daß der Vorteil in der Beschaffenheit des herrschenden Grundstücks eine objektive Grundlage hat. Maenner 273; Turnau-Förster Bem. I, 2 zu § 1019; vgl. Kohler, ArchZivPrax. 87, 160 u. 170.

[70]) Vgl. Maenner 273 gegen Kohler, ArchZivPrax. 87, 170.

[71]) Dernburg 556; Kohler, ArchZivPrax. 87, 188, z. B. daß die Häuser am Kölner Domplatz im gotischen Stile gebaut werden. Vgl. LG. Mosbach bei Warneyer 1908, 204 (die Verpflichtung, ohne Genehmigung der Unterrichtsverwaltung an einem geschichtlich merkwürdigen Baudenkmal keine Änderung vorzunehmen, ist als ein volkswirtschaftlicher Vorteil zugunsten der Unterrichtsverwaltung anzusehen).

[72]) Bewohnen des Grundstückes nur durch Arbeiterfamilien (KGJ. 36 A 216).

[73]) Die Reichsgewerbeordnung steht nicht entgegen (ObLG. 4, 476. Es darf auf dem belasteten Grundstück ein bestimmtes Gewerbe nicht betrieben werden, ObLG. 15, 339; SeuffBl. 60, 103. Es darf auf dem belasteten Grundstück solange keine Gastwirtschaft betrieben werden, als auf dem herrschenden Grundstück eine Gastwirtschaft besteht).

herrschenden Grundstückes eine objektive Grundlage hat; es muß also das herrschende Grundstück zu dem Gewerbebetrieb, dessen Ausübung gefördert oder erleichtert werden soll, besonders eingerichtet oder doch diese Einrichtung in Aussicht genommen[74]) sein; so ist es z. B. für die Benützung eines Grundstückes, das für den Betrieb einer Brauerei eingerichtet ist, von Vorteil, wenn auf einem zum Betrieb einer Schankwirtschaft eingerichteten Grundstück nur Bier dieser Brauerei ausgeschenkt werden darf[75]); ingleichen hat man es mit einer Grunddienstbarkeit zu tun, wenn zugunsten des Eigentümers eines Grundstückes, das zu einem bestimmten Gewerbebetrieb eingerichtet ist oder eingerichtet werden soll, dem Nachbar die Beschränkung auferlegt ist, auf seinem Grundstücke kein Konkurrenzgeschäft zu betreiben[76]). Auch die Berechtigung, auf einem Nachbargrundstücke Lehm für eine auf dem Grundstücke des Berechtigten befindliche oder in Aussicht genommene Ziegelei zu graben, eignet sich demnach als Inhalt einer Grunddienstbarkeit[77]).

Wenn es für den Vorteil, den die Berechtigung bringt, an einer objektiven, in der Beschaffenheit des herrschenden Grundstückes gelegenen Grundlage fehlt, kommt keine Grunddienstbarkeit, möglicherweise aber eine persönliche Dienstbarkeit in Frage[78]). Die Bestellung eines Bauverbots in der Weise, daß es dauern soll, solange das herrschende Grundstück der Familie des gegenwärtigen Eigentümers gehört, ist als Inhalt einer Grunddienstbarkeit geeignet. Denn die Familienmitglieder haben den Vorteil nicht als solche, sondern nur weil und solange sie Eigentümer sind. Das Bauverbot dient also dem Grundstück unmittelbar, wenn auch nicht für immer[79]).

Zum Wesen sowohl der Grunddienstbarkeit wie der beschränkten persönlichen Dienstbarkeit gehört aber, daß das ihren Inhalt bildende

74) Vgl. M. 3, 482; Mugdan 3, 268; JW. 1900, 676; OLG. 15, 360; ObLG. 15, 89) Maenner 274, die zeitweilige Einstellung des Gewerbebetriebes (Abbrennen der Fabrik; entzieht der Grunddienstbarkeit noch nicht die Grundlage (vgl. ObLGStr. 10, 207); dazu wäre die dauernde Unmöglichkeit ihrer Ausübung erforderlich; das wäre z. B. der Fall, wenn mit Rücksicht auf den Schutz einer Heilquelle das Graben nach Lehm dauernd unzulässig wäre. Dernburg 557 erachtet eine besondere Einrichtung des Grundstückes zum Gewerbebetrieb nicht für erforderlich.

75) Vgl. oben S. 386 Anm. 73.

76) Maenner 273.

77) Vgl. JW. 1905, 393 Nr. 12 (RG.); s. u. S. 399 Anm. 2.

78) Vgl. Recht 1907 Nr. 2558, RG. Einer Eisenbahngesellschaft ist das Recht eingeräumt, auf einem fremden Grundstück ein Gleis zu halten). JW. 1909, 146 (zugunsten des Militärfiskus übernommene im Interesse der Landesverteidigung gelegene Verpflichtung, ein Grundstück nicht aufzuforsten).

79) ObLG. 13, 145; RJA. 12, 69.

Recht für den Berechtigten, wenn auch nur mittelbar, einen wirtschaftlichen Vorteil bietet oder bieten kann[80]). Deshalb ist ein außerhalb des Privatrechts liegendes Interesse nicht ausreichend, um ein Recht, welches zu seiner Befriedigung dienen soll, als Dienstbarkeit gelten zu lassen. Es kann z. B. zugunsten einer Gemeinde nicht eine Dienstbarkeit des Inhalts bestellt werden, daß ein Grundeigentümer sich gewissen baupolizeilichen Beschränkungen unterwirft[81]). Damit steht nicht im Widerspruch, daß die Begründung einer Dienstbarkeit von an sich öffentlich-rechtlichem Inhalt durch privatrechtlichen Begründungsakt möglich ist mit der Folge, daß dem Berechtigten hieraus ein Privatrecht erwächst[82]). Voraussetzung ist hierbei aber, daß dieses Recht dem Berechtigten einen wirtschaftlichen Vorteil bietet.

2. Vizinität (Nachbarschaft) des herrschenden und dienenden Grundstückes ist begrifflich nicht erforderlich[83]), ebensowenig, daß das belastete Grundstück den Vorteil dauernd gewähre (causa perpetua)[84]). Es

---

[80]) Es ist z. B. nicht zulässig, daß ein Hauseigentümer, der eine Idiosynkrasie gegen die blaue Farbe hat, sich eine Dienstbarkeit bestellen läßt, wonach das Nachbarhaus nicht blau angestrichen werden darf (Kohler, ArchZivPrax. 87, 180); wohl aber könnte eine Dienstbarkeit bestellt werden, daß das mit seiner Sonnenseite zugekehrte Haus auf dieser Seite keinen blendenen Anstrich erhalten darf; denn hierdurch wird das Wohnen für jedermann annehmlicher.

[81]) JW. 1905, 692 Nr. 16 (RG.); Recht 1907, 1138 Nr. 2743 (RG.); DJZ. 1906, 1170.

[82]) Neumann 6, 398 (RG.); Recht 1914 Nr. 777; RG. 61, 342.

[83]) M. 3, 482; Mugdan 3, 269. Es müssen aber natürlich solche räumliche Verhältnisse bestehen, daß die Gewährung des Vorteils möglich ist. (Weiter reichte übrigens auch die Tragweite des gemeinrechtlichen Satzes nicht: „praedia debent esse vicina" vgl. SeuffA. 37 Nr. 296; RG. 26, 169; 27, 164; vgl. ObLG. 18, 315 [Recht zum Halten eines Felsenkellers mit Kegelbahn für eine Brauerei], vgl. über Vizinität Kohler, ArchZivPrax. 87, 185). Es entfällt z. B. die Grunddienstbarkeit, wenn der öffentliche Weg, durch dessen Benützung die Ausübung der Viehtrift ermöglicht wird, für immer aufgelassen wird. Endemann 633 Anm. 23; vgl. aber auch Kohler, ArchZivPrax. 87, 183 ff. — So erlischt die Grunddienstbarkeit, welche nur zum Aufschlagen der Fensterflügel durch den Luftraum berechtigt, nicht aber zugleich ein Lichtrecht in sich schließt, durch Verbauen der Fenster. Der Nachbar braucht in seinem Gebäude keine Ausschachtung vorzunehmen, um dem Fensterinhaber das alsdann für sein Grundstück wertlose Öffnen der Fenster zu ermöglichen. Die Grunddienstbarkeit selbst ist wegen Wegfalls des Vorteils erloschen (SeuffBl. 39, 185); es ist nicht nötig, hierwegen, wie dies oben S. 335 Anm. 4 geschehen ist, auf § 226 BGB. zurückzugreifen.

[84]) M. 3, 482; Mugdan 3, 269. Über causa perpetua vgl. Kohler, ArchZivPrax. 87, 190 und 213. Weil eine causa perpetua (vgl. OGH. 8, 155 über Regenwasser; SeuffA. 43 Nr. 7) nicht erforderlich ist, kann an sich eine Grunddienstbarkeit mit zeitlicher Beschränkung bestellt werden. Weil die Grunddienstbarkeit nur in einer Belastung bestehen kann, die für die Benützung des Grundstücks des Berechtigten Vorteil bietet, erlischt die Grunddienstbarkeit, sobald die den Vorteil ermöglichenden tatsächlichen Unterlagen dauernd aufgehoben sind. Eine Grunddienstbarkeit auf Ausbeutung eines Steinbruchs erlischt daher, wenn der Steinbruch erschöpft ist. Vgl. Staudinger Bem. 1e zu § 1019, RG. 26, 167, ingleichen eine Wassergerechtigkeit, wenn die Quelle dauernd versiegt ist, während eine vorübergehende Aus-

ist deshalb auch eine Grunddienstbarkeit möglich, deren Vorteil nicht in der natürlichen Beschaffenheit des dienenden Grundstückes liegt, sondern künstliche Anlagen eines anderen voraussetzt[85]).

3. Nur zugunsten des jeweiligen Eigentümers eines Grundstückes[86]) kann die Belastung mit einer Grunddienstbarkeit erfolgen; es ist also die Grunddienstbarkeit begrifflich an ein bestimmtes (herrschendes) Grundstück gebunden[87]); selbstverständlich kann die gleiche Grunddienstbarkeit (z. B. Wasserleitung) zugunsten oder zu Lasten mehrerer Grundstücke[88]) bestellt werden; aber nur für jedes Grundstück als selbständige Berechtigung bzw. Belastung[89]), also nicht zugunsten oder zu

---

trocknung die Grunddienstbarkeit unberührt läßt. Wenn das herrschende Gebäude abbrennt, geht die Grunddienstbarkeit auf das neu errichtete Gebäude über. Endemann 632 Anm. 22. Voraussetzung ist, daß keine stärkere Belastung eintritt, vgl. hierüber unten § 23 B, I, 4.

[85]) Dernburg 556; vgl. Striethorst' Arch. 42, 240 (Servitut zum Walken von Fellen auf der Mühlenwalke eines anderen).

[86]) Das Erbbaurecht gilt als Grundstück. Deshalb ist die Begründung einer Grunddienstbarkeit zugunsten eines Erbbaurechts zulässig (Recht 1921 Nr. 571). Die Gewässer (auch die öffentlichen Flüsse) sind als Grundstücke zu erachten (Mot. 3, 48 und 54). Mehrere Pl.-Nr. 1, 2, 3 werden im Grundbuch zu einem Grundstück vereinigt; ein Gehrecht, das nur der Pl.-Nr. 2 zusteht, wird davon nicht berührt (OLG. 43, 6). Eine Grunddienstbarkeit kann mit der Maßgabe bestellt werden, daß sie erlöschen soll, sobald das Grundstück, zu dessen Gunsten sie bestellt ist, in das Eigentum einer anderen Person als eines Abkömmlings des gegenwärtigen Eigentümers gelangt (JK. 44, A, 356 Nr. 14 ObLG.).

[87]) Daraus folgt, daß die Grunddienstbarkeit nicht ohne das herrschende Grundstück, als dessen Bestandteil sie nach § 96 BGB. gilt, veräußert werden kann und daß sie auf jeden neuen Eigentümer mit dem Erwerb des Eigentums des Grundstücks von selbst übergeht. In der Gebundenheit an ein bestimmtes herrschendes Grundstück liegt das entscheidende Unterscheidungsmerkmal von der superficies und dem Erbbaurecht (s. oben S. 49), aber auch von der persönlichen Dienstbarkeit (vgl. Recht 1907 Nr. 2558; JW. 1909, 146). Der Eigentümer eines Grundstücks kann eine Wegegerechtigkeit über ein fremdes Grundstück erwerben, um zu einem gepachteten Acker zu gelangen, wenn dieser zum Vorteil des Grundstücks bewirtschaftet wird; dies ist dann das herrschende Grundstück (Striethorst' Arch. 30, 153). Bei der persönlichen Dienstbarkeit kann der Berechtigte nur eine bestimmte natürliche oder juristische Person, nicht dagegen der jeweilige Eigentümer eines Grundstücks sein (OLG. 43, 3).

[88]) Das herrschende Grundstück kann aus mehreren Plannummern bestehen; unter der Bezeichnung „Hofraithe" versteht man Wohnhaus, Hofraum und die dazu gehörigen Nebengebäude, nicht aber einen daran anstoßenden Garten. SeuffA. 22 Nr. 214.

[89]) Es kann deshalb für alle Grundstücke eines bestimmten Bezirkes die dingliche Beschränkung, wonach nur Villenbau zulässig sein soll, durch Bestellung gegenseitiger Grunddienstbarkeiten rücksichtlich aller einzelnen Grundstücke durchgeführt werden; vgl. Kohler, ArchZivPrax. 87, 187. Nach bisherigem Recht wurde jedoch bei der Belastung der ganzen Gemeindemarkung mit einer Grunddienstbarkeit angenommen, daß nicht so viel einzelne Servituten vorhanden seien, als die Gemarkung in einzelne Grundstücke abgeteilt sei, sondern daß eine derartige Servitut (z. B. Weiderechte) unteilbar auf dem ganzen Flächenraum, der die Gemeindemarkung bildet, lastet, m. a. W., daß nur eine Dienstbarkeit und nur ein dienendes Gut vorhanden ist. Die Gemeinde ist aktiv und passiv legitimiert für einen Streit über Inhalt und Umfang eines solchen Weiderechts auf ihrer Gemarkung (Ober-

Lasten einer ganzen Gemeindemarkung als solcher, die ja keine zivilrechtliche Einheit bildet[90]).

Die Gesamtbelastung mehrerer selbständiger Grundstücke mit einer beschränkten persönlichen Dienstbarkeit ist zwar zulässig; doch kann eine solche Belastung dann nicht stattfinden, wenn die Ausübung der Dienstbarkeit sich auf eines der Grundstücke beschränkt (JR. 44, A, 358 Nr. 15 Jena).

Unzulässig ist die Bestellung einer Grunddienstbarkeit an mehreren Grundstücken nach Art eines Gesamtrechts (JW. 1937, 2606).

Da die Grunddienstbarkeit an ein herrschendes Grundstück gebunden ist, kann sie nicht für eine Gemeinde oder die einzelnen Mitglieder einer Gemeinde bestellt werden, wohl aber zugunsten der jeweiligen Grundeigentümer des Gemeindebezirkes.

Nach gemeinem Rechte konnte eine derartige Gemeindeservitut zugunsten eines ganzen territorialen oder personalen Kreises erworben werden, sofern die ihr zugrunde liegende Berechtigung zur Befriedigung eines konkret begrenzten Bedürfnisses diente und den Charakter der Dauer an sich trug[91]). War ein solches Recht zur Zeit des Inkrafttretens des BGB. bereits begründet, so bleibt es mit dem Inhalt bestehen, der sich aus dem bisherigen Rechte ergibt, und zwar als Grunddienstbarkeit (Art. 184 Satz 2 EG.)[92]).

---

hofgericht Mannheim 7. Febr. 1843 bei Matthiae, Contr. Lex. 2, 141; OAG. Jena von 1833 bei Matthiae, Contr. Lex. 2, 145; vgl. SeuffBl. 7, 254; 9, 224; 10, 326; 11, 334). Die Zusammenfassung aller Grundstücke der Gemeindemarkung zu einem einzigen dienenden Grundstück rechtfertigt dann auch die Ansicht, daß bei Belastung der ganzen Gemeindemarkung mit einem Weiderecht die den Eigentümern der einzelnen belasteten Grundstücke ex jure dominii zustehende Mithut durch die Gemeinde mittels einer Gemeindeschäferei ausgeübt werden kann und deshalb der Servitutberechtigte nicht verlangen kann, jeden einzelnen Eigentümer auf die Mithut auf seinem Grundstück zu beschränken (Seuffert und Oberhofgericht Mannheim bei Matthiae, Contr. Lex. 2, 142). Diese Rechtsverhältnisse sind nach Art. 184 EG. aufrecht erhalten.

[90]) Endemann 629.

[91]) RG. 4, 232; 7, 167; 30, 207; Gruchot 52, 1204. Für das preußische Recht ist durch § 12 I 22 als unbedingtes Erfordernis aufgestellt, daß sie zugunsten eines bestimmten Grundstückes bestehen müsse (Gruchot 52, 453, 1204 u. 67, 87). Über Ersitzung einer Gemeindeservitut s. unten § 32 B, II. Im Code civil kommen irreguläre Personalservituten nicht vor (RG. 8, 300). Die Frage, ob derartige Rechte, für das der Code civil (Bad. LR.) keine gesetzliche Grundlage bietet, sofern sie vor Inkrafttreten des Code civil bereits erworben waren, unter der Herrschaft des Code civil Anspruch auf rechtlichen Schutz haben, ist zu bejahen (RG. 8, 303). Dagegen ist die Begründung einer solchen Servitut unter der Herrschaft des Code civil unzulässig (Bad. LR. 686 — RG. 8, 303).

[92]) Vgl. RG. 14, 214; SeuffA. 41 Nr. 173 (Servitut einer Gemeinde auf den Besuch von Parkanlagen seitens des Publikums); 59 Nr. 6 (Weg zum Bahnhof); vgl. RG. 7, 164 (Servitut einer Fischereigenossenschaft zum Aufstellen ihrer Boote auf einer Wiese); OGH. 13, 578 (Fischereirecht der Gemeinde); SeuffBl. 59, 405 (Wasserbezugsrecht einer Ge-

Nach dem Inkrafttreten des BGB. kann aber zugunsten einer Gemeinde eine solche Grunddienstbarkeit nicht mehr begründet werden; zwar richtet sich die Begründung der Grunddienstbarkeit gemäß Art. 189 EG., 177 AG. bis zur Anlegung des Grundbuchs nach bisherigem Recht; allein ein Recht, welches einen nach dem BGB. unzulässigen Inhalt hat, kann nach dem 1. Januar 1900 nicht mehr begründet werden. Dagegen kann auch unter der Geltung des BGB. eine Gemeindedienstbarkeit als beschränkte persönliche Dienstbarkeit gemäß § 1090 BGB. bestellt werden[93]).

4. Auch an Grundstücken, die dem gemeinen Gebrauch zu dienen bestimmt sind, ist eine Grunddienstbarkeit möglich[94]), jedoch nur insoweit, als sie mit deren öffentlich-rechtlicher Bestimmung vereinbar ist[95]). Nach bayerischem Recht ist ein servitutarisches Recht der Straßenanlieger an dem Straßenkörper nicht anzuerkennen (s. hierüber oben S. 214 Anm. 16).

---

meinde nach gemeinem Recht und nach WBG.); PucheltsZ 5, 324 (Bauholzbezugsrecht der Gemeinde zugunsten ihrer Angehörigen); ObLG. 6, 685 (dadurch, daß einzelne Gemeindeglieder zeitweise von der für die Gemeinde bestehenden Dienstbarkeit keinen Gebrauch gemacht haben, wird das Recht der Gemeinde nicht berührt); JW. 1911, 115 (Fischereirecht der Gemeinde zugunsten ihrer den Fischfang gewerblich ausübenden Mitglieder); über Holzrechte einer Gemeinde zugunsten ihrer Mitglieder s. unten § 31 I. In einem Falle, in welchem die Gemeinde als solcher die Grunddienstbarkeit zusteht, sind die einzelnen Gemeindeangehörigen nicht aktiv legitimiert (RG. 44, 146; SeuffA. 55 Nr. 63; JW. 1895, 19; SeuffA. 52 Nr. 142). Das einzelne Mitglied der Gemeinde ist nicht Träger einer solchen Gemeindeservitut. Er ist daher nicht aktiv legitimiert zum Anspruch aus § 1027 (vgl. SeuffA. 2 Nr. 294). Wohl aber wird man ihm unter Umständen ein rechtliches Interesse an einer Klage auf Feststellung des der Gemeinde zustehenden Rechts gegen den Eigentümer des dienenden Grundstücks zusprechen können. Man denke z. B. an den Fall, daß ein Anlieger auf den Weg angewiesen ist, die Gemeinde aber die Kosten eines Rechtsstreits nicht aufs Spiel setzen oder aus persönlichen Rücksichten nicht vorgehen will. Vgl. ferner Dernburg 554 (vgl. aber dagegen SeuffBl. 42, 71). Die Gemeinde haftet für mißbräuchliche Ausübung durch einzelne Ortseinwohner (RG. 1, 336). Nach Art. 184 Satz 2 EG. finden auf Grunddienstbarkeiten, welche vor 1. Januar 1900 bestehen, die §§ 1018, 1019, welche den Begriff und Inhalt der Grunddienstbarkeit nach bürgerlichem Rechte bestimmen, keine Anwendung, Endemann 625, wohl aber § 1020 Satz 1 (Recht 1919 Nr. 1791 RG.).

[93]) SeuffA. 59 Nr. 6 (RG.); Endemann 668; ObLG. Neue Folge 3, 126; vgl. Gruchot 52, 453 u. 1204 (Recht einer Eisenbahngesellschaft zur Haltung eines Anschlußgeleises).

[94]) Maenner 272 Anm. 2. Für gemeines Recht s. Kahr, GemO. 1, 358; JW. 1897, 356; SeuffA. 27 Nr. 285; ObLGStr. 9, 20; für preuß. Recht s. SeuffA. 42 Nr. 194; OGH. 17, 360; ObLGStr. 9, 20; Striethorst' Arch. 81, 331. — Nach pfälzischem Recht ist die Begründung eines unentziehbaren (servitutarischen) Rechts an öffentlichem Staatseigentum unzulässig (Pfälzische Rechtspraxis 2, 57).

[95]) ObLG. Neue Folge 6, 65 und dortige Nachweise; OLG. 15, 363; JW. 1895, 362 Nr. 9; 1897, 48 Nr. 1. Über Grunddienstbarkeit an einer öffentlichen Brücke s. Entsch.-KompKGH. 1, 293; über das Recht auf das Abfallwasser aus einem gemeindlichen Brunnen s. BayZ. 1911, 49; an öffentlichen Flüssen s. RG. 53, 98. Über das Recht, Wagen auf einer

5. Die Grunddienstbarkeit ist an und für sich ein Recht an einem fremden („anderen") Grundstücke: nemini res sua servit[96]). Zulässig ist aber nach § 1009 Abs. 2 die Belastung eines gemeinschaftlichen Grundstückes zugunsten eines im Alleineigentum eines der Miteigentümer stehenden Grundstückes[97]). Auch schließt der Satz: nemini res sua servit gegenseitige Grunddienstbarkeiten[98]) nicht aus, wie sie namentlich bei Weidegerechtigkeiten, aber auch bei Anwende- und Wegegerechtigkeiten vorkommen: hier übt jeder auf seinem Grundstück das Eigentum, auf dem Nachbargrundstücke die Grunddienstbarkeit aus[99]). Im Zweifel ist nicht anzunehmen, daß bei gegenseitigen Grunddienstbarkeiten das Recht zur Benützung des fremden Grundstückes davon abhängig ist, daß der andere Nachbar seinerseits die Berechtigung ausübt; es liegt also nicht in dessen Macht, durch einseitigen Verzicht auf die gegenseitige Grunddienstbarkeit dem Nachbar die Befugnis zu entziehen.

Bestellung einer Grunddienstbarkeit ist nach nun herrschender Ansicht auch möglich, wenn das herrschende und das dienende Grundstück dem gleichen Eigentümer gehören (RG. 142, 234). In einem solchen Falle genügt zur Bestellung die einseitige Erklärung des Eigentümers. Bedingungen und Befristungen sind zulässig; auch auflösende Bedingung für den Fall, daß das herrschende Grundstück Eigentum bestimmter Personen wird (BayObLG. KGJ. 44, 357).

Eine bestehende und im Grundbuch eingetragene Grunddienstbarkeit geht durch Vereinigung des herrschenden und dienenden Grundstücks nach bürgerlichem Recht nicht unter (s. hierüber unten § 33 A 3). Dagegen erlöschen nicht eingetragene Grunddienstbarkeiten, die nach den Vorschriften des bisherigen Rechts entstanden sind, durch Konsolidation (Konfusion) sowohl vor (s. unten § 33 B I, 2) als nach dem Zeitpunkt, zu welchem das Grundbuch als angelegt anzusehen ist[100]) (s. unten § 33 B II, 2, c).

öffentlichen Straße aufzustellen und die opinio iuris bei der Ersitzung eines solchen Rechts s. SeuffA. 42 Nr. 194 (RG.); vgl. unten § 32 B, II.

[96]) Vgl. SeuffA. 56 Nr. 151; OLG. 1, 427; RG. 47, 202; vgl. übrigens Regelsberger in IheringsJ. 58, 157 ff.

[97]) Hier kommen namentlich gemeinschaftliche Einfahrten, Höfe usw. in Betracht, die zugunsten des jeweiligen Eigentümers eines jeden der im Alleineigentum stehenden Grundstücke mit einer Grunddienstbarkeit belastet sind (Art. 43 ÜG., Art. 21 LiegenschG. f. die Pfalz), s. darüber oben S. 90.

[98]) Vgl. OLG. 12, 128. Kohler, ArchZivPrax. 87, 162. Über gegenseitige Grunddienstbarkeit des ausschließlichen gemeinschaftlichen Benützungsrechts an einer Einfahrt s. BayZ. 5. Jahrg. 471; JW. 1909, 688.

[99]) Maenner 275 Anm. 15.

[100]) Warneyer 1916 Nr. 19.

6. Servitus in faciendo consistere nequit[101]). Die fortdauernde Geltung dieses Satzes ergibt sich aus dem in § 1018 bestimmten Begriff der Grunddienstbarkeit. Gerade hierin besteht der begriffliche Unterschied der Grunddienstbarkeit von der Reallast[102]). Ebensowenig wie ein bloßes Unterlassen den Inhalt einer Reallast bilden kann, ist ein positives Handeln als wesentlicher Inhalt einer Grunddienstbarkeit zulässig.

Deshalb braucht der Eigentümer des mit einem Fahrtrecht belasteten Grundstücks dieses Grundstück nicht in einem für die Fahrtausübung geeignetem Zustand zu unterhalten. Er braucht also einen Bergrutsch, durch den die Fahrt behindert wird, nicht zu beseitigen, wenn der Bergrutsch auf ein von ihm nicht verursachtes Naturereignis zurückzuführen ist. Andererseits darf er keinerlei Handlungen vornehmen, durch die die Ausübung der Dienstbarkeit in dem zustehenden Umfang beeinträchtigt wird (s. unten S. 406).

Und er muß dem Berechtigten die Wiederherstellung des Zustandes gestatten, auch wenn ersterer die Änderung, durch die die Ausübung beeinträchtigt wird, nicht zu vertreten ist (vgl. § 37 und § 38 ALR. I, 22).

Wenn aber der wesentliche Inhalt der Belastung nach § 1018 zulässig ist, dann wird an dem dadurch begründeten Charakter der Grunddienstbarkeit dadurch nichts geändert, daß damit eine Nebenverpflichtung des Eigentümers des dienenden Grundstückes zu positivem Handeln verknüpft ist[103]).

Zum wesentlichen Inhalt einer Grunddienstbarkeit ist **nicht** geeignet: Die Verpflichtung zur Herstellung eines Gebäudes oder eines Werkes (Zaun)[104]) oder zur Beseitigung eines Gebäudes oder Überbaus (überragendes Gesimse)[105]) oder zur Abtretung von Land zum

---

[101]) Windscheid, Pand. 1 § 201; SeuffA. 21 Nr. 214; Neumann, Jahrb. 4, 343.

[102]) Über die Reallast der gemeindlichen Zuchtstierhaltung s. SeuffA. 52 Nr. 89 (ObLG.). Über die Verpflichtung, eine Schmiedewerkstätte zu errichten, dauernd zu betreiben und alle Schmiedearbeiten für die Gemeindemitglieder gegen Bezahlung auszuführen, s. Bl. f. Rechtspfl. 1920, 52.

[103]) RJA. 11, 133 (Pflicht, einen als Windschutz dienenden Waldstreifen nicht zu beseitigen und im Falle seiner Abholzung wieder aufzuholzen); OLG. 26, 81 (Verpflichtung einer Windmühle nicht durch Bäume den Wind zu nehmen und nötigenfalls Bäume zu kappen). Pflicht, den Weg zu unterhalten bei einer Wegegerechtigkeit (SeuffA. 1 Nr. 153); Pflicht, den Graben zu reinigen bei einer Wasserleitungsgerechtigkeit (SeuffA. 17 Nr. 8; 14 Nr. 117; 21 Nr. 214; 34 Nr. 16; 39 Nr. 107). Ganz allgemein bestimmt ALR. I, 22 § 35: „Hat der Berechtigte die Grunddienstbarkeit durch einen lästigen Vertrag erworben, so ist der Verpflichtete schuldig, sein Grundstück auf eigene Kosten in der Verfassung zu erhalten, daß der Berechtigte seine Befugnis darauf ausüben kann." Hier handelt es sich um eine Verpflichtung aus dem Vertrag, der dingliche Wirkung nur dann hat, wenn sie im Grundbuch eingetragen ist. Ist eine Holzungsgerechtigkeit unentgeltlich bestellt, so muß der Vertragsgegner den Forst unterhalten (Förster, Preuß. Privatrecht Band 3 § 187 Anm. 75).

[104]) OLG. 26, 82 (vgl. übrigens BayZ. 1913, 93, ObLG.).

[105]) OLG. 18, 146.

Straßenbau[106]) oder zur Anlegung eines Anschlußgleises[107]) oder zur Bebauung eines Grundstückes[108]) oder zur Zahlung der halben Kosten der Giebelmauer im Falle des Anbaus[109])

Ob die Verpflichtung zu einem Tun den wesentlichen Inhalt der Berechtigung bildet oder nur mit einer anderen, zum Inhalt einer Grunddienstbarkeit geeigneten Berechtigung als deren Auswirkung verknüpft ist, muß nach Lage des Einzelfalls unter Erforschung des wirtschaftlichen Zwecks, den die Beteiligten verfolgen, klargestellt werden. Eine vernünftige Rechtsanwendung muß weniger auf die Form, als auf den Inhalt sehen[110]). Wird so verfahren, so könnte in vielen Fällen, in welchen die Rechtsprechung die Eintragung einer Grunddienstbarkeit ablehnt, der Wille der Beteiligten durch eine ihrem wahren Willen entsprechende Formulierung des Eintrags zum Vollzug kommen[111]).

a) Unterhaltung von Anlagen[112]).

§ 1020 Satz 2 bestimmt, daß der Berechtigte eine Anlage, welche er zur Ausübung der Dienstbarkeit auf dem dienenden Grundstücke hält,

---

[106]) KGJ. 25 A 147.

[107]) RG. 58, 264.

[108]) OLG. 34, 192.

[109]) OLG. 3, 292. Doch läßt sich diese Zahlungspflicht als Nebenleistung mit einem gegenseitigen An- und Aufbaurecht, das als Grunddienstbarkeit ausgestaltet wird, verbinden (vgl. BayZ. 1912, 445 und oben S. 137).

[110]) BayZ. 1913, 93 (ObLG.).

[111]) So kann die Verpflichtung zur Beseitigung eines Überbaus, der nach § 912 zu dulden ist, durch Bestellung einer Grunddienstbarkeit verdinglicht werden, deren Inhalt auf eine bedingte Befreiung von der gesetzlichen Eigentumsbeschränkung (Pflicht zur Duldung des Überbaus) hinausläuft (s. oben S. 382 Anm. 37). — Soll die Pflicht zur Beseitigung eines Überbaus, der mangels der Voraussetzungen des § 912 nicht geduldet werden muß, begründet werden, so gelangt man durch Vertauschung der Rollen des herrschenden und dienenden Grundstücks zum Ziel. Der Eigentümer des überbauten Grundstücks übernimmt die Verpflichtung zur Duldung des Überbaus (§ 1018 erster Fall) mit der Maßgabe, daß diese Duldungspflicht endigt, sobald er einen Neubau errichtet. Dieser Eintrag wird dann gemäß § 3 GBO. auf dem Blatt des überbauberechtigten Grundstücks vermerkt (OLG. 18, 146); vgl. ObLG. 1913, 727 (die Verpflichtung, das Grundstück „durch Zaun abzugrenzen" kann als Begründung einer Unterhaltungspflicht aufgefaßt werden). Vgl. Bolze 15 Nr. 43, wo die Verpflichtung, die Giebelwand eines auf der Grenze zu errichtenden Gebäudes zu verputzen und zu streichen sowie in diesem Zustand zu erhalten, als Grunddienstbarkeit aufgefaßt wurde. Wenn der Eigentümer nach Gesetz berechtigt sei, sein Grundstück bis an die Grenze zu bebauen, so läßt sich der Vertrag dahin auslegen, daß dieses Recht des Eigentümers dahin beschränkt sein solle, daß er kein Gebäude hart an der Grenze haben dürfe, es sei denn ein solches mit verputzter und gestrichener Giebelwand.

[112]) Die §§ 1020—1022 finden auch auf die beim Inkrafttreten des BGB. bestehenden Grunddienstbarkeiten Anwendung (Art. 184 EG.). War die Pflicht zur Unterhaltung von Anlagen unter der Geltung des bisherigen Rechts anders geregelt, so hat eine solche Regelung nur insoweit fortdauernde Wirksamkeit, als sie mit den Vorschriften der §§ 1020—1022 in Einklang gebracht werden kann (vgl. RG. 56, 378; RGK. Bem. 5 zu § 1021).

in ordnungsmäßigem Zustande zu erhalten hat, soweit es das Interesse des Eigentümers fordert[113]):

Hiervon bestehen jedoch folgende Ausnahmen[114]):

α) Es kann (bei oder nach der Begründung[115]) der Dienstbarkeit) bestimmt werden, daß der Eigentümer des belasteten Grundstückes die Anlage zu unterhalten hat, soweit das Interesse des Berechtigten es erfordert Steht dem Eigentümer das Recht zur Mitbenützung der Anlage zu, so kann bestimmt werden, daß der Berechtigte die Anlage zu unterhalten hat[116]), soweit es für das Benützungsrecht des Eigentümers erforderlich ist (§ 1021 Abs. 1 BGB.). Der Berechtigte darf gleichwohl die Instandsetzung der Anlage selbst ausführen[117]). Auf eine solche Unterhaltungspflicht finden die Vorschriften über die Reallasten entsprechende Anwendung (§ 1021 Abs. 2 BGB.).

β) Besteht die Grunddienstbarkeit in dem Rechte, auf einer baulichen Anlage des belasteten Grundstückes eine bauliche Anlage zu halten (servitus oneris ferendi)[118]), so hat, wenn nicht ein anderes bestimmt ist, der Eigentümer des belasteten Grundstücks seine Anlage zu unterhalten, soweit das Interesse des Berechtigten es erfordert. Auf diese Unterhaltungspflicht finden die Vorschriften über die Reallasten entsprechende Anwendung (§ 1022 BGB.).

In diesen beiden Fällen[119]), in welchen hiernach dem Eigentümer der dienenden Sache die Verpflichtung zu einem Tun (Unterhaltung der Anlage) obliegt, ist diese Verpflichtung als akzessorisches Rechtsverhältnis mit der Grunddienstbarkeit verknüpft; durch diese Verknüpfung unterscheidet sich diese Unterhaltslast von der Reallast, die eine für sich selbständige Bedeutung hat[120]).

b) Der Grundsatz: „servitus in faciendo consistere nequit" leidet keine Anwendung auf eine solche dem Eigentümer des dienenden Grundstückes obliegende Mitwirkung bei der Ausübung des Rechts, welche vorzugsweise den Zweck hat, den Eigentümer gegen eine miß-

---

[113]) Vgl. SeuffA. 51 Nr. 12 und unten § 28 V.

[114]) Die §§ 1020—1022 gelten auch für die vor dem 1. Januar 1900 begründeten Grunddienstbarkeiten. Vgl. RG. 56, 378; OLG. 4, 293.

[115]) RGKomm. Bem. 1 zu § 1021.

[116]) Diese Verpflichtung ist nicht als eine neben der Dienstbarkeit selbständig bestehende Reallast, sondern als eine Erweiterung der Dienstbarkeit anzusehen. ObLG. 4, 313; vgl. RG. 56, 382. Über die Eintragung der Verpflichtung des Berechtigten, die Anlage ausschließlich zu unterhalten, im Grundbuch s. Clarus, BayZ. 1908, 173; OLG. 4 294; RGKomm. Bem. 1 zu § 1021 und Bem. 5 zu § 1018. Siehe unten § 27 III 6a.

[117]) SeuffA. 21 Nr. 214.

[118]) Vgl. oben S. 382 Anm. 35.

[119]) Vgl. Kohler, ArchZivPrax. 87, 199.

[120]) Vgl. ObLG. Neue Folge, 4, 313; RG. 58, 272; OLG. 8, 126; 26, 82.

bräuchliche oder unwirtschaftliche Ausnützung des Dienstbarkeitsrechts zu schützen; hierher gehört die Verpflichtung des Eigentümers zur Anweisung des Rechtholzes[121]), ja sogar zum Zurichten und Aufsetzen oder gar zum Abfahren des Rechtholzes, sofern diese Mitwirkung nur zur Sicherstellung des Eigentümers vor mißbräuchlicher Ausübung des Rechts dienen soll.

c) Dagegen kommt das Prinzip, daß der Eigentümer des dienenden Grundstückes zu keinem positiven Handeln verpflichtet ist, wiederum zur vollen Geltung insofern, als dem Eigentümer nicht zugemutet werden kann, dem Berechtigten durch irgendwelche positiven Handlungen die Möglichkeit zur Ausübung der Grunddienstbarkeit zu erhalten. Deshalb ist der Eigentümer dem Berechtigten gegenüber nicht verpflichtet, Einwirkungen Dritter, durch welche die Ausübung der Grunddienstbarkeit beeinträchtigt wird, zu verbieten oder zu hindern[122]). Es bleibt vielmehr dem Berechtigten selbst überlassen, Beeinträchtigungen seines Rechtes durch Dritte abzuwehren, und sich hierzu der ihm nach § 1027 zustehenden Störungsklage des § 1004 zu bedienen. Wenn aber der Eigentümer des belasteten Grundstücks störende Veranstaltungen auf dem belasteten Grundstück wissentlich duldet, dann beruht der Zustand der Beeinträchtigung auf seinem Willen und er kann mit der Störungsklage des § 1027 belangt werden[123]).

7. Die Verknüpfung von Gegenleistungen mit einer Grunddienstbarkeit galt nach römischem Recht als unzulässig; sie vertrage sich nicht mit dem Wesen der Servitut als eines dinglichen Rechts, weil die selbständige, unmittelbare Sachherrschaft fehle, wenn das Recht zur Ausübung von einer Gegenleistung abhängig sei[124]). Die deutschrechtliche Entwicklung hat sich über dieses Bedenken hinweggesetzt und die Verknüpfung der Dienstbarkeit mit Gegenleistungen zugelassen[125]). Dieser Standpunkt ist auch für das neue Recht zutreffend[126]). Freilich kann dem Berechtigten eine Pflicht zur Gegenleistung nicht in dem Sinn auferlegt sein, daß der Eigentümer des belasteten Grundstücks hierauf auch dann Anspruch erheben kann, wenn der Servitutberechtigte von seiner

[121]) Dernburg 559.

[122]) Recht 1903, 340 Nr. 1839 (ObLG.) vgl. OLG. 15, 361.

[123]) Vgl. RG. 47, 162; JW. 1900, 840; 1902 Beil. 187.

[124]) Vgl. Endemann 631.

[125]) Roth, Bayer. Zivilr. § 162 Anm. 29; ObLG. 12, 148 (Recht auf die alljährlich anfallende Eichelernte gegen Zahlung der forstamtlich festgesetzten Preise); SeuffBl. 13, 286; 31, 269; Striethorst' Arch. 42, 240 (Recht, Felle auf der dienenden Mühle gegen Vergütung zu walken).

[126]) Vgl. Staudinger Bem. II, 2 zu § 1018 und dagegen M. 3, 481 (Mugdan 3, 268) Turnau-Förster Bem. VII zu § 1018; Endemann 631; Biermann Bem. 4 zu § 1018. Neumann J. 5, 414; OLG. 8, 126 und die 2. Aufl. d. bayer. Nachbarr. 293.

Dienstbarkeit keinen Gebrauch machen will[127]). Denn damit wäre ein selbständiges, von der Ausübung der Grunddienstbarkeit unabhängiges Recht auf Leistung eingeräumt[128]). Andererseits steht nichts im Wege, den Inhalt der Dienstbarkeit so zu gestalten, daß der Berechtigte die einzelne Ausübungshandlung nur Zug um Zug gegen die bedungene Gegenleistung, ja sogar erst nach vorausgegangener Gegenleistung vornehmen darf. Wie es zulässig ist, die Grunddienstbarkeit selbst von einer Bedingung abhängig zu machen, so kann auch die Befugnis zu jeder einzelnen Ausübungshandlung von einer Bedingung abhängig gemacht werden[129]).

Die Grunddienstbarkeit kann auch mit zeitlicher Befristung gestellt werden. Es ist somit auch zulässig, eine solche (z. B. das Recht des Torfstichs) auf 15 Jahre mit der Bestimmung zu bestellen, daß die Dienstbarkeit bei Eintritt des Endtermins jeweils auf weitere je 5 Jahre in Kraft bleibt, wenn sie nicht ein Jahr vorher gekündigt wird (OLG. 43, 225 — KGJ.).

Sobald die Bedingung erfüllt ist, besteht die unmittelbare Sachherrschaft über die dienende Sache; es handelt sich also nur um eine Beschränkung des Inhalts der Grunddienstbarkeit[130]). Die Verpflichtung zur Gegenleistung ist als eine Einschränkung der Berechtigung von dem rechtlichen Bestehen der Grunddienstbarkeit abhängig. Erlischt die Grunddienstbarkeit, so hört auch die Verpflichtung zur Gegenleistung auf[131]). Wird die Grunddienstbarkeit nicht ausgeübt, so kann die Gegenleistung nicht gefordert werden. Der Eigentümer des dienenden Grundstücks kann also den Anspruch auf die Gegenleistung nicht damit begründen, daß er sich zur Duldung erbietet, er kann dem Dienstbarkeitsberechtigten die Ausübung der Dienstbarkeit ohne vorgängige oder gleichzeitige Zahlung nur dann verbieten, wenn durch den Inhalt der Grunddienstbarkeit Vorleistung oder Zug- um Zugleistung bestimmt ist.

Darnach ist die Bestellung einer Grunddienstbarkeit unter der Bedingung, daß sie nur nach einer Gegenleistung ausgeübt werden darf, durchaus zulässig und wirksam[132]).

---

[127]) Vgl. RGKomm. Bem. 4 zu § 1018.

[128]) Vgl. RG. 79, 379; JW. 1912, 923.

[129]) Ein Durchgangsrecht, dessen Zugang sich nur gegen den jeweiligen Einwurf eines Geldstückes öffnet, kann als Dienstbarkeit bestellt werden. A. M. Endemann 631 Anm. 15.

[130]) Vgl. RGKomm. Bem. 4 zu § 1018.

[131]) Vgl. RG. 79, 379.

[132]) BayZ. 1907, 335 (Nürnberg); Turnau-Förster Bem. VII zu § 1018; vgl. über das Recht zum Anbau an eine Kommunmauer gegen Ersatz der halben Baukosten oben S. 137 ff. und Staudinger Bem. IV zu § 921. Über bisheriges Recht vgl. unten § 32 B, II.

§ 28. Inhalt und Ausübung der Grunddienstbarkeit.

I. Durch Art. 184 EG. sind die zur Zeit des Inkrafttretens des BGB. bestehenden Grunddienstbarkeiten mit dem sich aus den bisherigen Gesetzen ergebenden Rang und Inhalt aufrecht erhalten, jedoch mit der Maßgabe, daß die Vorschriften der §§ 1020 bis 1028 BGB. auch für diese Grunddienstbarkeiten sofort gelten. Hierdurch ist bezüglich der Ausübung für die Grunddienstbarkeiten, gleichviel, ob sie vor oder nach Inkrafttreten des BGB. entstanden sind, einheitliches Recht geschaffen worden [1]).

Der Inhalt der Grunddienstbarkeit, also die Frage, in welchen Beziehungen der Berechtigte zur Benützung des fremden Grundstückes berechtigt ist (§ 1018 BGB.), richtet sich aber bezüglich derjenigen Grunddienstbarkeiten, die am 1. Janur 1900 bereits bestanden haben, nach bisherigem Recht (Art. 184 EG.). Da aber Art. 189 EG. die Begründung einer Grunddienstbarkeit noch bis zu dem Zeitpunkte, in welchem das Grundbuch als angelegt anzusehen ist, nach bisherigem Rechte erfolgen läßt, ergibt sich die unabweisbare Folge, daß das bisherige Recht auch darüber entscheidet, welchen Inhalt eine zwischen dem 1. Januar 1900 und dem Eintritt der Grundbuchverfassung erworbene Grunddienstbarkeit hat. Indem Art. 189 EG. vorschreibt, daß sich der Erwerb der Grunddienstbarkeit nach bisherigem Recht bestimmt, setzt es das bisherige Recht als maßgebende Norm auch dafür fest, welche Befugnisse als Inhalt dieses Rechtes der Berechtigte erwirbt. Nur eine Einschränkung ist zu machen, in welcher die unterschiedliche Behandlung der am 1. Januar 1900 bereits bestehenden und der von da ab bis zum Eintritt der Grundbuchverfassung entstehenden Grunddienstbarkeiten hervortritt. Nach dem 1. Januar 1900 kann eine Grunddienstbarkeit, die einen anderen als den in §§ 1018, 1019 BGB. vorgesehenen Inhalt hat, nicht mehr entstehen (Art. 189 Abs. 1 Satz 3 EG.), während eine zu diesem Zeitpunkt bereits bestehende Grunddienstbarkeit mit ihrem sich aus dem bisherigen Recht ergebenden Inhalt selbst

---

§ 28. [1]) Über die weitgehende Anwendung des gemeinen Rechts auf altrechtliche Servituten vgl. RG. 104, 149 — OLG. Nürnberg vom 15. Febr. 1922. Ber. Reg. NL. 323, 20). Die Entscheidung über Inhalt und Umfang der vor Inkrafttreten des BGB. begründeten Grunddienstbarkeiten bemißt sich nach früherem Recht (ObLG. 32, 86). Bei Grunddienstbarkeiten, die z. Z. des Inkrafttretens des BGB. schon bestanden, ist nicht schlechtweg das Recht anzuwenden, das unmittelbar vor Inkrafttreten des BGB. gegolten hat. So ist z. B. auf ein Weiderecht des bis 1900 in dem betr. Gebiet geltende Code civil nur dann anzuwenden, wenn das Weiderecht nach Inkrafttreten des Code civil entstanden ist. Ist sie vorher entstanden, so ist für ihren Inhalt in Ermangelung besonderer Vorschriften des Partikularrechts das gemeine Recht maßgebend (RG. 104, 149).

dann bestehen bleibt, wenn dieser Inhalt nach §§ 1018, 1019 BGB. unzulässig ist (Art. 184 EG.).

II. Das Bedürfnis des herrschenden Grundstücks setzt dem Inhalt der Grunddienstbarkeit die Grenze. Über dieses Bedürfnis hinaus kann der Inhalt der Grunddienstbarkeit niemals gehen[2]). Das ist zwingende Rechtsvorschrift (§ 1019)[3]). Innerhalb dieses Rahmens ist der Umfang der den Inhalt der Grunddienstbarkeit bildenden Befugnisse nach den Umständen des einzelnen Falles festzustellen. Auszugehen ist von der grundsätzlichen Freiheit des Eigentums, so daß die Beschränkung nach Inhalt und Maß von demjenigen nachgewiesen werden muß, der sie behauptet. Für die Auslegung ist das Bedürfnis des herrschenden Grundstückes zur Zeit der Begründung der Dienstbarkeit von besonderer Bedeutung[4]). Der allgemein anerkannte Grundsatz des Deutschen Privatrechts gilt auch nach BGB.

Hat sich seitdem das Bedürfnis gesteigert, so wird allerdings regelmäßig, sofern sich nicht aus dem Begründungsakte etwas anderes ergibt, anzunehmen sein, daß die Grunddienstbarkeit nicht auf das im Augenblick der Bestellung gerade bestehende Bedürfnis beschränkt sein sollte, sondern daß sie für den durch die Verkehrsauffassung bestimmten und äußerlich sich ausprägenden bisherigen Charakter des Grundstücks bestellt ist und sich einem im Rahmen dieses Charakters wechselnden Bedürfnis zu fügen hat[5]). Es wird also das dienende

---

[2]) Dies bezieht sich auf Begriff und Wesen der Grunddienstbarkeit (vgl. hierüber oben S. 386). Die Berechtigung unbestimmte Quantitäten Holz, Torf oder Steine zur beliebigen Verwendung, also auch zum Verkauf, aus einem fremden Grundstück zu entnehmen, ist nach bürgerlichem Recht nicht den Grunddienstbarkeiten beizuzählen; sie kann aber eine beschränkte persönliche Dienstbarkeit sein (vgl. RG. 8, 210). Befindet sich auf dem herrschenden Grundstück eine Ziegelei, so kann zu ihren Gunsten auf einem fremden Grundstück die Grunddienstbarkeit bestellt werden, dort den für die Ziegelei erforderlichen Lehm zu graben (OGH. 9, 216; Kohler, ArchZivPrax. 87, 181; vgl. Maenner 274 Anm. 11; aber auch Dernburg 557). In solchem Fall steht dem Eigentümer das Recht zu, seinerseits ebenfalls Lehm zu holen, soferne nicht der Servitutberechtigte die Ausschließlichkeit seines Rechtes besonders nachweist. OGH. 9, 216; vgl. unten S. 405. Eine Fischereigerechtigkeit, vermöge deren der Berechtigte nicht nur für seinen Hausbedarf, sondern auch zum Verkauf Fische fangen kann, ist keine Grunddienstbarkeit. JW. 1895, 53 Nr. 47; RG. 53, 101; Kohler, ArchZivPrax. 87, 183 erachtet eine solche Servitut nicht einmal bei Beschränkung auf den Hausbedarf für zulässig, da hiermit nicht den Zwecken des Grundstückes gedient werde.

[3]) RG. 60, 319.

[4]) Vgl. RG. 89, 220. Es kann aber für ein Grundstück, auf dem noch keine Fabrik steht, eine Grunddienstbarkeit zum Vorteil einer künftig zu errichtenden Fabrik bestellt werden (RGKomm. Bem. 3 zu § 1019).

[5]) Neumann, Jahrb. 5, 414 (Braunschweig); vgl. SeuffA. 52 Nr. 75; 55 Nr. 68; 73 Nr. 136; RG. 76, 326. Ähnlich Kohler, ArchZivPrax. 87, 217ff. Mit Recht hebt Kohler a. a. O. S. 221 hervor, daß der Charakter des Grundstücks in bezug auf die Servitutenbenützung entscheidend ist und eine Änderung regelmäßig nicht in Betracht kommt,

Grundstück auch für ein erweitertes Bedürfnis herangezogen werden können, sofern es sich nur um eine Steigerung der der Art nach gleichgleibenden Benützung handelt, der in der naturgemäßen Fortentwicklung der Verhältnisse begründet ist. Wenn aber die Steigerung durch eine Änderung der Benützungsart herbeigeführt ist, die aus dem Rahmen einer solchen natürlichen Entwickelung herausfällt, kann das dienende Grundstück für die hierdurch herbeigeführte Mehrung der Belästigung nicht in Anspruch genommen werden[6]). In diesem Sinn hat das ALR. Tl. I Tit. 22 §§ 8 und 71 Auslegungsregeln aufgestellt, die das BGB. als entbehrlich nicht übernommen hat. Man wird im Wege der Auslegung des Begründungsaktes und aus dem Wesen der Grunddienstbarkeiten zu demselben Ergebnis für die Anwendung des bürgerlichen Rechts gelangen.

Der Inhalt einer Grunddienstbarkeit kann sich im Falle einer Änderung der Verhältnisse gemäß § 242 BGB. ändern (RG. 169, 183; HRR. 42, 347), insbesondere, wenn infolge grundlegender Änderung der Verhältnisse der Nutzen für das herrschende Grundstück außer Verhältnis zu den Nachteilen für das dienende steht.

Ein als Grunddienstbarkeit ohne Beschränkung eingetragenes Wegerecht umfaßt auch solche Erschwerungen, die durch die Entwicklung des Verkehrs oder die Erweiterung des auf dem herrschenden Grundstück betriebenen Unternehmens verursacht sind. Zugunsten des gutgläubigen Erwerbes des herrschenden Grundstücks gilt die Art der Benützung z. Z. des Erwerbs als dem Wegerecht entsprechend (HEZ. 1, 155).

Auf den Erwerber einer Grunddienstbarkeit die der Eintragung im Grundbuch nicht bedarf (und nicht eingetragen ist), findet § 892 BGB. keine Anwendung (ObLG. 35, 284; Planck Anm. 2 zu § 892; RGK. Bem. 3 zu § 892).

Sind bisher bewaldete Teile des wegeberechtigten Landgutes in Ackerland umgewandelt worden, so muß die Benützung des Weges zu dem hierdurch gesteigerten Verkehr geduldet werden[7]). Wenn aber die Wegegerechtigkeit einem Waldgrundstücke als solchem zusteht, so braucht die durch seine Umwandelung in Ackerland herbeigeführte Mehrung der Belästigung nicht geduldet zu werden. Wird auf dem wegeberechtigten Acker ein Steinbruch angelegt, so kann die Wegegerechtigkeit

wenn sie nicht eine Charakteränderung in dieser Beziehung in sich schließt. Dasselbe gilt nach dem deutschen Privatrecht: Bei einer Veränderung des Betriebes des herrschenden Grundstücks hatte sich die Dienstbarkeit nur dann dem veränderten Betrieb anzuschmiegen, wenn solche Änderung von Anfang an vorauszusehen war (ObLG. 22, 71).

[6]) Vgl. Maenner 274; Dernburg 565; Endemann 641.

[7]) OTr. 68, 231.

für die Steinfuhren nicht in Anspruch genommen werden[8]), ebensowenig erstreckt sich die einer Wiese zustehende Fahrtgerechtigkeit auf den später angelegten Torfstich[9]) oder eine darauf errichtete Scheune[10]). Eine Wegegerechtigkeit, die einem bisher landwirtschaftlich benutzten Grundstücke zusteht, kann nicht für die Zwecke einer darauf errichteten Fabrik[11]), Ziegelei[12]), Handelsgärtnerei[13]), eines Bleich- und Trockenplatzes[14]) oder einer auf der Wiese angelegten Eisbahn[15]) benützt werden. Wird ein bäuerlicher Hof in ein Kurhaus mit Hotelbetrieb umgewandelt, so hat sich die Wegegerechtigkeit der hierdurch herbeigeführten Steigerung der Bedürfnisse nicht zu fügen[16]).

Ein Wegerecht für ein Wohnhaus kann nicht für die Zwecke einer Wirtschaft beansprucht werden[17]); besteht ein Wegerecht für einen Garten, so ist es eine unzulässige Erschwerung, wenn der Berechtigte diesen Weg als Durchgang von und zu seinem danebenliegenden Hause benützt[18]); dasselbe gilt, wenn der einem Privathause zustehende Weg für ein dort eingerichtetes Bordell benützt werden will[19]).

Eine Wasserleitungsservitut für einen Fischteich kann nicht für die Bewässerung einer an Stelle des Fischteiches angelegten Wiese beansprucht werden[20]).

Ist die Grunddienstbarkeit zugunsten eines Gewerbebetriebes bestellt, so wird regelmäßig der Berechtigte zu einem anderen, die Benützung nicht erschwerenden Industriezweig übergehen dürfen[21]); es ist aber im Einzelfall sehr wohl möglich, daß der Begründungsakt derart auszulegen ist, daß die Dienstbarkeit nur für einen streng bestimmten Gewerbebetrieb eingeräumt werden sollte[22]).

---

[8]) Endemann 2, 641 Anm. 12.

[9]) Gruchot 24, 882.

[10]) Sirey, Recueil général 50 II, 179.

[11]) JW. 1885, 337 Nr. 26 (RG.); Bolze 2 Nr. 188.

[12]) Gruchot 39, 962; JW. 1895, 210 Nr. 44 (RG.).

[13]) Gruchot 45, 918 (RG.).

[14]) JW. 1895, 154 Nr. 32 (RG.).

[15]) Bolze 16 Nr. 57.

[16]) SeuffA. 52 Nr. 75 (ObLG.).

[17]) Sirey, Recueil général 68 I, 395.

[18]) Sirey a. a. O. 334.

[19]) Kohler im ArchZivPrax. 87, 220 gegen Sirey, Recueil généra 57 II, 66.

[20]) Sirey, Recueil général 68 I, 247.

[21]) Kohler, ArchZivPrax. 87, 221.

[22]) Kohler a. a. O. und die von ihm angeführten Entscheidungen des französischen Kassationshofes. Für die Auslegung des Begründungsaktes kann die Erwägung von Bedeutung sein, daß im Zweifel nicht anzunehmen sein wird, daß der Besteller der Grunddienstbarkeit einem anderen eine Erleichterung der Konkurrenz habe verschaffen wollen. Es wurde angenommen, daß die Servitut des Wasserlaufes nicht weiter gelte, wenn an

Eine Aussichtsgerechtigkeit bleibt von der Umwandlung einer Villa in ein Hotel unberührt; ja sogar, wenn an Stelle der Villa ein vielstöckiges, räumlich ausgedehnteres Hotel errichtet wird, bleibt die Aussichtsgerechtigkeit in demselben Umfang bestehen, in welchem sie der Villa zustand[23]).

Wird dem zur Zeit der Bestellung bereits als Wohnhaus benützten Gebäude ein weiteres Stockwerk aufgesetzt, so ist das dienende Grundstück der hierdurch herbeigeführten Steigerung des Bedürfnisses regelmäßig unterworfen[24]).

Ingleichen kann der für ein Wohnhaus bestellte Weg auch zum Besuche eines dort angelegten Weinkellers benützt werden, soferne nur durch die Anlage des Kellers der Charakter des Gebäudes nicht geändert wird[25]); eine solche Veränderung müßte z. B. angenommen werden, wenn ein großer Lagerkeller für eine Brauerei oder Weinhandlung in dem bisherigen Privathause angelegt worden ist.

Eine Änderung der landwirtschaftlichen Kultur läßt an und für sich den Charakter des Grundstückes als eines landwirtschaftlich benützten unverändert[26]) Wohl aber liegt eine solche Änderung des Charakters vor, wenn der bisherige Gemüsegarten in eine Handelsgärtnerei mit Zutritt der Kunden umgewandelt wird.

Steht einem Hause die Grunddienstbarkeit zu, zum Zwecke seiner Beleuchtung die Gasleitung in einem fremden Grundstücke zu haben, so kann bei einer notwendig gewordenen Auswechselung der Leitungsröhren an deren Stelle auch eine elektrische Beleuchtungsleitung gelegt werden, sofern nach Raum und Gefährdung die Anlage so ausgeführt wird, daß hiermit keine größere Belästigung des dienenden Grundstückes verbunden ist; dagegen braucht die Auswechselung von Wasserleitungsröhren gegen Gasröhren nicht geduldet werden, weil hier das Bedürfnis, dessen Befriedigung die Grunddienstbarkeit dient, von einer ganz anderen Art ist (vgl. unten IV).

Steht einem bäuerlichen Anwesen ein Holzbezugsrecht zu, so hat sich die Servitut unter der Voraussetzung, eines als vernünftig anzusehenden und mit dem ursprünglichen Charakter des Anwesens im Einklang stehenden Wirtschaftbetriebes einer Vergrößerung der Wohn- und Wirtschaftsgebäude zu fügen; willkürliche Veränderungen, z. B. die

---

Stelle der berechtigten Gerbermühle eine Ölmühle (Sirey, Recueil général 34 I, 491) oder an Stelle der berechtigten Walkmühle eine Getreidemühle errichtet wird (Sirey a. a. O. 39 I, 918).

[23]) Kohler, ArchZivPrax. 87, 222.

[24]) Sirey, Recueil général 46 II, 472.

[25]) Striethorst' Arch. 98, 55.

[26]) Vgl. Sirey, Recueil général 92 I, 310; EntschOTr. 68, 231.

Aufsetzung eines Stockes zur Vermietung an Sommerfrischler, können die Belastung nicht vermehren[27]).

Holznutzungsrechte dürfen weder neu bestellt noch inhaltlich erweitert werden; eine Eintragung dieser Art ist unzulässig (VO. vom 30. 7. 1937 RGBl. I, 876 und AV. vom 25. 8. 1939 DJ. 1939, 1436).

Bei städtischen Grundstücken, welche im allgemeinen dazu bestimmt sind, daß in ihnen ein bürgerliches Gewerbe betrieben wird, kann in Ermangelung besonderer Umstände angenommen werden, daß eine einem solchen Grundstück zustehende Grunddienstbarkeit auch für einen bisher nicht ausgeübten Kleingewerbebetrieb in Anspruch genommen werden darf[28]).

Immer kann die Grunddienstbarkeit nur für dasjenige Grundstück beansprucht werden, für das sie bestellt ist, also nicht für ein anderes Grundstück des Berechtigten, insbesondere nicht für Grundstücke, die der Berechtigte später dazu erworben hat[29]), wenn sie auch in räumlichem Zusammenhange mit dem herrschenden Grundstück stehen[30]). Deshalb kann eine Gehgerechtigkeit nicht mehr ausgeübt werden, wenn der Eigentümer das Gebäude, welchem das Gehrecht zustand, weggerissen und auf der Abbruchstelle und dem daran angrenzenden Grundstücke ein einheitliches Gebäude errichtet hat[31]). Dabei ist vorauszusetzen, daß der Bau mit einem wesentlichen Teile, nicht mit einem bloßen Nebenraum, über das herrschende Grundstück hinausreicht. Im anderen Falle wäre die Ausübung für den auf dem herrschenden Grundstücke stehenden Teil des einheitlichen Neubaues dann möglich, wenn und insoweit mit dieser Benützung des Weges nicht auch zugleich ein Vorteil für den Gebäudeteil verbunden wäre, der auf dem nicht berechtigten Grundstück steht, wenn z. B. dessen Räume einen eigenen Zugang hätten und von dem anderen Gebäudeteil nicht zugänglich wären[32])

Wenn aber die Grunddienstbarkeit einem **Anwesen**, z. B. einem Bauernhof, zusteht, dann kann die Grunddienstbarkeit in dem Sinne

---

[27]) Vgl. BlAdmPr. 14, 257; Ganghofer Note 1 zu Art. 28 Forstges.

[28]) SeuffA. 41 Nr. 174; 33 Nr. 290.

[29]) RG. 1, 329; 8, 212; JW. 1900, 677. Recht 1919 Nr. 66 (RG.); BayZ. 1919, 212. Auch nicht für eine dem herrschenden Grundstück zugeschriebene Fläche (RG. 27, 164).

[30]) Kohler, ArchZivPrax. 87, 224. Das gilt auch für später dem herrschenden Grundstück zugeschriebene Flächen (RG. 27, 164).

[31]) RG. 27, 166.

[32]) Kohler, ArchZivPrax. 87, 225. Wenn eine Ziegelei, der die Grunddienstbarkeit zum Bezug des Lehmbedarfs zusteht, eine lokale Ausdehnung auf ein anderes Grundstück erfährt, so darf die Dienstbarkeit überhaupt nicht mehr ausgeübt werden. Vorausgesetzt wird jedoch hierbei, daß Teile, welche für die Produktion der Ziegel wesentlich sind, auf dem dritten Grundstücke stehen und der Betrieb eine Ausscheidung des verwendeten Materials nicht ermöglicht, vgl. Kohler, ArchZivPrax. a. a. O.

bestellt oder auch ersessen sein, daß z. B. die Fahrtberechtigung ihrem Inhalte und Umfange nach nicht auf solche Fahrten beschränkt ist, welche zum Vorteile des Anwesens in seinem Bestande zur Zeit des Erwerbes der Dienstbarkeit dienen, daß vielmehr das dem Anwesen als solchem dienende Fahrtrecht für die jeweils mit diesem Anwesen wirtschaftlich verbundenen Grundstücke ausgeübt werden kann. Nicht diesen letzteren Grundstücken, welche abgesehen von der wirtschaftlichen Verbindung mit dem berechtigten Anwesen, eines Fahrtrechts über das dem Anwesen benachbarte fremde Eigentum gar nicht bedürften, gereicht in diesem Falle das Fahrtrecht zum Vorteil, sondern vielmehr dem Anwesen selbst, für welches das Bedürfnis besteht, zur Bewirtschaftung der zu ihm gehörigen Grundstücke die Fahrt von und zu dem Anwesen über das dazwischen liegende fremde Eigentum zu nehmen. Solchergestalt erstreckt sich das Fahrtrecht auch auf die nach seiner Begründung zu dem Anwesen hinzugekauften Grundstücke, wobei freilich die Einschränkung zu machen ist, daß hierdurch nicht der Betrieb des landwirtschaftlichen Anwesens der Art nach eine Umgestaltung erfahren (z. B. aus einem Kleinbetrieb ein Großbetrieb werden) darf[33]).

Steht einer Schneidemühle ein Wegerecht zum Transport der in der Mühle verarbeiteten Hölzer zu, so handelt es sich nur um eine erweiterte Ausdehnung des Schneidemühlenbetriebes, wenn ein hinzugekauftes Grundstück als Stapelplatz für die von und zu der Mühle transportierten Hölzer eingerichtet wird. Auch wenn das hinzuerworbene Grundstück mit der Schneidemühle nicht im örtlichen Zusammenhange steht, kann der für das Mühlengrundstück eingeräumte Weg zum Ab- und Zufahren der Hölzer benützt werden, weil das neue Grundstück den Zwecken des Mühlengrundstücks dient und somit die für dessen Zwecke in Anspruch genommenen Benützung des streitigen Fahrtrechts dem Interesse des Mühlengrundstücks selbst zugute kommt[34]).

Ähnliche Grundsätze sind auf eine anderweitige Veränderung des herrschenden Grundstücks anzuwenden. Nur eine solche Veränderung übt auf den Bestand der Grunddienstbarkeit einen Einfluß aus, welche bei einer natürlichen Weiterentwicklung der Verhältnisse nicht vorausgesehen werden konnte und die eine größere Belastung des dienenden Grundstücks mit sich bringt. Wird an Stelle des berechtigten Gebäudes ein anderes Gebäude unter denselben Verhältnissen und in der gleichen Eigenschaft errichtet, so dauert die Grunddienstbarkeit (z. B. Aussichtgerechtigkeit oder Beholzungsrecht) für diesen Neubau fort, sofern nicht mit diesem Änderungen verbunden sind, welche die Last des dienenden Grundstücks er-

[33]) Vgl. SeuffA. 20 Nr. 16, 33 Nr. 290.
[34]) JW. 1900, 677 Nr. 48 (RG.).

schweren[35]). Deshalb erlischt durch Niederlegung und Wiederaufbau des servitutsberechtigten Hauses dessen Tropfenfallsrecht nur, wenn der Nachbar dadurch mehr wie vorher beschwert wird[36]). Weil der Servitutberechtigte die Lage des dienenden Grundstücks erleichtern darf, wird die servitus stillicidii (Traufrecht) aufrecht erhalten, wenn das herrschende Gebäude von der Grenze weggerückt wird, so daß der Tropfenfall nicht mehr unmittelbar auf das dienende Grundstück fällt, sondern auf das herrschende und das sich so sammelnde Wasser auf diese Weise mittelbar auf das dienende Grundstück gelangt[37]). Selbstverständlich kann die einem Grundstücke zustehende Grunddienstbarkeit nicht dadurch auf ein anderes Grundstück verlegt werden, daß das herrschende Gebäude abgebrochen und auf einem anderen Grundstücke desselben Eigentümers wieder aufgebaut wird, selbst dann nicht, wenn hiermit für das dienende Grundstück keine größere Belastung verbunden wäre[38]).

Wenn sich in Anwendung der voraufgeführten Grundsätze das dienende Grundstück nach den gesetzlichen Vorschriften einer Erweiterung des Bedürfnisses nicht zu fügen hat, wird noch zu prüfen sein, ob das nicht doch auf Grund vertraglicher Abmachungen der Fall ist. Dabei ist zu beachten, daß solche Abmachungen, die unter der Herrschaft des BGB. geschlossen sind, keine dingliche, sondern nur obligatorische Wirkung haben (s. unten S. 474), wenn sie nicht in das Grundbuch übernommen sind. In der Übergangszeit vom Inkrafttreten des BGB. bis zur Anlegung des Grundbuchs war die Verpflichtung zur Bestellung einer Grunddienstbarkeit, also auch die Anerkennung ihrer Erweiterung, obligatorisch zur rechtlichen Entstehung gelangt.

Vor Inkrafttreten des BGB. war für die Bestellung einer Grunddienstbarkeit — auch für die nur obligatorische Bindung — nach Art. 14 des Not=Ges. vom 10. Nov. 1841 notarielle Form erforderlich. Die Rechtsprechung hat jedoch angenommen, daß Änderungen oder Ergänzungen nur insoweit notarieller Form bedürfen, als sie begrifflich wesentliche Bestandteile eines bereits bestehenden Rechts betreffen (OGH. 7, 455; 8, 53). Deshalb ist für eine Vereinbarung, durch welche der Umfang einer Grunddienstbarkeit ohne Änderung ihrer rechtlichen Natur

---

[35]) Vgl. hierüber unten § 33 B I 4. — Ist das bauholzberechtigte Anwesen abgebrannt oder wird der holzkohlenberechtigte Eisenhammer nicht mehr betrieben, so kann der Berechtigte Holz und Kohle nicht verlangen, bis das ursprüngliche Bedürfnis durch Wiederaufbau des Hauses oder Wiedereröffnung des Betriebes wieder hergestellt ist. Vgl. Ganghofer, Note 2 zu Art. 28, Note 12 zu Art. 27 und die dort mitgeteilten Entscheidungen, ferner SeuffA. 17 Nr. 214 und 21 Nr. 104.

[36]) Fenner u. Mecke, Prax. d. RG. 3, 81.

[37]) OGH. 8, 396.

[38]) Gruchot 32, 1011.

erweitert wird, nicht notarielle Verlautbarung erforderlich, sondern es genügt die Form, die das einschlägige Partikularrecht vorschrieb (ObLG. 22, 72). Solche Formvorschriften enthielt nur das ALR. I, 5, § 135; darin ist für Verträge und Erklärungen über Grundgerechtigkeiten Schriftlichkeit verlangt. Ebenso einige Partikularrechte (vgl. unten S. 480).

III. Mitbenützungsrecht des Eigentümers. Schonende Ausübung der Grunddienstbarkeit.

Die Grunddienstbarkeit geht grundsätzlich dem Rechte des Eigentümers vor[39]). Das Recht des Eigentümers geht eben nur so weit, als es nicht durch die Grunddienstbarkeit eingeschränkt ist: deshalb ist es insoweit ausgeschlossen, als hierdurch die Ausübung der Grunddienstbarkeit beeinträchtigt werden würde. Der Eigentümer muß also mit der Mitbenützung zurückstehen, wenn und soweit ihre Ausübung mit dem Mitbenützungsrechte des Grunddienstbarkeitsberechtigten nicht verträglich ist[40]).

Der Eigentümer des dienenden Grundstücks muß auf diesem alle Handlungen und Einrichtungen unterlassen, durch die die Ausübung der Dienstbarkeit ungebührlich beeinträchtigt wird; gewisse Einschränkungen muß der Berechtigte nach dem Grundsatz civiliter uti auf sich nehmen. Deshalb darf beispielsweise der Eigentümer eines mit einer Pferdeweide belastetem Grundstücks auf diesem keine Hecken aus Eiben anlegen, weil die Eibe den Pferden schädlich ist. Dagegen würde die Anlage von Eiben auf einem anderen, an das dienende Grundstück angrenzenden Grundstück mit der Klage aus § 1027 nicht bekämpft werden können. Es können aber andere Rechtsbehelfe, z. B. § 826, gegeben sein (vgl. S. 260). Ingleichen darf bei der Servitut, laut der das Wasser einer Quelle auf dem belasteten Grundstück mit Röhren auf das herrschende geleitet wird, der Eigentümer des belasteten Grundstücks die Quelle nicht abgraben, wohl aber auf einem höher gelegenen anderen Grundstück, das mit der Servitut nicht belastet ist (Stobbe, Handb. d. D. Privatrechts II, 2, S. 5 Bem. 11).

Servituten, die den Eigentümer des dienenden Grundstücks von der gleichen Benützung ausschließen, sind zulässig (SeuffA. 45 Nr. 169).

Bei einem Widerstreit des Eigentums mit der Grunddienstbarkeit muß immer erst der Inhalt und Umfang des Grunddienstbarkeits-

---

[39]) BayZ. 1906, 272 (RG.). Endemann 689.

[40]) Vgl. Staudinger Bem. 2 zu § 1020; Maenner 280; Endemann 639.

rechtes festgestellt werden. Die Beweislast für den von ihm behaupteten größeren Umfang der Grunddienstbarkeit trägt der Servitutberechtigte [41]). Im Wesen des Eigentums als der begriffsmäßig unumschränkten Herrschaft liegt auch die Befugnis zu jedweder Benützung. Dadurch allein, daß dem Grunddienstbarkeitsberechtigten die Befugnis zu einer Benützung in einer bestimmten Beziehung zusteht, ist dem Eigentümer die Befugnis zur Benützung seines Eigentums in der gleichen Beziehung nicht ohne weiteres entzogen. Die Ausschließlichkeit des Benützungsrechtes muß vom Servitutberechtigten besonders nachgewiesen werden [42]), sei es, daß er die Einräumung der Ausschließlichkeit durch den Bestellungsakt nachweist oder daß er, soweit Ersitzung oder unvordenkliche Verjährung in Betracht kommt, den Besitz des Verbietungsrechtes während rechtsverjährender Zeit dartut [43]). Der bloße Nichtgebrauch des Eigentümers stellt noch keinen Besitz des Verbietungsrechtes für den Servitutberechtigten dar, so daß also hierdurch allein das Mitbenützungsrecht des Eigentümers keinesfalls verloren geht [44]). Vermag der Berechtigte die Ausschließlichkeit seines Rechtes nicht darzutun [45]), so darf der Eigentümer neben dem Berechtigten Wasser schöpfen, Vieh hüten [46]), fahren, Steine brechen [47]), auch wenn hierdurch dem Berechtigten die Ausübung der Grunddienstbarkeit wesentlich erschwert wird; sein Recht wird hierdurch nicht beeinträchtigt, denn es geht eben nicht auf eine ungeschmälerte Benützung, soferne er die Ausschließlichkeit seines Benützungsrechtes nicht nachweisen kann. Auf Grund einer Hutgerechtsame, die nur während der sog. offenen Zeit (s. darüber unten § 30 IX, 3) zusteht, kann der Eigentümer nicht gehindert werden, während der offenen Zeit dasjenige vorzunehmen, was zu der ihm zustehenden gewöhnlichen Benützung seines Eigentums nach landwirtschaftlichen Grundsätzen erforderlich ist. Ist hiernach die Bewässerung der mit dem Weiderecht belasteten Wiese Bedürfnis, so muß sie der Berechtigte selbst dann dul-

---

[41]) OGH. 9, 217.

[42]) Vgl. Sirey, Recueil général 40 Abt. 1, 509; SeuffA. 45 Nr. 169 (Fahrtrecht unter Ausschließung der Fahrtbenützung durch den Eigentümer). Bei einer Fischereigerechtigkeit ist mangels eines gegenteiligen Nachweises der Eigentümer des Flusses neben dem Berechtigten zum Fischen befugt (ObLG. 10, 129).

[43]) Der Besitz des Verbietungsrechts wird dadurch erworben, daß sich der Berechtigte der Mitbenützung durch den Eigentümer widersetzt und infolgedessen der Eigentümer die Mitbenützung unterläßt. Vgl. Holzschuher, Theor. u. Kas. 2, 387.

[44]) OGH. 9, 218. SeuffA. 22 Nr. 20 (Weiderecht).

[45]) Vgl. SeuffA. 7 Nr. 10.

[46]) Windscheid Pand. § 209 Anm. 13; SeuffA. 22 Nr. 20. Der Eigentümer kann auch dritten Personen die Mithut gestatten. SeuffA. 1 Nr. 11 (s. hierüber unten S. 441).

[47]) OGH. 9, 218.

den, wenn durch die Bewässerung die Wiese zur Behütung unbrauchbar gemacht wird[48]. Der Eigentümer des dienenden Grundstücks darf zum Zwecke der Verbesserung des Wegs des Fahrtberechtigten, an dem ihm das Mitbenützungsrecht zusteht, Geröll und Schotter auf den Weg schütten, mag dadurch auch das Fahren vorübergehend erschwert sein[49]. In gleichem Umfang wie dem Eigentümer selbst das Mitbenützungsrecht zusteht, kann er es auch Dritten übertragen, auch durch Belastung mit einer weiteren auf die gleiche Benützung gerichteten Grunddienstbarkeit[50]. Soweit aber der Berechtigte den Nachweis der Ausschließlichkeit überbringen kann, geht seine Befugnis dem Eigentumsrechte vor. Der Eigentümer muß dann die Mitbenützung insoweit unterlassen, als sie sich mit der ordnungsgemäßen Ausübung der Grunddienstbarkeit nicht verträgt.

Während der Inhalt und Umfang des Mitbenützungs**rechtes** durch den Begründungsakt bestimmt wird, gibt § 1020 BGB die Norm, **in welcher Weise** dieses Recht auszuüben ist. Der § 1020 BGB. bestimmt also nicht, **was** der Berechtigte tun darf, sondern er schreibt nur vor, **wie** der Berechtigte das, wozu er kraft seiner Grunddienstbarkeit berechtigt ist, tun darf, mit anderen Worten, in welcher Weise er die ihm als Inhalt seines Rechtes zustehenden Befugnisse auszuüben hat[51]. Deshalb ist die Vorschrift des § 1020 Satz 1 auch für die vor 1900 begründeten Grunddienstbarkeiten maßgebend[52]. § 1020 gibt eine Vorschrift über die Ordnungsmäßigkeit der Benützung; sie lautet: Bei der Ausübung einer Grunddienstbarkeit hat der Berechtigte das Interesse des Eigentümers des belasteten Grundstückes tunlichst zu schonen. Gerade bei einem Widerstreit zwischen Eigentum und Grunddienstbarkeit ist die Entscheidung nach § 1020 BGB. zu treffen. Der § 1024 BGB. kann in solchem Fall nie angewendet werden[53].

Besteht z. B. die Grunddienstbarkeit in dem Rechte Wagen und Pflüge in dem Hof des Nachbars aufzustellen, so muß der hierfür erforderliche und geeignete Raum vom Eigentümer für die zuständige Zeit freigehalten werden. Würde der Nachbar

---

[48]) SeuffA. 11 Nr. 122.

[49]) LG. Würzburg 10. Juni 1921 F 147/20.

[50]) Maenner 280. Über vereinbarte Ausschließbarkeit des Benützungsrechts s. BayZ. 1909, 471 (RG.). Besteht eine Grunddienstbarkeit zum Befahren eines langen Ganges, der so schmal ist, daß sich zwei Fuhrwerke nicht ausweichen können, so kann der Eigentümer natürlich nicht gleich der ganzen Gemeinde das Fahrtrecht einräumen; denn dadurch würde die Ausübung der zuerst bestehenden Fahrgerechtigkeit in einer ihrem Inhalt zuwiderlaufenden Weise erschwert.

[51]) Ausübung und Inhalt der Grunddienstbarkeit darf nicht verwechselt werden. Die Pflicht aus § 1020 darf nicht zu einer inhaltlichen Verengung des Rechts führen (DJZ. 1907, 103; OLG. 18, 148).

[52]) Recht 1919 Nr. 1791 (RG.).

[53]) BayZ. 1906, 273 (RG.); unrichtig Dernburg 564; Biermann, zu § 1022.

vorübergehend den Platz zur Ausführung eines Neubaues nicht entbehren können, so könnte unter Umständen nach § 1020 BGB. der Berechtigte angehalten werden, auf dieses unabweisbare Bedürfnis des Eigentümers tunlichst Rücksicht zu nehmen. Besteht die Grunddienstbarkeit in dem Rechte mit Schubkarren durch einen engen Gang zu fahren, so ist auch der Eigentümer berechtigt, den Gang in gleicher Weise zu benützen; ist der Gang so schmal, daß zwei Schubkarren nicht aneinander vorbeifahren können, so führt der Grundsatz, daß die Grunddienstbarkeit dem Rechte des Eigentümers vorgeht, nicht etwa dazu, daß der den Gang mit einem Schubkarren befahrende Eigentümer umkehren und dem Berechtigten Platz machen muß, sobald dieser mit seinem Schubkarren daherkommt. Der Grunddienstbarkeitsberechtigte wird sich vielmehr in Anwendung des § 1020 BGB. gefallen lassen müssen, daß der Eigentümer, der zuerst hineingefahren ist, den Gang passiert. Hat der Eigentümer eines Steinbruchs mit dem Ausbrechen von Steinen begonnen, so wird derjenige, dem die nicht ausschließliche Grunddienstbarkeit zum Brechen von Steinen in diesem Bruche zusteht, nicht etwa seinerseits an der vom Eigentümer aufgebrochenen Stelle weiter brechen dürfen, wenn nach den Umständen anzunehmen ist, daß der Eigentümer dort demnächst weiterbrechen will. Würden freilich an einer anderen Stelle geeignete Steine nicht zu finden sein, dann könnte der Berechtigte an derselben Stelle weiter brechen. Das könnte sogar dazu führen, daß der Eigentümer zeitweilig zurückstehen muß.

Hier kommt wieder der Satz zur Geltung, daß die Grunddienstbarkeit dem Eigentumsrecht vorangeht, so daß dann, wenn die Kräfte der dienenden Sache zur Befriedigung der Bedürfnisse des Eigentümers und des Grunddienstbarkeitsberechtigten nicht ausreichen, der Eigentümer zurückstehen muß und nicht etwa eine Teilung nach Maßgabe des § 1024 BGB. Platz greift[54]).

Wenn z. B. der Holzungsberechtigte zum Bezug einer bestimmten Quantität Holz berechtigt ist, so muß der Eigentümer im Falle der unzulänglichen Ertragsfähigkeit des Waldes mit seinem eigenen Holzbedarf zurückstehen[55]). Es besteht kein Grund, für ein ungemessenes Beholzungsrecht anders zu entscheiden; denn auch dieses ist nach Maßgabe des Bedürfnisses bestimmbar und muß vor dem Bedürfnis des Eigentümers befriedigt werden[56]).

Der § 1020 BGB. legt dem Berechtigten überhaupt die Verpflichtung auf, den Zweck der ihm zustehenden Befugnis in derjenigen Weise zu verfolgen, die das Interesse des Eigentümers am wenigsten beeinträchtigt. Nicht nur das unmittelbare Interesse des Eigentümers selbst ist zu berücksichtigen, sondern auch das mittelbare Interesse, welches der Eigentümer daran hat, daß die von ihm abgeleiteten Rechte Dritter, z. B. des Pächters, zur Geltung kommen[57]). Im übrigen ist jedwedes Interesse des Eigentümers, auch das nicht vermögensrechtliche, geschützt[58]).

---

[54]) Windscheid, Pand. § 209 Anm. 13.
[55]) Holzschuher, Theor. u. Kasuistik 2, 165.
[56]) Unzutreffend Holzschuher a. a. O.
[57]) Biermann Bem. 2a zu § 1020; Dernburg 562.
[58]) Biermann Bem. 1a zu § 1020; Dernburg 562.

Nach § 1020 BGB. ist ordnungsgemäß auch eine für den Eigentümer noch so erschwerende Ausübung der Grunddienstbarkeit, wenn der Zweck der den Inhalt der Grunddienstbarkeit bildenden Befugnis ohne diese Belästigung nicht zum Vollzug gebracht werden kann. Denn es handelt sich nicht mehr um eine schonende Art der Ausübung, wenn dem Berechtigten Beschränkungen auferlegt werden sollen, die auf einem teilweisen Verzicht auf sein Recht hinauslaufen würden. Das kann ihm nicht angesonnen werden[59]). Die Regeln und Bedürfnisse einer ordnungsgemäßen Wirtschaft sind im Streitfalle von ausschlaggebender Bedeutung. Ein Grundstück darf aus der ihm zustehenden Wasserleitung nicht mehr Wasser beziehen, als es bedarf[60]); einer nutzlosen Wasservergeudung kann auf Grund des § 1020 BGB. entgegengetreten werden. Derjenige, dem ein Fahrtrecht von nicht bestimmter Richtung über einen fremden Acker zusteht, darf nicht gerade da fahren, wo er den meisten Schaden anrichtet, er muß einen mäßigen Umweg in den Kauf nehmen. Er kann dem Eigentümer nicht verwehren, Gegenstände auf dem Grundstück zu lagern, wenn er dadurch an der Fahrt nicht wesentlich behindert wird[61]). Der Inhaber einer Aussichtsgerechtigkeit (s. oben S. 332) muß sich die mit einem Umbau verbundene, nur vorübergehende Anhäufung von Baumaterial gefallen lassen[62]). Wer das Recht hat, durch einen fremden Hofraum zu gehen, wird sich regelmäßig die Anbringung eines verschließbaren Tores gefallen lassen müssen, falls ihm nur die Öffnung des Tores nicht unbillig erschwert wird[63]). Für ländliche Verhältnisse wird es entsprechend sein, das Tor während des Tages unverschlossen zu halten und dem Berechtigten einen,

---

[59]) Gruchot 48, 954 (RG.); Warneyer 1919 Nr. 197. DJZ. 1907, 129 (RG.); Recht 1919 Nr. 1790 (RG.). Der Grundsatz civiliter uti verpflichtet den Dienstbarkeitsberechtigten den Fortschritten der Technik und Landeskultur Rechnung zu tragen. Der Inhaber eines Torfnutzungsrechts muß die oberste verwitterte Moorschicht (Bunkerde) vor dem Torfstiche abräumen, zurückhalten und zur Bedeckung der neuen Oberfläche verwenden (Schlesw.-Holst. Anz. 1922, 121).

[60]) Annalen d. OLG. Dresden 13, 424.

[61]) Vgl. Recht 1919 Nr. 67 u. 68 (RG.).

[62]) SeuffA. 14 Nr. 210.

[63]) Vgl. Recht 1902, 434, Jena. Bei Gruchot 45, 1019 hat das RG. als einen Fall nicht schonender Ausübung im Sinne des § 1020 die Anbringung einer Tafel durch den Wegberechtigten betrachtet, welche beim Publikum den Glauben erweckte, es handle sich um einen öffentlichen Weg. Allein in der Anbringung der Tafel liegt überhaupt keine Ausübung des Wegerechts. Die Entscheidung ist im Ergebnis zutreffend. Nach § 1004 richtet sich die Eigentumsfreiheitsklage gegen den Störer. Wer neben einem fremden Grundstück eine Tafel anbringt, durch welche das Publikum veranlaßt wird, den Weg als öffentlichen anzusehen und deshalb zu begehen, hat die in diesem Begehen durch das Publikum liegende Störung verursacht und ist deshalb passiv legitimiert für die Störungsklage.

unter Umständen auch mehrere Schlüssel zu liefern[64]. Für städtische Verhältnisse können je nach Lage des Falls noch weitere Vorkehrungen erforderlich sein. So können nach dem Bedürfnis des herrschenden Grundstücks von dem Eigentümer des belasteten Grundstückes Vorkehrungen verlangt werden, daß das Tor jeweilig ohne Verzug geöffnet wird, so oft es das Bedürfnis des Berechtigten und seiner Besucher erfordert; daß ihm Schlüssel zur Verfügung gestellt oder ein elektrischer Klingelapparat von der Tür nach dessen Wohnung eingerichtet wird, kann unter Umständen dem Bedürfnis nicht ausreichend Genüge leisten[65].

Zur pfleglichen Ausübung einer Wegegerechtigkeit gehört auch, daß der Wegeberechtigte das vorhandene Tor nach jedem Gebrauche schließt[66], nicht dagegen, daß er Verunreinigungen durch seine Zugtiere beseitigt[67].

Unter Umständen, namentlich wenn dies für die Ausnützung des belasteten Grundstückes wirtschaftlich notwendig ist, kann die zustehende, bisher offene Einfahrt in einen überbauten Torweg umgewandelt werden, wenn die Einfahrt hierdurch nicht fühlbar erschwert, insbesondere auch für entsprechende Lichtzuführung gesorgt ist[68]..

---

[64]) SeuffA. 63 Nr. 66. Vgl. 12 Nr. 7, 18 Nr. 211.

[65]) Bolze 2 Nr. 186; vgl. 1 Nr. 173.

[66]) JW. 1881, 27.

[67]) A. M. OLG. 18, 147 (Hamm). Dazu ist der Berechtigte so wenig verpflichtet, wie zur Einebnung der von ihm eingefahrenen tiefen Wagenspuren (Geleise). Das dienende Grundstück muß alle Einwirkungen dulden, die sich aus der Dienstbarkeit nach wirtschaftlicher Auffassung ergeben. Es ist nicht üblich, daß derjenige, der mit Spannvieh fährt, die Entleerungen dieser Tiere aufliest. Das kann dann auch demjenigen nicht zugemutet werden, der in Rechtsausübung über ein fremdes Grundstück fährt. — Wenn dagegen nur ein Gehrecht zusteht, so ist der Berechtigte verpflichtet, Abfälle und Schmutz, die er beim Tragen von Lasten zurückgelassen hat, zu beseitigen (LG. Würzburg 27. April 1920 F 91/19). Das gilt aber nur bei Gehrechten über städtische Grundstücke, Hofräume, nicht bei Gehrechten über Äcker. Die Verkehrsauffassung über das, was bei ordnungsgemäßem Verhalten der Eigentümer des dienenden Grundstücks sofort nach der Verunreinigung selbst tun würde, gibt die Richtschnur. Ist der Boden des dienenden Grundstücks (Wiese) aufgeweicht, so wird der Eigentümer des dienenden Grundstücks verlangen können, daß der Berechtigte tunlichst trockenere Stellen zum Fahren benützt und dabei einen mäßigen Umweg (auf dem dienenden Grundstück) in den Kauf nimmt. Dagegen ist der Berechtigte nicht befugt, von der ihm zustehenden Stelle der Fahrt eigenmächtig zum Zweck des bequemeren Fahrens abzuweichen; hat er sich vorher nicht mit dem Eigentümer des dienenden Grundstücks ins Benehmen gesetzt, so kann er mit der Behauptung, er sei nur deshalb an einer anderen Stelle gefahren, um die Wiese zu schonen, regelmäßig nicht gehört werden. Andererseits kann der Eigentümer dem Berechtigten daraus, daß dieser über die ihm zustehende nasse Stelle gefahren ist, dann keine Ungelegenheiten bereiten, wenn er dem Berechtigten seinen Wunsch zur Benützung einer anderen Stelle nicht kundgetan hat.

[68]) BayZ. 1909, 188 (RG.); vgl. aber auch OLG. 18, 148 (Kammergericht).

IV. Der Grunddienstbarkeitsberechtigte ist zu einer besseren und bequemeren Ausübung der Grunddienstbarkeit insoweit befugt, als hierdurch eine größere Belästigung für das dienende Grundstück nicht herbeigeführt wird und es ist ihm unter dieser Voraussetzung insbesondere die Anlegung und Instandhaltung der deshalb notwendigen Einrichtungen erlaubt[69]. Es ist dies eine Auswirkung des Grundsatzes, daß die Grunddienstbarkeit auch einer Erweiterung der Bedürfnisse zu dienen hat (s. oben S. 399). Wenn aber die Veränderung eine Erschwerung der Belastung mit sich bringt, so ist sie unzulässig[70].

V. Hält der Berechtigte zur Ausübung der Dienstbarkeit auf dem belasteten Grundstücke eine Anlage, so hat er sie im ordnungsgemäßen Zustande zu erhalten, soweit das Interesse des Eigentümers es erfordert[71] (§ 1020 Abs. 2 BGB.). Hiervon ist durch § 1022 BGB. für die servitus oneris ferendi eine Ausnahme gesetzt; ingleichen kann durch Vertrag die anderweitige Regelung der Unterhaltungspflicht getroffen werden (§ 1021)[72], s. hierüber oben S. 395.

Anlage ist der weiteste Begriff für eine der Servitutenausübung dienende Einrichtung, durch die ein Zustand geschaffen wird. Handelt es sich bei der Anlage um ein Gebäude oder ein Werk, das in Ausübung der Grunddienstbarkeit von dem Berechtigten mit dem dienenden Grundstück verbunden ist, so ist der Berechtigte der Eigentümer dieses Gebäudes oder Werkes (§ 95 BGB.). Für den Begriff des Haltens einer Anlage ist aber nicht erforderlich, daß der Berechtigte der Eigentümer der Anlage ist. Der Berechtigte hält die Anlage auch dann, wenn ihm diese nicht gehört, ihm aber das Recht zusteht, die Anlage zu benützen und er dieses Recht auch in der Tat ausübt. Steht dem Berechtigten nicht das ausschließliche Recht zur Benützung der Anlage zu, so daß also auch der Eigentümer des dienenden Grundstücks die ihm gehörige Anlage mitbenützen kann, so wird diese Anlage von beiden gehalten. Der Fall des § 1020 S. 2 BGB. ist dann nicht gegeben.

---

[69]) OGH. 4, 64; vgl. § 32 A, I, 3 über Verbesserung einer Wasserleitungsanlage; vgl. SeuffA. 29 Nr. 221 (Befugnis des Berechtigten zur Anlegung einer neuen Brunnenkammer).

[70]) So die von Kohler, ArchZivPrax. 87, 205 mitgeteilte Entscheidung des Kassationshofes Palermo vom 29. Dezember 1894: Dort handelte es sich um eine Wasserleitung in einem natürlichen Rinnsal; der Servitutenberechtigte wollte sie in ein Gemäuer fassen; dies wurde als Erschwerung untersagt, weil das Wasser in der bisherigen natürlichen Rinne dem Grundstück durch Eindringen in den Boden und indirekte Bewässerung der Bäume und Sträucher Vorteil brachte.

[71]) Vgl. SeuffA. 51 Nr. 12 (Unterhaltung einer Wasserleitung). ObLG. 18, 249.

[72]) Regelmäßig wird dadurch dem Berechtigten nicht die Befugnis entzogen, die Reparaturen seinerseits vorzunehmen und zu diesem Zwecke das dienende Grundstück zu betreten. SeuffA. 21 Nr. 214.

§ 1020 S. 2 BGB. bestimmt lediglich, daß der Dienstbarkeitsberechtigte, der die Anlage hält, zu ihrer Erhaltung verpflichtet ist, nicht aber, daß der Dienstbarkeitsberechtigte verpflichtet ist, die Anlage weiter zu halten. Ob eine solche durch § 1020 S. 2 BGB. nicht begründete Verpflichtung aus anderen Gründen besteht, bedarf der Untersuchung. Steht die Anlage nicht im Eigentum des Dienstbarkeitsberechtigten, so kann dieser jederzeit aufhören, die Anlage weiter zu halten. Dieser Wille muß zum deutlichen Ausdruck gebracht werden. Das Halten der Anlage ist nicht schon dann aufgegeben, wenn der Berechtigte die Anlage eine Zeitlang nicht mehr benützt, sofern nur nach dem objektiv gegebenen Umständen damit zu rechnen ist, daß die Benützung über kurz oder lang wieder aufgenommen wird. Wenn z. B. zur Wasserableitung ein auf dem dienenden Grundstück befindlicher Abzugsgraben dient, so hat der Berechtigte mit dem Halten dieser Anlage nicht schon dann aufgehört, wenn er eine Zeitlang das Wasser von diesem Graben weg seinen Gartengrundstücken zuführt. Wenn er aber eine gepflasterte Kandel anlegt, und durch diese das Wasser auf die Straße leitet, so wird wohl anzunehmen sein, daß dies dauernd so bleiben soll. Solange der Berechtigte nicht unzweideutig zu erkennen gegeben hat, daß er das Halten der Anlage aufgegeben hat, muß er sie nach § 1020 S. 2 BGB. unterhalten. Den dadurch entstandenen Anspruch auf Beseitigung eines schadhaften Zustandes kann er nicht dadurch hinfällig machen, daß er erklärt, daß er von nun an die Anlage nicht mehr halte. Das befreit ihn von der Verpflichtung zur Unterhaltung nur insoweit, als die Schadhaftigkeit nach diesem Zeitpunkt eintritt.

Steht dagegen die Anlage im Eigentum des Dienstbarkeitsberechtigten, so gilt sie als bewegliche Sache. Der Besitz des Berechtigten an der Anlage wird dadurch beendet, daß der Besitzer die tatsächliche Gewalt über die Sache aufgibt (§ 856 BGB.). Tut er dies in der Absicht auf das Eigentum zu verzichten, so verliert er auch das Eigentum (§ 959).

Beispiel: Einem Brauereianwesen steht ein Kellerrecht unter einem fremden Grundstück als Grunddienstbarkeit zu. Der Dienstbarkeitsberechtigte hat das Kellergewölbe in Ausübung seines Rechts gebaut. Über dem Kellergewölbe steht das Haus des Eigentümers des dienenden Grundstücks. Wenn nun der Brauereibetrieb völlig eingestellt und der Keller damit zwecklos wird, und wenn der ehemalige Bierbrauer den Kellereingang zumauert, so gibt er damit den Besitz auf in der Absicht, auf das Eigentum zu verzichten. Ein Herrenloswerden nach § 959 BGB. dürfte in diesem Fall bei dem Kellergewölbe nicht in Frage kommen; denn infolge Wegfalls der Voraussetzungen des § 95

BGB. wird das Gewölbe nach § 94 BGB. wesentlicher Bestandteil des Grundstücks, in das es eingebaut ist. Das Kellergewölbe wird demnach Eigentum desjenigen, dessen Haus über dem Keller errichtet ist.

Die Anlage hält der Berechtigte nicht nur dann, wenn sie in seinem Eigentum steht, sondern auch, wenn er ein Recht hat, die Anlage zu benützen und dieses Recht ausübt[73]). Die Anlage muß sich auf dem dienenden nicht auf dem herrschenden Grundstück befinden[74]). Die Pflicht zur Erhaltung schließt das Recht hierzu in sich; der Dienstbarkeitsberechtigte ist daher befugt, das dienende Grundstück zu diesem Zwecke zu betreten[75]).

Hält jemand auf einem fremden Grundstück eine Anlage, z. B. einen Keller, steht ihm aber eine Dienstbarkeit nicht zu, so muß er gleichwohl die Anlage erhalten, solange er sie hält. Sein Einwand, daß § 1022 BGB. nicht einschlage, weil ihm ja in Wirklichkeit eine Grunddienstbarkeit nicht zustehe, würde mit der exceptio doli aus dem Feld geschlagen. Wenn also z. B. der Sonderrechtsvorgänger des Beklagten unbefugt unter dem Grundstück des Klägers einen Keller angelegt hat, dann sein Grundstück an den Beklagten weiter verkauft, so ist der Beklagte aus § 1020 Satz 2 BGB. und § 823 BGB. ersatzpflichtig für den Schaden, der durch Errichtung des mangelhaft unterhaltenen Kellergewölbes dem klägerischen Eigentum erwachsen ist. Zu demselben Ergebnis gelangt man auf Grund des § 837 BGB. § 837 BGB. ist nicht die lex specialis; sie gilt auch gegenüber Dritten, § 1022 nur gegenüber dem Eigentümer.

VI. Anspruch des Eigentümers auf Verlegung der Grunddienstbarkeit. Der örtliche Bereich der Grunddienstbarkeit wird durch den Begründungsakt bestimmt. Bei der Ersitzung der Grunddienstbarkeiten kommt der Rechtssatz tantum praescriptum quantum possessum (s. unten § 32 B II, 2) in Anwendung. Der Berechtigte hat keinen Anspruch auf Verlegung der örtlichen Ausübung. Der Eigentümer des belasteten Grundstücks dagegen kann, falls sich die jeweilige Ausübung einer Grunddienstbarkeit auf einen Teil des belasteten Grundstücks beschränkt, die Verlegung der Ausübung auf eine andere für den

---

[73]) In Betracht kommen beispielsweise: ein Treppenweg für ein Gehrecht (RG. 56, 378); Stauschleuse (RG. 60, 90); Kanal (RG. 79, 377); Schlammfanganlage für die Ableitung von Abwässern (KGJ. 51, 242); Leitungsröhren, Maste für Drahtleistungen. — Der Eigentümer des herrschenden Grundstücks ist nicht verpflichtet, die Anlage zu halten, sondern nur sie zu unterhalten, wenn und solange er sie hält (vgl. RGKomm. Bem. 2 zu § 1021).

[74]) Gruchot 58, 1003 (Lichtschacht); RGKomm. Bem. 3 zu § 1020. (Überragen eines Balkons oder Erkers in den Luftraum.)

[75]) RGKomm. Bem. 4 zu § 1020.

Berechtigten ebenso geeignete[76]) Stelle[77]) verlangen, wenn die Ausübung an der bisherigen Stelle für ihn besonders beschwerlich ist (§ 1023), z. B. weil er auf einem Teil des mit dem Wegerecht belasteten Grundstücks einen Hausgarten anlegen will. Daß diese besondere Beschwerlichkeit vorliegt, muß der Eigentümer beweisen; völlig gleichgültig ist, aus welchem Grund sich die besondere Beschwerlichkeit ergibt, sofern er nur mit der Benützung des dienenden Grundstücks zusammenhängt. Die für die Verletzung in Aussicht genommene Stelle ist nur dann für den Berechtigten ebenso geeignet, wenn die Verlegung keine erhebliche Erschwerung der Ausübung der Dienstbarkeit zur Folge haben würde. Unerhebliche Unbequemlichkeiten muß der Berechtigte allerdings in Kauf nehmen[78]). Anwendungsfälle sind z. B. Verlegung eines Weges, eines Dachtraufenrohres, einer Wasserleitung, eines Kabels usw. Die Kosten der Verlegung hat der Eigentümer des belasteten Grundstückes zu tragen und vorzuschießen. All dies gilt nach ausdrücklicher Vorschrift des § 1023 BGB. auch dann, wenn der Teil des Grundstückes, auf den sich die Ausübung beschränkt, durch Rechtsgeschäfte bestimmt ist. Dieses Recht auf die Verlegung kann durch Rechtsgeschäft nicht ausgeschlossen oder beschränkt werden (§ 1023 Abs. 2).

Hat der Berechtigte in die Verlegung des Weges eingewilligt, so kann aus dieser Einwilligung ein darüber hinausgehender Wille, auch eine mit der Verlegung verbundene Erschwerung seines Wegerechtes hinzunehmen, nicht unter allen Umständen hergeleitet werden. Regelmäßig wird der Berechtigte voraussetzen dürfen, daß der Verpflichtete diejenigen Vorkehrungen treffen werde, welche die dem früheren Zustand entsprechende Ausübung der Grunddienstbarkeit ermöglichen[79]).

---

[76]) Wer ein wirtschaftliches Interesse auf Ausübung der Grunddienstbarkeit an der ihm zustehenden Stelle hat, braucht sich nicht auf eine andere verweisen lassen (ObLG. 1907, 536).

[77]) Unter Umständen kann gleichwohl die Verlegung auf ein anderes, demselben Eigentümer gehöriges Grundstück verlangt werden; Endemann 640; Kohler, ArchZiv.Prax. 87, 235. Zwar nimmt RG. 50, 32 mit Recht an, daß auf Grund des § 1023 nur eine Verlegung innerhalb des belasteten Grundstückes, das übrigens auch aus mehreren Grundstücken (Landgut) bestehen kann, zu vollziehen hat. — Indes muß der Berechtigte die Verlegung auf ein anderes Grundstück dann dulden, wenn die Verlegung seine Interessen nach keiner Richtung auch nur im geringsten berührt, man denke z. B. an ein Ausgußrohr, dessen Verlegung für den Berechtigten völlig gleichgültig ist. Hier kann die Verlegung in Gemäßheit des § 226 und § 826 durchgeführt werden. Dabei wird auch zu prüfen sein, ob der Berechtigte nicht infolge der Belastung des Grundstücks, auf welches verlegt ist, einer größeren Gefahr des Ausfalles bei der Zwangsversteigerung (Prot. 3, 346) ausgesetzt ist.

[78]) Gruchot 48, 107.

[79]) OLG. 18, 149 (Kiel, entsprechende Regulierung des Wasserlaufs).

VII. Widerstreit zwischen der Grunddienstbarkeit und sonstigen dinglichen Rechten an demselben Grundstück.

Trifft eine der Grunddienstbarkeit mit einer anderen Grunddienstbarkeit oder einem sonstigen Nutzungsrechte an dem Grundstücke dergestalt zusammen, daß die Rechte nebeneinander nicht oder nicht vollständig ausgeübt werden können und haben die Rechte gleichen Rang, so kann nach § 1024 BGB. jeder Berechtigte eine den Interessen aller Berechtigten nach billigem Ermessen entsprechende Regelung der Ausübung verlangen. Für Mehrheitsbeschlüsse nach Art der Gemeinschaft ist hier kein Raum[80]). Die Vorschrift des § 1024 gilt auch für die bei Inkrafttreten des BGB. bereits bestehenden Grunddienstbarkeiten. § 1024 BGB. bezieht sich aber nicht auf einen Widerstreit der Grunddienstbarkeit mit dem Eigentum, für welchen § 1020 BGB. anzuwenden ist (s. oben III).

Wer eine Regelung nach § 1024 verlangt, hat einen bestimmten Antrag zu stellen; im Streitfalle hat der Richter zu entscheiden. Das Urteil wirkt nicht konstitutiv, sondern nur deklatorisch[81]). Die Regelung kann durch eine räumliche oder zeitliche Abgrenzung der Benützungsrechte erfolgen.

Das Zusammentreffen der Grunddienstbarkeit mit Miete und Pacht ist durch § 577 BGB., das Zusammentreffen mit Reallasten, Hypotheken, Grundschulden und Rentenschulden durch §§ 10ff., 44ff., 52 und 91 ZwVG. geregelt.

VIII. Teilung des berechtigten oder belasteten Grundstückes. Der Grundsatz der Unteilbarkeit der Grunddienstbarkeit gilt auch für das neue Recht (§§ 1025, 1026). Diese Vorschriften sind zwingend. Deshalb ist eine Grunddienstbarkeit, deren Bestand sich nur auf einen Teil des Grundstückes erstrecken soll, unzulässig, wohl aber kann die Ausübung auf einen Teil beschränkt sein[82]).

Maßgebend für die restlichen Wirkungen einer Teilung des berechtigten und des dienenden Grundstücks ist das Recht, das zur Zeit der Teilung gegolten hat (Gruchot 67, 324). Die Vorschriften des gemeinen Rechts über den Einfluß der Teilung des berechtigten Grundstücks führen zu demselben Ergebnis wie die Vorschriften des BGB. (vgl. Dernburg Pand. § 241 OGH. 6, 91; 14, 806; SeuffA. 18 Nr. 18). Das gleiche gilt für preuß. Recht (Gruchot 67, 325). Nach gemeinem wie nach preuß. Recht konnten die Beteiligten rechtswirksam verein=

80) Staudinger Bem. 1b zu § 1024; Dernburg 564.
81) Vgl. Staudinger Bem. 1 u. 2 zu § 1024.
82) OLG. 2, 513; vgl. SeuffA. 74 Nr. 31; KGJ. 4, 167; 24 A 118; 31 A 310.

baren, welchem Grundstück nach der Teilung die Grunddienstbarkeit zustehen soll. Dies gilt auch von dem Recht des BGB. (vgl. unten S. 418).

Wird das berechtigte Grundstück an mehrere vereinzelt verpachtet oder durch Zertrümmerung geteilt, so können die Besitzer der einzelnen Teilstücke des herrschenden Gutes insgesamt die Servitut nur verhältnismäßig und insoweit ausüben, als sie der vorherige Alleinbesitzer auszuüben befugt war (Hagemann 555).

1. Wird das Grundstück des Berechtigten naturaliter geteilt[83]), so besteht die Grunddienstbarkeit für die einzelnen Teile fort; die Ausübung ist jedoch im Zweifel nur in der Weise zulässig, daß sie für den Eigentümer des belasteten Grundstücks nicht beschwerlicher wird (§ 1025). Nur im Zweifel gilt diese Regel. Es kann im Sinne des Begründungsaktes liegen, daß nicht das zur Zeit der Bestellung vorhandene Bedürfnis des herrschenden Grundstücks, sondern das jeweilige Bedürfnis für den Umfang der Belastung maßgebend sein soll[84]). — So kann z. B. die zugunsten eines Baugeländes eingeräumte Geh- und Fahrtgerechtigkeit von vorneherein für den Fall der Parzellierung des Grundstücks bestellt sein.

Stand einem Wohnhaus eine ungemessene Brennholzgerechtigkeit zu und wurden aus dem Wohnhaus mittelst einer Scheidemauer zwei Wohnungen gebildet, so darf für die beiden Wohnungen an jedem Holztage der Holzbedarf geholt werden[85]). Denn es wird in Anwendung der oben (§ 34, II) ausgeführten Grundsätze regelmäßig anzunehmen sein, daß hier nur eine zulässige Erweiterung des Bedürfnisses vorliegt. Wird von einem zwei Wohnhäuser enthaltenden bäuerlichen Anwesen, mit welchem in seinem ganzen Bestande ein Holzbezugsrecht verbunden ist, das eine Wohnhaus zur Bildung einer selbständigen bäuerlichen Wirtschaft abgetrennt, so bleibt das Forstrecht bei jedem der getrennten Anwesen, soweit es ihm zum Vorteil gereicht, aber das Forstrecht, wonach für das ursprüngliche Anwesen der gesamte Wirtschaftsbedarf an Nutzholz beansprucht werden konnte, erfährt keine Erweiterung, sondern es ist für den Holzbezug der Bedarf maßgebend, der sich ergeben würde, wenn das Anwesen vereinigt geblieben wäre[86]). Hat die Grunddienstbarkeit ein bestimmtes Maß, wie z. B. das Weiderecht mit einer be-

[83]) Geteilt wird ein Grundstück nicht nur durch Veräußerung, sondern auch durch Abschreibung eines Teiles des Grundstücks, der ein besonderes Grundbuchblatt erhält (Mot. 3, 487).

[84]) Staudinger Bem. 1a zu § 1025; vgl. oben S. 403.

[85]) Dernburg 566 und die dort mitgeteilte Entscheidung.

[86]) ObLG. N. F. 7, 562.

stimmten Anzahl von Schafen, so erhält jedes Teilstück an dem Größenverhältnis der Parzellen entsprechendes Teilrecht[87]).

Gereicht die Dienstbarkeit nur einem der Teile zum Vorteile, so erlischt sie für die übrigen Teile (§ 1025 Satz 2)[88]). Dies gilt namentlich für den Fall, daß die Grunddienstbarkeit gewisse Eigenschaften des herrschenden Grundstücks deshalb voraussetzt, weil bei deren Mangel der für den Begriff der Grunddienstbarkeit erforderliche Vorteil servitus fundo utilis esse debet s. oben S. 386 fehlt. Die Grunddienstbarkeit kann nur solchen Trennstücken zukommen, welchen diese Eigenschaft innewohnt[89]). Wenn z. B. einem Bauernhof eine Brennholzberechtigung zusteht und es wird von dem berechtigten Grundstück, das sich aus der Behausung und dem Wirtschaftshofe zusammensetzt, der Hof abgetrennt, so wird regelmäßig die Dienstbarkeit auf dem Hof erlöschen[90]). Dasselbe gilt für ein Streurecht; es verbleibt bei einer Teilung des herrschenden Gutes bei dem Teile, auf welchem sich der Stall befindet[91]). Besteht für ein Ziegeleianwesen die Grunddienstbarkeit, Lehm zu entnehmen, und es wird die Teilfläche, auf welcher die Ziegelhütte steht, wegverkauft, so geht die Grunddienstbarkeit mit dieser Teilfläche. Eine Vereinbarung zwischen dem Veräußerer und dem Erwerber der Teilfläche, daß die Grunddienstbarkeit bei dem nicht veräußerten Teil des Anwesens verbleiben soll, ist wirkungslos[92]).

Wenn von einem weideberechtigten Bauerngut eine Waldparzelle abgetrennt wird, so erlischt das Weiderecht für diesen abgetrennten Teil, weil auf demselben Vieh gar nicht gehalten und somit die Weidegrunddienstbarkeit zu seinen Gunsten nicht ausgeübt werden kann[93]). In gleicher Weise würde die für den Hausbedarf bestehende Fischereiservitut bei der Abtrennung des Hofes von der Behausung für ersteren erlöschen[94]).

---

[87]) Vgl. SeuffA. 38 Nr. 108; 52 Nr. 76.

[88]) Vgl. § 372 DAnw.

[89]) Dernburg 566; OGH. 16, 191.

[90]) Dernburg 566. — Vgl. OGH. 5, 813. Zwei brennholzberechtigte Häuser, die in einer Hand vereinigt waren, wurden niedergerissen und an ihrer Stelle ein einheitliches Anwesen errichtet. Auf der Stelle, an welcher früher das eine der beiden Häuser stand, wurde eine zum Anwesen gehörige Scheune errichtet. Dem Besitzer des Anwesens wurde das gemessene Brennholzrecht in dem für beide Häuser bestandenen Umfang zugebilligt.

[91]) OGH. 4, 407.

[92]) Vgl. OGH. 16, 191.

[93]) OGH. 16, 191; SeuffA. 52 Nr. 76. Die Möglichkeit, daß die Waldung irgend einmal in Wiesen und Äcker umgewandelt werden kann, ist ohne rechtlichen Belang, weil es nur auf die Beschaffenheit zur Zeit der Teilung ankommt. — Vgl. Dernburg 567. (An einer Sommerweide kann ein Trennstück nur teilnehmen, wenn es imstande ist, mit seinen Futtermitteln wenigstens ein Stück Vieh zu überwintern).

[94]) JW. 1888, 262 Nr. 45 (RG.).

Wenn es bei oder nach einer Teilung des berechtigten Grundstücks zweifelhaft ist, ob die Dienstbarkeit nur einem der Teile zum Vorteil gereicht oder welcher Teil des ganzen Grundstücks dies ist und wie das Grunddienstbarkeitsverhältnis infolge der Zerlegung des Grundstücks sich gestaltet, so können die Beteiligten bei der Teilung oder nach ihr — ebenso wie sie eine richterliche Entscheidung im Prozeßweg herbeiführen können — sich gütlich darüber einigen und kraft einer solchen Vereinbarung den künftig berechtigten Teil bestimmen (Gruchot 67, 325). Eine Zustimmung des Eigentümers zu einer solchen Vereinbarung ist dann nicht erforderlich, wenn für das dienende Grundstück die Ausübung der Dienstbarkeit nicht beschwerlicher wird. Dann wenn man darüber streiten kann, ob die Dienstbarkeit lediglich dem Teile a oder dem Teile b zum Vorteil gereicht, dann sind die Eigentümer beider Teile zur Entscheidung dieser Frage zuständig und befugt.

Im Falle Gruchot 67, 322 war das Grundstück, dem die Holzgerechtigkeit zustand, im Jahre 1898 geteilt worden. Das alte Wohnhaus war 1897 abgebrannt. Nach der Teilung war auf der alten Baustelle ein neues Haus errichtet, während der Eigentümer des anderen Teiles gleichfalls ein Haus errichtet hat. Auf den Teilen des ursprünglichen Gesamtgrundstücks standen nunmehr zwei, verschiedenen Eigentümern gehörige Häuser. Jedem von ihnen konnte die durch den Brand des alten Hauses nicht erloschene Holzgerechtigkeit objektiv zum Vorteil gereichen, so daß der in § 1025 Satz 2 BGB. vorgesehene Fall, daß die Dienstbarkeit nur einem Teil zum Vorteil gereicht, nicht gegeben war. Auf der anderen Seite dürfte der Umfang der Holzgerechtigkeit nicht dadurch zum Nachteil des verpflichteten Grundstücks ausgedehnt werden, daß jedes neue Haus eine besondere Dienstbarkeit erlangen würde. Für diesen Fall fehlt eine unzweideutige gesetzliche Regelung, so daß einer Vereinbarung der Beteiligten Eigentümer des herrschenden Grundstücks kein gesetzliches Hindernis im Wege steht.

Wenn ein Brauereianwesen nach Aufgabe des Brauereibetriebes parzelliert wird, so verbleibt die dem Brauereianwesen zustehende Dienstbarkeit auf Halten eines Kellers unter einem fremden Grundstück lediglich der Grundfläche, auf welcher das Brauhaus steht.

Besteht das Brauhaus aus mehreren Gebäulichkeiten, und kommen diese an verschiedene Eigentümer, so besteht die Grunddienstbarkeit für sämtliche Grundstücke, auf denen die Gebäulichkeiten stehen, es müsse denn sein, daß der Keller nur von einem Grundstück aus zugängig ist. Dann gereicht das Kellerrecht nur diesem Grundstück zum Vorteil.

§ 1025 findet auch auf die zur Zeit des Inkrafttretens des BGB. bestehenden Grunddienstbarkeiten Anwendung (Art. 184 EG.)[95].

2. Wird das belastete Grundstück geteilt[96], so werden, wenn die Ausübung der Grunddienstbarkeit auf einen bestimmten Teil des belasteten Grundstücks beschränkt ist (wie z. B. bei der servitus oneris ferendi oder bei einer Wegegerechtigkeit, die nur auf einer bestimmten Teilfläche ausgeübt werden darf), die Teile, welche außerhalb des Bereiches der Ausübung liegen, von der Dienstbarkeit frei[97]).

---

[95]) RGKomm. Bem. 6 zu § 1025.

[96]) S. hierüber oben S. 418. Über analoge Anwendung des § 1026 auf Forstrechte s. Krüger, BayZ. 1913, 451. Die analoge Anwendung des § 1026 auf das Erbbaurecht wird von Tosetti, ArchBürgR. 37, 147 mit Recht bejaht, von Mangold, LZ. 1915, 1637 verneint.

[97]) Vgl. ObLG. 10, 377 (BayZ. 1909, 436).

Dementsprechend kann die Berichtigung des Grundbuches verlangt werden. Sofern der Eigentümer des befreiten Teiles die Voraussetzungen des § 1026 BGB. in grundbuchmäßiger Form nachweisen kann, ist zur Löschung die Einwilligung des Berechtigten nicht erforderlich[98]).

IX. Die Grunddienstbarkeit ist an das herrschende Grundstück gebunden (s. oben S. 377) dergestalt, daß sie nicht auf ein anderes Grundstück, auch wenn es demselben Eigentümer gehört, übertragen werden kann[99]). Dies gilt selbst für Gerechtigkeiten, welche einen bestimmt bemessenen Inhalt haben, z. B. das Recht, eine genau bestimmte Zahl von Klaftern Holz zu fällen[100]).

§ 29. Wegegerechtigkeiten.

I. Der Unterschied der Wegegerechtigkeit — als einer Sonderberechtigung eines einzelnen — von einem Herkommen, vermöge dessen **alle** Grundstücke eines bestimmten örtlichen Bezirks unter den gleichen Verhältnissen der fremden Benützung, z. B. der Befahrung der Häupter, unterworfen sind, wird unten (§ 32 B IV) dargelegt. Hier ist besonders hervorzuheben, daß ein solches örtliches Herkommen seit dem 1. Januar 1900, abgesehen von dem Anwendrecht (s. oben S. 372 ff.), keine Geltung mehr hat (s. unten § 32 B IV).

Die nachstehenden Ausführungen befassen sich nur mit Wegegerechtigkeiten im Sinne von Grunddienstbarkeiten. Es gehört also der Fall nicht hierher, daß sich eine ganze Wegestrecke im Miteigentum mehrerer Personen und namentlich im Miteigentum der jeweiligen Eigentümer der Grundstücke befindet, deren Bewirtschaftung des Weg dient[1]). Vgl. Art. 43 ÜG. (oben S. 90 f.).

Für die Wegegerechtigkeit gilt an sich keine Besonderheit, so daß die allgemeinen Grundsätze über Inhalt und Ausübung der Grunddienstbarkeit anzuwenden sind. Da in der Praxis Streitigkeiten über Wegegerechtigkeiten häufig vorkommen, sollen hier im Zusammenhang folgende Einzelheiten hervorgehoben werden.

II. Eine Wegegerechtigkeit ist auch **an öffentlichen Straßen** möglich[2]) (s. S. 391). Für die Entstehung eines solchen Rechts durch Ersitzung ist jedoch zu berücksichtigen, daß durch die auch noch so lange Ausübung von allgemeinen Gebrauchsbefugnissen, welche aus der Öffent-

---

98) Staudinger Bem. 4 zu § 1026; vgl. Josef, JW. 1906, 626.
99) Vgl. OGH. 4, 406; 16, 190.
100) Dernburg 568.
§ 29. 1) Vgl. Henle, Anl. d. Grundb. 73.
2) JW. 1897, 356 Nr. 48; vgl. 1894, 185 Nr. 21.

lichkeit des Weges folgen, ein Sonderrecht noch nicht dargetan werden kann [3]) (s. unten § 32 B II).

Da die Grunddienstbarkeit an ein herrschendes Grundstück gebunden ist, kann sie im Gegensatz zum bisherigen Recht nicht mehr für einen ganzen Territorial- oder Personenkreis erworben werden (s. hierüber, insbesondere die sog. Gemeindeservituten oben S. 390).

Öffentlich sind solche Wege, welche zufolge Widmung des Staates oder eines Gemeindeverbandes die Bestimmung haben, dem allgemeinen Gebrauch zu dienen [4]). Nicht zu den öffentlichen Wegen gehören jene, deren Benützung nur für die Angehörigen einer bestimmten Gemeinde offensteht. Denn das Wesen des öffentlichen Weges besteht gerade darin, daß ihn uneingeschränkt jeder (also ohne Rücksicht auf seine Zugehörigkeit zu einem Verbande) benützen darf [5]). Steht den Angehörigen einer bestimmten Gemeinde und nur diesen das Recht zu, ein (nicht im Eigentum der Gemeinde stehendes) Grundstück als Weg zu benützen, so handelt es sich um eine nicht dem öffentlichen Recht, sondern dem Privatrecht angehörende Dienstbarkeit. Wenn jedoch das Grundstück mit einer Dienstbarkeit des Inhalts belastet ist, daß nicht nur die Angehörigen der Gemeinde, sondern jedermann das Grundstück als Weg benützen darf, dann hat man es mit einer öffentlich-rechtlichen Dienstbarkeit zu tun [6]).

Für die actio negatoria auf Freiheit von einer solchen öffentlich-rechtlichen Wegedienstbarkeit, sowie dagegen, daß die Gemeinde eine Grundfläche längs eines öffentlichen Weges als dessen Teil beansprucht, sind die Gerichte zuständig [7]).

III. Eine Wegegerechtigkeit kann auch auf einem Waldgrundstück lasten. Nach Art. 92 Ziff. 1 in Verbindung mit Art. 49 Abs. 1 des bayer. Forstgesetzes vom 28. Mai 1852 (übereinstimmend mit Art. 30 Ziff. 1 des revidierten Forststrafgesetzbuches für die Pfalz) ist das Betreten der Forstpflanzungen unter sechs Jahren (Schonungen) mit Vieh verboten. Nach gleichförmiger Rechtsprechung [8]) ist hiernach das Betreten der Schonungen unter sechs Jahren mit Vieh unter allen Umständen strafbar und diese Strafvorschrift auch gegenüber einem Fahrt- oder Triebberechtigten zur Anwendung zu bringen, so daß also die

---

[3]) OTr. 13, 167 (für preuß. Recht); OGH. 9, 83 (für bayerisches Landrecht). OLG. 15, 363, 365.

[4]) Kahr, GemO. 1, 344.

[5]) ObLGSt. 10, 296.

[6]) VGH. 32, 164.

[7]) S. hierüber § 45.

[8]) OLGSt. München 1, 259; 3, 492; 4, 89; 6, 1; ObLGSt. N. F. 4, 122 u. 389.

Grunddienstbarkeit sechs Jahre lang ruht[9]). Abhilfe kann nur auf dem in Art. 23 Abs. 2 FG. vorgezeichneten Wege erlangt werden. Hiernach hat die Forstpolizeibehörde vorbehaltlich des Rechtsweges darüber zu entscheiden, ob die Anlegung der Schonung zulässig ist[10]). Vor Abschluß des forstpolizeilichen Instanzenweges steht einer Klage des Fahrtberechtigten die Einrede der Unzulässigkeit des Rechtsweges entgegen[11]).

IV. In Anlehnung an das römische Recht unterscheidet man Geh-, Fahrt- und Trieb-(Trift)gerechtigkeiten. Für den Umfang und die Richtung des Wegerechtes ist zunächst die Bestimmung bei der Bestellung maßgebend. Ist ein Weg ohne Bestimmung des Gebrauchszweckes eingeräumt, so ist im Zweifel anzunehmen, daß er zu jedem Gebrauch hat eingeräumt werden sollen, zu welchem Wege benützt zu werden pflegen, also nicht bloß zum Gehen, sondern auch zum Reiten, Fahren und Viehtreiben[12]). Beim Mangel eines Bedürfnisses wird insoweit anders zu entscheiden sein[13]). Maßgebend ist das Bedürfnis zur Zeit der Be-

[9]) Dagegen wendet sich LG. Würzburg (F. I, 55/07) und Pfister, BayZ. 1908, 113. Insbesondere wird ausgeführt, daß der Sinn des Art. 92 Z. 1 FG. nur dahin gehen könne, daß das „unbefugte" Betreten mit Vieh strafbar sei; würde aber § 92 Z. 1 FG. dahin zu verstehen sein, daß auch der Berechtigte nicht fahren dürfe, so sei insoweit Art. 92 Z. 1 FG. durch keinen Vorbehalt des EG. gedeckt, da Art. 113 EG. nur eine Einschränkung, nicht aber eine zeitweilige völlige Aufhebung einer Grunddienstbarkeit zulasse. Diese Auffassung ist mit durchaus zutreffender Begründung widerlegt von Mayer, BayZ. 1914, 317ff., der mit Recht zu folgendem Ergebnis gelangt: Die bisherige Rechtsprechung, die das Betreten einer Forstkultur unter 6 Jahren mit Pferden und Vieh überhaupt verbietet, widerspricht nicht reichsrechtlichen Bestimmungen, wird vielmehr dem Sinne des Forstgesetzes, dem Zwecke der Waldwirtschaft und dem berechtigten Interesse der Beteiligten gerecht.

[10]) Für die Entscheidung dieser Frage sind folgende Grundsätze maßgebend. Dem Waldbesitzer steht die freie Bewirtschaftung seines Waldes nur vorbehaltlich der Rechte Dritter zu. Nach Art. 24 FG. können Forstberechtigungen den Waldbesitzer in der nachhaltigen Bewirtschaftung des Waldes sowie in den durch die Boden- und klimatischen Verhältnisse gebotenen Veränderungen der Holz- und Betriebsarten nicht hindern. Der Waldeigentümer darf also die zur Erhaltung und Verjüngung des Waldes erforderlichen Kulturen vornehmen und insoweit den Wald teilweise in Hege legen; er darf aber nicht mit Rücksicht auf höheren Ertrag beliebige Abänderungen der Holz- und Betriebsarten unter Beeinträchtigung von Forstberechtigungen vornehmen. Er darf die Forstberechtigungen nicht durch solche Maßnahmen schmälern, welche nicht die Erhaltung, sondern die Verbesserung des Waldes bezwecken; dies gilt auch von solchen Änderungen, welche mittelbar das Servitutrecht beeinträchtigen oder gar zeitweilig vernichten (SeuffA. 27 Nr. 209). Andererseits muß sich der Forstberechtigte notwendige forstwirtschaftliche Maßnahmen selbst dann gefallen lassen, wenn sie sein Recht völlig vernichten (LG. Würzburg 31. Januar 1908 F. I, 55/07).

[11]) A. M. LG. Würzburg F. I, 55/07, weil in diesem Falle nicht über die Art und Weise der Ausübung, sondern über den Umfang und Bestand des Fahrtrechts zu entscheiden sei. Vgl. hingegen OLGSt. München 6, 112, unten § 31, V.

[12]) Windscheid, Pand. § 211 Anm. 3.

[13]) Vgl. SeuffA. 4 Nr. 113.

stellung des Wegerechtes [14]). Ein Fahrtrecht schließt nicht notwendig das Recht zum Gehen ohne Gespann in sich [15]); die römischen Quellenstellen, wonach ein Fahrtrecht von selbst ein Triftrecht in sich schloß, waren schon für das gemeine Recht nicht anwendbar [16]), namentlich nicht auf ersessene Fahrtrechte [17]); noch weniger gewährte nach gemeinem Recht eine Gehgerechtigkeit von selbst die Befugnis zum Fahren mit Schiebkarren [18]). [6]Andererseits steht nichts im Wege, daß der Gehberechtigte beim Gehen Lasten trägt [19]).

ALR. I, 22 § 65 bestimmt ausdrücklich: Wer das Recht hat, über das Grundstück des andern zu gehen, darf sich dessen weder zum Reiten, noch zum Fahren, auch nicht mit einräderigen Karren, bedienen. Dagegen darf nach ALR. I, 22 § 66 wer das Recht hat, auf einem Wege zu fahren, darauf auch reiten, mit Karren fahren und Vieh an Stricken, nicht aber ungekoppelt (ALR. I, 22 § 67), darüber treiben. Aus einem Triftrecht folgt keine Befugnis zum Fahren (ALR. I, 22 § 68).

Da in dem Triftrecht ein Recht zum Weiden nicht inbegriffen ist, so ist der Berechtigte zum Ersatz des durch Abfressen der Frucht entstandenen Schadens verpflichtet, selbst wenn sich der Verpflichtete dagegen nicht durch Umzäunung seines Grundstücks sicherte; anders, wenn eine solche Umzäunung mit der Verpflichtung, sie zu unterhalten, besteht (Gerber DPrR. § 146). Der Umstand allein, daß bisher eine Umzäunung bestanden hat, gibt dem Triebberechtigten noch nicht das Recht, auf ihren Fortbestand; dazu wäre, wenn dieses Recht nicht durch den Bestellungsakt nachgewiesen werden kann, erforderlich, daß der Berechtigte die Wegnahme der Umzäunung verboten oder daß der Berechtigte die Ausbesserung der Umzäunung mit Erfolg verlangt hat und darauf während rechtsverjährender Zeit die Umzäunung belassen worden ist.

---

14) S. oben S. 399.

15) Das römische Recht unterschied zwischen iter und via. Der iter gab das Recht zum Gehen, Reiten und sich tragen zu lassen. Die via gab das Recht zu fahren, zu reiten, zu gehen, auch angebundenes (jedoch nicht ungekoppeltes) Vieh zu treiben. Für den iter war keine Breite des Weges vorgesehen. Gemeinrechtlich sind diese Bestimmungen nicht geworden; doch schließt nach gemeinem Recht ein Fahrtrecht von selbst die Befugnis zum Gehen (auch ohne Gespann) in sich. Für eine neurechtliche Dienstbarkeit gilt das nicht (vgl. jedoch Warneyer 1908 Nr. 479). Das Triftrecht (actus) verleiht die Befugnis zum Durchtreiben (nicht auch zum Verweilen) von (ungekoppeltem) Vieh. Daneben schloß der actus die via in sich, was bei einem gemeinrechtlichen Triftrecht nicht der Fall ist.

16) SeuffA. 4 Nr. 13; 12 Nr. 127.

17) SeuffA. 17 Nr. 213; 18 Nr. 121.

18) SeuffA. 5 Nr. 5.

19) SeuffA. 10 Nr. 136.

Die Breite des zustehenden Weges wird, wenn sie nicht nachgewiesen werden kann, durch Sachverständige nach der Größe der zu treibenden Herde bestimmt.

Ist ein Gehrecht für die Bewohner eines Hauses bestellt, so wird im Zweifel anzunehmen sein, daß ein Zweirad zum mindesten darüber geschoben werden darf[20]).

Bei ersessenen Servituten kommt es auf die bisherige Art der Benützung an (Tantum praescriptum quantum possessum s. unten § 32 B II, 2). Ist hiernach eine bestimmte Richtung des Weges nicht einzuhalten, so ist das dienende Grundstück an und für sich in allen Teilen belastet. Aus der durch § 1020 BGB. begründeten Verpflichtung zur schonenden Ausübung der Grunddienstbarkeit folgt aber, daß der Berechtigte genötigt werden kann, unter Berücksichtigung der Interessen des Verpflichteten eine für die Benützung seines Weges geeignete bestimmte Strecke zu benützen[21]).

Ist über die Breite des Weges bei der Bestellung nichts bestimmt, so ist sie unter Berücksichtigung der Umstände, namentlich des Bedürfnisses festzusetzen. Die römischen Quellenstellen, wonach für einen Fahrtweg (via) in Ermangelung einer anderweitigen Festsetzung eine Breite von 8 Fuß in der geraden Linie und von 16 Fuß in der Wendung zugestanden wird, gilt schon für das gemeine Recht als veraltet. Immerhin wird eine solche Breite für landwirtschaftliche Verhältnisse regelmäßig den Umständen und namentlich dem Bedürfnisse entsprechen. Bei Festsetzung der für eine ordnungsgemäße Ausübung erforderlichen Breite ist dem Umstande Rechnung zu tragen, daß bei landwirtschaftlichen

---

20) Vgl. Endemann 637 Anm. 15 und andererseits Oertmann 472.

21) JW. 1880, 175; Dernburg, Pand. 1 § 242; RG. 2, 159; ALR. I, 22 § 29; vgl. OGH. 6, 687 u. 765 (Bayer. LR.). Das Recht „über" ein Grundstück zu gehen, betrifft regelmäßig nur einen räumlich beschränkten Teil des belasteten Grundstücks, nämlich den Teil, der überschritten werden muß, um zu einem bestimmten anderen Grundstück zu gelangen, und gestattet regelmäßig kein Verweilen auf dem belasteten Grundstück. Dagegen umfaßt das Recht „auf" ein Grundstück zu gehen, wenn nicht ein bestimmter Zweck damit erreicht werden soll, was jeweils Tatfrage ist, das dienende Grundstück in allen seinen Teilen und zugleich das Recht zum Verweilen auf dem Grundstück. Der erforderliche Vorteil für die Bewohner des herrschenden Grundstücks kann auch in der Erhöhung persönlicher Annehmlichkeit liegen (LG. Würzburg 15. März 1913 F. II 202/12). Dort hat es sich um Bestellung eines Gehrechts für das Haus des Corps Moenania auf ein Grundstück gehandelt, auf welchem zur Zeit der Bestellung eine Gartenwirtschaft betrieben wurde. Es war eine besondere Zugangstüre vorhanden. Der Wirtschaftsbetrieb wurde eingestellt. Das LG. Würzburg sprach gleichwohl das Gehrecht (ohne Beschränkung auf den Besuch der Wirtschaft) zu; dem ist nicht beizupflichten, da das Wandeln auf dem Grundstück (das nicht etwa parkmäßig angelegt ist und auch sonst keinen Reiz bietet) nicht den für die Servitut erforderlichen Vorteil bietet.

Fuhren mit Rücksicht auf Bespannung, Fahrzeug und Bodenverhältnisse die gerade Linie und die Wendung nicht so genau einzuhalten sind[22].

Nach ausdrücklicher Vorschrift des ALR. I, 22 § 78f. ist in Ermangelung einer vertragsmäßigen Bestimmung die Breite eines Fußsteiges auf 3 Fuß und, wenn darauf geritten oder Karren gefahren werden darf, auf 4 Fuß einzuräumen. Auf Wege zum Fahren ist eine Breite von 8 Fuß in der geraden Linie und von 12 Fuß in der Biegung, auf Viehtriften hingegen die doppelte Breite eines Weges zu rechnen. Diese Vorschriften gelten jedoch nach ALR. I, 22 § 28 nicht für Grunddienstbarkeiten, die durch Verjährung erworben worden sind, weil sich dieselben nur so weit erstrecken, als der Besitz während der Verjährungszeit gegangen ist.

V. Die Wegegerechtigkeiten können dem Zweck und der Zeit nach beschränkt sein. Ist eine Fahrtgerechtigkeit ohne ausdrückliche Beschränkung bestellt, so ist gleichwohl anzunehmen, daß sie nur für den durch die Verkehrsauffassung bestimmten und durch äußere Merkmale sich ausprägenden bisherigen Charakter des Grundstücks bestellt ist und deshalb über den Rahmen dieses Bedürfnisses hinaus nicht ausgeübt werden darf. Ein für einen Acker bestellter Weg darf deshalb nicht zur Ausbeutung eines später darauf erschlossenen Steinbruchs benützt werden (s. oben S. 390). Für ersessene Grunddienstbarkeiten kommt der Grundsatz Tantum praescriptum, quantum possessum zur Anwendung. Sie haben sich jedoch ebenso wie bestellte Grunddienstbarkeiten auch einer Erweiterung des Bedürfnisses zu fügen, soferne nur der Charakter der Benützungsart gewahrt bleibt (s. oben S. 404 u. 328).

Weil die ersessene Grunddienstbarkeit nicht weiter geht als der Umfang des Besitzstandes während der Ersitzungszeit, muß der Berechtigte im Streitfalle nachweisen, daß er während der Verjährungszeit nicht nur zu gewissen Zeiten oder unter gewissen Umständen gefahren ist. In diesem Sinne hat die Befugnis über ein bestelltes Grundstück fahren zu dürfen, die Vermutung gegen sich[23]. Das ist aber nicht so

[22]) Mit Recht geht LG. Würzburg vom 17. März 1914 F. 132/13 für die Bemessung der erforderlichen Breite davon aus, daß durch das bayerische Gesetz vom 25. Juli 1850 (betr. die Einrichtung des die Kunststraßen befahrenden Fuhrwerks) die höchst zulässige Ladungsbreite eines Fuhrwerks auf 2,63 m beschränkt ist. — Wenn aber daraus die Folgerung gezogen wird, daß eine Verengerung des Wegs durch Gebäude auf eine Breite von 2,87 m die Ausübung des Fahrtrechts nicht übermäßig beschränkt, so wird dabei übersehen, daß man namentlich mit landwirtschaftlichen Fuhren nicht so genau nach der Schnur fahren kann.

[23]) SeuffA. 9 Nr. 269. Nach ALR. I, 22 § 71 durfte sich der Berechtigte des Weges zu allen seinen Bedürfnissen ohne Unterschied bedienen, nicht aber zu ganz neuen Anlagen (ObLG. 22, 71). Diese Vorschrift des ALR. kann für die Auslegung einer unter seiner

zu verstehen, daß derjenige, welcher nur Fahrten über das unbestellte Grundstück nachzuweisen vermag, von dem bestellten Grundstück unter allen Umständen wegbleiben muß. War während der Ersitzungszeit im Frühjahre und Herbst das belastete Grundstück offen und hat dann der Berechtigte regelmäßig die Fahrt ausgeübt, so wird im Zweifel anzunehmen sein, daß der Eigentümer gehalten ist, entweder sein Grundstück zu den Zeiten, zu welchen bisher der Berechtigte die Fahrt ausgeübt hat, von Früchten freizuhalten oder die Fahrt über das während dieser Zeiten bestellte Grundstück zu dulden. Ist z. B. das belastete Grundstück mit Pflanzen bestellt, welche nicht in jedem Herbste eingeerntet werden, sondern mehrere Jahre hindurch perennieren, so darf der Berechtigte seinen Weg über das Grundstück wenigstens zu der Zeit nehmen, zu welcher das Grundstück bei normaler Fruchtart offen wäre[24]). Will der Eigentümer sein Grundstück während der Zeit, zu welcher es sonst offen war und die Fahrt ausgeübt wurde, bestellen und dann die Fahrt verbieten, so würde ihn seinerzeit die Beweislast dafür treffen, daß während der Ersitzungszeit die Fahrt trotz des dazu bestehenden Bedürfnisses mit Rücksicht auf eine solche Bestellung unterlassen wurde. Soweit und insolange ein solcher Beweis erbracht ist, fehlt der Besitzstand für das Fahrtrecht gegenüber dem bestellten Grundstück. Vielfach hängt im Einzelfall das Fahrtrecht mit der Dreifelderwirtschaft zusammen, die jetzt in Bayern immer mehr abkommt. Da, wo das Fahrtrecht nur zu einer Zeit entstanden ist, wo die Grundstücke nach den Grundsätzen der Dreifelderwirtschaft bestellt wurden, steht der Umfang des Fahrtrechts häufig mit den Grundsätzen der Dreifelderwirtschaft im Einklang. Da hiernach die Grundstücke einer Flurmarkung in einem genau bestimmten Turnus bestellt wurden, bestand für das Fahrtrecht nur zu einer Zeit ein Bedürfnis, zu welcher das belastete Grundstück nicht bestellt war. Man nennt dies die offene Zeit[25]) im Gegensatz zu der geschlossenen Zeit, während welcher die Grundstücke bestellt sind. Während der geschlossenen Zeit besteht, solange sich alle Beteiligten bei der Bestellung ihrer Grundstücke nach der Flurordnung richten, kein Bedürfnis zum Fahren. Deshalb konnten, solange die Dreifelderwirtschaft bestand, zur geschlossenen Zeit Fahrtausübungen nicht vorkommen. Die schon nach bisherigem Rechte bestehende Verpflichtung zur schonenden Ausübung der Grunddienstbarkeit hat im Gefolge, daß der Eigentümer des herrschenden Grundstücks mit seiner Fahrt-

---

Geltung bestellten Dienstbarkeit, desgleichen für den Umfang einer unter dem ALR. ersessenen Wegegerechtigkeit auch jetzt noch von ausschlaggebender Bedeutung sein.

[24]) SeuffA. 5 Nr. 256.

[25]) Vgl. SeuffBl. 8. ErgBd. 133; 21, 431.

ausübung warten mußte, bis das dienende Grundstück abgeerntet war, wobei allerdings dessen Eigenütmer die Verpflichtung oblag, dies nach Eintritt der Reife zu tun. In diesem Umfange ist dann das Fahrtrecht ersessen. Dabei hat es sein Bewenden. Zwar kann von keinem Grundeigentümer verlangt werden, daß er die Fluordnung (Zelchen-Ordnung) einhält, er kann vielmehr, weil er Herr seines Eigentums ist, von der Flurordnung abgehen. Aber einerseits darf der Eigentümer des herrschenden Grundstücks nicht während der nach den Grundsätzen der Dreifelderwirtschaft geschlossenen Zeit das Grundstück befahren und andererseits muß sich der Eigentümer des dienenden Grundstücks, wenn infolge der Verunzelchung sein Grundstück zu einer Zeit bestellt ist, in welcher es bei Einhaltung der Zelchen-Ordnung offen wäre, gefallen lassen, daß auch über sein bestelltes Grundstück gefahren wird.

VI. Die Unterhaltung des Weges in einer für die Benützung geeigneten Beschaffenheit ist Sache des Berechtigten (servitus in faciendo consistere nequit; s. oben S. 390).

Eine Verpflichtung gegenüber dem Eigentümer liegt ihm jedoch regelmäßig nicht ob. Der Eigentümer kann deshalb eine Einebnung der tiefen Geleise, welche durch die Fahrtausübung bei feuchtem Wetter verursacht wurden, vom Berechtigten nicht verlangen. Ebensowenig kann (auch nicht bei städtischen Grundstücken) für den Fahrtberechtigten aus § 1020 BGB. die Verpflichtung abgeleitet werden, die durch das Spannvieh bei Ausübung der Fahrt verursachte Verunreinigung des Weges alsbald zu beseitigen[26]). Hat der Berechtigte den Weg gepflastert, so trifft ihn regelmäßig (Ausnahme § 1921 BGB.) die Verpflichtung, das Pflaster in gutem Zustande zu erhalten, soweit es das Interesse des Eigentümers des dienenden Grundstücks erfordert (§ 1020 BGB.). Das Bestehen eines Fahrtrechts auf einer Wiese hindert die Umwandelung der belasteten Wiese in einen Acker nicht, soferne hierdurch die Ausübung der Dienstbarkeit nicht wesentlich erschwert wird. Unter der gleichen Voraussetzung darf der Eigentümer zur Abführung des Tagewassers eine gepflasterte Kandel quer über die Fahrt legen. Eine damit verbundene Unannehmlichkeit muß der Berechtigte nach § 1020 BGB. in Kauf nehmen[27]). Diese Bestimmung, wonach der Berechtigte bei Ausübung der Grunddienstbarkeit das Interesse des Eigentümers des belasteten Grundstücks tunlichst zu schonen hat, ist namentlich von Bedeutung für das Recht des Eigentümers, sein Grundstück trotz bestehender Wegegerechtigkeit zu umzäunen und mit verschließbaren Türen zu versehen (s. oben S. 411 § 28 III).

---

[26]) A. M. OLG. 18, 147 (Hamm); s. oben S. 411 Anm. 67.

[27]) Vgl. Dernburg 591.

§ 30. Weiderechte[1]).

I. Abgrenzung von den öffentlich-rechtlichen Nutzungsrechten. In den Rahmen dieser Abhandlung fallen nur die dinglichen Rechte mit privatrechtlichem Charakter. Wenn Nutzungsrechte an dem ungeteilten Gemeindevermögen[2]) in Frage stehen, kann es zweifelhaft sein, ob diese Nutzungsrechte im Gemeindeverbande (das ist in den öffentlich-rechtlichen Beziehungen der Gemeindemitglieder zu der Gemeinde) wurzeln, oder ob sie völlig unabhängig von dem Verhältnis der Gemeindezugehörigkeit lediglich ein privatrechtliches Rechtsverhältnis zwischen dem Berechtigten und der Gemeinde als der Eigentümerin des belasteten Grundstücks darstellen[3]).

Die Lösung dieses Zweifels muß stets nach der besonderen rechtlichen Gestaltung des Einzelfalls erfolgen; allgemeine Regeln lassen sich nicht aufstellen. Durch Herkommen, Verjährung und Unvordenklichkeit

---

§ 30. [1]) Vgl. Marquart, „Das Weiderecht auf fremdem Grund und Boden im rechtsrheinischen Bayern" in „Der Bayer. Bürgermeister" 1922, 228ff. u. 234ff. Dort wird darauf hingewiesen, daß die Zahl der Schafe in Bayern, die am Ende des Jahres 1913 rund 490000 Stück betrug, sich im September 1920 auf rund 780000 Stück vermehrt und seitdem ohne Zweifel noch bedeutend erhöht hat.

[2]) Hier ist Voraussetzung, daß die belasteten Gründe auch wirklich der Gemeinde gehören. Die Nutzungen, welche aus einem sog. Körperschaftswalde gezogen werden, stehen den einzelnen Berechtigten auf Grund ihres Eigentums, also als Privatrecht, zu. Besteht Streit darüber, ob Eigentum der Gemeinde oder Privateigentum der Berechtigten gegeben ist, so spricht nicht etwa eine Rechtsvermutung für das Eigentum der Gemeinde. — In früherer Zeit hat sich ein Teil des von den Bewohnern eines Bezirks benützten Grund und Bodens (Wohnstätte, Acker- und Wiesland) im Sondereigentum der einzelnen Familie befunden, neben welchem dann anderes Areal (namentlich Waldungen und Weideland) der gemeinschaftlichen Benützung der zu einem genossenschaftlichen Ganzen vereinigten Sondergutsbesitzer vorbehalten war, die sog. Almende. Die geschichtliche Entwicklung hat nun einen verschiedenen Gang genommen, wobei sich mit Staudinger SeuffBl. 35, 69ff. zwei Hauptkategorien unterscheiden lassen: a) die alte Mark im engeren Sinne, Almende, stellt sich heute als gemeinschaftliches Privateigentum bestimmter Berechtigter dar, so zwar, daß deren Nutzungsrecht einen Ausfluß dieses Eigentums und damit ein Recht an eigener Sache bildet; b) das ursprünglich markgenossenschaftliche Nutzungsobjekt ist in das Eigentum der politischen Gemeinde übergegangen. In welche der beiden Kategorien das konkrete Verhältnis einzureihen sei, ist quaestio facti, wobei keineswegs eine Vermutung dafür spricht, daß die Almende in das Eigentum der Gemeinde übergegangen ist, SeuffBl. 61, 33ff. Ein besonderes Gewicht wird dort mit Recht darauf gelegt, ob der betreffende Wald durch die Gemeinde bewirtschaftet wurde.

Wenn die Weide nicht allein auf den unverteilten Gründen der Gemeinde — der Almende — zusteht, sondern auch das Privateigentum der Bürger davon erfaßt wird, so daß das Weiderecht auf der ganzen Flurmarkung lastet, hat man es mit einer dem Privatrecht angehörenden gegenseitigen Grunddienstbarkeit zu tun. OGH. 13, 212.

[3]) S. über diese Frage die ausführlichen und gründlichen Erörterungen von Kahr, Gemeindeordnung 1, 313ff. Vgl. Collard, BayZ. 1921, 255.

können auch im Bereiche des öffentlichen Rechts Rechte erworben werden[4]).

Die bayer. Gemeindeordnung vom 18. Dezember 1945 (GVBl. 1946, 225) mit ihren Änderungen vom 28. Februar, 26. April und 4. Juli 1946 und vom 27. Februar 1948 hat die zum Gemeinderecht gehörenden Rechtsgebiete nur teilweise geregelt. Für die von der neuen GemO. nicht betroffenen Gebiete gilt daher das alte Gemeinderecht weiter. Nach Art. 65 der GemO. vom 30. Januar 1935 (RGBl. I, 49) und der bayer. AngleichungsVO. hierzu vom 1. April 1935 (GVBl. S. 180) ist das bisherige Recht der Nutzungen am Gemeindevermögen ohne wesentliche Änderungen aufrecht erhalten. Die Bestimmungen der AnglVO. über Gemeindenutzungsrechte gelten auch für die früheren Ortschaftsnutzungsrechte. Die Rechtsentwicklung der bayer. Gemeindenutzungsrechte ist in der Weise vor sich gegangen, daß die politische Gemeinde an die Stelle der alten Markgenossenschaft getreten ist und als Eigentümerin der früher den Markgenossen in ihrer Gesamtheit gehörigen Grundstücke angesehen wird (Allerh. Entschl. vom 25. Oktober 1804, RegBl. S. 469 u. VO. vom 13. Februar 1806, RegBl. S. 729; Laforet, BayGemO. 1927, I, 405; VGH. 1949, 1). Die Rechtsnachfolger der alten Markgenossen wurden darauf beschränkt, Nutzungsrechte am Eigentum der Gemeinde zu genießen; diese Nutzungsrechte sind im Laufe der Entwicklung in das Gemeinderecht übernommen worden (Kahr, GemO. I, 41 u. 243). Die öffentlichen Nutzungsrechte sind mit den Anwesen der einst die alte Markgenossenschaft bildenden Grundbesitzer derart verbunden, daß sie im Falle des Besitzwechsels ohne weiteres auf den Erwerber des Anwesens übergehen (Laforet, GemO. 1927, Art. 36 Anm. 1; VGH. 1949, 1).

Auf die privatrechtliche Natur von Gemeindenutzungsrechten weist weder der Umstand allein hin, daß sie auf den früheren Bestand einer Markgenossenschaft zurückzuführen[5]) sind, noch die Ungleichheit der Beteiligung an den Nutzungsrechten[6]), noch die Verbindung der Rechte mit einem Hause oder Grundstücke[7]), noch die erfolgte Eintragung der Rechte im Grundsteuerkataster oder als Zubehör von Anwesen im Hypothekenbuch[8]), noch die Zusammenlegung mehrerer Rechte bei einem Anwesen oder deren Übertragung auf andere Anwesen, noch der Umstand, daß die Rechte auch gegenüber dem eigenen Bedarf der Gemeinde bevorzugt sind[9]). Auch der Umstand ist kein entscheidendes Kennzeichen für die privatrechtliche Natur, daß das Recht durch privatrechtlichen Vertrag

---

[4]) ObLG. N. F. 7, 17. SeuffBl. 22, 344. RBl. 1857, 97; 1858, 1461 u. 1555. GVBl. 1907 Beil. 15.

[5]) Vgl. VGH. 14, 256; ObLG. 7, 3; vgl. dagegen OGH. 14, 547.

[6]) Die Vereinigung mehrerer Nutzungsanteile in der Person eines Gemeindemitgliedes durch Erwerb mehrerer nutzungsberechtigter Anwesen ist auch bei (öffentlich-rechtlichen) Gemeinderechten nicht ausgeschlossen (OGH. 7, 66; SeuffBl. 42, 408).

[7]) BayZ. 1911, 245 (ObLG.).

[8]) OGH. 5, 628; 10, 505; ObLG. 7, 3; Henle-Schmitt 237 Bem. 2a, BayZ. 1911, 245 (ObLG.). — Gemeinderechte öffentlich-rechtlicher Natur dürfen in das Grundbuch nicht eingetragen werden (§ 123 Nr. 6 DAnw.). Geschieht es dennoch, so wird dadurch an ihrer öffentlich-rechtlichen Natur nichts geändert.

[9]) ObLG. N. F. 7, 3ff.; vgl. VGH. 14, 265; 27, 45; SeuffBl. 42, 408.

(Verkauf) veräußert wurde [10]); ferner nicht der Umstand, daß eine Kürzung der Bezugsrechte unterlassen wurde, obwohl das Gemeindevermögen zur Befriedigung der Gemeindebedürfnisse nicht ausreichte oder daß zur Kürzung der Behugsrechte die Zustimmung der Rechtler eingeholt wurde [11]). Auch das ist nicht entscheidend, daß in der Gemeinde Häuser ohne Gemeinderecht (sog. Leerhäuser) vorhanden sind [12]).

Dagegen ist als ausschlaggebendes Merkmal für den privatrechtlichen Charakter des Rechtsverhältnisses eine derartige Verbindung des Nutzungsrechtes mit einem bestimmten Anwesen anerkannt, daß es unter Ausschluß jeder gemeindlichen Einwirkung [13]) ohne weiteres auf jeden Besitzer unabhängig von seinem persönlichen Verhältnisse zur Gemeinde überging [14]). Begriffsgemäß können öffentlich-rechtliche Gemeindenutzungsrechte nur gemeindezugehörigen Personen zustehen [15]). Dabei ist jedoch zu beachten, daß nach §§ 3—5 des Gemeinde-Edikts vom 24. September 1808, §§ 11 ff. des Gemeinde-Ediktes von 1818/34 die Besitzer eines besteuerten häuslichen Anwesens in der Gemeinde kraft Gesetzes die Eigenschaft eines wirklichen Gemeindegliedes hatten [16]).

Nach Inkrafttreten des Gemeinde-Edikts vom 17. Mai 1818 konnten öffentlich-rechtliche Gemeindenutzungsrechte nicht mehr gegründet werden. Das geht soweit, daß, wenn die Gemeinde nach dem 17. Mai 1818 ein Grundstück erwarb, ein vorher begründetes öffentlich-rechtliches Gemeindenutzungsrecht nicht auf das neue Grundstück ausgedehnt wurde. Privatrechtliche Gemeindenutzungsrechte konnten zwar nach dem 17. Mai 1818 noch begründet werden, wie durch unvordenkliche Verjährung des bayer. Landrechts (SeuffBl. 52, 385; OGH. 10, 508; 12, 377; VGH. 12, 211). Diese kann für die Ersitzung nicht herangezogen werden, weil unvordenkliche Verjährung mit einem bestimmten An-

---

[10]) BlAdmPrax. 21, 335; 29, 405; OGH. 5, 628; 12, 376; ObLG. 7, 3. Es gibt auch bevorzugte (öffentlich-rechtliche) Gemeinderechte; vgl. RBl. 1857, 97; 1858, 1461; GVBl. 1907 Beil. 15; ObLG. 7, 3.

[11]) ObLG. 1, 1; 7, 3.

[12]) SeuffBl. 43, 121.

[13]) OGH. 12, 376 (SeuffBl. 54, 407); KompKGH. 1, 287. Öffentlich-rechtlich ist ein Recht zum Bezug von Bauholz aus dem Gemeindewald, das sich auf Satzungen gründet, in denen es als herkömmlich und mit dem Grundbesitz in der Gemeinde verbunden anerkannt ist, der Gemeinde aber die Entscheidung der Notwendigkeit des einzelnen Baus und des erforderlichen Baubedarfs vorbehalten bleibt (RBl. 1871, 1409).

[14]) SeuffBl. 35, 379; 40, 299; OGH. 5, 628; 10, 503; 12, 378; BayZ. 1911, 245 (ObLG.); BlAdmPrax. 21, 335.

[15]) BlAdmPrax. 21, 335. Ein Gemeindenutzungsrecht kann nicht auf ein Haus in einer anderen Gemeinde übertragen werden; es ist kein selbständiges Objekt des Rechtsverkehrs. Das Gemeindenutzungsrecht ist nicht teilbar; zur Erhaltung des gesamten Rechts genügt es, wenn es auch nur teilweise ausgeübt wird (VGH. 1949, 1).

[16]) Kahr a. a. O. 296.

fangszeitpunkt der Ersitzungszeit sich nicht verträgt (Haberstumpf, D. BayBürgermstr. 1925, 144).

Über die Verjährung der Weiderechte in Bayern s. JW. 1926, 965.

Für die öffentlich-rechtliche Natur spricht der Umstand, daß die Zahl der Berechtigten früher geringer war und später dazugekommenen Rechtlern der gleiche Anteil zugestanden wurde[17]).

Es ist nicht zu verkennen, daß die Rechtsprechung auf diese Weise eine tatsächliche Vermutung für den öffentlich-rechtlichen Charakter derartiger Nutzungsrechte am unverteilten Gemeindevermögen aufgestellt hat[18]). Zwar wird in der Rechtsprechung immer wieder hervorgehoben, daß weder eine Vermutung für die privatrechtliche noch eine solche für die öffentlich-rechtliche Natur der Nutzungsrechte an den unverteilten Gemeindegründen bestehe[19]). Aber andererseits geht die gleiche Rechtsprechung doch derartig zu Werke, daß sie, falls keine Erscheinungen nachgewiesen sind, die mit dem öffentlich-rechtlichen Charakter des Nutzungsrechtes ganz und gar unverträglich sind, das Bestehen von Nutzungsrechten privatrechtlicher Natur als nicht erwiesen erklärt[20]) und sie damit von selbst dem öffentlichen Rechte überweist[21]).

Bei den Weiderechten, die den Gemeindemitgliedern an der gemeinen Dorf- und Stadtweide zustehen, findet der Durchwinterungsfuß (s. unten S. 447) vorbehaltlich eines besonderen Herkommens keine Anwendung. Die Bürger einer Stadt haben gewöhnlich kein futtertragendes Land; sie haben gleichwohl Anteil an der gemeinen Stadtweide. An der Dorfweide ist (vorbehaltlich anderen Herkommens) der Kleingütler ebenso berechtigt wie der Großgrundbesitzer. Der Durchwinterungsfuß gilt nur für Grunddienstbarkeiten; das Hutrecht auf der gemeinen Weide ist keine Grunddienstbarkeit, sondern ein auf der Gemeindezugehörigkeit beruhendes Ge-

---

17) Vgl. RBl. 1861, 625.

18) Kahr a. a. O. 315; vgl. ObLG. 7, 3 (SeuffBl. 71, 484).

19) ObLG. N. F. 7, 3.

20) ObLG. N. F. 7, 19; vgl. SeuffA. 37 Nr. 284.

21) Für das preußische Recht hat das RG. auf Grund allgemeiner Erwägungen diese Konsequenz unbedenklich gezogen: Wenn die Teilnahme der Gemeindemitglieder oder einzelner Klassen derselben an den Nutzungen des unverteilten Gemeindevermögens durch den Besitz von Grundstücken bedingt ist, lassen sich zwar die Nutzungen als Ausfluß einer diesen Grundstücken an dem Grundbesitz der Gemeinde zustehenden Grundgerechtigkeit denken. Allein die gesetzliche Vermutung für die geringere Belastung des Eigentums nötigt dazu, in solchem Falle die Nutzungen an dem Eigentum der Gemeinde so lange als ein aus der Gemeindemitgliedschaft selbst hervorgehendes Recht anzusehen, als nicht die Nutzungsberechtigten ihrerseits den Nachweis führen, daß ein von der Gemeindemitgliedschaft unabhängiges, also weitergehendes, lediglich privates Recht ihrer Grundstücke vorliege (JW. 1888, 144 Nr. 37). Zum Nachweis des privatrechtlichen Charakters genügen nicht vereinzelte Handlungen, sondern es ist ein geschlossenes Bild erforderlich, das keinen Zweifel darüber läßt, daß nicht etwa Unregelmäßigkeiten vorkamen und unbeachtet blieben (SeuffBl. 52, 385).

Die Anwendung zivilrechtlicher Grundsätze der Verjährung ist im Gemeinderecht, also auch hinsichtlich der Nutzungsrechte, nicht ausgeschlossen (BGH. 48, 88 u. BGH. 1949, 1).

brauchsrecht (Bülow und Hagemann, prakt. Erörterungen Band 4, 280). Mangels eines besonderen Herkommens ist die Anzahl des auf die gemeine Weide zu treibenden Viehes nach dem Haushaltsbedürfnissen der einzelnen Mitglieder zu bestimmen. Vieh, das zum Handel bestimmt ist, darf daher nicht ausgetrieben werden, falls die Zahl des Viehes nicht gemessen ist. Jeder Berechtigte darf nur das Vieh auftreiben, das er für seinen Haushalt in dem Dorf hält, zu dem die gemeine Weide gehört. Wenn nun die Summe der Bedürfnisse aller Berechtigten Gemeindemitglieder feststeht und sich dabei ergibt, daß die Weide zur Deckung der gesamten Bedürfnisse nicht ausreicht, so muß sich jeder Berechtigte eine verhältnismäßige Kürzung gefallen lassen. Für die Befugnis zum Beweiden der Gemeindegründe ist es ohne Bedeutung, ob das Vieh dem Berechtigten gehört oder von ihm gemietet ist (Bülow u. Hagemann a. a. O. S. 292).

Zur Entscheidung von Streitigkeiten über Nutzungsansprüche aus dem Gemeindeverbande sind die Gerichte nicht zuständig[22]).

II. Unzulässigkeit der Begründung von Weiderechten.

Durch das bayerische Gesetz vom 28. Mai 1852 über die Ausübung und Ablösung des Weiderechts auf fremdem Grund und Boden (Gesetzblatt 1853, S. 601 ff.), welches nach Art. 65 nur für das rechtsrheinische Bayern[23]) gilt, sind zwar die zur Zeit des Inkrafttretens dieses Gesetzes (28. Juli 1852, Art. 65 Weidegesetzes) bestehenden Rechtsverhältnisse in der Hauptsache erhalten; Art. 34 des Gesetzes bestimmt jedoch, daß der Eigentümer eines Grundstücks von da ab kein Weiderecht als Dienstbarkeit bestellen und ebensowenig bei Veräußerung von Grundstücken ein Weiderecht vorbehalten darf. Es kann somit auch ein Weiderecht vom 28. Juli 1852 an nicht mehr ersessen werden; eine bereits im Laufe befindliche Ersitzung kann nicht mehr fortgesetzt werden. Dagegen steht einem Vergleiche nichts im Wege, wenn darin die Anerkennung eines Weiderechtes als eines bereits vor dem 28. Juli 1852 entstandenen enthalten ist. Der Entstehungsgrund der unvordenklichen Verjährung kann auch jetzt noch in Anspruch genommen werden[24]).

Je weiter wir uns vom Jahre 1852 (das Weideges. ist am 17. Juli 1852 in Kraft getreten — Art. 65 Weideges.) entfernen, desto schwieriger wird der Nachweis der Unvordenklichkeit, wenn man auch den Nachweis verlangt, daß die Rechtsausübung schon vor 1852 stattgefunden hat. Bedenkt man, daß z. B. bereits nahezu 100 Jahre seit Inkrafttreten des Weideges. verstrichen sind und daß das Kindesalter Beobachtungen nicht zugänglich ist, so könnte heute der positive Nachweis für die Zeit

---

22) Über die Zuständigkeit der Verwaltung s. Kahr, Gemeindeordnung 318 ff.

23) Für die Pfalz s. Art. 86 AG.

24) Vgl. Oertmann 474; SeuffBl. 36, 1; OGH. 8, 394. Die Unvordenklichkeit erfordert einen negativen Nachweis (s. unten § 32 B III). Es ist nun nicht für genügend zu erachten, wenn bezüglich des vor Inkrafttretens des Weidegesetzes liegenden Zeitraums nur die negative Seite der Beweisführung zur Geltung kommt; es wird gefordert werden müssen, daß der für die Rechtsausübung zu erbringende positive Beweis noch in die Zeit vor dem 28. Juli 1852 hineinreicht. Vgl. hierüber unten § 31 II.

vor 1852 überhaupt nicht mehr erbracht werden. Damit würden gerade die ältesten Rechte, deren Ursprung völlig im Dunkeln liegt, nicht mehr nachgewiesen werden können. Da diese Folge unannehmbar ist, so muß ihre Grundlage falsch sein.

In SeuffBl. 33, 22 ist ausgeführt, daß zum Nachweis der Unvordenklichkeit auch solche Besitzhandlungen zuzulassen seien, die erst nach Einführung des Prohibitgesetzes ausgeübt worden sind. In SeuffBl. 33, 36 heißt es weiter: Ein Beweis der Unvordenklichkeit ist, weil nach ihrem Begriff die Entstehung des Rechts in undurchdringliche Vergangenheit fällt, an sich unmöglich; das Gesetz macht ihn aber dadurch möglich, daß es ihn als geliefert annimmt, wenn die ununterbrochene Dauer eines Zustandes in den letzten zwei Menschenaltern dargetan ist. Diese Präsumtion ist, schon weil sie nur eine Präsumption ist, allerdings nicht unfehlbar. Nichtsdestoweniger ist sie aber eine gesetzliche und im gedachten Fall wäre es daher Sache des Gegenbeweises darzutun, daß die Ausübung erst nach dem Jahre 1852 begonnen hat (SeuffBl. 33, 22 u. 36). Für den Bereich des Forstges. hat das Bayer. ObLG. 19, 369 ausgesprochen: „Eine nach Erlaß des Forstges. eingetretene unvordenkliche Verjährung erfordert nicht den Nachweis, daß schon z. Z. des Inkrafttretens des Forstges. unvordenklicher Besitz vorhanden war."

Man darf sich daher auch nach 1852 auf unvordenkliche Verjährung berufen, jedenfalls wegen der bereits vor 1852 verflossenen Zeit, aber wohl auch unter Verwertung der erst später abgelaufenen Zeit (Oertmann, Bayer. LandesprivR. S. 474).

Eine andere Frage ist die, ob nicht positive Ausübungshandlungen vor der Zeit, in der das Grundbuch als angelegt gilt, nachzuweisen sind.

Die Frage, ob unvordenkliche Verjährung auch unter der Herrschaft des BGB. von Bedeutung ist als allgemeines deutsches Gewohnheitsrecht, wird bejaht von Staudinger Vorbem. 10 vor § 194.

Dieses Verbot hat gemäß Art. 115 EGzBGB. auch vom Inkrafttreten des BGB. an fortdauernde Geltung.

Aus dem Verbot des Art. 34 Weidegesetzes ergibt sich die Folge, daß ein bestehendes Weiderecht nicht auf ein anderes herrschendes Grundstück oder berechtigtes Rechtssubjekt übertragen werden kann, weil hierdurch der Umfang der Berechtigung im Laufe der Zeit (z. B. wegen Veränderung des Bedürfnisses) ein ganz anderer werden könnte[25]). Nur bei bestimmt bemessenen (s. hierüber unten S. 449) persönlichen Dienstbarkeiten kann eine Übertragung unter Umständen zulässig sein.

Es handelt sich nur um unverzichtbare Befugnisse zum Weiden, die nicht auf einem obligatorischen Vertrag beruhen. Es steht jedem Grundeigentümer frei, seine Grundstücke zum Zwecke der Viehweide zu verpachten. Art. 34 Weideges. steht nicht entgegen. Zahlreich sind die Fälle, in welchen die Gemeindeverwaltung die Weide auf den Grundstücken der Gemeinde von Alters her verpachtet hat. Wenn der Pachtzins in die Gemeindekasse geflossen und nicht unter die einzelnen Grundbesitzer verteilt wurde, so wird darin, soweit hie Zeit vor Inkrafttreten des Weideges. in Betracht kommt, eine Rechtsausübung (also Besitzstand mit Besitzschutzrecht, vgl. unten S. 573) der Gemeinde zu erblicken sein, aus der ein dingliches Weiderecht der Gemeinde hergeleitet werden kann, falls die übrigen Voraussetzungen des Erwerbs durch Ersitzung oder unvordenkliche Verjährung vorliegen. Sind aber diese Voraussetzungen nicht erfüllt, so wird mit Haberstumpf (Bayer. Bürgermstr. 1923, 114) eine stillschweigend erteilte Vollmacht der Grundbesitzer an die Gemeinde anzunehmen sein, ihre Grund-

---

25) Vgl. RG. 8, 303.

stücke zur Schafweide zu verpachten und den Erlös für Gemeindezwecke zu verwenden; unter Umständen kann auch ein Gesellschaftsverhältnis sämtlicher beteiligter Grundbesitzer untereinander in Frage kommen.

Die Vollmacht kann gegenüber der Gemeinde, die Gesellschaft gegenüber den Gesellschaftern gekündigt werden (§§ 168, 723 BGB.). Gleichwohl müssen natürlich die Grundstücke bis zum Ablauf der vor der Kündigung geschlossenen Pachtverträge für die Weide zur Verfügung gestellt werden (Haberstumpf a. a. O.).

Die Einwendungen, welche Scherr im Bayer. Bürgermeister 1924, 65ff. gegen die Ausführungen von Haberstumpf (Der Bayer. Bürgermstr. 1924, 42) erhebt, sind nicht begründet. Scherr irrt, wenn er annimmt, daß das Weiderecht einer Gemeinde auf den Grundstücken der Gemeindebürger kein Recht an einer fremden Sache sei. Gewiß haben früher diese Grundstücke zur Markgenossenschaft gehört, aus der sich die Gemeinde entwickelt hat. Heute aber gehören sie eben der Gemeinde nicht mehr. Das Weiderecht der Gemeinde auf den Grundstücken der Gemeindebürger ist auch keine Eigentumsbeschränkung im öffentlichen Interesse mit dem Zwecke, der Gemeinde die Nutznießung des Gemeindevermögens uneingeschränkt zu erhalten, wie Scherr aufstellt. Der Ursprung des Weiderechts mag in öffentlichen Rechtsbeziehungen seine Wurzel haben. Aus dem früheren Nutznießungsrecht hat sich das Eigentum der einzelnen Gemeindemitglieder entwickelt; dieses Eigentum untersteht naturgemäß den Grundsätzen des bürgerlichen Rechts. Das einer Gemeinde zustehende Schafweiderecht ist, soweit es die Grundstücke der Bürger erfaßt, als irreguläre Personalservitut aufzufassen. Mit Recht hebt Haberstumpf (a. a. O. S. 66) hervor, daß seit Inkrafttreten des Weidegesetzes die Entstehung eines dinglichen Weiderechts an fremden Grundstücken ausgeschlossen ist. Den Gedankengängen Scherrs wird in vielen Fällen auf Grund unvordenklicher Verjährung Rechnung getragen werden können. Entgegen der Auffassung von Haberstumpf (Bayer. Bürgermstr. 1924, 42) wird anzunehmen sein, daß dann, wenn es in einer Gemeinde seit unvordenklicher Zeit üblich war, daß der Gemeinderat die Schafweide sämtlicher Grundstücke (auch der Privaten) für Rechnung der Gemeinde verpachtet hat, die Vermutung für eine Gemeindedienstbarkeit spricht (vgl. dagegen ObLG. 25, 163). Hierfür ist weder ein bestimmtes berechtigtes Grundstück noch ein bestimmtes Maß des Bedürfnisses erforderlich. Der Umfang des Rechts wird durch Herkommen bestimmt.

Daneben enthält das Weidegesetz Vorschriften über die Beschränkung der Weideausübung und die Ablösbarkeit der Weidedienstbarkeiten. Diese landesgesetzlichen Vorschriften sind durch Art. 113 EGzBGB. aufrecht erhalten.

Vom 1. Januar 1900 an können auch in der Pfalz neue Weiderechte nicht mehr begründet werden (Art. 86 AG.). Die dort bestehenden Weiderechte, die regelmäßig als Dienstbarkeiten zu betrachten sind[26]), bleiben mit dem bisherigen Inhalte aufrecht erhalten (Art. 184 EG.).

III. Rechtliche Natur der Weiderechte.

Das Weiderecht kommt in verschiedenen Rechtsformen vor. Die Weidebefugnis von Gemeindemitgliedern auf den unverteilten Gemeindegründen (Allmende) gehört regelmäßig dem öffentlichen Rechte

[26]) Henle Anm. 4 zu Art. 86 AG.

an[27]) (vgl. hierüber oben I). Voraussetzung ist hierbei, daß die Allmende auch wirklich der Gemeinde gehört und nicht etwa im Miteigentum der Weideberechtigten steht[28]); solchergestalt würde die Weide auf Grund des Eigentums, also eines Privatrechtes, ausgeübt[29]). Wenn den Gemeindebürgern das Weiderecht nicht allein auf den unverteilten Gründen der Gemeinde (der Allmende), sondern daneben auch auf dem gesamten Privateigentum der einzelnen Gemeindeglieder zusteht, so daß das Weiderecht auf der ganzen Flurmarkung lastet, so hat man es mit einer dem Privatrechte angehörenden Grunddienstbarkeit zu tun, die zum wesentlichen Teil als gegenseitige (sog. Koppelhut, s. unten IV) zu betrachten ist[30]). Hier erscheint die ganze Gemeindeflur, wenn auch die einzelnen Teile den verschiedenen Eigentümern gehören, in Rücksicht auf das Weiderecht als eine Einheit[31]). Der einzelne übt die Weide teils auf eigenem, teils auf fremdem Grunde aus[32]).

Wenn die Mitglieder einer Gemeinde oder einzelne Klassen derselben auf den Grundstücken eines Dritten, z. B. des Fiskus, ein gemeinschaftliches Hütungsrecht auszuüben befugt sind, so erscheinen im Zweifel diejenigen, welche das Recht nutzen (ihr Vieh auf dem belasteten Grundstücke weiden lassen), auch als die Beisitzer des Rechtes, welches als eine gemeinschaftliche Dienstbarkeit zu erachten ist. Es liegt solange kein Grund vor, diejenigen, welche das Recht ausüben und welchen die Nutzungen zugute kommen, nicht auch für die Eigentümer oder wenigstens für die vollständigen Besitzer der Berechtigung anzusehen, als nicht erhellt, daß sie das Recht nicht als ihr eigenes, sondern nur in ihrer Eigenschaft als die zur Ausübung des Rechtes eines anderen (der Gemeinde) Berufenen ausgeübt haben. Hierfür müßten besondere Nachweise geliefert werden[33]).

Die dem Privatrechte zugehörigen Weiderechte sind sowohl im rechtsrheinischen, wie im linksrheinischen[34]) Bayern regelmäßig als Grunddienstbarkeiten zu erachten[35]). Allerdings kann das Weiderecht

---

27) SeuffA. 37 Nr. 284.

28) S. oben S. 428 Anm. 2 (vgl. JheringsJ. 10, 506).

29) SeuffBl. 61, 33 (s. oben I).

30) OGH. 13, 212.

31) Vgl. hierzu oben S. 398 Anm. 89.

32) Stobbe § 133 II, A 17.

33) JW. 1888, 144 Nr. 37 (RG.); vgl. SeuffA. 15 Nr. 205 und dagegen 9 Nr. 256.

34) Henle-Schneider Anm. 4 zu Art. 86 AG.

35) In Deutschland war das Hut- und Weiderecht schon vor der Rezeption des römischen Rechts verbreitet. Man kann wohl behaupten, daß das Hut- und Weiderecht zumeist mit der Gemeindeverfassung, der Gutsherrlichkeit und mit dem Gesamteigentum am Grund und Boden nach der Art seiner Entstehung zusammenhängt. Gleichwohl sind auch auf solche Gerechtsame die Grundsätze der römisch-rechtlichen Servituten anzuwenden, soweit nicht

auch ohne Beziehung auf ein herrschendes Grundstück einer bestimmten physischen oder juristischen Person (Gemeinde), auch einer Korporation[36]), zustehen. Doch bildet dies die Ausnahme und es ist daher Sache desjenigen, der diese rechtliche Konstruktion geltend macht, die hierfür erforderlichen Unterlagen nachzuweisen[37]). Aber auch in diesem Falle hat man es nach bisherigem Recht zumeist mit einer Grunddienstbarkeit zu tun. Das gemeine Recht hat die irregulären Personalservituten als Grunddienstbarkeiten behandelt, die ohne Beziehung auf ein herrschendes Grundstücks eingeräumt sind[38]) (s. oben Seite 390). An eine der Gesamtheit der Berechtigten als einer Korporation zustehende irreguläre Personalservitut wird man z. B. denken können, wenn ein für die Zwecke der Weideausübung reserviertes gemeinschaftliches Vermögen vorhanden ist[39]).

In der Markgenossenschaft waren Felder, Wiesen und Weiden gemeinschaftlich. Diese Gemeinschaft hörte zwar nach und nach dadurch auf, daß die in alten Zeiten einzeln und zerstreut gebauten Siedlungen mehr aneinander rückten und Dörfer entstanden. Dadurch wurde eine neue Abteilung der Grundstücke notwendig (Denz, Handb. d. deutschen PrivR. § 283). Aber gerade die Verteilung der Grundstücke im Umkreis einer Ortschaft führte dazu, daß die weiter entfernt gelegenen Grundstücke der Gemeinde vorbehalten wurden, während die aufgeteilten Grundstücke zu gewissen Zeiten der Gemeindeherde geöffnet wurden (Hagemann S. 164).

Die landesgesetzlichen Vorschriften über die zur Zeit des Inkrafttretens des BGB. bestehenden Realgemeinden und ähnlichen Verbände, deren Mitglieder als solche an land- und forstwirtschaftlichen Grundstücken berechtigt sind, sind durch Art. 164 EG. aufrecht erhalten, wobei es keinen Unterschied macht, ob diese Verbände juristische Personen sind oder nicht und ob die Berechtigung der Mitglieder an Grundbesitz geknüpft ist oder nicht (vgl. bez. der Weideverbände DAnw. § 74).

Ein Weiderecht, welches in der Gutsherrlichkeit seinen Ursprung hat, ist in der Regel als Grunddienstbarkeit zu betrachten, da die Gutsherrlichkeit regelmäßig ein untrennbares Attribut eines Güterkomplexes und nicht etwa ein persönliches Recht war[40]).

---

besondere Regeln durch den Begründungstitel oder das rechtliche Herkommen nachweisbar sind (SeuffA. 7 Nr. 271).

[36]) Vgl. SeuffBl. 36, 344 u. 412 (Weiderecht einer Innung; Einfluß der gesetzlichen Aufhebung der Zünfte); vgl. Matthiae, Contr. Lex. 2, 142; SeuffA. 1 Nr. 1; 1 Nr. 9; 1 Nr. 313—316.

[37]) Dies gilt in gleicher Weise nach gemeinem Recht (OGH. 13, 213; SeuffBl. 38, 269), wie nach BayLR. (OGH. 16, 188) und ALR. (Stobbe § 133 Anm. 34; OGH. 13, 213).

[38]) Vgl. Roth, Bayer. ZR. 2 § 156 Anm. 6 und § 163 Anm. 9; SeuffBl. 8, 144 (Ersitzung); 13, 159; s. dagegen BayZ. 1906, 446 (Bamberg) u. ObLG. N. F. 3, 505.

[39]) Vgl. OGH. 13, 212.

[40]) Roth, Bayer. ZR. § 163 Anm. 9; SeuffBl. 38, 269. Vgl. aber auch Stobbe § 131 II, A a.

Die Ausübung des Weiderechts kann grundsätzlich selbständig (das ist ohne das herrschende Gut) nicht verpachtet werden, denn die Grunddienstbarkeit ist Bestandteil des herrschenden Grundstücks und kann auch der Ausübung nach nicht von diesem getrennt werden (vgl. Preuß. NR. S. 353). Daran ändert der Umstand nichts, daß durch die Verpachtung des Weiderechts der Eigentümer des herrschenden Grundstücks den Pachtzins erhält; denn dieser Vorteil erwächst nur dem Eigentümer persönlich (Roth, BZR. § 163 Anm. 41; SeuffBl. 7, 128; 32, 213; Stobbe § 133 Anm. 19 u. 20). Die gegenteilige Ansicht Gerbers § 145, 4 erscheint nicht richtig.

Es ist allerdings ein Vorteil für das herrschende Gut, daß es durch das Auftreiben der Schafe den Dünger gewinnt. Dieser Vorteil tritt jedoch neben jenem, den die Schafhaltung für den Schäfer bedeutet, derart in Hintergrund, daß er nicht ausschlaggebend ist. Eine andere Beurteilung wäre denkbar, wenn die zum herrschenden Gut gehörenden Grundstücke wegen ihrer unzugänglichen Steillage auf andere Weise als durch Schafauftrieb keine ordentliche Düngung erhalten könnte. Anders liegt der Fall, wenn das Weiderecht ein irreguläres Personalservitut ist; der Beweis dieses Charakters des Weiderechts liegt dem ob, der sich darauf beruft. Nur solche irreguläre Personalservituten hat Artikel 29 Weideges. im Auge, wenn dort die Zulässigkeit der Verpachtung des Weiderechts unterstellt wird.

Für partikuläre Rechtsbildungen, wonach auch bei eigentlichen Grunddienstbarkeiten eine selbständige Verpachtung zulässig ist, scheint ein Nachweis nirgends erbracht zu sein. Wo die Zulässigkeit der selbständigen Verpachtung nachgewiesen ist, beruht dies auf der Auffassung einer irregulären Personalservitut (ObLG. 12, 124: SeuffA. 3 Nr. 147; Stobbe § 133 Anm. 20). Der Nachweis, daß es sich um eine deutsch-rechtliche Servitut handelt, genügt für sich allein nicht, um die Zulässigkeit der selbständigen Verpachtung darzutun. Es muß im Einzelfall nachgewiesen werden, daß nach dem Herkommen dieses Weiderechts selbständig verpachtet wurde (ObLG. 12, 124). Wenn dieser Nachweis erbracht wird, hat man es mit einer irreg. Personalservitut zu tun.

Wenn einer Gemeinde ein ausschließliches Weiderecht zusteht, dann muß das dienende Gut sowohl die durch das Hutungsrecht ausübende Person als auch das auszutreibende Vieh anerkennen, weil das Weiderecht der ganzen Gemeinde, mithin auch jenen Mitgliedern zukommt, die in die Gemeinde eintreten, nachdem das Weiderecht schon erworben war (Hagemann, Landwirtschaftsrecht S. 555).

IV. Einseitige und gegenseitige Weiderechte. Koppelhut.

Die Weideberechtigung ist entweder eine einseitige oder gegenseitige (sog. Koppelhut) [41]. Streitigkeiten darüber, ob ein Weiderecht ein einseitiges oder ein gegenseitiges ist, gehören zur Zuständigkeit der Gerichte (Art. 48 Ziff. 4 Weidegesetz) [42]. Eine solche Koppelhut ist gegeben, wenn die Grundstücke mehrerer Grundbesitzer einen gemeinschaftlichen Hü-

[41]) Koppel bedeutet Gemeinschaft. Eine solche Gemeinschaft kann eintreten:
1. auf einem Gut, wenn es jemand mit einem anderen in Gemeinschaft behütet,
2. auf einem fremden Gut, wenn jemand dort mit dem Eigentümer desselben oder zugleich mit anderen weidet,
3. wenn jemand ein fremdes Grundstück beweiden läßt, während dessen Eigentümer auch das Grundstück des Ersteren beweidet,
4. mit anderen Mitgliedern einer Gemeinde, wenn einer, der Mitglied der Gemeinde ist, deren Grundstücke beweidet (Hagemann 568 und Gerber, DPR. § 145 Anm. 2).

[42]) VGH. 15, 118.

tungsbezirk bilden, dergestalt, daß jedes der betreffenden Grundstücke die Eigenschaft des herrschenden und dienenden Grundstückes hat[43]). Regelmäßig wird die Weide gemeinschaftlich ausgeübt[44]). Nicht damit zu verwechseln ist der Fall, daß mehrere Weideberechtigte gemeinschaftlich oder nebeneinander auf Grundstücken, die ihnen nicht gehören, zu weiden berechtigt sind[45]). Doch kann eine einseitige und gegenseitige Weideberechtigung gleichzeitig gegeben sein, so z. B. wenn die ganze Gemeindemarkung einen einheitlichen Weidebezirk[46]) bildet; so ist das Weiderecht auf der Allmende und anderen Grundstücken, deren Eigentümer nicht zu den Koppelhutberechtigten gehören, eine einseitige Dienstbarkeit, während das auf den übrigen Grundstücken wechselseitig ausgeübte Weiderecht unter den Begriff der Koppelhut fällt[47]). Zu beachten ist ferner, daß eine Koppelhut nicht schon deshalb vorliegt, weil neben dem Weide-

---

[43]) ALR. I, 22 §§ 135—137. Wohl regelmäßig wird die Entstehung der Koppelhut auf gegenseitige Rücksichtnahme zurückzuführen sein. Es wäre aber unrichtig, deshalb die Vermutung dafür streiten zu lassen, daß das gegenseitige Beweiden ein precarium sei. Vielmehr muß derjenige, der behauptet, daß es ein precarium sei, solches beweisen (Glück, Pand. 10, 186).

[44]) Es versteht sich von selbst, daß die Koppelhutsberechtigten das Weiderecht in einer gemeinschaftlichen Herde ausüben; freilich hat jeder Mitberechtigte regelmäßig ein Interesse daran, daß der andere nicht eine besondere Herde auftreibt und dadurch seinem Vieh zuvorkommt. Wenn aber von jeher das Weiderecht in einer gemeinschaftlichen Herde ausgeübt wurde, so ist dieses Verhältnis, wozu auch die gemeinschaftliche Besoldung des Hirten gehört, wegen des bleibenden und natürlichen Zusammenhanges, in welchem es zu dem dinglichen Rechtsverhältnisse steht, als Modalität desselben zu erachten; es hat also dinglichen Charakter und ist nicht etwa als ein bloßes obligatorisches Verhältnis (societas) zu betrachten. SeuffA. 5 Nr. 251. Vgl. SeuffBl. 26, 167 über die Zuständigkeit der Verwaltung für Streitigkeiten zwischen den Mitgliedern einer Gemeinde oder zwischen einzelnen Mitgliedern und der Gemeinde selbst über die Ausübung einer der letzteren zustehenden Koppelhut auf ihrer Flurmarkung. — Der Mitweideberechtigte hat gegen die exzedierenden Genossen den Anspruch auf Unterlassung, SeuffBl. 54, 154.

[45]) In diesem Fall richtet sich das Rechtsverhältnis der mehreren Berechtigten unter sich nach den Grundsätzen der Gemeinschaft, das Verhältnis aller zum Eigentümer des dienenden Grundstückes nach den allgemeinen Grundsätzen über Dienstbarkeiten, vgl. SeuffBl. 17, 229.

[46]) Wenn die Gemeinde ein Schafweiderecht nicht besitzt, so bildet die Schafweide auf der Gemeindemarkung keinen gemeindlichen Vermögensbestandteil; die Gemeinde ist daher ohne Zustimmung der sämtlichen Grundeigentümer nicht befugt, die Einführung einer Gemeindeweide zu beschließen, vgl. VGH. 6, 84.

[47]) Die wechselseitige Weide ist nicht nur ein Ausfluß einer Rechtsbefugnis, sondern oftmals auch als precarium, beruhend auf grundnachbarlichem Einvernehmen, aufzufassen. Hat die wechselseitige Weideausübung regelmäßig stattgefunden, so wird man im Zweifel eine wechselseitige Grundgerechtigkeit anzunehmen haben. Hat dagegen die gegenseitige Beweidung nicht regelmäßig und beständig auf eben denselben Grundstücken, sondern nur zuweilen und bald auf diesem, bald auf jenem Grundstück stattgefunden, so wird im Zweifel ein precarium zu unterstellen sein (ALR. I 22, 135 u. 136 hat diesem der Natur der Verhältnisse entnommenen Grundsatz zur gesetzlichen Vorschrift erhoben).

berechtigten der Eigentümer des dienenden Grundstücks ebenfalls auf seinem Grundstück weiden darf. Erfordernis für die Koppelhut ist vielmehr, daß er auch seinerseits auf dem Grundstücke des anderen zu weiden berechtigt ist. Wenn jedem Besitzer eines Gemeinderechts das Weiderecht mit 3 Schafen auch dann zusteht, wenn er keine Scholle Land für die Weide zur Verfügung stellt, während andererseits sonstige Gemeindebewohner von der Teilnahme ausgeschlossen sind, mag auch deren der Weidegenossenschaft dienender Grundbesitz noch so groß sein, dann ist für die Gesamtheit der Gemeinderechtsbesitzer eine Dienstbarkeit begründet auf der Gesamtflur der Gemeinde, so daß also jener Gesellschaft der Berechtigten die Gesamtheit der Grundbesitzer als Verpflichtete gegenübersteht. In solchem Fall liegt kein gegenseitiges, sondern ein einseitiges Weiderecht vor[48]).

V. Das Schäfereistabrecht ist eine besondere Rechtsbildung, vermöge deren ein wechselseitiger Anspruch besteht, daß die Schafe mehrerer Schafhalter dem Stabführenden zur Obhut übergeben und von diesem übernommen werden[49]). Es kann auch in der Art bestehen, daß der Gemeinde das Recht zusteht, die Schafe der einzelnen Gemeindemitglieder unter dem Stabe des Gemeindeschäfers hüten und hürden zu lassen[50]). Der Inhalt dieses Rechtsverhältnisses wird durch das bisherige Herkommen bestimmt. Dieses ist maßgebend für die Zeit, während welcher die Schafhalter ihre Schafe unter den Hirtenstab zu bringen haben. Zumeist hat der Stabführende das Recht zu verlangen, daß von Seite der Zutreibenden jedes Alleinhüten unterbleibt, sobald sein Hirte die Hut eröffnet hat. Doch bleibt es dem einzelnen Schafbesitzer mangels eines entgegenstehenden Herkommens unbenommen, seine Schafe von der Gemeindeherde zurückzuhalten und im Stalle zu füttern oder auf den ihm gehörigen, der Gemeindehut nicht unterworfenen Äckern hüten und hürden zu lassen[51]). Der Stabberechtigte hat die Verpflichtung zur sorgfältigen Obhut der Schafe; er darf die ihm zugetriebenen Schafe nicht zugunsten seiner eigenen zurücksetzen[52]). Wenn ihm auch die Abteilung der unter seinem Stab gehörigen Schafe in einzelne Herden frei steht, so darf er doch nicht ohne dringende, dem allseitigen Interesse entnommene Veranlassung willkürlich gleich-

---

Auf die Koppelhutgerechtigkeit finden die Grundsätze über einseitige Weiderechte Anwendung, so namentlich die, daß die nicht festbestimmte Pacht sich nach dem Durchwinterungsfuß richtet (Hagemann 575).

[48]) Vgl. BGH. 15, 119.

[49]) Vgl. Fuldaer Landrecht bei Weber 3, 1002.

[50]) Vgl. AppGer. Wolfenbüttel in Matthiae, Kontroversen-Lexikon 458.

[51]) AppGer. Wolfenbüttel a. a. O.; Hagemann, Landwirtschaftsrecht §§ 310, 311, 316.

[52]) Holzschuher, Theor. u. Kas. 2, 394.

artige Schafe überhaupt, also auch nicht seine Mutterschafe und die Mutterschafe der Stabpflichtigen trennen und auf der gemeinschaftlichen Weide besonders hüten lassen, da dies der Natur der Verbindung der Schafe unter einem Stabe, d. h. unter demselben Hirten, widerstreitet, aber auch dem völlig gleichmäßigen und gleichzeitigen Mithütungsrecht der Stabpflichtigen. Denn nur durch das Beisammenlassen der gleichartigen Schafe wird die gleichmäßige Behandlung der fremden und der eigenen Schafe gewährleistet[53]). Regelmäßig fließen dem Stabberechtigten die mit der Beweidung verbundenen Vorteile, z. B. das Pferchgeld, zu, während er andererseits die erforderlichen Zuchtböcke halten und auch die Hunde, Hürden und Schäferkarren stellen muß[54]).

VI. Hordenschlag- und Pferchrecht; Weidegeld

Mit dem Weiderecht steht im Zusammenhange das Hordenschlagrecht, eine Dienstbarkeit, vermöge deren dem Weideberechtigten die Befugnis zusteht, das fremde Grundstück für sein Weidevieh nicht nur zum Weiden, sondern auch als Aufenthaltsort, insbesondere während der Nacht, zu benützen, es dort einzupferchen. Wer das Hordenschlagrecht besitzt, hat regelmäßig auch die Befugnis, seine Schäferhütte oder den Schafkarren auf des anderen Grund und Boden zu stellen[55]). Wohl hiervon zu unterscheiden ist das Pferchrecht[56]), welches eine Belastung des weideberechtigten Grundstücks darstellt. Es verleiht dem Besitzer des weidedienenden Grundstücks einen Anspruch darauf, daß der Weideberechtigte das Weidevieh, namentlich Schafe, während der Mittagszeit oder während der Nacht auf dem beweideten Grundstücke lassen muß, so daß dem Grundstücke der während dieser Zeit anfallende Dünger zugute kommt[57]) (ius faldagii). In solchem Falle darf der Weideberechtigte den Dünger nicht fortnehmen, wozu er sonst berechtigt wäre. Das Pferchrecht ist regelmäßig[58]) keine selbständige Berechtigung, sondern ist mit der Weidebefugnis als eine damit zusammenhängende Gegenleistung des Berechtigten verknüpft[59]). Auf diese Gegenleistungs-

---

[53]) SeuffA. 16 Nr. 197.

[54]) Holzschuher, Theor. u. Kas. 2, 395.

[55]) Holzschuher, Theor. u. Kas. 2, 385.

[56]) Zuweilen wird „Pferchrecht" gleichbedeutend mit Hordenschlagrecht gebraucht. Vgl. Holzschuher, Theor. u. Kas. 2, 385; Fuldaer Landrecht; Weber 3, 1002.

[57]) ALR. I, 22 § 157.

[58]) Eine selbständige Berechtigung liegt vor, wenn dem Eigentümer eines Grundstückes, das nicht weidepflichtig ist, ein Pferchrecht zusteht. Vgl. SeuffBl. 24, 186.

[59]) SeuffA. 20 Nr. 109; SeuffBl. 31, 366; Stobbe § 133 II, A 6. Die Verpflichtung des Weideberechtigten, die Schafe auf der beweideten Flur Mittagsruhe halten zu lassen, steht in untrennbarem Zusammenhang mit dem Schäfereirecht und ist ein Ausfluß des-

pflicht finden die Grundsätze über Reallasten Anwendung[60]). Übt der Weideberechtigte sein Weiderecht nicht aus, so braucht er natürlich auch nicht zu pferchen. Die Pferchpflicht des Weideberechtigten fällt regelmäßig mit einer ihm zustehenden Pferchbefugnis im Sinne eines Hordenschlagrechtes zusammen. Will der Eigentümer des für die Weide dienenden Grundstücks behaupten, daß der Weideberechtigte nicht nur das Recht hat zu pferchen (Hordenschlagrecht), sondern die Pflicht, so muß er einen besonderen Nachweis für die Begründung dieser Verpflichtung erbringen. Hierzu genügt noch nicht die Tatsache, daß während rechtsverjährender Zeit der Weideberechtigte tatsächlich gepfercht hat, sondern es müssen Anhaltspunkte dafür geliefert werden, daß dies in Anerkennung einer Rechtspflicht geschehen ist[61]). Solche Anhaltspunkte würde z. B. das Pferchen auf Anfordern des Berechtigten bieten, aber auch ein genau eingehaltener Turnus in der Aufstellung des Pferches auf den einzelnen Grundstücken. Bei einem Streite über die Verpflichtung der Weideberechtigten zum Pferchen sind die Gerichte zuständig, die überhaupt darüber zu entscheiden haben, ob und in welchem Maße der Weideberechtigte zu Gegenleistungen an den Weidepflichtigen verbunden ist (Art. 48 Ziff. 6 Weidegesetz). Durch die Zahlung eines Weidegeldes wird der Charakter der Rechtsausübung nicht ausgeschlossen (s. oben S. 396 Anm. 125)[62]).

VII. Mithut des Eigentümers.

Der Eigentümer des mit dem Weiderecht eines Dritten belasteten Grundstücks ist neben[63]) diesem zur Mithut[64]) berechtigt[65]), soferne

---

selben. Es betrifft den modus exercendi des Weiderechts; es darf nur so ausgeübt werden, daß, so oft geweidet wird, die Mittagsruhe der Schafe auf derselben Flur gehalten werden muß. Der auf Einhaltung dieser Mittagsruhe gerichtete Anspruch ist mit der actio negatoria zu verfolgen. Vgl. übrigens SeuffA. 32 Nr. 8; dort ist als möglich anerkannt, daß ein Pferchnutzungsrecht, welches auf einem dem öffentlichen Rechte angehördenden Kommunalschafweiderecht ruht, dem Privatrecht angehören kann.

[60]) Kohler, ArchZivPrax. 87, 192 betrachtet das Pferchrecht als eine Servitut auf den Dünger der auf dem Grundstück befindlichen Tiere.

[61]) SeuffA. 1 Nr. 4 und Nr. 181.

[62]) Es kann daher eine Weideservitut, die mit einer laufenden Geldvergütung belastet ist, auch ersessen werden. Die Gegenleistung für die Servitut kann in ihrem Gesamtbetrage festgesetzt (vgl. ALR. I, 22 § 104) oder nach der wechselnden Viehzahl bestimmt sein. JW. 1894, 33 Nr. 103. Über Auflösung einer mit Weidegeld belasteten Weidegerechtigkeit vgl. JW. 1889, 49 Nr. 31.

[63]) Dem Eigentümer ist es unbenommen, während der Zeit, zu welcher der Berechtigte sein Weiderecht nicht ausüben darf (geschlossene Zeit), seine Wiese zu behüten, obwohl weit weniger Futter zurückbleibt, wenn das Futter nicht mit der Sense, sondern durch Schafe abgebracht wird (SeuffA. 7 Nr. 271).

nicht der Berechtigte die Ausschließlichkeit seines Rechtes nachweisen kann[66]).

Streitigkeiten darüber, ob das Weiderecht ein ausschließliches ist oder ob noch andere das Mithütungsrecht haben, gehören zur Zuständigkeit der Gerichte (Art. 48 Ziff. 3 Weidegesetz).

Für das Mitbenützungsrecht des Eigentümers besteht die Beschränkung, daß hierdurch die Ausübung des vollen Rechtes des Berechtigten nicht unmöglich gemacht werden darf. Reicht also die Weide auch bei einem gegenseitigen Ineinanderschicken des Berechtigten und des Eigentümers nicht aus, um neben dem des Eigentümers das für die Weideberechtigung zustehende Vieh[67]) zu erhalten, so muß der Eigentümer

---

[64]) Vgl. SeuffA. 1 Nr. 181. Der Eigentümer eines Grundstückes, auf welchem eine Rindviehservitut lastet, ist nicht berechtigt, dieses Grundstück mit einer Schafherde zu beweiden, weil das Rindvieh da nicht gerne frißt, wo Schafe gegrast haben, vgl. SeuffBl. 17, 232. Vgl. unten S. 446 Anm. 79.

[65]) Vgl. ALR. I, 22 § 89; SeuffA. 7 Nr. 10. — Der Eigentümer ist an sich nicht auf das Vieh beschränkt, welches er durchwintern kann und darf auch Dritten die Mithut gestatten. Stobbe § 133 Anm. 27; SeuffA. 1 Nr. 11.

[66]) S. hierüber oben S. 405; SeuffBl. 21, 210; SeuffA. 1 Nr. 9ff.; 7 Nr. 10; 22 Nr. 20 (Vertreibung des Schäfers des dienenden Grundstücks von der Mithut ohne Wissen seines Eigentümers). In der bloßen Tatsache, daß seit unvordenklicher Zeit der Weideberechtigte allein, der Eigentümer dagegen nicht gehütet hat, kann ein die Mithut des Eigentümers ausschließender Besitzstand nicht gefunden werden. Dazu wäre erforderlich, daß entweder der Eigentümer die Mithut versuchte und auf Widerspruch davon Abstand oder daß er das Hüten nachweisbar deshalb unterlassen hat, weil er sich bewußt war, daß er wegen eines inmitte liegenden besonderen Verhältnisses dazu nicht berechtigt sei (SeuffA. 1 Nr. 4; 6 Nr. 158). Wenn aber der Berechtigte ein bestimmtes Maß von Berechtigung (300 Schafe) durch Verjährung erworben hat und der Ertrag des dienenden Gutes zur Ernährung dieser 300 Schafe nicht ausreicht, wenn der Eigentümer mithütet, so muß der Eigentümer zurückstehen (SeuffA. 1 Nr. 10). Ist das Schäfereirecht dadurch entstanden, daß es bei der Übertragung des Eigentums von Grundstücken auf diesen vorbehalten wurde, so ist damit im Zweifel noch keine Ausschließlichkeit des Hütungsrechts dargetan (SeuffA. 1 Nr. 12). Zuweilen ist die Ausschließlichkeit der Weideberechtigung im gutsherrlichen Verbande begründet, indem sich an den ehemals der Gutsherrlichkeit unterworfenen Grundstücken auch nach deren Umwandlung in freies Eigentum bezüglich der Weideausübung das volle Herrschaftsrecht des früheren Gutsherrn erhielt (vgl. Stobbe § 133 II, B). Allein dies bedarf des besonderen Nachweises im Einzelfall. Es spricht für die Ausschließlichkeit der Weideberechtigung des Gutsherrn keine Vermutung, vgl. Holzschuher, Theor. u. Kas. 2, 386. Anders für preußisches Recht ALR. I, 22 § 146. Wenn „für den Gutsherrn zu A" die Schafhutgerechtigkeit bestellt ist, dieser aber auch in C ein Gut besitzt, so ist im Zweifel anzunehmen, daß durch die Bezeichnung des gutsherrlichen Sitzes zu A das herrschende Grundstück festgesetzt und nicht etwa bloß der Wohnsitz des Gutsherrn angegeben werden sollte. Der Gutsherr kann daher für seine Schafhaltung in C die Hutgerechtigkeit nicht beanspruchen. Holzschuher, Theor. u. Kas. 2, 385.

[67]) Die zuständige Zahl der Weidetiere ist nicht bestimmt, sondern nur nach oben begrenzt, wenn das Weiderecht mit so viel Schafen zuständig ist, als auf dem herrschenden Gut überwintert (s. unten S. 447 Anm. 85) werden können. Vgl. Holzschuher, Theor. u. Kas. 2, 388. Die Haltung einer bestimmten Zahl von Schafen kann übrigens ebensogut zufällig,

so weit zurückstehen, daß der Berechtigte sein Recht voll ausüben kann[68]. Nach manchen Partikularrechten hat jedoch in solchen Fällen eine verhältnismäßige Einschränkung der beiderseitigen Hütungsbefugnisse einzutreten[69].

Besonders zu beurteilen ist die Frage, ob der Eigentümer während der Zeit, zu welcher der Weideberechtigte die Weide auszuüben nicht berechtigt ist (geschlossene Zeit), sein eigenes Vieh auftreiben darf. Hierzu ist er uneingeschränkt befugt, auch wenn dadurch die Weide des Berechtigten in der offenen Zeit geschmälert wird, indem die Schafe des Eigentümers viel weniger Futter übrig lassen als die Sichel[70].

Wo hiernach der Eigentümer neben dem Berechtigten auf seinem Grundstücke zu weiden befugt ist, liegt deswegen eine Koppelhut nicht vor. Dazu wäre erforderlich, daß der Eigentümer des belasteten Grundstücks auch seinerseits auf dem berechtigten Grundstücke zu weiden befugt ist.

Wenn die ganze Gemeindemarkung mit einem Weiderecht belastet ist, gilt nach bisherigem Recht die Gemeindemarkung als ein einziges dienendes Grundstück. Die Ausübung des den einzelnen Grundbesitzern ex iure dominii zustehenden Mithutrechtes kann auf allen Grundstücken mittels einer Gemeindeschäferei erfolgen[71].

Dr. Seuffert führt in den gesammelten rechtswissenschaftl Abhandl., Erlangen 1837, aus: Die Feldmark eines Dorfes bildet ein bleibendes abgeschlossenes Ganzes; ihre Integrität und Identität ist ganz unabhängig von dem Wechsel im Eigentum der einzelnen darin begriffenen Grundstücke (S. 16). So wie die mehreren Dorfeinwohner zusammen eine moralische Person, eine Personeneinheit bilden, ebenso bilden die mehreren im Bereich der Markung gelegenen Grundstücke im Verhältnis zur ganzen Gemeinde zusammen eine Sacheinheit, eine juristische Ganzheit (S 18).

Das der Gemeinde auf die Dorfmark, als universitas zustehende Recht kann seinem Inhalt nach nur darauf gehen:

a) die Integrität des Markverbandes zu erhalten, d. h. die Lostrennung einzelner Teile zu verhindern,

---

wie in der Absicht geschehen sein, um durch diese bestimmte Zahl den Eigentümer von der Mithut auszuschließen. Diese Absicht ist dann erkennbar, wenn der Eigentümer einmal die Mithut ausüben wollte, der Weideberechtigte aber sich dagegen auf die hergebrachterweise bestimmte Stückzahl berief und hierauf der Eigentümer von der Mithut Abstand nahm (SeuffA. 1 Nr. 407).

[68]) SeuffA. 1 Nr. 10; Stobbe § 133 II, A 4. — Dies gilt insbesondere auch im Falle der Verminderung der Weide. — Mit Recht führt Holzschuher, Theor. u. Kas. 2, 388 aus, daß der Grundsatz, wonach Servituten schonend auszuüben sind, nicht zu einer Schmälerung des zustehenden Rechts führen kann. Erstreckt sich die rechtliche Grenze der Servitut bis auf den vollen Bedarf des herrschenden Gutes, dann kann der Berechtigte durch die Rücksicht auf die Interessen des Eigentümers nicht verbunden sein, etwas aufzugeben, um dem Verpflichteten die rechtlich begründete Last zu erleichtern.

[69]) ALR. I, 22 §§ 103ff.

[70]) SeuffA. 7 Nr. 272.

[71]) S. oben S. 439.

b) solche Verfügungen und Maßregeln über alle Bestandteile der Markung zu treffen, welche die Erreichung der Zwecke des Gemeindeverbandes erfordern, insbesondere:

c) um die als Ganzes von außen angegriffene Dorfmark in Gemäßheit der Gemeinheitszwecke zu verteidigen und zu vertreten.

Das nach diesen Merkmalen bestimmte Recht kann mit dem Wort „Markrecht" bezeichnet werden (S. 24).

Kraft dieses Markrechts ist die Gemeinde zur Sache legitimiert, wenn es gilt Angriffe abzuwehren, welche von außen gegen die Dorfmark in ihrer Totalität gerichtet werden. Zu dergleichen Angriffen muß es gerechnet werden, wenn der Besitzer des praedium dominans das Weiderecht auf die gesamte Dorfmark in Anspruch nimmt (S. 25). Hieraus folgert Seuffert (S. 29): Wenn eine bestehende Weideservitut die ganze Feldmark umfaßt, kann die Ausübung der Mithut (Jus compascendi) von der Gemeinde durch Begründung einer Gemeindeschäferei geschehen.

Mit etwas verschwommener Begründung versucht Seuffert (S. 31) den Nachweis, daß da, wo eine Weidegerechtigkeit auf der ganzen Gemeindemarkung ruht, dieses den einzelnen Grundstückseigentümern zustehende Recht, auf Grund ihres Eigentums auf ihrem Grundstück zu weiden, der Gemeinde zustehe und von ihr durch eine Schäferei ausgeübt werden könne. Nach der Idee des Gemeindeverbandes dürfe und solle die Gemeinde überall da einschreiten, wo irgendein landwirtschaftlicher Zweck nicht durch die einzelnen Gutsbesitzer, wohl aber durch die Gemeinde deren Einheit als moralische Person erreicht werden könne. In solchen Fällen gingen die Befugnisse, die ursprünglich nur den Einzelnen zustehen, ipso jure, d. h. in Gemäßheit der Gemeinheitszwecke auf die Gemeinde über, damit sie von dieser zum Heile aller und zur Blüte der von allen betriebenen Landwirtschaft geltend gemacht werde. Das Markrecht begründe für die Gemeinde die Befugnis durch Schaffung einer Gemeindeschäferei die Mithut zugunsten der allseitigen Landwirtschaft auszuüben (S. 33—37).

Nur der letzte Grund erscheint zutreffend mit folgender Maßgabe: Wenn eine Weideberechtigung auf der ganzen Gemeindemarkung ruht, wird die ganze Markung als ein Grundstück aufgefaßt. Das Eigentum am einzelnen Grundstück tritt in den Hintergrund, es verliert seine Selbständigkeit gegenüber dem Weiderecht. Das Weiderecht bleibt am einzelnen Grundstück erhalten, auch wenn es 10 Jahre lang oder überhaupt niemals auf diesem Grundstück ausgeübt wurde. Weil nun diese ganze Markung eine einheitliche ist, kann darüber nicht jeder Einzelne der dazu gehörigen Grundstückseigentümer hinsichtlich der Beziehungen zu den Weideberechtigten verfügen. Das kann nur die Gemeinde kraft ihres Markrechts. Da der Eigentümer des dienenden Grundstücks unter gewissen Einschränkungen das Recht der Mithut auf seinem Grundstück hat, steht dem Repräsentanten der Mark, also der Gemeinde, das Recht der Mithut auf der als ein Grundstück betrachteten Mark zu.

VIII. Art und Zahl des Weideviehs.

1. Fremdes Vieh. Im Wesen der Grunddienstbarkeiten ist es gelegen, daß die Weideberechtigung nicht über den eigenen Bedarf des herrschenden Gutes ausgedehnt werden darf. Daraus ist zuweilen gefolgert worden, daß der Weideberechtigte nur eigenes und kein gepachtetes Vieh zur Weide bringen dürfe[72]). Dem ist nicht beizupflichten. Allerdings darf der Weideberechtigte die Ausübung des Weiderechts

[72]) SeuffBl. 8, 128; Mittermaier, DPrR. § 168.

für sich allein, also ohne das herrschende Grundstück, nicht verpachten [73]. Aber es steht nichts im Wege, daß er selbst oder durch den Pächter seines Gutes die Weideberechtigung auch mit gemietetem Vieh ausübt [74].

Fremdes Vieh: An und für sich ist nicht von grundsätzlicher Bedeutung, ob das Vieh, mit dem das Weiderecht ausgeübt wird, dem Eigentümer des herrschenden Grundstücks gehört. Hat dieser das Weiderecht mit dem herrschenden Gut verpachtet, so darf das vom Pächter gehaltene Vieh aufgetrieben werden.

Eine selbständige Verpachtung des Weiderechts ist, wenn sich dieses als eine eigentliche Grunddienstbarkeit und nicht als eine irreguläre Personalservitut darstellt, unzulässig (vgl. oben S. 444).

Der Pächter wie der Eigentümer darf überhaupt das von ihm gehaltene (vgl. § 833 BGB.!) Vieh auftreiben. Entscheidend und unerläßlich ist, daß das Vieh dem Vorteil des herrschenden Grundstücks dient. Das ist nicht der Fall, wenn der Eigentümer einem fremden Schäfer den Auftrieb der von diesem gehaltenen Schafe einräumt und von diesem dafür eine Entschädigung erhält. Denn dies ist die selbständige Verpachtung des Weiderechts, die bei einer eigentlichen Grunddienstbarkeit unzulässig ist (vgl. S. 436).

Wenn die Weideberechtigung nicht ausschließlich ist, kann der Eigentümer die Weide mit eigenem oder fremdem Vieh ebenfalls benützen, insofern nur durch den erhöhten Viehstand des Eigentümers das Weiderecht des berechtigten Gutes nicht willkürlich beeinträchtigt und geschmälert wird. Hat der Berechtigte für sein Vieh Weide genug und steht keine Weidebeengung zu erwarten, so kann er auf den Überfluß der Weide keinen rechtlichen Anspruch machen, mithin den Eigentümer des dienenden Grundstücks es nicht verwehren, die überflüssige Weide mit eigenem oder fremdem Vieh zu betreiben (Danz, Handbuch d. Deutschen Rechts § 283; Bülow und Hagemann prakt. Erört. Bd. 4 Nr. 58).

Futtermittel von gepachteten und anderen nicht zum Gut gehörigen Grundstücken dürfen bei Ermittlung des Winterfutters nicht eingerechnet werden (Hagemann 566).

Treber einer Brauerei können eingerechnet werden, wenn das Gut zur Zeit der Begründung der Gerechtigkeit für eine Brauerei eingerichtet war; denn die Verwendung der Treber zur Viehfütterung gereichte dem Gut zum Vorteil.

---

[73]) SeuffBl. 32, 213; Roth, Bayer. ZR. § 163 Anm. 41; Stobbe § 133 II, A 2; vgl. hierzu ObLG. 12, 124; s. dagegen SeuffA. 3 Nr. 147; Gerber-Cosack § 146 Anm. 4.

[74]) Holzschuher, Theor. u. Kas. 2, 381; SeuffA. 21 Nr. 20. Voraussetzung ist dabei, daß das gemietete Vieh auch wirklich dem Vorteile des Ökonomiebetriebes des berechtigten Gutes dient.

Intensivere Bewirtschaftung kann den Hutungsberechtigten instand setzen, mehr Vieh zu halten, z. B. durch Urbarmachung von Auland, das von jeher zum Gute gehörte; der dadurch vermehrte Viehstand darf aufgetrieben werden (Münster, Weiderecht § 80).

Nach preußischem Landrecht darf der Berechtigte bei unbestimmten Weidegerechtigkeiten gemietetes Vieh nicht auftreiben, bei festbestimmten ist die Weide fremden Viehs dagegen zulässig [75]).

Nach gemeinem Rechte ist auch bei unbestimmten Weiderechten das Weiden mit dem sog. Meng- und Setzvieh als zulässig zu erachten, weil es auf dem herrschenden Gute durchgewintert wird und für einen verständigen Schäfereibetrieb geradezu notwendig ist [76]). Dagegen kann eine Weidegrunddienstbarkeit nicht auch für solche fremde Schafe ausgeübt werden, welche auf dem herrschenden Gute überhaupt nicht gehalten werden, sondern von dritten Personen, welche den Vorteil der Haltung dieser Schafe ziehen, für die Weide in Kost gegeben werden (Kostschafe) [77]). Andererseits kann der Grunddienstbarkeitsberechtigte auch ihm eigentümlich gehörendes Vieh dann nicht auf die Weide treiben, wenn dieses Vieh nicht zur Bewirtschaftung des herrschenden Gutes, sondern für einen anderweitigen Gewerbebetrieb gehalten wird oder wenn Handelsvieh in Betracht kommt [78]).

Auf persönliche Dienstbarkeiten (irreguläre Servituten) können jedoch derartige Beschränkungen nicht ohne weiteres angewendet werden.

2. Art des Weideviehs [79]). Wenn die Hutgerechtigkeit durch Verjährung erworben ist, darf sie nur mit den Vieharten ausgeübt

---

[75]) ALR. I, 22, § 91.

[76]) Holzschuher, Theor. u. Kas. 2, 383. Der oder die Weideberechtigten sind darauf angewiesen, die Weideschafe der Obhut eines Schäfers anzuvertrauen, von dessen Sorgfalt das Gedeihen der Schafzucht abhängig ist. Es ist für die Schafzucht sehr nützlich, ja geradezu notwendig, den Schäfer in das Interesse des Weideberechtigten zu ziehen und dies geschieht vielfach durch den sog. Setz- oder Mengekontrakt. Dabei ist zu unterscheiden, ob der Schäfer einen Stamm Schafe in Natur einbringt und sie unter die Schafherde des Herrn einmengt, so daß dieses sog. Knechtvieh an der Stallung, Weide, Fütterung wie überhaupt an dem Schicksal der ganzen Herde teilnimmt. Die andere Form des Setzkontraktes besteht darin, daß der Schäfer eine Quote der Herde, z. B. $^1/_{10}$, zu ideellem Miteigentum erwirbt. Der Schäfer teilt dann nach Verhältnis seines Anteils den Gewinn und Verlust, bezieht also jährlich seinen Anteil an der Wolle und dem Jungvieh (vgl. hierüber Weiske, Handb. d. Allgem. Deutsch. Landw.-Rechts §§ 187 u. 188).

[77]) Holzschuher, Theor. u. Kas. 2, 382; SeuffA. 21 Nr. 20; vgl. SeuffBl. 37, 80 (BayLR.).

[78]) Holzschuher, Theor. u. Kas. 2, 380.

[79]) Über das Verhältnis der Schafhut zur Rindviehhut s. oben S. 412 Anm. 64. Das Hohenlohesche LR. Tl. 3 Tit. 19 (Arnold, Beitr. 2, 484) verbietet, daß der Schäfer auf einen Acker treibe und dem gehörnten Vieh vorkomme, es wäre dann solcher drey Tage vorher abgeschnitten worden, in Betracht, daß, wo der Schäfer mit der Heerd einmal gewesen, das

werden, welche seit rechtsverjährter Zeit auf die Weide gebracht worden sind: Tantum praescriptum, quantum possessum (s. unten § 32 B II, 2). Dasselbe gilt, wenn die Viehart bei der Bestellung besonders bedungen ist[80]). Hiervon wird jedoch durch ALR. I 22 § 101 für den Fall eine Ausnahme gemacht, daß der Berechtigte durch Zufall oder vis major eine Zeitlang genötigt war, eine andere statt der bisherigen Viehart zu halten. Wenn die Gattung nicht bestimmt ist, so kann nach gemeinem Recht[81]) und nach BayLR.[82]) jede Gattung geweidet werden, während nach preußischem Landrecht[83]) eine Hütungsgerechtigkeit, die ohne Bestimmung einer gewissen Art des Viehs bestellt ist, alles Zug-, Rind- und Schafvieh unter sich begreift. Aus der Vorschrift des § 1020 BGB. über schonende Ausübung der Grunddienstbarkeit (s. oben S. 408), folgt der auch nach bisherigem Rechte[84]) bereits anerkannte Satz, daß der Weideberechtigte krankes Vieh nicht auf die Weide treiben darf.

3. Zahl des Weideviehs. Wo die Weidegerechtigkeit nicht für eine Person und deren Bedürfnis bestellt oder die Zahl des aufzutreibenden Viehs nicht bestimmt ist, darf der Berechtigte soviel Stück Vieh auftreiben, als er mit dem auf dem herrschenden Gut gewonnenen Futter durchwintern kann (Durchwinterungsfuß)[85]), vgl. Art. 14 Weidegesetz.

---

gehörnte Viehe hernach nichts mehr findet, wo aber der Hirt mit dem gehörnten Viehe hingetrieben, der Schäfer allezeit noch sich ätzen können. — Dort, wo Weiderechte auf Rindvieh- und Schafhut nebeneinander bestehen, kann diese Vorschrift als allgemeingültige zweckentsprechende Regel über die Weideausübung angewendet werden. Vgl. hierzu für Fuldaer Recht, Weber, Statutarrecht 3, 1002.

[80]) Roth, Bayer. ZR. § 163 Anm. 34; Kreittmayr Anm. 2b zu BayLR. Tl. II Tit. 8 § 13.

[81]) Roth, Bayer. ZR. § 163 Anm. 32; Eichhorn, DPrR. § 178.

[82]) BayLR. Tl. II Kap. 8 § 13 Nr. 1; ObLG. 19, 370.

[83]) ALR. I, 22 §§ 99 u. 100.

[84]) BayLR. Tl. II, Kap. 8 § 13 Nr. 1.

[85]) SeuffBl. 32, 213; 54, 157; SeuffA. 6 Nr. 14; 21 Nr. 20; Kohler, ArchZivPrax. 87, 182; ALR. I, 22 § 90. Entscheidend ist nicht, wie viel Stück der Berechtigte durchgewintert hat, sondern wie viel er durchwintern kann. SeuffA. 24 Nr. 15. — Es ist Sache des Schäfereiberechtigten, im Prozesse die einschlägigen Verhältnisse des Guts darzutun; dazu gehört die genaue Beschreibung des herrschenden Guts, die Angabe der Zubehörungen und der sonstigen ökonomischen Beschaffenheit. Dabei ist auch das Bedürfnis des Gutes an anderem darauf zu haltenden Vieh zu berücksichtigen (LG. Wolfenbüttel 22. Febr. 1838 bei Matthiae, Controversen-Lexikon 454). Wenn jedoch ein spezieller Erwerbstitel vorliegt, so ist in erster Linie dessen Inhalt maßgebend und der Grundsatz des Durchwinterungsfußes kommt nur insoweit zur Anwendung, als sich aus dem Erwerbstitel nichts anderes ergibt. Aber auch beim Mangel eines speziellen Erwerbstitels ist der Durchwinterungsfuß dann nicht maßgebend, wenn der Berechtigte keinen hinlänglichen Wiesenwuchs besaß und im Besitze der Weide nicht gestört wurde, obwohl er die Futtermittel dazu kaufte (Hagemann, Landwirtschaftsrecht 363 Anm. 1). Für die Feststellung des Durchwinterungsfußes kommt es nicht auf jedes einzelne Jahr für sich an, sondern es ist im allgemeinen und ohne Berücksichtigung einer einzelnen Mißernte festzustellen, wieviel Stück Schafe das Gut nach seiner

Art. 13 Weidegeſ. bestimmt: „Hierbei (bei der Ablösung) ist zuvörderst der Rohertrag des abzulösenden Weiderechts zu erheben. Derselbe bestimmt sich einerseits nach dem Umfang und der Beschaffenheit der weidedienstbaren Grundstücke, dann der Menge, Güte und der Werte des darauf während der Weidezeit wachsenden Futters und andererseits nach dem Umfang der Berechtigung, d. h. der Menge des seit den letzten 10 Jahren durchschnittlich geweideten Viehs." Hieraus könnte man schließen, daß der Umfang der Berechtigung überhaupt gesetzlich festgelegt ist. Diese Meinung erscheint jedoch nicht begründet; das Weidegesetz hat eine den Weiderechten feindliche Tendenz. Es hat daher das Bestreben, möglichst gering abzulösen. Auch wäre es unbillig, dem Berechtigten, der sein Weiderecht nicht voll, also mit weniger Schafen, als ihm zustand, ausgeübt hat, eine Entschädigung für mehr Schafe zuzusprechen, als er tatsächlich aufgetrieben hat. Die Auffassung, daß die Zahl der während der letzten 10 Jahre tatsächlich aufgetriebenen Schafe den Höchstumfang der Berechtigung überhaupt festlegen sollte, müßte auch dann gelten, wenn die Zahl des zuständigen Viehs (z. B. 250) festbestimmt ist und der Berechtigte in den letzten 10 Jahren durchschnittlich nur 180 Stück aufgetrieben hat. Das würde aber im Gegensatz zu dem Grundsatz der Unteilbarkeit der Servituten stehen.

Wenn der Gemeinde das ausschließliche Weiderecht zusteht, muß das dienende Grundstück sowohl eine Vermehrung der das Hutungsrecht ausübenden Personen als des aufzutreibenden Viehs anerkennen, weil das Weiderecht der Gemeinde als einer juristischen Person zusteht, mithin auch denjenigen Mitgliedern zukommt, welche erst in die Gemeinde eintreten, nachdem das Recht schon erworben war (Hagemann 555)

Steht die ausschließliche Hutungsgerechtigkeit ohne Bestimmung

---

Beschaffenheit und den für das Gut gegebenen Verhältnissen durchschnittlich durchzuwintern vermag. — Wenn durch intensivere Bewirtschaftung des herrschenden Gutes die Zahl der Schafe, welche durchgewintert werden können, eine Steigerung erfährt, hat das dienende Gut auch diesem gesteigerten Bedürfnis zu dienen. Dagegen hat sich die Grunddienstbarkeit der Mehrung des Bedürfnisses dann nicht zu fügen, wenn sie durch eine Änderung des Charakters des Grundstückes herbeigeführt ist (s. hierüber oben S. 399). Dies wäre beispielsweise der Fall, wenn ein bisher als Ackergut bewirtschaftetes Gut in eine reine Schafzucht und deshalb die Äcker in Wiesen umgewandelt werden, um auf diesen das Winterfutter zu gewinnen. Bezüglich der Mehrung des Bedürfnisses sind ähnliche Grundsätze auch auf eine unbestimmte persönliche Dienstbarkeit anzuwenden. Wenn z. B. die zur Hut mit ihren Stichschafen berechtigte Metzgerzunft einer Stadt infolge des Bevölkerungszuwachses die doppelte Anzahl von Schafen zur Weide bringt, so muß dies der Eigentümer des dienenden Grundstückes hinnehmen. Doch hat dies seine Grenzen. Man wird sich auf den Standpunkt stellen müssen, daß eine Veränderung der Umstände, welche zweifelsohne bei der Bestellung der Dienstbarkeit nicht in den Bereich der Erwägungen einbezogen wurde und die dadurch herbeigeführte Steigerung des Bedürfnisses die Belastung insoweit nicht steigert. Vgl. Holzschuher, Theor. u. Kas. 2, 385.

einer gewissen Art des Viehs zu, so umfaßt sie in der Regel nur das Zug-, Horn- oder Rind- und Schafvieh (Hagemann 564).

Die einzelnen Viehgattungen der Gemeindemitglieder dürfen nicht willkürlich aufgetrieben werden, sondern in einer solchen Ordnung, daß die Weide für die eine oder andere Vieharte nicht ungenießbar gemacht wird. Gewöhnlich wird daher zuerst das Zug- und Rindvieh aufgetrieben; dann folgen Schafe, Schweine und endlich Ziegen, Gänse und Federvieh, wenn die drei letzten Arten überhaupt auf der Weide geduldet werden (vgl. ALR. I, 22, 128). Wie lange jede Vieharte gehütet werden darf, bestimmt meist die Observanz. Wird aber diese auf gute landwirtschaftliche Grundsätze gebaute Ordnung nicht beachtet, so kann sie durch die Mehrheit der Gemeindemitglieder eingeführt werden (V. Bülow und Hagemann 4, 268).

Ist die Zahl bestimmt, so wird nach gemeinem Recht[86]) wie nach ALR. I 22 § 98 das noch saugende Jungvieh, nach BayLR. Tl. II Kap. 8, § 13 Nr. 2 das Jungvieh bis zu 1 Jahr nicht mitgerechnet.

Streitigkeiten darüber, ob das Weiderecht ein gemessenes oder ein ungemessenes ist, gehören zur Zuständigkeit der Gerichte (Art. 48 Ziff. 2 Weidegesetz). Die Gerichte sind ferner zuständig bei einem Streite darüber, zu welcher Art und Zahl von Weidevieh ein gemessenes Weiderecht berechtigt (Art. 48 Ziff. 5 Weidegesetz). Wenn es sich dagegen um ein der Art oder Zahl nach ungemessenes Weiderecht handelt, entscheidet im Zweifel die Verwaltungsbehörde darüber, welche Art und Zahl zulässig ist (Art. 47 mit Art. 48 Ziff. 5 Weidegesetz).

4. Zeit der Weide. Brache bedeutet die Zeit der Ruhe und Leere der Felder. Dreischland ist dasjenige, welches ausgetragen hat und nun ungerührt zur Weide liegt. Die Weide auf den Dreisch- oder Brachfeldern nennt man auch Ackerweide (Hagemann S 559). Die Stoppelhutung gibt das Recht, die Äcker zu behüten, wenn die Sommer- und die Winterfrüchte vom Felde geschafft sind. Die Stoppelhutungsgerechtigkeit gibt nicht das Recht, die brachliegenden Ackerfluren zu beweiden. Ist die Stoppelweide ohne Zeitbestimmung zuständig, so kann der Eigentümer zu jeder Zeit und gleich nach der Ernte die Felder umbrechen und bestellen und dadurch das Weiderecht illusorisch machen (vgl unten S. 454; Kind, Quaest. forens, 2, 325).

Ausschließliches Weiderecht: Da das jus compascendi ein Ausfluß des Eigentumsrechts ist, dessen Ausübung von der freien Willkür des Eigentümers abhängt, so konnte es auch nur durch vertragsmäßigen

---

86) Roth, Bayer. ZR. § 163 I, 4; Hagemann, LandwR. 564; Glück, Pand. 10, 180. — Die Absetzzeit der Lämmer tritt zwischen Pfingsten und dem Johannistage ein. Holzschuher, Theor. u. Kas. 2, 384.

Verzicht oder, wenn sich der Hutungsberechtigte seit rechtsverjährter Zeit im Besitz des Verbietungsrechtes befand, aber nicht durch bloßen Nichtgebrauch verloren werden (Münster, Weiderecht 162; Hagemann S. 569).

Hat das berechtigte Gut für das Vieh, das es mit eigenem Futter zu ernähren vermag, genug, so kann es auf den Überschuß keinen Anspruch machen, also dem Eigentümer des dienenden Grundstücks nicht verwehren, die überflüssige Weide mit eigenem oder fremdem Vieh zu beweiden.

Wenn bei einer Koppelhut die Gemeindeversammlung beschließt, daß die Verpachtung der Schafweide auf unbestimmte Zeit nicht mehr erfolgen soll und dabei ausdrücklich vermerkt wird: „Eine Aufhebung des Weiderechts in der hiesigen Gemeindeflur, wo Weide eine Berechtigung der hiesigen Gemeinde bildet, findet nicht statt; die Ausübung des Rechts ruht nur," so ist hierdurch gerade das Gegenteil von einem Verzicht zum Ausdruck gebracht (ObLG. 25, 169). Über die Frage des Erlöschens durch Nichtgebrauch ist in dieser Entscheidung nichts gesagt; es scheint also, daß das Recht keine volle 10 Jahre geruht hat.

IX. Einschränkungen der Weiderechte[87]).

1. Zuständigkeit. Streitigkeiten über Ausübung von Weiderechten auf fremdem Grund und Boden sind Verwaltungsrechtssachen (Art. 47 Weidegesetz)[88]). Wenn aber streitig ist, ob das beanspruchte Weiderecht überhaupt besteht, ist die gerichtliche Zuständigkeit begründet (Art. 48 Ziff. 1 Weidegesetz).

Wenn Streit darüber besteht, welchen Inhalt das Weiderecht hat, also welche Befugnisse es einschließt, so haben die Gerichte zu entscheiden; besteht aber Streit darüber, wie der Berechtigte das, wozu er kraft des Weiderechts befugt ist, tun darf, d. h. in welcher Weise er die ihm zustehenden Befugnisse ausüben darf, dann ist das Verwaltungsgericht zuständig.

Aus den Vorschriften der Art. 47, 48 Weidegesetz ergibt sich nicht, daß auch für die Entscheidung über Ansprüche auf Ersatz eines durch unzeitige Ausübung des Weiderechtes verursachten Schadens die Verwaltungsbehörden zuständig seien; soweit der Schadenersatzanspruch auf

[87]) Das Weidegesetz findet keine Anwendung auf die Ausübung der Weide in Waldungen (s. darüber unten Ziff. 4a) sowie auf Weiderechte öffentlich-rechtlicher Natur auf Gemeindegrundstücken (Marquart in „Der Bayer. Bürgermeister" 1922, 229). Über das Verhältnis statutarischer Weideordnungen für städtische Feldmarken zu den Rechten der Eigentümer von Sondergrundstücken auf der Feldmark vgl. RG. 10, 128.

[88]) Art. 4, Nr. 38 der VO. Nr. 85 v. 25. 9. 46 (GVBl. S. 281).

die Vorschriften des BGB. (Verletzung des Eigentums) gestützt ist, haben die Gerichte zu entscheiden. Ergibt sich, daß die Entscheidung nicht ohne Lösung der Vorfrage erfolgen kann, ob nach dem Weidegesetz das Weiderecht so, wie es geschehen ist, ausgeübt werden dürfte, so wird dadurch der Zivilrechtsweg für den Ersatzanspruch nicht zulässig, sondern das zuständige Gericht hat nach § 148 ZPO. das freie Ermessen, ob es diese Vorfrage des öffentlichen Rechts selbst lösen oder die Aussetzung der Verhandlung bis zur Entscheidung der Verwaltungsbehörde anordnen will[89]).

Wenn dagegen der Weideberechtigte Schadenersatz begehrt, weil ihm die Weide in unzulässiger Weise geschmälert worden sei, sind die Verwaltungsgerichte zuständig[90]) (s. unten 3).

2. Der Weideberechtigte hat bei der Ausübung seiner Dienstbarkeit das Interesse des Eigentümers des belasteten Grundstücks tunlichst zu schonen; er ist deshalb verpflichtet, das Vieh nur unter Aufsicht eines Hirten weiden zu lassen, sofern das unbeaufsichtigte Weiden zur Schädigung des Grundeigentümers führen würde. Beim Übertritt von Weidevieh auf Stellen, an denen die Ausübung des Weiderechts unzulässig ist, kommt das Feldschadengesetz zur Anwendung (s. unten § 44). Krankes Vieh darf nicht auf die Weide gebracht werden, weil hierdurch die Gefahr der Ansteckung für das eigene Vieh des Grundeigentümers begründet wird. — Vgl. BayLR. Tl. II Kap. 8 § 13 Nr. 1.

Selbstverständlich darf der Weideberechtigte das Gras nicht abmähen lassen, auch wenn er es zum Füttern des weideberechtigten Viehs verwenden will (vgl. BayLR. Tl. II Kap. 8 § 13 Nr. 5).

Jede lästige Neuerung bei Ausübung einer Dienstbarkeit ist unzulässig. Der Weideberechtigte ist deshalb nicht befugt, von der früheren Ausübung der Weidegerechtsame abweichend, die Herde in einzelne Hau-

---

89) Entsch. des KompKonflGH. 1, 353; GVBl. 1906 Beil. I; BayZ. 1906, 366.

90) BlAdmPr. 31, 334. Gegenstand der verneinenden Feststellungsklage der Gemeinde ist nicht das von ihr in Anspruch genommene Weiderecht, dessen rechtliche Natur dahingestellt bleiben kann, sondern das von der Beklagten behauptete Weiderecht. Dieses ist nach ihrem Vorbringen durch Kauf und allenfalls durch Ersitzung oder unvordenkliche Verjährung erworben und mit ihrem Anwesen nebst Grundstücken derart verbunden, daß es unter Ausschluß jeder gemeindlichen Mitwirkung ohne weiteres auf jeden Rechtsnachfolger unabhängig von seinen persönlichen Verhältnissen zur Gemeinde übergeht. Das von der Beklagten behauptete Weiderecht ist also nach seiner maßgeblichen Natur eine privatrechtliche Grunddienstbarkeit. Der Rechtsstreit über deren Bestehen gehört nach Art. 48 Abs. 1 Nr. 1 des Weidegesetzes vom 28. Mai 1852 vor die ordentlichen Gerichte. Daß infolge Erhebung der verneinenden Feststellungsklage die Parteirollen vertauscht sind, ändert nichts (Laforet-v. Jan-Schattenfroh Anm. 5 zu Art. 33 GemO.; BayObLG. 25, 487; 33, 414; RG. 132, 181).

sen abzuteilen, z. B. die Hut mit zwei Herden auszuüben[91]). Das gilt zum mindesten für ein Hutrecht, welches auf Grund der Ersitzung oder unvordenklichen Verjährung beansprucht wird[92]).

3. Die Weide auf Äckern während ihrer **Fruktifikation** und auf Wiesen[93]) während ihrer **Hegezeit** ist schlechthin unzulässig (Art. 1 Weidegesetz)[94]). Die Fruktifikation eines Ackers beginnt mit dem Zeitpunkt, in welchem er mit landwirtschaftlichen Erzeugnissen bestellt, d. h. besät oder bepflanzt wird und schließt jeweils mit der Abräumung desselben nach beendeter Ernte. Es ist deshalb z. B. die Weide auf einem mit Klee bestellten Acker insolange unbedingt und zu jeder Jahreszeit verboten, als der Klee nicht wieder gestürzt ist[95]).

Die Hegezeit der Wiesen ist, falls durch die Partikularrechte keine größere Erschwerung des Weiderechtes bestimmt ist, auf die Dauer vom 1. April bis zur Abräumung der Heu- bzw. letzten Grummet-Ernte festgesetzt (Art. 2 Abs. 2 Weidegesetz)[96]).

---

91) Vgl. dagegen SeuffA. 4 Nr. 14; 16 Nr. 197.

92) Vgl. SeuffA. 16 Nr. 196.

93) Eine Grasfläche ist nur dann eine Wiese, wenn auf ihr Heu gewonnen werden kann. Nur auf die **Möglichkeit** der Heugewinnung kommt es an; wenn der Nutzungsberechtigte vorzieht, das Gras als Grünfutter zu verwenden, so hat dies keinen Einfluß. Für den Begriff der Wiese genügt die Möglichkeit der Heugewinnung; nicht erforderlich ist, daß auch Grummet gewonnen werden kann. Auch eine nicht kultivierte Fläche, auf der sich nur natürlicher Graswuchs befindet, kann eine Wiese sein (ObLGSt. 3, 166).

94) Zuwiderhandeln ist strafbar (Art. 115 PStGB.); vgl. ObLGSt. 3, 165; 10, 77.

95) SeuffBl. 21, 431; vgl. VGH. 14, 115.

96) Sobald tatsächlich feststeht, daß in dem betreffenden Jahre bei zweimähdigen Wiesen aus der Heu- und einmaligen Grummeternte eine zweite Grummeternte nicht zu erwarten ist, wenn auch stellenweise noch Gras gewachsen ist und kleinere Mengen mit dem Grasstumpf zur Grünfütterung abgesichelt werden können, so darf der Weideberechtigte sofort nach Abräumung der einmaligen Grummeternte sein Weiderecht ausüben. Denn Art. 2 Abs. 2 des Gesetzes hat die Hegezeit sämtlicher Wiesen auf die Dauer vom 1. April bis zur **Abräumung** der Heu- bzw. Grummeternte festgesetzt. Letzterer Zeitpunkt ist nach Boden- und Witterungsverhältnissen verschieden, z. B. möglicherweise bei einmähdigen Wiesen schon im Sommer, bei dreihmähdigen erst nach dem 1. Oktober. Ein stellenweiser Graswuchs ist aber insolange bedeutungslos, als es sich nicht in einer derartigen Menge und Art vorfindet, daß das Gras nach landwirtschaftlicher Anschauung abgemäht und heimgeführt werden kann (SeuffBl. 60, 398. Vgl. hierzu BlAdmPr. 28, 65). Nach der Verordnung vom 15. März 1808 (RBl. 677) reicht die offene Zeit vom 1. Oktober bis 1. April. In den Gebieten, welche zur Zeit des Inkrafttretens dieser Verordnung schon zu Bayern gehörten, darf trotz Art. 2 Weidegeს. **vor** dem 1. Oktober unter keinen Umständen geweidet werden, also auch dann nicht, wenn die letzte Grummeternte schon vor dem 1. Oktober abgeräumt ist. Das folgt aus Art. 4 und Art. 65 Abs. 2 Weideges. (vgl. VGH. 20, 154).

Ist die letzte Grummeternte abgeräumt, so kann (Ausnahme für neu angelegte sowie frisch umgebaute Wiesen s. oben Text) der Berechtigte von da ab bis zum 1. April die Wiese beweiden lassen, wenn dadurch auch der Wiese Schaden zugefügt wird (z. B. weil der durch

Läßt ein Grundbesitzer sein Heu oder Grummet (Gras) selbst dann noch stehen, während die anderen Wiesenbesitzer ihre Wiese schon abgeräumt haben und macht er hierdurch die Weide auf anderen Wiesen unmöglich, so hat er den Durchtrieb durch seine Wiese unentgeltlich zu gestatten (Art. 2 Abs. 3 Weidegesetz).

Neuangelegte, sowie frisch umgebaute Wiesen bleiben von der Schafweide während der ersten 3 Jahre, von der Weide mit anderen Viehgattungen während der ersten 5 Jahre nach Vollendung der Anlage gänzlich befreit. Doch sind hierunter die sog. Eggartenwiesen[97]) nicht begriffen (Art. 2 Abs. 4 Weidegesetz). Ödungen können von dem Weideberechtigten zu jeder Zeit behütet werden[98]).

Für den Entgang der Weide kann in den Fällen der Art. 1 und 2 Weidegesetz eine Entschädigung in keinem Falle gefordert werden. Würde aber hierdurch dem Berechtigten die Ausübung der Weidebefugnis auf anderen Grundstücken oder der benötigte Viehbetrieb auf eigenem Grundstücke unmöglich gemacht[99]), so muß ihm der erforderliche Durchtrieb auf den befreiten Grundstücken eingeräumt werden. Dieses Durchtriebsrecht tritt insolange an die Stelle der Weideberechtigung, als diese nicht ausgeübt werden kann. Das Durchtriebsrecht entsteht von selbst mit dinglicher Wirkung, weil es gewissermaßen ein Überbleibsel des Weide-

---

Schneeschmelze oder Bewässerung aufgeweichte Boden oder die Wässerungsgräben vom Weidevieh zertreten werden). Die Pflicht zur schonenden Ausübung (§ 1020) legt dem Berechtigten Beschränkungen, die auf einen teilweisen Verzicht auf sein Recht hinauslaufen, nicht auf. Immerhin wird (vgl. Gruchot 48, 954; WarneyerE. 1919, 197; Recht 1919 Nr. 1790, RG.) bei einem auf einem ganzen Komplex von Grundstücken lastenden Weiderecht dem Berechtigten auf Grund des § 1020 angesonnen werden können, daß er bei der Behütung der Flur tunlichst Rücksicht darauf nimmt, daß er die tiefer gelegenen Grundstücke, solange ihm noch andere trockene Weideplätze mit ausreichendem Futter zur Verfügung stehen, nicht gerade dann beweidet, wenn sie infolge der Schneeschmelze oder infolge der Bewässerung bodenlos sind. Das gilt deshalb, weil die mit einem Weiderecht belastete ganze Gemeindemarkung als ein einziges dienendes Grundstück aufzufassen ist (vgl. hierzu oben S. 389 Anm. 89). Der Eigentümer und der Berechtigte müssen sich bei der Bewässerung und Behütung in sachgemäßer Weise in einander schicken.

[97]) Unter Eggartenwiesen sind Äcker zu verstehen, die man ohne weiteren Aufwand zu Wiesen liegen läßt (ObLG. 3, 166).

[98]) Marquart in „Der Bayer. Bürgermeister" 1922, 230.

[99]) Der Begriff der Unmöglichkeit ist kein absoluter, sondern nach dem Maßstab der Wirtschaftlichkeit auszulegen. Einen mäßigen Umweg muß der Berechtigte auf sich nehmen, aber nicht einen so großen, daß hierdurch der Ertrag seiner Schafwirtschaft wesentlich beeinträchtigt wird. Steht der Schaden, der dem Berechtigten durch den Umweg entsteht, außer Verhältnis zu dem Schaden, der dem Eigentümer durch den Durchtrieb erwachsen würde, dann wird der Richter die wirtschaftliche Unmöglichkeit des Schafhalters, ohne den Durchtrieb auszukommen, anerkennen können. Einen zu strengen Maßstab an den Begriff der Unmöglichkeit legt Marquart a. a. O. an im Anschluß an Pözl 393.

rechts darstellt[100]), das ja selbst nicht aufgehoben, sondern nur sistiert ist. Die Bestimmung des Triebweges in bezug auf Richtung und Breite sowie in bezug auf die Dauer der Benützung erfolgt in diesem Falle, wenn sich die Beteiligten hierüber nicht gütlich einigen, durch die Verwaltungsbehörde unter Beiziehung von Sachverständigen, wobei stets auf möglichst geringe Belästigung der von der Weide befreiten Grundstücke Bedacht zu nehmen ist[101]) (Art. 3 Abs. 3 Weidegesetz). Der Bescheid der Verwaltungsbehörde hat nur deklaratorische und nicht konstitutive Bedeutung.

In bezug auf landwirtschaftliche Arbeiten und Unternehmungen, mittels deren die Weidepflichtigen den bisherigen Stand der Kultur ihrer Weiden zu erhöhen oder auszudehnen beabsichtigen, steht dem Weideberechtigten ein Einspruchsrecht selbst in dem Falle nicht zu, wenn hierdurch die bis dahin bestandene Fruktifikation oder Hegezeit eine den Ertrag des Weiderechts schmälernde Erweiterung erhält (Art. 5 Weidegesetz). Dies gilt selbst dann, wenn hierdurch dem Weideberechtigten die Ausübung des Weiderechtes teilweise oder ganz unmöglich gemacht wird. Doch ist der Berechtigte zu entschädigen.

Es kann daher z. B. eine Ödung in Wies- oder Ackerland umgewandelt werden; wo herkömmlicherweise die Dreifelderwirtschaft besteht, ist der Eigentümer durch ein Weiderecht nicht gehindert, während der Brachfeldzeit sein Grundstück anzubauen[102]).

Auch das Düngen der Wiesen ist als landwirtschaftliche Arbeit bzw. als eine landwirtschaftliche Unternehmung zu erachten; der Weideberechtigte kann hiergegen keinen Einspruch erheben, obwohl hierdurch die Weide unbrauchbar werden kann[103]). Für die Entscheidung über Schadenersatzansprüche wegen Entgangs oder Schmälerung der Weide sind die Verwaltungsgerichte zuständig[104]), für den Schaden, der dem Weideberechtigten, abgesehen von dem Weideentgang z. B. durch Erkrankung des Viehs infolge der Kainitdüngung entsteht, ist jedoch die Zuständigkeit der Gerichte gegeben[105]).

---

[100]) Oertmann 481 verleiht dem Berechtigten einen Anspruch auf Bestellung eines dinglichen servitutarischen Triftrechts, das von der Anlegung des Grundbuches an erst durch Eintragung entstehen würde. Hierbei wird übersehen, daß das Weiderecht selbst nicht erloschen ist und das während seiner Sistierung zustehende Durchtriebsrecht auch von dem Besitznachfolger geduldet werden muß.

[101]) Vgl. VGH. 8, 248; 9, 398.

[102]) Vgl. SeuffBl. 16, 194; SeuffA. 8 Nr. 234.

[103]) VGH. 20, 4.

[104]) BlAdmPr. 31, 331; Entsch. des KompKonflGH. 1, 353; GVBl. 1906 Beil. I; BayZ. 1906, 366.

[105]) VGH. 20, 7.

Aber auch abgesehen von landwirtschaftlicher Nutzung ist der Eigentümer eines mit einem Weiderecht belasteten Grundstückes in der Benützung seines Eigentums nur insoweit für beschränkt zu erachten, daß er keine Handlungen vornehmen darf, durch welche die Deckung des Bedürfnisses, welchem die Dienstbarkeit dient, beeinträchtigt wird[106]. Namentlich bei solchen Weiderechten, welche sich auf die ganze Gemarkung einer Gemeinde erstrecken, wird die Vermutung berechtigt sein, daß sie von Anfang an denjenigen Beschränkungen unterworfen sein sollten, welche mit Rücksicht auf die natürliche und voraussichtliche Entwicklung der Gemeinde und auf die Bedürfnisse des Gemeindelebens sich als selbstverständlich ergeben[107]. Damit deckt sich die Vorschrift des § 1020 BGB., wonach bei der Ausübung der Dienstbarkeit das Interesse des Eigentümers tunlichst zu schonen ist[108]. Es darf daher auf einem einzelnen Grundstücke ein Gebäude errichtet[109] oder es darf in der belasteten Gemeinde ein neuer Friedhof ohne Ablösung des Weiderechts angelegt werden, während eine willkürliche Einfriedigung von Grundstücken, ungewöhnliche Anlagen von größerem räumlichen Umfang, wie z. B. Eisenbahnbauten, als unzulässig zu erachten sind[110]. Über einen Streit, der in dieser Richtung entsteht, haben die Verwaltungsgerichte zu entscheiden (Art. 47 Weidegesetz).

Für die Pfalz sind die bestehenden Weiderechte mit dem bisherigen Inhalt aufrecht erhalten durch Art. 184 EG. Die Bestimmungen des hiernach noch gültigen Dekrets vom 28. September und 6. Oktober 1791 gewähren dem Eigentümer des belasteten Grundstücks die Befugnis, sein Grundstück durch Umfriedung der Ausübung des öden Weidestrichrechts zu entziehen. Auch darf hiernach das Recht des öden Weidestrichrechts auf künstlichen Wiesen, auf bestellten Äckern und auf natürlichen Wiesen nur zu der durch Gesetz und Gebrauch bestimmten Zeit und niemals vor dem ersten und (zufolge dem Dekret vom 26. Juni 1790) dem letzten Grasschnitte ausgeübt werden[111].

4. Auf die Weide in Waldungen und auf der Alp findet das Weidegesetz vom 28. Mai 1852 keine Anwendung[112]. Es ergibt sich

---

[106] Roth, Bayer. ZR. § 163 III, 2; ALR. I, 22 § 81; Bay LR. Tl. II Kap. 8 § 13 Nr. 7.
[107] SeuffA. 29 Nr. 112.
[108] SeuffA. 15 Nr. 203.
[109] SeuffA. 15 Nr. 203, 29 Nr. 112.
[110] SeuffA. 29 Nr. 112. Wird auf den dienenden Grundstücken ein Truppenübungsplatz angelegt und während der Schießübungen das Weiden verboten, so liegt darin eine unzulässige Beeinträchtigung der Weidegerechtigkeit; der Anspruch aus § 1027 ist aber gegen diesen Akt der Staatshoheit versagt (s. hierüber unten § 45 II).
[111] Henle-Schneider Bem. 4 zu Art. 86 AG.
[112] Roth, Bayer. ZR. § 163 Anm. 20; Becher, Bayer. ZR. 622 Anm. 3 u. 637.

dies aus Art. 1 und 6 des Weidegesetzes, wo nur von der Weide auf Äckern, Wiesengründen, Ödungen, Heiden und anderen nicht kultivierten Weidegründen die Rede ist.

a) Für die Weide in Waldungen[113]) gelten zunächst die allgemeinen Einschränkungen des Forstgesetzes über Forstberechtigungen (s. unten § 31 V). Daneben sind durch Art. 43 des Forstgesetzes für die Weide in Waldungen besondere Beschränkungen bestimmt. Die Weide in Waldungen darf nur unter der Aufsicht eines Hirten oder Hüters ausgeübt werden (Art. 43 Abs. 1 des Forstgesetzes). Junghölzer, Schläge und Holzanflüge sind mit dem Eintreten von Weidevieh insolange zu verschonen, bis die Beweidung ohne Schaden für den Nachwuchs geschehen kann[114]). Bei Fehmel- (plenterweisem)[115]) Waldbetrieb wird die höchste Zahl des einzutreibenden Weideviehs von der Forstpolizeibehörde bestimmt (Art. 43 Abs. 3 FG.).

Die Weide nach Sonnenuntergang und vor Sonnenaufgang (Nachtweide) ist verboten. Soweit für die Weide in Waldungen ähnliche Rechtsverhältnisse und Ordnungen bestehen wie für Alpenweiden, sind diese auch jetzt noch maßgebend (Art. 44 Abs. 2 des Forstgesetzes). Den Beschränkungen des Art. 43 FG. gegenüber ist ein anderweitiges Herkommen nicht zu beachten[116]). Zuwiderhandlung gegen diese die Weideausübung in Wäldern beschränkenden Vorschriften macht strafbar nach Maßgabe der Art. 88 und 89 FG.[117]). Für Übergriffe des Hirten auf der Waldweide haftet dessen Dienstherr nach Maßgabe des Art. 69 Abs. 1 Ziff. 7 FG.[118]), falls er nicht beweist, daß er nicht imstande war, den Frevel zu verhindern (Art 69 Abs 2 FG.)[119]).

Da das Weidegesetz auf das Weiderecht in Waldungen keine Anwendung findet, so ist entgegen der Vorschrift des Art. 5 des Weidegesetzes der Verpflichtete bei Rodungen an die Einwilligung des Weideberechtigten gebunden (Art. 34 des Forstgesetzes)[120]).

b) Für die Alpweide sind neben den allgemeinen Einschränkungen des Forstgesetzes nur die bestehenden besonderen Rechtsverhält-

[113]) Auch an Bannwaldungen können Weiderechte bestehen. Unter einem „Bannwalde" hat man in Bayern von jeher im Gegensatz zu den Gemeindewaldungen einen „selbsteigenen" Wald verstanden, worin jedem anderen als dem Besitzer verboten ist, Holz zu schlagen (ObLG. 19, 366).

[114]) Vgl. OLGSt. München 2, 203 u. 338; 3, 357.

[115]) S. hierüber oben S. 262.

[116]) SeuffBl. 23, 55.

[117]) Vgl. OGHSt. 3, 539; 9, 464; OLGSt. München 2, 203 u. 338.

[118]) Vgl. OGHSt. 3, 539; OLGSt. München 2, 12.

[119]) OLGSt. München 2, 536; 4, 41 u. 497; 5, 82.

[120]) Roth, Bayer. ZR. § 166 Anm. 51.

nisse und Alpenordnungen maßgebend. Es dürfen jedoch ohne Zustimmung des Weideberechtigten vom Waldbesitzer auch nicht bloße Erweiterungen von Alpenangern und Lichtungen vorgenommen werden (Art. 44 Abs 3 FG.)[121] Falls nicht besondere Rechtsverhältnisse und Ordnungen bestehen, ist der Weideberechtigte im Gebiete der Alpenweide nicht verpflichtet, behufs Schonung der innerhalb seines Weidebezirkes liegenden Jungschläge besondere Schutzvorkehrungen (z. B. Gitter) herzustellen[122]. Eine Weide, welche von jeher unter der Aufsicht eines Hirten ausgeübt wurde, ist auch in den Alpen nicht als Alpenweide zu betrachten[123])

X. Ablösung. Die Weidedienstbarkeiten sind unter gewissen Voraussetzungen der einseitigen Aufhebung und Ablösung unterstellt. Der Vollzug der Ablösung unterliegt der Verwaltungsbehörde[124]) (Art. 47 Weidegesetz). Bestrittene Rechtsansprüche und Verbindlichkeiten, welche die Ablösung von Weiderechten auf fremdem Grund und Boden betreffen, sind Verwaltungsrechtssachen. Besteht Streit über Vorfragen, die durch Art 48 Weidegesetz der gerichtlichen Zuständigkeit vorbehalten sind (z. B ob ein Weiderecht ein einseitiges oder gegenseitiges ist), so muß die Ablösung bis zur Entscheidung des Gerichts ausgesetzt werden[125])

Für die Ablösung selbst ist zu unterscheiden zwischen einseitigen und gegenseitigen Weidedienstbarkeiten (s. darüber oben S. 438)

1 Bei einseitigen Weidedienstbarkeiten kann die Ablösung regelmäßig (Ausnahme Art 7 Weidegesetz)[126]) nur für den gesamten Umfang eines zusammenhängenden Weidebezirks an Äckern und Wiesgründen, dann Ödungen, Heiden und anderen nicht kultivierten Weideplätzen, gleichviel ob sich der Weidebezirk über eine oder mehrere Gemeindemarkungen erstreckt, verlangt werden Die Ablösung wird zwangsweise durchgeführt, wenn sie mindestens von der Hälfte (Art. 10 Weidegesetz) der Verpflichteten beantragt wird (Art. 6 Weidegesetz). Die Mehrheit der Weidepflichtigen wird nach der Zahl der Tagwerke bemessen, welche die Weidepflichtigen auf der beteiligten Grundfläche besitzen Hierbei werden im Regelfalle des Art. 6 Weidegesetz die Stimmen der Eigentümer von Ödungen, Heiden und anderen nicht kultivier-

[121]) Vgl. OGH. 9, 610.
[122]) OGH. 9, 610.
[123]) OLGSt. München 3, 357.
[124]) Vgl. SeuffBl. 26, 167.
[125]) VGH. 15, 118.
[126]) Ablösung durch einen einzelnen Besitzer ist nur zulässig für Wiesen, die mit künstlichen Wässerungseinrichtungen versehen sind, dann bei nassen oder durchbrüchigen Wiesen (Art. 7 Abs. 2 und Art. 39 Weideges.).

den Weideplätzen nur insoweit in Berechnung gezogen, als sich die erwähnten Eigentümer für die Ablösung des Weiderechts aussprechen (Art. 8 Weidegesetz). Im Falle der Ablösung sind die Weideberechtigten nach Maßgabe der Art. 11 bis 22 Weidegesetz zu entschädigen. Die Ablösung ist auf Beseitigung des ganzen Weiderechtes gerichtet. Eine teilweise Ablösung kann durch Erweiterung der gesetzlichen Hegezeit für Wiesen eintreten (Art. 7 Abs. 1 Weidegesetz).

Mit dem Schlusse desjenigen Jahres, in welchem der Vollzug der Ablösung endgültig erfolgt ist, erlöschen die Weiderechte (Art. 23 Weidegesetz). Ausnahmsweise kann die Behörde aus wirtschaftlichen Gründen das Erlöschen um einen Höchsttermin von 3 Jahren hinausschieben (Art. 24 Weidegesetz). Zugleich mit dem Weiderechte erlöschen auch die für dessen Ausübung bestehenden Durchtriebsrechte des Weideberechtigten auf der weidedienstbaren Fläche ohne besondere Entschädigung, jedoch nur insoweit, als der Berechtigte dieselben nicht zur Beweidung der zur Zeit der Ablösung in seinem Eigentum stehenden Grundstücke oder zur Ausübung von Weiderechten auf anderen (als den abgelösten) Grundstücken bedarf (Art. 26 Weidegesetz).

Die Wirkungen der Ablösung auf ein an dem Weiderecht oder an dem mit dem Weiderecht ausgestatteten Gute bestehendes Pachtverhältnis sind in den Art. 29 bis 32 des Weidegesetzes geregelt.

2. Bei gegenseitigen Weidedienstbarkeiten, bei welchen keiner der Teilnehmer ein größeres Teilnahmsrecht auszuüben hat, als ihn nach Verhältnis der Größe und Beschaffenheit seines hierbei beteiligten Grundbesitzes treffen würde, kann jeder einzelne Teilnehmer zu jeder Zeit ohne Entschädigungspflicht aus der Weidegemeinschaft austreten[127]). Dieses hat die Folge, daß seine Grundstücke von den übrigen Teilnehmern und die letzteren von ihm nicht mehr beweidet werden dürfen (Art. 37 Abs. 1 Weidegesetz). Der Austretende ist jedoch gehalten, den übrigen Teilnehmern den erforderlichen Triebweg einzuräumen (Art. 37 Abs. 2 Weidegesetz). Bei anderen gegenseitigen Weidedienstbarkeiten mit verhältnismäßig ungleichartigen Teilnahmsrechten tritt die Aufhebung der Weidegemeinschaft nur gegen Entschädigung und nur dann ein, wenn dieselbe für den gesamten Umfang der Gemeinschaft und von der unter Ziff. 1 erwähnten qualifizierten Mehrheit verlangt wird. Nur ausnahmsweise kann unter besonderen Vor-

[127]) Vgl. SeuffBl. 42, 96. Dadurch, daß ein Teilnehmer seine Schafhaltung aufgibt, tritt er nicht ohne weiteres aus der Weidegemeinschaft aus. Hierzu ist eine unzweideutige Erklärung erforderlich, daß der Teilnehmer nicht nur vorübergehend, sondern für immer also endgültig eine weitere Teilnahme an der Weidegemeinschaft ablehnt (OLG. Nürnberg 15. Februar 1922 — VerRegL. 323, 20).

aussetzungen die teilweise Ablösung einer Weidedienstbarkeit eintreten (Art. 39 Weidegesetz). Auch hier kann unter Umständen durch die Behörde aus wirtschaftlichen Gründen das Erlöschen der Weideberechtigung um einen Höchsttermin von 3 Jahren hinausgeschoben werden (Art. 46 Weidegesetz).

§ 31. Forstberechtigungen[1]).

I. Begriff; Abgrenzung von den öffentlichen Nutzungsrechten.

Unter den Forstberechtigungen im weiteren Sinne versteht man alle auf einer Waldung als dienendem Grundstück ruhenden dinglichen Lasten; dazu würden dann auch Fahrtrechte oder Wasserleitungsrechte, mit denen ein Wald belastet ist, gehören. In der Tat hat der Gesetzgeber in diesem erweiterten Sinne von „Forstberechtigten" gesprochen[2]). Im engeren und eigentlichen, auch den nachstehenden Ausführungen zugrunde gelegten Sinne hat man jedoch unter Forstberechtigung nur dingliche Rechte zu verstehen, welche ein Recht auf den Bezug von Waldnutzungen gewähren[3]). Dabei sind ja nach der von der Berechtigung erfaßten Nutzung drei Gruppen zu unterscheiden: das Recht zum Bezug von Holz, von Streu und zur Waldweide.

Vielfach stehen die Waldungen im Eigentum der Gemeinden[4]). Soweit Nutzungsrechte an Waldungen, die zum unverteilten Gemeindevermögen gehören, in Frage stehen, kann es zweifelhaft sein, ob diese Nutzungsrechte im Gemeindeverbande wurzeln, oder ob sie völlig un=

---

§ 31 [1]) Über Inhalt des Waldeigentums s. Trendel, BlAdmPr. 56, 155ff.

[2]) So z. B. in Art. 23 FG. Vgl. ObLGSt. 4, 390, woselbst ausgeführt ist, daß die Fahrtberechtigten zu den Forstberechtigten im Sinne des Art. 23 FG. gehören. Vgl. BayZ. 1908, 113f.

[3]) BlAdmPr. 56, 161.

[4]) Es besteht keine Vermutung dafür, daß ein Wald, an welchem die Nutzung den Gemeindemitgliedern zusteht, Gemeindeeigentum ist (SeuffBl. 57, 158). Wenn jedoch die Gemeinde den Wald bewirtschaftet, während die Nutzungen den Gemeindemitgliedern zufließen, so ist Gemeindeeigentum, nicht Miteigentum der Gemeindemitglieder zu vermuten (SeuffBl. 19, 207; vgl. ObLG. 8, 570; SeuffBl. 50, 136). Privateigentum ist anzunehmen, wenn Grundstücke nur von den Eigentümern bestimmter Anwesen mit Ausschluß der anderen Anwesenbesitzer genutzt wurden, jedem Berechtigten sein Anteil im Grundsteuerkataster zugeschrieben ist und die Grundsteuer bisher von ihnen bezahlt wurde (RBl. 1867, 167; KompKonflGH.). Die nach der Verordnung vom 18. Januar 1805 (RBl. 129) zur Ablösung von Forstrechten abgetretenen Waldungen sind in das Eigentum der Berechtigten (nicht der Gemeinde) übergegangen (ObLG. 4, 881). Einen Streit, ob das Eigentum der Gemeinde oder den Rechtlern zusteht, haben die Gerichte zu entscheiden (OGH. 1, 156; VGH. 5, 1; 13, 23). Über Aufstellung eines Rechtsanwalts für die Gemeinde durch die Verwaltungsbehörde s. Art. 37 Abs. 3 GemO.).

Über Körperschaftswaldungen s. oben S. 428 Anm. 2; BayZ. 1909, 447.

abhängig von dem Verhältnis der Gemeindezugehörigkeit lediglich ein privatrechtliches Rechtsverhältnis zwischen dem Berechtigten und der Gemeinde als der Eigentümerin des belasteten Waldes darstellen. Die Unterscheidungsmerkmale sind oben S. 428 dargelegt. Die nachstehenden Ausführungen beziehen sich nur auf die privatrechtlichen Forstnutzungsrechte.

II. Unzulässigkeit der Begründung von Forstrechten.

Durch das Forstgesetz vom 28. Mai 1852, welches nach Art. 189 FG. nur für das rechtsrheinische Bayern gilt, sind zwar die zur Zeit des Inkrafttretens des Forstgesetzes (1. Januar 1853) bestehenden Forstberechtigungen, allerdings unter Beschränkung ihrer Ausübung, erhalten; Art. 33 FG. bestimmt jedoch, daß neue Forstberechtigungen vom Tage der Verkündung des Forstgesetzes an (28. Mai 1852) nicht mehr erworben werden können[5]). Dieses Verbot hat gemäß Art. 115 EG. zum BGB. auch nach Inkrafttreten des BGB. fortdauernde Geltung. Vom 1. Januar 1900 an können auch in der Pfalz neue Forstrechte nicht mehr begründet werden (Art. 86 AG.).

Dieses Verbot der Neubegründung von Forstberechtigungen bezieht sich nur auf dingliche Berechtigungen, steht also der Wirksamkeit rein obligatorischer Verpflichtungen nicht im Wege. Die Erweiterung eines bereits bestehenden dinglichen Forstrechtes ist in gleicher Weise wie die Neubegründung unzulässig[6]).

Vom 28. Mai 1852 an ist natürlich auch eine Ersitzung einer Forstberechtigung ausgeschlossen; eine bereits im Laufe befindliche Ersitzung kann nicht mehr fortgesetzt werden. Der Gültigkeit eines Vergleiches steht dagegen das Verbot des Art. 33 FG. dann nicht im Wege, wenn darin lediglich die Anerkennung eines Forstrechtes als eines bereits vor dem 28. Mai 1852 entstandenen enthalten ist[7]). Der Beweisgrund der unvordenklichen Verjährung kann auch jetzt noch in Anspruch genommen werden[8]), denn die unvordenkliche Verjährung wirkt nicht rechtserzeugend, durch sie wird ein Recht nicht erworben; sie gewährt nur die Vermutung, daß das Recht in unbekannter Vorzeit durch rechtmäßigen Titel erworben worden ist[9]). Immerhin wird es nicht

[5]) Nach gemeinem und bayer. Landrecht konnten vor Inkrafttreten des Forstgesetzes von 1852 Forstrechte durch unvordenkliche Verjährung erworben werden (ObLG. 19, 368).

[6]) SeuffBl. 34, 254.

[7]) Oertmann, 474; OGH. 6, 571; SeuffBl. 42, 158.

[8]) SeuffBl. 36, 1; OGH. 8, 394; Oertmann 474; ObLG. 19, 369; vgl. Becher, Bayer. ZR. 631 Anm. 5.

[9]) SeuffBl. 36, 1.

für genügend zu erachten sein, wenn bezüglich des vor Inkrafttreten des Forstgesetzes liegenden Zeitraumes nur die negative Beweisführung (s. hierüber unten § 32 B III) zur Geltung kommt; es wird wohl gefordert werden müssen, daß der für die Rechtsausübung zu erbringende positive Beweis noch in die Zeit vor dem 28. Juli 1852 hineinreicht[10]).

Nur auf Forstberechtigungen im engeren Sinne (s. oben I) bezieht sich das Verbot des Art. 33 FG. und Art. 86 AG.; es steht also der Neubegründung von anderen dinglichen Berechtigungen (z. B. Fahrtrecht, Wasserleitungsrecht) an einem Walde nicht entgegen[11]).

In der Pfalz sind Holzbezugsrechte an Gemeindewaldungen durch die französischen Gesetze über Aufhebung der aus dem Lehens- und Grundbarkeitsverband stammenden Grundlasten nicht berührt[12]).

III. Rechtliche Natur der Forstberechtigungen.

Die dem Privatrechte zugehörigen dinglichen Forstberechtigungen sind in der Regel Dienstbarkeiten[13]) und zwar Grunddienstbarkeiten, wenn sie mit einem herrschenden Grundstück verbunden sind[14]), im anderen Falle persönliche Dienstbarkeiten[15]). Daneben kommt die Forst-

[10]) Für eine nach Erlassung des Forstgesetzes in Anspruch genommene unvordenkliche Verjährung wird nicht der Nachweis erfordert, daß schon zur Zeit des Inkrafttretens des Forstgesetzes unvordenklicher Besitz vorhanden gewesen ist (OGH. 8, 394; SeuffBl. 33, 17 u. 33; ObLG. 19, 369). Dagegen ist der Nachweis erforderlich, daß zu dem Zeitpunkt, zu welchem das Grundbuch als angelegt anzusehen ist, der unvordenkliche Besitz vorhanden war.

[11]) Ganghofer Anm. 3 zu Art. 33 FG.

[12]) OGH. 2, 155 (SeuffBl. 37, 145).

[13]) Roth, Bayer. ZR. § 166 I; BayZ. 1907, 305.

[14]) SeuffBl. 21, 228 (Vizinität ist nicht erforderlich).

[15]) SeuffBl. 21, 225; Kreittmayr Anm. 1 c zu BayLR. Tl. II Kap. 8 § 15. Es ist aber zu beachten, daß das bisherige Recht Grunddienstbarkeiten kannte, die nicht mit einem herrschenden Grundstück verbunden waren, sondern der Gemeinde als solcher zustanden. S. darüber oben S. 390. Wenn es sich um ein Rechtsverhältnis handelt, welches auf dem Gemeindeverband ruht (wie die den Gemeindemitgliedern auf einer Nachbarflur zustehende Weide oder das von den Gemeindemitgliedern auszuübende Holzrecht im Wald der Gutsherrschaft), so erweckt es äußerlich den Anschein, als ob nur die einzelnen Gemeindeglieder Träger des Rechts seien. Näher betrachtet hat jedoch ein solches Rechtsverhältnis eine doppelte Natur. Ihrem Grundgedanken und ihrer geschichtlichen Entstehung nach ist die Gemeinde als solche Trägerin der Gerechtsame; die einzelnen Bezugsrechte stehen aber den einzelnen Gemeindemitgliedern zu, die dieserhalb klagen und verklagt werden können. Unabhängig davon ist aber auch die Gemeinde aktiv und passiv legitimiert, wo es sich um die Gerechtsame als solche (um die Bezugsrechte aller) handelt (OAG. Jena 1833 bei Matthiae, Contr.-Lex. 2, 145). Für den Anspruch auf Schadenersatz wegen vorenthaltener Nutzungen ist die Gemeinde in einem solchen Fall nicht aktiv legitimiert (SeuffA. 6 Nr. 136 u. Nr. 309). Die von einer Gemeinde durch Verjährung erworbene Grunddienstbarkeit auf den Bezug von Holz oder Streu, deren Nutzung den einzelnen Gemeindemitgliedern zusteht, erstreckt sich auch auf den Bedarf der erst nach dem Beginn oder nach der Vollendung der Verjährung hinzukommenden Mitglieder, falls nicht besondere Gründe für eine Beschränkung auf eine bestimmte Zahl oder Klasse von Mitgliedern vorhanden sind. Anders verhält

berechtigung auch als Reallast vor; die Grenze zwischen Grunddienstbarkeit und Reallast wird durch den Grundsatz: „servitus in faciendo consistere nequit“ (s. oben S. 392 ff.) gezogen. In jenen Fällen, in welchen der Eigentümer des dienenden Grundstücks nicht zu einem bloßen Dulden, sondern zu einem selbständigen Handeln verpflichtet ist, hat man es mit einer Reallast zu tun[16]). Der Grundsatz „servitus in faciendo consistere nequit“ leidet jedoch keine Anwendung auf eine solche dem Eigentümer des dienenden Grundstückes obliegende Mitwirkung bei der Ausübung des Rechts, welche vorzugsweise den Zweck hat, den Eigentümer gegen eine mißbräuchliche oder unwirtschaftliche Ausübung des Forstrechtes zu schützen; hierher gehört die Verpflichtung des Eigentümers zur Anweisung des Rechtholzes, auch zum Fällen[17]) desselben, ja sogar zum Zurichten und Aufsetzen oder gar zum Abfahren des Rechtholzes[18]); sofern diese Mitwirkung nachweislich nur zur Sicherstellung des Eigentümers vor mißbräuchlicher Ausübung des Rechtes dienen soll. Das BayLR. Tl. II Kap. 7 § 2 Nr. 1 erkennt Grunddienstbarkeiten, wonach der Eigentümer des dienenden Grundstückes etwas zu tun hat, ausdrücklich an; in dessen Geltungsbereich ist daher eine Forstgerechtigkeit, welche auf „Lieferung“ von Holz gerichtet ist, als Servitut aufzufassen[19]). Das preußische Landrecht behandelt die Holzungsgerechtigkeit nur als Grunddienstbarkeit (ALR. I 22 § 197).

Der Umstand, daß die Ausübung der Forstberechtigung von einer Gegenleistung abhängig ist (vgl. oben S. 395), verträgt sich nach der Auffassung des bisherigen und des jetzigen Rechts mit einer Grunddienstbarkeit. So wird insbesondere im Gebiete des BayLR. das Recht zum Bezug von Holz gegen ein an den Eigentümer des Waldes zu entrichtendes Anweisgeld als Dienstbarkeit aufgefaßt[20]); ingleichen eine Berechtigung, Holz um den laufenden Preis oder um die Forsttaxe aus einem fremden Walde zu beziehen[21]); dies gilt auch für gemeines und preußisches Recht[22]).

---

es sich aber, wenn das Holzungsrecht auf einer Verleihung beruht, da Rechte aus Verleihungen der striktesten Auslegung unterliegen und daher anzunehmen ist, daß bei einer verliehenen Holzgerechtsame nicht die Zahl der Gegenwart, sondern die Stellenzahl zur Zeit der Verleihung über den Umfang der gebührenden Holzbezüge entscheidet (SeuffA. 3 Nr. 300).

[16]) SeuffA. 5 Nr. 6; vgl. BayZ. 1907, 205; Henle, Anleg. d. Grundbuchs 241 f.

[17]) SeuffBl. 21, 230.

[18]) JW. 1888, 314 Nr. 19; Dernburg 559; Bolze 7 Nr. 73; ObTrib. 42, 196; 68, 125. A. M. Männer 275.

[19]) OGH. 5, 610.

[20]) SeuffBl. 31, 269 u. 368.

[21]) SeuffBl. 13, 286; 31, 269.

[22]) Roth, Bayer. ZR. § 175.

Natural-, Holz- oder Waldfronen, welche die Eigenschaft von Gegenleistungen für forstrechtlich noch bestehende oder abgelöste Nutzungen an sich tragen, sind durch gütliche Übereinkunft oder in Ermangelung einer solchen auf Anrufen eines Beteiligten in eine bestimmte jährliche Geldgabe umzuwandeln (Art. 31 FG.), die mit dem 25fachen Betrage abgelöst werden kann (Art. 31 Abs. 4 FG.), die übrigen Waldfronen sind ohne Entschädigung aufgehoben[23] (Art. 31 Abs. 5 FG.). Streitigkeiten über das Recht oder den Umfang oder die Eigenschaft einer Natural-, Holz- oder Waldfrone gehören vor die Gerichte (Art. 31 Abs. 6 FG.).

IV. Gemessene und ungemessene Forstberechtigungen[24]).

Bei ungemessenen Forstberechtigungen richtet sich deren Umfang nach dem Bedürfnis des Berechtigten[25]) (s. hierüber, insbesondere auch über eine Änderung des Bedürfnisses oben S. 399). Wo kein Bedürfnis besteht oder dasselbe in anderer Weise Befriedigung findet, kann auch die Berechtigung nicht ausgeübt werden. Deshalb verpflichtet der Verkauf des bereits angewiesenen Holzes zum Wertsersatz[26]) Vgl. ALR. I 22 §§ 237, 238, 239. Diese Verpflichtung ist in § 812 BGB., aber auch durch § 823 Abs. 2 BGB. mit Art. 97 FG. begründet, speziell für Bauholzberechtigung ist diese Ersatzpflicht, wie sofort dargelegt werden wird, durch ausdrückliche Vorschrift des Forstgesetzes bestimmt. Ist das Recht zur Zeit des Bedürfnisses nicht ausgeübt worden, so kann eine Nachforderung nicht erfolgen; Schadenersatz kann nur begehrt werden, wenn der Waldeigentümer in Verzug gesetzt wurde[27]). Mit dem auf Grund einer gemessenen Berechtigung bezogenen Material darf der Berechtigte anfangen, was er will; er darf es also auch verkaufen[28]).

---

[23]) Vgl. SeuffBl. 25, 53.

[24]) Ein Streit darüber, ob eine Forstberechtigung eine gemessene oder ungemessene ist, gehört zur Zuständigkeit der Gerichte (Art. 23 Abs. 2, Art. 27 Abs. 5 FG.).

[25]) Vgl. SeuffA. 23 Nr. 16; 29 Nr. 14 und insbes. ObLG. N. F. 7, 562 (unter dem für die Hauswirtschaft nötigen Holze ist nur der Bedarf, der sich aus der im Anwesen geführten bäuerlichen Wirtschaft ergibt, nicht das von der Bewirtschaftung des Anwesens unabhängige persönliche Bedürfnis des Bauers und seiner Angehörigen zu verstehen).

[26]) Dernburg 598.

[27]) Vgl. ObLG. N. F. 8, 114. Die Verjährung der Ersatzansprüche tritt nach § 852 BGB. ein in drei Jahren von dem Zeitpunkt an, in welchem der Berechtigte von dem Schaden Kenntnis erlangt hat. Der Schaden des Buchenholzberechtigten ist eingetreten mit der Umwandlung des Buchenwaldes in Nadelwald und nicht erst zu der Zeit, wo die andernfalls neu angepflanzten Buchen Brennholz geliefert haben würden, Bolze 22 Nr. 135.

[28]) Dernburg 598 Anm. 9.

Bei Bauholzberechtigungen, welche nicht auf ein bestimmtes jährliches Maß festgesetzt sind, ist der Berechtigte gehalten, jedesmal vorerst den Bedarf und nachfolgend die wirkliche Verwendung auf Verlangen des Verpflichteten genügend nachzuweisen (Art. 28 Abs. 1 FG.). Wenn über diesen Bedarf zwischen dem Berechtigten und dem Verpflichteten Streitigkeiten entstehen, so hat hierüber vorbehaltlich des Rechtsweges, der innerhalb einer Frist von 3 Monaten von der Eröffnung an durch Klagezustellung zu beschreiten ist (Art. 23 FG.), die Forstpolizeibehörde zu entscheiden (Art. 28 Abs. 2 FG.). Das infolge einer solchen Berechtigung abgegebene Bauholz muß innerhalb zweier Jahre, von der Abgabe an gerechnet, demjenigen gemäß verwendet werden, der in dem vom Eigentümer bzw. von der Forstpolizeibehörde anerkannten Bedarfsnachweise festgelegt ist[29]) (Art. 28 Abs. 3 FG.).

Zuwiderhandeln begründet — außer der im Art. 97 FG. festgesetzten Strafe, wenn das Holz veräußert wurde — die Verbindlichkeit zum Ersatz des Wertes, welcher nach dem Zeitpunkte der Abgabe des Holzes zu bemessen ist. Die Ersatzpflicht tritt selbst dann ein, wenn die Verzögerung durch unabwendbare Hindernisse herbeigeführt ist, da das für den Gesetzgeber maßgebende Motiv für die Begründung der Ersatzpflicht darin bestand, daß durch den Aufschub das Bauholz verschlechtert wird und somit der Bedarf des Berechtigten vor der Zeit wieder eintritt[30]). Über diesen Ersatz haben, vorbehaltlich der durch Art. 64 FG. in dem Falle der geschehenen Veräußerung begründeten Zuständigkeit der Forstrügegerichte die Zivilgerichte zu entscheiden. Führt also der Bauholzberechtigte, wenn auch auf Grund einer baupolizeilichen Anordnung, seine Bauwendung mit Eisenträgern aus, so kann er seine Berechtigung auf das Baustammholz nicht geltend machen[31]).

Sowohl der Waldbesitzer als der Forstberechtigte ist jederzeit befugt, die Umwandlung unangemessener Forstberechtigungen in gemessene zu verlangen. Falls die Beteiligten sich über die Art und Weise dieser Umwandlung nicht einigen, hat die Forstpolizeibehörde die Umwandlung nach Maßgabe der in Art. 27 FG. enthaltenen näheren Bestimmungen vorzunehmen[32]). Wird bei der Verhandlung das Recht selbst oder dessen

---

[29]) Ganghofer Note 4 zu Art. 28: Das für einen Dachsparren abgegebene Holz darf nicht zu einem Türstock verwendet werden, auch wenn dieser nötiger wäre wie jener.

[30]) Ganghofer Note 5 zu Art. 28 FG.

[31]) Ganghofer Note 3 zu Art. 28 FG. — Bezüglich der Forstberechtigungen in Staatswaldungen vgl. MBl. vom 18. Juli 1896 (FMBl. 1896 Nr. 13) § 4 Abs. 6 und Abs. 7. Hier ist im Falle des gebotenen und freiwilligen Massivbaues eine Entschädigung vorgesehen. Jedoch besteht hierauf kein Rechtsanspruch.

[32]) Vgl. BlAdmPr. 5, 337; 16, 141.

Umfang streitig, so sind die Beteiligten auf den Rechtsweg zu verweisen (§ 27 Abs. 5 FG.).

V. Einschränkung der Forstberechtigungen[33].

Der Berechtigte hat bei Ausübung seiner Berechtigung der allgemeinen Vorschrift des § 1020 BGB. zufolge das Interesse des Eigentümers des belasteten Grundstücks tunlichst zu schonen. Daneben ist er aber auch bei Ausübung seiner Berechtigung an die genaue Befolgung der forstpolizeilichen Bestimmungen des Forstgesetzes gebunden. Als forstpolizeiliche Vorschriften sind alle diejenigen Gebote und Verbote zu erachten, welche das Forstgesetz mit Rücksicht auf das öffentliche Interesse an der Erhaltung der Waldungen zu ihrem Schutze erlassen hat. Hierher gehören die Vorschriften der Art. 34 mit 47, 49 mit 107 FG., insbesondere auch die in Art. 90 mit 97 FG. Hierdurch werden einschneidende Wirkungen erzeugt. Nach Art. 93 Ziff. 6 FG. wird bestraft, wer bei Waldarbeiten den erteilten besonderen Vorschriften zuwiderhandelt. Die Rechtsprechung nimmt an, daß hierunter auch Vorschriften fallen, welche der Waldeigentümer selbst dem Forstberechtigten erteilt[34]. Daraus ergibt sich die zivilrechtliche Folge (Art. 23 Abs. 1 FG.), daß sich der Forstberechtigte bei der Ausübung seiner Berechtigung an die Anweisung von Seite des Waldeigentümers halten muß[35]. Hiergegen kann nur auf dem in Art. 23 Abs. 2 FG. vorgezeichneten Wege Abhilfe erlangt werden[36]. Neben die allgemeine Vorschrift des § 1020 BGB. über die schonende Ausübung der Grunddienstbarkeiten tritt für die Forstberechtigungen die Vorschrift des Art. 24 des Forstgesetzes, wonach Forstberechtigungen den Waldbesitzer in der nachhaltigen Bewirtschaftung des Waldes sowie in den durch die Boden- und klimatischen Verhältnisse gebotenen Veränderungen der Holz- und Betriebsarten

---

[33]) Durch Art. 113 EG. sind die Vorschriften des Landesrechts über Einschränkung von Dienstbarkeiten aufrecht erhalten. Unter diesen Vorbehalt fallen auch die forstpolizeilichen Vorschriften. BayZ. 1908, 114. Über die Frage, ob der Waldeigentümer Teilflächen des Waldes ohne Zustimmung der Forstberechtigten veräußern darf, s. Krieger, BayZ. 1913, 451.

[34]) OLGSt. München 5, 421; 6, 112. Die Forstberechtigten sind zwar bei Ausübung ihrer Berechtigung an die forstpolizeilichen Bestimmungen des Forstges. und an die auf Grund dieses Ges. erlassenen polizeilichen Anordnungen gebunden, aber es dürfen diese Anordnungen über die Art u. Weise der Ausübung in den Bestand und den Umfang der Forstberechtigung nicht eingreifen (BayObLG. 26, 78).

[35]) Es ist nicht angängig, daß der Eigentümer, dem kein Vorrecht vor dem Servitutberechtigten zusteht, das Holz aus den näher und bequemer gelegenen Forstrevieren verbraucht und die Rechtler in entfernte oder unwegsame Reviere verweist (LG. Wolfenbüttel bei Matthiae, Controversen-Lexikon 2, 309).

[36]) OLGSt. München 5, 421; vgl. Roth, Bayer. ZR. § 166 Anm. 8.

nicht hindern können[37]. Wenn der Eigentümer nachweisen kann, daß durch die Ausübung des Stockholzrechtes die Jungwüchse vernichtet würden, so muß der Berechtigte insoweit die Ausübung seines Stockholzrechtes unterlassen[38]. Andererseits ist der Waldeigentümer zu Rodungen nur mit Einwilligung der Forstberechtigten befugt (Art. 34 Ziff. 3 FG.). Diese Beschränkung des Eigentümers gilt auch für die Waldweide; Art. 5 Weidegesetz ist hierfür nicht maßgebend[39]. Streitigkeiten über die Art und Weise der Ausübung einer Forstberechtigung werden von den Forstpolizeibehörden[40] entschieden, jedoch mit Vorbehalt des Rechtsweges, insofern ein Beteiligter sich durch die Entscheidung in seinem Rechte oder dessen Umfange für verletzt erachtet (Art. 23 Abs. 2 FG.). Die Grenze, welche bloß die Art und Weise der Ausübung einer Forstberechtigung bezeichnet, ohne in irgendeiner Weise den Umfang des Rechtes selbst zu berühren, ist manchmal fast oder überhaupt nicht zu ziehen, weil die Befugnis, eine Forstberechtigung in der einen oder anderen Weise auszuüben, im Grunde genommen nicht anderes ist, als ein wesentlicher Teil der Forstberechtigung selbst[41]. In einem solchen Falle, in welchem ein Streit über die Art und Weise der Ausübung von selbst und unvermeidbar hinübergreift auf den Umfang des Rechtes, ist immer erst die Entscheidung der Forstpolizeibehörde nach Art. 23 Abs. 2 FG. einzuholen; denn ohne diese vorgängige Entscheidung der Forstpolizeibehörde kann zwar das Gericht feststellen, **was** der Berechtigte tun darf, aber nicht, **wie** er das, wozu er kraft seines Rechtes berechtigt ist, tun darf, m. a. W., in welcher Weise er die ihm als Inhalt seines Rechts zustehenden Befugnisse auszuüben hat. Beabsichtigt der Waldbesitzer eine Abänderung der Holz- oder Betriebsart[42], in deren Folge eine Forstberechtigung nicht mehr in der bisherigen Weise ausgeübt werden kann, so ist er verpflichtet, vor Ausführung die Forstpolizeibehörde in Kenntnis zu setzen, die im Streitfalle über die Statthaftigkeit der beabsichtigten Abänderung endgültig sowie mit Vorbehalt des Rechtsweges, der nach Art. 32 innerhalb

---

[37]) Zu ähnlichen Grundsätzen gelangte die gemeinrechtliche Praxis auf Grund der Verpflichtung des Berechtigten, civiliter uti; vgl. SeuffA. 29 Nr. 14, 36 Nr. 263.

[38]) Ganghofer Note 2 zu Art. 23 FG.

[39]) BlAdmPr. 14, 283; Roth, Bayer. ZR. § 166 Anm. 51.

[40]) Das ist die Distriktspolizeibehörde (Art. 109 FG.), die unter Zuziehung von Laienbeisitzern entscheidet (Art. 110 FG.) und gegen deren Entscheidung Berufung innerhalb einer Frist von 14 Tagen von der Eröffnung des Beschlusses an zulässig ist (Art. 112 FG.)

[41]) Vgl. OLGSt. München 6, 112; Ganghofer Note 5 zu Art. 23 FG.

[42]) Gemeint ist hier die Veränderung des **ganzen** Wirtschaftsbetriebes in einem Walde, nicht jede Aufforstung abgetriebener oder öder Waldstellen. Ganghofer Note 1 zu Art. 26 FG.

3 Monaten von der Eröffnung an zu beschreiten ist, auch darüber zu entscheiden hat, in welcher Weise die Berechtigten zu entschädigen sind[43]). Die Entschädigung ist, wenn und soweit die Verhältnisse es gestatten, durch Umwandlung des bisherigen in einem anderen entsprechenden Forstnutzungsbezug, andernfalls in Geld zu leisten (Art. 26 Abs. 2 FG.).

Forstberechtigungen, welche die nachhaltige Bewirtschaftung des Waldes beeinträchtigen, sind auf Antrag des Verpflichteten für einen bestimmten Zeitraum entsprechend zu ermäßigen[44]). Stehen mehrere Personen Forstberechtigungen gleicher Gattung an dem Walde zu, so kann der Waldbesitzer den Antrag auf Ermäßigung nur gegen alle diese Berechtigte verbunden stellen. Ein Anspruch auf Entschädigung für eine solche Ermäßigung besteht nur dann, wenn die Ermäßigung durch unnachhaltige Bewirtschaftung von seiten des jetzigen oder der früheren Waldbesitzer veranlaßt worden ist. Sowohl über die Ermäßigung[45]) als über die Statthaftigkeit und den Betrag der Entschädigung[46]) entscheidet die Forstpolizeibehörde vorbehaltlich der Betretung des Rechtsweges, der innerhalb 3 Monate von dem Tage der Eröffnung an beschritten werden muß (Art. 25 mit Art. 32 FG.).

Die Berechtigten, welche gegen den Ausspruch der Forstpolizeibehörde auf Ermäßigung den Rechtsweg betreten, sind beweispflichtig dafür, daß die Ausübung der von ihnen festgehaltenen Forstberechtigung die nachhaltige Bewirtschaftung des Waldes nicht beeinträchtigt. Dies ergibt sich aus Art. 33 Abs. 2 FG.[47]) im Zusammenhang mit der Erwägung, daß der Gesetzgeber den Forstpolizeibehörden einen zunächst und vorbehaltlich der gerichtlichen Entscheidung maßgebenden Einfluß einräumen wollte.

Der Waldeigentümer ist ex jure dominii neben dem Servitutberechtigten befugt, Nutzungen seines Waldes zu beziehen. Jedoch geht

[43]) Eine Entschädigung ist dann nicht zu leisten, wenn die Veränderung durch die Boden- oder klimatischen Verhältnisse geboten ist (Art. 24 FG.). Noch weiter geht von Stengel, SeuffBl. 65, 245, anscheinend mit Billigung von Oertmann 475, der eine Entschädigung dann versagt, wenn der Waldeigentümer durch äußere von seinem freien Willen mehr oder weniger unabhängige Umstände, z. B. Insektenfraß, zu einer Änderung der Holz- und Betriebsart gezwungen ist. In derlei Fällen soll die Entschädigung nur darin bestehen, daß der Eigentümer dem Forstberechtigten Gelegenheit geben muß, das Recht fortan in einer der geänderten Holz- oder Betriebsart entsprechenden Weise auszuüben. Ich halte dies nur unter der Beschränkung für richtig, daß ohne die Änderung die nachhaltige Bewirtschaftung des Waldes (Art. 24 FG.) untunlich wäre.

[44]) Der Antrag auf Ermäßigung ist jederzeit und selbst dann zulässig, wenn das Recht rechtskräftig festgestellt ist. Über Einstellung der Zwangsvollstreckung mit Rücksicht auf einen Ermächtigungsantrag, vgl. SeuffBl. Erg.-Bd. zu Bd. 31 u. 32, 184.

[45]) Vgl. SeuffBl. 27, 221.

[46]) Vgl. SeuffBl. 27, 288.

[47]) SeuffBl. 27, 265.

das Forstrecht dem Nutzungsrecht des Eigentümers vor. Das gilt zweifellos für ein gemessenes Forstrecht[48]); aber auch für ein ungemessenes, sofern es durch das Bedürfnis im Einzelfall dem Maße nach bestimmbar ist[49]).

VI. Arten der Forstberechtigungen.

1. Das Beholzungsrecht (ius lignandi) kann auf Brennholz oder Bauholz[50]) gerichtet sein; es kann sich auf das Stockholz oder auf das Fallholz (Raff- und Löseholz) oder auf das von den gefällten Bäumen zurückgelassene Reisig (Abraum) beschränken[51]). In einem solchen Rechte auf das Raff- und Leseholz ist das Recht auf das Lagerholz (infolge Alters umgefallene Bäume) so wenig enthalten wie auf Windbrüche oder auf stehendes abgestandenes Holz[52]), vgl. ALR. I 22, §§ 214 bis 217, 224. Die Berechtigten müssen sich die Anweisung bestimmter Reviere (Art. 93 Z. 6 FG.) und bestimmter Holztage (Art. 90,

---

[48]) Holzschuher, Theorie und Kasuistik 2, 165 Ziff. 4.

[49]) Vgl. dagegen Hagemann, Landwirtschaftsrecht § 153; Pietsch, Forst- und Jagdrecht § 50; Fischer, Kameral- und Polizeirecht § 1275; Holzschuher, Theor. u. Kas. 2, 165 Ziff. 5.

[50]) Unter Bauholz ist regelmäßig nur das zu Dach und Fach (für den Rohbau) erforderliche Holz zu verstehen, das vom Zimmermann zu Balken verarbeitet wird, nicht auch das Schreinerholz (Bretter und Latten), vgl. ObLG. 11, 503. Bei Bauholzberechtigungen, die nicht auf ein bestimmtes jährliches Maß festgesetzt sind, kann der Berechtigte von der Forstpolizeibehörde angehalten werden, Bedarf und Verwendung nachzuweisen. Bei Streit ist der Bedarf von der Forstpolizeibehörde vorbehaltlich des Rechtswegs festzusetzen; das empfangene Bauholz ist binnen 2 Jahren zweckmäßig zu verwenden (Art. 28, 64, 97 Forstges.; § 4, 6, 13 MinBek. vom 10. Oktober 1879 mit allen Änderungen bei Weber 14, 163).

[51]) Vgl. SeuffA. 11 Nr. 124, 24 Nr. 14, 38 Nr. 10. Über Abraum vgl. Striethorst' Arch. 92, 117. Unter Raffholz oder Leseholz versteht man das abgefallene Holz, welches so beschaffen ist, daß es ohne Axt und Schneideinstrumente gesammelt und auf den Schultern nach Hause getragen werden kann (Hagemann 268).

Unter Spechtholz wollen die Holzberechtigten meistens alle kranken Bäume bezeichnen, welche der Specht häufig besucht, um die unter der Rinde befindlichen Würmer herauszuholen. In der Regel wird man aber darunter nur die dürren Äste und Zweige zu verstehen haben, die noch nicht abgefallen sind (Hagemann 268 Anm. 4).

Unter Pollfoorenholz (Poll = Wipfel) sind wipfeldürre Bäume zu verstehen.

Windfallholz sind solche gesunde Bäume, die durch die Gewalt des Windes mit den Wurzeln aus der Erde gehoben sind. Windbruch dagegen sind die vom Wind abgebrochenen Stämme und Äste (Windbruch = Windbraaken).

Steht die Berechtigung zu einer Gattung des durch Wind beschädigten Holzes zu, so ist damit nicht ohne weiteres das Recht auf die andere Gattung eingeschlossen (Hagemann 349).

Holz oder andere Walderzeugnisse, die für den eigenen Bedarf infolge einer Berechtigung erlangt worden sind, dürfen ohne forstpolizeiliche Genehmigung nicht veräußert werden (Forstges. Art. 97, 98; ObLG. Str. 11, 120; 17, 97).

[52]) Dernburg 597; OGHSt. 4, 46.

91 FG.) gefallen lassen. Wenn einem Anwesen das Beholzungsrecht ohne nähere Bestimmung eingeräumt ist, dann kommt es auf die Auslegung des Begründungsaktes an; einen wichtigen Auslegungsbehelf bietet die bisherige Übung; im Zweifel wird man darunter nur die Berechtigung zum Bezuge des Brennholzbedarfes, nicht auch zum Bezuge des Bauholzes zu verstehen haben[53]. Anders entscheidet ALR. I 22 § 201. Ist eine Bauholz- und Brennholzberechtigung nebeneinander zuständig, so bestehen zwei rechtlich voneinander unabhängige Dienstbarkeiten, von denen die eine selbständig abgelöst werden[54]) oder durch Nichtgebrauch untergehen kann, während sich die andere erhält[55]).

Ist das Holzbezugsrecht auf eine Holzart beschränkt, so ruht das Recht, insolange die betreffende Holzart in dem Walde nicht mehr anzutreffen ist. Eine Pflicht des Eigentümers zur Schadloshaltung besteht dann, wenn der Mangel der Holzart von dem Eigentümer selbst herbeigeführt ist, ohne daß dies für die nachhaltige Bewirtschaftung des Waldes notwendig oder durch die Boden- und klimatischen Verhältnisse geboten war (s. oben V). Insoweit sind die Bestimmungen des ALR I 22 §§ 231—234 durch Art. 24 FG. geändert.

Bei ungemessenen Berechtigungen bemißt sich der Umfang des Rechts nach dem Bedürfnis (s. oben IV).

2. Das Streurecht besteht in der Befugnis, abgefallenes Laub, Nadeln und Moos zur Verwendung als Streu in den Viehställen zu beziehen[56]). Das Streubezugsrecht ist als Grunddienstbarkeit zu erachten. Ein ungemessenes Streubezugsrecht ist daher nicht übertragbar[57]). Der Streuberechtigte darf die Streu erst nach vorgängiger Anweisung des Waldeigentümers holen, widrigenfalls er gestraft wird (Art. 85 FG.)[58]). Erachtet sich der Berechtigte durch die Anweisung in unstatthafter Weise beeinträchtigt, so steht ihm frei, die Forstpolizeibehörde um eine Entscheidung über die Art der Ausübung seiner Forstberechtigung nach Art. 23 Abs. 2 FG. anzugehen (s. oben V); er ist aber der Strafbestimmung des Art. 85 Abs. 1 FG. gegenüber nicht befugt, eigenmächtig an einem anderen als dem vom Waldbesitzer angewiesenen Waldorte von seiner Berechtigung Gebrauch zu machen. Die Anwen-

[53]) Holzschuher, Theor. u. Kas. 2, 166.
[54]) SeuffBl. 27, 377.
[55]) Dernburg 597.
[56]) Roth, Bayer. ZR. § 166 Anm. 47.
[57]) BayZ. 1910, 455 (ObLG.). Auch auf Grund eines (öffentlich-rechtlichen) Gemeindenutzungsrechtes kann Streu aus dem Gemeindewalde in der Regel nur zur Verwendung auf den zum Anwesen gehörigen Grundstücken beansprucht werden (VGH. 17, 189).
[58]) OGHSt. 6, 448; vgl. 2, 257; OLGSt. München 6, 647.

dung eiserner Rechen, Hacken, Hau- oder Schneide-Werkzeuge beim Streusammeln ist verboten (Art. 90 FG.).

3. Das Waldweiderecht ist nicht nach dem Weidegesetz, sondern nach dem Forstgesetz zu verurteilen (s. hierüber oben § 36, VIII, 4).

Hierher gehört das Mastungsrecht, das ist die Befugnis, Schweine in den Wald eines anderen zu treiben, um sie von den darin befindlichen Mastfrüchten, insbesondere Eicheln und Bucheckern, zu nähren[59]. Ist diese Gerechtigkeit nicht der Zahl der Schweine nach gemessen, so ist auch hier das Bedürfnis des herrschenden Gutes maßgebend. Es folgt daraus regelmäßig, daß der Berechtigte nicht mehr Schweine aus dem Walde mästen darf, als er zu seinem Hausgebrauch bedarf[60]. In dem Rechte der Mastung ist die Befugnis zum Eichellesen nicht ohne weiteres enthalten[61] (s. jedoch ALR. I 22 §§ 187 ff.). Der Berechtigte ist in der Regel mit der Ausübung seines Rechtes von der Menge des Fruchtertrages abhängig (volle Mast im Gegensatz zu Sprengmast)[62].

---

[59]) Dernburg 600; Holzschuher a. a. O. 167.

[60]) Holzschuher a. a. O. 167.

[61]) Holzschuher a. a. O. 167.

[62]) Vgl. hierzu Dernburg 600; Holzschuher a. a. O. 167 f. Durch Sachverständige ist zu ermitteln, wie viel Mastschweine bei voller Mast eingetrieben werden können und hiernach richtet sich, wieviel bei $^3/_4$-, $^1/_2$- oder $^1/_4$-Mast eingetrieben werden dürfen. Volle Mast nimmt man an, wenn die Eicheln, namentlich auf den Sommereichen recht reif, voll und zahlreich sind. Wenn bloß Bucheckern geraten sind oder wenn zwar die meisten Eichen Mast haben, aber nicht recht vollsitzen, so wird der Vorrat die halbe Mast genannt. Sitzen die Eichen nur an einigen Orten des Reviers voll, so spricht man von $^1/_3$- und wenn nur die Wipfel mit Früchten besetzt sind, von $^1/_4$-Mast. Sind im ganzen Forst nur einzelne wenige Bäume mit einigen Früchten versehen, so spricht man von Fasel-, Spreng- oder Laufmast. Die Obermast begreift die Eicheln, Buch- und Haselnüsse und das wilde Obst; die Untermast (auch Erd-, Bruch- oder Wrutmast) besteht aus Gewürzen, Wurzeln und Erdschwämmen. Die volle Mast dauert gewöhnlich 10—12 Wochen und in 18 Wochen pflegt die Vor- und Nachmast beendigt zu sein.

Faselmast ist jene geringe Mast, die nicht zu Mastzwecken ausreicht, womit man aber die zur Zucht bestimmten Tiere (Faselvieh) füttern kann; Faselvieh bedeutet hier mageres Vieh im Gegensatz zu Mastvieh.

Fehmschweine sind die eingeschlossenen, die Mastschweine (fehm = einschließen). Fehmgeld ist das Geld, das der Waldherr für die Überlassung der Mast erhält; einfehmen heißt die Schweine in die Mast nehmen, ausfehmen sie wieder herausnehmen.

Der zur Mast Berechtigte darf nur die großen fehmfähigen Schweine und nicht die Ferkel oder die zur Zucht bestimmten in die Mast bringen.

Den Ausdruck in alten Urkunden „wenn Gott Mast bescheert, wenn Mast vorhanden", hat man als volle Mast zu verstehen. Wenn dann nur halbe Mast da ist, darf auch nur die halbe Zahl Schweine eingetrieben werden.

Eine ungemessen verliehene oder hergebrachte Mastgerechtigkeit kann nur bei voller, halber oder dreiviertel Mast ausgeübt werden, sie darf nicht auf die Spreng- oder Faselmast, auch nicht auf die Nachmast ausgedehnt werden, falls dies nicht durch Vertrag oder

Die Mastungsgerechtigkeit begreift außer der Baummast in der Regel auch die Erdmast (Wurzeln, Kräuter, Gewürm) in sich (Hagemann 347).

Wenn der Umfang der Mastgerechtigkeit nicht bestimmt ist, darf der Berechtigte keine fremden Schweine, die er zu seinem eigenen Hausbedarf nicht braucht, in die Mast mit aufnehmen und fristen, es sei denn, es besteht ein anderes Herkommen (Hagemann 348 Anm. 4).

Verschiedene Rechtslehrer wollen die Mastgerechtsame, wenn deren Umfang unbestimmt ist, lediglich bei voller und nicht bei halber Mast ausgeübt wissen (Schröter, jur. Abhandl. I, 423); Hagemann dagegen nimmt an, daß eine unbestimmte Mastgerechtigkeit nicht nur bei voller, sondern auch bei $^3/_4$- oder $^1/_2$-Mast ausgeübt, aber nicht auf die Spreng-, Fasel- oder Nachmast ausgedehnt werden darf, falls weder Vertrag noch Herkommen eine solche Ausdehnung begründen (Hagemann 348; Strube, rechtl. Bedenken Bd. 1, 298).

Die Schonzeit ist nicht überall gleich; in manchen Orten dauert sie nur 14 Tage. Gewöhnlich fängt sie an, wenn die reifen Eicheln herabfallen. Anderwärts ist der Wald dem Weidevieh von Bartholomäus ab, d. i. 24. August an, geöffnet; die Mast dauert von Michaelis, 29. September, bis Nikolai, 6. Dezember, wo alsdann die Nachmast anfängt (Hagemann 346).

Wenn nicht soviel Mast vorhanden ist, daß Schweine damit gefristet werden können, so wird die vorhandene geringe Mast „Sprengmast“ genannt; hingegen heißt Nachmast, was die eingefehmten Schweine übrig gelassen haben, worin die Faselmast einbegriffen ist.

Wenn in einem Wald dem einen die Mast, dem anderen das Weiderecht zusteht, so wird häufig darüber gestritten, wem die Nach- und Sprengmast gehört. Die Weideberechtigten halten es für eine Schmälerung ihres Rechts, wenn der Mastungsberechtigte unter dem Vorwand, die wenigen vorhandenen Eicheln durch die Schweine verzehren zu lassen, in Wahrheit jedoch der Weide wegen, den Wald betreibt. Es kommt vornehmlich darauf an, ob die Weide vermöge des Miteigentums oder als Dienstbarkeit geübt wird. Ersterenfalls ist nicht zu vermuten, daß bei Teilung des Genusses eines Waldes demjenigen, der die Mastung

---

Herkommen begründet ist. Die Weideberechtigung begreift das Mastungsrecht nicht in sich; deshalb können die Weideberechtigten auch nicht die Sprengmast und Nachmast beanspruchen. Solange volle, halbe oder dreiviertel Mast ist, dürfen die Weideberechtigten ihr Vieh nicht in das Mastholz treiben; dies darf aber während der Spreng- oder Hasel- und der Nachmast geschehen, jedoch kann der Weideberechtigte den Waldeigentümer nicht hindern, die Eicheln aufzulesen oder die Stellen, wo sie liegen, von seinen eigenen Schweinen beweiden lassen (Hagemann 347, 348).

erhalten, das Recht zustehe, einiger weniger Eicheln wegen die Weidegerechtigkeit des Miteigentümers zu schmälern. Letzterenfalls aber ist das jus pascendi als Servitut strikte zu erklären und die Mastgerechtigkeit nicht auf den Fall einzuschränken, wann Schweine gefristet werden können (Strubes Rechtl. Bedenken Bd. 1, 295).

Der Weideberechtigte hat nur Anspruch auf Kräuter und Gräser. Die Weideservitut geht dem Eigentum vor. Das Weiderecht ist jedoch kein ausschließliches. Ist es im besonderen Fall doch ausschließlich, so begreift es doch die Mast in sich. Der Eigentümer darf daher die Mast nutzen auch dann, wenn dabei das Weidegras mitgefressen wird.

Treffen Weiderecht und Mastungsrecht beide als dingliche Rechte an einem fremden Grundstücke zusammen, so ist der Ausgleich nach § 1024 BGB. zu treffen (s. oben S. 416).

Ist die Zahl der Schweine bei der Mastgerechtigkeit nicht bestimmt, so darf der Mastberechtigte keine fremden Schweine auftreiben (Strubes Rechtl. Bedenken Bd. 1, 299).

VII. Ablösung der Forstberechtigungen[63].

Die Ablösung von Forstberechtigungen jeder Art ist lediglich im Wege eines freiwilligen Übereinkommens statthaft (Art. 30 FG.). Zur Ablösung ist die Zustimmung der Hypothekengläubiger erforderlich[64].

Unter dem Geltungsbereich der landesherrlichen Verordnung vom 18. Januar 1805, die Ablösung der Forstservituten betr. (RBl. S. 129) wurden die Holzberechtigungen vielfach durch Überlassung von Waldflächen (sog. Purifikationswaldungen) abgelöst. Die hiernach abgetretenen Waldflächen sind in das Eigentum der bisherigen Forstberechtigten, nicht in das der Gemeinde übergegangen, denen die Berechtigten angehörten[65].

Die Forstrechtsablösung stellt sich als Aufhebung eines dinglichen Rechtes durch entgeltlichen Verzicht dar[66].

Abgelöste Rechte, die noch nicht in das Grundbuch eingetragen waren, sind erloschen, können also nicht mehr eingetragen werden[67].

---

[63]) Vgl. Krieger, BayZ. 1913, 449 ff. Über Ablösung von Forstrechten auf Fideikommißgrundstücken vgl. ObLG. 2, 448, auf Lehenswaldungen vgl. OGH. 15, 361.

[64]) ObLG. 4, 176.

[65]) ObLG. 4, 881.

[66]) BayZ. 1907, 206; s. dort auch über den grundbuchamtlichen Vollzug einer Forstrechts-Ablösung und Transferierung.

[67]) Krieger, BayZ. 1913, 450.

§ 32. Erwerb der Grunddienstbarkeiten.

Das Grundbuch ist jetzt in ganz Bayern als angelegt anzusehen. Als Zeitpunkt, in welchem das Grundbuch als angelegt anzusehen ist, wurde bestimmt[1]: Für den Bezirk des Oberlandesgerichts München und der Landgerichte Amberg, Regensburg und Weiden der 1. Oktober 1905 (MB. vom 6. März 1905, JMABl. 562); für den Bezirk des Oberlandesgerichts Augsburg, der Landgerichte Bamberg, Bayreuth, Hof, Ansbach, Fürth und Nürnberg der 1. Mai 1909 (MB. vom 1. April 1909, JMABl. 161), für den Bezirk der Landgerichte Aschaffenburg, Schweinfurt und Würzburg der 1. Oktober 1910. Ganz verschieden und zersplittert ist der Zeitpunkt, zu welchem das Grundbuch als angelegt anzusehen ist, für die Pfalz bestimmt (vgl. insbes. die MB. vom 9. Juli 1901, JMBl. 531; MB. vom 22. September 1902, JMBl. 957, und die Landgerichte Frankenthal und Landau die MB. vom 10. Januar 1904, JMBl. 5). Bis zu dem Zeitpunkt, in welchem das Grundbuch als angelegt anzusehen ist, erfolgte die Begründung der Grunddienstbarkeiten nach den bisherigen Gesetzen (Art. 189 EG. mit Art. 177 AG.), s. hierüber unten § 32 B S. 479.

Vor Inkrafttreten des BGB. konnten die Gemeinden Grunddienstbarkeiten erwerben; seit 1900 können solche Rechte für die Gemeinden nur mehr in der Form der beschränkten persönlichen Dienstbarkeit nach § 1090 BGB. bestellt werden (ObLG. 21, 98; Staudinger BGB. § 1090 Anm. 1, 2b; BGH. 44, 53). Vor 1900 konnten die Gemeinden Wegservituten durch ausdrückliche Bestellung oder durch Ersitzung oder durch unvordenkliche Verjährung erwerben (ObLG. 15, 199). Für den Erwerb durch Ersitzung oder Verjährung genügte es, wenn die Wegfläche während der maßgebenden Zeit dem öffentlichen Verkehr gewidmet war und die Wegbenützer sich für befugt hielten zur Benützung, weil der Weg der Gemeinde gehöre oder der Eigentümer die Benützung dulde (GVBl. 1927, 49).

A. Erwerb der Grunddienstbarkeiten nach dem Rechte des BGB.

I. Von dem Zeitpunkt an, in welchem das Grundbuch als angelegt anzusehen ist, kann eine Grunddienstbarkeit nur durch dinglichen Vertrag in Verbindung mit der Eintragung auf dem belasteten Grundstück entstehen.

Einen anderen Entstehungsgrund als den der rechtsgeschäftlichen Begründung oder Bestellung läßt das BGB., abgesehen von der Tabularersitzung des § 900 Abs. 2, nicht zu. Eine (nicht im Grundbuch ein-

§ 32 [1]) Dabei wurden einzelne Bezirke, ja selbst einzelne Plannummern ausgenommen.

getragene) Grunddienstbarkeit kann also von dem Zeitpunkt an, in welchem das Grundbuch als angelegt anzusehen ist, durch Ersitzung nicht mehr erworben werden[2]). Dies gilt auch für die buchungsfreien und im Grundbuch nicht eingetragenen Grundstücke. Während aber sonst die Eintragung Erfordernis für die Entstehung der Grunddienstbarkeit ist, entsteht[3]) eine Grunddienstbarkeit an solchen buchungsfreien und nicht eingetragenen Grundstücken durch den dinglichen Vertrag, wobei die Erklärung des Bestellers in öffentlich beglaubigter Form, also notariell[4]), abgegeben werden muß (Art. 128 EG.; Art. 84 AG.)[5]). Rücksichtlich der dem Buchungszwang unterliegenden Grundstücke sind bei jeder rechtsgeschäftlichen Begründung von Grunddienstbarkeiten drei verschiedene Vorgänge auseinander zu halten:

1. Das obligatorische Grundgeschäft (Kausalgeschäft), durch welches die obligatorische Verpflichtung zur Bewirkung der Rechtsänderung (hier zur Bestellung der Grunddienstbarkeit) eingegangen wird. Ein solcher auf Begründung einer Grunddienstbarkeit gerichteter Vertrag erzeugt für sich allein keine dingliche Wirkung. Der Sondernachfolger desjenigen, welcher diese Verpflichtung zur Bestellung eingegangen hat, ist also hieran nicht gebunden, wohl aber der letztere selbst mit der Wirkung, daß sein Vertragsgegner Erfüllung des Vertrages verlangen und im Klagewege erzwingen kann[6]). Der Vertrag wird erfüllt durch Bewirkung der dinglichen Rechtsänderung, d. i. durch Bestellung der Grunddienstbarkeit (s. unter 2).

Dabei besteht nun gegenüber dem bisherigen bayerischen Rechte ein weittragender Unterschied. Während bislang in Bayern nach Art. 14 des NotGes. für einen Vertrag, durch welchen sich jemand zur Bestellung einer Grunddienstbarkeit verpflichtet, notarielle Verlautbarung notwendig war, ist diese Formvorschrift mit dem 1. Januar 1900 gefallen und ist von da ab, nicht etwa erst von dem Zeitpunkte an, in welchem das Grundbuch als angelegt anzusehen ist, ein solcher Vertrag ohne jede Form, also auch bei bloßer Mündlichkeit, obligatorisch wirksam[7]).

---

[2]) Für Fischerei-Grundgerechtigkeiten gilt das bisherige Recht bis zum 1. April 1909 ohne Rücksicht darauf, ob das Grundbuch vorher oder nachher als angelegt anzusehen ist (ObLG. 10, 119; 15, 492).

[3]) Über Aufhebung solcher Grunddienstbarkeiten s. Art. 84 Abs. 2 AG. und Oertmann 466ff., Henle-Schneider Bem. zu Art. 84 AG.

[4]) § 191 Abs. 2 FGG. mit Art. 15 AG. z. GVG.

[5]) Näheres s. bei Oertmann 466ff.; Henle-Schneider Bem. zu Art. 84 AG.

[6]) Kann durch Vertrag zugunsten Dritter eine Grunddienstbarkeit bestellt werden? Vgl. RG. 47, 356; Staudinger Bem. B, I, 2d zu § 873.

[7]) Staudinger Bem. B, I, 1a zu § 873 und Bem. IV, 2 zu § 1018; Jacubezky in SeuffBl. 68, 449ff.; RG. 48, 133; 54, 146; Habicht, Einwirkung 436; ObLG. 4, 737 und dortige Nachweise. Recht 1915 Nr. 195 (RG.).

Geht der erklärte Vertragswille der Nachbarn dahin, eine Grunddienstbarkeit in dinglicher Weise zu begründen, ist aber dieser Wille mangels der erforderlichen Form nicht dinglich wirksam, so kann ein solcher dinglich unwirksamer Vertrag doch die obligatorische Bindung zur formgültigen Bestellung einer Grunddienstbarkeit in sich schließen[8]).

Über Fälle, in welchen es zweifelhaft ist, ob der Vertrag lediglich auf Begründung einer obligatorischen Verpflichtung oder auf die Verpflichtung zur Herbeiführung einer dinglichen Rechtsänderung gerichtet ist, s. oben S. 378.

2. Das eigentliche Leistungsgeschäft (dinglicher Vertrag)[9]), durch welches der obligatorische Vertrag erfüllt wird, indem die dingliche Rechtsänderung herbeigeführt, im gegebenen Falle also die Grunddienstbarkeit bestellt wird. Diese Bestellung erfolgt durch einen abstrakten, von dem obligatorischen Vorvertrag (dem Kausalgeschäft) rechtlich losgelösten[10]), lediglich auf die dingliche Änderung gerichteten Vertrag (die sog. Einigung) und die auf Grund dieser Einigung zu vollziehende Eintragung im Grundbuch. Das BGB. versteht unter Einigung im Sinne des § 873 BGB. nur dieses abstrakte Leistungsgeschäft, d. h. die Erklärung des Eigentümers des einen Grundstückes, daß er für ein anderes Grundstück eine Grunddienstbarkeit bestelle und die Annahme dieser Erklärung durch den Eigentümer des anderen Grundstückes. Die Grunddienstbarkeit ist bestellt, d. h. mit dinglicher Wirkung begründet, wenn auf Grund dieser Einigung die Eintragung im Grundbuch erfolgt ist (§ 873 BGB.).

Während sich also der Eigentümer durch das obligatorische Grundgeschäft verpflichtet, diejenigen Handlungen vorzunehmen, welche die Entstehung der Grunddienstbarkeit herbeiführen, erfüllt er diese seine Verpflichtung durch die Leistung des Versprochenen und das ist eben seine Mitwirkung zu dem dinglichen Vertrag, der darin besteht, daß der Eigentümer des einen Grundstückes erklärt, für ein anderes Grundstück die Grunddienstbarkeit zu bestellen und daß der Eigentümer des anderen Grundstückes diese Erklärung annimmt. § 873 Abs. 2 BGB. bestimmt, daß vor der Eintragung der Grunddienstbarkeit im Grundbuch die Beteiligten an die Einigung nur gebunden sein sollen, wenn die Erklärungen gerichtlich oder notariell beurkundet oder vor dem Grundbuchamt abgegeben oder bei diesem eingereicht sind oder wenn der zur Bestellung

[8]) Zu formalistisch OLG. 15, 367.

[9]) Staudinger Bem. B, I, 2 zu § 973.

[10]) RG. 52, 114; 66, 99; 89, 371. Es ist deshalb für die Entstehung der Grunddienstbarkeit bedeutungslos, ob die Einigung mit dem Kausalgeschäft übereinstimmt oder nicht. RG. a. a. O., vgl. auch JW. 1902, Beil. 195. Selbstverständlich kann das obligatorische Kausalgeschäft und die dingliche Einigung zeitlich und inhaltlich zusammenfallen.

der Grunddienstbarkeit Berechtigte dem anderen Teile eine den Vorschriften der Grundbuchordnung entsprechende Eintragungsbewilligung ausgehändigt hat. Das will besagen: Vor Eintritt einer der Voraussetzungen, die § 873 Abs. 2 BGB. aufstellt, ist der abstrakte Einigungsvertrag noch nicht bindend. Diese Bestimmung bezieht sich ausschließlich auf die dingliche Einigung und läßt also die Wirksamkeit der obligatorischen Verpflichtung durchaus unberührt. § 873 Abs. 2 BGB ist also nicht etwa so zu verstehen, daß der vor dem Eintritt der Bindung im Sinne des § 873 Abs. 2 zurücktretende Eigentümer des Grundstückes, welches mit der Grunddienstbarkeit belastet werden soll, von seiner obligatorischen Verpflichtung frei wäre Diese muß er erfüllen, er hat durch seinen Rücktritt vom dinglichen Vertrag nur bewirkt, daß das Grundstück als solches (dinglich) nicht erfaßt wurde, aber seine Person bleibt nach wie vor in der Verpflichtung, wenn und soweit eine solche durch das vollständig formfreie Kausalgeschäft (s oben unter 1) begründet wurde [11]).

Die dingliche Einigung bewirkt noch nicht die Rechtsänderung (bringt die Grunddienstbarkeit noch nicht zur Entstehung), aber sie bildet ihre notwendige Voraussetzung. Während das Kausalgeschäft nur die Person verpflichtet, also nicht den Sonderrechtsnachfolger, wird durch die dingliche Einigung eine Verfügung über das Grundstück selbst getroffen. Wohl bedarf es noch des Hinzutritts der Eintragung im Grundbuch, um die durch die Verfügung bezweckte Rechtsänderung (Entstehung der Grunddienstbarkeit) herbeizuführen, aber durch die Einigung wird, wenn eine der Voraussetzungen des § 873 erfüllt ist, der Eigentümer des Grundstücks als dessen Repräsentant festgelegt, so daß es ihm nicht mehr möglich ist, den Eintritt der Rechtsänderung einseitig aufzuhalten [12])

3. Als letzter Vorgang kommt hinzu die Eintragung in das Grundbuch, durch welche die von der Bestellung bezweckte Wirkung vollzogen und die Grunddienstbarkeit zur Entstehung gebracht wird Voraussetzung der Eintragung ist die dingliche Einigung; dem Grundbuchamt gegenüber genügt die Eintragungsbewilligung des Eigentümers

[11]) Vgl. JW. 1902, Beil. 195; 1915, 136; SeuffA. 67, 326; SeuffBl. 1903, 73. Recht 1914 Nr. 626; OLG. 26, 37. Der Anspruch aus einer obligatorischen Verpflichtung zur Bestellung einer Grunddienstbarkeit kann durch Vormerkung gesichert werden (RG.-Komm. Bem. 5 zu § 1018). Die obligatorische Verpflichtung zur Bestellung einer Grunddienstbarkeit kann wie jede Willenserklärung auch stillschweigend eingegangen werden. Eine solche stillschweigende Verpflichtung kann im Wege der Auslegung aus einem Veräußerungsvertrage abgeleitet werden, wenn der Eigentümer eines von zwei ihm gehörigen Grundstücken veräußert, von denen das in seiner Hand verbliebene dem anderen in dauernder Weise dienstbar war (vgl. hierüber unten S. 478).

[12]) Der Schutz des öffentlichen Glaubens des Grundbuchs (§ 892 BGB.) bleibt natürlich unberührt.

des dienenden Grundstückes (§ 19 GBO.)[13]; dem Grundbuchamte braucht also das Einverständnis des anderen Teils nicht nachgewiesen zu werden.

Was nun den Inhalt und Umfang der Grunddienstbarkeit anlangt, so ist hierfür in erster Linie die Eintragung im Grundbuch maßgebend. Es ist aber keineswegs unzulässig, auch außerhalb des Grundbucheintrages liegende Auslegungsbehelfe behufs Ermittlung des Inhalts des die Begründung der Grunddienstbarkeit enthaltenden, aus dem Grundbuch ersichtlichen Rechtsgeschäftes zu benützen[14]. Einen wertvollen Auslegungsbehelf für die Feststellung des Inhalts der Grunddienstbarkeit bieten die besonderen Verhältnisse, unter denen die Dienstbarkeit entstanden ist, namentlich das zu dieser Zeit bestandene Bedürfnis[15]. Maßgebend ist das wesentliche und dauernde Bedürfnis des Grundstückes nach dem ihm bestimmungsgemäß innewohnenden Zweck, wie er sich in seiner wirtschaftlichen Beschaffenheit darstellt[16].

Wenn der natürliche Betrieb, wie er zur Zeit der Begründung der Grunddienstbarkeit auf dem herrschenden Grundstücke bestanden hat, eine Erweiterung der Bedürfnisse[17] bedingt, wird es regelmäßig im Sinne des Begründungsaktes liegen, daß die Benützung des dienenden Grundstückes, auch zur Befriedigung dieser erweiterten Bedürfnisse stattfindet[18]. Bezüglich derjenigen Änderungen der Benutzungsart, die nach dem auf dem herrschenden Grundstücke vorhandenen Betriebe nicht vorauszusehen waren, muß das Umgekehrte gelten[19]. Nach diesen Grundsätzen wird sich auch die Frage beantworten, ob der Inhalt der Grunddienstbarkeit sich auf denjenigen Mehrbedarf erstreckt, der infolge der Errichtung einer Anlage auf dem herrschenden Grundstücke entstanden ist.

---

[13]) ObLG. 5, 165.

[14]) M. 3, 478 (Mugdan 3, 267).

[15]) ObLG. 7, 539 (Fahrtrecht).

[16]) SeuffA. 55 Nr. 68.

[17]) So hat BayZ. 1905, 430 durch Vertragsauslegung ein Recht des Berechtigten abgeleitet, eine gemeindliche Wasserleitungsanalge in sachgemäßer Weise unter Anwendung der Fortschritte der Technik zu erneuern und zu verbessern. SeuffA. 55 Nr. 68 (Ausdehnung des Geschäftsbetriebes, Umbau). Vgl. über die einschlägigen Fragen oben S. 399.

[18]) Prot. 3900 (Mugdan 3, 733); vgl. SeuffBl. 45, 60 und SeuffA. 35 Nr. 277. (Steht einem Anwesen ein Fahrtrecht zu, so ist es im Zweifel auch für Fahrten zum Zwecke der Bewirtschaftung der mittlerweile zum Anwesen hinzuerworbenen Grundstücke anzusprechen.)

[19]) Prot. 3900 (Mugdan 3 733). — Vgl. JW. 1885, 337 Nr. 26; SeuffA. 42 Nr. 286 (zur Zeit der Bestellung führte die Fahrt nur zu Hausgärten, sie kann für eine später errichtete Fabrik nicht beansprucht werden). — Ebenso BayZ. 1919, 212 (Errichtung einer Fabrik); Gruchot 39, 982; JW. 1895, 210 Nr. 44 (für Errichtung einer Ziegelei); JW. 1895, 154 Nr. 32 (Errichtung eines Bleich- und Trockenplatzes); JW. 1900, 627 Nr. 16 (Errichtung einer Kunst- und Handelsgärtnerei).

II. Eine stillschweigende Bestellung von Grunddienstbarkeiten in dem Sinne, daß eine Grunddienstbarkeit von selbst (ipso facto) entsteht im Falle der Veräußerung eines von zwei in einer Hand vereinigten Grundstücken, von denen eines bis dahin dem anderen tatsächlich diente, ist vom Inkrafttreten der Grundbuchverfassung[20]) an nicht mehr möglich. Denn die Entstehung einer Grunddienstbarkeit hat zur notwendigen Voraussetzung die dingliche Einigung[21]), welche als ein von den begleitenden Umständen losgelöster und somit rechtlich unabhängiger Vorgang in einer stillschweigenden Willenserklärung niemals erblickt werden kann.

Wohl aber kann die obligatorische Verpflichtung zur Bestellung einer Grunddienstbarkeit (s. oben A, I, 1) auch stillschweigend begründet werden[22]). Die für das bisherige Recht durch die Praxis entwickelten Grundsätze (s. unten S. 482) können bei der Erforschung des Willens zwar nicht als gesetzlicher, aber als tatsächlicher Auslegungsbehelf verwertet werden. Gelangt die Auslegung zur Annahme, daß die Bestellung einer Grunddienstbarkeit stillschweigend vereinbart ist, so kann auf formgültige Bestellung gegen den obligatorisch Verpflichteten geklagt werden[23]).

Aus der Unterzeichnung des Bauplanes allein kann der Wille, sich zur Bestellung einer Grundienstbarkeit zu verpflichten, nicht abgeleitet werden, weil der Bauplan und dessen Unterzeichnung durch den Nachbar nur öffentlichrechtliche Bedeutung hat und bestimmungsgemäß nicht auf Erzeugung privatrechtlicher Wirkungen gerichtet ist[24]).

Hat der Eigentümer das an sein Wohnhaus angrenzende Grundstück zu dem ihm bekannten Zwecke einer gewerblichen Anlage wegverkauft, so hat er damit stillschweigend seine Zustimmung zur Duldung aller jener Einwirkungen erteilt, welche mit einem derartigen Geschäftsbetrieb für ihn erkennbar verbunden zu sein pflegen[25]). Man wird hier sogar unter Umständen eine obligatorische Verpflichtung zur Bestellung

[20]) Vgl. oben S. 473. Für die Zeit vom Inkrafttreten des BGB. bis zu dem Zeitpunkt, in welchem das Grundbuch als angelegt anzusehen ist, vgl. unten S. 482.

[21]) Vgl. RG. 65, 363.

[22]) Der Erwerb durch Zuschlag in der Zwangsversteigerung läßt keinen Raum für einen solchen Willen. RG. 65, 363.

[23]) Staudinger Bem. IV, 2b zu § 1018, s. oben A, I, 1. RGKomm. Bem. 5 Abs. 1 zu § 1018 (vgl. JW. 1912, 361 u. 851; M. 3, 478; Prot. 3, 286).

[24]) Vgl. OGH. 3, 371; 13, 201; SeuffBl. 56, 173.

[25]) Vgl. OGH. 17, 215; RG. 29, 268; JW. 1890, 182 Nr. 81, 1895, 172 Nr. 35 und 173 Nr. 37; 1905, 493; 1907, 387; DJZ. 1906, 486. — SeuffA. 58 Nr. 142 wendet diesen Grundsatz mit Recht selbst auf den Fall an, daß die Schädlichkeit der Einwirkung erst später erkannt worden ist (Raucheinwirkung auf Wachstum des Waldes); vgl. hierzu SeuffBl. 73, 697; JW. 1909, 725.

einer Grunddienstbarkeit anzunehmen haben. Zum mindesten ist der Verkäufer gegenüber dem Käufer, aber auch gegenüber einem Sondernachfolger des Käufers obligatorisch zur Duldung verpflichtet. Dem Sondernachfolger des Käufers gegenüber ist eine obligatorische Verpflichtung auf Grund des mit dem Vorbesitzer geschlossenen Vertrages, der zugleich auch für ihn, als zugunsten eines Dritten, abgeschlossen gilt (§ 328 BGB.), anzunehmen[26]). Die gleichen Grundsätze werden regelmäßig anzuwenden sein, wenn der Käufer eine Teilfläche des anderen Grundstücks erworben hat, auf dem bereits zur Zeit dieses Kaufes der beeinträchtigende Betrieb stattfand[27]). In jedem Falle müssen nur diejenigen Einwirkungen geduldet werden, welche dem zur Zeit des Verkaufes tatsächlich schon bestandenen Betriebe entsprechen; die durch eine Betriebserweiterung herbeigeführte Steigerung der Beeinträchtigung braucht nicht geduldet zu werden[28]). Nach dem Zeitpunkt, in welchem das Grundbuch als angelegt anzusehen ist, genügt ein wenn auch notariell abgeschlossener Vertrag nicht zur Begründung einer Grunddienstbarkeit[29]). In den Fällen, in welchen bis dahin stillschweigende Servitut-*bestellung* mit dinglicher Wirkung anzunehmen ist, kann von da ab nur eine *obligatorische* Verpflichtung zur Bestellung einer Grunddienstbarkeit gefunden werden, aus welcher auf Bestellung geklagt werden kann (vgl. oben S. 478).

B. Erwerb der Grunddienstbarkeiten nach dem bisherigen Rechte.

Gemäß Art. 189 EG. mit Art. 177 AG. erfolgt die Begründung von Grunddienstbarkeiten[30]) bis zu dem Zeitpunkt, in welchem das Grundbuch als angelegt anzusehen ist[31]), nach den bisherigen Gesetzen; dies gilt in gleicher Weise für die rechtsgeschäftliche Begründung (vgl. oben S. 475) wie für die Entstehung durch Ersitzung (s. unten II) und durch unvordenkliche Verjährung (s. unten III).

Von der Ersitzung und unvordenklichen Verjährung ist wohl zu unterscheiden das Herkommen im Sinne eines örtlichen Gewohnheitsrechtes, welches, abgesehen vom Anwenderechte, keine Bedeutung mehr hat (s. darüber unten S. 496). Soweit nun nach dem 1. Januar 1900 eine Grunddienstbarkeit nach den Vorschriften des bisherigen Rechts erworben wird, ist sie, abgesehen von einer während der Übergangszeit er-

---

[26]) RG. 66, 128; JW. 1907, 388 Nr. 4 (RG.). Ein Sonderrechtsnachfolger des Verkäufers ist nicht gebunden. JW. a. a. O.
[27]) S. dagegen DJZ. 1906, 486.
[28]) Vgl. hierzu ObLG. 7, 537.
[29]) Vgl. unten B, I, 3 S. 482.
[30]) Wegen der Besonderheit für Fischereigerechtigkeiten s. oben S. 474 Anm. 5.
[31]) S. oben S. 473.

folgenden Aufhebung, nach jeder Hinsicht dem Recht des BGB unterworfen; es richtet sich also auch hier der Begriff, der zulässige Inhalt und der Besitzschutz nach neuem Rechte; somit kann auch in der Übergangszeit eine Grunddienstbarkeit nicht in einem größeren Umfang erworben werden, als dies § 1019 BGB zuläßt. Andererseits kann sich der Erwerb in der Übergangszeit nur unter den Voraussetzungen vollziehen, unter welchen er nach bisherigem Rechte zulässig war. Während z. B. nach dem Rechte des BGB der Eigentümer eines Grundstückes für dieses eine Grunddienstbarkeit an einem in seinem Miteigentum stehenden Grundstücke erwerben kann (§ 1009 Abs. 2 BGB.), war dies nach gemeinem Recht[32]) nicht zulässig und dabei hat es während der Übergangszeit sein Bewenden.

I. Die rechtsgeschäftliche Begründung.

Hinsichtlich der rechtsgeschäftlichen Begründung einer Grunddienstbarkeit ist auch für die Übergangszeit zwischen der obligatorischen Verpflichtung zur Begründung einer Grunddienstbarkeit und der dinglichen Rechtsänderung (der Entstehung der Grunddienstbarkeit selbst) zu unterscheiden (vgl. hierüber oben A I).

Vor Inkrafttreten des BGB. war für die Bestellung einer Grunddienstbarkeit notarielle Verlautbarung erforderlich (Art. 14 NotGes. vom 10. November 1861 (OLG. 3, 381; 8, 434. OGH. 7, 289; 5, 97. SeuffBl. 42, 72; 43, 185). Das bayer. NotGes. ist am 1. Juli 1862 in Kraft getreten (ZinkNotGes. S. 357). Vor diesem Zeitpunkt war nach § 135 I, 5 des AllgLR. für die Bestellung von Grundgerechtigkeiten die schriftliche Form erforderlich; hierfür bedurfte es keiner förmlichen zum Zweck des Beweises aufgenommenen Urkunde; es genügt jede Schrift, auch ein Briefwechsel, der den Inhalt des Geschäfts darlegt (ObLG. 22, 73). Nach dem Naturrecht XII von Kaufbeuern und Augsburg (Weber 4, 583 u. 404) war vor 1. Juli 1862 gerichtliche Protokollierung für die Bestellung von Dienstbarkeiten erforderlich. Die Vorschriften des Oberpfälzer Landrechts und der Bistümer Augsburg, Mainz u. Rothenburg verlangten nur für die Veräußerung von Liegenschaften Protokollierung. Die Augsburger Bauordnung II, § 24 (Weber 4, 470) forderte zur Errichtung von Dienstbarkeiten die Genehmigung des Staats; das war jedoch nur eine Verwaltungsanordnung, deren Außerachtlassung keine Nichtigkeit des Bestellungsaktes nach sich zog (Roth 2, 2235). Anders die Regensburger Wachtgerichtsordnung Titel IX § 1, wonach keine Grunddienstbarkeit ohne Bewilligung der Obrigkeit konstituiert werden konnte (Weber, 5, 62).

1. Die obligatorische Verpflichtung wird im Gegensatz zum bisherigen bayerischen Recht auch schon in der Übergangszeit ohne jede Form wirksam begründet (s. hierüber oben A I, 1). Insoweit ist also der Art. 14

[32]) OGH. 7, 236; JW. 1886, 20 Nr. 41. In letzterer Entscheidung ist übrigens zutreffend hervorgehoben, daß eine bestehende Servitut nicht dadurch untergeht, daß der Eigentümer des herrschenden Grundstücks das Miteigentum an dem dienenden Grundstück erwirbt. Vgl. auch SeuffA. 44 Nr. 7 (Zulässigkeit einer Servitut zugunsten des Grundstücks einer offenen Handelgesellschaft an dem Grundstück eines Teilhabers).

NotG. von 1861 schon vom Inkrafttreten des BGB. an, nicht erst von dem Zeitpunkt an, in welchem das Grundbuch als angelegt anzusehen ist, aufgehoben. Art. 14 NotG. galt seit Inkrafttreten des BGB. nach Art. 189 Abs. 1 EG., solange das Grundbuch noch nicht als angelegt anzusehen war, nur noch für die unmittelbare Verfügung über ein Recht an einem Grundstücke, den dinglichen Vertrag, und ist demgemäß im Art. 132 NotG. vom 9. Juni 1899 nur in diesem Umfang aufrecht erhalten; für die Eingehung der Verpflichtung, ein Recht an einem Grundstück zu begründen, sind die landesgesetzlichen Vorschriften nicht vorbehalten, sondern lediglich die Vorschriften des BGB. maßgebend. Nach diesen sind aber Verträge, durch welche die Verpflichtung zur Begründung einer Grunddienstbarkeit eingegangen wird, formfrei[33]). Hat sich der Eigentümer eines Grundstückes während der Übergangszeit formlos verpflichtet, eine Grunddienstbarkeit zu bestellen, so kann auf Erfüllung dieser Verpflichtung, d. i. also während der Übergangszeit auf Mitwirkung zum Abschluß des notariellen Vertrags, nachher auf Bestellung durch Eintragung in das Grundbuch, geklagt werden.

2. Sofort mit der Errichtung der notariellen Urkunde ist die Grunddienstbarkeit begründet[34]). Die Eintragung der Grunddienstbarkeit im Hypothekenbuche ist hierzu nicht erforderlich, obgleich dieselbe gemäß Art. 44 ÜG. schon seit dem 1. Juli 1899 sowohl von dem Berechtigten, als auch von dem Eigentümer des belasteten Grundstückes verlangt werden kann[35]).

3. Die stillschweigende Bestellung von Grunddienstbarkeiten[36]) in der Übergangszeit. Bei einem notariellen Vertrag[37]), durch

[33]) ObLG. 4, 736 und dortige Nachweise; BayZ. 1907, 87.

[34]) Kann durch dinglichen Vertrag zugunsten Dritter eine Servitut bestellt werden? S. hierüber RG. 47, 356. Nach bayer. Landrecht genügte regelmäßig zur Begründung einer Servitut nicht der bloße Vertrag, sondern es war noch Überlassung des Gebrauchs durch Übung auf Seite des Berechtigten und Duldung auf Seite des Verpflichteten erforderlich. Nach dem Zeitpunkt, in welchem das Grundbuch als angelegt anzusehen ist, kann eine unter der Herrschaft des Bayer. Landrechts durch Vertrag bestellte Dienstbarkeit nicht mehr durch Überlassung des Gebrauchs zur Entstehung gelangen (ObLG. 13, 712).

[35]) Die Grunddienstbarkeiten wurden in die zweite Abteilung des Hypothekenbuchblattes eingetragen. JMBek. vom 12. November 1898 § 14 (JMBl. 1898, 650). Näheres über die Eintragung s. Staudinger Vorbem. III, 1 a β vor § 1018; ObLG. 1, 647; 4, 250. Der Eintragung im Hypothekenbuch sind, insolange es noch nicht als Grundbuch gilt, keineswegs die Wirkungen beigelegt, welche das bürgerliche Recht an die Eintragung einer Grunddienstbarkeit im Grundbuch knüpft. Die Grunddienstbarkeit konnte also trotz Eintragung im Hypothekenbuch verjähren, s. unten § 33 B, I, 3.

[36]) Vgl. hierzu oben A, II.

[37]) Ob stillschweigende Servitutenbestellung auch im Falle der Subhastation angenommen werden kann, ist bestritten. Während diese Frage vom RG. 13, 249 für das preußische Recht bejaht wird, ist sie von SeuffA. 37 Nr. 10 und RG. 42, 160 für das gemeine Recht und von RG. 65, 363 für bürgerliches Recht zutreffend verneint worden.

welchen ein Eigentümer einen Teil seines Grundstückes oder eines der ihm gehörigen mehreren aneinander grenzenden Grundstücke veräußert hat[38]), kann auf Grund einer gesetzlichen[39]) Ergänzung des Vertragswillens der Beteiligten das Resultat gewonnen werden, daß eine Grunddienstbarkeit an dem einen Grundstück zugunsten des anderen als stillschweigend bestellt angenommen wird[40]). Die „Bestellung" ist hier im dinglichen Sinne zu nehmen; der Umstand, daß zur Bestellung einer Grunddienstbarkeit bis zur Anlegung des Grundbuchs nach Art. 14 NotG. notarielle Verlautbarung erforderlich ist, steht der stillschweigenden Servitutenbestellung nicht im Wege; denn es wird ja kraft gesetzlicher Vorschrift der Vertragswille ergänzt[41]).

---

[38]) Die Möglichkeit einer stillschweigenden Servitutenbestellung ist wenigstens unter der Einschränkung allgemein anerkannt, daß dasjenige Grundstück, zu dessen Vorteil das andere benützt wurde, veräußert wird, also das veräußerte die Eigenschaft des herrschenden erhält oder daß beide gleichzeitig an verschiedene Personen veräußert werden (OGH. 8, 206), während dieselbe für den Fall, daß das veräußerte Grundstück das dienende würde, also für das nicht veräußerte die Fortdauer der bisherigen Benützung des veräußerten als Servitut reserviert sein solle, nicht unbestritten ist. Vgl. SeuffA. 11 Nr. 18; OGH. 8, 206. Über Servitutenbegründung per alienationem ipso facto bei gleichzeitiger Veräußerung der bisher in einer Hand vereinigten beiden Grundstücke an zwei verschiedene Erwerber s. BayZ. 1906, 326.

[39]) ObLG. 11, 469. Entstehung der Dienstbarkeit an Stelle des bisherigen Zustandes ist auf eine stillschweigende vertragsmäßige Bestellung, also auf den Parteiwillen zurückzuführen. Es ist jedoch für einen solchen Willen aus dem Bestehen des Zustandes zur Zeit der Eigentumstrennung und dem Weiterbestehen nach dieser eine gesetzliche Vermutung dahin zu entnehmen, daß dieser Zustand nicht nur tatsächlich, sondern rechtlich fortdauern sollte. Wenn festgestellt ist, daß die tatsächlichen Voraussetzungen der für einen solchen Willen sprechenden gesetzlichen Vermutung gegeben sind, dann gilt der Wille als bewiesen. Es bedarf keines Beweises, daß die Beteiligten auch wirklich diesen Willen hatten. Doch ist der Gegenbeweis zulässig. Dieser wird aber nicht geführt durch den Nachweis, daß die Beteiligten an die Begründung einer Dienstbarkeit nicht gedacht haben, sondern nur durch den Nachweis, daß sie einen der Entstehung widersprechenden Willen gehabt haben (BayZ. 1923, 196).

[40]) Vgl. M. 3, 478 (Mugdan 3, 266); vgl. ferner für das gemeine Recht: SeuffA. 53 Nr. 10 (Lichtrecht); OGH. 17, 215 (Wegerecht); 9, 679 (Schaftriebrecht). ObLG. 11, 467. — Für das BayLR. OGH. 8, 409. — Für das preußische Recht: JW. 1884, 61 Nr. 63; 1888, 190 Nr. 43; RG. 13, 249; 38, 287; 49, 238; ObLG. 11, 467; Bolze 11 Nr. 57. — Für pfälzisches Recht s. code civil Art. 692—694. Hiernach ist zur Entstehung einer Grunddienstbarkeit durch sog. Widmung ein unzweideutiges äußeres Merkmal eines Dienstbarkeitsverhältnisses erforderlich. Vgl. RG. 2, 360; 4, 346; 19, 387; Bolze 7 Nr. 72. Es genügt nach pfälzischem Recht nicht, wenn die vorhandenen, sichtbaren Zeichen auf das Bestehen der Grunddienstbarkeit mit Wahrscheinlichkeit schließen lassen. Es ist Gewißheit erforderlich. Deshalb genügen Türen, welche sich auf dem angeblich dienenden Grundstücke befinden, nicht; denn sie können auch angebracht sein, um für dieses den Durchgang auszuüben (Bolze 5 Nr. 102). Ein Graben wurde dagegen als genügendes Merkmal angesehen. Bolze 6 Nr. 76.

[41]) ObLG. 11, 467. Vgl. OGH. 17, 215; JW. 1895, 173 Nr. 35.

Bei Wegveräußerung eines Grundstücksteils von Stammgrundstück konnte nach gemeinem Recht und nach BayLR. zugunsten des abgetretenen, nunmehr selbständigen Grundstücks und zu Lasten des Stammgrundstücks eine Grunddienstbarkeit ohne förmliche Bestellung von selbst entstehen (servitus per alienationem ipso facto). Es handelt sich in diesem Falle um eine gesetzliche Ergänzung des Vertragswillens der Parteien. Die Grunddienstbarkeit ist entstanden auf Grund des vom Gesetz ergänzend unterstellten Willens der Beteiligten; sie konnte nicht entstehen, wenn der Wille der Beteiligten ihrer Entstehung widersprach. Diese unter der Herrschaft des alten Rechts ipsofacto begründeten Grunddienstbarkeiten sind keine Legalservituten, die von der Eintragung ins Grundbuch ausgeschlossen sind, sondern wirkliche eintragungsfähige Grunddienstbarkeiten (ObLG. 32, 266).

Für eine auf stillschweigende Servitutbestellung gerichtete Vertragsergänzung sind besondere Umstände erforderlich. Als hierfür konkludente Umstände sind namentlich[42]) an zusehen die Unentbehrlichkeit der Fortsetzung des bisherigen Gebrauchs für das herrschende Grundstück oder das Bestehen besonderer Einrichtungen oder baulicher Anlagen auf dem dienenden Grundstücke, wenn dieselben trotz der Veräußerung unverändert bei Bestand geblieben sind[43]).

Die Unterzeichnung des polizeilichen Bauplanes erzeugt für sich allein keine zivilrechtliche Wirkung (vgl. oben A II).

Der Inhalt einer stillschweigend begründeten Dienstbarkeit richtet sich nicht nach den jeweiligen Bedürfnissen des Berechtigten, sondern nach den tatsächlichen Verhältnissen, die zur Zeit der Entstehung der Dienstbarkeit bestanden[44]).

II. Die Ersitzung[45]).

In der Zwischenzeit zwischen dem 1. Januar 1900 und der Anlegung des Grundbuchs bestimmen sich die Voraussetzungen und Erfordernisse der Ersitzung nach bisherigem Recht. Jedoch kann eine Grunddienstbarkeit nur noch mit dem Inhalt ersessen werden, der nach §§ 1018, 1019 BGB. zulässig ist. Der Begriff und zulässige Inhalt einer Grunddienstbarkeit richtet sich, auch wenn sie erst in der Übergangszeit entsteht, durchaus nach neuem Recht (Art. 189, 184 EG.). Nur wenn die

---

[42]) Vgl. OGH. 17, 215. Nach pfälzischem Rechte ist ein unzweideutiges äußeres Merkmal eines Servitutverhältnisses unerläßlich, s. oben S. 482 Anm. 39. Für preußisches Recht vgl. ObLG. 11, 467.

[43]) RG. 42, 160; OGH. 8, 409; 17, 216. Die Kenntnis des tatsächlichen Dienstbarkeitsverhältnisses auf Seite des Erwerbers ist nicht unerläßlich (ObLG. 11, 469; RG. 13, 252; 49, 240 preuß. Recht).

[44]) ObLG. 7, 537 und dortige Nachweise.

[45]) Vgl. Schiedermair, „Die Ersitzung von Grunddienstbarkeiten und des Eigentums nach dem gemeinen Recht, dem Bayerischen Landrecht und dem Preußischen Landrecht" in BayZ. 1915, 205ff. Bei Feststellung von Grunddienstbarkeiten ist wegen der ihnen anhaftenden Eigenschaft, das Eigentum zu beschränken, im Zweifel gegen das Dasein der Grunddienstbarkeit zu entscheiden. OGH. 15, 280. ObLG. 11, 518 (Pfälz. Recht).

Servitut zur Zeit des Inkrafttretens des BGB. bereits bestanden hat, richtet sich der Begriff und Inhalt nach bisherigem Recht (Art. 184 EG.).

Nach bisherigem Rechte, welches für die Übergangszeit bis zum Inkrafttreten der Grundbuchverfassung fortdauernde Geltung hatte, wird zur Ersitzung ein ununterbrochener[46]), fehlerloser Besitzstand während der gesetzlich bestimmten Ersitzungszeit gefordert.

---

[46]) Bei nicht ständigen Servituten (z. B. Geh- und Weiderechten) ist es nach gemeinem Recht und Bayer. Landrecht II Kap. IV § 5 kein Erfordernis, daß wenigstens in jedem Jahre einmal Ausübungsverhandlungen vorgenommen wurden. Es kann deshalb z. B. die Zeit, während welcher eine Weideausübung wegen Mangels an Vieh oder Weidenahrung unterblieb, in die Ersitzungszeit eingerechnet werden. OGH. 3, 161. Ob aus einer länger andauernden Nichtausübung ein wenn auch nur vorübergehendes Aufgeben des Besitzwillens zu folgern ist, ist Tatfrage. OGH. 15, 279. Wenn der Kläger bald über das als dienend beanspruchte Grundstück, bald auf einem anderen Weg zu seinem Grundstück gefahren ist, so kann gleichwohl ununterbrochener Besitzstand angenommen werden, sofern das dienende Grundstück nicht nur vereinzelt benützt wurde und namentlich dann, wenn ein vernünftiger Grund vorlag, den anderen Weg zu nehmen, z. B. weil die dienende Wiese zeitweilig naß war. Wird aber ohne erkennbaren Grund häufig ein Umweg gemacht, so kann daraus unter Umständen auf den Mangel der Rechtsüberzeugung geschlossen werden. Das ALR. I, 9 § 596 bis 598 fordert für die ordentliche Ersitzung, daß die Ausübung des Rechts jährlich wenigstens einmal erfolgt sein muß, sonst ruht die Verjährung. Jahre, in denen sie geruht hat, werden nicht gerechnet (Schiedermair, BayZ. 1915, 208). Eine ausdrückliche Vorschrift, die für die Ersitzung das Erfordernis aufstellt, daß die einzelnen den Gegenstand einer Servitut bildenden Handlungen wenigstens einmal in jedem Vorjahr vorgenommen worden seien, besteht nicht. Es hat das richterliche Ermessen darüber zu entscheiden, ob eine 10- oder 20jährige fehlerfreie und ununterbrochene Ausübung des Servitutrechts vorliegt und ob nicht etwa eine Unterbrechung des Quasibesitzes dadurch eingetreten sei, daß der Besitzwille aufgegeben wurde, was unter Umständen auch aus einer länger andauernden Nichtausübung des Rechtsbesitzes gefolgert werden kann. (Vgl. SeuffA. 16 S. 309; 21 S. 180 u. S. 377.)

Wenn in SeuffA. Bd. 16 S. 309, wo die erwerbende Verjährung eines Weiderechts behandelt wird, das Erfordernis jährlicher Ausübung dieser Berechtigung aufgestellt ist, so ist zu betonen, daß bei einem Recht dieser Gattung die alljährliche Ausübung als Regel sich von selbst ergibt, indem — falls der das Weiderecht in Anspruchnehmende ohne einen in Mitte liegenden Hinderungsgrund während einer ganzen Fruktifikationsperiode von seinem angeblichen Rechte keinen Gebrauch macht — Zweifel darüber entstehen müssen, ob derselbe noch den Besitzwillen habe oder nicht, während wie SeuffA. 21 S. 377 annimmt, der Ausübung des Weiderechts in einem Jahre Hindernisse entgegenstehen, eine Unterbrechung des Besitzstands durch eine in einem Jahr stattgefundene Unterlassung der Weiderechtsausübung nicht notwendig anzunehmen ist (OGH. 15, 279).

Wenn während der Ersitzungszeit der angeblich Berechtigte seinen Weg bald über das als „dienend" in Anspruch genommene Grundstück, bald über andere Grundstücke genommen hat, so wird hierin ein Merkmal dafür zu finden sein, daß die Rechtsüberzeugung nicht vorhanden ist. Für die Rechtsüberzeugung streitet zwar die Vermutung, sie kann aber entkräftet werden; das ist in diesem Fall gegeben. Wenn einerseits nicht notwendig ist, daß die Gehgerechtigkeit in jedem Jahre ausgeübt worden ist, so ist andererseits unerläßlich, daß die Gehgerechtigkeit nicht nur in vereinzelten Fällen ausgeübt wurde; der Richter muß den ganzen 10jährigen Komplex der Ersitzungszeit ins Auge fassen und muß daraus ab-

Der Besitzstand erfordert einen auf dem Willen des Berechtigten beruhenden Zustand, sei es, daß er in Handlungen des Berechtigten, oder in Unterlassungen des Verpflichteten zum Ausdruck kommt. Dadurch allein, daß der Eigentümer eines Grundstückes einen Zustand aufrecht erhält, der einem anderen Grundstück zum Vorteil gereicht und der Eigentümer dieses Grundstückes den Vorteil genießt, übt dieser einen Besitzstand noch nicht aus. So liegt darin allein, daß der Nachbar den Fenstern eines Hauses das Licht, oder der Mahlmühle den Wind nicht entzieht, oder mit seinem Gebäude einen gewissen Abstand einhält, noch kein Besitzstand hinsichtlich des Genusses von Licht, Wind oder Aussicht. Dazu wäre erforderlich, daß der Eigentümer des Gebäudes (Mühle) dem Nachbar eine Verbauung des Lichts oder des Luftzuges oder der Aussicht verbietet. Unterläßt daraufhin der Nachbar die ihm verbotene Handlung, dann ist die Aufrechterhaltung des einer Lichtgerechtigkeit (Luftzuggerechtigkeit, Aussichtsgerechtigkeit) entsprechenden Zustandes auf den Willen dessen zurückzuführen, der hievon den Vorteil hat. Dieser übt also den Besitzstand aus [47]).

Die Servitut muß in gutem Glauben [48]) und in der Überzeugung, ein Recht auszuüben [49]), ausgeübt worden sein. Das Bewußtsein von der

---

nehmen, ob wirklich während dieser 10jährigen Ersitzungszeit ein ununterbrochener Besitzstand gegeben ist. Erforderlich ist, daß regelmäßig die Dienstbarkeit ausgeübt wurde, wo ein Bedürfnis hierfür gegeben war. Es ist eine Mehrzahl von Fällen erforderlich und bei Gehgerechtigkeiten, die zum Zweck der Bestellung und Aberntung von Grundstücken oder als Zugang zu einem Hause benützt werden, muß eine gewisse Regelmäßigkeit der Benützung vorliegen. Nur dann ist der Besitzstand im Sinne des Gesetzes gegeben.

[47]) SeuffA. 36 Nr. 110; JW. 1891, 23; Holzschuher, Theorie und Kasuistik 2, 403.

[48]) OGH. 14, 88; ObLG. 10, 128. Hierfür ist mehr nicht erforderlich, als daß der Erwerber die redliche Überzeugung gehabt hat, mit den Besitzhandlungen kein materielles Unrecht zu begehen, OGH. 8, 155. Für den guten Glauben streitet die Vermutung. Das gilt nach gemeinem Recht (Seuffert, Pand. § 136 Anm. 11); nach BayLR. II Kap. IV § 7 Nr. 2 u. ALR. I, 7 § 18 (ObLG. 10, 119). Der gute Glaube ist ein Begriff, dessen Inhalt durch das negative Merkmal gekennzeichnet ist, daß das Bewußtsein fehlt, daß die Ausübungshandlungen dem Rechte eines anderen zuwiderlaufen. Liegt dagegen dieses Bewußtsein vor, so ist der böse Glaube gegeben. Dolus eventualis steht dem Wissen gleich, nicht aber schuldhafter Irrtum. Auf das Wissen dessen kommt es an, der durch die Ausübungshandlungen die Quasipossessio an der Dienstbarkeit erlangt. Der gute oder böse Glaube seines Besitzdieners kann ihm weder nützen noch schaden. Wenn aber der Pächter z. B. bösgläubig ist, der Verpächter aber gutgläubig, dann schadet natürlich der böse Glaube des Pächters auch dem Verpächter; denn der Pächter ist ja derjenige, der den unmittelbaren Besitz ausübt und seine Ausübungshandlungen kommen dem Verpächter nur mittelbar zu statten. Dagegen schadet der böse Glaube des Dienstboten dem Dienstherrn nicht (vgl. § 166 BGB.).

[49]) OGH. 1, 421 und zwar ein Privatrecht (OGH. 3, 5; 7, 391 [gemeines Recht]; SeuffBl. 8, 331 [preußisches Recht]). Ein besonderer Nachweis des Willens, ein Privatrecht auszuüben, darf dann nicht gefordert werden, wenn die Ausübungshandlungen an sich

juristischen Natur dieses Rechts ist nicht erforderlich[50]), es genügen daher auch solche Einwirkungen auf eine fremde Sache, welche in der Meinung vorgenommen wurden, ihr Eigentümer zu sein[51]).

Für eine Gemeinde kann ein Verjährungsbesitz an Servituten, deren Nutzungen den einzelnen Mitgliedern der Gemeinde zugute kommen, nicht nur durch die gesetzlichen Vertreter oder Beamten, sondern auch durch die Mitglieder erworben und fortgesetzt werden (JW. 1887, 103; 1900, 514. — ObTrib. 8, 8; 53, 18. — Gruchot 67, 86). Dabei war nach preuß. Recht ein die Mitglieder ermächtigender Beschluß der ges. Vertreter nicht notwendig, sofern der Besitz von den Mitgliedern nicht für sich persönlich, sondern für die Gemeinde ausgeübt worden war, d. h. in der Überzeugung, daß das geübte Recht der Gemeinde zukomme und von ihnen als den Mitgliedern zu nützen sei (ObTrib. 16, 20 — 53, 19 — Gruchot 67, 86).

Nicht unbedingtes Erfordernis ist es, daß die Mehrzahl der Mitglieder an den Ausübungshandlungen teilnimmt. Wenn es sich um ein Recht handelt, das nur einem Teil der Gemeindemitglieder zugute kommt, muß es zum Erwerb durch Ersitzung jedenfalls als ausreichend angesehen werden, wenn zu der Ausübung des Rechts durch den Teil der Mitglieder hinzukommt, daß den übrigen Mitgliedern die Rechtsausübung bekannt und sie stillschweigend damit einverstanden waren. Dasselbe muß für eine stillschweigende Zustimmung der gesetzlichen Vertreter gelten (vgl. Gruchot 67, 87 für einen Abkürzungsweg zur Kirche, der nur von den Bewohnern jener Anwesen benützt wurde, die östlich von der Kirche lagen)!

---

geeignet sind, die Ausübung eines solchen Rechtes darzustellen (JW. 1911, 115). Die Benützung eines Weges in der Meinung, dieser Weg sei ein öffentlicher, kann einen Besitzstand für den einzelnen nicht begründen (OGH. 3, 5; 8, 627; 10, 201; Bolze 2 Nr. 193; ObTrib. 13, 167; LG. Würzburg 27. Juli 1913 F. 158/12; SeuffBl. 33, 23; SeuffA. 8 Nr. 220, 236, 292; 59 Nr. 71; BayZ. 1906, 326). — War die Fischerei in einem öffentlichen Fluß frei und wurde sie von den ausübenden Fischern für frei gehalten, dann liegt in der Ausübung der Fischerei keine Rechtsausübung (JW. 1911, 115 RG.). Wohl aber kann durch die Benützung eines Grundstücks als Weg durch die Mitglieder einer Gemeinde für die Gemeinde eine Dienstbarkeit ersessen werden (Bolze 2 Nr. 193) und zwar auch dann, wenn die Gemeindemitglieder den Weg für einen öffentlichen (also nicht bloß die Gemeindeangehörigen, sondern jedermann zugänglichen Weg) gehalten haben (ObLG. 10, 199). Für einen Streit darüber, ob ein Grundstück mit der Servitut eines öffentlichen Wegerechts belastet ist, sind die Gerichte zuständig (VGH. 5, 15 u. 236 [vgl. unten § 45]). Das einzelne Gemeindemitglied ist zur Klage aus § 1027 nicht aktiv legitimiert (s. hierüber oben S. 390 Anm. 92), kann sich aber gegenüber der negatoria des Eigentümers auf das Recht der Gemeinde berufen. Über Gemeindeservituten vgl. oben S. 390 u. 420. — Liegen Rechtsausübungshandlungen vor, so kann kein besonderer Nachweis dafür verlangt werden, wessen Recht die Ausübenden eigentlich ihrerseits auszuüben geglaubt haben. Der Richter muß aus der gesamten Sachlage entnehmen, wessen Rechte ausgeübt wurden. Haben die Fischer einer Gemeinde, denen eine besondere zum Erwerb von Rechten geeignete Organisation fehlte, von jeher mit Rechtsüberzeugung gefischt, so kann als die Trägerin des Fischereirechts nur die Gemeinde angesehen werden, jedoch in der Weise, daß ihr das Recht zum Vorteil ihrer den Fischfang gewerblich ausübenden Gemeindemitglieder zusteht. Die Gemeinde ist daher zur gerichtlichen Geltendmachung des Rechts befugt (JW. 1911, 115 RG.).

[50]) SeuffA. 47 Nr. 188; ObLG. 10, 199.

[51]) RG. 12, 175 (gem. Recht); Bolze 3 Nr. 96; RG. 16, 216 (preuß. Recht); vgl. RG. 56, 204; SeuffBl. 33, 23; 42, 250.

Für die Überzeugung ein Recht auszuüben, streitet die Vermutung[52]), da der Ausübende annehmen darf, daß sich niemand längere Zeit hindurch nachteilige oder sein Eigentum beeinträchtigende Handlungen ohne zwingenden Grund gefallen lassen wird[53]).

Eine Ausnahme muß indes diese Rechtsregel dann erleiden, wenn Besitzhandlungen in Frage stehen, welche nicht von demjenigen, der das streitige Recht für sich in Anspruch nimmt, selbst unmittelbar vorgenommen werden, sondern durch einen Stellvertreter, eine Mittelsperson, stattfinden. Durch den Stellvertreter wird einem Dritten der Besitz nur dann erworben, wenn auch der Prinzipal selbst die Besitzerwerbung gewollt, also entweder schon vorgängig den Auftrag dazu, oder doch nachträglich seine Genehmigung erteilt hat. Dies gilt im Prinzip auch für den Besitzerwerb durch den Pächter[54]).

1. Besitzstand. Die Immission von Rauch, Ruß usw. kann nicht ohne weiteres als eine Handlung aufgefaßt werden, welche in der Absicht erfolgt, ein Recht gegen das hiervon betroffene Grundstück zu erwerben[55]), ebensowenig das Ausschwärmenlassen von Bienen[56]).

Desgleichen stellen eine bloße Mauerausbauchung oder das bloße Hineinragen eines schief gewordenen Giebels für sich allein keinen zur Ersitzung geeigneten Rechtsbesitz dar[57]).

---

[52]) Sofern Handlungen vorliegen, die nach ihrer äußeren Aufmachung auf die Rechtsausübung schließen lassen (OGH. 12, 96; ObLG. 12, 208; JW. 1911, 115 RG.).

[53]) SeuffA. 24 Nr. 219; OGH. 7, 240. Bei der Benützung eines Richtweges (Weg der bloß der Abschneidung dient) wird ein strengerer Maßstab angelegt von SeuffA. 22 Nr. 219, 25 Nr. 9, 49 Nr. 10. Nach SeuffA. 36 Nr. 264 spricht die Tatsache, daß wegen der durch die Besitzhandlungen verursachten Schäden zeitweilig Entschädigung geleistet wurde, zwar regelmäßig, aber nicht unter allen Umständen, gegen die Absicht der Rechtsausübung. — Auch nach preußischem Recht braucht der Erwerber die Negative, daß er das streitige Recht nicht vermöge einer bloßen Vergünstigung ausgeübt hat, nicht zu beweisen. Dernburg 576 und dortige Nachweise. Über Absicht der Rechtsausübung beim Aufstellen von Wagen auf einer öffentlichen Straße s. SeuffA. 42 Nr. 194 (RG.).

Periodische Gegenleistungen, z. B. Zahlung eines jährlichen Weidegeldes, schließen die Absicht der Rechtsausübung nicht aus (vgl. oben S. 396). Namentlich spricht Unveränderlichkeit und ungewöhnlich niedriger Betrag der Gegenleistung für ein Recht, wobei jedoch nicht ausgeschlossen ist, daß der Gegenleistung der Charakter einer Rekognitionsgebühr zukommen kann. Im Falle einer willkürlich erhöhbaren Gegenleistung stellt sich das Verhältnis als bloße Vergünstigung dar. So für preußisches Recht Dernburg 576. — Nach BayLR. wird die opinio iuris nach zehnjährigem Besitz vermutet. OGH. 4, 362; 9, 701; SeuffBl. 39, 157. Ausübung eines Fahrrechts auf Bitte des Belasteten in einer anderen Richtung; Wahrung des Besitzes in der ursprünglichen Richtung (Samml. 9, 483). Besitzstand einer Fahrtrechtsausübung in verschiedenen Richtungen (Samml. 6, 765).

[54]) OGH. 7, 241.

[55]) Bolze 2 Nr. 191, 5 Nr. 97, 11 Nr. 51; RG. 12, 175; SeuffA. 46 Nr. 171.

[56]) Vgl. JW. 1884, 281 Nr. 39.

[57]) RG. 45, 287; vgl. dagegen OLG. 5, 423.

Als Besitzhandlungen kommen nicht nur Handlungen des Eigentümers selbst, sondern auch Handlungen Dritter, welche in einem Repräsentationsverhältnis zum Erwerber stehen, in Betracht[58]. Dabei ist das Wissen des Geschäftsherrn nicht erforderlich[59].

Der Rechtsbesitzbestand wird nicht ohne weiteres dadurch verloren, daß der Eigentümer des herrschenden Grundstückes das dienende pachtet[60].

Auch an Sachen, welche dem öffentlichen Gebrauch gewidmet sind, ist eine Servitutenersitzung nicht ausgeschlossen, soferne nur diese Rechte mit der Zweckbestimmung der öffentlichen Sache vereinbar sind; dabei ist zu berücksichtigen, daß durch die auch noch so lange Ausübung von allgemeinen Gebrauchsbefugnissen, welche aus der Öffentlichkeit des Weges folgen, nie ein Sonderrecht abgeleitet werden kann[61].

Einer Ersitzung eines Wegerechts an einem Eisenbahnkörper standen die Polizeivorschriften über den Schutz des Eisenbahnbetriebs (die älteste vom 13. August 1844) entgegen, die Verbotsgesetze im Sinne des ALR. I, 9 § 664 waren[62].

Auch an einem Fideikommißgut konnte eine Servitut ersessen werden[63].

2. Der Umfang der durch Verjährung erworbenen Dienstbarkeit bestimmt sich nach dem Umfange des Besitzstandes während der Verjährungszeit (tantum praescriptum quantum possessum)[64]. Aber diese Regel ist nicht so zu verstehen, als ob im gegebenen Falle für alle denkbaren Möglichkeiten der Wirtschaftsbetriebsweise auf dem herrschenden Grundstücke Ausübungsverhandlungen vorliegen müßten. Sie soll vielmehr nur aussprechen, daß durch Ersitzung nicht ein Recht von

---

[58]) SeuffA. 47 Nr. 188, vgl. OGH. 5, 795 (Ausübungshandlungen durch Dienstboten). Durch Dritte, welche in keinem Repräsentationsverhältnis zu der Person des Eigentümers stehen (z. B. colonus, mercenarius, hospes, medicus, fructuarius) kann nach gemeinem Recht die possessio einer Servitut zwar erhalten, nicht aber erworben werden. Angewendet auf die Käufer von Holz, die das gekaufte Holz aus dem Forst über andere Grundstücke abgefahren haben. SeuffA. 47 Nr. 188; vgl. dagegen SeuffA. 2 Nr. 11; 3 Nr. 10 und 11. Über Besitzhandlungen des Pächters vgl. oben S. 487 zu Anm. 54.

[59]) SeuffA. 4 Nr. 205 (Gemeindeschäfter).

[60]) RG. 22, 188; vgl. für ALR. RG. 31, 331.

[61]) Kahr, Gemeindeordnung 359; vgl. BlAdmPr. 20, 340 u. 397; OGH. 8, 625; 9, 81; 10, 200; 15, 433; SeuffA. 42 Nr. 194 (RG.); ObLG. 11, 455 (preuß. Recht für Rechte am Eisenbahnkörper); 11, 689 (öffentlicher Brunnen) und dagegen OGH. 12, 178; vgl. oben S. 485 Anm. 49.

[62]) ObLG. 11, 459.

[63]) SeuffA. 26 Nr. 225.

[64]) OGH. 10, 121; vgl. RG. 1, 101 (Heu- und Grummetfahrten waren zugestanden, nicht aber Düngerfahrten. Letzteres muß daher vom Gegner bewiesen werden).

größerem als durch die Ausübungshandlungen kundgegebenen Willen erworben werden kann[65]). Wenn der zur Zeit der Ersitzung bestehende Betrieb nicht nur erweitert, sondern seiner Art nach geändert wurde, braucht eine hierdurch herbeigeführte Erschwerung der Belastung nicht geduldet zu werden[66]).

Abweichungen in der Richtung des benützten Weges schließen die Ersitzung nicht aus, wenn die Hauptrichtung die gleiche ist[67]).

3. Der Besitzstand ist fehlerhaft[68]), wenn er gewaltsam (vi), heimlich (clam) oder bittweise (precario) ausgeübt wird. Zur Gewalt genügt schon Handeln gegen Verbot; das Verbot kann wörtlich oder tatsächlich eingelegt sein[69]); jede Handlung, welche darauf gerichtet ist, den Unternehmer von dem Beginn oder der Fortsetzung der Ausübung abzuhalten, gilt als Verbot[70]). Heimlichkeit liegt vor,

---

[65]) JW. 1880, 132 (RG.); OGH. 2, 11 (obwohl nur Dünger von Geisen während der Ersitzungszeit auf der fremden Dungstätte abgelagert worden, wird Recht zur Ablagerung von Kuhdünger zugesprochen, weil der Wille auf die Ausübung einer den gesamten Düngeranfall umfassenden Dienstbarkeit gerichtet war); vgl. RG. 1, 335. — Wie bei einer bestellten Dienstbarkeit anzunehmen ist, daß sie nicht auf das im Augenblick der Bestellung gerade bestehende Bedürfnis beschränkt sei, sondern daß sie für den durch die Verkehrsauffassung bestimmten und äußerlich sich ausprägenden bisherigen Charakter des Grundstückes bestellt sei und sich einem im Rahmen dieses Charakters wechselnden Bedürfnisse zu fügen habe (s. oben S. 399), so darf man sich auch bei einer durch Ersitzung entstandenen Dienstbarkeit trotz des Grundsatzes: tantum praescriptum, quantum possessum nicht ängstlich an nebensächliche Einzelheiten klammern, sondern man muß auch hier das Charakteristische der Ausübungshandlungen herausgreifen und danach Gruppen (z. B. hauswirtschaftliche, hausgewerbliche, landwirtschaftliche) bilden. Neumann, Jahrb. 5, 414 (Braunschweig).

[66]) Vgl. SeuffA. 52 Nr. 75 (Umwandlung eines bäuerlichen Anwesens in ein Kurhaus mit Hotelbetrieb), vgl. SeuffA. 42 Nr. 286; JW. 1895, 210 Nr. 44; 1900, 627 Nr. 16; vgl. oben S. 399.

[67]) ObLG. 15, 454 (für BayLR. u. gem. Recht); SeuffBl. 21, 352; RG. 31, 328 (für ALR.).

[68]) Die Fehlerhaftigkeit muß in der Person des Berechtigten liegen. Hat der Dienstknecht des Berechtigten gefragt, weil er das Fahrtrecht nicht kannte, so liegt nur in den hierauf vorgenommenen Besitzhandlungen des Knechtes selbst eine fehlerhafte Besitzhandlung. Handelt es sich um eine der Gemeinde zustehende Grunddienstbarkeit, so begründet das Fragen eines vereinzelten Gemeindemitglieds keinen fehlerhaften Besitzstand für die Gemeinde, anders, wenn das Fragen überhaupt an der Tagesordnung ist; vgl. auch JW. 1896, 16.

[69]) Vgl. RG. 12, 175.

[70]) Z. B. Anbringung einer Verbotstafel (eines Strohwisches) oder Ziehung eines Grabens, Errichtung eines Schlagbaumes als gewolltes Hindernis gegen die beanspruchte Fahrt. Vgl. SeuffA. 10 Nr. 235; OGH. 1, 166; 5, 796; RG. 1, 101. — Ein bloßes Schimpfen kann auch als Zeichen des Unmutes über eine für den Schimpfenden lästige Berechtigung eines anderen aufzufassen sein (LG. Würzburg 4. Februar 1902; PrR. Nr. 87/00). Ist eine Ausübungshandlung gegen Verbot ausgeübt worden, so klebt dieser Besitzfehler nicht notwendig allen späteren Ausübungshandlungen an (SeuffA. 26 Nr. 223).

wenn die Ausübung des Besitzstandes hinter dem Rücken des Eigentümers vorgenommen wird; dies ist nicht schon dann der Fall, wenn die Besitzausübung, sei es aus Mangel einer Anzeige[71]) oder aus Unachtsamkeit des Eigentümers, nicht zur Kenntnis des letzteren gekommen ist, soferne nicht aus den Umständen gefolgert werden kann, die Besitzausübung habe verheimlicht werden wollen[72]). Bittweise ist der Besitzstand, wenn er nach den Umständen auf einer Gefälligkeit des Eigentümers beruht, worauf insbesondere die Einholung der Erlaubnis schließen läßt[73]). Wenn aber beispielsweise der Fahrtberechtigte vor der Ausübung der Fahrt den Eigentümer bittet, er möge sein Feld durch Abräumung der Frucht für die Fahrt freimachen und mit dem Fahren zuwartet, bis der andere abgeräumt hat, so wird darin regelmäßig nur eine in anständige Form gekleidete Rücksichtnahme (§ 1020) zu erblicken sein[74]). Ebensowenig wird daraus allein, daß sich der Fahrtberechtigte vom Eigentümer den Schlüssel zur Durchfahrt geben läßt und sein Verlangen nach dem Schlüssel in die höfliche Form einer Bitte kleidet, noch nicht auf ein precarium zu schließen sein[75]). Andererseits kann daraus allein, daß der Eigentümer des als dienend in Anspruch genommenen Grundstücks an den Nachbar öfter das Ersuchen gestellt hat, den Wasserlauf einige Zeit unbenützt zu lassen oder doch erst zur Abendzeit zu benützen, noch nicht gefolgert werden, daß ein precarium nicht vorlag, weil die Form der Bitte auch mit Rücksichten nachbarlicher Freundlichkeit ihre Erklärung finden kann[76]).

Anlangend die Beweislast, so braucht nicht der Ersitzende die Abwesenheit der genannten Besitzfehler, sondern es muß der Eigentümer des in Anspruch genommenen Grundstückes ihr Vorhandensein

---

[71]) Eine Anzeige ist nach gemeinem Recht nur ausnahmsweise erforderlich, wenn sich der Besitzer sagen muß, daß der Eigentümer von der Einwirkung sicher keine Kenntnis hat und sie bei Kenntnis nicht dulden würde. JW. 1890, 118 Nr. 26 (RG.).

[72]) RG. 22, 190; 25, 147; OGH. 5, 56; 11, 727.

[73]) Vgl. Glück, Pandektenkomm. 9, 134; vgl. auch BayLR. II Kap. 5 Nr. 4; ALR. I Tit. 22 §§ 14f. (vgl. JW. 1880, 156). Wenn die Besitzhandlungen erstmals ausgeübt wurden, als die beteiligten Grundstücke nahen Verwandten gehören, spricht die Vermutung dafür, daß dies insolange nur aus Gefälligkeit geduldet wird. — Es ist nicht undenkbar, unter besonderen Umständen Vergünstigung anzunehmen, obwohl der Eigentümer die Ausübung verboten und der andere dessen ungeachtet die Ausübung fortgesetzt hat. Es ist möglich, daß es der Eigentümer aus Vergünstigung unterlassen hat, mit dem Verbote Ernst zu machen. Bolze 5 Nr. 95.

[74]) Ist es während der Ersitzungszeit immer so gehalten worden, so wird allerdings (tantum praescriptum, quantum possessum) nur ein Recht, über das unbestellte Grundstück zu fahren, erworben sein.

[75]) Vgl. SeuffBl. 6, 353; Holzschuher, Theor. u. Kas. 2, 33.

[76]) SeuffA. 6 Nr. 155.

beweisen[77]). Erforderlich ist lediglich, daß die Besitzhandlungen während der Ersitzungszeit fehlerlos waren. Ein ursprünglich fehlerhafter Besitzstand kann in seinem späteren Verlaufe fehlerfrei sein. Denn die Ersitzung setzt nicht wie die unvordenkliche Verjährung einen unbekannten Anfang des Zustandes voraus, um eine Rechtmäßigkeit des Zustandes zu schaffen, sondern begründet das Recht selbst dann, wenn ein vor Beginn der Ersitzungszeit liegender rechtswidriger Ursprung festgestellt ist. Allerdings kann der Nachweis eines fehlerhaften Ursprungs indirekt von Bedeutung werden, nicht weil die spätere Übung bloß als eine Fortsetzung der früheren, fehlerhaften erscheint, sondern nur darum und insofern als (subjektiv) die Erinnerung an den fehlerhaften Beginn auch später das Bewußtsein einer berechtigten Übung in dem Ausübenden ausschließen kann[78]).

4. Zeit der Ersitzung. Nach gemeinem Recht, wie nach ALR. und BayLR. gilt der Grundsatz der accessio possessionis (der Sondernachfolger darf sich die Besitzzeit seines Vorgängers anrechnen)[79]).

a) Nach gemeinem Rechte beträgt die Ersitzungszeit für alle Arten von Servituten[80]) 10 Jahre unter Anwesenden, 20 Jahre unter Abwesenden[81]) Ein Titel ist nicht erforderlich. Auch für eine Ersitzung

---

[77]) So für gemeines Recht RG. 1, 103; SeuffBl. 60, 369; für BayLR. Tl. II cap. 4 § 7 Nr. 2; OGH. 13, 12; für preuß. Recht: Striethorst' Arch. 65, 71; Recht 1908, 864 (RG.).

[78]) Bolze 10 Nr. 72.

[79]) Schiedermair, BayZ. 1915, 207. Der Satz des gemeinen Rechts, daß der Rechtsnachfolger (auch der Sondernachfolger) die Ersitzung überhaupt gar nicht beginnen könne, wenn er die Sache aus den Gründen eines mala fidei possessor erlangt habe (Seuffert, Pand. § 134, 2c, § 138), ist nicht etwa dahin anzuwenden, daß der Rechtsnachfolger trotz seines guten Glaubens die Ersitzung einer Grunddienstbarkeit dann nicht beginnen könne, wenn sein Besitzvorgänger den Besitz der Grunddienstbarkeit im bösen Glauben erlangt hat. — Aber selbstverständlich kann sich der Rechtsnachfolger die Besitzzeit seines bösgläubigen Vorgängers nicht anrechnen. — Nach BayLR. II Kap. IV § 10, ALR. I 9 § 614 schadet dem Nachfolger der böse Glaube seines Vorgängers nicht einmal für die Ersitzung des Eigentums (vgl. Schiedermair, BayZ. 1915, 207).

[80]) Auch für servitutes discontinuae, OGH. 15, 278; RG. 3, 210. Im Gegensatz zum ALR. erfordert das gemeine Recht für die Ersitzung von Servituten, welche nur bei vereinzelten Gelegenheiten ausgeübt werden können (z. B. Bauholzberechtigung), nicht den Beweis der Ausübung in drei Fällen; es bleibt dem richterlichen Ermessen im Einzelfall überlassen, ob aus der Zahl der nachgewiesenen Fälle eine dauernde Rechtsausübung gefolgert werden kann. JW. 1894, 325 Nr. 47. Ebensowenig besteht für die sonstigen servitutes discontinuae (z. B. Geh- und Fahrtrechte) das Erfordernis, daß die einzelnen den Gegenstand der Servitut bildenden Handlungen wenigstens einmal in jedem Jahre vorgenommen worden seien. Auch hier ist es Tatfrage des Einzelfalls, ob etwa eine Unterbrechung der Besitzhandlungen anzunehmen ist. OGH. 15, 279.

[81]) Anwesend ist derjenige, der seinen Wohnsitz im Bezirke desjenigen Oberlandesgerichts hat, in welchem das angeblich dienende Grundstück liegt. Dies gilt für gemeines und preußisches Recht. Nach BayLR. gilt als abwesend, wer außerhalb Bayerns wohnt.

gegenüber den Dorf- und Stadtgemeinden besteht keine Ausnahme[82]; dagegen beträgt die Ersitzungszeit gegenüber dem Fiskus 40 Jahre[83]) Scientia et patientia des Eigentümers des dienenden Grundstücks ist nicht erforderlich[84]).

b) Nach **bayerischem Landrecht** ist zu unterscheiden zwischen ständigen und unständigen Servituten (servitutes continuae und discontinuae), je nachdem die Ausübung ununterbrochen durch einen bestimmten Zustand der Sache oder von Zeit zu Zeit durch einzelne Handlungen geschieht.

Die ständigen Grunddienstbarkeiten werden in 10 Jahren unter Anwesenden, in 20 Jahren unter Abwesenden (vgl S. 491 Anm. 81) ersessen, soferne ein hinlänglicher Auskunftstitel[85]) **oder** wenigstens, daß der andere solches gewußt und gestattet habe, bewiesen werden kann[86]). Kann weder das eine noch das andere bewiesen werden, so beträgt die Ersitzungszeit 40 Jahre[87]).

Die nicht ständigen Grunddienstbarkeiten werden in 10 Jahren unter Anwesenden, in 20 Jahren unter Abwesenden ersessen, soferne sowohl Titel als auch Wissenschaft des anderen Teils bewiesen werden kann. Kann nicht beides bewiesen werden, so ist unvordenkliche Verjährung erforderlich[88]).

BayLR. II, Kap. 4 § 8 Nr. 3. Nach ALR. I, 9 § 622 ist maßgebend der Aufenthalt in einer anderen Provinz. Die Praxis hat an die Stelle der Provinz den Bezirk des Oberlandesgerichts gesetzt (Schiedermair, BayZ. 1915, 208). Ist der abwesende Eigentümer durch einen Gutsverwalter vertreten, so ist gleichwohl die zwanzigjährige Ersitzungszeit erforderlich. SeuffA. 6 Nr. 312; 10 Nr. 137, 12 Nr. 250. Ist der Eigentümer des dienenden Grundstücks während der Ersitzungszeit teils anwesend, teils abwesend, so wird die Dauer der Abwesenheit nach gemeinem Recht und bayerischem Landrecht nur halb gerechnet (Schiedermair, BayZ. 1915, 208). Nach ALR. wird eine kürzere als eine einjährige Abwesenheit nicht berücksichtigt und auch bei längerer Dauer der Abwesenheit werden nur die vollen Jahre, nicht ein Jahresbruchteil der Berechnung der Abwesenheitsdauer zugrunde gelegt (ALR. I, 9 §§ 621—623).

[82]) ObLG. 4, 897.

[83]) RG. 6, 202; 24, 193; 25, 190. Über Berechnung der Ersitzungszeit, wenn wegen Besitzwechsels im dienenden Grundstücke teils ordentliche, teils außerordentliche Ersitzung stattfindet, s. RG. 25, 189.

[84]) RG. 22, 188; 24, 163.

[85]) Ein formell ungültiger Vertrag ist auch nicht als Ersitzungstitel wirksam. OGH. 6, 57; 7, 680.

[86]) BayLR. II, 7 § 5 Nr. 1. Es besteht jedoch die Besonderheit, daß nach zehnjährigem ruhigen Besitz das Vorhandensein des Titels vermutet wird, so daß der Eigentümer des dienenden Grundstücks das Nichtvorhandensein des Titels beweisen muß (OGH. 9, 465; Schiedermair, BayZ. 1915, 208).

[87]) BayLR. II, 7 § 5 Nr. 2; vgl. SeuffBl. 52, 388; OGH. 11, 725.

[88]) BayLR. II, 7 § 5 Nr. 3; vgl. OGH. 4, 73; 5, 613; 11, 725; SeuffBl. 7, 341; 10, 186; 34, 255; 52, 388.

Für die Ersitzung gegenüber Dorf- und Stadtgemeinden gilt nach BayLR. keine Besonderheit[89]).

Ist Kauf der Ersitzungstitel, so mindert sich die Ersitzungszeit auf 5 bzw. 10 Jahre[90]).

c) Nach preußischem Landrecht beträgt die Ersitzungszeit[91]) mit Titel[92]) 10 Jahre unter Anwesenden, 20 Jahre unter Abwesenden[93]), ohne Titel 30 Jahre[94]). Solche Dienstbarkeiten, deren alljährliche oder gewöhnliche Ausübung nicht von der Willkür des Berechtigten abhängig ist, deren Ausübung vielmehr nur bei gewissen durch andere Umstände herbeigeführten Gelegenheiten möglich ist, deren Eintreten abgewartet werden muß, werden, gleichviel ob mit oder ohne Titel, in 40 Jahren ersessen[95]). Bei dieser außerordentlichen Ersitzung von 40 Jahren ist für solche unständige Servituten, die nur bei besonderen Gelegenheiten, deren Eintritt nicht von der Willkür des Berechtigten abhängt, sondern von diesem abgewartet werden muß[96]), ausgeübt werden können, eine mindestens dreimalige Ausübung erforderlich, wobei zwischen dem ersten und dritten Falle mindestens der Zeitraum von 40 Jahren liegen muß[97]).

Gegenüber dem Fiskus, den Kirchen und gleichberechtigten Korporationen finden in allen Fällen nur die ungewöhnliche Ersitzung von 44 Jahren statt[98]). Die Stadt- und Dorfgemeinden sind aber nicht als gleichberechtigte Korporationen anerkannt; für sie verbleibt es daher bei der gewöhnlichen Ersitzungszeit[99]). Nur soweit an sich die zehn-

---

[89]) ObLG. 4, 897.

[90]) SeuffBl. 34, 218, OGH. 5, 844; jedoch nicht auch gegenüber dem Fiskus (SeuffBl. 7, 105; Schiedermair, BayZ. 1915, 208).

[91]) Feststellung des Besitzes zu Anfang und Ende der Verjährungszeit genügt, Fortdauer während der Zwischenzeit ist zu vermuten. ALR. I, 9 § 599. Bolze 2 Nr. 173.

[92]) Vor dem 1. Januar 1900 war der mündliche Vertrag kein ausreichender Titel, Bolze 11 Nr. 33; seit Inkrafttreten des BGB. gilt das Gegenteil; vgl. oben § 32 A, I, 1. Es ist ein genügender Titel, wenn das Recht nicht vom Eigentümer des Grundstückes, sondern von einem früheren Inhaber des Gebrauchsrechts abgeleitet wird. Bolze 3 Nr. 95; RG. 16, 217 (translativer Titel). Über die Bedeutung eines Zweifels an der Gültigkeit des Titels für die Ersitzung s. Bolze 3 Nr. 97.

[93]) ALR. I, 9 §§ 620—624, vgl. oben S. 491 Anm. 81. Über verhältnismäßige Berechnung der Abwesenheit s. ALR. I, 9 §§ 621, 623.

[94]) ALR. I, 9 § 625.

[95]) ALR. I, 9 § 649; JW. 1881, 51.

[96]) Vgl. JW. 1811, 51.

[97]) ALR. I, 9 § 649; vgl. JW. 1881, 51; 1894, 325 Nr. 47.

[98]) ALR. I, 9 §§ 629, 630; vgl. SeuffBl. 15, 252. Dies gilt auch gegenüber dem Eisenbahnfiskus (ObLG. 11, 455).

[99]) JW. 1898, 581 Nr. 33 und 582 Nr. 34.

jährige Ersitzungszeit genügen würde, wird diese durch ALR. I, 9 § 624 gegenüber Stadtgemeinden (ALR. II, 8 § 108) verdoppelt[100]).

Ausnahmslos ist nach ALR. I, 9 § 660 50jährige Verjährung erforderlich, wenn die Grenzen eines Rechtes durch Verträge oder rechtskräftige Erkenntnisse klar bestimmt sind. Voraussetzung dieses § 660 ist nicht nur, daß der Umfang und die Art des Rechts klar bestimmt sind, sondern es muß sich auch das Recht selbst, d. h. dessen Begründung, aus dem betreffenden Vertrage oder Urteile zweifelsfrei ergeben[101]).

d) Nach Nürnberger[102]) und Rothenburger[103]) Recht beträgt die Ersitzungszeit für alle Grunddienstbarkeiten, gleichviel ob ständig oder unständig, mit oder ohne Titel, 30 Jahre. Dieselbe Ersitzungszeit gilt nach Amberger[104]) Recht für die servitus oneris ferendi, das Fensterrecht und die Fahrgerechtigkeit.

e) Nach Salzburger Recht gilt für die Servitutenersitzung nichts Besonderes. Sie richtet sich also durchaus nach gemeinem Recht. Insbesondere ist die Aufstellung, daß nach einem Salzburger Gerichtsgebrauch eine servitus discontinua nur durch unvordenkliche Verjährung erworben werden könne, nicht hinlänglich nachgewiesen[105]).

f) Auch das Münchener Stadtrecht enthält für den Erwerb der Servituten keine besonderen Vorschriften; er richtet sich deshalb durchaus nach BayLR. Insbesondere ist in München die Wirksamkeit der Grunddienstbarkeiten nicht von der Eintragung in die Stadtgrundbücher abhängig[106]).

g) Nach pfälzischem Rechte beträgt die Ersitzungszeit[107]) 30 Jahre; es können aber nur ständige Grunddienstbarkeiten, deren Ausübung durch einen in die Augen fallenden Zustand in die Erscheinung tritt, ersessen werden[108]).

---

[100]) JW. 1898, 581 Nr. 33.

[101]) JW. 1898, 582 Nr. 34.

[102]) Nürnberger Reformation XXVI § 3. Hier ist die dreißigjährige Ersitzungszeit nur für das Lichtrecht ausdrücklich vorgeschrieben; dieselbe Ersitzungsdauer gilt aber gewohnheitsrechtlich auch für alle übrigen Grunddienstbarkeiten, SeuffBl. 31, 267. Wiederholt und auch auf die Rechtsverhältnisse im ehemals Nürnbergischen außerhalb der Stadt gelegenen Gebiete angewendet, SeuffBl. 43, 283.

[103]) Ratsbescheid vom 9. Okt. 1730 und 2. Mai 1731 (Arnold, Beiträge zum deutschen Privatrecht 2, 596). Nach diesem Ratsbescheid beträgt „gegen gemeine Stadt und pia corpora“ die Ersitzungszeit 40 Jahre.

[104]) Amberger Bauordnung VIII, X, XXXIII.

[105]) SeuffBl. 16, 305.

[106]) SeuffBl. 38, 109.

[107]) Feststellung des Besitzes zu Anfang und Ende der Verjährungszeit genügt; Fortdauer während der Zwischenzeit ist zu vermuten. Art. 2234 code civil; vgl. Bolze 3 Nr. 71.

[108]) Art. 690, 691 code civil. Über Erkennbarkeit der Anlagen zur Ausübung der Servitut s. RG. 20, 350. Offensichtlichkeit der Anlage kann gegeben sein, obwohl sie vom

Nicht ständige Dienstbarkeiten (z. B. Fahrtrecht) können nach französischem Recht durch ein Anerkenntnis erworben werden (Art. 695 Code civ.). Es kann aber nur dann von einem titre récognitif qui renferme la reconnaissance gesprochen werden, wenn die Dienstbarkeit zwar begründet wurde, der für den Nachweis der Begründung erforderliche ursprüngliche Titel aber fehlt[109]). Das Anerkenntnis bedurfte nicht der Schriftform, sondern konnte wie die Begründung des Rechts aus bündigen Handlungen abgeleitet werden[110]).

III. Unvordenkliche Verjährung.

Das PrLR. erkennt die unvordenkliche Verjährung nicht an[111]).

Nach gemeinem Recht begründet die Unvordenklichkeit des Besitzes eine Rechtsvermutung dafür, daß ein rechtlicher Zustand, welcher seit Menschengedenken fortdauert, in einer nicht mehr festzustellenden Zeit in rechtsförmlicher und rechtswirksamer Weise begründet worden ist[112]). Die unvordenkliche Verjährung bildet also nicht etwa einen Erwerbsgrund für ein Recht, sondern nur einen Beweisgrund für sein Bestehen[113]). Die Unvordenklichkeit bewirkt, daß ein Rechtszustand, der ununterbrochen so lange gedauert hat, daß sein Anfang nicht ermittelt werden kann, der Anfechtung entrückt ist[114]).

Eigentümer des dienenden Grundstückes übersehen wurde, Bolze 17 Nr. 59. Keine Ersitzung der Benützung von Quellwasser, wenn die Dohlen von dem Grundeigentümer zu seinem Vorteil angelegt wurden und wenn der Müller zufolge danach anzunehmender Vergünstigung diese Dohlenanlage vervollständigt hat. Bolze 19 Nr. 65. Dienstbarkeit der Mühle an einem Graben kann ersessen werden. Bolze 6 Nr. 82. Über Ersitzung eines Fischereirechtes vgl. Bolze 2 Nr. 89 und Nr. 1351.

[109]) RG. 39, 381; ObLG. 11, 301.

[110]) ObLG. 11, 295.

[111]) JW. 1889, 238 Nr. 11. Das preußische Landrecht ist in den vormaligen Fürstentümern Bayreuth und Ansbach im Jahre 1795 eingeführt worden. Vorher galt dort gemeines Recht. Wenn die Voraussetzungen der unvordenklichen Verjährung schon vorher erfüllt waren, dann ist der Nachweis über das Bestehen dieses Rechtes erbracht und es ist Sache des Gegenbeweises, das Erlöschen des Rechts darzutun (ObLG. 21, 129).

[112]) BGH. 13, 7.

[113]) JW. 1896, 157; ObLG. 21, 136.

[114]) ObLG. 21, 135.

ObLG. 32, 47 führt (zu einem Apothekenrecht) aus: „Für die unvordenkliche Verjährung ist erforderlich:

1. es muß positiv feststehen, daß der Zustand seit sehr langer Zeit ununterbrochen gedauert hat, nach gemeinrechtlicher Praxis mindestens 40 Jahre;

2. es ist negativ zu erweisen, daß keine sichere Kunde von einem anderen Zustand im menschlichen Gedächtnis lebt. Wenn die Unvordenklichkeit in die Zeit vor zwei Generationen hinaufreicht, so soll eine Entkräftung (durch Tatsachen, die eine unrechtmäßige Entstehung dartun) nur für den Fall eintreten, daß sich der spätere unrechtmäßige Zustand nachweisbar fortgesetzt auf jene unrechtmäßigen Anfänge gegründet hat."

Nach bayer. Landrecht können alle Dienstbarkeiten mit ununterbrochenem Gebrauch durch unvordenkliche Verjährung erworben werden[115]).

Nur solche Zustände, welche sich als Ausübung von Rechten äußerlich darstellen, erhalten durch die Unvordenklichkeit gesicherten Bestand[116]). Es genügt jedoch, wenn die Ausübungshandlungen an sich geeignet sind, eine Rechtsausübung darzustellen, nicht aber ist erforderlich, daß zu der über Menschengedenken hinaus fortgesetzten Übung noch besondere Merkmale hinzukommen müssen, welche in der Übung eine Rechtsausübung hervortreten lassen. Man hat im Gegenteil davon auszugehen, daß bei Handlungen, welche an sich zur Darstellung einer Rechtsausübung geeignet sind, in der während der unvordenklichen Zeit fortgesetzten Übung, die Absicht, ein Recht auszuüben, genügend in die Erscheinung tritt und es also Aufgabe des Gegenbeweises ist, besondere Umstände darzulegen, welche eine andere Annahme rechtfertigen[117]).

Das Gesetz verlangt, daß der betreffende Zustand ununterbrochen so lange bestanden habe, als das Gedenken der jetzt lebenden Generation reicht; dieses Gedenken schließt nicht bloß die eigene Wahrnehmung, sondern auch das von der früheren Generation Erfahrene in sich. Aus diesem Grunde hat der Beweis der unvordenklichen Verjährung ein doppeltes — positives und negatives — Ziel zu verfolgen, indem nachgewiesen werden muß einerseits, daß der betreffende Zustand innerhalb derjenigen Zeit bestanden hat[118]), welche die eigene Wahrnehmung der jetzt lebenden Generation umfaßt und andererseits, daß die jetzt lebende Generation auch durch Mitteilung ihrer Vorfahren[119]) weder von dem Nichtbestehen dieses Zustandes noch von dem Anfange desselben eine Kunde habe[120]).

---

[115]) RG. 22, 189; 24, 168; OGH. 8, 201; Seuffert, Pand. § 118 Anm. 12; SeuffBl. 26, 78. Anders nach BayLR. SeuffBl. 7, 344; OGH. 7, 383; Schiedermair, BayZ. 1915, 234.

[116]) Opinio juris auf Seite des Eigentümers des belasteten Grundstückes ist nicht erforderlich. Bolze 3 Nr. 54. Vgl. aber auch SeuffA. 36 Nr. 182.

[117]) Seuffert, Pand. § 118 Anm. 3; SeuffA. 1 Nr. 4. SeuffBl. 3, 63. Vgl. oben S. 483 Anm. 42.

[118]) OGH. 8, 200.

[119]) Der urkundliche Nachweis der Entstehung des Zustandes schließt die Anwendung der unvordenklichen Zeit dann nicht aus, wenn der hierdurch nachgewiesene Anfang der Zeit nach immerhin noch über den von der unvordenklichen Verjährung umfaßten Zeitraum hinausfällt; denn die unvordenkliche Verjährung wird nicht schon dadurch ausgeschlossen, daß die Zeit der Entstehung des Zustandes an sich nachgewiesen wird, sondern nur dadurch, daß zugleich die Unrechtmäßigkeit der Entstehung festgestellt wird. VGH. 13, 7; OGH 8, 237. Vgl. SeuffBl. 31, 234.

[120]) Es wird also hier eine bestätigende Überlieferung nicht verlangt, vielmehr genügt, daß nichts Gegenteiliges überliefert ist. JW. 1892, 42 Nr. 15; OGH. 8, 200. Un-

Die unvordenkliche Verjährung wird nach gemeinem Recht durch ein erfolgloses Verbot, ja selbst durch Klageerhebung oder durch einzelne rasch überwundene Störungen nicht unterbrochen[121]. Es ist deshalb der Beweis einer Grunddienstbarkeit durch unvordenkliche Verjährung selbst dann möglich, wenn der Eigentümer gegen die Rechtsausübung fortwährend Widerspruch erhoben hat[122], sofern sich nur der Ausübende hierdurch in seiner Rechtsausübung nicht hat beirren lassen. Somit ist denkbar, daß die rechtmäßige Begründung einer Grunddienstbarkeit auf Grund unvordenklicher Verjährung anzuerkennen ist, obwohl der Ersitzungsbeweis wegen des Besitzfehlers der Gewalt versagen würde. Daraus ist jedoch keineswegs abzuleiten, daß die Fehlerhaftigkeit des Besitzes für die unvordenkliche Verjährung unter allen Umständen belanglos ist. Von einer Rechtsausübung, wie sie die unvordenkliche Verjährung erfordert[123], kann bei einer Heimlichkeit im Sinne der gewollten Verheimlichung der Ausübung begriffmäßig überhaupt nicht gesprochen werden[124] und das gleiche gilt, wenn die Ausübung nur precario modo erfolgt[125].

Andererseits ist guter Glaube nach gemeinem Recht nicht erforderlich, wohl aber nach bayerischem Landrecht[126]. Wenn zu dem Zeitpunkt, in welchem das Grundbuch als angelegt anzusehen ist, die Voraussetzung der unvordenklichen Verjährung erfüllt waren, so bleibt die dadurch begründete Rechtswirkung der Unanfechtbarkeit des Rechtszustandes erhalten. Es muß aber der Beweis geführt werden, daß der Rechtszustand innerhalb der Zeit der Wahrnehmung der zu jenem Zeitpunkt lebenden Generation bestanden hat und daß die damals lebende Generation von dem Nichtbestehen dieses Zustandes auch durch Mitteilungen ihrer Vorfahren keine Kunde hatte[127].

---

zutreffend hat im Falle ObLG. 4, 191 die dort bestätigte Entscheidung des OLG. Bamberg aufgestellt, daß zum Nachweise der unvordenklichen Verjährung dargetan werden müsse, daß der behauptete Zustand ununterbrochen zwei Menschenalter hindurch bestanden habe.

[121] RG. 22, 189; 24, 168; OGH. 8, 201; Seuffert, Pand. § 118 Anm. 12; SeuffBl. 26, 78. Anders nach BayLR. SeuffBl. 7, 344; OGH. 7, 383; Schiedermair, BayZ. 1915, 234.

[122] Opinio juris auf Seite des Eigentümers des belasteten Grundstückes ist nicht erforderlich. Bolze 3 Nr. 54. Vgl. aber auch SeuffA. 36 Nr. 182.

[123] Seuffert, Pand. § 118. Anm. 3; SeuffA. 1 Nr. 4. SeuffBl. 3, 63. Vgl. oben S. 483 Anm. 42.

[124] Vgl. OGH. 3, 371.

[125] Vgl. Bolze 9 Nr. 24; 17 Nr. 60; 19 Nr. 64; SeuffBl. 3, 631. — Vgl. ferner Bolze 10 Nr. 28 (spätere Ausübung im Zusammenhang mit früherer prekaristischer).

[126] Seuffert, Pand. § 118 Anm. 5. OGH. 7, 383; BayLR. Anm. II Kap. IV § 7a; Schiedermair, BayZ. 1915, 234.

[127] Vgl. Hess. Rspr. 1911, 33 (Kassel). Dieselben Grundsätze sind angewendet vom ObLG. 21, 129 für den Nachweis einer unvordenklichen Verjährung, die schon im Jahre

IV. Herkommen im Sinne eines örtlichen Gewohnheitsrechtes.

Auf einem ganz anderen Gebiete als die Grunddienstbarkeit, die eine Sonderberechtigung darstellt, liegt das Herkommen im Sinne eines örtlichen Gewohnheitsrechtes. Man versteht unter Herkommen in diesem objektiven Sinne die gleichförmige Beobachtung einer Rechtsnorm, welche innerhalb eines bestimmten Bereichs alle Rechtsverhältnisse der betreffenden Art beherrscht[128]). Auf dem Gebiete des Nachbarrechtes kommen z. B. Leiter- und Hammerschlagsrechte, Schaufelschlagsrechte und Fahrtbefugnisse in Betracht. So findet sich in Gegenden, in welchen die Dreifelderwirtschaft üblich ist, häufig das Herkommen, daß alle Grundbesitzer der Gemarkung zum Zwecke der Bestellung und Aberntung der Felder über alle in der Gemarkung belegenen Felder und zwar zumeist über deren Häupter zu der nach der Flurordnung offenen Zeit[129]) fahren dürfen.

Es fragt sich nun, ob ein solches Herkommen, welches am 1. Januar 1900 bestanden hat, auch jetzt noch gesetzliche Geltung hat. Das auf örtlichem Herkommen beruhende Anwenderecht ist ausdrücklich aufrecht erhalten durch Art. 76 AG. (s. hierüber oben S. 368). Schon hierüber läßt sich der Schluß ableiten, daß im übrigen ein am 1. Januar 1900 auf dem Gebiete des Nachbarrechtes geltendes örtliches Herkommen aufgehoben ist. Das läßt sich aber auch noch aus anderen Gründen dartun. An sich richtet sich der Inhalt des Eigentums vom 1. Januar 1900 ab nach den Vorschriften des BGB. (Art. 181 EG.). Nach ausdrücklicher Vorschrift (Art. 124 EG.) bleiben die landesgesetzlichen Vorschriften, welche das Eigentum an Grundstücken zugunsten der Nachbarn noch anderen als den im BGB. bestimmten Beschränkungen unterwerfen, in Kraft. Zu den landesgesetzlichen Vorschriften im Sinne des Art. 124 EG. gehört auch das Herkommen als örtliches Gewohnheitsrecht. Das

---

1795 in den Gebietsteilen begründet war, welche damals dem preußischen Landrecht unterworfen wurden, welches die unvordenkliche Verjährung nicht anerkennt. — Mit Recht verlangt Schiedermair, BayZ. 1915, 234: „Die mit jedem Jahre zunehmende Schwierigkeit der Beweisführung erfordert, daß der Richter, der dem wirklichen Recht zum Siege verhelfen will, mit Entschlußfähigkeit den Grundsatz der freien Beweiswürdigung handhabt." Die prozeßrechtlichen Bestimmungen über den Nachweis der unvordenklichen Verjährung sind durch § 14 Ziff. 2 EG.ZPO. außer Kraft gesetzt.

[128]) Vgl. oben S. 369f.

[129]) Vgl. oben S. 373 Anm. 25. Übrigens ist weder aus dem Umstande, daß ein gleichartiges Rechtsverhältnis in mehreren Fällen besteht, noch aus dem Vorhandensein einer für die Zeit der Ausübung mehrerer Fahrtrechte maßgebenden Flurordnung mit Notwendigkeit zu folgern, daß es sich nicht um Dienstbarkeiten, sondern um Herkommen handelt. Vgl. SeuffBl. 70, 705 (ObLG.).

BGB. selbst und das EG. zu demselben hat daher an einer auf Herkommen beruhenden Eigentumsbeschränkung, inhaltlich deren die Grundeigentümer die Benützung ihrer Grundstücke zum Fahren dulden müssen, nichts geändert. Die bayerische Ausführungsgesetzgebung hat nun die Anpassung des bestehenden Landesrechts an das neue bürgerliche Recht nach einer zweifachen Richtung hergestellt. Während die aus der Zeit nach 1818 stammenden Vorschriften des bisherigen Rechts auf dem der Landesgesetzgebung vorbehaltenen Gebiete grundsätzlich in Geltung geblieben und die (allerdings zahlreichen) Ausnahmen von diesem Grundsatze speziell aufgeführt sind, sind die aus der Zeit vor 1818 stammenden bürgerlich-rechtlichen Normen des bisherigen Rechts grundsätzlich aufgehoben und die Ausnahmen von diesem Grundsatze besonders aufgeführt. Eine auf örtlichem Herkommen beruhende Befugnis zur Benützung fremder Grundstücke ist, abgesehen vom Anwenderecht (Art. 76 AG.), weder in der einen noch in der anderen Gruppe erwähnt. Man würde hieraus das Resultat gewinnen, daß ein Herkommen, welches nach dem Jahre 1818 begründet wurde, aufrecht erhalten bleibt, während ein vor diesem Zeitpunkt begründetes Herkommen aufgehoben ist[130]. Nun ist aber in Art. 1 Abs. 2 AG. bestimmt: Soweit in den in Kraft bleibenden Gesetzen und in diesem Gesetz auf örtliche Verordnungen oder auf das Herkommen verwiesen ist, behalten die bestehenden Verordnungen und das Herkommen ihre Geltung. — Der Gesetzgeber hat diese Bestimmung nur zu dem Ende eingefügt, um einen Widerspruch zwischen dem Art. 1 Abs. 1 und Art. 76 AG. zu vermeiden. Allein die Fassung dieser Bestimmung ist so allgemein gehalten, daß der Schluß als argumentum a contrario unabweisbar ist: Insoweit auf das Herkommen nicht verwiesen ist, tritt es außer Geltung. Wenn daher am 1. Januar 1900 nach örtlichem Herkommen[131]) die Grundeigentümer verpflichtet waren, unter gewissen Voraussetzungen die Benützung, z. B. das Befahren ihrer Grundstücke durch die Angrenzer zu dulden, so ist diese nachbarrechtliche Eigentumsbeschränkung mit dem Inkrafttreten des BGB. aufgehoben. Fehlt infolgedessen einzelnen Grundstücken die zur ordnungsmäßigen Benützung notwendige Verbindung mit einem öffentlichen Wege, so haben ihre Eigentümer den Notweganspruch nach Maßgabe der §§ 917 ff. BGB.[132]).

Ein neues Herkommen kann auf dem Gebiete des Nachbarrechts nach dem Inkrafttreten des BGB. nicht mehr begründet werden (s. oben S. 374 f.).

---

[130]) Vgl. AAPr. 33 (Becher, Mat. Abt. IV und V, 1, 193).

[131]) Im objektiven Sinne s. oben S. 498.

[132]) S. oben S. 348.

§ 33. Verlust der Grunddienstbarkeiten.

Rücksichtlich der Aufhebung der Grunddienstbarkeit ist ebenso wie für die Begründung scharf zu unterscheiden zwischen der dinglichen Rechtsänderung (der Aufhebung, dem Erlöschen der Grunddienstbarkeit) und der obligatorischen Verpflichtung zur Herbeiführung dieser dinglichen Rechtsänderung (vgl. hierüber oben § 32 A I, 1). Dieses obligatorische Kausalgeschäft, durch welches die Verpflichtung zur Herbeiführung der dinglichen Aufhebung begründet wird, ist seit Inkrafttreten des BGB. für alle Arten von Grunddienstbarkeiten, gleichviel, ob sie vor oder nach diesem Zeitpunkt entstanden sind [1]), formfrei gültig.

Die nachstehenden Ausführungen befassen sich lediglich mit der Beendigung im dinglichen Sinn.

Diese ist durch das BGB. nur für den Fall geregelt, daß die Grunddienstbarkeit im Grundbuch eingetragen ist. Im anderen Falle bemißt sich die Beendigung teils nach Landesrecht, teils nach bisherigem Recht (s. unter B).

A. Eingetragene Grunddienstbarkeiten.

Wenn die Grunddienstbarkeit im Grundbuch [2]) eingetragen ist, entscheiden über ihre Beendigung die Vorschriften des BGB., gleichviel ob die Grunddienstbarkeit vor oder nach Inkrafttreten des BGB. oder der Grundbuchverfassung zur Entstehung gelangt ist.

1. Vertragsmäßige Aufhebung. Zur Aufhebung einer Grunddienstbarkeit ist nach § 875 BGB. die Erklärung des Berechtigten, daß er das Recht aufgebe und die Löschung des Rechts im Grundbuch erforderlich [3]). Die Erklärung ist dem Grundbuchamte oder demjenigen gegenüber abzugeben, zu dessen Gunsten sie erfolgt [4]).

Vor der Löschung ist der Berechtigte an seine Erklärung nur gebunden [5]), wenn er sie dem Grundbuchamte gegenüber abgegeben oder demjenigen, zu dessen Gunsten sie erfolgt, eine den Vorschriften der Grundbuchordnung entsprechende Löschungsbewilligung ausgehändigt hat (§ 875 Abs. 2 BGB.).

---

§ 33 [1]) JW. 1904, 7 Nr. 4; vgl. Henle-Schneider 2. Aufl. 147 Bem. 3.

[2]) Nach Art. 44 ÜG. konnte vom 1. Januar 1900 an bis zu dem Zeitpunkte, in welchem das Grundbuch als angelegt anzusehen ist, die Eintragung von Grunddienstbarkeiten in das Hypothekenbuch von dem Berechtigten und von dem Eigentümer des belasteten Grundstückes verlangt werden, siehe oben S. 481. Ein solcher Antrag im Hypothekenbuch stand natürlich einer Eintragung im Grundbuche nicht gleich.

[3]) Vgl. aber auch § 21 GBO.

[4]) Es genügt, wenn die Erklärung einem der mehreren Miteigentümer des belasteten Grundstückes gegenüber abgegeben wird, während andererseits eine Erklärung der sämtlichen Miteigentümer des herrschenden Grundstückes erforderlich ist (Maenner 285).

[5]) Gemeint ist die dingliche Gebundenheit. Vgl. hierüber oben § 32 A, I, 2.

Ist das Grundstück, dem die Grunddienstbarkeit zusteht, mit dem Rechte eines Dritten (z. B. einer Hypothek belastet), so ist nach § 876 BGB. die Zustimmung des Dritten erforderlich, es sei denn, daß dessen Recht durch die Aufhebung nicht berührt wird. Die Zustimmung ist dem Grundbuchamt oder demjenigen gegenüber zu erklären, zu dessen Gunsten sie erfolgt; sie ist unwiderruflich.

2. Der Verjährung unterliegen die eingetragenen Grunddienstbarkeiten nicht (§ 902 BGB.). Wenn eine Grunddienstbarkeit im Grundbuch mit Unrecht gelöscht ist, so erlischt sie, wenn der Anspruch des Berechtigten gegen den Eigentümer verjährt ist (§ 901 BGB.). Die Verjährung beginnt mit der Entstehung des Anspruchs, das ist mit der Entstehung eines Zustandes, welcher der in der Grunddienstbarkeit bestehenden Belastung entgegensteht (§ 198 BGB.). Solange die Grunddienstbarkeit im Grundbuch eingetragen ist, kann sie grundsätzlich nicht zur Erlöschung gelangen, sie bleibt also bestehen, auch wenn sie während noch so langer Zeit nicht ausgeübt wurde. Hiervon wird nur eine einzige Ausnahme durch § 1028 BGB. gesetzt.

Ist auf dem belasteten Grundstücke eine Anlage, durch welche die Grunddienstbarkeit beeinträchtigt wird, errichtet worden, so unterliegt der Anspruch des Berechtigten auf Beseitigung der Beeinträchtigung der Verjährung, auch wenn die Grunddienstbarkeit im Grundbuche eingetragen ist. Mit der Verjährung des Anspruchs erlischt die Dienstbarkeit, soweit der Bestand der Anlage mit ihr im Widerspruch steht (§ 1028 Abs. 1). Dem entsprechend kann der Eigentümer des belasteten Grundstückes die Berichtigung des Grundbuchs verlangen (§ 894 BGB.). Die Vorschriften des § 892 BGB. über den Schutz des öffentlichen Glaubens des Grundbuchs finden keine Anwendung (§ 1028 Abs. 2 BGB.).

3. Durch Konfusion[6]) (Vereinigung des Eigentums am berechtigten und belasteten Grundstück) erlischt eine im Grundbuch eingetragene Grunddienstbarkeit nicht (§ 889 BGB.), wohl aber dadurch, daß das herrschende Grundstück dem dienenden als Bestandteil zugeschrieben wird oder umgekehrt (§ 890 BGB.)[7]).

4. Teilung des berechtigten oder belasteten Grundstückes.

Wird das Grundstück des Berechtigten geteilt, so besteht die Grunddienstbarkeit für die einzelnen Teile fort; die Ausübung ist jedoch im Zweifel nur in der Weise zulässig, daß sie für den Eigentümer des belasteten Grundstückes nicht beschwerlicher wird. Gereicht die Dienstbarkeit nur einem der Teile zum Vorteile, so erlischt sie für die übrigen Teile (§ 1025 BGB.).

[6]) Auch Konsolidation genannt.
[7]) Recht 1918 Nr. 1539 (RG.).

Wird das belastete Grundstück geteilt, so werden, wenn die Ausübung der Grunddienstbarkeit auf einen bestimmten Teil des Grundstückes beschränkt ist, die Teile, welche außerhalb des Bereiches der Ausübung liegen, von der Dienstbarkeit frei (§ 1026 BGB.).

5. Die Grunddienstbarkeit erlischt nicht durch den Wegfall einer der Voraussetzungen, ohne welche sie nicht hätte entstehen können (vgl. unten B I, 4). Dagegen erlischt sie, wenn die Ausübung dauernd unmöglich geworden ist (z. B. durch dauernde Überschwemmung des dienenden Grundstückes) oder der Vorteil (§ 1019) für das herrschende Grundstück dauernd in Wegfall gekommen ist[8]. Ein dauernder Wegfall liegt nicht in dem Untergang des herrschenden Gebäudes, da dieses wieder aufgebaut werden kann, wohl aber in der Erschöpfung des Steinbruchs, aus denen der Berechtigte Steine brechen darf.

6. Zufolge Zwangsversteigerung geht die Grunddienstbarkeit nicht unter[9].

Nach der bayer. Subhastationsordnung vom 23. 2. 1879 mit Änderung vom 29. 5. 1886, die bis zum Inkrafttreten der GBO in Bayern gegolten hat, erwarb der Einsteigerer das Eigentum des versteigerten Grundbesitzes mit den Dienstbarkeiten, die aktiv oder passiv mit diesem Grundbesitz zur Zeit des Zuschlags verbunden war, ohne Unterschied ob sie im Grundbuch eingetragen waren oder nicht (Ostenau, SubhO. 3. Aufl., S. 153—155).

Es konnte ein Anwesen auch frei von Lasten, also auch von Dienstbarkeiten, zur Versteigerung gebracht werden; dies mußte jedoch in den Bedingungen ausdrücklich erwähnt sein (Art. 37 SubhO.).

B. Nichteingetragene Grunddienstbarkeiten.

Wenn die Grunddienstbarkeit im Grundbuch nicht eingetragen ist[10], so muß für ihre Beendigung unterschieden werden zwischen der Zeit vor und nach Eintritt der Grundbuchverfassung

[8] M. 3, 482; Prot. 3, 308; OLG. 31, 336; Warneyer 11 Nr. 160. Auch nach dem Zeitpunkt, in welchem das Grundbuch als angelegt anzusehen ist, ist nach bisherigem Recht (s. darüber unten § 33 B I, 4) zu entscheiden, ob eine nicht im Grundbuch eingetragene Grunddienstbarkeit durch Ereignisse, die ihr den für ihr Wesen erforderlichen Inahlt nehmen, zum Erlöschen gebracht wird (RGKomm. Bem. 5 zu § 1018; Gruchot 46, 907 (RG.); Warneyer 1911 Nr. 160; OLG. 31, 336).

[9] RGKomm. Bem. 5 zu § 1018.

[10] Eine nach bisherigem Recht entstandene Grunddienstbarkeit bedarf zur Erhaltung ihrer Wirksamkeit wie überhaupt nicht, so auch nicht gegenüber dem öffentlichen Glauben des Grundbuchs einer Eintragung im Grundbuch, da die Verordnung, welche nach Art. 10 Abs. 2 ÜG. Beginn und Dauer der Frist für die Anmeldung der Grunddienstbarkeiten zu bestimmen hat, noch nicht ergangen ist.

I. Bis zu der Zeit, zu welcher das Grundbuch als angelegt anzusehen ist, erfolgt die Aufhebung der Grunddienstbarkeiten nach bisherigem Recht (Art. 189 Abs. 3, 218 EG. und Art. 11 ÜG.)[11]).

1. Der vertragsmäßige Verzicht erfordert bis zum Inkrafttreten der Grundbuchverfassung zu seiner dinglichen Wirksamkeit[12]) einen notariellen Vertrag.

Dieses Erfordernis der notariellen Verlautbarung hat jedoch für das Erlöschen der Grunddienstbarkeiten durch sog. stillschweigende Einwilligung (Duldung eines mit der Grunddienstbarkeit nicht vereinbarlichen Zustandes) keine Bedeutung; denn, wenn auch die partikularen Rechtsquellen in solchen Fällen vom Erlöschen der Grunddienstbarkeiten durch stillschweigende Einwilligung sprechen, so tritt das Erlöschen im Grunde genommen nicht zufolge eines vertragsmäßigen Verzichts, sondern infolge einer einseitigen Handlung des Verpflichteten ein, durch welche er sein Grundstück von der Last befreit, sofern sich der andere die Handlung gefallen läßt. Man spricht hier von einem einseitigen Verzicht (Dereliktion) des Eigentümers, weil die Annahme seitens des Eigentümers des belasteten Grundstückes nicht erforderlich ist[13]).

In den ehemals preußischen Gebietsteilen hat deshalb dieser Erlöschungsgrund bis zu dem Zeitpunkt, in welchem das Grundbuch als angelegt anzusehen ist, fortdauernde Geltung. Hiernach erlöschen die Grunddienstbarkeiten durch stillschweigende Einwilligung des Berechtigten, wenn er wissentlich geschehen läßt, daß auf dem belasteten Grundstücke Anstalten und Einrichtungen getroffen werden, welche die Ausübung der Grunddienstbarkeit geradezu unmöglich machen (ALR. I Tit 22 § 43). Sobald der Berechtigte von der Ausführung einer solchen Anlage und davon, daß sie die Ausübung seiner Grunddienstbarkeit völlig[14]) unmöglich macht (ALR I Tit. 22 § 44), auf irgendeine Weise[15]) Kenntnis erlangt hat, muß er gegen die Ausführung der An-

---

[11]) Es finden deshalb die Vorschriften der §§ 875, 876 BGB. über die Aufhebung von Rechten an einem Grundstücke keine Anwendung auf Grunddienstbarkeiten, die vor dem Inkrafttreten des Grundbuchrechts entstanden und nicht im Grundbuch eingetragen sind. BayZ. 1907, 471 (RG.).

[12]) Über die obligatorische Wirksamkeit eines formlosen Verzichts auf die Grunddienstbarkeit s. oben § 33 erster Absatz.

[13]) Dernburg, Pand. § 254, 2; Windscheid, Pand. § 215 Anm. 11; Roth, BayZ. § 154 Anm. 22. Es muß sich aber dann um einen unbedingten Verzicht handeln; wird Verzicht geleistet nur gegen Einräumung eines anderen dinglichen Rechtes, dann ist für die dingliche Gültigkeit des Verzichts notarieller Vertrag erforderlich. Vgl. OGH. 4, 475.

[14]) JW. 1896, 380 Nr. 54.

[15]) ObTr. Arch. 68, 307.

lage Widerspruch erheben[16]. Unterläßt er diesen sofortigen[17]) Widerspruch, so erlischt die Grunddienstbarkeit; dem Berechtigten ist der Einwand, daß er in Wahrheit den Verzichtswillen nicht gehabt habe, versagt[18]). Trotz eines solchen Widerspruchs kann nach den Umständen des einzelnen Falls ein stillschweigender Verzicht daraus abgeleitet werden, daß der Berechtigte seinen Widerspruch nicht weiter verfolgt[19]). Wenn der Berechtigte erst nach der Fertigstellung der Anlage von dieser oder[20]) von ihren seine Grunddienstbarkeit beeinträchtigenden Folgen Kenntnis erhält, so kann die Vorschrift des ALR. I Tit. 22 § 43 nicht angewendet werden, so daß also dem Berechtigten die Grunddienstbarkeit ungeschmälert erhalten bleibt[21]).

In einer den §§ 43 und 44 entsprechenden Weise ist durch ALR. I Tit. 22 § 45 geregelt, inwiefern daraus, daß der Berechtigte Anstalten auf dem belasteten Grundstücke, welche die Ausübung seiner Grunddienstbarkeit hindern oder erschweren, wissentlich hat treffen lassen, eine stillschweigende Einwilligung in eine solche Beeinträchtigung seiner Grunddienstbarkeit zu erblicken ist.

Für das Gebiet des BayLR. bestimmt Tl. II cap. 7 § 7, Nr. 5, daß die Dienstbarkeiten durch ausdrückliche oder stillschweigende Renunziation erlöschen, welch letztere auch durch der Servitut zuwiderlaufende Facta, sofern man denselben akquieszert, zu geschehen pflegt[22]).

Auch für das gemeine Recht wird angenommen, daß die Grunddienstbarkeiten durch das Zulassen von Veranstaltungen auf dem dienenden Grundstück, welche die Ausübung der Dienstbarkeit dauernd unmöglich machen, erlöschen[23]).

2. Konfusion (Konsolidation). Die Grunddienstbarkeiten erlöschen nach gemeinem Recht[24]), wie nach ALR. I, 21 § 184, I, 22 § 52[25]), BayLR. Tl. II, cap. 7 § 7 Nr. 3[26]) und Regensburger Wacht-

[16]) ObTr. Arch. 90, 251. Gruchot 36, 965 (RG.). Eine Form ist für den Widerspruch nicht vorgeschrieben, nur muß der andere rechtzeitig von dem Widerspruch Kenntnis erlangen. Turnau-Förster 532.

[17]) Vgl. hierzu Bolze 2 Nr. 196, 13 Nr. 66, 15 Nr. 45.

[18]) Turnau-Förster 533 und die dort mitgeteilte RGEntsch. Vgl. Bolze 20 Nr. 60.

[19]) RG. 32, 188.

[20]) Gruchot 30, 938.

[21]) JW. 1896, 716 Nr. 76; 1898, 401 Nr. 53.

[22]) Vgl. OGH. 4, 475.

[23]) Roth, BayZ. 2 § 154 A. 23; Seuffert, Pand. § 177; Schelhaß, Nachbarrecht 70; Dernburg, Pand. § 254, 2.

[24]) Roth, BayZ. § 154 Anm. 16; Dernburg, Pand. § 254 Ziff. 1.

[25]) Roth, BayZ. § 154 Anm. 16.

[26]) Vgl. OGH. 5, 113; 6, 408.

gerichtsordnung X, 11 durch Konfusion, d. i. durch die Vereinigung des Eigentums am herrschenden und dienenden Grundstück in der Hand eines Eigentümers[27]; bei späterer Trennung der Grundstücke lebt die einmal erloschene Grunddienstbarkeit nicht von selbst wieder auf[28]; es wird aber zu prüfen sein, ob nicht in dem Veräußerungsvertrage eine Grunddienstbarkeit stillschweigend bestellt worden ist[29].

3. Verjährung. Endlich gehen die Grunddienstbarkeiten durch Nichtgebrauch — non usus — unter[30], wobei die Nichtausübung des Rechtsvorgängers eingerechnet wird. Zu dieser Verjährung durch Nichtgebrauch wird erfordert, daß die ganze Verjährungszeit hindurch die Ausübung unterlassen wurde[31]; der Grund der Unterlassung ist gleichgültig; das Erlöschen tritt jedoch dann nicht ein, wenn Hindernisse eintreten, welche die Ausübung der Grunddienstbarkeit zeitweise unmöglich machen, z. B. wenn der servitutpflichtige Weg durch Elementarereignisse oder der Brunnen infolge Versiegens des Wassers nicht benutzt werden kann. Ein derartiges Hindernis ist jedoch da nicht als vorhanden anzunehmen, wo der Servitutberechtigte durch seine eigene Tätigkeit einen Zustand herbeigeführt hat, zufolge dessen er keinen Anlaß hat, von der Servitut Gebrauch zu machen, wenn er z. B. das Halten von Spannvieh aufgegeben und infolgedessen die Fahrt nicht mehr ausgeübt hat[32]. Die Servitut erlischt auch dann, wenn der Eigentümer des dienenden Grundstückes ihre Ausübung verhindert; ein guter Glaube auf dessen Seite ist nicht erforderlich[33]. Die Ausübung erfordert dann keinerlei Tätigkeit, wenn ein dem Inhalt der Grunddienstbarkeit entsprechender Zustand vorhanden ist (z. B. Aufliegen der Mauer, Zufluß des Wassers in die Wasserleitung). Ist der Zustand, in welchem sich die Grunddienstbarkeit verkörpert, aufrecht erhalten, oder die Handlung, zu welcher die Grunddienstbarkeit die Befugnis gewährt, vor-

---

[27] Dem steht natürlich die Pachtung des einen Grundstücks durch den Eigentümer des anderen nicht gleich. OGH. 5, 114.

[28] Dernburg, Pand. § 254 Ziff. 1; Roth a. a. O.

[29] S. hierüber oben § 32 B, I, 3.

[30] Nach bisherigem bayerischem Rechte tritt Erlöschung der Servitut auch dann ein, wenn sie im Hypothekenbuche eingetragen ist (Regelsberger, Hypothekenrecht 179). Dies gilt auch für die ehemals preußischen Gebietsteile Bayerns, da hier ALR. I, 22 § 50 nicht gilt. Vgl. SeuffBl. 11, 344.

[31] Seuffert, Pand. § 180 zu Anm. 5. Ausübungshandlungen, die nicht mit der Absicht der Rechtsausübung vorgenommen wurden, kommen nicht in Betracht (Seuffert, Pand. § 180 Anm. 6). Jedoch obliegt dem Eigentümer des dienenden Grundstückes der Nachweis, daß die Absicht der Rechtsausübung gefehlt hat.

[32] OGH. 5, 115 (BayLR. und gem. Recht).

[33] Schelhaß, Nachbarrecht 69.

genommen worden, so bleibt die Grunddienstbarkeit erhalten, ohne Rücksicht darauf, ob dies geschehen ist in der Absicht, von einem Servitutenrechte Gebrauch zu machen. Deshalb wird die Grunddienstbarkeit auch erhalten, wenn der Eigentümer des dienenden Grundstückes als Pächter des herrschenden zu dessen Vorteil die Fahrt ausgeübt hat[34]).

Es genügt Ausübung durch den Pächter, die Familie, das Gesinde des Berechtigten, wenn sie nur zum Vorteil des Grundstückes geschah.

Teilweise Ausübung genügt zur Erhaltung des vollen Rechtes, wenn der Berechtigte dieses und nicht etwa bloß ein vermeintliches anderes Recht ausüben wollte[35]).

Wenn z. B. ein Fahrtrecht während des ganzen Jahres und zu jedem beliebigen Zweck zusteht und der Berechtigte das Fahrtrecht während eines zehnjährigen Zeitraums nur im Herbst und nur zu einem bestimmten Zwecke ausgeübt hat, so wird das Fahrtrecht gleichwohl in vollem Umfang erhalten. Ist der zum Fahren Berechtigte nur gegangen, so erlischt das Fahrtrecht selbst dann nicht, wenn die Ausübung des Fahrtrechts während rechtsverjährender Zeit tatsächlich unmöglich war (z. B. infolge eingeschlagener Pflöcke). Das folgt aus dem Grundsatz der Unteilbarkeit der Servituten[36]) und dem Rechtssatz, daß das Fahrtrecht (actus) von selbst das Gehrecht (iter) auch ohne Spannvieh in sich begreift (l. 1D 8, 3). Es ist eben rechtlich ausgeschlossen, daß eine Servitut teilweise verloren wird und teilweise erhalten bleibt.

Auch wenn eine Grundgerechtigkeit in einer dem Begründungsvertrag nicht überall entsprechenden Art und Weise ausgeübt, insbesondere die im Vertrage gesetzte Begrenzung der Benützung des fremden Grundstückes nach der einen oder anderen Richtung überschritten wird, liegt doch in der Regel eine tatsächliche Ausübung des im Vertrage begründeten Benützungsrechtes vor. Nur dann, wenn die erfolgte Benützung von dem im Vertrage begründeten Benützungsrecht derartig verschieden ist, daß sie den Inhalt eines g a n z a n d e r s gearteten Benützungsrechts enthält, kann angenommen werden, daß trotz der Benützung das vertragsmäßige Recht überhaupt nicht ausgeübt worden sei. Wesentlich ist in dieser Hinsicht der Hauptinhalt des Rechtes[37]). Verlust durch Nichtgebrauch tritt z. B. ein, wenn jemand, der ein Wasserbezugsrecht bei Nachtzeit und nicht bei Tage hatte, Wasser nur bei Tag und nicht bei Nacht bezogen hat oder wenn der Berechtigte nur zu anderen Stunden, als er berechtigt ist, Wasser bezogen hat (l. 10 D 8, 6). In einem solchen Fall kann aber durch Ersitzung, solange sie zulässig ist, eine andere Servitut begründet worden sein. Eine Weideservitut, für Rinder, wird durch Weiden mit Schafen nicht erhalten[38]).

Zur Beendigung der Gebäudeservituten[39]) genügt nach gemeinem Recht der bloße Nichtgebrauch der Servitut nicht, es muß vielmehr noch

[34]) Vgl. OGH. 5, 114.

[35]) Dernburg, Pand. § 254 Anm. 20.

[36]) Seuffert, Pand. § 162; Schelhaß 71.

[37]) SeuffA. 64 Nr. 216 (RG.).

[38]) SeuffBl. 42, 279.

[39]) Man versteht darunter solche Dienstbarkeiten, bei welchen das herrschende oder dienende Grundstück oder jedes ein Gebäude ist. Schelhaß 93. Seuffert, Pand. § 161 Ziff. 4.

die usucapio libertatis hinzukommen; man versteht darunter, daß sich der Besitzer des dienenden Grundstückes während der Verjährungszeit in dem Besitze des dem Inhalte der Grunddienstbarkeit zuwiderlaufenden Zustandes befunden hat.

Die usucapio libertatis besteht bei negativen Servituten, deren Inhalt dem Eigentümer einer Sache eine Handlung verbietet, darin, daß dieser eine mit der Servitut im Widerspruch stehende Handlung vorgenommen und sich der Berechtigte dabei während der Verjährungszeit beruhigt hat. Bei affirmativen Servituten, deren Inhalt dem Eigentümer einer Sache ein Dulden auferlegt, besteht die usucapio libertatis darin, daß der Zustand, dessen Duldung den Inhalt der Grunddienstbarkeit bildet, während der Verjährungszeit aufgehoben ist. Dem entspricht ALR. I, Tit. 22 §§ 50, 51, wonach für jene Grunddienstbarkeiten, die durch besondere Anstalten und Anlagen ihr Dasein bekunden, erst mit der Wegnahme derselben die Verjährung durch Nichtgebrauch beginnt.

Das BayLR. unterscheidet für die Verjährung durch Nichtgebrauch zwischen servitutes continuae und discontinuae und hält nur bei ersteren ein factum contrarium für erforderlich, dagegen bei servitutes discontinuae den bloßen Nichtgebrauch als genügend; gemeinrechtliche verschiedene Behandlung der servitutes rusticae und urbanae ist also nach BayLR. für die Verjährung durch Nichtgebrauch bedeutungslos[40].

Das teilweise Erlöschen einer Grunddienstbarkeit durch usucapio libertatis ist möglich. Insbesondere kann die Servitut, wonach der Nachbar sein Grundstück nicht überbauen darf, dadurch teilweise erlöschen, daß auf einem Teile des belasteten Grundstückes während der Verjährungszeit ein Bauwerk steht. Das Erlöschen des g a n z e n Dienstbarkeitsrechtes könnte nur dann in Frage kommen, wenn das dienende Grundstück durchweg überbaut oder in dasselbe ein Gebäude gestellt worden wäre, neben welchem der unüberbaute Teil des Grundstückes seine Bedeutung für das dienende Grundstück verloren hätte[41]. Was

— Die Quellenstellen l. 6, 7, 32 D 8, 2; l. 13 C 3,34 verlangen die usucapio libertatis für das Erlöschen der Servituten durch Nichtgebrauch bei den servitutes praediorum urbanorum. Darunter sind zu verstehen Servituten, deren Inhalt in dem Recht auf einen dauernden Zustand der herrschenden oder dienenden Sache besteht (also servitus habendi oder prohibendi). Dieser Inhalt setzt regelmäßig (nicht ausnahmslos) ein Gebäude voraus (Holtzendorff, Rechtslexikon 1, 581).

[40]) BayLR. II, 7 § 8.

[41]) RG. 14, 212.

hier von der teilweisen Überbauung der Grundfläche gesagt ist, hat auch für eine teilweise Verbauung der Höhe analoge Geltung. Wenn z. B. ein Gebäude errichtet ist, durch welches die Fenster des ersten Stockes verbaut werden, bleibt die Lichtgerechtigkeit für die Fenster des zweiten Stocks erhalten.

Für die usucapio libertatis ist weder guter Glaube noch Titel erforderlich, selbst Gewalt und Heimlichkeit steht ihr nicht entgegen[42]). Denn entscheidend ist nur die Duldung des der Servitut entgegenstehenden Zustandes durch den Berechtigten. Wenn aber der Berechtigte dem anderen diesen entgegenstehenden Zustand nur vergünstigungsweise gestattet, dann kann man von einem Nichtgebrauch seines Rechtes insolange nicht sprechen[43]), als der andere den entgegengesetzten Zustand auf Grund und im Bewußtsein dieser Vergünstigung beibehält, weil hierdurch das Recht des Berechtigten eine tatsächliche Anerkennung findet.

Die Verjährung durch non usus erfordert nach gemeinem Recht 10 Jahre unter Anwesenden und 20 Jahre unter Abwesenden[44]). Die gleiche Zeitdauer ist nach BayLR. Tl. II Tit. 7 § 8 Nr. 2 erforderlich, jedoch ist für jene servitutes discontinuae, welche nur monat- oder jahrweise auszuüben sind, der doppelte Zeitraum erforderlich[45]); dies gilt in gleicher Weise von der Regensburger Wachtgerichtsordnung X, 11.

Steht die Grunddienstbarkeit einer Person zu, gegen welche nur die außerordentliche Eigentumsersitzung zulässig ist (vgl. oben S. 492), so ist der für diese außerordentliche Ersitzung vorgeschriebene Zeitraum nach gemeinem Recht auch für das Erlöschen durch Nichtgebrauch erforderlich[46]). Dasselbe gilt für das preußische Recht[47]).

Nach preußischem Recht[48]) ist für das Erlöschen der Grunddienstbarkeiten durch Nichtgebrauch stets ein 30jähriger Zeitraum erforderlich; für jene Servituten, deren alljährliche oder gewöhnliche Ausübung

---

[42]) SeuffBl. 17, 377; Dernburg, Pand. § 254, 3; BayLR. II, 7 § 8 Nr. 4 (OGH. 4, 398; SeuffBl. 42, 279). A. M. Windscheid, Pand. § 216 Anm. 9; Seuffert, Pand. § 180 Anm. 26.

[43]) Dernburg, Windscheid a. a. O.

[44]) Über den Begriff praesentes, absentes s. oben S. 491 Anm. 81.

[45]) OGH. 4, 65; 5, 814. Eine solche servitus discontinua ist das Beholzungsrecht (SeuffBl. 31, 368), aber nicht das Recht zum Steinbrechen (SeuffBl. 17, 377).

[46]) Roth, BayZR. § 154 Anm. 41; Schelhaß 69.

[47]) SeuffBl. Ergänz. zu Bd. 31 und 32, 27.

[48]) Die im ALR. I, 22 § 50 für Grunddienstbarkeiten, die im Hypothekenbuch eingetragen sind, gesetzte Ausnahme gilt für die ehemals preußischen Gebietsteile Bayerns nicht (SeuffBl. 11, 344).

nicht von der Willkür des Berechtigten abhängig ist, deren Ausübung vielmehr nur bei gewissen, durch andere Umstände herbeigeführten Gelegenheiten möglich ist, fängt die Verjährung erst von der Zeit an, da sich eine solche Gelegenheit ereignet hat; auch müssen, wenn solche Rechte durch den bloßen Nichtgebrauch erlöschen sollen, seit dem Anfang der Verjährung wenigstens noch zwei Gelegenheiten, wo die Ausübung des Rechtes hätte stattfinden können, vorgekommen sein (ALR. I, 9 §§ 543, 544)[49])

4. Nach gemeinem Recht besteht keine Bestimmung, wonach eine Servitut durch den Wegfall einer derjenigen Voraussetzungen untergeht, ohne welche sie nicht hätte entstehen können[50]).

So erlischt z. B. das einer Wiese zustehende Bewässerungsrecht nicht dadurch, daß die Wiese in einen Park umgewandelt wird[51]).

Eine Gebäudeservitut erlischt nicht schlechtweg mit dem Untergang des Gebäudes, zu dessen Gunsten sie begründet ist[52]), sie dauert vielmehr nach dem Untergang des früher herrschenden Gebäudes für ein unter denselben Verhältnissen und in der gleichen Eigenschaft errichtetes Gebäude fort[53]), nur dürfen mit diesem Neubau nicht Änderungen verbunden sein, welche die Last des dienenden Grundstückes erschweren[54]).

Die Grunddienstbarkeit, daß auf einem Nachbargrundstück ein bestimmtes Konkurrenzgeschäft nicht betrieben werden darf, erlischt nicht schon mit der Einstellung des geschützten Gewerbebetriebes auf dem herrschenden Grundstücke[55]).

Andererseits erlischt eine Grunddienstbarkeit, sobald die Benützung des dienenden Grundstückes dauernd unmöglich gemacht worden ist;

---

[49]) Vgl. SeuffBl. Ergänz. zu Bd. 31 und 32, 27.

[50]) RG. 26, 168; 27, 166; SeuffA. 40 Nr. 1.

[51]) Bolze 7 Nr. 74.

[52]) Bolze 3 Nr. 108 (die servitus altius non tollendi bleibt für den Neubau erhalten); vgl. ferner RG. 27, 166. Hier hatte der Eigentümer das Gebäude, welchem ein Gehrecht zustand, weggerissen und auf der Abbruchstelle und einem daran angrenzenden nichtberechtigten Grundstück ein einheitliches Gebäude errichtet. Das RG. hat entschieden, daß hierdurch zwar die Grunddienstbarkeit nicht erloschen sei, aber das Recht zur Ausübung einstweilen zessiere. Praktisch führt dies allerdings nach Ablauf der Verjährungszeit zur Erlöschung durch non usus.

[53]) OLG. 13, 201.

[54]) JW. 1881, 171; Bolze 2 Nr. 188. Ist die Grunddienstbarkeit eingeräumt, das Gebälke in der durch den Vertrag bestimmten Weise in die Mauer des Nachbarhauses einzulegen (sog. Tramrecht), so können nicht an Stelle des vorhandenen Gebälkes bei einem Neubau eiserne Unterzüge und zwar unter wesentlicher Veränderung der örtlichen Lage, die infolge der Erhöhung der einzelnen Stockwerke bedingt war, in der dienenden Mauer angebracht werden. SeuffBl. 68, 166 (ObLG.).

[55]) S. oben S. 387 Anm. 74.

es ist z. B. der Steinbruch erschöpft oder die Quelle dauernd versiegt (s. über einen solchen Wegfall der causa perpetua oben S. 502).

II. Von der Zeit an, zu welcher das Grundbuch als angelegt anzusehen ist, muß unterschieden werden zwischen Grunddienstbarkeiten an einem Grundstücke, das im Grundbuch nicht eingetragen ist und nach den Vorschriften der Grundbuchordnung nicht eingetragen zu werden braucht und zwischen solchen auf anderen Grundstücken lastenden Grunddienstbarkeiten, die nach den bisherigen Vorschriften entstanden sind und nicht in das Grundbuch eingetragen sind[56].

1. Eine Grunddienstbarkeit an einem Grundstücke, das im Grundbuche nicht eingetragen ist und nach den Vorschriften der Grundbuchordnung nicht eingetragen zu werden braucht[57]), endigt nach Art. 84 Abs. 2 und 3 AG.

a) durch Verzicht, nämlich durch die Erklärung des Berechtigten gegenüber dem Eigentümer, daß er die Grunddienstbarkeit aufgebe[58]); die Erklärung muß in öffentlich beglaubigter Form[59]) abgegeben werden. Die Vorschriften des § 876 BGB. finden entsprechende Anwendung (Art. 84 Abs. 2 AG.).

b) Durch Nichtausübung erlischt eine solche Grunddienstbarkeit mit dem Ablaufe von 10 Jahren nach der letzten Ausübung. Hat eine Ausübung nicht stattgefunden, so beginnt die 10jährige Frist mit dem Zeitpunkte, von dem an die Ausübung zulässig war. Die für die Verjährung geltenden Vorschriften der §§ 202—207, 209—212, 216, 217, 219, 220 BGB. finden entsprechende Anwendung. Der Lauf der Erlöschungsfrist wird nicht dadurch gehemmt, daß die Dienstbarkeit nur zeitweise ausgeübt werden kann. Die Frist endigt jedoch in diesem Fall nicht, bevor die Zeit, zu welcher die Ausübung zulässig war, zum zweiten Male eingetreten ist und seit dem zweiten Eintritt ein Jahr verstrichen ist (Art. 84 Abs. 3 AG.).

Art. 13 Abs. 1 ÜG. gilt, wie sich aus dem Zusammenhalt mit Art. 10 S. 1 ergibt, nur für eintragungspflichtige Privatgrundstücke.

---

[56]) Sobald die Grunddienstbarkeit im Grundbuch eingetragen ist, entscheidet ausschließlich das Recht des BGB., gleichviel ob die Grunddienstbarkeit vor oder nach dem Inkrafttreten des BGB. oder der Grundbuchverfassung entstanden ist.

[57]) S. darüber oben § 32 A, I.

[58]) Läßt sich der Berechtigte in einem gerichtlichen Vergleich das Recht zusagen, das Tor, durch das er, um das streitige Gehrecht auszuüben, unbedingt gehen muß, zuzumauern und an seiner Stelle ein Fenster zu errichten, so hat er damit gegenüber dem Eigentümer erklärt, daß er sein Gehrecht aufhebe.

[59]) Die öffentliche Beglaubigung wird durch die gerichtliche (z. B. Vergleich) oder notarielle Beurkundung der Erklärung ersetzt (§ 129 Abs. 2 BGB.).

Nach § 90 GBO. und § 1 der BayVO. vom 1. Juli 1898 (GVBl. 377) sind die Staatswaldungen als Grundstücke des Fiskus vom Buchungszwang befreit; nach § 506 Z. 2 MB. vom 27. Febr. 1905 (JMBl. 63) wäre selbst zur Begründung einer neuen Dienstbarkeit an einem solchen nicht eingetragenen Grundstück nur die Einigung des Bestellers und Erwerbers hierfür erforderlich und genügend. Umsoweniger kann also von einer schon bestehenden Dienstbarkeit an dem buchungsfreien Grundstück behauptet werden, das nicht einzutragende Weiderecht sei (durch 10jährigen Nichtgebrauch) erloschen, weil es nicht eingetragen sei (D. Bayer. Bürgermeister 1925, 225).

2. Grunddienstbarkeiten an Grundstücken, die dem Grundbuchszwange unterliegen, erlöschen, sofern sie nach den bisherigen Vorschriften entstanden[60]) und nicht in das Grundbuch eingetragen sind, von der Zeit an, zu welcher das Grundbuch als angelegt anzusehen ist, nach Maßgabe der Art. 11—17 ÜG. auf folgende Weise:

a) Durch vertragsmäßige Aufhebung; in dieser Richtung stimmt Art. 12 ÜG. wörtlich überein mit Art. 84 Abs. 2 AG. (s. oben II, 1, a).

Haben die Parteien durch gerichtlichen oder außergerichtlichen (aber öffentlich beglaubigten) Vergleich eine Grunddienstbarkeit aufgehoben, so lebt sie nicht dadurch wieder auf, daß der Vergleich durch Vereinbarung der Parteien wieder aufgehoben wird (LG. Wzbg. 15. Febr. 1927 F 167 26). Dagegen hat infolge der Vergleichsaufhebung der Berechtigte einen Anspruch gegen den Eigentümer des ehemals belasteten Grundstücks auf sorgfältige Bestellung der Dienstbarkeit. Anders liegt der Fall, wenn der Vergleich, durch den die Dienstbarkeit aufgehoben wurde, nach § 779 BGB. unwirksam ist oder nach §§ 119, 123 BGB. mit Recht angefochten wurde. Der unwirksame oder nichtige Vergleich erzeugt keinerlei Rechtswirkung; die in einem solchen Vergleich aufgehobene Grunddienstbarkeit bleibt bestehen.

b) Durch Nichtausübung; in dieser Richtung stimmt Art. 13 ÜG. wörtlich überein mit Art. 84 Abs. 3 AG. (s. oben II, 1, b).

Wenn eine Dienstbarkeit darin besteht, daß auf einem Grundstück bestimmte Handlungen nicht vorgenommen werden dürfen (z. B. keine Gastwirtschaft betrieben werden darf), so wird die Grunddienstbarkeit solange ausgeübt, als nicht dem Verbot zuwidergehandelt wird (ObLG. 33, 292).

---

[60]) Hierher können auch Grunddienstbarkeiten gehören, die nach dem Inkrafttreten des BGB. entstanden sind (vgl. oben S. 479).

c) Durch Konsolidation. Entgegen dem Standpunkte des BGB., welches gemäß § 889 BGB. Grunddienstbarkeiten an eigenen Grundstücken zuläßt, bestimmt Art. 14 ÜG., daß die hier in Frage stehenden Grunddienstbarkeiten erlöschen, wenn sie sich mit dem Eigentum[61]) an dem belasteten Grundstücke vereinigen. Die Grunddienstbarkeit lebt mit der Aufhebung der Vereinigung nicht wieder auf.

d) Durch Aufgebot. Ist die Grunddienstbarkeit dem Eigentümer unbekannt, so kann der Berechtigte mit seinem Rechte im Wege des Aufgebotsverfahrens ausgeschlossen werden. Das Aufgebot erstreckt sich nicht auf Grunddienstbarkeiten, mit denen das Halten einer dauernden Anlage verbunden ist, solange die Anlage besteht (Art. 15 ÜG.). Das Aufgebotsverfahren ist durch Art. 16 und 17 ÜG. geregelt.

---

[61]) Dem steht der Erwerb des Miteigentums nicht gleich. Henle-Schneider Bem. 1 zu Art. 14 ÜG.

IV. Abschnitt.

Rechtsverhältnisse zwischen Grundeigentümer und Bergbauberechtigtem[1]).

§ 34. Das Recht auf die bergbaufreien Mineralien.

Nach § 905 BGB. erstreckt sich das Recht des Eigentümers eines Grundstückes auf den Erdkörper unter der Oberfläche; also auch auf die Bodenbestandteile[2]). Hiervon wird durch Art. 1 des Bayerischen Berggesetzes[3]) vom 13. August 1910 (GVBl. 815)[4]) die Ausnahme gesetzt, daß sich das Eigentum am Grund und Boden nicht auf die dort bezeichneten Mineralien[5]) erstreckt, deren Aufsuchung und Gewinnung durch

---

§ 34 [1]) Auch wenn die Verleihung des Bergwerkseigentums vor Inkrafttreten des Berggesetzes vom 20. März 1869 (neue Fassung vom 13. August 1910) erfolgt ist, findet auf das Rechtsverhältnis zwischen dem Grundeigentümer und Bergwerkseigentümer gleichwohl nur dieses Gesetz Anwendung. RG. 38, 329. Das Berggesetz ist mehrfach geändert worden, zuletzt am 29. 12. 1949 — GVBl. 50, S. 40.

[2]) Ein vom Grundeigentümer eingeräumtes Recht auf Gewinnung von Mineralien, die nicht zu den bergbaufreien im Sinne des Art. 1 Berggesetz gehören, ist nach bürgerlichem Rechte zu beurteilen; das Berggesetz findet hierauf keine Anwendung (Becher, Landeszivilrecht 969).

[3]) Die landesgesetzlichen Vorschriften, welche dem Bergrecht angehören, sind durch Art. 67 EGz.BGB. aufrecht erhalten.

[4]) Geändert durch Ges. vom 17. August 1918 (GVBl. 551) und vom 10. Oktober 1919 (GVBl. 676); vgl. BayZ. 1920, 89ff.

[5]) Diese Mineralien sind: Gold mit Ausnahme des Waschgoldes, Silber, Quecksilber, Eisen, Blei, Kupfer, Zinn, Zink, Kobalt, Nickel, Arsenik, Mangan, Antimon und Schwefel, gediegen und als Erze; Alaun- und Vitriolerze; Stein- und Braunkohle, Steinsalz nebst den mit ihm auf der nämlichen Lagerstätte vorkommenden Salzen, namentlich Kali-, Magnesia- und Borsalzen, sowie die Solquellen (Art. 1 Abs. 2 des Berggesetzes; vgl. hierzu Becher, Landeszivilrecht 971); ferner Bitumen in festem, flüssigem oder gasförmigem Zustand, insbesondere Erdöl, Erdgas, Bergwachs und Asphalt, sowie die wegen ihres Gehaltes an Bitumen technisch verwertbaren Gesteine (Ges. vom 17. Aug. 1918, GVBl. 551) und mit Ausnahme einiger Gegenden auch Graphit (GVBl. 1918, 552).

Die Grenze zwischen Braunkohle und Torf ist von einem preußischen Rekursbescheid vom 14. Nov. 1867 (Brassert, Z. f. Bergrecht 8, 545) in der Weise gezogen, daß dann, wenn

Dritte[6]) der Eigentümer nach Maßgabe der Bestimmungen des Berggesetzes zulassen muß.

Die Frage, in wessen Eigentum diese Mineralien stehen, so lange sie sich ungebrochen auf ihrer natürlichen Lagerstätte befinden, wird verschieden beantwortet[7]). Soviel ist für Bayern kraft ausdrücklicher Bestimmung des Art. 1 Berggesetz sicher, daß sie nicht im Eigentum des Grundeigentümers stehen; diese rein negative Bestimmung gibt keinen Aufschluß, wem die Mineralien positiv gehören. Ein Eigentum des Staates[8]) könnte nur auf Grund eines Bergregals und da nur mit Schwierigkeiten konstruiert werden; für Bayern ist aber das Bergregal schon durch Art. 240 des Berggesetzes vom 20. März 1869 aufgehoben worden[9]). Somit müssen die dem Bergbaurecht unterliegenden Mineralien als herrenlos betrachtet werden[10]). Sie unterliegen nicht dem allgemeinen freien, sondern einem nach Maßgabe des Berggesetzes besonders geregelten Okkupationsrechte[11]) desjenigen, dem das Bergwerkseigentum verliehen wurde. Keineswegs gewährt diese Verleihung schon von selbst das Eigentum an den noch im Erdkörper befindlichen Mineralien; erst durch den Akt der Gewinnung und der Besitznahme erwirbt der Bergwerksberechtigte das Eigentum[12]).

---

ein Deckgebirge das Kohlenlager gegen die Oberfläche abschließt, die Kohle als Braunkohle anzusprechen sei, auch wenn die Formation jünger sei als das Tertiär, während man von Torf nur sprechen könne, wenn die höchsten Schichten der Ablagerung sich noch in unzersetztem, nicht fossilem Zustand befinden.

[6]) Steinsalz nebst den mit ihm auf der nämlichen Lagerstätte vorkommenden Salzen, namentlich Kali-, Magnesia- und Borsalzen, sowie die Solquellen sind dem Staate vorbehalten (Art. 2 Abs. 1 Berggesetz).

[7]) S. darüber Sehling, Die Rechtsverhältnisse an den der Verfügung des Grundeigentümers nicht entzogenen Mineralien (Leipzig 1904) 35ff.

[8]) Dieses wird mit Nachdruck verfochten von Arndt, Zur Geschichte und Theorie des Bergregals und der Bergbaufreiheit (Halle 1879) 279ff.; s. dagegen Sehling a. a. O. 41.

[9]) Die Konstruktion von zwei übereinander liegenden Eigentumsschichten, etwa nach Art des Stockwerkseigentums, ist daher abzulehnen. Dernburg 494. Deshalb gehört eine im Abbaugebiete gelegene Höhle dem Grundeigentümer und nicht dem Bergwerkseigentümer. RG. 28, 152. Ein in der Lagerstätte gefundener Schatz ist zwischen dem Finder und dem Grundeigentümer zu teilen. Dernburg 494 Anm. 6.

[10]) Sehling a. a. O. 50; s. hierzu oben S. 4 Anm. 6.

[11]) Sehling a. a. O. 51.

[12]) Sehling a. a. O. 54; RG. 10, 212. Dernburg 494. Oertmann 434. Becher, Landeszivilrecht 969. Dagegen betrachtet das ObLG. im Anschluß an die Motive zum Berggesetze (Verh. der Kammer der Abgeordneten Beil. 4, 36) das Bergwerkseigentum als ein wirkliches Grundeigentum an den Lagerstätten und Grubenfeldern und den darin befindlichen bergbaufreien Mineralien. OGH. 7, 854. SeuffBl. 44, 152. Unentschieden OGH. 14, 278; SeuffBl. 58, 120; vgl. unten S. 518f.

§ 35. Das Schürfrecht[1]).

Das Schürfen (Aufsuchen der Mineralien) kann der Grundeigentümer im allgemeinen (Ausnahmen Art. 2 Berggesetz und Gesetz vom 17. August 1918, GVBl. 551) niemand verwehren (Art. 1 und 4 Berggesetz), das Schürfen ist also im allgemeinen jedermann gestattet (Art. 1 und 4 Berggesetz).

I. Auf öffentlichen Plätzen, Straßen und Eisenbahnen sowie auf Friedhöfen (auch wenn nicht mehr auf denselben beerdigt wird), ist das Schürfen unbedingt verboten (Art. 5 Abs. 1 Berggesetz)[2]). Auf anderen Grundstücken ist das Schürfen unstatthaft, wenn nach der Entscheidung des Oberbergamts überwiegende Gründe des öffentlichen Interesses entgegenstehen (Art. 5 Abs. 2 Berggesetz)[3]).

Solche Gründe können beispielsweise vorliegen, wenn es sich um den Schutz von gemeinnützigen Anlagen oder Mineralquellen handelt. Auch dem Grundeigentümer selbst kann auf Grund des Art. 5 Abs. 2 das Schürfen untersagt werden[4]).

Unter Gebäuden[5]) und in einem Umkreise um dieselben bis zu sechzig Metern, in Gärten[6]) und in eingefriedeten Hofräumen darf nicht geschürft werden, es sei denn, daß der Grundbesitzer seine ausdrückliche Einwilligung hierzu erteilt hat (Art. 5 Abs. 3 Berggesetz). In diesem Falle ist jeder Zwang ausgeschlossen.

---

§ 35 [1]) Wegen polizeilicher Beschränkungen des Schürfrechts besteht kein Entschädigungsanspruch (JW. 1899, 65). Das Schürfrecht wird entweder durch Vertrag mit dem Grundbesitzer oder durch bergamtliche Bewilligung erworben. Die bergamtliche Bewilligung begründet stets ein dingliches Recht und zwar eine beschränkte persönliche Dienstbarkeit, die vererblich und veräußerlich ist. Im Zweifel ist anzunehmen, daß auch durch die freiwillige Einräumung des Schürfrechtes durch den Grundeigentümer ein dingliches Recht eingeräumt werden soll. Becher, Landeszivilrecht 974. Ist das Benützungsrecht von einem Besitzer eingeräumt, der nur auf Grund eines Schuldverhältnisses besitzt (Pächter), so ist auch das Benützungsrecht schuldrechtlich (ObTr. in Brassert, Z. f. Bergrecht 1918, 407). Nach Isay Bem. 14 zu § 5 pr. Berggeſ. stellt das Benützungsrecht eine Belastung des Eigentums dar, die einer Grunddienstbarkeit ähnlich ist (Isay Bem. 14 zu § 5 pr. Berggeſ.). Der Vertrag, durch welchen das Schürfrecht eingeräumt wird, ist obligatorisch formlos gültig. Zur dinglich wirksamen Entstehung der persönlichen Dienstbarkeit ist aber Eintragung im Grundbuch erforderlich. Vgl. Staudinger Bem. 3 zu § 1090 und oben S. 467.

[2]) Vgl. JW. 1899, 65; RG. 43, 198.

[3]) Das Oberbergamt kann auch die Fortsetzung bereits begonnener Schürfarbeiten verbieten; ein Entschädigungsanspruch für die bis dahin gemachten nutzlosen Aufwendungen besteht nicht, vgl. RG. 43, 201.

[4]) Rauck, Berggesetz Anm. 2 zu Art. 5 von 30. Juni 1900; Becher, Landeszivilrecht 973.

[5]) Über den Begriff „Gebäude" s. oben S. 283.

[6]) Parkanlagen gehören nicht hierher, Becher, Landeszivilrecht 973.

II. Abgesehen von den Fällen des Art. 5 Berggesetz muß der Grundbesitzer[7]), er sei Eigentümer oder Nutzungsberechtigter, das Schürfen auf seinem Grund und Boden jedermann[8]) gestatten[9]) Art. 6 Abs. 2 Berggesetz). Wer zur Ausführung von Schürfarbeiten fremden Grund und Boden benützen will, hat hierzu die Erlaubnis des Grundbesitzers nachzusuchen (Art. 6 Abs. 1 Berggesetz). Er hat einen Anspruch auf die Erlaubnis[10]). Vor der Erteilung der Erlaubnis hat der Schürfer kein Recht, das Grundstück zu benützen. Tut er es dennoch, so macht er sich verbotener Eigenmacht schuldig. Die Erfüllung des Anspruchs auf die Einräumung des Benützungsrechts erfolgt durch Vertrag (Art. 9 Abs. 1 Berggesetz). Kann sich der Schürfer mit dem Grundbesitzer über die Gestattung der Schürfarbeiten nicht gütlich einigen, so entscheidet das Oberbergamt darüber, ob und unter welchen Bedingungen die Schürfarbeiten unternommen werden dürfen (Art. 9 Berggesetz)[11]). Der Schürfer ist verpflichtet, dem Grundbesitzer für die entzogene Nutzung jährlich im voraus vollständige Entschädigung zu leisten und das Grundstück nach beendigter Benützung wieder zur freien Verfügung des Grundbesitzers zu stellen, auch für den Fall, daß durch die Schürfarbeiten eine Wertsverminderung des Grundstückes eintritt, bei Beendigung der Benützung den Minderwert zu ersetzen (Art. 7 Abs. 1 Berggesetz). Für die Erfüllung dieser letzteren Verpflichtung kann der Grundbesitzer schon vor dem Beginne der Schürfarbeiten die Bestellung angemessener Sicherheit von dem Schürfer verlangen (Art. 7 Abs. 2 Berggesetz). Beim Mangel einer Einigung unter den Beteiligten setzt das Oberberg-

---

[7]) Unter Grundbesitzer ist derjenige zu verstehen, der berechtigt ist, das verlangte Benützungsrecht einzuräumen. Das ist der Nießbraucher, Pächter (RG. 93, 10). Wenn es zweifelhaft ist, ob dem Besitzer das erwähnte Verfügungsrecht zusteht, ist es ratsam, den Grundeigentümer mit heranzuziehen (vgl. Isay 2, 15). Regelmäßig wird, wenn es sich um tiefere Bohrungen handelt, neben der Erlaubnis eines sonstigen Nutzungsberechtigten auch die Zustimmung des Eigentümers nötig sein (Isay Bem. 3 zu § 5 pr. Berggeს.).

[8]) Selbstverständlich auch dem Staat, JW. 1895, 364 Nr. 14 und 400 Nr. 68.

[9]) Die Erlaubnis ist ohne Form obligatorisch wirksam. Über das Wesen des durch die Erlaubnis begründeten Schürfrechtes s. oben S. 514 Anm. 8.

[10]) Die bloße Erklärung des Grundbesitzers, selbst schürfen zu wollen, begründet kein Recht zur Versagung der Erlaubnis; anders wenn er schon eine äußerlich wahrnehmbare Vorbereitung zum Schürfen getroffen hat (Isay Bem. 9 zu § 5 pr. Berggeს.). Ein ausschließliches Recht hat der Schürfer nicht; der Grundbesitzer darf ebenfalls schürfen. Der Ausgleich zwischen ihnen ist nach den Regeln des Besitzschutzes zu treffen (Isay Bem. 13 zu § 5 pr. Berggeს.). Die Erlaubnis zu einer Wiederholung des Schürfens kann nicht deshalb verweigert werden, weil schon ausreichend geschürft sei (Isay Bem. 9 zu § 5).

[11]) Ohne vorgängige Erlaubnis des Grundbesitzers darf mit den Schürfarbeiten nicht begonnen werden. Die Erteilung dieser Erlaubnis wird ersetzt durch die Entscheidung des Oberbergamts und durch Zahlung oder Hinterlegung der von diesem festgesetzten Entschädigung und Sicherheitsleistung (Art. 10 Berggesetz).

amt die Entschädigung und Sicherheitsleistung in Geld vorbehaltlich der Betretung des Rechtsweges fest. Gegen die Entscheidung des Oberbergamts ist Beschwerde an den Verwaltungsgerichtshof zulässig (Art. 249 Berggesetz und Art. 7 VO. Nr. 85 — SVBl. 1946, 281). Vor Bescheidung der Beschwerde darf mit den Schürfarbeiten nicht begonnen werden[12]). Wird der Rechtsweg betreten, so ist für die Klage das Gericht ausschließlich zuständig, in dessen Bezirk das Grundstück liegt. Die Kosten des Verfahrens vor dem Oberbergamt fallen dem Schürfer zur Last (Art. 9 Berggesetz), während die Kosten des Beschwerdeverfahrens vor dem Verwaltungsgerichtshof dem hierbei Unterliegenden zur Last fallen. Durch Beschreiten des Rechtsweges wegen der Festsetzung der Entschädigung oder der Sicherheitsleistung wird der Beginn der Schürfarbeiten nicht aufgehalten, jedoch nur unter der Voraussetzung, daß die von dem Oberbergamt festgesetzte Entschädigung an den Berechtigten bezahlt oder bei verweigerter Annahme hinterlegt, desgleichen die Sicherheitsleistung in dem von der Bergbehörde festgestellten Betrage geschehen ist (Art. 10 Berggesetz).

III. In den Feldern fremder Bergwerke darf nur nach denjenigen Mineralien geschürft werden, welche in der dem Besitzer des Bergwerks erteilten Verleihung nicht bezeichnet sind (Art. 11 Abs. 1 Berggesetz). Bedrohen jedoch solche Schürfarbeiten die Sicherheit der Baue oder den ungestörten Betrieb des Bergwerks, so hat sie die Berginspektion zu untersagen (Art. 11 Abs. 2 Berggesetz). Dem Bergwerksbesitzer ist Entschädigung und Sicherheit für die ihm aus den Schürfarbeiten erwachsenden Nachteile zu leisten (Art. 11 Abs. 3 und 4 Berggesetz).

IV. Der Schürfer ist befugt, über die bei seinen Schürfarbeiten geförderten Mineralien, die in Art. 1 Abs. 2 Berggesetz aufgeführt sind, zu verfügen, insofern nicht bereits Dritte Rechte auf dieselben erworben haben (Art. 13 Berggesetz)[13]).

V. Derjenige, welcher das Gesuch um Verleihung des Bergwerkseigentums (Mutung)[14]) eingereicht hat, ist zu weiteren Versuchsarbeiten berechtigt; deren Zulässigkeit und Folgen sind denselben Regeln unterstellt, welche für das eigentliche Schürfen gelten (Art. 22 Berggesetz).

---

[12]) Rauck Anm. zu Art. 10 Berggesetz vom 30. Juni 1900.

[13]) Vgl. RG. 43, 198; JW. 1899, 65.

[14]) Die Mutung muß bei der Bergbehörde entweder zu Protokoll erklärt, oder schriftlich (Telegramm genügt, Becher, Landeszivilrecht 976 Anm. 5) in zwei gleichlautenden Exemplaren eingereicht werden (Art. 15 Berggesetz). Der notwendige Inhalt der Mutung ist durch Art. 16 Berggesetz vorgeschrieben. Vgl. hierzu Becher, Landeszivilrecht 976. Unter dem Fundpunkt, dessen Bezeichnung hiernach notwendig ist, ist kein mathematischer Punkt, sondern der Fundort zu verstehen. Näheres s. Becher a. a. O.

Die den gesetzlichen Erfordernissen entsprechende Mutung bewirkt, daß ein Dritter, welcher das Mineral an einem anderen Feldpunkte des bereits gesetzlich begehrten Feldes aufschließt, hieraus ein Recht auf Mutung seinerseits nicht ableiten kann (Art. 20 Abs. 2 Berggesetz); sie begründet einen Anspruch auf Verleihung des Bergwerkseigentums. Dieser Anspruch ist vererblich und veräußerlich und hat dinglichen Charakter[15]). Er kann jedoch auf dem Rechtswege nicht gegen das zur Erteilung der Verleihung berufene Oberbergamt, sondern nur gegen diejenigen Personen verfolgt werden, welche dem Muten die Behauptung eines besseren Rechts entgegensetzen (Art. 25 Berggesetz)[16]).

VI. Der Schürfer haftet für den durch seine Schürfarbeiten dem Grundeigentum erwachsenden Schaden auch ohne Verschulden in demselben Umfang wie der Bergwerksbesitzer (Art. 210 Berggesetz), vgl. hierüber unten § 37.

§ 36. Das Bergwerkseigentum[1]).

I. 1. Das Bergwerkseigentum wird nach Maßgabe der Art. 24 bis 41 Berggesetz verliehen[2]). Man versteht unter Bergwerkseigentum die ausschließliche Befugnis, nach Maßgabe der Bestimmungen des Berggesetzes, das in der Verleihungsurkunde benannte Material in dem verliehenen Grubenfelde (Art. 28 Berggesetz) aufzusuchen und zu gewinnen[3]).

Die bergrechtliche Verleihung verschafft dem Bergwerksbesitzer noch kein Eigentum an dem Minerale, auf welches sich die Verleihung bezieht; sie gewährt ihm vielmehr nur die ausschließliche Befugnis, das Mineral innerhalb seines Feldes aufzusuchen und zu gewinnen, so zwar, daß das Eigentum erst mit der Okkupation des einzelnen Mineralstückes erworben wird[4]).

Das Bergwerkseigentum kann daher rechtlich nicht als ein Eigentumsrecht im juristisch-technischen Sinne betrachtet werden; denn das ganze Minerallager ist herrenlos[5]); daraus folgt aber zugleich auch,

---

[15]) Becher, Landeszivilrecht 979.

[16]) Vgl. Rg. 8, 195 Becher, Landeszivilrecht 979 Anm. 23.

§ 36 [1]) Über Grundbuchfragen vgl. Henle-Schmitt 230, 265. Die Entstehung des Bergwerkseigentums ist nach dem Rechte zu beurteilen, das zur Zeit seiner Entstehung Geltung hatte (ObLG. 13, 165; vgl. hierzu JW. 1893, 81).

[2]) Das Gesuch um Verleihung des Bergwerkseigentums nennt man Mutung (Art. 14ff., 24ff. Bergges.); vgl. hierzu RG. 36, 255; 74, 269; JW. 1896, 92; 1911, 123 — s. hierzu oben S. 514 Anm. 14.

[3]) Vgl. Becher, Landeszivilrecht 969.

[4]) RG. 10, 212; vgl. § 34.

[5]) Oertmann 434.

daß das Bergrecht in der Hauptsache nicht als ein Recht an einer fremden Sache aufgefaßt werden kann[6]); es muß sich ja sogar der Grundeigentümer das Bergwerkseigentum verleihen lassen, wenn er die in seinem Grund und Boden befindlichen Mineralien gewinnen will[7]). Man wird vielmehr das Bergwerkseigentum als ein sachenrechtliches Institut besonderer Art betrachten müssen, bei welchem das den Kern bildende Aneignungsrecht verbunden ist mit dem dinglichen Rechte, das fremde Grundstück zum Zwecke der Aneignung des herrenlosen Minerals in einzelnen Beziehungen zu benützen[8]).

Auf das Bergwerkseigentum finden die sich auf Grundstücke beziehenden Vorschriften des bürgerlichen Rechts Anwendung (Art. 44 Berggesetz). Es erhält daher ein Blatt im Grundbuche[9]). Die Veräußerung des Bergwerkseigentums ist zulässig, der Veräußerungsvertrag bedarf zu seiner Gültigkeit der notariellen Verlautbarung (Art. 45 Berggesetz, § 313 BGB.). Die §§ 905—918 finden auf das Bergwerkseigentum keine Anwendung[10]).

2. Das dem Bergberechtigten zustehende Gewinnungsrecht erstreckt sich auf das gesamte Gebiet des Grubenfeldes, nicht etwa bloß auf die

---

[6]) A. M. Oertmann 434.

[7]) Vgl. JW. 1915, 528 RG. (Das Bergwerkseigentum ist kein Sacheigentum und auch kein Recht an einem fremden Grundstück, sondern der Inbegriff der Berechtigungen, die dem Zweck des Bergbaus dienen. Die für den Inhalt und den Umfang der Berechtigungen entscheidende Vorschrift bietet § 54 pr. Berggeſ. [Art. 46 bayer Berggeſ.], der insbesondere auch durch § 907 BGB. keine Einschränkung erleidet. § 907 ist für das Bergrecht überhaupt nicht verwendbar). — Über das Verhältnis zwischen Bergbau und öffentlichen Verkehrsanstalten vgl. RG. 103, 221.

[8]) Sehling a. a. O. 61—64; vgl. Dernburg 493.

[9]) Über Grundbuchfragen vgl. Henle-Schmitt 230, 265.

[10]) RG. 72, 303; 87, 400; JW. 1915, 528. — Dagegen ist § 904 zugunsten des Bergwerkseigentums anwendbar (RG. 57, 187). Isay 1, 257 will die §§ 906ff. zum Schutz des Bergbaus gegen Einwirkungen, die von der Oberfläche aus vorgenommen werden, anwenden. Dem wird beizupflichten sein, weil sonst eine Kollission der Benützungsrechte des Grundstückseigentümers mit dem Rechte des Bergbauberechtigten überhaupt nicht gelöst werden könnte. Auf die Einwirkungen, die vom Bergwerkseigentum ausgehen, sind dagegen die §§ 906ff. unanwendbar, wie auch Isay anerkennt. Der Bergwerkseigentümer muß eben für schädliche Einwirkungen Schadenersatz leisten. — Einwirkungen eines Bergwerkseigentums auf das andere begründen weder einen zivilrechtlichen Abwehr- noch einen Ersatzanspruch (JW. 1891, 563; Bolze 13, 99; RG. 72, 303; JW. 1915, 528). Der Schutz der benachbarten Bergwerke obliegt ausschließlich der Bergbehörde (vgl. Art. 70, 253, 254, 257 Berggeſ.; vgl. RG. 72, 303; Recht 1912, 269). Ein zivilrechtlicher Anspruch wegen Schädigung durch den Nachbarbetrieb steht dem Bergwerksberechtigten nur ausnahmsweise zu, wenn der Betrieb unter Verletzung gesetzlicher oder polizeilicher Vorschriften erfolgt ist (§ 823 Abs. 2; vgl. RG. 72, 303), oder wenn der Fall der §§ 226, 826 erweisbar ist, oder wenn der Nachbarbetrieb ein zum Bergwerkseigentum gehörendes Grundstück geschädigt hat, also der Fall des Art. 206 Berggeſ. vorliegt (JW. 1891, 536). Isay Bem. 3 zu § 50 pr. Berggeſ.

zusammenhängende Ablagerung des Minerals am Fund- oder Aufschlußorte. Wenn der Bergwerkseigentümer innerhalb seines Feldes durch Schürfen von einer neuen Aufbruchstelle der Oberfläche aus neue Abgrabungen des verliehenen Minerals vornehmen will, dann hat er die Bestimmungen des Art. 5 bis 13 Berggesetz zu beobachten[11]) (s. oben § 35).

Durch die Verleihung erwirbt der Bergwerkseigentümer das Recht auf Gewinnung des in der Beleihungsurkunde speziell bezeichneten Minerals (Art. 46 Berggesetz); er ist aber auch befugt, die nicht unter Art. 1 Berggesetz fallenden Mineralien ohne Entschädigung des Grundeigentümers zu verwenden, jedoch nur zu Zwecken seines Bergwerksbetriebes und nur unter der Voraussetzung, daß diese Mineralien durch den Betrieb des Bergwerkes gewonnen wurden. Verwendet er diese Mineralien nicht, obwohl er hierzu berechtigt wäre, so ist er verpflichtet, sie dem Grundeigentümer auf sein Verlangen gegen Erstattung der Gewinnungs- und Förderungskosten herauszugeben (Art. 49 Berggesetz). Hat er aber solche Mineralien nicht durch den Betrieb seines Bergwerkes gewonnen, dann muß er sie dem Grundeigentümer ohne Entschädigung[12]) herausgeben und ist im Falle des Verschuldens sogar schadenersatzpflichtig.

II. Das durch die Verleihung begründete Bergbaurecht ist mit denjenigen Befugnissen ausgestattet, welche zur Gewinnung des Minerals erforderlich erscheinen, insbesondere mit einem beschränkten Enteignungsrecht (Art. 178 Berggesetz) und dem Rechte auf Herstellung der zum Bergbau unter und über Tage erforderlichen Vorrichtungen[13]) (Art. 46 Berggesetz). Dem Bergwerkseigentümer steht ferner die Befugnis zu, die zur Aufbereitung (z. B. durch Pochen, Mahlen, Waschen) seiner Bergwerkserzeugnisse erforderlichen Anstalten zu errichten und zu betreiben (Art. 50 Berggesetz)[14]) und im freien Felde Hilfsbaue anzulegen (Art. 52 Berggesetz). Unter Hilfsbauten versteht man bergmännische Anlagen außerhalb des verliehenen Feldes, welche die Mineralgewinnung im Felde ermöglichen oder erleichtern sollen[15]). Die Befugnis zur Anlegung von Hilfsbauten besteht auch gegenüber den Feldern anderer Bergwerkseigentümer, unterliegt aber hier gewissen Beschränkungen (Art. 52 Abs. 2 Berggesetz).

---

[11]) Rauck Bem. zu Art. 44 Berggesetz vom 30. Juni 1900.
[12]) Ungenau Rauck Anm. 1 zu Art. 47 Berggesetz vom 30. Juni 1900.
[13]) Näheres s. Becher, Landeszivilrecht 982.
[14]) Vgl. RG. 12, 269; Dernburg 3, 511.
[15]) Becher, Landeszivilrecht 983. Vgl. JW. 1891, 563; RG. 35, 170; 72, 303.

Ist für den Betrieb des Bergbaues (vgl. Art. 56 Berggesetz) und zwar zu den Grubenbauen selbst, zu Halden=, Ablage= und Niederlageplätzen, zu Wegen, Eisenbahnen, Kanälen, ohne Unterschied, ob diese Anlagen zur Gewinnung oder zum Absatze der Bergbauerzeugnisse dienen, ingleichen zu Maschinenanlagen, Wasserläufen, Teichen, Hilfsbauen, Zechenhäusern und zu anderen für Betriebszwecke bestimmten Tagegebäuden, Anlagen und Vorrichtungen, zu den im Art. 58 bezeichneten Aufbereitungsanstalten sowie zu Soleleitungen und Solebehältern die Benützung eines fremden Grundstückes (dazu gehören auch die Gewässer) notwendig, so muß der Grundbesitzer die Benützung desselben dem Bergwerksbesitzer insoweit überlassen, als es der Betriebszweck erfordert (Art. 178 Berggesetz)[16]). Zu dieser Überlassung kann der Grundeigentümer gezwungen werden, sofern nicht die Weigerung des Grundbesitzers durch überwiegende Gründe des öffentlichen Interesses unterstützt wird (Art. 179 Berggesetz). Im Streitfall entscheidet die Kreisregierung (Art. 191 Berggesetz). Vor der Enteignung hat der Bergwerksberechtigte nicht das Recht, eigenmächtig in das Eigentum an der Erdoberfläche einzugreifen; handelt er dem zuwider, so kann der Eigentümer nicht nur Schadenersatz (und zwar sowohl nach § 823 BGB. wie nach Art. 206 Berggesetz) fordern, sondern auch die Eigentumfreiheits= bzw. Besitzklage anstellen[18]).

Der Bergwerksbesitzer ist verpflichtet, dem Grundbesitzer für die entzogene Nutzung im voraus jährlich vollständige Entschädigung[19])

[16]) Vgl. Bolze 2 Nr. 266b; 4 Nr. 167. Wenn die Oberfläche durch das Bergwerk zu Bruche gebaut wird, liegt dann eine Benützung des Grundstücks vor, wenn das Zubruchebauen einen Teil des Betriebsplanes bildet, wenn also das Zubruchegehen der Oberfläche erforderlich ist, um weiter bauen zu können, so daß ein Hängenbleiben des Bruchs zwischen Abbau und Oberfläche die planmäßige Fortsetzung des Betriebs verhindern würde (vgl. Bolze 2 Nr. 266b; 4 Nr. 167. Isay Bem. 4 zu § 135 pr. Bergges.). Auch die planmäßige Ableitung der Grubenwässer auf ein Grundstück, sei es zum Versickern, sei es zum Abfließen, ist eine Benützung (Bolze 7 Nr. 128; Gruchot 33, 1055; JW. 1893, 509); nicht aber die sonstige Einwirkung von Grubenwasser, auch der Ablauf auf fremde Grundstücke (JW. 1899, 615). Nur im ersteren Falle hat der Grundbesitzer die Klage auf Unterlassung, bis dem Grundbesitzer das Recht zur Ableitung nach Art. 191 ff. Bergges. von der Bergbehörde eingeräumt ist; im zweiten Fall steht der Schadenersatzanspruch des Art. 206 Bergges. zu (Isay Bem. 4 zu § 135 pr. Bergges.).

[17]) Eine Benützung ist auch in der Weise denkbar, daß dem Grundbesitzer Handlungen verboten werden, zu denen er an sich befugt wäre, z. B. die Ableitung von Tagewässern in den Tagebruch des Bergwerks (Isay a. a. O.). Entgegen der Praxis betrachtet die Rechtslehre (vgl. Isay Bem. 5 zu § 135 pr. Bergges.) die Entnahme von Versatzmaterial mit Recht als bergbaulichen Zweck im Sinne von § 64 pr. Bergges. (Art. 56 bayer. Bergges.).

[18]) RG. 32, 242.

[19]) Vgl. RG. 52, 206; 93, 10; Gruchot 30, 1011; 31, 876; 36, 1104; JW. 1891, 563; 1901, 267; 1902, 323.

zu leisten und das Grundstück nach beendigter Benützung[20]) wieder zur Verfügung des Grundbesitzers zu stellen (Art. 180 Berggesetz). Diesen Verpflichtungen tritt für den Fall, daß durch die Benützung eine Wertverminderung des Grundstücks eingetreten ist oder voraussichtlich eintreten wird[21]), als weitere hinzu, daß der Bergwerksbesitzer bei der Rückgabe des Grundstückes dessen Minderwert[22]) ersetzen und daß er auf Verlangen des Grundbesitzers schon bei der Überlassung des Grundstückes, selbstverständlich aber auch noch später[23]), zur Sicherung der Erfüllung dieser Verpflichtung eine angemessene Kaution bestellen muß (Art. 181 Berggesetz)[24]).

III. Mit diesen Befugnissen findet das Recht des Bergwerkseigentümers dem Grundeigentümer gegenüber seine Grenzen. Eine dingliche Belastung des Grundeigentums mit der Folge, daß der Eigentümer behindert wäre, sich einer jeden dem Bergbau nachteiligen Handlung zu enthalten, wird durch die bergrechtliche Verleihung nicht herbeigeführt. Vielmehr bewendet es auch bezüglich dieses Verhältnisses bei dem allgemeinen Grundsatze, daß der Eigentümer in dem Rechte der freien Benützung seines Grundes und Bodens an sich unbeschränkt ist und durch die Ausübung dieses Rechts vorbehaltlich der Bestimmungen der §§ 226, 826 BGB. niemandem verantwortlich wird. Der Grundeigentümer ist deshalb berechtigt, eine unter dem Kohlenlager befindliche Tonschicht ohne Berührung des Kohlenlagers selbst dann auszubeuten, wenn hierdurch der Bergwerksbetrieb in dem Kohlenflöze beeinträchtigt wird[25]), z. B. dadurch, daß durch die Wegnahme des Tones dem Kohlenflöze und den in demselben befindlichen Bergbaueinrichtungen die erforderliche Stütze entzogen wird. Auch auf § 909 BGB., welcher von der unzulässigen Vertiefung eines Grundstückes handelt, kann sich der Bergbauberechtigte nicht berufen, da § 909 auf das Rechtsverhältnis zwischen Grundeigentümern und Bergbauberechtigten überhaupt keine Anwendung leidet.

---

[20]) Über diesen Zeitpunkt vgl. RG. 47, 289.

[21]) Vgl. RG. 34, 219.

[22]) Ersatzberechtigt ist derjenige, welcher zur Zeit der Rückgabe der Eigentümer des abgetretenen Grundstückes ist. Vgl. RG. 34, 220.

[23]) Der Kautionsanspruch kann nicht nur von dem Grundbesitzer, welcher das Grundstück zum Bergbaubetrieb abgetreten hat, sondern auch von dessen Besitznachfolgern während der ganzen Dauer der Nutzungsentziehung geltend gemacht werden, vgl. RG. 34, 220.

[24]) Vgl. Bolze 10 Nr. 139; 19 Nr. 110; RG. 34, 217.

[25]) RG. 38, 329. Bekämpft von Isay 1, 87.

§ 37. Entschädigungspflicht des Bergbauberechtigten.

Der Bergwerksbesitzer ist verpflichtet, für allen Schaden, welcher dem Grundeigentum[1]) oder dessen Zuhörungen durch den unterirdisch oder mittels Tagebaues geführten Betrieb des Bergwerkes zugefügt wird, vollständige Entschädigung zu leisten ohne Unterschied, ob der Betrieb unter dem geschädigten Grundstücke stattgefunden hat oder nicht, ob die Beschädigung von dem Bergwerksbesitzer verschuldet ist[2]) und ob sie vorausgesehen werden konnte (Art. 206 Berggesetz). Das gleiche gilt für die von Schürfern oder Mutern ausgeführten Arbeiten (Art. 210 Berggesetz).

1. Der Betrieb des Bergwerks im Sinne des Art. 206 umfaßt alle diejenigen Handlungen und Verrichtungen, zu denen Art. 46 den Bergwerkseigentümer in Ansehung der fremden Grundstücke ohne vorgängiges Enteignungsverfahren berechtigt[3]), und die somit von den an den fremden Grundstücken Berechtigten nicht abgewehrt werden können. An die Stelle des entzogenen Abwehranspruchs tritt der Schadenersatzanspruch.

2. Haftbar für den Schaden ist derjenige, welcher bei Eintritt des Schadens der Eigentümer[4]) des Bergwerks ist, auch wenn die Betriebshandlung, durch welche die Schädigung verursacht wird, schon unter seinem Vorbesitzer vorgenommen wurde[5]). Voraussetzung ist nur, daß

---

§ **37** [1]) Auch das im gemeinen Gebrauch stehende Staatseigentum ist geschützt (vgl. Recht 1909, 77); nicht aber das Leben.

[2]) Die Ersatzpflicht besteht, wenn die Halde sich selbst entzündet (Bolze 3 Nr. 181); wenn einem Bergwerk durch einen Nachbarbetrieb Wasser entzogen und es dadurch zusammengebrochen ist und Schaden angerichtet hat. Der Eigentümer des zusammengebrochenen Bergwerks ist ersatzpflichtig (Bolze 2 Nr. 272; Isay Bem. 3 zu § 148 pr. Berggeſ.). Liegt ein Verschulden vor, so besteht neben dem Anspruch des Art. 206 Berggeſ. der Anspruch aus der unerlaubten Handlung (Bolze 3 Nr. 181 und Nr. 355).

[3]) Für Handlungen, die hierunter nicht fallen, wird nur aus einem besonderen Rechtsgrund (Verschulden) auf Schadenersatz gehaftet (Isay Bem. 2 zu § 148 pr. Berggeſ.). Dabei ist zu berücksichtigen, daß Handlungen, welche eine planmäßige Benützung der Oberfläche des Grundstücks bedingen, ohne vorherige Einräumung des Benützungsrechtes unzulässig sind und daher abgewehrt werden können (vgl. oben S. 521). Für den durch eine solche rechtswidrige Handlung herbeigeführten Schaden wird nicht nach Art. 206 Berggeſ. gehaftet (Isay a. a. O.). Handeln gegen Verbot stellt Verschulden (§ 823 Abs. 1) und Verzug (§ 286) dar.

[4]) Nur der Eigentümer ist haftbar, nicht auch derjenige, welcher das Bergwerk auf Grund eines vom Eigentümer abgeleiteten Nutzungsrechtes besitzt. RG. 30, 228. JW. 1894, 403; 1909, 437. A. M. Becher, Landeszivilrecht 1019 und dortige Nachweise, der unter Bergwerksbesitzer nicht bloß den Bergwerkseigentümer versteht, sondern jeden, der das Bergwerk auf eigene Rechnung betreibt.

[5]) Rauck Bem. 1g zu Art. 184 Berggeſ. vom 30. Juni 1900; RG. 30, 250; JW. 1893, 109; 1897, 297; Becher, Landeszivilrecht 1019.

das schädigende Bergwerk identisch ist mit dem, dessen Eigentümer in Anspruch genommen wird[6]). Dem hiernach Ersatzpflichtigen bleibt der Rückgriff gegen seinen Vorbesitzer vorbehalten, falls dieser nach dem der Besitznachfolge zugrunde liegenden Rechtsverhältnis regreßpflichtig ist.

Nicht dagegen kann der Ersatzberechtigte den Sonderrechtsvorgänger des Bergwerkseigentümers in Anspruch nehmen für einen Bergschaden, der erst nach dem Besitzwechsel entstanden ist. Der Schaden ist entstanden mit der Wahrnehmbarkeit der Einwirkung des Bergbaues auf das Grundstück, nicht bereits mit der Einwirkung auf das Vermögen[7]). Nur demjenigen, der zu diesem Zeitpunkt berechtigt an dem beschädigten Grundstück ist, steht der Ersatzanspruch zu[8]).

Ist der Schaden durch den Betrieb zweier oder mehrerer Bergwerke verursacht, so haftet jeder Bergwerksbesitzer zu gleichen Teilen (s. unten 3).

Zur Entschädigung berechtigt ist auch jeder Nutzungsberechtigte des Grundstücks, sofern der Schaden Nutzungsrechte trifft[9]).

Der Entschädigungsanspruch ist persönlicher Natur; er geht daher weder auf Seite des Berechtigten noch auf der des Verpflichteten ohne weiteres[10]) auf den Singularrechtsnachfolger über[11]).

Der Schadenersatz ist in Geld zu leisten. Der Bergbauberechtigte kann den Ersatzanspruch nicht dadurch abwenden, daß er sich erbietet, den Schaden selbst zu beseitigen (§ 249 Satz 2)[12]).

3. Diese Vorschriften bezwecken, soweit möglich, eine Ausgleichung der Nachteile herbeizuführen, die dem Grundeigentum durch die Ausübung der dem Bergbau von der Gesetzgebung eingeräumten Rechte erwachsen. Eines dieser Rechte ist die Befugnis des Bergwerksbesitzers

---

[6]) Vgl. Daubenspeck, Bergrechtliche Entsch. 219, 231. Mitverantwortlich ist der Eigentümer desjenigen Bergwerks, dessen früherer Betrieb den durch den späteren Betrieb eines anderen Bergwerkes veranlaßten Schaden vergrößert hat (vgl. Daubenspeck a. a. O. 337). Greift ein Bergwerksbesitzer in das Feld eines anderen unbefugterweise hinüber und verursacht hierdurch Schädigungen Dritter, so ist der andere Bergwerksbesitzer hierfür nicht verantwortlich. RG. 35, 165.

[7]) Isay Bem. 12 zu § 148 pr. Bergges., vgl. JW. 1896, 720; Recht 1914 Nr. 74 und andererseits bei einem Schaden infolge der Gefahr des Bergbaus JW. 1893, 109; 1901, 157.

[8]) In der Veräußerung des beschädigten Grundstücks liegt keine stillschweigende Abtretung (Bolze 1 Nr. 275; RG. 30, 250. A. M. Isay Bem. 25 zu § 148 pr. Bergges.).

[9]) Rauck Bem. 1b zu Art. 184 Berggesetz vom 30. Juni 1900. Auch dem Pächter oder Mieter steht der Anspruch zu. RG. 46, 280; 70, 242; 74, 313; Recht 1909, 255; 1915, 252 (RG.). A. M. Becher, Landeszivilrecht 1019.

[10]) Eine stillschweigende Zession des Entschädigungsanspruches auf den Käufer des geschädigten Grundstückes ist denkbar, s. jedoch oben Anm. 8.

[11]) Becher, Landeszivilrecht 1019.

[12]) JW. 1921, 233.

zum ungehinderten Betrieb des Bergwerks, den der Grundeigentümer dulden muß, auch wenn er darunter Schaden leidet; aber dafür ist der Bergwerksbesitzer zum vollen Ersatz dieses Schadens verpflichtet. Nur derjenige Schaden ist auf Grund Art. 206 Berggesetz zu ersetzen, welcher dem Grundeigentum oder dessen Zubehörungen zugefügt wird. Für den Begriff der Zubehörungen sind die §§ 93 ff. BGB. maßgebend; wegen Beschädigung von beweglichen Sachen, die nach bürgerlichem Recht nicht Zubehörungen des Grundstückes sind, kann ein Schadenersatzanspruch auf bergrechtliche Normen nicht gestützt werden[13]). Weil nur der dem Grundeigentum zugefügte Schaden zu ersetzen ist, kann der Eigentümer eines durch den Bergbaubetrieb beschädigten Grundstückes nicht etwa Ersatz der Geschäftsverluste beanspruchen, die er in unmittelbarer Folge der Beschädigung des Grundstückes an einem außerhalb des letzteren betriebenen Gewerbe erlitten hat[14]).

4. Im übrigen ist der dem Grundeigentum als solchem durch den Bergbaubetrieb erwachsene Schaden[15]) schlechtweg zu ersetzen[16]). Der Begriff des Schadens ist im Berggesetz nicht definiert und muß deshalb nach den Vorschriften des BGB. (§§ 249 ff.) beurteilt werden. Zu ersetzen ist der Vermögensschaden, der durch die Einwirkung des Bergbaues auf ein Grundstück verursacht ist. Maßgebend hierfür sind die Grundsätze des adäquaten Kausalzusammenhangs[17]) (s. unten S. 599). Hiernach gehört zur vollständigen Entschädigung der Ersatz des gesamten (positiven) Schadens (§ 249 BGB.) und des entgangenen Gewinns (§ 252 BGB.). Hieraus ergibt sich, daß der Eigentümer des beschädigten Grundstückes für alle mit dem Betriebe des Bergwerkes im Zusammenhang stehenden Vermögensnachteile, mögen sie unmittelbar oder mittelbar durch den Bergbau veranlaßt sein, Ersatz fordern kann und daß es keineswegs erforderlich ist, daß die Integrität des Grundstückes infolge der Einflüsse des Bergbaues aufgehoben werde oder auch nur eine Einbuße erleide. Somit erzeugt schon die bloße Gefahr schädlicher

---

[13]) Becher, Landeszivilrecht 1021. Vgl. JW. 1915, 908 (Fernleitungen eines Elektrizitätswerks), JW. 1910, 396.

[14]) RG. 64, 276.

[15]) Ist durch den Betrieb des Bergwerks der Wert eines Grundstückes gemindert, so ist eine einmalige Kapitalsabfindung und nicht eine fortlaufende Rente zu zahlen. Dies gilt auch dann, wenn die Wertsminderung in der dauernd verminderten Ertragsfähigkeit ihren Grund findet und sich mithin die Folgen des entstandenen Schadens in die Zukunft erstrecken und sich alljährlich erneuern. Vgl. RG. 45, 203.

[16]) Darüber, inwieweit sich der Geschädigte mit der Wiederherstellung des früheren Zustandes begnügen muß, vgl. RG. 11, 266 und §§ 249, 250, 251 BGB.

[17]) Bolze 1 Nr. 267; JW. 1883, 98; 1896, 218; RG. 64, 276. — Über den Einfluß der Preissteigerung (Geldentwertung) auf die Bemessung der Schadenhöhe vgl. Recht 1920 Nr. 2998 (RG.) und andererseits Recht 1920 Nr. 2999 (RG.) und oben S. 601.

Einwirkungen den Schadenersatzanspruch, sofern durch diese Gefahr eine Minderung des gemeinen Werts des Grundstücks herbeigeführt ist[18]. Es ist deshalb auch dafür Ersatz zu leisten, daß ein Grundstück durch den Bergbau seine bisherige Bauplatzqualität eingebüßt hat[19]) oder daß durch Bodensenkungen eine Erschwerung des Eisenbahnbetriebs bewirkt wird[20]). Demgemäß hat die auf der gleichen gesetzlichen Grundlage beruhende preußische Rechtsprechung den Grundbesitzer z. B. auch für die Trockenlegung seines Brunnens und für die Entziehung bisher oberirdisch zugeflossenen Quellwassers Schadenersatz zugesprochen, auch wenn ihm Sonderrechte in diesen Beziehungen nicht zur Seite standen und obgleich er diese Handlungen, wenn in Ausübung des Eigentumsrechtes von dem Nachbar vorgenommen, ohne Entschuldigung hätte dulden müssen.

Deshalb haftet der Bergwerksbesitzer dem Besitzer einer Windmühle für die Schädigung, welche die Mühle infolge der Windentziehung durch die Aufschüttung des bei Gewinnung des Minerals gebrochenen und aufgelagerten Steinmaterials (Halden) erleidet, obwohl dem Mühlenbesitzer kein gesetzliches Recht auf Windbezug zusteht[21]).

5. Voraussetzung ist natürlich immer, daß die schädigende Handlung im Betriebe des Bergwerkes geschehen ist. Unter Betrieb des Bergwerkes im Sinne des Art. 206 Berggesetz ist nur die unmittelbar auf Förderung des Minerals gerichtete Tätigkeit, der Betrieb im engeren Sinn (Art. 46 Berggesetz)[22]) zu verstehen, nicht aber Handlungen und

---

[18]) RG. 30, 250; 84, 197; JW. 1898, 124; 1902, 157; 1914, 600.

[19]) Art. 208 Abs. 2 Berggesetz steht dem nicht entgegen. RG. 30, 253. Ist dem Grundstück durch den Bergbau die Bauplatzqualität entzogen, so kann es für die Ersatzpflicht nicht darauf ankommen, daß möglicherweise künftighin Verhältnisse eintreten können, durch die das Grundstück wieder bausicher wird. Denn dem existent gewordenen Schaden gegenüber hat Kläger nicht die Verpflichtung, auch noch nachzuweisen, daß er ein dauernder bleiben werde. Gruchot 42, 726 (RG.). Vgl. JW. 1914, 107; Recht 1915, 539; RG. 93, 262.

[20]) Gruchot 45, 941 (RG.).

[21]) RG. 49, 282.

[22]) Unter den Betrieb des Bergwerks fallen: Schächte (JW. 1902, 322). Nicht unter den Betrieb des Bergwerks im Sinne des Art. 46 Berggeſ. fallen: Halden (JW. 1921, 252. A. M. Gruchot 30, 1008); Aufbereitungsanlagen, Koksöfen (JW. 1890, 125; RG. 35, 170; JW. 1915, 1125; Recht 1916, 652); Anlagen zur Weiterbeförderung des gewonnenen Materials z. B. Zechenbahnen (JW. 1911, 338; Recht 1915, 307 [RG.]); Entwässerungsanlagen (RG. 26, 224; 35, 171). Die vorsätzliche Ableitung der Grubenwasser in Wasserläufe fällt zwar unter den Betrieb des Bergwerks, allein dabei handelt es sich um eine Benützung der Oberfläche fremder Grundstücke oder fremder Wasserläufe (Art. 178 Bergges.); eine solche Benützung fällt nicht unter Art. 206 Bergges. (Isay Bem. 2 zu § 148 pr. Bergges. A. M. dagegen die herrschende Meinung vgl. JW. 1893, 49; 1910, 396 und andererseits Bolze 7 Nr. 128; JW. 1911, 338). Die Beseitigung der Grubenwasser durch Versickernlassen fällt nicht unter Art. 206 Bergges. (RG. in BrassertZ. 48, 288).

Veranstaltungen, welche zur Ausgleichung eines durch den Bergwerksbetrieb hervorgerufenen Schadens vorgenommen werden[23]).

Ist die Schädigung im Betriebe des Bergwerks erfolgt, so ist es für die Ersatzpflicht des Bergbauberechtigten unerheblich, ob er Eigentümer des Grundstückes ist, auf welchem die dem Nachbar schädliche Handlung vorgenommen wird. Es kommt nur darauf an, ob der Schaden durch den Betrieb des Bergwerkes zugefügt wurde; ist dies der Fall, so muß der Bergwerksbesitzer auch dann entschädigen, wenn er auf Grund seines Eigentums am Grund und Boden oder einer sonstigen Berechtigung befugt ist, die schädliche Handlung, z. B. Entziehung des Quellwassers[24]), vorzunehmen; denn die Ersatzpflicht ist nicht davon abhängig, daß der Bergwerksbesitzer widerrechtlich gehandelt hat.

6. Ist der Schaden durch den Betrieb zweier oder mehrerer Bergwerke verursacht, so sind die Besitzer dieser Bergwerke gemeinschaftlich und zwar ohne Rücksicht darauf, ob der Schaden zum größeren oder geringeren Teil von dem einen oder anderen Bergwerk verursacht ist, zu gleichen Teilen zur Entschädigung verpflichtet[25]) (Art. 207 Abs. 1 Berggesetz). Im Verhältnis der Bergwerksbesitzer unter sich ist der Nachweis eines anderen Teilnahmeverhältnisses nicht ausgeschlossen (Art. 207 Abs. 2 Berggesetz)[26]).

7. Hat zur Entstehung oder Vergrößerung eines Bergschadens eine unerlaubte Handlung eines Dritten mitgewirkt, so stehen dem Beschädigten zwei aus verschiedenen Rechtsgründen Verpflichtete gegenüber, von denen jeder nur in dem von ihm verursachten und daher zu verantwortenden Umfang haftet; ein Gesamtschuldverhältnis kann weder aus §§ 830, 840 BGB. abgeleitet werden, da der Bergbau keine un-

[23]) RG. 35, 170. Der Bergwerksbetrieb hatte die Trockenlegung eines Sees erfordert. Um Ersatz für den Entgang des Trink- und Nutzwassers für die Angrenzer zu schaffen, hat der Bergwerksbesitzer auf einem ihm gehörigen Grundstück Wasser erbohrt, wodurch die Brunnen der Kläger trocken gelegt wurden. Der hierfür eingeklagte Ersatzanspruch wurde abgewiesen. Ebenso RG. 26, 225. Der Bergwerksbesitzer hatte behufs Entwässerung der durch den Bergbaubetrieb gesunkenen und versumpften Gegend eine Anlage gemacht, welche eine allmähliche Senkung des Grundwasserstandes zur beabsichtigten Folge hatte und hierdurch die Brunnen der Kläger trocken legte.

[24]) Art. 19 WG. findet auf eine im Betrieb des Bergwerkes (oder beim Schürfen) herbeigeführte Zutageförderung oder Ableitung von Grund- und Quellwasser keine Anwendung.

[25]) Vgl. RG. 8, 283; 102, 318; JW. 1889 249. Eine notwendige Streitgenossenschaft ist auf Seite der mehreren Bergwerksbesitzer nicht gegeben; es kann also die Klage nur gegen einen derselben erhoben werden. Becher, Landeszivilrecht 1019 Anm. 40. Bei Schädigungen durch Bergbau einer Gewerkschaft und Immissionen Dritter besteht kein Gesamtschuldverhältnis. JW. 1908, 119 Nr. 20.

[26]) Vgl. RG. 422; 79, 288.

erlaubte Handlung ist, noch aus § 431 BGB., da die jeden einzelnen treffende Verpflichtung zur Wiederherstellung des früheren Zustandes (§ 249 BGB.) sich je nach der zu vertretenden Einwirkung verschieden gestalten wird[27]).

8. Der Bergwerksbesitzer (Schürfer) ist nicht zum Ersatze des Schadens[28]) verpflichtet, welcher an Gebäuden oder anderen Anlagen durch den Betrieb des Bergwerkes[29]) (bzw. das Schürfen) entsteht, wenn solche Anlagen[30]) zu einer Zeit errichtet worden sind, wo die denselben durch den Bergbau (bzw. das Schürfen) drohende Gefahr[31]) dem Grundbesitzer[32]) bei Anwendung gewöhnlicher Aufmerksamkeit[33]) nicht unbekannt bleiben konnte[34]) (Art. 208 Abs. 1 Berggesetz). Muß wegen einer

[27]) RG. 67, 275. Dort wurde gleichwohl Gesamthaftung für den Fall angenommen, daß die beiden schädigenden Ursachen neben einander, nicht erst nach einander eingewirkt haben, weil der Anspruch des Geschädigten in erster Linie auf Wiederherstellung (§ 249) geht, dieser Anspruch aber unteilbar ist (§ 431) und die sonach für diesen Anspruch begründete Gesamthaftung durch die bloße Umwandlung des Anspruchs in eine Geldforderung nicht aufgehoben wird.

[28]) Im Falle des Art. 208 Abs. 1 Berggesetz will der Gesetzgeber das unvorsichtig errichtete Gebäude weggedacht wissen und die Schadenersatzpflicht so regeln, als wenn das Grundstück nach wie vor eine unbebaute Grundfläche wäre. War das Grundstück eine Baustelle und hat es diese Qualität durch den Bergwerksbetrieb verloren, so ist dieser Minderwert auch im Falle des Art. 208 Berggesetz zu ersetzen (RG. 59, 287).

[29]) Bei Immission von Asche aus den Kaminen einer Zeche fällt der Anspruch des Nachbars weg, wenn er sein Haus zu einer Zeit erbaut hat, als bereits die Immissionen auf die Baustelle vorhanden waren. A. M. Gruchot 45, 1013 (RG.).

[30]) Eine Gasröhrenleitung kann als Anlage im Sinne des Art. 208 Berggesetz in Betracht kommen, jedoch nicht dann, wenn die Leitung in einer bereits bestehenden Ortsstraße gelegt wird. RG. 61, 23.

[31]) Es muß sich um die Gefahr handeln, die später den Schaden herbeigeführt hat (Bolze 4 Nr. 170; 10 Nr. 135; Recht 1918, 122). Bei Grundstücken, unter denen oder in deren Nähe der Bergbau umgeht, muß stets mit der Möglichkeit bergbaulicher Schäden gerechnet werden; es gibt also in solchen Fällen überhaupt keine absolute Bausicherheit, insbesondere nicht bei Grundstücken, die in ausgesprochenen Kohlengebieten liegen. Es muß aber nicht etwa wegen des Mangels solcher absoluter Bausicherheit die Bebauung der Grundstücke in diesen Gegenden überhaupt unterbleiben. Vielmehr steht der Einwand des groben Verschuldens (Art. 208 Bergges.) dem Bergwerksbesitzer nur dann zur Seite, wenn im Einzelfalle dem Grundstück besondere konkrete Gefahren gedroht haben und diese der Grundbesitzer bei gewöhnlicher Aufmerksamkeit erkennen konnte (JW. 1924, 1980).

[32]) Art. 208 Berggesetz findet auch auf solche Fälle Anwendung, wo nicht der klagende Grundbesitzer, sondern dessen Vorbesitzer bei Errichtung der später beschädigten Anlage die gewöhnliche Aufmerksamkeit außer acht gelassen hat. RG. 34, 268; JW. 1896, 309.

[33]) Zuwiderhandeln ist gleichbedeutend mit grober Fahrlässigkeit, LZ. 1910, 1545; RG. 11, 337. Vgl. JW. 1891, 579; 1894, 597; 1895, 30; 1898, 527; 1900, 402 u. 832; 1903, 131; Bolze 1 Nr. 274; 19 Nr. 109; 6 Nr. 129.

[34]) Vgl. Gruchot 46, 1152 (RG.). — Der Umstand, daß der Bergbau in der Nähe des Grundstückes umgeht, wird in der Regel noch nicht die Besorgnis begründen, daß der Baugrund durch den Bergbau gefährdet sei. Ob dies der Fall sei, hängt ab von der Art

derartigen Gefahr die Errichtung solcher Anlagen unterbleiben, so hat der Grundbesitzer auf die Vergütung der Wertsminderung, welches sein Grundstück hierdurch erleidet, keinen Anspruch, wenn sich aus den Umständen ergibt, daß die Absicht zu errichten nur kundgegeben wird, um jene Vergütung zu erzielen.

9. Verjährung. Ansprüche auf Ersatz eines durch den Bergbau oder das Schürfen verursachten Schadens, welche sich nicht auf Vertrag gründen, verjähren in 3 Jahren von dem Zeitpunkte an, in welchem der Verletzte von dem Schaden und der Person des Ersatzpflichtigen Kenntnis erlangt[35]), ohne Rücksicht auf diese Kenntnis in 30 Jahren von dem Eintritt des Schadens an (Art. 208, 209 Berggesetz mit § 852 BGB.).

10. Die Zuständigkeit richtet sich nach §§ 12 ff. ZPO. Zuständig ist auch das Gericht, in dessen Bezirk das beschädigte Grundstück liegt (§ 26 ZPO.)[36]).

---

und dem Umfang des Bergbaubetriebs, den Bodenverhältnissen, der Beschaffenheit des Deckgebirges, der Lagerung der Flötze usw. Von einem Laien (gewöhnlichen Bergarbeiter) kann man nicht erwarten, daß er hierüber unterrichtet sei. Nur wenn er von Tatsachen Kenntnis erlangt hat, die bei jedem vorsichtigen Mann Zweifel an der Bebaubarkeit des Grundstückes rege zu machen geeignet sind, besteht die Pflicht, Erkundigungen einzuziehen (Gruchot 42, 1032 RG.). Eine bloße Warnung, durch welche die konkrete Gefahr nicht deutlich erkennbar gemacht wird, hat für sich allein noch nicht die Wirkung, daß der Grundbesitzer durch Außerachtlassung der Warnung seiner Entschädigungsansprüche verlustig geht. (Gruchot 44, 993 (RG.).

[35]) Vgl. JW. 1893, 89; 1896, 720; 1897, 428; 1911, 494 u. 726; 1914, 419; Recht 1918, 35; Gruchot 48, 1060.

[36]) Bolze 20 Nr. 723.

V. Abschnitt.

Ansprüche wegen Beeinträchtigung von Eigentum, Besitz und dinglichen Rechten.

§ 38. Die Eigentumfreiheitsklage.

I. Voraussetzungen des Anspruchs.

1. Im Wesen des Eigentums liegt es, daß der Eigentümer einer Sache, soweit nicht das Gesetz oder Rechte Dritter entgegenstehen, andere von jeder Wirkung ausschließen kann (§ 903 BGB.). Die rechtswidrige Einwirkung eines Dritten enthält daher eine Störung des Eigentumsrechts, zu deren Abwehr dem Eigentümer die Eigentumsklagen gegeben sind.

Bei totaler Verletzung des Eigentums, nämlich bei Entziehung oder Vorenthaltung des Besitzes, geht der Anspruch auf Herausgabe der Sache (§ 985 BGB., Eigentumsklage im engeren Sinn, rei vindicatio).

Wird das Eigentum nur teilweise, d. i. eben in anderer Weise als durch Entziehung oder Vorenthaltung des Besitzes, beeinträchtigt, so steht dem Eigentümer die Eigentumfreiheitsklage zu (§ 1004 BGB., actio negatoria). Ob eine solche Beeinträchtigung des Eigentums vorliegt, ist nach den über den Inhalt des Eigentums gegebenen Vorschriften des Reichs- und Landeszivilrechts zu entscheiden.

Die nachbarrechtlichen Eigentumsbeschränkungen haben für den Inhalt des Eigentums eine doppelte Bedeutung: auf der einen Seite nehmen sie dem Inhalt des Eigentums eine Befugnis, auf der Seite des Nachbars fügen sie zu dem Inhalt des Eigentums eine Befugnis hinzu. So wird die dem einen auferlegte Eigentumsbeschränkung für den anderen zur Eigentumsverstärkung. Der Grundeigentümer, welcher mäßige Schallwellen auf das Nachbargrundstück eindringen läßt oder die Einräumung eines Notweges verlangt, macht kein dingliches Recht an dem

Nachbargrundstücke, sondern das Eigentum an seinem Grundstücke geltend. Gerade im Nachbarrechte findet daher die Eigentumfreiheitsklage ihre häufigste Anwendung.

Eine Beeinträchtigung des Eigentums liegt in der Verhinderung des Eigentümers, mit der Sache innerhalb des durch das Gesetz gesteckten Rahmens nach Belieben zu verfahren und andere von jeder Einwirkung auszuschließen. Ein Vermögensschaden ist nicht Voraussetzung der Beeinträchtigung[1]). In der photographischen Abbildung eines Gebäudes liegt keine Einwirkung auf das Eigentum[2]), ebensowenig in Erregung seelischen Unbehagens der Bewohner (z. B. durch ein Bordell[3]) oder Freibad)[4]). Jede Beeinträchtigung des Eigentums mit Ausnahme der Vorenthaltung des Besitzes[5]) kann Veranlassung zu der Eigentumfreiheitsklage des § 1004 BGB. sein. Doch muß das Eigentum als solches beeinträchtigt sein, nicht bloß der derzeitige Eigentümer. Daher kann zur Geltendmachung eines bloßen obligatorischen Rechts der negatorische Anspruch nicht erhoben werden[6]). § 1004 setzt eine Beeinträchtigung der im Eigentum gelegenen privatrechtlichen Befugnisse voraus; deshalb kann wegen Nichteinhaltung einer Polizeiverordnung der dadurch beeinträchtigte Nachbar den Anspruch aus § 1004 nicht erheben, da durch eine solche Polizeiverordnung ein Privatrecht auf deren Beobachtung nicht begründet wird[7]).

§ 38 [1]) JW. 1911, 587 (RG.). Eine Beeinträchtigung des Eigentums liegt nicht in der Anbringung von Reklametafeln auf dem Nachbargrundstück, auch wenn diese noch so geschmacklos sind und das Landschaftsbild verunstalten. Unter ganz besonderen Umständen (z. B. wenn die häßlichen Reklametafeln vor der Fassade eines Hotels an einem Luftkurort aufgestellt sind mit der Wirkung, daß dadurch das Panorama verdorben ist), kann mit § 826 BGB. geholfen werden. (Vgl. S. 183.)

[2]) Vgl. OLG. 20, 402 (Kammergericht), wo gleichwohl der Anspruch aus § 1004 dann zugebilligt wird, wenn das Verbietungsrecht durch ein besonderes wirtschaftliches Interesse gerechtfertigt wird. Ablehnend gegen diese Entsch. RGKomm. Bem. 1 zu § 1004.

[3]) RG. 57, 239; s. oben S. 182.

[4]) RG. 76, 130.

[5]) Hiergegen hilft die rei vindicatio (§ 985).

[6]) Biermann Bem. 1 zu § 1004. Es kann aber eine Polizeianordnung unter Umständen auch einen privatrechtlichen Anspruch auf ihre Einhaltung gewähren (vgl. JW. 1908, 142). Das ist aber nicht zu vermuten.

[7]) Zwar ist eine Polizeivorschrift, wonach z. B. mit einem Neubau ein Abstand von 5 m von der Grenze einzuhalten ist, ein Gesetz im Sinne des § 903. Aber dieses Gesetz bezweckt nur den Schutz der öffentlichen Interessen (vgl. JW. 1908, 142 RG.; Schade, AÖffR. 25, 286). Ob auf dem Umweg über § 823 Abs. 2 ein Ersatz für den nicht gegebenen Anspruch des § 1004 geschaffen werden kann, hängt von der Frage ab, ob die Polizeiverordnung neben dem Schutz der Allgemeinheit auch ein Schutz des einzelnen Grundeigentümers bezweckt (RG. 63, 324; 73, 32). Der Kreis derjenigen, die durch ein Schutzgesetz geschützt sein sollen, ist durch Auslegung des Schutzgesetzes selbst festzustellen (RG. Sörgel Rspr. 1913 zu § 823 Nr. 147); s. darüber unten S. 612.

2. Die Beeinträchtigung kann durch eine positive Tätigkeit oder eine rechtswidrige Unterlassung herbeigeführt sein; durch eine Unterlassung dann, wenn sie im Widerspruche steht zu einem der Ansprüche, zu denen jemand in Ansehung seiner Sache auf Grund seines Eigentums berechtigt werden kann[8]). Soll jemand für die Beeinträchtigung verantwortlich gemacht werden, so ist jedenfalls erforderlich, daß ihm der Vorgang zuzurechnen, auf seine Handlung oder pflichtwidrige Unterlassung zurückzuführen ist. Es kann deshalb in einer durch Naturgewalt herbeigeführten schädlichen Einwirkung von einem Grundstück auf ein anderes ein von dem Eigentümer des ersten Grundstückes oder sonst jemand zu vertretender Eingriff in fremdes Eigentum nicht gefunden werden[9]), wohl aber dann, wenn menschliche Tätigkeit erst die schädliche Wirkung der Naturereignisse ermöglicht oder gefördert hat[10]), wie z. B. die Anschüttung großer Sandmassen oder Auflagerung der Halden, die bei langandauernden Regengüssen abgeschwemmt oder zum Einsturz gebracht werden[11]) oder das Halten eines durch Menschenhand geschaffenen Teiches, mit dem die Ansiedelung von Fröschen und deren Gequake als vorhersehbare Folge verbunden ist[12]) oder das Zuführen von Schnee[13]).

Dagegen liegt eine Beeinträchtigung nicht vor, wenn die Einwirkung auf das Grundstück die natürliche und unvermeidliche Folge einer gesetzlich und polizeilich erlaubten Benützung des Nachbargrundstückes ist, wenn z. B. durch ein hohes Gebäude der Regen und Wind zurückgeworfen und auf das Nachbargrundstück gelenkt wird[14]).

[8]) Vgl. oben S. 190. Kuhlenbeck, Von den Pandekten zum BGB. 2, 564. Die Störung setzt nicht notwendig ein Handeln voraus; sie ist auch bei einem das Eigentum beeinträchtigenden Zustand gegeben, der auf den maßgeblichen Willen des Beklagten zurückzuführen ist oder doch mit dessen Willen fortbesteht (RheinArch. 110, 171 Köln). Ein Beispiel bildet die durch Unterlassung der notwendigen Unterhaltung herbeigeführte Baufälligkeit des Nachbarhauses; s. oben § 16. Ist durch Veranstaltungen (Anlagen) eines Eigentümers auf seinem Grundstück das Herunterfallen von Schnee auf das Nachbargrundstück wesentlich gefördert, so kann dessen Eigentümer den Anspruch aus § 1004 erheben. Dem Unterlassungsanspruch wird durch Anbringen eines Schneefängers die Grundlage entzogen.

[9]) SeuffA. 60 Nr. 55 (RG.); BayZ. 1900, 28 (RG.); Gruchot 54, 156; vgl. oben S. 155f., 190.

[10]) SeuffA. 60 Nr. 55 u. BayZ. 1, 28. Vgl. hierzu z. B. über Absturz eines Felsblockes, Ausströmung von Miasmen aus einem Sumpf oben S. 156, 190.

[11]) Gruchot 54, 156 u. 158; BayZ. 1900, 28; SeuffA. 60 Nr. 55; RG. 51, 408 u. 411.

[12]) JW. 1910, 654 (RG.).

[13]) S. oben Anm. 8.

[14]) BayZ. 1914, 170 (RG.).

Die rechtswidrige Verletzung des Rechts des Jagdpächters ist keine Beeinträchtigung des Eigentums. Das Jagdrecht des Pächters ist nicht ein Teil des Grundeigentums; es stellt vielmehr ein dem Grundstückseigentümer neben dem Eigentum gesondert zustehendes Recht dar (bestr.). Daraus ergibt sich, daß auch dem Jagdpächter das Recht zur Ausübung der Jagd nicht als ein den Ausfluß des Grundeigentums bildendes Recht übertragen sein kann. Es steht jedoch dem Jagdpächter die Unterlassungsklage in rechtsähnlicher Anwendung des § 892 BGB. zu. Eventuell muß ihm die vorbeugende Unterlassungsklage aus § 823 BGB. zugebilligt werden (Ludwig JW. 1924, 775; vgl. unten S. 574 Anm. 6).

3. Überhaupt ersetzt eine Gefahr künftiger Beeinträchtigung den in § 1004 als schon vorhanden erforderten Zustand der Beeinträchtigung nicht. Deshalb stellt eine Gefährdung durch einen benachbarten Betrieb (Gefahr der Explosion einer Sprengstoffabrik) keine Beeinträchtigung dar[15]). Bloße Vorbereitungshandlungen zu in Aussicht genommener Beeinträchtigung genügen gleichfalls nicht[16]). Die Einreichung eines Bauplanes für einen Bau, durch dessen Ausführung das Eigentum beeinträchtigt werden würde, stellt noch keine vorhandene Beeinträchtigung dar[17]). Hat die Verwaltungsbehörde an den Nachbar eines Steinbruchs ein Verbot erlassen, sein Grundstück zu gewissen Zeiten zu betreten, während welcher im Steinbruch gesprengt werden soll, so ist die Beeinträchtigung gegeben[18]), aber erst mit Eintritt der ersten Sprengzeit; vorher kann nur Feststellungsklage erhoben werden.

---

[15]) JW. 1910, 645 (RG.); vgl. oben S. 181 f. und unten S. 616. Eine Beeinträchtigung des Eigentums im Sinne des § 1004 BGB. liegt auch nicht darin, daß der Nachbar es unterläßt, Raupennester an seinen Obstbäumen zu beseitigen. Ebensowenig kann die Bekämpfung der Mäuse- oder Reblausplage mit § 1004 BGB. erzwungen werden (vgl. S. 612). Unter Umständen ist hier mit der vorbeugenden Unterlassungsklage nach § 823 BGB. zu helfen (JW. 1924, 776). Als Schutzgesetz im Sinne des § 823 Abs. 2 BGB. ist das Ges. zum Schutze der landwirtschaftlichen Kulturpflanzen vom 5. März 1937 (RGBl. I, 271) und die auf Grund dieses Ges. erlassenen Anordnungen zur Bekämpfung von Schädlingen zu erachten (vgl. Art. 120 Abs. 1 Ziff. 2 bayer. PolStGB., § 368 Ziff. 2 StGB., bayer. VO. zur Bekämpfung der Viruskrankheiten der Kartoffel vom 14. Februar 1949 (GVBl. 51) ferner Reblausgesetz vom 6. Juli 1904.

Neben dem durch diese Bestimmungen gegebenen strafrechtlichen Schutz läßt die neuere Rechtsprechung die Unterlassungsklage nach § 823 BGB. zu (vgl. RGK., 9. Aufl., Vorbem. III vor § 823).

[16]) S. dagegen RGKomm. Bem. 1 zu § 1004. Anlagen, die bei ordnungsmäßigem Gebrauch mit Sicherheit zu einer Störung führen müssen, können allerdings schon vor ihrer Benützung verboten werden, aber nur aus § 907.

[17]) LZ. 1918, 389. Dagegen wird das Feststellungsinteresse vom RG. mit Recht angenommen.

[18]) Recht 1918 Nr. 714 (RG.).

Dagegen genügt ein einfaches Bestreiten einer dem Eigentümer als solchem zustehenden Befugnis für sich allein nicht zur Begründung des negatorischen Anspruchs[19]. Wohl aber kann in solchen Fällen eine Feststellungsklage gegeben sein, wenn deren prozessuale Voraussetzungen vorliegen. Gemäß § 526 ZPO. kann auf Feststellung des Bestehens einer im Eigentum gelegenen Befugnis bzw. auf Feststellung des Nichtbestehens einer das Eigentum beschwerenden Befugnis eines Dritten Klage erhoben werden, ehe ein Zustand der Beeinträchtigung eingetreten ist, sofern der Eigentümer nur ein rechtliches Interesse[20] an der alsbaldigen Feststellung dartun kann[21].

Wenn das wörtliche Bestreiten mit Drohungen verbunden ist, so kann darin eine Beeinträchtigung liegen, sofern hierdurch der Eigentümer in der Ausübung seines Eigentumsrechts gestört wird, indem ihm z. B. die Drohungen zur Aufstellung eines Wächters Veranlassung geben, oder der Eigentümer aus Furcht vor der Verwirklichung der

[19]) OLG. 12, 128 (Jena).

[20]) R. 3, 423 (Mugdan 3, 236); JW. 1902, 68; Maenner 244; Cosack 2, 80. Die Entscheidung, ob ein solches rechtliches Interesse vorliegt, ist dem richterlichen Ermessen überlassen (M. 3, 423; Mugdan 3, 236). Die Einreichung eines Bauplanes durch den Nachbar wird regelmäßig das Feststellungsinteresse begründen (LZ. 1918, 389 RG.).

[21]) Das Interesse für eine Feststellungsklage des Eigentümers kann beispielsweise gegen die beabsichtigte Veranstaltung eines Automobilrennens auf der an seinem Hause vorbeiführenden Straße begründet sein. Das Interesse an alsbaldiger Feststellung ist gerade dadurch begründet, daß der Eigentümer, wenn er erst die Ausführung des Rennens abwarten wollte, mit seiner Klage zu spät kommen würde. Die Klage ist gegen den veranstaltenden Automobilklub zu richten und geht auf Feststellung, daß der Kläger nicht verpflichtet ist, die mit der Abhaltung eines Automobilrennens auf der an seinem Anwesen vorüberführenden Straße verbundenen Einwirkungen durch Lärm, Rauch und Geruch zu dulden, insoweit hierdurch die Benützung des klägerischen Anwesens wesentlich beeinträchtigt wird. Materiell ist eine solche Feststellungsklage dann begründet, wenn als sicher anzunehmen ist, daß die dem vorliegenden Projekt entsprechende Ausführung des Rennens Einwirkungen auf das Anwesen des Klägers im Gefolge haben würde, welche nach § 906 BGB. unzulässig wären. In dieser Richtung muß in Betracht gezogen werden, daß dem Hauseigentümer gegen die Behinderung des Verkehrs auf der Straße und des Zugangs von dieser zu seinem Grundstück kein privatrechtliches Verbietungsrecht zusteht; die öffentlich-rechtliche Seite untersteht lediglich der Würdigung der Straßenpolizei. Es kann also nur wegen der Einwirkungen auf sein eigenes Grundstück ein Verbietungsrecht des Straßenangrenzers in Frage kommen. Das Automobilfahren auf Straßen ist wohl eine übliche Art der Straßenbenützung, aber es kommt nicht nur auf die Art, sondern auch auf das Maß der Benützung an (vgl. oben S. 200); das Automobilrennen ist keine für Straßen übliche Benützung. Die damit verbundene Einwirkung auf die an die Straße angrenzenden Grundstücke ist daher unzulässig, wenn sie die Benützung dieser Grundstücke wesentlich beeinträchtigt. Mit einem Automobilrennen können derartige unzulässige Einwirkungen verbunden sein, notwendig ist es nicht. Wenn die in Betracht kommende Straßenfläche von dem Rennen nur verhältnismäßig kurze Zeit in Anspruch genommen wird, wird regelmäßig keine wesentliche Beeinträchtigung angenommen werden können; eine Ausnahme wäre z. B. bei einer Heilanstalt für Nervenkranke anzunehmen.

Drohungen sich scheut, die Bäume anzupflanzen, deren Beseitigung für den Fall der Anpflanzung angedroht ist. Bloße Verbote werden nur ausnahmsweise eine Beeinträchtigung bewirken, da sie ja nicht beachtet zu werden brauchen[22]).

4. Der negatorische Anspruch setzt kein Verschulden desjenigen voraus, welcher für die Beeinträchtigung verantwortlich ist[23]). Daß sich dieser ein Recht zu seinem Verhalten zuschreibt, ist ebensowenig Voraussetzung des Anspruchs[24]), noch weniger ist erforderlich, daß der Beklagte behauptet, aus eigenem Rechte zu dem Eingriff berechtigt zu sein[25]). Der Anspruch kann selbst dann gegeben sein, wenn der Störer ausdrücklich erklärt, daß er kein Recht zu der Störung habe[26]). Wenn auch die Störung keineswegs auf Vorsätzlichkeit oder Fahrlässigkeit zu beruhen braucht[27]), so erzeugt doch nicht jeder rein zufällige Eingriff (z. B. eine Explosion) die Klage[28]). Andererseits ist der negatorische Anspruch jedesmal dann gegeben, wenn die Handlungen, durch welche

[22]) Vgl. Cosack 2, 176; JW. 1908, 274; SeuffA. 57 Nr. 122; OLG. 4, 290. RGKomm. Bem. 1 zu § 1004 erblickt in Verboten und Drohungen nur eine Besitzstörung (§ 862), keine Eigentumsstörung. Wenn aber die Drohungen derart sind, daß sich der Eigentümer fürchtet, sein Eigentum zu benützen, so ist das Eigentum beeinträchtigt. Bloße Verbote dagegen stellen regelmäßig auch keine Besitzstörung dar. Anders z. B. wenn sich das Verbot an die Angestellten des Eigentümers gerichtet und auf diese Eindruck gemacht hat. — Es kommt hier eben alles auf die Umstände an. Dasselbe Wort kann im Munde des einen sich auf die Herbeiführung einer bloßen Rechtsunsicherheit beschränken, im Munde des anderen aber die Vertreibung des Besitzers bewirken, weil dieser sonst Gewaltanwendung zu gewärtigen hat (OLG. 20, 395). Unter Umständen können auch Eingaben an Behörden als Beeinträchtigung betrachtet werden (vgl. Recht 1919 Nr. 1475 RG.; Störung der Ausübung einer Grunddienstbarkeit § 1027).

[23]) M. 3, 426 (Mugdan 3, 238); Recht 1904 Nr. 764 RG.; 1906 Nr. 2851 (Fankfurt). DJZ. 1915, 313; OLG. 31, 327 (Rostock). Vgl. RG. 60, 6; Gruchot 46, 650 (RG.). Deshalb ist die Klage auf Beseitigung wie auf Unterlassung auch gegen einen Unzurechnungsfähigen zulässig. Eltzbacher, Unterlassungsklage 175. Vgl. Planck Bem. 1c zu § 227, Crome 1, 536; Endemann 1, 434.

[24]) Gruchot 44, 1095 (RG.); Recht 1902 Nr. 1854 u. 835. OLG. 4, 313.

[25]) Deshalb kann auch derjenige, welcher behauptet, nur deshalb über ein fremdes Grundstück zu gehen, weil über dasselbe ein öffentlicher Weg führe, mit der Eigentumsfreiheitsklage belangt werden. SeuffA. 33 Nr. 203; s. Nachschr. des Herausgebers in SeuffBl. 43, 123 gegen die dort mitgeteilte oberstrichterliche Entscheidung. Unrichtig auch OGH. 7, 233. Vgl. unten IV, 2.

[26]) Gruchot 44, 1095.

[27]) RG. 51, 411; JW. 1902 Beil. 187. OLG. 4, 313. Dort wurde die Beklagte verurteilt, welche anläßlich der Eisengewinnung eine Abraumhalde angelegt und mit taubem Gestein verstürzt hatte. Die Gesteinsmassen übten auf das Nachbargrundstück einen Druck aus und gerieten zugleich ins Rutschen, so daß dasselbe mit Gestein überschüttet wurde; vgl. SeuffBl. 8. Erg.-Bd., 153 (Hinaustreten des Viehs über einen zum Trieb zustehenden Raum).

[28]) Vgl. OGH. 8, 66; RG. 10, 142 (Explosion).

die Störung verursacht ist, mit dem Bewußtsein vorgenommen werden, daß nach den Regeln der Erfahrung hierbei zufällige Einwirkungen in die fremde Rechtssphäre vorkommen.

5. Zur Begründung der Eigentumfreiheitsklage ist die bestimmte Angabe des Grundes des erhobenen Anspruchs erforderlich (§ 253 ZPO.). Hierfür genügt nicht die Behauptung, daß der Beklagte das Eigentum des Klägers beeinträchtigt habe, sondern es sind die Tatsachen anzuführen, in denen die Beeinträchtigung erblickt wird, bei der Unterlassungsklage auch die Tatsachen, aus denen die Besorgnis der weiteren Beeinträchtigung abgeleitet wird. Das Vorbringen neuer Eigentumsstörungen, die in der Klage selbst noch nicht enthalten waren, stellt nur dann keine Klageänderung dar, wenn die neuen Störungen den in der Klage vorgebrachten gleichwertig sind. Fallen jedoch die neuen Tatsachen aus dem Rahmen des ursprünglichen Klagevortrages heraus, so liegt Klageänderung vor (RG. 108, 169).

II. Das Ziel der Eigentumfreiheitsklage ist die Abwehr der Beeinträchtigung. Es ist klar, daß sie da nicht angestellt werden kann, wo sie nicht mehr notwendig ist, weil keine Beeinträchtigung mehr vorliegt. Deshalb kann man sagen, daß die Eigentumfreiheitsklage einen Zustand der Beeinträchtigung voraussetzt[29]). Dieser Zustand kann in einem körperlichen Verhältnis[30]) bestehen, in welchem die Sache des anderen zu dem Grundstücke des Eigentümers sich befindet, oder aber in einem Zustand der Gefährdung durch Wiederholung der Eingriffe[31]).

Aus dieser Verschiedenheit der Veranlassung ergibt sich eine doppelte Gestaltung des Anspruchs:

1. Der Anspruch auf Beseitigung der Beeinträchtigung geht auf Wiederaufhebung einer fortbestehenden Beeinträchtigung des Eigentums. Der Fortbestand und die Wiederaufhebbarkeit der Beeinträchtigung setzen ein körperliches Verhältnis voraus[32]). Eine vorübergehende Einwirkung kann daher diesen Anspruch nicht erzeugen (z. B. das Abfeuern einer Kanone auf dem Nachbargrundstück, einmaliges Betreten fremden Bodens durch einen Spaziergänger)[33]). Voraussetzung des Anspruchs auf Beseitigung der Beein-

[29]) M. 3, 423 (Mugdan 3, 236).
[30]) M. 3, 424 (Mugdan 3, 237).
[31]) M. 3, 426 (Mugdan 3, 238).
[32]) M. 3, 424 (Mugdan 3, 237).
[33]) Ein Automobilrennen auf öffentlicher Straße zieht eine Mehrheit von Einwirkungen nach sich (Lärm-, Staub- und Geruchzuführung durch jedes vorbeifahrende Automobil), vgl. oben S. 534 Anm. 21.

trächtigung ist demnach das gegenwärtige objektive Bestehen eines durch den Willen einer anderen Person aufrecht erhaltenen körperlichen Zustandes[34]).

Hauptsächlich kommt das Halten von Anlagen in Betracht, welche selbst einen unberechtigten Eingriff in das Eigentum des Nachbars darstellen (z. B. Überbau, Fenster in unerlaubter Nähe an der Grenze) oder durch ihre Benützung eine unzulässige Einwirkung auf das Eigentum des Nachbars ausüben (z. B. Immissionen). Nach § 907 BGB. kann der Eigentümer dem Nachbar das Halten solcher Anlagen verbieten (vgl. oben § 15 S. 211 ff.). Die Anlage selbst stellt die Beeinträchtigung dar und es kann daher die Beseitigung der Anlage verlangt werden[35]). § 907 BGB. ist unzweifelhaft auch auf gewerbliche Anlagen anzuwenden[36]), soferne nur bei der dermaligen Beschaffenheit der Anlage mit Sicherheit vorauszusehen ist, daß der Betrieb eine (insbesondere in Gemäßheit des § 906 BGB.) unzulässige Einwirkung auf das Nachbargrundstück zur Folge hat. (Hier greift jedoch zugunsten gewerblich konzessionierter Anlagen § 26 RGewO. ein; s. darüber unten S. 559 ff.) Aber auch solche Anlagen gehören hierher, welche einer diesseitigen erlaubten Hinüberwirkung über die Grenzen, z. B. dem natürlichen Wasserablauf, hindern entgegenstehen[37]). Der Anspruch geht auf ein Tun, nicht etwa auf ein bloßes Unterlassen. Es ist nicht ganz genau zu sagen, daß der Beklagte verpflichtet sei, die Naturalrestitution zu bewirken[38]); jedenfalls darf man dies nicht dahin verstehen, daß der Verpflichtete den Zustand herzustellen habe, der bestehen würde, wenn die Beeinträchtigung überhaupt nicht eingetreten, also gar nie vorhanden gewesen wäre[39]). Denn damit würde man einen Anspruch auf Schadenersatz einräumen (§ 249 BGB.), der nicht ohne weiteres wegen einer Eigentumsbeeinträchtigung gegeben ist[40].) Der Anspruch auf Be-

---

[34]) M. 3, 423 (Mugdan 3, 236). Vgl. Bolze 12 Nr. 68. Der Anspruch des Grundeigentümers auf Beseitigung der schädlichen Anlage besteht auch dann, wenn er selbst auf seinem Grundstück Änderungen vorgenommen hat, welche die erste Ursache für die Schädlichkeit der Einwirkung gewesen sind. Recht 1903, 605 Nr. 3088 (Dresden).

[35]) Vgl. JW. 1900 Beil 26. Hier ist eine Klage gegen die Stadtgemeinde auf gänzliche Entfernung einer öffentlichen Bedürfnisanstalt zugelassen worden; vgl. ferner OGH. 16, 330 u. SeuffA. 53 Nr. 8 (Beseitigung eines Knochenlagers).

[36]) Vgl. Turnau-Förster Bem. 1 zu § 907; s. im übrigen unten § 39 S. 559 ff.

[37]) M. 3, 423 (Mugdan 3, 237).

[38]) M. 3, 425 (Mugdan 3, 237).

[39]) Der Schadenersatzanspruch setzt Verschulden voraus, vgl. unten S. 598 ff. Nur dann, wenn dem Grundeigentümer im einzelnen Fall sein Abwehrrecht durch Spezialgesetz entzogen ist, wird ihm nach der Rechtsprechung des RG. eine vom Nachweis des Verschuldens befreite Schadenersatzklage gewährt. S. hierüber unten S. 614 ff.

[40]) Nur der Zustand der Beeinträchtigung ist zu beseitigen, nicht aber die durch die Beeinträchtigung herbeigeführte Wirkung, soferne diese Wirkung nicht selbst wieder einen

seitigung der Beeinträchtigung geht vielmehr nur dahin, daß der Zustand hergestellt wird, der bestehen würde, wenn die Beeinträchtigung nicht mehr vorhanden wäre[41]).

Hieraus ergibt sich aber keineswegs, daß, wenn die Beseitigung der Beeinträchtigung unmöglich und im Wege des unmittelbar auf ihre Herbeiführung gerichteten Zwanges nicht durchzusetzen ist, die Verpflichtung zur Leistung des Interesses nur aus einem besonderen Verpflichtungsgrunde hergeleitet werden kann[42]). Der Anspruch auf das Interesse an dem künftigen Wegfall der Beeinträchtigung tritt vielmehr als Ersatz an die Stelle des Anspruchs auf Beseitigung[43]).

Die Beeinträchtigung ist, soweit dies möglich ist, vollständig zu beseitigen. Zu diesem Behufe braucht nicht derselbe Zustand herbeigeführt zu werden, der früher bestanden hat; es genügt, wenn nur

---

Widerspruch gegen den Eigentumsinhalt darstellt. Das Beschädigtwerden der Sache durch einen Dritten widerspricht dem Inhalt des Eigentums, das Beschädigtsein der Sache widerspricht ihm an dieser nun einmal beschädigten Sache gewiß nicht (Zitelmann, Luftschiffahrtsrecht 36; Niemeyer, Verh. d. XXXI. D. J.-Tages 2, 42).

[41]) Ist ein Gasrohr gebrochen, so wird der negatorische Anspruch auf Beseitigung der Beeinträchtigung durch Auswechselung des schadhaften Rohres bewerkstelligt. Er umfaßt also nicht den Ersatz des Schadens, der durch Ausströmen des Gases verursacht worden ist. RG. 63, 375. Ist durch Platzen eines Wasserleitungsrohres Wasser in einen Keller eingedrungen, so umfaßt der negatorische Anspruch nicht nur die Auswechselung des Rohres, nicht auch den Ersatz für die Waren, welche durch das eingedrungene Wasser beschädigt wurden. Werner, Recht 1904, 330. Auch nicht den Ersatz für den durch das Wasser verursachten Hausschwamm oder für die durch das Wasser weggeschwemmte Humuserde. Wenn sich aber der Pflichtige mit der Beseitigung der Beeinträchtigung im Verzug befindet, ist er nach § 286 zum Ersatz des durch den Verzug entstehenden Schadens verpflichtet.

[42]) A. M. M. 3, 425 (Mugdan 3, 237); vgl. Recht 1919 Nr. 427 (Stuttgart).

[43]) Wenn der Inhalt eines Petroleumfasses (ohne Verschulden eines Dritten) in ein fremdes Grundstück eingedrungen ist mit der Folge, daß der hierauf befindliche Brunnen für lange Zeit unbrauchbar ist, so stellt die Durchsetzung des fremden Erdreichs einen durch den Willen einer anderen Person aufrecht erhaltenen Zustand der Beeinträchtigung nicht dar. Der Zustand der Beeinträchtigung des Eigentums im Sinne des § 1004 bestand nur solange, als das Petroleumfaß ausgelaufen ist. Die Durchsetzung des Erdreichs mit Petroleum ist eine Wirkung dieser Beeinträchtigung. Die Beseitigung dieser Wirkung oder im Falle der Unmöglichkeit dieser Beseitigung der Leistung des Interesses kann deshalb nicht mit der Eigentumfreiheitsklage, sondern nur mit dem Schadenersatzanspruch des § 823, wenn seine Voraussetzungen gegeben sind, beansprucht werden. Vgl. dagegen Recht 1919 Nr. 426 (Stuttgart), wo zunächst zutreffend ausgeführt wird, daß bei unverschuldetem Rohrbruch die Zuführung von Wasser auf den Willen des Inhabers der Wasserleitungsanlage insoferne zurückzuführen ist, als der Wille dessen, der die ganze Anlage hält, auch für die Wasserzuführung infolge Rohrbruchs mit ursächlich ist. Dieser ist also Störer, er kann auf Unterlassen der weiteren Zuführung von Wasser (Abdichten des Rohres) mit dem Anspruch aus § 1004 belangt werden; aber zu Unrecht folgert das OLG. Stuttgart daraus eine Haftung wegen Beschädigung des Grundstücks. (Es war die Humuserde weggeschwemmt worden.)

überhaupt ein Zustand hergestellt wird, bei welchem die Beeinträchtigung nicht mehr wirksam ist[44]).

Wenn der Beklagte die Mauer des Klägers weggerissen und dann ein neues Mauerwerk aufgeführt hat, so umfaßt die Beseitigung nur die Wegnahme der störenden Anlage, nicht auch die Wiederherstellung des früheren oder eines gleichwertigen Zustandes, also nur die Fortschaffung des vom Beklagten aufgeführten Mauerwerkes, nicht auch die Wiederaufführung der früher bestandenen Mauer[45]).

Die Verurteilung zur Beseitigung der Beeinträchtigung kann der Beklagte durch eine Geldentschädigung selbst dann nicht abwenden, wenn die Wiederherstellung des früheren Zustandes unverhältnismäßig hohe Kosten verursacht; denn es handelt sich bei der actio negatoria nicht um eine Schadenersatzleistung, und nur für diese gilt § 251[46]). Unmöglichkeit der Beseitigung schließt den Anspruch auf Beseitigung aus.

Die durch höhere Gewalt verursachte Erschwerung der Beseitigung des störenden Gegenstandes (Wrack in einem Hafengelände) und die Aufwendung unverhältnismäßig hoher Kosten gehen zu Lasten des Störers. Unerheblich ist, ob der Störer die Beeinträchtigung verschuldet hat oder ob er Eigentümer des störenden Gegenstandes ist oder diesen aufgegeben hat (NJW. 1949, 623 — OGH. Br.-Z. —).

---

[44]) M. 3, 425 (Mugdan 3, 237). Staudinger Bem. 5a zu § 1004. Recht 1919 Nr. 428.

[45]) Unrichtig OLG. 4, 65. Die Wiederaufführung der früheren Mauer kann mit dem Schadenersatzanspruch (§ 823) verlangt werden, der in einem solchen Fall wohl stets begründet ist.

[46]) M. 3, 423 (Mugdan 3, 237). OLG. 4, 313. SeuffA. 58 Nr. 55 (RG.). RG. 51, 408; 93, 101; JW. 1910, 754; 1921, 252; s. unten S. 603. Es kann also auch nicht der Einwand der Nichtzumutbarkeit nach § 242 BGB. gebracht werden (vgl. RGK. Bem. 2 Abs. 4 zu § 275; Bem. 3 zu § 242; RG. 51, 411; 93, 105; 131, 178). Dagegen kann einem Mißbrauch des Beseitigungsanspruchs unter Umständen mit § 826 BGB. begegnet werden. Wenn z. B. ein Grundstück durch eine unzulässige Vertiefung auf dem Nachbargrundstück die Standsicherheit verloren hat, muß der verantwortliche Nachbar die Standsicherheit herstellen. Wenn nun die hierfür notwendigen Aufwendungen höhere Kosten verursachen würden, als das ganze Grundstück wert ist und es erbietet sich der Verantwortliche zum vollen Schadenersatz (einschließlich aller Nachteile, die aus dem Verlust des Grundstücks etwa entstehen könnten), so würde es gegen die guten Sitten verstoßen, wollte der Eigentümer des beeinträchtigten Grundstücks gleichwohl auf Naturalherstellung bestehen. Man muß sich aber vor Augen halten, daß auf diese Weise nicht etwa eine Art Zwangsenteignung eingeführt werden darf. Für die Sittenwidrigkeit des Verlangens muß deshalb auch in Betracht gezogen werden, ob der Verantwortliche die Beeinträchtigung etwa vorsätzlich herbeigeführt hat. Einem solchen Störer gegenüber wird man regelmäßig nicht von Sittenwidrigkeit reden können. Auch in anderen Fällen müssen die Kosten der Aufwendungen schon ein Vielfaches höher sein als das Interesse des Geschädigten, wenn § 826 BGB. angewendet werden soll; endlich wird die Entschädigung so reichlich zu bemessen sein, daß die Annahme ausgeschlossen wird, daß dem Geschädigten von seinem Standpunkt aus durch eine Naturalherstellung mehr gedient wäre als durch eine Geldentschädigung.

Aber Unmöglichkeit liegt dann nicht vor, wenn die (volle oder annähernde) Herstellung des gesetzmäßigen Zustandes überhaupt im Bereiche physischer Ausführbarkeit liegt[47].

Das zur Beseitigung der Beeinträchtigung Erforderliche hat der Verpflichtete auf seine Kosten vorzunehmen, gleichviel, ob der Beeinträchtigungszustand auf ein Verschulden zurückzuführen ist oder nicht[48]. Ist die Passivlegitimation für die actio negatoria gegeben, so steht damit auch die Verpflichtung des Beklagten fest, die Kosten der Beseitigung der Beeinträchtigung zu tragen. Deshalb muß angenommen werden, daß der Vermieter, insoweit er die von seinem Mieter verursachte Beeinträchtigung zu vertreten hat[49], auch verurteilt werden muß, die Beeinträchtigung auf seine Kosten zu beseitigen[50]. Erfüllt der verurteilte Beklagte diese Verpflichtung nicht, so darf der Eigentümer die Wiederherstellung auf Kosten des Beklagten nach richterlicher Ermächtigung selbst vornehmen (§ 887 ZPO.).

2. Der Anspruch auf Unterlassung weiterer Beeinträchtigung setzt eine zuständliche körperliche Beeinträchtigung nicht voraus, dabei findet jedoch eine Angleichung an die unter 1 erörterte Gestaltung des Anspruchs insoferne statt, als auch hier der Anspruch die Aufhebung eines Zustandes, nur nicht eines körperlichen Zustandes, bezielt und daher einen solchen Zustand auch zur Voraussetzung hat. Der Anspruch auf Unterlassung weiterer Beeinträchtigung setzt als erforderlich voraus, daß eine Beeinträchtigung tatsächlich schon vorausgegangen ist[51]. Bestreiten und behaupten stellt regelmäßig noch keine Beeinträchtigung dar[52]. Wenn das Zuwiderhandeln gegen die aus dem Inhalte des Eigentums für die anderen Personen sich ergebenden Pflichten die zuständliche, bis in die Gegenwart fortdauernde[53] Folge hervorgebracht hat, daß weitere Beeinträchtigungen nach den Umständen zu besorgen sind, so ist dem Eigentümer der Anspruch auf Unterlassung weiterer Beeinträchtigung gegeben[54] (§ 1004 BGB.). Die Befürchtung weiterer Gefährdungen braucht sich durchaus nicht auf ein schuldvolles Verhalten des Gegners zu gründen; vielleicht ist dieser in ganz entschuldbarer Weise im Irrtum über sein Recht, und ist gerade

---

47) JW. 1910, 754 (RG.). HRR. 39, 498.
48) M. 3, 424 (Mugdan 3, 237).
49) S. unten S. 553.
50) Vgl. dagegen JW. 1900, 384 Nr. 34 und andererseits JW. 1901, 51.
51) RGKomm. Bem. 1 und 5 zu § 1004; RG. Warn. 1911 Nr. 330.
52) SeuffA. 58 Nr. 35 (ObLG.); s. oben S. 612.
53) S. unten Anm. 4 u. S. 545.
54) M. 3, 427 (Mugdan 3, 238); vgl. SeuffBl. 66, 220 (LG. Würzburg).

wegen seines guten Glaubens die Fortsetzung der früheren rechtsverletzenden Handlungsweise zu erwarten[55]). Im übrigen ist die Frage, ob eine weitere Beeinträchtigung zu besorgen ist, nach den Umständen und der Lebenserfahrung zu beurteilen. Keineswegs braucht eine Gewißheit vorzuliegen, daß eine weitere Beeinträchtigung erfolgen wird; es genügt schon, wenn man nach Lage der Verhältnisse mit der Möglichkeit einer Wiederholung rechnen muß[56]). Daß der Beklagte ein Recht behauptet, ist nicht Voraussetzung. Wenn freilich der Beklagte ein Recht behauptet, so ist regelmäßig[57]) die Besorgnis der Wiederholung gegeben; hat jedoch das Verhalten des Beklagten zu der Annahme, daß er ein Recht beanspruche, keine Veranlassung gegeben, so wird zumeist eine öftere Wiederholung erforderlich sein. Eine besondere Häufigkeit und Dauer der Störungen setzt der Anspruch nicht voraus[58]). Von wesentlicher Bedeutung ist die Vizinität. Bei dem Schäfer, dessen Herde beim Treiben zum Markt übergrast hat, wird die Gefahr der Wiederholung weniger in Betracht kommen als beim Schäfer, der regelmäßig an einem Grundstücke vorübertreibt. Läuft ein Spaziergänger einmal über eine fremde Wiese, so ist das etwas ganz anderes, als wenn der Briefträger bei seinem Botengang den Weg über die Wiese zur Abkürzung nimmt.

---

[55]) M. 3, 427 (Mugdan 3, 238).

[56]) Eine solche Besorgnis erfordert aber mehr als die abstrakte Möglichkeit, daß ein schadenbringendes Ereignis sich wiederholen könne. RG. 63, 379. Eine mehr oder minder große Wahrscheinlichkeit genügt (vgl. RG. 98, 269). Wiederholungsgefahr wurde angenommen bei Steinflügen, die bei regelmäßigen Sprengungen wiederkehren (LZ. 1918, 845 RG.). Vgl. Gruchot 44, 868: Die Klage auf Unterlassung des Eingriffs wird dann zu versagen sein, wenn bei Erhebung der Klage der Eingriff bereits unterlassen ist und der Eigentümer nach den Umständen des Falls auch mit Sicherheit annehmen kann, daß eine Wiederholung nicht eintreten wird (vgl. Bolze 12 Nr. 68). Wenn der Störer vor Klageerhebung erklärt hat, daß er von künftiger Wiederholung absehen werde, so wird die Besorgnis regelmäßig wegfallen, es müßte denn sein, daß diese Erklärung infolge besonderer Umstände nicht als vertrauenswürdig zu erachten ist, vgl. unten S. 546. Eine Besorgnis der Wiederholung wird von vornherein nicht bestehen, wenn bei Erhebung der Klage die Eigentumsstörung zwar noch fortdauert, der Eigentümer aber mit Sicherheit erkennen kann, es handle sich um einen einmaligen, kurzen, vorübergehenden Eingriff, der sich gar nicht gegen sein Eigentum als solches richtet und auf dessen Unterlassung der Störer selbst bedacht ist. Vgl. auch JW. 1894, 30 Nr. 93, woselbst als Beispiel erwähnt ist, daß das Einwerfen eines Fensters durch einen Vorübergehenden die negatorische Klage nicht begründet. Ist der früher zugeführte Lärm infolge gerichtlicher einstweiliger Verfügung seit Monaten unterblieben, so ist möglicherweise kein Anlaß mehr zur Unterlassungsklage gegeben; alsdann kann sie nur dann Erfolg haben, wenn es sich etwa um eine Anlage im Sinne des § 907 handelt oder sonstwie eine Besorgnis der Wiederholung des Lärms festgestellt werden kann (Recht 1902, 149 RG.).

[57]) Nicht unter allen Umständen; vgl. Recht 1914 Nr. 775 (ObLG.).

[58]) JW. 1911, 587; RG. 57, 227. — Doch kann dies von Bedeutung für die Frage sein, ob die Beeinträchtigung wesentlich im Sinn von § 906 ist.

Es ist regelmäßig genügend, daß die Besorgnis zur Zeit der Klageerhebung begründet war, soferne nicht zur Zeit der letzten Tatverhandlung die Gewißheit besteht, daß eine Wiederholung nicht eintreten wird[59]).

Der Unterlassungsklage braucht durchaus kein Verbot weiterer Beeinträchtigung vorauszugehen[60]), andererseits wird ein nur einmaliges, neuerliches Zuwiderhandeln gegen das Verbot regelmäßig die Besorgnis der Wiederholung begründen.

Die vorbeugende Unterlassungsklage ist auch dann gegeben, wenn die zu untersagende Handlung unter Strafe gestellt ist (RG. 116, 151).

Auch auf Grund einer einzigen Verletzung kann die Gefahr künftiger Verletzung als bestehend angenommen werden[61]).

a) Der Kläger braucht nicht die Vorkehrung bestimmter Maßregeln, durch welche die zulässige Beeinträchtigung hintangehalten werden soll, zu verlangen; ja er darf dies nicht einmal tun, ebensowenig als das Urteil hierüber Bestimmung treffen darf. Es muß vielmehr dem Beklagten überlassen bleiben, wie er es anstellen will, um für die Zukunft eine unzulässige Beeinträchtigung zu verhüten[62]). Man muß sogar so weit gehen zu sagen, daß nicht einmal ganz allgemein auf Herstellung von Einrichtungen, welche die benachteiligende Einwir-

---

59) S. hierüber unten S. 546. Andererseits genügt es, wenn diese Besorgnis zwar nicht zur Zeit der Klageerhebung, aber zur Zeit des Urteils besteht. Darin, daß rechtsverletzende Tatsachen geltend gemacht werden, die sich erst im Laufe des Rechtsstreits ereignet haben, liegt keine Klageänderung (RG. 99, 172).

60) Wird ohne vorheriges Verbot geklagt, so können dem Kläger, wenn auf Unterlassung erkannt wird, nicht etwa deshalb die Kosten auferlegt werden, weil Beklagter den Anspruch sofort anerkennt. Denn in der Zusprechung des Anspruchs auf Unterlassung liegt zugleich auch die Anerkennung, daß der Beklagte zu der Klage Veranlassung gegeben hat.

61) Eltzbacher, Unterlassungsklage 187; Crome 3, 424; Planck Bem. 2b zu § 1004.

62) BayZ. 1918, 50 RG. — Vgl. SeuffA. 46 Nr. 248; 51 Nr. 11; RG. 37, 172; 40, 182; JW. 1896, 343 Nr. 57; 1897, 636 Nr. 16; Turnau-Förster Bem. 5 zu § 906. Die Frage, was zur wirksamen Verhütung unzulässiger Immissionen geschehen muß, kann nur von Fall zu Fall in der Zwangsvollstreckungsinstanz entschieden werden (JW. 1902 Beil 203. Gruchot 47, 916; RG. 60, 120; JW. 1906, 749; 1911, 326). Die Zwangsvollstreckung erfolgt nach § 888 ZPO. — RG. 60, 120; Gruchot 43, 683; 47, 916; RGKomm. Bem. 4 zu § 1004 vertreten die Ansicht, daß der die Zwangsvollstreckung Betreibende die Vorkehrungen im einzelnen bestimmt anzugeben habe, zu deren Ausführung der allgemein zur Unterlassung verurteilte Beklagte gezwungen werden soll. Dieser Ansicht ist nicht beizutreten. Es ist Sache des Beklagten, wie er seiner Unterlassungspflicht genügen will. Er kann Vorkehrungen treffen, er kann den Betrieb einstellen. Eine bestimmte Maßnahme kann ihm nicht aufgezwungen werden. Dem Gläubiger wird auch vielfach die Kenntnis der Betriebseinrichtung des Beklagten, vielleicht auch die nötige Sachkunde fehlen, so daß er gar nicht beurteilen kann, welche Maßnahme erforderlich und genügend, sowie welche von mehreren möglichen Vorkehrungen die zweckmäßigste ist (vgl. SeuffA. 75 Nr. 54 [Hamm]; JW. 1909, 5ff. unter II und III, 2; Gruchot 43, 861; 51, 141).

sung ausschließen, geklagt werden kann[63]); noch weniger kann auf Betriebseinstellung geklagt werden, wenn die Beeinträchtigung von einem Betrieb ausgeht[64]).

Die Unterlassungsklage ist eine Leistungsklage, keine Feststellungsklage, da sie nicht darauf geht, daß der Richter die Verpflichtung des Beklagten zu einem Unterlassen feststellt, sondern darauf, daß der Beklagte unterläßt, und ihm der Richter dies gebietet. Für die Unterlassungsklage ist daher kein besonderes Interesse an der alsbaldigen Feststellung (§ 256 ZPO.) des vielleicht nie bestrittenen Anspruchs erforderlich[65]).

Liegt die Beeinträchtigung in einer unzulässigen Immission (vgl. § 906 BGB.), so geht der Anspruch dahin: „Der Beklagte hat die Zuführung von Rauch und Ruß auf das Grundstück des Klägers insoweit zu unterlassen, als dieselbe die Benützung dieses Grundstücks wesentlich beeinträchtigt und durch eine Benützung des beklagten Grundstücks herbeigeführt wird, welche nach den örtlichen Verhältnissen bei Grundstücken dieser Lage ungewöhnlich ist“[66]).

---

[63]) Vgl. Gruchot 44, 1096; 46, 1001. Anders, wenn die Anlage selbst, von welcher die Beeinträchtigung ausgeht, eine unzulässige Beeinträchtigung darstellt und in Gemäßheit des § 907 BGB. Beseitigung der Anlage verlangt werden könnte. Der Antrag auf Herstellung von Einrichtungen, welche die benachteiligende Einwirkung ausschließen, stellt sich gegenüber dem Anspruch auf Beseitigung der ganzen Anlage als das minus dar. Vgl. Gruchot 44, 1096. So kann z. B. der Eigentümer eines Grundstückes, in welches aus der Dunggrube des Nachbars auf unterirdischem Wege Mistjauche eindringt, den negatorischen Anspruch darauf erheben, daß der Nachbar die Wandungen der Dunggrube in einen für Flüssigkeiten undurchlässigen Zustand versetzt. Er kann aber auch Beseitigung der Dunggrube verlangen.

[64]) Vgl. RG. 37, 173. Im Erfolge kann allerdings die Durchführung des Anspruchs auf Unterlassung zur Einstellung des Betriebes führen; dann nämlich, wenn die Ausschließung der unzulässigen Einwirkung durch keinerlei Vorkehrungen bewirkt werden kann, wird sich der Betriebsunternehmer nicht anders helfen können, als daß er den Betrieb einstellt; aber direkt zur Einstellung des Betriebes kann er nicht verurteilt werden; es kann ja morgen eine Erfindung gemacht werden, vermöge welcher bei dem Betriebe jede unzulässige Einwirkung auf das Nachbargrundstück vermieden werden kann. Dagegen hat das RG. (Recht 1909 Nr. 688; JW. 1908, 682) eine Verurteilung gebilligt, wonach dem Beklagten der Betrieb der Anlage untersagt wurde, solange er nicht die Anlage derart ändere, daß der Betrieb für den Kläger unschädlich und erträglich sei. — In ähnlicher Weise hat das RG. (Recht 1908 Nr. 3423) eine Verurteilung zur Unterlassung von Scheibenschießen gebilligt, weil der Beklagte selbst nicht geltend gemacht habe und auch aus der Sachlage nicht von selbst hervorgehe, daß die Benützung eines Scheibenstandes in einer dem § 906 entsprechenden Weise eingeschränkt werden könne (vgl. JW. 1900, 640; 1908, 682; unten S. 54[illegible] Anm. 66).

[65]) Eltzbacher, Unterlassungsklage 212. Vgl. Hellmann, IheringsJ. 31, 123; Gaupp II, 1 vor § 253; Seuffert 2a zu § 253 ZPO.

[66]) Das RG. (Gruchot 44, 1096) hat auch für das neue Recht eine Verurteilung gebilligt, welche dahin ging, „die Erschütterungen und Geräusche, welche durch den Betrieb

Dem Beklagten ist völlige Freiheit zu belassen, wie er die Ursache der Immission beseitigen will. Damit wird zugleich die übliche Einwendung des Beklagten ausgeschaltet, daß die begehrte Art der Beseitigung nicht geeignet sei, den beabsichtigten Erfolg herbeizuführen[67]).

Es ist zuzugeben, daß in einer solch allgemeinen Verurteilung eine gewisse Unbestimmtheit liegt. Es ist jedoch nicht möglich, diese Unbestimmtheit im Urteile zu beseitigen; denn dieselbe liegt nicht allein darin, daß je nach dem Zusammenwohnen der Menschen und den in den verschiedenen Ortschaften herrschenden Beschäftigungen das Maß der nach Billigkeit zu ertragenden und andererseits der übermäßigen Belästigungen ein verschiedenes sein wird, sondern durch Worte ist im voraus eine feste Begrenzung in der Urteilsformel überhaupt nicht zu geben; vielmehr wird stets nur in den in Zukunft etwa eintretenden einzelnen Fällen, also bei der Zwangsvollstreckung, geprüft und entschieden werden können, ob die vorliegende Beeinträchtigung als eine wesentliche anzusehen ist[68]).

Ist einmal eine Störung des Eigentums eingetreten, welche die Besorgnis weiterer Beeinträchtigung begründet, so kann der in seinem Eigentum Beeinträchtigte den Anspruch auf Unterlassung einer künftigen Störung nicht nur gleicher Art, sondern jeder dem Zwecke seines Eigentumsrechts zuwiderlaufenden Art erheben[69]). Der Anspruch wird nicht dadurch beseitigt, daß der Beklagte erklärt, daß er in Zukunft unterlassen wolle. Hat der Beklagte diese Erklärung schon vor der Klageerhebung abgegeben, so kann hierdurch unter Umständen die Besorgnis weiterer Beeinträchtigung entfallen und hiermit dem Unterlassungsanspruch selbst die Grundlage entzogen werden[70]). Ist der unzulässige Eingriff

---

der Steindruckerei-Immobile, Langenstraße 123, in dem Hause des Klägers, Langenstraße 122, gegenwärtig entstehen, soweit sie das erträgliche Maß überschreiten, abzustellen." Die Unerträglichkeit einer Einwirkung stellt jedoch keinen gesetzlichen Tatbestand dar. Nach § 906 BGB. kann überdies eine unerträgliche Einwirkung erlaubt sein, weil durch eine Benützung herbeigeführt, die in jener Gegend gemeinüblich ist. Überhaupt ist der Begriff des Unerträglichen nicht nur unbestimmt, sondern auch unbestimmbar. Für die Vollstreckung eines Urteils ist aber notwendige Voraussetzung, daß der Inhalt der Verurteilung, mag dieselbe auch unbestimmt sein, aus sich selbst heraus bestimmt werden kann. Vgl. auch Bolze 10 Nr. 66.

Eine Verurteilung zur Unterlassung, „soweit nicht § 906 BGB. die Zuführung gestattet", welche von Riehl bei Gruchot 51, 144 Anm. 9 empfohlen wird, genügt zwar diesem Erfordernis; die Anführung des gesetzlichen Wortlauts ist jedoch sachgemäßer. BayZ. 1908, 288 (RG.).

[67]) Endemann 474 Anm. 54.

[68]) SeuffA. 53 Nr. 180; JW. 1902 Beil. 203.

[69]) Gruchot 44, 1098.

[70]) S. oben S. 541 Anm. 56.

von einer Anlage auf dem Nachbargrundstück ausgegangen, so wird der Anspruch auf Unterlassung dadurch aufgehoben, daß im Laufe des Prozesses Einrichtungen an der Anlage getroffen worden sind, welche die benachteiligende Wirkung ausschließen. Dabei muß jedoch vorausgesetzt werden, daß nach Lage der Sache auch die Gewähr einer ordnungsgemäßen Anwendung und Erhaltung dieser Einrichtungen besteht[71]). Denn dem beeinträchtigten Eigentümer wird der fortbestehenden Anlage gegenüber der richterliche Schutz nur dadurch dauernd gewährt, daß er auf Grund des Urteils gegen den Beklagten jederzeit im Zwangsvollstreckungsverfahren vorgehen kann, wenn die getroffenen Einrichtungen beseitigt werden oder in der Folge sich doch nicht als zureichend erweisen[72]). Ingleichen entfällt die Besorgnis bei vollständiger Einstellung des Fabrikbetriebes, soferne nur nach den tatsächlichen Umständen des Einzelfalls mit der Möglichkeit der Wiederaufnahme des Betriebs nicht zu rechnen ist[73]). Es ist also keine Voraussetzung, daß noch zur Zeit des Urteils die Besorgnis der Wiederholung besteht[74]), während andererseits die nach der konkreten Sachlage vorhandene Möglichkeit der Wiederholung als Voraussetzung der Verurteilung gefordert werden muß. Diese Möglichkeit darf nicht aus allgemeinen Erwägungen, sondern sie muß aus der Lage des gegebenen Falles festgestellt werden[75]).

Ist darnach zur Zeit des Urteils die Gewißheit gegeben, daß keine Wiederholung mehr erfolgen wird, so z. B., wenn der Nachbar die Fabrik, von welcher die störende Wirkung ausgeht, nicht nur stillgelegt, sondern abgebrochen hat[76]), oder wenn nach den gegebenen Umständen an eine Wiedereröffnung des Betriebes nicht zu denken ist[77]).

---

[71]) Mit der Gefahr eines Versagens einer erprobten maschinellen Einrichtung ist dabei ebensowenig zu rechnen als damit, daß es dem Beklagten ohne denkbares Motiv einfallen könne, die Einrichtung wieder auszuschalten (vgl. Gruchot 54, 1010; auch in JW. 1910, 654 [RG.] hinsichtlich einer Entstaubungsanlage für eine Zementfabrik). Anders liegt der Fall, wenn die Erträglichkeit der Geräusche und Gerüche nur dann gewährleistet wird, wenn während des Betriebs die Türen und Fenster geschlossen gehalten werden. Nachlässigkeiten und Pflichtwidrigkeiten seiner Leute kann erfahrungsgemäß der Betriebsleiter auch mit strengsten Anordnungen nicht ausschließen (Recht 1909 Nr. 1132 RG.).

[72]) RG. 36, 180; JW. 1898, 610 Nr. 41; Gruchot 44, 869; SeuffA. 57 Nr. 37.

[73]) Vgl. Gruchot 54, 1010; JW. 1906, 556; 1910, 654 (RG.).

[74]) Eltzbacher, Unterlassungsklage 177.

[75]) Gruchot 54, 1010 (RG.). Wenn der Geflügelzüchter, dessen Hühner das Eigentum des Nachbars beeinträchtigt haben, mit seinem Hühnerhof in eine entfernte Gegend zieht, so ist der Zustand der Beeinträchtigung entfallen. Vgl. Recht 1917 Nr. 2006 (Noch keine Klaglosstellung, wenn der Eigentümer dem neuen Mieter die Vertragspflicht auferlegt hat, Störungen zu vermeiden).

[76]) Vgl. SeuffA. 57 Nr. 37 (RG.).

[77]) Gruchot 54, 1010 (RG.).

Das gleiche muß gelten, wenn der Störer infolge Veräußerung seines Grundstücks nicht mehr in der Lage zu weiterer Beeinträchtigung kommen kann[78]). Jedenfalls muß die Besorgnis der Wiederholung zur Zeit der Klageerhebung gegeben sein (vgl. oben S. 541 Anm. 56); hat der Beklagte schon vor der Klageerhebung in vertrauenswürdiger Weise die Unterlassung zugesichert, so kann nicht geklagt werden. Gibt aber der Beklagte erst nach der Klageerhebung eine solche Zusicherung ab, so kann er hierdurch seine Verurteilung nicht abwenden. Andererseits ist dann, wenn die Besorgnis weiterer Beeinträchtigung zwar nicht zur Zeit der Klageerhebung, aber im Laufe des Prozesses gegeben ist, der Anspruch auf Unterlassung zuzusprechen Maßgebend ist die Zeit der letzten Tatverhandlung vor dem Urteil[79]).

b) Die Zwangsvollstreckung aus einem Urteil auf Unterlassung weiterer Störung erfolgt in Gemäßheit des § 890 ZPO[80]) Hiernach ist der Beklagte, wenn er der Verpflichtung, eine Handlung zu unterlassen, zuwiderhandelt[81]), wegen einer jeden Zuwiderhandlung auf Antrag des Gläubigers von dem Prozeßgerichte erster Instanz zu Geld- oder Haftstrafe zu verurteilen[82]). Das Maß der Gesamtstrafe darf 2 Jahre Haft nicht überschreiten. Der Verurteilung muß eine Strafandrohung vorausgehen, welche, wenn sie in dem die Verpflichtung aussprechenden Urteile nicht enthalten ist, auf Antrag dem Prozeßgerichte erster Instanz erlassen wird Auch kann der Schuldner auf Antrag des Gläubigers zur Bestellung einer Sicherheit für den durch fernere Zuwiderhandlung entstehenden Schaden auf bestimmte Zeit verurteilt werden (§ 890 ZPO.).

Für die Frage der Unzulässigkeit einer Einwirkung muß unterschieden werden zwischen der Zeit des Immissionsprozesses und der des Zwangsvollstreckungsverfahrens. Im letzteren ist nur zu prüfen, ob sich die konkrete Einwirkung als eine übermäßige im Sinne des Urteils erweist[83]).

---

[78]) Eltzbacher a. a. O. 192. Hält der Erwerber die Beeinträchtigung aufrecht, so kann dieser verklagt werden.

[79]) Deshalb darf eine nach Beendigung des Beweisverfahrens vom Kläger unter Beweis gestellte Mehrung der Beeinträchtigung, durch welche sie von einer bisher unwesentlichen zu einer wesentlichen geworden sei, nicht übergangen werden (JW. 1911, 326 [RG.]).

[80]) Gruchot 44, 1098; JW. 1900 Beil. 1; vgl. OLG. 29, 257 u. 254.

[81]) Die Strafe wird durch schuldhaftes Zuwiderhandeln gegen das Unterlassungsverbot verwirkt. RG. 36, 417; JW. 1898, 172; OLG. 29, 255; 35, 139; 35, 140 (Haftung für Verschulden eines Dritten?).

[82]) Die Strafe kann auch gegen eine Körperschaft erkannt werden. RG. 43, 405 A. M. Gaupp Bem. II, 3 zu § 890; Eltzbacher, Unterlassungsklage 206.

[83]) Hörle im VerwA. 10, 368f.

c) Einer mit obrigkeitlicher Genehmigung errichteten gewerblichen Anlage (§ 26 GewO.) und Eisenbahn-, Dampfschiffahrts- und ähnlichen **Verkehrsunternehmungen**[84]) gegenüber (Art. 80 AG. z. BGB.) kann niemals auf Einstellung des Betriebes, sondern nur auf Herstellung von Einrichtungen, welche die benachteiligenden Einwirkungen ausschließen oder, wo solche Einrichtungen nicht tunlich sind, auf Schadloshaltung geklagt werden (s. hierüber das Nähere unten § 39 S. 559 ff.).

Außerdem greift der allgemein anerkannte Rechtsgrundsatz in die Eigentumfreiheitsklage ein, wonach gegenüber der Ausübung staatlicher Hoheitsrechte und speziell gegenüber polizeilichen Anordnungen nicht auf Unterlassung geklagt werden kann[85]). Über die Zulässigkeit des Rechtswegs s. unten § 45 S. 628 ff.

III. Einwendungen des Beklagten.

Der Anspruch ist ausgeschlossen, wenn der Eigentümer zur Duldung der Beeinträchtigung verpflichtet ist[86]) (§ 1004 Abs. 2 BGB.).

Der Beseitigungsanspruch des Eigentümers aus § 1004 setzt einen rechtswidrigen, wenn auch nur objektiv rechtswidrigen Eingriff in sein Eigentum voraus (RG. 131, 336; 163, 210; MDR. 49, 100).

Voraussetzung ist also Rechtswidrigkeit der Einwirkung.

Durch diese Bestimmung wird dem Beklagten eine Einwendung keine bloße Einrede gewährt. Der Richter hat daher die Klage von Amts wegen dann abzuweisen, wenn aus dem Vorbringen des Klägers seine Verpflichtung zur Duldung erhellt.

Die Verpflichtung zur Duldung kann durch Gesetz, durch Rechtsgeschäft oder durch ein anderweitiges besonderes Rechtsverhältnis[87])

---

[84]) Hiernach kann gegen die Postverwaltung nicht auf Einstellung des Rohrpostbetriebs geklagt werden. Der Rohrpostbetrieb ist ein Unternehmen, welches dem öffentlichen Verkehr (Beförderung von Briefen) dient (Art. 80 AG.); vgl. RG. 73, 271 für preußisches Recht.

[85]) Recht 1908, 331 Nr. 1974 (RG.); JW. 1894, 267 Nr. 25 erkennt einen solchen allgemeinen Rechtsgrundsatz nicht an. Dort wird der Rechtsweg nur dann ausgeschlossen, wenn nach Landesrecht die Gerichte nicht befugt seien, die Zulässigkeit des Eingriffes (Lärm infolge Schießens auf dem Kasernhof) zu prüfen. (Diese Voraussetzung ist nach bayerischem Recht gegeben.) Vgl. Gruchot 24, 93 (Der Ortsschulze hatte auf Befehl des Amtsvorstehers im feuerpolizeilichen Interesse einen Zaun beseitigt. Besitzklage unzulässig).

[86]) Dabei ist jedoch zu beachten, daß hierher nicht jene gesetzlichen Vorschriften gehören, welche dem Inhalt des Eigentums eine konkrete Einschränkung geben. Denn in diesen Fällen (z. B. §§ 905, 906, 910 Abs. 2 BGB.) fehlt es an einer Beeinträchtigung des Eigentums, da durch die bezügliche Vorschrift die Rechtsbefugnis zur Ausschließung entzogen ist. Dagegen ist z. B. einschlägig § 226 BGB.

[87]) Eine Stadtgemeinde hat als Eigentümerin des Friedhofs gegen einen Gärtner, der mit der Bepflanzung und Ausschmückung der Grabstätten beauftragt war, Klage auf Unterlassung dieser gärtnerischen Arbeiten erhoben (§ 1004). Die Klage wurde abgewiesen,

auferlegt sein. Sie kann nicht nur in privaten Rechtsbeziehungen, sondern auch auf polizeilicher oder auf einer sonstigen, aus Gründen des Gemeinwohls oder öffentlichen Interesses getroffenen obrigkeitlichen Anordnung beruhen[88]. Sie kann auch auf einem persönlichen Rechte des Beklagten beruhen[89]. Hier kommt insbesondere ein Leih- oder Mietvertrag in Betracht.

Wenn z. B. der Eigentümer eines Grundstücks dem Besitzer einer elektrischen Licht- oder Kraftanlage gestattet, auf seinem Grundstücke Masten aufzustellen oder an seinem Hause Gestänge für die Leitungen anzubringen, so liegt ein Leihvertrag vor, wenn hierfür kein Entgelt vereinbart wird (§ 598 BGB.), dagegen ein Mietvertrag, wenn eine wiederkehrende Leistung bedungen ist (§ 535 BGB.); ist eine einmalige Entschädigung bedungen, so wird man es regelmäßig mit der zunächst nur obligatorischen Verpflichtung zur Bestellung einer Grunddienstbarkeit zu tun haben (s. hierüber oben S. 480).

Wer einen Teil seines Grundstückes zu einem bestimmten Unternehmen veräußert, kann sich über dessen schädliche Einwirkungen, die vorherzusehen waren, auf die übrigen Teile nicht beschweren; es ist stillschweigender Verzicht zu unterstellen[90]. Dagegen kann dem beeinträchtigten Eigentümer nicht entgegengehalten werden, daß er sein Grundstück in Kenntnis der üblen Einwirkungen von einem Dritten erworben hat[91].

---

weil das zwischen Gemeinde und Angehörigen der Begrabenen vorliegende Vertragsverhältnis dahin ausgelegt wurde, daß die Angehörigen die Gräber so pflegen und schmücken dürfen, wie es ihrem Geschmack entspricht. Dieses Ausschmückungsrecht findet allerdings darin eine Schranke, daß nicht Veranstaltungen getroffen werden dürfen, die die Ordnung und Würde des Ortes oder die berechtigten Empfindungen anderer Grabstelleninhaber verletzen (Recht 1924 Nr. 1234).

[88]) JW. 1908, 334 (RG.), SeuffA. 63 Nr. 159; vgl. die Entsch. bei Warneyer Jahrb. 1, 115 Nr. 1—3; 2, 84 Nr. 2; RG. 37, 331; Endemann 485 ff. Durch baupolizeiliche Genehmigung wird der Anspruch aus § 1004 nicht berührt. Recht 1914 Nr. 628 (RG.). Ist die Abwehrklage aus § 1004 wegen Gemeinnützigkeit des schädigenden Unternehmens versagt, dann ist ein vom Nachweis schuldhaften Verhaltens unabhängiger Entschädigungsanspruch gegeben (RG. in DR. 41, 1788). Beruht der Eingriff auf einer behördlichen Anordnung, so ist der Rechtsweg unzulässig. Das Gericht kann also nicht entscheiden, daß die Negatoria auf Grund eines öffentlich-rechtlichen Störungsrechts und der daraus abgeleiteten Einwendung des Beklagten unbegründet sei (RGK. Bem. 6 zu § 1004 BGB. gegen JW. 1908, 334 = SeuffBl. 63, 159).

[89]) Biermann Bem. 4 zu § 1004; Maenner 243.

[90]) RG. 29, 268; SeuffA. 58 Nr. 142 (RG.). Dieser Verzicht wirkt nach § 328 auch zugunsten eines Sondernachfolgers des Käufers (RG. 66, 126). Dagegen wird dem Sondernachfolger, an welchen der Verkäufer den beim ersten Kauf zurückbehaltenen Teil veräußert hat, durch den formlosen Verzicht seines Vorbesitzers nicht gebunden (RG. 66, 126).

[91]) JW. 1904, 487 (RG.).

Ein obligatorisches Recht ist nur dann zur Begründung der Einwendung geeignet, wenn es dem Eigentümer gegenüber besteht[92]). Deshalb fällt der Unterlassungsanspruch nicht schon deswegen fort, weil der frühere Eigentümer den Eingriff gestattet hat[93]).

Der Anspruch auf Beseitigung ist jedoch auch dem Sondernachfolger versagt, wenn sein Rechtsvorgänger die Bewilligung zu dem noch vorhandenen tatsächlichen Dauerzustand der Beeinträchtigung erteilt hat. Denn dann ist dieser Zustand mit Willen des verfügungsberechtigten Rechtsvorgängers geschaffen worden, und das ist geradeso zu beurteilen, als ob er selbst den Zustand geschaffen hätte[94]). Sein Rechtsnachfolger darf deshalb den Zustand der Beeinträchtigung auf seine eigenen Kosten beseitigen; denn eine Duldungspflicht obliegt ihm als Sondernachfolger nicht[95]). Beruft sich der Störer auf eine Grunddienstbarkeit, so müssen die erforderlichen Formvorschriften beobachtet sein. Andererseits ist erforderlich, daß das einredeweise geltend gemachte Recht gerade dem Beklagten oder dessen Gewährsmann zusteht. Wird daher die Einwendung auf eine Grunddienstbarkeit gegründet, so muß der Beklagte berechtigt sein, sie auszuüben, sei es als Eigentümer oder Nutzungsberechtigter des herrschenden Grundstücks.

Beruht der Eingriff in das Eigentum auf der Anordnung einer öffentlichen Behörde, so ist für die gegen den Eingriff erhobene Eigentumfreiheitsklage der Rechtsweg ausgeschlossen (s. hierüber unten § 45 S. 548 Anm. 88).

Die Rechtmäßigkeit der Beeinträchtigung kann möglicherweise aus einem Rechte abgeleitet sein, welches nicht demjenigen zusteht, von dem die Beeinträchtigung unmittelbar ausgeht, sondern demjenigen, in dessen Vertretung gehandelt worden ist[96]). Behauptet im Prozeß[97])

---

[92]) Kuhlenbeck, Von den Pandekten zum BGB. 2, 566. Dem Eigentümer steht derjenige gleich, der seine Befugnis vom Eigentümer ableitet. Vgl. RG. 81, 216. Dort wurde der Schadenersatzanspruch einer Gasanstalt gegen eine Straßenbahngesellschaft abgewiesen; die Gasanstalt verlangte Ersatz für Beschädigung der Gasrohre, die durch sog. vagabundierende elektrische Ströme der Straßenbahn herbeigeführt war. Die Stadt als Eigentümerin der Straße hatte zunächst einen Vertrag mit der Straßenbahn abgeschlossen, wonach die Straßenbahn das Recht (Miete) erwarb, die Straße zum elektrischen Bahnbetrieb mit Schienenrückleitung zu benützen. Nach Errichtung der Straßenbahn räumte die Stadt der Gasanstalt vertragsmäßig das Recht ein, die Gasleitungsröhren in den Straßenkörper zu verlegen. Der Gasanstalt können nicht mehr Rechte gegenüber der Straßenbahn zustehen, wie der Stadt als Eigentümerin.

[93]) A. M. Staudinger Bem. 3 zu § 1004 unter Hinweis auf SeuffA. 36 Nr. 261. Vgl. auch JW. 1890, 182 Nr. 18.

[94]) SeuffA. 36 Nr. 261. A. M. RGKomm. Bem. 6 zu § 1004.

[95]) Vgl. SeuffA. 36 Nr. 261 (RG.); 64 Nr. 111 (Stuttgart); ObLG. 12, 108.

[96]) Maenner 243. Vgl. hierüber unten S. 554.

[97]) Vgl. hierüber unten S. 555.

der Beklagte, daß er die Beeinträchtigung in Ausübung des Rechtes eines Dritten vorgenommen habe, so kann er, wenn er dem Dritten vor der Verhandlung zur Hauptsache den Streit verkündet und ihn unter Benennung an den Kläger zur Erklärung ladet, bis zu dieser Erklärung oder bis zum Schlusse des Termines, in welchem sich der Benannte zu erklären hat, die Verhandlung zur Hauptsache verweigern. Bestreitet der Benannte die Behauptung des Beklagten oder erklärt er sich nicht, so ist der Beklagte berechtigt, dem Klageantrage zu genügen. Wird die Behauptung des Beklagten von dem Benannten als richtig anerkannt, so ist dieser berechtigt, mit Zustimmung des Beklagten an dessen Stelle den Prozeß zu übernehmen. Hat der Benannte den Prozeß übernommen, so ist der Beklagte auf seinen Antrag von der Klage zu entbinden. Die Entscheidung ist in Ansehung der Sache selbst auch gegen den Beklagten wirksam und vollstreckbar (§§ 76, 77 ZPO.).

IV. Parteistellung für die Eigentumfreiheitsklage[98]).

1. Klageberechtigt ist vor allem der Eigentümer[99]). Es ist nicht erforderlich, daß er im Besitze des Grundstückes ist. Auch ein einzelner Miteigentümer ist klageberechtigt (§ 1011)[100]), ingleichen ein einzelner Miterbe hinsichtlich eines in Erbengemeinschaft stehenden Grundstücks (§ 2039)[101]).

---

[98]) Tritt während des Prozesses ein Wechsel im Eigentum ein, so ist jedenfalls bezüglich des Anspruchs auf Beseitigung einer fortdauernden Beeinträchtigung der Rechtsnachfolger berechtigt und auf Antrag des Gegners verpflichtet, den Rechtsstreit aufzunehmen (§ 266 ZPO.); vgl. RG. 40, 333; Recht 1904, 79 N. 356 (Karlsruhe). Hat sich der Verkäufer im Kaufvertrage seinem Käufer verpflichtet, die auf dem Gut eingetragene Grunddienstbarkeit zur Löschung zu bringen und kann diese Löschung nur dadurch herbeigeführt werden, daß der Verkäufer gegen den Inhaber der Dienstbarkeit Klage erhebt, so liegt in der Verabredung der Verpflichtung auch die Ermächtigung des Käufers an den Verkäufer die Klage anzustellen. Bolze 12 Nr. 70.

[99]) Der Käufer eines Hauses, dem dasselbe noch nicht übereignet ist, kann die Klage nicht erheben. Eltzbacher, Unterlassungsklage 150.

[100]) Gegen einen anderen Miteigentümer kann er aber die Eigentumfreiheitsklage nicht stellen; in solchem Falle können nur die Ansprüche aus der Gemeinschaft geltend gemacht werden. Eltzbacher, Unterlassungsklage 151 und dagegen Recht 1901, 175.

[101]) § 2039 bezieht sich nicht nur auf persönliche, sondern auch auf dingliche Ansprüche (Planck Bem. zu § 2039). Sowohl der Anspruch auf Beseitigung, wie der auf Unterlassung ist auf eine Leistung (§ 241) gerichtet. Wird der Anspruch auf Beseitigung oder auf Unterlassung erfüllt, so kommt die Leistung bei einem in Erbengemeinschaft stehenden Grundstück von selbst allen Miterben zugute. Der Miterbe, der Beseitigung oder Unterlassung verlangt, fordert daher Leistung an alle Erben (§ 2039), ohne daß es nötig oder auch nur möglich wäre, dies im Klageantrage zum Ausdruck zu bringen. Das ist eine Folge der Unteilbarkeit dieses Anspruchs (vgl. Staudinger 1. Teil 2, 519).

Der Anspruch steht ferner dem Erbbauberechtigten [102]), dem Dienstbarkeitsberechtigten [103]), dem Nießbraucher [104]) und dem Pfandgläubiger [105]) zu. Auch der Fideikommißbesitzer ist aktiv legitimiert. An Stelle des Eigentümers ist aktiv legitimiert: der Konkursverwalter (§§ 6, 10 f. KO.), der Testamentsvollstrecker (§§ 2212, 2213 BGB.), aber auch der Zwangsverwalter, weil die Eigentumfreiheitsklage im wesentlichen eine der ruhigen Bewirtschaftung des Grundstückes dienende Schutzklage ist [106]).

Dagegen fehlt die Aktivlegitimation dem Mieter und Pächter [107]).

Es ist keine Voraussetzung der Aktivlegitimation, daß der Kläger schon zur Zeit der Beeinträchtigung Eigentümer war. Es genügt deshalb zur Klage auf Unterlassung, wenn die Störung mit der Besorgnis der Wiederholung gegen den Rechtsvorgänger des Klägers erfolgt ist [108]) und die Besorgnis der Wiederholung während der Besitzzeit des Sondernachfolgers fortbesteht. Der Sondernachfolger kann also Beseitigung des beeinträchtigenden Zustandes auch dann verlangen, wenn dieser Zustand schon vor seinem Eigentumserwerb geschaffen wurde [109]).

Hat der klagende Eigentümer das beeinträchtigte Grundstück während der Anhängigkeit des Rechtsstreites veräußert, so ist sein Rechtsnachfolger berechtigt und auf Antrag des Gegners verpflichtet, den

---

102) § 1017 Abs. 2 BGB.

103) §§ 1027, 1090 Abs. 2 BGB. (bezüglich des Fischereiberechtigten s. SeuffBl. 12. ErgBd., 129, 134).

104) § 1065 BGB. Der Nießbraucher ist selbst dann zur Anstellung der actio negatoria berechtigt, wenn das Nießbrauchgrundstück und das Grundstück, von welchem die Beeinträchtigung ausgeht, demselben Eigentümer gehören.

105) § 1227 BGB.

106) Jäckel Anm. 3 g zu § 152 ZwVG.

107) RG. 59, 327. Doch steht dem Besitzer der Besitzstörungsklage nach § 862 BGB. zu, die zu demselben Resultat führt. Volkmann in DJZ. 1901, 382; Staudinger Bem. 3a zu § 1004; vgl. unten § 42. Wird durch die Beeinträchtigung der Mietsache der vertragsmäßige Gebrauch derselben für den Mieter beeinträchtigt, so kann der Mieter auf Grund des § 536 BGB. den Vermieter auf Beseitigung der Beeinträchtigung belangen und so den Vermieter veranlassen, gegen den Nachbar mit der Eigentumfreiheitsklage vorzugehen. Ist durch die Beeinträchtigung dem Mieter oder Pächter ein Schaden verursacht worden, dann steht demselben, falls die Beeinträchtigung auf einem Verschulden des Einwirkenden beruht, die Schadenersatzklage des § 823 BGB. gegen den Störer zu, s. unten S. 606.

108) Eltzbacher, Unterlassungsklage 178.

109) Unrichtig ObLG. 12, 109 mit der ganz unzulänglichen Begründung, daß er ja das Grundstück in diesem Zustand übernommen habe, demnach in seinem Besitzstand „weder beeinträchtigt noch geschädigt sei". — Eine andere Frage ist, ob der Beseitigungsanspruch dann erfüllt, wenn der Rechtsvorgänger der Schaffung des Zustandes zugestimmt hat. S. darüber oben S. 549.

Rechtsstreit in der Lage, in welcher er sich befindet, als Hauptpartei zu übernehmen (§ 266 ZPO.). Als Rechtsnachfolger gilt auch derjenige, der das Grundstück im Zwangsversteigerungverfahren erstanden hat[110]).

2. Passiv legitimiert für die Eigentumfreiheitsklage ist jeder Störer ohne Rücksicht darauf, ob er Eigentümer des Grundstückes ist, von welchem die Störung ausgeht[111]). Störer ist nicht nur der unmittelbare Täter, der die Beeinträchtigung vornimmt, sondern auch derjenige, der die Störung durch seine Anordnungen veranlaßt oder in ungehöriger Weise duldet[112]). Juristische Personen haften für Störungshandlungen ihrer gesetzlichen Vertreter (§§ 31, 89).

Weil nur eine zuständliche Eigentumsbeeinträchtigung den negatorischen Anspruch erzeugt, so ist Beklagter nicht notwendig derjenige, welcher die Handlung, durch welche der Zustand der Beeinträchtigung herbeigeführt wurde, vorgenommen hat, sondern derjenige, durch dessen Willen dieser Zustand aufrecht erhalten wird[113]). Deswegen kann gegen denjenigen, welcher einen Zaun über die Grenze gebaut hat, die Eigentumfreiheitsklage dann nicht mehr erhoben werden, wenn er vor der Klagezustellung das Grundstück oder auch nur den Teil des Grundstücks, von welchem der Zustand der Beeinträchtigung ausgeht[114]), an einen anderen veräußert hat[115]). Regelmäßig ist der Eigentümer als Vertreter

---

[110]) RG. 40, 333; JW. 1897, 448 Nr. 7 u. 8; 1899, 143 Nr. 14; Gruchot 43, 512; Turnau-Förster Anm. 7 zu § 906.

[111]) Dernburg 438. Vgl. Gruchot 25, 958; 38, 925; JW. 1894, 30 Nr. 93.

[112]) RG. 97, 26; BayZ. 1918, 50 (Die Stadt hat ihre Kanalanlagen für die Einleitung der Abwässer zur Verfügung gestellt und gilt daher als Immittent).

[113]) M. 3, 425 (Mugdan 3, 237); Biermann Bem. 2 zu § 1004. RG. 92, 176; 103, 176.

[114]) RG. 103, 176 läßt dies dahingestellt.

[115]) Biermann Bem. 2 zu § 1004. RG. 103, 176. Unzutreffend JW. 1900, 323 Nr. 32. Eine andere Frage ist, ob nicht die Beseitigung als Anspruch auf Schadenersatz wegen Verschuldens (Wiederherstellung des früheren Zustandes) verlangt werden kann (§§ 823, 249 BGB.), vgl. OLG. 4, 65; 18, 129; SeuffA. 56 Nr. 20. Hat der beklagte Eigentümer nach der Einreichung und vor der Zustellung der Klage das Grundstück veräußert, so kann er auf Ersatz der hierdurch dem Kläger erwachsenen Kosten nur dann in Anspruch genommen werden, wenn er den Zustand der Beeinträchtigung schuldhaft herbeigeführt oder aufrecht erhalten hat; in diesem Falle ist er schadenersatzpflichtig nach § 823 BGB. und zu dem von ihm herbeigeführten Schaden gehören auch die Kosten des Prozesses, der infolge des Eigentumswechsels nicht mehr fortgeführt werden kann. War die Klage schon zugestellt, so ist § 266 ZPO. anzuwenden; vgl. RG. 40, 333. Gruchot 43, 510; 49, 663. RGKomm. Bem. 2 zu § 1004. Immer dann kommt § 266 ZPO. zur Anwendung, wo gewissermaßen das Grundstück selbst als das berechtigte oder verpflichtete Subjekt und der jeweilige Eigentümer nur als dessen Vertreter erscheint (Sydow-Busch Bem. 1 zu § 266 ZPO.). Das ist bei der Eigentumfreiheitsklage auf der aktiven Seite immer, auf der passiven dann der Fall, wenn der Beklagte als Eigentümer des Grundstücks verklagt wird, von dem die Einwirkung ausgeht

des Grundstücks der richtige Beklagte[116]); so ist der neue Erwerber der Klage unterworfen, wenn er nicht für sofortige Beseitigung des Beeinträchtigungszustandes sorgt[117]). Aus dem gleichen Grunde kann wegen eines vom Mieter oder Pächter eines Grundstücks herbeigeführten körperlichen Zustandes der Beeinträchtigung regelmäßig neben dem Mieter und Pächter auch der Vermieter und Verpächter mit der Eigentumfreiheitsklage belangt werden[118]). Besteht die Beeinträchtigung nicht in einem körperlichen Zustand, sondern in einem Zustand der Gefährdung durch Wiederholung der Einwirkung[119]), so haftet der Vermieter nur dann für diesen vom Mieter herbeigeführten Beeinträchtigungszustand, wenn er das Grundstück dem Mieter zu einer derartige Eigentumsübergriffe in sich schließenden Benützung überlassen hat oder doch wenigstens von den ihm gebotenen Mitteln, den Mieter von einer Wiederholung der ihm bekannt gewordenen Eingriffe abzuhalten, keinen vollen Gebrauch gemacht hat[120]). Dabei muß man den Vermieter in letzter Linie sogar für verpflichtet erachten, zu diesem Zwecke gegen seinen Mieter mit Klage auf Unterlassung vorzugehen[121]). Aus demselben

---

(vgl. Gaupp-Steip Bem. 1 zu § 266 in Verbindung mit Bem. III 1 zu § 24 ZPO.). Das gilt nicht nur für den Beseitigungs-, sondern auch für den Unterlassungsanspruch. Die gegenteiligen Entscheidungen JW. 1912, 471 (RG.) und OLG. 31, 42 (Rostock) schaffen, indem sie Wert darauf legen, ob der Beklagte ein Recht zu der Einwirkung behauptet, unklare Verhältnisse. Mit einer Verurteilung des bisherigen Eigentümers, der über das Grundstück zu verfügen nicht mehr berechtigt ist, ist nicht gedient. Es muß trotzdem gegen den Erwerber geklagt werden. Vgl. Warneyer E. 1911 Nr. 331 (Der Verkäufer, der gewußt hat, daß die Beeinträchtigung durch den Erwerber herbeigeführt werden würde, ist nicht als Störer anzusehen).

[116]) Recht 1904, 167 Nr. 764 (RG.). RG. 103, 176.

[117]) RG. 103, 177 (JW. 1922, 486), wo mit Recht der Ansicht RGKomm. Bem. 3 zu § 1004 entgegengetreten wird, daß der Erwerber, der dem Nachbar sofort sein Einverständnis mit der Beseitigung erkläre, nicht auf seine Kosten zu beseitigen, sondern nur die Beseitigung auf Kosten des Nachbars zu dulden brauche. — Vgl. SeuffA. 48 Nr. 247; RG. 15, 344; Dernburg 439. Bolze 6 Nr. 85 verurteilt den Eigentümer eines Grundstückes, dessen Vorbesitzer Abfälle und Rückstände von der Vaselinfabrikation auf dem Grundstücke hat eingraben lassen, welche noch nach dem Besitzwechsel auf das Nachbargrundstück nachteilig einwirken, sogar auf Schadenersatz.

[118]) RG. 47, 162; 97, 26; LZ. 1919, 323 (RG). Gruchot 57, 1003. JW. 1900, 840. Der Vermieter kann dem Anspruch nur durch den Nachweis entgehen, daß der Mieter das gemietete Grundstück ohne sein Wollen und Wissen mißbraucht hat (RG. 47, 162; RGKomm. Bem. 3 zu § 1004).

[119]) S. oben S. 540.

[120]) Vgl. JW. 1901, 51; 1904, 142; Recht 1904, 165 Nr. 737; RG. 47, 162; SeuffA. 48 Nr. 247; 57 Nr. 9; JW. 1900, 323 Nr. 33; Mugdan, OLG. 3, 11; Bad. Rspr. 1916, 17; vgl. OGH. 5, 641 (Klage gegen den Eigentümer, der die Veränderung seines Eigentums durch einen anderen gestattet).

[121]) Vgl. JW. 1901, 51; Recht 1917 Nr. 2003; 1918 Nr. 1372; 1919 Nr. 429 und dagegen OLG. 3, 11. Hat sich der Vermieter durch entsprechende Bestimmungen des Miet-

Grunde ist die Stadtgemeinde dafür verantwortlich, daß die Ortseinwohner in den von der Stadtgemeinde eingerichteten und den Ortseinwohnern zur Ableitung der Abwässer überlassenen Kanal Fäkalien einleiten und es kann daher die Eigentumfreiheitsklage wegen hierdurch entstehender übler Gerüche in diesem Falle selbst dann gegen die Stadtgemeinde gerichtet werden, wenn sie die Einleitung von Fäkalien verboten hat[122]).

Gehen unzulässige Einwirkungen von mehreren Immissionsquellen aus (es werden z. B. von verschiedenen Betrieben übelriechende Abwässer in einen Fluß geleitet), so ist es zulässig, den Abwehranspruch nur gegen einen Betriebsinhaber zu erheben[123]).

Ist das Eigentum von mehreren gestört worden, und hat auf Verlangen des Eigentümers der eine Störer die Beeinträchtigung beseitigt, so kann dieser von dem anderen Störer Ersatz des Teils der Kosten, die er aufgewandt hat, nur dann verlangen, wenn er Eigentümer auch von dem anderen Störer die Beseitigung verlangt hatte; denn nur in diesem Falle kann auftragliche Geschäftsführung oder Bereicherung in Frage kommen (Recht 1924, Nr. 823).

Keine notwendige Voraussetzung der Eigentumfreiheitsklage ist es, daß sich der Störer ein Recht zu dem Eingriff anmaßt, auch nicht, daß ihm die Störung als Verschuldung anzurechnen ist[124]).

Hat jemand die Störung in fremdem Auftrag verübt, so hat sich die Klage in erster Linie gegen den Auftraggeber zu richten[125]), doch kann auch der Beauftragte verklagt werden, wenn er den Zustand der Beeinträchtigung aufrecht erhält, sei es, daß er zur Beseitigung der

---

vertrages die Klagestellung gegen den Mieter wegen Mißbrauchs unmöglich gemacht, so hat er im voraus unzulässigerweise seine Einwilligung zu Störungen des Nachbars erteilt. Gruchot 46, 654 (RG.).

[122]) Vgl. JW. 1901, 52; BayZ. 1918, 50 (RG.); ObLG. 1, 313; OLG. 18, 123 (Eindringen von Gerüchen und Ratten aus Straßenkanälen). Bedenklich Recht 1903, 551 Nr. 2792 (Celle). Beklagter hatte seinem Nachbar gestattet, Abwässer in den über das Grundstück des Beklagten führenden Graben zu leiten; von diesem Graben wurden die Abwässer dem Grundstück des Klägers zugeführt. Das OLG. hat die Passivlegitimation des Beklagten verneint. Zu Unrecht: denn dadurch, daß der Beklagte seinen Graben zur Aufnahme der Abwässer hergegeben hat, ist die unzulässige Einwirkung ermöglicht worden. Neben ihm kann natürlich auch derjenige belangt werden, der die Abwässer in den Graben eingeleitet hat.

[123]) BayZ. 1918, 50; RG. 21, 300.

[124]) S. oben S. 535.

[125]) OGH. 7, 61; JW. 1898, 620 Nr. 67. Vgl. SeuffA. 60 Nr. 10 (Der Bauherr ist verantwortlich für Benützung des fremden Grundstückes zu Baufuhren).

Der Beauftragte kann der Klage die Einwendungen entgegensetzen, die dem Auftraggeber zustehen (Recht 1924 Nr. 1234).

Beeinträchtigung nach den Umständen in der Lage ist oder daß gerade auch von ihm noch weitere Störungen drohen[126]). Dies trifft nicht zu bei dem Baumeister, welcher im Auftrag des Eigentümers einen Bau ausführt und wohl auch nicht bei dem Dienstknecht, der wiederholt auf Geheiß seines Dienstherrn über den fremden Acker fährt[127]). Dagegen ist der Pächter eines landwirtschaftlichen Guts, der den ihm vom Verpächter angewiesenen Weg über ein fremdes Grundstück nimmt, passiv legitimiert, ebenso wie der Verpächter. Der Einwand, daß noch andere als Störer hätten mitverklagt werden müssen, ist unzulässig[128]).

Behauptet der Beklagte, daß er die Beeinträchtigung in Ausübung des Rechts eines Dritten vorgenommen habe, so finden die §§ 76, 77 ZPO. Anwendung[129]) (nominatio autoris).

Nach Veräußerung des Grundstücks des Beklagten während des Rechtsstreits ist der Erwerber nach § 266 ZPO. verpflichtet, den Rechtsstreit zu übernehmen[130]).

---

[126]) RGKomm. Bem. 3 zu § 1004. Eltzbacher, Unterlassungsklage 173. Staudinger Bem. 3b zu § 1004. Nach Dernburg 439 und Cosack 2, 175 ist die Klage gegen den Auftraggeber und den Beauftragten schlechtweg zulässig. Ähnlich BadRspr. 1903, 127 (Karlsruhe). Dadurch, daß der Störer als Mitglied einer Gemeinde gehandelt hat, wird seine Passivlegitimation nicht ausgeschlossen (OGH. 14, 240; SeuffA. 48 Nr. 169), wohl aber wenn er ohne persönliches Interesse und erkennbar nur als (befugter) Vertreter der Gemeinde gehandelt hat.

[127]) Wenn der Knecht ohne Geheiß seines Dienstherrn über den fremden Acker fährt, so ist der Dienstherr nicht ohne weiteres passiv legitimiert; wenn er aber davon Kenntnis erlangt hat, daß sein Knecht über das fremde Grundstück gefahren ist, liegt ihm die Verpflichtung ob, seinen Knecht von einer Wiederholung, die nach den Umständen als möglich anzunehmen ist, abzuhalten. Der Dienstherr befreit sich nicht unter allen Umständen durch ein wenn auch ernstgemeintes und energisches Verbot von seiner Verantwortung. Er muß den Vollzug seines Verbotes sichern; dazu gehört, daß er seinem Dienstknecht ab und zu nachgeht. Freilich kann man ihm nicht zumuten, daß er immer auf der Lauer steht; aber er muß so viel tun, als man von einem verständigen und gerecht denkenden Mann verlangen kann. Folgt der Knecht seinem Herrn nicht, so wird strengere Überwachung und äußerstenfalls sofortige Entlassung wegen beharrlicher Gehorsamsverweigerung eintreten müssen, wenn sich nicht der Dienstherr der Passivlegitimation für die Eigentumfreiheitsklage aussetzen will; vgl. OGH. 3, 153; 7, 61. Zu verweisen ist hier noch auf die Bestimmungen des Feldschadengesetzes (s. unten § 44 S. 558ff. Hiernach muß der Dienstherr als Tierhalter Ersatzgeld nach Maßgabe des Art. 1 u. 2 Feldschadengesetzes bezahlen, wenn sein Knecht mit Spannvieh über fremde Äcker unbefugt fährt; denn das Fahren gilt als Übertritt des Spannviehs (Art. 1 Abs. 4 Feldschadengesetzes).

[128]) BayZ. 1917, 50 (RG.) Über die Beeinträchtigung durch mehrere Immissionsquellen s. oben S. 554 Anm. 123.

[129]) Staudinger Bem. 3b zu § 1004. Wenn der Mieter dem Vermieter gegenüber zu den schädigenden Handlungen berechtigt wäre, kann er eine gegen ihn angestellte Klage auf Grund des § 76 ZPO. auf den Vermieter abwälzen. Recht 1904, 165 Nr. 737.

[130]) Das gilt auch dann, wenn die Klage darauf gerichtet ist, daß der Beklagte die durch einen Bau bewirkte Beeinträchtigung der vom Kläger als Eigentum beanspruchten Grund-

V. Beweislast.

1. Der Kläger hat zu beweisen, daß er Eigentümer ist[131]). Ist er als solcher im Grundbuch eingetragen, so kommt ihm die Vermutung des § 891 BGB. zustatten.

Dem Kläger liegt ferner der Nachweis der Klageveranlassung ob; er muß also beweisen, daß ein Zustand der Beeinträchtigung vorliegt. Für den Anspruch auf Beseitigung muß das körperliche Verhältnis[132]) und für den Anspruch auf Unterlassung die Gefährdung durch die Besorgnis der Wiederholung[133]) nachgewiesen werden.

Für den Nachweis der Beeinträchtigung ist im Falle des § 906 BGB. genügend, wenn eine Einwirkung bewiesen wird; dies ergibt sich aus der Fassung des § 906 BGB., durch welche dem Immittenten die Beweislast für die Zulässigkeit der Immission überbürdet wird. Der Beklagte hat daher zu beweisen, daß entweder durch die Einwirkung die Benützung des Grundstückes nicht oder nur unwesentlich beeinträchtigt oder aber die Einwirkung durch eine Benützung des anderen Grundstücks herbeigeführt wird, die nach den örtlichen Verhältnissen bei Grundstücken dieser Lage gewöhnlich ist[134]).

2. Dagegen ist es Sache des Einredebeweises für den Beklagten, darzutun, daß die Beeinträchtigung erlaubt ist oder m. a. W., daß der Eigentümer zur Duldung verpflichtet ist. Der Kläger hat die Freiheit des Eigentums von einem Beeinträchtigungsrechte des Störers zwar zu behaupten, nicht aber zu beweisen, da für die Freiheit des Eigentums die Vermutung spricht[135]). Darauf, ob sich der Beklagte im Besitze des angemaßten Beschränkungsrechtes befindet, kommt es also nicht mehr an[136]).

---

fläche auf seine Kosten beseitige, während der Beklagte nicht nur das Eigentum des Klägers bestreitet, sondern auch dem Beseitigungsanspruch gegenüber sich auf § 912 beruft (OLG. 14, 704).

[131]) Eltzbacher, Unterlassungsklage 151. War zu der Zeit, zu welcher der Nachbar den Besitz an einem Grenzstreifen dem Eigentümer vollständig entzogen hat (z. B. dadurch, daß er die Grenzmauer über die Grenze gerückt hat), der Kläger noch nicht Eigentümer des beeinträchtigten Grundstücks, so ist er gleichwohl zur Klage legitimiert. Der Beklagte kann nicht einwenden, daß dem Kläger von seinem Besitzvorgänger der Besitz an der überbauten Fläche nicht eingeräumt werden konnte und der Kläger daher nicht der Eigentümer des Grenzstreifens geworden sei. Das Klagerecht ist mit dem beeinträchtigten Grundstück verbunden und geht daher von selbst auf den Nachfolger im Eigentum über; es kann auch eine stillschweigende Zession des Klagerechts angenommen werden.

[132]) S. oben S. 540.

[133]) S. oben S. 541.

[134]) S. oben S. 209.

[135]) Dernburg 441.

[136]) Staudinger Bem. 4 zu § 1004 hebt dies unter Bezugnahme auf bayer. Landrecht II Kap. 7 § 11 und Art. 142 des AG. zur ZPO. hervor.

VI. Gerichtsstand.

Für die Eigentumfreiheitsklage ist, soferne es sich um unbewegliche Sachen handelt, das Gericht ausschließlich zuständig, in dessen Bezirk die Sache belegen ist (§ 24 Abs. 1 ZPO.). Dabei kommt es auf die Lage desjenigen Grundstückes an, für welches die Freiheit in Anspruch genommen wird (§ 24 Abs. 2 ZPO.)[137].

Wird Klage erhoben, daß der Nachbar die Fenster entsprechend den Vorschriften des AG. einrichten soll[138], so macht Kläger keine Belastung des Nachbargrundstückes geltend, sondern die Freiheit seines Grundstückes von der in den unzulässigen Fenstern liegenden Beeinträchtigung. Dasselbe gilt, wenn der Eigentümer des höher liegenden Grundstückes gegen den Nachbar klagt, daß er eine auf dessen tiefer liegendem Grundstück befindliche Anlage, durch welche der natürliche Wasserlauf zurückgestaut wird, beseitigen soll. In beiden Fällen ist deshalb für die Zuständigkeit die Lage des dem Kläger gehörigen Grundstücks entscheidend, weil die für das Nachbargrundstück statuierte gesetzliche Eigentumsbeschränkung für ihn eine Verstärkung seines Eigentumsrechtes bedeutet und daher durch Zuwiderhandeln gegen die Eigentumsbeschränkung sein Eigentum beeinträchtigt wird.

Der Gerichtsstand ist ein ausschließlicher, er kann also weder durch ausdrückliche, noch durch stillschweigende Vereinbarung beseitigt werden (§ 40 Abs. 2 ZPO.)

Die sachliche Zuständigkeit richtet sich nach dem Streitwert, der nach der Höhe des Interesses an der Beseitigung oder Unterlassung zu bemessen ist[139]. Das Interesse an der Beseitigung umfaßt die Aufwendungen, welche die Beseitigung erfordern würde, und den Minderwert, den das Anwesen hätte, wenn die Beeinträchtigung dauernd geduldet werden müßte. Bei der Unterlassungsklage gegen Immission ist die Behauptung des Klägers über das Maß der Einwirkung maßgebend und die darnach anzunehmende Minderung in Erträgnisse (Miete) zu kapitulieren[140].

Mit der Klage nach § 24 ZPO. können nach § 260 ZPO. andere Klagen, so insbesondere die Klage aus der unerlaubten Handlung, verbunden werden, wenn für diese derselbe Gerichtsstand gegeben ist. Wenn infolge einer durch eine unerlaubte Handlung herbeigeführten Eigentumsbeeinträchtigung ein Schaden entstanden ist, so ist dies regel-

---

137) Vgl. RG. 32, 414; 36, 237.

138) S. oben S. 315.

139) RG. 3, 394; JW. 1904, 482; RG. Warneyer 1916 Nr. 57. Der Streitwert der Störungsklage, die auf das Eigentum bei Nichtvorhandensein eines Mietverhältnisses gestützt wird, bestimmt sich nach § 6 ZPO. durch den Bruchteil des Verkehrswertes des Grundstücks, der dem Verhältnis der benützten Räume zu den gesamten Räumen des Grundstücks entspricht (JW. 1923, 773).

140) Recht 1907 Nr. 2099 (RG.); 1909 Nr. 2969 (RG.).

mäßig[141]) der Fall, da nach § 32 ZPO. für die hieraus abgeleitete Schadenersatzklage das Gericht zuständig ist, in dessen Bezirk die unerlaubte Handlung begangen ist.

Neben dem negatorischen Anspruch kann der auf Verschulden[142]) gestützte Schadenersatzanspruch als Nebenanspruch auch ohne Angabe des Schadenbetrages erhoben werden[143]).

VII. Zulässigkeit des Rechtswegs. Der Anspruch aus § 1004 ist nur gegeben, wenn es sich bei der Störung um eine Irrung privatrechtlicher Natur handelt (s. darüber unten § 45).

VIII. Einstweilige Verfügungen können sich anläßlich eines Eigentumfreiheitsstreites vielfach als notwendig erweisen. Einschlägig wird zumeist § 940 ZPO. sein, so namentlich bei Immissionsprozessen. Durch einstweilige Verfügung kann z. B. die Nachtarbeit in einer Fabrik verboten werden, ja sogar ein Verbot der Errichtung einer Anlage kann durch einstweilige Verfügung auf Grund des § 940 ZPO. erlassen werden[144]). Bei Grenzüberschreitungen wird vielfach die Einstellung des Baues durch einstweilige Verfügung veranlaßt sein.

Der Richter ist hier vor eine schwierige Aufgabe gestellt. Zwar ist die Partei, welche die einstweilige Verfügung erwirkt hat, nach § 945 ZPO. auch ohne Verschulden, dem Gegner zum Schadenersatz verpflichtet, wenn sich hinterher die einstweilige Verfügung als unberechtigt erweist. Zum Vollzug dieser Vorschrift gehört aber ein zahlungsfähiger Gegner und gerade ein solcher wird sich die Beantragung einer solch einschneidenden einstweiligen Verfügung gerade mit Rücksicht auf seine Ersatzpflicht doppelt überlegen. Namentlich in größeren Städten sind die durch eine Baueinstellung entstehenden Verluste sehr bedeutend. Bei Würdigung der in das reine Ermessen des Richters gestellten Frage wird der Richter neben anderen Erwägungen zu prüfen haben, ob nicht die durch die Baueinstellung für den Bauherrn entstehenden Schäden außer allem Verhältnis zu den Nachteilen stehen würden, welche eine Fortsetzung des Baues für den Nachbar bis zur Beendigung des Prozesses bringen würde. Trotz der allgemeinen Fassung des § 938 ZPO.

[141]) Nicht immer. Wenn z. B. ein Schaden dadurch herbeigeführt wird, daß der Eigentümer des tiefer liegenden Grundstücks entgegen seiner gesetzlichen Verpflichtung eine Anlage errichtet, durch welche der natürliche Wasserablauf auf das höher liegende Grundstück zurückgestaut wird und die beiden Grundstücke in verschiedenen Gerichtsbezirken liegen, so fällt die Zuständigkeit aus § 32 ZPO. mit der des § 24 ZPO. nicht zusammen.

[142]) Verschulden (§ 823 Abs. 1) liegt vor, wenn der Störer die nachteiligen Folgen seines Handelns für den Eigentümer bei Anwendung der erforderlichen Sorgfalt voraussehen konnte (Gruchot 44, 870 RG.).

[143]) PucheltsZ. 32, 80 (RG.).

[144]) OLG. 4, 62 (Zweibrücken: Verbot der Errichtung eines Leichenhauses).

kann ein Unterlassungsstreit durch einstweilige Verfügung so wenig eine bestimmte Maßnahme angeordnet werden, als im Hauptprozeß, der § 938 ZPO. seine Schranke im Inhalt des zu sichernden Hauptanspruchs findet[145]).

Zur Verhütung von Grenzverdunkelungen kann eine vorübergehende Sequestration auf Grund des § 935 ZPO. in Frage kommen. Dieselbe Gesetzesbestimmung wäre für ein einstweiliges Verbot des Abbruchs einer strittigen Mauer anzuwenden.

IX. Schadenersatz kann aus § 1004 BGB. nicht gefordert werden (s. jedoch unten S. 619 ff.; besonderer Verpflichtungsgrund!).

§ 39. Die besondere Gestaltung der Eigentumfreiheitsklage gegenüber konzessionierten gewerblichen Anlagen und Verkehrsunternehmungen.

Durch die Bestimmungen des § 26 der GewO. und durch Art. 80 AG. zum BGB., welche als lex specialis den Vorschriften des BGB. vorgehen, wird für die dort vorgesehenen Fälle eine Beschränkung bzw. Änderung des Eigentumfreiheitsanspruchs herbeigeführt.

Es kann nämlich einer mit obrigkeitlicher Genehmigung errichteten gewerblichen Anlage gegenüber (§ 26 der GewO.) und Eisenbahn-, Dampfschiffahrts- und ähnlichen Unternehmungen gegenüber, welche dem öffentlichen Verkehr dienen (Art. 80 AG.), endlich gegenüber (nicht gewerblichen) Stauanlagen und Triebwerken mit gespannter Wasserkraft (Art. 56 und Art. 178 WG.), niemals auf Einstellung des Betriebes, sondern nur auf Herstellung von Einrichtungen, welche die benachteiligenden Einwirkungen ausschließen oder, wo solche Einrichtungen nicht tunlich (mit einem gehörigen Betriebe des Gewerbes unvereinbar) sind, auf Schadloshaltung geklagt werden. Den Schutz des § 26 GewO. genießt nur die fertige Anlage; die Abwehr von Störungen, die bei der Herstellung der Anlage erfolgen, wird daher durch § 26 nicht beschränkt[1]).

§ 26 GewO. gibt einen Schadenersatzanspruch gegen Einwirkungen, die von einem nach § 16 GewO. genehmigten Betrieb ausgehen und über das in § 906 BGB. vorgesehene Maß der Beeinträchtigung hinausgehen. Ersatz zu leisten ist nur für die Folgen des Teils der Einwirkungen, der die Grenzen des nach § 906 BGB. Erlaubten überschreitet (RG. 139, 29).

---

[145]) Kreß JW. 1909, 5.

§ 39 [1]) OLG. 39, 213 (Arbeiteraborte während der Bauausführung).

I. § 26 der GewO.[2]) setzt voraus:

1. daß der Anspruch erhoben wird auf Grund des gesetzlichen Nachbarrechts. Eine auf besonderem privatrechtlichem Titel (Grunddienstbarkeit oder obligatorischer Zusage) beruhende Klage kann auf Unterlassung auch dann gerichtet werden, wenn der Unterlassungsanspruch nur durch Einstellung des Betriebs erfüllt werden kann[3]).

2. daß es sich um eine gewerbliche Anlage handelt, für welche die Gewerbeordnung besondere behördliche Genehmigung erfordert. Die Gewerbeordnung enthält ein Verzeichnis[4]) dieser Anlagen in § 16 Abs. 1, welches durch Beschluß des Bundesrates, vorhaltlich der Genehmigung des nächsten Reichstags, abgeändert werden darf. Hierzu kommen dann noch die in § 2 der GewO. angeführten Dampfkessel. Unter § 16 RGewO. fallen beispielsweise Gasanstalten, Kalk-, Ziegelei-[5]) und Gipsöfen, chemische Fabriken[6]), Feuerwerkerei (Luftfeuerwerk, Herstellung von Gewehr- und Geschützmunition[7]), Leim- und Seifensiedereien, Schlächtereien[8]), Gerbereien[9]), unter Umständen auch Müllverbrennungsanlagen, nicht dagegen Brikettfabriken[10]), handwerksmäßig betriebene Kupferschmieden[11]), Sauggasanstalten[12]),

---

[2]) Die Art. 80 AG.; Art. 56, 178 WG. stellen die gleichen Voraussetzungen auf, wie § 26 GewO.

[3]) Mandry, Der zivilrechtliche Inhalt der RG. 371; RG. 93, 103; OGH. 11, 520. — Berger-Wilhelmi, GewO. Anm. zu § 26. — Vgl. RG. 13, 52. Bolze 11 Nr. 82 (Vereinbarung einer bestimmten Stauhöhe). In solchen Fällen kann die Verwaltungsbehörde die Bewilligung vorbehaltlich zivilrechtlicher Austragung erteilen oder bis zur Beseitigung des Einspruchs versagen (VGH. 2, 94). In RG. 93, 105 ist darauf hingewiesen, daß bei einem vertragsmäßigen Anspruch die Einrede der nachträglichen Unmöglichkeit (Millionenschaden) in Frage kommen könne (§§ 275, 242 BGB.).

[4]) Das Verzeichnis des § 16 GewO. ist erschöpfend und duldet keine entsprechende Anwendung auf andere Anlagen (RG. 104, 82). Zur Änderung sind nun Bundesrat und Bundestag zuständig — Art. 129 Grundges.

[5]) Auch Feldziegelöfen für sog. Feldbrände (SeuffBl. 42, 355).

[6]) Fabrikmäßige Herstellung eines chemischen Produktes fällt unter § 16 RGewO., wenn sie auch nur einen Nebenbetrieb zur Herstellung eines Hilfsstoffes für die nicht genehmigungspflichtige Hauptbetriebsanlage bildet (SeuffBl. 6. ErgBd. 5, 168).

[7]) RG. 104, 82 (Zerlegung von Geschoßzündern); SeuffBl. 60, 127 (Herstellung von sogen. Einheitspatronen und Bereitung der dazu erforderlichen Zündmasse).

[8]) Zum Begriff einer Schlächterei gehört weder Benützung durch eine größere Anzahl von Metzgern, noch eine besondere dauernde Vorrichtung; tatächliche Widmung zum periodischen gewerbsmäßigen Schlachten genügt BayZ. 8, 466; vgl. SeuffBl. 44, 368.

[9]) Auf Herstellung von Lohkuchen durch einen Gerber, getrennt von der Gerberei-Betriebsstätte (SeuffBl. ErgBd. 5, 113.

[10]) RG. bei Scherer, das 7. Jahr des BGB., 183.

[11]) SeuffBl. 67, 452 (ObLG.).

[12]) Reger E. 26, 2.

Faßpichereien[13]), Hutfabriken[14]), Stauanlagen zum Betrieb einer gemeindlichen Wasserleitung[15]), Schmieden[16]) und Zuckerfabriken[17]).

„Gewerbliche Anlagen" im Sinne des § 16 RGewO. sind Vorrichtungen zur gewerblichen Erzeugung. Niederlagen (z. B. von Lumpen) fallen nicht darunter, wenn sie nicht Bestandteil einer solchen Anlage sind[18]). Die Kläranlagen einer Stadt fallen nicht unter § 16[19]). Zu den gewerblichen Anlagen gehören außer den Betriebsstätten die Zubehörungen, d. h. alles, was zur zweckentsprechenden Herstellung der genehmigungspflichtigen Anlage nötig ist, also auch die zur Fortschaffung von Abfällen und Abwässern erforderlichen Einrichtungen[20]), nicht dagegen auch weitere Anlagen des Betriebs, die nicht der genehmigungspflichtigen Anlage und ihrer Benützung dienstbar sind[21]). Deshalb findet § 26 RGewO. keine Anwendung auf die außerhalb der Gasbereitungs- und -bewahrungsanstalt befindliche, in dem Rohrnetz verkörperte Anlage, die dazu dient, das bereitete Gas den Straßen und Häusern zuzuführen[22]);

3. daß die behördliche Genehmigung von der zuständigen gewerbepolizeilichen Behörde erteilt worden ist[23]). Es ist eine Genehmigung im Sinne der Gewerbeordnung erforderlich. Die gewöhnliche polizeiliche Genehmigung ist nicht einschlägig[24]). Der Schutz des § 26 wird nur für den genehmigten Dampfkessel (§ 24 GewO.), nicht aber für die mit diesem ein Ganzes bildenden nicht genehmigten Anlagen, z. B. eine mit dem Dampfkessel verbundene Dynamomaschine gewährt[25]). Denn im Gegensatz zu den Fällen des § 16 der GewO., in denen die gesamte gewerbliche Anlage mit allem, was dazu ge-

[13]) VGH. 19, 113.
[14]) BlAdmPr. 25, 15.
[15]) VGH. 26, 338. Diese fallen jedoch unter Art. 56, 178 WG.
[16]) Bolze 5 Nr. 87 (RG.).
[17]) RG. 11, 186.
[18]) OVG. 42, 276; SeuffBl. 69, 21 (ObLG.).
[19]) BayZ. 1918, 50 (RG.).
[20]) VGH. 13, 342; Voraussetzung der Anwendung des § 26 RGewO. auf eine für den Fabrikbetrieb notwendige Anlage zur Fortschaffung der Abwässer ist jedoch, daß diese Anlage in dem der Behörde eingerichteten Plane vorgesehen war (RG. 86, 234).
[21]) Vgl. RG. 104, 82.
[22]) RG. 63, 274.
[23]) Diese Voraussetzung ist auch gegeben, wenn die Konzession vor Inkrafttreten der GewO. nach Landesrecht erteilt ist, sofern die Errichtung einer solchen Anlage nach § 16 RGewO. jetzt der Genehmigung bedarf (Riehl bei Gruchot 51, 152; JW. 1886, 120 RG.; Bolze 2 Nr. 151; Warneyer E. 14 Nr. 189; a. M. RG. 11, 185; Bolze 2 Nr. 150).
[24]) Landmann, GewO. Anm. 3 zu § 26. Recht 1903, 557 Nr. 2887 für eine nur der polizeilichen Erlaubnis bedürfende Eismaschine einer Brauerei.
[25]) RG. 40, 182. SeuffA. 38 Nr. 159 (RG.).

hört, der gewerbepolizeilichen Genehmigung bedarf, ist dies in § 24 der GewO. ausdrücklich auf einen bestimmten Teil der Anlage (den Dampfkessel) beschränkt. Die Gewerbebetriebe selbst werden, falls sie an sich nicht genehmigungspflichtig sind, dies auch nicht dadurch, daß sie Dampfkessel benützen, welche der Genehmigung bedürfen.

Der Schutz des § 26 GewO. ist daher im Falle des § 24 der GewO. nur für die Dampfkesselanlage selbst, nicht aber auch für die Feuerungsanlage gegeben[26]), obwohl ohne diese eine Benützung des angelegten und genehmigten Dampfkessels gar nicht möglich ist.

Dagegen gehört zu der in § 16 der GewO. genannten gewerblichen Stauanlage[27]) auch das Triebwerk, welches dieser Stauanlage[28]) dient. Denn § 16 verweist bei der Stauanlage für Wassertriebwerke auf § 23 GewO., welcher die einschlägigen landesgesetzlichen Vorschriften als maßgebend bezeichnet. Hierdurch wird bewirkt, daß die nach Landesgesetz vorgeschriebene obrigkeitliche Prüfung und Genehmigung eines Wassermotors sich als eine Unterart der Prüfung und Genehmigung darstellt, welche § 16 der GewO. für die dort aufgeführten gewerblichen Anlagen vorschreibt. Nach dem WG. muß aber das Triebwerk und nicht bloß die mit ihm verbundene und ihm dienende Stauvorrichtung obrigkeitlich geprüft und genehmigt werden[29]).

Bei Stauanlagen an Privatgewässern (Art. 21 und 24 WG.) müssen die Nachbargrundstücke durch den Genehmigungsbescheid der Verwaltungsbehörde (Art. 45 und 51 WG.) gegen Beeinträchtigung sichergestellt werden. Den Nachbarn solcher Stauanlagen wird deshalb in der Regel kein Abwehranspruch nach §§ 907 und 1004 BGB. und infolgedessen auch kein Anspruch aus § 26 GewO. zustehen. Nur bei Nachweis eines Verschuldens des Erbauers der Stauanlage oder der mit der Genehmigung befaßten Beamten oder Sachverständigen können die Eigentümer von Nachbargrundstücken, die entgegen der Sicherstellung im Genehmigungsbescheid nachträglich doch Schaden erlitten haben, Anspruch auf Schadenersatz erheben (§ 823 ff. BGB.).

Eine Sonderregelung ist in Bayern für Stauanlagen oder Talsperren, die an öffentlichen Gewässern errichtet sind, durch Art. 59 AG.-BGB. gegeben. Hiernach kann die Genehmigungsbehörde bestimmen, daß der Erbauer einer Stauanlage für den Schaden verantwortlich ist,

---

[26]) SeuffA. 53 Nr. 180. — Vgl. BGH. 2, 291.

[27]) Über den Begriff der Stauanlage s. SeuffA. 57 Nr. 66; RG. 49, 86.

[28]) Einwendungen gegen die Erhöhung einer Stauanlage wegen Befürchtung der Überflutung von Grundstücken und demgemäß Verminderung ihrer Flächen sind zur richterlichen Entscheidung zu verweisen (BGH. 15, 274).

[29]) OGH. 17, 19.

der durch eine solche Anlage oder ihren Betrieb (ausgenommen höhere Gewalt oder Verschulden des Beschädigten) verursacht wird. Eine derartige Bestimmung hat jedoch lediglich die Bedeutung eines Vorbehaltes von Schadenersatzforderungen, die aus anderen Rechtstiteln hergeleitet werden können, bildet aber keinen selbständigen Klagegrund (vgl. Henle-Schneider AGBGB. Art. 59 Anm. 8; BVBl. 1928, 33).

4. daß die gewerbliche Anlage unter **Einhaltung der in der behördlichen Genehmigung gemachten Auflagen**, durch welche eine Verminderung der betreffenden Einwirkungen bezweckt wird, errichtet worden ist[30]). Dabei ist zu beachten, daß für eine Veränderung der Betriebsstätte[31]) und soweit die Anlagen des § 16 RGewO. in Betracht kommen, auch für eine wesentliche Änderung[32]) im Betrieb Genehmigung erforderlich ist (§ 25 RGewO.).

Ist dem Unternehmer bei der Konzession die Einhaltung von Bedingungen auferlegt worden, so kann im Falle des § 907 BGB. Klage erhoben werden, daß der Betriebsunternehmer die fernere Überschreitung der ihm seinerzeit auferlegten Konzessionsbedingungen unterläßt[33]). Handelt der Unternehmer den ihm auferlegten Konzessionsbedingungen zuwider, so kann er insoweit nach den Grundsätzen der gewöhnlichen Eigentumfreiheitsklage in Anspruch genommen werden[34]). Dem Unternehmer liegt der Beweis ob, daß die Einwirkung durch eine konzessionierte Betriebshandlung herbeigeführt wird[35]). Würde an sich nicht der Beseitigungsanspruch (§ 907), sondern nur der allgemeine Unterlassungsanspruch (§ 1004) bestehen, so wäre die Klage darauf zu richten, daß der Beklagte die unzulässigen Einwirkungen insoweit unterläßt, als sie bei Einhaltung der Konzessionsbedingungen ausgeschlossen wären.

---

30) Vgl. SeuffA. 38 Nr. 159.

31) Betriebsstätte ist der gesamte zur Ausübung benützte Raum mit allen integrierenden Bestandteilen (SeuffBl. 70, 398).

32) Die Änderung ist wesentlich, wenn dadurch stärkere Belästigungen für die Nachbarn herbeigeführt werden (vgl. PrOVG. 10, 260; 24, 316; 29, 286 u. 309; SeuffBl. 70, 398). Die Ersetzung eines Wasserrads durch eine Turbine ist wesentlich (PrOVG. 43, 263). Die Herstellung einer neuen Abwasseranlage ist eine wesentliche Änderung (vgl. PrMinBl. für Handel u. Gewerbe 1915, 390).

33) Reger 10, 385. — Landmann, GewO. Anm. 5 zu § 26.

34) Bei einem Verstoß gegen die in der Genehmigungsurkunde getroffenen Anordnungen wird aus § 823 Abs. 2 BGB. auf Schadenersatz gehaftet (BayZ. 16, 91 RG.). § 16 GewO. verbietet den Gewerbebetrieb, der nicht genehmigt ist. Wird die Genehmigung unter Bedingungen und Auflagen erteilt, so ist durch § 16 GewO. der Betrieb, bei dem die Bedingungen und Auflagen nicht eingehalten sind, verboten. Nicht die Anordnung der Verwaltungsbehörde stellt das Schutzgesetz dar, wie das RG. a. a. O. sagt, sondern § 16 GewO.

35) Riehl bei Gruchot 51, 152.

II. Es ist nun zu untersuchen, inwieweit § 26 der GewO. auf die einschlägigen Vorschriften des BGB. einwirkt, bzw. was er von den hier angegebenen Ansprüchen übrig läßt. Vor allem ist zu beachten, daß § 26 der GewO. lediglich zur Förderung des Gewerbebetriebes eingeführt wurde. Es wollte also nicht etwa gegen den Gewerbebetrieb ein Anspruch begründet werden, der nach den allgemeinen Vorschriften nicht bestehen würde. Der Anspruch, welcher zum Schutze des durch den Gewerbebetrieb belästigten Grundeigentümers durch die allgemeinen Vorschriften gegeben ist, sollte in seinen Voraussetzungen nicht erleichtert werden.

Daß ein Anspruch auf Einstellung des Betriebes auf Grund des § 906 BGB. überhaupt nicht besteht, ist bereits ausgeführt worden[36]). Soweit aber nach § 907 BGB. ein Anspruch auf Beseitigung der ganzen Anlage besteht, so ist der für die gewerblich konzessionierten Betriebe im Sinne des § 26 der GewO. und für Verkehrsunternehmungen im Sinne des Art. 80 AG. durch diese Bestimmungen ausgeschlossen. Es ist klar, daß, wenn § 26 der GewO. und der auf diesen verweisende Art. 80 AG. nicht einmal einen Anspruch auf Betriebseinstellung zuläßt, dadurch auch der weitergehende Anspruch auf Beseitigung der Betriebsanlage entzogen ist[37]). Hiernach stellt sich die Rechtslage für die behördlich genehmigten gewerblichen Anlagen im Sinne des § 26 der GewO., und für die Verkehrsunternehmungen im Sinne des Art 80 AG., wie folgt, dar:

1. Der etwa an sich bestehende Anspruch auf Beseitigung der Anlage (§ 907 BGB.) fällt weg; an dessen Seite tritt der Anspruch auf Herstellung der tunlichen Einrichtungen, welche die benachteiligenden Einwirkungen ausschließen. Aber nur solche Einrichtungen können verlangt werden, welche tunlich und mit einem gehörigen Betrieb des Gewerbes vereinbar sind. Mit einem gehörigen Betrieb des Gewerbes ist alles unvereinbar, was vom Standpunkt des Unternehmens aus das in wirtschaftlicher Beziehung Unzweckmäßige in sich schließt[38]). Deshalb können unverhältnismäßig kostspielige Einrichtungen nicht verlangt werden, auch nicht Einrichtungen, die mit ganz erheblichen Betriebsstörungen verbunden wären. Besteht die Möglichkeit, daß nach Herstellung der tunlichen Einrichtungen doch noch unzählige Einwirkungen übrig bleiben, für welche der Unternehmer zur Schadloshaltung verpflichtet ist, dann kommt es darauf an, ob die Kosten der Vorkeh-

[36]) Vgl. Mandry, Der zivilrechtliche Inhalt der RG. 370.

[37]) Vgl. Turnau-Förster Anm. 1 zu § 907. Für einen gleichwohl erhobenen Anspruch auf Beseitigung ist der Rechtsweg zulässig (JW. 1908, 302).

[38]) Gruchot 42, 138; vgl. RG. 93, 103.

rungen zu der hierdurch bewirkten Herabminderung des Ersatzanspruchs in einem entsprechenden Verhältnis stehen[39]). Der Nachbar braucht sich regelmäßig[40]) nicht damit zu begnügen, daß die Beeinträchtigung vom Unternehmer durch Betriebseinstellung vermieden wird. Er könnte jeden Augenblick doch wieder begonnen werden und gerade gegen solche Gefährdung wäre an sich der Anspruch auf Beseitigung gegeben, an dessen Stelle aber der mindere auf Herstellung von Einrichtungen tritt. Ist Ausschließung nicht möglich, so kann der Eigentümer des leidenden Grundstückes verlangen, daß Einrichtungen getroffen werden, welche die benachteiligenden Einwirkungen auf ein erträgliches Maß herabsetzen[41]). Der Anspruch auf Herstellung und Unterhaltung solcher Einrichtungen ist ein dauernder; er besteht solange, wie die beeinträchtigende Anlage. Daher ist die Klage nicht abzuweisen, wenn der Beklagte erst im Laufe des Rechtsstreits Vorrichtungen getroffen hat, welche die beeinträchtigenden Einwirkungen in Wegfall bringen[42]). Der Klageantrag und die Verurteilung dürfen nicht auf Herstellung konkret bestimmter Einrichtungen gerichtet werden, weil der Unternehmer in der Auswahl der ihm zu Gebote stehenden Schutzmaßregeln nicht beschränkt werden darf[43]). Dies bleibt der Zwangsvollstreckungsinstanz vorbehalten (§§ 887, 888 ZPO.)[44]).

Behauptet der Beklagte, daß die Herstellung von Einrichtungen, welche die benachteiligende Einwirkung ausschließen oder mindern, überhaupt nicht tunlich ist, so trägt er hierfür im Prozesse die Beweislast.

2. Der allgemeine Anspruch[45]), auf Unterlassung der Beeinträchtigung (§§ 1004, 862 BGB., RG. 105, 214) fällt dann weg, wenn Einrichtungen, welche die benachteiligende Einwirkung ausschließen, untunlich sind. Denn wenn dies der Fall ist, dann könnte der Eigentümer nur durch Einstellung des Betriebes dem Anspruch auf Unterlassung gerecht werden. Gerade das soll aber von ihm nach § 26 der GewO. bzw. Art. 80 AG. nicht verlangt werden können[46]). Aber

---

[39]) RG. 86, 234.

[40]) Vgl. oben S. 544.

[41]) JW. 1896, 210; 1900, 895; 1902, Beil. 202; OLG. 36, 157.

[42]) RG. 36, 178; JW. 1896, 210 Nr. 37; 1898, 610 Nr. 41.

[43]) RG. 36, 178.

[44]) Riehl bei Gruchot 51, 153; RG. 60, 120; SeuffA. 59 Nr. 21 (RG.).

[45]) Nach § 51 GewO. kann die höhere Verwaltungsbehörde eine gewerbliche Anlage wegen überwiegender Nachteile und Gefahren für das Gemeinwohl jederzeit untersagen.

[46]) Unrichtig WürttRB. 1913, 247, Stuttgart, wonach nur eine auf Einstellung des Betriebs gehende Klage ausgeschlossen sein soll, nicht dagegen eine Klage auf Unterlassung einzelner Störungen, möge auch bei deren Durchführung der weitere Betrieb unmöglich sein.

auch die Herstellung solcher Einrichtungen, die mit einem gehörigen Betriebe des Gewerbes nicht vereinbar sind, soll nicht verlangt werden können und es ist daher der Anspruch auf Unterlassung der Beeinträchtigung auch dann versagt, wenn nur durch Herstellung solcher Einrichtungen die unzulässige Beeinträchtigung vermieden werden könnte. Sind aber Einrichtungen, welche die benachteiligenden Einwirkungen ausschließen, tunlich, so hat der Eigentümer des leidenden Grundstückes den Anspruch auf Unterlassung der Beeinträchtigung; er kann nicht verlangen, daß tatsächlich solche Einrichtungen getroffen werden[47]). Es bleibt dem Unternehmer überlassen, dem Anspruch auf Unterlassung der Beeinträchtigung auch durch Betriebseinstellung zu genügen. Sind Einrichtungen, welche die benachteiligende Einwirkung ausschließen, nicht tunlich, so kann der Eigentümer des leidenden Grundstückes doch auf die Unterlassung des Übermaßes der benachteiligenden Einwirkungen klagen, um welches diese durch Herstellung der tunlichen Einrichtungen gemindert würden[48]).

Wegen störender Einwirkungen aus Nebenbetrieben (Kohlenwäscherei und Entstaubungsanlagen) eines Bergwerks kann nicht auf Einstellung des Betriebs (Art. 206 BayBergG.) geklagt werden; vielmehr kann nur in entsprechender Anwendung des § 26 GewO. die Herstellung von Einrichtungen verlangt werden, durch die benachteiligende Einwirkungen auf das zulässige Maß herabgesetzt werden. Die Frage, welche Lärmstörungen zu dulden sind, ist nicht nach dem subjektiven Empfinden des Einzelnen, sondern nach dem normalen Empfinden des Durchschnittsmenschen zu entscheiden (HRR. 1941, 29; HRR. 1932, 1578).

III. Anspruch auf Schadloshaltung.

Es fragt sich nun, wie in jenen Fällen, in welchen auf Grund des § 26 GewO. (und des Art. 80 AG.) der negatorische Anspruch aus § 1004 entzogen ist, der an dessen Stelle durch § 26 GewO. (Art. 80 AG.) verliehene Anspruch auf Schadloshaltung beschaffen ist. Für die Untersuchung dieser Frage ist eine Klarstellung des Begriffs „Schadloshaltung" erforderlich.

Der Begriff „Schadloshaltung" wird nur dann richtig erfaßt, wenn man von der dem Anspruch zugewiesenen Aufgabe ausgeht, einen Aus-

---

[47]) S. jedoch oben unter a; es handelt sich hier nur um den nach Maßgabe des § 906 BGB. bestehenden Anspruch, während unter a der weitergehende Anspruch, der aus § 907 BGB. hervorgeht, erörtert ist.

[48]) SeuffA. 47, Nr. 285 (RG.). JW. 1896, 210; 1900, 895 Beil. 202; OLG. 35, 157. Der infolge des Vorhandenseins der geminderten Beeinträchtigung erwachsende Minderwert des Hauses muß ersetzt werden. Vgl. EntschOGH. 6, 403. Vgl. unten c.

gleich für die Entziehung des negatorischen Abwehranspruches zu schaffen. Weil nun die Eigentumfreiheitsklage Verschulden des Beklagten nicht voraussetzt, so ist dies auch für den Anspruch auf Schadloshaltung des Beklagten nicht erforderlich[49]). Der Eigentümer soll dafür schadlos gehalten werden, daß er die Einwirkungen nicht abwehren kann, die er an sich nicht zu dulden hätte. Nur hierfür soll er entschädigt werden. Eine in der Zukunft weiter wirkende Beeinträchtigung des Eigentums, gegen die keine Abwehr möglich ist, muß den Wert des Gegenstandes des Eigentums herunterdrücken; der dadurch herbeigeführte Minderwert ist zu ersetzen[50]). Der beeinträchtigte Eigentümer darf aber dadurch nicht besser gestellt werden als er stehen würde, wenn ihm der gesetzliche Abwehranspruch verblieben wäre. Deshalb wird ihm nur der Minderwert ersetzt, den sein Grundstück dadurch erleidet, daß er die Einwirkungen nicht abwehren kann, die über das nach den allgemeinen Vorschriften (insbes. § 906), zulässige Maß hinausgehen[51]). Die Höhe der Schadloshaltung ist nach dem Maße der derzeit[52]) unzulässigen Einwirkungen festzusetzen. Steigert sich später das Maß der Einwirkungen, so kann weitere Schadloshaltung für die dadurch herbeigeführte Erhöhung des Minderwertes verlangt werden. Ist der Wert des Hauses nicht nur durch die an sich unzulässigen Einwirkungen des beklagten Betriebes, sondern auch durch Einwirkungen anderer Nachbarn gemindert,

---

[49]) RG. 47, 98; JW. 1901, 11; Gruchot 50, 412 (RG.); vgl. Maenner 165 Anm. 44; Bolze 17 Nr. 62. Zutreffend Endemann 2, 475 Anm. 57: „§ 26 GewO. greift keineswegs der zivilrechtlichen Frage vor, ob stets eine Haftung auf Schadenersatz besteht." Das ist richtig; man muß eben die Begriffe „Schadenersatz" und „Schadloshaltung" auseinander halten.

[50]) SeuffA. 49 Nr. 236 RG.

[51]) Vgl. RG. 70, 150; (Einwirkungen, die über das zulässige Maß hinausgehen) 101, 105 (rechtswidrige Einwirkungen). Dagegen spricht RGKomm. Bem. 13 zu § 906, darüber hinaus unter Hinweis auf RG. Warneyer 11 Nr. 404 (Recht 11 Nr. 3185) Ersatz auch des „Schadens" zu, der durch die nach § 906 zulässigen Einwirkungen verursacht wird. Diese merkwürdige Folgerung aus dem im Interesse der Industrie erlassenen § 26 RGewO. ist abzulehnen. Sie wird daraus gefolgert, daß dem Eigentümer, der einen ihm zustehenden Anspruch auf Beseitigung (§ 907) der Anlage durchsetzen könnte, von dieser Anlage überhaupt keine Immissionen mehr zugeführt würden, also auch keine an sich zulässigen. Nur weil nach § 26 der Abwehranspruch entzogen sei, habe es überhaupt noch zu irgendeiner Immission durch diese Anlage kommen können. Deshalb müsse auch für einen Schaden, der durch eine an sich zulässige Immission verursacht wurde, Ersatz geleistet werden. Diese Beweisführung beruht auf einem Trugschluß. Es wird nämlich übersehen, daß dem Eigentümer der gewerblichen Anlage nach deren Beseitigung eine anderweitige Benützung seines Grundstückes und die dadurch herbeigeführte Zuführung zulässiger Immissionen freistehen würde. Durch die Schadloshaltung soll der beeinträchtigte Eigentümer in seiner Vermögenslage so gestellt werden, wie er stehen würde, wenn ihm sein Abwehranspruch durch § 26 RGewO. nicht entzogen wäre.

[52]) RG. Warneyer 13 Nr. 144.

so hat der beklagte Betrieb nur für den von ihm verursachten Teil des Minderwertes schadlos zu halten[53]). Da durch die Schadloshaltung der Nachteil ausgeglichen werden soll, daß die Einwirkungen für alle Zukunft nicht abgewehrt werden können, muß in entsprechender[54]) Anwendung des § 249 der Zustand hergestellt werden, der bestehen würde, wenn der zur Schadloshaltung verpflichtende Umstand (Wegfall des Abwehranspruches für die Zukunft) nicht eingetreten wäre. Würde der Abwehranspruch bestehen bleiben, so hätte das Haus einen höheren Wert. Der Minderwert ist zu ersetzen. Der Ersatz wird regelmäßig durch eine Kapitalabfindung zu leisten sein[55]). Es kann aber unter Umständen auch Verurteilung zu einer jährlichen Rente für die Dauer des Beeinträchtigungszustandes angezeigt sein, wenn mit dem Fortfall einer an sich unzulässigen Beeinträchtigung zu rechnen ist[55]).

Weil die Schadloshaltung den Ausgleich dafür schafft, daß für die Zukunft die an sich unzulässigen Einwirkungen nicht abgewehrt werden können, so kann nach geleisteter Schadloshaltung der Betriebsunternehmer von einem Sondernachfolger des beeinträchtigten Grundstückes insoweit nicht nochmals auf Schadloshaltung in Anspruch genommen werden als für die Entziehung des Abwehranspruches dem Vorbesitzer der dadurch herbeigeführte Minderwert ersetzt ist[56]). Eine andere Beurtei-

---

[53]) Eine entsprechende Anwendung des § 840 kommt nicht in Frage; RGKomm. Bem. 13 zu § 906.

[54]) § 249 kann nicht unmittelbar, sondern nur analog angewendet werden, da er nur den „Schadenersatz" regelt, während es sich hier um den damit nicht zusammenfallenden Begriff der „Schadloshaltung" handelt.

[55]) RGKomm. Bem. 13 zu § 906 wendet den § 249 Satz 2 an, da es sich um Beschädigung einer Sache handle, und somit der Zustand herzustellen sei, der bestehen würde, wenn die Einwendungen nicht stattfinden würden. Deshalb ist grundsätzlich eine Kapitalabfindung und nur unter ganz besonderen Umständen eine zweitweise oder fortdauernd zu zahlende Rente zu gewähren (RG. 45, 203; Gruchot 61, 804; JW. 1918, 86; BayZ. 1918, 81; Warneyer 15 Nr. 141; 19 Nr. 172). Diese Ansicht würde dazu führen, daß der Eigentümer, wenn später durch die an sich unzulässigen Einwirkungen ein positiver Sachschaden eintreten würde, auch dann keinen Ersatz zu beanspruchen hätte, wenn dieser Schaden durch Fahrlässigkeit des Betriebsinhabers herbeigeführt wäre, weil dieser Schaden ja schon im voraus durch die Kapitalabfindung ausgeglichen wäre. Hier wie überall kommt man zu einem richtigen Ergebnis nur durch scharfe Auseinanderhaltung der wesensverschiedenen Begriffe „Schadloshaltung" und „Schadenersatz". Der Begriff „Schadloshaltung" hat eine Vermögensbeschädigung (ähnlich wie bei § 263 RStGB.) im Auge, die schon vorliegen kann, bevor die Sache beschädigt ist.

Vgl. SeuffA. 49 Nr. 236 (RG. billigt eine Verurteilung zu 5% des Hauswertes), vgl. EntschOVGH. 6, 403.

[56]) RGKomm. Bem. 13 zu § 906 meint, der Ersatzpflichtige könne sich im Falle der Kapitalabfindung dagegen, daß er von einem Besitznachfolger des Ersatzberechtigten etwa „noch einmal auf Schadenersatz" in Anspruch genommen werde, dadurch schützen, daß er die Eintragung einer Grunddienstbarkeit betr. Duldung der Einwirkungen verlange (RG. War-

lung hat einzutreten, wenn sich nach der Schadloshaltung das Maß der an sich unzulässigen Einwirkungen gesteigert hat.

Durch die Zahlung des Minderwertes erhält aber der Eigentümer des beeinträchtigten Grundstückes noch keinen völligen Ausgleich für die ihm durch die Entziehung des Abwehranspruchs zugehenden Nachteile. Könnte er den Anspruch auf Beseitigung (§ 907) oder Unterlassung (§ 1004) erheben, so würde von da ab der Unternehmer durch die Geltendmachung des Anspruchs[57]) in Verzug gesetzt mit der Folge der Schadenersatzpflicht ohne Verschulden (§ 286). Durch die Entziehung des Abwehranspruchs wird sein Nachbar außerstande gesetzt, den Unternehmer in Verzug zu setzen und dadurch ohne weiteres schadenersatzpflichtig zu machen. Für diesen Verlust muß er schadlos gehalten werden und die Schadloshaltung besteht eben gerade darin, daß der Unternehmer, der auf Erfüllung nicht gemahnt werden kann, ohne Mahnung schadenersatzpflichtig ist. Voraussetzung ist weiter nichts, als daß an sich — ohne § 26 GewO. — die Erfüllung des Beseitigungs- oder Unterlassungsanspruch hätte verlangt werden können, nicht aber, daß diese Erfüllung tatsächlich verlangt worden ist[58]). Nur dann, wenn nach den

neyer 15 Nr. 141). Hier wird also unterstellt, daß der Sondernachfolger, wenn eine solche Grunddienstbarkeit nicht eingetragen sei, nochmals Schadloshaltung beanspruchen könne. Das ist nicht der Fall. Wenn durch die Schadloshaltung der Minderwert ausgeglichen wird, der durch die Pflicht zur dauernden Duldung der Einwirkungen herbeigeführt ist, dann wird der Käufer des Grundstückes entsprechend diesem Minderwert auch einen geringeren Kaufpreis zu zahlen haben (vgl. hierzu S. 289 Anm. 48). Hat der Verkäufer durch arglistiges Verschweigen der ihm geleisteten Schadloshaltung im Käufer den Glauben erweckt, daß er die unzulässigen Einwirkungen abwehren oder doch Schadloshaltung verlangen könne, dann kann er vom Käufer auf Schadenersatz aus dieser unerlaubten Handlung belangt werden. Gegen den Betriebsunternehmer hat der Sondernachfolger nach einer seinem Rechtsvorgänger geleisteten Schadloshaltung den Anspruch nicht mehr.

[57]) Auch der Anspruch auf Unterlassung ist auf eine „Leistung" gerichtet.

[58]) Anders das RG. in Gruchot 50, 412; JW. 1905, 503; 1912, 869 und mit besonderer Schärfe in JW. 1915, 601. Dort wird zunächst richtig ausgeführt, daß § 26 RGewO. den Anspruch auf Schadloshaltung nur gebe, wenn Einrichtungen, die die nachteiligen Einwirkungen auf das Gemeinübliche zurückführen, untunlich sind. Dann heißt es aber weiter: § 26 RGewO. setzt voraus, daß der Benachteiligte sich meldet und Abhilfe verlangt. Unterläßt er dies und tritt er dann hinterher mit Schadenersatzansprüchen für die Vergangenheit, in der Regel also für die Zeit vor der Klageerhebung hervor, so kann er sich nicht auf § 26 RGewO. berufen, sondern muß dem anderen Teil nach allgemeinen Grundsätzen das Verschulden nachweisen. — Damit ist gesagt: § 26 bewilligt eine Schadloshaltung ohne weiteres nur gegen künftig zu befürchtende benachteiligende Einwilligung und nicht auch für bereits eingetretene Schäden (so das OLG. Köln ohne Widerspruch des RG. im Falle RG. 101, 103).

Dieser Rechtsanschauung ist nicht beizupflichten (vgl. Gierke, DPr. II § 126 Anm. 15; Riehl bei Gruchot 51, 155; RGKomm. Bem. 1 vor § 823, 1, 990 und andrerseits Bem. 13 zu § 906. Es soll der Fall unterstellt werden, daß in dem konzessionierten Gewerbebetrieb für jedermann erkennbar und offensichtlich alle nur erdenklichen und möglichen Einrichtungen

Umständen des Falls mit völliger Sicherheit anzunehmen ist, daß der Abwehranspruch, auch wenn seiner Geltendmachung das rechtliche Hindernis aus § 26 RGewO. nicht entgegengestanden hätte, nicht geltend gemacht worden wäre, kann dieser Schadenersatzanspruch nicht geltend gemacht werden, da ja die Schadloshaltung nur den Schaden ausgleichen soll, der infolge der Entziehung des Abwehranspruchs erlitten wird.

Der Anspruch auf Schadloshaltung umfaßt also den Minderwert des beeinträchtigten Grundstückes und daneben den Ersatz des Schadens, der durch diesen Minderwert nicht ausgeglichen ist, gleichviel, ob der Schaden bereits entstanden ist oder erst in Zukunft entstehen wird.

Der Minderwert stellt den Vermögensnachteil dar, der schon jetzt dadurch entstanden ist, daß der Eigentümer die an sich unzulässigen Einwirkungen für die Zukunft nicht verbieten kann, sondern dulden muß.

---

getroffen sind und gleichwohl an sich unzulässige Einwirkungen von dem Betrieb ausgehen. Würde der beeinträchtigte Nachbar, der weiß, daß der Unternehmer nicht mehr tun kann und nicht mehr zu tun braucht, gleichwohl den Anspruch auf Herstellung weiterer Einrichtungen oder auf Unterlassung erheben, so würde er weder verständig, noch anständig handeln; er würde aber auch damit gar nicht in Verzug setzen, was am deutlichsten daraus hervorgeht, daß seine Klage abgewiesen werden würde. Und doch soll die Geltendmachung eines solchen gar nicht bestehenden Anspruchs nach der Ansicht des RG. die Folge haben, daß von da ab der Unternehmer ohne Verschulden auf Schadenersatz haftet, während der Nachbar, der anständig genug ist, einen ihm nicht zustehenden Anspruch bleiben zu lassen, dafür in der Weise gestraft wird, daß er nur deshalb für einen später ohne Verschulden des Unternehmers eingetretenen Schaden nichts bekommt. Das kann nicht richtig sein. Wenn zu der Zeit, zu welcher der Schaden eingetreten ist, gegenüber der an sich unzulässigen Einwirkung auf Grund des § 26 RGewO. ein Abwehranspruch weder auf Herstellung von Einrichtungen (§ 907 mit § 26 RGewO.), noch ein Anspruch auf Unterlassung (§ 1004) bestand, dann besteht eben an dessen Stelle für den bereits eingetretenen Verlust des Abwehranspruchs der Anspruch auf Schadloshaltung, der den Ersatz eines jeglichen Schadens umfaßt, dessen Eintritt verhütet hätte werden können, wenn der Abwehranspruch nicht entzogen gewesen wäre.

RG. 104, 85 rückt von der bisherigen Rechtsprechung des RG. ab. Es läßt noch dahingestellt, ob es richtig sei, daß die Schadloshaltungsklage aus § 26 GewO. solche Schäden nicht umfasse, die, weil in der Vergangenheit liegend, auch mit der Einstellungsklage nicht hätten verhindert werden können. In jenen Fällen, in welchen nach ordentlichem Recht der Beseitigungsanspruch des § 907 (schon vor einer unzulässigen Einwirkung) gegeben sei, hätte der Schaden durch Geltendmachung des Beseitigungsanspruchs verhütet werden können. § 26 GewO. entziehe diesen Beseitigungsanspruch und billige für die gesetzlich entzogene Möglichkeit der Rechtsverfolgung den Schadloshaltungsanspruch zu, der in einem solchen Fall auch den in der Vergangenheit liegenden Schaden mitumfasse. RG. 105, 214 nimmt den von RG. 104, 81 unterbrochenen Faden zur bisherigen Rechtsprechung wieder auf. Es läßt dahingestellt, inwieweit RG. 104, 81 für den Fall des § 907 eine abweichende Ansicht vertrete und spricht unter Berufung auf die sonstige Rechtsprechung des RG. aus, daß ein Ersatz für Schäden, die in der Vergangenheit vor der gerichtlichen Geltendmachung des Anspruchs liegen, die also mit einer Abwehrklage auch nicht verhindert worden wären, nur unter den allgemeinen Voraussetzungen des Schadenersatzes, insbesondere nur beim Nachweis eines Verschuldens gefordert werden können.

Hat der Eigentümer dadurch, daß er nicht verbieten konnte, einen bereits eingetretenen Schaden erlitten, so gehört dessen Ersatz zur Schadloshaltung. Es kann aber in Zukunft durch die Einwirkungen ein weiterer Schaden verursacht werden, dessen Eintritt möglich oder sogar wahrscheinlich ist, aber nicht mit Bestimmtheit vorauszusehen ist. Während der schon jetzt entstandene Sachschaden und Vermögensschaden (Minderwert) den derzeitigen Eigentümer trifft, und daher diesem zu ersetzen ist, trifft ein weiterer späterer Schaden denjenigen, der zur Zeit des Eintritts dieses Schadens der Eigentümer ist. Solange dieser Schaden noch nicht eingetreten ist, kann er nicht zugesprochen werden und die Feststellung kann nicht zugunsten des derzeitigen Eigentümers erfolgen, sondern zugunsten desjenigen, der beim Eintritt des Schadens der Eigentümer sein wird.

Die Klage auf Schadloshaltung wird also etwa folgenden Antrag zu erhalten haben:

1. Der Beklagte ist schuldig, dem Kläger 20000 DM (Minderwert) zu ersetzen;

2. es wird festgestellt, daß der Beklagte verpflichtet ist, dem Eigentümer des Hausgrundstücks Pl.-Nr. 211 jeden durch die Zahlung von 20000 DM für Minderwert nicht ausgeglichenen Schaden zu ersetzen, der in Zukunft dadurch erwachsen wird, daß der Beklagte dem Grundstück Pl.-Nr. 211 Erschütterungen zuführt, welche die Benützung dieser Grundstücke wesentlich beeinträchtigen und welche durch eine Benützung des beklagten Grundstücks herbeigeführt werden, die nach den örtlichen Verhältnissen bei Grundstücken dieser Lage ungewöhnlich ist[59].

Die Zahlung für Wertsminderung begreift alle Nachteile in sich, die infolge der Fortdauer der unzulässigen Einwirkung nach dem regelmäßigen Verlauf der Dinge in Zukunft eintreten werden. Ist das Maß der von dem Gewerbebetrieb ausgehenden Erschütterungen so stark, daß mit dem Grad von Sicherheit, mit dem sich die menschliche Erkenntnis für die Beurteilung der Zukunft begnügen muß, die Verursachung von Rissen des Nachbarhauses vorherzusehen ist[60], dann ist dem Ersatz der Minderung ein entsprechender Betrag für Schutzvorkehrungen und Instandsetzungsarbeiten einzurechnen[61]. Ist die Entstehung solcher Risse nicht vorherzusehen, so ist in der Gegenwart auch ein Vermögensschaden nicht entstanden.

[59]) Vgl. oben S. 208.

[60]) Dabei wird der Richter einen strengen Maßstab an die Erfordernisse einer solchen Sicherheit anzulegen haben, damit, wenn später die Beschädigung durch Risse eintritt, der Ersatz hierfür an den gelangt, der zur Zeit der Beschädigung Eigentümer ist.

[61]) Ein Haus, bei dem die Entstehung von Rissen mit Sicherheit vorauszusehen ist, ist schon jetzt entsprechend weniger wert. Der Vermögensschaden ist also schon jetzt ent-

Entsteht später ein Sachschaden, so ist es für den nachträglich erhobenen Schadenersatzanspruch des Eigentümers, gleichviel ob es der durch Zahlung der Wertminderung abgefundene Eigentümer ist oder sein Sondernachfolger. Tatfrage, ob bei der seinerzeitigen Bemessung der Schadloshaltung auch die Gefährdung der Beschädigung des Nachbarhauses durch Risse einbezogen wurde. War dies der Fall, so ist noch weiter zu prüfen, ob nicht nach der Schadloshaltung eine Steigerung des Maßes der Einwirkungen eingetreten ist. Dies kann nach beiden Richtungen zu der Annahme führen, daß durch die Schadloshaltung für Wertminderung nur ein Teil des später entstandenen Sachschadens im voraus ausgeglichen wurde.

Der Unterschied zwischen den Begriffen Schadloshaltung und Schadenersatz kommt auch insoferne zur Geltung, als derjenige, welcher den Anspruch auf Schadloshaltung im Sinne des § 26 RGewO. erhebt, beweisen muß, daß der negatorische Anspruch infolge der Bestimmung des § 26 RGewO. bzw. des Art. 80 AG. in Wegfall gebracht ist, insbesondere auch, daß solche Einrichtungen, welche die Beeinträchtigungen auf das zulässige Maß herabsetzen, nicht tunlich sind [62]) Der Kläger wird daher gut daran tun, seinen Klageantrag alternativ zu stellen, so daß dem Beklagten die Wahl gelassen wird, ob er die erforderlichen Einrichtungen treffen oder schadlos halten will [63]), zum mindesten aber sollte der Kläger den einen Anspruch behelfsweise neben dem anderen erheben. Denn selbst, wenn er nachweisen kann, daß die Folgen der unzulässigen Einwirkungen auf einem Verschulden des Beklagten beruhen, so kann er nur Ersatz des bereits entstandenen Schadens, nicht Ersatz des Schadens beanspruchen, der durch künftige Einwirkungen entstehen wird.

Die Schadloshaltung schafft einen Ausgleich für gewisse künftige Nachteile. Der Anspruch auf Schadloshaltung ist nur gerechtfertigt,

standen, auch wenn der Sachschaden erst später eintritt. Der derzeitige Eigentümer ist daher geschädigt und ihm wird der Ersatz durch Zahlung der Wertminderung bezahlt. Tritt dann nach einem Wechsel des Eigentums der Sachschaden ein, so wird zwar der Erwerber von diesem Sachschaden betroffen; in seiner gesamten Vermögenslage wird jedoch der Erwerber nicht geschädigt; denn er hat seinerzeit ein Haus erworben, bei dem die spätere Entstehung von Rissen mit Sicherheit vorauszusehen und das Haus infolgedessen entsprechend weniger wert war. Hat er einen Kaufpreis bezahlt, bei dem die Wertminderung infolge der Gefährung des Hauses nicht berücksichtigt war, dann ist sein Vermögen dadurch geschädigt, daß er zu teuer gekauft hat.

[62]) Vgl. Landmann GewO. Anm. 5 zu § 6. Vgl. Gruchot 50, 415 (RG.). Hat z. B. der Eigentümer Klage auf Zahlung von 20000 DM. als Schadloshaltung für den Minderwert seines Hauses erhoben und der Betriebsinhaber stellt Einrichtungen her, welche die Beeinträchtigung auf das zulässige Maß herabsetzen, so muß die Klage auf Zahlung abgewiesen werden.

[63]) § 264 BGB.; vgl. Gaupp-Stein, Vorbem. III zu § 803.

wenn diese tatsächlichen Voraussetzungen des § 26 RGewO. gegeben sind. Diese Voraussetzungen gehören also zur Klagebegründung und sind vom Kläger zu behaupten und zu beweisen[64].

Der Kläger, der Schadloshaltung verlangt, muß also beweisen, daß Einrichtungen zur Beseitigung der schädlichen Anlagen nicht tunlich sind (vgl. LeipzZ. 1921, 379). Freilich wird man an diese Beweislast keine zu großen Anforderungen stellen dürfen. Wenn der Beklagte auf Befragen nicht darzulegen vermag, welche Einrichtungen für die Ausschließung der schädlichen Einwirkungen in Betracht kommen, wird ein weiterer Beweis dem Kläger nicht angesonnen werden können.

Auch für die Verjährung des Anspruchs ist der Unterschied zwischen Schadloshaltung und Schadenersatz von Bedeutung. Der Anspruch auf „Schadloshaltung" in dem oben dargelegten Sinne unterliegt ebenso wie der Unterlassungsanspruch (§ 1004), den er ersetzt, nach § 195 BGB. der regelmäßigen Verjährung von 30 Jahren, da der kein Verschulden voraussetzende Anspruch des § 26 GewO. und Art. 80 AG. mit einer unerlaubten Handlung nichts zu tun hat[65]). Der daneben bestehende Anspruch auf Ersatz eines nachträglich eingetretenen Schadens, der auf dem Umweg der Schadloshaltung als Ersatz für den weggefallenen Schadenersatzanspruch wegen Verzugs mit dem gleichen Inhalt wie dieser gewährt wird, verjährt dagegen in drei Jahren (§ 852).

§ 40. Die Besitzstörungsklage.

I. Begriff und Wesen des Besitzes.

1. Nach § 854 BGB. versteht man unter Besitz die rechtlich anerkannte tatsächliche Gewalt über eine Sache. Der Besitz ist als ein Recht zu erachten[1]).

[64]) Zwar kann dann der Kläger Schadenersatz nach § 823 beanspruchen, aber dieser Schadenersatzanspruch umfaßt nicht den Ausgleich der Wertminderung für die künftigen unzulässigen Einwirkungen. Soweit § 26 RGewO. nicht in Frage steht, kann der Eigentümer des beeinträchtigten Grundstückes für die Zukunft weiter nichts verlangen, als die Unterlassung. Im Sinne des § 823 ist der Schaden erst entstanden, wenn der Sachschaden eingetreten ist. Es kann daher neben dem Anspruch auf Unterlassung wohl auf Feststellung einer künftigen Schadenersatzpflicht für den Fall der Zuwiderhandlung geklagt werden, keineswegs aber auf Abfindung durch einen Geldbetrag.

Es liegt also nicht im Belieben des beeinträchtigten Nachbars zu erklären, daß er die unzulässige Immission dulden wolle, dafür aber Schadloshaltung, d. i. Ersatz des durch die Duldung beiwirkten Minderwertes seines Hauses verlange (vgl. Bolze Nr. 2 Nr. 154).

[65]) Vgl. RG. 47, 99. Unrichtig RGKomm. Bem. 13 zu § 906.

§ 40 [1]) Vgl. RG. 59, 328; Staudinger Vorbem. VII vor § 845; 3, 14 und die dortigen Nachweise über die sehr bestrittene Frage. Vgl. oben § 29, I.

Der Mieter (Pächter) kann auf Grund des § 862 die Abwehrklage gegen unzulässige Einwirkungen auf das Mietgrundstück erheben (RG. 105, 212; Warneyer 1918 Nr. 55).

Im Gegensatz zu der rechtlichen Herrschaft über eine Sache, die im Eigentum zum vollendeten Ausdruck kommt, stellt der Besitz die tatsächliche Herrschaft dar.

Durch § 865 BGB. hat der Teilbesitz Anerkennung gefunden, indem der Besitz an einzelnen Teilen einer Sache insoweit möglich ist, als eine gesonderte räumliche Herrschaft einer anderen Person über den anderen Teil der Sache geübt werden kann[2]). So ist z. B. an dem Keller[3]) oder an anderen Räumen (Mietwohnung)[4]) eines Hauses, ja sogar an einem Teile der Oberfläche einer Hauswand[5]) ein selbständiger Besitz möglich, der auch dem Eigentümer des Ganzen gegenüber vollwirksam ist.

Wann die für den Besitz erforderliche tatsächliche Herrschaft vorliegt, ist nach der im gewöhnlichen Leben und Verkehr herrschenden Auffassung für jeden Fall besonders zu entscheiden[6]). Das maßgebende Merkmal liegt darin, ob ein solches Verhältnis der Person zu der Sache vorliegt, welches die Möglichkeit gewährt, jederzeit auf die Sache einzuwirken[7]). Einen hierauf gerichteten Willen verlangt das Gesetz nicht als begriffliches Erfordernis[8]), der Mangel eines solchen Willens wird aber regelmäßig bei der tatsächlichen Würdigung der Frage, ob ein Besitzverhältnis vorliegt, gegen die Bejahung erheblich ins Gewicht fallen[9]). Der Besitz muß erkennbar sein[10]).

---

[2]) M. 3, 114 (Mugdan 3, 63).

[3]) Vgl. ObLG. 16, 282; SeuffA. 52 Nr. 147; SeuffBl. 32, 297.

[4]) RG. 59, 328.

[5]) R. d. OLG. 3, 26: Besitz an dem Teil der Oberfläche, auf welchem sich das Firmenschild des Mieters befindet.

[6]) Vgl. Prot. S. 3334f.; Mugdan 3, 502. Kein Besitzschutz des Jagdpächters, aber Unterlassungsklage eingeräumt JW. 1922, 233; 1908, 653 (vgl. OLG. 6, 254). – Vgl. BraunschwZ. 1906, 41 (Schutz im Besitz eines Kirchenstuhlrechts).

[7]) ROHG. 7, 35.

[8]) Vgl. Bendix, Besitzlehre S.1; Turnau-Förster Bem. 4 zu § 854. Bekker JherJ. 34, 27; (A. M. Recht 1914 Nr. 209, Stuttgart). Zum Erwerbe des Besitzes ist also nicht unbedingt erforderlich, daß der Erwerber von seinem Besitze Kenntnis hat. Vgl. Strohal, Jahrb. f. Dogm. 38, 71; Turnau-Förster a. a. O.

[9]) Vgl Staudinger Bem. 1, 2 zu § 854; BlfRechtspfl. im Bezirke des Kammergerichts 1903 S. 21 (Kammergericht).

[10]) RG. 77, 208. SeuffA. 78 Nr. 112. Aus dem Fällen von Bäumen auf einem Grundstück, das dem Kläger nicht gehörte und an dem er keinen Besitz hatte, konnte er, ohne daß weitere Herrschaftshandlungen hinzukamen, keine tatsächliche Gewalt über die gefällten Stämme erwerben. In keiner Art hat er die Stämme in seinen tatsächlichen Macht-

Der gute Glaube spielt für den Besitzerwerb keine Rolle. Dadurch, daß jemand annimmt, sein Vormann sei Besitzer, kann er nicht Besitzer werden, wenn er nicht wirklich die tatsächliche Gewalt über die Sache erlangt. Bei dem mittelbaren Besitzer muß zur tatsächlichen Gewalt des Besitzmittlers noch das Rechtsverhältnis hinzukommen, vermöge dessen dieser für den mittelbaren Besitzer besitzt. Der etwaige gute Glaube an das Bestehen des Besitzverhältnisses ist für den Besitzerwerb auch hier ohne Bedeutung (RG. 105, 413).

Als Besitzhandlungen können alle Handlungen in Betracht kommen, durch welche eine Einwirkung auf das Grundstück ausgeübt wird. Gerade bei Liegenschaften kann sich der Besitz an dem ganzen Grundstück durch eine Einwirkung kund geben, die weder alle Teile der Sache trifft, noch an sich die vollendete Herrschaft in sich begreift, aus der sich aber doch die Möglichkeit für den Handelnden ergibt, auf das ganze Objekt einzuwirken[11]). Auch hier muß die besondere Gestaltung des Einzelfalls entscheiden. Maßgebend wird zumeist sein, welche Willensrichtung aus einem äußeren Vorgang gemeinhin abgeleitet wird. Ist an der Hauswand das Firmenschild des Ladenmieters angebracht, so wird niemand daran denken, daß hier ein Besitz an dem ganzen Hause[12]) manifestiert sei, während andererseits ein einziger auf das Grundstück gesteckter Strohwisch eine Besitzhandlung darstellen kann, die nach allgemeiner Auffassung das ganze Grundstück ergreift. Die den Besitz kennzeichnende Herrschaftsausübung wird vornehmlich durch Anlagen und Handlungen kundbar gemacht, die dem Zweck der wirtschaftlichen Verwendung des Grundstückes entsprechen[13]).

In altrömischer Zeit war für den Übergang des Besitzes auf einen anderen die tatsächliche Übertragung entscheidend. Doch schon in Rom, mehr noch im Mittelalter, fiel das Gewicht vorzugsweise auf die Willenseinigung. Biermann, traditio victa, (1891) hat nachgewiesen, daß nach gemeinem Recht die Besitzübertragung einfach als eine durch den Vertrag begründete Sukzession zu behandeln ist. Das BGB. ist nicht soweit gegangen, weil diese Lehre zu bedenklichen Ergebnissen führen kann, wenn sich der tatsächlichen Ausübung des Besitzes von vorneherein unüber-

---

bereich gebracht. Die Sachlage blieb, wie vor dem Fällen, nur daß die Möglichkeit für den Kläger, die Stämme in seine tatsächliche Gewalt zu bringen, günstiger geworden war. Eine Erkennbarkeit des Besitzes war also überhaupt nicht vorhanden (SeuffA. 78 Nr. 112).

[11]) Bendix, Besitzlehre S. 9.

[12]) Es liegt nur Besitz an dem Teil der Wandoberfläche vor, welche von dem Firmenschild bedeckt ist. OLG. 3, 26 (Kammergericht). Vgl. RG. 80, 281 (ein am fremden Hause angebrachter Lichtreklame-Kasten).

[13]) Endemann 2, 196.

windliche Hindernisse entgegenstellen. Deshalb bestimmt § 854 Abs. 2 BGB.: „Die Einigung des bisherigen Besitzers und des Erwerbers genügt zum Erwerb, wenn der Erwerber in der Lage ist, die Gewalt über die Sache auszuüben." Der Besitz einer Sache setzt in der Regel den Willen voraus, sie tatsächlich zu beherrschen. Wie aus § 867 BGB. ersichtlich wird, bedeutet die unbewußte Innehabung einer Sache regelmäßig noch keinen Besitz im Sinne des § 854. Allerdings ist denkbar, daß jemand an Sachen, die in den Bereich seiner tatsächlichen Innehabung gelangen, Besitz erwirbt, bevor er von der Innehabung der Sachen Kenntnis erlangt hat. Es müssen dann aber Veranstaltungen getroffen sein, die einen allgemein auf Empfang der betreffenden Sachen gerichteten Willen des Inhabers erkennen lassen. Dahin gehört der Empfang von Briefen in einem an der Außenseite der Wohnung angebrachten Briefkasten, von Wild, das in für den Wildfang bestimmte Vorrichtungen gerät und ähnliche Fälle (JW. 1925, 785).

Gehört zu einem verkauften Anwesen ein in fremden Grund übergreifender Keller, so ist nach der Übergabe des Anwesens der Erwerber in der Lage, die Gewalt über den Keller auszuüben, und zwar selbst dann, wenn der Zugang zu diesem Keller durch eine Türe abgeschlossen ist und der Schlüssel verloren gegangen ist. Der Erwerber kann jederzeit durch einen Schlosser öffnen lassen. Dasselbe gilt in einem Fall, in dem der Zufall zum Keller vom Vorbesitzer vermauert worden war; es liegt in der Macht des Erwerbers, die Abschlußmauer wegzureißen.

Der Besitz wird dadurch beendigt, daß der Besitzer die tatsächliche Gewalt über die Sache aufgibt oder in anderer Weise verliert (§ 856). Das gilt für bewegliche wie für unbewegliche Sachen. Vermauert der Dienstbarkeitsberechtigte den Zugang zu dem unter dem fremden Grundstück gelegenen Keller, so liegt darin in der Regel eine Aufgabe des Besitzes. Stürzt der Keller ein, weil nach der Vermauerung das vorher einwandfreie Kellergewölbe nicht mehr unterhalten wird, so kann der Berechtigte nicht auf Grund des § 836 auf Schadenersatz belangt werden. Dagegen würde der Einsturz dann als Folge einer unerlaubten Handlung anzusehen sein, wenn der Kellerberechtigte davon, daß er den Besitz aufgegeben hat, dem Grundeigentümer keine Mitteilung gemacht und dieser auch nicht auf andere Weise von der Vermauerung des Kellers Kenntnis erhalten hätte (über das Ende der Unterhaltspflicht s. oben S. 414).

In dem Einpflocken eines Grundstückes mit Grenzzeichen, in dem Abpfählen einer Verlandung[14]), Einzäunen eines Grundstückes, Ein-

[14]) PreußVerwBl. 23, 520 (Oberverwaltungsgerichtshof).

stecken von Dörnern zum Schutze gegen Betreten durch Menschen, Aufstellung eines Strohwisches oder einer Warnungstafel, im Pflügen eines Ackers, Abgrasen eines Raines sind regelmäßig Besitzhandlungen zu erblicken. Auch die Dachüberladung mit dem dadurch bedingten Tropfenfall kann als Besitzausübung an dem unter der Traufe gelegenen Raum in Betracht kommen[15]). An einem Teich kann je nach den Umständen der Besitz durch Ausübung der Jagd, Fischerei, Schilf- und Materialentnahme ausgeübt werden[16]).

Andererseits ist z. B. aus der Entnahme von Lehm kein Besitz an dem Grundstück abzuleiten, wenn sie auf Grund einer vom Eigentümer erteilten Erlaubnis erfolgt[17]).

Zur Besitzübertragung bedarf es keiner äußeren Form, es genügt die bloße Einigung über den Besitzübergang (§ 854 Abs. 2 BGB.), die nicht ausdrücklich zu erfolgen braucht[18]), sondern sich auch aus den Umständen ergeben kann; so wird regelmäßig in der Auflassung auch die Einigung über den Besitzübergang liegen[19]).

2. Ausnahmsweise sind Personen, welche eine tatsächliche Herrschaft über eine Sache ausüben, nicht als Besitzer zu erachten, indem § 855 BGB. bestimmt: Übt jemand die tatsächliche Gewalt über eine Sache für einen anderen in dessen Haushalt oder Erwerbsgeschäft, oder in einem ähnlichen Verhältnisse aus, vermöge dessen er den sich auf die Sache beziehenden Weisungen des anderen Folge zu leisten hat (Besitzdiener), so ist nur der andere Besitzer.

Andererseits wird ein Besitz ohne tatsächliche Gewalt ausnahmsweise anerkannt, indem § 868 BGB. bestimmt: Besitzt jemand eine Sache als Nießbraucher, Pfandgläubiger, Mieter, Verwahrer oder in einem ähnlichen Verhältnisse, vermöge dessen er einem anderen gegenüber auf Zeit zum Besitze berechtigt oder verpflichtet ist, so ist auch der andere Besitzer (mittelbare Besitzer).

II. Voraussetzungen der Besitzstörungsklage.

1. Im Begriffe des Besitzes als der rechtlich anerkannten tatsächlichen Gewalt über eine Sache (§ 854 BGB.) liegt es, daß der Besitzer andere von jeder Einwirkung auf seinen Besitz ausschließen kann, soferne nicht die Einwirkung durch das Gesetz gestattet wird. Die rechtswidrige Einwirkung eines Dritten (verbotene Eigenmacht) enthält daher

---

[15]) S. oben S. 311.
[16]) Vgl. EntschOTr. 55, 208.
[17]) Recht 1902, 125.
[18]) Staudinger Bem. II, 1, a zu § 854.
[19]) Staudinger Bem. II, 3 zu § 854.

eine Störung des Besitzrechtes, zu deren Abwehr dem Besitzer neben dem Rechte der Selbsthilfe (§ 859 BGB.) die Besitzklagen gegeben sind (§ 858 BGB.)[20].

2. Bei totaler Verletzung des Besitzes, nämlich bei Entziehung des Besitzes, geht der Anspruch auf Wiedereinräumung des Besitzes (§ 861 BGB.). Wird der Besitz nur teilweise, d. i. eben in anderer Weise als durch Entziehung des Besitzes, beeinträchtigt, so steht dem Besitzer die Besitzstörungsklage zu (§ 862 BGB.). Bei Grundstücken können die Klagen wegen Besitzentziehung und Besitzstörung leicht ineinander übergehen[21]. Wenn vom Nachbargrundstück eine Furche weggeackert wird, so wird man es nicht mit einer bloßen Besitzstörung, sondern mit einer Besitzentziehung an der weggeackerten Furche zu tun haben; daneben liegt Besitzstörung rücksichtlich des ganzen Grundstückes vor. Der Übergang von der einen zu der anderen Besitzklage ist nicht als Klageänderung anzusprechen[22].

3. Das Gesetz erkennt die tatsächliche Herrschaft als schutzwürdig an; dem Besitzer ist das Recht auf Erhaltung seiner tatsächlichen Herrschaft verliehen; sein Besitz wird geschützt ohne Rücksicht darauf, ob er mit der Rechtslage übereinstimmt. Wer diese tatsächliche Herrschaft ohne den Willen des Besitzers stört, handelt widerrechtlich, sofern ihm nicht das Gesetz die Störung gestattet; die Störung ist verbotene Eigenmacht (§ 858 BGB.) und also selbst dann unzulässig, wenn der Störer seinerseits ein Recht zum Besitze hat und der Besitz des Gestörten ein materiell rechtswidriger ist (s. hierüber unter III).

Der Besitzschutz bleibt auch gegenüber Zwangsenteignung bestehen. Der Enteigner muß wie jeder Eigentümer, dem das Recht zum Besitz aus seinem Eigentum erwächst, auf dem Rechtsweg sich den Besitz verschaffen. Dem Besitzer steht die Besitzschutzklage zu; der zeitlich nach der Besitzstörung liegende Enteignungsbescheid steht einem rechtskräftigen Urteil (§ 21 BGB.) im Sinne des § 864 nicht gleich (OLG. 43, 208).

4. Gestört ist der Besitz immer dann, wenn der ihn darstellende Zustand der tatsächlichen Herrschaft des Besitzers über eine Sache beeinträchtigt wird[23]. Die Handlungen, welche hierzu geeignet sind,

[20]) Im Fall unerl. Handl. Klage aus §§ 823 ff. RG. 59, 327; a. M. Gruch. 53, 8.

[21]) M. 3, 126; Mugdan 3, 70. OLG. 20, 395 (Braunschweig).

[22]) Maenner 146; Staudinger Bem. 3 zu §§ 861, 862; vgl. OLG. 20, 395 („Bei Grundstücken sind die Grenzen zwischen Störung und Entziehung des Besitzes schwer zu unterscheiden; der Unterschied ist tatsächlich quantitativer Art").

[23]) Vgl. OLG. 2, 40 (Besitzstörung durch den Verpächter); Striethorst' Arch. 65, 230 (Aufstellung einer Warnungstafel); RG. 59, 328; OLG. 9, 296. (Störung des Mietbesitzes durch unzulässige Immissionen); Störung des Pachtbesitzes durch unzulässige Einwirkungen durch Rauch und Gase auf die Pflanzen der gepachteten Handelsgärt-

decken sich mit jenen, welche eine Beeinträchtigung des Eigentums darstellen, weshalb auf die dortigen Ausführungen (oben S. 531) verwiesen werden kann[24]).

Hier wie dort kann die Beeinträchtigung durch positive Tätigkeit oder eine rechtswidrige Unterlassung herbeigeführt werden (vgl. oben S. 531); ein bloßes Bestreiten des Besitzes genügt nur ausnahmsweise[25]), kann aber eine Feststellungsklage rechtfertigen (vgl. oben S. 534); die Besitzstörungsklage setzt kein Verschulden[26]) des Störers voraus. Ebensowenig ist Voraussetzung, daß der Beklagte ein Recht behauptet[27]).

III. Das Ziel der Besitzstörungsklage ist die Abwehr der Beeinträchtigung. Es ist klar, daß sie da nicht mehr angestellt werden kann, wo sie nicht mehr notwendig ist, weil eine Störung des Besitzes nicht mehr vorliegt. Deshalb kann man auch von der Besitzstörungsklage sagen, daß sie einen Zustand der Beeinträchtigung voraussetzt. Dieser Zustand kann in einem körperlichen Verhältnis bestehen, durch welches die Störung dargestellt wird oder in einem Zustande der Gefährdung durch Wiederholung der Eingriffe.

Aus dieser Verschiedenheit der Veranlassung ergibt sich eine doppelte Gestaltung des Anspruchs:

---

nerei (RG. 105, 215), die Besitzstörungsklage des Pächters unterliegt der gleichen Beschränkung, wie sie in § 906 BGB. dem Eigentümer auferlegt ist, da dem Pächter keine größeren Rechte eingeräumt werden können. JW. 1896, 14; RG. 55, 56 (Irrläufer bei militärischen Schießübungen; vgl. hierzu § 45 S. 560ff.; OLG. 4, 148, 10, 105; JW. 1893, 350 (Pfändung); SeuffA. 21 Nr. 124 (Strafanzeige). In einer Klagestellung ist keine Besitzstörung zu erblicken, Staudinger Bem. II, 2, a zu § 858. Wegen bloßer Drohungen vgl. OLG. 4, 290; SeuffA. 57 Nr. 122 und oben S. 476f. Striethorst' Arch. 51, 89 (Anlegung eines Stauwerks zum Nachteil des Oberliegers); 52, 83 (Verrücken eines Gebäudes über die Grenze); 52, 53 (Anlegung eines ein Bassin verunreinigenden Grabens); — Ob. Trib. 46, 55 (Vertiefung eines Wegs); Recht 1904 Nr. 1821 (Störung in der Ausübung des Notwegs); OLG. 6, 254 (Ausübung der Jagd mit Zustimmung des Pächters, aber gegen Verbot des Grundstücksbesitzers).

[24]) Vgl. RG. 55, 57; OLG. 4, 290.

[25]) Aufstellung einer Warnungstafel kann bei Wegerechten eine Besitzstörung darstellen (Scherer 3, 24). Die Behauptung, Eigentümer zu sein, schließt ein Bestreiten des Besitzes noch nicht in sich (OGH. 2, 427). Dadurch, daß der Beklagte als Mitglied einer Gemeinde gehandelt haben will, wird seine Passivlegitimation nicht ausgeschlossen. Die Besitzstörungsklage greift durch, wenn der Bekl. nicht beweisen kann, daß über das Grundstück ein öffentlicher Gemeindeweg führt und die Gemeinde durch ihre Mitglieder die Besitzhandlungen ausführen ließ (OGH. 14, 246; SeuffA. 48 Nr. 169). Bei seelischer Einwirkung durch Bestreiten des Besitzes mit förmlichem Verbot fernerer Besitzhandlungen liegt Besitzstörung vor (JW. 1908, 274; SeuffA. 63 Nr. 205). Keine Besitzstörungsklage gegen überhängende Zweige; hier ist nur Selbsthilfe nach § 910 gegeben (Naumb. AK. 1910, 15).

[26]) S. oben S. 535.

[27]) OGH. 3, 153.

1. Der Anspruch auf Beseitigung der Störung geht (§ 862 BGB.) auf Wiederaufhebung einer fortbestehenden Störung des Besitzes. Der Fortbestand und die Wiederaufhebbarkeit der Störung setzen ein körperliches Verhältnis voraus (vgl. hierüber oben S. 436). Die Wiederversetzung eines entzogenen Ackerstreifens in den früheren ackerbaufähigen Zustand läßt sich mit dem Anspruch aus § 861 nicht begründen; doch kann der Anspruch aus § 823 hergeleitet werden, wenn dessen Voraussetzungen (Verschulden) gegeben sind[28].

2. Der Anspruch auf Unterlassung weiterer Störung setzt ebenfalls einen Zustand, jedoch nicht körperlicher Art, voraus. Wenn das Zuwiderhandeln gegen das Verbot der Eigenmacht die zuständliche, bis in die Gegenwart fortdauernde Folge hervorgebracht hat, daß weitere Störungen nach den Umständen zu besorgen sind, so ist dem Besitzer der Anspruch auf Unterlassung weiterer Störung gegeben (§ 862 BGB. Vgl. hierüber oben S. 540).

Eine bloß abstrakte Möglichkeit der Wiederholung genügt nicht; es ist eine auf die gegebenen Umstände sich gründende Wahrscheinlichkeit erforderlich (RG. 63, 379; JW. 1913, 543).

Auch hier ist der Besitzer weder verpflichtet noch berechtigt, auf Vorkehrung bestimmter Maßnahmen zu klagen, durch welche die Störung hintangehalten werden soll[29] (vgl. oben S. 542). Die Zwangsvollstreckung aus einem Urteil auf Unterlassung erfolgt aus § 890 ZPO. (vgl. oben S. 546).

Anwendungsfälle der Besitzstörungsklage sind beispielsweise: unzulässige (§ 906) Immission in die vermietete Wohnung[30]; Verhinderung an der Benützung des Notwegs[31]; Anbringen von Firmenschildern[32].

Auch die Besitzstörungsklage kann eine mit obrigkeitlicher Erlaubnis errichteten gewerblichen Anlage und Eisenbahn-, Dampfschiffahrts- und ähnlichen Unternehmungen gegenüber niemals die Einstellung des Betriebes, sondern höchstens die Herstellung von Einrichtungen, welche die Störungen ausschließen, bewirken. Wo solche Einrichtungen nicht tunlich sind, kann wegen der Besitzstörung lediglich Schadloshaltung verlangt werden (vgl. hierüber oben § 39 S. 559ff.).

---

[28]) OLG. 15, 329. (Gegen diesen Anspruch ist Widerklage auf Feststellung des Eigentums zulässig.) Über Schadenersatz s. unten § 43 S. 598ff.
[29]) OLG. 12, 71; vgl. übrigens RG. 63, 379.
[30]) RG. 59, 328; OLG. 9, 295; 12, 71.
[31]) Recht 1904 Nr. 1821 (Colmar).
[32]) KGBl. 1908, 107 (KG.).

Daneben greift der allgemein anerkannte Rechtsgrundsatz in die Besitzstörungsklage ein, wonach gegenüber der Ausübung staatlicher Hoheitsrechte und speziell gegenüber polizeilichen Anordnungen nicht auf Unterlassung geklagt werden kann (z. B. Besitzstörung durch Militärschießplatz, Artilleriewerkstätte, Polizeiwachtstube, Läuten der Kirchenglocken), vgl. hierüber unten S. 629 ff.

IV. 1. Nur der tatsächliche Besitzstand ist entscheidend und nicht das bessere materielle Recht auf den Besitz. Niemals kann die Besitzklage auf das materielle Recht gestützt werden. Wer mit der Besitzstörungsklage durchdringen will, muß seinen Besitz[33]) und die Störung durch verbotene Eigenmacht nachweisen.

Kann er seine den Besitz darstellende tatsächliche Gewalt über die Sache nicht nachweisen, so muß er mit seiner Besitzklage selbst dann abgewiesen werden, wenn sein materielles Recht auf den Besitz feststeht. Zur Begründung der Besitzstörungsklage ist aber weiter erforderlich, daß der Besitz durch verbotene Eigenmacht (§ 858 BGB.) gestört wurde. Die Besitzklage findet also nicht gegen **jeden** fehlerhaften und namentlich nicht gegen den precario erlangten Besitz statt[34]). Ob der Kläger seinerseits selbst den Besitz durch verbotene Eigenmacht erlangt hat[35]), ist nur dann von Bedeutung, wenn der Besitzer **dem Störer oder dessen Rechtsvorgänger gegenüber** den Besitz durch verbotene Eigenmacht erlangt hat und der Besitz in dem letzten Jahre vor der Störung erlangt worden ist. Nur wenn diese doppelte Voraussetzung gegeben ist, ist die Besitzstörungsklage ausgeschlossen (§ 862 Abs. 2 mit § 858 Abs. 2 BGB.). Auf diese Weise konzentriert sich die Entscheidung im Besitzprozesse auf die Frage, ob verbotene Eigenmacht von einer der Parteien verübt wurde. Der Besitzschutz bezweckt die Aufrechterhaltung der äußeren Rechtsordnung. So wenig der nichtbesitzende Kläger den Mangel seiner Aktivlegitimation durch den Nachweis ersetzen kann, daß ihm nach materiellem Rechte der Besitz gehört, so wenig ist es dem Beklagten nachgelassen, die von ihm verübte verbotene Eigenmacht durch den Nachweis zu rechtfertigen, daß der Kläger nach

---

[33]) Im allgemeinen steht auch dem mittelbaren Besitzer (§ 868 BGB.) die Besitzstörungsklage zu, wenn der Besitzer (Mieter, Pächter) in seinem Besitze gestört wird (§ 869 BGB.); jedoch kann der mittelbare Besitzer die Besitzstörungsklage nicht gegen den unmittelbaren Besitzer selbst erheben (vgl. SächsArch. 1, 435, Dresden), während umgekehrt dem unmittelbaren Besitzer (Mieter) die Besitzstörungsklage gegen den mittelbaren Besitzer (Vermieter) zusteht und ihm sogar den wirksamsten Schutz gegen Übergriffe des Vermieters in die zum Gebrauch überlassene Sache gewährt (vgl. OLG. 2, 41, Stettin).

[34]) Recht 1907, 310 Nr. 588 (RG.). Der prekaristisch erlangte Besitz ist nicht ohne den Willen des früheren Besitzers entzogen.

[35]) Vgl. RG. 34, 425.

materiellem Rechte zur Duldung der Besitzbeeinträchtigung verpflichtet ist. Der gute Glaube des Eigenmächtigen ist ohne jede Bedeutung[36]). Ein solches materielles Recht zum Besitze oder zur Vornahme der störenden Handlung kann nur zur Begründung der Behauptung geltend gemacht werden, daß die Entziehung oder die Störung nicht verbotene Eigenmacht sei (§ 863 BGB.). Das will besagen: der Einwand, daß der Störer zur Störung berechtigt gewesen sei, ist insoweit unzulässig, als damit dargetan werden soll, daß der durch formelles Unrecht geschaffene Zustand dem materiellen Rechte entspreche[37]); zulässig ist jedoch dieser Einwand insoweit, als damit dargetan werden soll, daß durch die Störung gar kein formelles Unrecht geschaffen worden sei, mit anderen Worten, daß eine verbotene Eigenmacht im Sinne des § 858 nicht vorliegt. Dies trifft nur dann zu, wenn entweder der Besitzer[38]) oder das Gesetz[39]) die den Besitz beeinträchtigende Handlung gestattet hat[40]). Die Erlaubnis des Eigentümers schließt den Begriff der Eigenmacht nicht aus, wenn der Eigentümer nicht Besitzer ist[41]). Hat jemand nach materiellem Rechte den Anspruch auf die Besitzeinwirkung, so wird, namentlich wenn dieses Recht auf vertraglicher Grundlage beruht, die Zustimmung des Besitzers zu der vertragsgemäß zulässigen Einwirkung regelmäßig insolange unterstellt werden dürfen, als nicht der Besitzer seinen der Vertragspflicht entgegenstehenden Willen dem Vertragsgegner kundgegeben hat[42]). Zieht der Pächter zu dem vereinbarten Termine auf dem Pachtgute auf, so kann ihn der Eigentümer nicht mit der Besitzklage vertreiben. Hat aber der Verpächter dem Pächter vorher erklärt, daß er ihn nicht aufziehen lasse, so kann der Pächter, der dessen ungeachtet aufgezogen ist, die Besitzklage des Verpächters nicht damit bekämpfen, daß ja der Verpächter gemäß § 581 BGB. verpflichtet sei,

---

[36]) JW. 1904, 361; RG. 67, 389; SeuffA. 60 Nr. 9; Recht 1912 Nr. 3369 (RG.).

[37]) Turnau-Förster Bem. 1 zu § 863.

[38]) Und zwar der unmittelbare Besitzer, nicht der mittelbare (JW. 1908, 681); vgl. übrigens § 869 und RG. 68, 389. Der unmittelbare Besitzer hat den Besitzschutz auch gegen den mittelbaren Besitzer (Schlesw.-Holst. Anz. 1904, 145, Kiel; WürttJ. 1918, 54, Stuttgart).

[39]) Vgl. §§ 227—229; 561; 860; 861; 904; 910; 962; 1373; 1443; 1519; 1546; 2205 BGB.; § 127 StPO. (Wegnahme einer Sache zwecks Verwendung als Überführungsgegenstand. Vgl. RG. 64, 385.) — Nicht dagegen gewährt § 867 das Recht auf Aufsuchung und Wegschaffung einer auf einem fremden Grundstück befindlichen Sache gegen den Willen des Eigentümers dieses Grundstücks.

[40]) Die Erlaubnis kann auch stillschweigend erteilt werden (RG. 72, 198); vgl. JW. 1904, 361 (üer das Fortwirken einer früher erteilten Erlaubnis); Recht 1914 Nr. 773.

[41]) BayZ. 1905, 322 (RG.). — (Der Enteignungsberechtigte begeht verbotene Eigenmacht, wenn er das Grundstück zwar mit Zustimmung des Eigentümers, aber ohne die des besitzenden Pächters in Besitz nimmt.)

[42]) Nur mit dieser Einschränkung ist Staudinger Bem. 1 zu § 863 beizupflichten.

ihm den Besitz zu dem vertragsgemäßen Termine einzuräumen und somit das Verbot des Verpächters rechtswidrig gewesen sei[43]). Andererseits kann der Vermieter gegen den Mieter, der nicht rechtzeitig räumt, die Besitzklage nicht erheben, weil ja der Mieter den Besitz mit dem Willen des Vermieters erlangt hat. Stört der Vermieter den Mieter in diesem materiell unrechtmäßigen Besitz, so steht dem Mieter die Besitzklage zu, gegen welche der Beklagte nicht einwenden kann, daß die Mietzeit abgelaufen, und deshalb der Mieter zum Auszuge verpflichtet sei.

Die Erlaubnis des Gesetzes schließt den Begriff der verbotenen Eigenmacht aus. Hier kommen in erster Linie die allgemeinen Bestimmungen des § 229 BGB über die erlaubte Selbsthilfe[44]) und des § 904 BGB. über die Notstandshandlungen (s. oben S. 163 ff.) in Betracht, daneben aber auch Spezialbestimmungen wie z. B § 561 BGB., sowie das Feldschadengesetz (s. unten S 625 ff.).

§ 561 BGB. berechtigt den Vermieter, die seinem Pfandrecht unterliegenden Gegenstände des ausziehenden Mieters auch gegen dessen Willen in Besitz zu nehmen Die Besitzentziehungsklage des Mieters wird mit diesem Einwande aus dem Feld geschlagen. Räumt der Mieter die Mietwohnung nicht zu dem vereinbarten Endtermine, so kann der Vermieter keine Besitzklage gegen ihn stellen

Die Vorschrift des § 863 hat eine wichtige prozessuale Konsequenz: Gegenüber einer Besitzklage ist eine petitorische Widerklage nur insoweit zulässig, als nach § 863 gegen die Besitzklage eine petitorische Einrede zulässig ist, d. h. also eine petitorische Widerklage kann eben nur im Rahmen des § 863 BGB. erhoben werden[45]), weil sonst der nach § 33 ZPO erforderliche rechtliche Zusammenhang fehlt[46]).

Ebenso wie gegenüber der Besitzschutzklage der Einwand unzulässig ist, daß der Beklagte nach materiellem Recht zu der Störung befugt war, so kann dem materiellen Recht auch die Begründung einer Widerklage gegen die Besitzklage entnommen werden. Wenn aber der Beklagte gegenüber dem Besitzanspruch einwendet, daß die störende Handlung auf Grund einer Erlaubnis des Besitzers oder auf Grund einer gesetzlichen Ermächtigung zur Eigenmacht (§§ 227—229) zulässig war, so ist diese

[43]) Endemann 231 Anm. 23. Das Recht zum Besitz macht die Eigenmacht nicht zu einer rechtmäßigen Handlung, Endemann 231 Anm. 22. Ausnahme s. S. 520 Ziff. 2.

[44]) Von dem Einwand des Rechtes zum Besitze ist der Einwand des Rechtes zur Selbsthilfe streng zu unterscheiden. Endemann 232 Anm. 24.

[45]) Staudinger Bem. 3 zu § 864; Planck Bem. 4 zu § 863; Bendix, Besitzklage 71; Turnau-Förster Bem. I, 4 zu § 861; Seuffert Bem. 2 e zu § 33 ZPO.; Recht 1902, 528; Biermann Bem. 2 zu § 863; Dernburg 95 Anm. 4. A. M. OLG. 4, 289; Cosack § 190, VIII.

[46]) Vgl. RG. 23, 396; JW. 1897, 228 Nr. 3 und dagegen SeuffA. 48 Nr. 63.

Verteidigung geeignet, dem Besitzschutzanspruch die Grundlage zu entziehen. Auf Grund einer solchen Einwendung kann zugleich eine Widerklage erhoben werden. Wendet der Beklagte ein, daß der Kläger dem Beklagten oder dessen Rechtsvorgänger den Besitz im letzten Jahre vor der Störung durch verbotene Eigenmacht entzogen habe (§ 861 Abs. 2; § 862 Abs. 2), so ist eine Widerklage auf Besitzeinräumung zulässig[47]. Eine Behauptung dagegen, die nicht geeignet ist, den Besitzschutzanspruch zu überwinden, ist ungeeignet, den für die Zulässigkeit einer Widerklage erforderlichen rechtlichen Zusammenhang (§ 33 ZPO.) zu vermitteln[48]).

2. Von dem Grundsatz, daß das materielle Recht für den Besitzschutz gleichgültig ist, gibt es eine Ausnahme. Der Besitzanspruch erlischt nach § 864 Abs. 2 BGB., wenn nach[49]) der Verübung der verbotenen Eigenmacht durch rechtskräftiges Urteil[50]) festgestellt wird, daß dem Täter ein dingliches oder obligatorisches[51]) Recht an der Sache zusteht, vermöge dessen er die Herstellung eines seiner Handlungsweise entsprechenden Besitzstandes verlangen kann[52]). War beim Eintritt der Rechtskraft des petitorischen Urteils ein Besitzanspruch anhängig, so

[47]) Vgl. Turnau-Förster Bem. I, 4 zu § 861.

[48]) RG. 23, 693; RGKomm. Bem. zu § 863; OLG. 15, 328.

[49]) Liegt schon vor Verübung der Eigenmacht ein solches rechtskräftiges Urteil vor, so kann sich der mit dem Besitzanspruch Beklagte nur im Rahmen des § 863 auf dieses Urteil berufen. RGKomm. Bem. 3 zu § 864; vgl. Recht 1910 Nr. 1586.

[50]) Eine einstweilige, wenn auch rechtskräftige einstweilige Verfügung steht einem Urteil in dieser Hinsicht nicht gleich. So mit Recht Staudinger Bem. 2 c zu § 864 gegen Recht 1901, 284 (Dresden). Allein es wird im Einzelfalle zu untersuchen sein, ob nicht die einstweilige Verfügung die Berechtigung zum eigenmächtigen Besitzeingriff verleihen wollte; dann ist der Besitzklage das Fundament entzogen, weil dann eben die Eigenmacht infolge der einstweiligen Verfügung (und zwar schon vor deren Rechtskraft) erlaubt, mithin nicht verboten ist.

[51]) Turnau-Förster Bem. 2 zu § 864; Endemann 233 Anm. 28, RGK. Bem. 3 zu § 864; Strohal JherJ. 38, 120; Wolff JherJ. 44, 181 Anm. 105 und die überwiegende Meinung. Dagegen für Beschränkung auf dingliche Rechte Planck Bem. 2 zu § 864; Staudinger Bem. 2 c zu § 864; vgl. die Nachweise bei Staudinger a. a. O. Es ist ja richtig, daß das BGB. unter einem Recht an einer Sache sonst nur ein dingliches Recht versteht. Das Motiv des Gesetzgebers, nach definitiver Überwindung des tatsächlichen Herrschaftsverhältnisses durch das materielle Recht nicht einen öden Formalismus aufkommen zu lassen und da zur Einräumung des Besitzes zu verurteilen, wo doch schon rechtskräftig feststeht, daß der eingeräumte Besitz sofort wieder zurückgegeben werden muß, trifft für obligatorische Rechtsverhältnisse genau so zu wie für dingliche. Da liegt es doch viel näher, an eine Ungenauigkeit des Gesetzgebers im sprachlichen Ausdruck zu denken, als durch Beiholung des § 226 BGB. die unerträgliche Lücke auszufüllen.

[52]) Die Besitzklage wie die Klage aus dem materiellen Rechte können unabhängig voneinander erhoben, ja sogar miteinander verbunden werden. Freilich wird sich eine solche Verbindung wohl niemals empfehlen; deshalb wird der Richter wohl auch von der Verbindungsbefugnis des § 147 ZPO. keinen Gebrauch machen; keinesfalls ist es angängig,

muß der Kläger seinen Anspruch zur Hauptsache zurücknehmen, er kann aber den Prozeß wegen der Kosten weiterführen[53]), denn, wenn sein Anspruch erst durch das rechtskräftige Urteil beseitigt wurde, hat er ihn bis dahin mit Recht erhoben.

Zur Begründung der Besitzstörungsklage gehört, daß sich der Kläger z. Zt. der Störung im Besitz befunden hat, daß der Besitz gestört wurde und daß der dadurch geschaffene Zustand der Beeinträchtigung des Besitzes zur Zeit der Klageerhebung noch fortdauert. Ruhiger Besitzstand oder fehlerfreier Besitz sind nicht Voraussetzung des Klaganspruchs. Infolge solcher Besitzfehler kann aber unter Umständen in Frage gestellt sein, ob überhaupt Besitz im Sinne der tatsächlichen Gewalt über die Sache gegeben ist. Nur dann ist das Klagerecht ausgeschlossen, wenn der Besitzer dem Störer oder dessen Rechtsvorgänger gegenüber fehlerhaft besitzt und der Besitz im letzten Jahr vor der Störung erlangt ist (§ 862 Abs .2). Fehlerhaft ist der durch verbotene Eigenmacht erlangte Besitz (§ 858). Ist der Besitz auf Ruf und Widerruf (precario modo) eingeräumt, so ist er kein fehlerhafter.

V. Der Anspruch auf Wiedereinräumung des Besitzes, wie auf Beseitigung der Störung und Unterlassung weiterer Störung erlischt mit dem Ablauf eines Jahres nach der Verübung der verbotenen Eigenmacht, wenn nicht vorher der Anspruch[54]) im Wege der Klage geltend gemacht ist (§ 864 Abs. 1 BGB.). Weil diese Frist keine Verjährungsfrist, sondern eine gesetzliche Ausschlußfrist ist, muß sie der Richter von Amts wegen berücksichtigen[55]). Sie läuft von der Verübung der verbotenen Eigenmacht an ohne Rücksicht auf die Kenntnis des Klägers[56]). Sind wiederholte Störungen vorgekommen, so wird zwar das Jahr von der letzten Störung an zu berechnen[57]) sein, die früheren Störungen können aber für die Anwendung des § 862 Abs. 2 BGB. von Bedeutung sein.

VI. Schadenersatz. Die Besitzschutzklage (§§ 861, 862) ist nur darauf zu richten, daß ein Zustand herzustellen ist, bei dem die Beein-

daß die Verhandlung über den Besitzanspruch ausgesetzt wird bis zur rechtskräftigen Entscheidung des über das materielle Recht anhängigen Rechtsstreites. Denn gerade weil der Besitzanspruch abgesehen von der Ausnahme des § 864 Abs. 2 völlig unabhängig von dem materiellen Rechte ist, liegt Präjudizialität im Sinne des § 148 ZPO. nicht vor.

[53]) Staudinger Bem. 2b zu § 864 und Nachweise.

[54]) Eine Feststellungsklage hält daher den Ablauf der Frist nicht auf. Staudinger Bem. 1 zu § 864.

[55]) JW. 1903 Beil. 105.

[56]) Das muß auch für wörtliche Handlungen gelten, wenn hierin überhaupt eine Besitzstörung zu erblicken ist. Vgl. hierüber oben S. 534f.

[57]) Staudinger a. a. O.

trächtigung des Besitzes nicht mehr vorhanden ist. Der Anspruch auf Herstellung des Zustandes, der bestehen würde, wenn die Beeinträchtigung überhaupt nicht eingetreten wäre (Schadenersatzanspruch), bedarf einer besonderen Begründung[58]) (vgl. unten S. 598). Dieser Anspruch setzt voraus, daß die verbotene Eigenmacht schuldhaft begangen wurde. Da der Besitz ein Vermögensrecht und § 858 ein Schutzgesetz darstellt, ist § 823 Abs. 2 anwendbar[59]).

Dem Besitzer, dem durch § 26 RGewO. die Besitzstörungsklage entzogen ist (s. oben S. 559), steht der Anspruch auf Schadloshaltung zu, der dem Eigentümer oder Besitzer des benachbarten Grundstücks zusteht. Natürlich unterliegt die Besitzstörungsklage aus § 862 der gleichen Beschränkung, die in § 906 BGB. dem Eigentümer eines Grundstücks auferlegt ist (RG. 105, 214).

Der Anspruch auf Schadenersatz wegen Besitzstörung ist petitorischer Natur, so daß für ihn auch das materielle Recht von Bedeutung sein kann (Recht 1924, Nr. 269). Wird die Besitzstörungsklage mit dem Schadenersatzanspruch verbunden, so ist gegenüber dem Schadenersatzanspruch eine Widerklage aus dem materiellen Recht zulässig.

§ 41. Klagenschutz der Grunddienstbarkeiten.

Wird eine Grunddienstbarkeit beeinträchtigt, so stehen dem Berechtigten den im § 1004 BGB. bestimmten Rechte zu (§ 1027 BGB.).

I. Die **Beeinträchtigung** kann durch eine positive Tätigkeit[1]) oder eine rechtswidrige Unterlassung herbeigeführt worden sein. Freilich ist hier zu berücksichtigen, daß vermöge des Grundsatzes servitus in faciendo consistere nequit (s. oben S. 393) der Eigentümer des dienenden Grundstücks regelmäßig nicht zu einem positiven Tun verpflichtet ist. Doch gibt es hiervon Ausnahmen[2]) (vgl. hierzu oben S. 394 f.).

---

[58]) Vgl. Recht 1917 Nr. 825 RG.; OLG. 15, 329. — Der Anspruch aus §§ 861, 862 ist seiner Natur nach kein Schadenersatzanspruch (Recht 1909 Nr. 1683, Braunschweig).

[59]) RG. 59, 326; RGKomm. Bem. 4 zu § 861. JW. 1906, 737; Gruchot 51, 985. Über die Beschränkung, welche für die Verbindung des Schadenersatzanspruchs mit der Besitzschutzklage zu setzen ist, vgl. SeuffA. 66 Nr. 54 (RG.).

§ 41. [1]) Z. B. durch Errichtung eines Gebäudes (RG. 47, 359) oder durch Transport von Schiffen (Fischrecht), RGKomm. Bem. 4 zu § 1027.

[2]) Siehe z. B. oben S. 462 über die Verpflichtung des Eigentümers eines mit einem Forstrecht belasteten Waldes das Holz anweisen oder zu fällen. — Vgl. oben S. 394 über die Verpflichtung des Eigentümers zur Unterhaltung einer Anlage, welche der Ausübung der Grunddienstbarkeit dient. Soweit der Eigentümer des belasteten Grundstücks unterhaltspflichtig ist, steht dem Eigentümer des berechtigten Grundstücks der Anspruch auf Unterhaltung aus § 1027 BGB. zu.

Auch bloße Drohungen können unter Umständen eine Beeinträchtigung der Grunddienstbarkeit darstellen[3]), während ein bloßes Bestreiten regelmäßig den Anspruch aus § 1027 nicht erzeugt[4]) (vgl. oben S. 534). In letzterem Falle kann ein Feststellungsanspruch auf Anerkennung des rechtlichen Bestandes oder Umfanges der Grunddienstbarkeit erhoben werden, wenn die Voraussetzungen des § 256 ZPO. gegeben sind. Die Verbindung eines solchen Feststellungsanspruchs mit dem Anspruch aus § 1027 ist zulässig und wird sich häufig empfehlen, um Rechtskraft zugunsten des ganzen Rechtsverhältnisses herbeizuführen und die Grundlage für die Eintragung der Grunddienstbarkeit im Grundbuch zu schaffen[5]).

Der Anspruch setzt kein Verschulden desjenigen voraus, welcher für die Beeinträchtigung verantwortlich ist (vgl. oben S. 535).

II. Das Ziel des Anspruchs ist die Abwehr der Beeinträchtigung. Es ist klar, daß die Abwehrklage da nicht mehr angestellt werden kann, wo sie nicht mehr notwendig ist, weil eine Störung der Grunddienstbarkeit nicht mehr vorliegt. Deshalb kann man sagen, daß der Anspruch aus § 1027 einen Zustand der Beeinträchtigung voraussetzt. Dieser Zustand kann in einem körperlichen Verhältnis bestehen, durch welches die Störung dargestellt wird, oder in einem Zustande der Gefährdung durch Wiederholung der Eingriffe.

Aus dieser Verschiedenheit der Veranlassung ergibt sich eine doppelte Gestaltung des Anspruchs:

Der Anspruch auf Beseitigung der Beeinträchtigung geht auf die Wiederaufhebung einer fortbestehenden Beeinträchtigung der Grunddienstbarkeit. Der Fortbestand und die Wiederaufhebbarkeit der Beeinträchtigung setzen ein körperliches Verhältnis voraus (s. hierüber oben S 536).

Wenn die Unterhaltung einer zur Ausübung der Grunddienstbarkeit dienenden Anlage dem Eigentümer des dienenden Grundstückes obliegt, stellt die Unterlassung dieser Unterhaltung eine Beeinträchtigung der Grunddienstbarkeit dar. Die Beseitigung dieser Beeinträchtigung wird durch Ausführung der Unterhaltung bewirkt und hierauf ist also in diesem Fall der Beseitigungsanspruch zu richten[6]).

2. Der Anspruch auf Unterlassung weiterer Beeinträchtigung setzt ebenfalls einen Zustand, jedoch nicht körperlicher Art, voraus. Wenn

---

[3]) Vgl. JW. 1908, 274.

[4]) Vgl. BayZfR. 1906, 446 (Bamberg); ObLG. 3, 500; RGKomm. Bem. 2 zu § 1027.

[5]) Staudinger Bem. 1 b zu § 1027.

[6]) Staudinger Bem. 3b zu § 1027; Dernburg 585.

das Zuwiderhandeln gegen die aus dem Inhalte der Grunddienstbarkeit für die anderen Personen sich ergebenden Pflichten die zuständliche, bis in die Gegenwart fortdauernde Folge hervorgebracht hat, daß weitere Beeinträchtigungen nach den Umständen zu besorgen[7]) sind, so ist dem Berechtigten der Anspruch auf Unterlassung weiterer Beeinträchtigung gegeben (vgl. hierüber oben S. 540).

Auch hier ist der Berechtigte weder verpflichtet, noch berechtigt, auf Vorkehrung bestimmter Maßnahmen zu klagen, durch welche die Beeinträchtigung hintangehalten werden soll (vgl. oben S. 542). Die Zwangsvollstreckung aus einem Urteil auf Unterlassung erfolgt aus § 890 ZPO. (vgl. oben S. 546).

Der Anspruch des Grunddienstbarkeitsberechtigten kann einer mit obrigkeitlicher Erlaubnis errichteten gewerblichen Anlage und Eisenbahn-, Dampfschiffahrts- und ähnlichen Unternehmungen gegenüber niemals die Einstellung des Betriebes, sondern höchstens die Herstellung von Einrichtungen, welche die Störung ausschließen, bewirken. Wo solche Einrichtungen nicht tunlich sind, kann wegen der Beeinträchtigung der Grunddienstbarkeit lediglich Schadloshaltung verlangt werden (vgl. hierüber oben S. 559 ff.). Daneben greift der allgemein anerkannte Rechtsgrundsatz auch in den Anspruch auf § 1027 ein, wonach gegenüber der Ausübung staatlicher Hoheitsrechte und speziell gegenüber polizeilichen Anordnungen nicht auf Unterlassung geklagt werden kann (s. unten S. 629).

3. Schadenersatz kann nur im Falle des Verschuldens nach Maßgabe der Haftung für die unerlaubte Handlung verlangt werden[8]). Dieser Schadenersatzanspruch kann mit dem Anspruch aus § 1027 BGB. verbunden.

III. Parteistellung für die Klage.

1. Klageberechtigt ist der Inhaber der Dienstbarkeit, also der jeweilige Eigentümer des herrschenden Grundstücks[9]). Es ist nicht erforderlich, daß er im Besitze des Grundstückes ist. Auch der einzelne Miteigentümer ist klageberechtigt (§ 1011 BGB.). Wird das herrschende Grundstück geteilt, und die Grunddienstbarkeit bleibt für die einzelnen Teile fortbestehen (§ 1025 BGB., s. oben § 34 VIII), so ist

---

[7]) Bloße Möglichkeit genügt nicht (RG. 63, 374).

[8]) Vgl. SeuffBl. 68, 166; ObLG. 3, 492.

[9]) Bei Gemeindeservituten ist das einzelne Mitglied der Gemeinde nicht aktiv legitimiert (s. oben S. 390 Anm. 92).

jeder Eigentümer eines solchen Teiles klageberechtigt[10]). Ingleichen der Erbbauberechtigte (§ 1017 Abs. 2 BGB.) und der Nießbraucher[11]) (§ 1065 BGB.), soweit mit dem Erbbaurecht und dem Nießbrauch die Ausübung einer Grunddienstbarkeit aktiv verbunden ist. Der Fideikommißbesitzer des herrschenden Grundstücks ist aktiv legitimiert. An Stelle des Eigentümers ist der Konkursverwalter (§§ 6, 10 f. KO.), der Testamentsvollstrecker (§§ 2212, 2213 BGB.), aber auch der Zwangsverwalter aktiv legitimiert. Dagegen fehlt die Aktivlegitimation dem Mieter und Pächter[12]) (über die Aktivlegitimation überhaupt vgl. oben S. 550).

2. Passiv legitimiert ist jeder Störer (vgl. hierüber oben S. 552), also nicht nur der Eigentümer des dienenden Grundstücks, sondern jeder Dritte, der unbefugt der Ausübung der Grunddienstbarkeit in den Weg tritt[13]). Mehrere Störer haben aus einer gemeinschaftlich begangenen Störung als Gesamtschuldner für die Beseitigung der Beeinträchtigung[14]).

Der Eigentümer des dienenden Grundstücks, der störende Veranstaltungen auf seinem Grundstück durch andere wissentlich duldet, ist als Störer verantwortlich[15]).

Wird auf Feststellung einer Grundgerechtigkeit geklagt, die auf einem Grundstücke ruht, welches im Miteigentum mehrerer Personen steht, so muß die Klage gegen die sämtlichen Miteigentümer erhoben werden, wenn auch nur einer von ihnen die Grunddienstbarkeit bestritten hat[16]).

IV. Beweislast. Der Kläger ist für den von ihm behaupteten Inhalt und Umfang der Grunddienstbarkeit beweispflichtig, wobei hin-

---

10) Vgl. OTribArch. 25, 280.

11) RGKomm. Bem. 3 zu § 1027.

12) Planck Bem. 2 zu § 1027; RGKomm. Bem. 3 zu § 1027 (jedoch unter Umständen Feststellungsklage); dagegen steht dem Mieter und Pächter der Besitzschutz, § 1029, hinsichtlich der Grunddienstbarkeit zu, s. hierüber unten § 42 S. 589. A. M. Staudinger Bem. 2a zu § 1027, Dernburg 584, die dem Mieter und Pächter die Feststellungsklage gewähren wollen. Man wird dieselben auf die Besitzstörungsklage beschränken müssen.

13) BayZfR. 1906, 446 (Bamberg); ObLG. 3, 352 (Bamberg); RGKomm. Bem. 4 zu § 1027.

14) Vgl. SeuffA. 61 Nr. 224.

15) Vgl. RG. 47, 162; JW. 1900, 840; 1902 Beil. 187; vgl. oben S. 493.

16) OLG. 18, 149 (Köln); Gaupp-Stein 8./9. Aufl. Anm. I zu § 62. — A. M. dagegen Josef ArchZivPrax. 107, 168; die Kosten, die gegen den nicht bestreitenden Miteigentümer erwachsen sind, können diesem auch dann überbürdet werden, wenn er den Anspruch sofort anerkennt, weil sein Anerkenntnis insolange wirkungslos ist, als es nicht alle Miteigentümer erklären.

sichtlich der im Grundbuch eingetragenen Grunddienstbarkeiten die Bezugnahme auf den Inhalt des Grundbuches genügt (§§ 891, 874 BGB.).

Der Kläger liegt ferner der Nachweis der Klageveranlassung ob; er muß also beweisen, daß ein Zustand der Beeinträchtigung (in dem oben I und II erörterten Sinne) vorliegt.

V. Zeitliche Statutenkollision. Der § 1027 BGB gilt auch für die bei dem Inkrafttreten des BGB bereits bestehenden Grunddienstbarkeiten (Art. 184 EG.).

VI. Gerichtsstand. Für die Klage aus § 1027 BGB ist das Gericht ausschließlich zuständig, in dessen Bezirk das dienende Grundstück belegen ist (§ 24 ZPO.).

§ 42. Besitzschutz der Grunddienstbarkeiten.

A. Begriff des Quasibesitzes an Grunddienstbarkeiten.

I. Ein Sachbesitz im Sinne des § 854 BGB. ist bei Grunddienstbarkeiten nur dann denkbar, wenn sich die Dienstbarkeit in Anlagen verkörpert, die auf das dienende Grundstück direkt einwirken, z. B. in überragenden Balken, Dunggruben, Wasserleitungen usw. Auf diese Fälle finden die Vorschriften des BGB. über den Schutz des Sachbesitzes (§§ 854 ff. BGB. unmittelbar Anwendung[1]).

II. Abgesehen hiervon ist ein Sachbesitz bei Dienstbarkeiten undenkbar. Obwohl das BGB. das Institut des Rechtsbesitzes im allgemeinen nicht anerkannt hat, hielt es aus praktischen Gründen für unumgänglich, dem Besitzer einer Grunddienstbarkeit den possessorischen Rechtsschutz zu gewähren. Bei der Bestimmung der Voraussetzungen dieses Schutzes geht das BGB. davon aus, daß eine Analogie zwischen dem Sachbesitz und dem Zustande der Ausübung der Grunddienstbarkeit zu benützen ist. Das Analogon des Sachbesitzes ist bei den Grunddienstbarkeiten der Zustand der Ausübung bzw. der Zustand der tatsächlichen Geltung der Dienstbarkeit, welcher in deren Betätigung seitens des Berechtigten zutage tritt[2]). Den Vorschriften des BGB. liegt der Gedanke zugrunde, daß man denjenigen, welcher sich in der Ausübung der Dienstbarkeit befindet, gewissermaßen als Mitbesitzer (quasi possessor) neben dem Sachbesitzer ansehen kann[3]). Dadurch aber ist in der Tat bei Grunddienstbarkeiten vom BGB. der Rechtsbesitz anerkannt worden. Zwar spricht das BGB. nur von einer entsprechenden Anwen-

---

§ 42 [1]) Planck Bem. 1 zu § 1029; Staudinger Bem. 1 a zu § 1029.
[2]) M. 3, 490, Mugdan 3, 273.
[3]) Planck Bem. 1 zu § 1029.

dung der für den Besitzschutz geltenden Vorschriften auf den Schutz der Ausübung einer Grunddienstbarkeit (Art. 191 EG.; § 1029 BGB). Aber die entsprechende Anwendung der Vorschriften über den Schutz des Sachbesitzes ist eben nur dann möglich, wenn Rechtsbesitz (quasi possessio) des Servitutberechtigten zugrunde gelegt wird[4]).

B. Erwerb des Quasibesitzes an Grunddienstbarkeiten.

I. Wie der Sachbesitz durch die Erlangung der tatsächlichen Gewalt über eine Sache erworben wird (§ 854 BGB.), so wird die quasi possessio durch die Ausübung der Grunddienstbarkeit erworben und zwar schon durch eine einmalige, auf Fortsetzung gerichtete Ausübung. Gleichwie der Sachbesitz als tatsächliche Gewalt besteht ohne Rücksicht darauf, ob er rechtlichen Schutz genießt, so besteht die dem Sachbesitz entsprechende quasi possessio unabhängig davon, ob und inwieweit ihr vom Gesetzgeber ein Schutz zugebilligt worden. Dieser Gedanke ist als grundlegend festzuhalten. Es wäre verfehlt, eine quasi possessio nur insoweit als gegeben zu erachten, als ein Schutz der quasi possessio vom Gesetzgeber zugebilligt ist. Die quasi possessio wird erlangt durch eine Handlung, welche sich objektiv als Ausübung einer Grunddienstbarkeit darstellt Die Handlung muß den Charakter der Rechtsausübung tragen[5]).

Gleichgültig für den Begriff der quasi possessio ist es, ob dieselbe durch eine fehlerhafte Besitzhandlung erworben wird. Gleichwie der Räuber an der von ihm abgenommenen Uhr Besitz erwirbt, so wird die quasi possessio einer Grunddienstbarkeit auch dann erworben, wenn der Ausübende in seiner Fahrt entgegengesetzten Willen des Eigentümers mit Gewalt überwindet. Er besitzt fehlerhaft, aber er besitzt, wenn es ihm gelungen ist, den entgegenstehenden Willen des Grundeigentümers zu überwinden. Er hat die quasi possessio erlangt und behält sie so lange, als er nicht das von ihm begründete Herrschaftsverhältnis aufgibt oder in anderer Weise verliert

[4]) So ist nach § 862 Abs. 2 BGB. der Besitzanspruch ausgeschlossen, wenn der Besitzer dem Störer gegenüber fehlerhaft besitzt und der Besitz in dem letzten Jahre vor der Störung erlangt ist. Die entsprechende Anwendung dieser Vorschrift auf den Schutz der Ausübung von Grunddienstbarkeiten setzt unerläßlich voraus, daß auch hier ein tatsächliches Machtverhältnis als erlangt unterstellt wird. Mit anderen Worten: wie der Sachbesitz durch eine einmalige Handlung erworben wird, so muß auch das unterstellte Herrschaftsverhältnis bezüglich einer Grunddienstbarkeit, welches den Besitzschutz genießt, durch eine einmalige Handlung dergestalt erworben werden können, daß ein dem Sachbesitz analoges, aber nicht in der tatsächlichen Gewalt, sondern nur in der rechtlichen Fiktion bestehendes Herrschaftsverhältnis angenommen wird.

[5]) Vgl. OGH. 8, 461; OLG. 6, 255.

Durch den Akt der Betätigung der Dienstbarkeitsausübung wird also ein dem Sachbesitz analoges Herrschaftsverhältnis begründet, welches mit zuständlicher Wirkung fortdauert (quasi possessio).

Die quasi possessio reicht natürlich niemals weiter als die Ausübung und in diesem Rahmen hat sich dann auch der Besitzschutz, sofern er überhaupt besteht, zu halten.

II. Ob ein Besitzstand vorliegt, muß nach Lage des Einzelfalles entschieden werden. Es ist nicht erforderlich, daß die Willensrichtung des Quasipossessors gerade auf die Ausübung einer Grunddienstbarkeit als eines Rechtes an einer fremden Sache gegangen ist; auch eine Rechtsausübung, welche in dem Glauben, Eigentümer zu sein, vorgenommen wurde, genügt. Aber es muß sich um eine solche Betätigung handeln, die rein objektiv betrachtet als die eines Grunddienstbarkeitsberechtigten aufgefaßt werden kann; es muß also eine Ausübung vorliegen, die für die Benützung eines dem Quasipossessor gehörigen Grundstückes Vorteil bietet; dem Grundsatz servitus fundo utilis esse debet (s. oben S. 386) muß bei der in Frage stehenden Betätigung Genüge geleistet sein, weil es sonst gar nicht um die Ausübung einer Grunddienstbarkeit handeln kann. Wenn z. B. der Postbote bei seinem täglichen Bestellgang über eine fremde Wiese geht, wird er niemals die quasi possessio einer Gehgerechtigkeit an dieser Wiese erwerben. Wenn aber der Eigentümer eines Ackers zum Zwecke der Bestellung desselben über einen daran grenzenden Rain gefahren ist, dann kann er hierdurch die quasi possessio einer Fahrtgerechtigkeit selbst dann erworben haben, wenn er sich irrtümlicherweise für den Eigentümer des Raines gehalten hat.

Die Immission von Rauch, Ruß usw. kann nicht ohne weiteres als eine Handlung aufgefaßt werden, in welcher die Absicht einer Rechtsausübung an dem fremden Grundstück zum Ausdruck kommt[6]), ebensowenig das Ausschwärmenlassen von Bienen[7]). Desgleichen stellt eine bloße Mauerausbauchung oder das bloße Hineinragen eines schief gewordenen Giebels für sich allein noch keine Rechtsausübung einer Servitut dar[8]). Die Rechtsausübung einer Dienstbarkeit an Sachen, welche dem öffentlichen Gebrauche gewidmet sind, ist denkbar, aber sie liegt noch nicht ohne weiteres in der Ausübung von allgemeinen Gebrauchsbefugnissen, welche aus der Öffentlichkeit des Weges folgen[9]).

---

[6]) Vgl. Bolze 2 Nr. 191, 5 Nr. 97, 11 Nr. 51, RG. 12, 175; SeuffA. 46 Nr. 171.

[7]) Vgl. JW. 1884, 281 Nr. 39.

[8]) Vgl. RG. 45, 287 und dagegen: OLG. 5, 423.

[9]) OLG. 6, 255, vgl. Kahr, GemO. 359; OGH. 9, 81; 10, 200; SeuffA. 42 Nr. 194 (RG.).

Wenn die Benützung nur vergünstigungsweise oder mit dem Willen der Verheimlichung erfolgt, ist die quasi possessio nicht gegeben[10]) Dagegen kann eine gewaltsam erzwungene Ausübung sehr wohl den Charakter der Rechtsausübung tragen[11]). Gerade weil jemand sich sein Recht nicht nehmen lassen will, übt er es trotz des Verbotes erst recht aus

Zweifelhaft ist, was zu der Ausübung der Dienstbarkeit gehört, wenn diese darin besteht, daß auf dem dienenden Grundstück gewisse Handlungen nicht vorgenommen werden dürfen. Die bisherige Rechtsprechung hat in solchen Fällen eine quasi possessio nur dann angenommen, wenn die Nichtvornahme der betreffenden Handlung infolge eines Verbotes des anderen Teiles erfolgte[12]). Daran wird festzuhalten sein Wenn aber die Dienstbarkeit im Grundbuche eingetragen ist, so wird man in dieser Eintragung schon das erforderliche Verbot erblicken können[13])

Durch Dritte kann, wenn sie in einem Repräsentationsverhältnis zu der Person des Berechtigten stehen, die quasi possessio erworben werden[14]); steht der Dritte zu dem Berechtigten in keinem Repräsentationsverhältnis, so kann die quasi possessio zwar durch ihn erhalten, aber nicht erworben werden[15])

Wenn die Handlung so, wie sie äußerlich in die Erscheinung tritt, geeignet ist, eine Rechtsausübung darzustellen, so wird es Sache des Gegenbeweises sein, den Charakter der Rechtsausübung zu widerlegen[16]).

C. Endigung der quasi possessio.

Wie lange der durch den erwerbenden Akt vollzogene Zustand der quasi possessio erhalten bleibt, ist ebenso wie beim Sachbesitz eine Tatfrage Auch hier tritt wieder in Erscheinung, daß der Begriff der quasi possessio den rechtlichen Schutz nicht zur Voraussetzung hat Das ergibt sich aus Art. 191 EG. Danach wird für eine Grunddienstbarkeit, welche weder eingetragen, noch in einer Anlage verkörpert

---

10) OLG. 6, 255.

11) Vgl. RG. 22, 189; OGH. 8, 201; a. M. Dernburg 587. Zu Unrecht beruft sich Dernburg auf Planck Bem. 3 b.

12) Holzschuher, Theor. und Kas., 2, 403; SeuffA. 36 Nr. 110; JW. 1891, 23 Nr. 53.

13) Planck Bem. 3b zu § 1029; RGKomm. Bem. 5 zu § 1029.

14) Vgl. Planck Bem. 3b zu § 1029; SeuffA. 47 Nr. 188, OGH. 5, 795 (Dienstboten), 7, 241 (Pächter).

15) Vgl. SeuffA. 47 Nr. 188.

16) Planck Bem. 3b zu § 1029.

ist, der Besitzschutz nur gewährt, wenn die Dienstbarkeit in jedem der drei letzten Jahre vor der Störung mindestens einmal ausgeübt worden ist. Damit ist nicht gesagt, daß der Besitzschutz stets dann gewährt werden muß, wenn die Dienstbarkeit in jedem der drei letzten Jahre mindestens einmal ausgeübt worden ist. Es wird vielmehr vorausgesetzt, daß zur Zeit der Störung die quasi possessio noch besteht. Die quasi possessio kann aber erloschen sein, obwohl im letzten Jahre vor der Störung die Grunddienstbarkeit noch ausgeübt wurde [17])

Es erlischt nämlich die quasi possessio, wenn der Berechtigte das durch Ausübung begründete Herrschaftsverhältnis aufgibt oder in anderer Weise verliert, gleich wie der Sachbesitz nach § 856 BGB. dadurch beendigt wird, daß der Besitzer die tatsächliche Gewalt über die Sache aufgibt oder in anderer Weise verliert

Wenn z. B. der Kläger am 29. Mai 1909 bei einer Fahrt über die fremde Wiese gestört wird, und deswegen die Besitzschutzklage erhebt, so wird er mit dieser Klage auch dann abgewiesen werden können, wenn er in jedem der drei vorhergehenden Jahre wiederholt und sogar durchaus ungehindert und im guten Glauben über die fremde Wiese gefahren ist. Wenn ihm z. B. am 20 Mai 1909 der Wiesenbesitzer eine von ihm aufgefundene Urkunde vorzeigt, aus der sich ergibt, daß die bis dahin von beiden Teilen unterstellte Fahrtgerechtigkeit in Wirklichkeit nicht besteht und daraufhin der Kläger, der im Begriffe stand, über die Wiese zu fahren, dies unterläßt, so hat er hierdurch die quasi possessio verloren; er hat das durch die Ausübungshandlung begründete Herrschaftsverhältnis aufgegeben.

Das Herrschaftsverhältnis des Berechtigten an der fremden Sache, die quasi possessio, wird namentlich dadurch aufgegeben, daß der Berechtigte die nach den Umständen veranlaßte Fortsetzung der Ausübung mit dem Willen unterläßt, die Grunddienstbarkeit nicht mehr weiter auszuüben. Die Aufgebung des Besitzwillens ist unter diesen Umständen auch aus einer bloßen länger andauernden Nichtausübung des Rechtsbesitzes zu folgern. Ob dies der Fall ist, ist eine Frage vorwiegend tatsächlicher Natur [18]).

Der Verlust des Quasibesitzes tritt auch dann eine, wenn der Besitzer des herrschenden Grundstücks die Ausübung der Dienstbarkeit nicht freiwillig aufgibt, sondern ihm die Ausübung der Dienstbarkeit von

---

[17]) Planck Bem. 3 zu § 1029.

[18]) Vgl. OGH. 15, 279.

dem Besitzer des belasteten Grundstücks, wenn auch nur zeitweilig[19]), unmöglich gemacht wird[20]) Allein gegen diese Behinderung kann gerade der Besitzschutz wirksam angerufen werden

D. Schutz der Ausübung der Grunddienstbarkeiten.

I Voraussetzungen des Besitzschutzes

Die Voraussetzungen sind verschieden, je nachdem die Grunddienstbarkeit im Grundbuche eingetragen ist oder nicht

1. Eingetragene Grunddienstbarkeiten.

Wird der Besitzer eines Grundstückes in der Ausübung einer für den Eigentümer im Grundbuch eingetragenen Grunddienstbarkeit gestört, so finden die für den Besitzschutz geltenden Vorschriften entsprechende Anwendung, soweit die Dienstbarkeit innerhalb eines Jahres vor der Störung, sei es auch nur einmal, ausgeübt worden ist (§ 1029 BGB.).

Der Besitzschutz kann auf Grund des § 1029 niemals über den Inhalt der Grunddienstbarkeit, wie er im Grundbuche eingetragen ist, hinausgehen[21]). Eine Ausübung, die über den eingetragenen Inhalt der Grunddienstbarkeit hinausgeht, kann aber den Besitzschutz unter den Voraussetzungen genießen, unter welchen er einer nicht eingetragenen Grunddienstbarkeit zukommt (s. unten 2)

Die Erfordernisse der Ausübung sind oben unter B erörtert.

Ist die Dienstbarkeit innerhalb des der Störung vorausgehenden Jahres nicht mindestens einmal ausgeübt worden, so bleibt der Besitzschutz überhaupt versagt. Er wird dagegen gewährt, wenn dies auch nur einmal in dem der Störung vorausgegangenen Jahre geschehen ist. War diese vorhergehende Ausübung eine gewaltsame, so kommt es darauf an, ob der Quasipossessor die quasi possessio schon vor dem Beginn des der Störung vorhergehenden Jahres erlangt hat, (s. hierüber oben B I). War dies der Fall, dann kann ihm dieser fehlerhafte Erwerb seiner quasi possessio nach §§ 861 Abs. 2, 862 Abs. 2 nicht mehr entgegengehalten werden. Hat aber der Besitzer des herrschenden Grundstückes die quasi possessio erst in dem der Störung vorhergehenden Jahre erlangt, dann sind die Voraussetzungen gegeben, vermöge deren der störende Besitzer des dienenden Grundstückes die Besitzklage nach §§ 861 Abs 2, 862 Abs. 2 aus dem Felde schlagen kann

---

19) Nach dem Wegfall der Verhinderung kann die quasi possessio natürlich von neuem erworben werden.

20) Planck Bem. 3 zu § 1029.

21) Planck Bem. 4 zu § 1029.

2. Nicht eingetragene Grunddienstbarkeiten.

Nach Art. 191 Abs. 1 EG. sind die bisherigen Gesetze über den Schutz im Besitze einer Grunddienstbarkeit oder einer beschränkten persönlichen Dienstbarkeit aufrecht erhalten, bis das Grundbuch für das belastete Grundstück als angelegt anzusehen ist. Erst vom Inkrafttreten der Grundbuchverfassung an würde also der Besitzschutz der Grunddienstbarkeiten in Gemäßheit des Art. 191 Abs. 2 EG. nach Bundesrecht zu beurteilen sein. Art. 45 ÜG. hat jedoch die Anwendbarkeit des bisherigen Rechts auch für die Übergangszeit beseitigt und die Vorschriften des Art. 191 Abs. 2 EG. schon vom Inkrafttreten des BGB. an in Geltung gesetzt, so daß von da ab der Besitzschutz der nicht eingetragenen Grunddienstbarkeiten in Bayern einheitlich durch Art. 191 Abs. 2 EG. geregelt ist. Die Beschränkung, wonach Art. 191 Abs. 2 EG. nur insolange Anwendung finden soll, als Dienstbarkeiten nach Art. 128 oder Art. 187 EG. zur Erhaltung der Wirksamkeit gegenüber dem öffentlichen Glauben des Grundbuchs der Eintragung bedürfen, ist für Bayern zunächst bedeutungslos, da die für die Unterwerfung von Grunddienstbarkeiten unter den Eintragungszwang erforderliche Verordnung (Art. 10 Abs. 2 ÜG.) bislang noch nicht erlassen wurde und vorerst auch nicht zu erwarten ist. Demgemäß finden in Bayern auch zum Schutze der Ausübung einer nicht eingetragenen Grunddienstbarkeit die für den Besitzschutz geltenden Vorschriften des BGB. vom 1. Januar 1900 an entsprechende Anwendung. Es sind jedoch zu unterscheiden:

a) die nicht eingetragenen Grunddienstbarkeiten, mit welchen das Halten einer dauernden Anlage verbunden ist. Diese genießen den Besitzschutz ohne weiteres (Art. 191 Abs. 2 S. 1 EG.);

b) die sämtlichen nicht eingetragenen Grunddienstbarkeiten anderer Art, denen der Besitzschutz nur dann gewährt wird, wenn die Dienstbarkeit in jedem der drei letzten Jahre vor der Störung wenigstens einmal ausgeübt worden ist (Art. 191 Abs. 2 Satz 2 EG.).

Daß die quasi possessio während der drei Jahre ununterbrochen fortgedauert hat, ist nicht notwendig. Es genügt, wenn sie in jedem Jahre mindestens einmal, wenn auch nur zeitweilig vorhanden war, soferne sie nur unmittelbar vor Beginn des letzten der Störung vorausgegangenen Jahres bestanden hat. Ist aber die Wiedererlangung der quasi possessio erst in dem der klageständigen Störung unmittelbar vorausgehenden Jahre wieder erlangt worden, so schlägt der störende Besitzer des belasteten Grundstücks die Besitzklage mit dem Einwande aus §§ 861 Abs. 2, 862 Abs. 2 BGB.

II. Inhalt des Besitzschutzes.

Solange das durch die Ausübungsbetätigung begründete zuständliche Herrschaftsverhältnis (quasi possessio) fortdauert, ist jede Behinderung oder Störung in der Ausübung der Dienstbarkeit ohne den Willen des Quasibesitzers eine Verletzung des Quasibesitzrechtes. Die rechtswidrige Verhinderung in der Ausübung oder deren rechtswidrige Beeinträchtigung ist verbotene Eigenmacht, zu deren Abwehr dem Quasibesitzer neben dem Rechte der Selbsthilfe[22]) (§ 859 BGB.) die Besitzklagen gegeben sind.

Bei totaler Verletzung, nämlich bei Entziehung des Quasibesitzes geht der Anspruch auf Wiedereinräumung desselben (§ 861 BGB.). Wird der Quasibesitz nur partiell, d. i. eben in anderer Weise als durch Entziehung, beeinträchtigt, so steht dem Quasibesitzer die Besitzstörungsklage zu (§ 862 BGB.).

Der Quasibesitz ist entzogen, wenn der Dritte die Ausübung der Dienstbarkeit ganz vereitelt; er ist gestört, wenn die Ausübung der Dienstbarkeit erschwert wird; die Grenzen der beiden Besitzklagen sind bei ihrer Anwendung auf den Schutz der Grunddienstbarkeitsausübung besonders flüssig.

Das Gesetz erkennt mit gewissen Einschränkungen, die unter I erörtert wurden, die quasi possessio als schutzwürdig an; dem Quasipossessor ist das Recht auf Erhaltung des durch die Ausübung erlangten Herrschaftsverhältnisses in dem Sinn verliehen, daß er an der Fortsetzung der Ausübung nicht behindert werden darf. Sein Quasibesitz wird geschützt ohne Rücksicht darauf, ob er mit der Rechtslage übereinstimmt. Wer diesen Herrschaftszustand stört, handelt widerrechtlich, soferne ihm nicht das Gesetz die Störung gestattet (s. oben S. 577). Die Störung ist verbotene Eigenmacht (§ 858 BGB.) und also selbst dann unzulässig, wenn die angemaßte Grunddienstbarkeit in Wirklichkeit gar nicht besteht. Ob der Kläger seinerseits selbst den Besitz durch verbotene Eigenmacht erlangt hat, ist nur dann von Bedeutung, wenn der Quasibesitzer dem Störer oder dessen Rechtsvorgänger gegenüber den Besitz durch verbotene Eigenmacht erlangt hat und der Besitz in dem letzten Jahre vor der Störung erlangt worden ist (§ 861 Abs. 2, § 862 Abs. 2 BGB.). Das Nähere hierüber s. oben S. 579. Anwendungsfälle s. oben D I, 1 und D I, 2b.

Der Anspruch geht auf Wiedereinräumung des Quasibesitzes bzw. auf Beseitigung der Störung und Unterlassung weiterer Störung der Ausübung der Grunddienstbarkeit (s. oben S. 583). Er erlischt mit

[22]) Vgl. hierüber Planck Bem. 4a zu § 1029.

dem Ablaufe eines Jahres nach der Verübung der verbotenen Eigenmacht, wenn nicht vorher der Anspruch im Wege der Klage geltend gemacht ist (§ 864 Abs. 1 BGB.), s. hierüber oben S. 585).

Eine Einwendung oder Widerklage aus dem materiellen Rechte ist nicht zulässig (s. hierüber und über die Ausnahmen von diesem Grundsatz oben S. 583).

§ 43. Anspruch auf Schadenersatz.

A. Eigentumfreiheitsklage und Schadenersatz.

Schaden ist gleichbedeutend mit Minderung des Vermögens. Grundsätzlich muß der Geschädigte den Schaden selbst tragen. Nur dann kann er ihn auf einen anderen abwälzen, wenn dieser aus einem besonderen Rechtsgrunde zum Ersatz verpflichtet ist. Deshalb allein, weil ein anderer den Schaden verursacht hat, ist er noch nicht zum Schadenersatz verpflichtet.

Aus § 1004 ist ein zum Schadenersatz verpflichtender Rechtsgrund nicht abzuleiten[1]). Der Eigentumfreiheitsanspruch erschöpft sich in der Beseitigung der Beeinträchtigung des Eigentums. Die Beeinträchtigung besteht darin, daß das Recht des Eigentümers, mit seiner Sache nach Belieben zu verfahren, und andere von jeder Einwirkung auszuschließen (§ 903), durch das Verhalten eines anderen in zuständlicher Weise verletzt wird. Folgerichtig geht der Beseitigungsanspruch auf Herstellung eines Zustandes, bei dem von nun ab der Eigentümer sein Recht, mit seiner Sache nach Belieben zu verfahren und andere von jeder Einwirkung auszuschließen, ungehemmt ausüben kann. Mit der Herstellung dieses Zustandes ist der Beseitigungsanspruch auch dann erfüllt, wenn während der Dauer der Beeinträchtigung der Zustand der Sache selbst durch die Beeinträchtigung in nachteiliger Weise verändert worden und nach der Beseitigung der Beeinträchtigung verändert geblieben ist (Sachschaden) oder der Eigentümer infolge der Beeinträchtigung eine anderweitige Minderung seines Vermögens (Vermögensschaden) erlitten hat. Der Eigentumfreiheitsanspruch gewährt also keinen Ersatz dafür, daß infolge der Beeinträchtigung des Eigentums der Eigentümer an seinem Vermögen geschädigt ist[2]). Mit dem Anspruch

---

§ 43 [1]) Das gleiche gilt für den Anspruch des § 862 wegen Beeinträchtigung des Besitzers (OLG. 20, 395).

[2]) RG. 45, 300; 63, 374; SeuffA. 60 Nr. 218 (RG.); Recht 1906 Nr. 940 (ObLG.); Werner im Recht 1904, 330 gegen OLG. 7, 29 (Köln); Staudinger Bem. 6 zu § 1004 und Bem. IV 2 f, d zu § 906. Der Unternehmer einer städtischen Gasanstalt oder einer städtischen Wasserleitung haftet deshalb für den durch Rohrbruch verursachten Schaden nur im Falle des Verschuldens (RG. 63, 374); vgl. hierüber oben S. 218 Anm. 41.

aus § 1004 kann Wiederherstellung des früheren Zustandes im Sinne des § 249 nicht gefordert werden, weder hinsichtlich der Sache noch hinsichtlich der allgemeinen Vermögenslage. Mit anderen Worten: Mit der Eigentumfreiheitsklage kann nur gefordert werden die Herstellung eines Zustandes, bei dem die Beeinträchtigung nicht mehr vorhanden ist; nicht dagegen die Herstellung des Zustandes, der bestehen würde, wenn die Beeinträchtigung überhaupt nicht stattgefunden hätte. Wer diesen letzteren Anspruch geltend macht, verlangt Schadenersatz (§ 249) und damit kann er nur durchdringen, wenn die Haftung auf Ersatz des infolge der Beeinträchtigung eingetretenen Schadens durch einen besonderen Rechtsgrund bestimmt ist. Der aus einem solchen besonderen Grund beanspruchte Schadenersatz wegen Beeinträchtigung des Eigentums kann neben dem negatorischen Anspruch in derselben Klage sogar ohne ziffermäßige Angabe des Betrags geltend gemacht werden[3]).

B. Ursächlicher Zusammenhang.

Wer Schadenersatz fordert, muß in jedem Fall den Nachweis erbringen, daß der Schaden auf dasjenige Ereignis zurückzuführen ist, für das der Beklagte haftet (Kausalzusammenhang).

Im logischen Sinn ist ein ursächlicher Zusammenhang schon dann gegeben, wenn durch ein Ereignis eine der mehreren Bedingungen für die Entstehung des Schadens gesetzt ist. Allein der logische Begriff des ursächlichen Zusammenhangs ist für das Recht unbrauchbar. Der juristische Begriff des ursächlichen Zusammenhangs beruht auf einer Beurteilung des Geschehens. Jedes Ereignis hat eine erfahrungsmäßige Tendenz, gewisse Erfolge hervorzubringen. Der Sachkundige, mit dem gesamten Wissen der Erfahrung Ausgestattete, ist schon beim Eintritt des Ereignisses in der Lage, zu übersehen, welche Folgen voraussichtlich daraus hervorgehen werden. Ein solcher Sachkundiger wird bei seiner Vorstellung über den Ablauf der Folgen eines Ereignisses mit mannigfachen Möglichkeiten rechnen. Aber er würde sich ins Uferlose verlieren, wenn er bei seiner Vorstellung auch eine Verquickung ganz besonders eigenartiger Umstände einbeziehen würde. Er wird den kausalen Ablauf des Ereignisses in 99 von 100 Fällen richtig beurteilen, wenn er ganz außergewöhnliche Komplikationen außer Betracht läßt und nur mit den Folgen rechnet, mit denen man nach dem gesamten Erfahrungswissen rechnen muß. Tritt dann infolge einer ganz außergewöhnlichen Komplikation doch eine andere Folge ein, als sie ein

[3]) PucheltsZ. 32, 80 (RG.); vgl. Recht 1906 Nr. 2852 (Frankfurt).

solcher Sachkundiger in seine Vorstellung einbezogen hat, dann war diese Folge für die menschliche Erkenntnis nicht vorhersehbar Die in diesem Sinne aufgefaßte Vorhersehbarkeit durch den Sachkundigen, der das gesamte Erfahrungswissen beherrscht, ist unerläßliche Voraussetzung des ursächlichen Zusammenhangs im Rechtssinn (adäquater Zusammenhang)[4]. Für die Frage des adäquaten Zusammenhangs ist aber keineswegs erforderlich, daß der Verantwortliche die Folgen voraussehen konnte[5]. Dieser Umstand ist für die Frage des Verschuldens von Bedeutnng nicht aber für die Frage (die objektiv, d. i. losgelöst vom Standpunkt des Verantwortlichen, zu beurteilen ist), ob ein Ereignis im adäquaten ursächlichen Zusammenhang zu einem andern steht. Dieser adäquate Zusammenhang ist gegeben, wenn eine für die Entstehung des Schadens gesetzte Bedingung nach der gesamten Erfahrung und Wissenschaft auch ohne Einbeziehung fern abliegender Komplikationen als geeignet erscheinen mußte, den später eingetretenen Erfolg herbeizuführen oder zu fördern.

In allen Fällen, in welchen Ersatz für einen Schaden begehrt wird, obliegt dem Kläger der Nachweis dieses ursächlichen Zusammenhangs. In vielen Fällen handelt es sich hier um Fragen, die ganz besonders schwierig sind, bei deren Beantwortung der Richter aber immerhin nicht zu ängstlich zu Werke gehen darf. Der Umstand allein, daß ein Verhalten feststeht, das den Schaden herbeigeführt haben kann, begründet noch keine Vermutung, daß es den Schaden wirklich herbeigeführt hat[6]. Andererseits darf sich der Richter mit dem hohen Grad von Wahrscheinlichkeit begnügen, der dem Umfang der menschlichen Erkenntnis und Erfahrung entspricht, und Wahrheit ist für ihn das, was er nach dem Stande der Wissenschaft und auf Grund der bisherigen Erfahrungen für Wahrheit halten darf[7]) So ist in der Rechtsprechung des RG. mehrfach anerkannt, daß es, wenn die hohe Wahrscheinlichkeit eines ursächlichen Zusammenhangs zu einem schadenbringenden Erfolg und einer gefährlichen Handlung gegeben ist, einer Aufklärung des ursächlichen Zusammenhangs in allen seinen Gliedern bis auf das erste durch die gefährliche Handlung gesetzte Glied nicht bedarf, sondern daß der Richter zur Annahme des Kausalzusammenhangs einerseits durch die Beurteilung der Gefährlichkeit und andererseits durch die negative Feststellung gelangen kann, daß nach menschlicher Erfahrung mit Rück-

---

[4]) Vgl. Staudinger 2 Abs. 1, 54ff.; RGKomm. 1, 327f. und 994. (Vorbem. 3 vor § 249 und Vorbem. 5 vor § 823.)

[5]) RG. 66, 253; 69, 344; 81, 361.

[6]) HansGZ. 1905, Beiblatt 4 (Hamburg); JW. 1902, Beilage 212 (RG.).

[7]) OLG. 2, 506. (Schädliche Raueinwirkung auf Waldungen.)

sicht auf die Sachlage eine Verursachung durch einen anderen Vorgang als ausgeschlossen erscheint[8]) (Prima facies-Beweis). In einem solchen Falle muß es dem zur Verantwortung Gezogenen überlassen bleiben, zu beweisen, daß ausnahmsweise dieser der Erfahrung entsprechende Zusammenhang nicht besteht[9]).

C. Inhalt und Umfang des Schadenersatzes.

I Unter Schaden ist eine nachteilige Veränderung der Vermögenslage zu verstehen. Der Schaden besteht in dem Unterschied der Vermögenslage n a ch dem schädigenden Ereignis gegenüber der Vermögenslage, die ohne das schädigende Ereignis vorhanden wäre. Soll beurteilt werden, ob eine Einwirkung auf ein Grundstück einen Schaden herbeigeführt hat, so muß man sich zwei verschiedene Zustände vorstellen und diese miteinander vergleichen. Durch diesen Vergleich wird festgestellt, ob die Vermögenslage desjenigen, der durch die Einwirkung betroffen ist, nachteilig verändert wurde Dabei handelt es sich also um zwei Kausalreihen:

a) Durch die Einwirkung wird das Grundstück (oder seine Bestandteile) irgendwie körperlich verändert;

b) durch diese Änderung wird eine Vermögensbeschädigung verursacht.

Die erste Ursachenreihe besteht aus rein tatsächlichen und zwar physischen Elementen; sie arbeitet mit dem naturwissenschaftlichen Ursachenbegriff; die zweite Ursachenreihe besteht auch aus gedanklichen Elementen, bei denen rechtliche Begriffe eine Rolle spielen; sie arbeitet mit dem Begriff der adäquaten Verursachung, der auf einer Beurteilung des Geschehens beruht[10]).

II. Anlangend die Art der Ersatzleistung, so bestimmt § 249 BGB: „Wer zum Schadenersatze verpflichtet ist, hat den Zustand herzustellen, der bestehen würde, wenn der zum Ersatz verpflichtende Umstand nicht eingetreten wäre Ist wegen Verletzung einer Person oder wegen Beschädigung einer Sache Schadenersatz zu leisten, so kann der Gläubiger statt der Herstellung den dazu erforderlichen Geldbetrag verlangen“

Der durch § 249 Satz 2 begründete Anspruch auf den zur Herstellung des früheren Zustandes erforderlichen Geldbetrag stellt sich als die

---

[8]) RG. 8, 167; 10, 141; (Explosion einer Pulverfabrik als Folge der Nichtbeachtung polizeilicher Vorschriften); 2, 190; 15, 339; 29, 140 (Waldbrand); 95, 68 und 249. — JW. 1903, 384; 1908, 197; ObLG. 2, 171; JW. 1915, 243; 1908, 196; SeuffA. 63 Nr. 249; JW. 1921, 748.

[9]) Recht 1909 Nr. 3769; 1914 Nr. 466 (RG.); LZ. 1915, 624 (RG.).

[10]) Isay, preuß. BergG. 2, 63; s. oben S. 534.

bei Beschädigung einer Sache dem Verletzten zustehende besondere Art des Wiederherstellungsanspruchs dar[11]). Darnach hat der Geschädigte im Falle der Beschädigung einer Sache entgegen der Regel des Satzes 1 des § 249 das Recht, die Herstellung selbst vorzunehmen. Er kann die vom Ersatzpflichtigen angebotene Herstellung durch diesen ablehnen, selbst herstellen und Ersatz seines Aufwandes beanspruchen[12]). Diese Wiederherstellung kann nur durch Aufwendung derjenigen Kosten erfolgen, welche zu der Zeit, wo die Wiederherstellungsarbeiten vorgenommen werden müssen, dazu erforderlich sind. Wählt der Verletzte die ihm durch § 249 Satz 2 eingeräumte Art der Ersatzleistung, so hegt eine seit Eintritt des Schadens eingetretene Preissteigerung zu Lasten des Ersatzpflichtigen, es müßte denn sein, daß sich der Verletzte in sachwidriger Weise untätig verhalten hat, m. a. W. den Schaden schuldhaft vergrößert hat (§ 254). Wenn Unklarheit darüber besteht, welche technischen Maßnahmen zur Wiederherstellung erforderlich sind, kann den Verletzten dieser Vorwurf nicht treffen[13]). Das Wesen des § 249 besteht darin, daß der Verletzte die Wiederherstellungsarbeiten selbst vornimmt und von dem Ersatzpflichtigen den hierfür erforderlichen Geldbetrag verlangt. Der Verletzte kann diesen Geldbetrag schon vor der Ausführung der Arbeiten verlangen. Zahlt der Ersatzpflichtige auf Verlangen sofort und stellt sich nach ungesäumter Ausführung der Arbeiten heraus, daß der bezahlte Betrag nicht ausreicht, so muß der Ersatzpflichtige den Mehrbetrag nachzahlen. Hat der Verletzte den Geldbetrag verlangt, der Ersatzpflichtige aber Zahlung nicht geleistet, so haftet der Ersatzpflichtige für die durch Preissteigerung herbeigeführte Vergrößerung des Schadens auch auf Grund seines Zahlungsverzugs, wenn der Ersatzberechtigte die erforderlichen Mittel zur Ausführung der Arbeiten nicht hatte oder ihm billigerweise deren Vorlage nicht zugemutet werden konnte (vgl. unten S. 525 Anm. 17).

§ 249 erfordert nicht die Herstellung eines Zustandes, der mit dem früheren in jeder Hinsicht übereinstimmt; es genügt vielmehr die Her-

[11]) RG. 71, 214.

[12]) JW. 1921, 234 (RG.).

[13]) RG. 98, 56. — Anders ist zu entscheiden für den Anspruch auf Schadloshaltung im Sinne des § 26 RGewO.; Art. 80 AG. — In diesem Falle ist zu ersetzen der Minderwert für die Duldung künftiger Einwirkungen, die an sich unzulässig sind, aber auf Grund der sonderrechtlichen Vorschrift nicht abgewehrt werden können. Maßgebend ist der Zeitpunkt, in welchem der Abwehranspruch entzogen und damit die Duldungspflicht begründet wurde. Da später eingetreten, liegt die durch den Krieg und seine Nachwirkungen herbeigeführte Preissteigerung nicht im Rahmen der adäquaten Verursachung (vgl. RG. 98, 53). Über den Einfluß der Preissteigerung auf den Ersatz des Bergschadens vgl. Recht 1920 Nr. 2998 und 2999 (RG.).

stellung eines im wesentlichen gleichen, d. h. eines wirtschaftlich gleichwertigen Zustandes[14]).

Die Vorschrift des § 249 stellt nicht schlechtweg auf die frühere Sachlage ab, sondern auf die Entwicklung der Dinge, die ohne das schädigende Ereignis nach Erfahrungsgrundsätzen aller Wahrscheinlichkeit nach stattgefunden hätte (JW. 1924, 811).

Soweit die Herstellung nicht möglich oder zur Entschädigung des Gläubigers nicht genügend ist, hat der Ersatzpflichtige nach § 251 Abs. 1 BGB. den Gläubiger in Geld[15]) zu entschädigen. Nach § 251 Abs. 2 BGB. kann der Ersatzpflichtige den Gläubiger in Geld entschädigen, wenn die Herstellung nur mit unverhältnismäßigen Aufwendungen möglich ist. Für die Bemessung des Schadenersatzes für Beschädigung einer Sache ist der Zeitpunkt der letzten Tatsachenverhandlung maßgebend[16]).

Es kommt nur der Schaden in Betracht, welcher durch eine bereits vollzogene Eigentumsverletzung erwachsen ist oder noch erwachsen wird[17]). Eine Klage auf Ersatz des Schadens, der durch künftige Eingriffe in das Eigentum erwachsen wird, ist höchstens als Feststellungsklage und ohne ziffernmäßigen Schadensbetrag, nicht aber als Leistungsklage zulässig. Wenn z. B. infolge des unerträglichen Lärmes eines Fabrikbetriebes die Mieter des Nachbarhauses ausgezogen sind, so ist auch der durch den künftigen Mietausfall erwachsende Schaden durch die bereits eingetretenen Verletzungen des Eigentums verursacht[18]). Insoweit aber der Mietwert der Wohnungen mit Rücksicht darauf herabgedrückt ist, daß die Immissionen fortdauern und auch für die Zukunft zu erwarten sind, kann dem Eigentümer nicht etwa eine dauernde Rente oder gar ein Kapitalsbetrag als Ausgleich für diesen künftigen Minderertrag zugebilligt werden[19]). Denn mit Sicherheit steht weder fest, daß die Eigentumsverletzungen in Zukunft fortdauern, noch auch, daß der durch die Verletzungen zugefügte Schaden in Zukunft der

---

[14]) RG. 96, 123; vgl. OLG. 36, 157 und oben S. 538.

[15]) Durch Kapitalsabfindung, nicht durch Zusprechung einer Rente (LZ. 1918, 459; RG.).

[16]) Ein bis zu diesem Zeitpunkt eingetretene Preissteigerung geht also regelmäßig zu Lasten des Ersatzpflichtigen. Der Einwand des Ersatzpflichtigen, daß der Verletzte durch sofortige Ersatzbeschaffung den Schaden vermindert hätte, ist unbehelflich (JW. 1922, 220; RG.).

[17]) Riehl bei Gruchot 51, 148.

[18]) Vgl. Riehl bei Gruchot 51, 150.

[19]) Riehl bei Gruchot 51, 147. Eine Kapitalabfindung würde im Fall der Veräußerung gar nicht demjenigen zukommen, der den Schaden hat. Vgl. SeuffA. 54 Nr. 212 (Braunschweig).

gleiche bleiben wird[20]). Es kann die Fabrik, welche den Lärm hervorruft, verlegt werden oder der Lärm durch technische Neuerungen auf ein erträgliches Maß herabgesetzt werden; es kann aber auch auf dem bisher beeinträchtigten Nachbargrundstücke eine Fabrik erbaut werden, deren Benützung durch den vom Nachbargrundstück kommenden Lärm gar nicht beeinträchtigt wird, oder es kann das ganze Viertel zu einem Industrieviertel werden, in welchem die bisher unzulässige Immission infolge dieser Änderung schlechtweg zulässig ist. Nur in jenen Fällen, in welchen der negatorische Anspruch schlechtweg entzogen und durch den Anspruch auf „Schadloshaltung" ersetzt ist (gegenüber gewerblich konzessionierten Anlagen und Verkehrunternehmungen), ist ein Ersatz des Minderwertes zu leisten, den das Nachbargrundstück dadurch erleidet, daß es die an sich unzulässigen künftigen Einwirkungen dulden muß (s. darüber oben S. 559 ff.).

III. Das konkurrierende Verschulden des Beschädigten ist in Gemäßheit des § 254 BGB. zu berücksichtigen. Dem durch die unzulässigen Einwirkungen beeinträchtigten Nachbar kann aber nicht angesonnen werden, daß er seinerseits auf seinem Grundstücke Einrichtungen treffen muß, welche die Schädlichkeit der Einwirkungen von vornherein abwenden oder mildern. So kann ihm nicht entgegengehalten werden, daß er durch einen sog. Schußstreifen seinen Wald vor Inbrandsetzung durch Lokomotivfunken hätte sichern sollen[21]) oder daß die an sich unzulässigen aber nach § 26 RGewO. zu duldenden Erschütterungen des benachbarten Stanzmaschinenbetriebs nur deshalb den Einsturz seines Hauses herbeiführten, weil dasselbe zu leicht gebaut war[22]). Wenn freilich zur Zeit der Errichtung des Hauses dessen Eigentümer erkennen mußte, daß es den Einwirkungen des schon vorhandenen benachbarten Stanzbetriebes nicht standhalten könne, wird gemäß § 254 BGB. anzuwenden sein. Der Eigentümer hätte in solchem Fall dem Haus eine festere Konstruktion geben müssen; den Mehraufwand hätte ihm der Immittent ersetzen müssen. Wer ungeachtet des übermäßigen Rußes der benachbarten Fabrik seine Wäsche zum Trocknen aufhängt, wird sich die Anwendung des § 254 BGB. gefallen lassen müssen; er hatte die Wäsche auf eine Bleiche verbringen und den hiermit verbundenen Aufwand beanspruchen sollen[23]).

---

[20]) Vgl. Riehl bei Gruchot 51, 147.

[21]) Recht 1902, 589 (Stettin). Vgl. dagegen Keyßner, Recht 1904, 619. Dagegen wird man konkurrierendes Verschulden annehmen müssen, wenn ein Hausbesitzer sein Haus mit einem Strohdach gedeckt läßt, obwohl das Eisenbahngleis dicht an seinem Haus liegt

[22]) Vgl. OGH. 17, 19; Bolze 10 Nr. 67.

[23]) Der negatorische Anspruch bleibt natürlich unberührt, vgl. oben S. 193 f.

IV. Die an und für sich auch hier zulässige compensatio lucri cum damno kann nicht dazu führen, daß gegenüber dem Schaden, der durch die unzulässige Einwirkung (z. B. Immissionen) entstanden ist, der Gewinn aufgerechnet wird, der dem Eigentümer durch die Anlage der einwirkenden Fabrik und die dadurch hervorgerufene Hebung der Industrie in der fraglichen Gegend erwachsen ist. Denn der Gewinn beruht in diesem Falle nicht auf demselben Ereignisse, das den Schaden verursacht hat[24]).

V. Verjährung. Der Anspruch auf Ersatz des aus einer unerlaubten Handlung entstandenen Schadens verjährt in drei Jahren von dem Zeitpunkt an, in welchem der Verletzte von dem Schaden und der Person des Ersatzpflichtigen Kenntnis erlangt, ohne Rücksicht auf diese Kenntnis in dreißig Jahren von der Begehung der Handlung an (§ 852). Es genügt für den Beginn der Verjährung, daß der Schaden im allgemeinen erkennbar war. Auf die Kenntnis der Einzelheiten des schädigenden Ereignisses oder Zustandes kommt es nicht an. Es muß der gesamte, aus einer schädigenden Handlung entstehende Schaden als ein einheitlicher nicht als eine Summe von einzelnen selbständigen Schäden angesehen werden. So ist z. B. die Lockerung des Fundamentes der eigentliche Schaden; die einzelnen nach und nach auftretenden Risse im Gebäude sind nur für den Umfang des Schadens von Bedeutung[25]).

D. Die Gründe der Haftung auf Schadenersatz.

Ist durch die Beeinträchtigung des Eigentums ein Schaden entstanden, so kann Ersatz dieses Schadens nicht ohne weiteres gefordert werden, sondern nur dann, wenn diese Haftung durch einen besonderen Rechtsgrund bestimmt ist (s. oben S. 598). In dieser Hinsicht kommen in Betracht: die Schadenersatzpflicht wegen Verzug, wegen Verschulden und auf Grund der Gefährdungshaftung.

I. Verzug. Leistet der Schuldner auf eine Mahnung des Gläubibers nicht, die nach dem Eintritt der Fälligkeit erfolgt, so kommt er durch die Mahnung in Verzug (§ 284). Der Schuldner hat dem Gläubiger den durch den Verzug entstandenen Schaden zu ersetzen (§ 286). Wird das Eigentum beeinträchtigt, so kann der Eigentümer von dem Störer die Beseitigung der Beeinträchtigung verlangen; sind weitere Beeinträchtigungen zu besorgen, so kann der Eigentümer auf Unterlassung klagen (§ 1004). Der Anspruch auf Beseitigung der Beein-

[24]) Riehl bei Gruchot 51, 146. Anders ist zu entscheiden, wenn „Schadloshaltung" für den Minderwert des Hauses verlangt wird, der durch die an sich unzulässigen aber (nach § 26 RGewO., Art. 80 AG.) zu duldenden künftigen Einwirkungen herbeigeführt wird.

[25]) Gruchot 54, 392 (RG.).

trächtigung ist auf eine Leistung gerichtet, ingleichen der Anspruch auf Unterlassung (§ 241). Wenn also der zur Beseitigung oder Unterlassung Verpflichtete auf Verlangen des Eigentümers nicht beseitigt oder unterläßt, so kommt er in Verzug und haftet vom Eintritt des Verzuges an auf Ersatz des Schadens, der durch die Fortdauer der Beeinträchtigung herbeigeführt wird[26]). Da der Mahnung die Erhebung der Klage gleichsteht (§ 284 Satz 2), so haftet der Beklagte für jeden Schaden, der nach Rechtshängigkeit des Beseitigungs- oder Unterlassungsanspruches infolge der fortdauernden Beeinträchtigung des Eigentums eintritt

II. Haftung aus Verschulden.

1. Schuldhafte Verletzung des Eigentums. Wer vorsätzlich oder fahrlässig das Eigentum oder den Besitz[27]) eines anderen widerrechtlich verletzt, ist dem anderen zum Ersatz des daraus entstehenden Schadens verpflichtet (§ 823 Abs. 1 BGB.).

Die Verletzung kann nicht nur durch positives Handeln, sondern auch durch Unterlassung[28]) begangen werden, was insbesondere für die Fälle der fahrlässigen Rechtsverletzung von Bedeutung ist[29]).

Die Vornahme von Handlungen, die nur der Eigentümer vornehmen darf, oder von Handlungen und rechtswidrigen Unterlassungen, durch die der Eigentümer in der Ausübung seines Eigentums gestört wird, ist Verletzung des Eigentums[30]).

Eine bloße Gefährdung (z. B. durch feuergefährliche Anlagen auf dem Nachbargrundstück) ist noch keine Verletzung des Eigentums[31]). Die Entziehung von Vorteilen, auf deren Belassung der Eigentümer keinen Rechtsanspruch hat (z. B. Luft und Licht) ist keine Eigentumsverletzung[32]).

a) Die erste Voraussetzung des § 823 Abs. 1 BGB. ist, daß die Verletzung widerrechtlich erfolgt ist[33]). Demgemäß ist der Ersatz-

[26]) Riehl bei Gruchot 51, 145.

[27]) RG. 59, 328; Recht 1905, 646 Nr. 2669 (Breslau). Nach RG. 59, 328 ist auch § 823 Abs. 2 einschlägig. Dagegen sucht Eccius bei Gruchot 53, 8 nachzuweisen, daß die schuldhafte Verletzung des Besitzes nicht unter § 823 Abs. 2 falle.

[28]) Vgl. oben § 38, I, a.

[29]) M. 2, 727 (Mugdan 2, 406).

[30]) Vgl. JW. 1910, 330 (Rammen und Auspumpen des Bauunternehmers mit der Folge der Unbewohnbarkeit des Nachbarhauses); RG. 60, 140 (Immission von Sand, der vom Wind auf das Nachbargrundstück geweht wird); Recht 1912 Nr. 2939 (Lagerung feuer- und explosionsgefährlicher Gegenstände, durch die Waren anderer Einlagerer in Brand gesetzt werden, kann schuldhafte Eigentumsverletzung sein. Vgl. über die Gefährdungshaftung für Explosion unten S. 614ff.

[31]) S. oben S. 181.

[32]) S. oben S. 182.

[33]) RG. 50, 60; vgl. RGK. Bem. 10 zu § 823, Bem. 1 vor § 823.

anspruch aus § 823 Abs. 1 BGB. wegen Verletzung des Eigentums insbesondere überall da versagt, wo dem Eigentümer durch die nachbarrechtlichen Gesetzesvorschriften das Recht, die fragliche Einwirkung zu verbieten, entzogen ist.

In einem Fabrikviertel ist gemäß § 906 BGB. eine starke Zuführung von Ruß zulässig. Wird durch den Ruß die Wäsche des Nachbars beschädigt, so fehlt es an der Widerrechtlichkeit dieser Einwirkung, auch wenn der Unternehmer die starke Zuführung von Ruß und selbst die Beschädigung der Wäsche vorausgesehen hat.

Die Besitzer der Wohnhäuser dürfen in denselben Feuerherde unterhalten; dabei kann es vorkommen, daß Funken auf das Strohdach des Nachbarhauses fallen und in Brand setzen. Eine Eigentumsverletzung liegt vor, aber sie ist herbeigeführt durch eine Benützung des anderen Grundstücks, die nach den örtlichen Verhältnissen bei Grundstücken dieser Lage gewöhnlich ist. Eine solche Einwirkung muß sich der Nachbar nach § 906 BGB. gefallen lassen. Der Besitzer des Hauses haftet aus § 823 Abs. 1 BGB. auch dann nicht[34]), wenn bei Anwendung eines Funkenfängers der Funkenauswurf verhütet worden wäre, soferne nicht bei Grundstücken jener Lage die Anwendung von Funkenfängern gewöhnlich ist[35]).

Der Eigentümer muß den Überbau unter gewissen Voraussetzungen dulden. Kraft dieser besonderen Bestimmung des § 912 BGB. wird der Überbauende von einer neben der Entschädigungsrente hergehenden Vertretung einer weniger als groben Fahrlässigkeit entbunden, aber nur insoweit, als fahrlässig die Grenze überschritten worden ist. Im übrigen bleibt er den allgemeinen gesetzlichen Bestimmungen unterworfen, hat daher nach diesen für schuldhafte Eingriffe in sonstige Rechte des Nachbars aufzukommen. Es kann daher ungeachtet des § 912 BGB. beim Vorliegen der Voraussetzungen des § 823 die Entfernung des Überbaues verlangt werden, wenn er auf den Fundamenten des Nachbarhauses aufgesetzt wird und dieses hierdurch Risse erhält oder gar einzustürzen droht[36]).

Das Bewußtsein der Rechtswidrigkeit ist zur Begründung der Schadenersatzpflicht nicht erforderlich.

Über die Rechtswidrigkeit der Einwirkung, insbesondere darüber, daß die Rechtswidrigkeit auch durch ein obligatorisches Recht ausgeschlossen werden kann (vgl. oben § 38 III).

Niemand kann sich zu seinem Vorteil darauf berufen, daß er durch die Rechtsausübung eines anderen Schaden erleidet, wenn er sich durch seine eigene willkürliche Handlung in die Lage versetzt hat, die zu seinem Schaden ausschlägt[37]).

---

[34]) Dagegen kann unter Umständen die Haftung aus § 823 Abs. 2 BGB. bestehen, wenn durch Polizeivorschrift die Anwendung von Funkenfängern geboten ist. Darüber, daß zu den den Schutz eines anderen bezweckenden Gesetzen auch die Gesetze gehören, welche die Gesamtheit schützen sollen, herrscht Übereinstimmung; a. M. nur Linckelmann, Schadenersatzpflicht 27. Vgl. unten S. 612f.

[35]) Vgl. oben S. 185, unten 613.

[36]) RG. 65, 74.

[37]) Vgl. ObLG. 7, 237.

b) Die Verletzung des Eigentums muß durch ein Verschulden des Einwirkenden[38]) herbeigeführt sein[39]). Wer den Ersatz eines Schadens fordert, muß grundsätzlich den Nachweis eines für diesen ursächlichen Verschuldens des Beklagten führen, es sei denn, daß aus dem feststehenden oder nicht bestrittenen Sachverhalt dieses Verschulden zweifelsfrei hervorgeht[40]). Der Beweispflicht ist Genüge geleistet, wenn ein Sachverhalt dargetan wird, der nach dem regelmäßigen Verlauf der Dinge die Folgerung rechtfertigt, daß der Beklagte den Schaden schuldhaft versucht hat (Prima Facies-Beweis vgl. hierzu oben S. 601). Demgegenüber ist es Sache des Beklagten, die etwaigen besonderen Umstände darzulegen und zu beweisen, aus denen sich seine Schuldlosigkeit ergibt[41]).

Verschulden nach § 823 Abs. 1 liegt vor, wenn die Eigentumsverletzung vorsätzlich oder fahrlässig erfolgt ist.

Unter Vorsatz versteht man die Voraussicht der Eigentums- oder Besitzverletzung, unter Fahrlässigkeit ihre Voraussehbarkeit[42]). Nur auf die Eigentumsverletzung, nicht auf den durch diese herbeigeführten Schaden muß sich demnach die Schuld beziehen[43]).

Demnach genügt zum Vorsatz die Vorstellung des Erfolges (Eigentums- oder Besitzverletzung); nicht erforderlich ist, daß die Verletzung gewollt wird; es genügt, wenn als notwendige oder doch mögliche[44]) Folge der Handlung die Verletzung des Eigentums oder Besitzes erkannt und gleichwohl die Handlung vorgenommen wird (Vorstellungstheorie).

---

[38]) Ersatzpflichtig ist derjenige, welcher den Schaden herbeigeführt hat. Das ist der Störer in dem oben § 38, IV, 2 dargelegten Sinn. Der Beauftragte eines Dritten haftet neben dem Auftraggeber. Unter Umständen kann angenommen werden, daß den Beauftragten, der den Weisungen eines Dritten Folge geleistet hat, kein Verschulden trifft. Das ist Tatfrage. Der Pächter kann sich von der Schadenersatzpflicht für den dem Nachbargrundstück zugefügten Schaden nicht durch den bloßen Hinweis darauf befreien, daß er den Anordnungen des Verpächters Folge geleistet habe. Recht 1903, 18 Nr. 33 (RG.). Eine nominatio auctoris findet nicht statt, da sich die §§ 76, 77 ZPO. nur auf den negatorischen Anspruch beziehen.

[39]) Nach Art. 37 Abs. 5 WG. ist derjenige, welcher Abwässer, Fäkalien usw. in Flüsse und Bäche einleitet, ohne Verschulden zum Ersatze des Schadens verpflichtet, der anderen an dem Wasser Berechtigten durch die Zuführung entsteht.

[40]) Recht 1921 Nr. 2559 (RG.).

[41]) JW. 1912, 348; 1908, 543; 1920, 554; 1921, 748; WarnE. 1920, 14. SeuffA. 75, 169. RG. 53, 276; 89, 136; 95, 68; 97, 116. Vgl. RG. 93, 117.

[42]) Liszt, Deliktsobligationen 54.

[43]) Liszt, Deliktsobligationen 28; vgl. RGKomm. Bem. 2 und 3 zu § 823.

[44]) Hiermit ist auch für das Zivilrecht der Begriff des dolus eventualis (Billigung des als möglich vorausgesehenen Erfolges) anerkennt. Liszt, Deliktsobligationen 55. RG. 75, 55. JW. 1903 Beil. 313.

Fahrlässigkeit im Sinne der Vorhersehbarkeit des Erfolges ist gegeben, wenn der Handelnde (Unterlassende) bei Anwendung der im Verkehr erforderlichen Sorgfalt die Eigentumsverletzung voraussehen konnte [45]). Dabei sind entfernte Möglichkeiten nicht in Betracht zu ziehen [46]). Ob im gegebenen Falle die im Verkehr erforderliche Sorgfalt angewendet wurde, ist nach objektivem Maßstab zu beurteilen. Ob aber der Handelnde unter der Unterstellung, daß er diese Sorgfalt angewendet hat, auch in der Tat den Erfolg, welcher die Eigentumsverletzung darstellt, voraussehen konnte, ist unter Berücksichtigung der Individualität des Handelnden, also nach subjektivem Maßstab, zu bestimmen [47]). Hervorzuheben ist, daß sich das Verschulden nur auf die Verletzung des Eigentums oder Besitzes, nicht auf den durch diese herbeigeführten Schaden beziehen muß [48]). Die tatsächlichen Voraussetzungen der Eigentumsverletzung müssen sämtlich voraussehbar gewesen sein, während das Bewußtsein, daß diese Voraussetzungen eine rechtliche Verletzung des Eigentums erfüllen, nicht erforderlich ist.

Zur Begründung eines Schadenersatzanspruchs wegen unzulässiger Immissionen (§ 906 BGB.) [49]) ist daher, insoweit er lediglich aus § 823 Abs. 1 BGB. abgeleitet werden will, erforderlich, daß der Immittent bei Anwendung der im Verkehr erforderlichen Sorgfalt erkennen konnte, einmal, daß überhaupt eine Immission, d. h. eine Einwirkung auf das Nachbargrundstück eintreten könne, ferner, daß diese Einwirkung, sei es für sich allein oder durch ihre zu gewärtigende Wiederholung oder ihr Zusammenwirken mit anderen Immissionsquellen die Benützung des Nachbargrundstückes wesentlich beeinträchtigen könne [50]) und durch eine Benützung seines Grundstückes herbei-

[45]) Durch eine baupolizeiliche Genehmigung einer Anlage wird nicht schlechtweg der Pflicht der eigenen Prüfung überhoben. Die polizeiliche Duldung einer gefährlichen Anlage entschuldigt so wenig wie der Umstand, daß solche Anlagen in der Stadt üblich sind (Recht 1915 Nr. 1788, JW. 1909, 432).

[46]) JW. 1904, 357; 1905, 16; 1907, 505; 1911, 95; 1914, 470.

[47]) Liszt, Deliktsobligationen 55.

[48]) Liszt, Deliktsobligationen 28. RG. 66, 253; Recht 1919 Nr. 1431 (RG.).

[49]) Vgl. z. B. Schadenersatzanspruch wegen Schädigung eines Gartenwirtschaftsbetriebs durch vorübergehende üble Gerüche RG. 47, 250. Über den Ersatzanspruch aus § 823 Abs. 2 BGB. s. S. 611.

[50]) In diesem besonderen Falle muß die Beeinträchtigung der Benützung als Folge der Eigentumseinwirkung erkennbar sein; denn ohne diese Beeinträchtigung liegt keine Eigentumsverletzung vor und die tatsächliche Verletzung des Eigentums muß voraussehbar gewesen sein. Wenn an die Fabrik ein Grundstück anstößt, auf welchem sich ein Wohngebäude mit einem Hausgarten befindet und von der Fabrik Dämpfe auf das Nachbargrundstück ausgeströmt werden, so ist es zur Begründung der Ersatzpflicht aus § 823 Abs. 1 BGB. für die durch die Dämpfe herbeigeführte Beschädigung der Bäume erforderlich, daß der Fabrikunternehmer diese nachteilige Einwirkung der Dämpfe auf Pflanzen hätte er-

geführt wird, die nach den örtlichen Verhältnissen bei Grundstücken dieser Lage außergewöhnlich ist[51]).

c) Eine weitere Voraussetzung des Schuldmomentes ist, daß der Einwirkende in der Lage gewesen sein muß, den Eingriff zu unterlassen. Ob dies der Fall ist, muß nach allgemeinen wirtschaftlichen Grundsätzen beurteilt werden. Bei einer Kollision der Interessen ist nach richterlichem Ermessen abzuwägen, ob das Interesse an der Handlung so groß ist, um sie trotz der Gefahr einer möglichen Verletzung der rechtlich geschützten Interessen Dritter zu rechtfertigen. Hierbei ist auch auf die Größe der bedrohten Interessen Dritter Gewicht zu legen.

In Anwendung dieser Grundsätze hat das Reichsgericht mit Recht ausgesprochen, es lasse sich keineswegs anerkennen, daß der Betrieb einer Eisenbahn schon an sich notwendig eine schuldhafte Handlung darstelle, weil der Unternehmer erkenne oder doch erkennen könne, daß die der Lokomotive entströmenden Funken einen Brand herbeizuführen vermögen; denn alle Verschuldung beruhe ihrem letzten Grund nach auf einem Willensfehler in der Richtung, daß der Täter freiwillig eine schädigende Handlung vorgenommen habe, obwohl er bei Anwendung der gewöhnlichen Sorgfalt und Vorsicht den eingteretenen Erfolg als eine mögliche Folge seiner Handlung hätte vorhersehen können; der Täter müsse daher in der Lage gewesen sein, die schädigende Handlung vorzunehmen oder zu unterlassen. Es bedürfe aber keiner Ausführung, daß nach den Gründen, welche den Staat zur Genehmigung einer Eisenbahn bzw. zum eigenen Betriebe einer Eisenbahn veranlassen, der Betrieb als ein willkürlicher in dem hervorgehobenen Sinne nicht aufgefaßt werden könne. Von Annahme einer Verschuldung im technischem Sinne müsse daher abgesehen werden, wenn durch die dem Betriebe eigenen besonderen Gefahren ein Schaden entstehe, welchen der Unternehmer als eine mögliche Folge des Betriebes und jener Gefahren vorhersehen konnte[52]).

Mit anderen Worten, es wäre ein Verschulden vorhanden, wenn nicht der Betrieb notwendig wäre[53]). Dies gilt in gleicher Weise für alle gefährlichen Betriebe, die wirtschaftlich notwendig sind[54]).

---

kennen können. Man wird aber dem Fabrikherrn, der weiß, daß die Dämpfe in den Garten eindringen, zur Pflicht machen müssen, sich sorgfältigst (bei Sachverständigen) zu erkundigen, ob die ihm bekannte Einwirkung den fremden Bäumen schädlich ist.

[51]) Vgl. Gruchot 50, 413 (RG.); RG. 16, 178; 38, 268.

[52]) RG. 17, 103.

[53]) Vgl. Rümelin, Kulpahaftung und Kausalzusammenhang im ArchZivPrax. 88, 295 und 303.

[54]) Auch hier ist Verschulden Voraussetzung der Schadenersatzpflicht. Ist es bewiesen, so tritt für den Beweis des ursächlichen Zusammenhangs zwischen Verschulden und Schaden

Dabei ist aber immer zu prüfen, ob und inwieweit der Eingriff trotz Notwendigkeit des Betriebs zu verhüten gewesen wäre; denn insoweit ist eben der Betrieb in dieser Art nicht notwendig. Der Unternehmer muß also alle jene Einrichtungen und Vorkehrungen treffen, die nach dem jederzeitigen Stande der Erfahrung und Technik zur Hintanhaltung einer Schadenzufügung gegeben und mit einem gehörigen Betriebe vereinbar sind.

So muß der Eisenbahnunternehmer die Schlöte der Lokomotive mit Funkenfängern versehen, für einen ordnungsgemäßen Aschenkasten sorgen und diese und die anderen erforderlichen Einrichtungen in ordnungsgemäßem Zustande erhalten.

Es ist Sache des Unternehmers darzutun, daß der Betrieb in der gegebenen Art unvermeidbar gewesen ist; deshalb ist das Verschulden beim Vorhandensein der übrigen Voraussetzungen nur dann als ausgeschlossen zu erachten, wenn der Unternehmer beweist, daß er zur Verhütung der unzulässigen Einwirkung das Menschenmögliche vorgekehrt hat.

Gelingt dem Unternehmer dieser Beweis, so kann ihm ein Verschulden nicht zur Last gelegt werden, so daß er nicht aus § 823 auf Schadenersatz in Anspruch genommen werden kann. Gleichwohl kann er schadenersatzpflichtig sein, wenn die Voraussetzungen der Gefährdungshaftung gegeben sind[55]) (hierüber s. unten S. 614ff.).

2. Verstoß gegen ein Schutzgesetz. Während § 823 Abs. 1 die gegen das Eigentum als solches gerichtete unerlaubte Handlung behandelt, beruht die durch § 823 Abs. 2 begründete Ersatzpflicht auf wesentlich anderer Grundlage. Darnach ist derjenige, welcher gegen ein den Schutz eines anderen bezweckendes Gesetz verstößt, zum Ersatz des daraus entstehenden Schadens verpflichtet. Auch im Falle des § 823 Abs. 2 ist der Grund der Haftung ein Verschulden. Während aber Abs. 1 des § 823 zur Voraussetzung hat, daß der Ersatzpflichtige die Eigentumsverletzung vorausgesehen hat (Vorsatz) oder doch voraussehen konnte (Fahrlässigkeit), ist die Voraussehbarkeit dieses Erfolges bei Abs. 2 nicht erforderlich[56]). Hier genügt es, wenn ein den Schutz eines anderen bezweckendes Gesetz schuldhaft übertreten ist.

Zu den den Schutz eines anderen bezweckenden Gesetzes gehören

---

eine Erleichterung ein. Vgl. RG. 10, 143 und oben S. 600. Aber auch ohne Verschulden besteht die Ersatzpflicht, wenn die Voraussetzungen der Gefährdungshaftung gegeben sind. S. hierüber unten S. 614ff.

[55]) Für Verletzung einer Person bei dem Betrieb einer Eisenbahn ist die Ersatzpflicht nach dem Reichshaftpflichtgesetz vom 7. Juni 1871 begründet.

[56]) JW. 1904, 408; RG. 66, 251; 91, 72.

auch jene, welche die Gesamtheit schützen sollen, wenn sie nur daneben auch den Schutz des einzelnen bezwecken [57]).

Unter den Begriff des Schutzgesetzes fallen mannigfache Vorschriften des Polizeirechts, welche die Sicherheit der Personen und Sachgüter schützen sollen Auch die auf Grund einer gesetzlichen Delegation erlassenen ortspolizeilichen Vorschriften können den Begriff erfüllen Auch privatrechtliche Vorschriften können Schutzgesetze im Sinne des § 823 Abs. 2 sein.

Schutzgesetze im Sinne des § 823 Abs. 2 sind beispielsweise § 226 [58]), § 858 [59]), § 906 [60]), § 909 [61]), § 1004 und § 1027 BGB. [62]), §§ 16 und 147 GewO. [63]), § 367 Nr. 8 StGB. (Legung von Selbstgeschossen, Schießen, Abbrennen von Feuerwerkskörpern [64]), § 367 Nr. 12 StGB (unverwahrte Öffnungen) [65]), § 367 Nr. 14 StGB. (Bauten oder Ausbesserung von Gebäuden ohne die erforderlichen Sicherungsmaßregeln) [66]), § 367 Ziff. 13 StGB. (Gebäude, welche dem Einsturz drohen) [67]), § 368 Ziff. 2 des StGB. mit Art 2 Ziff. 13 des PStGB. (Unterlassen des Raupens), § 368 Ziff. 4 StGB. (brandsicherer Zustand der Feuerstätten und Schornsteine [68]), § 368 Ziff. 6 StGB. (Feueranzünden in der Nähe von Wäldern oder Gebäuden), § 370 Ziff 1 StGB. (Abgraben oder Abpflügen von Wegen oder Grenzrainen); Art. 73 PolStGB. (Abtritte, Dunggruben, Brunnen); Art. 86 PolStGB. (Sprengungen); Art. 115—117 PStGB (Viehweiden); Art. 120 Ziff. 2 PStGB. (polizeiliche Vorschriften hinsichtlich der Abwehr schädlicher Tiere und Pflanzen) [69]).

---

57) RG. 63, 324; 59, 237; Gruchot 52, 1008; JW. 1904, 554. Näheres über diese Frage s. bei Staudinger Bem. III A 2 zu § 823.

58) RG. 58, 214.

59) RG. 59, 326; Gruchot 51, 985.

60) Recht 1908 Nr. 745.

61) RG. 51, 77.

62) Rosenthal LZ. 1910, 107; SeuffA. 76, 662 (RG.); Warneyer 1911 Nr. 331.

63) JW. 1909, 493; 1916, 38; SeuffA. 71, 86. Nicht die bei der Genehmigung des § 16 RGewO. getroffenen Anordnungen sind als Schutzgesetz zu erachten (wie BayZ. 1916, 91, RG. zu Unrecht annimmt), sondern § 16 RGewO. vgl. oben S. 563 Anm. 34.

64) JW. 1902 Beil. 220 (RG.).

65) JW. 1905, 17; 1906, 89; 1911, 713; 1912, 30 (RG.); SeuffA. 59, 204 (Bamberg).

66) RG. 51, 177; JW. 1904, 62; 1910, 12; RG. 70, 207.

67) Vgl. hierzu § 836 BGB. s. oben S. 234ff.

68) RG. 67, 339.

69) Vgl. hierzu Verordnung vom 21. Mai 1908 (GVBl. 298 und MB. vom 4. Mai 1919, GVBl. 220 betr. die Bekämpfung von schädlichen Tieren, insbes. von Feldmäusen; vgl. ferner Riedel Anm. 1 Art. 120 PStGB. über die Bestimmungen bezüglich des Kartoffelkäfers, der Wanderheuschrecken, der Reblaus, des Goldafters, des Weymouthskiefernrosts und der Weißdornhecken.

Das für die Ersatzpflicht unerläßliche Verschulden bezieht sich also nur auf die Willensbetätigung (mit Einschluß der Unterlassung), in welcher die Übertretung des Schutzgesetzes gelegen ist. Es braucht also Vorsatz oder Fahrlässigkeit nur in Beziehung auf das vorzuliegen, was gegen Verbot getan oder gegen Gebot unterlassen wurde [70]).

Ein Beispiel wird den Unterschied klar machen: In der Mitte eines größeren unbebauten Areals liegt ein Fabrikanwesen, aus dessen Kaminen ein starker Funkenregen ausgeworfen wird. Mit Rücksicht darauf, daß der Abstand von der Grenze ringsum ein großer ist, kann der Unternehmer auch bei Anwendung der im Verkehr erforderlichen Sorgfalt nicht voraussehen, daß ausströmende Funken auf fremde Grundstücke niederfallen können.

Aus § 823 Abs. 1 haftet der Unternehmer nicht, wenn gleichwohl durch einen Sturmwind Funken auf ein Nachbarhaus geworfen werden und diese entzünden. Wenn aber eine Polizeivorschrift besteht, wonach Fabrikschlöte mit Funkenfängern versehen sein müssen, so haftet der Unternehmer aus § 823 Abs. 2, wenn nur die Zuwiderhandlung gegen das Gesetz vorsätzlich oder fahrlässig erfolgt ist und bei Befolgung der Polizeivorschrift der Schaden nicht eingetreten wäre.

Für das Verschulden des § 823 Abs. 2 ist keineswegs erforderlich, daß der Unternehmer die betreffende Polizeivorschrift gekannt hat, sofern die Unkenntnis auf Fahrlässigkeit beruht [71]). Liegt ein Verstoß gegen das Schutzgesetz vor, so muß der Zuwiderhandelnde beweisen, daß ihn kein Verschulden trifft [72]). Das erforderliche Verschulden fehlt z. B. dann, wenn der Unternehmer die Ersetzung des alten Funkenfängers angeordnet und der Gewerbsmeister ohne Wissen des Unternehmers den alten Funkenfänger abgenommen hat, bevor der neue zum Ersatz bereit war.

Wenn aber das zum Schutz eines andern erlassene Gesetz nicht eine Handlung schlechthin verbietet, sondern nur insoweit, als sie einen gewissen Erfolg, insbesondere eine schädliche Wirkung mit sich bringt, so daß dem Ermessen des Handelnden in dieser Richtung ein Spielraum bleibt, so liegt ein Verschulden bei Nichtbeachtung des Gesetzes nicht vor, wenn der Handelnde mit Fug glauben konnte, daß seine Handlung nicht schädigend wirken könne [73]). Deshalb trifft bei Zuwiderhandlungen gegen das Vertiefungsverbot des § 909 den Täter nur dann eine Ersatzpflicht, wenn er bei sorgfältiger Prüfung hätte voraussehen können, daß durch die Vertiefung das Nachbargrundstück die erforderliche Stütze verlieren würde [74]). Ingleichen tritt eine Ersatzpflicht wegen Zuwiderhandlung gegen das Schutzgesetz des § 906 (Immissionen) nur dann ein,

---

70) Liszt, Deliktsobligation 34; RG. 38, 272; JW. 1902, 11; 1904, 408; 1909, 313; 1910, 1003 (RG.); SeuffA. 59, 204 (Bamberg).

71) Recht 1912 Nr. 3467; 13 Nr. 836 (RG.).

72) JW. 1912, 319; 1916, 38; RG. 91, 72; Recht 1907 Nr. 1150.

73) RG. 38, 272. 74) Siehe oben S. 250. RG. 144, 177.

wenn der Immittent bei Anwendung der pflichtgemäßen Sorgfalt erkennen konnte, daß durch die Einwirkung die Benützung des Nachbargrundstückes wesentlich beeinträchtigt werden könne.

III. Haftung ohne Verschulden (Gefährdungshaftung).

Das BGB. steht auf dem Standpunkt der Verschuldungshaftung; die Verursachungshaftung, die dem Entwurf I zugrunde gelegt war, wurde im Entwurf II zurückgedrängt und im Entwurf III völlig ausgeschaltet.

Gleichwohl hat das RG. unter Gefolgschaft der Rechtslehre und oberrichterlichen Rechtsprechung in gleichförmiger Rechtsprechung folgenden Rechtsgrundsatz anerkannt:

Für rechtswidrige Einwirkungen auf das Eigentum eines anderen muß, auch wenn dem Einwirkenden ein Verschulden nicht zur Last fällt, Schadenersatz überall da geleistet werden, wo infolge einer entgegenstehenden Sonderrechtsnorm dem Eigentümer die ihm nach den Grundsätzen des ordentlichen Rechts zustehende Befugnis, wegen des Eingriffs eine Abwehrklage zu erheben, entzogen ist[75]).

Zu dieser Annäherung an die Gefährdungshaftung gelangte das RG. durch die Annahme, daß die in verschiedenen Sondergesetzen enthaltenen Bestimmungen, die eine Schadenersatzpflicht ohne Verschulden festsetzen, auf ein gemeinsames höheres und daher allgemein gültiges Prinzip zurückzuführen sei[76]). Dieses allgemein gültige Prinzip ist eben das der Gefährdungshaftung, wenn auch das RG. das Kind nicht beim Namen nennt.

Weitaus die meisten der hier einschlägigen Entscheidungen befassen sich mit dem durch Funkenflug aus Lokomotiven verursachten Brandschaden[77]); außerdem wurden nach den gleichen Grundsätzen behandelt

[75]) RG. 101, 102; 58, 130; 59, 74; 63, 376; 70, 152; 81, 216 (= JW. 1913, 374); 86, 232 (= JW. 1915, 457); 93, 100; 97, 291; 98, 348; 100, 69; JW. 1905, 131; 1910, 580 und 619; 1912, 869; Warneyer RG. 1911 Nr. 40; 1913 Nr. 226.

[76]) Vgl. Rümelin ArchZivPrax. 88, 285 ff. — Almassi berichtet (JW. 1918, 357), daß durch die ungarische Rechtsprechung als allgemeiner Grundsatz des Privatrechts die „objektive Haftung" gefährlicher Betriebe anerkannt sei. Das Hauptmerkmal der Gefährlichkeit werde in dem maschinellen Betriebsmittel erblickt. RG. 101, 106 u. Gruch. 66, 475 begründen den Ersatzanspruch vorsorglich auch mit § 904 S. 2 BGB. Es wird die für den Staat im Krieg gegebene zwingende Notwendigkeit, Munitionsfabriken mit den damals unvermeidbaren Einwirkungen auf die Nachbargrundstücke als Notstand aufgefaßt.

[77]) RG. 58, 130; 97, 291; 98, 348. — JW. 1904, 360; 1905, 131; 1910, 619. Im Falle Gruch. 66, 475 hat das BG. aus dem mit Hochdruck arbeitenden Kriegsbetrieb (August 1917), bei dem mit mangelhaft geschulten Kräften und unter Außerachtlassung nötiger Vorsichtsmaßnahmen gearbeitet worden sei, eine so gesteigerte Explosionsgefahr abgeleitet, daß man schließlich mit einer der Gewißheit gleichkommenden Wahrscheinlichkeit den Eintritt mehr oder weniger schwerer Explosionen habe voraussehen können.

die durch Ruß und Rauch des Eisenbahnbetriebs herbeigeführten Schäden[78]), der durch den Rohrpostbetrieb verursachte Lärm[79]), die durch abirrende Kugeln eines Militärschießstandes herbeigeführte Beeinträchtigung[80]), die durch Explosion einer Sprengstoffabrik verursachte Beschädigung des Nachbarhauses[81]), der durch Sprengung der Pioniere verursachte Schaden[82]), die durch Anlage eines Eisenbahntunnels herbeigeführte Senkung eines darüberstehenden Hauses[83]), die durch Absturz eines Flugzeuges herbeigeführte Beschädigung eines Grundstücks[84]).

Die Rechtsprechung des RG. billigt den Schadenersatz ohne Verschulden jedoch nur insoweit zu, als durch das Sondergesetz der Abwehranspruch entzogen ist. Der Schadenersatzanspruch setzt also voraus, daß der Abwehranspruch nach allgemeinem Recht bestehen würde und mit diesem die Einwirkung, durch welche der Schaden verursacht wurde, hätte abgewehrt werden können.

Geht die Einwirkung von einer Anlage aus, von der schon vor dem Eintritt des Schadens mit Sicherheit vorauszusehen war, daß ihr Bestand oder ihre Benützung eine unzulässige Einwirkung auf das Nachbargrundstück zur Folge haben werde, dann stand zu diesem Zeitpunkt dem Nachbar an sich der Anspruch auf Beseitigung dieser Anlage zu (§ 907). War jedoch eine unzulässige Einwirkung in diesem Zeitpunkte nicht mit Sicherheit vorauszusehen, so ist Voraussetzung des alsdann in Frage kommenden Unterlassungsanspruches (§ 1004), daß vor Eintritt des Schadens schon eine unzulässige Einwirkung stattgefunden hatte[85]) und eine weitere unzulässige Einwirkung zu besorgen war (§ 1004). Diese Besorgnis erfordert mehr als eine abstrakte Möglichkeit, während es andererseits genügt, wenn nach Lage der Verhältnisse mit der Möglichkeit einer Wiederholung zu rechnen ist. Wenn also durch eine unzulässige Einwirkung ein Schaden verursacht wird und es war vorher eine unzulässige Einwirkung weder mit Sicherheit vorauszusehen noch auch vorher tatsächlich schon erfolgt, dann be-

---

[78]) JW. 1910, 580.
[79]) JW. 1906, 620.
[80]) Gruchot 45, 1018.
[81]) RG. 101, 102; 104, 81; LZ. 1919, 1284 (Frankfurt).
[82]) Recht 1908 Nr. 1200.
[83]) JW. 1912, 869.
[84]) RG. 100, 74. Im Falle des Echterdinger Zeppelin-Unfalles wurde eine Ersatzpflicht ohne Verschulden verneint (RG. 78, 71). — Nunmehr regelt das Reichsgesetz vom 21. August 1936 (Luftverkehrgesetz) die Haftpflicht, falls beim Betrieb eines Luftfahrzeuges durch Unfall jemand getötet, verletzt oder eine Sache beschädigt wird (vgl. oben S. 9).
[85]) RG. Warneyer 11 Nr. 330; RG. 101, 339; RGKomm. Bem. 1 und 5 zu § 1004.

stand schon nach allgemeinem Recht kein Abwehranspruch, mithin kann auch eine Ersatzleistung für die Entziehung des Abwehranspruches nicht in Frage kommen. In der Tat hat das Reichsgericht diesen Standpunkt in einzelnen Entscheidungen mit Entschiedenheit vertreten, so namentlich im Falle der Explosion [86]) und dieser grundsätzliche Standpunkt liegt auch der Ablehnung des Ersatzes für einen Schaden zugrunde, der „in der Vergangenheit liegt, also mit der Klage auf Einstellung des Betriebs nicht hätte verhindert werden können" [87]).

In anderen Entscheidungen ist dieser Standpunkt zwar nicht grundsätzlich, aber doch tatsächlich verlassen, zum mindesten stark auf die Seite geschoben. Im Falle RG. 101, 102 konnte er hochgehalten werden, weil das BG. die tatsächliche Feststellung getroffen hatte, daß von der Sprengstoffabrik eine Explosion früher oder später mit Sicherheit zu erwarten war [88]). Darüber, daß diese tatsächliche Feststellung zweifellos auf einer rechtlichen Verkennung des Erfordernisses „mit Sicherheit zu erwarten" (§ 907) beruht, hat das RG. weggesehen. Sonst hätte sich die Verurteilung mit der reichsgerichtlichen Konstruktion nicht halten lassen. Die scharf ins Zeug gegangene tatsächliche Feststellung des BG. war darauf gestützt, daß zwar im Frieden eine Sprengstoffabrik gefahrlos gewesen sei (vgl. RG. 50, 226), daß sich dies aber bei dem kriegsgemäßen Betrieb mit Rücksicht auf den Mangel an ausgebildeten Arbeitern, sowie die gebotene Eile der Arbeit wie auch die Anhäufung größerer Mengen geändert habe. Gewiß war die Gefährlichkeit des Betriebs durch die Kriegsmäßigkeit gewaltig gesteigert; mit Sicherheit konnte deswegen natürlich eine Explosion nicht vorhergesehen werden: tatsächlich sind auch nicht alle Munitionsfabriken in die Luft geflogen. Jedenfalls haben wir jetzt wieder friedensmäßige Verhältnisse [89]). Trotz aller Vorsicht werden gleichwohl immer wieder

---

[86]) RG. 50, 226 = JW. (hier allerdings nur bezüglich der von einer Petroleum-Raffinerie drohenden Explosionsgefahr und der dadurch herbeigeführten Entwertung des Nachbargrundstückes) und namentlich RG. 63, 374 (Schadenersatzpflicht für den durch Rohrbruch einer Gasanstalt entstandenen Schaden abgelehnt). Vgl. Recht 1911 Nr. 2732. (Sind Kugeln von dem Schießstand bisher nicht herübergeflogen, so kann von der Besorgnis weiterer Beeinträchtigung nicht die Rede sein.)

[87]) Gruch 54, 412 (RG.); JW. 1912, 869 (RG.); vgl. auch die vom RG. unbeanstandet gelassene Ausführung des OLG. im Fall RG. 101, 102.

[88]) Ebenso im Fall RG. 104, 82.

[89]) Im Fall RG. 104, 81 war das RG. nochmals in der angenehmen Lage, die tatsächliche Feststellung des LG. zugrunde legen zu können, daß von dem Betrieb (zur Zerlegung von Granatzündern) unzulässige Einwirkungen auf die Nachbargrundstücke mit Sicherheit zu erwarten waren. In jenem Fall trat die Explosion am 25. März 1920 ein. Damals waren in Deutschland die Arbeiterverhältnisse noch in Gärung, so daß friedensmäßige Betriebssicherheit noch nicht hergestellt war.

explosionsgefährliche Fabriken in die Luft gehen. Aber die in den Fällen RG. 101, 102 und 104, 81 vorgelegene tatsächliche Feststellung, daß die Explosion des betreffenden Betriebes mit Sicherheit vorauszusehen war, wird das RG. wohl nicht mehr vorfinden und dann muß es entweder die Ersatzpflicht verneinen oder nach anderen Gründen suchen.

Wir werden gleich sehen, daß auch in anderen Fällen die vom RG. beigebrachte Begründung seines Standpunktes nicht zum Ziele führt.

Zumeist — namentlich bei Schadenfällen infolge Funkenflugs — beschränkt sich das RG. auf die ganz allgemein gehaltene Unterstellung, daß dem durch Funkenflug geschädigten Eigentümer des Grundstückes der ihm nach dem ordentlichen Recht zustehende Abwehranspruch entzogen und ihm dafür als Ersatz der Entschädigungsanspruch zuzubilligen sei. Eine Untersuchung darüber, welcher Art dieser Abwehranspruch in concreto gewesen sei und ob damit die den Brandschaden vermittelnde Einwirkung des Funkenflugs nach ordentlichem Recht auch wirklich hätte abgewehrt werden können, fehlt regelmäßig, obwohl dieser Nachweis vom Standpunkt des RG. aus unerläßlich gewesen wäre. Im Falle JW. 1910, 619 machte die Revision gegen die Verurteilung zum Schadenersatz wegen Funkenauswurfes mit Recht geltend, daß, wenn sich die Entschädigung als Ersatz für die entzogene Eigentumsklage darstelle, im e i n z e l n e n F a l l e zu prüfen sei, ob dem Kläger der Anspruch aus § 1004 zugestanden hätte. In jenem Fall war ein Funke aus der Lokomotive einer Kleinbahn auf ein 50 m vom Schienenstrang entferntes Gebäude geworfen worden und hatte dort gezündet. Die Revision führte aus, daß Funken unter normalen Verhältnissen in einer Entfernung von 50 m nicht mehr zu zünden pflegen und daher nicht als wesentliche Beeinträchtigung zu erachten, übrigens auch nicht ungewöhnlich seien. Deshalb könne der Grundeigentümer die Zuführung von Funken nicht verbieten (§ 906), auch sei bei der außergewöhnlichen Natur des Ereignisses (Sturmwind) eine Besorgnis der Wiederholung, die nach § 1004 erforderlich ist, nicht gegeben. — Das RG. hat diesen Revisionsangriff zurückgewiesen. Der Einwand, daß Funken im allgemeinen unter § 906 fallen, wurde mit der Bemerkung abgetan, daß der Funkenauswurf wegen seiner Gefährlichkeit zu den Einwirkungen, die § 906 unter Umständen zuläßt, überhaupt nicht gerechnet werden könne. Damit geht das RG. entschieden zu weit. Es kommt ja nicht nur der Funkenflug aus Lokomotiven, sondern auch aus Schornsteinen in Betracht. Er läßt sich auch durch Funkenfänger nicht völlig ausschließen und ich möchte einem Grundeigentümer, auf dessen Eigentum hie und da einmal ein aus dem Schornstein des Nachbarhauses kommender Funke getragen wird, nicht raten, deshalb eine Abwehrklage zu stellen. Was aber die nach § 1004 erforderliche Besorgnis der Wiederholung anlangt, so setzt sie begriffsmäßig voraus, daß vor dem zündenden Funken schon einmal ein Funke auf dasselbe Grundstück aus der gleichen Immissionsquelle gelangt ist[90]). Darüber schweigt das RG. — Selbst wenn dies in dem zur Entscheidung stehenden Fall nachweisbar gewesen wäre, so läßt sich doch der Fall denken, daß dieser dem Kläger obliegende Nachweis nicht zu erbringen ist. Man braucht sich nur die Entfernung noch etwas größer vorzustellen als 50 m, dann ist es wohl denkbar, daß der erste Funke, der nachweisbar aus einer Lokomotive auf das betreffende Grundstück durch einen Sturm getragen wird, zündet. Bei einem solchen Schadensfall wäre mit der Konstruktion des RG. nicht zu helfen.

Noch deutlicher zeigt sich die Anfechtbarkeit der reichsgerichtlichen Konstruktion, wenn man unterstellt, daß zur Zeit des Eintritts des Schadens nach allgemeinem Recht der Anspruch auf Unterlassung bestanden hat, jedoch nicht geltend gemacht worden war, während eine Sondernorm, durch welche der Unterlassungsanspruch entzogen ist, fehlt. Wenn z. B. vor der Schädigung durch Sprengung beim Bau eines Privatwegs schon eine Einwirkung durch abgesprengte Steine auf das Nachbargrundstück erfolgt war, bestand von da ab der Unterlassungsanspruch. Durch keine gesetzliche Vorschrift ist dieser Anspruch entzogen. Dem Eigentümer des Nachbargrundstückes ist die vorausgegangene Einwirkung unbekannt geblieben. Ein Verschulden des Unternehmers an dem Schaden liegt nicht vor. Bei Durchführung der reichsgerichtlichen Gedankengänge wäre kein Ersatz zu leisten, so daß also bei bestehendem Unterlassungsanspruch der Geschädigte schlechter stehen würde, als nach seiner Entziehung durch Sondergesetz.

Im Falle RG. 100, 74 hat das RG. Ersatzpflicht für die durch den Absturz eines Flugzeuges verursachte Beschädigung des Grundstückes (Durchschlagen des Daches) zugebilligt. Aus § 905 wird das Recht des Eigentümers abgeleitet, das Überfliegen seines Grundstückes in noch so großer Höhe zu verbieten. Aber mit der Einräumung des Verbietungsrechtes ist noch nicht ohne weiteres der Abwehranspruch gegeben. Auch hier muß eine Beeinträchtigung — Überfliegen des betroffenen Grundstückes — vorausgegangen sein, bevor der Anspruch auf Unterlassung einer weiteren Beeinträchtigung zusteht[91]). Wie nun, wenn das betreffende Grundstück bei dem Absturz zum ersten Male überflogen wird? Und wie hat man in Anwendung der reichsgerichtlichen Konstruk-

[90]) RG. Warneyer 1911 Nr. 330; RGKomm. Bem. 1 und 5 zu § 1004.
[91]) RG. Warneyer 1911 Nr. 330; RGKomm. Bem. 1 und 5 zu § 1004.

tion zu entscheiden, wenn das Grundstück überhaupt nie, auch nicht vor dem Absturz, überflogen wurde, da das Flugzeug erst im Absturz durch den Wind auf jenes Grundstück getrieben wurde? Dann bestand sicher kein Abwehranspruch[92]). Wenn er aber bestehen würde, wo ist die Sonderrechtsnorm, durch die er entzogen wird? Das RG. antwortet darauf: Wenn alle Grundeigentümer das ihnen zustehende Verbietungsrecht ausüben würden, so würde dies zu einer völligen Unterbindung des Luftbetriebes führen. Weil aber der Luftfahrtbetrieb ein wirtschaftlich wertvolles, bis zur Unentbehrlichkeit auszubildendes Verkehrsmittel sei, auf welches die Allgemeinheit nicht verzichten könne, deshalb müsse das Verbietungsrecht des Einzelnen hinter dem Interesse der Allgemeinheit zurückstehen und könne nicht ausgeübt werden. Also wird aus dem Verbietungsrecht der Abwehranspruch konstruiert, dann wird das Verbietungsrecht zerschlagen, wobei das entziehende „Sondergesetz" wohlweislich verschwiegen wird[93]). Damit ist der Abwehranspruch entzogen und die Theorie gerettet.

Andererseits ist vom RG. für die Zeit vor Inkrafttreten des Luftverkehrsgesetzes vom 1. August 1922 anerkannt, daß dem Eigentümer das Recht, ein Überfliegen in geringer Höhe zu verbieten, mit Rücksicht auf die Belästigung durch Lärm zusteht[94]), also nicht entzogen ist. Somit kann vom Standpunkt des RG. aus kein von Verschulden losgelöster Ersatzanspruch bestehen, wenn das Flugzeug aus geringer Höhe abstürzt. Erfolgt dagegen der Sturz aus großer Höhe, dann besteht die Haftung. Also wird für die Folgen einer zulässigen Einwirkung gehaftet, für die Folgen einer unzulässigen Einwirkung dagegen nicht. Das kann unmöglich Rechtens sein[95]).

3. Damit dürfte dargetan sein, daß die Begründung, welche das RG. für den von ihm in gleichförmiger Rechtsprechung aufgestellten Rechtssatz gibt, nicht stichfest ist. Von dieser Unrichtigkeit der Begründung wird die Gültigkeit der aufgestellten Rechtssatzung selbst nicht berührt. Denn hier handelt es sich um ein durch Gerichtsgebrauch anerkanntes Gewohnheitsrecht. Seitdem das RG. die Gültigkeit dieses

---

[92]) Die bloße Gefährlichkeit gewährt nicht einmal gegenüber einer Anlage einen Abwehranspruch. RG. 50, 225; SeuffA. 57 Nr. 191; OLG. 4, 55.

[93]) Die Entscheidung ist für das geltende Recht durch das Reichsgesetz vom 21. August 1936 (Luftverkehrsgesetz) überholt. Aber auch schon vorher bestand Verbietungsrecht; es war aber nicht durch eine Sondernorm, sondern durch die allgemeine Vorschrift des § 905 ev. des § 826 entzogen. § 905 setzt ein schutzwürdiges Interesse voraus (vgl. RG. 97, 27; SeuffA. 71, 89).

[94]) RG. 97, 25.

[95]) Jetzt ist die Haftpflicht für Unfälle beim Betrieb eines Luftfahrzeuges durch das Reichsluftverkehrsgesetz vom 21. 8. 1936 geregelt.

Rechtssatzes für das neue Recht erstmals[96]) aufgestellt hat, fand es die willige Gefolgschaft der gesamten Rechtsprechung. In all den Fällen, in welchen sich daraufhin das RG. mit dieser Frage beschäftigt hat, hatte schon das Berufungsgericht diesen Rechtssatz seiner Entscheidung zugrunde gelegt und eine Aufhebung ist nur insoweit erfolgt, als das Berufungsgericht daraus Folgerungen gezogen hatte, die dem RG. zu weit gingen[97]). In der Rechtslehre wurden zwar zunächst vereinzelt gegen die Aufstellung des Rechtssatzes Bedenken erhoben[98]), aber so beachtlich diese Bedenken waren, sie wurden nicht beachtet, während der vom Reichsgericht aufgestellte Rechtssatz, so unzulänglich seine Begründung war, gutgeheißen und allenthalben angewendet wurde. Die vereinzelt erhobene Kritik, der das unfruchtbare Ankämpfen gegen ein vernünftiges, ja wirtschaftlich notwendiges Ergebnis keine Freude machen konnte, verstummte. Heute muß die Geltung der vom RG. aufgestellten Rechtssatzung als unbestritten und durch langjährige gleichförmige Übung aller deutschen Gerichte als ein durch Gerichtsgebrauch anerkanntes Gewohnheitsrecht erachtet werden. Die verbindliche Kraft eines solchen Gewohnheitsrechtes kann nicht in Zweifel gezogen werden[99]).

Der Inhalt dieses Reichsgewohnheitsrechtes kann jedoch nicht seiner Begründung[100]) entnommen werden. Er muß der Gesamtheit der

---

[96]) RG. 58, 130.

[97]) Vgl. insbes. RG. 63, 374 (Schadenersatz für den durch Rohrbruch einer Gasanstalt entstandenen Schaden).

[98]) Fuld, PucheltsZ. 1905, 616; vgl. Recht 1904, 330 und 617 und die zweite Auflage des Bayer. Nachbarr. 269.

[99]) RGKomm. 1, 9 und 10; Staudinger 1, 12f. und 6, 11 mit Nachweisen. Vgl. JW. 1902, 94, wo das RG. zwar ausspricht, daß durch bloßen Gerichtsgebrauch, der auf unrichtige Anwendung des bestehenden Rechts zurückzuführen ist, ein von diesem abweichendes Gewohnheitsrecht nicht begründet werden könne, aber demgegenüber in der Anerkennung durch die Rechtslehre und in dauernder Anwendung durch die Gerichtshöfe mehr als einen bloßen Gerichtsgebrauch erblickt. Es kann also durch einen Gerichtsgebrauch das Rechtsbewußtsein der Gemeinschaft erzeugt werden; wird dann der Rechtssatz von der Rechtslehre und der Rechtsprechung dauernd anerkannt, so ist Gewohnheitsrecht begründet.

[100]) Vgl. SeuffA. 15 Nr. 217 (Stuttgart): „Wo als Grund und Zweck eines Gerichtsgebrauchs der Wille sich darstellt, durch den aufgestellten Rechtssatz einem Rechtsbedürfnis zu genügen und das Rechtssystem mit dem lebendigen Rechtszustande zu versöhnen, bildet der Gerichtsgebrauch eines der sichersten Erkenntnismittel des Bestehens eines Gewohnheitsrechts." Wenn den Entscheidungen der äußere Schein einer bloßen Auslegung und Anwendung des geschriebenen Rechts gegeben werde, so sei in Wirklichkeit nicht in dieser Auslegung der Grund und Anlaß der Aufstellung des fraglichen Rechtssatzes zu suchen, sondern in der Erkenntnis eines vorhandenen Rechtsbedürfnisses. „Die Berufung auf Stellen des geschriebenen Rechts stellt sich daher nur als ein unrichtiges Mittel dar, den als ein Bedürfnis des Verkehrslebens erkannten Rechtssatz zur Geltung zu bringen. Hierdurch wurden aber die Aussprüche ihrer Bedeutung als Ausdruck einer im Volk lebenden Rechtsüberzeugung nicht entkleidet... und es muß daher der durch sie sanktionierte Rechtssatz als Gewohnheits-

Tatbestände entnommen werden, für welche die Schadenersatzpflicht ohne Verschulden anerkannt wurde.

Hierbei sind zwei Gruppen zu unterscheiden. In die erste Gruppe sind die Fälle einzureihen, in welchen der geschädigte Grundeigentümer in concreto in der Lage gewesen wäre, die Einwirkung, durch welche der Schaden verursacht wurde, durch Klage abzuwehren, wenn ihm nicht der Abwehranspruch durch eine Sondervorschrift versagt wäre. Für diese Fälle trifft auch die reichsgerichtliche Begründung des Rechtssatzes zu. Hierher gehört der Ersatz der Schäden, die durch die fortdauernde Beeinträchtigung durch Ruß und Rauch des Eisenbahnbetriebes[101]) oder durch den Lärm des Rohrpostbetriebes[102]) oder durch abirrende Kugeln eines Militärschießstandes[103]) oder durch die Anlage eines Eisenbahntunnels unter einem Hause[104]) verursacht sind.

Der zweiten Gruppe dagegen sind jene Fälle einzureihen, in welchen dem Grundeigentümer zur Zeit der schädigenden Einwirkung auch nach ordentlichem Recht eine Klage auf Abwehr dieser Einwirkung nicht zustand. Hierher gehören Funkenflug aus Lokomotiven, Explosion. In allen diesen Fällen hat das RG. die Ersatzpflicht anerkannt, auch wenn der Eigentümer schon nach ordentlichem Recht der Einwirkung gegenüber völlig machtlos war. Daran ändert der Umstand nichts, daß das RG. durch Ausschweigen oder durch Unterstehen unter einer auf Rechtsirrtum beruhenden tatsächlichen Feststellung die Fiktion aufrecht zu erhalten sucht, als ob der Eigentümer nach ordentlichem Recht die Einwirkung hätte abwehren können.

Wenn man nun die einzelnen Anwendungsfälle ins Auge faßt, so fällt als das allen Gemeinsame ein Doppeltes auf: Einerseits handelt es sich — beim Ausschluß eines Verschuldens — um unabwendbare Ereignisse, also um Unglücksfälle, und andererseits um Ereignisse, die doch nicht als reine Zufälle, sondern als Auswirkung der mit dem betreffenden Betrieb verbundenen, diesem Betrieb eigentümlichen Gefahren zu erachten sind. Damit sind aber die Merkmale der Gefährdungshaftung in dem Begriff, wie er in der Rechtslehre herausgearbeitet wurde, bloßgelegt. In der Tat sind diese Kriterien vom RG. in jedem der in Betracht kommenden Fälle (Funke, Explosion) herausgestellt worden.

---

recht aufrecht erhalten bleiben, wenn auch die versuchte wissenschaftliche Begründung desselben als unhaltbar sich erwiesen hat." Zustimmend Regelsberger, Pand. 97.

101) JW. 1910, 580.

102) JW. 1906, 620.

103) Gruch. 45, 1008.

104) JW. 1912, 869.

So hat das Reichsgericht im Falle des Brandschadens durch Funkenflug aus einer Lokomotive infolge Sturmwindes ausgesprochen, daß Unfälle, die in dem regelmäßigen Eisenbahnbetrieb und den damit verbundenen eigentümlichen Gefahren ihren Grund haben und mit denen man, weil sie nicht ganz ungewöhnlich sind, rechnen muß, nicht als höhere Gewalt oder unabwendbarer Zufall zu erachten sind[105]). Und ebenso hat das RG. im Falle des Absturzes eines Flugzeuges den Anspruch auf Erstattung „des durch die Betriebsgefahren angestifteten Schadens" mit dem Beifügen zugesprochen, daß sich der Unternehmer auf höhere Gewalt zum mindesten dann nicht berufen könne, wenn das schädigende Ereignis auf Ursachen zurückzuführen ist, die im Bereich der mit dem Luftverkehr verbundenen Gefahren liegen[106]). Hiermit ist der Begriff der „spezifischen Betriebsgefahren" im Sinne der Gefährdungshaftung zutreffend umschrieben[107]). Das Gegenstück finden wir in der Ablehnung der Haftung für den durch Rohrbruch eines Gaswerks oder einer Wasserleitung herbeigeführten Schaden. Hier stellt das Reichsgericht den Eisenbahnbetrieb, der nicht anders als unter Auswurf von Rauch und Funken erfolgen kann, der Versorgung einer Stadt mit Gas durch Leitungsröhren gegenüber[108]). Die grundsätzliche Anwendung der für die Gefährdungshaftung erforderlichen Voraussetzungen ist unverkennbar. Und wenn man sich diese Tragweite des vom RG. nur zur Widerlegung eines Einwandes so nebenbei angeführten Grundes zum Bewußtsein kommen läßt, entfällt der Eindruck, daß sich diese Entscheidung des RG. nicht verträgt mit den übrigen Entscheidungen des RG. Auch in dieser Entscheidung hat sich ja das RG. bemüht, darzutun, daß die Ersatzpflicht nur deshalb nicht bestehe, weil kein Abwehranspruch entzogen sei. Den wahren, der Gefährdungshaftung entnommenen Grund

---

105) JW. 1910, 619.

106) RG. 100, 74.

107) Daß das RG. in der Tat die Grundsätze der Gefährdungshaftung anwendet, ergibt sich auch daraus, daß es den Ersatzanspruch der kurzen Verjährung des § 852 unterstellt. Für den Anspruch aus der Gefährdungshaftung, der quasideliktische Natur hat, ist die kurze Verjährungsfrist des deliktischen Ersatzanspruches das Gegebene. Stellt sich aber der Schadenersatzanspruch als ein Ersatz-Rechtsbehelf für den entzogenen Anspruch aus § 1004 dar, dann müßte eben hierauf die für den entzogenen Anspruch geltende dreißigjährige Verjährungsfrist angewendet werden. Das hatte dort das OLG. mit Recht angenommen.

108) RG. 63, 374. Ähnlich Recht 1920 Nr. 2405 (RG.): Ohne Nachweis eines Verschuldens kann Schadenersatz verlangt werden in all den Fällen, in denen ein Eigentümer, wenn ihm nicht vom Staat Beschränkungen auferlegt wären, die Beseitigung von Beeinträchtigungen ohne Nachweis eines Verschuldens verlangen könnte. Dieser Grundsatz darf aber nicht auf den Betrieb einer Wasserleitung übertragen werden, da der Betrieb einer Wasserleitung als einer gemeinnützigen und segensreichen Einrichtung „nicht zu den mit einer besonderen Gefährdung Dritter verbundenen und darum das Prinzip der Gefährdehaftung ohne Verschulden rechtfertigenden Betrieben gehört".

der Ablehnung des Ersatzanspruches deckt das RG. auf, indem es sagt, es fehle daran, daß die Kläger „unabwendbaren Folgen eines gefährlichen Betriebes" schutzlos preisgegeben wären; die Versorgung einer Stadt mit Gas könne bei ordnungsgemäßem Betriebe, also in Ermangelung eines Verschuldens, nur beim Eintritt von Zufällen, denen alle menschlichen Einrichtungen unterliegen, einen Schaden anrichten[109]). Kurz gesagt: Es handelt sich nicht um eine spezifische Gefahr. — Die Gegenprobe bietet die Entscheidung des RG. in BayZ. 1916, 91. Dort wird die Ersatzpflicht ohne Verschulden für einen Schaden erörtert, der durch den Bruch eines in bergunsicherem Gelände verlegten Gasrohres verursacht wurde. Es sei zu untersuchen, ob hier nicht ein anderer Sachverhalt vorliege als bei RG. 63, 374, ob hier insbesondere ein der Regel nach ungefährliches Gasrohrnetz zu beurteilen sei oder nicht, vielmehr eine wegen der Unsicherheit des Erdbodens dringend gefahrdrohende Gasrohrleitung. Hier wird also direkt auf die Gemeingefährlichkeit abgestellt.

In anderen Entscheidungen sind dem RG. die rechtspolitischen Gründe, durch welche die Gefährdungshaftung gegenüber der Verschuldungshaftung gerechtfertigt wird, aus der Feder geflossen. Im Falle RG. 101, 102 (Explosion einer Sprengstoffabrik) sagt das RG.: Auch die Billigkeitserwägungen, die der BR. aus den großen Gewinnen der Beklagten herleitet, ohne übrigens damit einen für die Entscheidung maßgebenden Gesichtspunkt aufzustellen, werden nicht durch den Hinweis ausgeschaltet, daß andere Betriebe noch größeren Gewinn gemacht hätten, ohne mit der Tragung der aus dem Betriebe für andere entspringenden Gefahren belastet zu werden. Andererseits sprechen die wirtschaftlichen Gründe, die namentlich im Urteil des OLG. Frankfurt[110]) hervorgehoben sind, in hohem Maße für die Unentbehrlichkeit einer Entschädigungspflicht der Sprengstoffabriken gegenüber den Grundstückseigentümer in solchen Fällen, in denen die ganze wirtschaftliche Existenz des gesamten, im weiten Umkreis einer derartigen Fabrik belegenen Grundbesitzes gefährdet war, ohne daß dieser während des Krieges sich durch die sonst gegebenen Rechtsbehelfe schützen konnte". Während hier zum Schluß der Ersatz für die Entziehung des Abwehranspruches wieder zu Ehren kommt, ist das RG. vorher aus der Rolle seiner Rechtskonstruktion gefallen. Ob diese Billigkeitserwägungen nicht doch trotz der gegenteiligen Beteuerung maßgebenden Einfluß auf die Entscheidung geübt haben, ist der Nachprüfung entzogen. Aber so viel ist gewiß: In diesen

[109]) Diese Ausführungen beziehen sich nur auf die Gasleitungsröhren, nicht auch auf die Gasbehälter.

[110]) LZ. 1919, 1284.

Erwägungen liegt die Rechtfertigung des Gefährdungsprinzipes als Rechtsgrundsatzes.

In der zweiten Gruppe der einschlägigen Entscheidungen des RG. sind in der Tat alle die Rechtsgrundsätze zur Anwendung gebracht, welche den Inhalt der Gefährdungshaftung bilden und das ist entscheidend. Denn dadurch, sowie durch die damit im Einklang stehenden Entscheidungen der übrigen deutschen Gerichte und die sich damit deckende Rechtslehre ist ein Gewohnheitsrecht anerkannt mit folgender Rechtssatzung:

Der Unternehmer[111]) eines gefährlichen Betriebes haftet auch ohne Verschulden auf Schadenersatz für die Schädigungen des Eigentums, die durch Auswirkung der mit seinem Betrieb verbundenen diesem Betrieb eigentümlichen Gefahren verursacht sind. Es muß sich um eine Gefahr handeln, die durch keinerlei Einrichtungen völlig ausgeschlossen werden kann. Die Gefährdungshaftung erstreckt sich nicht auf einen bloßen Zufall, aber ein solcher Zufall liegt eben dann nicht vor, wenn die Gefahr dem Betrieb in der Art eigentümlich ist, daß mit der jederzeitigen Verwirklichung der Gefahr gerechnet werden muß. Ist diese Voraussetzung gegeben, dann kommt es auf die größere oder geringere Wahrscheinlichkeit einer Entladung dieser spezifischen Betriebsgefahr nicht an, wohl aber auf den größeren oder geringeren Grad der Schäden, welche drohen. Nur wenn ernste Schäden von der Verwirklichung der Betriebsgefahr zu befürchten sind, liegt eine Gefährung im Sinne des Gefährdungsprinzips vor[112]). Es muß sich um eine „gemeine" Gefahr handeln, der gegenüber die Allgemeinheit machtlos ist. Auf die tatsächliche, nicht auf die rechtliche Machtlosigkeit kommt es an. Sind aber überhaupt nach der Art der Betriebsgefahr erhebliche Schäden von einer Betriebsart zu gewärtigen, dann tritt im Einzelfall die Haftung ein, auch wenn der verursachte Schaden ein geringer ist. Die vom RG. hiernach anerkannte Gefährdungshaftung erfaßt nur den Sachschaden[113]). Dagegen kann bei einer folgerichtigen Durchführung der reichsgerichtlichen Konstruktion das Leben keinen Schutz finden[114]). Ein Grund mehr für ihre

---

[111]) Auch die Passivlegitimation des Unternehmers für den Ersatzanspruch deckt sich mit dem Standpunkt des RG. Darnach ist ersatzpflichtig derjenige, dem der Vorteil der Entziehung des Abwehranspruches zugeht (JW. 1905, 131 und 1910, 619; RG. 98, 347). Das ist derjenige, für dessen Rechnung der Betrieb geht (RG. 1, 280; 12, 145; 38, 92).

[112]) Als weitere Anwendungsfälle kommen beispielsweise in Betracht die Gefahren der elektrischen Überlandleitungen (Erdschluß) oder eines Scharfschießens.

[113]) Das RG. erkennt den Ersatzanspruch nur für schädliche Einwirkungen auf das Eigentum (§ 1004) oder dingliche Rechte (§ 1027) an.

[114]) Erfolgt die Verletzung einer Person bei Betrieb der Eisenbahn, so besteht die Haftpflicht nach dem Reichshaftpflichtges. vom 7. Juni 1871.

Ablehnung; denn es wäre für das Rechtsbewußtsein unerträglich, wenn wohl für berechtigte Dachziegel Ersatz geleistet werden müßte, nicht aber für vernichtete Menschenleben.

Die Gefährdungshaftung wird ausgeschlossen durch höhere Gewalt[115]), unabwendbare Handlungen Dritter und eingeschränkt (§ 254) durch konkurrierendes Verschulden des Beschädigten.

§ 44. Feldschadengesetz.

Eine besondere Ersatzpflicht gilt auf Grund des bayer. **Feldschadengesetzes** vom 6. März 1902 (GVBl. 1902 S. 99ff.) für den Fall, daß bestimmte Arten von Haustieren auf fremde[1]) Grundstücke[2]) übertreten. Als Übertreten gilt auch das Reiten und Fahren. Dieser Ersatzanspruch richtet sich gegen den Tierhalter[3]) und ist niemals von dem Nachweis eines Verschuldens und regelmäßig[4]) nicht einmal vom Nachweis eines wirklichen Schadens abhängig[5]) (Art. 1 Feldschadenges.); nach Art. 1, 2 des Gesetzes steht dem Kläger als Eigentümer des Ackers ein Ersatzgeld zu, wobei er der Beweislast für die Schadenshöhe und die Ursache des Schadens enthoben ist. In diesem Falle ist die Geltendmachung eines weiteren Schadens ausgeschlossen (Art. 4). Allein der

[115]) Vgl. oben S. 622 bei Anm. 105.

§ 44 [1]) Als fremde Grundstücke sind die Grundstücke anzusehen, die derjenige, welcher die Tiere hält, für seine Haustiere zu benützen nicht berechtigt ist (Art. 1 Abs. 4 Feldschadenges.). Der Pächter kann also den Ersatzanspruch gegen den Verpächter erheben, wenn dessen Tiere auf das Pachtgrundstück übertreten.

[2]) Für den Fall des Übertretens von Haustieren auf Waldgrundstücke verbleibt es bei den Vorschriften der Forstgesetze (Art. 21 Feldschadenges.). Einschlägig sind insbes. Art. 88, 92, 56, 65, 71 Forstgesetzes und für die Pfalz das Forststrafgesetz in der Fassung vom 17. Juni 1896. Näheres von der Pfordten, Feldschadengesetz 116f.

[3]) Der Begriff des Tierhalters ist der gleiche wie in § 833 BGB. Fährt der Dienstknecht unbefugt mit Spannvieh über fremde Grundstücke, so muß der Dienstherr und nicht der Dienstknecht das Ersatzgeld zahlen (s. oben § 38, IV, 2), der Dienstknecht haftet daneben aus dem Delikt.

[4]) Das Ersatzgeld ist ohne Nachweis eines Schadens zu zahlen beim Übertritt der betreffenden Haustiere auf bestellte Äcker vor Beendigung der Ernte, auf fremde Wiesen während ihrer Hegezeit oder in fremde Gärten, Weinberge oder Baumschulen Art. (1 Abs. 1 Feldschadenges.). Nur dann tritt diese Verpflichtung, Ersatzgeld zu zahlen, nicht ein, wenn die Möglichkeit einer Beschädigung des Grundstücks oder der getrennten, aber noch nicht abgeernteten Erzeugnisse ausgeschlossen war (Art. 1 Abs. 3 Feldschadenges.).

[5]) Zum Ausschluß des Ersatzgeldes genügt es nicht, daß ein Schaden tatsächlich nicht entstanden ist. Es ist vielmehr erforderlich, daß ein Schaden nach Lage der Sache nicht entstehen konnte, sei es wegen der Beschaffenheit des Grundstücks, sei es wegen der Art, in der der Übertritt der Tiere erfolgte. Wenn der Acker mit dreijährigem Monatsklee also mit perennierender Frucht bestellt ist, dann kann vom Zeitpunkt der Besamung ununterbrochen bis zur Gewinnung des letzten Kleeertrags aus derselben Besamung ein Schaden angerichtet werden (LG. Würzburg 18. Juni 1912 F I 51/12).

Geschädigte kann statt dieses Ersatzgeldes Ersatz seines wirklichen Schadens verlangen gemäß §§ 833, 823, 840 BGB. (LG. Wzbg. 15. 12. 12 F 85, 22).

Der Nachbar muß das Auslaufen von Hühnern dulden, solange kein wesentlicher Nachteil (wie zur Saat- und Erntezeit) erwächst (HRR. 1939, 832).

Die Höhe des Schadens muß in keinem Falle bewiesen werden; das Ersatzgeld beträgt bei Pferden, Eseln, Mauleseln, Maultieren, Rindvieh und Schweinen 0,25 DM für das Stück, bei Jungvieh einer dieser Arten, die weniger als ein Jahr alt ist sowie bei Ziegen und Schafen 0,15 DM für das Stück, bei Federvieh, das über drei Wochen alt ist, 0,05 DM für das Stück. Ist gleichzeitig eine Mehrzahl von Tieren übergetreten, so darf der Gesamtbetrag der zu entrichtenden Ersatzgelder bei Federvieh 10 DM, bei anderen Tieren 20 DM nicht übersteigen (Art. 2 Feldschadenges., Ges. vom 9. 2. 1924, GVBl. 27). Sind Tiere auf verschiedene Grundstücke übergetreten, welche verschiedenen Eigentümern gehören, so muß an jeden Eigentümer das volle Ersatzgeld gezahlt werden[6]). Gehören die verschiedenen Grundstücke demselben Eigentümer, so ist das Ersatzgeld jedenfalls dann nur einmal zu zahlen, wenn die mehreren Grundstücke eine wirtschaftliche Einheit bilden. Es kommt also nicht darauf an, daß die mehreren Grundstücke verschiedene Plannummern haben, sondern darauf, ob sie nach ihrer Bestellung ein wirtschaftlich zusammengehöriges Ganzes (z. B. eine Wiese, ein Getreideacker) bilden. Ist ein Grundstück, das eine einzige Plannummer hat, in zwei Teilstücken an verschiedene Personen verpachtet, von denen jeder seinen Teil für sich bewirtschaftet, so hat man es nach wirtschaftlicher Auffassung mit zwei Grundstücken zu tun, so daß jeder Pächter das volle Ersatzgeld beanspruchen kann[7]). Sind Tiere, die von verschiedenen Personen gehalten werden, zu einer Herde vereinigt, so haften im Falle des Übertrittes der Herde diejenigen, welche Tiere halten, als Gesamtschuldner (Art. 3 Feldschadenges.). Der Anspruch verjährt in drei Jahren nach Erlangung der Kenntnis vom Übertritt und von der Person der Ersatzpflichtigen (Art. 5 Feldschadenges.). An Stelle dieses Ersatzgeldes kann der Geschädigte den ihm erwachsenen Schaden in voller Höhe auf Grund der allgemeinen Gesetzesvorschriften (§§ 833, 823 BGB.) geltend machen, hat er aber das Ersatzgeld verlangt[8]) oder

[6]) SeuffBl. 68, 30.

[7]) Unrichtig LG. Würzburg 6. März 1914, F 30/13.

[8]) Es genügt, wenn das Verlangen dem Pflichtigen gegenüber in irgendwelcher Form gestellt wird, aus der sich zweifelsfrei ergibt, daß der Verletzte den ihm durch das Feldschadengesetz eingeräumten Anspruch geltend macht. Vgl. von der Pfordten 46, der mit Recht der

angenommen [9]), so ist die Geltendmachung eines weiteren Schadens ausgeschlossen.

Zur Sicherung des Anspruchs auf Schadenersatz oder Ersatzgeld räumt das Gesetz dem Berechtigten ein Pfändungsrecht an den übergetretenen Tieren ein (Art. 6—12 Feldschadenges.).

Hat der Verletzte nicht erklärt, daß er sich die Verfolgung seines Anspruchs vorbehalte [10]), so ist auf Antrag der Staatsanwaltschaft mit der Verurteilung zur Strafe in dem Urteil oder dem Strafbefehl auch die Verpflichtung des Verurteilten und der nach den §§ 831, 832 BGB. oder nach Art. 122 Abs. 2 des PStGB. verantwortlichen Personen zum Schadenersatz oder zur Zahlung von Ersatzgeld festzustellen (Art. 14 Abs. 1 Feldschadenges.). Ein Anschluß des Verletzten als Nebenkläger ist nicht zulässig (Art. 14 Abs. 3 Feldschadenges.).

Dem Verletzten bleibt es unbenommen, unabhängig von dem Strafverfahren seinen Anspruch im Zivilrechtsweg geltend zu machen. Soweit aber der Strafrichter in dem rechtskräftigen Urteile oder Strafbefehl dem Anspruch auf Ersatzgeld oder Schadenersatz stattgegeben hat, ist eine anderweitige Verfolgung des Anspruchs ausgeschlossen (Art. 18 Feldschadenges.). Der Kläger muß also eine vorher gestellte Klage zurückziehen oder doch um den im Strafverfahren zugesprochenen Ertrag ermäßigen. Tut er dies im nächsten Ziviltermin, der auf den Eintritt der Rechtskraft des Strafbescheides folgt, so hat diese Zurücknahme auf die Kosten keinen Einfluß. Ist der Verletzte mit dem Betrage, den ihm der Strafrichter zugesprochen hat, nicht zufrieden, so kann er den beanspruchten Mehrbetrag im Zivilrechtsweg weiter verfolgen (Art. 18 Feldschadenges.) [11]).

§ 45. Zulässigkeit des Rechtsweges für Ansprüche wegen Beeinträchtigung von Eigentum und dinglichen Rechten.

I. Das Grundgesetz für die Verteilung der Zuständigkeit zwischen den ordentlichen Gerichten und den Verwaltungsbehörden ist § 13 GVG. Der Sinn dieser Vorschrift geht dahin, daß in jedem Land neben dem Bundesrecht auch das Landesrecht zu bestimmen hat, ob eine Rechts-

Aufstellung Oertmanns, Landesprivatrecht 176, entgegentritt, daß ein „Verlangen" nur in der gerichtlichen Geltendmachung zu erblicken sei.

[9]) v. d. Pfordten 46.

[10]) Die Erklärung kann formlos, auch durch Erhebung der Zivilklage, erfolgen. v. d. Pfordten 96.

[11]) Näheres über die Konkurrenz des Zivilanspruchs mit dem strafprozessualen Anspruch s. v. d. Pfordten 110.

sache der Zuständigkeit der ordentlichen Gerichte oder der Verwaltungsbehörden unterliegen soll [1]). Der Gesetzgebung ist keine Beschränkung für die Zuweisung von bürgerlichen Rechtssachen an die Verwaltungsbehörden und von öffentlichen Rechtsverhältnissen an die Gerichte auferlegt [2]). Beim Fehlen einer positiven gesetzlichen Bestimmung über die Zuständigkeit sind die ordentlichen Gerichte zuständig, wenn der geltend gemachte Anspruch dem Privatrecht angehört und die Verwaltungsbehörden, wenn er dem öffentlichen Rechte angehört [3]), sofern nicht ein besonderes Gericht zuständig ist.

Ein bürgerlicher Rechtsstreit liegt vor, wenn der geltend gemachte Anspruch nach den zu seiner Begründung behaupteten [4]) Tatsachen auf einem dem bürgerlichen Rechte angehörenden Grunde beruht. Nur auf die Behauptungen des Klägers, nicht auf die Behauptungen des Beklagten kommt es an [5]). Bei der Eigentumfreiheitsklage gehört jedoch die Darlegung der Störung, gegen welche sich die Klage richtet, zum Klagegrund und [6]) deshalb ist es Sache des Klägers in der Klage darzutun, daß es sich bei der Störung, gegen die er Schutz begehrt, um eine Irrung privatrechtlicher Natur handelt [7]), da andernfalls der Anspruch aus § 1004 nicht besteht [8]).

Öffentlichrechtlich ist das Rechtsverhältnis, in dem der Einzelne kraft seiner Unterwerfung unter die Gewalt des Staates oder einer sonstigen öffentlichen Gemeinschaft zu dieser öffentlichen Gewalt oder den der gleichen Gewalt Unterworfenen steht; privatrechtlich ist das Rechtsverhältnis, das unabhängig von der Zugehörigkeit zu einem Ge-

§ 45 [1]) BayZ. 1909, 260 (KompGH.); RG. 92, 313; 93, 203 und 258; JW. 1899, 834; 1912, 474. S. § 13 GVG. i. d. Fassung v. 12. 9. 50 (BGBl. 513).

[2]) RG. 75, 429; JW. 1892, 425; 1894, 137; BayZ. 1909, 279 (KompKGH.), vgl. meinen Aufsatz BayZ. 1923, 5ff.

[3]) RegBl. 1859, 1129; 1872, 1469 (KompKGH.); SeuffBl. 14, 222; 22, 150; Komp.-KGH. 1, 17.

[4]) Auf die Erweislichkeit kommt es nicht an (KompKGH. 1, 262; ObLG. 11, 680; RG. 103, 18; JW. 1921, 743 (RG.). Doch darf es sich nicht um eine bloße privatrechtliche Aufmachung der Klage handeln (vgl. RG. 53, 423; 71, 68; 83, 306).

[5]) Vgl. JW. 1892, 425; 1899, 320.

[6]) RG. 75, 398; 93, 259.

[7]) Auch wenn die Klage auf ein Privatrecht gestützt wird, ist der Rechtsweg ausgeschlossen, wenn nach dem Klagevorbringen der abzuwehrende Eingriff auf Grund der Herrschaftsgewalt des Staates erfolgt, während der Rechtsweg zulässig ist, wenn in der Klage ein privatrechtlicher Eingriff des Staates behauptet wird. Stellt sich dann heraus, daß der Eingriff keine privatrechtlichen, sondern einen öffentlich-rechtlichen Charakter getragen hat, dann ist die Klage als unbegründet, nicht als unzulässig abzuweisen (JW. 1920, 366).

[8]) SächsArch. 1900, 625 (Jordan); JW. 1920, 366.

meinwesen besteht[9]). Tritt der Staat den seiner Herrschaft unterworfenen Personen nicht als gleichberechtigter Träger von Rechten, sondern kraft obrigkeitlicher Gewalt im Wege des Gebots oder Verbots gegenüber, so handelt er öffentlichrechtlich[10]).

II. Unzulässig ist somit der Rechtsweg für Klagen auf Unterlassung des Maschinenbetriebs in einer Artilleriewerkstätte[11]); auf Unterlassung der Sprengung durch Pioniere[12]); auf Beseitigung eines Militärschießplatzes[13]) oder auf Unterlassung der Zuführung von Geschossen aus einem Militärschießplatz[14]), oder auf Unterlassung der Absperrung der in der Nähe des Schießplatzes gelegenen Grundstücke[15]), auf Unterlassen von militärischen Schießübungen wegen übermäßiger Erschütterungen[16]), oder auf Herstellung von Einrichtungen nach § 26 RGewO. in einer Sprengstoffabrik während des Krieges[17]); ingleichen auf Unterlassung der Vertiefung des Erdbodens (§ 909) durch Aushebung von Geschützständen bei militärischen Übungen; oder auf Unterlassung des Bombenabwurfs einer Fliegerbeobachtungsschule[18]), auf Unterlassung der Beeinträchtigung durch eine Polizeiwache mit Arrestlokal[19]), oder durch eine Maschinenanlage, die der praktischen Ausbildung der Schüler einer staatlichen Maschinenbauschule dient[20]), oder für eine Klage eines Triebwerksbesitzers an einem öffentlichen Fluß, welche gestützt auf ein Privatrecht die Aufhebung der von der Polizeibehörde im öffentlichen Schiffahrtsinteresse erlassenen Anordnung bezielt, durch welche dem Triebwerksbesitzer die Ableitung des Wassers mittels Ziehens des Grundablasses verboten wird[21]), oder für die Unter-

---

[9]) Gaupp-Stein 1, 7.

[10]) RG. 102, 252. Über all diese Fragen, insbesondere darüber, daß Herkommen, Verjährung, Unvordenklichkeit, Anerkenntnis, Vertrag, Bereicherung ebensogut auf dem Gebiet des öffentlichen Rechts, wie auf dem des Privatrechts liegen können, vgl. meinen Aufsatz in der BayZ. 1923, 5ff.

[11]) RG. 44, 225.

[12]) Recht 1908 Nr. 1200.

[13]) RegBl. 1866, 974; 1871, 600 (KompKGH.); JW. 1894, 297 (RG.).

[14]) JW. 1896, 14 (RG.).

[15]) JW. 1917, 937 (RG.).

[16]) JW. 1920, 450 (Hamburg).

[17]) Vgl. RG. 101, 102.

[18]) JW. 1917, 937.

[19]) Recht 1908 Nr. 1974.

[20]) Die Maschinenanlage dient einer das Gemeinwohl fördernden öffentlichen Tätigkeit, dem staatlichen Unterrichtsbetriebe. Belanglos, daß die Maschine daneben auch Beleuchtungszwecken dient (Gruch. 60, 859, RG.).

[21]) Vgl. RegBl. 1856, 460; SeuffKomm. z. GrO. 1, 195 Anm. 174; 1, 198 Anm. 179; 1, 201 Anm. 185; 1, 221; SeuffA. 7. Nr. 357.

lassungsklage gegen Einwirkung auf das Haus auf Grund eines Enteignungsbescheids, der zur Hebung der Wohnungsnot ergangen ist (BayZ. 1923, 175).

In allen diesen Fällen ist für einen Anspruch, durch dessen Zusprechung irgendein Einfluß auf den Dienstbetrieb der Behörde ausgeübt werden würde, der Rechtsweg unzulässig, gleichviel ob der Anspruch aus dem Gesetze (z. B. §§ 906, 909 BGB.) oder aus einem mit dem Staat geschlossenen privatrechtlichen Vertrag abgeleitet wird[22].

Es kann nicht einmal die Frage dem ordentlichen Gericht unterbreitet werden, ob etwa die Herstellung von Einrichtungen und Vorrichtungen behufs möglichster Hintanhaltung der Beeinträchtigung unbeschadet der Durchführung der staatshoheitlich getroffenen Anordnung verlangt werden kann[23]. Denn schon die Frage, ob hierdurch die volle Durchführung der behördlichen Anordnung gestört werden könne, unterliegt der Beurteilung der Verwaltungsbehörde. Dies gilt selbst dann, wenn die Beeinträchtigung des Nachbars durch eine nicht gewollte Wirkung des Dienstbetriebs eintritt, da es auch hier wieder darauf ankommt, ob durch eine entsprechende Einrichtung des Dienstbetriebes diese ungewollten Wirkungen vermieden werden können, also auf eine Frage, in welche sich das Gericht nicht einzumischen hat[24]. Gegen Entscheidungen der Verwaltungsbehörden ist jedoch der Verwaltungsrechtsweg gegeben; § 22 des Ges. Nr. 39 (GVBl. 46, S. 281).

---

[22]) RegBl. 1853, 1075 (KompKGH.).

[23]) RG. 59, 70 und dagegen: RG. 44, 227; JW. 1906, 620 (RG.); Recht 1908 Nr. 1974 (RG.) und andererseits die Einschränkung in Gruch. 60, 859 (RG.).

[24]) S. dagegen RG. 55, 56, wo die Unterlassungsklage gegen Beeinträchtigung durch verirrte Geschosse bei militärischen Schießübungen (also durch eine nicht gewollte Handlung) unbedenklich zugelassen wurde. Lediglich über Maßnahmen rein wirtschaftlicher Natur (z. B. über die Höhe der Schornsteine), durch die in den Dienstbetrieb gar nicht eingegriffen werden kann, kann im ordentlichen Rechtswege gestritten werden (Gruch. 60, 859 RG.), und auch hierüber nur dann, wenn die Vertretung des Staates zugibt, daß hierdurch in den Dienstbetrieb nicht eingegriffen würde. Vgl. dagegen ferner RG. 44, 227, wo gegenüber einer Artilleriewerkstätte mit Maschinenbetrieb Klage auf Herstellung von Schutzeinrichtungen zugelassen wurde. RG. 59, 70 läßt dahingestellt, ob diesem Urteil (RG. 44, 227) gefolgt werden könnte. Wenn es sich um eine Klage gegen den Staat als Inhaber eines zum gemeinen Wohl eingerichteten Sportplatzes handelt, so ist eine Anlage zur Herstellung von Einrichtungen behufs Hintanhaltung der Beeinträchtigung unzulässig, aber nur insoweit, als es sich um den vom Staat geregelten Spielbetrieb handelt. Überläßt der Staat den Spielplatz auch wilden Spielern, weil es an Geldmitteln für die Aufsicht fehlt, so liegt darin keine Verwaltungshandlung, sondern lediglich die aus Nachlässigkeit eingerissene Duldung eines Mißbrauchs. Dieses Spielen beruht nicht auf der durch das staatliche Hoheitsrecht gedeckte Anordnung der Verwaltungsbehörde. Hier ist die Abwehrklage zulässig (OLG. 43, 224). Anders wäre der Fall zu beurteilen, wenn die Behörde bewußt den Spielplatz jedermann zur Verfügung stellte.

Unzulässig ist der ordentliche Rechtsweg ferner für eine Klage gegen die Festsetzung der Baulinie; auch dann, wenn die von der Gemeindevertretung als Polizeibehörde festgesetzte Baulinie in Widerspruch steht mit einem von der Gemeinde abgeschlossenen privatrechtlichen Vertrag [25]), ingleichen für eine Klage gegen die Gemeinde, wenn die Gemeindevertretung als Polizeibehörde ein Baugesuch ohne Rücksicht auf einen zwischen dem Kläger und der Gemeinde abgeschlossenen Vertrag im öffentlichen Interesse abgewiesen hat [26]). Häufig wird die Genehmigung eines Bauplanes von der Bedienung der kostenlosen Abtretung der in die Baulinie fallenden Grundfläche abhängig gemacht. Für eine Klage, welche auf Beseitigung dieser Bedingung abzielt oder mit welcher Werterſatz für die abgetretene Fläche aus irgendwelchem Rechtsgrund (ungerechtfertigte Bereicherung, Zwang) verlangt wird, ist der Rechtsweg unzulässig, weil das ganze Rechtsverhältnis einschließlich der Bedienung und ihrer Erfüllung dem öffentlichen Rechte angehört [27]). Dagegen handelt es sich um ein bürgerliches Rechtsverhältnis, wenn die Gemeinde die Verbreiterung einer Straße durch Zurücksetzen von Gebäuden oder Einfriedungen anstrebt, und eine Verpflichtung hierzu geltend macht, ohne daß die Anlieger Umbauten vornehmen wollen [28]).

[25]) Zeitschr. des AnwVer. für Bayern 6, 524 (AppGer. d. Oberpfalz).

[26]) Vgl. RegBl. 1868, 2140 (KompKGH.).

[27]) Für einen Streit aus Vereinbarungen über Grundabtretung zu Straßen nach § 62, 1a BauO. (einschließlich Rückerstattungsansprüche) ist der Rechtsweg unzulässig (SeuffBl. 71, 324); ebenso wegen der mit der Baugenehmigung auferlegten und übernommenen Verpflichtung eines Anwesensbesitzers zur Offenhaltung eines öffentlichen Fußpfades durch seinen Hofraum, RegBl. 1865, 483 (KompKGH.); ingleichen über die Straßenbaukosten, deren Sicherung bei der baupolizeilichen Genehmigung auferlegt ist (§ 62 Abs. 3 BO.). Über den Ersatzanspruch dessen, der die Straßenherstellungskosten bestritten hat, gegen den Erwerber eines an der neu eröffneten Straße gelegenen Grundstücks s. SeuffBl. ErgBd. 15, 56 (Bamberg). Verträge der Gemeinde mit den Anliegern über den Ausbau einer Straße sind privatrechtlich, wenn die darin übernommenen Verpflichtungen der Anlieger von einem Bauvorhaben unabhängig sind (SeuffBl. 72, 553; vgl. RG. 22, 291; 56, 4; 67, 291; 75, 145; 78, 247; Recht 1919 Nr. 987 RG.). — Der Zwang, durch den die Gemeinden als Baupolizeibehörden die Beteiligten zur kostenlosen Abtretung von Land bringen, indem sie davon die baupolizeiliche Genehmigung abhängig machen, verstößt nicht nur gegen die Verfassung, die das Eigentum gewährleistet, sondern ist auch moralisch so anstößig, daß sich ein Privater bei gleichem Vorgehen der Gefahr strafgerichtlicher Verfolgung (§ 253 StGB.) aussetzen würde (vgl. die Kritik von Seydel in der KrVJSchr. 38, 272 und 279; Rehm in HirthAnn. 1895, 50; Henle ZwEG. 50). Solange die Gemeinden das Zwangsenteignungsrecht für Straßenanlage und Verbreiterung versagt war, konnten sie sich nur auf diese Weise helfen. Nachdem sie jetzt das Recht zur Zwangsenteignung haben, entfällt jegliche Rechtfertigung für die Erpressung einer kostenlosen Abtretung. Das Zwangsabtretungsgesetz v. 17. 11. 1837 in d. Fassung des Art. 139 AGBGB. mit Änderung vom 13. 8. 1910 (GVBl. 621) zuletzt v. 9. 12. 43 (GVBl. 1944, 1) ist in rechtsstaatliche Schranken gewiesen durch Art. 103 u. 159 BayVerf. u. Art. 14 GG., sowie durch Schaffung verwaltungsrechtlichen Schutzes mit Ges. Nr. 39 nebst AVO. Nr. 85, siehe unten S. 639.

[29]) Vgl. SeuffBl. 72, 557 f. (München).

Die Abwehrklage des § 1004 wird nicht schon dadurch allein ausgeschlossen, daß es sich um eine öffentlichen Interessen dienende Anlage (z. B. ein städtisches Elektrizitätswerk) handelt[29]. Anders, wenn die Anlage auf eine Anordnung der Staatsgewalt allgemeiner oder besonderer Art zurückzuführen ist und durch den Abwehranspruch (Beseitigung der Anlage) in diese Anordnung eingegriffen würde[30].

Öffentliche Wege. Öffentlich sind solche Wege, welche zufolge Widmung des Staates oder eines Gemeindeverbandes die Bestimmung haben, dem allgemeinen Gebrauche zu dienen[31].

Nicht zu den öffentlichen Wegen gehören jene, deren Benützung nur für die Angehörigen einer bestimmten Gemeinde offensteht. Denn das Wesen des öffentlichen Weges beruht gerade darin, daß ihn uneingeschränkt jedermann (also ohne Rücksicht auf seine Zugehörigkeit zu einem Verbande) benützen darf[32]. Entscheidend ist, ob eine öffentliche Personengemeinschaft, also nicht bloß die Eigentümer bestimmter benachbarter Grundstücke, den Weg benützen, oder ob die Benützung des Weges ohne Rücksicht auf die Benützung einem öffentlichen Zweck dient, z. B. zum Besuch von Kirche, Schule oder Friedhof.

Steht den Angehörigen einer Gemeinde oder einem bestimmten Personenkreis das Recht zu, ein nicht in Gemeindeigentum stehendes Grundstück als Weg für private Zwecke zu benützen, so handelt es sich um eine privatrechtliche Dienstbarkeit. Eine öffentlich-rechtliche Dienstbarkeit ist jedoch dann gegeben, wenn der nicht im Eigentum der Gemeinde stehende Weg jedermann zur Benützung freisteht (ObLG. St. 10, 296).

Die Verwaltungsbehörde hat zu bestimmen, ob und in welchem Umfang eine Grundfläche als öffentlicher Weg zu dienen hat. Sie würde aber ihre Kompetenz überschreiten, wenn sie bei dieser Bestimmung die Rechte eines Privateigentümers oder eines dinglich Berechtigten verletzen würde. Deshalb kann die Bestimmung einer Grundfläche zu einem öffentlichen Wege nur erfolgen, wenn entweder die Gemeinde verfügungsberechtigte[33] Eigentümerin der Wegfläche ist oder wenn sie dem Privateigentümer gegenüber eine Wegedienstbarkeit besitzt, welche die Benützung des Weges nicht bloß für die Angehörigen dieser Gemeinde, sondern für den allgemeinen Verkehr aller Personen zum Inhalt hat[34]. Steht aber die Dienstbarkeit nur für einen be-

---

[28]) Recht 1915 Nr. 1082 (RG.).

[30]) Recht 1908 Nr. 1974 (RG.); vgl. Recht 1914 Nr. 1692.

[31]) Kahr, GemO. 1, 344. Der Beweis, daß der Weg ein öffentlicher ist, kann im Gebiet des ehemaligen gemeinen Rechts durch den Beweis der Tatsache geführt werden, daß der Weg vor Inkrafttreten der Grundbuchverfassung seit unvordenklicher Zeit dem öffentlichen Verkehr gedient habe (HansGZ. 1913 Beibl. 155, Hamburg).

[32]) ObLGStr. 10, 296.

[33]) Es darf also durch die Benützung als öffentl. Weg eine an der Grundfläche einem Dritten zustehende Grunddienstbarkeit nicht beeinträchtigt werden.

[34]) VGH. 4, 569; 5, 170; 15, 7; 26, 246. — Streitigkeiten über die „Öffentliche Eigenschaft eines Weges mit Zubehörungen, einer Brücke oder eines Abzugskanals" waren nach Art. 8 Z. 34 VGHG. Verwaltungsrechtssachen. Nach der Rechtspr. des VGH. bezieht sich Art. 8 Z. 34 nur auf die deklarative Entscheidung (darüber, ob ein Weg ein öffentlicher bereits ist), nicht aber auf die konstruktive Anordnung (dahin, daß ein Weg hergestellt oder ein Privatweg in einen solchen umgewandelt werden soll). Erk. des VGH. vom 21. April 1890 (Stengel, Wörterb. 2, 886). Jedoch sind die Verwaltungsbehörden zur Wahrung der öffentlichen Interessen befugt, durch einstweilige Verfügung einen Weg zur allgemeinen

stimmten Personenkreis (für die Angehörigen der Gemeinde) zu, dann kann die Behörde ohne Zustimmung des Eigentümers nicht bestimmen, daß der Weg dem allgemeinen öffentlichen Verkehr zu dienen hat. Besteht zwischen der Gemeinde und dem Grundeigentümer Streit darüber, ob nach dem Inhalt der Wegedienstbarkeit die Benützung des Weges nur den Angehörigen der Gemeinde oder jedermann zusteht, so sind die Gerichte zuständig. Denn dann handelt es sich nicht um Art und Maß eines öffentlichen Weges, sondern den Gegenstand des Streites bilden Bestand, Inhalt und Umfang der Belastung des Privateigentums mit einer dem öffentlichen Interesse dienenden Wegedienstbarkeit[35]). Über die Befugnis der Gemeinde, die Grundfläche dem öffentlichen Verkehr zu widmen, kann nicht im Verwaltungsrechtswege entschieden werden; denn diese Befugnis besteht nur dann, wenn die Gemeinde das privatrechtliche Verfügungsrecht an der Wegfläche zusteht und darüber haben die Gerichte zu entscheiden[36]). Aus den gleichen Gründen ist der Rechtsweg zulässig für die actio negatoria eines Grundeigentümers dagegen, daß die Gemeinde eine Grundfläche längs eines öffentlichen Weges als dessen Teil beansprucht[37]). Die actio negatoria kann auch gegen einen Privaten erhoben werden, der sich für das von ihm beanspruchte Gehen auf einen öffentlichen Weg beruft[38]). Der Grundeigentümer kann im Rechtswege Beseitigung des auf seinem Grundstück angelegten öffentlichen Wegs verlangen[39]). Für einen Anspruch der Gemeinde gegen einen Grundeigentümer, sein Grundstück für die Benützung des Publikums offen zu halten, da das Publikum den Weg seit unvordenklicher Zeit benützt und der Grundeigentümer seine Verpflichtung hierzu protokollarisch anerkannt habe, sind die Gerichte zuständig[40]). Um so mehr ist der Rechtsweg zulässig für eine Klage auf die Freiheit des Eigentums von einer Gemeindedienstbarkeit[41]).

Festzuhalten ist, daß ein Streit darüber, wem das Eigentum an der Grundfläche zusteht, die als öffentlicher Weg beansprucht wird, privatrechtlicher Natur ist[42]). Deshalb ist ein Grenzstreit über die räumliche Ausdehnung des öffentlichen Weges und des daran anstoßenden Grundstücks stets von den Gerichten zu entscheiden. Dagegen sind nach dem in der Pfalz geltenden französischen Recht die Verwaltungsbehörden zur Festsetzung der Grenzen eines öffentlichen Weges ausschließlich zuständig, so daß in der Pfalz der Rechtsweg für einen solchen Grenzstreit unzulässig ist[43]).

Benützung so lange offen zu halten, bis der widersprechende Grundbesitzer die Freiheit seines Eigentums bei Gericht erstritten hat (VGH. 4, 565 mit Nachweisen; 5, 175). Für einen an das Gericht gestellten Antrag auf Erlassung einer gegenteiligen einstweiligen Verfügung ist der Rechtsweg unzulässig. S. nunmehr Art. 5 Nr. 6 AVO. Nr. 85 zu Ges. Nr. 39 (GVBl. 1946 S. 281).

[35]) VGH. 27, 164.

[36]) VGH. 15, 7; 26, 246; 27, 164.

[37]) RegBl. 1873, 63.

[38]) OGH. 4, 709; 1, 113. Erweist sich der Einwand als begründet, so ist die Klage als unbegründet abzuweisen. (SeuffBl. 43, 123).

[39]) RegBl. 1873, 914; RG. 99, 13.

[40]) RegBl. 1853, 126.

[41]) RegBl. 1871, 243; 1872, 1550; GVBl. 1874 Beil. II.

[42]) RegBl. 1865, 141; SeuffBl. 22, 151 und 369.

[43]) KompKGH. 1, 197 (die gerichtliche Zuständigkeit beschränkt sich auf den Schadenersatz-Anspruch wegen Entziehung des Eigentums; vgl. hierzu OGH. 6, 210), vgl. aber auch bez. der Staats- und Distriktsstraßen BayZ. 1907, 217. Über das pfälzische Recht der Gemeindwege s. von Bezold BlAdmPr. 65, 209ff.

Die Verpflichtung zur Herstellung einer Ortsstraße in einer bestimmten Breite, die eine Gemeinde vertragsmäßig gegenüber einem Grundbesitzer übernommen hat, ist privatrechtlich[44]).

Wegen einer von der Verwaltungsbehörde angeordneten Änderung eines öffentlichen Weges können die Straßenanlieger Abhilfe vor den ordentlichen Gerichten nur dann verlangen, wenn sich der Widerspruch auf ein Privatrecht stützt. Dabei ist zu berücksichtigen, daß eine noch so lange Ausübung eines Gebrauchs, welcher auf Grund der Eigenschaft eines öffentlichen Wegs einem jeden zusteht, keine privatrechtliche Besitzhandlung darstellt, mit der darauf gestützten Behauptung eines durch Verjährung erworbenen Gebrauchsrechts also die Zulässigkeit des Rechtsweges nicht begründet werden kann[45]). Ebensowenig wird durch die noch so lange Dauer der Überbrückung oder Überwölbung eines Straßengrabens ein Privatrecht erworben[46]). Dagegen kann in einem Gebrauch, der über das allgemeine Gebrauchsrecht hinausgeht (Befahren eines öffentlichen Fußweges), unter Umständen eine privatrechtliche Besitzhandlung zu erblicken sein[47]). Der Rechtsweg ist zulässig, wenn der Anspruch auf Beseitigung einer zum Nachteil des Nachbargrundstücks vorgenommene Veränderung des Straßenkörpers damit begründet wird, daß hierdurch dem Nachbargrundstück in unzulässiger Weise (§ 17 WG.) der Wasserablauf zugeführt wird[48]). Ein Anwesensbesitzer, der von dem Vorbesitzer einer nun im Eigentum der Gemeinde stehenden Brücke die Grunddienstbarkeit erworben hatte, unentgeltlich über die Brücke zu fahren, kann im ordentlichen Rechtsweg von der Gemeinde die Anerkennung seines Rechts zur unentgeltlichen Fahrt und Rückzahlung des Brückenzolls verlangen, den die Gemeinde auf Grund einer inzwischen erlassenen Brückenzollordnung von seinen Fuhrwerken erhoben hat[49]).

Die Geltendmachung eines dinglichen Rechts eines Müllers auf unentgeltliche Benützung einer Wasserkraft gegenüber der Gemeinde hat auch dann vor den Gerichten zu erfolgen, wenn die Gemeinde auf Grund des Art. 56 Abs. 1 GemO. eine Satzung erlassen hat, wonach für die Benützung des Triebwassers Gebühren in bestimmter Höhe zu bezahlen sind. Hat die Gemeinde wegen dieser Gebühren gegen den Müller die Zwangsvollstreckung betrieben, so sind die Einwendungen gemäß Art. 7 Abs. 2 AG.ZPO. im Verfahren nach § 767 ZPO. durch Klage zu erheben[50]).

Solange die Kirchenhoheit bestand, war für eine Klage auf Unterlassung der Beeinträchtigung durch das Läuten der Kirchenglocken der Rechtsweg zweifellos unzulässig[51]). Aber auch jetzt, wo die Kirchenhoheit nicht mehr besteht, handelt es sich bei dem Verhältnis zwischen Kirche und Staat um ein öffentlichrechtliches Rechtsverhältnis. § 18 Abs. 2 der

---

44) ObLG. 6, 64.

45) RegBl. 1854, 505 und 513; 1865, 106; 1866, 37.

46) RegBl. 1861, 411.

47) Ein öffentlicher Weg kann Objekt von Privatrechten insoweit sein, als sich dies mit der öffentlich-rechtlichen Zweckbestimmung des Weges verträgt (Luthardt, BlAdmPr. 20, 321; Stengel, Wörterb. 2, 882; ObLG. 11, 443 [preuß. Recht]; 11, 681 [öffentlicher Brunnen]).

48) GVBl. 1874 Beil. VI 27.

49) KompKGH. 1, 293.

50) ObLG. 17, 195.

51) RG. 56, 26. Diese Entscheidung traf auch für das bisherige bayer. Recht zu; vgl. § 35 der II. VerfBeil. zu Tit. IV § 9 der VerfUrk. von 1818. —

bayer. Verfassungsurkunde vom 14. August 1919 gewährleistete den bestehenden Religionsgesellschaften ihr Eigentum und „ihre anderen Rechte". Nach § 18 Abs. 1 war die Vereinigung von Religionsgenossen zu gemeinsamer Hausandacht oder zu „öffentlichen Kultushandlungen" freigegeben. Darunter fällt auch das Läuten der Kirchenglocken. Der Rechtsweg für Ansprüche gegen Beeinträchtigung durch Kulthandlungen ist nach wie vor ausgeschlossen, jetzt auf Grund Art. 142 und 143 der Bayer. Verfassung vom 2. 12. 1946.

Der Rechtsweg wird nicht schon dadurch ausgeschlossen, daß die Anlage, von der die an sich unzulässige Einwirkung ausgeht, von der Verwaltungsbehörde genehmigt wurde [52]). Es kommt darauf an, ob die Genehmigung nur den Inhalt hat, daß der Ausführung der Anlage öffentliche Interessen nicht entgegenstehen (z. B. Bauerlaubnis) oder ob ihr die Bedeutung beiwohnt, daß die Anlage im öffentlichen Interesse für notwendig oder zweckmäßig erklärt wird, so daß also die Genehmigung die Bedeutung einer im öffentlichen Interesse erfolgten Sanktion der Errichtung der Anlage hat. Nur im letzteren Fall ist der Rechtsweg ausgeschlossen [53]). Dagegen ist der Rechtsweg für einen Anspruch auf Unterlassung einer Beeinträchtigung gegen eine Privatperson nicht schon deshalb unzulässig, weil die Beeinträchtigung durch die Verwaltungsbehörde genehmigt wurde. Wenn z. B. die Verwaltungsbehörde an den Eigentümer eines Grundstückes, welches neben einem Steinbruch liegt, das Verbot erläßt, während der Zeiten, in welchen im Steinbruch Sprengungen vorgenommen werden, sein Grundstück zu betreten, so ist die Eigentumsfreiheitsklage gegen den Eigentümer des Steinbruchs zulässig [54]). Dem Umstand, daß die störende Anlage dem Wohlfahrtsinteresse dient, ist für sich allein keine Bedeutung beizumessen [55]).

Auch gegen Maßnahmen öffentlicher Behörden ist der Rechtsweg zulässig, wenn diese Maßnahmen im Rahmen der Vermögensverwal-

[52]) JW. 1904, 488 (RG.); KompKGH. 1, 93.

[53]) RGKomm. Bem. 6 zu § 1004 und dortige Nachweise. Recht 1914 Nr. 628 (RG.). — Die actio negatoria ist zulässig gegen die Einwirkungen durch polizeilich genehmigte Benützung des Bürgersteigs zum Wirtschaftsbetrieb (SeuffA. 55 Nr. 132, Frankfurt). Vgl. RG. 59, 70 (der Rechtsweg ist in Preußen unzulässig für eine Klage gegen eine staatlich konzessionierte Kleinbahn auf Herstellung von Einrichtungen). Für Bayern trifft diese Entscheidung nicht zu, da für Verkehrsunternehmungen Art. 80 AG. gilt, der die Klage auf Herstellung tunlicher Einrichtungen ausdrücklich zuläßt.

[54]) Recht 1918 Nr. 714 (RG.) vgl. OGH. 3, 343 (Auflagerung des Aushubs einer Grube auf Anordnung der Verwaltungsbehörde). Vgl. Gruchot 48, 946 RG. (Für den Anspruch auf Zuschüttung eines Grabens ist der Rechtsweg zulässig, obgleich die Wasserpolizei dessen Räumung angeordnet hat, wenn damit nicht das Bestehenbleiben des Grabens verfügt sein sollte.)

[55]) Vgl. RG. 70, 311.

tung fiskalischen Eigentumes liegen, z. B. wenn eine Behörde bei der Verwaltung einer Liegenschaft dem Nachbareigentum Beschränkungen auferlegen will, um dem staatlichen Eigentum einen Vorteil privatrechtlichen Inhalts zuzuführen [56]).

Soweit sich die Staatshoheit bei Eingriffen in Eigentum und Besitz innerhalb ihres Wirkungskreises [57]) hält, ist für Eigentums- und Besitzklagen der ordentliche Rechtsweg unzulässig, da die Gerichte nicht berechtigt sind, die kompetenzmäßig getroffenen Anordnungen der Verwaltungsbehörde zu durchkreuzen. Dagegen kann beim Vorliegen der prozessualen Erfordernisse im ordentlichen Verfahren festgestellt werden, daß dem Kläger vor dem Eingriff das Eigentum oder der Besitz zustand. Durch eine solche Feststellung des Besitzes wird dem Kläger für den späteren Schadenersatzprozeß die günstigere Stellung für den Beweis des Eigentums gewahrt (vgl. §§ 891, 920 BGB.), aus dessen Verletzung der Ersatzanspruch abgeleitet wird [58]).

III. Schadenersatz. Unsere Gesellschaftsordnung ist auf privatwirtschaftlicher Grundlage aufgebaut. Den Grundpfeiler bildet das Privateigentum, dessen Sicherheit deshalb auch mit besonders starken gesetzlichen Bürgschaften umgeben ist.

Dem Recht des Einzelnen steht aber das Interesse der Gesamtheit gegenüber. Weil die volle Durchführung der Individualrechte zur Auflösung der Gemeinschaft führen müßte, verlangt die Gesellschaftsordnung, daß der Einzelne von seinen Rechten, insbesondere dem Eigentum, zugunsten der Gesamtheit Opfer bringt. Dadurch erwächst dem Gesetzgeber die Aufgabe, einen geordneten Ausgleich zwischen der Unverletzlichkeit des Privateigentums und den Bedürfnissen der Gemeinschaft zu schaffen. Soweit der gesetzliche Ausgleich nur die widerstreitenden

---

[56]) KompKGH. 1, 56; vgl. ObLG. 7, 132. RG. 102, 252.

[57]) Auf die Zuständigkeit kommt es an, nicht darauf, ob die getroffene Anordnung den gesetzlichen Vorschriften zulässig ist (RegBl. 1853, 1075). Eine von einer Behörde im Rahmen ihres Wirkungskreises vorgenommenen Handlung bleibt auch dann eine Amtshandlung, wenn sie dem Gesetze nicht entspricht, ja sogar, wenn überhaupt jede gesetzliche Grundlage für die Amtshandlung fehlt (RG. 93, 261), vgl. JW. 1920, 366 (RG. Ankämpfen gegen die Zwangsbelegung einer Wohnung). Die gesetzliche Zulässigkeit der Anordnung ist von Bedeutung für den Schadenersatzanspruch. Vgl. hierzu Art. 60 AG. bzw. Art. 131 RV. vom 11. Aug. 1919 (vgl. RG. 102, 166 und 392; 103, 430 und andererseits JW. 1922, 612, sowie die Entsch. des bayer. KompKGH. in BayZ. 1922, 288), wonach dem Staat (bzw. der Gemeinde) die Verantwortlichkeit (§ 839) zufällt, wenn ein Beamter „in Ausübung der ihm anvertrauten öffentlichen Gewalt“ (vgl. VGH. 23, 80; 38, 181; Full, JW. 1915, 151) vorsätzlich oder fahrlässig die ihm einem Dritten gegenüber obliegende Amtspflicht verletzt hat. Die Beseitigung des durch eine solche Verletzung der Amtspflicht herbeigeführten Zustandes kann im Rechtsweg nicht verlangt werden, wohl aber Schadenersatz in Geld.

[58]) Vgl. RegBl. 1853, 197. (KompKGH.).

Interessen der einzelnen Staatsangehörigen untereinander betrifft (Nachbarrecht), gehört er dem Privatrecht an. Soweit aber dem Einzelnen die Gesamtheit gegenübersteht und somit der gesetzliche Ausgleich die widerstreitenden Interessen des Einzelnen und der Gesamtheit betrifft, handelt es sich um öffentliches Recht. Bei der Regelung der sich hieraus ergebenden Verhältnisse greift der Gesetzgeber dem Grundsatz nach in das Eigentumsrecht ein, so daß dessen Inhalt im Interesse der Gesamtheit eingeschränkt wird (öffentlich-rechtliche Eigentumsbeschränkungen). Dem Einzelnen, der hievon mit allen übrigen betroffen wird, steht hiewegen ein Schadenersatzanspruch nur dann zu, wenn der Ersatzanspruch vom Gesetz ausdrücklich zugebilligt wird[59]). Nach Art. 14 Grundgesetz darf Enteignung nur durch Gesetz erfolgen. Wegen der Höhe der Entschädigung ist der ordentliche Rechtsweg gegeben.

Es kann nun aber sein, daß das vom Staat vertretene Interesse der Gesamtheit einen Eingriff in das Privateigentum erfordert, der durch die generellen Eigentumsbeschränkungen nicht gedeckt ist. Auch in einem solchen Fall muß das Recht des Einzelnen hinter dem mächtigeren Interesse der Gesamtheit zurückstehen. Das sich hieraus ergebende Rechtsverhältnis zwischen dem Staat und dem Einzelnen gehört dem öffentlichen Recht an. Dabei ist es ein natürliches Erfordernis der Billigkeit, daß der Staat, der Privateigentum für öffentliche Zwecke an sich zieht oder beschränkt, den davon betroffenen Eigentümer schadlos hält. Diese staatliche Entschädigungspflicht galt schon zu der Zeit, als die deutschen Bundesstaaten noch ohne Verfassung waren, als Rechtsgrundsatz[60]), so nach gemeinem Recht[61]), nach BayLR. Kap. III § 2[62]), nach ALR.[63]), Einl. §§ 70, 71, 74, 75 und I, 11 §§ 3ff. und nach franz. Recht[64]), insbesondere nach dem Gesetz vom 3./14. September 1791 Art. 17 und dem auf diesem beruhenden Gesetz vom 8. März 1810, sowie Art. 545 Cod. civ.

In Bayern wurde die Zwangsenteignung mit Entschädigungspflicht des Staates durch die königl. VO. vom 14. August 1815 einheitlich für das rechtsrh. Bayern geregelt. In der Verfassungsurkunde wurde die Unverletzlichkeit des Privateigentums anerkannt und im

[59]) Vgl. OGH. 6, 209; 2, 517; BayZ. 1907, 217; SeuffBl. 18, Erg. 57; 11, 328.

[60]) Vgl. Häberlin, ArchZivPrax. 39, 31; Grünhut, Handb. der Staatsw. 3, 253.

[61]) RG. 41, 145, vgl. RG. 12, 3; 61, 11. SeuffBl. 72, 558.

[62]) „Niemand kann zum Verkauf (!) gezwungen werden, außer soweit es die Landes- und Polizei-Ordnungen um des gemeinen besten Willen erfordern."

[63]) Vgl. RG. 58, 130; 70, 150.

[64]) „Toutes les propriétés sont inviolables. L'état peut exiger le sacrifice d'une propriété pour cause d'intérêt public legalement constatée mais avec une indemnité préalable."

Tit. IV § 8 bestimmt: „Niemand darf gezwungen werden, sein Privateigentum selbst für öffentliche Zwecke abzutreten, als nach förmlicher Entscheidung des Staatsrats und nach vorgängiger Entschädigung, wie solches in der VO. vom 14. August 1815 anerkannt ist.“ Das für ganz Bayern gültige ZwEntG. vom 17. November 1837 (abgeändert durch Gesetz vom 13. August 1910) hat den verfassungsrechtlichen Grundsatz der Unverletzlichkeit des Privateigentums durchaus gewahrt und mit stärkeren rechtlichen Bürgschaften umgeben. Die im öffentlichen Interesse gelegene Enteignung und Belastung des Privateigentums darf nur in den vom Gesetz angeführten Fällen verlangt und muß — von Notfällen abgesehen § 7 — nach einem genau bestimmten Verfahren durchgeführt werden. Dem enteigneten Eigentümer ist volle Entschädigung zu leisten, die zunächst im Verwaltungsverfahren festzusetzen und auf Anrufen eines Beteiligten vom Gericht im ordentlichen Verfahren endgültig festzustellen ist.

Durch das Zwangsenteignungsgesetz wurde zwar die königl. VO. vom 14. August 1815 (für die Pfalz das franz. Gesetz vom 8. März 1810) aufgehoben, nicht aber der verfassungsrechtliche allgemein gültige Grundsatz der Unverletzlichkeit des Privateigentums (Tit. IV § 8 Verf.-Urk.). Das ist festzuhalten, weil durch das ZwEntG. das Recht des Staates zu Eingriffen in das Privateigentum nicht erschöpfend geregelt ist. Insbesondere ist das aus der Staaatshoheit abzuleitende Recht des Staates zu anderweitigen Eingriffen in das Privateigentum von dem Zw.-EntG. unberührt geblieben. Für diese Fälle kommt dem bisherigen Recht fortdauernde Geltung zu und daran hat sich infolge des Vorbehalts im Art. 109 EG.BGB. auch nach dem Inkrafttreten des BGB. nichts geändert [65]). Auch die Frage, ob wegen einer Einwirkung durch Ausübung staatshoheitlicher Rechte ein Anspruch auf Schadenersatz besteht, ist nach den landesgesetzlichen Vorschriften zu entscheiden [66]). Für Bayern kommen vor allem in Betracht das gemeine Recht [67]), das bayer. LR., das preuß. LR. und (für die Pfalz) das franz. Recht. Nach all diesen Rechtsquellen, die insoweit öffentlich-rechtlicher Natur sind, gilt der Grundsatz, daß zwar ein im öffentlichen Interesse erfolgender Eingriff des Staates in wohlerworbene Rechte geduldet werden muß, daß aber dafür Entschädigung zu leisten ist, soferne nicht die Entschädigungspflicht gesetzlich ausgeschlossen ist [68]). Dieser Rechtsgrund auf Entschädigung kann übrigens auch aus dem Gesamtinhalt des ZwEntG.

[65]) Vgl. Oertmann, Bayer. Privatr. 143.
[66]) RG. 73, 271; RGKomm. Bem. 13 zu § 906.
[67]) Vgl. RG. 92, 49 und die dortigen Nachweise.
[68]) Vgl. RG. 102, 174.

im Zusammenhalt mit der verfassungsrechtlich gewährleisteten Unverletzlichkeit des Privateigentums abgeleitet werden. Denn daraus, daß die gesetzlich gestattete Zwangsenteignung (auch die nur partielle) nur gegen volle Entschädigung (Art. 1 und 5 ZwEntG.) zulässig ist und diese Entschädigung auch in Notfällen zu leisten ist (Art. 7 ZwEntG.), muß der Schluß gezogen werden, daß erst recht derjenige, in dessen Eigentum außerhalb des Rahmens des ZwEntG. im öffentlichen Interesse eingegriffen wird, dafür zu entschädigen[69]) ist.

Ist der anderweitige Eingriff durch ein Gesetz besonders gestattet, so ist, wenn dieses Gesetz keine Bestimmung über Entschädigungspflicht enthält, nach dem ganzen Inhalt des Gesetzes und dem damit verfolgten Zweck zu entscheiden, ob eine Entschädigung zu gewähren ist. Die Vermutung spricht dafür.

Wird aber durch eine behördliche Anordnung ohne besondere gesetzliche Ermächtigung in das Eigentum oder ein sonstiges dingliches Recht (Grunddienstbarkeit) eingegriffen, so ist für die dadurch bewirkte Schmälerung des Privateigentums stets Ersatz zu leisten[70]). Ansprüche auf Ersatz eines Schadens wegen Eingriffs in das Privateigentum gehören ihrer Natur nach dem Privatrecht an und da der Fiskus in allen streitigen Privatrechtsverhältnissen Recht vor den Gerichten zu nehmen hat, so sind für einen solchen Schadenersatzanspruch grundsätzlich die ordentlichen Gerichte zuständig[71]), falls das Gesetz nicht ausdrücklich eine andere Bestimmung trifft.

Art. 19 Abs. 4 GG. eröffnet jedem, der durch die öffentliche Gewalt in seinen Rechten verletzt wird, den Rechtsweg. Soweit eine andere Zuständigkeit (z. B. vor den Verwaltungsgerichten, den Finanzgerichten oder den Amtsgerichten) nicht begründet ist, ist der ordentliche Rechtsweg gegeben. Art. 94 GG. gibt den Rechtsweg vor den ordentlichen Gerichten frei für den Anspruch auf Ersatz des Schadens, den jemand durch eine Amtspflichtverletzung einer Person erleidet, die in Ausübung eines ihr anvertrauten öffentlichen Amtes gehandelt hat. Denselben Grundsatz spricht auch Art. 97 der bayer. Verfassung aus. Sie gibt ferner in Art. 120 jedem Bewohner Bayerns, der sich durch eine Behörde in seinen

---

[69]) Vgl. SeuffBl. 72, 558 (München); vgl. Oertmann a.a. O., der es als einen „Kardinalsatz des bayer. Rechts" bezeichnet, daß bei einer Enteignung Entschädigung zu leisten ist.

[70]) VerfUrk. von 1818 Tit. IV § 8; VerfUrk. vom 14. Aug. 1919 §§ 16, 74; ZwEG. vom 17. Nov, 1837, vgl. RegBl. 1873, 914.

[71]) ObLG. 1, 676. KompKGH. 1, 58. (Es kann aber nicht Klage auf Feststellung erhoben werden, daß der Militärverwaltung die Befugnis zur Auferlegung einer Baubeschränkung [im Interesse einer Festung] nur gegen Entschädigung zustehe.) Vgl. Komp.-KGH. 1, 37; vgl. ferner GVBl. 1876 Beil. VII, 37; VerfUrk. von 1818 Tit. IV § 8; ZwEG. vom 17. Nov. 1837. RG. 79, 429; JW. 1911, 820.

verfassungsmäßigen Rechten verletzt fühlt (z. B. in seinem Eigentumsrecht nach Art. 103), die Möglichkeit, den Verfassungsgerichtshof anzurufen. Das Verfahren richtet sich nach Ges Nr. 72 vom 22. 7 1947 (GVBl. 147). Die nach § 2 Nr. 6 dieses Ges. zulässige Verfassungsbeschwerde ist schriftlich beim Präsidenten des Verfassungsgerichtshofs einzureichen (§ 47) und hat zu bezeichnen:

1. die Bestimmungen der Verfassung, deren Verletzung behauptet wird,

2. die Handlung oder Unterlassung der Behörde, durch die der Beschwerdeführer verletzt sein soll,

3. das verfassungsmäßige Recht, dessen Verletzung geltend gemacht wird.

Vor Anrufung des Verfassungsgerichtshofs muß der Rechtsweg, sei es vor einem ordentlichen oder einem Verwaltungsgericht, beschritten und erschöpft sein; der Nachweis hierüber ist dem Verfassungsgerichtshof vorzulegen Die Verfassungsbeschwerde ist nur zulässig, wenn sie innerhalb zwei Monaten nach der letztgerichtlichen Entscheidung eingereicht wird (§ 48 Abs. 3 und 4 des Ges. Nr. 72).

Das Zwangsabtretungsges vom 17. 11 1837 in der Fassung des Art. 139 des AG. zum BGB. ist geändert worden durch die Gesetze vom 13. 8. 1910 (GVBl. 621), vom 9. 5. 1918 (GVBl. 289), vom 23. 7. 1931 (GVBl. 189), vom 1. 8. 1933 (GVBl. 219), vom 14 3 1938 (GVBl. 117), vom 11. 11 1940 (GVBl. 215) und vom 9. 12 1943 (GVBl. 1943, GVBl. 1944, 1). Diese Änderungen sehen eine entschädigungslose Enteignung von 25—40% der fraglichen Gesamtfläche vor für öffentliche Straßen oder Plätze oder „auf Grund des Gemeinwohls" (s Art. 20 des Ges. vom 9. 12. 1943). Auch wurde ein reines Verwaltungsverfahren unter Ausschluß des Rechtswegs eingeführt (Art. 10 ff. des Ges.). Die entschädigungslose Enteignung und der Ausschluß des Rechtswegs verstoßen gegen Art 103 und 159 der Bayer. Verfassung und gegen Art. 14 des GG. Durch die §§ 22 und 35 des Ges. Nr. 39 in Verbindung mit Art. 4 Nr. 16 der AVO. Nr. 85 (GVBl. 1946, 281) ist nunmehr der Verwaltungsrechtsweg gegen alle Entscheidungen der Verwaltungsbehörden im Zwangsabtretungsverfahren gegeben Wegen der Höhe der Entschädigung steht im Streitfall der Rechtsweg vor den ordentlichen Gerichten offen (Art. 14 Abs. 3 GG.). Dieselben Rechtsgarantien stehen bei allen Zwangsenteignungen zur Verfügung, wie denen auf Grund des Flurbereinigungsgesetzes vom 11. 2. 1932 in der Fassung vom 15. 6. 1946 (GVBl. 185) und dem Ges. über die Beschaffung von Siedlungsland vom 26. 2 1947 (GVBl. 92).

§ 46. Gesetz über das Wohnungseigentum und das Dauerwohnrecht (= WEG.) vom 15. 3. 1951 (BGBl. I, 175).

A Allgemeines. Sondereigentum an Teilen eines Gebäudes ist dem BGB. fremd; Art. 182 EGBGB. hat zwar das zur Zeit der Einführung des BGB. bestehende Stockwerkseigentum weiter geduldet; in Bayern ist jedoch das bestehende Stockwertseigentum durch Art. 42 ÜGBGB. in Miteigentum am Grundstück mit der Maßgabe umgewandelt worden, daß jedem Miteigentümer die ausschließliche und dauernde Benutzung jener Gebäudeteile zugewiesen wurde, die ihm bei Inkrafttreten des BGB. gehörten, und daß der Anspruch auf Aufhebung der Gemeinschaft ausgeschlossen wurde. Das WEG. hat hier Änderungen von erheblicher rechtlicher und wirtschaftlicher Tragweite gebracht. Im Namen des Gesetzes kommt das nicht voll zum Ausdruck. Es betrifft nämlich nicht nur Wohnungen, sondern Räume jeder Art, die in sich abgeschlossen sein *sollen* (§ 3 Abs. 2 WEG.). Der in den §§ 93, 94 und 946 BGB. niedergelegte Grundsatz, daß Bestandteile eines Grundstücks nicht Gegenstand von Sonderrechten sein können, wird durch das WEG. durchbrochen. Einzelne Gebäudeteile, wie Wohn-, Geschäfts-, Büro-, Lagerräume, Werkstätten, Keller oder Stallungen können vom Eigentümer zum „vertraglichen Handelsobjekt mit bestimmtem Verkehrswert" (s. Begründung zum Entwurf) und damit zur beweglichen Sache gemacht werden. Dies ist am weitesten beim Dauerwohn- (Dauernutzungs-)Recht durchgeführt (§ 33 ff. WEG.); es ist frei vererblich und veräußerlich ohne Zustimmung des Grundeigentümers, außer wenn etwas anderes ausdrücklich vereinbart wird. Bei dem Sondereigentum an Räumen ist eine derart weitgehende Abweichung von den Grundsätzen des BGB. nicht erfolgt; hier ist das Sondereigentum an einem Raum nur möglich in Verbindung mit dem Miteigentum an Grund und Boden und an den gemeinschaftlichen Teilen des Gebäudes.

B. Dingliche Sonderrechte an Räumen.

Das WEG. stellt folgende Rechtsnormen zur Verfügung:

1. Sondereigentum an Räumen und zwar als „Wohnungseigentum" (= WE.) und als „Teileigentum" (= TE., d. i. an nicht zu Wohnzwecken dienenden Räumen);

---

[1]) Vgl. Dr. Hedemann in JR. 1951, 457: „Das Eigentum an der Wohnung". — Wirts u. Dohrn: Wohnungseigentum in „Die freie Wohnungswirtschaft". — Bärmann: „Die Eigenwohnung" in DNotZ. 1950, 283. — Rheinische Notarkammer; „Das Wohnungseigentum" in DNotZ. 1950, S. 333. — Dr. Weitnauer „Das Wohnungseigentumsgesetz" in BB. 1951, 201.

2. Sondererbbaurecht an Räumen als „Wohnungserbbaurecht" (und als „Teilerbbaurecht"), d. i. Sondereigentum an einer Wohnung oder einem sonstigen Raum in einem auf Grund Erbbaurechts errichteten oder zu errichtenden Gebäude;

3. Sondernutzungsrecht an Räumen als „Dauerwohnrecht" und als „Dauernutzungsrecht", dieses an nicht zu Wohnzwecken dienenden Räumen.

I. Das Sondereigentum an Räumen setzt Miteigentum der Berechtigten voraus. Es ist nicht selbständig, sondern untrennbar mit der Grundfläche und jenen Teilen des Gebäudes verbunden, die allen Miteigetümern zu gemeinschaftlicher Benutzung zur Verfügung stehen, wie Dach, Treppenhaus, Wasser-, Gas-, Elektrizitäts-, Zentralheizungsanlagen und ähnliche der Versorgung aller Beteiligten dienenden Einrichtungen. Nur wer Miteigentümer ist, kann Teileigentum an einem Raum erwerben und innehaben.

1. Das Rechtsverhältnis der Miteigentümer zu einander ist dem in Art. 131 EGBGB. zugelassenen „unechten Stockwerkseigentum" nachgebildet und daher nach den Vorschriften über die Gemeinschaft (§§ 741 ff. BGB.) zu beurteilen; diese Gemeinschaft hat jedoch die Eigenart, daß jedes Mitglied Alleineigentümer eines bestimmten Raumes in dem Gebäude ist. Dieses Nebeneinander von Miteigentum und Sondereigentum wird in der praktischen Handhabung des Gesetzes zu manchen Zweifelsfragen führen; schon die Regelung der Unterhaltspflichten an den einzelnen Gebäudeteilen bedarf einer sorgfältigen ins Einzelne gehenden vertraglichen Festlegung; die größten Schwierigkeiten werden auftreten, wenn dingliche Belastungen des Gemeinschaftseigentums und des Sondereigentums miteinander in Einklang gebracht werden sollen.

Besteht z. Zt. der Begründung eines WE. oder eines TE. eine Hypothek auf dem Grundstück, so wird diese zur Gesamthypothek (§ 1132 BGB.). Der Wohnungs- oder Teileigentümer wird auch mit seinem Sondereigentum der Gesamthypothek unterworfen. Eine Verteilung der Gesamthypothek auf die einzelnen Miteigentumsanteile (einschließlich des WE. und TE. § 6 WEG.) dürfte zur Klärung der rechtlichen Schwierigkeiten beitragen. Für die Fälle der Zwangs- und Arresthypothek ist durch § 867 Abs. 2 und 932 Abs. 2 ZPO. die Verteilung des Betrags auf die einzelnen einer Gesamthypothek verhafteten Grundstücke vorgeschrieben; diese Bestimmung dürfte sinngemäß auf das WE. und TE. anzuwenden sein.

2. Die Gemeinschaft der Wohnungs- und Teileigentümer ist **unauflöslich** (§ 11 WEG.). Eine Aufhebung kann auch nicht aus wichtigem Grund verlangt werden; ausgeschlossen sind insbesondere die Rechte des Pfandgläubigers (§ 751 BGB.) und des Konkursverwalters (§ 16 Abs. 2 KO.) auf Aufhebung der Gemeinschaft Über die Rechtsform des

Art. 131 EGBGB. geht das WEG. insofern hinaus, als nicht nur ein ausschließliches Benutzungsrecht, sondern Alleineigentum an einem bestimmten Raum zum Inhalt des WE. und TE. gehört. Praktisch kann sich dies jedoch nicht auswirken, weil § 6 WEG. eine Verfügung über das Sondereigentum nicht zuläßt.

Ausnahmen vom Grundsatz der Unauflöslichkeit[2]) sind vorgesehen für zwei Fälle:

a) wenn die Miteigentümer vereinbaren, daß bei völliger oder teilweiser Zerstörung des Gebäudes keine Verpflichtung zum Wiederaufbau bestehen soll (§ 11 Abs. 1 S. 3 WEG.),

b) wenn ein Mitglied sich eines schweren Verstoßes gegen die Gemeinschaftspflichten (§§ 14, 16 und 18 WEG.) schuldig macht und die Mehrheit der Mitglieder vom Störenfried die Veräußerung seines WE. oder TE. verlangt; wegen dieses Anspruchs können die verletzten Mitglieder im Streitfall ein Urteil erwirken, das die für die freiwillige Versteigerung des WE. oder TE. und für seine Übertragung auf den Ersteher erforderlichen Erklärungen ersetzt (§ 19 WEG.). Für eine Klage auf Entziehung des WE. oder TE. ist das Amtsgericht, in dessen Bezirk das Grundstück liegt, ausschließlich zuständig (§ 51 WEG.); für das Versteigerungsverfahren sind in §§ 53 ff. WEG. besondere Bestimmungen getroffen. Für sonstige Streitigkeiten aus dem Gemeinschaftsverhältnis ist ein besonderes Beschlußverfahren nach Art der freiwilligen Gerichtsbarkeit bei dem Amtsgericht vorgesehen, in dessen Bezirk das Grundstück liegt (§§ 4 und 43 ff. WEG.).

3. Begründung und Aufhebung des WE. und TE. unterliegen den Vorschriften der §§ 313 und 873 ff. BGB. (Einigung und Eintragung im Grundbuch) und der §§ 13, 19 und 29 GBO. (§ 4 WEG.)[3]). Außer dieser vertraglichen Begründung bietet § 8 WEG. die Möglichkeit der Aufteilung eines Grundstücks durch einseitige Erklärung des Eigentümers in Miteigentumsanteile in der Weise, daß mit jedem Anteil das Sondereigentum an einem bestimmten Raum in einem bestehenden oder erst zu errichtenden Gebäude verbunden sein soll. Damit ist der Mobilisierung von Gebäudeteilen jede mögliche Erleichte-

[2]) Sind sämtliche WE.-(TE.-)rechte in einer Person vereinigt, so kann der Eigentümer durch einseitige Erklärung gegenüber dem Grundbuchamt die Aufhebung des WE. (TE.), die Vereinigung der Miteigentumsanteile zu einem Grundstück und die Anlegung eines Grundbuchblattes für das Grundstück herbeiführen; Zustimmung evtl. Hypothekengläubiger ist erforderlich (§ 876 BGB).

[3]) Für WE. und TE. sind besondere Grundbuchblätter, das Wohnungsgrundbuch bzw. das TE.-Grundbuch, anzulegen; hierauf werden Miteigentumsanteil und Sondereigentum eingetragen und gleichzeitig als Belastung des Miteigentums die Sonderrechte der übrigen Miteigentümer vermerkt.

rung gegeben. Ihre Auswirkung bei freier Wohnungs- und Preiswirtschaft ist nicht abzusehen; zur Zeit kann sie den Anreiz zur Gewinnung von Kapital für den Wohnungsbau geben; wo keine Hypothekengläubiger im Wege stehen.

4. Die Rechte und Pflichten der Wohnungs- oder Teileigentümer sind bei der überwiegenden Bedeutung des Miteigentumsanteils in erster Linie diejenigen eines Miteigentümers nach den §§ 1009 bis 1011 BGB. Darüber hinaus kann ein Wohnungs- oder Teileigentümer mit seinem Sondereigentum zwar „nach Belieben verfahren", soweit nicht Gesetz oder Rechte Dritter entgegenstehen (§ 13 WEG.), jedoch nicht darüber gesondert verfügen; der im Sondereigentum stehende Raum kann nicht zum Gegenstand eines dinglichen Rechtes (einer Hypothek oder Dienstbarkeit) gemacht werden, es sei denn in Verbindung mit dem Miteigentumsanteil. Ein Wohnungseigentümer kann also seine Wohnung wohl vermieten und ein Teileigentümer sein Geschäft verpachten, daran jedoch kein Wohnungsrecht nach § 1093 BGB. und keinen Nießbrauch nach §§ 1031 ff. BGB. bestellen. Wohnungs- und Teileigentümer unterliegen den Beschränkungen der §§ 903 ff. BGB., wie ihnen andererseits die Rechte des Miteigentümers aus diesen Bestimmungen und die Klage wegen Beeinträchtigung ihres Eigentums aus § 1004 BGB. zustehen.

5. Besondere Pflichten sind in § 14 WEG. zusammengestellt; sie dienen alle dem einen Ziel, eine Störung der Gemeinschaft nach Möglichkeit hintanzuhalten! Jedes Mitglied hat sein Eigentum in der Weise zu gebrauchen und instandzuhalten, daß kein Miteigentümer über das Maß hinaus benachteiligt wird, das bei einem geordneten Zusammenleben unvermeidlich ist. Zur Sicherstellung dieser Pflicht muß eine hierfür verantwortliche Person aufgestellt werden. Im selben Rahmen hat jeder Miteigentümer Einwirkungen zu dulden, die durch ordnungsgemäßen Gebrauch oder durch Instandsetzungsmaßnahmen eines WE. oder TE. hervorgerufen werden.

Im übrigen kann der Gebrauch des WE. oder TE. und des Gemeinschaftseigentums durch Vereinbarung geregelt werden (§ 15 WEG.).

Nutzungen, Lasten und Kosten werden anteilsmäßig verteilt (§ 16 WEG.).

Außer den wenigen zwingenden Vorschriften besteht für die Festlegung der Rechte und Pflichten der Mitglieder weitgehend Vertragsfreiheit. Für die Sonderrechtsnachfolger haben solche Abmachungen jedoch nur dann Geltung, wenn sie im Grundbuch eingetragen werden (§ 10 WEG.).

6. Besondere Vorsorge widmet das WEG. der Sicherung eines geordneten Zusammenlebens und Zusammenwirtschaftens der Wohnungs-

und Teileigentümer. Die Organisation der Gemeinschaft ist daher nach dem Vorbild der Genossenschaft geregelt (§§ 20 ff. WEG.). Zur Verwaltung ist in erster Linie die Gemeinschaft der Miteigentümer selbst berufen.

Organe der Gemeinschaft sind:

a) der Verwalter, dessen Bestellung zwingend ist,
b) die Wohnungs- (Teil-)eigentümerversammlung,
c) der Verwaltungsbeirat (fakultativ).

Dem Verwalter werden sehr weitgehende Aufgaben und Befugnisse übertragen; insbesondere hat er die Beschlüsse der Gemeinschaft durchzuführen, die Hausordnung zu überwachen, alle Maßnahmen zur Instandsetzung und Erhaltung des Gemeinschaftseigentums zu treffen und die Geldwirtschaft der Gemeinschaft zu führen. Der Verwalter ist Exekutivorgan und Generalbevollmächtigter der Gemeinschaft (§ 27 WEG.). Von seiner Tüchtigkeit, Gewissenhaftigkeit und Vertrauenswürdigkeit hängen Wohl und Wehe der Gemeinschaft ab.

Hieraus ist ersichtlich, daß das WEG. vor allem den genossenschaftlichen Wohnungsbau Auftrieb geben kann. Das WEG. läßt jedoch ebenso Raum dafür, die Miteigentümergemeinschaft in die Form einer GmbH. oder AG. oder sonst einer Gesellschaft des Handelsrechts zu kleiden.

II. Ein Sondererbbaurecht an Räumen kann ähnlich wie beim Eigentum an Grundstücken dann begründet werden, wenn ein Erbbaurecht mehreren gemeinschaftlich nach Bruchteilen zusteht. In entsprechender Anwendung der Vorschriften über WE. und TE. kann Wohnungserbbaurecht an Wohnungen oder Teilerbbaurecht an sonstigen Räumen gebildet werden (§ 30 WEG.). Die praktische Bedeutung dieser auf dem Erbbaurecht aufgebauten Rechtsformen wird nicht sonderlich groß sein, wenn sich WE. und TE. durchsetzen.

III. Das Dauernutzungsrecht ist ein nach Art einer Grunddienstbarkeit (§ 1093 BGB.) ausgestaltetes dingliches Recht auf Benützung von Räumen und zwar von:

a) Wohnungen als „Dauerwohnrecht",
b) sonstigen Räumen als „Dauernutzungsrecht" (für Geschäfts-, Büro-, Werkstatt-, Keller oder Lagerräume).

Dieses Dauernutzungsrecht an Gebäudteilen, die abgeschlossen sein sollen, kann auch auf außerhalb des Gebäudes liegende Teile des Grundstücks erstreckt werden, vorausgesetzt, daß die Raumnutzung die Hauptsache bleibt (§ 31 Abs. 1 WEG.); es kommen hier Hofraum, Lagerplatz oder Garten zur Mitbenützung in Frage.

Von der Dienstbarkeit und dem Nießbrauch des BGB. unterscheidet sich das Dauernutzungsrecht dadurch, daß es frei veräußerlich und vererblich ist (§ 33 WEG.). Der Inhaber eines Dauerwohn- oder Dauernutzungsrechts hat somit eine eigentümerähnliche Stellung.

Beide Rechte können auf gewisse Zeit zur Sicherung eines Baukostenvorschusses (bis zu seiner Tilgung durch Abmietung) oder ohne zeitliche Begrenzung bestellt werden.

Als Beschränkung des Dauerwohn- oder Nutzungsrechts kann ein „Heimfallanspruch", d. i. die Verpflichtung festgelegt werden, daß der Berechtigte bei Eintritt gewisser Ereignisse das Dauernutzungsrecht an den Eigentümer (oder einen von diesem Benannten) überträgt.

Gegen eine Beeinträchtigung des Nutzungsrechts hat der Berechtigte die Ansprüche wie ein Eigentümer, also insbesondere die Klage aus § 1004 BGB., sowie wegen Veränderungen oder Verschlechterungen die Ansprüche aus §§ 1050 ff. BGB.

Veräußert der Nutzungsberechtigte das Nutzungsrecht, so tritt der Erwerber an seine Stelle.

Wird das Grundstück veräußert, so tritt der Erwerber an die Stelle des Veräußerers (§ 38 WEG.).

Ein Miet- oder Pachtverhältnis an den Räumen, die dem Nutzungsrecht unterstehen, erlischt, wenn das Dauerwohn- oder -nutzungsrecht erlischt (§ 37 WEG.).

Das für das Dauerwohn- oder -nutzungsrecht festgesetzte Entgelt haftet wie eine Mietzinsforderung den Hypothekengläubigern, es sei denn, daß ihre Rechte im Range nachgehen oder daß etwas anderes vereinbart ist (§ 40 WEG.).

Das Verfahren der freiwilligen Gerichtsbarkeit findet auch auf das Dauerwohn- und -nutzungsrecht Anwendung

Ausführungsgesetz zum BGB.

Nachbarrecht.

Artikel 62.

Sind Fenster weniger als 0,60 m von der Grenze eines Nachbargrundstückes entfernt, das mit Gebäuden versehen ist oder als Hofraum oder Hausgarten dient, so müssen sie auf Verlangen des Eigentümers dieses Grundstücks so eingerichtet werden, daß bis zur Höhe von 1,80 m über dem hinter ihnen befindlichen Boden weder das Öffnen noch das Durchblicken möglich ist. Die Entfernung wird von dem Fuße der Wand, in der sich das Fenster befindet, unterhalb der zunächst an der Grenze befindlichen Außenkante der Fensteröffnung ab gemessen.

Den Fenstern stehen Lichtöffnungen jeder Art gleich.

Artikel 63.

Balkone, Erker, Gallerien und ähnliche Anlagen, die weniger als 0,60 m von der Grenze eines Nachbargrundstücks abstehen, das mit Gebäuden versehen ist oder als Hofraum oder Hausgarten dient, müssen auf der dem Nachbargrundstück zugekehrten Seite auf Verlangen des Nachbars mit einem der Vorschrift des Artikel 62 entsprechenden Abschlusses versehen werden. Der Abstand wird bei vorspringenden Anlagen von dem zunächst an der Grenze befindlichen Vorsprung ab, bei anderen Anlagen nach Artikel 62 Abs. 1 Satz 2 gemessen.

Artikel 64.

Die Vorschriften der Artikel 62, 63 kommen auch gegenüber einem Grundstücke, das einer öffentlichen Eisenbahnanlage dient, zur Anwendung. Die Fenster und anderen Lichtöffnungen sowie der Abschluß der im Artikel 63 bezeichneten Anlagen dürfen jedoch so eingerichtet werden, daß sie das Durchblicken gestatten.

Artikel 65.

Für Fenster, andere Lichtöffnungen und Anlagen der im Artikel 63 bezeichneten Art, die sich an der Baulinie befinden, gelten die Vorschriften der Artikel 62 bis 64 nicht.

Artikel 66.

Für die zur Zeit des Inkrafttretens des Bürgerlichen Gesetzbuchs bestehenden Lichtöffnungen, Fenster, Balkone, Erker und ähnlichen Anlagen bleiben die bisherigen Vorschriften in Geltung, soweit sie eine geringere Beschränkung bestimmen als die Artikel 62 bis 65.

Artikel 67.

Hat der Eigentümer eines Gebäudes vor dem Inkrafttreten des Bürgerlichen Gesetzbuchs nach den Vorschriften des Preußischen Landrechts durch Zeitablauf das Recht erlangt, daß zum Schutze seiner Fenster vor Verdunkelung mit Anlagen auf einem Nachbargrundstück ein bestimmter Abstand eingehalten werden muß, so gilt dieses Recht als Grunddienstbarkeit.

Das Gleiche gilt, wenn der Eigentümer eines Gebäudes vor dem Inkrafttreten des Bürgerlichen Gesetzbuchs nach den Vorschriften des Pfälzischen Rechtes durch Zeitablauf das Recht erlangt hat, Fenster, andere Lichtöffnungen oder Anlagen der im Artikel 63 bezeichneten Art zu halten, die den gesetzlichen Vorschriften nicht entsprechen.

Artikel 68.

Werden zwei Grundstücke durch eine Mauer geschieden, zu deren Benutzung die Eigentümer der Grundstücke gemeinschaftlich berechtigt sind, so kann der Eigentümer des einen Grundstücks dem Eigentümer des anderen Grundstücks nicht verbieten, die Mauer ihrer ganzen Dicke nach zu erhöhen, wenn ihm nachgewiesen wird, daß durch die Erhöhung die Mauer nicht gefährdet wird.

Der Eigentümer des Grundstücks, von dem aus die Erhöhung erfolgt ist, kann dem Eigentümer des anderen Grundstücks die Benutzung des Aufbaues verbieten, bis ihm für die Hälfte oder, wenn nur ein Teil des Aufbaues benutzt werden soll, für den entsprechenden Teil der Baukosten Ersatz geleistet wird. Ist der Bauwert geringer als der Betrag der Baukosten, so bestimmt sich der zu ersetzende Betrag nach dem Bauwerte. Die Ersatzleistung kann auch durch Hinterlegung oder durch Aufrechnung erfolgen. Solange das Verbietungsrecht besteht, hat der Berechtigte den Mehraufwand zu tragen, den die Unterhaltung der Mauer infolge der Erhöhung verursacht.

Wird die Mauer zum Zwecke der Erhöhung verstärkt, so ist die Verstärkung auf dem Grundstück anzubringen, dessen Eigentümer die Erhöhung unternimmt. Der nach Abs. 2 von dem Eigentümer des anderen Grundstücks zu ersetzende Betrag erhöht sich um den entsprechenden Teil des Wertes der zu der Verstärkung verwendeten Grundfläche. Verlangt der Eigentümer des Grundstücks, auf dem die Verstärkung angebracht worden ist, die Ersatzleistung, so ist er verpflichtet, dem Eigentümer des anderen Grundstücks das Eigentum an der zu der Mauer verwendeten Grundfläche seines Grundstücks soweit zu übertragen, daß die neue Grenzlinie durch die Mitte der verstärkten Mauer geht, die Vorschriften über den Kauf finden Anwendung.

Artikel 69.

Ist eine Mauer der im Artikel 68 Abs. 1 bezeichneten Art vor dem Inkrafttreten des Bürgerlichen Gesetzbuchs von dem Eigentümer des einen Grundstücks erhöht worden, so finden, soweit nach den bisherigen Vorschriften für die Benutzung des Aufbaus seitens des Eigentümers des anderen Grundstücks ein Teil der Kosten zu ersetzen oder eine sonstige Vergütung zu leisten ist, die Vorschriften des Artikel 68 Abs. 2, 3 Anwendung, es sei denn, daß die Vergütung schon vor dem Inkrafttreten des Bürgerlichen Gesetzbuchs fällig geworden ist.

Artikel 70.

Hat zur Zeit des Inkrafttretens des Bürgerlichen Gesetzbuchs der Eigentümer eines Grundstücks auf Grund eines ihm nach den bisherigen Vorschriften gegenüber dem Eigentümer eines Nachbargrundstücks zustehenden Zwangsrechts eine Mauer, durch welche die Grundstücke geschieden werden, zu gemeinschaftlicher Benutzung zu errichten begonnen, so bleiben diese Vorschriften für das Recht und die Pflicht zur Herstellung der Mauer maßgebend.

Ist eine Mauer, durch welche zwei Grundstücke geschieden werden, von dem Eigentümer des einen Grundstücks auf Grund eines ihm nach den bisherigen Vorschriften gegenüber dem Eigentümer des anderen Grundstücks zustehenden Zwangsrechts zu gemeinschaftlicher Benutzung hergestellt worden, so finden an Stelle der bisherigen Vorschriften, nach welchen im Falle der Benutzung der Mauer seitens des Eigentümers des anderen Grundstücks ein Teil der Kosten zu ersetzen ist, die Vorschriften des Artikel 68 Abs. 2, 3 entsprechende Anwendung, es sei denn, daß der Ersatzanspruch schon vor dem Inkrafttreten des Bürgerlichen Gesetzbuchs fällig geworden ist.

Artikel 71

Der Eigentümer eines Grundstücks kann verlangen, daß auf einem Nachbargrundstücke nicht Bäume, Sträucher oder Hecken, Weinstöcke oder Hopfenstöcke in einer geringeren Entfernung als 0,50 m oder, falls sie über 2 m hoch sind, in einer geringeren Entfernung als 2 m von der Grenze seines Grundstücks gehalten werden.

Zugunsten eines Waldgrundstücks kann nur die Einhaltung eines Abstandes von 0,50 m verlangt werden. Das gleiche gilt, wenn Wein oder Hopfen auf einem Grundstück angebaut wird, in dessen Lage dieser Anbau nach den örtlichen Verhältnissen üblich ist.

Artikel 72.

Gegenüber einem landwirtschaftlich benutzten Grundstücke, dessen wirtschaftliche Bestimmung durch Schmälerung des Sonnenlichts erheblich beeinträchtigt werden würde, ist mit Bäumen von mehr als 2 m Höhe ein Abstand von 4 m einzuhalten. Auf Stein- und Kernobstbäume findet diese Vorschrift keine Anwendung.

Die Einhaltung des im Abs. 1 bestimmten Abstandes kann nur verlangt werden, wenn das Grundstück die bezeichnete wirtschaftliche Bestimmung schon zu der Zeit gehabt hat, zu welcher die Bäume die Höhe von 2 m überschritten haben.

Artikel 73.

Der nach den Artikeln 71, 72 einzuhaltende Abstand wird von der Mitte des Stammes an der Stelle, wo dieser aus dem Boden hervortritt, bei Sträuchern und Hecken von der Mitte der zunächst an der Grenze befindlichen Triebe, bei Hopfenstöcken von der Hopfenstange oder dem Steigdraht ab gemessen.

Artikel 74.

Die Vorschriften der Artikel 71, 72 finden keine Anwendung auf Gewächse, die sich hinter einer Mauer oder einer sonstigen dichten Einfriedigung befinden und diese nicht oder nicht erheblich überragen. Sie gelten ferner nicht für Bäume, die längs einer öffentlichen Straße oder auf einem öffentlichen Platze gehalten werden, sowie für Pflanzungen, die zum Uferschutze, zum Schutze von Abhängen oder Böschungen oder zum Schutze einer Eisenbahn dienen.

Die Vorschrift des Artikel 72 Abs. 1 gilt auch nicht für Bäume, die sich in einem Hofraum oder einem Hausgarten befinden.

Im Falle einer Aufforstung kann die Einhaltung des im Artikel 72 Abs. 1 bestimmten Abstandes nicht verlangt werden, wenn die Aufforstung nach der Lage des aufzuforstenden Grundstücks der wirtschaftlichen Zweckmäßigkeit entspricht.

Artikel 75.

Für die zur Zeit des Inkrafttretens des Bürgerlichen Gesetzbuchs vorhandenen Bäume, Sträucher und Hecken, Weinstöcke und Hopfenstöcke verbleibt es bei den bisherigen Vorschriften, soweit sie das Halten der Gewächse in einer geringeren als der nach den Artikeln 71 bis 74 einzuhaltenden Entfernung von der Grenze des Nachbargrundstücks gestatten.

Bei einem Grundstücke, das zur Zeit des Inkrafttretens des Bürgerlichen Gesetzbuchs mit Wald bestanden ist, gilt bis zur nächsten Verjüngung des Waldes das gleiche auch für neue Bäume und Sträucher. Im Falle der Verjüngung kann die Einhaltung eines mehr als 2 m betragenden Abstandes nicht verlangt werden. Die Verjüngung gilt im Falle des Plenterbetriebs am 1. Januar 1950 als eingetreten.

Artikel 76.

Soweit in den Landesteilen rechts des Rheins nach örtlichem Herkommen bei der Bestellung landwirtschaftlicher Grundstücke die Überschreitung der Grenze eines Nachbargrundstücks gestattet ist (Anwenderecht), bleibt diese Befugnis mit dem bisherigen Inhalte bestehen.

Artikel 77.

Die im Artikel 68 Abs. 2, im Artikel 69, im Artikel 70 Abs. 2 und im Artikel 76 bezeichneten nachbarrechtlichen Befugnisse erlöschen durch Verzicht des Berechtigten. Der Verzicht erfolgt durch Erklärung gegenüber dem Eigentümer des Nachbargrundstücks. Die Erklärung muß im Falle des Artikel 76 in öffentlich beglaubigter Form abgegeben werden.

Ist das Grundstück des Berechtigten mit dem Rechte eines Dritten belastet, so finden die Vorschriften des § 876 des Bürgerlichen Gesetzbuchs entsprechende Anwendung. Im Falle der Belastung mit einer Reallast, einer Hypothek, einer Grundschuld oder einer Rentenschuld ist der Verzicht auf das im Artikel 68 Abs. 2, im Artikel 69 und im Artikel 70 Abs. 2 bezeichnete Verbietungsrecht dem Dritten gegenüber wirksam, wenn er erfolgt, bevor das Grundstück zugunsten des Dritten in Beschlag genommen worden ist.

Artikel 78.

Die sich aus den Vorschriften der Artikel 62 bis 66 und des Artikel 68 Abs. 1 ergebenden Ansprüche unterliegen nicht der Verjährung. Der Anspruch auf Beseitigung eines die Vorschriften der Artikel 71 bis 75 verletzenden Zustandes verjährt in fünf Jahren. Die Verjährung beginnt mit dem Ablaufe des Kalenderjahrs, in welchem die Verletzung erkennbar wird.

Werden Gewächse, in Ansehung deren der Anspruch verjährt ist, durch neue ersetzt, so ist die vollendete Verjährung ohne Einfluß auf das Recht des Eigentümers des Nachbargrundstücks, in Ansehung der neuen Gewächse die Einhaltung des in den Artikeln 71 bis 74 und im Artikel 75 Abs. 2 vorgeschriebenen Abstandes zu verlangen.

Artikel 79.

Ein Anwenderecht erlischt mit dem Ablaufe von zehn Jahren nach der letzten Ausübung. Die für die Verjährung geltenden Vorschriften der §§ 202 bis 207, 209 bis 212, 216, 217, 219, 220 des Bürgerlichen Gesetzbuchs finden entsprechende Anwendung.

Artikel 80.

Die Vorschrift des § 26 der Gewerbeordnung findet auf Eisenbahn-, Dampfschiffahrts- und ähnliche Unternehmungen, welche dem öffentlichen Verkehr dienen, entsprechende Anwendung.

Sachregister.

(Die Zahlen verweisen auf die Seiten.)

A.

N.

T.

U.

FSC
www.fsc.org
MIX
Papier | Fördert gute Waldnutzung
FSC® C083411

Kolibri 360 GmbH
Ferdinand-Jühlke-Straße 7
99095 Erfurt, Deutschland
produktsicherheit@kolibri360.de